石川正先生古稀記念論文集

経済社会と法の役割

編集委員
伊藤眞
松尾眞
山本克己
中川丈久
白石忠志

商事法務

題簽　畑　郁夫（弁護士）
装丁　水木喜美男

石川　正先生

写真撮影　東野　修次（弁護士）

謹んで古稀をお祝いし

石川　正先生に捧げます

執筆者一同

目次

執筆者一覧（掲載順）

藤田　宙靖（ふじた・ときやす）　東北大学名誉教授・元最高裁判所判事
曽我部真裕（そがべ・まさひろ）　京都大学大学院法学研究科教授
高橋　和之（たかはし・かずゆき）　明治大学大学院法務研究科教授
碓井　光明（うすい・みつあき）　明治大学大学院法務研究科教授・東京大学名誉教授
木内　道祥（きうち・みちよし）　弁護士・現最高裁判所判事
高木　光（たかぎ・ひかる）　京都大学大学院法学研究科教授
高安　秀明（たかやす・ひであき）　弁護士
中川　丈久（なかがわ・たけひさ）　神戸大学大学院法学研究科教授
池田　千鶴（いけだ・ちづる）　神戸大学大学院法学研究科准教授
上杉　秋則（うえすぎ・あきのり）　元一橋大学大学院国際企業戦略研究科教授
川濵　昇（かわはま・のぼる）　京都大学大学院法学研究科教授
酒井　紀子（さかい・のりこ）　公正取引委員会審判官・元弁護士
白石　忠志（しらいし・ただし）　東京大学大学院法学政治学研究科教授
泉水　文雄（せんすい・ふみお）　神戸大学大学院法学研究科教授
多田　敏明（ただ・としあき）　弁護士
長澤　哲也（ながさわ・てつや）　弁護士

根岸　　哲（ねぎし・あきら）　甲南大学大学院法学研究科教授・神戸大学名誉教授
平林　英勝（ひらばやし・ひでかつ）　中央大学大学院法務研究科客員教授
宮﨑　　誠（みやざき・まこと）　弁護士
国谷　史朗（くにや・しろう）　弁護士
野村　豊弘（のむら・とよひろ）　学習院大学法学部教授
茂木　鉄平（もぎ・てっぺい）　弁護士
山田　誠一（やまだ・せいいち）　神戸大学大学院法学研究科教授
山本　敬三（やまもと・けいぞう）　京都大学大学院法学研究科教授
近藤　光男（こんどう・みつお）　神戸大学大学院法学研究科教授
宍戸　善一（ししど・ぜんいち）　一橋大学大学院国際企業戦略研究科教授
嶋寺　　基（しまでら・もとい）　弁護士
竹平　征吾（たけひら・せいご）　弁護士
前田　重行（まえだ・しげゆき）　弁護士
山下　友信（やました・とものぶ）　東京大学大学院法学政治学研究科教授
大内　伸哉（おおうち・しんや）　神戸大学大学院法学研究科教授
牟禮　大介（むれ・だいすけ）　弁護士
池田　辰夫（いけだ・たつお）　大阪大学大学院高等司法研究科教授
伊藤　　眞（いとう・まこと）　早稲田大学大学院法務研究科客員教授・東京大学名誉教授

高橋　宏志（たかはし・ひろし）　中央大学大学院法務研究科教授・東京大学名誉教授
竹内　康二（たけうち・こうじ）　弁護士・ニューヨーク州弁護士
中野俊一郎（なかの・しゅんいちろう）　神戸大学大学院法学研究科教授
畑　瑞穂（はた・みずほ）　東京大学大学院法学政治学研究科教授
山本　克己（やまもと・かつみ）　京都大学大学院法学研究科教授
山本　弘（やまもと・ひろし）　神戸大学大学院法学研究科教授
重冨　貴光（しげとみ・たかみつ）　弁護士
中山　信弘（なかやま・のぶひろ）　明治大学特任教授・東京大学名誉教授
平野　惠稔（ひらの・しげとし）　弁護士

序文に代えて——石川正君と私

石川正君が古稀を迎えられるという。石川君は、私より僅か三歳年下であるから、驚くべきことではないのであるが、それにしても、時の流れの速さに改めて感慨を覚えざるを得ない。

石川君と初めて識り合ったのは、石川君が新任の東大法学部助手として就任された昭和四一年の春である。同年の三月助手論文を提出した私は、東北大学の昭和四〇年紛争の余波を受けて、同学での助教授就任人事が進まないまま、雄川一郎先生の下なお助手を続けていた。当時の彼は、どこやら異国人を思わせるその風貌において今と全く変わりは無いものの、文字通り純情可憐、真に素直で折り目正しく、可愛い弟弟子であった。研究テーマとして、その困難さから当時何人も手を着けようとしなかった行政組織法に真っ向から立ち向かい、この分野のドイツ古典文献に懸命に取り組んでいた姿も、真摯で一途な研究者の卵として、大変好もしくまた頼もしいものであった。その一方で、高松の行政学会に二人で参加して屋島の台地を散策した折に、無数の蛇を見たとして騒ぐ姿（私には蛇の記憶は全く無いのである）には、その泣き所見つけたりというほどの愛嬌もあった。

私が東京を去った直後、世にいう東大紛争が起き、石川君もまたそれに巻き込まれた。私自身も、新任の地への適応、そして東大の後を追っかけて始まった大学紛争のさなか、自分の事で精一杯で、その後の石川君が、そして彼の研究がどうなったかについて、思いを巡らせる余裕すらなかった。その後漸くにして、彼が研究者の道を諦めて司法修習生となり、弁護士の道を歩み始めたということを、風の便りに聞いたのである。

それから何年経ったであろう。アメリカへの留学、同地での実務研修等を経て帰国され、大江橋法律事務所のボスとなられた石川君は、殆ど別人物であるかのような強烈な印象を伴って、私の前に現われた。何よりも大きな違いは（これはアメリカで学び生活した人々に極めてしばしば見られるところであるが）、その自信に満ち、かつ極めてアクテイヴな言動であって、私の知る、むしろややオドオドしたところすらあると言える、かの幼き青年の面影は、もはやどこにもなかった。その間の波乱万丈の人生と、懐の深い広大なアメリカそして先端を行く実務のヴィヴィッドな体験とによって身に付けられた実力が、まさにそれを裏付けていたのであろう。

法律実務家としての石川君のその後の偉大なる成功と実績については、何人もがこれを知るところであるが、このような彼も、時に、研究者としての道にノスタルジーを覚えることがあったようである。もはや二〇年以上も昔のことになろうか、東北大学に経済法の専門家を招聘することが可能となり、私は、教授として石川君を招くことを考えて、その含みでまずは集中講義に来てくれないかという話を持ち掛けた。石川君は、大変喜んでくれて、当初その気充分であった（少なくとも私にはそのように見えた）のであるが、集中講義のために何度か来仙されるうちに、東北大学赴任はやはり困難である、という話となってしまった。東北大学法学部での研究を支える人的物的環境が、大江橋法律事務所のそれに遥かに及ばないということもさることながら、当時、国立大学の教授になるためには弁護士登録を抜かなければならず、これが石川君には何よりも辛いことであったようである。日本の国立大学の抱える問題点を象徴するような話であったが、それでも彼自身は、研究の道への愛着を失ってしまったわけではなく、今でも助手時代に購入した（今では何の役にも立たない）行政組織法のドイツ語文献などを保存していて、時折眺めたりしているのだ、と話してくれたものであった。このような彼の性向は、実務の傍ら数多く手掛けられてきた広範な分野での執筆・講演活動にも、十二分に示されているものと言うことができよう。

日頃滅多に会うことは無いのであるが、その持前の人懐こさで、石川君は、私が大阪を訪れて彼と話をすることを大変喜んでくれる。会えば、彼は大酒を喰らい、殆ど食べずに煙草ばかりをふかしつつ、熱き心で語り続け、談論風発尽きるところが無い。最後は決まって北新地ではしごというのが常であった。こんな飲み方をしていては健康に良くないのではないかと心配していたら、案の定、大手術という羽目になってしまったということを、後から聞いた。他人に対する細やかな気配りの傍らで、豪快・闊達、しかし、いささか無鉄砲。私とは異なり、幅広い人生をエンジンフル回転で突っ走る石川君の、あるいはある意味での宿命なのかも知れない。それぞれに残された人生があとどれほどのものなのか、神ならぬ身には知る由も無いが、その人徳の故にこそ、ここにこれほどの人々が集い、心からの祝意を捧げられる御身である。くれぐれも自愛され、更に一層充実した日々を送られることを、そしてまた、私共が再会できる機会のなお少なからずあることを、心から祈念する次第である。

藤田　宙靖

平成二五年八月

公正取引委員会の合憲性について

曽我部真裕

一　はじめに
二　独立行政委員会の合憲性をめぐる従来の議論
三　独立行政委員会の合憲性についての若干の検討
四　公正取引委員会の合理性について

一　はじめに

石川正先生が専門とされる分野の一つである独占禁止法は、「独禁法くらい違憲論が続出した法律もない[1]」と言われるほどであり、筆者の専門とする憲法とは因縁浅からぬものがある。本稿では、独禁法と関連する憲法問題のうち、公正取引委員会の合憲性という論点を素材として、いわゆる独立行政委員会の日本国憲法上の位置づけを考えてみたい。

公取委に対しては、つとに経済界や政界の一部から違憲論が唱えられてきたが[2]、学界の主流は、違憲論を「純理論的な立場からというよりも、独禁法強化に対する反動として出て来ている[3]」政治論にすぎないとして一蹴してきた。

そして、今日では、公取委の存在とその役割は社会一般に受け入れられ、もはや違憲論が現実に問題となる状況にはない。しかし、現在でも、大石眞が、「公正取引委員会は、（……）準司法的機能（独禁四五条以下参照）だけでなく、各種の排除措置に代表される産業・経済政策のあり方に影響を及ぼすような強い行政的な規制・処分権限をも有している（同法七条・八条の二・一七条の二・二〇条・七一条・七二条参照）。その点において、独禁法二八条に対する違憲論は、なお完全には克服されていないように思われる[4]」と述べるように、公取委の合憲性に疑義を呈する憲法学者が皆無ではない。

筆者は、こうした違憲論に与するものではないが、こうした批判を受け止めて検討を進める必要は感じている。実際、公取委、ひいては独立行政委員会一般の合憲性に関する憲法論は、少しずつ展開を見せつつも、相対的には安定しているが、だからといって必ずしも十分に詰められているとは言い切れないように思われる[5]。

独立行政委員会をめぐる憲法論は、理論的には、日本国憲法の狭い意味での解釈論にとどまらず、民主制や責任政治といった立憲民主制の基本原理とも関連する広がりと重要性を有するものである。また他方で、独立行政委員会が、戦後多数設立されながらもまもなく廃止や弱体化が図られたのち、近年再び活性化の動きを見せていること[6]からして、その憲法論は、実践的にも一定の重要性をもっていると言えるのではないだろうか。

公取委は、試験の実施や紛争の解決を行う機関ではなく、一国の競争秩序や産業政策にも少なからぬ影響を及ぼすような決定をしうる機関であり、今述べたような観点からの憲法的検討の素材とするに適当であろう。

こうした観点から本稿では、これまで行われてきた独立行政委員会をめぐる憲法論を公取委に着目しつつ概観した上で検討を行い、なお覚書の域にとどまるが、一定の方向性を示してみたい。

（1）　愛敬浩二「憲法と独占禁止法」法セ五九八号一六頁（二〇〇四年）。
（2）　青木一男『公正取引委員会違憲論その他の法律論集』（第一法規出版、一九七六年）。
（3）　金沢良雄ほか「行政委員会――公正取引委員会の独立性」ジュリ五九一号一九頁（一九七五年）。
（4）　大石眞『憲法講義Ⅰ〔第二版〕』一八三頁（有斐閣、二〇〇九年）。
（5）　このほか、今日の学説では、明示的には公取委に関するものではないが、辻村みよ子が「準司法作用を別としても、本来は国会のコントロールになじむ行政委員会の行政作用を内閣の監督から独立させていること自体への疑問は残る」としており、独立行政委員会制度に対して相対的に消極的なことが目を引く（辻村みよ子『憲法〔第四版〕』四二六頁（日本評論社、二〇一二年））。
（6）　たとえば、実現したものとして、新日本銀行法制定（一九九七年）による日本銀行の独立性の強化、独禁法改正（二〇〇五年、二〇〇九年など）による公取委の権限強化、原子力規制委員会設置法（二〇一二年）による原子力規制委員会の設立などがあり、内閣提出法案提出にまで至っているものとして、人権委員会設置法案（二〇一二年）がある。更に、二〇一三年五月には特定個人情報保護委員会の設置をその内容に含む、社会保障・税共通番号制度関連法案が成立した。

二　独立行政委員会の合憲性をめぐる従来の議論

1　独立行政委員会の意義について

まずは本論の前提として、独立行政委員会の意義について簡単にまとめておきたい。

独立行政委員会の法令上の定義は存在しないが、講学上、次のような特徴をもつものとして整理されることが一般的である(7)。すなわち、①長および複数の委員から構成される合議機関であること、②内閣の指揮監督権から、職権行使の上で独立し、独自に国家意思の表明を行うこと、③行政権のほかに、準立法作用である規則制定権や準司法作用である審判権を併有する場合があること、である。論者や文脈により、独立規制機関、独立機関などとも呼ばれるが、本稿ではもっとも一般的な名称であると思われる独立行政委員会という名称を用いる。

こうした特徴をもつ独立行政委員会の実定法上の位置づけは様々である。会計検査院は憲法に根拠をもつものであって（憲法九〇条）例外的なものであり、また、人事院は国家公務員法によって設置されている（同法第二章）。このほか、独立行政委員会は、国家行政組織法三条にいう「委員会」に対応するものであると考えられており、こうした位置づけを受けるものとして、公取委、中央労働委員会、公害等調整委員会、公安審査委員会などが設置されている。また、二〇一二年には、新たな独立行政委員会として原子力規制委員会が設置された。

なお、憲法論においてはあまり言及されないが、日本銀行についても独立行政委員会に準じる存在として位置づける必要がある(8)。日銀はいわゆる特殊法人の一つとされているが、日銀が担う金融政策は、行政の範疇に属すると考えられるからであり、そうであれば、内閣から相当程度の独立性を有する日銀も、少なくともひとまずは、独立行政委員会をめぐる憲法論の射程に捉えておく必要がある。

さて、上述の独立行政委員会の諸特徴を、公取委に即して具体的にみてみると、概ね以下の通りである。公取委は内閣府の外局として設置され（独禁法二七条一項、内閣府設置法四九条三項・六四条）、内閣総理大臣の所轄に属するとされる（独禁法二七条二項）。ここで「所轄」とは、「『監督』『管理』と異なり、その機関の独立性が強く主任の大臣との関係が最も薄く、いわば行政機構の配分図としてはいちおうその大臣の下に属するという程度の意味[9]」である。実際、公取委の委員長・委員には職権行使の独立性が認められている（独禁法二八条）ほか、身分や報酬について保障がある（同法三一条・三六条二項）。

他方、公取委の委員長および委員の任命は、両議院の同意を得て内閣総理大臣によって行われ（独禁法二九条二項）、また、予算案については内閣に編成権がある（憲法七三条五号）[10]。また、公取委には法案提出権は認められていない。以上の通り、公取委には職権行使の独立性は認められているものの、内閣からのコントロールが全くないわけではない点に留意が必要である。

次に、公取委の権限であるが、「公取委は、国の行政機関であるので、その権限は、すべて行政的権限にほかならないが、権限の実質的性質に着目して、準立法的権限、準司法的権限およびその他の権限に分けることができ、前二者の権限を有するところに公取委の特色がある[11]」とされる。準立法的権限、準司法的権限が、公取委のみならず独立行政委員会の特徴の一つであるとされていることは前述の通りである。

準立法的権限とされるものとして、公取委の内部規律、事件の処理手続および届出、認可または承認の申請手続に関する規則制定（独禁法七六条）、不公正な取引方法の指定（告示の形式でなされる。同法七二条）、再販売価格維持契約の適用除外品目の指定（同法二三条三項）がある。

また、準司法的権限は、排除措置や課徴金納付に関する事後の不服審査型審判手続（独禁法七条・七条の二・八条の二・八条の三・一七条の二・二〇条・二〇条の二〜六）や、独占的状態に対する競争回復措置を命じるための事前審査型審判手続（同法五三条・六五条・六七条）が、裁判に準じた手続を経てなされることからこのように呼ばれる。なお、現行法の審判手続では不服審査型が中心で、事前審査型が一部に存在するという仕組みになっているが、二〇〇五年の独禁法改正前は、独禁法違反が認められる場合にはまず勧告を行い、勧告不応諾の場合に行政処分を行う際には必ず審判手続が行われるという事前審査型であったのであり、両者の間には基本的性格の変更があった点に注意する必要がある（この点については四でも触れる）。[12]

その他、通常の行政権とされるものとして、排除措置命令や課徴金納付命令といった行政処分（独禁法七条・七条の二・八条の二・八条の三・一七条の二・二〇条・二〇条の二〜六）などがある。

2　独立行政委員会の合憲性をめぐる従来の議論

(1)　問題の所在

さて、独立行政委員会に関する最大の憲法問題は、その独立性と関係するものである。具体的には、憲法六五条が行政権は内閣に属するものとしていることから、通常の国の行政機関は各省大臣を通じて内閣の指揮監督を受けることとされている。ところが、独立行政委員会は内閣とは独立して行政権を行使するものであるから、同条との関係が問題となる。

また、憲法六六条三項は「内閣は、行政権の行使について、国会に対し連帯して責任を負ふ。」とする。これは議院内閣制の基本原則を定める規定であるが、憲法六五条とあいまって、国会から内閣を通じて行政各部まで民主的な統制が及ぶこと、逆にいえば、行政各部は内閣を通じて国会、更には主権者国民に対して責任を負うという回路を設定するものであるといえる。この点、独立行政委員会は、こうした回路に組み込まれていないことになる点も憲法上問題となる。

更に、本稿では立ち入らないが、独立行政委員会が準立法的権限や準司法的権限を有している点が国会の立法権（憲法四一条）や裁判所の司法権（同法七六条一項・二項）との関係で問題とされることがある。

(2) 従来の学説

独立行政委員会と憲法六五条および六六条三項との関係について、支配的学説は合憲論をとってきたが、その理由については、合意が見られる点と見解が分かれる点とがある。

学説上幅広い合意が見られる点として、次の三つを指摘したい。まず第一に、内閣を行政権者とする憲法六五条に照らし、内閣とは無関係の独立行政委員会を設置することは許されないという点である。したがって、内閣の「所轄」にすら属さない行政機関を設置することはできないことになる。

第二に、結論として、当該独立行政委員会が担当する事務の性質上、合理的な理由がある場合には、法律による独立行政委員会の設置は合憲であるという点である。そして、その合理的な理由がある場合として、たとえば、次のようなものが挙げられている[13]。

① 行政の中立性確保（党派的利害によって左右されたり政権交代による政策変更によって影響を受けたりしないこと）のために必要とされる場合

② 専門的知識に基づく公正な処理が特に必要とされる場合

③ 個人の権利保護のため特に慎重な（裁判手続に準ずる）手続によって処理することが必要とされる場合

④　相対立する利害の調整のため利益代表の参加による処理が必要とされる場合
⑤　関係行政機関が多数存するため特に調整的機能が必要とされる場合

第三に、合憲説の形式的な理由として、憲法四一条が国会を「唯一の立法機関」とし、七六条が「すべて司法権は」裁判所に属するとしているのに対し、六五条は「行政権は、内閣に属する」とするのみで、「唯一の」「すべて」という修飾語がないという文言が合憲論の根拠の一つとなることについても、合意が存在するといってよいと思われる。

これに対して、上述のような合理的理由のある場合には独立行政委員会を設置しても合憲であるとする見解の理論的な説明については様々な見解が見られる。まず、①一般の行政機関に対する指揮監督権より弱いものの、内閣は、独立行政委員会に対しても人事・予算などの事項を通して、一定の監督権を行使できるのであるから、独立行政委員会は内閣の監督下にあるということができ、また、独立行政委員会は内閣を通じて国会に対して責任を負っているということもできるから、憲法六五条、六六条三項に反しないとする見解（以下、便宜的に「相対的独立説」と称する）がある。[14]

この見解は、独立行政委員会の厳密な意味での独立性を否定する点に特徴があるが、これを支持する論者は少なく、多くの論者は独立行政委員会の独立性を肯定した上で、合憲性の論証を試みている。

こうした見解の例として、憲法六五条が行政権を内閣に帰属させている趣旨は、内閣を通じて民主的統制を行政各部に及ぼす点にあるのであり、内閣の指揮監督権が不十分なところは国会による民主的統制で補完されていれば、上述のような合理性がある限り内閣から独立の行政委員会を設置することは違憲とはいえないとするものがある（以下、「民主的統制重視説」という）。[15] おそらく、この民主的統制重視説が通説的な見解であると思われる。

この他、内閣が保持すべき行政権とは「政治的作用としての執政」であり、「非政治的作用としての行政」は必ずしも内閣の統制下にある必要はないとする見解（以下、「執政・行政区別説」という）[16]、独立行政委員会の設置は、当該行政を行政部の専恣から分離しようとするもので、行政府に対する抑制設定という権力分立の趣旨にむしろ合致するとする見解（以下、「権力分立説」という）[17]などがある。

さらに、権力分立説に近いものの、より洗練された最近の注目すべき見解として、駒村圭吾は、アメリカでの権力分立に関する議論を参照しつつ、内閣の法律誠実執行義務（憲法七三条一号）から、内閣が法律を誠実に執行することに失敗ないし挫折した場合には、国会は、独立行政委員会の設立など、内閣から機関を分離する立法を行うことが可能となるとする[18]。これは、権力分立の観点の中でも、静態的な権限配分ではなく、行政府（ないし執政府）と立法府との間の動態的な関係に着目する観点からの議論であると思われる。

これらの見解の多くは、観点を少しずつ異にするものであって必ずしも相互排他的なものではなく、また、単独で行政委員会の合憲性を説明し尽くすことはできないことから、多くの論者は複数を組み合わせて主張している。逆にいえば、それだけ論点が多岐に渡り、議論が錯綜しているということを意味する。そこで、若干の整理と検討を試みたい。

（7） 学説の概観については、布田勉「内閣の行政権と行政委員会」小嶋和司編『憲法の争点〔新版〕』一八六頁（有斐閣、一九八五年）、中村睦男『憲法三〇講〔新版〕』二二九頁（青林書院、一九九九年）、駒村圭吾「内閣の行政権と行政委員会」大石眞＝石川健治編『憲法の争点』二二八頁（有斐閣、二〇〇八年）など参照。

（8） この点も含め、日銀と憲法の関係について言及する数少ない憲法の体系書として、佐藤幸治『日本国憲法論』五四一頁以下（成文堂、二〇一一年）。また、この点に関する詳細な検討として、片桐直人「戦後日本銀行法の展開と憲法」曽我部真裕＝赤坂幸一編『憲法改革の理念と展開(上)』二二七頁以下（信山社、二〇一二年）。

（9）佐藤功『行政組織法〔新版増補版〕』二七四頁注八（有斐閣、一九八五年）。

（10）憲法上、内閣からの独立性をもつ国会、裁判所、会計検査院については、予算編成についても法律上特例が設けられており（財政法一九条）、二重予算制度などと呼ばれるが、公取委やその他の独立行政委員会についてはこの種の規定はない。

（11）根岸哲＝舟田正之『独占禁止法概説〔第四版〕』三一八頁（有斐閣、二〇一〇年）。

（12）鈴木恭蔵「審判手続等の見直し」ジュリ一二九四号三六頁（二〇〇五年）。

（13）田中二郎『新版行政法中巻〔全訂第二版〕』五三頁（弘文堂、一九七六年）、佐藤功・前掲注（9）二一三頁、塩野宏『行政法Ⅲ〔第四版〕』七五頁（有斐閣、二〇一二年）など。

（14）田中二郎「行政委員会制度の一般的考察」日本管理法令研究二五号一頁（一九四九年）、法学協会編『註解日本国憲法（下）』九九九頁（有斐閣、一九五三年）、山内一夫「憲法六五条と行政委員会」ジュリ一三〇号六五頁（一九五七年）など。

（15）佐藤功・前掲注（9）二七〇頁、宮沢俊義（芦部信喜改訂）『全訂日本国憲法』四九八頁（日本評論社、一九七八年）、浦部法穂『憲法学教室〔全訂第二版〕』五六五頁（日本評論社、二〇〇六年）、芦部信喜（高橋和之補訂）『憲法〔第五版〕』三一四頁（岩波書店、二〇一一年）、佐藤幸治・前掲注（8）四八六頁など。

（16）山田幸男「行政委員会の独立性について」公法研究一号四六頁（一九四九年）、小嶋和司『憲法学講話』二八六頁（有斐閣、一九八二年）、最近のものとしては、駒村・前掲注（7）二三〇頁、木村草太「独立性のある行政機関」法教三八七号六八～六九頁（二〇一二年）など。

（17）小嶋・前掲注（16）二八一頁、戸波江二『憲法〔新版〕』三九二頁（ぎょうせい、一九九八年）など。

（18）駒村・前掲注（7）二三〇～二三一頁。駒村はさらに、独立機関の正当化根拠として、領域横断的対応・政策課題焦点化、熟慮的討議を挙げる（駒村圭吾『権力分立の諸相』一三三頁以下（南窓社、一九九九年））。

三　独立行政委員会の合憲性についての若干の検討

1　視　点

上記のような従来の様々な見解には、いくつかの疑問があり、独立行政委員会の合憲性をめぐる議論には、なお検討すべき点があるように思われる。

ここでは、独立行政委員会の特徴である独立性の意味合いと、立憲主義の基本原則の一つである責任政治原理との関係について簡単に検討したい。

2　独　立　性

(1)　独立性をめぐる論点

独立性については、少なくとも、①何に対する独立性か、②どの程度の独立性か、という点を議論しなければならないが、これらの点について従来の見解には曖昧な点があったように思われる。

(2)　何に対する独立性か

この点については、先に民主的統制重視説と仮称して紹介したように、憲法六五条が行政権を内閣に帰属させている趣旨は、内閣を通じて民主的統制を行政各部に及ぼす点にあるのであり、内閣の指揮監督権が不十分なところは国会による民主的統制で補完されていれば、上述のような合理性がある限り内閣から独立の行政委員会を設置することは違憲とはいえないとする見解が有力であるようである[(19)]。国会による民主的統制の例として、委員の任命における両議院の同意（独禁法二九条二項、日銀法二三条一項・二項、国公法五条一項、原子力規制委員会設置法七条一項など）が挙げられる。

この見解は、独立行政委員会は、内閣からの独立性を確保することをその目的としており、国会に対しては必ずしも独立していることを要しないとするものである。

これは、独立行政委員会を議会による政府統制の手段として位置づけるものであり、このような理解を行うことが適切な機関もありうるであろう。たとえば、アメリカの会計検査院（General Accounting Office）は立法府に設置される機関である。

しかし、本稿の主題である公取委を始め、日本における主だった独立行政委員会は、議会による政府統制の手段という位置づけではなく、各々の所掌事務の性質上、独立性が必要であることを理由に設立されているはずである。現に、実際の民主的統制重視説は、内閣による民主的統制の欠如を国会による統制によって完全に埋めることを要求しているわけではない点で徹底していないが[20]、これは、「何に対する独立性か」という点について整理が不十分であることが理由だろう。

そうだとすれば、日本の独立行政委員会に関する憲法論においては、独立行政委員会は内閣に対してのみならず国会、更には国民との関係でも独立性を有することを前提に議論をすべきであろう[21]（ただし、独立性の程度については別途の検討が必要である〔これについては(3)で述べる〕）。

(3)　独立性の程度

独立行政委員会をめぐる議論においては、内閣に従属する行政機関と、内閣から独立した独立行政委員会という二分法が用いられることがあるが、前者についても、法令上または事実上、全面的な指揮監督権に服しないものが存在する。[22]

このような観点から国家行政組織法に定める各種の行政機関を概観すると、まず、同法八条に定めのある審議会等は、自ら国家意思を表明するものではない点で独立行政委員会とは異なるが、合議機関であり、かつ所掌事務について相当の独立性が与えられている。

また、検察庁のような「特別の機関」（同法八条の三、法務省設置法一四条）がある。検察権の行使に関して国家意思を表示するのは個々の検察官であって検察庁ではない。検察権の行使はその性質上独立して行使される必要性があり、検察庁は法務省の外局としての庁には該当しないものとされているのである。[23] 実際、検察官には一定の身分保障があり（検察庁法二三条）、また、検察一体の原則により、検察官は検察庁内の階層秩序においては指揮監督に服するが、法務大臣の指揮監督権は制限されている（同法一四条）。

他方で、独立行政委員会も、内閣から全く統制を受けないわけではない。公取委を例とすれば、委員長および委員の任命権は内閣総理大臣にある（独禁法二九条二項。ただし、両議院の同意を得る必要がある）。他方、委員長および委員の罷免権も内閣総理大臣にあるが、内閣総理大臣の裁量はほとんど認められていない（同法三一条。三一条は、内閣総理大臣の罷免義務を定める）。また、予算については、財政法上、両議院や裁判所、会計検査院に対して適用されるいわゆる二重予算制度（財政法一七条一項）は公取委には認められておらず、内閣府予算の一部として作成され、国会で審議される。その他、公取委も他の行政機関と同様、政策評価法、総定員法などに基づく行政管理に服するし、公取委の職員は一般職の国家公務員であり、国家公務員法に基づく人事管理が行われる。

結局、独立性の程度にはグラデーションがあるのであり、独立行政委員会の合憲性の論点は、本来はこの点を射程に入れておく必要がある。つまり、この論点は、行政機関に対する内閣・国会を通じた統制の程度、逆にいえば、行政機関が内閣や国会に対して負う責任の程度をめぐるより一般的な憲法論の（重要な）一部として位置づける必要がある。この点は、かつては明確に意識されていたが[24]、近年では、少なくとも憲法学においては、必ずしも強調されていないように思われる。

そして、このようなグラデーションを前提とすれば、憲法は、あらゆる行政機関が内閣の緊密な指揮監督権のもとにおかれることを要求しているというよりは、一定の範囲では内閣から相対的に独立した行政機関を設置することは許容していると考えざるをえない。その意味では、行政組織編成に関する立法裁量が認められるといえるが、その限界が問題である。

(4) 内閣から全く無関係の独立行政委員会の創設可能性

次に、これまで述べてきた(2)(3)の両者に関わる点であるが、内閣の所轄にすら属さない独立行政委員会を設置することは可能だろうか。これには、(2)で触れたような国会に直属する機関のほか、内閣からも国会からも極めて独立性の高い機関が考えられる。前者については、民主的統制重視説を推し進めると、このような機関の設置も憲法上許される余地があることになるのかもしれない。

実際には、このような見解を正面から主張する論者は見当たらないが、政治的な責任を負うべき事項につき、行政委員会が直接国会に責任を負う体制になっていれば、内閣責任を介さなくても必ずしも違憲ではないという見解は見られる[25]。行政委員会が政治責任を直接国会に負うということは、内閣からは相当の独立性を有する場合を想定しているとみられる。

しかし、民主的統制重視説の説明を受け入れる立場からも、「憲法上『行政権は、内閣に属する』とある以上、憲法自体に別段の定めのない限り、内閣から全く無関係の行政機関を設けることは許されないと解すべきだろう。[26]」という見解が示されている。

これについては、確かに、行政権の統轄機関という内閣の地位からすれば、多かれ少なかれ独立性を有する行政機関も含め、内閣を行政各部全体の総合調整を行うことができる立場に位置づけるのが憲法の趣旨であると考えられる。[27] 独立行政委員会に対しても、直接の指揮監督はできないとしても、人事権や予算編成権等を通した緩やかな意味での総合調整の観点からの介入の余地を残しておく必要があり、その意味で、内閣の所轄に属している必要があるといえる。逆にいえば、「所轄」という語は、単に「行政機構の配分図としてはいちおうその大臣の下に属するという程度[28]」という空虚な意味のものではなく、一定程度の人事権や予算編成権が内閣に属していることを要請するものと理解されるべきであろう。

他方で、権力分立論において語られる国家作用はいずれも対国民での作用であるとすれば[29]、行政控除説を前提としても、国家機関間関係に属する作用は行政権に属さないことになる。そこで、国会の手足として政府統制の任務を担う機関については、今述べたような独立行政委員会に関する議論とは別枠での議論がなされるべきである。

3　責任政治原理

(1)　責任政治原理

「権利の保障が確保されず、権力の分立も定められていない社会は、およそ憲法を有するものではない」とする一七八九年フランス人権宣言一六条は、立憲主義の本質を端的に述べたものとして著名である。しかし、「立憲主義がその本来のねらいを実現するためには、その諸準則に違反し、統治権を濫用した国家機関に対して、確実な責任追及の道を開いておかなくてはならない。が、そのためには、およそ国政担当者は何らかの責任を負う、という大前提（公理）を承認する必要がある。これが『責任政治』といわれる原理で、立憲主義を確かなものにするための制度的な担保ということができよう」[30]として、立憲主義の要素として、権利保障と権力分立に加え、責任政治の原理を挙げる見解がある。学説上、このような形で明確に述べるものは少ないが、このことは当然の前提とされていると思われる。

責任政治原理にいう責任の内容として、法的責任と政治的責任が区別される。法的責任とは法令によりその要件・効果が特定され、かつその内容が裁判手続によって確定されるものをいい、それ以外のものを広く政治的責任と呼ぶ例であるとされる[31]。

日本国憲法下における行政各部の責任についていえば、一般に、行政各部は内閣を通じて国会に対して責任を負い、国会の統制を受けることによって責任政治の原理が具体化されていると理解される。

しかし、独立行政委員会は、政府からも議会からも（上述のように相対的なものではあるが）独立であることがその特徴であることから、この責任政治の原理との関係が問題となる。議院内閣制を採用する日本国憲法では、こうした回路による行政各部の責任確保が想定されている点は、アメリカとは異なる点であり、独立行政委員会の合憲性に関する議論の際には、権力分立の観点と並び、責任政治の観点からの検討も不可欠である[32]。

この点、先にも述べた独立行政委員会の合憲性に関する民主的統制重視説は、その仮称の通り、独立行政委員会に対する民主的な統制の確保を重視し、内閣による統制が不十分なことを国会による統制で補完すべきであるとする。そして、更に注目すべきは、有力な論者が、本稿でいう民主的統制重視説の立場に立ちつつも、独立行政委員会の任務の性質上、外部からの統制になじまない場合には、国会による統制を受けなくても憲法上差し支えないとしている点である[33]。

こうした見解は、「性質上なじまない」場合には統制がなくても（責任を負わなくても）構わないという側面を強調するものであり、責任政治原理の観点からは少なくともミスリーディングである。独立行政委員会の任務の性質上、直接の指揮監督にはなじまないが、当該任務の性質なりの責任を負っているという点を正面から受け止めるべきではないか（この点については後述する）。

いずれにしても、独立行政委員会に対する政治的責任を問うような仕組みには乏しいことから、政治的責任を問われるような決定、すなわち執政に属するような作用を行うことはできないと、ひとまずは言うことができる。前節で言及した従来の見解のうち、内閣が保持すべき行政権とは「政治的作用としての執政」であり、「非政治的作用としての行政」は必ずしも内閣の統制下にある必要はないとする執政・行政区別説は、この点を踏まえたものであり、基本的な視点としては適切である。

(2) 執政・行政の区別

しかし、責任政治原理の観点からは執政・行政区別説がひとまずは妥当であるとしても、問題は執政と行政の区別である。この点については、次のようないくつかの指摘が可能だろう。

まず、執政と行政の区別は、前者が政治的な判断に関するものであり、後者が法律の執行に関するものであるとひとまず言うことができる。しかし、政治的な判断に属するか否かという問題と、法律の執行か否かという問題は、実は次元を異にする問題であるから、法律の執行が執政に該当することがある。

たとえば、自衛隊の出動のためには自衛隊法の定める要件を満たす必要があり、内閣総理大臣、あるいは場合により防衛大臣による出動等の命令は、自衛隊法の執行であるということもできるが、これが執政作用に属することに疑いはないだろう。

また、犯罪捜査を例にすれば、圧倒的多数の捜査案件は純粋な刑事法の執行であって政治的な意味合いをもたないが、例外的に、刑事法の執行ではありながらも政治的な意味をもつことがありうる。特に有力な政治家の逮捕や起訴についてはこのような場合がある。この点については法律も配慮しており、特例が設けられていることがある。たとえば、国会議員の憲法上の不逮捕特権（五〇条）を受けて、国会法三三条は、「各議院の議員は、院外における現行犯罪の場合を除いては、会期中その院の許諾がなければ逮捕されない」と定め、更に逮捕許諾請求の手続を定めている（三四条）が、これは今見たような文脈で理解することもできる。

また、同じく犯罪捜査を例にすれば、法務大臣は検察官を一般に指揮監督することができるが、個々の事件の取調べまたは処分については、検事総長を指揮することができるにすぎないとされている（検察庁法一四条）。これは、検察官の独立性を尊重するとともに、政治的な意味をもつような事案については法務大臣、更には内閣の責任が生じうることを考慮するものだろう。

以上のことから、独立行政委員会は執政作用を行うことができないという場合、付与された権限の法的な側面のみならず、その機能の面に着目すべきであると思われる。

また、執政といっても、極めて高度の政治的意味合いをもつものと、それには至らない程度のものとがあり、程度の違いがあることにも注意が必要であろう。こうした政治的意義の差異は、責任の負い方に関する制度設計においても考慮されるべきことになる。その意味では、行政委員会には政治的な意味合いをもちうる行為がおよそ否定されるということにはならないのではないか[34]。

(3) 内閣の責任の空洞化と新しい責任追及方式

ところで、前述のように、日本国憲法上、行政権行使に関する責任は内閣が国会に対して責任を負うことによって確保され、そのコロラリーとして、内閣は行政各部に対する指揮監督権を有することとされている。

しかしながら、行政国家の絶え間ない進展によって、このような仕組みの空洞化と行政各部に対する民主的統制強化の必要性とが指摘され、新たな制度が提唱ないし実際に導入されている(35)。

こうした制度としては、情報公開制度やパブリック・コメント制度が挙げられる。情報公開制度については、情報公開法が制定されており、一条の目的規定では、「この法律は、国民主権の理念にのっとり、行政文書の開示を請求する権利につき定めること等により、行政機関の保有する情報の一層の公開を図り、もって政府の有するその諸活動を国民に説明する責務が全うされるようにするとともに、国民の的確な理解と批判の下にある公正で民主的な行政の推進に資することを目的とする」とされている。

パブリック・コメントについては、現在、行政手続法第六章において、行政機関が命令等を定めるにあたっての「意見公募手続」として制度化されているが、その立法趣旨は、行政の透明性ないし国民に対する説明責任の確保という点にあるとされている(36)。

つまり、今日においては、法律上の制度として、説明責任の限度ではあるが、上記のような憲法が想定する責任と統制の回路とは別の回路が設けられているということになる。行政国家の絶え間ない進展を背景とするこうした現象がもたらす憲法解釈上の帰結はなお検討の余地があるが、独立行政委員会に関する制度設計においても留意すべき論点となろう。

4　ま と め

本節での検討から、以下のように言えるのではないだろうか。

まず、行政組織全体を見渡すと、その独立性は多様であり、いわば程度問題である。行政機関といえる限り、少なくとも内閣の所轄に属する必要はあるが、合理的な理由があれば、現に存在する各独立行政委員会程度の独立性を認めることに憲法上の問題はないと思われる。

しかし、他方で、付与できる権限には限度があり、政治性を帯びる権限にはそれに応じた政治責任追及の余地を認める必要があり、両者は相関的に考えられることになろう。委員任命における両議院の同意や弾劾制度についても、このような権限と責任の相関関係を確保するための手段の一つと位置づけられるべきだろう。

しかし、現在存在する制度的選択肢の中では、独立行政委員会は内閣からの独立性が最も高い行政組織の類型であり、行政組織の原則的形態からの距離が大きい。そこで、独立行政委員会を設置することの上記「合理的な理由」は、より強く問われることになる。次節では、公取委に即して、この点を検討する。

(19) 駒村圭吾のいう「議会従属型独立性」（駒村・前掲注(18)一〇四頁）に対応するものと思われる。

(20) 芦部・前掲注(15)三一四頁、高見勝利ほか『憲法Ⅱ〔第五版〕』二〇三頁（有斐閣、二〇一二年）など。

(21) 渋谷秀樹はこの点を明言した上で、独立行政委員会の統制は司法権によるべきであるとする（渋谷秀樹『憲法〔第二版〕』五九八頁（有斐閣、二〇一三年）。明快な見解であるが、現実を説明しきれるかどうかが課題となる（後掲注(34)も参照）。

(22) 佐藤功・前掲注(9)二五一頁は、審議会・審査会等、外局および本稿でいう独立行政委員会の三者を「独立行政機関」の名称のもとにまとめて説明している。

(23) 佐藤功・前掲注(9)一六〇頁。

(24) 佐藤功・前掲注(9)二五一頁以下。

(25) 高橋和之『立憲主義と日本国憲法〔第二版〕』三四四頁（有斐閣、二〇一〇年）。

(26) 佐藤幸治・前掲注(8)四八五～四八六頁。

(27) 小嶋・前掲注(16)二八六頁。

(28) 佐藤功・前掲注(9)二七四頁。
(29) 小嶋和司『憲法概説』四三六頁(良書普及会、一九八七年)。
(30) 大石眞『立憲民主制』四二頁(信山社、一九九六年)。
(31) 大石・前掲注(30)六三頁。
(32) なお、本稿の文脈では、「責任行政」との表現の方が適合するようにも思われるが、より包括的な概念であると思われる「責任政治」の語を用いる。
(33) 芦部・前掲注(15)三一四頁、高見ほか・前掲注(20)二〇三頁。
(34) たとえば、日本銀行が行う金融政策は執政作用に分類される可能性がある(片桐・前掲注(8)二五九頁)し、公取委についても、産業政策に大きな影響を及ぼす決定を行うことがありうる。一九六九年の八幡製鉄と富士製鉄の合併問題は、まさにその典型である(この間の経緯等に触れる最近の論考として、平林英勝「公正取引委員会の職権行使の独立性について」筑波ロー・ジャーナル三号七五頁(二〇〇八年))。
(35) この問題については、毛利透「行政法学における『距離』についての覚書(上)(下)」ジュリ一二一二号八〇頁、一二一三号一二二頁(いずれも二〇〇一年)、同「行政権民主化論の諸相」樋口陽一ほか編著『国家と自由・再論』三三七頁(日本評論社、二〇一二年)など参照。
(36) 毛利・前掲注(35)「行政権民主化論の諸相」三三七頁など。

四 公正取引委員会の合理性について

1 従来の議論とその問題点

公正取引委員会の独立行政委員会としての存立を正当化するための議論として、従来、①行政における政治的中立性・政策的一貫性の確保、②専門的知識に基づく公正な処理が特に必要とされること、③準司法的な慎重な争訟手続を経て処分を行う必要があること、といった諸点が挙げられてきた[37]。

前節では、合理的な理由があれば、独立行政委員会を設置することも憲法上問題ないと解されると述べたが、上記のような諸点については、それぞれ疑問がある(38)。

①について、行政における政治的中立性とは、どのような政治勢力が政権に就こうとも、その決定に従うことではないか。政策的一貫性は、重要な価値であることは確かであるが、独立行政委員会のみならず、すべての行政機関に多かれ少なかれ求められることである一方で、民主政原理とは対立する側面があり、特に、政権が交代すれば政策的一貫性が破られても問題はないとするのが民主政原理の帰結だろう。換言すれば、政治的中立性や一貫性の意味あいや重要性の明確化が必要と思われる。

②専門的知識に基づく公正な処理が特に必要とされることも、たとえば、財務省の外局である国税庁（国家行政組織法三条、財務省設置法一八条）が担う徴税事務には、まさに専門的知識に基づく公正な処理の要請が妥当することに異論はないだろうが、公取委の行う事務が徴税事務と比較してこの要請が質的に高度に妥当することは自明ではなく、両者が区別される理由について、もう一段の説明が必要だろう(39)。

③準司法的な手続とは、独禁法違反行為に対する審査から審判を経て審決に至る手続が、裁判手続に類似した慎重なものとされていることを指している。公取委の「主要な任務は準司法的権限であって、政策的判断による行政の運用というよりは、法の適用に当たることがその任務の中心である。権限行使の独立性が認められているのもこの点が根拠となっている」とする見解(40)は、この正当化論を強調するものだろう。

しかし、刑事手続でいえば捜査・起訴に対応する審査手続と、公判での手続に対応する審判手続とが同じ公取委によって行われる（もっとも、人的には分離がなされていた）点で、職能分離は徹底されていなかったのであり、このことからすれば、独立行政委員会を設けてまで手続の慎重を期すことの必然性があったのかどうか疑問も残る(41)。

この点を措くとしても、前述の通り、二〇〇五年の独禁法改正によって排除措置命令制度が導入され、審判手続は事前手続から事後手続に転換し、その基本的性格が変わったことに留意しなければならない。すなわち、従来の審判手続は公取委が行政処分（審決）を行うための事前手続という位置づけであったが、二〇〇五年改正後は、公取委が審査手続により独禁法違反行為の存在を認める場合は、事前手続として名宛人に意見申述、証拠提出の機会を付与した上で行政処分としての排除措置命令を行うことができることとなった。そして、審判手続は、この排除措置命令に不服がある者がその違法性・不当性の再審査を求める事後手続に移行した。[42]

二〇〇五年の独禁法改正により、従来の準司法的手続の中核であった審判手続は、行政処分に対する不服申立てがあった場合に用いられるにすぎないものとなった。このような法改正を踏まえると、その権限の一部に準司法的な手続を含むことを理由に、組織全体の独立性を正当化することはより困難になっているのではないか。なお、現在、審判制度を廃止する改革が議論されている点にも注意が必要である。

更に、そもそも公取委の主要な任務が、先に引いた見解のように、「準司法的権限であって、政策的判断による行政の運用というよりは、法の適用に当たること」にあると理解することが、実態に適っているかどうかには疑問もある。ここでいう「法の適用」とは、前後の文脈からすれば、いわば受動的・静態的な法の適用を意味するものと理解されるが、むしろ、少なくとも今日においては、次のような説明が実態に即したものではないだろうか。

公取委は、もっぱら受動的な事務を扱う他の行政委員会に比して、その職権を能動的に発動し、国民に直接その施策を遂行するという典型的な行政事務を分担していることに特色がある。[43]
公取委の任務は、競争を阻害する事業活動の不当な拘束を排除すること（〔独禁法〕一条）であり、その中心は審査局が担当する違反事件の審査機能であるが、それに限定されるわけではなく、経済取引局が担当する産業の実態調査や違反行為の未然防止のための相談指導活動、事業者や事業者団体のための活動指針（ガイドライン）の公表、さらには、競争促進のために他の産業所管官庁との協議・意見表明等のいわゆる唱導活動（advocacy）等の政策企画機能も重要性を増してきている。また、取引部が担当する独禁法の付属法である景表法と下請法の運用を通じて、公取委は、消費者政策と中小企業政策の機能も果たしている。(44)

2 公取委の独立性を支える合理性の再考

(1) 長期的な公益の確保

以上の検討からは、独立行政委員会としての公取委の合理性を支える論拠を再検討する必要が感じられる。もっとも、前項で言及した政治的中立性や専門的知識に基づく公正な処理といった論拠は、他の独立行政委員会の正当性の説明にも用いられていることから、こうした再検討の必要性は、多かれ少なかれ他の独立行政委員会についても認められるのではないか。

まず重要なことは、前項の最後の引用で示されたような公取委の活動の能動性を認識することであると思われる。このような能動的な活動が独立行政委員会に許されるとすれば、それは、公正かつ自由な競争の促進（独禁法一条）という独禁法の目的の実現のためには、内閣からの独立性を付与することが必要であるということに基づくことになろう。

独禁法の目的については、同法一条の目的規定の解釈上の争いという形で、「公正且つ自由な競争」の促進が目的であるとする見解と、「国民経済の民主的で健全な発達」の促進であるとする見解とが対立しているとされる。

前者が通説かつ公取委が採用する解釈であるとされるので、(45)これを前提とすれば、「国民経済の民主的で健全な発達」が究極的な目的であるものの、独禁法はそのための手段として「公正且つ自由な競争」の促進を図ることを直接の目的としているということになる。(46)

「国民経済の民主的で健全な発達」を図るための手段は多様であるところ、立法者は、その一つとしての「公正且つ自由な競争」の促進について特に独立行政委員会に委ねたということができる。したがって、問われるべきは、このような任務遂行について内閣からの独立性を認める合理性である。

この点については、長期的な公益の確保という観点から説明が可能であると思われる。「国民経済の民主的で健全な発達」という究極目的に対する「公正且つ自由な競争」の促進という手段の効果は、いわば漢方薬的であり、短期的にはカルテルの容認や企業結合の推進といった手段の方が効果的であるように見えるのとは対照的である。そして、政府や国会といった政治部門はこうした短期的な手法をとることを選好しがちであるため、「公正且つ自由な競争」の促進を特に任務とする独立行政委員会を予め設立して長期的な公益を確保しようとしたものであると理解することができる。

また、本稿の主題ではないが、日本銀行は、「物価の安定」「信用秩序の維持」（日銀法一条・二条）という任務が与えられ、独立性が認められている。これは、物価の長期的な安定がマクロ経済的な観点から重要であって、そのような物価の安定には、金融政策決定過程を通常の政治過程から切り離すことが重要だという認識が根拠となっているとされており、(47)短期的な政策目標の犠牲とされがちな目的の実現を図るという観点から理解可能である。

これらは、国会による立法による行政組織の編成に関するものであるが、少なくとも法改正を行わなければ国会も内閣の責任追及を通じた介入ができないという意味では、プリコミットメント的な側面も有すると考えられる。

また、これらは駒村圭吾のいう「政府の失敗」の一例であるということができるが、重要なのは「公正且つ自由な競争」の促進のために政府は不向きであるというのは構造的な問題であり、一過的・偶発的な「政府の失敗」ではないということである。少なくとも先進国においては、多くの場合、競争政策については独立行政委員会に委ねられていることは、この領域での「政府の失敗」が構造的なものであることを示唆しているといえる（中央銀行の場合も同様であろう）。

今述べたような公取委の事例を一般化して、「政府の失敗」の場合には独立行政委員会の設立等が正当化されるとすることには異論はないが、そこでいう「政府の失敗」は構造的なものでなければならないのではないか。

また、従来、公取委を始めとするいくつかの独立行政委員会の正当性を説明するために用いられた「政治的中立性」とは、上記のような点を指していたと考えることができる。すなわち、公取委等は、政治的な意味合いをもつ決定を行うのであるが、時の政権からは距離をおいてのものであるという意味で政治的中立性を語ることができる。

これに対して、犯罪捜査や徴税事務、さらには紛争裁定のような個別の事案を公正かつ中立的に処理するような作用については、独立行政委員会のような形で内閣から独立させる必要性はそれほど高くないように思われる(48)。

(2)　責任政治原理の具体化のあり方

以上のように、公取委の独立性を「公正且つ自由な競争」促進のためのプリコミットメントの観点から説明することができるとしても、責任政治原理の観点から、公取委に付与することのできる権限には憲法上限界があるものと考えられる。こうしたプリコミットメントと民主政下での責任政治原理との相克の問題は、ある意味で裁判所による違憲審査に関する「司法審査と民主主義」の問題と相似的である。

司法審査と民主主義という問題設定のもとでは、民主的正統性をもたない裁判所が法律の違憲審査を行うことが問題とされるのであるが、これは法律に対する違憲判断という執政に属するような判断を、国民に対して相当に間接的な形でしか責任を負わない裁判所が行うことの問題性という角度からも捉えることができる。この点についてはまず、八一条で裁判所の違憲審査権自体は明文で承認している日本国憲法では、その限りで責任政治原理の後退を認めていると考えられる。しかし、いわゆる統治行為論や立法裁量論による司法の敬譲が認められ、あるいは求められる局面もあり、こうした局面では責任政治原理がプリコミットメントに優位しているものと理解することができる。

これに対して、独立行政委員会については、裁判所と比較すれば内閣からの独立性が弱い点や、違憲審査の場合の憲法解釈の幅の広さと比較すれば、一般に独立行政委員会による法律執行における裁量の幅は小さい点を指摘することができる。

公取委に即していえば、前者についてはすでに見た通り、人事、予算、行政管理といった面から一定の統制を受けており、職権行使に対する直接的な指揮監督は受けない点で、政治権力による短期的利益の観点からの介入からの保護は存在するといいうるが、全体的に見れば、その独立性は相対的なものである。

後者については、確かに公取委は、各種の排除措置に代表される産業・経済政策のあり方に影響を及ぼすような強い行政的な規制・処分権限をも有しており、また、告示による不公正な取引方法の指定（独禁法七二条）という準立法権限をも有している。しかし、たとえば不公正な取引方法の指定についても、二条九項において法律上すでに相当詳細な定めが存在している(49)。

このような点を考慮すれば、憲法上明文で認められていなくても、長期的な公益を保障するための制度を法律によって創設することは可能であるようにも思われる。しかし、憲法の明文で責任政治原理の適用が緩和されているわけではない点をどのように考えるかがやはり最後には問題になる。

この点については、先に述べたように、「人事、予算、行政管理といった面から、一定の統制を受けており、職権行使に対する直接的な指揮監督は受けない点で、政治権力による短期的利益の観点からの介入からの保護は存在するといいうるが、全体的に見れば、その独立性は相対的なものである」点、すなわち、個々の決定については訴訟手続による法的責任しか負わないが、一定期間ごとに責任を負う場合があるという点をもって責任政治原理を充足しているといえるかどうかが問題となる。換言すれば、責任政治原理が、ことの性質に応じた具体化のあり方を許しているかどうかということが問題になる。

この点で参考になるのは、いわゆるウェストミンスター・モデルのもとにおける内閣のあり方である。ウェストミンスター・モデルは、選挙制度においては死票の多い小選挙区制を前提としているために多様な民意が反映されないとの批判があるが、それとは少し違う問題として、議員任期の間、政権の安定が事実上保障されることから、選挙による独裁であるとの批判があるところである。しかし、ウェストミンスター・モデルにおいては、内閣の安定と政策の確実な実施という重要な価値が促進される一方で、総選挙ごとに責任が追及されるという形で責任政治原理との調和が図られているものと理解することができる。

こうした例からすれば、独立行政委員会との関係でも、プリコミットメントが必要な任務について、短期的にではなく、一定期間ごとに責任を問うような形をもって、責任政治原理は充たされていると考えることも可能だろう。ただし、先に見た通り、独立行政委員会の場合、裁判所の違憲審査のような憲法上予定されたプリコミットメントの仕組みとは異なるのであるから、その「一定期間」とはあまりに長期にわたるものであってはならず、また、責任追及の仕組みも実効的なものでなければならないと解される。

この点、山内一夫はつとに、内閣が独立行政委員会の委員の任命を行う権限を有し、しかも委員の任期が合理的に定められていることを独立行政委員会が合憲である条件とする一方で、予算作成を通じて内閣が独立行政委員会を統制することには批判的であった[50]。確かに、委員の人事（特に再任人事）については、一定期間の任期全体を通じての責任追及という色彩が強いのに対し、毎年度作成される予算については、個別の決定あるいは短期間の活動の評価に基づく責任追及の色彩が強くなるため、上記のような観点からも、両者を区別することには相当の説得力が認められる。

長期的な公益の確保以外に独立行政委員会の合理性を支える論拠があるか否かについては本稿では検討しないが、以上のような本稿の検討の範囲内では、結論として、とりわけ近年においては少数説である相対的独立説の合理性を否定しきれないのではないかと思われる[51]。

(37) 佐藤功・前掲注(9)二一二頁（①②③）、宮澤・前掲注(15)五〇二頁（③）、根岸＝舟田・前掲注(11)三二〇頁（①②③）、塩野・前掲注(13)七五頁（②）。

(38) 駒村・前掲注(18)一二八頁以下は、従来の正当化論について包括的な批判を展開している。

(39) 専門技術性からの正当化論に関連して、佐藤功は、公取委の権限には政策立案的なものも含まれるとしつつ、「これらの機能も技術的専門性が強く、かつ比較的に長期的な観点にたって行われるべき性質の作用であ」るから、独立行政委員会に委ねてもよいとする（佐藤功『憲法(下)〔新版〕』八八三頁（有斐閣、一九八四年））が、ここまで来るとほとんどマジックワード化していると言わざるをえないのではないか（なお、上記引用中の「長期的な観点」が、本稿**四**に述べるような意味合いであるとすれば、妥当である）。

(40) 実方謙二『独占禁止法〔第四版〕』四二八頁（有斐閣、一九九八年）。この記述は、後述の二〇〇五年独禁法改正の前のものである。また、金沢ほか・前掲注(3)二一頁〔実方謙三発言〕では、本文で引用したのと同旨に加え、公取委は「準司法的機能がその機能の中心であり、法の適用が主たる任務になっており、政策的裁量の幅が小さい」ことが独立性の根拠であるとする。

(41) 公取委の「準司法的機能」という性格づけに対する批判的検討として参照、入江一郎「公正取引委員会の準司法的機能」法時三二巻七号二〇頁（一九六〇年）。
(42) 鈴木・前掲注(12)三六頁。
(43) 金井貴嗣ほか『独占禁止法〔第四版〕』四七九頁（弘文堂、二〇一三年）。
(44) 金井ほか・前掲注(43)四八一頁。
(45) 今村成和『独占禁止法〔新版〕』五頁（有斐閣、一九七八年）、根岸＝舟田・前掲注(11)二八頁など。
(46) なお、競争という価値が憲法上どのように位置づけられるのかについては議論がある。概観として、井上嘉仁「憲法学における経済秩序についての考察(二)」姫路法学五二号六頁以下（二〇一二年）。同論文は本稿執筆段階では未完であるが、この問題についての包括的な考察を試みるもののようである。
(47) 片桐直人「中央銀行の独立性をめぐる法的問題」法セ六七四号三八頁（二〇一一年）。
(48) 特に紛争の裁定などの作用については、むしろ当事者の手続的権利の保障の観点から公正性や中立性の確保が要請されると考えられる。
(49) これに対して、日本銀行法は、日銀が決定を行うに際して依拠すべき基準を明示するところが少ないが、政策委員会に対する財務大臣等の出席・発言権や議決の延期要求権（同法一九条）や、違法行為等の是正要求権（同法五六条）などが認められており、政府からの独立性は若干小さい。
(50) 山内・前掲注(14)六四頁。
(51) なお、相対的独立説に対しては、内閣が人事や予算に関する権限を有していることをもって統制権を有しているといえるのだとすれば、裁判所も内閣の統制下にあるということになってしまい不当であるとする批判があるが、現存の独立行政委員会に対する内閣の人事・予算関連権限と裁判所に対するそれとではやはり相当な相違があって統制の度合いは異なる点、また、そもそも裁判所であっても内閣のミニマムな統制を受けることは前提の上で「司法権の独立」が語られている点からすれば、妥当でないと思われる。

「猿払」法理のゆらぎ？
——「堀越訴訟」最高裁判決の意味するもの

高橋和之

はじめに

公務員の政治的行為規制の合憲性が争われた猿払事件は、一九六六年に全逓東京中郵事件大法廷判決[1]が公務員の労働基本権に関して合憲限定解釈手法を採用する新しい方向を打ち出した直後の、一九六七年衆議院議員選挙に関して生じた事件であった。このこともあって、事件は旭川地裁に係属した当初から学界の注目を集めたが、一審判決[2]が適用違憲の判断を下したことから、憲法訴訟上の画期をなすものとして多くの議論の対象となった。札幌高裁判決[3]も、一九六九年、都教組判決[4]が出された数ヶ月後に、一審判決をほぼそのまま認容する判決を下す。しかし、一九七三年に最高裁大法廷は、全農林警職法事件判決[5]において、労働基本権に関する全逓東京中郵事件判決以来の判例の流れを覆して全面合憲の判断を示し、大きく方向転換を打ち出した。そして、この転換を推し進める形で、一九七四年に猿払事件に関しても下級審判決を破棄自判して全面合憲の判断を下すに至る[6]。これにより、憲法訴訟論の理論的蓄積を基礎に下級審判決を好意的に論評し議論を深めていた学界の支配的見解[7]と真正面から対立することになったのである。

猿払大法廷判決に理論的基礎を提供したのは、調査官であった香城敏麿氏であった。その見解は最高裁判例解説で詳しく論じられているが[8]、より注目されるのは、芦部信喜教授と香城敏麿氏を中心にして行われたジュリスト誌上の座談会[9]における両氏の応酬であり、それにより対立点がかなり明確になっている。特に興味深いのは、審査方法における対立で、芦部教授が猿払判決をアメリカ判例理論にいう「合理性の基準」を採用したものと理解し、その審査方法は表現の自由に関する審査としては相応しくないと批判したのに対し、香城氏が経済的自由に関する判例により提起されていた積極目的と消極目的の区別を表現の自由の領域にも適用できると主張し、公務員の政治的行為の規制は積極目的の規制であるから厳格な審査は必要ではないという見解を示し、審査基準の土俵で応答したことである。両氏とも憲法訴訟に関する理論をアメリカに学んだということもあり、議論はアメリカの審査基準に関する判例理論を意識しながら行われた。そのために、当時の学界においては、対立の核心はいかなる審査基準を適用すべきかにあると理解されることになった。

「猿払基準」が審査基準であるというこの理解に、私は疑問を抱いた。審査基準とは、利益衡量を方向づける指針であるはずなのに、猿払基準はそのような意味を持っていないのではないかと考えたからである。猿払基準は、実は「基準なしの利益衡量」にすぎないのではないか。そうだとすれば、そこでの対立の本質は、基準を明示して行う利益衡量と基準を示すことなく行う利益衡量の間の対立ではないだろうか。そう理解することにより、最高裁判例の性格と問題点がより正確に理解できる。利益衡量論自体は、猿払判決以前にすでに最高裁が採用していた審査方法であり、猿払判決にもその方法を採用することが明示的に述べられている。そうだとすれば、議論すべき次の問題は、最高裁が採用している利益衡量手法の性格と問題点であり、これを究明することこそが日本の憲法判例理論の課題ではないであろうか。これが私の問題意識であった。

このような理論状況の中で生じたのが堀越訴訟と世田谷訴訟である。(10) 共に公務員が政党の選挙活動用の文書等を各戸に配布したことが問責された刑事事件であるが、猿払事件では提起されていなかった論点を含んでおり、前者については東京高裁が適用違憲を理由に無罪判決を言い渡し、後者については東京高裁の別の部が猿払判決を踏襲して有罪判決を言い渡した。両者が上告され、猿払判決の見直しが行われるかもしれないと期待されたが、担当した第二小法廷は、これを大法廷に回すことなく、両者とも原審判決を維持する判断をした。その中で猿払判決との整合性を詳しく論じており、また、堀越訴訟については原審の適用違憲を退け別の理由で無罪判決を維持する構成を採ったこともあり、憲法訴訟論上いくつかの興味ある論点が提起されている。それについて感じたことを、以下に書きとめておきたい。

（1） 最大判昭和四一年一〇月二六日刑集二〇巻八号九〇一頁。
（2） 旭川地判昭和四三年三月二五日下刑集一〇巻三号二九三頁。
（3） 札幌高判昭和四四年六月二四日判時五六〇号三〇頁。
（4） 最大判昭和四四年四月二日刑集二三巻五号三〇五頁。
（5） 最大判昭和四八年四月二五日刑集二七巻四号五四七頁。
（6） 最大判昭和四九年一一月六日刑集二八巻九号三九三頁。
（7） 主導したのは芦部信喜教授であり、その理論業績は芦部信喜『憲法訴訟の理論』（有斐閣、一九七三年）に収録されている。
（8） 香城敏麿「判解」最高裁判所判例解説刑事篇昭和四九年度一六五頁。
（9） 芦部信喜ほか「憲法裁判の客観性と創造性」ジュリ八三五号六頁以下（一九八五年）。
（10） 両訴訟の最高裁判決については、最判平成二四年一二月七日裁時一五六九号二頁、同九頁参照。この呼称については、訴訟関係者の間でこのように呼ばれているようなので、とりあえずそれに従っておく。

一　憲法判断の手法

1　違憲の疑いのある場合の判断手法

適用法令に違憲の疑いがある場合の判断手法は、基本的には、文面上違憲（法令違憲）、合憲限定解釈、適用違憲の三つである。[11] 法令違憲とは、適用すべき法条の全部または一部を違憲と判断するものであり、最高裁判例には今までのところ八件存在する。当該事件に適用すべき部分が全部的あるいは一部的に違憲無効であるから、[12] その法条を当該事件に適用して争いを解決することは許されないことになる。

合憲限定解釈とは、適用法条に存在する違憲の疑いのある部分を切り捨て、合憲的部分のみを意味するものと解釈する手法である。これが可能となるためには、違憲的部分と合憲的部分が解釈上可分でなければならない。しかし、可分であれば、違憲的部分を違憲とする一部違憲の判断をすればよく、合憲限定解釈など必要ないのではないか、という疑問があるかもしれない。たしかに、当該事例が違憲的部分に属する場合には、合憲限定解釈により本事例は要件に該当せずと判断しても、あるいは、法条の本件に適用すべき部分は違憲であり、本件に適用できないと判断しても、ほとんど違いはない。しかし、当該事例が合憲的部分に属する場合には、事件の処理の仕方が異なってきうる。合憲限定解釈をとれば、合憲的に解釈された意味の法条を事件に適用して争いを解決することになり、通常の処理の仕方となるが、一部違憲という思考法を採ろうとすると、違憲的部分に関する争いは本件には関係がないのではないかという疑問が生じ、当事者には主張適格がないのではないか、裁判所としても事件の解決に関係のない問題について判断することは避けるべきではないかという問題が生ずる。したがって、現実の処理としては、本件に適用する限り合憲という適用上合憲のほうが分かりやすいのではないかということになるのである。しかし、より根本的な違いは、可分であることは、一部違憲にとっては必要十分条件であるが、合憲解釈にとっては必要条件にすぎないという点である。たとえ可分でも、違憲的部分を切り捨てる解釈が法文の解釈として許される範囲を超えて、法文を書き換えると同じとみなされる場合には、合憲限定解釈という手法は許されないのである。

適用違憲とは、法令の適用されるべき対象に着目し、それを憲法に照らして評価し、憲法上保護されるべきものであることを認定し、それゆえに本事例に法令を適用することは違憲であると判断する手法である。この手法は、猿払第一審判決が使い注目を集めた。猿払事件においては、郵便事務官が衆議院議員選挙に際して労働組合の決定に従い特定政党を支持する目的で選挙用ポスターを自ら掲示し、また他者にも掲示を依頼したことを理由に起訴された。これに対し、裁判所は、「非管理職である現業公務員で、その職務内容が機械的労務の提供に止まるものが、職務時間外に、国の施設を利用することなく、かつ職務を利用し、若しくはその公正を害する意図なしで行った人事院規則一四‐七、六項一三号の行為で且つ労働組合活動の一環として行われたと認められる所為に刑事罰を加えることをその適用の範囲内に予定している国公法一一〇条一項一九号は、このような行為に適用される限度において、行為に対する制裁としては、合理的にして必要最小限の域を超えたものと断ぜざるを得ない」と述べ、かつ、「同号は同法一〇二条一項に規定する政治的行為の制限に違反した者という文字を使っており、制限解釈を加える余地は全くない」し、「人事院規則一四‐七は、全ての一般職に属する職員にこの規定の適用があることを明示している以上、当裁判所としては、本件被告人の所為に、国公法一一〇条一項一九号が適用される限度において、同号が憲法二一条および三一条に違反するもので、これを被告人に適用することができない」と判示した。要するに、注目されるのは、判旨がこの事件の具体的争点との関連で違憲的部分と合憲的部分を解釈上切り分けていると思われることである。つまり、判旨は本件行為の具体的特徴を①非管理職、②機械的労務、③勤務時間外、④国の施設の利用なし、⑤職務の利用なし、等々と数え上げ、このような行為は刑罰を科せられないということを憲法により保障されているから、法の定める刑罰をこれに適用することはできないとするのである。その上で、しかし法文の意味からこのような要素を切り捨てる解釈は、解釈の範囲を超えるからできないとしたのである。では、法文が内包する違憲的部分と合憲的部分が意味上このように可分だというのであれば、一部違憲の判決も可能であったのではないか。一審判決がそれを避けたのは、一部違憲も法令違憲であり、最高裁が法令違憲の判断に極端に慎重であることを考えると、そのような構成は避けたほうが無難だという考慮が働いたのかもしれない[13]。しかも、違憲的部分と合憲的部分をできる限り明確に解釈しておくことにより、適用違憲の手法が表現の自由に関して用いられる場合の問題点とされる畏縮効果は、除去しうると考えたのではなかろうか。

2　本件判決が採用した判断手法

(1)　「違憲の疑い」の否定

本件堀越訴訟は、特定政党の選挙用の文書を配布するという点で猿払事件の場合と同一の罰条が問題となり、具体的事実も猿払事件とよく似ているが、一つ猿払とは異なる点があり、それが重要な争点として提起された。何かというと、本件では刑罰が守ろうとしている法益がまったく害されていないのではないかという点である。本件で問題とされた文書配布が行われたのは、被告人の住居とは離れており、被告人が公務員であることなど知る人のいない地区であり、被告人が公務員と分かったのは、文書配布に際しての住居侵入の疑いで職務質問を受けた結果にすぎない。被告人は、管理職的地位にもなく裁量の余地のない職務を担当しているから、選挙用文書の配布により「公務の中立性」を害することもないし、公務員であることを知る人もいないから、中立性に対する国民の信頼が損なわれるおそれもないというのである。猿払事件の場合は、組合活動の一環であり、選挙用ポスターの掲示もその依頼もおそらく公然と行われていたのであろう。そのためか、保護法益の侵害がないという主張は争点として提起されていなかった。したがって、猿払判決も、法令を合憲とした判決ではあるが、法益侵害のない場合にどう解するかについての判断まで含むとは考えられない。付随審査制の下における憲法判断は、たとえ法令が全面的に合憲とされても、あくまでもそこで提起された争点との関連における判断であり、あらゆる場合を想定した合憲判断ではありえないからである。

そこで、この新たに提起された争点を、どう処理するか。第一審は、猿払判決はそのような場合まで含む合憲判断であると解し、この判例に従う旨を宣言した。これに対し、原審は、適用違憲の手法を採用した。法令自体は猿払判決が言うように合憲であるとしても、法益侵害がない表現行為は憲法上保障されているのであるから、法令をかかる行為に適用することは違憲であるというのである。猿払判決がある以上、真正面から法令違憲の判断や合憲限定解釈を提起することは下級審としては困難であろうから、疑問点を適用違憲の手法で処理するというのは、考えうる手法であり、東京都公安条例についても下級審がしばしば採用したものであった。

最高裁第二小法廷は、この原審の苦心の策である適用違憲を退けた。その理由は、一つは、学説の批判する畏縮効果論を考慮したためではないかと推測される。[14] しかし、裁判官自身が意識していない可能性が強いとは思うが、もう一つのより重要な理由として、適用上判断を「異例の手法」と感じる感覚が存在するのではないだろうか。[15] 付随審査制における裁判所の役割は、法を適用して事件を解決することであり、したがって憲法判断も法の適用との関連で行えばすむことである。そう考えれば、適用上判断は付随審査制とはなじみやすい法的思考のように思われる。現に、付随審査制のアメリカでは、適用上判断（as applied）はごく日常的に行われている。にもかかわらず、日本の最高裁の多数意見には、適用違憲の判断は、私の理解する限りでは存在しない。[16] これは、大陸法的な発想から、法令を事件に適用するときには、まず法令の解釈が先行しなければならないと考えているからではないだろうか。法令の解釈を厳密にしないまま、本件に適用する限りでの判断を行うというのは、法の解釈・適用の論理的な手順を踏まない邪道だという感覚である。[17]

原審の適用違憲を退けた最高裁は、では合憲限定解釈あるいは一部違憲の判断手法を採用したのか。そうではなくて、猿払判決を維持して法令合憲とし、かつ、合憲限定解釈は不必要としたのである。憲法訴訟論上特に興味深いのは、合憲限定解釈を退けた論理である。

多数意見は、まず、憲法二一条に照らして法の禁止する「政治的行為」の意味を解釈する。その結果、政治的行為とは「公務員の職務の遂行の政治的中立性を損なうおそれが、観念的なものにとどまらず、現実的に起こり得るものとして実質的に認められるもの」を指すという解釈を提示する。そして、この意味での政治的行為に該当するかどうかは、「当該公務員の地位、その職務の内容や権限等、当該公務員がした行為の性質、態様、目的、内容等の諸般の事情を総合して判断する」と述べ、これに従って判断した結果、「本件配布行為は、管理職的地位になく、その職務の内容や権限に裁量の余地のない公務員によって、職務と全く無関係に、公務員により組織される団体の活動としての性格もなく行われたものであり、公務員による行為と認識し得る態様で行われたものでもないから、公務員の職務の遂行の政治的中立性を損なうおそれが実質的に認められるものとはいえない」、ゆえに「本件配布行為は本件罰則規定の構成要件に該当しない」と結論づけている。この推論の過程には、国公法および人事院規則に「違憲の疑い」があるのではないかという懸念は一切表明されていない。ゆえに、合憲解釈が可能かどうかという問題設定も存在しない。憲法問題とは無関係に、法令の意味解釈がなされているのである。憲法論が問題設定されるのは、この意味解釈が終わった後に、解釈された意味での規制は憲法二一条、三一条に反しないかという形においてであるにすぎない。この問題設定に関しては後に見ることにして、ここではまず、この憲法問題には一切触れない判断手法がいかなる性格のものかを検討しておきたい。この点を千葉補足意見が意識的に論じている。

千葉補足意見によれば、多数意見は「政治的行為」につき「限定を付した解釈」を行っているが、これは「いわゆる合憲限定解釈の手法、すなわち、規定の文理のままでは規制範囲が広すぎ、合憲性審査におけるいわゆる『厳格な基準』によれば必要最小限度を超えており、利益較量の結果違憲の疑いがあるため、その範囲を限定した上で結論として合憲とする手法を採用したというものではない」。千葉裁判官のこの理解は、合憲限定解釈とは何かにつき、一定の立場を採用するものであることに注意が必要である。私が興味を持つのは、合憲限定解釈が行われるのは「利益較量の結果違憲の疑いがある」場合だとされている点である。便宜上これを二つの要素に分ければ、①利益較量の結果、②違憲の疑いがある場合ということになる。

②については、従来、学説上も曖昧なところがあった。アメリカを参照した芦部説では、合憲限定解釈は、「違憲の疑いを回避する」手法として、憲法判断回避の一つに位置づけられていた[18]。この理解では、違憲の疑いの存在が合憲限定解釈を行う前提となる。違憲の疑いがないところで法（憲法を含む）の趣旨等に照らして法文の意味を限定解釈するのは、合憲限定解釈ではなく、「通常の解釈」にすぎないことになる。これに対して、阿部照哉教授は、合憲限定解釈のみならず合憲拡充解釈までも視野に入れて「合憲解釈」を語り、それを憲法をも含めた法秩序全体の体系的解釈手法と理解した[19]。法秩序に属する法令の解釈は、頂点にある憲法を含めた他のすべての法令と整合的になるように解釈すべきは当然のことであり、ゆえに、合憲的に解釈することが法秩序からの要請となるのである。この理解を突き詰めれば、ここでは解釈すべき法令に違憲の疑いが存在することは、前提にされない。違憲の疑いがあろうとなかろうと、法令はすべて憲法と整合的な意味に解釈されるべきであり、特定の法令につきそれが不可能なときに、違憲となるのである。ここでの合憲解釈は、違憲判断回避の手法ではない。法の体系的解釈にすぎないのである[20]。合憲（限定）解釈についてのこの二つの理解の違いに、敢えて言えば、アメリカ的思考とドイツ的思考の違いが反映されていると、私は考えている。

千葉裁判官は、ここでの補足意見として、アメリカ的な憲法判断回避としての合憲限定解釈を排して、ドイツ的な体系的解釈の手法を採るべきことを宣言したものと、私は読む[21]。アメリカ的な判断回避ではないことは、補足意見の中で明示されているので、誤解はない。むしろ私が注目するのは、①に関する問題である。千葉裁判官の思考法においては、違憲の疑いがあるかないかは、「利益較量の結果」決まるのであるが、その利益較量につき「合憲性審査におけるいわゆる『厳格な基準』によれば必要最小限度を超えており、利益較量の結果違憲の疑いがあるために……」（傍点筆者）と述べているところから見ると、この利益較量は、最終的な憲法判断に必要とされる密度の利益較量と想定されているようである。そうだとすれば、この利益較量を行う前に、規制範囲が解釈により明確に確定されねばならないことになるのは当然であろう。したがって、まず法文の体系的解釈を厳密に行って、その上で違憲の疑いがあるかどうかを利益較量により判断し、違憲の疑いがあるということになったとき、初めて合憲限定解釈が可能かどうかを考えるということになるのである[22]。しかし、芦部説における「違憲の疑い」というのは、そのような「利益較量」を行う前の、条文の素直な読み方から直感的に生ずる疑いを意味しているのではないかと、私は理解している。その疑いを除去する可能な解釈を模索する中で利益衡量が行われるのであり、可能な合憲限定解釈が見つけ出されたときには、その解釈結果は利益衡量を経た結果なのであり、合憲であることが確定されているから、その結果としての意味につきさらに違憲審査をする必要はないのである。問題をプラグマティックに考えるアメリカ的思考からは、まず法文の意味を厳密に解釈しないと違憲の疑いがあるかどうか自体が分からない、とは考えないだろう。付随審査制の下では、事件の解決に不必要な憲法判断は回避してかまわないのであり、回避すべきでない特定の場合を除いて、回避するのが望ましいと考えるのである。回避すべきでない特定の場合として、アメリカで通常指摘されているのは、表現の自由の規制で畏縮効果を早期に除去する必要のある場合である。これを参考にすれば、本件はまさに判断回避をすべきでない場合に該当する。合憲限定解釈が違憲判断の回避であるとすれば、本件では、違憲の疑いがある以上、違憲判断に進むべきではないかということになる。千葉裁判官は、このことを意識したのであろう。違憲の疑いがあるという、合憲限定解釈の前提自体を否定する理論構成を採り、合憲限定解釈をしているのではなく、したがって違憲判断の回避を行っているわけでもないと言いたかったのだと思われる。しかし、私は、合憲限定解釈は畏縮効果を除去する明確な解釈として提示される限り、表現の自由に関する裁判においても許されると考えている。[23] したがって、千葉裁判官の採用した構成が、本件は判断回避をすべき場合ではないという批判に応答するためのものであったとすれば、その必要はなかったのであり、多数意見による解釈を合憲限定解釈として理解することに問題はなかったと思う。

しかし、判断回避の批判に対する応答としての理論構成という理解は、私の推測にすぎない。もしかしたら千葉裁判官は、まず法文の意味解釈をきちんと行うことが理論上審査方法の正しい手順だと考えているのかもしれない。[24] というのは、合憲限定解釈の問題点として、次の二点を指摘しているからである。第一に、様々な限定方法がある中でそのうちの一つを選択するのは、「一種の立法的作用であって、立法府の裁量、権限を侵害する面も生じかねない」ということ。第二に、裁判所は、「基本法である国家公務員法の規定をいわばオーバールールとして合憲限定解釈するよりも前に、まず対象となっている本件罰則規定について、憲法の趣旨を十分に踏まえた上で立法府の真に意図しているところは何か、規制の目的はどこにあるか、公務員制度の体系的な理念、思想はどのようなものか、憲法の趣旨に沿った国家公務員の服務の在り方をどう考えるのか等々を踏まえて、国家公務員法自体の条文の丁寧な解釈を試みるべきであり、その作業をした上で、具体的な合憲性の有無等の審査に進むべきものである……」。

第一点について言えば、たしかに「様々な限定方法」から一つを選択することは「一種の立法的作用」であるが、そもそも法令の解釈というものは、その意味が一義的に決まっているという例外的な場合を別にすれば、通常、「多様な意味」の中から一つを選択するというものであるから、その意味を解釈により限定しようと拡充しようと、常に「一種の立法的作用」なのである。だからといって、裁判所は法令の解釈をしないわけにはいかない。法令の解釈は裁判所の任務であり、憲法制度上は、「議会の行う立法」と「裁判所の行う解釈」とは概念上異なるものとして設定されており、たとえ解釈がその本性上立法作用としての性格をもつとしても、それが解釈として許容される範囲内にある限り「立法府の裁量、権限を侵害する」ものと考えることはできない。問題の核心は、本性上の立法作用かどうかではなく、「制度上の解釈」の範囲内かどうかなのである。

第二点目の指摘は、公務員法の限定解釈についての千葉裁判官の次のような理解が前提となっている。つまり、千葉裁判官にとって国家公務員法は、「我が国の国家組織、統治機構を定める憲法の規定を踏まえ、その国家機構の担い手の在り方を定める基本法の一つ」であり、「憲法が規定する国家の統治機構を踏まえ、その担い手である公務員の在り方について、一定の方針ないし思想を基に立法府が制定した基本法は、全体的に完結した体系として定められているものであって、服務についても、公務員が全体の奉仕者であることとの関連で、公務員の身分保障の在り方や政治的任用の有無、メリット制の適用等をも総合考慮した上での体系的な立法目的、意図の下に規制が定められているはずである。したがって、その一部だけを取り出して限定することによる悪影響や体系的な整合性の破綻の有無について、慎重に検討する姿勢が必要とされる」（傍点筆者）というのである。要するに、限定解釈とは、全体として体系的に構成されている法令あるいは法秩序から、その一部を切り出して限定するものであり、全体の体系的な整合性を破壊しかねない手法だという理解である。だからこそ、立法者が構想した体系的整合性を傷つけ、立法権を侵害しかねないような合憲限定解釈をする前に、体系的解釈をまず行うべきだという第二の指摘となるのである。

しかし、裁判所が法令を解釈するとき、問題となった条文を全体から切り離して解釈するということは、ありうるのだろうか。合憲限定解釈をする場合にも、常に全体との関連は意識されているのではないだろうか。ただ、全体の中で最高規範である憲法との整合性がより重視されるということはあるかもしれない。しかし、それも体系的な解釈なのであり、合憲限定解釈は体系性を無視した解釈だということではない。体系性を無視した解釈は、おそらく解釈の範囲を逸脱するであろう。たしかに、合憲限定解釈は、まず適用法条に存在する違憲の疑いに着目する。その意味では、その違憲的部分を全体から切り離して問題にするかのように思われるかもしれない。しかし、その法条の意味を解釈するに際しては、当然、憲法を含めた全体との体系的整合性を配慮するのである。ここでも、問題は、法解釈の範囲内にあるかどうかであって、どちらがより体系的かではない。にもかかわらず、千葉裁判官の思考法においては、法解釈のあるべき姿は、違憲の疑いから出発するのではなく、まず法の意味を解釈の諸方法を駆使して確定することにあるという意識が強いように思われる。法の解釈・適用の正しい手順は、まず法の意味を解釈により確定し、その結果得られた意味が違憲の疑いのあるものである場合には、そこで初めて合憲限定解釈が可能かどうかの検討に移るというのである[25]。たしかに、それも一つの手法ではあろうが、合憲限定解釈の手法もありうるアプローチであり、どちらが優れているかは、一般論として言えるものではない。どちらを採るべきかは、事件の性質によるであろう。それに、あるべき解釈を行った結果違憲の疑いのある意味が獲得されたとき、それを合憲限定解釈することは、あるべき解釈から逸脱するのであり、解釈の範囲を超えることが多いであろう。そうだとすれば、千葉裁判官の思考法は、実質的には合憲限定解釈のアプローチの否定につながるのではないだろうか。「通常の解釈」の結果合憲的意味が獲得されるか、あるいは、違憲の疑いのある意味が獲得されて法令違憲となる

か以外になくなるのである。(26)

(2) 合憲限定解釈の限界

千葉裁判官が合憲限定解釈を実質的には否定しかねない論理を採用したのに対し、須藤裁判官はその点に納得できないものを感じたようである。なぜなら、須藤裁判官は、規制を合憲とするには、多数意見や千葉裁判官が考えるよりもより広範な限定が必要だと考えているからである。須藤裁判官も政治的行為の解釈として多数意見により提示された定式そのものは受け入れる。しかし、その定式が意味するところについての理解を異にし、より限定的に解するのである。そのために、「この解釈は、通常行われている法解釈にすぎないものではあるが、他面では、一つの限定的解釈といえなくもない」と述べて、千葉裁判官的な理解に対するある種の違和感を表現している。ここで「一つの限定解釈」と述べているのは、この限定解釈が許されることを札幌税関検査判決を引用して根拠づけているから、合憲限定解釈を意味するものと解される。なぜなら、札幌税関検査判決こそ合憲限定解釈が許される条件を定式化した先例だからである。したがって、須藤裁判官の場合は、通常の解釈と合憲限定解釈の違いをどう理解するかが曖昧ではあるが、本件に関しては合憲限定解釈を行っていると考えているようであり、それが多数意見や千葉補足意見とは結論に同意しつつも理由を異にすると考えた理由であるように思われる。(27)

多数意見は、本件においては「通常の解釈」をしたにすぎないというスタンスをとったから、合憲限定解釈が解釈の範囲内として許されるかどうかという問題には直面しなかった。あるいは、その問題を回避する構成を採った。しかし、須藤裁判官は、合憲限定解釈を行っているという意識をもったために、その解釈が許容範囲内かどうかについて言及することになり、その先例である札幌税関検査判決が定式化した条件に照らして自己の限定解釈が許容されるものであることを論じている。しかし、合憲限定解釈に関しては、それが何を意味するかについてのみならず、それが許される条件をどう考えるかについても、学説・判例における理論的な検討は不十分なままになっている。後者は本件では争点とはなっていないが、今後の検討のために若干のコメントを付しておきたい。

札幌税関検査事件では、関税定率法が輸入禁制品として規定する「風俗を害すべき書籍、図画」が曖昧不明確で違憲ではないかが問題となった。これに対し、多数意見は、この書き方に憲法上問題があることは認めつつも、「風俗を害すべき」とは「わいせつな」という意味に限定解釈することが可能であり、このように解釈すれば曖昧不明確ではないと論じた。その際に、限定解釈が許されるための条件として、「表現の自由を規制する法律の規定について限定解釈をすることが許されるのは、その解釈により、規制の対象となるものとそうでないものとが明確に区別され、かつ、合憲的に規制し得るもののみが規制の対象となることが明らかにされる場合でなければならず、また、一般国民の理解において、具体的場合に当該表現物が規制の対象となるかどうかの判断を可能ならしめるような基準をその規定から読みとることができるものでなければならない（最高裁昭和四八年（あ）第九一〇号同五〇年九月一〇日大法廷判決・刑集二九巻八号四八九頁参照）」と述べ、本解釈はこの条件を充たすと判示したのである。そこに挙げられた条件は、①表現の自由を規制する法律の規定について限定解釈をすることが許されるのは、その解釈により、規制の対象となるものとそうでないものとが明確に区別され、かつ、合憲的に規制し得るもののみが規制の対象となることが明らかにされる場合と、②一般国民の理解において、具体的場合に当該表現物が規制の対象となるかどうかの判断を可能ならしめるような基準をその規定から読みとることができるものでなければならない[28]、の二つであるが、この二つがどのような関係にあるかは、必ずしも明確ではない。①は、解釈の結果を問題にしている。解釈の結果が不明確であっては、予告機能を果たせないから、そのような限定解釈が許されないのは当然であるが、明確な限定解釈が可能ならば、それ以降は予告機能を果たし、畏縮効果の除去にも成功するから許されるというのである。しかし、それ以前に行為をした者にとっては、行為時点においては法文により適切な予告を受けていなかったのであるから、事後に限定解釈を行ってそれを適用することには問題がある。そこで条件の②が必要とされたのであろう。②は、一般国民が表現行為を行う時点でそれが許されるかどうかを知ることができることを要求していると思われる。一般国民にそれが分からなければ、そのような規定は不明確で違憲無効であり、限定解釈により合憲とすることは許されないのである。しかし、問題は、①と②の関係である。①により許される行為と許されない行為が明確に区別されたとしても、その区別の基準が、②により要求されたところの、行為時に一般国民が規定から読みとり得た基準と異なるとしたら、①により明確にされた基準を事後的に行為者に適用することは、行為者に対する不意打ちになり自由規制法令に要求される明確性を充たさないことになろう。ゆえに、①と②で想定されている区別基準は、行為者に対して予告機能を果たしうる程度には類似していなければならないという関係にある。この点が、札幌税関検査判決では不明確であり、その後の判例も明確化しないままこの判例に依拠している。(29)

札幌税関検査判決は、合憲限定解釈が許される条件として①と②を挙げた。しかし、この条件は、行為者に予告を与え、あるいは、恣意的な法適用を阻止するために必要な条件にすぎない。国民の権利を保障するためには、これも重要であることに疑いはないが、合憲限定解釈が許される条件を考える場合には、もう一つ、立法権との関係という問題もある。国民に対する予告機能を充たした解釈なら、いかなる解釈でも許されるわけではない。法文の書き換えと同じとなり、実質的には立法を行うのと同じとなるような解釈は、解釈の範囲を逸脱し立法権の侵害となるから許されないのである。憲法は、制度上、議会による立法と裁判所による解釈を分立している。ところが、解釈は、本性上、立法としての性格も有する。それゆえに、議会による立法と裁判所による解釈の区別をどのようにつけるかという問題に直面することになる。札幌税関検査判決の反対意見は、まさにこの点を意識しながら、多数意見の解釈は解釈としては許されないと批判したのである。もっとも、立法と解釈の境界をどう線引きするかは、論者の「解釈観」に依存し、容易に答えを見いだすことはできないという事情はある。それでも、問題を意識し、具体的事例において、なぜ解釈の範囲内あるいは範囲外と考えるかを説明する必要はあるだろう。

(11)　憲法判断は、その対象から「法令についての判断」と「処分についての判断」を分けることができる。法令についての憲法判断は、文面上判断と適用上判断に分けられる。文面上判断とは、法文そのものの憲法判断をいい、合憲と違憲の判断に分かれる。合憲限定解釈は、法文に違憲（の疑い）があることを前提にし、違憲的部分を解釈により切り離し、残りの部分につき合憲の判断をするものであるから、文面上判断の一種と理解することができよう。これに対し、適用上判断とは、法令を適用しようとする対象に着目し、それを憲法に照らして憲法上保護されたものであるのかどうかを判断する手法である。憲法上保護されたものであれば、法令をそれに適用する限り違憲となるから、適用違憲の判断となり、保護されたものでなければ適用上合憲となる。

「処分についての憲法判断」は、行政による処分あるいは裁判所による決定を憲法に照らして判断する場合を指す。理論上は、これらの処分あるいは決定は、原則として法律に基づいて行わねばならないから、それに憲法的瑕疵があるとすれば、それを授権している法律に憲法的瑕疵があるか、さもなくば法律の授権の範囲外で、違憲である以前に違法となるべきものである。したがって、処分あるいは決定を直接憲法に照らして審査する必要が生じるのは、根拠法律が不在の場合ということになる。根拠法律なしの処分あるいは決定が例外的に許される場合に、憲法による審査をすることになる。もっとも、根拠法律がある場合に、まず法律に照らして合法か違法かの判断をすることなしに、直接憲法に照らせて合憲か違憲かを判断することが許されないわけではない。その場合には、合憲であれば、次に合法か違法かの判断が必要になるが、違憲であればその必要なしに結論を出しうることになる。これを適用違憲と呼ぶ用語法もある。適用違憲という言葉の使い方の問題であるから、それはそれでよいのであるが、法令を判断対象とした場合の適用違憲とは異なることに注意が必要である。一方は国家の行為を判断対象としているのに対し、他方は国民の行為を判断対象としているのである。

(12)　条文が文言上あるいは意味上可分であり、可分の文言（たとえば、「風俗又は公安を害する文書図画」における風俗と公安は文言上可分とされた）が違憲である場合、あるいは、意味上可分の意味（たとえば風俗を害する文書図画を猥褻と解釈した場合の意味とそれとは異なる意味に解した場合の意味）が違憲である場合には、その可分の違憲的文言あるいは意味のみを違憲とすることが可能であり、その場合を一部違憲という。不可分ならば、全部を違憲とする以外にない。法令違憲の判決は八件であるが、そのうちで郵便法違憲判決、国籍法違憲判決などが部分違憲判決とされている。しかし、部分違憲かどうかを判決が「部分」という表現を用いたかどうかによってではなく、違憲とされた部分と他の部分とが可分かどうかにより決めると考えると、どれが全部違憲判決でどれが部分違憲判決かを区別することは難しい。また、付随審査制の下で全部違憲と一部違憲を違憲判決の種類として区別することに意味があるのかどうかも、今後の検討課題であろう。部分違憲の手法を積極的に評価するものとして、宍戸常寿「憲法理論六〇年の軌跡と課題(七)司法審査――『部分無効の法理』をめぐって」法時八一巻一号七六頁（二〇〇九年）参照。

(13) しかし、最高裁は適用違憲と一部違憲の間に違いを認めなかった。下級審の判決を批判して次のように述べている。「右各判決は、また、被告人の本件行為につき罰則を適用する限度においてという限定を付して右罰則を違憲と判断するのであるが、これは、法令が当然に適用を予定している場合の一部につきその適用を違憲と判断するものであつて、ひつきよう法令の一部を違憲とするにひとしく、かかる判断の形式を用いることによつても、上述の批判を免れうるものではない」、と。しかし、適用違憲とは、「法令が当然に適用を予定している場合」なのかどうかの判断を留保（回避）する意味をもちうる手法であり、理論上は一部違憲とひとしくはない。

(14) 高裁判決は、適用違憲に対しては「どこまでの政治的行為が許されるのか、その基準が明確でなく、いわゆる萎縮効果を防ぐことができないから、法令違憲という結論を出すべきであるとの批判がなされると考えられる」が、「萎縮効果を防ぐことができないとして、全面的に違憲とすることは、あまりにも乱暴な議論であって」、採るべきでないと述べている。しかし、畏縮効果論は、少しでも畏縮効果があれば文面違憲にすべきだと主張しているのではなく、畏縮効果が無視しえない程度の場合を想定している。したがって、本件での畏縮効果は受忍しうる程度であることの説明なしに、畏縮効果を考慮する必要はないとした高裁の議論も「乱暴な議論」というべきであろう。最高裁判決は、おそらくこの点を理論的に配慮しようとしたのであろう。

(15) 佐藤幸治『日本国憲法論』六五五頁（成文堂、二〇一一年）、同『現代国家と司法権』二一八頁以下（有斐閣、一九八八年）参照。

(16) 第三者没収の判決が適用違憲の判決だとする学説も存在するが、私は適用違憲ではなく「処分違憲」の判決と理解している。

最高裁判決の多数意見には適用違憲の判決は存在しないが、適用上合憲の手法をとった判決は存在しないわけではない。最判昭和三六年一二月六日刑裁集一四〇号三七五頁、最大判昭和四七年一一月二七日刑集二六巻九号五五四頁参照。また、少数意見には適用上合憲の判断が時々現れる。たとえば、徳島市公安条例判決における高辻意見。広島暴走族追放条例判決の堀籠補足意見も、適用上合憲の論旨を述べている。

(17) 猿払判決が下級審の適用違憲の判断を評して「ひっきよう法令の一部を違憲とするにひとしく」と難じたのも（前掲注(13)参照）、このことに関係があるのではないかと思う。

(18) 芦部信喜『憲法訴訟の理論』二九三頁（有斐閣、一九七三年）参照。

(19) 阿部照哉「法律の合憲解釈とその限界」同『基本的人権の法理』二一五頁以下所収（有斐閣、一九七六年）参照。

(20) 阿部・前掲注(19)は、ドイツにおける合憲解釈手法が法創造的機能に対する批判を回避する意味をもっていることを指摘している（二二二頁）が、ドイツでは、裁判官の法創造機能は建前上許されないので、法創造ではなく「体系的解釈」だという説明をするというのであろう。アメリカでは法創造が認められているので、違憲判断の回避だという説明が可能ということでもある。同書は、また、「複雑でたがいに矛盾する内容の法規から成る法秩序を憲法を中心として体系づけ統一性を維持することも、合憲解釈が要請される契機の一つであるといえよう」とも指摘している。要するに、合憲解釈は体系的解釈の一要素であり、法創造ではないということだろう。阿部教授によれば、ドイツ憲法裁判所による「規範統制決定の対象」は、「解釈基準として憲法を用いることなく、文言、成立史、法文目的から得られ意味内容」なのではなくて、「憲法を含む法体系によって規定される真の法律意味であ」り、「事件に適用される法規について合憲解釈が不可能なとき、すなわち合憲解釈を強いて行えば法規の意味を本質的に変えるような場合にのみ、憲法裁判所に規範統制の提訴をすべきである」（二二三頁）とされる。この考え方は、千葉裁判官と同じと思われる。まず最初に法律の意味解釈をするが、その際当然憲法も考慮する。この段階は、合憲限定解釈ではない。意味解釈の結果違憲的部分がある場合に、合憲限定解釈が問題となる、と考えるのである。意味解釈の結果違憲的部分がなければ、合憲限定解釈は問題とならない。

(21) ドイツ的な違憲審査制度の下においては、法令の違憲審査自体が審査の目的である。具体的事件の解決に不要だから判断を回避するということは、理論上起こりえない。ゆえに、法令そのものに立ち向かわねばならず、その最初のステップは、通常、法文の意味解釈であり、その最も重要な解釈方法は体系的解釈である。そして、体系的解釈の結果に違憲の疑いがなければ、法令は合憲であり、そこで審査は終わるのである。その法令の具体的事件への適用は、憲法裁判所の任務ではない。しかし、日本の最高裁は、憲法裁判所ではないとされているから、具体的事件への適用まで視野に入れなければならない。本件の場合、体系的解釈の結果獲得された意味での法令を具体的事実と照らし合わせると、その要件には該当しないから、無罪だとされた。これにより、原審の適用違憲の手法が退けられ、構成要件非該当として無罪の結論が説明されたのである。

(22) 千葉裁判官の思考方法のこのような理解が正しいとすると、解釈方法論を駆使した解釈結果に違憲の疑いがあるとき、合憲限定解釈の余地があるのかどうか、後述のように疑わしい。そのような合憲限定解釈は、解釈の範囲を超えるのではないだろうか。

(23) 厳密に言えば、合憲限定解釈により畏縮効果を完全に除去することはできない。なぜなら、理論上は、合憲限定解釈も、当該事件の事実関係に拘束された解釈であり、その事件で争点とならなかった問題が考慮されていないことがありうるからである。しかし、実際上は、適用上判断と比較した場合、畏縮効果の大半の除去に成功しうるのではないかと考えており、合憲限定解釈が可能ならば、表現の自由を規制する立法についても、認めてよいのではないかと私は考えている。

(24) このような考えは、先に見た、適用上判断は異例の手法であるという感覚と通底しているであろう。

(25) このような手順の判断方法を採った先例に、広島市暴走族追放条例事件判決（最判平成一九年九月一八日刑集六一巻六号六〇一頁）がある。そこでの多数意見は、まず限定解釈が可能かどうかを論じ、解釈として可能であるという結論を下した後に、かくして得られた意味での集会の自由の規制が合憲かどうかを「猿払基準」を使って判断している。

(26) 合憲限定解釈を支える精神は、立法府の判断の尊重である。法令違憲にするよりは、生かすことのできるところは生かして、立法府の判断を尊重しようということを重視したアプローチである。これとの対比で言えば、千葉裁判官のアプローチは、司法独自の観点から法令の正しい解釈を追求するという意味において、その精神は司法優位型である。したがって、積極主義的であるが、司法判断積極主義であっても違憲判断積極主義となるとは限らず、合憲判断積極主義となることが多いであろう。合憲限定解釈が、違憲判断を回避する点で司法消極主義でありながら、実際には違憲判断を前提にする手法であることから司法積極主義として機能するのと対照的である。

(27) 多数意見の「通常の解釈」と須藤判事の「合憲限定解釈」の違いの実体は、限定の大きさにあり、本件では両者とも限定された意味での構成要件に該当せずという点で結論は一致したが、世田谷訴訟の方では、多数意見が構成要件に該当するとしたのに対し、須藤裁判官は該当せずと判断して反対意見にまわっている。

(28) この②の条件について、判旨は徳島市公安条例事件判決（最判昭和五〇年九月一〇日刑集二九巻八号四八九頁）を引用している。しかし、徳島市公安条例事件判決でこの定式が使われたのは、合憲解釈が許される条件としてではなく、条文の文言が明確性の要請を充たすかどうかの基準としてである。この条例は、集団示威行進に際しての遵守事項として「交通秩序を維持すること」という要件を掲げ、違反を処罰することにしていた。そのために、この要件が曖昧不明確ではないかが問題となったのである。多数意見は、この文言を通常のデモに随伴する交通秩序の乱れを超える程度のものを処罰することとした規定であると解釈し、このような理解は一般国民がこの規定から得ることができるものであるから、明確性の要請に反しないとしたのである。この解釈は構成要件を限定するものであり、合憲限定解釈といってもよいと思われるが、多数意見はこれをあくまでも条文のあるべき解釈として導出しており、合憲限定解釈とは述べていない。合憲限定解釈という言い方を避けたのは、全農林警職法事件判決による合憲限定解釈に対する批判が念頭にあったからかもしれないが、通常の解釈として提示している点では、本件堀越訴訟の多数意見に相通ずる面をもつ。いずれにせよ、税関検査判決の多数意見は、徳島市公安条例の多数意見を合憲解釈をしたものと読み、そこで提示された明確性の基準を合憲解釈の許される条件の一つとして読み替えたのである。

(29) たとえば広島市暴走族追放条例事件判決（前掲注(25)）の那須補足意見参照。

二 猿払事件最高裁大法廷判決との異同

1 審査方法

本件の多数意見は、国公法の禁止する政治的行為を上述のように解釈した上で、本件行為はこの構成要件に該当しないとして原審の無罪判決を維持した。その際に、原審が適用違憲により無罪としたのに対し、本判決は、原審が問題とした憲法上の問題を構成要件の解釈に反映させ、構成要件非該当という構成を採った。そのため、解釈された意味での規制が憲法二一条および三一条に反しないかどうかが、構成要件該当性判断に先行する次の問題として設定された。これは、国公法および人事院規則の合憲性審査であるから、猿払判決の先例に従う限り、「猿払基準」

に依拠した審査になると思われる。ところが、その点が必ずしも明確ではない。というのは、そこで引用されたのは、「よど号」事件判決だからである。それは、いかなる点で本件の先例とされたのであろうか。この点につき多数意見は、本件の合憲性審査は「本件罰則規定による政治的行為に対する規制が必要かつ合理的なものとして是認されるかどうかによることになるが、これは、本件罰則規定の目的のために規制が必要とされる程度と、規制される自由の内容及び性質、具体的な規制の態様及び程度等を較量して決せられるべきものである」と述べて、ここに「よど号」事件判決を引用している。この意味するところは、要するに、利益衡量により判断するということであろう[30]。しかしそれだけならば、すでに猿払判決が明確に述べていることであり、事件の性格からいって猿払判決を引用する方が適切なはずである。そうしなかったのは、猿払判決のどこかに支持しがたいものを感じたからではないかと思われるが、それは何か。本判決は、「よど号」判決と猿払判決のどこに違いを見たのか。それは、利益衡量の仕方にであったと思われる。猿払事件は、利益衡量の仕方について、いわゆる「猿払基準」を設定した。すなわち、規制が「合理的で必要なやむをえない限度にとどまるものか否か」を判断するには、①禁止目的が正当か、②目的達成手段としての政治的行為の禁止が目的と合理的関連性を有するかどうか、③禁止により得られる利益と失われる利益は均衡しているかどうか、を検討するという考えである。「よど号」判決は、このような利益衡量の仕方を唱えてはいない[31]。本件判決が猿払基準に従って利益衡量をするつもりであったなら、猿払判決に依拠することを明示したはずである。あえてそうしなかったのは、「猿払基準」を避けたいと考えたからではないかと、私は推測する。実際、多数意見は、本件における利益衡量を次のように述べている。

「……まず、本件罰則規定の目的は、前記のとおり、公務員の職務の遂行の政治的中立性を保持することによって行政の中立的運営を確保し、これに対する国民の信頼を維持することにあるところ、これは、議会制民主主義に基づく統治機構の仕組みを定める憲法の要請にかなう国民全体の重要な利益というべきであり、公務員の職務の遂行の政治的中立性を損なうおそれが実質的に認められる政治的行為を禁止することは、国民全体の上記利益の保護のためであって、その規制の目的は合理的であり正当なものといえる。他方、本件罰則規定により禁止されるのは、民主主義社会において重要な意義を有する表現の自由としての政治活動の自由ではあるものの、前記アのとおり、禁止の対象とされるものは、公務員の職務の遂行の政治的中立性を損なうおそれが実質的に認められる政治的行為に限られ、このようなおそれが認められない政治的行為や本規則が規定する行為類型以外の政治的行為が禁止されるものではないから、その制限は必要やむを得ない限度にとどまり、前記の目的を達成するために必要かつ合理的な範囲のものというべきである。……」（傍点筆者）

ここでの判断は、まず規制の目的が正当であることを述べ、次いで規制が目的を達成するための手段として必要かつ合理的なものだと述べており、これを「本件罰則規定は憲法二一条一項、三一条に違反するものではない」という結論につなげている。しかし、「猿払基準」によれば、合憲とするためには、目的と手段の判断の後に、最後に「得られる利益」が「失われる利益」と均衡していることを検討しなければならないはずである。それなしに結論を出している以上、多数意見は猿払判決の審査方法を踏襲しなかったと理解する以外にない。では、本件の審査方法は、いかなる性格のものか。目的と手段の審査により結論を出しているから[32]、明らかに「審査基準論」を意識している。しかも、目的につき「国民全体の重要な利益」と認定し[33]、手段につき「必要かつ合理的な範囲のもの」と認定しているから、厳格審査あるいは少なくとも中間審査の基準を頭に置いていることがうかがわれる。しかし、いかなる審査基準を適用すべきかについて明確に論じていないので審査基準論を採用したとも言えない。多数意見の背景には、利益衡量により決定するというところまでが先例であり、利益衡量をどのように行うかは事案ごとに適切な方法を採ればよく、それは特に説明を必要とはしない裁判所の裁量問題であるという考え方があるのであろう(34)。

このことを意識的に説明しようとしたのが、千葉裁判官の補足意見である。千葉裁判官によれば、近年の最高裁は、人権制限の合憲性審査を利益衡量により行っており、その際に審査基準を「一般的に宣言するようなことはしない」が、「事案に応じて一定の厳格な基準……ないしはその精神を併せ考慮したもの」も存在するし、また、「これらの厳格な基準のどれを採用するかについては、規制される人権の性質、規制措置の内容及び態様等の具体的な事案に応じて、その処理に必要なものを適宜選択して適用するという態度を採っており、さらに、適用された厳格な基準の内容についても、事案に応じて、その内容を変容させあるいはその精神を反映させる程度にとどめるなどしており、……基準を定立して自らこれに縛られることなく、柔軟に対処しているのである」。

私も、最高裁の審査方法に関する態度は、千葉裁判官の指摘の通りであると思う。そして、それはまさに、事案ごとに最高裁自身が適切と考えた方法で審査するということであり、予測可能性を高め人権行使に対する畏縮効果をできる限り除去しようという考えとは正反対の、アドホックな利益衡量というべきものである。千葉裁判官がいみじくも述べたように、基準により縛られることを避けようとする態度である。しかし、それは、裁判所が保障すべき「法の支配」の精神と矛盾するのではないだろうか。法の支配は、権力行使者としての裁判所も法により縛ることを要求するはずである(35)。

千葉裁判官によれば、猿払判決においても、最高裁は利益衡量を行ったのであり、しかもその「判文中には、政治的行為を禁止することにより得られる利益と禁止されることにより失われる利益との均衡を検討することを要するといった利益衡量論的な説示や、政治的行為の禁止が表現の自由に対する合理的でやむを得ない制限であると解されるといった説示も見られるなど、厳格な審査基準の採用をうかがわせるものがある」という。しかし、利益衡量自体は審査基準ではないから、利益衡量を行ったからといって厳格な審査基準を採用したということにはならない。審査基準とは、利益衡量をどのように行うかの問題なのである。また、「合理的でやむを得ない制限」と述べているから厳格な審査基準の採用をうかがわせるというが、問題は言語的定式ではなく、現実にどのように利益衡量を行ったかである。たしかに、日本の判例が「合理的」と表現したからといってアメリカ的な「合理性基準」（rational basis）を意味するわけではない。しかし、同様に、「やむを得ない」と表現したからといってアメリカ的な「止むに止まれぬ」（compelling）を意味するわけでもない。したがって、猿払判決が目的と手段の関連性につき「合理的関連性」と述べたことを捉えて、アメリカ的な合理的関連性の基準を採用したと断定するのは、千葉裁判官が指摘する通り、正しくないであろうが、しかし、また、厳格な審査基準を採用したという理解も、正しくない[36]。猿払判決は、利益衡量論を採用したが、アドホックな利益衡量であり、審査基準論が主張するような、類型化を基礎にする審査基準を採用するという審査方法は、採らなかったのである[37]。したがって、本件多数意見が「猿払基準」の適用を避け、審査基準論を意識した方法を採用したとすれば、「本件多数意見の判断の枠組み・合憲性の審査基準と猿払事件大法廷判決のそれとは、やはり矛盾・抵触するものでない」（千葉補足意見）とは言えないと思う。矛盾・抵触していないのは、利益衡量という手法を採用したという点のみであろう。それを審査基準論の枠組により行うかのようなスタンスを採用している点は、明らかに猿払基準からの転換である[38]。

2　判例違反の主張の否定

合憲性の判断枠組は、猿払判決と本件では異なるといわざるを得ないが、法令が合憲であるという結論においては変わりはない。とはいえ、合憲とされた法令の「解釈された意味」が猿払判決のそれとは異なるように見える。原審判決の場合は、本件の特殊性を適用違憲により処理したから、猿払判決の解釈した法令の意味は変更していない。そのために検察官は、原審判決は猿払事件の判例に違反すると主張して上告したのである。法令を合憲とした猿払判決を維持する以上、本件にも法令が適用されて有罪となるはずなのに、そうしなかったのは判例違反だというのである。この主張に対して、本件多数意見は、猿払事件と本件では「事案を異にする」から、判例違反は存在しないと答えた。事案は、どのように異なるのか。多数意見によれば、猿払判決の事案は、「特定の地区の労働組合協議会事務局長である郵便局職員が、同労働組合協議会の決定に従って選挙用ポスターの掲示や配布をしたというものであるところ、これは、上記労働組合協議会の構成員である職員団体の活動の一環として行われ、公務員により組織される団体の活動としての性格を有するものであり、勤務時間外の行為であっても、その行為の態様からみて当該地区において公務員が特定の政党の候補者を国政選挙において積極的に支援する行為であることが一般人に容易に認識され得るようなものであった」のであり、「これらの事情によれば、当該公務員が管理職的地位になく、その職務の内容や権限に裁量の余地がなく、当該行為が勤務時間外に、国ないし職場の施設を利用せず、公務員の地位を利用することなく行われたことなどの事情を考慮しても、公務員の職務の遂行の政治的中立性を損なうおそれが実質的に認められるものであったということができ、行政の中立的運営の確保とこれに対する国民の信頼に影響を及ぼすものであった」。これに対して、本件事案においては、「配布行為は、管理職的地位になく、その職務の内容や権限に裁量の余地のない公務員によって、職務と全く無関係に、公務員により組織される団体の活動としての性格もなく行われたものであり、公務員による行為と認識し得る態様で行われたものでもないから、公務員の職務の遂行の政治的中立性を損なうおそれが実質的に認められるものとはいえない」。ゆえに、両事案は異なる、というのである。両事案の違いとして指摘されている点のどこに決め手があるのか、微妙なところもあるが、猿払事件の場合には職員組合の決定に従った団体としての活動であり(39)、したがって公務員が特定候補者を支援しているのが一般人にも容易に認識されるという事情にあったのに対し、本件では公務員であることが知られることなく個人的に行った行為であるという点が違いの核心とされているようである。この違いが公益侵害のおそれが「実質的」に存在するかどうかの判断の違いを生み出しているから、両判決に矛盾はないというのである。しかし、猿払判決には「実質的」というような限定は存在しなかった。本判決によりかかる限定を法令の意味に付加したとすれば、猿払判決の変更となるのではないだろうか。

この点については、千葉補足意見が的確に答えている。千葉補足意見は、まず最初に、猿払判決の論旨が本件に適用されないことの正当化を猿払判決が事案に拘束されたものであることにより行う。すなわち、「判決による司法判断は、全て具体的な事実を前提にしてそれに法を適用して事件を処理するために、更にはそれに必要な限度で法令解釈を展開するものであり、常に採用する法理論ないし解釈の全体像を示しているとは限らない」のであり、猿払判決の「政治的行為に関する判示部分も、飽くまでも当該事案を前提とするものである」という認識を示す。この点は、判決を読むとき、その理由の一般的・抽象的に述べられた定式に目を奪われて忘れがちとなるが、重要な指摘である。ここで事案とは、具体的事実関係のみならず、当事者の論点の提起の仕方まで含めて理解すべきであろう。したがって、当事者が提起しなかった論点については、それがたとえ当該事件に潜在していたとしても、判決はそれに答えたものではないと理解すべきことになる(40)。猿払判決においては、法益侵害がない場合にどう解釈するかという論点は提起されていなかったとすれば、その問題を提起している本件には猿払判決は妥当しないと考えるのは、その限りでは正当である。したがって、本判決の解釈は、猿払のそれの変更ではなく補完だということになる。

3　構成要件該当性の判断手法

本件では、猿払事件には存在しなかった新たな争点の提起を受けて、法令の意味が猿払判決による解釈とは矛盾しない形で再解釈された。そこで新たに「補完」された意味によれば、法益を損なうおそれが「実質的」に存在しない場合は、法令罰条の適用対象とはなっていないということであり、猿払事件では法益を損なうおそれが実質的に存在したのに対し、本件では存在しないということが事案の違いとされたのである。しかし、本件で提示された法令の再解釈は、法令に存在する憲法問題を法令の適用場面に移し替えたにすぎないのではないか。なぜなら、政治的行為の制限をめぐる公益と人権価値の対立が適用に際しての「法益侵害のおそれが実質的に存在するかどうか」という構成要件該当性判断において再現されるからである。もっとも、再現といっても、法令の合憲性判断と要件該当性判断では、関係する事実の一般的・類型的把握のレベルを異にするから、まったく同じ形で再現されるわけではない。しかし、法令の体系的解釈において取り込んだ「法益侵害のおそれの実質的存在」という限定定式が公益と人権価値の調整を適用段階に委ねた限度において、再現は避けられないのである。では、この限定定式は、公益と人権価値との調整を適用段階にどの程度委ねたのであろうか。この点の理解の違いが、千葉裁判官と須藤裁判官の違いとなって現れていると、私は理解する。

須藤裁判官は、多数意見の限定解釈は、「通常の法令解釈」であるとしても「文理を相当に絞り込んだ」解釈だと理解する。合憲限定解釈といってもいいほどに合憲的に限定していると意識しているのである。なぜなら、「実質的」の意味を千葉裁判官とは相当異なる意味に理解しているからである。須藤裁判官にとって、「公務員の政治的行為によってその職務の遂行の政治的中立性が損なわれるおそれが生ずるのは、公務員の政治的行為と職務の遂行との間で一定の結び付き（牽連性）があるがゆえであり、しかもそのおそれが観念的なものにとどまらず、現実的に起こり得るものとして実質的に認められるものとなるのは、公務員の政治的行為からうかがわれるその政治的傾向がその職務の遂行に反映する機序あるいはその蓋然性について合理的に説明できる結び付きが認められるからであ」り、したがって、「公務員の職務の遂行の政治的中立性が損なわれるおそれが実質的に生ずるとは、そのような結び付きが認められる場合を指すことになる」。すなわち、多数意見および千葉補足意見が、実質性を「政治的行為」という構成要件の意味内容に取り込んだだけで、その意味について「公務員の職務の遂行の政治的中立性を損なうおそれが観念的なものにとどまらず、現実的に起こり得るものとして実質的に認められものを指」すということ以上の説明をせず、後は「公務員の職務の遂行の政治的中立性を損なうおそれが実質的に認められるかどうかは、当該公務員の地位、その職務の内容や権限等、当該公務員がした行為の性質、態様、目的、内容等の諸般の事情を総合して判断するのが相当である」として、構成要件該当性についての総合判断にすべてを委ねたのに対し、須藤意見は、法令解釈のレベルで実質性の意味を限定するのである。須藤意見によれば、公務員が「政治的行為」を行うと当人の「政治的傾向」は顕在化するが、それが「職務外」で行われている限り、すなわち「いわば一私人、一市民として行動しているとみられるような場合」には、「その政治的行為からうかがわれる政治的傾向がその職務の遂行に反映する機序あるいはその蓋然性について合理的に説明できる結びつきが認められず、公務員の政治的中立性が損なわれるおそれが実質的に生ずるとは認められない」。しかも、それは、当該公務員が管理職の地位にあろうと、裁量権をもっていようと、職員組合の活動としてなされようと、公務員の行為と直接認識されるような態様でなされようと、あるいは、中立性に反する目的でなされようと、関係ないというのである。(41)「機序あるいは蓋然性」という表現が若干分かりにくいが(42)、機序とはメカニズムということであり、「政治的行為」を行うことと公務の中立性を害すること（あるいはそのおそれが生ずること）との間の（相当）因果関係を意味し、蓋然性とは両者の相関性の高度な確率を意味するのであろう。(43)表現行為に刑罰を科そうというのであるから、その行為と保護法益の間にこの程度の結びつきを要求するのは当然のことと思われるが、須藤意見の特徴は、政治的行為が「職務外」で行われた場合には、かかる結びつきは認められないと断定したことである。(44)これにより、構成要件該当性の判断は、「職務外」かどうかに還元されることになった。では、「職務外」とはいかなる場合か。もし職務外かどうかの判断に際して、「実質的」の判断に際して考慮すると同一の諸要素を考慮するのであれば、言葉を言い換えただけで、判断の仕方に違いはないことになろう。須藤意見は、職務外かどうかを線引きする明確な定式を示してはいないが、刑罰の保護法益を「行政の中立的運営」に限定して「それに対する信頼」をはずし(45)、この保護法益と密接に関連するもののみを「政治的行為」と解している点や、職務外と職務時間外との違いについて述べている説明(46)などを考慮すると、「勤務時間外に、国の施設や職務を利用することなく行った場合」を「職務外」と考えているのではないかと推測される。そうだとすれば、このアプローチは、構成要件該当性の判断についていわゆる「定義づけ衡量」（definitional balancing）の手法を志向するものと理解することも可能となり、千葉裁判官の「個別的衡量」（ad hoc balancing）のアプローチと対比されるものということになろう。畏縮効果を除去するためには、定義づけ衡量の方が優れているのは、いうまでもない。

（30） 依拠する先例の引用は、本件と先例の間に一定の類似性をみているからのはずである。引用箇所からいうと、類似性はカギ括弧で示した部分、すなわち利益衡量により判断するという点に見ていると解することができると思う。判例が先例を引用する場合は、先例との類似性を基礎とするはずであるから、どこに類似性を見ているかが判旨を理解するためには重要である。したがって、類似性がどこにあると考えているかが分かるような引用の仕方と、できればその点の説明がなされることが望まれる。多数意見は、結論部分で「このように解することができることは、当裁判所の判例……の趣旨に照らして明らかである」と述べ、「当裁判所の判例」の後の「……」部分に猿払判決、札幌税関検査判決、北方ジャーナル判決（最大判昭和六一年六月一一日民集四〇巻四号八七二頁）、成田新法判決（最大判平成四年七月一日民集四六巻五号四三七頁）、寺西決定（最決平成一〇年一二月一日民集五二巻九号一七六一頁）を羅列引用している。しかし、このような引用の仕方からは、それぞれの判決のどの点に本件との類似性を見ているのかがまったく不明であり、何のために引用しているのか、理解に苦しむ。

（31）「よど号」判決（一九八三年）が依拠した判例は、猿払判決（一九七四年）ではなく、それ以前の一九七〇年の「被拘禁者の喫煙禁止」に関する判決（最判昭和四五年九月一六日民集二四年一〇号一四一〇頁）であった。

（32）法令の審査を行う場合、目的・手段の枠組みで通常の審査を行う前に、表現の自由の規制として規制の範囲が広範にすぎ違憲無効、あるいは、漠然不明確で違憲無効ではないかを審査する手法もある。この場合には、規制が許されるかどうか、どの限度で許されるかという実体的判断は回避し、法文の書き方にのみ着目して違憲とすることが可能となるので、立法府の実体判断と正面から衝突することを回避しうるという利点がある。法文を適切に起草すれば制限自体は許容されるという可能性を残し、将来の判断に委ねるのである。しかし、それは、広汎もしくは不明確ゆえに違憲無効であるという結論を採る場合の手法であり、広汎でも不明確でもないという結論を採る場合には、次に実体の判断をせざるをえないから、判断の順序として最初から実体問題を論ずるという方法も当然ありうる。本件の多数意見が採用した思考法はこれであり、最初に条文の「体系的な解釈」をした後、解釈された意味での規制が「必要やむを得ない限度にとどま」るから目的・手段審査をパスすると論じると同時に、「上記の解釈の下における本件罰則規定は、不明確なものとも、過度に広汎な規制であるともいえない」と判示したのである。実体を論ずる前提として、条文の意味は不明確でも広汎でもないことが織り込まれているから（そうでなければ、実体について合憲性の判断をすることが論理上できない）、この結論は当然であり、問題は実体の判断に収斂する。なお、漠然性・広汎性の判断手法を採用するのは違憲の結論をとる場合であるために、広汎性あるいは漠然性を理由とする文面判断は厳格な審査であるとか、厳格な審査基準であるとかいわれることがある（千葉裁判官は「不明確故に無効の原則」を厳格な審査基準と述べている）が、広汎性・

漠然性は審査の対象あるいは方法であって、審査基準ではないし、ましてや厳格な審査基準ではない。広汎かどうか、不明確かどうかを厳格に審査するか緩やかに審査するかは、理論上は別問題である。緩やかに審査しても漠然あるいは広汎と判断されれば、「ゆえに違憲無効」となるのである。日本の最高裁は、広汎性あるいは漠然性の判断を緩やかに行う傾向があり（最高裁内部で意見が対立した税関検査判決等を参照）、その結果条文の書き方につき立法府に再考を求めたほうがよい場合にまで実体判断に入り、「合憲判断積極主義」と批判されてきたのである。

(33) 「猿払基準」では、目的は「正当」かどうかだけが審査されるが、目的が正当だという判断は、どの程度正当かについては判断していないのであるから、最も緩やかな正当まで含まれていることになる。どの程度正当かという点に関しては、通常、厳格度により次の三つに区別している。①憲法が禁止はしていない、という意味で正当、②重要な目的であり、正当、②必要不可欠な目的であり（どうしても規制しないわけにはいかないという意味でcompelling）、正当。もっとも、各厳格度の間の境界線は不明確とならざるをえない。その意味で、利益衡量の「指針」であり、機械的なあてはめの問題ではない。本件の多数意見は、「重要な利益」と表現しているから、少なくともこの②を意識したのではないかと推測される。

(34) 本判決は猿払事件とは事案を異にするから矛盾しないと考えているが、事案を異にするから「猿払基準」の適用はないと考えているのであろうか。もしそうなら、利益衡量という点では同じであるが、利益衡量の仕方につき、「猿払基準」が適用される類型と適用されない類型が区別されたということになる。

(35) 利益衡量は、利益の大きさについての客観的な尺度が存在しないから、本質的に主観的・恣意的判断とならざるをえない。それを可能な限り客観的なものにするために、衡量を方向づける基準を設定しようというのが審査基準論の趣旨なのである（高橋和之「審査基準論の理論的基礎」ジュリ一三六三号六四頁、一三六四号一〇八頁（二〇〇八年）参照）。審査基準論が目指しているのは、裁判官の利益衡量の仕方を「縛り」、予測可能性を高めることである。もちろん、縛られることから弊害が生ずることもありうる。アメリカでは、類型が確認されると自動的に適用すべき基準が決定されるために、審査の対象がいかなる類型に属するかといういわば形式的な問題に集中し、当該事件でいかなる利益が対立しているのかの綿密な検討と衡量がなおざりになっているという有力な批判があり、この弊害を是正するにはドイツ的な比例原則のほうが優れているという説も一部にはある。しかし、日本の判例の現状は、そのような弊害を問題とする以前の段階であろう。なお、千葉裁判官は、最高裁は基準を一般的には宣言しないが、しかしその都度適切な厳格度で審査していると主張する。もしそうならば、その都度いかなる厳格度の審査が適切かが理由をもって示されることになり、そこから判例理論として類型化が形成されていく可能性はある。しかし、従来の判例では、事件ごとに利益衡量を総合判断により行うというスタンスが採られており、類型化を可能にするような説明はほとんど行われてこなかったというのが、私の受けている印象である。

(36) ちなみに、千葉裁判官は、厳格な基準の例として「明白かつ現在の危険の原則、不明確故に無効の原則、必要最小限度の原則、ＬＲＡの原則、目的・手段における必要かつ合理性の原則など」を挙げている。しかし、そのそれぞれがいかなる意味で厳格な審査基準と言えるのかは、検討を要する問題である。

(37) 千葉裁判官は、猿払事件の場合は「あえて厳格な審査基準を持ち出すまでもなく、その政治的中立性の確保という目的との間に合理的関連性がある以上、必要かつ合理的なものであり合憲であることは明らかであるから、当該事案における当該行為の性質・態様等に即して必要な限度での合憲の理由を説示したにとどめたものと解することができる」（傍点筆者）と述べているが、奇妙な論理である。緩やかな審査をしても「違憲」であるから、「あえて厳格な審査を持ち出すまでもない」というなら分かるが、本件は合憲判断であるから、たとえ合憲であることが明らかと裁判官が考えたとしても、そのことを厳格審査基準を適用して説明する必要があったはずである。

(38) 千葉裁判官の思考においては、利益衡量をどのような基準で行うかは事件ごとに適切な基準を考えるべきものであり、類型化して提示する必要はない、現実に、厳格に行うべき場合には、厳格に行ってきているのであり、猿払判決でも適切な厳格度の審査がなされたのだ、と言いたいようである。しかし、この点について必ずしもそう言いきれないものを感じたために、猿払判決ではなく「よど号」判決を先例として引用したのかもしれない。というのは、千葉裁判官は、「よど号」判決の「相当の蓋然性」を「明白かつ現在の危険」に相当する厳格審査基準だと捉えているからである。「よど号」判決に依拠することを示して、本件も厳格な審査を行っているのだということを暗示したかったのかもしれない。たしかに、「相当の蓋然性」は、理解の仕方によっては厳格な定式と言えないわけではない。しかし、それが厳格審査基準として機能するためには、裁判所が独自にそれを適用して判断することが必要であるが、「よど号」判決では、その点の判断を監獄所長の裁量に委ねたのであるから、厳格な審査を行ったとは言えない。

(39) 労働組合活動の一環として行ったということが、猿払一審では無罪の方向で評価されたのに対し、堀越最判では、逆の方向の評価を受けている。これは、猿払一審が全農林判決の前で、労働組合運動への同情的見方が広く存在したのに対し、全農林判決（一九七三年）によりそれが否定されたということが背景にあるのであろう。

(40) 論点が法律問題である限り、裁判所には当事者が論点提起していなくても判断する権限があるから、取り上げて答えることは許されるが、当事者が論点として提起していない場合には、裁判所に答える義務があると考える必要はないであろう。

(41) これらの事情を懲戒処分との関連で考慮することは、須藤意見も認めている。したがって、刑罰を科すか懲戒処分だけにとどめるかは、立法裁量の問題ではないと考えているのであり、その限りで猿払判決の反対意見と共通である。

(42) 須藤裁判官のこの議論は、原判決による「行政の政治的中立性の要請は、専ら職務執行に関連しているものであるから、職務と無関係の政治的活動の規制には直ちにつながらないだろう」という理解と連動していると思われる。原審は、この観点から、本件の問題を「中立性の外観」の保護に限定し、この法益の侵害はないと判断するのに対し、須藤裁判官は、保護法益から「外観の保護」をはずして「行政の政治的中立性」に限定し、この保護法益を害する「機序あるいはその蓋然性」の論証を求めるのである。その論証が困難だという点で原審と須藤裁判官の判断は一致しているのである。

(43) 行為と法益侵害との結びつきを因果関係として論証することは困難なことが多いが、確率論的な論証はそれよりは容易であり、須藤意見はこのことを考慮した上でかかる表現を用いたのかもしれない。確率論を訴訟の場でどの程度、どのように許容するかは難しい問題であり、たとえば性表現の自由化が性犯罪を誘発するかどうかといった問題との関連でも議論されている。

(44) 「断定」と述べたのは、そのように判断する根拠が十分に説明されていないと私は感じるからである。須藤意見は、公務員が政治的行為を行うことにより「政治的中立性を損なう潜在的可能性が明らかになるとは一応いえ」ることは認めつつ、「しかしながら、公務員組織における各公務員の自律と自制の下では、公務員の職務権限の行使ないし指揮命令や指導監督等の職務の遂行に当たって、そのような政治的傾向を持ち込むことは通常考えられない。また、稀に、公務員が職務の遂行にその政治的傾向を持ち込もうとすることがあり得るとしても、公務員組織においてそれを受け入れるような土壌があるようにも思われない」と論じているが、かかる判断が主観的な感想ではなく一定の立法事実に依拠しているということの説明がないからである。

(45) 猿払判決は、公務員の政治的行為の禁止の保護法益を①行政の中立性の確保と②行政の中立性に対する国民の信頼の確保に求めた。本判決の多数意見もこれを受け容れた上で議論しているが、須藤裁判官は、刑罰規定の保護法益としては②を認めず、①に限定し、①と禁止される政治的行為との間の密接な関連性の論証を要求したのである。行政組織内部の適正な運用を担保する方法は、基本的には階層制・職務命令と懲戒制度・昇進制度の活用であり（公務の中立性確保は、法治主義によるのだということを指摘するものとして、今村成和『人権と裁判』三七頁（北海道大学図書刊行会、一九七三年）、室井力『公務員の権利と法』一二〇頁（勁草書房、一九七八年）参照）、刑罰を用いることは最大限に謙抑的であるべきことを考えると、「国民の信頼」というような伸縮自在の観念を保護法益と認めることは、可能な限りさけるべきであろう。日本国憲法は、公務員が一私人として憲法で保障された政治的行為をしたからといって公務の中立性が害されることはないという信頼と寛容の精神をもつよう、国民に求めているのではないだろうか。

（46）職務時間外でも国または職場の施設を利用して行う場合は、職務外とはいえないと例示している。

おわりに

表現の自由の制限の合憲性審査には、比較憲法的に見て二つの方法が識別されてきている。一つは、アメリカにおいて発展させられてきた「審査基準論」であり、規制態様等による類型設定を基礎に類型ごとに厳格度の異なる基準を適用して目的・手段審査を行うものである。もう一つは、ドイツにおいて発展させられてきた「比例原則」による審査方法で、目的と手段の関係に焦点を当て手段の目的適合性・必要性・比例性を審査する手法である[47]。両者は、制限により得られる利益と失われる利益の衡量という考え方を基礎にしている点では共通するが、衡量の仕方が異なる、というのが私の理解である。この二つの手法に照らしてみた場合、本件判決が採用した審査方法はどのような特徴をもつのかをまとめておきたい。

日本の最高裁も制限の合憲性審査を利益衡量により行うという点では、アメリカやドイツと違いはない。しかし、利益衡量をどのように行うかについては、事案ごとに利益衡量を行うということ以外に、明確な方針をもっていないように思われる。それでも、判例に見られる利益衡量の仕方には、二つの流れが識別しうるのではないかと思われる。一つは、猿払判決にみられる利益衡量の仕方で、「猿払基準」を適用して行うものである。(48) 猿払基準は、アメリカにおける合理性基準に類似したものという理解も存在するが、むしろドイツの比例原則に近いと言うべきであり、比例原則を参考にして洗練させていく（必要性の審査を組み込む）とすれば、ドイツ型に近づいていくことになると予想される。もう一つの流れは、目的と手段という枠組みの中で利益衡量を行うものであり、表面的にはアメリカ型に似るが、類型化と基準設定を（意識的に？）避けるために、審査基準論を採用したとは捉えることができず、アメリカ型でもドイツ型でもない日本独自の手法と言うべきものである。

最高裁の依拠するこの二つの手法は、アドホックな利益衡量という点では共通する。猿払基準は、基準らしきものを設定はしているが、実際には「得られる利益と失われる利益の衡量」が決め手とならざるをえず、その衡量が基準なしに行われる以上アドホックな利益衡量と言う以外にない。他方の目的と手段の枠組みを借用した審査も、審査基準なしに利益衡量の結論を出す以上、アドホックな利益衡量であることは疑いない。本件判決の千葉補足意見が、依拠する判例としては目的・手段枠組みを採用した「よど号」判決を引用し、猿払判決の引用を避けたにもかかわらず、本判決と猿払判決には、判断手法に違いはないと捉えたのも、このためである。しかし、目的審査と手段審査により利益衡量が完結しうることを理論的に説明しようとするならば、基準設定は不可欠であり、猿払基準を避けて「よど号」判決に依拠した趣旨を推し進めるならば、アメリカ型に移行していく以外にないように、私には思われる。それを好まずアドホックな利益衡量を保持したいというのであれば、猿払基準を比例原則へと読み替えてそこに回帰することになろう。本件判決は、その意味で、ドイツ型思考とアメリカ型思考のせめぎ合う中で、日本独自の手法の可能性を手探りしながら逡巡しているもののように思われる。

本件判決でもう一つ注目されるのは、「政治的行為」の解釈に法益侵害の危険性の「実質的」な存在という要件を読み込んで再解釈をしたことである。その結果、何が「実質的」に該当するかが問題となり、その該当性判断をアドホックに「総合判断」で行うのか、デフィニショナルなルール設定により行うかという対立を生み出した。政治的行為の規制自体を合憲とする前提を採る限り、この対立が今後の議論の焦点となっていくことが予想される。

(47) アメリカとドイツの審査手法については、高橋和之「憲法判断の思考プロセス——総合判断の手法と文節判断の手法」曹時六四巻五号九九五頁（二〇一二年）参照。

(48) これに属する最高裁判例として、プラカード事件判決（最判昭和五五年一二月二三日民集三四巻七号九五九頁）、戸別訪問判決（最判昭和五六年六月一五日刑集三五巻四号二〇五頁）、寺西事件決定（前掲注(30)）、広島市暴走族追放条例事件判決（前掲注(25)）がある。

英国自治体監査の動向

碓井光明

一　はじめに
二　イングランドの自治体監査と監査委員会
三　保守連立政権による監査委員会廃止政策とイングランドの監査の動向
四　ウエールズ、スコットランドおよび北アイルランドの自治体監査の動向
五　若干の考察
六　おわりに

一　はじめに

自治体の財務会計の処理が適正であるか否か等をチェックする仕組みとして、まず何よりも徹底した内部統制が必要なことはいうまでもない。その中には、いわゆる「内部監査」とか「内部監察」と呼ばれるものがある。それらは、長の下において、内部的にチェックする活動である。現行の日本の法律は、そのような活動を国法上の制度として設けておらず、自治体に義務づけているわけではない。したがって、内部監査等は、個々の自治体の裁量に委ねられている。他方、地方自治法（以下「自治法」という）は、すべての「地方公共団体」に対して監査委員の設置を義務づけている（一九五条一項、二九二条）。監査委員は、長と並ぶ執行機関として位置づけられているのであるから、長の傘下に置かれていないという意味においては、監査委員監査は外部監査である。しかし、議会の同意を得て長が選任する仕組みが採用されていること（自治法一九六条一項）および監査委員が身分上地方公共団体に所属することに鑑みると、典型的な外部監査と呼ぶには抵抗がある。なお、「外部監査契約」に基づく監査[1]は、監査人の身分が地方公共団体に所属していないという観点からすれば、まさに外部監査である。しかし、地方公共団体が自らの外部監査人を選ぶことができることをいかに評価するかがポイントになる。地方公共団体は、外部監査により決定的なダメージを受けるおそれのない者を選ぶことも考えられるからである。

こうした日本の自治体の監査制度の中で、不適正支出の発覚などを契機として、監査制度の見直しが議論されている。筆者も参画した地方行財政検討会議（平成二一年〜二二年）においても、監査制度のあり方が検討の対象とされた。

そこにおける検討も踏まえて、総務省は、「地方自治法抜本改正に向けての基本的考え方」（平成二二年六月）において、「内部の監査には独立性の限界があり、これに期待できない機能については、地方公共団体の外部の主体による監査が不可欠である」とし、「外部の主体が担う監査には、監査対象からの独立性が求められることから、外部の監査主体には地方公共団体の補助機関に依存しないような体制、つまり、組織的な外部監査体制の構築が求められる」こと、そのような方策として、「イギリスの監査委員会（Audit Commission）のように地方公共団体から独立した機関や、複数の地方公共団体が共同で設立した機関を設けて、こうした機関が監査にかかわっていくことが考えられるが、具体的な制度設計を今後検討する」と述べた。

次いで、総務省の「地方自治法抜本改正についての考え方（平成二二年）」（平成二三年一月）は、「見直し案1・長の責任の明確化及び監査機能の外部化」の外部監査体制として、「全国単一の監査共同組織が、外部監査人の指定、監査基準の設定、資格付与及び研修を担う」こと、および「公信性を担保するため監査は外部化し、決算審査や健全化判断比率の審査をはじめ、要求監査及び合規性の随時監査等を外部監査人へ委託する」ことを挙げている。また、「見直し案2・内部と外部の監査機能の明確化」の外部監査体制としては、「全国単一の監査共同組織が、外部監査人の指定、監査基準の設定、資格付与及び研修を担う」こと、および「決算審査や健全化判断比率の審査及び合規性の随時監査等を外部監査人へ委託する」ことを挙げている。さらに、「見直し案3・監査機能の共同化」においては、監査機能の共同化のあり方として、「複数の地方公共団体が地方監査共同組織を設立して定期監査等を行うこととし、併せて決算審査等についても共同組織において行う」こと、「組織の設立の主体については、都道府県単位の構成とする（複数の都道府県が共同組織を設けることもありうる）」こと、「全国単一の監査共同組織が、監査基準の設定、資格付与及び研修を担う」ことを挙げている。

平成二二年六月の「基本的な考え方」において言及された監査委員会（Audit Commission）については、この直後に英国政府により廃止方針が発表された。そこで、そのような動きをたどるとともに、イングランドに加えて、ウエールズ、スコットランド、北アイルランドの自治体監査制度の動向を見るならば、自治体監査制度構築上の論点も見出すことができるのではないかと考えて、本稿を草するものである。もっとも、前記の四つの国（country）から構成されている連合王国（United Kingdom）（以下、本稿においては、「英国」という）に関しては、いわゆる権限移譲（devolution）の進行もあって、立法権限の所在を正確に把握することにも困難がある(2)。正確なところは、歴史的展開も含めて、英米法研究者ないし英国政治研究者の研究業績に委ねざるを得ない。

なお、以下において、「自治体」、「地方政府」、「地方当局」などの用語が混在して登場するが、全体の論旨に影響しないので、敢えて調整しないこととしたい。

（1）外部監査は包括外部監査と個別外部監査とに分かれており、義務づけのあるのは、都道府県および政令で定める市（自治法施行令により指定市および中核市）の包括外部監査のみである（自治法二五七条の二七以下）。

（2）連合王国（United Kingdom）は、単一国家（unitary state）であって連合王国議会（Parliament）の立法権が全土に及ぶとはいえ、立法権、司法権および行政権限の範囲がきわめて複雑なものになっている。権限移譲については、概観として、Hilaire Barnett, Constitutional & Administrative Law 9th ed.（Routledge, 2011）三四三頁以下、Colin Turpin & Adam Tomkins, British Government and the Constitution（Cambridge U. P., 2011）二一〇頁以下を参照。さらに詳しい文献があるが、読みこなしていない筆者としては、紹介を控えたい。日本語の文献として、陶山具史「イギリスの道州制（一）」自治研究八三巻四号三六頁（二〇〇七年）、内貴滋「英国地方自治体改革の展望と中央集権手法（一）」自治研究八二巻八号四九頁（二〇〇六年）、同「英国総選挙の意味するもの（三）」自治研究八七巻三号二四頁（二〇一一年）に接した。

二　イングランドの自治体監査と監査委員会

1　前　史

イングランドについての動向を考察する前に、まず、英国の自治体監査制度の歴史的展開を簡単に述べておこう(3)。英国の自治体監査制度は、一八世紀に救貧法による支出を裁判官がチェックした制度に発している。一八三四年の法改正で中央政府の機関たるPoor Law Commissionersが実質的な自治体監査人を任命して監視することができるとした。一八四四年改正で、地区監査人制度を設け、バラについては地区監査人の選挙制度を採用し、バラについての選挙制度は、選択制も含めて一三九年の長きにわたり存続したが、それは例外であって、Poor Law Amendment Act 1868も、一般の自治体について地区監査人（district auditor）の中央政府による任命制度を採用した。そして、救貧支出のみならず、Public Health Actに基づく支出なども、地区監査人の監査対象とされた。監査人の統合が図られたのは、Local Government Act 1933によるものである。このように、中央政府が自治体の監査人を任命する長い歴史があったのである。

2　監査委員会の設置

監査人を大臣が直接任命することを改めて、かつ監査人の任命機関の中央政府からの独立性も確保しようとしたのが、Local Government Finance Act 1982であった。英国のうちのイングランドおよびウエールズの自治体監査制度は、これまで（ウエールズは、後述のように二〇〇四年法の施行まで）、この法律によって規律されてきた(4)。その組織は、監査委員会（Audit Commission）と、個々の自治体の監査人（auditors）とからなっている。前者が、自治体監査制度を統括する特別の組織であり、後者が監査の実施の実働機関ないし実働者である。

監査委員会は、法律の規定により設置された特別の法人であって、国（大臣）からの独立性を有し、かつ自治体による共同設置機関でもない。その後、Audit Commission Act 1998 の制定によって、各種の法律の中の監査委員会に関する規定を統合する立法が実施された。以下において、特に表示しない条文は、Local Government Finance Act 1982 の旧規定を指し、Audit Commission Act 1998 の規定は、「新法」と表示することにする。なお、担当国務大臣の呼称が変遷しているが、以下においては、当初のものによる。

監査委員会（Audit Commission）の正式名称は、当初は、"The Audit Commission for Local Authorities in England and Wales" であったが、National Health Service and Community Care Act 1990 によって、"The Audit Commission for Local Authorities and the National Health Service in England and Wales" に改められた。これは、従来の地方政府のほかに、National Health Service（NHS）も対象にするためである（一一条一項）。一般の地方政府に関する限り、実質的な変更はない。新法も同一の名称を用いている（一条一項）。

監査委員会委員は、大臣（環境大臣またはウエールズ担当大臣を指す）によって任命される。当初は、一三名以上一七名以下の人数の委員によって構成されるとされていたが、National Health Service and Community Care Act 1990 によって一五名以上二〇名以下に改正された（新法一条二項）。この任命にあたっては、大臣が適切と考える団体に諮問することが義務づけられている（一一条二項、新法一条二項・四項）。同時に、大臣は、同様の諮問を経て、正副の委員長を任命する（一一条三項、新法一条三項・四項）。これらの諮問は、実際には、地方当局の連合組織（local authority associations）および職業会計士団体に対してなされる。この諮問手続によって、大臣による恣意的な任命がなされないような配慮が図られているのである[5]。

監査委員会の詳細に関しては、同法付則三（新法付則一）に定められている。以下は、主として付則の定めの概要である。

まず、委員会は、前述したように、法人（a body corporate）とされ（一項、新法一項）、王権の代理人として行動するものとはみなされず、委員会およびその委員、職員、雇員は官吏（Crown servant）とはみなされない（二項、新法二項）。これによって、監査委員会は、Crown body ではなく、したがって内閣に責任を負わず、内閣の統制の下に置かれていないと解されている[6]。

しかし、大臣は、委員の任命のみにとどまるわけではなく、委員会に対して一定の権限を有し、かつ、委員会は大臣に対して一定の義務を負っている。

まず、大臣は、委員会に委員会の任務遂行に関する指令（directions）を出すことができるとされ、委員会はその指令を実施しなければならない（三項（一）、新法同）。また、委員会は、大臣の要求するその任務の遂行に関する情報を大臣に提供するものとされ、その目的のために大臣の授権を受けた者に委員会の帳簿その他の資料を調査しコピーすることを許容し、その者または大臣の要求するところに従い説明しなければならない（三項（二）、新法同）。しかし、大臣は、監査を要する特定の機関に関して指令を発し、もしくは情報を求めることは認められず、また、指令を発する場合には、事前に適切と考える地方当局の連合組織および会計士の団体に諮問することが義務づけられている（三項（三）、新法同・（四））。さらに、指令は公表することとされている（同（四）、新法三項（五））。諮問・公表という透明な処理によって批判にさらされる仕組みになっているといえよう。

法人たる監査委員会の運営については、自らの責任で実施する監査報酬収入等によって費用を賄うという独立採算制が採用されているものと解されている。[7] このことは明示されているわけではないが、「報酬その他の収入」で経費を賄うことを定めつつ（九項、新法八項）、その他の収入については、借入れのみを掲げ、国はそれに対応した貸付けと債務保証を定めているにすぎないからである（一〇項・一一項、新法九項・一〇項）。しかも、会計監査の報酬の算定基準は、関係する地方当局の団体（保健サービス局の場合には保健サービスの団体）および会計士の団体と協議して、委員会が決定できるとされている（本則二一条一項・二項、新法本則七条一項・二項）。[8] この意味では、委員会は、財政的に国から独立しているが、国庫は監査委員会の借入れにかかる返還債務等について債務保証をなすことができること、委員会の会計処理の記録は、大臣が大蔵省承認を得て定める様式に従わなければならず、委員会の決算報告は、大臣に提出されたうえ、会計検査院長（Comptroller and Auditor General）の監査を経て、議会に提出されること（付則三第一二項、新法付則一第一一項）など、国との関係が完全に切断されているわけではない。

委員会の委員の身分に関して重要なのは、その解職事由である。大臣は、以下の場合に解職できると定めている（四項（三）、新法四項（四））。(a)破産しまたは債権者と債務整理契約を締結したとき、(b)身体的または精神的病気により不適格となったとき、(c)大臣によって認められた理由以外で六箇月以上にわたり委員会の会議を欠席したとき、(d)その他大臣の意見において、委員の任務の遂行ができないか不適当とされる場合。

これらの中では、(d)が包括的であるだけに問題を生じさせることがありうると思われるが、恣意的な解職を認める趣旨でないことはいうまでもない。

以上のような監査委員会を、どのように見るかが一つの論点である。

まず、委員の選任について検討しよう。所定の諮問手続があるとはいえ、大臣による任命という建前自体に注目しておく必要がある。論者によっては、国の会計検査院長の任命が、首相の推薦に基づき国王よりなされる際に、首相は議会の会計委員会（Public Account Committee）の委員長（慣例として野党の議員から選任されている）の同意を得なければならないことと対比して、監査委員会の委員は、大臣によって任命される点において大臣の影響力は無視できず、「従順な委員会（compliant Commission）」になりやすい旨を指摘している。しかも、同じ論者によれば、法律で任期は任命条件で定めることとされ（付則三（新法付則一）四項（一））、実際には三年の短い任期で任命され、更新との関係で、このことが促進されるという[9]。

この指摘は、重要と思われるが、大臣が監査委員会委員の任命を通じていかなる意思を貫徹しようとするのかを予測できず、したがって、この仕組みによる弊害は例外的場面においてのみ生ずるものと思われる。

国の機関というには、あまりに独立性が強い。しかし、かといって、純粋な民間団体ということもできない。やはり、「自治体監査の統括機関という公の目的をもった機関」であると見るべきである。当時の英国において明確に認識されていたかどうかは別にして、一種の独立行政機関（public sector quangos）であるのかもしれない。その特色は、その長を中央政府から分離させるとともに、その長を特に優位させることなく、同列に置くことにあるという。これによって、中央政府の圧力なしに独立の判断ができるというのである[10]。

3　監査委員会の内部組織

次に監査委員会は、その下に、Controller of Audit、Deputy Controller、Associate Controller、Chief Inspector of Audit、さらにこれらを補助するスタッフが任命され、自治体の監査を実際に担当する"district auditor"と呼ばれる監査人および彼らを補助する職員が任命される。Controller of Audit の任命には、国務大臣の承認を要する（付則七項（一）、新法付則同）。これらの職員の勤務条件は委員会が定める（七項（三）、新法同）。

ところで、一九九四年一一月以降、監査委員会の職員のうち、監査に従事する職員は District Audit（DA）と呼ばれるエイジェンシーによって運営されることになった。これは、国の省庁といわゆるエイジェンシーとの関係と同様のものであると言われる。しかし職員が委員会に雇われているという形式的関係に変更はないとされる(11)。

4 個々の自治体の監査人の任命

個々の自治体（地方政府）の監査人は、保健サービス局会計の監査人を除き、委員会が当該自治体と協議して任命する（一三条三項、新法三条三項）。一の自治体について、二以上の監査人が任命されることもあり、その場合には何名かは監査委員会の職員たる district auditor の中から任命することができ、任命にあたり、共同でまたは会計の異なる部分に分けて監査すること、あるいは異なる任務を遂行することを決めることができる（一三条二項、新法三条二項）。任命される監査人は、監査委員会の職員、それ以外の個人または個人からなる組合（firm）である（一三条一項、新法三条一項(12)）。

監査人となる資格として、列挙されている各種の会計士団体に所属しているか、国務大臣によって資格を認められた者、あるいは、一九九六年四月以前に旧法一三条五項に基づき委員会の推薦により大臣の承認を受けた者でなければならない（一三条五項、新法三条五項）。組合が任命されるには、その各構成員が所定の会計士団体に所属していなければならない（一三条五項、新法三条六項）。委員会の職員以外の者の任命の条件および期間は、委員会が定めることとされている（一三条七項、新法三条八項）。

実際に、特定の自治体の監査人の任期がどのように定められているのか、直接の資料はないが、形式上は毎年任命し、通常は五年の期間で入れ替えるローテーション方式が採用されていたようである。そして、民間の会計士選任の場合の七年基準も考慮して、五年の期間を延長する場合も、最長七年で運用されていたようである[13]。監査人と被監査団体との関係は、監査人がその行政運営にある程度通じていることが望ましいという視点と、監査の緊張感を維持し癒着を生じないようにという配慮が必要である[14]。日本の場合、包括外部監査人との契約について、連続して四回同一の者と契約してはならないという制限を課しており（自治法二五二条の三六第三項）、こうした配慮がなされている。しかし、監査委員は、任期が四年であるが（自治法一九七条）、再任を妨げないこととされている。イングランドおよびウエールズにおける議論ならびに運用の仕方は、日本の監査委員の再任の是非等の議論に役立つであろう。

監査人の任命につき、監査を受ける団体（被監査団体）による任命とすることに対し強く反対を表明したのは、レイフィールド委員会（Layfield Committee of Inquiry into Local Government Finance）の報告であった。被監査団体との協議という手続があるとはいえ、この被監査団体の関与は受動的なものであるから、一応同報告の趣旨が活かされたといえよう。また、同報告は、中央政府からの分離独立性も強調していた。監査委員会と中央政府との関係をどのようにみるかにかかっているが、実質的には、同報告の趣旨が活かされたといえよう[15]。レイフィールド委員会の主張したこれらの点は、自治体監査制度を論ずるうえで重要な論点である。

逆に、個々の監査人の独立性はどのように見られるのであろうか。

一九八二年法以前に地方監査人が中央政府によって任命されていた時代から、任命権者からの独立性が確立されていたと言われる。その代表的表現は、アイルランド高等法院の判決 R.（Bridgeman）v. Drury, ［1894］ 2 I.R. 489 の「彼の全職の価値は彼の独立性にある。役所の考え方が、制定法の命ずるところに優位することはできない。制定法が、監査人のなすべきことを明確に定めているのである。」という部分に示されているとされる。したがって、任命権者は、監査人の判断に納得できないという理由で罷免したり降格することはできないとされてきた[16]。

そして、この考え方は、一九八二年法においても基本的に変わるものではないとされる。すなわち、「個々の地方当局の監査を遂行する責任は、依然としてもっぱら監査人自身にかかっており、監査人の制定法上の職務を遂行するに際しての監査人の専門的技術と判断の行使について委員会は何ら介入する権限を有しないことになる[17]」というのである。監査人は、監査委員会の定める監査準則に従わなければならないこと、監査人の再任にあたり監査人が過去に準則に従って監査を実施したか否かが考慮されること、監査人は監査委員会の提供する情報を考慮せざるを得ないこと、被監査団体に対して法的手段を進める場合に、実際上は監査委員会との密接な連携がとられること等、監査委員会の強力な影響下にあることは否定できない[18]。しかし、監査人が独自の責任で監査を実施する、したがって監査委員会が監査人の個別の監査を指揮することはない、という建前は明確である。

イングランドおよびウエールズの場合、監査人は、前述のように所定の団体の会員であるかまたは監査人に適格として大臣により認められた資格を満たしていなければならない。所定の団体として以下のものが列挙されている（一三条六項、新法三条七項）。

(a) イングランドおよびウエールズにおける勅許会計士協会（the Institute of Chartered Accountants in England and Wales）
(b) スコットランドの勅許会計士協会（the Institute of Chartered Accountants of Scotland）
(c) 公認会計士協会（the Association of Certified Accountants）
(d) 勅許公財務会計協会（the Chartered Institute of Public Finance and Accountancy）
(e) アイルランド勅許会計士協会（the Institute of Chartered Accountants in Ireland）

(f)　その他英国で設立された会計士の団体で、大臣により当分の間承認されたもの

これらの列挙から明らかになるのは、原則として然るべき会計士の団体に所属していることが資格要件とされ、大臣承認による資格は例外と見られることである。これは、監査人の職務の中心が地方政府の会計の処理の監査、ことに各年度の決算ないし財務書類についての監査にあることを考えるならば、きわめて自然なことであるともいえる。

なお、会計士団体の中に、「勅許公共財務会計協会[19]」という公共部門専門の団体が含まれていることが注目される。この団体は、もともとは地方政府の財務職員の訓練と資格付与に責任を負う専門家の団体である Institute of Municipal Treasurers and Accountants に由来し、一九五八年までは、その資格は、地方政府の職員経験者に限定されていたが、同年からは、一般の公務員や公共部門職員の加入も許容されるようになった[20]。現在、この団体（CＩＰＦＡと略称される）は、財務処理の基準設定などの重要な役割を果たしている。いずれにせよ、公共部門の財務職経験者が、然るべき資格認定を得て、監査人になることができる点に注目したい。

日本の監査委員の場合には、地方公共団体の実務経験者が、「人格が高潔で、普通地方公共団体の財務管理、事業の経営管理その他行政運営に関し優れた識見を有する者」（自治法一九六条一項）として選任されることはあるが、実務経験を有することは必須の資格ではなく、かつ試験制度も存在しない。しかし、外部監査契約の対象者には、監査実務従事者が含まれており（自治法二五二条の二八第一項三号）、英国の制度に通ずるところがある。しかも、当該地方公共団体の常勤の職員であった者等を監査実務精通者から除外することによって（自治法施行令一七四条の四九の二二）、独立性を確保しようとしている。

他方、英国の場合に、前述の(d)を別として、公認会計士団体に属してさえいればよいのかという疑問が出てくる。

この点について、旧法の下において、地方監査人は、法律の定める義務を遂行するのに適任であるとして選任されるのであって「単なる会計士」にとどまるものではないと述べた判例[21]が引用されることがある。現在の法律も特に述べているわけではないが、「特別の訓練と経験」が必要とされることに変わりはないと思われる[22]。

さて、一九九四年以降、監査委員会の職員たる地方監査人はＤＡというエイジェンシーの所属として認識されていることはすでに述べた。監査人業務の七〇％は、ＤＡによって実施されていたという。そこで、監査委員会は、監査人の任命を通じて二つの役割を果たしていることが指摘される。一つは、自治体との関係において監査業務を実施し、ＤＡまたは外部から監査人を選任し、報酬を定めるという側面である。もう一つは、ＤＡの所有者あるいは経営者としての権限行使である。実際の運用上は、この二つの権限行使の分離を図っていたという。後者の側面では、あたかも巨大な公監査法人の経営者であるといってもよいであろう。

5 監査実施準則および帳簿に関する規則

監査人は、法に定めるところにより監査の義務と権限を有しているが、権限を適切に行使するには、そのよるべき準則が定立されていなければならない。一九八二年法および新法は、監査実施準則および帳簿に関する規則の定立を定めている。

(1) 監査実施準則

まず、監査委員会は、監査人が任務を遂行する方法を定める監査実施準則（a code of audit practice）（保健サービス局には別の準則）を用意し、かつ検討し続けなければならない（一四条一項、新法四条一項・二項）。その準則は、監査人により採用されるべき基準・手続および手法に関する最良の専門的実施方法（the best professional practice）

とみられるものを示さなければならない（一四条二項、新法四条三項）。

ここにおいて"practice"という用語が用いられているが、これが、慣行の中から抽出されるものを指すのか、慣行にとらわれることなく、最良の実施方法であれば理論上の基準・手続および手法でもよいのかは、必ずしも明らかでない。その前身をなす準則は、一九七二年法の下で作成された実施準則であった。それは、実務の必要に対応して次第に形成されてきた地方監査実務の原則を反映したもので、地方政府協会および会計士団体の受容により、それが公共部門監査の適切な方法であることについての広い合意を示すものであると評価されていた[23]。一九八二年法および新法がともに、会計士団体への諮問を要求しており（旧法一四条六項、新法四条七項（c））、基本的性格は異ならないと見ることができよう。なお、監査実施準則は、議会両院の議決を要し、かつ五年以内の期間で存続について承認議決を得なければならない（旧法一四条三項、新法四条四項）。したがって、民主主義的手続を踏んだ規範である。

なお、監査実施準則は、監査委員会が用意するものであるが、これは、個々の監査についての監査人の独立性を変更する趣旨のものではないとされる[24]。

(2) 帳簿に関する規則

監査の前提となる会計の記帳、様式等については、保健サービス局に関するものを除き、大臣が規則により定めることとされている（二三条一項、新法二七条一項）。規則の制定にあたって、監査委員会、地方当局の関係団体、適切な会計士団体との協議を要求している（三五条三項、新法二七条三項）。合理的な理由なしに（without reasonable excuse）規則に違反し、その違反が規則により犯罪とされている場合に、その者は、即決判決（summary conviction）により罰金刑を科されるものとされている（二三条三項、新法二七条四項）。現在通用している規則は、

Accounts and Audit（England）Regulations 2011（SI 2011-817）である。

6　監査報酬

監査委員会は、監査報酬の算定基準を定めなければならない（二一条一項）。監査報酬は、被監査機関が監査委員会に支払う（二一条二項）。監査が監査委員会に所属する職員たる監査人により実施される場合であるか、それ以外の監査人により実施される場合であるかにかかわりなく、支払われる（二一条六項）。監査人の監査業務は、監査委員会の被監査機関に対する業務を遂行しているという位置づけなのである。

（3）歴史的展開について、Christine Bellamy, Administering central-local relations, 1871-1919（Manchester University Press, 1988）の一六六頁以下、Reginald Jones, Local Government Audit Law 2nd ed.（HMSO, 1985）の第一章および Mike Radford, "Auditing for Change: Local Audit Commission", 54 Modern L. Rev. 912（1991）、林考栄『英国地方自治体の外部監査制度——監査委員会とそのVFM監査——（東京大学都市行政研究会研究叢書三）』（東京大学都市行政研究会、一九九一年）、同「英国自治体における監査のプライベテイゼーションとVFM監査」会計検査研究五号七一頁（一九九二年）を参照。

（4）英国の自治体監査制度については、林考栄・前掲注（3）『英国地方自治体の外部監査制度——監査委員会とそのVFM監査——（東京大学都市行政研究会研究叢書三）』、同・前掲注（3）「英国自治体における監査のプライベテイゼーションとVFM監査」、米田正巳「英国地方自治体の外部監査制度——VFM監査の展開を中心として」都市問題八九巻八号三一頁（一九九八年）を参照。監査委員会に関する概括的な説明は、Roger Buttery et al., Audit in the Public Sector 2nd ed.（1993）pp. 110-119 に見られる。発足時のエピソードを含めた概説として、木寺久＝内貴滋『サッチャー首相の英国地方制度革命』一四四頁以下（ぎょうせい、一九八九年）を、監査委員会に限定しないで、外部監査を説明する文献として、S. H. Bailey, Cross on Principles of Local Government Law 3rd ed.（2004）, PP. 629-660 を参照。

（5）実際に任命されている顔ぶれは、自治体（当然ながら自治体の代表者という意味ではない）、保健サービス、職業会計士、経済界、労働組合出身者であるという。Kathryn Hollingsworth et al., "Audit Accountability and Independence: the role of the

Audit Commission" 18 Legal Studies 78, 82（1998）.

（6） Reginald Jones, op. cit., p.37; Mike Radford, op. cit., p. 915.

（7） Kathryn Hollingsworth et al., op. cit., p. 82.

（8） ちなみに、大臣は、必要と認める場合もしくは望ましいと認める場合には、報酬算定基準を規則によって定めることができるとされているが、この権限が実際に発動されたことはない模様である。Kathryn Hollingsworth et al., op. cit., p. 82.

（9） Kathryn Hollingsworth et al., op. cit., pp. 82-83.

（10） Kathryn Hollingsworth et al., op. cit., p. 83. 林考栄・前掲注（3）『英国自治体の外部監査制度――監査委員会とそのＶＦＭ監査――（東京大学都市行政研究会研究叢書三）』一三頁。これに対して、木寺＝内貴・前掲注（4）一五二頁は、「全く独立機関であるとして、民主的基盤のない機関が存在してよいか否かということも重要な判断点となろう」と指摘している。

（11） Kathryn Hollingsworth et al., op. cit., p. 85.

（12） firm という用語は、イングランドとスコットランドにおいて異なった法的意味があり、後者ではそれ自体に人格が認められるのに対し、前者においては認められないという。その結果、イングランドにおいては、構成員たる個人を任命するという。Reginald Jones, op. cit., p. 42. しかし、監査委員会が巨大監査法人と契約している昨今において、個々の自治体の監査人につき、新法三条六項を根拠に監査法人を直接に任命しているのか、個人任命を貫徹しているのか、確認できない。

（13） Kathryn Hollingsworth et al., op. cit., p. 88.

（14） Kathryn Hollingsworth et al., op. cit., p. 88.

（15） レイフィールド委員会報告との関係について、Mike Radford, op. cit., p. 914 を参照。

（16） Reginald Jones, op. cit., p. 43.

（17） Reginald Jones, op. cit., p. 44.

（18） Mike Radford, op. cit., pp. 914-915.

（19） 石原俊彦教授は、「英国勅許公共財務会計協会」と邦訳している（石原俊彦監修『地方自治体のパブリック・ガバナンス――英国地方政府の内部統制と監査』（中央経済社、二〇一〇年）の「監修者はしがき」を参照）。

（20） Reginald Jones, op. cit., p. 13.

（21） R. v. Roverts, [1908]1 K.B. 407.
（22） Reginald Jones, op. cit., p. 41. 実際には、地方監査人補佐、ないし地方監査人代理の職において経験を積んだ者が地方監査人に抜擢される慣例のようである。Reginald Jones, op. cit., p.42.
（23） Reginald Jones, op. cit., p. 82.
（24） Reginald Jones, op. cit., p. 44.

三　保守連立政権による監査委員会廃止政策とイングランドの監査の動向

1　二〇一〇年八月の監査委員会廃止政策の発表

監査委員会は、保守党のサッチャー政権の下で誕生した組織である。労働党政権もこれを引き継いだ。しかし、二〇一〇年八月に、保守連立政権下において、「地域社会及び地方政府（Communities and Local Government）」大臣Eric Piklesが、監査委員会を解散し監査制度を再構築する政策を公表した[25]。人々をして、自治体議会および地方公共機関が地方の支出決定について説明責任を果たすことを容易にする監査を実現するというのが公に示された政策の趣旨である。「官僚的説明責任を民主的説明責任に置き換え、納税者に毎年五〇〇〇万ポンドの節約をもたらす」ものと意気込まれている。

この声明において、大要、以下のように述べられている。

新政府は、中央で課され、官僚的で費用のかかる検査および監査を根本的に縮小する手段を用意して、自治体議会の納税者の資金を節約する。監査委員会の監査の専門家は民間部門に異動する。

地方監査および検査を監督し行う監査委員会の責任は、消滅する。委員会の研究活動は終了する。監査機能は、民間部門に移行する。自治体議会は、各々の独立の外部監査人を、より競争的で、かつ開かれたマーケットから自由に任命することができる。地域保健機関については新たな監査の枠組みが整えられる。これにより、自治体議会の納税者の資金を節約し権力の分散を図ることになる。

監査委員会の仕事は、次第に市民に対する説明責任に焦点を置かなくなり、多くはトップダウンで政府の課した目標に対するサービスを判断することによって政府に対する上方への（upwards）報告に焦点を置くようになっている。監査委員会は、納税者の利益を守る監視者（watchdog）というよりは、政府の創造物となってしまっている。

そして、この改革は、地域の人々がその税金の使われ方およびその資金が何をもたらしているかを説明する地域の機関をもつことができる、「一群の肘掛椅子の監査人」を創造する計画と並行して行われるべきである。

声明であるが故の漠然さもあるが、監査委員会が、自治体の納税者の利益を守るというよりは政府に顔を向けた官僚的機関になってしまっているので、自治体が自らの監査人を選任するシステムにすることが望ましいこと、監査機能を民間に委ねることにより監査のコストを縮減できること、などが基本になっていると思われる。前記の「肘掛椅子の監査人（armchair auditors）」とは、中央の威圧的監査人ではなく、自治体と同じ目線の監査人という意味なのであろう。

この声明において、必要な立法措置を行い、二〇一二―二〇一三会計年度に新制度が動くことを目指すこと、National Audit Office（NAO）が政府から独立であり中央政府機関の監査人であるので、地方政府の監査に関する監視の役割を遂行するのに適していること、NAOが、その監視の役割として、地方政府および保健部門全体を通じた監査の質、これら部門の経済性、効率性、実効性および生産性について議会に報告することが可能となることが述べられていた。

これを受けて、にわかに監査委員会廃止への動きが始まることになった。

2　監査委員会の制度運用上の対応

監査委員会は、従来から、監査委員会の監査業務の対象となる大規模機関に関する監査業務の三〇％を民間に委託してきた。監査法人に委託している監査業務契約は、もともと二〇〇六年および二〇〇七年に締結されたもので、二〇一〇年に延長されている。そして、残りの七〇％分について、二〇一二年に、やはり外注された。監査委員会によれば、これにより、監査報酬を四〇％削減することができ、五年間で、自治体にとっては、およそ二億五〇〇〇万ポンドの節約になるという(26)。この結果、監査委員会の任務は、他の制度による任務を除けば、外注された契約の履行を監視することに限られることになった。内部の監査業務担当職員については、いわゆるＴＵＰＥ制度(27)によることとされた。The Transfer of Undertakings (Protection of Employment) Regulations 2006 の定めるように、職員の勤務条件が異動によっても保護される仕組みである(28)。

このような動きは、実質的には、監査委員会自身が監査委員会廃止への移行措置に踏み出したものと見ることができるが、法的には、従来も監査業務の外注が可能であったのであるから、外注の割合を高めたにすぎないともいえる。そして、ＤＡ部門を切り離した残余の監査委員会の存続を図るための動きと受けとめることもできる。

ところで、外注先に注目する必要がある。いずれも大規模監査法人なのである(29)。

監査委員会は、廃止までの間、監査業務の外注を除いては、従来どおりの活動を継続している。その活動の中には、一定の報告書の作成・公表も含まれている。

その一つに、各年版で公表される“Protecting the public purse”という報告書がある。この報告書は、本稿の最後に触れるNational Fraud Initiativeの報告という意味をもっている。報告書の冒頭には、他の報告書と同様に、監査委員会は、公の財布（public purse）を守るために一九八三年に設立された公法人であること、ならびに、監査委員会がイングランドにおける市議会、NHS機関（NHS基金信託を除く）、地方警察機関およびその他の地方公共サービスに監査人を任命していることを述べたうえで、公共機関が直面する財政的問題に対して、信頼でき、偏見のない、証拠に基づいた分析と助言を提供することによって、公共機関が対処することの支援もしている、と述べている。この報告書も、そのような「分析と助言」の位置づけによっているのであろう。二〇一二年一一月に公表された“Protecting the public purse 2012”は、“Fighting fraud against local government”という副題を付して、種々の分野ないし事項の不正を掲げて、勧告を行っている。個別自治体の不正行為の分析と勧告というのではなく、自治体全般にわたる総括的な分析と勧告をしている点を確認しておきたい。

3　法案の公表までの動き

先の監査委員会廃止政策の公表の後に、法案の作成に向けた作業が進められた。二〇一一年には、政府および議会の双方が活動を進めた。

(1)　政府のconsultation paperとそれに対する反応

まず、地域・地方政府省は、“Future of local public audit”なるconsultation paperを発表し、各界からの意見を募った[30]。このペーパーにおいて、同省は、単一の機関が地方監査業務の規制者、コミッショナーおよび供給者であるという現在の地方公監査の仕組みは、不必要に集中化していると認識しているとし、役割間の潜在的な衝突のみならず透明性と明確性の欠如があるとしている。また、興味深いのは、この提案の構成が、現在会社に適用されている制定法の仕組みならびに職業上の倫理的および技術的基準に基づいて組み立てられていることを認めつつも、公共部門の監査の原則が維持されるように調整されているとしている。会社監査と公監査との関係をいかに見るかは、常に問題とされる点である。

次に、各種の機関との関係に関して述べている。議会との関係について、新地方監査制度は、その必要とする公的支出に関する確約を議会に求めることになるとしている、NAOとの関係について、NAOが監査実施準則（それは監査人が任務を遂行する方法を定めるものであり、引続き議会の承認を得ることとされる）および関連するガイダンスを作成するとしている。また、NAOは、政府の省による地方公共機関への資金供与についての監査を継続し、かつ、全政府会計（Whole of Government Accounts）の報告を受けるとしている。さらに、監査会社および監査人の登録も、監査基準の監視および執行と同様に、財務報告会議（Financial Reporting Council）の監督の下に、会計専門家機関によって行われるとしている。財務報告会議は、民間部門の監査について調整者の役割を果たしている機関であり、それと別個に自治体監査の調整機関を設置する必要はないという考え方である。

監査人の任命に関しては、主要な地方当局は、独立の地位の議長による監査委員会（audit committee）（筆者は、「監査委員会」という訳語を当てているが、これは、各自治体に設けられる合議制の機関である）からの助言を考慮に入れて、総会によって決定して、自らの監査人を任命するとしている。ただし、小規模自治体等に配慮して、外部監査契約に当たり、共同調達（joint procurement）および共同監査委員会（joint audit committees）についての立法的手当てについても言及している。

そして、制度設計の基本原則として、四点、すなわち「地域重視主義と分権（localism and decentralization）」、「透明性（transparency）」、「より低額な監査報酬（lower audit fees）」および「高度な監査基準（high standards of auditing）」を挙げている。

以上のような内容のペーパーは、さらに個別の質問事項を掲げて、詳細な説明を加えつつ意見を募っている。

このペーパーに対する各界からの応答もまとめて公表された[31]。監査委員会（Audit Commission）や勅許公財務会計協会、地方政府協会（Local Government Association）などのほか、個別の監査法人および無数の市町村議会からの意見書が寄せられたことに注目したい。

それらのうち、監査委員会の応答書は、要約版と詳細版とがある。詳細版は、五三頁に及ぶものである。その要点は、以下のとおりである。

まず、このペーパーは、提案についての代替策を何ら示していないし、地方公共機関が自身の監査人を任命すべきことが正しいのか、監査委員会が廃止されるべきであることが正しいのか、という根本的問いかけをしていない、と批判している。この問いかけについて、前者については、明確に「ノー」であるとしている。独立の任命が監査の独立性の主たる保護策の一つであって、それは、軽々に廃止すべきものではないとする。

また、後者の質問に対して、より制限的な「ノー」であるとしている。それは、監査委員会の内部の監査業務担当を廃止した後にも、より小規模な残存の委員会もしくは同様の機関に求められる重要な規制的役割が残っているというのである。そして、公共部門と民間会社との間には、活動する法的枠組み、業務の性質、説明責任の限度、ガバナンスの仕組み、資金源、監査の範囲に違いがあるので、公共部門の場合には、監査人の独立の任命の原則こそが中核たる性質であるとしている。監査委員会の任務に似た任務を担う小さな規制機関が必要であり、それに代わる方法はないとも述べている。なお、そのような機関は、大量購入（bulk buying）を行う利益をもつとも述べている。これは、個別の自治体が監査サービスを購入するのに比べて、多数の自治体の監査サービスをまとめて購入する方が、有利な購入ができるという理解である。共同調達と共通するメリットである。この部分は、監査業務自体を外注化した現在の監査委員会の存在を典型例として肯定する見方であるといってよいであろう。

独立の任命（independent appointment）こそが監査人の独立を守る出発点であることを中核に据えて、政府案を批判しているといえる。租税を徴収し若しくは公金の支出と説明の責任を負う者が、どのように業務を遂行しているかを精査する人を決定すべきではないというのである。独立の任命により、監査人は、その役割を自由に果たすことができ、監査を受ける機関による影響を受けず、また報告を客観的かつ公平に行うことができるというわけである。

(2) 議会の報告書

他方、議会下院の「地域・地方政府委員会（Communities and Local Government Committee）」も、報告書"Audit and Inspection of Local Authorities"を発表した[32]。こちらは、委員会において証人の意見を聴くとともに、やはり各界からの意見書の提出等を踏まえてまとめられた報告書である。

報告書は、まず、政府の提案を、地方当局に設置する独立の監査委員会（independent audit committees）を用いて地方当局が自らの監査人を任命する責任を負うこと、現行の監査委員会の任務のうち、監査実施準則（the Code of Audit Practice）を作成することおよび国家的ＶＦＭ（value for money）の研究についての責任はＮＡＯに委ねること、その他の任務は他の機関に委ねるか廃止すること、とまとめたうえ、この改革は、権限を地方政府に移し「命令と統制（command and control）」からの脱却という政府の地域重視主義（localism）の一環であると位置づけている。「公の機関は自らの監査人を任命すべきではない」という基本原則に反するという懸念に関しては、会計検査院長の助言によれば、然るべき法的および実務的手はずによって監査人の独立性は守られるとしている。そして、大要、以下のような原則によるべきであるとしている。

・監査人の独立性は厳密に維持されなければならない。

・地方の監査委員会は、独立の委員が多数を占めなければならない。

・公の利益の報告が引続き実効性をもつように追加的な保護が必要とされる。

・地方政府の監査の範囲は、比例的でリスクに基づくものでなければならない。地方の工夫と応用を認めるべきである。

そして、監査市場のことに触れて、競争的監査市場が重要であるとし、移行期間中は、監査委員会の監査業務実施部門の技能が失われないようにすること、同監査業務実施部門が公監査における主要な担当者の役割を果たし続けるようにすることを政府に求めるとしている。この点においては、監査委員会の監査業務実施部門の技能を高く評価しているといってよい。また、監査会社が少なすぎることに鑑み、監査委員会の監査業務部門を特定の会社が引き継ぐべきではないとも述べている。さらに、地方政府は、もはや成果の表示を政府に提出することを要しないこととすべきであり、サービス基準と効率性の改善を図る責任は、地方政府および「肘掛椅子の監査人」の責任となろうとしている。これらについて、中央政府の監視下に置かれるべきではないという趣旨である。

⑶　法案の草案の公表

法案の形式の草案"Local Audit Bill"は、二〇一二年七月に公表された。本則のみでも一〇三条に及ぶ大法典である。

まず、監査委員会の廃止、Audit Commission Act 1998 の廃止を定める（一条一項・二項）。

監査人の任命に関して、当該機関（付則に掲げる機関）は、前会計年度の一二月三一日以前に会計の監査を受ける監査人を任命しなければならないと定めて（六条一項）、被監査機関が自ら監査人を任命する姿勢を堅持している。一年度を越えて監査する監査人を任命することができるが、少なくとも五年ごとに別の監査人としなければならない（六条二項）。監査人の選任と任命手続に関しては、「監査人助言委員会（auditor panel）」に諮問して、その見解を考慮しなければならない（七条一項）[33]。

ここにおいて重要なのは、監査人助言委員会である。このパネルは、独立の構成員（independent member）が過半数（若しくは全員）でなければならず、また、その委員長も独立でなければならない（一二条二項）。「独立」の意味は、当該機関の構成員または職員であったときから五年以内でない者で、かつ、当該機関の構成員もしくは職員に近親者または「密接な友人（close friend）」を有していない者とされる（一二条二項）。はたして、「密接な友人」の判断基準を確立できるのであろうか。

監査人の監査責任に関する規定が注目される。責任制限協定は、規則で定めるところにより規則で定める範囲内で締結するものとされる（一六条）。日本の自治体監査人に関して、法令上は何ら規定されていない事項である。監査に関する規定に従わない機関に対して、国務大臣は、financial penaltiesを課すことができる（三三条）。これは、会社法の規定を参考にしたもののようである。このペナルティについては、裁判所に不服を申し立てることができる（三五条）。地方監査人任命適格者名簿に関する規定もある（三七条）。

監査委員会の廃止に伴い、従来同委員会の有していた権限を他の機関に移行する措置が盛り込まれている。

第一に、地方監査人が任務を遂行する方法を定める監査実施準則は、会計検査院長（Comptroller and Auditor General）が作成する（五五条一項）。会計の型が異なるのに応じて、別の準則を作成すること、あるいは、一の準則の中に異なる規定を置くことができる（五五条二項・三項）。作成にあたり、関係団体等との協議が義務づけられる点（五五条五項）は、従来と同じである。準則は、議会に提示され、四〇日以内に議会のいずれかの院が承認しない旨を議決したときは、当該準則を発してはならないとされる（五六条三項）。議会には拒否権があることを意味している。

第二に、best value 要件の充足に関する権限については、国務大臣が検査官等を任命することにより対応する（九二条による Local Government Act 1999[34] の改正）。

第三に、イングランド地方当局の３Ｅ（経済性・効率性・実効性）の調査は、会計検査院長が行使できるものとする（九四条による National Audit Act への条文の追加）。

［校正時付記］　以上のような動きを経て、二〇一〇年九月には、下院に Draft Local Audit Bill ad hoc Committee が設置され、その報告書が二〇一三年一月に公表された。そして、二〇一三年五月に貴族院にて Local Audit and Accountability Bill の名称の法案の審議が開始された。本則は四七条と条文数が少なくなっているが、本則から付則に移された条文が多く、基本的な内容については前記の草案の内容が維持されている。

（25）　以下の叙述は、https://www.gov.uk/government/news/eric-pikles-to-disband-audit-commission-in-new-era-of-town-hall-transparency による。

（26）　二〇一二年三月および二〇一三年四月の監査委員会の声明。

（27）　これは、いわゆる強制的競争入札（compulsory competitive tendering）導入時以来の、公務員が民間企業に異動する場合の扱いである。やや古くなった文献ではあるが、Nicholas Dobson, TUPE, Contracting-Out and Best Value（Sweet & Maxwell, 1998）を参照。

（28）　監査法人のホームページにおいて、地方政府部門監査の責任者として、監査委員会の監査実施部門の幹部が活躍している旨が掲載されている（たとえば、Mazars）。

（29）Deloitte LLP, Ernst & Young LLP, Grant Thornton UK LLP, KPMG LLP, Mazars LLP, PKF（UK）, Pricewaterhouse Coopers LLP（as of April 2, 2013）.

（30）Communities and Local Government, Future of local public audit ― Consultation"（2011）.

（31）Communities and Local Government, Future of local public audit ― Consultation Summary of Responses（2012）.

（32）House of Commons Communities and Local Government Committee, Audit and inspection of local authorities ― Forth Report of Session 2010-12（2011）.

（33）Greater London Authority にあっては、ロンドン市長およびロンドン議会の共同によることとされている（八条三項）。その特別の性格によるものである。

（34）この法律は、地方政府における best value 施策の推進を定めた法律である。best value 施策について、簡潔には、Andrew Arden QC et al., Local Government Constitutional and Administrative Law（Sweet & Maxwell, 2008）p. 983 以下を参照。

四　ウエールズ、スコットランドおよび北アイルランドの自治体監査の動向

1　ウエールズの自治体監査の動向

(1)　二〇〇四年法における自治体監査

すでに述べたように、ウエールズにおいて、もともとは、イングランドと共通の法律に基づき共通の自治体監査制度が採用されていた。すなわち、Public Audit（Wales）Act 2004 が二〇〇五年に施行されるまでは、監査委員会（Audit Commission）の管轄下にあった。

しかし、Government of Wales Act 1998（一九九九年施行）は、それまでの英国大臣の有してきた権限を National Assembly for Wales に移行することを認めた。それは、同時にウエールズに関して、一定範囲の立法権

限も付与するものであり、権限移譲（devolution）の実施にほかならない。同法は、同政府の監査機関として、Auditor General for Wales（ＡＧＷ）を設置した（九〇条）。ＡＧＷは、ウエールズの公共部門監査の総元締めである。国務大臣の指名に基づき女王（Queen）によって任命される。[35]ＡＧＷは、ウエールズ議会（Assembly）（後には政府）の会計、関係機関の監査とＶＦＭ審査をしてきた。議会の公会計委員会（Public Accounts Committee）は、ＡＧＷの報告をその審議に活用し、また、ＡＧＷの財務を監視する役割も担った。

そして、Public Audit（Wales）Act 2004 の施行により、地方政府監査人の選任と監督は、ＡＧＷの権限とされ、ウエールズに配置されていたＮＡＯおよび監査委員会の職員は、すべてＡＧＷの下に置かれる職員として移管された。その事務局は、Wales Audit Office（ＷＡＯ）と呼ばれる。この結果、地方政府およびＮＨＳ機関の監査は、議会と同様にＡＧＷとその率いるＷＡＯの監査を受けることになった。この時点において、イングランドとは異なる監査制度が採用されたことになる。地方政府を含むあらゆる公共機関のパートナーシップが強調され、政策遂行のあり方に併せて、公共監査について中央政府と地方政府とを分離する制度も廃止すべきであるとされ、単一の監査機関（a single public audit body）の設置を目指すこととされた。[36]

この法律の Part 2 が Local Government Bodies in Wales の見出しの下に、第一章が、Accounts and Audit と題して、自治体の監査に関して定めている。それによれば、地方政府機関は、その会計について、本章に従いＡＧＷの任命する一人または複数の監査人の監査を受けなければならないこと（一三条一項(b)）、ＡＧＷは、地方政府機関の会計の監査をするため、監査人を任命しなければならないこと（同条二項）として、重複的な定めがある。さらに、監査人の任命に関しては、詳細な規定が続いている。

任命対象となる資格は、Companies Act 1989 の二五条が定める会社監査人の任命資格のある者、連合王国もしくは他のＥＥＡ（European Economic Area）協定の締約国で設立され議会により承認されている監査人団体の構成員であること（一四条四項）、任命の前に当該機関の意見を徴すべきこと（一四条六項）、ＡＧＷのスタッフでない監査人の任命は、ＡＧＷの定める条件で、ＡＧＷの定める期間とされること（一四条八項）などが定められている。ＡＧＷのスタッフも、監査人となりうる前提の条項である。監査委員会の自治体監査業務執行部門の職員を引き継いだ経緯が影響しているのであろう。

ＡＧＷの重要な任務は、監査人の任務遂行の方法を定める監査実施準則（code of audit practice）を発することができる点である（一六条一項）。ただし、監査実施準則は、その案を議会に提出して決議を受けなければならない（一六条四項）。その案の作成に当たっては、関係すると思われる地方当局の協議会と協議しなければならない（一六条五項）。

監査報酬の算定基準は、ＡＧＷが定めることとされているが（二〇条）、議会は、必要若しくは望ましいと考えるときは、算定基準を規則で定めることができる（二一条）。地方政府機関は、ＡＧＷに対して監査報酬を支払わなければならない（二〇条四項）。

(2) 法改正の動きと自治体監査

二〇一〇年に、時のＡＧＷが子供のポルノグラフィーを職務用コンピューターでダウンロードしたことが発覚して、以後、監査制度の見直しが進行している。まず、二〇一二年三月に草案が公表されて、意見を募り、次いで、二〇一二年七月に法案が提出された。これらの動きは、ＡＧＷの監視体制の整備等のウエールズの監査制度全体のあり方に関わるものであって、必ずしも自治体監査のことが意識されているわけではない。

草案の段階においては、自治体監査について四九条から七八条までの包括的な条文が用意されたが、法案においては、わずか一一条および一二条の二箇条となり、それが、そのまま二〇一三年三月に可決成立した（Public Audit（Wales）Act 2013）。主たる内容は、ＡＧ（従前のＡＧＷの名称を引き継いでいるが略称はＡＧ）が地方政府の会計を監査しなければならないとしていることである（一一条による二〇〇四年法一三条の改正）。わざわざ改正条項の形式がとられているのは、改正前のＡＧＷと異なるＡＧと位置づけて、監査の権限がＡＧ自体にあることを示すためである。

かくて、イングランドにおいて、監査委員会の廃止がほぼ確実であるのに対して、ウエールズにおいては、従来の監査人選任権限のみの状態から一歩踏み出して、中央監査機関であるＡＧ自体が地方政府の会計を監査することとされた。イングランドとは、まったく逆方向に進んでいるのである。

なお、改正へのきっかけとなった事情に対応して、ＡＧを監視する機関として、Wales Audit Office を設置した（一三条）。名称は、従前のＷＡＯと同じであるが、非執行者五名、ＡＧおよびＷＡＯの職員三名の計九名からなる機関である（付則一第一条）。そして、ＡＧは、その職務をＷＡＯの職員またはＷＡＯに役務を提供する者に委任できるとされている（一八条一項）。したがって、実際の業務をＷＡＯの職員に実施させることができる点に変わりはない。

2　スコットランドの自治体監査の動向

スコットランドの自治体監査は、Local Government（Scotland）Act 1973 の規律を受けている。Public Finance and Accountability（Scotland）Act 2000 も、間接的に重要な法律である。

まず、Local Government（Scotland）Act 1973 について見ておこう。

各地方機関の各会計年度に係る会計は、専門会計士の監査を受けるとし、その専門会計士は、Audit Scotland の職員若しくはこの法律の規定に従い委員会により指名された認定監査人である（九六条四項）。

重要な機関として、九七条により設置される会計委員会（Accounts Commission）が存在する。[37] 六名以上一二名以内で国務大臣が相当と認める数の委員からなり、委員は、関係の地方当局の協議会等と協議したうえ国務大臣により任命される（九七条一項）。委員会は、地方当局のすべての会計の監査を確保する任務を負っている（九七条二項(a)）この委員会は、多くの任務を負っているが、その中には、地方当局の best value の確保、いわゆる3Eの改善、財務改善等の勧告を行うための比較その他の研究を行うことも掲げられている（九七A条一項）。

そして、監査統括官（Controller of Audit）が置かれる。監査統括官は、国務大臣に協議し、国務大臣の承認を得て委員会により任命される（九七条四項）。監査統括官は、Audit Scotland の職員（ただし、Auditor General for Scotland を除く）でなければならない（九七条四AA項）。監査に関する規定における「監査人」には、監査統括官、専門会計士である Audit Scotland の職員および委員会により任命される監査人を含むものとされている（九七条六項）。委員会の任命する監査人は、Companies Act 2006 の法定監査人として任命される資格を有する者または連合王国もしくは他のEEA国において設けられている会計士団体の一員でなければならない（九七条七項）。

Public Finance and Accountability (Scotland) Act 2000[38]は、直接には、スコットランド政府の会計法というべき法律である。その第二部は、「説明責任と監査」と題しており、その中に Audit Scotland、Scottish Commission for Public Audit[39]および Auditor General for Scotland[40]に関する規定が置かれている。このように、同法は、Audit Scotland についての規定を有しているので、間接的に自治体監査にも意味がある。

Audit Scotland は、Auditor General、会計委員会の委員長、それらが指名する者三名の合計五名により構成される（一〇条二項）。国の会計検査機関の意思決定に前述の役割を担う会計委員会の委員長が加わっていることに注目したい。そして、Audit Scotland は、Auditor General および会計委員会が求める援助を提供するとともに、とりわけ、それら両者の任務を遂行するために必要な財、人員および役務を提供するものとされている（一〇条三項）。Auditor General および会計委員会は、それぞれに関係する Audit Scotland の任務遂行のために、Audit Scotland に指示をすることができる（一〇条四項）。Auditor General および会計委員会の委員長が Audit Scotland の構成員とされているのに、それぞれが Audit Scotland に指示できるとする仕組みは、理解が容易ではないが、Audit Scotland は、団体（a body corporate）とされているので（一〇条一項）、機関としての会計委員会が指示を出すことも論理的には可能なのであろう。かくて、Audit Scotland は、国の会計に関しては、Auditor General のエイジェンシーたる位置づけ、自治体の会計に関しては、会計委員会のエイジェンシーたる位置づけがなされているといえよう。自治体監査の実施機関でもあるからこそ、会計委員会委員長も構成員となっているのである。

監査報酬についての規定を直接目にできないが、Audit Scotland の事業計画書[41]によれば、地方機関の監査報酬の水準は、会計委員会の承認を受けるものとされている。ちなみに、スコットランド政府等の監査の報酬は、Auditor General の承認を受ける。それらの報酬は、Audit Scotland の重要な収入源となっている。

3　北アイルランドの自治体監査の動向

北アイルランドの自治体監査は、もともと、Local Government Act（Northern Ireland）1972 の規定に基づいて実施されていた。開発大臣が地方政府監査人を任命するものとし（七四条一項）、任命にあたっては、財務大臣の承認を受けなければならないとされていた（七四条二項）。その後の改正の経緯を確認できないが、少なくとも、

Audit and Accountability（Northern Ireland）Order 2003の七条が、前述の七四条の条項を改正して、環境省は、Comptroller and Auditor General for Ireland（CAG）の同意を得て、Northern Ireland Audit Office の職員を地方政府監査人として指名することができるものと定めた。そして、その八条は、従来監査業務を担当してきた環境省等の職員をCAGの職員とする旨を定めた。ここから推測されるのは、地方政府の監査は、各省所属の職員によって担当されていたということである。ここにおいて、Northern Ireland Audit Office の職員たる地方政府監査人による監査体制が確立されたものと思われる。ただし、地方政府監査人の任命権は、CAGではなく、環境省にあることに注意したい。

　CAGについて見ると、少なくともExchequer and Audit Act（Northern Ireland）1921に登場しており、Exchequer and Audit Department に必要な職員を任命することができるとされていた（二八条五項）。そして、Audit（Northern Ireland）Order 1987が、CAGが、その任務の遂行のために必要な職員をNorthern Ireland Audit Office に任命するとし（付則第二部二条一項）、Exchequer and Audit Department の職員の Northern Ireland Audit Office への異動を定めた（同五条一項）。したがって、この時点以来、CAGを支える事務部門がNorthern Ireland Audit Office として存続していることになる。そして、Northern Ireland Act 1998によれば、CAGは、議会（Assembly）[42]の指名に基づき女王（Her Majesty）により任命される（六五条）。

　現在は、Local Government（Northern Ireland）Order 2005の規定に基づいて実施されている[43]。この命令の条項三四箇条のうち、地方政府の監査に関する条項が二六箇条と、きわめて大きな割合を占めている。監査に関係する主たる内容は以下のとおりである。

　まず、環境省（もちろん、北アイルランド環境省である）は、CAGの同意を得て、Northern Ireland Audit Office

の職員を地方政府監査人として指名することができる（四条一項）。地方政府監査人は、Northern Ireland Audit Office の職員に限定されていることに注意したい。環境省は、同様の手続により、一人の地方政府監査人を主任地方政府監査人に指名することができる（四条三項）。

主任地方政府監査人の役割がきわめて重要なものである。主任地方政府監査人は、毎会計年度、地方監査人の職務行使に関する報告書を作成し、その写しを各自治体および環境省に送付する（四条四項）。監査人が任務を遂行する監査実施準則は、主任地方政府監査人が作成する（五条一項）。この準則は、議会の議決により承認を受けなければ効力を生じない。承認は、五年を超えることができない（五条三項）。主任地方政府監査人は、監査実施準則の作成もしくは改正の前に、地区の自治体ならびに、適切と認める自治体協議会、自治体職員代表者団体、会計士団体およびその他の団体等と協議するものとされている（五条八項）。

各地方政府機関の会計は、環境省がCAGと協議した後、環境省により任命される地方政府監査人による監査を受けなければならない（三条一項(b)）。各地方政府機関ごとに監査人を割り当てるのも環境省の権限であることを意味する。

地方政府監査人による会計の監査を受ける機関は、環境省が決める報酬をCAGに支払うものとされている（八条）。

以上から、地方政府監査人の任命権は環境省にあるが、実際の職務遂行は、CAGの指揮下においてなされると見てよいであろう。

（35） この時点において、AGWは、国務大臣の助言により女王により任命されることとされていたが、Government Wales Act 2006により、ウエールズ議会の指名に基づき女王が任命することとされた。

(36) 二〇〇三年七月一〇日に議会に提出されたDon Touhig議員の書面。なお、そこにおいては、スコットランドと北アイルランドが同様の仕組みであることに言及されている。
(37) 会計委員会について、Roger Buttery et al., op. cit., pp. 120-124を参照。
(38) この法律は、Scotland Act 1998によるいわゆる権限移譲（devolution）を受けて、スコットランド議会の制定した法律である。
(39) この委員会は、議会議員（当面は、Audit Committee の委員長）および議事規程に従い指名される他の四名の議会議員から構成され（一二条二項）、Audit Scotland と議会（Parliament）との間の連結の役割（一一条九項、一二条三項・四項）を果たすことが期待されている。委員会の主たる任務は、Audit Scotland からの資源と経費の使用に関する提案を審査して、議会に報告すること、Audit Scotland の会計の監査をする適格者を任命すること、Audit Scotland の会計とそれに関する監査人の報告を議会に提出し公表することである。これとは別に、議会には、Public Audit Committee が設置されて、それが、議会に提出された会計報告、Auditor General for Scotland から議会に提出された報告、ならびに、その他公費支出に関係する財務統制、会計および監査に関して議会に提出される資料について審議し報告する任務を負っている。
(40) Auditor General for Scotland は、Scotland Act 1998の規定により設置されるもので、スコットランド議会の指名に基づき女王により任命される（同法六九条一項）。
(41) Audit Scotland, Corporate Plan 2012-15.
(42) この議会は、権限移譲（devolution）を受けた立法権を行使する北アイルランド議会である。
(43) それ以前の法状態においても、ほとんど変わりがないようである。概観するものとして、Roger Buttery et al., op. cit., pp. 125-128.

五　若干の考察

1　監査人の選任（選任権者、監査人適格者）

目下、イングランドにおいて、最も論争点となっているのは、「誰が自治体の監査人を選任すべきか」、という問題である。英国の自治体は、長くcouncilの形態で、議会が同時に執行機関の性質を併有してきた。そして、内閣制による場合においても、議員がその構成員になるのであって、日本の制度とは異なっている。公選市長制の導入によっても変わりはない[44]。日本の場合には、いわゆる二元代表制であるから、議会選任にすればよいという議論もあろうが、議員の海外出張や政務調査費の場面に典型的であるように、議会も被監査者であることに変わりはない。その点に鑑みると、監査人選任権を外部に求める考え方が十分に成り立つ。「監査人は、顧客の意向に配慮しがちである」ことは、民間会社の監査においても常に問題になることである。

監査人の選任権者を外部とする場合に、英国においては多様である。現行のイングランドは監査委員会である。しかし、それは、大臣の直接の指揮下にある機関ではない。ウエールズのAGWおよびスコットランドのAccounts Commissionも、それぞれ地方政府から独立し、かつ、行政府からも一定の独立性を有している。監査に責任を負うこれらの機関が選任するものとしている（ウエールズにおいては、二〇一三年の法改正により監査人選任ではなく、AGが自ら実施）。その限りで、イングランドの監査委員会による選任と似ているといってもよい。これに対して、北アイルランドにあっては、環境省が選任するのであるから、地方政府からは独立しているが、中央（北アイルランド）の行政府の影響下にあるといえる。そのような制度は、イングランドにおいて目下強調されている「地域重視主義と分権（localism and decentralization）」をいかに理解し重視するかによって、評価が分かれるであろう[45]。

ところで、誰が監査人を任命するかの問題と別に、被監査者が誰に監査報酬を支払う仕組みであるかも重要な点であると思われる。被監査者が監査人に直接支払う場合には、監査人は、被監査者を顧客と見て、顧客の意に沿うように行動しがちである。自治体監査の場合に、自治体の当局者は、選挙人の利益に反するにもかかわらず、しばしば寛大な監査を歓迎するからである。イングランドの監査委員会は、この点においても優れた面を有していたといえよう。

さらに、監査人をいかなる範囲から選任するかも問題である。イングランドにおいては、かつては監査委員会内部の監査執行部門の職員を大いに活用していたが、現在は、運用上、すべて外部に委ねている。そして、監査委員会の廃止により、法的にも、自治体監査に関する中央監査機関は存在しなくなる。これに対して、他は、いずれも中央に設置されている監査機関の職員を自治体監査人に任命することができる仕組みを採用している。ウエールズのＷＡＯの職員（二〇一三年改正前はＡＧＷの職員）、スコットランドの Audit Scotland の職員、北アイルランドの Northern Ireland Audit Office の職員である。

また、会社法上の会計監査人資格を有する者を自治体監査人に選任できるとされている点についても注目したい。イングランドにおいては、大規模監査法人と監査契約を締結している。グローバル化した監査法人は、公監査業務も重要な顧客マーケットとして位置づけて活動しているのである。会社監査との関係をいかに見るかは、重要な論点である。他方、北アイルランドの地方会計監査人は、もっぱら Northern Ireland Audit Office の職員である。ここにおいて、政府部門の監査を実施するエキスパートがいなくてもよいのかという問題が提起されるように思われる。決算審査に限るならば、会社監査の延長上において考えることができるが、随時監査等において財務会計法規等との関係における合規性を審査する場合には別である。

日本の自治体監査に関して、自治法は、外部監査契約の相手方については資格を要求するものの、監査委員に関しては特別な資格を求めていない。「大所高所からの監査を可能にする」という肯定論もあろうが、今後も維持できるかどうかは疑わしいと思われる(46)。資格を定めないにしても、運用上は専門性が求められるであろう。

2 中央政府の監査機関との関係および自治体監査総括機関

すでに述べたように、イングランド以外は、中央政府の監査機関と同じ屋根の下にあるかのような外観を有している。しかし、スコットランドの場合は、監査実施部門としての Audit Scotland は共通であるものの、自治体監査に関して責任を負い実施部門に指示をするのは、中央政府の監査をする責任機関から分離された Accounts Commission である。日本において、自治体監査の総元締めを会計検査院とすることについては、地方分権に逆行するものであるとする反対論が潜在的に強いものと推測されるが、スコットランドの制度は、大いに参考になるものと思われる。北アイルランドも、主任地方政府監査人の権限が独立していると見るならば、同様になる。

中央政府の監査機関自体が地方政府の監査を実施する場合には、地方政府の「自治」ないし「自主性」に軸足を置くならば、いわゆるVFM監査ないし業績監査（performance audit）[47]は控えることが望ましいように思われる。「余計な口出し」と受け止められるからである。財務書類監査、合規性監査が中心となるであろう。この点に関して、イングランドの制度改革において、best value の審査を国務大臣の権限とする法案が作成されていることは、地域重視主義ないし分権を謳う制度改革に反するという評価もありうると思われる。

さらに、監査実施の責任を負わない場合においても、中央政府の監査機関が何らかの役割を果たすことがありうる。イングランドにおける制度改革のゴールは定かでないが、NAOに一定の役割を期待する議論が存在することに注目しておきたい。

もう一つの視点は、自治体監査総括機関である。イングランドの監査委員会は、監査の責任を負う機関であると同時に、自治体監査の総括機関として、総括的な報告書を作成し公表している。中央政府の監査機関自体が、同様の総括機関の機能を果たしていることもある。イングランドに関して、監査委員会の "Local government claims and returns"（June 2011）、"Protecting public purse 2012"（November 2012）、ウエールズに関して、Wales Audit Office の"Use of technology to support improvement and efficiency in local government"（December 2012）、スコットランドに関して、Accounts Commission の"Responding to challenges and change —An overview of local government in Scotland 2013"（March 2013）などがある。

このような機能を果たす機関の存在は重要と思われる。日本において、自治体監査を通じた総まとめを行う機関は、現在までのところ存在しない。そこで、総務省が一定の調査結果を公表することによって、あるいは、任意の研究会の報告書の形式をとって、このような機能が果たされることもある。この点についての制度設計のあり方が問われるであろう。

3　監査のコスト、監査の質の確保

監査の質をいかに確保するかが大きな課題である。監査実施準則の定立は第一歩であって、さらに、それが遵守され、良質の監査がなされなければならない。質の悪い監査に対して監査報酬を払うのでは、納税者の利益に反するといわなければならない。自治体監査総括機関が設けられている場合には、質の確保の役割を担うことが期待されている。

しかし、監査のコストも、制度設計において欠かせない視点である。

英国において、典型的にはイングランドに見られるように、監査のコストの削減が大きな政策課題となっていることが窺われる。この点は、日本においても当然無視してはならない点であろう。監査専門の機関を設置することに多額の資金を要するのでは、当該監査機関の活動によるベネフィットが下回ってしまうことになる。日本の包括

外部監査の頻度に関しても、コスト・ベネフィットの観点から再検討が必要と思われる。毎年度実施を義務づける方式から、「少なくとも三年ごとに」とか「四年ごとに」のような制度への移行も検討課題となろう。

4　共通に見られる仕組み

監査機関のあり方に関する制度が、まちまちであるのと対照的に、監査実施準則の策定および監査人または選挙人が違法と考える場合の手続には、英国全体に驚くほどの共通性がある。

(1)　監査実施準則の策定

英国においては、すべて監査実施準則（code of audit practice）の作成が求められ、関係団体（その中に会計士団体が含まれることに注意）との協議を要するとし、その効力を生ずるには議会の承認を要するなどの手続まで要求されている。日本の自治体監査に関しても、監査実施準則の必要なことには変わりがない[48]。この点は、大いに学ぶべきであろう。また、監査実施準則は、監査対象機関の性格に応じて多様なものを用意する傾向が見られる。英国に学ぶときに、監査実施準則を定立する主体と手続が問題となる。自治体監査の専門家団体ができたときには、そのような団体に諮問することが考えられる[49]。

(2)　違法宣言判決の申立て、選挙人等の調査権・不服申立権

会計処理に関し違法があると認められる場合の手続は、スコットランドに関して不明であるほかは、利害関係人の調査権、異議申立権、裁判所による違法宣言等の共通の仕組みが採用されている。法律等の文言までほぼ共通である。日本の住民監査請求、住民訴訟に通ずる制度であるといってよい。

イングランドについてみると、次のとおりである。

利害関係人は、監査人監査に当たり、監査対象の計算書、帳簿、証票、契約書、請求書、受領書等を調査し、コピーをとることができる（新法一五条一項）。地方政府の選挙人の要請に基づいて、監査人は、選挙人またはその代理人に、計算書について監査人に質問する機会を与えなければならない（一五条二項）。監査人が違法宣言の申立をなし、もしくは報告できる事項について、地方政府の選挙人は、監査人に異議を申し立てることができる（一六条一項）[50]。異議申立ては、予め異議の内容および根拠を書面により通知しなければならない（一六条二項）。監査人は、計算書の項目に法違反があると認め、かつ、当該項目が国務大臣により是認されていないときは、裁判所に違法宣言の申立てをすることができる（一七条一項）。その申立てを受けて、裁判所は、違法宣言またはその拒絶をすることができ、違法宣言をするときは、返還命令、違法支出が二〇〇〇ポンドを超える場合の責任者につき一定期間地方当局における資格を停止する命令、または計算書の修正命令をすることができる（一七条二項）。監査人に異議申立てをした者は、監査人の違法宣言申立てをしない旨の決定に不服があるときは、監査人に理由の提示を求めたうえ、その決定に対して裁判所に不服を申し立てることができる（一七条四項）[51]。

ウエールズの Public Audit（Wales）Act 2004 および北アイルランドの Local Government（Northern Ireland）Order 2005 においても、ほぼ同様の仕組みが定められている。

このように、英国全体に共通にすっかり定着している部分があることにも注意したい。それが、どのような理由によるのか、今後の検討に待ちたい。

（44） Local Government Act 2000 により、公選市長制を選択できることとされ、その後、若干の動きを経て、Localism Act 2011 の付則（schedule）二の中の Local Government Act 2000 の改正条項において、公選制を強化した。しかし、どこまで広く採用されたのか、筆者は把握できていない。

(45) 連立政権は、Localism Act 2011を制定した。同法には、本体部分が二四一条まであるうえ、それ以外に付則（schedule）の形式による改正規定も多数含まれている。

(46) 総務省「地方自治法抜本改正に向けての基本的な考え方」（平成二二年六月）も、監査を担う人材の確保の重要性を述べている。「地方公共団体の外部の監査を担う主体は、監査証拠を収集し、監査調書を体系的に作成した上で、意見を表明するための合理的な基礎を形成するという組織的な監査手法等に関する専門的な知識を備えた人材から構成される組織が前提となる」とし、資格制度のほか、「地方公共団体から独立した機関、複数の地方公共団体が共同して設立した機関に人材を集約する制度についても検討する必要がある」としている。

(47) 英国自治体の業績監査について検討した代表的文献として、林考栄・前掲注(3)の二業績のほか、石川恵子「英国の地方自治体における業績指標の監査——包括的業績評価（CPA：Comprehensive Performance Assessment）を手がかりにして——」会計検査研究二九号一五七頁（二〇〇四年）、同『地方自治体の業績監査』（中央経済社、二〇一一年）などがある。

(48) 総務省「地方自治法抜本改正に向けての基本的な考え方」（平成二二年六月）も、「監査に係る公正で合理的な基準を全国的に統一した形で設定し、公表すべきとの指摘」があるとし、検討を進めるとしている。

(49) 企業会計の監査基準設定の仕組みなども参考にして制度化を考えることになろう。ちなみに、企業会計基準の策定は、今日においては、「財務諸表等の用語、様式及び作成方法に関する規則」一条を媒介にして、実質的には公益財団法人財務会計基準機構の企業会計基準委員会に委ねられているが、監査基準に関しては、金融庁の企業会計審議会が策定している。

(50) 新法であるAudit Commission Act 1998の制定に当たり、政府は、白書"Modern Local Government: In Touch with the People"（Cm. 4014, July 1998）において、懲戒制度の整備に併せて、選挙人の異議申立権濫用を防止するために、それを制限する提案をしたが（六・三六、六・三七）、立法には反映されなかった。

(51) イングランドにおけるLocal Audit Billも、同様の仕組みを維持している（七三条以下）。［校正時付記］二〇一三年五月に貴族院で審議の開始されたLocal Audit and Accountability Billにおいても同様である（二四条以下）。

六　おわりに

以上の英国自治体監査制度の動向の紹介と分析を踏まえて、なお、若干の補足をして、本稿を閉じることにしたい。

第一に、自治体監査として期待される監査機能には多様なものがあるので（このことは、地方行財政検討会議においても強く認識されていた）、それを一の監査機関に委ねることは必ずしも適当とは思われないことである。たとえば、決算審査は、企業の財務報告の監査と同じで、民間の監査機関であっても、然るべき監査基準に基づいて行うことができようし、適当であるかもしれない。自治体の規模等に応じた監査報酬を決めやすいし、会計士の心配する監査責任の限度も決められやすいであろう。これに対して、特定の事項についての不正、不適正処理を発見し、正すことを目的とする監査は、必ずしも監査報酬の観念になじまないし、監査責任の決め方も困難である。随時監査の活用も必要な場合が少なくない。このような監査は、純粋な民間機関ではなく、公的な機関の監査に委ねることが望ましい。住民監査請求監査も、この範疇に入るであろう。他方、行政監査は、各自治体が自主的に診断を受ける意味で、多様な方法の中から選択してもよいであろう。財務監査の中でも、３Ｅ監査ないし業績監査は、合規性監査と行政監査との中間にあるように思われる。公的監査機関と民間監査機関とが競争して実施してもよい分野である。いずれにせよ、監査機能の性質に応じた監査機関の振分けが必要とされると思われる。

第二に、公金の行方に関する不正を撲滅するには、各行政主体、すなわち、国、都道府県および市町村の間において、監査情報の交換が必要とされるかもしれない。すでに紙数を大幅にオーバーしているので詳しく述べることができないが、英国においては、監査機関の分立にもかかわらず、全土において、National Fraud Initiative という施策が進行している[52]。それは、政府部門の諸給付金の資料情報の突合により不正を発見しようとするものである。監査機関が相互に情報を交換し合うことによって、その施策を実施しているのである。日本において、マイ・ナンバー制度が動き出す場合には、このような施策も一つの検討課題とされるべきである。

(52) この施策は、一九九六年からパイロット施策としての実施を経て、一九九八年にAudit Commission Act 1998に監査委員会への給付情報(benefit information)の提供条項(五〇条)として組み入れられた。現在は、イングランド、ウエールズ、北アイルランドについては、Serious Crime Act 2007の付則七によっている。この法律は、イングランドに関しては、Audit Commission Act 1998に第二部(三二A条以下)を挿入し、ウエールズに関しては、Public Audit (Wales) Act 2004に三A部(六四A条以下)を挿入し、北アイルランドに関しては、Audit and Accountability (Northern Ireland) Order 2003に四A条以下を挿入した。スコットランドについては、Criminal Justice and Licensing (Scotland Act) 2010により、Public Finance and Accountability (Scotland) Act 2000に二六A条以下の規定を挿入する改正によっている。二〇一二年に公表されたイングランドのLocal Audit Billにも同様の仕組みが置かれた。しかし、監査委員会の廃止に伴い、国務大臣の権限として定めている(八四条以下)。　[校正時付記]　二〇一三年五月に貴族院で審議の開始されたLocal Audit and Accountability Billも、付則九において同様に定めている。

本稿は、一九九九年度~二〇〇〇年度文部科学省科学研究費基盤研究(C)(研究課題番号一一六二〇〇二〇)「会計検査制度の比較研究」および二〇一一年度~二〇一二年度学術振興会科学研究費基盤研究(A)(研究課題番号二三二四三〇〇六)「地方自治法制のパラダイム転換」(研究代表者・木佐茂男)の各研究成果の一部である。また、本稿の草稿作成段階で、地方財務協会の地方行政研究会(会長・塩野宏東京大学名誉教授)にて報告しコメントをいただく機会に浴した。

理由提示の瑕疵による取消判決と処分理由の差替え

――提示理由の根拠と手続的適法要件

木内道祥

一　はじめに
二　平成二三・六・七理由提示最高裁判決の意義
三　理由の差替え
四　まとめ——提示理由の根拠と手続的適法要件

一　はじめに

不利益処分を行うについては処分と同時に理由の提示を要することを定めた行政手続法一四条違反を理由として行政処分を取り消した初めての最高裁判決が登場した。これにより、従来の理由付記判例法理が行政手続法一四条の求める理由提示についても妥当することが示された。この判決の次の問題として興味深いことは、理由の差替えとの関係である。理由の差替えについては、判例、学説とも、固まったとはいえない状況にあり、これについて検討を行った。

二　平成二三・六・七理由提示最高裁判決の意義

最高裁三小平成二三年六月七日判決（民集六五巻四号二〇八一頁）（以下「二三・六・七最判」という）は、①行政手続法一四条が不利益処分について理由の提示を義務付けた趣旨は、行政庁の判断の慎重、合理性を担保して恣意を抑制するとともに、被処分者に理由を知らせて不服の申立てに便宜を与えることにある、②どの程度の理由を提示すべきかは、処分の根拠法令の規定内容、処分基準の存否・内容・公表の有無、処分の性質および内容、処分の原因となる事実関係等の内容を総合考慮して決定されると判示した。

法廷意見に明示されてはいないが、この判決は、従来形成されてきた理由付記判例法理が理由提示を義務付ける行政手続法一四条の解釈にも妥当することを示したものと解される（1）。

理由付記判例法理については、主に租税法の分野における処分について積み重ねられてきたものであり、この判決の田原補足意見によって整理されている。

ほぼ、同様の整理であるが、昭和六〇年の一般旅券発行拒否処分を理由付記の不備により取り消した最高裁判決（最判昭和六〇年一月二二日民集三九巻一号一頁）の判例解説は、従来の判例から一般理論を抽出したものとして次のように整理している(2)(3)。

① 処分に理由を付記すべきものとしているのは、処分庁の判断の慎重・合理性を担保してその恣意を抑制するとともに、処分の理由を相手方に知らせて不服の申立てに便宜を与える趣旨に出たものであるから、その記載を欠くにおいては処分自体の取消しを免れない。

② どの程度の理由の記載をなすべきかは、処分の性質と理由付記を命じた各法律の規定の趣旨・目的に照らして決する。

③ 処分理由は、付記理由の記載自体から明らかにならなければならない。

④ 理由付記の程度に関する以上の法理は、被処分者が処分理由を推知できると否とにかかわらない。

理由付記判例法理と行政手続法の関係については、行政手続法の制定によってそれまでの理由付記判例法理の厳格さが緩和されたとする学説、すなわち「行政手続法の理由提示規定は理由付記判例法理のなかみそのものを変えていこうとする趣旨のものだと理解すべき」「行政手続法のもとでは、理由提示を効力要件として位置づけつつ、従来の理由付記判例法理にみられた硬直性を排するような解釈が可能となるはずである」とする学説も存した(4)ところであり、この判決が、理由付記判例法理が行政手続法によって一般化された理由提示についても妥当することを示した意義は大きい。

理由提示について最高裁の判断が示された次の問題としては、基準を設けないことあるいは基準を公表しないことが処分の違法性の理由となるかという問題もあるが、より大きなものとしては、理由の差替えがある。

（1） 古田孝夫「時の判例」ジュリ一四三六号九九頁（二〇一二年）。
（2） 泉徳治「判解」最高裁判所判例解説民事篇昭和六〇年度六頁（一九八九年）。
（3） 原田大樹「判例研究　処分基準と理由提示」法政研究七八巻四号六四頁（二〇一二年）は、①～④に「後続の行政決定の理由付記によって先行する処分の理由附記の瑕疵自体が治癒されることはない」を加える。
（4） 西鳥羽和明「理由付記判例法理と行政手続法の理由提示(一・完)」民商一一三巻一号四頁・二七頁（一九九五年）。

三　理由の差替え

1　理由の差替えとはどういう問題か

理由の差替えとは、処分取消しを求める訴訟が提起されると被告（処分庁）は処分の適法要件の存在を主張立証する必要があるが、処分理由と異なる事実上および法律上の根拠を処分の適法性を基礎付ける事由として主張することができるかという問題であり、第一義的には、訴訟における被告の主張制限という訴訟法における問題である。[5]訴訟における当事者の主張制限としては、行政事件訴訟法七条により準用される民事訴訟法一五七条（時機に後れた攻撃防御方法の却下）、同法一五七条の二（計画審理の場合の攻撃防御方法の却下）以外には、行政事件訴訟法に独自の規定は設けられていない。今次の行政事件訴訟法改正でも、被告の主張制限の規定は設けられず、処分の理由についての釈明処分を新設するに留まった。[6]

2　理由の差替えについての不利益処分と申請拒否処分の違い

行政手続法制定前の個別法の理由付記には、不利益処分についてのものと申請拒否処分についてのものがあり、行政手続法でも、八条が申請拒否処分について、一四条が不利益処分について理由提示を義務付けている。理由提示を欠く処分が違法であり、処分後の追完によって瑕疵が治癒されないことは共通ということができる。このことは、理由提示を求めた制度趣旨として、理由付記判例法理およびそれを確認した二三・六・七最判が判示するところである。

しかし、理由提示がなされたことを前提として、その後の処分取消訴訟での理由の差替えの問題では、不利益処分と申請拒否処分では違ってくる。

不利益処分と申請拒否処分とでは被処分者の立場が異なる。不利益処分の被処分者は、処分取消しによって不利益を回復することができるのに対し、申請拒否処分の被処分者は処分取消しによって何かを得ることはなく、再度の申請が認められない限り、処分取消しに特段の意味はない。改正行政事件訴訟法のもとでは、申請拒否処分の被処分者は、処分取消訴訟と併合して義務付け訴訟を提起することが通常であると思われるところ、義務付け訴訟については、裁判所が申請を認める処分を命ずるためには、申請拒否事由が存在しないことの認定が必要である以上、処分庁は、処分時に示した拒否事由以外の拒否事由を主張することに制限を受けることはない(7)。

したがって、本稿においては、不利益処分に限定して、理由の差替えを論じる。

3　理由提示、理由の差替えと訴因変更

(1)　理由提示と被処分者の防御権の擁護

理由提示の制度趣旨は、二三・六・七最判が理由付記判例法理を踏襲して述べるように、行政の恣意抑制と被処分者の不服申立ての便宜である。行政に対しては恣意を抑制する仕組みを備えることが必要であり、被処分者の不服申立てには便宜を与える必要があるという制度趣旨は、換言すれば、被処分者の防御権を擁護することが必要であるから理由提示が行われるということができる。被処分者の防御権の擁護が必要なのは、不服申立てをするか否かの段階だけではなく、不服申立てをした後の争訟過程でも必要なのであり、理由提示の制度趣旨の理解および理由の差替えの問題は、被処分者の防御権の観点から見直す必要がある。

(2)　刑事訴訟における訴因変更との類比

刑事訴訟において「公訴事実は、訴因を明示してこれを記載しなければならない。」とされ（刑事訴訟法二五六条三項）、訴因変更には、被告人の防御権を害しないという観点から一定の制限が設けられている。もとより、刑事訴訟と不利益処分の取消訴訟はまったく異なる手続であり、その規律をたやすく類推しうるというものではないが、被処分者の防御権という観点からは、問題意識を共通にするものである。

これまでも、何度か、取消訴訟と刑事訴訟との類比が語られたことがある。処分取消訴訟と刑事訴訟の本質ないし目的が行政の法律適合性の保障という意味で類似するという観点は、夙に指摘されていた(8)。

行政に対する司法審査が手続保障に重点をおいて熱心に論じられていた昭和三〇年代後期に持たれた行政訴訟担当の裁判官の研究会では、処分理由と異なる新たな主張の可否を論じる部分で「刑事では、所定の手続きで認定さ

れたものが実体であると見なければいけないのですね。そういうことが多少行政手続にも言える」「刑事でも訴因変更……というのがある」という発言が登場している。[9]

最高裁三小昭和五六年七月一四日判決（民集三五巻五号九〇一頁）は、青色申告に対する更正処分の取消訴訟で理由の差替えが問題となった唯一の最高裁判決であり「一般的に青色申告書による申告についてした更正処分の取消訴訟において更正の理由とは異なるいかなる事実をも主張することができると解すべきかどうかはともかく」としたものであるが、その判例解説において、村上敬一調査官は、公務員の懲戒処分の同一性の問題が「期間的にも空間的にも無限定な被処分者の所業中のいずれの所為が実体法規上類型化されたいくつかの懲戒事由のいずれに当たるものであるかを被処分者に告知するという機能を持つ」ものであり「あたかも刑事訴訟における公訴事実の同一性の問題と同様である」ことを指摘し、青色申告の更正処分について理由の差替えを許さないとする学説の多数説について、その多数説も、一切の理由の差替えを認めないのではなく基礎となった事実の同一性の範囲内では許されるとしているという考え方が「刑事訴訟における公訴事実の同一性の範囲内における訴因の変更あるいは公務員に対する懲戒処分の取消訴訟における理由の差し替えの可否をめぐって言われる『基本的処分事由』と『付加的処分事由』との区別に類比することができよう。[10]」として、理由の差替えと訴因変更の類比を行っている。

実は、この最高裁判決と同じ日に同じ第三小法廷で「訴因不特定の公訴による時効停止の有無」についての判決がなされている。理由の差替えの可否を考えるについて刑事訴訟での訴因の変更との類比に言及されたことは、背景にこの刑事事件の判決との関係がある可能性がある。

(3)　訴因不特定の公訴による時効停止の有無に関する最高裁判決

この刑事事件は、原事件以来、筆者が弁護人の一人であった。事件を要約して紹介する。

最高裁三小昭和五六年七月一四日判決（刑集三五巻五号四九七頁）が青色申告の更正処分の取消訴訟における理由の差替えの問題の最高裁判決と同日に同小法廷でなされた判決である。

原事件は、注文者に所有権が帰属する建物を請負人が自己の所有として登記を経由したことについて、虚偽公文書不実記載、同行使罪により起訴されたものであるが、一審裁判所は、訴因がもはや訂正ないし補正が許される余地のないほど不特定であるとして、検察官の補正申立てを却下したうえで公訴棄却の判決を言い渡した。

この事件の起訴状記載の公訴事実は「不実の保存登記をなさしめた上、即時同所にこれを備え付けて行使した」ことを結論としているが、それに至る行為としては、所有権証明書などの内容虚偽の登記必要書類を作成して法務局に提出した等の表示登記を行うために必要な行為を記載したものであったため「およそ公正証書原本不実記載、同行使の罪となるべき事実を特定するに当り最も重要であるというべき不実記載の内容自体に関して、……一見してその誤記であることが明らかではなく、保存登記、表示登記のいずれともとれるような誤記（ちなみに当裁判所は、保存登記と表示登記の双方について各不実記載罪が成立する場合には、それらは併合罪の関係に立つものと解する。）や、……その範囲をきわめてあいまいなものにする余事記載があり、更に訴訟における攻撃防御の重要な焦点ともなるべき被告人らの行使の日時、方法ないしその態様について、……非常に不正確な記載がある」として、検察官の補正申立てを却下して、公訴棄却の判決がなされた（適条としては、公訴提起が訴因の明示を命ずる刑事訴訟法二五六条三項に違反し無効であるため同法三三八条四号により公訴を棄却するということになる）。(11)

この公訴棄却判決は控訴のないまま確定し、その約一年半後に、検察官は、改めて公訴を提起した（第一事実を表示登記の不実記載、第二事実を保存登記の不実記載の併合罪としての起訴）が、その時点では、公訴事実の時点からいえば公訴時効が完成していたため、原起訴に公訴時効の停止の効力があるか否かが争われた。

一審は、旧公訴事実は、いずれを起訴したものか不明であり、その両方を起訴したと認めることもできず、公訴事実が不特定であるとして、旧起訴による公訴時効の停止を認めず、免訴の判決がなされた。二審は、旧起訴によって不実の表示登記行為についての公訴時効の停止を認め、有罪としたため、被告人から上告申立てがされ、上告審は、上告を棄却した。

訴因が不特定の公訴提起であっても、特定の事実について訴追意思を表明したと認められるときはその事実と公訴事実を同一にする範囲で公訴時効の進行を停止するという上告審判決の結論については、異論はなく、上告審における最も重要な争点は、旧起訴に対する公訴棄却の確定判決の内容的確定力は、訴因不特定の判断に留まるのか、公訴事実の不特定の判断も含むのか、ということにあり、詳細な伊藤正己裁判官の反対意見が付されている。すなわち、内容的確定力を認める考え方は、裁判所の判断が確定した以上、その後の同一当事者間の訴訟では、これと異なる主張・判断を許さないこととして被告人の地位の安定を図るという配慮によるものであるから、内容的確定力の生ずる範囲を主文を導くための直接の理由となる判断だけに限定するべき合理的な根拠はなく、少なくとも、確定判決の主文を導くうえで必要不可欠な理由となる重要な判断については、内容的確定力が生ずると考えるべきであり、公訴棄却とした直接の理由が「訴因不特定の判断」であっても「公訴事実不特定の判断」がその判断の必要不可欠な理由なのであるから、原起訴は併合罪である甲乙のいずれを起訴したかわからない（すなわち公訴事実が不特定である）から訴因が不特定であるとした公訴棄却の判決が確定した以上、後訴の裁判所が、旧起訴はじつは甲事実を起訴したものと認めるという判断をすることは、被告人の法的地位を不安定なものとし、ひいては裁判の権威を損なうものであり賛同し難い、というのが伊藤反対意見である。

公訴事実甲乙のいずれを起訴したかわからなければ両事実の時効の停止を認めないという一審判決の見解には

「一理がある」、起訴状に対する補正を加味して甲事実への公訴時効の停止を認めたことに「理論上問題がないわけではない」と解説されているが[12]、ここで論じられているのは、検察官の主張の変更に対する被告人の防御権の保護という問題である。

(4) 訴因変更の制限

訴因と公訴事実の関係については、さまざまな議論がされてきたが、訴因対象説（審理の対象は訴因である）、事実記載説（訴因の性質は罰条を示すものではなく事実である）、基本的事実同一説（非両立性基準を併用）（公訴事実の同一性は基本的事実の同一性により判断するが、非両立性基準も併用する）が判例通説となっている[13]。

訴因は検察官が設定する審理の対象であり、公訴提起後にそれを変更するには次の二つの制限がある。

一つは、公訴事実の同一性を害しない範囲でなければならないことであり（刑事訴訟法三一二条一項）、もう一つは、被告人の防御に実質的な不利益を生ずる虞れがあるときであってはならないということである（同条四項）。後者については、法文が明示するのは、被告人の防御の準備のための公判手続の停止であるが、被告人の防御権の侵害が甚だしい場合には訴因変更そのものが許されないという意見も有力である[14]。

(5) 理由の差替えと訴因変更

前記のように、刑事訴訟と不利益処分の取消訴訟はまったく異なる手続であり、たやすく類推できるものではないが、青色申告の更正処分の取消訴訟における理由の差替えについて「『基本的事実の同一性』を前提としたうえで、原告の防御に不利益を与えるか否かという基準により差替えの許容性が判断される傾向にある[15]」といわれることと、訴因変更の限界を画する公訴事実の同一性については、基本的事実同一説が判例通説であるとされていること[16]との類似性には、注目しておく必要がある。

訴因変更の時期的制限（被告人の防御権の侵害が甚だしい時点の訴因変更は、公判手続の停止に留まらず、訴因変更そのものが許されない）という問題についても、それとパラレルに「取消訴訟において当初の付記理由をめぐる審理が相当進んだ段階でその差し替えを許すことは、原告の防御の機会を奪うことになり、信義則にも反するから、差し替えは認められない」とする見解も見られるところである(17)。

理由提示の制度趣旨を被処分者の防御権の擁護目的という観点からとらえなおすと、訴因変更の制限として議論されている課題は、理由の差替えの制限への問題関心に通じるものがある。ただ、処分取消訴訟では、訴因変更のような理由の差替えについての明文の制限規定は設けられておらず、防御権の擁護の必要があることから直ちに理由の差替えの制限を導き出すことは困難である。

4　理由の差替えの制限根拠の検討

前述のように理由の差替えは、第一義的には、訴訟における被告の主張制限という訴訟法における問題であり、これについては法文上、民事訴訟法一五七条（時機に後れた攻撃防御方法の却下）、同法一五七条の二（計画審理の場合の攻撃防御方法の却下）しか制限規定は存在しない。にもかかわらず、従来から繰り返し、理由の差替えの制限論が説かれていること自体は、被処分者の防御権の擁護の必要性の反映と評しうるが、その根拠付けについては「いちばん理論上困難……整理がかなり難しい」といわれている状況は(18)、その後も変わっていない。

最近の文献によると、理由の差替えが制限されるべき場合として次のものがあげられているので(19)、これについて検討を加えることとする。

①　処分の同一性が失われる場合

② 理由付記が求められている場合
③ 行政庁の第一次的審査権を害する場合（裁判所と行政庁の役割分担の観点から、もう一度行政庁にやり直させるのが適切な場合）
④ 被処分者の利益擁護のために聴聞手続等の特別の保護が処分手続上で定められている場合
⑤ 再処分に期間制限が設けられている場合にそれを潜脱する場合

(1) 処分の同一性が失われる場合

理由の差替えは、それによって処分の同一性が失われる場合には許されないといわれることがあるが、これは、理論的には、訴訟における主張立証（攻撃防御方法の提出）制限の問題ではない。処分の同一性が失われる理由の差替えを行うということは、当該処分とは別の処分の適法要件を主張立証するということであり、その訴訟にとって無意味であり、主張自体失当である。仮に裁判所がその主張立証を排除しなかったとしても、結論に変わりはない[20]。

しかし、処分の同一性とは何か、処分取消訴訟の訴訟物は何か、という理解が必ずしも統一されているわけではない。行政処分を第一類型（複数の処分要件のすべてが充足されることを要件とするもの）と第二類型（複数の処分要件のうちの一つが充足されることを要件とするもの）に分類し、第二類型の行政処分では、処分要件を異にする処分は別の処分であり、訴訟物が異なるとする有力な見解があるが[21]、これに対しても、最高裁二小平成一一年一一月一九日判決（民集五三巻八号一八六二頁）の判例解説において「本判決はこの見解を採らないものと理解するのが素直であろう」という評がなされている[22]。

もともと、処分取消訴訟の訴訟物論は、純理論的見地からうまれたというよりも、理由の差替えを制限するために進展したといわれている[23]。

結局、処分の同一性によって理由の差替えの範囲が限定されるのは理論上当然であり、処分の同一性を厳格に解する考えは、それが理由の差替えを制限するものとして機能するものではあるが、それが理由の差替えの制限の根拠付けのツールとして必要にして十分ということはできない。

(2) 行政庁の第一次的審査権を害する場合

最高裁三小平成五年二月一六日判決（民集四七巻二号四七三頁、和歌山ベンジジン労災事件）は、理由の差替えの可否について言及していないが「実体的要件の存否について第一次的判断権を行使する義務に違反した行政庁が、実体要件を充足しないという新たな理由を主張し、これによって不支給処分を維持することは許されない」としたものと理解できるとする見解があり[24]、また、一方、処分の同一性がないことが実体要件不充足の主張を許さなかった理由と解する見解もある[25]。

行政庁の第一次的審査権を害するということを理由の差替え制限の根拠とする場合、行政に対する司法審査権の限界という大きな立論をするのであれば別として、また、処分の同一性を害すると解し、それを根拠とするというのであれば別として、行政庁が第一次的審査権を行使していないことが、直ちに、処分庁の訴訟における攻撃防御方法の提出の制限に結びつくものではないというと反論を受ける余地がある。

行政庁の第一次的審査権を権利として捉えれば、訴訟において行政庁がそれを放棄して裁判所に委ねることは可能であるし、義務としての権限でありその不行使は義務違反（違法）であると解することは可能であるが、処分の過程での違法が直ちに取消訴訟での主張制限には結びつくとは必ずしもいえないからである。

(3) 被処分者の利益擁護のために聴聞手続等の特別の保護が処分手続上で定められている場合

聴聞手続が行われる場合、予定される被処分者には処分理由が事前に通知され、資料閲覧権、証拠提出権が認められる（行政手続法一五条以下）。そこでの審理は通知された処分理由に限定されるため、その後の取消訴訟において理由の差替えがなされると、新しい理由については、被処分者は聴聞手続という防御の機会がないまま、訴訟の場での反論を強いられ、聴聞という処分手続上の特別の保護を与える制度趣旨が潜脱されることとなる。それを防止するために、このような場合には、理由の差替えは許されないという見解も有力である[26][27][28]。

ただ、手続上の保護が全うされない結果を生ずることを根拠として、訴訟における理由の差替えが許されないといえるか否かについては、後述する理由提示が義務付けられていることを根拠とする場合についていわれていることであるが「立法政策として、……どちらも選択可能であることが明らかである。そうだとすると、この問題は、具体的な……規定がそのどちらの立法政策を選択しているものとみられるかという、個々の規定の解釈問題というべきであり、……すべてに当然に当てはまる一般的な法理があるとは直ちにいい難い[29]」というものと同趣旨の反論がありうる。

行政手続法の適用領域では、不利益処分について、必ず、聴聞あるいは弁明機会の付与の機会が保障されている（同法一三条）のであって、「個々の規定の解釈問題」に委ねることで足りるものではなく、行政手続法一三条の解釈として、聴聞ないし弁明を経た後の取消訴訟における理由の差替えの是非が問われるべきであるが、これについては、本稿による検討の対象外とした。

(4) 再処分に期間制限が設けられている場合にそれを潜脱する場合

処分取消しの判決が確定した後に別の処分理由による再度の処分が可能か否か（再処分を前提とした行政処分であ

るのか否か、あるいは、取消判決の拘束力）について争いがあることに加えて、再処分の制限は、行政手続法の規定するところでないため、これについては、個々の根拠規定の解釈問題に属するという見解が妥当する。

（5）　理由付記が求められている場合

理由の差替えを制限する根拠として、もっとも多く述べられるのが理由付記が求められていることである。処分時の理由付記が義務付けられているにもかかわらず、その後の取消訴訟において、理由の差替えが制限なく自由に許されるとすれば、処分時に付記する理由を慎重に定めるという行政の恣意抑制機能、あるいは、処分時に示された理由にしたがって不服申立てを行うという被処分者の不服申立便宜機能が有名無実となるという理由である。

理由の差替えについて昭和四四年という時点で「処分はあくまでもその『主文』によってその同一性が決まる……理由の変更によって処分の同一性は害されない」として、理由の差替えの許容範囲である処分の同一性について極めて広い見解を述べた論者も「法令で、処分にその処分理由の明示を要求している場合に……いったん付した理由を訴訟になって変更主張することは許されない……処分理由の追加変更を許すことは、処分に理由を付して被処分者の権利を擁護せんとした趣旨をまったく没却してしまうからである」として理由付記の義務付けを根拠としており[30]、平成の時点で理由の差替えについて極めて詳細な検討を行った見解も「端的に言えば、行政手続法が理由提示義務の規定を置いたので、その対象となる行政処分については、原則として理由の差替えは認められない[31]」「私自身は、行政処分の時点で理由を凝固させてその変化を拒否する立場に与する。行政手続法が処分と理由の提示の同時性を要求したことの意義は大きい」として、理由提示義務の存在を理由の差替えを許さない根拠としている[32]。

しかし、理由付記が求められていることを根拠として理由の差替えが許されないとする見解の最大の難点は、理由の差替えの禁止が訴訟における主張制限であるということとの結節点を欠くことである。

「処分理由の差替えの根拠が（筆者注・差替え禁止の根拠の趣旨と思われる）、根拠法規によるものでも、訴訟物によるものでもなく、訴訟上の主張制限自体によるものであるとすることは、……民訴法一三九条のような特別の規定なしに……このような結果を認めることは、合理性を欠き、論理矛盾ともいうべきであろう。」という評言[33]は、重みを持つものと考える必要がある。

前出の青色申告更正処分での理由の差替えについての最高裁三小昭和五六年七月一四日判決（民集三五巻五号九〇一頁）の一審判決（京都地判昭和四九年三月一五日訟月二〇巻一一号一七〇頁）が「理由付記を要する趣旨からすれば、付記理由以外の事実を以て更正処分の正当性を根拠づけることを許さないものと解すべき」としたのに対し、二審判決（大阪高判昭和五二年一月二七日訟月二三巻二号四一二頁）が「格別の法令上の根拠がないにも拘らず、更正処分の附記理由に、その趣旨・目的を超える強い意味付けを与え、必要以上に課税庁を拘束……するものであって、到底左袒することができない。」としたのは、まさに、訴訟における主張制限の法令上の根拠が存在しないことを問題として一審判決を取り消したのである。

5　「取り敢えず」の理由提示でもよいのか

理由の差替えは処分の同一性を害しない限り自由であるというテーゼに対して、それに反対する意見がもっとも強く取り上げ、また、そのテーゼを支持する立場でも、このような場合には理由の差替えは許されないとする想定事例がある。

それは「処分庁が取り敢えず何らかの理由を付けて処分をする[34]」場合である。

青色申告の更正処分取消訴訟における理由の差替えについて「青色申告に対する更正処分の取消訴訟においても、更正処分庁は、被処分者に格別の不利益を与える場合でない限り、更正通知書の附記理由と異なる主張を訴訟において主張することが許される」として理由の差替えを認めた平成八年の東京地裁判決[35]も「更正処分庁が、理由の差し替えによって救済されることを前提に、敢えて恣意的な理由を記載した場合」には、理由の差替えは認められないと判示している。

同趣旨（取り敢えずの理由を付した場合には理由の差替えは許されない）を述べた文献をあげると次のようなものがある。

「附記理由としては取り敢えずのもの、極論すれば事実の裏付けのないものでも記載しておけば、それで……瑕疵のないものとなり、後は不服審査、訴訟の段階までに調査を尽くして理由を差し替えればよいことにな」り[36]、「更正には適当に理由を記載しておいて裁決でやり直してもらうことが可能となり[37]」、「全く調査や審査もしない、いわゆる見込課税が法の予定し目的とするところでないことは明らかであるから、いかに結論において正しくても、課税権の濫用[38]」、「およそ調査も何もしないでポンと処分をしておいて、それが訴訟になってから急に調査をしだしたということになると、調査権の濫用ということになる。[39]」、「(理由の差替えを許容する立場にたったとしても）付記理由として『取り敢えずのもの』のみを記載して争訟段階で差し替えるようなことが仮になされれば、そのような理由付記自体が、独立の違法事由になる[40]」。

「行政庁には慎重判断義務、公正判断義務があり、その義務に重大な違反があった場合には処分の取消事由となり得ると解することができるとすれば、処分当時、極めて杜撰で安易な判断が行われていたことが判明した場合には、そのような慎重判断義務等の違反を理由に処分を取り消すことも考慮されてよい[41]」、「調査検討義務は手続法的意義が皆無ではなく、立法の誠実な執行を助け、行政庁の慎重な判断を促す機能を有するため、全く調査検討が行われない場合等、極めて重大な義務違反がある場合、その瑕疵は独立の違法・取消事由を構成すると解すべきであろう。[42]」

右の調査権（ないし課税権）の濫用という理由付けを、被処分者の法的地位としていえば「関係私人には、およそ必要な調査検討を経ない処分によって格別の不利益を課せられてはならないという法的な地位が認められ……訴訟段階で……処分根拠の差替えを認めることは、そのような関係私人の地位を害することとなるおそれがある。したがって、取消訴訟における処分根拠の差替えは、何らかの程度に制限される必要がある[43]」という見解に結びつくこととなる。

ただ、この見解でも、被処分者に認められた法的地位が害されることと訴訟における主張制限を連結するロジックが示されているわけではない。

6　手続的適法要件としての提示理由の根拠

刑事訴訟における訴因の変更については、被告人の防御権の擁護のための制限規定が刑事訴訟法に設けられているが、行政訴訟では処分庁の攻撃防御方法の提出を制限する訴訟法上の規定は設けられていない。このことが、理由の差替えをめぐる議論が帰一しない大きな要因である。理由の差替えが許されないことの理由を訴訟手続における主張制限に求める限り、訴訟法上の根拠規定を欠くという難点を払拭することは難しい。

他方、「取り敢えず」の理由記載がされた場合の理由の差替えが許されないことでは、大方の意見が一致しているのであり、理由の差替えについての一致しうる制限法理が存在するはずである。

もう一度、理由提示がその根拠規定とならないのかを考えてみる必要がある。行政手続法について「この法律はいわゆる準司法手続をとっていないわけですから、新証拠の提出制限を解釈論でいくのは無理かと思います」との発言があるが(44)、行政手続法によって理由提示が義務付けられたがその理由は正しいものでなくてもよいといわれたとすると、それを素直に了解できるであろうか。それでは了解できないということから、「取り敢えず」の理由提示がされた場合の理由の差替えは許容されないという前記の大方の意見が登場するのではないだろうか。

「取り敢えず」の理由提示がされた処分は調査権（ないし課税権）の濫用であるという前に紹介した見解は、実体的にその処分理由が存在したとしても、その処分は調査権（ないし課税権）を濫用してなされたものであるから違法であるとするものである。なぜ違法なのかということを、権利濫用という一般法理を用いる手前で根拠付けることは、根拠法規の解釈によって可能であると思われる。それは、理由付記を義務付ける規定が求めているのは、理由を単に付記することだけではなく、付記される理由に根拠が存在することも含んでいるという解釈である。個別法に理由付記の規定がなく行政手続法が適用される領域では、行政手続法の求める理由提示がその根拠規定となる。

法が理由の提示を求める以上、その提示されるべき理由は、処分時までの処分庁による調査権限の適正な行使により得られた処分理由でなければならないはずである。これが、「取り敢えず」の理由提示は許されないということの意味である。そして、提示された理由がその要件を充足しないことは、当該処分の瑕疵であり、当該処分を違法ならしめ、その後の手続における理由の変更・追加によって、処分の違法性は治癒されないというべきである。

このように提示される理由が一定の根拠付けを持つことを、理由提示の要件、すなわち、処分の手続的適法要件と解すると、理由の差替えの問題は、次のように理解することができる。

理由の差替えは、処分庁が処分の実体的な適法要件として考えている処分理由が裁判所の認める適法要件と齟齬しており、処分庁が裁判所の認めると思われる実体的な適法要件に沿った処分理由を主張するという場面で問題となる。その場合、処分の手続的な適法要件である理由提示には、その理由について処分時までの調査権限の適正な行使による根拠付けが存在することも含まれているのであり、その瑕疵は、処分時までの調査権限の不行使によるものであるから、その後の調査によって治癒されない。したがって、取消訴訟において、提示された理由と異なる実体的な処分理由の主張立証を処分庁がしようとしても、それは当該処分の適法要件とは関連性がないものとなる。処分庁が主張立証しなければならないことは、提示理由について処分時までに調査権限の適正な行使がされたことである。そして、その主張立証がなされた後の問題として、処分理由と異なる実体的適法要件の主張立証の可否が問題となる。この場合、適正な調査が行われたことによる処分理由とは異なる実体的適法要件が登場するのであるから、基本的な事実関係を異にすることが考えられ、処分の同一性を害しないか否かの審査で許容されない可能性があり、処分の同一性が肯定される場合にも、被処分者に、最高裁三小昭和五六年七月一四日判決（民集三五巻五号九〇一頁）のいう「格別の不利益」を与えることを理由に、許容されない可能性がある。

理由の差替えを一切許さないということは、処分庁が処分時に把握した処分理由が取消訴訟において裁判所の認定する処分理由と一致しなければならないということを意味するが、提示理由に根拠が存することを不利益処分の手続的適法要件と解することは、それとは異なる。処分庁が処分時に提示した処分理由による事実上ないし法解釈上の根拠付けを裁判所が認めない場合にも、処分理由が適正な調査に基づく根拠付けによるものであることの立証がなされれば理由提示としては適法であり、処分の手続的適法要件は充足されるのであり、処分の実体的適法要件を充足させるための訴訟上の攻撃防御方法の提出としての理由の差替えは可能なのである。

（5）　司法研修所編『改訂　行政事件訴訟の一般的問題に関する実務的研究』二〇四頁（法曹会、二〇〇〇年）は、すべての行政処分には、処分庁が処分時に認定した根拠事実と適用した根拠法規が存在し、その根拠事実と根拠法規の両者を併せて「処分理由」というとしており、本稿でも同趣旨に用いることとする。

(6) 小早川光郎編『改正行政事件訴訟法研究（ジュリ増）』一六七頁〔小早川光郎〕（有斐閣、二〇〇五年）。

(7) 塩野宏『行政法Ⅱ〔第五版補訂版〕』二四三頁（有斐閣、二〇一三年）。

(8) 町田顕「抗告訴訟の性質」判タ一五七号二〇頁（一九六四年）。

(9) 位野木益雄ほか「行政事件訴訟の審理をめぐる実務上の諸問題(六)」判タ一七五号三五頁（一九六五年）、前者は浜秀和発言、後者は高林克巳発言。

(10) 村上敬一「判解」最高裁判所判例解説民事篇昭和五六年度四三七頁、四四一頁、四四四頁（一九八六年）。

(11) 大阪地判昭和五一年一一月一八日刑月八巻一一・一二号五〇七頁〔島田仁郎〕。

(12) 木谷明「判解」最高裁判所判例解説刑事篇昭和五六年度一九三頁（一九八五年）。

(13) 安廣文夫「判批」松尾浩也＝井上正仁編『刑事訴訟法判例百選〔第七版〕』一〇四頁（有斐閣、一九九八年）。

(14) 最判昭和五八年二月二四日判時一〇七〇号五頁の団藤補足意見、谷口意見。福岡高那覇支判昭和五一年四月五日判タ三四五号三二一頁。

(15) 占部裕典「租税訴訟における審理の対象――理由附記及び理由の差替えをめぐる諸問題」小川英明ほか編『新・裁判実務大系第一八巻 租税争訟〔改訂版〕』一三七頁（青林書院、二〇〇九年）。

(16) 安廣・前掲注(13)一〇四頁。

(17) 園部逸夫編『注解行政事件訴訟法』九八頁〔春日偉知郎〕（有斐閣、一九八九年）。

(18) 小早川光郎編『行政手続法逐条研究（ジュリスト増刊）』二三五頁〔高木光〕（有斐閣、一九九六年）。

(19) 大貫裕之「行政訴訟の審判の対象と判決の効力」磯部力ほか編『行政法の新構想Ⅲ 行政救済法』一五二頁（有斐閣、二〇〇八年）。

(20) 行政事件訴訟実務研究会編『行政訴訟の実務』二〇八頁（ぎょうせい、二〇〇七年）の指摘するところである。

(21) 司法研修所・前掲注(5)一四二頁以下。

(22) 大橋寛明「判解」最高裁判所判例解説民事篇平成一一年度(下)八三〇頁（二〇〇二年）。

(23) 緒方節郎「課税処分取消訴訟の訴訟物」鈴木忠一ほか監修『実務民事訴訟講座9』三頁（日本評論社、一九七〇年）は「更正・決定に対する審査請求を経て更正・決定の取消訴訟が提起されると、被告税務署長は審査請求裁決後に収集された資料をもって課税根拠を主張し、立証するのが実情であ」るため、「訴訟物に関する実務的課題としては……被告は、当該処分時における処分理由と異なるあらたな主張をすることができるか……」に要約できるとしている。

(24) 綿引万里子「判解」最高裁判所判例解説民事篇平成五年度(上)二三二頁（一九九六年）。なお、同解説は、後掲注(25)の見解について、そのように理解することも可能であろうが、異論もありうるところであり、本判決がそのような考え方を採ったと断定するのは早計であると述べている。

(25) 司法研修所・前掲注(5)一五三頁以下。

(26) 塩野・前掲注(7)一七八頁。

(27) 宇賀克也『行政手続法の解説〔第六次改訂版〕』一二二頁（学陽書房、二〇一三年）。

(28) 室井力ほか編『コンメンタール行政法Ⅰ 行政手続法・行政不服審査法〔第二版〕』一六四頁〔久保茂樹〕（日本評論社、二〇〇八年）。

(29) 大橋・前掲注(22)八二五頁。この事例は、行政手続法の施行前の処分にかかるものであり、かつ、自治体の条例を根拠とする処分であるので、いずれにしても、行政手続法は適用されない。

(30) 高林克巳「瑕疵ある行政行為の転換と処分理由の追加」曹時二一巻四号一五頁・二二頁（一九六九年）。

(31) 交告尚史「理由付記と理由の差替え」兼子仁ほか編『手続法的行政法学の理論』二〇五頁（勁草書房、一九九五年）。

(32) 交告尚史『処分理由と取消訴訟』二三〇頁（勁草書房、二〇〇〇年）。

(33) 鈴木康之「処分理由と訴訟上の主張との関係——処分理由の差替えを中心として」鈴木忠一ほか監修『新・実務民事訴訟講座9』二七〇頁（日本評論社、一九八三年）。ただし、鈴木は必ずしも差替え肯定論者ではなく、肯定説も否定説もどちらも可能な解釈であり、否定説に親近感を持ちつつも、なお肯定説を捨て切れないと述べている。

(34) 司法研修所・前掲注(5)一六三頁。

(35) 東京地判平成八年一一月二九日判時一六〇二号五六頁。

(36) 村上・前掲注(10)四四三頁。

(37) 佐藤繁「判解」最高裁判所判例解説民事篇昭和四七年度三八一頁(一九七四年)。
(38) 緒方・前掲注(23)二〇頁。
(39) 小早川・前掲注(18)二三八頁〔塩野宏〕。
(40) 角松生史「判批」水野忠恒ほか編『租税判例百選〔第五版〕』二三二頁(有斐閣、二〇一一年)。
(41) 鶴岡稔彦「抗告訴訟の訴訟物と取消判決の効力」藤山雅行＝村田斉志編『新・裁判実務大系第二五巻 行政争訟』二〇五頁(青林書院、二〇〇四年)。
(42) 薄井一成「申請手続過程と法」磯部力ほか編『行政法の新構想Ⅱ』二八三頁(有斐閣、二〇〇八年)。
(43) 小早川光郎『行政法講義 下Ⅱ』二〇八頁(弘文堂、二〇〇五年)。
(44) 小早川・前掲注(18)二三八頁〔塩野〕。

四 まとめ――提示理由の根拠と手続的適法要件

理由の差替えは処分の同一性を害しない限り制限されないと解することは被処分者の防御権を害する結果を招来するものであるが、それを制限する訴訟法上の制限規定を欠いている。処分の同一性基準は理由の差替えを制限する根拠とはなりうるが、基準としては硬質であり、それのみではツールとして不十分である。処分の一般的違法事由として調査権の濫用(調査権限の違法な不行使)が認められるのであれば、理由提示が義務付けられる場合に、提示される理由は適正な調査を経た根拠が存在するものであることを要し、そうでない理由が提示されることは理由提示として違法であり、提示理由に根拠があることは、処分の手続的適法要件であると解することができる。

手続的適法要件として求められる提示理由の根拠付けの程度については、二三・六・七最判の「処分の根拠法令の規定内容、処分基準の存否・内容・公表の有無、処分の性質および内容、処分の原因となる事実関係等の内容を総合考慮して決定される」という理由提示の程度についての判示が一つの指針となる。提示理由の根拠付けの程度とは、言い換えれば、当該処分についてどの程度の調査権の行使が適正なものかということであり、調査権が適正に行使されていれば、処分時に適正な理由提示ができるはずであるという関係にある。したがって、提示理由の記載が詳細に求められる事案であれば、提示理由の根拠付けも詳細なものが必要となる。その提示理由を根拠付けるための調査も詳細になされており、そのことの立証も容易になしうるはずであるからである。

行政手続法の平成六年一〇月の施行を控えて同年七月に大阪弁護士会行政問題特別委員会が「行政手続法の解説」と題する五八頁のパンフレットを発行した。私はこのパンフレット作成を担当した部会の一員であり、部会長の石川正先生からさまざまなご指導をいただいた。今回、行政手続法を題材とした拙稿を捧げさせていただくことをもって、ご指導の御礼としてお受けとりいただければ望外の喜びである。

課徴金の制度設計と比例原則

——ＪＶＣケンウッド事件を素材とした一考察

高木　光

一　はじめに
二　ＪＶＣケンウッド事件
三　課徴金の制度設計
四　「憲法上の比例原則」と「行政法上の比例原則」の区別
五　「憲法適合的解釈」
六　おわりに

一　はじめに

本稿は、金融商品取引法に基づく課徴金納付命令を素材として、課徴金の制度設計にとって比例原則がどのような意味を持つかについて若干の考察を加えることを目的とする。

以下、まず、金融商品取引法に基づく課徴金納付命令に関するＪＶＣケンウッド事件第一審判決[1]を紹介するとともに、筆者の立場[2]からみた同判決の問題点を簡単に指摘する（二）。次いで、課徴金の制度設計における「性格づけ」論争の意味を再確認した（三）のち、「比例原則」についての近時の憲法学上の議論[3]を参照しつつ、この事件で「憲法上の比例原則」と「行政法上の比例原則」がどのような意味を持つと考えるべきか（四）、「憲法適合的解釈」という手法がどのように位置づけられるか（五）を考察することにしたい。

（1）　東京地判平成二四年六月二九日（平成二二年（行ウ）第七三九号）裁判所ウェブサイト。控訴され、東京高等裁判所第一九民事部に、平成二四年（行コ）第三〇一号課徴金納付命令決定取消請求事件として係属中である。

（2）　筆者は、原告が第一審で敗訴したのち、森・濱田松本法律事務所から依頼をうけ、平成二四年一〇月一日付けで意見書を執筆した。担当弁護士である近澤諒氏からは、資料の提供を受けたほか、控訴理由書等における原告・控訴人側の主張との調整に関して、様々な理論的示唆を受けた。この場を借りて感謝の意を表するとともに、本稿は、この事件の争点をバランスよく扱うものではなく、特定の論点を筆者の理論的関心に引き付けて分析するものであることにつき読者に予めご理解をお願いしたい。

（3）　青柳幸一「審査基準と比例原則」戸松秀典＝野坂泰司編『憲法訴訟の現状分析』一一七頁（有斐閣、二〇一二年）。

二　ＪＶＣケンウッド事件

1　事案の概要

事案は、簡略化すると以下のとおりである。(4)

ＪＶＣケンウッドは、平成二一年七月一〇日、第三者割当により八回に分けて三二〇個（一個あたり五〇万株）の新株予約権を発行することを取締役会で決議し、関東財務局に対して、新株予約権の募集に関する有価証券届出書を提出するとともに、プレスリリースを行った。

本件有価証券届出書には、ＪＶＣケンウッドの直前の連結会計年度（平成二〇年四月一日から平成二一年三月三一日）に係る連結損益計算書が記載されていたが、当該連結損益計算書には連結純損失を過小に記載する誤りがあった。(5) ＪＶＣケンウッドは、平成二二年三月一二日、関東財務局長に対し、本件有価証券届出書の訂正届出書等を提出した。

証券取引等監視委員会は、平成二二年六月二一日、本件有価証券届出書を含むＪＶＣケンウッドの法定開示書類について、内閣総理大臣および金融庁長官に対して課徴金納付命令を発出するよう勧告を行い、(6) 金融庁長官は同日、審判手続開始の決定をした。

これに対して、ＪＶＣケンウッドは、違反事実自体は認めたものの、納付すべき課徴金の額について争った。そこで、金融庁長官は、平成二二年一〇月二七日の審判を経た審判官の決定案に基づき、平成二二年一二月九日に、本件新株予約権による資金調達額を一八五億八〇八八万四〇〇〇円(7)として計算し、その四・五％に相当する八億三六一三万円の納付を命じる決定(8)を行った。この決定の取消訴訟が本件である。

なお、その間の平成二二年八月二七日、ＪＶＣケンウッドは、本件新株予約権の取得条項(9)（会社法二三六条一項七号）に基づき、本件新株予約権の全部を取得し、取締役会決議により取得した本件新株予約権の全部を消却した。

東京地方裁判所は、本件決定は違法とはいえないとして原告の取消請求を棄却した。その理由の要点は、以下のとおりである。

① （金融商品取引法一七二条の二第一項一号）所定の課徴金については、重要な事項につき虚偽の記載がある発行開示書類に基づく募集により有価証券を取得させた時点で課徴金の納付命令の決定をする要件は満たされ、その時点における事情を基礎に課徴金の額を算定すべきものと解するのが、その文言に即した解釈というべきであって、このことは、同号において、「新株予約権の行使に際して払い込むべき金額」との文言が用いられていることとも優れて整合的であるということができる（判決書三六頁）。

② 金商法の定める課徴金の制度は、そもそも、その導入の当初から、個々の事案ごとに違反者が現に経済的な利得を得たか否かを問うてそれとの調整を予定するものとはされておらず、このことは平成二〇年改正後にあっても維持されているということができるから、これとは異なる前提に立つ原告の主張を採用することはできない（同三九頁）。

③ 原告において、本件新株予約権証券の発行により結果的に経済的な利得を得ていないとしても、そのことは、比例原則の考え方にも配慮された上で制定された現行の金商法の規定（乙五）の定めるところに従ってされた本件決定が同原則に反することを直ちに基礎づける事情には当たらないことは明らかというほかないし、これをもって、本件決定が実質的な正義に反するということも困難といわざるを得ない。この点に関する原告

の主張は、結局のところ、現行法の解釈を離れた制度論、立法論をいうものに過ぎないものというべきである（同三九頁）。

④（金融商品取引法一七二条の二第一項一号所定の課徴金の）具体的な額については、同法の定める課徴金の制度が行政上の措置であって、迅速かつ効率的な運用により制度の趣旨および目的の実現を確保する必要があることに鑑み、明確かつ容易にこれを算定することにできるよう、あらかじめ設けられた基準である同号の定めるところに従って、一律かつ機械的に算定すべきものとされている。このような同号所定の課徴金の制度の趣旨および目的ならびにその枠組みに鑑みれば、同号にいう「新株予約権の行使に際して払い込むべき金額」については、その文理に照らしても、当該新株予約権証券を取得させた時点においてそれに係る新株予約権の行使に際して払い込むことが予定されていた価額（すなわち当初行使価額）をいうものと解するのが相当である（同四一頁）。

⑤ 同号にいう「新株予約権の行使に際して払い込むべき金額」について、これを個々の事案において当該新株予約権証券を取得させた時点より後に生ずべきものを含む各般の事実関係を踏まえて合理的に見込まれるところ等を問うてそれとの調整をすべき旨を定めたものと解するのは困難というほかない（同四二頁）。

2 控訴審での争点

さて、筆者からみると、第一審判決には、課徴金の制度設計における「憲法上の比例原則」の意味についての考察ないし「公法学的思考[10]」が不足しているために、第一審段階で提出された意見書における正当な指摘を受け止めていないという問題があると思われる。すなわち、本件の争点は、控訴審では、以下のように再構成されるべきである。

〈1〉　金融商品取引法一七二条の二第一項一号は、「憲法上の比例原則[11]」に反して、全部または一部が無効である、といえないか。

〈2〉　金融商品取引法一七二条の二第一項一号について、「憲法上の比例原則」に反しないように「憲法適合的解釈[12]釈[13]」を施すと、課徴金の額の判断基準時は、「発行時」ではなく「課徴金納付命令時」となるといえないか、あるいは「新株予約権の行使に際して払い込むべき金額」は、「名目的行使額」（＝当初行使価額）ではなく「合理的見込額」となる、といえないか。

〈3〉　本件決定は、「行政法上の比例原則[14]」に反して、全部または一部が違法である、といえないか。

そして、上記の問題設定についての筆者の検討結果は、以下のとおりである。

〈1〉　全部が「違憲無効」（＝「法令違憲[15]」）とまではいえない。しかし、「新株予約権の行使に際して払い込むべき金額を含む」とする括弧書の部分については違憲の疑いがあり、裁判所の判例政策として、この部分を「違憲無効」と解することも十分考慮に値する。

〈2〉　課徴金の額の判断基準時という形で問題を捉えた上で、裁判所の判例政策として「課徴金納付命令時説」を採る余地はある。また、仮に「発行時説」を採るとした場合には、「新株予約権の行使に際して払い込むべき金額」の意義は、「合理的見込額」と解されるべきである。

〈3〉　金融商品取引法一七二条の二第一項一号について、「憲法上の比例原則」に反しないように「憲法適合的解釈」を行う場合には、「行政法上の比例原則」違反の問題を検討する必要はない。

以下、検討の過程を示すため、節を改めて、まず、課徴金の制度設計における「性格づけ」論争の意味を再確認しよう。

（4） 宮下央「有価証券届出書の虚偽記載に対する課徴金決定と実務への影響」商事法務一九二六号二三頁（二〇一一年）参照。本件は、いわゆるエクイティ・コミットメントラインと呼ばれる資金調達方法に係るものである。

（5） JVCケンウッドは、当時日本ビクターの親会社たる持株会社であったが、平成二二年二月に、日本ビクターの海外子会社で不適切な会計処理があったことが発覚した。

（6） 同日、日本ビクターに対しても課徴金納付命令を発出するよう勧告がなされた。平成一九年七月二四日提出の有価証券届出書に係る課徴金の額は、取得させた株券の発行価額の総額が約三五〇億円であったため、その二％に相当する約七億円となった。

（7） 平成二一年七月二八日に、新株予約権証券を野村證券に二〇八八万四〇〇〇円で取得させ、払込みを受けているが、後に、本文のように取得条項に基づき取得し、同額を野村證券に返還している。残りの一八五億六〇〇〇万円は「新株予約権の行使に際して払い込むべき金額」であり、取得可能な株式の総数一億六〇〇〇万株につき「当初行使価額」である一一六円で計算したものである。この「当初行使価額」は、平成二一年七月一〇日のJVCケンウッドの普通株式の終値である五八円の二倍である。宮下・前掲注（4）二七頁も指摘するように、株価の大幅な上昇がない限り、経済合理性の観点から、当初行使価額により行使されることは想定されない状況にあったにもかかわらず、このような計算をすることの当否が本件の主たる検討課題である。
　本件では、JVCケンウッドの判断により、各回の新株予約権ごとに、行使価額の修正を取締役会で決議できることとし、決議がなされた場合には、行使価額は所定の時点における普通株式の終値の九二％に相当する金額となる旨の条項があった。そこで、第一審で、原告は、①課徴金納付命令時を基準とすれば、利得はゼロであるから、課徴金の額も〇円となるという主張のほか、②発行時を基準とするとしても、合理的な資金調達見込額は、発行時に修正がなされたと仮定した場合の修正後の行使価額に基づいて計算した八九億七九二〇万円についての四億五〇〇万円となる、という主張をした。なお、平成二二年八月一日に普通株式の併合がなされたため、同日後は、株式数は一〇分の一、株価は一〇倍で計算することになる。

（8） 実際の課徴金の総額は八億三九一三万円であるが、平成二一年二月一二日提出の四半期報告書および平成二一年六月二四日提出の有価証券報告書の「虚偽記載」に係る課徴金の額を三〇〇万円とする部分は争われていないので、本文のように表記し、以下、一部取消請求の対象となっている本件有価証券届出書（発行開示書類）に関する部分を、「本件決定」と呼ぶ。

（9）二〇連続取引日の普通株式の終値が二九円（平成二二年八月一日以降は二九〇円）を下回った場合の条項である。

（10）筆者は「憲法学的思考」と「行政法学的思考」を合わせて「公法学的思考」と呼んでいる。筆者の専門分野は行政法学であるが、比例原則は行政法学と憲法学の両方にまたがるものであり、従来から関心を有してきた。高木光「比例原則の実定化」芦部信喜先生古稀祝賀『現代立憲主義の展開(下)』二二八頁（有斐閣、一九九三年）参照。簡単には、高木光「裸の王様——憲法との関係、比例原則（もうひとつの行政法入門(二四・完)）」法教二三四号七七頁（二〇〇〇年）参照。

（11）「憲法上の比例原則」という言葉の用法は様々であるが、本稿では、立法権の統制原理としてのそれを意味するものとして用いる。

（12）ドイツ的な表現（verfassungskonforme Auslegung の訳）であり、内容的には、「法令違憲」という結論を避けるために行われる「合憲限定解釈」を含む。小山剛『「憲法上の権利」の作法〔新版〕』二四五頁（尚学社、二〇一一年）は、「合憲限定解釈」と呼ばれる解釈手法は、アメリカで「憲法判断回避の準則」のひとつとして説かれ、ドイツでは「憲法適合的解釈」と呼ばれる、と説明している。他方、宍戸常寿『憲法解釈論の応用と展開』三〇五頁（日本評論社、二〇一一年）は、「憲法適合的解釈」は、「体系的解釈」の一種であり、当然の解釈作法であるから、あえて「合憲限定解釈」といわれるのは、それだけの事情がある場合に限られる、と指摘している。

（13）「不明確な」条文についての「解釈」は、建前上は「立法」ではないが、機能的にみると、裁判所による「条文の書換え」であることは否定できない、と筆者は考えている。この立場によれば、ある解釈が「憲法適合的」か否かの判断は、仮にそのような内容の法律が制定された場合に、合憲か違憲かという判断によることになる。

（14）「行政法上の比例原則」という言葉の用法も多様でありうるが、本稿では、行政権の統制原理としてのそれを意味するものとして用いる。すなわち、憲法一三条が比例原則を「実定化」したものであると考える場合には、行政権の統制原理として働く場面では、「行政法上の比例原則」が憲法一三条に定められていると説明することになる。

（15）憲法学における用語法は様々であるが、宍戸・前掲注(12)二九〇頁以下は、以下のように整理している。
第一に、「文面審査」と「適用審査」の区別は、当該訴訟事件の事実（司法事実）にとらわれずに、法令それ自体の合憲性を判断しようとするものか、法令の合憲性を当該訴訟当事者に対する適用関係においてのみ個別的に判断しようとするものか、の区別である。そして、前者の「文面審査」には、立法事実を考慮するものも含まれる。

第二に、「法令違憲」は、法令が違憲無効とされる、という結果を表現するものであるから、「文面審査」によるものだけではなく、「適用審査」によるものもある。「適用審査」の結果には、「法令の全部違憲」「法令の部分違憲」「限定合憲解釈」「適用違憲」があり、他に、「処分違憲」というものが想定できる。

三　課徴金の制度設計

1　「利益剥奪」と「制裁」

課徴金制度は、わが国においては、必ずしも普遍的なものではない。先行していたのは独占禁止法において昭和五二年に導入された課徴金制度である。独占禁止法の課徴金制度は、まず、平成三年改正によって強化され、さらに平成一七年改正によって強化された(16)。そして、平成一七年の改正に先だって、課徴金の性格をめぐって「利益剥奪か制裁か」という問題設定がされたのは周知のところである。

この問題設定は、課徴金の創設時に〈課徴金は「利益剥奪」であり、「制裁」ではないから、刑事罰と併科しても憲法三九条が禁止する二重処罰には当たらない〉という「正当化」(＝「根拠づけ」)のロジックが用いられたことが伏線となっている。

筆者は、このような問題設定自体に疑問を持つものであるが(17)、立法趣旨を明らかにするためには、立案当局や関係者がどのような思考方法によっていたかを分析することが有用である。したがって、その限度で、「利益剥奪か制裁か」という「性格づけ」は、依然として意味がある。

さて、本件で争われている解釈問題は、金融商品取引法の平成二〇年改正において、発行価額の総額に「新株予約権の行使に際して払い込むべき金額」を含めたことによって生じたものである。したがって、本件においては、課徴金に関する平成二〇年改正の経緯、特に、発行価額の総額に「新株予約権の行使に際して払い込むべき金額」を含めた趣旨の理解が不可欠である。

すなわち、金融商品取引法（旧証券取引法）における課徴金制度は、平成一六年改正において、同法の違反行為を的確に抑止し、その規制の実効性を確保する観点から、行政上の措置として違反者に金銭的な負担を課すものとして導入されたものであるが、そこでは、当該目的を達成する手段として、〈違反者が違反行為によって得た経済的利得相当額を基準とする〉方式が採用されたことに留意が必要である。

平成一六年改正による導入の当時、〈違反行為の抑止のためには、違反行為による経済的利得相当額では不十分で、諸外国のように行政庁の裁量により、違反者の得た経済的利得を大幅に上回る金額の制裁金を賦課すべき〉という議論もなされていたが、金融商品取引法（旧証券取引法）においては、あくまでも〈経済的利得相当額が基準とされた〉のである。(18)

そして、課徴金制度については、その後、複数回の改正が行われているが、平成二〇年改正においても、課徴金の水準については、〈引き続き利得相当額を金額の基準〉として金額の見直しが行われたとされている。(19)

以上のような課徴金制度の創設や改正の経過からすれば、金融商品取引法における課徴金制度の目的が違反行為の抑止にあるとしても、その目的を達成するための「手段」は、基本的には、経済的利得相当額の金銭（課徴金）の賦課であると考えられていたことは明らかである。

確かに、平成二〇年改正によって課徴金減算および加算の制度が新たに設けられたことから、単なる「利益剥奪」ではなく、「制裁」という機能が加わっていることは否定できない。(20)しかし、全体としてみると、「違反行為の抑止」という「終局目的」を達成するための「手段」＝「中間目的」(21)としては、「利益剥奪」が採用されているとみるべきであろう。仮に、「中間目的」としても「制裁」を採用するのであれば、課すかどうか、どの程度のものとするか、について「裁量」を認める制度設計になるべきものと考えられるからである。

そして、この点は、平成二〇年改正に至る法制審議会のワーキング・グループにおける検討をみても裏付けられる。すなわち、そこでは、抑止の実効性の確保が必要であることは指摘されていたが、抑止効果をできる限り高めるということが目指されていたわけではない。とりわけ、行政が課す金銭的な不利益措置については、比例原則の観点から、「課徴金の水準や対象範囲」につき〈制度の目的と手段が比例しているかを考慮することが重要〉である旨が指摘されていたことに注目すべきであろう[22]。

そこで、このような、平成二〇年改正においても維持された、課徴金の額を「経済的利得相当額」を基準とするという方式は、憲法上の制約をクリアするために要求される判例法上の基本的条件である「手段の合理性・必要性」を満たすための政策的選択という側面を有していると考えられる。課徴金の賦課は、違反行為の抑止という規制目的を達成するための「手段」であるが、その制度設計においては、様々な選択肢があり、立法においてはその中から、政策的な見地から、一定の方式が選択されるのである。

また、抑止の「実効性の確保」のため、課徴金の額の引き上げが必要であると指摘されていたことは確かであるが、各種審議会やワーキング・グループでの議論の中心は、課徴金の水準の引き上げ（一％から二・二五％へ、新株予約権証券について二％から四・五％へ）である。そして、新株予約権証券に関し、発行価額の総額に「新株予約権の行使に際して払い込むべき金額」を含めることについては、十分な検討がなされていないことが、本件のような解決の困難な解釈問題を生じさせる背景となっているのである。

2 「法定主義」（Legalitätsprinzip）と「便宜主義」（Opportünitätsprinzip）

課徴金の制度設計において、課徴金を課すか否か、その額をどうするか、について行政機関に「裁量」を認めるかどうかという論点がある。

金融商品取引法は、基本的には、このような「裁量」を認めない方式を採用している[23]。刑事訴訟における「起訴法定主義」と「起訴便宜主義」という分類になぞらえると、「法定主義」が採用されていることになる。また、額についても「機械的」に定まるということであるとすれば、刑事罰における「法定刑」の定め方になぞらえると、検察官による「求刑」の幅や裁判所による「量刑」の余地を認めない方式ということになる。

金融商品取引法が採用しているこのような方式について、筆者は、「抑止の実効性確保」という観点からは疑問が残るものであると考えている。「制裁」としての「性格づけ」をする場合には、実害のない違反に対しては「制裁」の発動を見送る裁量を認め、また、違反の態様に応じて「制裁の強さ」を加減する裁量を認める制度設計が適切であるからである[24]。

そこで、本件での問題は、従来から「課徴金」が課されるものとされてきた違反行為においては、違反者が「利益」を得ているという前提条件が満たされているものであったのに対して、平成二〇年改正によって対象が拡大され、そうではない場合を含む可能性がある条文が設けられたことをどう評価するかである。すなわち、違反者が現実に「利益」を一円も得ていない場合にも適用されるとして何の問題もないのか、という論点である。これは、憲法学では、「過剰包摂型審査」ないし「適用違憲」が問題とされる類型に属すると思われる[25]。

さて、上記の論点について留意すべきは、〈法令に違反する非難すべき行為を行ったにもかかわらず課徴金が賦課されないのは不当である〉という価値判断は、常識論に過ぎず、課徴金制度が刑事罰のように道義的非難を「目的」とするものではないと考えられる以上は、それを根拠に「何の問題もない」とすることはできない[26]ということである。

他方で、「現実の利得」がない場合には課徴金を課すことはできない、という議論も成り立たない。「利益剥奪」という手法が基本的政策として採用されていることは確かであるが、そこでいう「利益」は、あくまでも蓋然性ないし可能性という要素を含む「一般的抽象的」な意味のそれであるからである。そこで、問題とされるべきは、違反者が「利益」を得る可能性がないような場合にもなお課徴金を課すことが許されるのか、そして、仮に許されるとしても、その課徴金の額に限度はないのか、であろう（これが、後に検討する「必要性」「利益の均衡」のテストである）。

そして、前半の問いについて、「利益剥奪」と性格づけられる課徴金は、「利得の可能性のない」場合には、そもそも課すことが許されない、という立場もありうるところである。この立場を否定するためには、平成二〇年改正によって、部分的には「利益剥奪」という「性格づけ」ではカバーされない課徴金が導入されたと解するほかはない。すなわち、「利得の可能性がない」場合になお課される課徴金は、「制裁」という「性格づけ」をされているとみるほかない。そして、「制裁としての課徴金」がなぜ認められるのか、という「正当化」に関する問いに対しては、違反抑止の実効性を確保するために必要であるから、という実質論と、法律という形で民主的正統性を有する決定がなされているから、という形式論で答えれば足りる、と筆者は考えている。

以上のように、筆者は、「利益剥奪」という「正当化」（＝「根拠づけ」）は不要であるという理論的立場であるが、それぞれの課徴金制度の分析においては、「利益剥奪」という「性格づけ」がなされているのか、「制裁」という「性格づけ」がなされているのか、という分析は、なお意味があると考えている。そして、金融商品取引法一七二条の二第一項一号括弧書は、「利益剥奪」という基本的な「性格づけ」とは一定の矛盾を含むものであることを素直に認めるべきであると思われる。率直に述べることが許されるとすれば、平成二〇年改正のこの部分は「拙速」であり、新株予約権の経済実体、とりわけ、それが様々な異なる機能を果たすものであることについての配慮を欠いたものであったという印象をぬぐえない。[27]

他方、「制裁」という「性格づけ」によってすべての問題が解決するわけでもない。筆者は、課徴金の制度設計に関して、独占禁止法の平成一七年改正に関与した経験を有し、そこでは、課徴金の抑止効果を高める制度改正を支持する立場を表明した。しかし、抑止効果を最大化すればよいというものではないことは当然の前提である。「制裁」という「性格づけ」をする場合には、先に述べたように、「便宜主義」的な運用ができることが要請され、また、後に述べるように「比例原則」の観点からバランスをとることが要請されるから、違反者が「利益」を一円も得ていない場合に、多額の課徴金が課されることのないような立法段階の配慮が要請されるほか、それが不幸にして不十分な場合は、それを補う憲法解釈論が必要となる。また、課徴金は、時に刑罰としての罰金よりも多額に及ぶのであるから、「刑罰法規の明確性」の要請とのバランスから、課徴金の要件についても曖昧な定め方は許されないのではないか、が検討課題となる。かくして、より穏当な「合憲限定解釈」が成り立たない場合は、「法令違憲」という結論を採らざるを得ないのである。[28] [29]

(16) 平成二一年には、課徴金制度がさらに拡充されている。藤井宣明＝稲熊克紀編著『逐条解説 平成二一年改正独占禁止法』七頁（商事法務、二〇〇九年）。

(17) 高木光「独占禁止法上の課徴金の根拠づけ」NBL七七四号二〇頁（二〇〇三年）。

(18) 岡田大ほか「市場監視機能の強化のための証券取引法改正の解説」商事法務一七〇五号四四頁（二〇〇四年）。

(19) 大来志郎ほか「改正金融商品取引法の解説(四・完)課徴金制度の見直し」商事法務一八四〇号三一頁（二〇〇八年）。

(20) 中村聡ほか『金融商品取引法――資本市場と開示編〔第二版〕』五七八頁（商事法務、二〇一一年）。「性格づけ」と「機能」の関係について簡単には、高木光「法執行システム論と行政法の理論体系」民商一四三巻二号一四三頁（二〇一〇年）参照。

(21) 「目的と手段の相対性」については、宍戸・前掲注(12)五三頁参照。

(22) 乙五号証の討議資料1・三頁参照。

(23) 橋本博之「改正証券取引法の理論的研究（一）証券取引法における課徴金制度の導入」商事法務一七〇七号六頁（二〇〇四年）参照。

(24) 「硬直的な規定の見直しが求められる」と指摘するものとして、神崎克郎ほか『金融商品取引法』五八八頁注（一〇）〔川口恭弘〕（青林書院、二〇一二年）。

(25) 小山・前掲注(12)二五三頁参照。

(26) 宮下・前掲注(4)二七頁。

(27) 簡単には、神田秀樹『会社法入門』一八六頁（岩波書店、二〇〇六年）参照。

(28) 利得相当額を超える課徴金については、必要的一律賦課を定めた規定に対する憲法上の疑義が呈されることになるという指摘をするものとして、岸田雅雄監修『注釈金融商品取引法第三巻』二二一頁〔田中利彦〕（金融財政事情研究会、二〇一〇年）参照。

(29) 開示違反関連の刑事罰の上限は、法人については七億円である。金融商品取引法二〇七条一項一号・一九七条一項一号。中村ほか・前掲注(20)五七三頁。

四　「憲法上の比例原則」と「行政法上の比例原則」の区別

1　比例原則の「実定化」

本稿の分析の道具である「比例原則」は、ドイツの伝統的な「警察権の限界論」のひとつであったものである。そこでは、「危害の防止除去」（Gefahrenabwehr）という「消極目的」のために、行政権に「権力手段」が概括的に授権されており、「警察権」を発動するか否か、どの程度の強度の措置を発動するか、について裁量が認められる、という「警察便宜主義」が前提となっていた[30]。そこで、「行政法上の比例原則」が典型的に機能するのは、法令によって行政機関に「効果裁量」（「決定裁量」＋「選択裁量」）が認められている場合に、その裁量権の行使を文字通り行政機関の自由に委ねるのではなく、法的な意味で限界づける、という局面である。

「比例原則」は、その出発点においては「不文の法原則」であったが、学説による提言が判例によって採用された時点で「実定化」されたと評価される。また、「憲法」や「法律」という「成文法」に明示的に書き込まれ、あるいは、ある条文の趣旨に含められるという形で「実定化」されることもあるという性格を有する。

これに対して、「憲法上の比例原則」が典型的に機能するのは、議会の有する「立法裁量」の統制という局面である。ドイツの憲法裁判所は、法律の憲法適合性を審査するための法理として「比例原則」を多用している。そして、わが国においても、最高裁判所の「判例理論」として採用されている、という理解が近時広がっているところである[31]。

なお、日本国憲法一三条に「比例原則の実定化」がみられる、という見解をとる場合、その内容には上記の「行政法上の比例原則」と「憲法上の比例原則」の両方が含まれることになる。

2　立法裁量の限界

比例原則は、①手段の適合性、②手段の必要性、③利益の均衡（狭義の比例性とも呼ばれる）という三つの構成要素から成り立っている。そこで、法律の憲法適合性の審査においては、この三段階の審査が、立法裁量の限界を画するものとして検討されるべきものとなる[32]。

第一の手段の「適合性」（Geeignetheit）とは、その手段が立法目的の実現を促進するかどうか、というテストである。その手段が立法目的の実現を阻害するか、目的を促進する効果を持たないものであるときは、その手段は、「適合性」を欠くという理由で、違憲となる。このような結論に至るケースは、実際にはあまりないと思われる。本件においても、ＪＶＣケンウッドは、課徴金を課すことが違反行為の抑止という目的のための「適合的」な手段であることを争ってはいない。

そこで、検討事項の〈1A〉すなわち、金融商品取引法一七二条の二第一項一号は、「憲法上の比例原則」に反して、全部が無効（＝「法令違憲」）であるといえないか、については、全部が「違憲無効」とまではいえない、という結論をとることが許されるであろう。

第二の手段の「必要性」（Erforderlichkeit）とは、その手段が立法目的を達成するために必要（不可欠）であるかどうか、というテストである。立法目的を達成するために等しく効果的であるが、基本権を制限する程度が低い他の手段が存在する場合には、その手段は、「必要性」を欠くという理由で、違憲となる。

そこで、検討事項の〈1B〉すなわち、金融商品取引法一七二条の二第一項一号は、「憲法上の比例原則」に反して、一部が無効（＝「法令違憲」）であるといえないか、については、「新株予約権の行使に際して払い込むべき金額を含む」とする括弧書の部分については違憲の疑いがあり、裁判所の判例政策として、この部分を違憲無効と解することも十分考慮に値する、という結論が導かれうる。

というのは、本件に「必要性」のテストを厳格に適用するとすれば、新株予約権に関して、違反行為を抑止するために、企業の資金調達活動の自由を制限する程度が低い他の手段として、たとえば、「新株予約権の行使によって払い込まれることが合理的に見込まれる金額を含む」という定めや「新株予約権の行使がされないことが確定するまでの間に新株予約権の行使によって払い込まれる可能性のあった金額を含む」という定め[33]が想定されるからである。

第三の「利益の均衡」とは、手段が追求される目的との比例を失していないか、あるいは、手段が追求される目的と適切な比例関係にあるか、というテストである。第一の「適合性」および第二の「必要性」をクリアした手段であっても、なお、そこまでの重大な不利益を与えてまで実現すべき目的ではない、という理由で、その手段が、違憲とされることがあるのである。

なお、比例原則の適用には、緩やかなものと厳しいものがある。そして、わが国の最高裁判所が採用している比例原則は、重大な権利に対する強力な制限については、原則として、厳しいものであり、それ以外については緩やかなものであると評価されている(34)。

そこで、本件において、上記の「必要性」のテストを厳格に適用して、「法令違憲」という結論をとるかどうかは、裁判所の判例政策に委ねられると考えられる。先に述べたように、筆者は、金融商品取引法一七二条の二第一項一号を適用すると、利得がない場合にも課徴金が課されるケースが生じるということを理由に、全体的に「違憲無効」であるとまではいえないと考える。

というのは、これまでみたように、現行法における課徴金は、すべてが「違法利益の剥奪」を直接の目的としているわけではないからである。そして、課徴金が、違法行為に対する「制裁」という性格を有すること自体は、法律によって行政機関に権限を与えるという「正当化」がなされている限りで、妨げられない。問題は、利得がない場合にも課徴金を課すという「手段」が、「憲法上の比例原則」に反しないかであり、それは「金融商品取引法の実効性を確保する」という目的を達成するために「適合的」でないか、「必要（不可欠）」でないか、あるいは「均衡を失し」ているか、という三段階のチェックが必要であるということを意味する。

平成二〇年改正は、拙速であり、「違反行為者が得ることが可能であった利益」を基準とする立法趣旨がうまく条文化されていない、という評価を重視すれば、再度の適切な改正がなされるまでは、新株予約権に関しては、一円たりとも課徴金を課すことはできないという結論をとるべきであろう。それで、特に金融商品取引法の立法目的が阻害され、公益上重大な支障が生じるというほどの事情はないとも思われる。したがって、括弧書部分は「違憲無効」であり、本件決定も、当然に全部が違法という結論を採用することも十分考慮に値する。

他方で、本件のような多額の課徴金はともかく、低額の課徴金であれば、「適合性」や「必要性」は認めてもよいのではないか、とも考えられる。この場合は、第三のテストたる「利益の均衡」が問題ということになる。

また、括弧書部分は「違憲無効」であるという憲法解釈が、ややドラスティックな印象を与えることは否定できず、裁判所が「代替的立法者」（Ersatzgesetzgeber）という役割を果たすことになる、という批判も想定されるところである。したがって、筆者には、「法令違憲」という手法よりは、以下で検討する「憲法適合的解釈」（＝「合憲限定解釈」）がより穏当な手法と思われる。

（30） 詳しくは、須藤陽子『比例原則の現代的意義と機能』九三頁以下（法律文化社、二〇一〇年）参照。

（31） 小山・前掲注（12）六九頁、宍戸・前掲注（12）六三頁、石川健治「法制度の本質と比例原則の適用」ＬＳ憲法研究会編『プロセス演習憲法〔第四版〕』二九一頁以下（信山社、二〇一一年）参照。

「判例理論として採用されている」かどうかという問題は、アメリカ由来のＬＲＡの原則などに関する議論と同様に、実はかなりやっかいである。青柳・前掲注（3）一三八頁は、「日本の最高裁判所の判例がドイツ型比例原則と親和性があるとも、言い切れない。」としている。ただ、「比例原則」は元来「自然法的」な思考、すなわち常識的な正義の観念を定式化したものであるから、実際に参照しそれを継受しようとしたかどうか、あるいは意識したかどうかにかかわらず、一定の共通の基盤を有する法律家に「共通する判断枠組み」となっている可能性は高いと、筆者は考えている。

Johhannes Saurer,Die Globalisierung des Verhältnismäßigkeitsgrundsatzes, Der Staat 51,3-33(2012).

（32）小山・前掲注（12）六八頁、宍戸・前掲注（12）五二頁参照。
（33）「合憲限定解釈」が可能かどうかという判断が、仮にそのような法律を制定した場合に合憲か、という判断に帰着することについては、前掲注（13）参照。
（34）小山・前掲注（12）六九～七一頁。高橋和之「違憲審査方法に関する学説・判例の動向」曹時六一巻一二号三五九七頁以下（二〇〇九年）参照。わが国の判例において、「利益の均衡」のテストがどのように用いられているかはやや不明確である。「手段の必要性・合理性」という枠組みが「一本で何でも切れる万能ナイフ」のように使われていると指摘するものとして、井上典之ほか『憲法学説に聞く』一一五頁〔棟居快行〕（日本評論社、二〇〇四年）参照。

五　「憲法適合的解釈」

1　課徴金納付命令時説

そこで、次に検討すべきは、

〈2A〉金融商品取引法一七二条の二第一項一号について、「憲法上の比例原則」に反しないように「憲法適合的解釈」を施すと、課徴金の額の判断基準時は、「発行時」ではなく、「課徴金納付命令時」となるか、

〈2B〉金融商品取引法一七二条の二第一項一号について、「憲法上の比例原則」に反しないように「憲法適合的解釈」を施すと、「新株予約権の行使に際して払い込むべき金額」は、「名目的行使額」（＝当初行使価額）ではなく、「合理的見込額」となるか、である。

筆者は、〈A〉については、裁判所の判例政策としてこの解釈を採る余地はあり、〈B〉については、「発行時説」による場合には、この解釈論を採るべきであると考える。

まず、〈A〉の「課徴金納付命令時説」は、黒沼意見書が提唱し、神田意見書および山口意見書が賛成している

見解である。

この見解は「条文の文言に反しない」のみならず、「脱法を防止できる」ものであり、「課徴金の抑止効果を阻害しない」ものであるから、立法論としては極めて妥当なものである。したがって、「憲法適合的な解釈」を施して、「命令時説」を採用することも十分考慮に値する。

第一審判決は、判旨③で、原告の主張を「現行法の解釈を離れた制度論、立法論をいうものに過ぎない」としているが、このように「憲法適合的解釈」の必要性をカテゴリカルに否定する態度は、極めて疑問である。

他方、第一審判決が判旨①で述べるように、有価証券を取得させた時点で課徴金の納付命令をする要件が満たされ、その時点を課徴金算定の基準時と解する「発行時説」が、「文言に即した解釈」、すなわち素直な文理解釈であることも否定できない。

また、「違法行為の抑止」という立法目的を達成するための手段として、「利得」を基準とするという政策判断がなされていることを前提とすると、「違反行為者が得ることが可能であった利益」は、課徴金納付命令時よりは前を基準時とすべきとも思われる。そこで、「行為時」を基準として課徴金の額を定めるという制度設計が自然であると考える場合は、次にみる「合理的見込額説」に傾くことになる。

2　合理的見込額説

〈B〉の「合理的見込額説」は、黒沼意見書が提唱し、神田意見書、山口意見書、岩原意見書が支持している見解である(35)。

筆者も、金融商品取引法一七二条の二第一項一号について、「新株予約権の行使に際して払い込むべき金額」は、

「名目的行使額」（＝当初行使価額）ではなく、「合理的見込額」となると考える。この結論は、通常の解釈作法によって導かれるもので、「合憲限定解釈(36)」ではないことはもちろん、「憲法上の比例原則」に反しないように「憲法適合的解釈」を施すとそうなると説明する必要はそもそもないものである。あるいは、無理のない「穏やかな憲法適合的解釈」から少なくとも要請される、とも説明できよう(37)。

これに対して、本件決定が依拠する「発行時説」＋「名目的行使額説」を採用するときには、同条項が「憲法上の比例原則」に反するものになることは明白であり、かえって、違憲無効（＝「法令違憲」）ということにならざるを得ないと思われる(38)。

すなわち、抑止効果を狙った課徴金の制度設計は、課徴金の額と「違反によって得られる可能性のある利益」との均衡が緩やかにせよ保たれている限りで「比例原則」を満足する。ここでは、第三のテストたる「利益の均衡」が重要な意味を持つ。

というのは、結果として利得がない場合にも課徴金を課すという「手段」が、「金融商品取引法の実効性を確保する」という目的を達成するためには、「適合的」であり、また、「必要」であるとしても、課徴金の額と「違反によって得られる可能性のある利益」があまりにも「均衡を失している」ケースを生じさせるような制度設計は許されないからである。

判例理論(39)によれば、法律の合憲性の審査においては、規制目的と規制目的達成手段の両面について審査がなされるが、緩やかな審査においても、手段について、その「必要性・合理性」が認められないことが「明らか」である場合にはもちろん、その手段が「著しく合理性を欠く」場合は、違憲となる(40)。そして、実害のない違反に対して過大な制裁を加えるというケースは、手段が「著しく合理性を欠く」場合の典型例であると思われる。

ところが、第一審において被告行政庁側が主張し、第一審判決が容認した解釈は、行政側の便宜に傾き、「機械的な課徴金の賦課」を認めるものに帰着している。これは、「利益の均衡」という第三のテストを全く意識しないものであり、「悪法も法である」というような「悪しき法律実証主義」的な解釈といわざるを得ない。

また、上記のような解釈は、平成二〇年改正の趣旨にも合致しないと思われる。すなわち、既にみたように、課徴金の額は〈違反類型ごとに一般的・抽象的に想定し得る経済的利得相当額を基準〉として算出方法が定められ(41)、平成二〇年改正においても、課徴金の水準については〈引き続き利得相当額を金額の基準とする〉こととされた(42)ものである。

そして、ここでは、発行者が一定額の資金調達を行った場合に、当該調達額のうち「何％」が虚偽記載等の違反行為によって得た利得額であると「一般的・抽象的に想定」されるかが問題とされており、虚偽記載により形成された株価と、虚偽記載がなかった場合に形成されたであろう株価との差額が経済的利得であるという考えのもと、重要事実の公表による株価の変動率等の実証分析をもとに算出方法が法定されたとみられる。

他方、発行価額の総額に「新株予約権の行使に際して払い込むべき金額」を含めた趣旨については、立案担当官により、「新株予約権の行使に際して払い込むべき金額」についても資金調達額として〈想定することが一般的である〉ためとの説明がなされてはいる。そこで、ここでも、「一般的に」「想定」される利得相当額の課徴金を課すという従前の方針に従っているようであるが、ここでは「資金調達」が行われることをも「想定」しているという問題があるのである。

というのは、資金調達額のうち何％が虚偽記載等の違反行為によって得た利得額であると「一般的に」「想定」されるかについては、上記のとおり実証分析を踏まえた慎重な検討がなされているにもかかわらず、新株予約権証券を発行した場合については、残念ながら、将来行われる新株予約権の行使によって、実際にいかなる金額の資金調達が行われると「一般的に」「想定」されるかについては、同様の検討がなされた形跡が全くないからである。そして、このような「想定」は、経済実体を無視したものであるから、それに依拠した解釈論は「著しく不合理」な結論を帰結するものとならざるを得ないと思われる。

このように、結局のところ、第一審判決の誤りは、行政庁側の経済実体を無視した硬直的な解釈論[43]を、無批判に容認したところから生じていると思われるのである。

(35) 宮下・前掲注(4)二七頁も同様。

(36) 宍戸・前掲注(12)三〇五頁は、通常の文理解釈からは導かれないような「限定」を加えるものを「合憲限定解釈」と捉えている。

(37) 控訴人の立場からすれば、「百歩譲ったとしても」この解釈を採用すべき、ということになろう。その意味で、〈1B〉で検討した「括弧書部分違憲無効説」ないし、〈2A〉で検討した、「力強い憲法適合的解釈」による「課徴金納付命令説」が優先されるべきであろう。

(38) ここでは、「合理的見込額説」は、「合憲限定解釈」という意味を持つ。控訴人の立場からすれば、「百歩譲ったとしても」この解釈を採用すべき、ということになる。

(39) 最判昭和六二年四月二二日民集四一巻三号四〇八頁（森林法）、柴田保幸「判解」最高裁判所判例解説民事篇昭和六二年度一九八頁（一九九〇年）。最判平成一四年二月一三日民集五六巻二号三三一頁（証券取引法）、杉原則彦「判解」最高裁判所判例解説民事篇平成一四年度(上)一八四頁。

(40) 最判昭和四七年一一月二二日刑集二六巻九号五八六頁（小売市場）の「著しく不合理であること」が「明白」という極めて緩やかな基準は限られた領域についてのみ妥当すると考えるべきであろう。経済的自由の保障に関して、判例が規制立法の性格に応じて厳格度を高めた審査を行っていることにつき、戸松秀典『憲法訴訟〔第二版〕』二九〇頁（有斐閣、二〇〇八年）。

(41) 岡田ほか・前掲注(18)四七頁。

(42) 大来ほか・前掲注(19)三一頁。

(43) もっとも、行政庁は法律が合憲であることを前提に「誠実に執行」すれば足りるという弁明はありうる。その場合、立法の不備を是正する責務を果たすことが裁判所により一層期待されることになる。会社法や金融商品取引法などが国の経済政策にとって重要な制度的インフラであるという観点を重視する立場からすれば、立法裁量の統制をやや強化する判例政策が望ましいと考えられる。神田・前掲注(27)二〇五頁参照。

六　おわりに

以上のように、本件における筆者の分析は、もっぱら「憲法上の比例原則」が課徴金の制度設計についてどのような意味を持つかについてのものである。[44] 行政法を専門とする筆者が、このような作業を行うことには、各方面からの批判も予想されるところである。[45] しかしながら、筆者は、法科大学院時代における実務と理論の連携という理念に照らせば、一定の作法[46]を順守する限りで、研究者が未解明の論点について「試論」的な見解を示すことも許されるのではないかと考えている。

(44) 検討事項の〈3〉、すなわち、本件決定は「行政法上の比例原則」に反して、全部または一部が違法であるといえないか、についての筆者の見解は、既に示唆されているように、本件では検討不要というものである。というのは、「行政法上の比例原則」が問題となるのは、通常は、法令によって行政機関に与えられた権限が「効果裁量」を含む場合、すなわち行為をするかどうかの裁量（決定裁量）、またどのような内容とするかについて選択の余地（選択裁量）を認めている場合であるからである。したがって、本件のように、法令が権限の発動を「義務的」なものとし、その内容についても「一義的」に定まるかのような規定ぶりをしている場合には、「行政法上の比例原則」に反して違法となるという「論証」がしっくりこない、という印象を与えることは確かである。原告の主張が、第一審判決に理解されなかった一因はこの点にある、と筆者は考える。

また、法令としては合憲であっても、本件のような「特性ある事実関係」に適用される限りで違憲であるといういわゆる「適用違憲」の主張についても、同様の問題があると思われる。宍戸・前掲注(12)二九七頁参照。なお、「処分違憲」というカテゴリーは、行政処分等が「行政法上の比例原則」に反する状態を意味するもので、「行政処分等は違法である」ということと同義であり、単にその統制原理が憲法の条文に「実定化」されていることを表現しているに過ぎないと整理すべきではないか、と筆者は考えている。

なお、金融商品取引法一七二条の二第一項一号について、「憲法上の比例原則」に反しないように、五で検討したものとは別の「憲法適合的解釈」を施す余地はないであろうか。すなわち、仮に、利得がない場合には課徴金の賦課を見送ることが要請される、という「書かれていない但書」が付加されているという「解釈」ができれば、本件決定は、全体的に違法ということになる。この立場も、実質論としては妥当であろう。しかし、「解釈」として結果的に条文を「書き換えている」という嫌いがあることは否定できず、その意味では、〈2A〉と同様である。

また、本件で課された額は過大であって許されない、という発想は、黒沼意見書におけるように、「法令の解釈の誤り」と「行政法上の比例原則違反」を同様の機能を果たすものとみる立場につながり、実質論としては正当であろうが、筆者は、〈2B〉について示したような解釈が理論的にすっきりしており、また同様の結論を導けるものとして優先されるべきであると考える。

本件において「当初行使価額」を基準として課徴金を課すことが「著しく不合理」であることは明らかであり、立法裁量を十分尊重する立場を採用したとしても、本件決定の一部取消しは不可欠である。本件の記録を瞥見した際に受けた印象を付言すると、甲一七号証にあるように、当初行使価額が一一六円とされたのは、行政側の指導によるものであり、原告は、その指導に従いつつ、修正条項等の注記で、「開示規制」をクリアできていると信頼して行動したのであるから、「原告は当初行使価額での行使を想定していた」という被告の主張は信義に反するのではないかと思われる。宮下・前掲注(4)二八頁も、本件プレスリリースにおいて、資金調達の額として、あえて発行決議日の終値である五八円を基準として計算した九二億八三八八万四〇〇〇円という額が記載されていることを指摘している。

(45)　門外漢である筆者が本件意見書の執筆を引き受けたのは、専門家である商法学者の見解の「結論」が「大局的な正義感」に合致するものであると感じたからである。

(46)　意見書の執筆スタイルも様々であろう。筆者は、依頼者側の弁護士の下書きに手を入れるのではなく、自己の構成に従って全文を自ら起案すること、自己の理論的立場に反する立論をしないことを最低条件としているが、他方で、もっぱら研究者を読み手として想定している学術論文あるいはもっぱら学生を読み手として想定している教科書や解説ものとはそれぞれ異なる表現および文献引用が許容されると考えている。本稿の作法は、読み手としての実務家を意識していることから、意見書に近いものとなっている。

石川正先生は、長年にわたり企業法務の一線で活躍されるとともに、研究者にとっても有益な論稿を執筆されてきた。本稿がそれに多少とも報いるものであることを祈りつつ、古稀のお祝いとして献呈したい。

地方公共団体の財務会計行為の違法性判断について

――土地の購入価格が問題となった裁判例の検討を中心として

髙安秀明

一　はじめに

地方公共団体の違法な財務会計行為に関しては、当該地方公共団体の住民は、訴えをもって、当該行為の差止め（地方自治法二四二条の二第一項一号）や長等の職員に対する損害賠償を求める請求をすることができる（同項四号）。

かかる住民訴訟の対象となる財務会計行為としては、補助金の支出等の給付行政に係る行為や資産の売買等の経済的取引行為が多く見受けられる。また、これらの行為の違法理由としては、補助金支出等については地方自治法二三二条の二違反、経済的取引行為については地方財政法四条一項および地方自治法二条一四項違反が主張されることが多い。

地方自治法二三二条の二は、「普通地方公共団体は、その公益上必要がある場合においては、寄附又は補助をすることができる」と定めており、同条違反の成否においては「公益上の必要性」の有無が問題となる。また、地方財政法四条一項は、「地方公共団体の経費は、その目的を達成するための必要且つ最少の限度をこえて、これを支出してはならない」、地方自治法二条一四項は、「地方公共団体は、その事務を処理するに当つては、住民の福祉の増進に努めるとともに、最少の経費で最大の効果を挙げるようにしなければならない」として、いわゆる最少経費最大効果原則を定めている。

地方自治法二三二条の二の「公益上の必要性」にせよ、地方財政法四条一項等の最少経費最大効果原則にせよ、一般的かつ抽象的な規定であり、その具体的基準を一義的かつ具体的に導き出すことは困難である。いずれの要件に関しても、財務会計行為の権限者に一定の裁量が認められ、その裁量権の逸脱または濫用にわたる場合には違法と判断されることになるが、いかなる場合に裁量権の逸脱または濫用にわたるかは明らかではない。

上記のような判断基準としての曖昧さは、容易に違法と判断される方向に働くおそれもあれば、逆に、いたずらに違法認定を謙抑的にさせる可能性もはらんでいる。たとえば、「公益上の必要性」に関しては、その定量的算定が不可能であることから、「公益」という美名の下に長の裁量権が安易に尊重されるおそれが存在する。他方、地方財政法四条一項等の最少経費最大効果原則については、この原則を字義通りに適用すれば、安易に違法性が認められる可能性がある。

地方公共団体は高額な財政負担を伴う財務会計行為を数多く行っており、その中には、関係者の利害が先鋭的に対立する中での高度な政策判断を要するものも存在する。にもかかわらず、安易に違法性が認められるとすれば、地方公共団体の長等の職員に極めて過酷な責任を負担させることとなる。一方、いたずらに違法判断を抑制することは、地方行財政の公正な運営の確保という住民訴訟制度の趣旨を有名無実化するおそれがある。また、上記に述べた判断基準としての曖昧さからすれば、裁判所によって判断結果が区々たるものとなり、法的安定性を害する可能性も否めない。

行政裁量に関する従前の議論は、許認可等の規制行政を主たる対象としており、給付行政や経済的取引行為については必ずしも議論が十分ではなかったように思われる。そこで、上記に述べた「公益上の必要性」や最少経費最大効果原則について、その違法性の判断枠組をいかに解するかが、住民訴訟においては重要な問題となる。(1)

(1) 住民訴訟における長の責任の判断枠組に関する提言として、阿部泰隆「住民訴訟四号請求訴訟における首長の責任（違法性と特に過失）（上）（下・完）」判時一八六八号三頁・一八六九号八頁（いずれも二〇〇四年）が挙げられる。

二　株式会社の取締役の経営判断ルールとの比較

地方公共団体の長は、地方公共団体における多種多様な政策判断の責任主体であり、住民から住民訴訟を提起されることにより、高額の損害賠償責任を負担する危険性に直面している。これと類似する者としては、株式会社の取締役が挙げられる。株式会社の取締役も、株式会社における多種多様な経営判断の責任主体であり、当該株式会社の株主から株主代表訴訟を提起されることにより、高額の損害賠償責任を負担する危険性に直面している。また、取締役の責任においては、主に善管注意義務（民法六四四条）に違反するか否かが問題となるところ、その判断基準は条文上必ずしも明らかではない。

この点、取締役の善管注意義務が尽くされたか否かの訴訟上の判断においては、事後的・結果論的な評価がなされてはならず、①行為当時の状況に照らし合理的な情報収集・調査・検討等が行われたか、および、②その状況と取締役に要求される能力水準に照らし不合理な判断がなされなかったかを基準として判断されるべきと解されている[2]。最高裁も、グループの事業再編計画の一環として行われた子会社の完全子会社化について、株式取得の方法や価格についての決定の過程、内容に著しく不合理な点がないかぎり、取締役としての善管注意義務に違反するものではないとしている[3]。

住民訴訟における違法性判断において、このような経営判断ルール[4]をそのまま適用しうるかは疑問もある。公権力により強制的に徴収される租税を主な財源とする地方公共団体と株主が自己のリスクをもって出資する株式会社を同列に論じることはできないし、そもそも「公益上の必要性」等と善管注意義務とでは論点も異なるからである。

もっとも、経営判断ルールが、取締役の迅速かつ機動的な経営判断の保護と取締役に対する適切な統制の調和を図るべく議論されてきた基準であることからすれば、地方公共団体の行為、特に経済的取引行為の違法性判断に関しては、大いに参考になるものと思われる。特に、このような経営判断ルールを参考にすることによって、違法性判断が事後的かつ結果論的な評価に流れてはならず、当該行為に至った判断過程を重視すべき点を確認することは有益であろう。

（2）　江頭憲治郎『株式会社法〔第四版〕』四三七頁（有斐閣、二〇一一年）。
（3）　最判平成二二年七月一五日判時二〇九一号九〇頁。
（4）　本文に述べた判断枠組をもって「経営判断ルール」と呼称するかは、会社法上も議論の分かれるところであるが、本稿では、敢えて「経営判断ルール」と呼称することとする。

三　土地の購入価格が問題となった裁判例を分析する理由

住民訴訟の対象となる行為やその違法性の根拠は多種多様であり、これらを網羅的に論じることは、限られた紙幅では困難である。そこで、本稿においては、地方公共団体による土地の購入価格が問題となった裁判例を取り上げ、その裁判例の分析を通じて、長の行為の違法性の判断枠組について検討することとしたい。

土地の購入価格が問題となった事例を取り上げることとしたのは、二つの理由によるものである。一つは、違法性に関する重要な判断要素として当該土地の適正価格という具体的かつ客観的な数値基準が存在すること、もう一つは、専門家の判断に対する信頼の保護が問題となることである。

まず、前者の理由については、補助金支出の違法性が問題となった場合と比較すれば、その特徴は顕著である。

地方公共団体が一億円の事業費補助を支出した場合に、一億円の補助金に対置される当該事業の「公益上の必要性」について、その客観的価値を見積もることは凡そ不可能である。これに対し、土地を一億円で購入した場合、一億円の購入価格に対置される当該土地の適正価格は客観的に算定可能である。土地の適正価格については、不動産鑑定士という専門家が存在し、その評価基準も一般的に確立されている。確かに、後の裁判例でみるとおり、同一土地であっても不動産鑑定士によって評価額が大きく異なることも多いところ、それを踏まえたうえで裁判所が適正価格を認定することは可能であり、現に、裁判所は適正価格の認定を行っている。このような具体的な数値基準が違法性判断の要素として用いられていることは、各裁判例の違法性判断の枠組を比較するうえで、客観的な比較の視座を提供するものといえる。

次に、後者の理由は、先に述べた株式会社の取締役の経営判断ルールとの比較の視点である。

経営判断ルールにおいては、取締役の判断過程において合理的な情報収集・調査・検討等が行われたかという判断過程が重要となるところ、この判断過程においては、弁護士、技師その他の専門家の知見を信頼した場合には、当該専門家の能力を超えると疑われるような事情があった場合を除き、善管注意義務違反とはならないとの見解も示されている(5)。このような見解が裁判例として定着しているかは議論はあるが、善管注意義務違反の成否に関し、当該行為の判断過程において専門家の知見を取得したか否か、その知見をいかに取り扱ったかが重要な判断要素であることは確かである。この点、地方公共団体による土地の購入においては、その購入価格の決定に際して不動産鑑定士の鑑定評価が参考とされることが多く、まさに専門家の知見に対する信頼が問題となる。後に説明するとおり、土地の購入価格が問題となった住民訴訟においては、購入価格の決定において参考とされた鑑定の他に、当該購入価格が不当であることの立証資料として原告が不動産鑑定を提出し、さらに、裁判所が、対象土地の適正価格を目的とする鑑定を実施することも多い。このように、様々な専門家による評価が訴訟に顕出されている中で、購入価格の決定において信頼の対象となった専門家の知見がどのように取り扱われているのかも、重要な検討課題となる。

(5) 江頭・前掲注(2)四三八頁。

四 裁判例の検討

以下においては、地方公共団体による土地の購入価格が不当に高額であるとして、地方自治法二四二条の二第一項一号の差止請求または同項四号の請求がなされた各裁判例について検討する。

なお、以下の裁判例においては、土地開発公社(以下「公社」という)からの買い取りが問題となっているものが多いところ、公社は、公有地の拡大の推進に関する法律に基づき地方公共団体が設立する法人である。公社は、地方公共団体による先行買収の依頼に基づき、同団体の公有地となるべき土地を取得し、地方公共団体は、公社による取得価格に利息、事務費を付加した価格をもって公社から当該土地を取得する。(6)

① 横浜地判平成一三年五月一六日(7)

本件は、市が公社から他県内の土地の取得を予定していることに関し、公社が購入した価格が適正な取引価格を超えるとして、適正な価格以上で当該土地を購入することの差止めが求められた住民訴訟である。

公社による購入価格は六億一七四三万七〇四円であるところ、この価格は、不動産鑑定士の鑑定(以下「A鑑定」

という）に基づいて決定されている。訴訟においては、裁判上の鑑定（以下「B鑑定」という）が行われ、また、市が、A鑑定とは別に、不動産鑑定士の鑑定意見書（以下「C鑑定」という）を書証として提出している。それぞれの鑑定結果は、A鑑定は公社購入価格と同額の六億一七四三万七〇四円、B鑑定は三億九四一〇万円、C鑑定は七億二四〇〇万円である。

裁判所は、A鑑定の内容等について詳細な分析を行い、A鑑定を採用することができないとした。その理由としては、都市計画上の基準を充たすためには、土地と国道を結ぶ通路について造成工事が必要であるところ、その工事費用分の減価がなされていないこと等が挙げられている。

また、裁判所は、B鑑定およびC鑑定の内容についても詳細な検討を行い、C鑑定を採用できないとする一方、裁判上の鑑定であるB鑑定の評価額をもって当該土地の適正価格と認定した。

そうすると、公社は、裁判所が認定した適正価格より五割以上高い価格で当該土地を購入したことになるところ、裁判所は、かかる価格は一般の取引通念に照らして著しく高額であり、このような価格を基礎として市が公社から当該土地を取得することは裁量権の濫用であるとして、当該土地の取得の差止めを認容した。

② 京都地判平成七年五月一二日(8)

本件は、市が公社から土地の取得を予定していることに関し、公社が購入した価格が適正な取引価格を超えるとして、適正な価格以上で当該土地を購入することの差止めが求められた住民訴訟である。

当該土地には日本最古級の古墳が存在するところ、多額の負債を抱えていた当該土地の所有者は、市に対し、六億円で当該土地を購入するように求め、市が買収しなければ、開発行為に着手して古墳を破壊する旨の強硬な姿勢を示していた。また、古墳が存在するのは当該土地の一部であったが、土地所有者は、古墳部分は公衆用道路からの入口部分に当たり、その部分を売却しては土地全体を開発できないとして、古墳部分のみの譲渡を拒否していた。市は、不動産鑑定士に当該土地の鑑定を依頼し、その鑑定価格が三億九六四四万七四二五円であったことから、土地所有者に対し四億円で買収したい旨を申し出た。しかしながら、土地所有者が六億円の価格を譲らなかったことから、最終的に公社を通じて五億四〇〇〇万円で買収することで合意に至ったものである。その結果、最終的な買取価格は、市が取得した鑑定価格に対し、約一億四〇〇〇万円、割合にして約三割六分上回ることとなった。

本件における市の買取価格は、市が取得した鑑定結果を大幅に上回っており、その買取価格が当該土地の適正価格より高額なことは自明である。それゆえか、訴訟において裁判上の鑑定は実施されておらず、判決において当該土地の適正価格の認定も行われていない。

裁判所は、上記に述べた土地購入経緯に鑑みれば、古墳部分のみならず当該土地全体につき鑑定価格の約三割六分の割増価格で買収することはやむをえなかったものであり、その同意内容に裁量権の逸脱ないし濫用があったとはいえないとして、差止請求を棄却した。

③ 大阪高判平成九年一〇月二〇日(9)

本判決は、上記②の控訴審判決であり、原判決を取り消し、四億二八七四万六七五四円を超える価格で土地を取得する契約の締結を差し止めた。

裁判所は、(i)古墳部分以外の土地部分だけでも開発は可能であり、そのことは市の職員も容易に気づくはずであったこと、(ii)土地所有者による当該土地の取得価格は約二億七〇〇〇万円であり、その事実も市は知りえたはずであること等からすれば、土地所有者との交渉によって、買収対象土地を古墳部分に限定することや古墳部分の買収価格を低く抑えることまではともかく、少なくとも、古墳部分を除くその余の土地部分については、これを鑑定価格程度で買収することは十分に可能であったとして、五億四〇〇〇万円で当該土地を買収することについては、市長の裁量権の行使に逸脱があったとする。

したがって、古墳部分については公社購入価格で購入することはやむをえないが、その余の部分については鑑定価格を超える金額で買収することは許されないとして、古墳部分につき公社購入価格（五億四〇〇〇万円）、その余の部分につき鑑定価格（三億九六四四万七四二五円）で按分計算を行い、四億二八七四万六七五四円を超える部分につき差止請求を認容した。

④　大阪地判平成一五年七月二三日(10)

本件は、市が公社に土地の先行買収の依頼を行い、公社が一六億九二三三万二一〇九円（一平方メートルあたり一九二万九〇〇〇円）で当該土地を取得し、さらに市が公社から当該土地を購入したところ、市の購入価格が不当に高額であるとして、市長等に損害賠償を求める住民訴訟（平成一四年法律第四号による改正前の地方自治法二四二条の二第一項四号）が提起されたものである。

公社は、当該土地の取得に際して三社に鑑定を依頼し、その結果は、それぞれ一平方メートルあたり一六五万円、一九三万円、一九五万円であった。

裁判所は、各鑑定の内容を分析したうえで、当該土地の適正価格は一平方メートルあたり一六五万円から一六八万円程度と認定した。当該土地の購入価格は、上記の適正価格を一四・三％ないし一六・四％上回っているものの、買収の必要性、地権者の対応等を考慮すれば、この程度の適正価格からの乖離をもって裁量の逸脱は認められないとして、住民の請求を棄却している。

⑤　大阪地判平成一七年二月二四日(11)

本件は、大阪市が六億五二〇四万八二九二円で土地を購入したところ、市の購入価格が高額であるとして、市長等に損害賠償を求める住民訴訟（平成一四年法律第四号による改正前の地方自治法二四二条の二第一項四号）が提起されたものである。

上記の購入価格は、不動産鑑定士の鑑定評価額を基に算定されたものであるが、訴訟において行われた裁判上の鑑定の結果は五億四二六九万七〇〇〇円であり、購入価格は、鑑定結果よりも一億九三五万一二九二円、割合にして約二〇％高額であることになる。

裁判所は、購入価格の決定の基礎となった鑑定書の内容を分析のうえ、当該土地の適正な価格をある程度反映したものと評価した。また、裁判上の鑑定の結果が購入価格を下回っていることについても、各鑑定人の判断に係る許容範囲の幅の中に収まる程度のものであるとした。したがって、購入価格が適正価格を大きく超えた高額な対価であったとの事情は認められず、裁量権の逸脱または濫用により売買契約を締結したということはできないとして、住民側の請求を棄却している。

本件は、裁判上の鑑定を実施しつつ、特に当該土地の適正価格の認定を行うことなく違法性判断を行っている点に特徴がある。

⑥　松山地判平成二四年五月三〇日(12)

本件は、市が公社に先行買収の依頼を行い、公社が土地Aを二億七七七万六七二三円、土地Bを六五八六万五九〇〇円で取得し、これらを市が公社から購入したところ、市の購入価格が不当に高額であるとして、市長に対し前市長の相続人に損害賠償を請求することを求める住民訴訟（地方自治法二四二条の二第一項四号）

が提起されたものである。

土地Aおよび土地Bの取得に際しては、不動産鑑定の取得は行われていない。訴訟において裁判上の鑑定が行われ、その評価額は、土地Aについては一億六八八七万円、土地Bについては約五五三一万円である。また、住民側も書証として不動産鑑定士作成の意見書を提出しており、その評価額は、土地Aについては一億一二八四万二一四〇円、土地Bについては四二七五万八二五〇円である。

まず、土地Aについて、裁判所は、裁判上の鑑定の内容を分析のうえ、同鑑定が合理性を欠くことはできないとしながらも、土地Aの適正価格の認定においては、同鑑定を修正し、一億六三四八万一七〇〇円を適正価格と認定した。取得価格が適正価格を上回る点について、裁判所は、県基準値の標準価格や近隣土地の分譲価格等を参考にしたうえで取得価格を決定したこと等に照らせば、価格決定に際して鑑定を経ていなかったことを考慮しても、市の売買契約締結行為等につき違法は認められないとした。

次に、土地Bについて、裁判所は、やはり裁判上の鑑定の内容を分析のうえ、同鑑定が合理性を欠くことはできないとしながらも、土地Bの適正価格を四八六七万一六二五円と認定し、いわば同鑑定の結果を増額修正した。それでも土地Bの取得価格は適正価格の約一・三五倍に及んでいるところ、土地Aとは異なり、適正価格を大きく超える価格を取得価格とすべき事情は存在しないとした。そして、裁判上の鑑定が、公共事業用の土地について許容されるのは適正価格の一・一五倍程度の価格であるとしていることを考慮し、適正価格四八六七万一六二五円の一・一五倍である五五九七万二三六八円を超える部分については、市長の裁量を逸脱、濫用したものであるとして、住民側の請求を認容している。

⑦　横浜地判平成八年五月二九日(13)

市が公社に土地の先行買収を依頼し、公社が一平方メートルあたり一〇万円で当該土地を取得し、市は、公社が取得に要した費用に利息等を加えた価格である六億四五五〇万円（一平方メートルあたり約一一万五〇〇〇円）で当該土地を購入した。これに対し、市の購入価格が不当に高額であるとして、市長等に損害賠償等を求める住民訴訟（平成一四年法律第四号による改正前の地方自治法二四二条の二第一項四号）が提起されたものである。

市は、公社に対する先行買収の依頼に先立ち、当該土地の価格の積算を行い、近隣地価公示価格を基に、不動産鑑定評価基準に従い時点修正および個別修正をするという方法により、買収価格を一〇万三〇〇〇円以内とした。また、訴訟においては、住民側、被告側の双方から書証として鑑定書が提出され、当該土地の適正価格につき、前者は一平方メートルあたり四万四九〇〇円、後者は一八万九〇〇〇円と算定している。

裁判所は、原告側提出の鑑定を採用することができないとする一方、被告側提出の鑑定を一応の参考にはなりうるとしたうえで、特に当該土地の適正価格の認定を行わなかった。そのうえで、市による買収価格の算出方法は、必ずしも十分な資料に基づいておらず、その価格は、やや高すぎる嫌いはあるが、適正価格を著しく超えるとまではいえず、市長の裁量の逸脱または濫用と断定することはできないとして、住民側の請求を棄却した。

⑧　静岡地判平成一四年五月三〇日(14)

本件は、市が公社に先行買収の依頼を行い、公社が六二億一六〇〇万円で当該土地を取得し、さらに市が公社から当該土地を購入したところ、市の購入価格が不当に高額であるとして、町長に損害賠償を求める住民訴訟（平成一四年法律第四号による改正前の地方自治法二四二条の二第一項四号）が提起されたものである。

土地所有者との交渉過程において公社は不動産鑑定書を取得し、その鑑定結果は四九億六〇〇〇万円であったが、土地所有者との間において価格が折り合わずに交渉が長期化した。市議会の特別委員会において、市による周辺の売買実例等の調査結果を踏まえて、買収価格は高くても一坪あたり五〇万円が限界であるとの意見が大勢となり、これを踏まえて土地所有者との交渉を行った結果、一坪あたり五〇万円の土地価格を基礎として六二億一六〇〇万円で売買契約が成立したものである。本件においては、価格決定の際に取得した鑑定評価額を約二五％も上回る額で売買契約が締結された点に特徴がある。取得価格が当該土地の適正価格を上回ることは自明であったと思われ、それゆえか裁判上の鑑定は行われていない。

裁判所は、上記に述べた契約成立経緯を認定したうえで、土地の取引価格は複雑多岐な要素に基づき決定され、特に取引当事者間の個別的、主観的な事情によって左右されるものであり、これらの要素によっては大きく変動するものであることを考え併せれば、市長の行為に裁量権の逸脱または濫用は認められないとして、住民の請求を棄却した。

⑨　神戸地判平成六年一一月三〇日(15)

本件は、太子町が四七一〇万九〇〇〇円で土地を購入したところ、売買価格が不当に高額であるとして、市長に損害賠償を求める住民訴訟（平成一四年法律第四号による改正前の地方自治法二四二条の二第一項四号）が提起されたものである。

訴訟において裁判上の鑑定が行われ、その結果は三五三一万七〇〇〇円であった。上記の売買価格は、この鑑定結果に比べて三三％超も高額であることになる。

裁判所は、上記の鑑定結果を当該土地の適正価格と認め、売買価格が適正価格に比して高額であるとともに、売買価格の決定において鑑定を依頼しなかったこと、当該土地の過去の取引金額等を調査しなかったこと、当該土地を取得すべき特段の必要が認められないこと等の事情からすれば、町長には裁量権の濫用が認められるとして、住民の請求を認容した。

⑩　大阪高判平成九年一〇月七日(16)

本判決は、上記⑨の控訴審判決であり、原判決を取り消して住民の請求を棄却した。

裁判所は、当該土地が町として必要不可欠な土地であったこと、土地所有者が当該土地を民間業者に一坪あたり三八万円（町の購入価格は一坪あたり二六万円）で転売しようとしていたこと、当時はバブル経済の真っ只中にあり地価はさらに高騰し続けるものと一般に信じられていたこと等からすれば、売買価格が適正価格より三三％超も高額であったとしても、裁量権の逸脱または濫用は認められないとした。

上記⑨の第一審判決は、町において当該土地を取得すべき特段の必要性は認められないと認定したのに対し、本判決は、当該土地が町として必要不可欠な土地であると認定している。両判決が結論を異にした大きな理由は、当該土地の取得の必要性に関する認定の差異にあると考えられる。

⑪　宇都宮地判平成二〇年一二月二四日(17)

本件は、町（訴訟提起時には合併により市となったが、便宜上、「町」「町長」で統一する）が浄水場用地として二億五〇〇〇万円で土地を購入したところ、売買価格が不当に高額であるとして、町長に対し、前町長に損害賠償を請求することを求める住民訴訟（地方自治法二四二条の二第一項四号）が提起されたものである。

町による当該土地の取得経緯は以下のとおりである。

まず、当該土地を競売により取得した土地所有者が、町に対し、当該土地の売却を申し入れ、その際に、当該所有者は、当該土地を約四五〇〇万円で取得したこと、更地の売却価格として七〇〇〇万円程度を考えていること等を述べた。これを受けて、町は、前町長の友人の不動産業者を介して不動産鑑定士に当該土地の鑑定を依頼したところ、その評価額は二億七三〇九万円にものぼった。土地所有者は、この鑑定結果を踏まえ、町に対し、当該土地の代金につき二億六五〇〇万円の要求額を提示し、結局のところ、町は、二億五〇〇〇万円で当該土地を購入する旨の売買契約を締結した。

原告住民が、社団法人日本不動産鑑定協会に対し、上記の鑑定を行った不動産鑑定士の懲戒を請求したところ、同協会は、対象不動産の確認調査や市場分析を十分行わなかったこと等を理由として、同鑑定士に対し六ヵ月の会員権停止処分を行った。また、訴訟において、住民側は、書証として不動産鑑定士作成の鑑定評価書を提出しており、その鑑定評価額は七五九〇万円であった。

裁判所は、町が取得した鑑定の内容には複数の問題点があるうえに、基本的な調査が不十分であるとして、その鑑定結果をもって当該土地の適正価格と認めることはできないとした。他方、住民側提出の鑑定評価書については、適切かつ合理的な鑑定手法を用いた妥当なものであるとして、当該土地の適正価格は七五九〇万円を超えるものではないと認定した。町の購入価格は、適正価格の約三・九倍もの高額になっているところ、上記に述べた当該土地の取得経緯によれば、前町長において、鑑定評価額の適正性等に合理的な疑問を抱いてしかるべきであり、漫然と鑑定評価額を基準として購入価格を決定したこと等からすれば、前町長には裁量権の逸脱または濫用が認められるとして、住民の請求を認容した[18]。

（6）土地開発公社からの土地の買い取りについては、本来であれば、地方公共団体と公社との先行買収の委託契約が私法上無効となり、または、地方公共団体が取消権や解除権を有しているか、もしくは同契約を解消することができる特殊な事情がないかぎり、地方公共団体が公社からの買い取りのための売買契約を締結することは違法とはならないはずである（最判平成二〇年一月一八日判時一九九五号七四頁）。本項に掲げた裁判例においては、このような判断枠組を用いずに違法性判断を行っているものが多くみられるが、本稿においては、かかる点は検討の対象外として論を進めることとする。

（7）判タ一〇八〇号九七頁。
（8）判タ九一九号一一三頁。
（9）判タ九六六号一九九頁。
（10）判例地方自治二五九号七一頁。
（11）判例地方自治二七一号一〇三頁。
（12）判例ＤＢ登載。
（13）判例地方自治一五九号九六頁。
（14）判例地方自治二三二号四三頁。
（15）判タ八八四号一八三頁。
（16）判例地方自治一七九号一五頁。
（17）判例地方自治三三五号二〇頁。
（18）本判決の控訴審の判決言渡し前に、町議会が、地方自治法九六条一項一〇号に基づき、町の町長に対する損害賠償請求権を放棄する旨の議決を行った。控訴審判決である東京高判平成二一年一二月二四日判例地方自治三三五号一〇頁は、当該議決は、地方自治法により与えられた裁量権を逸脱または濫用したものとして違法無効であり、町長に対する損害賠償請求権は消滅しないとして、第一審判決を維持した。これに対し、上告審判決である最判平成二四年四月二三日判時二一六八号四九頁は、町長に対する損害賠償請求権を放棄する議決の適法性に関する判断枠組を提示したうえで、原判決を破棄し、東京高裁に審理を差し戻している。

五　裁判例を踏まえた検討

1　「適正価格」の取り扱いについて

土地の購入価格が高額であるか否かとの点につき購入行為の違法性が問題となった場合には、上記三において述べたとおり、不動産鑑定等を利用することにより当該土地の適正価格を算定し、かかる客観的な数値基準に照らして裁量権の逸脱または濫用の有無を判断しうる点に特徴がある。上記四に挙げた裁判例においても、多くの裁判例が、対象土地の客観的な適正価格を認定したうえで、適正価格と実際の購入価格との比較を行っている。また、対象土地の適正価格を認定するうえで、裁判上の鑑定を実施している例も多い。

土地の購入価格に関する裁量権の逸脱または濫用の有無を判断するうえで、当該土地の客観的な適正価格と実際の購入価格との乖離の程度が極めて重要な要素であることは間違いない。上記の各裁判例においても、対象土地の適正価格の認定を行った裁判例をみれば、適正価格の乖離の程度によって、違法性判断の結論が分かれていることがうかがえる。対象土地の適正価格の認定を行った裁判例のうち、長の行為を違法とした裁判例における乖離の程度は、裁判例①では五七％、裁判例⑥の土地Bでは三五％、裁判例⑪では三・九倍にも及ぶ。これに対し、長の行為を適法と判断した裁判例については、裁判例④では一五％程度、裁判例⑥の土地Aでは二七％であり、裁判例⑤では、明確には適正価格の認定を行っていないものの、裁判上の鑑定の評価額との乖離は約二〇％である。なお、裁判例⑨および⑩においては、適正価格を三三％超上回る購入価格につき、第一審判決である裁判例⑨は違法と判断したのに対し、控訴審判決である裁判例⑩は適法と判断している。

対象土地の客観的な適正価格が重要な判断要素であり、また、その認定において、裁判所が、中立的な専門家である鑑定人の鑑定を重視することも当然といえる。ただし、ここで注意しなければならないのは、裁判所が裁判上の鑑定に基づき適正価格を認定した場合、当該土地の購入価格決定時においては、長等の地方公共団体の職員としては、このような事後的に認定された適正価格を知ることはできないという点である。不動産鑑定によって一義的に適正価格が定まるのであれば格別、同一土地であっても評価者によって鑑定結果に大きなばらつきがあることは、上記**四**に挙げた各裁判例の事案のとおりである。

違法性判断における裁量権の逸脱または濫用の有無は、結果論的な評価がなされてはならず、あくまでも行為時を基準とした判断でなければならない。しかるに、裁判所が認定した「適正価格」の用い方次第によっては、違法性判断が事後的かつ結果論的なものに流れる可能性は否定しきれない。このような弊害を回避するためには、「適正価格」を重要な考慮要素としながらも、売買価格の決定過程のような行為時の事情に関する十分かつ慎重な吟味が必要となる。この売買価格の決定過程に関する吟味においては、上記**三**に述べた取締役の経営判断ルールとの比較の視点、すなわち、専門家の判断に対する信頼をいかに取り扱うべきかが重要な検討課題になるものと解される。

2　購入価格の決定の基礎となった不動産鑑定の取り扱いについて

売買価格の決定過程に際して不動産鑑定士の鑑定書を取得し、その結果を購入価格の決定の参考としている事例が多く見られる。上記の裁判例においても、裁判例⑥、⑦、⑨（⑩は⑨と同一事案である）を除き、不動産鑑定評価額が購入価格の決定の参考とされている。

先に述べたとおり、取締役の善管注意義務違反の成否に関し、弁護士、技師その他の専門家の知見を信頼した場合には、当該専門家の能力を超えると疑われるような事情があった場合を除き、善管注意義務違反とはならないとの見解が示されているところ、長の行為の違法性判断においても、専門家である不動産鑑定士の鑑定評価に対する信頼がいかに保護されるのかが問題となりうる。

購入価格の決定過程において不動産鑑定を行った事例では、鑑定評価額と同額または近似した額を購入価格とした場合（裁判例①、④、⑤、⑪）と鑑定評価額よりも購入価格が高額となった場合（裁判例②、⑧）に分けることができる。

購入価格は買主の一方的意思によって決定することができず、売主との合意によらざるをえないことからすれば、後者のような場合が生じることは不自然ではない。ただ、この場合においては、専門家の判断である鑑定結果に基づいて購入価格を適正価格と信頼したとの主張は成立しえないことになる。当の地方公共団体が取得した鑑定結果よりもさらに高額である以上、その購入価格が当該土地の適正価格よりも高額であることは争いがたく、被告としては、適正価格よりも高額な購入価格をもって当該土地を取得すべき事情を説明する必要がある。この点、市が取得した鑑定価格よりも約三割六分上回る価格で土地を購入した裁判例②および③の事案では、第一審判決である裁判例②は長の行為を適法と認め、控訴審判決である裁判例③は違法と判断したが、両判決が判断を異にしたのは、まさに上記の事情に関する両判決の認定の差異に由来するものである。

専門家の判断に対する信頼の保護が重要となるのは、鑑定結果に依拠して購入価格を決定した事案である。この点、当該事案に関する裁判例をみると、購入価格の決定の基礎となった不動産鑑定については、これに対する長の信頼という論点よりも、当該土地の客観的な適正価格の認定において、裁判上の鑑定結果や原告側が提出した不動産鑑定と同様に、適正価格の認定資料として取り扱われているように思われる。たとえば、裁判例①はその典型である。この裁判例は、購入価格の決定の基礎となった不動産鑑定につき、対象土地の客観的な適正価格の認定において、裁判上の鑑定等と並べて鑑定内容を詳細に分析したうえで、当該不動産鑑定を排斥し、裁判上の鑑定結果を適正価格と認定した。そのうえで、売買価格の決定過程については大きな注意を払うことなく、購入価格と適正価格の乖離の程度が大きいことをもって、長の裁量権の逸脱または濫用を認めている。

購入価格の決定の基礎となった不動産鑑定についても、これが客観的な適正価格の認定における判断資料の一つであることは間違いない。かかる鑑定結果は、適正価格の認定における判断資料としても、購入価格の決定過程の手続的適正に関する判断資料としても重要であるが、いずれの判断資料として用いるかによって、その分析方法は異なるはずである。すなわち、前者においては、専門技術的な観点からの内容の妥当性、他の鑑定等との優劣等を検討する必要があるのに対し、後者においては、専門家ではない者からみて当該鑑定結果が信頼するに足る合理性を備えているか、言い換えれば、専門家でない者も認識しうる誤りや不合理性の有無が問題となるはずである。たとえば、裁判例⑪の事案は、鑑定結果に依拠して購入価格の決定を行っているものの、売買契約の成立経緯、鑑定書の内容等からして、専門家でない者からみても当該鑑定結果の合理性に疑問を抱くべきものであった。

上記**四**の各裁判例を見るかぎり、後者の視点（専門家ではない者からみて信頼するに足る合理性を備えているか）に対する意識が希薄なものが見受けられるように思われる。不動産鑑定の結果は、その鑑定手法の性質上、鑑定士によって評価額にばらつきが生じることは避けがたく、裁判上の鑑定といえども一義的に適正価格を導き出せるものではない。それゆえ、上記の視点を軽視して、裁判上の鑑定結果（これが適正価格と認定される傾向にあることは明らかである）との比較を殊更に重視することは、違法性判断の手法としては適切ではないと思料する。

なお、上記の視点を重視すべきであるとの見解は、長の行為の違法性判断を謙抑的にすべきとの主張を意図するものではない。たとえば、裁判例⑪の事案は、上記の視点を重視したとしても、おそらくは同一の判断を導きえたと思われる。繰り返しになるが、長の裁量権の逸脱または濫用の有無について、事後的かつ結果論的な評価を回避するためには、裁判所が事後的に認定する適正価格を重要な判断要素としつつも、購入価格の決定過程、すなわち、当該価格を適正と判断するに至った過程の手続的適正や合理性が重視されるべきということを言いたいのである。

六　おわりに

土地の購入価格の決定に関する購入行為の違法性に関し、裁判例の分析を中心に検討を行ったが、上記に述べたことは、補助金等の無償の利益供与に関する地方自治法二三二条の二違反の有無についても妥当する。先に、購入価格の決定過程を重視すべきことは、長の行為が違法と判断される範囲を狭めることを意図するものではないと述べたが、このことは、地方自治法二三二条の二の「公益上の必要性」の判断において、より妥当するといえる。

すなわち、「公益上の必要性」の判断においては、補助金の支出等による公益的効果を定量的に算出することは不可能であり、土地の適正価格のような客観的な判断基準は存在しない。「公益」については、定量的な評価は不可能である一方、定性的には重要性を認められやすい傾向にある。この点、土地の購入価格が問題となった事案において、実際の購入価格と適正価格の比較が重視されるのと同様、「公益上の必要性」の判断において、補助金の額と公益上の効果との対置を重視すれば、安易に後者を優先し、長の裁量権の範囲内との判断がなされるおそれもなしとはしない。やはり、「公益上の必要性」の判断においても、その行為の判断過程における手続的適正や合理性が重視されるべきである。

行政処分の法効果とは何を指すのか

――直接的効果と付随的効果の区別について

中川丈久

一　はじめに——よくある質問
二　問題の拡がり
三　問題の分析方法
四　直接的効果と付随的効果の区別の有益性

一　はじめに(1)——よくある質問

ある行為が、行政事件訴訟法三条二項にいう「処分」、すなわち「行政庁の処分その他公権力の行使に当たる行為」に該当するかという問題は、行政法のなかでも古典的な論点である。「処分」に該当するならば、その行為に不服がある者は、取消訴訟その他の抗告訴訟を提起すべきこととなる。

この判定にあたってポイントとなる作業の一つは、当該行為がどのような効果（法的効果、法効果）をもつかを明らかにすることである。行政法の授業でこのくだりにさしかかると、学生から毎年のように出される質問がある。次のようなものである。

「宅地建物取引業法三条の免許は、適法に宅地建物取引業を営むことができる地位（権能）を、免許申請者に生じさせるという効果をもつ行為だという説明は理解できた。同法三条一項（『宅地建物取引業を営もうとする者は、……免許を受けなければならない』）や一二条（『第三条第一項の免許を受けない者は、宅地建物取引業を営んではならない』）の条文に照らして、それは、納得できる。

しかし、宅地建物取引業免許を受けた者には、これ以外にも、いろいろな影響が生じているのではないか。次のように考えてよいか。

同法にいう『宅地建物取引業者』は、免許を受けた者を指している（同法二条三号）。そして同法三一条一項は、『宅地建物取引業者は……誠実にその業務を行なわなければならない』と定め、同法三二条は、『宅地建物取引業者は……誤認させるような表示をしてはならない』と定める。そうすると、宅建業免許は、業務を誠実に行う義務や、誇大広告等の禁止（不作為義務）を、免許申請者に発生させるという効果も有していると解してよいか。(2)

さらに、同法七九条は、無免許で営業した者を処罰すると定めるから（同条二号）、宅建業免許の効果として、無免許営業をしたとして処罰されることのない地位を、免許を受けた者に具体的個別的に生じさせていると説明してもよいのか」

もしこの質問に、「そのように説明してもよい」と答えると、ただちに、「宅建業免許によって生じる様々な権利義務その他の法律関係のうち、どれを選べばよいのか、すべて指摘する必要があるのか」という質問が続く。逆に、「違う。免許の効果は、宅建業を適法に営むことができる地位の発生のみである」と答えたならば、「どうしてそれだけなのか。処分の効果とそうでないものをどうやって見分けるのか」という質問が待ち構えている。

これが本稿で取り上げる問題である。ある行政処分がされた結果、生じうる様々な法的な影響のうち、どこまでを処分の効果（法的効果・法効果）として挙げるべきなのかという問題である。行政処分か否かの判定という、きわめて基本的な事柄でありながら、なぜか行政法の教科書には、助けとなる記述が見つからない難問である。

以下、この問題の拡がりを確認し(二)、どういう切り口から分析するかを検討する(三)。本稿では、行政処分の「直接的効果と付随的効果の区別」という切り口を用いて、処分の法的効果は前者に限られるべきであるという試論を提示する。最後に、このような区別をすることの実益を整理しておく(四)。

(1) 本稿は、中川丈久「行政実体法のしくみと訴訟方法」法教三七〇号六〇頁、六九頁（「いわゆる処分の付随的法効果について」（二〇一一年）で述べたことを、敷衍しようとするものである。

（2）　類例として、運転免許処分の法効果は何かという質問もある。最高裁は、運転免許の処分性を、「適法に自動車等の運転をすることのできる地位」が発生する（最判平成二一年二月二七日民集六三巻二号二九九頁）という効果によって説明する。この点は、道路交通法八四条一項および六四条から明らかである。

他方で、道路交通法は、安全運転等の義務や、飲酒運転の禁止等を、「何人も」や「車両等の運転者」（免許を持った者に限定せず、事実として運転する者を指す）に課している。この場合でも、運転免許を得た以上、運転する蓋然性は高いので、具体的個別的な義務として安全運転等の義務が発生していると考え、これも運転免許の効果に含めてよいのかという質問がなされる。

二　問題の拡がり

右の質問には、次のようなバリエーションがある。この問題が、意外に広い射程をもつことがわかるであろう（私法と行政処分の関係、処分取消しの訴えの利益、原告適格の認め方など）。

「特許法における特許付与行為は、行政処分だと習った。行政法の観点からすると、処分性肯定の根拠として、特許付与行為が特許権という私法上の権利を発生させる行為だと説明してよいか。

しかし、そもそも特許付与行為とは具体的に何を指すのかわからない。特許法五一条の特許査定のことか。仮にそうだとすると、特許査定を得た出願者について、同法六六条は『特許権は、設定の登録により発生する』と定めるから、特許査定の法的効果は、国に対して設定登録を求める権利を出願者に生じさせているだけではないのか。それとも、六六条の条文にも拘わらず、特許査定そのものの法的効果として、特許権という私権が発生すると解するべきか」

「最高裁判決によれば、出入国管理法に基づき発付された退去強制令書の執行により本邦外に送還された後、一定年数が経過して同法五条一項九号の規定により本邦への上陸を拒否されることがなくなったとき、退去強制令書発付処分の取消しを求める訴えの利益は失われるという（最判平成八年七月一二日訟月四三巻九号二三三九頁）。

この最高裁判決をどう理解するべきか。退去強制令書発付行為の法的効果には、収容や送還という実力行使を受忍すべき地位の発生のみならず、それが執行された後の一定期間の入国禁止の発生も含まれるからだと理解してよいか。それとも、退去強制令書発付の効果は前者のみであり、執行によってすでにその役割は終わったはずであるが、本判決は、処分それ自身の法効果とは別の理由で、訴えの利益はなお残ると結論したのか」

「鉄道事業法一六条一項は、『鉄道運送事業者は、旅客の運賃及び国土交通省令で定める旅客の料金（……）の上限を定め、国土交通大臣の認可を受けなければならない』と定める。この運賃認可は、そこで示された額を上限として運賃を設定することができる地位（権能）を鉄道運送事業者に生じさせるという法的効果をもつ行政処分であるということまでは、理解できた。

では、運賃認可は、上限運賃を遵守する限り、鉄道事業法一六条一項違反を理由として同法三〇条の事業停止命令や許可取消しを受けることがないという地位を鉄道運送事業者に生じさせる効果ももつと説明してよいか。また、同法の規定からは明らかではないが、もしも、認可なき運賃による契約（定期運送契約など）の私法上の効力が否定されると解された場合、どうなるかを考えてみたい。

この場合の認可処分は、運送事業者と利用者の双方に対し、両者間の契約の私法上の効力に関するなんらかの地位を生じさせているように思われる。つまり、認可処分の効果は、運送事業者のみならず、利用者にまで及んでいるのではないか。そうすると、利用者は、認可処分の名宛人として、当然に認可処分取消訴訟の原告適格が認められるべきではないか[3]。近鉄特急事件最判（最判平成元年四月一三日判タ六九八号一二〇頁）のような、第三者の原告適格論を展開するまでもなく、当然に、原告適格が認められるのではないか」

（3）　行政処分の名宛人、および（筆者の用語法でいうところの）準名宛人には、取消訴訟の原告適格が、ただちに認められる。いわゆる第三者の原告適格論とはまったく異なる。このことについて、中川丈久「取消訴訟の原告適格について(一)」法教三七九号六七頁（二〇一二年）を参照。なお、準名宛人は常に存在するわけではない。むしろ例外的に存在するものである。

三　問題の分析方法

1　行政処分の定義

まずは、行政処分の定義を再確認しておこう。

最高裁判例は、「行政庁の法令に基づく行為のすべてを意味するものではなく、公権力の主体たる国または公共団体が行う行為のうち、その行為によって、直接国民の権利義務を形成しまたはその範囲を確定することが法律上認められているもの」（最判昭和三九年一〇月二九日民集一八巻八号一八〇九頁）と定義している。これは現在でも最高裁が維持している定義であると考えられる（最判平成二四年二月三日民集六六巻二号一四八頁はこの判決を引用する）。

この定義は、二つのパーツに分かれる[4]。(ア)名宛人または準名宛人たる私人に具体的個別的な法律関係を生じさせるという効果（法的効果）をもつ行為であること、しかも、(イ)その法律関係を公権的判断として示す権限（という意味で権力的な行為）であることの二つである。

そして、(イ)の要素を満たす必要上、行政処分にはかならず、その権限が存在することを示す条文（根拠規定）が、明文か黙示かは別として、法令（法律・自主条例、またはそこからの委任立法）に存在しなければならない（法律の独占的法規創造力）。そうすると、法令において、①誰が（処分庁）、②誰に対して（名宛人または準名宛人）、③どのような判断基準に照らして、④どのような行為をし、⑤その行為によって①の属する国または地方公共団体等と②の間にどのような法律関係――権利義務や地位⑸――が生じるのかを示す明文の、または黙示する規定があり（以上は、定義の(ア)を示す規定である）、かつ、この行為が公権的判断をする権限としておこなわれるものであることが法律または自主条例から読み取られるときに（これは定義の(イ)該当性である）、行政処分の権限が存在することとなる。

本稿で扱うのは、このうちの⑤をどのように、法令から読み取るのかという問いである。

2　付随的効果論という手掛かり

手掛かりとして思い当たるのが、いわゆる付随的効果論である。これは、高円寺駅事件最大判（最大判昭和四一年二月二三日民集二〇巻二号二七一頁。いわゆる青写真判決）において、土地区画整理法における事業計画決定の処分性否定の論拠の一つとして用いられたものである。法廷意見は次のように述べた。

「もっとも、当該〔土地区画整理〕事業計画が法律の定めるところにより公告されると、爾後、施行地区内において宅地、建物等を所有する者は、土地の形質の変更、建物等の新築、改築、増築等につき一定の制限を受け（〔土地区画整理〕法七六条一項参照）、また、施行地区内の宅地の所有権以外の権利で登記のないものを有し、又は有することになつた者も、所定の権利申告をしなければ不利益な取扱いを受ける（法八五条参照）ことになつている。

しかし、これは、当該事業計画の円滑な遂行に対する障害を除去するための必要に基づき、法律が特に付与した公告に伴う附随的な効果にとどまるものであつて、事業計画の決定ないし公告そのものの効果として発生する権利制限とはいえない。それ故、事業計画は、それが公告された段階においても、直接、特定個人に向けられた具体的な処分ではなく、また、宅地・建物の所有者又は賃借人等の有する権利に対し、具体的な変動を与える行政処分ではない、といわなければならない。」（傍線筆者）

法廷意見は、事業計画決定の影響として、原告地権者らに、建築行為等の制限その他の法律関係が生じることを認めている（地権者の建築行為等が制限され、所有権以外の権利者も申告しなければ不利な取扱いを受ける）。しかしそれは、事業計画決定がされた（そして公告された）という事実を法律要件として、土地区画整理法上生じる法律効果に過ぎず（「法律が特に付与した……効果」）、公告された事業計画「そのものの効果として」生じた法律関係ではない、と説明するのである。

ここに見られる考え方を定式化すると、行政処分の法的効果とは、「〔行政処分〕そのものの効果」だけを指すのであって、「法律が特に付与した……付随的な効果」を含まないということになる。本稿ではこの考え方を手掛りとしてみたい。

3　付随的効果論のゆくえ

高円寺駅事件最大判について、学説においては、「最高裁が付随的効果論を放棄したとみることができる」（見上崇洋）との指摘がある。(6) そして高円寺駅事件最大判は、上島駅事件最大判（最大判平成二〇年九月一〇日民集六二巻八号二〇二九頁）で判例変更されている。付随的効果論はその後、どうなったのだろうか。

上島駅事件最大判における付随的効果論の取扱いは、必ずしも明快なものではない。同判決の法廷意見は、事業計画決定の処分性を肯定するにあたって、地権者らが現状凍結の状態に置かれることを、処分の効果として独立には掲げていない。さりとて、無視しているわけでもない。次のとおりである。

「土地区画整理事業の事業計画については、いったんその決定がされると、特段の事情のない限り、その事業計画に定められたところに従って具体的な事業がそのまま進められ、その後の手続として、施行地区内の宅地について換地処分が当然に行われることになる。前記の建築行為等の制限は、このような事業計画の決定に基づく具体的な事業の施行の障害となるおそれのある事態が生ずることを防ぐために法的強制力を伴って設けられているのであり、しかも、施行地区内の宅地所有者等は、換地処分の公告がある日まで、その制限を継続的に課され続けるのである。施行地区内の宅地所有者等は、事業計画の決定がされることによって、前記のような規制を伴う土地区画整理事業の手続に従って換地処分を受けるべき地位に立たされるものということができ、その意味で、その法的地位に直接的な影響が生ずるものというべきであり、事業計画の決定に伴う法的効果が一般的、抽象的なものにすぎないということはできない。」（傍線筆者）

一見すると、最高裁は、事業計画決定の法的効果の一つとして、建築行為等の制限がかかることを挙げているようにも思える。しかしながら、行文に注意するとむしろ、原告ら宅地所有者等という特定された私人が、土地区画整理法のもとで抽象的な建築行為等の制限がかかった環境に置かれていることを指摘することにより（そのこと自体は、法律の叙述として正確である）、その原告らが換地処分に向けてまっすぐに進むプロセスのただ中にいるということを強調する趣旨ではなかったかと思われる。そうすると本件判旨が、事業計画決定の「直接的な影響」として掲げているのは、地権者らが具体的個別的に「換地処分を受けるべき地位に立たされる」ことのみであると理解すべきであり、上島駅事件最大判において、高円寺駅事件最大判が示した付随的効果論自体が否定されているわけではないと考えられる(7)。

4　付随的効果論の背後にあるもの

筆者が付随的効果論を肯定的に捉える理由は、これが、「行政処分が発生させる法律関係」と「法律が発生させる法律関係」の区別を適切に認識する道具となるからである(8)。

この区別は、民事法でいえば、契約が発生させる法律関係（契約上の債権債務関係）と、法律が発生させる法律関係（たとえば、民法七〇九条により損害賠償支払請求権と支払義務が発生する）の違いに対応する。民事法では後者が前者に劣らず重要であることは、言うまでもないところ、行政法学説は「行政処分が発生させる法律関係」に注意を集中させるあまり、「法律が発生させる法律関係」の存在をあまり重視してこなかった。しかし次のとおり、「法律が発生させる法律関係」は現実には頻出しており、きわめて重要な行政法現象である。

たとえば、納税義務は、所得税法や法人税法などの申告納税方式のもとでは、一定の法律要件を充足したときに、法律上ただちに生じる（ただし、税額は、申告や更正処分といった確定手続によって決まる）。源泉徴収義務の場合は、税額も法律によって直接確定する。最判昭和四五年一二月二四日民集二四巻一三号二二四三頁は、「源泉徴収による所得税については、……その税額が法令の定めるところに従つて当然に、いわば自働的に確定するものとされるのである。そして、右にいわゆる確定とは、……支払われた所得の額と法令の定める税率等から、支払者の徴収すべき税額が法律上当然に決定されることをいう」と述べる。

また、建築基準法六条一項は、「建築主は、第一号から第三号までに掲げる建築物を建築しようとする場合（……）においては、当該工事に着手する前に、その計画が建築基準関係規定（……）に適合するものであることについて、確認の申請書を提出して建築主事の確認を受け、確認済証の交付を受けなければならない」と定める。そうすると、現に、「第一号から第三号までに掲げる建築物を建築しようとする」建築主には、建築確認を得ることなく工事着手することが禁止されるという法律関係が、具体的個別的に生じている（この建築主が、その建築物を建築することについての建築確認の要否は、たとえば当事者訴訟で争うことができる）[9]。他方、建築確認を申請し、これを受けた者は、申請書に示された建物の建築工事に適法に着手することができる地位が生じる。こちらは建築確認という行政処分の法的効果である。

さらに、行政手続法等が処分庁に課す手続的義務は、一定の法律要件があるときの法律効果として、法律が当然に発生させている。許認可等の行政処分の権限が定められたという事実を法律要件として、処分庁には審査基準を設定し公にする義務が生じ（私人からするとそのもとで審査を受ける権利が生じる）、不利益処分がなされようとしているという事実により、処分庁には弁明機会付与・聴聞をする義務や、理由提示の義務が発生するのである（私人からみれば権利が発生する）。

なお、「行政処分が発生させる法律関係」は、行政処分の定義上、常に具体的個別的な法律関係に限られる。他方、「法律が発生させる法律関係」は、そのような限定をする必要はないので、具体的個別的であることも、抽象的一般的法律関係（つまり規範）であることもある。

5　提案――行政処分の直接的効果と付随的効果の区別

付随的効果論で示された発想を、（高円寺駅事件最大判とは異なり）処分性が認められる行為を念頭において展開するならば、次の二つを概念的に区別せよということになりそうである。

① 行政処分そのものの効果たる「行政処分が発生させる法律関係」（これは処分性を認める根拠となる）

② 行政処分がなされたという事実を要件（の一つ）として、「法律が発生させる法律関係」（これは処分性を認め

る根拠とはならない）

後者を、高円寺駅事件最大判の用語例をヒントに、行政処分の付随的効果と呼び、前者を、上島駅事件最大判のいう「直接的な影響」という用語に倣って、直接的効果と呼ぶことにしよう。後者は、「行政処分が発生させる法律関係」ではなく、「法律が発生させる法律関係」であるから、具体的個別的なものであれ、抽象的一般的なもの（つまり規範）であれ、いずれも含まれうる。

行政処分の直接的効果と付随的効果の区別は、ちょうど、契約や有罪判決によって、それ自体の効果とは別の法律関係が、その契約や有罪判決の存在を理由（要件）として、法律の規定によって当然に生じることがあるのと似ている。

たとえば、私法上の法律関係は、契約そのものによって生じる（契約上の債権債務関係）だけでなく、契約がなされたという事実を法律要件の一つとして、民法五四〇条以下が契約当事者に解除権を発生させる（任意規定たる同条の適用が排除されない限り）という形でも成立する。また、禁固以上の有罪判決を受けた公務員は、国家公務員法七六条（および同法三八条二号）や地方公務員法二八条四項（および同法一六条二号）の定めによって、当然に公務員たる地位を失うが、これは、有罪判決そのものの法的効果ではない。国家公務員法等が、有罪判決を受けたという事実を要件として、失職という具体的個別的な法律関係を発生させているのである。

こうした対比から、次のような示唆が得られるのではないか。

契約や有罪判決そのものが生じさせる法律関係（債権債務関係、宣告された刑罰を受忍すべき地位）が、契約や有罪判決から読み取られるのと同様、「行政処分が発生させる法律関係」（行政処分の直接的効果）も、個々の行政処分から読み取られる判断内容に限られると解するのが、自然ではないかということである。つまり、法令において、当該処分庁のどのような最終判断を名宛人や準名宛人に伝える権限が定められていると解されるのかをふまえて、個々の処分から読み取られる判断内容を、処分庁の属する国・地方公共団体等と、名宛人または準名宛人たる私人の間の法律関係として表現しなおしたものが、行政処分そのものの効果（直接的効果）だということである。

たとえば、食品衛生法五二条一項に基づく飲食店等の営業許可という行政処分は、申請された営業活動をしてよいという処分庁の最終判断の表明権限であるから、その法的効果は、名宛人に当該営業活動を適法にすることができる地位を生じさせることである。また、事業認定は、土地収用のための裁決を得る前提として、事業の公益性等を認める判断を表明する権限であるから、名宛人たる起業者に、収用裁決に進むことができる地位を与えること（収用権付与）がその法的効果である。そしてこれを裏返せば、準名宛人たる地権者等を、具体的個別的に収用されるべき地位に立たせることも、事業認定の法的効果である。

他方、こうした直接的効果以外に、行政処分がされたことを法律要件（の一つ）として、法律が発生させる法律関係がある。たとえば、飲食店等の営業許可がなされたあと、①相続等があったときは相続人等が「許可営業者の地位を承継する」ことができる（食品衛生法五三条一項）、②営業者に法令違反があったならば、厚生労働大臣または知事により、食品等の廃棄等の命令（同法五四条一項）、営業停止や許可取消し（同法五五条、五六条）を受けうる。また、事業認定が告示されると、①起業者には土地所有者等に補償等の事項を周知する措置をとる義務が生じ（土地収用法二八条の二）、②「何人も」（したがって起業者も）、事業に支障を及ぼすような起業地の形質変更をすることが原則的に禁止され（同法二八条の三第一項）、③一年以内に起業者が収用裁決を申請しないと事業認定は失効する（同法二九条）。このような法律関係は、それが具体的個別的なものといえるか、それとも抽象的一般的な規範に止まるかはともかく、行政処分の直接的法効果ではなく、付随的効果にとどまるのである。

6　質問に対する回答

この区別をもとに考えると、本稿の問い――処分性を肯定するにあたって指摘しなければならない法的効果とは、どこまでを指すのか――に対する答えは、直接的効果だけを挙げればよい、ということになる。行政処分そのものの効果（直接的効果）以外の効果は、処分性を説明するときには、不要である。

「はじめに」に掲げた質問を例にすると、「宅建業免許処分の効果は、適法に営業しうる地位のみである」と答えることになる。宅建業免許は、宅建取引業を免許するという判断の表明権限であるから、免許処分そのものの効果は、その名宛人に宅地建物取引業を適法に営む地位を生じさせることである。それ以外の法的影響は付随的効果であり、種々規定されている。たとえば、免許を付与された結果、免許業者には重要事項説明義務等の行為規制がかかり、また、無免許営業者として処罰されることはない。実際、「顧客に対する重要事項説明がなされなかった」ことを理由に、業務改善命令や営業停止などを受ける場合、これは、法令違反という理由であり、営業免許に違反したなどとは説明しないであろうことからみても、宅建業免許の法効果として、重要事項説明義務まで含ませるのは、適切ではないように思われる。

むろん、処分性を認める理由を説明するときに、直接的効果に加えて、いくつかの付随的効果を掲げることが、一切禁止されるべきだとまで潔癖になる必要はない。両者の区別がわかりにくいことはあるからである。直接的効果を必ず指摘することが重要であり、付随的効果しか掲げないのは処分性の説明としては適切ではない、という程度に認識しておけば十分であろう。なお、付随的効果にすぎないかもしれないものも、念のために処分性の理由付けとして加えようとするときに注意すべきなのは、具体的個別的な法律関係といえるものでなければ、挙げる意味がないことである。

7　最高裁判例のスタンス

処分性を肯定する最高裁判決のほとんどは、（どこまで意識的であるのか定かではないが）直接的効果のみを指摘するという方針で、処分性を説明しているように見受けられる。[10] 最高裁判決が、直接的効果だけでなく、付随的効果も掲げて処分性を肯定するという論法をとる例はきわめて少ないのである。[11]

そのような例外的判決の一つとして、源泉徴収の納税告知の処分性を肯定する前掲最判昭和四五年一二月二四日を見ておこう。判旨は、納税告知という行為の処分性を肯定する理由を説明するなかで、あたかも時効中断事由となることも納税告知そのものの効果として指摘しているかのようであるが、それは論理的におかしい（付随的効果にとどまるとしなければ、論理一貫しないのではないか）ということを指摘しておきたい。

同判決は、「一般に、納税の告知は、〔国税通則〕法三六条所定の場合に（……）、国税徴収手続の第一段階をなすものとして要求され、滞納処分の不可欠の前提となるものであり、また、その性質は、税額の確定した国税債権につき、納期限を指定して納税義務者等に履行を請求する行為、すなわち徴収処分であって（……）、それ自体独立して国税徴収権の消滅時効の中断事由となるもの（法七三条一項）であるが、源泉徴収による所得税についての納税の告知は、前記により確定した税額がいくばくであるかについての税務署長の意見が初めて公にされるものであるから、支払者がこれと意見を異にするときは、当該税額による所得税の徴収を防止するため、異議申立てまたは審査請求（法七六条、七九条）のほか、抗告訴訟をもなしうるものと解すべきであり、この場合、支払者は、納税の告知の前提となる納税義務の存否または範囲を争って、納税の告知の違法を主張することができるものと解される」（傍線筆者）と述べる。

納税告知には、ちょうど国税徴収手続における督促と同様の法効果（直接的効果[12]）が生じるとしたうえで、それに加えて、「それ自体独立して……消滅時効の中断事由となるが」と指摘しているところが、ここでの問題である。

行政機関がある行為をした事実をもって、時効中断の事由とする立法例はしばしば見られる。国税通則法七三条一項は、「国税の徴収権の時効は、次の各号に掲げる処分に係る部分の国税については、その処分の効力が生じた時に中断し、当該各号に掲げる期間を経過した時から更に進行する」として、「更正又は決定」（一号）、「過少申告加算税、無申告加算税又は重加算税（……）に係る賦課決定」（二号）、「納税に関する告知」（三号）、「督促」（四号）、「交付要求」（五号）を掲げている。では、この規定により、国税徴収権の時効が中断することも、ここに掲げられた行為そのものの法的効果（直接的効果）といえるだろうか。

「その処分の効力が生じた時に中断し」という条文からして、「処分の効力」の中に時効中断が含まれないことは明らかである。そして、更正・決定といった行政処分の効果は、納付すべき税額の確定に求められており（それゆえ「課税処分」と呼ばれる）、納税告知や督促といった行政処分の効果は、納付しなければ滞納処分を受ける地位に立たされることに求められる（それゆえ「徴収処分」に分類される）。国税通則法の立法者は、一定の課税処分や徴収処分について、たまたま、時効中断事由として位置付けるにふさわしい事象であると判断したため、それを機縁として、時効中断の効果を認めたのである。当該処分をする行政庁に、時効中断すべきかどうかの判定権限が与えられているわけではない。時効中断は、付随的効果と位置付けるべきであり、直接的効果ではない。そのため、処分性の判定にあたって、本来言及される必要はないと考えられるのである。

（4）以下に示す行政処分の概念分析について、詳しくは、中川丈久「行政法の体系における行政行為・行政処分の位置付け」阿部泰隆先生古稀記念『行政法学の未来に向けて論集』五九頁、七九〜八四頁（有斐閣、二〇一二年）を参照。

（5）法律や行政処分が発生させる公法上の法律関係として、民事法的な請求権、刑事法的な禁止、そして地位（権能等）があることについて、中川丈久「国・地方公共団体が提起する訴訟」法教三七五号九二頁、九九～一〇一頁（二〇一一年）を参照。
（6）見上崇洋『行政計画の法的統制』三五七頁（信山社、一九九六年）およびそこに引用された文献。
（7）中川丈久「土地区画整理事業計画決定の処分性」法教三四一号二〇頁、二七～二八頁、三〇～三一頁（二〇〇九年）を参照。山下竜一「判批」宇賀克也ほか編『行政判例百選Ⅱ〔第六版〕』三三一頁（有斐閣、二〇一二年）も、「多数意見は付随的効果論を完全否定したわけではないと考えられる」と述べる。
（8）この重要性を、中川・前掲注（1）で述べた。
（9）このような紛争をどのような訴訟で争うべきかにつき、中川丈久ほか編著『公法系訴訟実務の基礎〔第二版〕』四二八～四三六頁（弘文堂、二〇一一年）を参照（都市計画法上の開発許可の要否を素材に論じたもの）。
（10）ここでは一々挙げないが、前掲注（2）の運転免許に関する最高裁判決が、ブルー免許とゴールド免許の法効果の違いをどうとらえているかは、まさによい例である。更新手続の違いは、処分の法効果とは言えないと明示しているのである。
（11）わずかな例外として、阿倍野都市再開発事業事件・最判平成四年一一月二六日民集四六巻八号二六五八頁（再開発事業計画決定の処分性を肯定するにあたり、地権者らが収用されるべき地位に立つことを指摘した後、「しかも」として、三〇日以内に選択を余儀なくされることも指摘）、および源泉徴収に関する前掲最判昭和四五年一二月二四日がある。後者は本文で検討する。このほか、注意を要するものとして、二項道路指定に関する最判平成一四年一月一七日民集五六巻一号一頁と保安林指定に関する最判昭和五七年九月九日民集三六巻九号一六七九頁がある。
（12）最判平成五年一〇月八日判時一五一二号二〇頁は、「国税通則法三七条による督促は、滞納処分の前提となるものであり、督促を受けたときは、納税者は、一定の日までに督促に係る国税を完納しなければ滞納処分を受ける地位に立たされることになるから（同法四〇条、国税徴収法四七条）、右督促も、国税通則法七五条一項にいう『国税に関する法律に基づく処分』に当たると解するのが相当である」とする。

四　直接的効果と付随的効果の区別の有益性

最後に、この区別を強調することにどれだけの有益性（実益、メリット）があるかを確認しておこう。

1　処分性の判定

第一の意義は、これまで述べたとおり、処分性の正確な判定にある。こうした観点からあらためて個別法を見てみると、行政処分の直接的効果とは別に、その処分がされたことを機縁として別の法律関係を規定する立法例（間接的効果の立法例）は、かなりの数に上る。その分類をすることで、本稿二で示した様々な質問に答えられるのであるが、紙幅の都合上省略する。

2　抗告訴訟と当事者訴訟の使い分け

第二の意義は、抗告訴訟と当事者訴訟の使い分けを考えるのに役立つ道具が提供されることである。

抗告訴訟は行政処分に対する「不服の訴訟」（行政事件訴訟法三条一項）であるが、より正確にいうと、処分そのものの効果（直接的効果）に対する「不服の訴訟」のことだと理解される。では、行政処分の存在を要件（の一つ）として法律が発生させた法律関係（処分の付随的効果）に関する紛争は、抗告訴訟で争うべきであろうか、それとも、法律が発生させた法律関係である以上、当事者訴訟で争うのであろうか。

最高裁判決を見る限り、当事者訴訟のこともあれば、抗告訴訟のこともある。その理由は、次のような場面を考えるとわかりやすいであろう。

付随的効果の例（ただし、刑事判決の付随的効果）として挙げた立法に、禁固以上の有罪判決を受けた公務員の失職規定がある（国家公務員法七六条、地方公務員法二八条四項）。では、失職扱いとされた者が、身分回復を狙ってする訴訟は、どのようなものだろうか。もしも、刑事判決に不服がないのであれば、失職規定が憲法違反で無効である、ないしはその適用を誤ったとして、公務員たる身分確認の当事者訴訟を起こすことになる。逆に、刑事判決そのものに不服があるのであれば、それを争うべく、再審請求をするほかない。

この考え方を一般化すると、次のようになるだろう。行政処分の直接的効果ではなく、付随的効果として生じた法律関係に関する紛争は、それが、もとの処分に起因する場合は、処分の取消訴訟や無効等確認訴訟を、逆に、処分には不服はなく、ただ、処分の存在を前提として当該法律関係が発生すること自体についての紛争なのであれば、（その法律関係が私法か公法かに応じて）民事訴訟ないし当事者訴訟を提起して争うことになる。個々の紛争内容に応じて、民事訴訟ないし当事者訴訟と、抗告訴訟のいずれが適切であるかを見極める必要があるのである。

このような観点に立つと、行政処分によって生じた法律関係についての紛争でありながら、当事者訴訟で争われた一連の在外被爆者訴訟が理解しやすくなる。被爆者らが医療手当の受給決定（これは行政処分である）を得た後、その出国にともない支給手続が止められたという事案において、当該被爆者らは未払いの支給金を支払えとの当事者訴訟を提起した（最判平成一八年六月一三日民集六〇巻五号一九一〇頁、最判平成一九年二月六日民集六一巻一号一二二頁）。

国は、手当受給権について、日本に住所または居所がある期間に限り存続すると解釈し、このことを通達で示していた（いわゆる「四〇二号通達」ないし「四〇二号通知」）。この行政解釈に基づき、失権という取扱いになり、支払がなされなくなったのである。厚労省側の解釈は、受給決定処分がなされたという事実があっても、受給者の出国という事実があると、それを要件として、失権という法律効果が生じるというものである。こうした受給権の消滅が、受給決定処分の法効果であるはずはない。受給決定処分の付随的効果であるにとどまる。

この紛争は、法律がそのような失権事由を定めていると解されるか否かに関するものであり、被爆者らは受給決定処分に対する不服があるわけではない。受給決定処分を争うべき場面でないのは明らかである。したがって、受給決定処分によって生じた受給権（直接的効果）に関する紛争ではあるが、当事者訴訟（支払われなかった手当分を支払えという給付訴訟）が提起されたのである。

別の例を見てみよう。出入国管理法に基づく退去強制令書の発付行為に対する取消訴訟を提起している間に、当該令書の執行（送還部分）が終了してしまった後も、取消しの利益はあるかについて、前掲最判平成八年七月一二日は、「上告人は出入国管理及び難民認定法二四条一号に該当して発付された退去強制令書の執行により本邦外に送還されてから既に一年が経過したというのであり、同法五条一項九号の規定により本邦への上陸を拒否されることもなくなったのであるから、もはや右退去強制令書発付処分の取消しにより回復すべき法律上の利益は何ら存在せず、右処分の取消しを求める訴えの利益は失われたとした原審の判断は、正当」とした。

退去強制令書の発付行為（および送還行為）は、収容や送還という身体の自由に対する実力行使を受忍する地位をその相手方に生じさせる点で（直接的効果）、行政処分の性質をもつ。そして、それが終了してしまったのであるから、もはや、行政処分としての効果は消滅しており、取消訴訟をする対象が消滅しているから、取消しの利益は存在しないといって良さそうである。

しかしながら、判旨は、退去強制令書の発付と執行という行政処分がなされたという事実を要件として、当該者については ただちに、具体的個別的に、一定年数の入国の禁止が法律上発生していることに着目した（付随的効果）。入国禁止を争う場合、退去強制されたこと自体に不服があるならば、それを取り消さなければ意味がないし、逆に、退去強制されたことに異論はなく、ただ入国禁止の年月が長すぎて憲法違反である等という紛争なのであれば、当事者訴訟を提起すべきこととなる。本件は前者であるとの見立てのもとに、判旨は、取消しの訴えの利益がなお存続しているかを論じたのである。

以上のように、行政処分そのものの効果として生じる法律関係と、法律が処分の存在を要件（の一つ）として生じさせる法律関係とを区別して事案を見ることは、訴訟方法を適切に選びとるうえでも有益である。

3　取消訴訟における狭義の訴えの利益

第三の意義は、取消しの訴えの利益の事後消滅の事案では、この区別を意識することにより、直接的効果が消滅してもなお、付随的効果として何が残っているかに意を用いること、そして2の観点から取消訴訟を提起しなければ紛争解決できないようであれば、なお取消しの利益は残っているとの結論が導かれるという、平明な理解をすることができる点にある。2で述べた退去強制令書執行後の入国禁止の事例がまさにその好例である。

実際、狭義の訴えの利益に関する最高裁判例の少なくないものが、行政処分の直接的効果と付随的効果を区別したかのような口吻を示している。

たとえば、開発許可の検査済証交付後の訴えの利益についての最判平成五年九月一〇日民集四七巻七号四九五五頁は、開発許可の「本来の効果」と、「他にその取消しを求める法律上の利益を基礎付ける理由」とを分けており、直接的効果のほかに、処分の取消判決を得ることによって救済される関係にある付随的効果があるかをみるという趣旨であると解される。

運転免許停止処分期間満了後も、免停処分取消しの利益があるかが争われた最判昭和五五年一一月二五日民集三四巻六号七八一頁も、「本件原処分の効果は右処分の日一日の期間の経過によりなくなつたものであり、また、本件原処分の日から一年を経過した日の翌日以降、被上告人が本件原処分を理由に道路交通法上不利益を受ける虞がなくなつたことはもとより、他に本件原処分を理由に被上告人を不利益に取り扱いうることを認めた法令の規定はないから」（傍線筆者）というように、「原処分の効果」と「原処分を理由に（生じる効果）」を分けて記載している。

4　原告適格

第四の意義は、原告適格論への示唆である。

行政処分の名宛人と準名宛人については、取消訴訟等の抗告訴訟の原告適格がただちに認められる。いずれも、処分そのものの法効果を論じるときに取り上げる法律関係が生じている私人のことであり、行政処分そのものの効果（直接的効果）が及ぶ者を指す。

では、法律が行政処分の存在を要件（の一つ）として発生させる法律効果（付随的効果）の及ぶ者が、処分の名宛人や準名宛人以外の者である場合、その者にも、取消訴訟の原告適格が当然に認められると考えるべきであろうか。これは、2の問題と絡めて、検討される必要がある。

また、本稿二で鉄道運賃に関する質問例として掲げたように、もしも認可されていない運賃による鉄道運送契約の私法上の効力が否定されると解された場合、利用者は、認可処分の名宛人として、当然に認可処分の取消訴訟を提起しうるのだろうか。この場合、認可の法効果は、新運賃を適用することができる地位（権能）を申請した鉄道事業者に付与するだけでなく、事業者と利用者の双方に、鉄道運送契約の私法上の効力の停止条件（認可があること）の成就を主張しうる地位を発生させていると考えてよいだろうか。いずれも直接的法効果と解されるのであれば、利用者は、認可処分の名宛人として取消訴訟を提起できてしかるべきである。それとも、認可処分の時点で、その新運賃で利用する者は将来の利用者であり、特定されていないから、そのような地位は個別具体的には生じていないと考えるべきであろうか。

近鉄特急事件の最高裁判決（前掲最判平成元年四月一三日）は、当該「認可処分そのものは、本来、当該地方鉄道利用者の契約上の地位に直接影響を及ぼすものではなく、このことは、その利用形態のいかんにより差異を生ずるものではない」とした。このくだりの分析を含め、直接的効果・間接的効果の区別の原告適格論への示唆をどう理解するべきかについては、本稿では省略した立法例分類とともに、別稿での検討を予定したい。

独占禁止法における事実認定のあり方

――行政訴訟と民事訴訟との交錯：ごみ焼却炉入札談合事件における排除措置命令、課徴金納付命令、損害賠償請求に係る判決・審決を手掛かりとして

池田千鶴

一　はじめに

入札談合は、共同して受注予定者を決定し、受注予定者が受注することができるようにするとの明示または黙示の合意をし、このような合意の下に受注予定者を決定し、受注予定者が受注できるようにすることにより、一定の取引分野における競争を実質的に制限することである。

最近、多摩談合に係る住民訴訟でいずれも基本合意の存在を否定する判決が出るなど、入札談合事件で公正取引委員会の行政処分としての排除措置命令や課徴金納付命令があるのにもかかわらず、民事訴訟では公正取引委員会の事実認定が否定されたり、原告が違法行為の不存在を理由に敗訴する事例が散見される。

損害賠償請求に係る民事判決と課徴金の納付を命ずる行政処分としての審決との違い、損害賠償請求訴訟では裁判所が独自に事実認定を行うのに対し、審決取消訴訟では実質的証拠の原則が適用されるという違いがどのように影響するのかが注目されているところである(1)。

本稿では、民事訴訟が多く、かつ、原告勝訴・敗訴事例の分析がしやすい、ごみ焼却炉入札談合事件をめぐる行政訴訟と民事訴訟を比較分析の対象として取り上げる。

同一事件における行政訴訟と民事訴訟を比較することにより、ほぼ同一の証拠を前提として、基本合意、個別合意の立証のあり方や事実認定の仕方の異同を検討することができ、なぜそのような違いが生まれるのか、行政事件としての立証責任は尽くされているのか、排除措置、課徴金、損害賠償請求の役割の違いにも配慮しつつ、比較分析を行うことにする(2)。

また、入札談合の参加者ではないアウトサイダーが入札に参加している場合の排除措置命令、課徴金納付命令、損害賠償請求権のそれぞれの実体要件をどのように認定するのかも注目されている。この点も意識しつつ、検討することにする。

（1） 根岸哲「判批」平成二〇年度重判解（ジュリ増一三七六号）二七八頁以下、二八〇頁（二〇〇九年）。

（2） 独禁法の行政事件と民事事件とを比較する研究として、村上政博「多摩地区入札談合（東京都新都市建設公社事件）一三判決の意味するもの(上)(下)」判タ一三四四号五一頁、同一三四五号六六頁（二〇一一年）、平林英勝「最近の入札談合事件審判決の検討――談合破りに対する課徴金賦課・損害賠償請求は妥当か？」判タ一二二二号四六頁（二〇〇六年）、栗田誠「独占禁止法による入札談合規制の展開」ジュリ一四三八号三〇頁（二〇一二年）がある。また、独禁法における事実認定の研究として、中出孝典「不当な取引制限の立証について」富大経済論集五八巻二・三号一〇一頁（二〇一三年）がある。

二　行政訴訟――排除措置

公正取引委員会（以下「公取委」という）は、二〇〇六年六月二七日、日立造船、ＪＦＥエンジリアリング、タクマ、三菱重工業および川崎重工業の五社は、共同して、地方公共団体発注の全連および准連ストーカ炉の新設、更新および増設工事（以下「ストーカ炉建設工事」という）について、受注予定者を決定し、受注予定者が受注できるようにすることにより、公共の利益に反して、地方公共団体発注のストーカ炉建設工事の取引分野における競争を実質的に制限していたことが、平成一七年改正前の独占禁止法（以下「独禁法」という。特に言及がない条文は独禁法を指す）二条六項に規定する不当な取引制限に該当し、三条後段に違反するとして、五社に対し、違反行為の取りやめ確認、地方公共団体への通知、自社従業員への周知徹底、将来の不作為という排除措置を命じる審決を出した（以下「本案審決」という）[3][4]。五社は審決を不服として審決取消訴訟を東京高裁に提起したところ、東京高裁は、平成二〇（二〇〇八）年九月二六日、請求を棄却し、排除措置に係る審判審決を維持する判決を下した（以下「本案判決」という）[5][6]。

1　基本合意と個別合意との関係

本案判決は、基本合意と個別合意との関係について、次のように述べる。

審決の認定および認定判断の過程に照らせば、本案審決は、「基本合意の下に受注予定者を決定し、受注予定者が受注できるようにしていたこと」を違反行為と捉え、個別の受注調整行為は、「基本合意が存在し、その基本合意の下に受注予定者を決定し、受注予定者が受注できるようにしていた事実」を推認できる間接事実として認定していることが明らかである。すなわち、本案審決は、基本合意が、個別合意をまって初めて不当な取引制限を充足するとの論理構成の下に、個別合意、つまり個別の受注調整行為自体を違反行為の構成要件とするものではない。したがって、個別の合意に関しては、基本合意がその内容のとおり機能し、競争を実質的に制限していたとの事実を認定する上で必要な範囲で立証されれば足りる。

「基本合意が存在し、五社が、それに基づいて受注予定者を決定し、受注予定者が受注できるようにしていたこと」が主要事実であることは明らかであり、個別物件についての受注調整行為は間接事実にすぎないから、四物件について審査官が違反行為の対象物件とは主張しなくても、公取委が証拠に基づきこれを認定することは当然に許され、この点に関して弁論主義違反の問題は生じない[7]。

2　基本合意の存在の認定

(1)　本件の基本合意の内容と実施方法

基本合意の内容は、①地方公共団体が建設を計画していることが判明したストーカ炉建設工事について、各社が受注希望の表明を行い、(i)受注希望者が一名の工事については、その者を受注予定者とする、(ii)受注希望者が複数の工事については、受注希望者間で話し合い、受注希望者を決定する、②五社の間で受注予定者を決定した工事について、五社以外の者が指名競争入札等に参加する場合には、受注予定者は自社が受注できるように五社以外の者に協力を求める、③受注すべき価格は、受注予定者が定め、受注予定者以外の者は、受注予定者がその定めた価格で受注できるように協力する旨の合意である。

また、基本合意の実施方法は、遅くとも基本合意が成立した一九九四年四月一日から公取委の立入検査が行われた一九九八年九月一七日までの間（以下「対象期間」という）に五社の営業担当者が集まった会合において、地方公共団体発注のストーカ炉建設工事について、未発注工事の情報を交換し、共通化して、受注意欲を表明する対象工事を確定させ、炉の処理能力の区分に応じ、五社間で物件ごとに受注予定者を話し合いで決定し、受注すべき価格は、受注予定者が定め、受注予定者以外の者は、受注予定者が定めた価格で受注できるように協力していた。

本案判決は、独禁法二条六項にいう「不当な取引制限」があるといえるためには、事業者が相互に意思の連絡を取り合い、互いの事業活動を拘束し、または遂行することが必要であるが、事業者相互間で拘束し合うことを明示して合意することまでは必要ではなく、合意した競争制限行為をすることを互いに認識、認容し、これに歩調を合わせるという意思が形成されることで足り、また、それは黙示的なものであっても足りると判示し、本案審決が合理的に認定した事実によれば、五社は、本件基本合意により、合意した競争制限行為をすることを互いに認識、認容し、これに歩調を合わせるという意思を相互に形成したものと認めるのが相当であり、本件合意は、不当な取引制限行為となり得るとした。

(2) 基本合意の認定

本案判決は、五社は、遅くとも一九九四年四月以降、地方公共団体が指名競争入札等の方法により発注するストーカ炉建設工事について、受注機会の均等化を図るため、基本合意の下に、公取委認定の方法で受注予定者を決定し、受注できるようにしていたと認められるとし、本案審決の推論の過程に合理性があるとした。

本案審決・判決は、基本合意の認定について、基本合意に係る関係者の供述調書や、五社等から留置したメモやリストにおける記載等の具体的証拠から認定できる以下の各事実を総合考慮した。

①五社は、会合等で、地方公共団体が計画するストーカ炉建設工事の未発注情報を交換し、共通化していた、②五社は、地方公共団体発注のストーカ炉工事の受注予定者を決めるための会合を開催し、受注希望表明を行っていた、③五社の営業担当者の中に、五社または準大手のA、Bを含めた七社の受注状況を指数化して把握していた者がいた、④受注予定者を記載したと見られる未発注のストーカ炉工事を取りまとめたリスト等がある、⑤五社等の社内資料により、五社は受注予定者が受注できるようにするための行為をしたと認められる（入札価格等の連絡が行われたことを示すメモ、アウトサイダーへの協力依頼の事実がある等）、⑥個別の工事について、五社間で受注予定者を決めていたことをうかがわせる事情が記載された書面等がある、⑦五社のいずれかが受注した物件の平均落札率は九六・六％と高かったこと、である。

(3) 落札率について

落札率（予定価格に対する落札価格の比率）について、本案判決は、次のように述べる。競争入札においては、通常、受注競争のため、競争がない場合と比較して落札率が低くなることは経験則に照らして明らかである。また、アウトサイダーとされるBの平均落札率が最も高い（九八・六％）という事実は、Bが大手五社に次ぐとされる準大手二社のうちの一社であり、むしろ、協力を要請されたアウトサイダーとして受注調整の恩恵を受けていたと推認されるのであって、五社の平均落札率が高いとの事実を、受注調整が行われていたことを推認させる事情の一つとして考慮する妨げにならない。落札率が高いことだけで当該入札案件で談合が行われたことを示すことにはならないが、逆に、当該案件について談合が行われていれば落札率は高くなるということはできるから、落札率が高いことは談合の存在を推認する一つの事情といえ、競争入札において平均落札率が高いことは受注調整が行われていたことをうかがわせる事情の一つである、とした。

3　本件違反行為が競争を実質的に制限するものであるとの認定

本件違反行為が競争を実質的に制限するものであるとの認定について、本案判決は、五社は、対象期間において、五社が受注予定者を決定したと具体的に推認される工事を含め地方公共団体が発注するストーカ炉建設工事の過半について、受注予定者を決定し、これを受注することにより、地方公共団体が指名競争入札等の方法により発注するストーカ炉の建設工事の取引分野における競争を実質的に制限していたと認められるとし、本案審決の推論の過程に合理性があるとした。

本案判決は、本案審決と同様に、本件違反行為は、対象期間中、継続的に行われてきたことがうかがわれ、少なくとも、対象期間中に発注されたストーカ炉工事の半数以上について受注予定者を決定していたと推認できるとした。以下の事実が考慮された。①五社は、受注調整の合意（本件基本合意）をしていたものと認められる以上、対象期間に発注された工事八七件のうち多くの案件について受注調整を行っていた（証拠により受注調整が認められる工事は三〇件）、②五社の営業担当者の中に、五社または七社の受注状況を指数化して把握していた者がいた、③個別の工事について五社間で受注予定者を決めていたことをうかがわせる事情がある、④対象期間中の落札率は五社のいずれかが落札した工事では高いこと等である。

結論として、本案判決は、地方公共団体が発注したストーカ炉工事の少なくとも半分以上の案件について五社が受注調整をしていたことは、五社の受注調整の合意（本件基本合意）が拘束力をもって有効に機能しており、その取引分野における競争を実質的に制限していたというべきであるとした。

4 アウトサイダーの存在

(1) アウトサイダーへの協力要請とその協力

本案判決は、五社は、五社以外のプラントメーカーが入札に参加した場合、受注予定者等は、自社が受注できるよう協力を求め、その協力を得るようにしていたものと推認でき、本案審決のこの点に関する認定は合理性があるとした。以下の事実が考慮された。①五社は本件基本合意を締結して、受注予定者を決定していたことが認められること、②アウトサイダーであるD、Fに対して五社が受注への協力を依頼した事実が認められること、③準大手のアウトサイダーA、Bを含む七社の受注状況を指数化して把握していたこと、④対象期間中に発注された工事八七件のうち六六件を五社のいずれかが受注し、五社以外の者が落札した工事の平均落札率に比べ、五社のいずれかが落札した工事の平均落札率の方が高いこと等である。

さらに、本案判決は、⑤五社が受注予定者を決定したと推認される三〇件の工事のうち、アウトサイダーBが落札した三工事は、五社がアウトサイダーと協議し、Bを受注予定者と決め、Bが落札したと推認するのが相当であり、⑥五社がアウトサイダーの落札に協力したことは、少なくともその見返りあるいはバーターの元となった他の物件（どの物件であるかは不明）の受注にアウトサイダーに協力してもらったと考えるのが合理的である、とした。

本案判決は、アウトサイダーが含まれる物件でありながら落札率が高いことは、アウトサイダーが含まれる物件でも競争が実質的には行われていないこと、すなわち、五社に対抗して競争をしかけようとする業者がいないことを意味するもの、と評価した。

(2) アウトサイダーの協力の立証の必要性

本案判決は、各工事においてどのような協力が行われたのかは必ずしも明らかでないとしても、五社は、施工実績が多く、施工技術等に優れているという優位性から、アウトサイダーへの受注の協力依頼により、相当程度アウトサイダーをコントロールし得るものであったと推認できる、とした。本案審決も、アウトサイダーに対し具体的にどの物件についてどのような方法で受注の協力を求めていたか明らかではないことは、上記認定判断を左右しないとしていた。

本案審決・判決は、アウトサイダーへの協力依頼により、相当程度アウトサイダーをコントロールし得るものであったと推認するに当たり、以下の事実を考慮した。①基本合意の内容に、五社間で受注予定者が決定された工事についてアウトサイダーが入札に参加する場合、受注予定者がアウトサイダーに協力依頼するとの内容が含まれること、②「地方公共団体が指名競争入札等の方法により発注するストーカ炉の建設工事」という「一定の取引分野」において、対象期間中、ストーカ炉のプラントメーカーは談合した五社にとどまらず、アウトサイダーとしてAほか一四社等が存在していたところ、五社は、ストーカ炉建設工事の実績の多さ、経歴の長さ、技術の高さから「大手五社」と称され、五社以外のプラントメーカーと比べて優位にあったこと、③五社の平成六～一〇年度までの受注実績をみても、地方公共団体が発注したストーカ炉建設工事の契約件数八七件のうち五社が受注した件数は六六件であり、その割合は受注トン数で約八七・三％、受注金額で約八七・〇％であること、④五社以外のアウトサイダーが入札に加わった工事は、対象期間には五七件あったにもかかわらず、八七件の過半を五社が落札受注できていること、である。

(3) 日立造船ほか四名に対する件（公取委審判審決平成一八年六月二七日審決集五三巻二三八頁）。

(4) 本審決の評釈として、長谷河亜希子「判批」ジュリ一三三九号一六六頁（二〇〇七年）がある。

(5) ＪＦＥエンジニアリングほか四名による審決取消請求事件（東京高判平成二〇年九月二六日審決集五五巻九一〇頁）。

(6) 本判決の評釈として、鈴木孝之「判批」ジュリ一三六九号九四頁（二〇〇八年）、金井貴嗣「判批」公取六九九号三八頁（二〇〇九年）、波光巖「判批」公取七〇四号六六頁（二〇〇九年）、根岸哲「判批」ＮＢＬ九〇八号二二頁（二〇〇九年）、小畑徳彦「判批」平成二〇年度重判解（ジュリ増一三七六号）二七二頁（二〇〇九年）、岸井大太郎「判批」公取七〇七号二頁（二〇〇九年）、岩本諭「判批」速報判例解説四号二三五頁（二〇〇九年）がある。

(7) なお、公取委の審判においては、民事訴訟等の訴訟手続と異なり、厳格な意味での弁論主義は妥当せず、審判開始決定書（平成一七年改正後は、原処分）に記載された事実の同一性を害せず、かつ、審判手続全体の経過からみて被審人の防御の機会を閉ざしていない限り、審査官の主張等に拘束されることなく、審理判断することが許される。

三　行政訴訟――課徴金納付命令

二〇一〇年一一月一〇日、公取委は、三菱重工業、ＪＦＥエンジニアリング、川崎重工業、日立造船、タクマの五社に対して、合計二六九億九七八九万円の課徴金の納付を命ずる審決を出した（以下「課徴金審決」という）。(8)(9) Ｊ

FEエンジニアリング、タクマ、日立造船の三社が審決を不服として審決取消訴訟を東京高裁に提起したところ、東京高裁は、いずれも請求を棄却し、課徴金審決を維持する判決を下した（以下「課徴金判決」という）[10]。

七条の二第一項は、事業者が不当な取引制限で商品または役務の対価に係るもの等をしたときは、公取委は、所定の手続に従い、当該事業者に対し、当該行為の実行としての事業活動が行われた期間における「当該商品又は役務」の政令で定める方法により算定した売上額を基礎として一定の算定率を掛けて計算された額の課徴金の納付を命ずると規定する。

課徴金審決・判決では、本案審決の認定に係る本件違反行為の存在を前提とした上で、本件各工事が、七条の二第一項の「当該役務」に当たり、課徴金算定の対象となるかが争われた。

1　独禁法七条の二第一項の「当該役務」の解釈

七条の二第一項の「当該商品又は役務」の解釈について、課徴金判決は、従来の課徴金審決と同様の解釈をした課徴金審決を支持した。

原則として、不当な取引制限の対象とされた商品または役務全体を指すが、本件合意のような入札談合の場合には、不当な取引制限に該当する意思の連絡による相互拘束たる基本合意の対象となった商品または役務全体のうち、個別の入札において、当該事業者が基本合意に基づいて受注予定者として決定されて受注するなど、基本合意の成立により発生した競争制限効果が及んでいると認められるものをいうと判示した。

価格カルテルの場合には、違反行為の実行期間の始期と終期を特定して、その間の違反行為についてすべて競争制限効果が及んでいるという取扱いがなされるが、入札談合の場合には、カルテルとは別個の考慮が必要とされている。課徴金審決が指摘するように、入札談合の場合には、基本合意の成立が認められ、基本合意によって対象となる商品または役務が特定されたとしても、各商品または役務について個別の入札が実施されるため、基本合意の成立によって発生した競争制限効果が当然に各商品または役務に及ぶこととはならないからである。(11)

2 「当該役務」の認定

(1) 「当該役務」該当性の判断手法――推認と特段の事情

「当該役務」該当性の判断手法として、三つの課徴金判決いずれも、課徴金審決の推認方法を支持した。

課徴金審決が挙げる事実関係を総合すれば、本件合意は、地方公共団体が発注するすべてのストーカ炉建設工事を受注調整の対象とするものと推認されるから、①地方公共団体が発注するストーカ炉建設工事で、かつ、②五社のいずれかが入札に参加し受注した工事（本件各工事は、すべてこれに該当する）については、特段の事情がない限り、本件合意に基づいて五社間で受注予定者が決定され、本件合意によって発生した自由な競争を行わないという競争制限効果が個別の入札に及んでいたと推認することは合理性がある、とした。

ＪＦＥ、タクマの課徴金判決では、同じことを抽象的に言い換える。本件前提事実に照らせば、①当該入札の対象となった役務または商品が本件合意の対象の範囲内であって、これにつき受注調整が行われたこと、および、②事業者である原告が受注したことが認められれば、特段の反証がない限り、原告が直接または間接に関与した受注制限手続の結果、競争制限効果が発生したものと推認するのが相当であるとした。

課徴金審決は、この推認を覆すには、本件合意が存在したにもかかわらず、入札前に当該工事が本件合意の対象から除外されたこと（特段の事情）をうかがわせるに足りるだけの反証をする必要があると述べる。その理由は、

①自社が入札に参加して受注した工事が本件合意の対象となるか否か、また、②当該入札は本件合意の対象から除外されたか否かの事実関係を最もよく把握しているのは事業者であるから、これらの事実を具体的に主張立証して事業者に反証を行わせることは不当でないからとする。

このような「当該役務」の該当性の判断手法について、課徴金審決は、抽象的な「基本合意」の存在のみから個別の入札における受注調整の事実を推認しているわけではなく、本件で認定できた本件合意の内容およびその周辺事情を総合考慮した上で、特段の事情がない限りは、個別の入札における受注調整の事実が推認されるとしているにすぎず、行政側の主張立証責任の負担軽減を図ったものでも、審査官の主張立証責任を被審人に転換したものでもないとする。「基本合意」さえ認定できればその「基本合意」の事実のみから個別の入札における受注調整の事実を推認できるわけではないが、他方、認定できた「基本合意」の内容によっては、「基本合意」の事実のみから個別の入札における受注調整の事実を推認し得ることもあると述べる。

(2) 「当該役務」該当性判断における個別合意の立証方法

課徴金審決は、「当該役務」該当性の判断において、「個別の工事において受注調整が実施され、その結果、受注予定者が決定されたこと」を立証する方法は種々存在し、不当な取引制限に該当する意思の連絡による相互拘束（本件合意）の存在が認められる場合に、この事実と他の証拠とを総合して、個別の工事において受注予定者が決定されたと推認することは、事実認定の手法として、当然に許されると指摘する。課徴金判決も、審決と同様に、個別の入札について受注予定者が決定された際の具体的な経緯まで証拠により明らかにする必要はないことを認めた。

課徴金審決は、受注予定者が決定された否かを認定するに当たり基礎とされるべき事実は、当然ながら事案ごとに異なると述べて、本件では、以下の事実を総合考慮した。①五社は、ストーカ炉建設工事の実績の多さ、経歴の長さ、技術の高さから、プラントメーカーの中で大手五社と呼ばれていること、②対象期間中に地方自治体が発注したストーカ炉建設工事八七件（発注金額一兆一〇三二億円）のすべての入札について五社うち大半のものが指名されて参加しており、五社全社が入札に参加した工事は六七件に上ること、③五社は、営業責任者クラスの者が集まる会合で、地方公共団体が計画するストーカ炉建設工事の未発注情報を共通化した上で、各社が均衡して受注できるように発注トン数の規模別に受注予定者を決定していたこと、④五社の営業担当者の中には、五社の受注状況を指数化して把握していた者がいたこと、⑤五社は、アウトサイダーが入札に参加した場合には、当該アウトサイダーに協力を求めるようにしていたこと、⑥合意の対象が「地方公共団体発注のストーカ炉の建設工事」であること以外に何らかの限定があったのか否かについて五社が明らかにしないこと等である。

課徴金判決は、「地方公共団体が発注するストーカ炉の建設工事の過半について五社が受注予定者を認定していた」との排除措置にかかる本案審決の認定は、二条六項が定める競争の実質的制限の存在を判断するに当たり必要な範囲で認定したものであり、過半以外の工事について受注予定者が決定されたことを否定するものではなく、本案審決において具体的証拠から受注調整が推認された三〇件に含まれない工事についても、本件合意に基づいて五社間で受注予定者が決定され、本件合意による競争制限効果が及んでいたとする課徴金審決の事実認定は、合理的で実質的証拠に基づくものと認められるとした。

結論として、本件各工事について、本件合意に基づき五社間で被審人が受注予定者として決定され、受注したものであって、本件合意による競争制限効果が及んでいると推認され、この推認を揺るがす特段の事情をうかがわせるに足りる事実の主張立証はないから、本件各工事はすべて課徴金算定の対象となるとされた。

上記の一般原則論に加えて、個別工事において本件合意に基づき受注予定者が決定されたとの推認を強める事情が存在する工事については、該当する本件各工事ごとに、受注予定者を決めたと見られるリストの記載や手書きのメモ、落札率の高さ等が指摘された。

3 アウトサイダーの存在

(1) 競争制限効果——競争単位の減少との見方

個別工事の入札参加者の中にアウトサイダーが存在し、「アウトサイダーとの間で価格競争があったから、当該入札に関しては基本合意の競争制限効果が及んでいない」との主張について、課徴金審決は、入札参加者にアウトサイダーが存在するだけでは特段の事情の主張とはならないとした。アウトサイダーが存在しても、一部とはいえ本件合意の参加者間で受注予定者を決定している場合には、公正な競争に参加する者が少なくなるから、実際の入札において、受注予定者とアウトサイダーとが価格競争を行ったとしても、既に発生した競争制限効果を消滅させるような影響はないと見るべきとした。この見方を、日立造船課徴金判決は支持する。

このように評価する理由として、課徴金審決は、本件は入札談合の事案であり、入札制度は、本来、すべての入札参加者が当該入札の条件に従って公正な競争を行うことを予定するもので、入札参加者間における競争回避を内容とする合意の介入は一切許されていないから、入札参加者全員の間で行われるべき競争が行われないこととなって、独立して意思決定を行う競争者が減少すること自体に競争制限効果が認められると指摘する。

(2) アウトサイダーの協力の立証の必要性と特段の事情

また、課徴金審決は、個別の入札において受注予定者が決定された場合には、入札において本来予定された入札参加者全員による自由な競争が制限されるから、特段の事情がない限り、競争制限効果は明らかであり、アウトサイダーに協力を要請し、その同意を取り付けたことについての主張立証が常に必要となるものではない、とした。

課徴金審決は、受注予定者がアウトサイダーの協力を得られずにアウトサイダーとの間で価格競争を行っても特段の事情にはならないとする一方で、本件合意が存在したにもかかわらず、具体的な入札においてアウトサイダーの協力が得られずに自由競争となったことは、特段の事情となるとする。

この両者の区別について、日立造船課徴金判決は、次のように理解し、後者の場合に特段の事情を認めることに矛盾はないとした。五社間で基本合意が実施され受注予定者が決定されている場合には、公正な競争に参加する者が少なくなるから、実際の入札において、受注予定者とアウトサイダーとが価格競争を行ったとしても、既に発生した競争制限効果を消滅させるような影響はない。他方、基本合意が実施され受注予定者が決定されたにもかかわらず、実際の入札においてアウトサイダーの協力が得られずに、五社による受注予定者の決定が覆され自由競争になった場合（すなわち、基本合意の対象から除外された場合）には、本来の競争参加者がすべて価格競争に参加することになるから、この場合には基本合意に基づく競争制限効果は当該入札には及ばないことになる。

(3)　競争制限効果――価格維持効果との見方

これに対して、ＪＦＥ、タクマの課徴金判決は、独立して意思決定を行う競争単位が減少すること自体に競争制限効果が認められるとする見方（課徴金審決や日立造船課徴金判決の立場）とはやや異なる見方を採る。五社の概要とその実績、本件合意の内容、本件違反行為の実施方法等の前提事実に照らせば、入札手続にアウトサイダーが参加している場合であっても、そのことのみによって直ちに基本合意による競争制限効果が失われると認めることはできず、「具体的な入札行動等に照らし、」基本合意による競争制限効果が失われ、実質的な競争が行われたと認められるか否かを判断すべきであるとした。

実際、ＪＦＥ、タクマの課徴金判決におけるアウトサイダーが存在する場合の「当該役務」該当性の認定手法（あてはめ方）は、課徴金審決や日立造船課徴金判決のそれとは異なる。

課徴金審決、日立造船課徴金判決では、アウトサイダーが入札に参加したという事実だけでは五社間で受注予定者を決定することの障害になるとはいえないとした。

これに対して、ＪＦＥ、タクマの課徴金判決では、アウトサイダーが参加していた個別物件については、①本件合意の実施方法と異なる方法が採られたとは認められず、②アウトサイダーを含めた入札参加者の入札価格や予定価格の相互関係からみた具体的な入札行動、③高い落札率を指摘して、「アウトサイダーとの間で競争が行われたことによって入札価格が低下したとはうかがわれない」ことから、当該工事の入札で、本件合意による競争制限効果がアウトサイダーの参加により失われたものとは認められないとした。

(8)　三菱重工業に対する件（公取委課徴金審決平成二二年一一月一〇日審決集五七巻第一分冊三〇三頁）、ＪＦＥエンジニアリングに対する件（公取委課徴金審決平成二二年一一月一〇日審決集五七巻第一分冊三三〇頁）、川崎重工業に対する件（公取委課徴金審決平成二二年一一月一〇日審決集五七巻第一分冊三五二頁）、日立造船に対する件（公取委課徴金審決平成二二年一一月一〇日審決集五七巻第一分冊三六六頁）、タクマに対する件（公取委課徴金審決平成二二年一一月一〇日審決集五七巻第一分冊三八三頁）。

(9)　本審決の評釈として、岩本諭「判批」速報判例解説九号二三九号（二〇一一年）がある。

(10)　ＪＦＥエンジニアリングによる審決取消請求事件判決（東京高判平成二三年一〇月二八日審決集五八巻第二分冊三七頁）、タクマによる審決取消請求事件判決（東京高判平成二三年一一月一一日審決集五八巻第二分冊一〇九頁）、日立造船による審決取消請求事件判決（東京高判平成二四年三月二日審決集五八巻第二分冊一八八頁）。

(11)　価格引上げを受入れていない取引先に対する売上げ等も課徴金の算定対象とされる価格カルテルと異なり、基本合意に基づき個別調整を継続的に実施するという入札談合事件では、可能な限り個別物件の状況を検討する運用がされてきたが、この取扱いの根拠や射程範囲は、実は明らかではない。私見では、本課徴金審決が指摘するように、取扱いを異にする根拠は「個別の入札が実施される」ためと考えるが、「入札談合行為が基本合意と個別調整行為の二段階になる」からと説明されることがある（防衛庁石油製品入札談合課徴金事件・東京高判平成二四年五月二五日公取委審決等データベース）。このような説明では、事業者団体で標準価格を決定する合意が行われ、この合意に基づいて各社が標準価格の変動状況を反映して、各社の販売価格を決定していた元詰種子カルテル事件のようなケースでも、標準価格の決定と各社の販売価格の決定との間に「個別の入札」での競争が生じうるわけでもないにもかかわらず、単に二段階の行為であるがゆえに課徴金の賦課対象性を争うことが可能になり、射程範囲を不必要に拡大させるように思われる（もちろん、二条六項の「一定の取引分野における競争を実質的に制限すること」の実体要件の充足について争い得る点を否定するものではない）。なお、元詰種子カルテルで課徴金について争えたのではないかとする指摘として、泉水文雄「最近の公正取引委員会審決について」公取七一〇号三〇頁以下、三四頁（二〇〇九年）。

四　民事訴訟――損害賠償請求

1　不法行為の請求原因事実――基本合意と個別合意との関係

民事訴訟では、行政処分である排除措置の対象となる基本合意ではなく、個別合意が、損害の発生原因事実と考えられている。ごみ焼却炉談合に関する多くの民事判決(12)では、Yを含む五社間で、当該工事につき、基本合意に基づき、遅くとも入札日前にYを受注予定者と決定し、Y以外の五社において受注予定者であるYが受注できるように協力し、Yにおいて当該入札に参加するアウトサイダーに協力を求め、その協力を得ることにより、競争原理の働かない状況の下で当該工事を不正に落札したもので、このようなYの行為は、各工事ごとに、発注者に対する不法行為（落札者に加えて個別談合に参加した協力者も被告になっている場合には、発注者に対する共同不法行為（不真正連帯債務）を構成するとしている。

神戸市控訴審判決(13)は、受注調整の目的が受注機会の均等化であったとしても、このような受注調整を行えば、受注予定者としては、他の入札参加者との競争関係を考慮することなく、専ら自社の利益を最大にするために、予定価格に極めて近接する金額で入札することが可能となり、その結果、発注者に対して健全な自由競争により形成される価格よりも不当に高額な代金で請負契約を締結させることになるから、発注者に対する共同不法行為を構成するとする。

そして、多くの民事判決では、すべての入札参加者間で公正な価格競争が行われても、現実の契約金額を下回る価格で入札する業者がいなかったことをうかがわせる特段の事情がない限り、想定落札価格（談合行為がなく公正・自由な価格競争が行われた場合に形成されたであろう落札価格）を上回る契約金額で請負契約が締結され、発注者にその差額分の損害が生じたものと推認するのが相当であるとする。

2　個別合意の存在――五社間

(1)　個別合意の認定手法――個別合意に関する供述・物証など具体的証拠の有無

個別合意の認定手法について、ストーカ炉談合の民事判決を分析すると、本案審決・判決で、具体的証拠から受注調整の事実を認定できるとされた三〇物件に含まれるか否かで状況が異なる。

その三〇物件に含まれる場合は、五社間における個別合意の事実は比較的容易に認定されている（佐渡市、龍ヶ崎、京都市、米子市、尼崎市、海部地区、新城市、名古屋市、苫小牧市、熱海市、福知山市）。たとえば、佐渡広域市町村圏組合の事件(14)では、当該入札の受注予定者から、一回目から三回目まで各社の入札金額を連絡していたと見られるメモ（実際、三回の入札とも五社の入札額と完全に一致した）という客観的証拠が存在し、当該入札が対象期間中に実施され、入札参加者は五社のみであることから、比較的簡単に個別合意が認定されている。多くの事件では、①基本合意の成立とその継続的な実施、②対象期間中の工事であること、③基本合意の対象となった工事であるとみられること（工事ごとの受注予定者を示すとみられるリストの記載等）、④当該工事の入札の具体的状況（リストの記載どおりにYが当該工事を落札し、他の入札参加者の入札価格は予定価格や報道された総事業費を上回る、落札率の高さ）等が考慮された。

(2) 個別合意の認定手法――基本合意などの間接事実からの推認

これに対して、三〇物件に含まれず、具体的証拠から受注調整の事実を認定できない場合にも、基本合意や当該工事の内容、入札の時期や結果等の間接事実から個別合意を推認できるか否かが問題となる。三〇物件以外で、間接事実から個別合意の推認を認めたケースが、多摩ニュータウン、神戸市、横浜市の事件である[15]。八王子市、上尾市の事件では、間接事実からの個別合意の推認は否定された[16]。いずれも事件も、アウトサイダーは参加しておらず、入札参加者は五社のみの案件であった。

多摩ニュータウン、横浜市、神戸市の事件では、当該工事について個別談合があったことを直接的に裏付ける供述や物証はなかったが、以下の間接事実を総合考慮して、当該工事について、基本合意に基づき個別の談合が行われ、五社間で事前にYを受注予定者と決定し、Yが落札できるように相互に入札価格を調整し、その結果、Yが当該工事を落札したと推認できる、とされた。

基本合意の成立に係る事実に、当該工事に関する事実が総合考慮された。①五社は、地方公共団体発注のストーカ炉建設工事について、基本合意をしていたこと、②対象期間に発注された工事八七件のうち、三〇件（審査官の主張では二六物件で、本案審決で三〇物件と認定された）で個別談合が行われたことをうかがわせるメモ、文書等や、個別の工事に関する関係者の供述等の具体的証拠が存在し、これらの証拠から五社が個別談合していた（うち二七件の工事で受注予定者が落札した）と推認できることから、五社が対象期間において、基本合意に基づいて実際に個別工事について、継続的、恒常的に談合を行っていたと認められること、③当該入札が行われた時期が基本合意の対象期間中であること、④当該工事の内容が、処理能力が高い大型に区分される大規模工事で、契約金額も巨額であること、⑤入札参加者は五社のみでアウトサイダーを含まないこと、⑥当該工事の落札率が極めて高いこと、⑦複数回の入札とも落札者の入札価格が一番低かったこと等である。

(3)　個別合意の認定手法——推認を動揺させる特段の事情

基本談合が存在したにもかかわらず、当該工事について個別談合が成立したという推認を動揺させるような特段の事情として、①当該工事について、基本合意に基づく個別談合の対象から外されたことがうかがわれる事情のほか、神戸市住民訴訟控訴審判決(17)では、②談合が困難と考えられるような受注方式を採用していたこと、③落札率が談合の成立と矛盾するほど低いこと等を挙げる。これらの特段の事情を事業者側が主張立証すれば、上記推認を動揺させることができる。これらの事情の主張立証の分配について、多摩ニュータウン住民訴訟第一審判決(18)は、一般に談合は秘密裡に行われるものであることを勘案したことを示唆する。(19)

また、尼崎市住民訴訟差戻控訴審判決(20)では、①発注方法の特殊性につき、ＪＶによる発注条件の公表が入札直前であったこと、②受注過程につき、既設炉の施工実績による有利性、が特段の事情として主張されたが、いずれも否定された。①ＪＶの場合は処理トン数に〇・七を乗じて五社の受注状況を指数化して把握していたことから、ＪＶ入札であることのみで個別談合を否定できないこと、②既設炉を施工し、発注仕様書等から読み取れない既設炉と増設炉との調整等に係る事情に通じたＹがある程度有利と評価されるが、五社の技術力の高さから圧倒的に有利であったとは言えず（実際、入札価格の差は二％～七％しかない）、通常より高い一五％の利益率で入札価格を決定した経過から、むしろ個別談合によって受注予定者とされたからこそ強気の利益率で入札価格を決定したと見ることも可能とされた。

なお、既設工事の有利性は、受注調整が行われなくとも、他の入札ほどには想定落札価格が低下しなかった可能性として民事訴訟法二四八条の「相当な損害額」の認定に当たり考慮された。また、他のＪＶ構成員をも巻き込んだ談合の事実は認められないから、受注調整により影響を受けたとは認められないと評価された他のＪＶ構成員に係る工事費用分が損害額から控除された。

⑷　個別合意の推認が否定された事例

これに対して、八王子市、上尾市の事件では、同じく個別談合があったことを直接的に裏付ける供述や物証はなかったところ、基本合意の成立は認めながらも、当該工事の個別合意の成立の推認は否定された[21]。

たとえば、八王子市の東京地裁判決は、当該工事が、受注希望表明の対象となる工事としてリストアップされ、五社による受注希望表明が行われたものと推認できるが、直ちに、五社間で個別談合が成立し受注予定者がＹと決定されたと推認できず、当該工事がチャレンジ案件（個別談合による受注予定者の決定が行われていない工事）となった可能性があることを考慮して検討すべきとした。当該工事は、入札当時、地方公共団体の注目を集めていた新技術である「灰溶融炉」を付帯設備とするストーカ炉建設工事で、自社製「灰溶融炉」の導入実績を作るべく五社の受注意欲が強かったことから、受注予定者を決定せずに終えた可能性（当該工事がチャレンジ案件となった可能性）も否定し得ないとされた。

後述の原告敗訴事例である熱海市、福知山市の判決でも、八王子市判決と同様の立場を示す。これらの判決では、ストーカ炉工事について入札の個別性の強さと入札条件の具体化が入札直前となり得ること、大手五社以外のそれなりの規模のプラントメーカーも相当数存在し、熾烈な受注競争が行われており、アウトサイダーが指名されることも珍しくないことから、ストーカ炉建設工事について、基本合意がされ、リスト等の証拠から当該工事が基本合意の対象となったことが推認されても、それだけでは、当該工事の入札について談合が行われ、それに基づいて受注予定者が受注したと即断できず、さらに当該工事の入札の具体的状況などについて検討する必要がある、と述べる。

八王子市、上尾市の事件は、当該工事の個別談合の成立について立証責任を負わない被告側が、受注予定者を決定せずに終えた可能性（当該工事がチャレンジ案件となった可能性）、当該工事の入札担当者の認識、行動、入札現場における実際の入札価格決定過程に特段不自然な点がないことを主張立証し、個別談合の成立に対する反証活動が成功したと裁判所に認められた場合といえる。

八王子市、上尾市の両判決に共通するのは、個別談合の成立について被告側から反証されたときに、当該入札が行われた時期、当該工事の内容（規模、発注金額）、当該入札における受注状況（五社のみ参加、各社の入札価格、入札の経過・結果、落札率の高さ、入札価格のばらつきの小ささ）等、当該工事の談合を疑わせる客観的状況・間接事実から、当該工事についての受注調整による個別談合が成立していた高度の蓋然性があるとしてこれを認定することの難しさである。

両判決ともに、落札率の高さ（上尾市は一〇〇％、八王子市は九九・六四％）[22]や、入札価格が予定価格を下回ったのが落札者だけであること、落札者が二回目以降の入札でも最低価格で入札したこと、二回目以降の入札における各社の入札価格の価格差の縮小、一定範囲の価格帯への集中は、談合が成立していなかった場合でも生じ得る事態であることを理由に、個別談合があったことを推認させる事情とはいえないと評価した。

3　アウトサイダーへの協力要請とその協力

(1)　立証の必要性――アウトサイダーへの協力要請とその協力

五社間の個別合意が認められても、アウトサイダーが入札に参加している場合には、アウトサイダーへの協力要請とその協力が認められるかが問題になる。

多くの民事判決が採っている手法は、アウトサイダーへの協力要請とその協力を推認し、特段の事情があれば反証を許すという方法が採られている。多くの事件では、当該入札におけるアウトサイダーへの協力要請とその協力を裏付ける供述や物証の具体的証拠の有無にかかわらず、基本合意の内容その他の事実・証拠から、当該入札におけるアウトサイダーへの協力要請とその協力が推認されている（龍ヶ崎、京都市、米子市、尼崎市、海部地区、新城市、名古屋市、苫小牧市）。アウトサイダーの協力が推認できないとされたのは、熱海市、福知山市の事件である。

また、そもそも入札前のアウトサイダーに対する協力要請に加えて、「アウトサイダーの協力」の認定が必要なのかも問題となる。多くの判決が、アウトサイダーへの協力要請とその協力との双方を推認するところ、注目される判決として、京都市控訴審判決[23]がある。同判決は、①基本合意の内容がアウトサイダーへの協力要請を含むこと、②アウトサイダーも含めた入札参加者の入札価格と予定価格との比較から、当該入札においても、アウトサイダーであるAとBに対し、事前に、Yが落札できるように「協力を要請するなどの働きかけ」を行ったものと推認した。「アウトサイダーの協力を得たか否か」を特に問題にしていない点が注目される。

(2) 推認方法――アウトサイダーへの協力要請とその協力

受注予定者とされたYが、当該工事の入札に先立ち、当該アウトサイダーに対して自社が受注できるように協力を求め、その協力を得たものと推認するに当たり、多くの判決で考慮された事実は、次のようなものである。

①基本合意の内容に、受注予定者が受注できるようアウトサイダーに協力を求め、その協力を得るようにすることが含まれること、②五社が、実際に、入札に参加したアウトサイダーに対し協力を求め、当該アウトサイダーから協力を得ていたこと（証拠として、供述や「五社が中核メンバー、AとBが準メンバーで、CとD等は話合いの余地はある。」との記載があるメモ、準大手のA、Bを含む七社の受注状況を指数化して分析したノート、別件の入札で実際にアウトサイダーと受注調整したことがうかがわれる社内文書、アウトサイダーとは灰溶融炉の調達で協力関係にあること等がある）、③対象期間中に発注された工事八七件のうち五七件でアウトサイダーが参加するところ、六六件を五社のいずれかが受注し、アウトサイダーが落札した工事の平均落札率に比べ、五社のいずれかが落札した工事の平均落札率の方が高いことから、五社は、他のプラントメーカーに対する優位性を背景として、アウトサイダーへの協力依頼により相当程度アウトサイダーをコントロールし、その協力を得ることが可能であったこと、である。これに加え、④当該入札の具体的経過（複数回実施された入札のいずれにおいても最低入札金額で入札したこと、アウトサイダーも含め他の入札参加者の入札価格はいずれも予定価格を上回ること、アウトサイダーを含む他の入札参加者の二回目、三回目の入札価格と直前回のYの最低入札価格を比較すると何らかの共通了解が介在したことをうかがわせること等）、⑤落札率の高さも、当該アウトサイダーの協力を得たことを推認させる事情として考慮された。たとえば、米子市控訴審判決では、積算ソフトの使用や工事事業費を新聞報道で知り得たことはすべての参加者について同様であることに照らせば、落札者以外の入札参加者の入札価格が予定価格を超え、落札率が極めて高いことは不自然といわざ

るを得ないとした。

(3)　推認を揺るがす特段の事情――アウトサイダーへの協力要請とその協力

特段の事情として、当該アウトサイダーの協力が得られずにたたき合いになったことをうかがわせる事情を挙げる判決がある[24]。

また、注目される判決として、名古屋市の名古屋地裁判決[25]がある。同判決は、特段の事情について、「五社において受注予定者の決定がなされた当該工事についても、当該アウトサイダーの協力が得られずに『各社において』自由な価格による入札がなされたことをうかがわせること」と把握する。この特段の事情の捉え方は、日立造船課徴金判決に近い考え方で、「各社において」自由な価格による入札がなされたことが重要なポイントになっている。名古屋市判決は、当該工事の入札経過、すなわち三回の入札が実施され、各社の入札価格について直前回の最低入札価格（いずれも落札者の入札価格）と比較し、事前の受注調整の結果に沿うものであって、アウトサイダーを含め、他社との競争関係を意識した価格設定がなされたとは到底考えられず、各社において自由な価格による入札がなされたことをうかがわせる特段の事情は認められないとした。

(4)　推認が否定された事例――アウトサイダーへの協力要請とその協力

これに対して、アウトサイダーが入札に参加する場合には、アウトサイダーの協力なくして談合に基づく受注をすることはできないから、アウトサイダーの協力についての具体的な立証が必要とする判決もある。熱海市と福知山市の事件である。これらのケースでは、当該入札の受注予定者とされた者による当該アウトサイダーへの協力要請とその協力が推認できないとされた。

福知山市の事件では、アウトサイダー三社BとD、Eが入札に参加したが、少なくともEとの間では、当該入札について協力要請とその協力があったとは認められないとされた。他の工事を含む個別工事におけるEに対する協力要請やその協力を認定できる供述やメモ等のようなEに関する具体的証拠はなく、また、①当該工事が基本合意の対象となった事実、②Yが受注予定者となった事実からは、どのようなアウトサイダーが入札参加者になっても必ず当該アウトサイダーに対し協力を要請し、その協力を得ていたと一般的に推認できないとされた。対象期間にプラントメーカーは多数存在し、当該工事にどの業者がアウトサイダーとして参加するかは五社間による基本合意に基づく受注予定者の決定時には全く未定であったことを理由に挙げる。

熱海市の事件では、アウトサイダー二社BとCが入札に参加し、「五社が中核メンバー、AとBが準メンバーで、CとD等は話合いの余地はある。」との記載があるメモも存在したが、差戻控訴審判決は、当該入札についてB、Cに協力要請し、その協力が行われたと認定できず、受注予定者を決めるためには当該入札に参加するアウトサイダーの協力が不可欠との理解の下、受注予定者を定める仕組みが成就しないことになるから、本件談合の成立も認められないとした。談合の存在の認定を妨げる事情として、①入札直前に発注条件が具体化され、入札を行うなど、発注者が談合を防止する配慮を行っていたことがある。このほか、②談合の協力には何らかの具体的な見返りが必要との理解の下、アウトサイダーB、CがYらから当該工事に対する協力の対価とみられる利益を得た事実は認められない、④落札率九四・二六%は高いが、それだけでは積極的な意味を見いだせない、とした。

4　アウトサイダーの協力なき五社間の個別合意のみによる不法行為の成立の是非

(1)　不法行為の成立を肯定する考え方

次に、入札前のアウトサイダーの全部または一部に対する協力要請とその協力が認定できない場合でも、それ以外の入札参加者間または五社間の個別合意が認められれば、談合により当該入札に関する自由競争が阻害されたといえ、五社の談合により決定された受注予定者であるYが高い落札率で予定どおり落札した以上、不法行為が成立するか否かが問題となる。

アウトサイダーの協力を推認した判決が、仮にアウトサイダーの協力を推認できない場合に、五社間の談合のみで不法行為が成立するか否かについて、どのように考えていたのかは分からない。

注目される判決として、四３(3)で紹介した名古屋市の名古屋地裁判決[26]がある。同判決は、Yは、当該工事の入札に先立ち、アウトサイダーに対して自社が受注できるように協力を求め、その協力を得たものと推認する一方で、推認を揺るがす特段の事情は、五社において受注予定者の決定がなされた当該工事についても、アウトサイダーの協力が得られずに「各社において」自由な価格による入札がなされたことをうかがわせる場合と限定的に捉えている。前述の通り、日立造船課徴金判決に近い考え方で、「各社において」自由な価格による入札がなされたかが重要なポイントとなる。背景にある考え方は、本件課徴金審決と同様に、入札制度は、本来、すべての入札参加者が入札条件に従って公正な競争を行うことを予定するもので、入札参加者間における競争回避を内容とする合意の介入は一切許されておらず、入札参加者全員の間で行われるべき自由な競争が行われない点を重視する考え方であり、損害の発生や因果関係等の他の要件を充たせば、五社間の個別合意のみによる不法行為の成立を肯定する方向に働くと考えられる。

(2)　不法行為の成立を否定する考え方

これに対して、熱海市と福知山市の事件では、五社のみの個別合意では不法行為が成立しない場合があると説示する。

たとえば、福知山市の京都地裁判決(27)では、落札業者と一部の入札参加者との間でのみ受注調整が図られ、一部の業者との間における公正な競争が排除された場合には、少なくともその範囲で受注調整がされたことに相違なく、入札参加者の全部と受注調整がされた場合とは程度の差があるにしても、違法な行為があったこと自体は否定できないことを認めた。しかし、残りの業者との間で受注調整が図られず、その業者と落札業者との間で公正な競争が行われたといえるときは、落札価格は、残りの業者と落札業者との間の自由な競争の下で形成されたと評価できる場合があり、かかる場合には、自由競争が阻害されたと認めることはできない、とした。

同判決は、入札参加者間の自由な競争により落札業者が決定された場合に形成されたであろう落札価格について、受注調整を認定できなかったアウトサイダーEの入札価格を推認の資料とした。Eの入札価格は、Y以外の五社、他のアウトサイダーの入札価格と五～六・六億円以上の顕著な差があり、当該入札についてEに対する協力要請とその協力があったと認められない以上、基本的には、Eの入札価格の決定は受注調整に基づかない自由なものと評価する一方、Yの落札価格はEの入札価格を四〇〇〇万円下回ったことから、結論として、Yの落札価格は、Eの入札価格との関係で、自由な競争の下で形成されたと評価するほかなく、結局、本件では結果的に自由競争が阻害されたとは認められず、個別合意をはじめとするYの行った受注調整の結果損害が発生したとはいえないから、不法行為の成立は認められないと結論付けた。

また、熱海市の差戻控訴審判決(28)では、入札に参加したアウトサイダーの協力が認定できない以上、当該入札は「たたき合い」の場となり、談合によって不当に高く落札価格が決まるという関係は生じない可能性を否定できないことを理由に、不法行為の成立を認めることはできないとした。

福知山市、熱海市のケースは、入札前のアウトサイダーに対する協力要請とその協力を認定できないときに、①

具体的な入札行動に照らして、アウトサイダーが競争的行動を採ったと裁判所に評価された場合（福知山市）、②アウトサイダーの協力が得られないと判断して落札価格が低くなった可能性がある場合（熱海市）といえる。

(12) ごみ焼却炉談合に関する損害賠償請求は、独禁法二五条に基づく訴訟と民法七〇九条に基づく訴訟が、発注者である各自治体や住民により提起されており、公取委の公表資料によると、五社合計で約三一五億円の損害賠償金の支払いが命じられている。平成二五年一月二三日公取委事務総長定例会見の配布資料（公取委ホームページ）を参照。本稿では、公取委の審決等データベース、裁判所のウェブサイト、TKC法律情報データベースから入手できたごみ焼却炉談合に関する損害賠償請求訴訟の民事判決を比較分析した。

(13) 神戸市ごみ焼却炉談合住民訴訟（大阪高判平成一九年一〇月三〇日判タ一二六五号一九〇頁）。

(14) 佐渡市ごみ焼却炉談合損害賠償請求事件（新潟地裁平成二三年一〇月一四日、東京高判平成二四年五月二四日、いずれもTKC法律情報データベース）。

(15) 多摩ニュータウンごみ焼却炉談合住民訴訟（東京高判平成一八年一〇月一九日東高時報（民事）五七巻一～一二号一三頁）、神戸市ごみ焼却炉談合住民訴訟（大阪高判平成一九年一〇月三〇日判タ一二六五号一九〇頁）、横浜市ごみ焼却炉談合住民訴訟（東京高判平成二〇年三月一八日裁判所ウェブサイト）。多摩ニュータウン事件については、岩本諭「判批」舟田正之ほか編『経済法判例・審決百選』二四〇頁（有斐閣、二〇一〇年）を参照。

(16) 上尾市ごみ焼却炉談合住民訴訟（東京高判平成一九年四月一一日審決集五四巻七三九頁）、八王子市ごみ焼却炉談合損害賠償請求事件（東京地判平成二三年九月一三日判時二一五六号七九頁）。なお、上尾市住民訴訟では、第一審判決は、個別談合を基本合意その他の事実から推認していた（さいたま地判平成一七年一一月三〇日裁判所ウェブサイト）。上尾市住民訴訟控訴審判決については、呉勇武「判批」ジュリ一三六七号一一九頁（二〇〇八年）。

(17) 神戸市ごみ焼却炉談合住民訴訟（大阪高判平成一九年一〇月三〇日判タ一二六五号一九〇頁）。

(18) 多摩ニュータウンごみ焼却炉談合住民訴訟（東京地判平成一八年四月二八日判時一九四四号八六頁）。

(19) 個別の工事に関する談合の日時・場所等を具体的に特定して請求原因事実として原告が主張することの要否についても、同様の考慮がされる。談合行為が入札参加者間で秘密裡に行われるのが通常であることなどに照らせば、原告がこれを主張することは著しく困難であるし、被告らは、個別の工事に関する諸々の状況を把握し、資料も保有しており、被告らにおいて、個別の工事に関する談合がなかったことを示す間接事実などを具体的に主張立証することにより防御が可能であるから、被告らに不相当な不利益を強いるものとはいえない。たとえば、名古屋市ごみ焼却炉談合損害賠償請求事件（名古屋地判平成二一年一二月一一日判時二〇七二号八八頁）等。

(20) 尼崎市ごみ焼却炉談合住民訴訟（差戻控訴審）（大阪高判平成二二年七月二三日裁判所ウェブサイト）。

(21) 前掲注(16)。

(22) 八王子市事件で落札率が高くなった事情として、落札者にとり新技術を用いた灰溶融炉の初号機で、設計通りに動かず追加費用発生のリスクや、落札者に灰溶融炉から生じるスラグの引取義務が課せられており、販路を確保できない場合には処分費用を負担するリスクがあったことから、入札価格をそれほど下げることが出来なかったとの被告の主張を、裁判所は合理的と評価した。

(23) 京都市ごみ焼却炉談合住民訴訟（大阪高判平成一八年九月一四日判タ一二二六号一〇七頁）。

(24) 海部地区環境事務組合ごみ焼却炉談合損害賠償請求事件（名古屋地判平成二一年八月七日判時二〇七〇号七七頁）、新城市ごみ焼却炉談合損害賠償請求事件（名古屋地判平成二一年七月一〇日裁判所ウェブサイト）。

(25) 名古屋市ごみ焼却炉談合損害賠償請求事件（名古屋地判平成二一年一二月一一日判時二〇七二号八八頁）。

(26) 前掲注(25)。

(27) 福知山市ごみ焼却炉談合損害賠償請求事件（京都地裁平成二三年五月二四日判時二一二〇号七八頁）。

(28) 熱海市ごみ焼却炉談合住民訴訟（東京高判平成一九年一一月二八日審決集五四巻七四六頁）。

五　まとめ——行政訴訟と民事訴訟との比較分析

二から四において、ごみ焼却炉談合という同一の事案における、行政事件である排除措置に係る審決・判決、課徴金に係る審決・判決と、民事事件である損害賠償請求訴訟判決に焦点を当てて、それぞれの基本合意と個別合意の立証の仕方を検討した。

「基本合意が存在し、基本合意の下に受注予定者を決定し、受注予定者が受注できるようにしていたこと」が、独禁法二条六項が定める「他の事業者と共同して……相互にその事業活動を拘束し、又は遂行すること」という「不当な取引制限」の違反行為として捉えられており、個別の受注調整行為は間接事実として基本合意を推認するために用いられる。また、個別の合意は、基本合意がその内容のとおり機能し、一定の取引分野における競争を実質的に制限していたと認定するのに必要な範囲で立証されれば足りるとされる。

これは、排除措置は、違反行為の排除と競争秩序の回復を目的として行われるもので、行政処分により排除する対象は、個別の合意ではなく、違法行為である基本合意である。このように捉えることで、実際上も、競争秩序の回復のため根本原因から排除できる。

これに対し、課徴金納付命令では、個別の物件ごとに、基本合意に基づいて受注予定者として決定されて受注するなど、基本合意の成立により発生した競争制限効果が及んでいるかにつき、精査される。

さらに、民事訴訟では、個別の受注調整行為を前提に、損害の発生の有無を見すえて、健全な自由競争により形成される価格よりも不当に高額な代金で契約を締結させたか否かについて、精査されている。

このように、課徴金納付命令や民事訴訟では、個別の受注調整があったことが要証事実になり、基本合意の存在は、個別の受注調整を推認する間接事実となる。

個別合意の存在（個別物件における受注調整の事実）は、基本合意の存在その他の事実からの「推認と特段の事情による反証」により立証されており、特段の事情を認める範囲について行政事件である課徴金納付命令と民事訴訟との間に違いが認められるものの、行政事件である課徴金納付命令でも、民事訴訟でも、用いられる立証方法や推認のための考慮事実はあまり変わらない。

しかし、排除措置、課徴金制度と損害賠償請求のそれぞれの趣旨・目的、要件・効果の違いから、それぞれの要件を充たすための認定の仕方が異なるため、たとえば課徴金の対象とされた物件が、損害賠償請求は否定されることもある（たとえば、後述の熱海市、福知山市）。

課徴金制度は、機械保険カルテル最高裁判決[29]が判示するように、不当な取引制限等の摘発に伴う不利益を増大させてその経済的誘因を小さくし、不当な取引制限等の予防効果を強化することを目的として、刑事罰の定め（八九条）や損害賠償制度（二五条）に加えて設けられたもので、必ずしも実損害額に相当するように認定する必要はない。「熱海市」工事では、アウトサイダーCの入札価格（六〇・九七億円）は第三位で、予定価格（六三・五五一〇億円）を大きく下回り、落札率は九四・二六％であった。

談合による共同不法行為に基づく損害賠償請求は否定されたが、課徴金審決は、受注予定者が決定されることにより本件合意による競争制限効果が及んだことが認められるとして、課徴金算定対象とした。具体的な入札行動等に照らし課徴金の賦課対象性を判断すべきとの立場をとるJFE課徴金判決は、JFEの落札価格（五九・九億円）に対し、アウトサイダーBの入札価格（六四・八億円）、Cの入札価格（六〇・九七億円）が、五社中の次順位の者の入札価格（六〇・九五億円）を上回ったことを重視して、本件合意による競争制限効果がアウトサイダーの参加により失われたものとは認められないと判断した。他の個別入札では認定されている「アウトサイダーとの間で競争が行われたことによって入札価格が低下したとはうかがわれない」ことは、「熱海市」工事では、特に言及されていない。また、発注する焼却炉の方式の決定から入札期日まで二週間程度の期間しかなかった事情は、上記認定を左右するに足りないとされた。損害の発生が必ずしも要件とはならない課徴金の特徴があらわれている。

「福知山市」工事は、アウトサイダーEの入札価格（四二・九億円）は次順位で、予定価格（四四・三一八九億円）

を大きく下回り、三菱重工業の落札価格（四一・五億円）との差も僅か四〇〇〇万円で、落札率は九五・九％であった。談合による不法行為に基づく損害賠償請求は否定されたが、課徴金審決では、競争単位の減少が競争制限効果と考える立場から、課徴金が課せられた。落札者の三菱重工業は、課徴金審決取消訴訟を提起しなかったが、もしＪＦＥ、タクマ課徴金判決のように、アウトサイダーがいる場合には、「具体的な入札行動に照らし」、基本合意による競争制限効果が失われ、実質的な競争が行われたと認められるか否かを判断すべきとの立場に立てば、「アウトサイダーとの間で競争が行われたことによって入札価格が低下した」として、課徴金の賦課対象性について判断が分かれ得るケースであったと言えるかもしれない。

もっとも、落札価格とアウトサイダーＥの入札価格との差が僅か四〇〇〇万円であることの評価につき、「アウトサイダーが競争的行動を採った場合」とも評価できる一方で、落札者が設計コンサルタントからＥの見積価格（Ｅは他社より一〇億円以上も低い見積価格を提出していた）を聞き出して入札した可能性は否定されておらず、「受注調整の結果を利用して落札した」とも評価でき、真にアウトサイダーとの間で自由競争が行われたのか判断が難しいケースではある。

また、二条六項の不当な取引制限の成立要件としての「一定の取引分野における競争を実質的に制限すること」の認定では、共同行為が事実上の拘束力をもって有効に機能していれば足り、個々の市場において入札価格が高止まりしたという認定は必要ではない[30]。七条の二の課徴金賦課要件としての「当該商品又は役務」の認定では、アウトサイダーとの競争で価格が低下したか否かの判断を必要とすると考える立場に立つのであれば、実体要件である「一定の取引分野における競争を実質的に制限すること」との認定のあり方の違いを意識的に自覚すべきであるように思われる[31]。とりわけ「競争制限効果」という用語が排除措置と課徴金のいずれの文脈でも使われることが多いことから、尚更である。

（29）最判平成一七年九月一三日民集五九巻七号一九五〇頁参照。

（30）多摩談合最高裁判決（最判平成二四年二月二〇日民集六六巻二号七九六頁）。

（31）日立造船判決は、本件は入札談合の事案であり、入札制度は、本来、すべての入札参加者が当該入札の条件に従って公正な競争を行うことを予定するものであるから、入札参加者にアウトサイダーが存在した場合であっても、本件合意の参加者において受注予定者が決定しているのであれば、本件合意による競争制限効果が発生しているのであり、その点で不当な取引制限があると解するのが相当であると述べている。二条六項の「競争の実質的制限」と七条の二第一項の「当該商品又は役務」で求められる競争制限効果との混同が見られる。

〔追記〕　脱稿後、岩手県入札談合に対する課徴金審決が出された（高木建設ほか六社に対する件、公取委審判審決平成二五年五月二二日公取委審決データベース）。課徴金賦課要件を定める独禁法七条の二第一項の「当該役務」の解釈につき、多摩談合最高裁判決（最判平成二四年二月二〇日民集六六巻二号七九八頁）に従い、入札談合の場合には、基本合意の対象とされた工事であって、基本合意に基づく受注調整等の結果、具体的な競争制限効果が発生するに至ったものをいうと解した上で、岩手県発注の特定建築工事で、違反行為者一〇五社のいずれかが入札に参加して受注した工事については、特段の事情がない限り、本件基本合意に基づいて受注予定者が決定され、具体的な競争制限効果が発生したものと推認した。本課徴金審決は、本稿で紹介した日立造船課徴金判決（東京高判平成二四年三月二日審決集五八巻第二分冊一八八頁）を引用して、具体的な競争制限効果の内容は競争単位の減少にあるとの立場に立ち、入札に参加したアウトサイダー三社のうちの二社が競争的行動をとったと認められた物件についても、この程度の事情をもって、競争単位の減少による具体的な競争制限効果の発生を覆すに足りる特段の事情があるとは言えないと述べて、課徴金を課す一方で、フリー物件（各事業者が基本合意に拘束されず、自社の判断で入札価格を決める物件）となった可能性を特段の事情として認め、四物件について課徴金の賦課対象から外した。

事業法と独禁法の関係の一考察

——（社）大阪バス協会事件審決を題材として

上杉秋則

一　はじめに
二　大阪バス協会事件審決の争点
三　排除措置と事業法
四　審判制度への示唆
五　まとめ

一　はじめに

本稿では、（社）大阪バス協会事件（平成七年七月一〇日審判審決・平成三年（判）一号）（以下「本件審決」または「大阪バス事件審決」という）を題材に、道路運送法[1]（以下「事業法」という）に基づく規制を受ける事業者の活動に対する独禁法の適用のあり方を論ずる。

本件審決は、その後の審判事件増加の先駆けとなる事件であり、公正取引委員会内で勧告事件が審判に移行することが当たり前のことと受け止められるようになる契機となった事件である。今日のわが国の独禁理論は、平成三年以降における審判事件の急増に伴い[2]、これまで明確でなかった争点に関する審判審決例が数多く見られるようになったことに多くを依存している。勧告審決で終わる事件がほとんどすべてという時代がその後も続いておれば、わが国の独禁理論の深化は想像できないことである。

なお、本件審決の被審人弁護人の一人が石川正弁護士であったこと、筆者が本件勧告時・審判開始決定時の担当審査長であった事実を付記しておく。

（1）　昭和二六年法律第一八三号。

（2）　継続中の審判件数は、平成元年度末四件、平成三年度末八件、平成一〇年度末三四件、平成一五年度末一四〇件となっている。平成三年度から増勢に転じ、平成一〇年度頃から高水準で安定化したと見てよい。

二　大阪バス協会事件審決の争点

1　事実に関する争点

本件は八条一号適用事件であったが、本件審決を通じて、カルテル行為に対し八条一号を適用する上で多々問題があることが浮き彫りにされた。被審人は、その下部組織である運賃委員会、更には運賃小委員会における決定をもって、被審人である（社）大阪バス協会の決定といえるかを争った。カルテルは違法であり、かつ、実際に運賃を収受するのは会員企業であったから、この二つの意味において、（社）大阪バス協会が会員企業の運賃を決定することは理論上あり得るか、被審人が決定したとするとそれは何かが問われたのである。

八条適用事件においては、事業者団体が決定し、それを構成事業者（会員企業）に実施させる行為を違法行為と法律構成するというのが、公正取引委員会の実務であった(3)。しかし審判になって考えると、この論理はかなり技巧的なものであり無理があることが明らかになった（争われるまでは、公正取引委員会内部でもそういう問題があるとは気がつかなかった）。

事業法上企業に課されている義務は、収受しようとする運賃につきあらかじめ主務大臣の認可を受け、認可された運賃を収受することである(4)。そして、これは個別企業に課された義務であって、事業者団体の義務ではない。仮に事業者団体が決定しても、その後会員企業に対する主務大臣の認可という行為が入るので、事業者団体が決めたのは何かという問題があることが判明した。

いかに形骸化しているとはいえ、認可申請するのは会員企業であり、事業者団体が認可申請事務を代行できるわけではない（しかし、実際にはそれに近い実態の団体も見られる）。そうすると、被審人が決定したのは、認可申請すべき運賃であったと見ることもできるし、被審人の運賃小委員会での審議を通じて、会員企業が収受すべき運賃に関して「共通の認識」を形成したと見ることもできる。

事業者団体自身が事業活動をしていない場合、事業者団体ができることは会員企業の事業活動を制限・拘束することである。認可を受けるという法令上の義務を課されているのは会員企業であるから、事業者団体はそのための議論の場を提供することはできても、自ら認可申請できるわけではない。つまり、本件を事業者団体によるカルテル事件と構成したために、被審人が運賃を決定したといえるかが争点となり、その関係で、そもそも会員企業が実際に収受する運賃（実勢運賃）は、被審人が決められる事項ではないという問題が提起されたことになる。

社団法人の場合、理事会で決定すれば法人としての正式決定といえようが、運賃小委員会に審議を委ねていた場合はどう考えるべきか、理事会に事後報告していた場合はどの段階で被審人の決定になるのかなども問われた。本件では、運賃小委員会で決定された後、会員企業は理事会での承認を待つことなく決定に沿った行動を実施に移している(5)。つまり、会員企業は被審人の意思決定機関で承認されるかどうかは関係ないと認識していたとしかいえない。本件審決は、この点につき、被審人が事実上運賃小委員会の決定をもって被審人の（事実上の）決定としていたと認定したが、会員企業は運賃小委員会を自分達の合意形成の場と認識しており、正式の意思決定機関（理事会）において当該決定が承認されるか否かは関係ないことと認識していた可能性が高い。

また、本件では運賃委員会の設置に関する被審人の内部規定があったので八条一号違反として勧告されたが、内規もないのに委員会とか小委員会とか称して会員企業が会合を開催している事業者団体も多いであろう。また、下部組織での決定が理事会に何時どのように報告されたかで、団体の行為か否かが決まるという問題でもないであろう。

また、団体の会合の際に、たまたま会員企業間で合意形成する場合や、団体による決定があったと認定する証拠が明確でない場合も多いであろう。今日の実務では、これらは「暗黙の合意」を認定すべき事件として処理されているが、この場合「暗黙の合意」をしたのは会員企業のはずである。さらに、事業者団体で決定していたとしても、これを会員企業による合意と認定することは理論的に何ら差し支えないことである。しかし、本件を審査した当時においては、被審人が「暗黙の合意」なり「事実上の決定」をしたかのように受け止めていたことは間違いない[6]。「決定」の場合はまだしも、事業者団体が「合意」して会員企業を拘束するというのは不自然である。もちろん事業者団体が他の事業者や事業者団体と「合意」することはあり得るが、会員企業の事業活動に関わる問題につき事業者団体で審議したとすれば、それにより「合意」するのは事業者団体ではなく、会員企業と見るべきことが本件を通じて明らかにされたことになる。

本件審決のように、被審人が、運賃小委員会において運賃収受のあり方全般につき審議していたにも関わらず、事業法上適法な運賃の範囲内の決定だけが違法になると解することは、ますます実態から遠ざかるだけである。3(3)で論ずるように、筆者は、審議決定に従って認可申請するよう会員企業を拘束・制限することこそ、被審人が採るべき方策であったと考えているが、それとは別に、本件は会員企業の行為として捉えるべきであり、被審人はそれを幇助しただけであることが、本件を通じて明らかになったと考えている。しかし、この方向性が公正取引委員会内部で確立するには、さらに日本冷蔵倉庫協会事件（平成一二年四月一九日審判審決）（平成七年（判）四号）において同じ失敗を経験することが必要であった（三1(5)参照）。事業者団体が関与した事件は八条事件と決めつけるという公正取引委員会で長年続いた先入観が、適切な事件処理の邪魔をしたのである[7]。

かくして、平成の時代に入り八条適用事件はほとんどなくなり、三条後段の適用が難しい事件についてだけ同条が適用されるようになった。本件は、その後の三条後段中心のカルテル規制の時代を開く契機となった重要な審決といえる。必要以上に時間はかかったが、その後の実務を大きく変える契機となったという意味で、重要な位置を占める審決である。

2　法適用上の争点

(1)　一般法と特別法の議論

本件の最大の争点は、事業法上違法とされる行為を是正する目的で行う共同行為が、独禁法に違反するといえるかである。この争点は、三つに分かれる。①事業法により規制される行為には独禁法の適用が一般的に排除されるといえるか、②事業法上の規制により共同行為の違法性が阻却されるといえるか（4参照）、そして、③被審人の行為につき独禁法違反として排除措置を命ずることができるか（三参照）、という三つの争点である。

①については、適用除外規定がない限りそもそも不適用論は採り得ない話である。したがってこの問題は、事業法上事業者に課された義務（の履行）が、独禁法の適用を排除することはあるかという論点に等しい。これに対する答えは、「諾」でよい。しかし、そもそも独禁法不適用論に近い形、つまり、事業法（特別法）による運賃規制の存在は独禁法（一般法）の適用を排除するかという一般論として議論されたために、本質を外した議論になってしまった。(8)

そもそも法律と法律の関係を一般的に見て、いずれが優先するか決められるものではない。金融機関の合併等が主務官庁による認可(9)の対象になっているからといって、独禁法上の届出義務や禁止規定の適用を受けないということにはならない。各種金融業法が独禁法に対して特別法の関係にあることは誰も否定しないであろうが、だからといって独禁法の適用が排除されるとはいえない。

主務官庁が競争に及ぼす影響も併せ検討するという法制になっている場合には、(重複規制を避けるべく) 一般法たる独禁法の適用が排除されるという議論は成立し得るが、金融業法による合併規制が課されているから独禁法上の企業結合規制の適用が排除されると解すべき理由はまったくない (それぞれの観点から検討すれば足り、両当局の結論が異なればせいぜい行政調整の問題が生まれるに過ぎない)。

(2) 事業法による独禁法の適用の排除

独禁法の適用が排除されるか否かは、事業者が事業法に従って行動する限り、独禁法の規定に違反する行動を採るほかないかどうかで決まる。したがって問われるべきは、会員企業が事業法上の義務を果たす上で、本件行為に及ぶ以外の選択肢はなかったかである。

本件において会員企業が事業法違反を是正するには、二つの方法があった。本件で見られたように会員企業間の共同行為によって是正しようとする方法と、会員企業がそれぞれ遵守し得る運賃を決め、それを主務官庁に認可申請する方法である。

この問題を複雑にしたのが、事業者団体の介在である。事業法上会員企業は個別に認可申請するほかないので、事業者団体は審議・決定することはできても、認可申請はできない。せいぜい事業者団体における審議結果を踏まえて、会員企業が主務官庁に認可申請するほかない。しかし、かかる行為は一切行われなかったし、被審人による審議決定があった後、会員企業は認可申請する必要があることなどまったく認識しておらず、その必要性が議論された形跡すらない。つまり、事業者団体において審議の上会員企業が収受すべき運賃を決定したのに、誰もその運賃につき認可申請をする必要があるとは考えなかったのである。これは、明らかに事業法上の義務違反である。

会員企業は、自らに課された事業法上の義務である主務官庁の認可を受けることなく、決定された運賃を収受するという事業法上の違法行為を企てたことになる。認可運賃の上下一五％を超える運賃を収受することが事業法上の違法行為であることは、被審人自らが積極的に主張したことであり、争いのない事実である。このように事業法上の違法行為を故意に行っている者（それらの者で構成する団体）が、それが事業法上違法であることを理由に独禁法違反に問われるべきではないと主張したというのが、本件の基本的な構図である。このような論理が、法治国家でまかり通ってよいのであろうか。

3　認可運賃制の問題点

(1)　認可運賃に内在する矛盾

筆者が強調したいのは、本件行為は、会員企業が認可運賃を収受できるようにするための手段であったという主張は成り立たないということである。本件では、そもそも認可運賃の決め方（基準）自体に問題があった。認可運賃と表現しているが、認可されていたのはその算定基準であり、この算定基準に従って算定した運賃が認可された運賃になるという関係にある。その基本は、距離制と時間制により運賃を算定するというものであり、これに一定の料金を加算することが認められていた。そして、その上下一五％が適法な範囲とされていた[10]。この制度は、貸切バスの運賃はその適用地域やシーズンの相違に関わらず認可運賃の上下一五％の範囲内でしか変動しない（できない）ことを前提とする制度である。

貸切バス事業の宿命として、供給量（バスの保有台数）は短期的に一定である一方、需要はシーズンに応じて大きく変化することが避けられない。会員企業は、できるだけピーク時の需要に応じられるように供給量を設定するほかない。このため、認可運賃の下限である八五%の運賃では供給が需要を上回ってしまう期間中(オフシーズン)は、バスは駐車場で眠っているほかない。これが事業法の想定する姿であり、規制緩和の時代までは誰もこの想定につき疑問を持たなかった(したがって、事業法はそれなりに守られていた)。

しかし、認可運賃の下限では供給が需要を上回る時期には、固定費を少しでも回収するため下限未満の運賃であってもバスを供給することが会員企業にとって経済合理的な行動となる(そもそも認可運賃の下限は、限界費用をかなり上回るものと推認される)。したがって、このような古いコンセプトに基づく認可運賃制を維持する限り、オフシーズンには実勢運賃が認可運賃の下限を下回るのは当たり前の現象となる。それでも主務官庁が認可運賃を遵守させようと思えば、バスの保有台数制限に乗り出すほかないであろう。その場合には需要のピーク時にはバスの供給不足が生まれ、消費者からの批判が避けられないであろう。

被審人は、認可運賃が収受できない原因は旅行業者の「買いたたき」にあると主張したが[11]、旅行業者が認可運賃の下限未満の運賃であることを承知の上でバスの供給を受けようとするのは、オフシーズンのツアーは低価格でないと集客できないと考えるからであって、「買いたたき」をしてそれを自分のポケットに入れるためではない。そして、何よりも重要なことは、会員企業が違法な運賃であることを認識しながらバスの供給に応ずるのは、駐車場で眠らせておくよりはまし(固定費の回収に寄与する)と判断するからであって、これはビジネスとして当然の対応ということである。

(2) 会員企業が遵守可能な運賃

そこで、被審人の運賃小委員会が得た結論は、一年をA、B、Cの三つのシーズンに分け、シーズンごとに最低運賃を決めるという方法であった。これは、ビジネスの観点から見て極めて合理的な方法である。オフシーズン（冬の期間）は低く、ハイシーズン（春秋の旅行シーズン）は高い料金とし、それぞれのシーズンにあたる月日を具体的に決めたのである。つまり、シーズンによっては認可運賃の上下一五％までという規制は非現実的と考えた会員企業が、自分達が遵守できる運賃を審議決定したのである。当初の決定内容が修正され、シーズンの月日がより細かく見直されたのも(12)、その方が自分達が遵守でき易くなると判断したからである。

したがって、被審人の審議決定に沿って会員企業が認可申請し、主務官庁がこれを認可すれば、すべての問題が解消したはずである（ここでは、かかる行為は認可申請カルテルにあたるという問題は除外しておく。この問題は、八条四号問題として三1(3)で論ずる）。会員企業がそのようにしなかった理由は、いくつか考えられる。

第一は、会員企業が認可運賃制は形骸化していることを十分認識していたので（どうせ誰も守らないのだから）、新たに決定した運賃も認可申請する必要がないと考えた可能性である。第二は、認可申請するかどうかは被審人が関与すべき問題ではないので、会員企業が自らの判断で然るべく認可申請するはずと考えた可能性である（これは、ありそうにない想定である）。第三は、そもそも主務官庁が認可するはずがないと考えた可能性である（シーズン別運賃という前例がないから、日本では大いにあり得る想定である）。

しかし被審人は、この決定は認可運賃を遵守するという事業法上の義務を果たす上でやむを得ず採った行動であり、この決定の範囲内で運賃を収受するようにすれば、いずれ認可運賃が遵守できるようになると主張した(13)。しかし、本当にそう考えていたかは大いに疑問である。勧告を受けてからあわてて考えた後知恵に相違ない。

認可運賃そのものを変更しない限り、当面は決定した範囲内で会員企業による運賃収受が行われるようになるとしても、次のオフシーズンになれば再度競争が始まることは避けられない。背に腹は代えられないので、固定費の回収に動く会員企業が出てくるはずである。その場合、決定した運賃は認可運賃ではないので、誰も他の会員企業が決定した運賃を遵守しないのはけしからんと非難することはできない。これは、カルテル参加者がカルテルやぶりを公に批判できないのと同じことである。

決定した運賃につき認可を得ておれば、旅行業者も渋々受け入れる可能性が高まるといえるであろう。しかし、旅行業者は事業法上認可運賃で取引する義務を課されていないので、決定した運賃を守るには会員企業が集団で取引を拒否するしかない。決定した運賃につき主務官庁の認可を得ている場合は、集団での取引拒否につき正当化事由を主張できる可能性はあるが、認可を受けていない場合には共同ボイコットにあたるとしかいえない。二〇一〇年一月以降であれば、かかる行為には課徴金が課されることになる(14)。

また、共同ボイコットは排除型私的独占ないし不公正な取引方法に該当する行為であるから(15)、旅行業者は公正取引委員会に申告することができる。また、共同ボイコットは違法行為になることを口実に、バスの供給に応ずる会員企業が出てくる可能性が高い。固定費の回収という経済合理性に適う行為なので、そういう会員企業が出てこない方がおかしいといえるであろう。

(3) 認可申請しなかったことの違法性

いずれにせよ、この認可運賃制を維持する限り、年間を通して認可運賃の上下一五％の範囲内で運賃を収受することが不可能なことは、目に見えている。会員企業は、審議決定された運賃であれば収受可能と考えて、運賃小委員会での決定を受け入れたのである。運賃小委員会で決める際に、他の会員企業がこの決定を遵守することを条件に賛成する意見があったとされる(16)が、この事実は、この決定内容が大多数の会員企業から遵守可能と判断されたことを意味しよう。

以上のとおり、被審人は会員企業が遵守できる運賃制度のあり方を審議し、遵守できる運賃と認識して本件決定に至ったのであるから、それを認可するよう主務官庁に働きかけるのが被審人としての責務であったと思われる。もちろん、被審人は自ら認可申請する立場にはないから、会員企業が各自認可申請するほかない。しかし、当時の会員企業は、運賃小委員会での決定内容が遵守可能な水準と認識したにも関わらず認可申請をせず、独禁法違反を犯すという道を主体的に選択したのである。

被審人は、主催旅行は貸切バス事業全体の一部に過ぎず、過半を占める手配旅行においてはおおむね認可運賃を収受できていたこと、貸切バスの運賃が手配旅行と主催旅行を区別せずに認可されている状況の下で、そのような選択肢はあり得ないと主張した(17)。これは、会員企業の本音であろう。しかし、違法行為が貸切バス事業全体の一部で行われたに過ぎないとしても、違法行為であることに変わりはない。主催旅行向け運賃につき別建ての認可を受けるとか、主催旅行につき下限の幅を拡大（例えば、五〇％）するなどの方策はあり得ることである。

少なくとも、事業法上の違法行為を行っていた者がそれを回避するために他の法令に違法する行為を行ったと主張する以上、この程度の努力をしなければ違法性阻却を期待するのは無理というものである。これが、本件審査を担当した筆者の率直な感じであった。

4　運賃認可制に関わるその他の問題

(1)　自力救済といえるか

事業法で認可運賃の上下一五％を超える運賃収受が禁止されているのであるから、遵守できる運賃を審議決定したとすると、事業法上の義務を課されている会員企業としては、それに沿って認可申請するほかない。少なくとも主務官庁がそれを不認可とする判断を示すまでは、この事業法上の義務は逃れようのないものである。この義務を果たしていない以上、他に方策がないとして自力救済に及ぶ根拠は既に失われていると言わざるを得ない。

他方、主務官庁が、会員企業が（当面）遵守できる運賃として認可申請したにも関わらずこれを不認可とした場合には、主催旅行に関する限り会員企業は自ら遵守できないことを自認している運賃の収受義務を引き続き負わされることになる。この段階に至れば、それは会員企業の問題ではなく主務官庁の問題に転嫁され、主務官庁としては事業法違反の事態を放置することは許されなくなるであろう。

筆者は、本件運賃につき主務官庁が事業法上不認可とする理屈は見あたらないと考えている。主務官庁は認可運賃が遵守されていないという実態を認識している以上、遵守できる運賃として認可申請された運賃を不認可とする根拠があるとは想定できない。仮にそのような対応がなされるとすれば、そのような非現実的な事業法上の規制のあり方そのものが根本から問い直されるべきであろう。不認可処分の取消訴訟や申請に対する不作為の違法確認訴訟を提起すれば、勝訴できるように思われる。これが、タクシーの同一地域同一運賃について見られた現象であった(18)。

しかし、被審人ないしその会員企業は他の手段方法を一切講ずることなく、自力救済としての共同行為に及んだのであるから、事業法を順守するためにはそれ以外の方法はなかったとの主張（すなわち違法性阻却の主張）は、認められるものではない。したがって、事業法上違法な行為を是正する上で必要不可欠であったという理由で、被審人または会員企業の行為が独禁法上違法でないとすることはできない。

事業法上の違法行為を行っている者が、その行為が事業法上違法であることを根拠に独禁法上の違法性を否定するという矛盾した主張は、法治国家では認められるべきではない。それでは、違法な取引をした者が、取引自体違法・無効であるからその売上げにつき税金を支払う必要がないと主張するようなものである。

(2) 認可申請カルテル問題

他に方策がないとすれば、万策窮して自力救済に訴えたと主張すること、つまり、違法性阻却を主張することは独禁法上もあり得る主張と考えられる。しかし、法令違反の状態を解消する努力なくして、事業法上違法であることを根拠に当該行為の独禁法上の違法性を否定するとの論理は認め難いものである。

この点には、クリアすべき問題が残されている。それは、被審人が会員企業の収受すべき運賃につき審議決定し、会員企業にそれに従った認可申請をするようにさせることは、八条四項にいう構成事業者の「機能又は活動を不当に制限すること」に該当すると考えられていることとの関係である。これは、本来いかなる運賃につき認可申請するかは各企業が自由に決めるべき事項であることを理由とする。果たしてそうであろうか。

会員企業は、認可申請するか否か、認可申請する内容をどうするかは事業法上自由に決定できるのは当然である。事業法を順守する義務を課された会員企業が違法状態を解消するための方策を事業者団体において審議し、それに従って会員企業に認可申請させる行為を、事業者団体が会員企業の自主的に行うべき行為を制限・拘束していると見ることは、実態に反している。会員企業は、誰も自主的に行うべき行為とは認識していないのが実態だからである。このようなフィクションに基づいて法執行を図っても（今後は自主的に認可申請するように命じても）、誰もそのような行動を採らず、何らの改善策にならない可能性が高い(19)。

事業者団体がその内容を決めた上会員企業に対して認可申請させる行為を違法行為と捉えることが適切な場合もあるが、少なくとも本件の場合には、会員企業が事業者団体の場を利用して対応策を審議決定していたと見るべきであった。

認可運賃を収受しているかどうかは、企業秘密であり会員企業にしか分からないことである。そもそも運賃の収受は会員企業が個別にかつ秘密裏に行うべき行為である以上、事業者団体が決められるのは認可申請すべき運賃までであるという理屈にはそれなりの根拠がある。したがって、この場合に問題とすべきは、その審議の場を提供した事業者団体ではなく、認可申請すべき運賃に関する「共通の認識」を形成した会員企業であるべきである。

したがって、被審人が会員企業の「機能又は活動を不当に制限する」と見ることは二重の意味で妥当でないと考えられる。この考え方の問題点は、かかる行為によりほぼ確実に会員企業による実際の運賃収受に制限効果が及ぶという事実を無視していることにある。事業者団体で決めたのは認可申請ないし届出すべき運賃に過ぎず、会員企業が収受する実勢運賃を決めたわけではないという抗弁を受けて、そこで思考を止めるのではなく、その結果会員企業間に形成された「共通の認識」こそが排除すべき対象であるとの見方に切り替えるべきであった。

このことは、会員企業における「意思の連絡」を排除する上では、事業者団体に対する措置だけでは不十分であることを意味する。また、事業者団体が法令遵守のために会員企業を制限・拘束することが一切認められないともいえないので、事業者団体の行為として見る限り、本件行為は事業法上の義務を履行する観点から行った行為であって違法とはいえないとの主張を受け入れてもよかったように考えている。(20)

(3)　経済合理的な行動と政府規制

本件が明らかにしてくれた教訓の一つは、政府規制制度の運用の実態であった。この事件を通じて、企業同士の交渉で決まる運賃・料金に関する政府規制は無意味であって撤廃されるべきことを痛感した。需要と供給の関係で運賃が決まるというビジネスの世界を規制によって制御することは不可能であり、運賃認可制が現実に適合しないという事態に直面した企業は、それなりに合理的な解決策を見出すものであることも痛感できた。

そして、認可運賃が遵守されていない事実を十分に認識しながら何ら法執行努力をせず、かといって新しい運賃制度の検討もしないという主務官庁による規制の実態に、大いなる疑問を抱いた。当時の公正取引委員会は、独禁法適用除外制度の廃止に向けた活動に取り組んでいた時期であり、政府規制そのものに取り組む活動はまだ本格化していない[21]。規制分野における制度改革は公正取引委員会の関与すべき業務ではないとして、主務官庁から強い拒絶反応を示されていた時代であった。

被審人が決定した運賃体系は極めて合理的なものであり、唯一誤っていたのは、それを認可するよう主務官庁に働きかけなかったことにある。本件審判において被審人が、本件行為は認可運賃の収受に向かうための手段・方策であったと主張したことは、極めて不幸なことであったと考えている。問われるべきは認可料金の決め方（正確には、認可された基準による運賃の決め方）、つまり、シーズンによる需要の変化をその上下一五％の範囲内の価格変動で対応できるとする想定の非現実性にあった。しかし、まだ行政庁の無謬性の論理がまかり通っていた時代であったから、規制下にある企業は認可運賃の基準そのものがおかしいという発想すら持てなかったに違いない。

本件の真の争点は、主務官庁による認可が期待できないところからやむを得ず行った自力救済行為（認可を得るべきところ、認可を得ないでやむなく実施した行為）とその独禁法上の違法性阻却の可否という点にあったと再構築できよう。真の争点を外した審判であったから、本件審決が多々問題を抱えるのはやむを得ないところであろう。

(4)　その後の法改正

その後道路運送法が改正され、貸切バス事業に適用される規制は、変更命令付き事前届出制とされた。届出しないで運賃を収受する行為は引き続き刑事罰の対象となるが、認可制の時代に適用される法理とはまったく異なるものとなる。届出していない運賃を収受する行為は、届出義務違反を構成するにとどまり、当該運賃の収受行為自体は違法とはされないからである。届出していない旨指摘されれば、届出をすれば済むことになる（ただし、届出義務違反としての制裁が科される可能性は残る）。

また、届出していない運賃が変更命令の対象となるようなものであったとしても、届出後に主務官庁から変更命令を受けるまでは、その運賃の収受行為は適法である。したがって、カルテルを摘発したら協定運賃・料金の届出をしていない事実が判明したとしても、カルテルの違法性は何ら左右されないのである。

この意味では、本件審決はその前提条件を欠くに至ったので、先例としての価値はなくなったといえる。カルテルを摘発したら、実は協定した運賃は主務官庁の認可を受けていなかったというのが、本件のポイントである。検討すべきは、この場合のカルテルの違法性である（この点は、三1で分析する）。

(3) 特に五号の「不公正な取引方法に該当する行為をさせるようにすること」が最たるものといえる。
(4) 道路運送法九条一項（本件審決四二頁）。
(5) 本件審決一一頁（決定は、直ぐにブロック長を通じて会員企業に通知されている）。
(6) 上杉秋則『カルテル規制の理論と実務』一一三～一一五頁（商事法務、二〇〇九年）。
(7) 上杉・前掲注(6)一一五頁。
(8) 本件審決四一～五五頁（審決は、一五頁も費やしてこの問題を議論している）。
(9) 例えば、銀行法（昭和五六年法律五九号）三〇条一項。
(10) これは、主務官庁が作成した基準であって、法定事項ではない。本件審決七頁。
(11) 本件審決三二～三三頁。
(12) 本件審決七七～八二頁。
(13) 本件審決三〇～三一頁。
(14) 二〇条の二、七条の二第四項。
(15) 上杉・前掲注(6)一〇五～一一〇頁。

(16) 本件審決二五頁。誓約書も提出されている（本件審決二六頁）。
(17) 本件審決六四〜六六頁。
(18) 根岸哲「タクシー運賃の認可制と『同一地域同一運賃』の原則」ジュリ八三三号八六頁（一九八五年）。
(19) 認可申請カルテルにつき、上杉・前掲注(6)一四〇頁。
(20) その上で、会員企業の違反行為と構成すべきとの趣旨である。
(21) 上杉秋則『独禁法の来し方・行く末』一五〇〜一五六頁（第一法規、二〇〇七年）。

三　排除措置と事業法

1　排除措置と事業法の整合性

(1)　排除措置を命ずることができるか

本件審決は極めて興味深い論理を採用し、独禁法関係者を驚かせた。それが、「排除措置を命ずることができる」かという観点からの検討である。これは、形式的に独禁法に違反する行為であるように見えるとしても、実質的に見れば独禁法の趣旨・目的に反するとはいえない場合があるとする論理のバリエーションの一つである。とすれば、これは「公共の利益に反して」という要件の解釈問題と共通であることが分かる。

八条一号に「公共の利益に反して」という要件がないことも影響したかもしれないが、おそらく、この要件は極力狭く解すべきとの法理論が通説・判例となっていることも考慮し[22]、本件審決は、「排除措置を命ずることができる」かどうかという新たな観点を導入したものと思われる。「公共の利益に反して」の要件の解釈問題と捉えて審決を作成することは、公正取引委員会自らがパンドラの箱をあけるようなものと考えて躊躇したのではないかと思われる。このように迂回した論理を採用したため、せっかくの理論が汎用性のないものになってしまったことは残念なことであった（本件審決の論理を適用して、別の事案の処理をすることはほとんど想定できない）。

しかし、いかなる論理を駆使するにせよ、「排除措置を命ずることができる」か否かを一条の目的に照らして論じているのであるから、要するに、「公共の利益に反して」という観点から理論構成するに等しいと見ることができる。とすれば、「公共の利益に反して」の解釈論の一つと理解した方が、理論的にはすっきりするように思われる。

本件審決の論理を整理すると、以下のように二転三転するので、素人分かりし難い。

① ある行為が排除措置の対象となるかどうかは、独禁法の観点すなわち、一条の目的に照らして検討されるべきである。

② 事業法があればそれが競争秩序を形成することになるので、事業法で違法とされる行為に関わる場合には、原則として当該行為に排除措置を命ずることはできない。

③ ただし、当該行為が事業法に違反するにもかかわらず平穏公然と行われている場合には、事業法が競争秩序を形成しているとはいえない。

④ 主務官庁が法違反の実情を認識しながら規制権限の発動を抑制している場合には、事業法が競争秩序を形成しているとはいえず、排除措置を命ずることができる。

⑤ ③、④の実態にあるかどうかは審査官が主張立証すべきであり、それがなされていない場合には、排除措置を命ずることができない。

①は当然の法理であり、②と③の考え方も特に問題があるとはいえない。しかし、④および⑤の論理を持ち出したことで、結局、主務官庁がどのように事態を認識していたかにより結論が左右される形になってしまい、せっか

く示した①という重要なテーマが霞んでしまったように見える。

その理由は、法違反の実情を認識しながら規制権限の発動を抑制していたことを、審判という公の場で主務官庁が述べることは想定し難いからである。主務官庁の認識を聴取しないで、「主務官庁が法違反の実情を認識しながら規制権限の発動を抑制している」旨の認定を行うことは、審判や審決取消訴訟においてできることではない。そうすると、主務官庁が規制権限の発動を抑制していたとの事実は立証できず、審査官の主張立証がないという結論になることは必至である。現に、本件審決は⑤の論理に依拠して、「排除措置を命ずることはできない」と判断したのである（この問題は、四でも触れる）。

④の論理を採用するのであれば、審判官は四〇条または四一条を発動し、主務官庁の見解を審判で陳述させるべきである。主務官庁が、審判という公の場で規制権限の発動を抑制していた旨陳述するかどうかはともかくとして、少なくとも法令違反の存在を認識していた旨は陳述せざるを得ないであろう。

そうすれば、主務官庁としてはその事態を放置するわけにはいかなくなり、万難を排してでも違法状態を是正させる措置を講じざるを得なくなるであろう。その場合には、違法確認審決ないし審判開始決定取消し処分などの方策が採り得た可能性がある。つまり、審判官がこの問題は審査官が主張立証すべき問題と整理した段階で、この問題は終わってしまったのである。そして、この審査官が主張立証すべき問題とする論理は、その後の審決において繰り返し利用されるようになるという弊害をもたらした(23)。

事業法が違法と規定する行為が平穏公然と行われているとすれば、事業法が競争秩序を形成しているとはいえない。この場合に、事業法の規定に関わらず独禁法を適用して差し支えないという論理は正当である。しかし、それは主務官庁がどのように事態を認識しているかではなく、公正取引委員会による排除措置を命ずることが一条の目的に照らして正当化されるか否か、つまりは、「公共の利益に反して」いるといえるか否かで判断すれば足りる問題であると考える。

要するに、公正取引委員会（審判官）が自らの判断で、「当該行為が事業法に違反するにもかかわらず平穏公然と行われている」かどうかを認定すれば足りる問題であり、主務官庁の認識の問題と位置付けるべきではない。審決は、せっかく①ないし③という正当な論理を呈示しながら、④、⑤の論理を付加したことにより、結局は事業法（主務官庁）の観点から判断せざるを得なくなったのである。

本件審決は事実上「公共の利益に反して」という要件を考慮した事例と受け止めるべきと考えているが、それにはまだ問題が残されている。それが、審判指揮の問題であり、排除措置にかかる問題である。

(2) 排除措置のあり方にかかる問題

「排除措置を講ずることができる」か否かを指摘したことは、本件審決の重要な問題提起であったと考えている。それは、事業法違反が存在する場合に、これを是正する措置を講ずるのは事業法によるべきか独禁法によるべきかという問題提起に等しい。これは、事業法その他の規制法が存在する分野に共通の問題提起である。

事業法が存在し、それが機能することで競争秩序が形成されている場合に、事業法の規制を独禁法に優先させることはあり得ることである。しかし、ある行為が平穏公然と行われている場合には、主務官庁もそれを排除できない可能性が高い。二3(1)で分析したように、認可運賃の算定基準は手配旅行に関する限り非現実的と言わざるを得ないものである。この認可運賃を維持する限り（シーズンによる需給変動の大きさを、適切に反映できる運賃制度にしない限り）、主務官庁は認可運賃を守らせることはできない（このため事業法が改正されたことは、二4(4)で述べたとおりである）。

このため、本件で生まれた事態は独禁法の枠組みを用いて是正させるほかないと考えられるが、それには公正取引委員会が活用している通常の主文では対応できないという問題がある。勧告時に主文を起案した段階では審判で提起された問題の所在は一切認識できていないので後知恵の問題にならざるを得ないが、審判を経て考えてみると、勧告における主文の書き方には多々問題があったと考えている（ただし、勧告の主文は不応諾により失効してしまった）。

主文で本件決定の破棄を命ずる旨の勧告を行ったが、被審人に対して本件決定の破棄を命ずる主文には、会員企業が認可運賃の下限未満の運賃を収受するという違法状態に戻るよう被審人に命ずることになるという問題があったと考えている。

先に指摘したように、旅行業者との交渉で決まる運賃水準をシーズンを問わず認可運賃の上下一五％の範囲内に収めることは事実上無理であるから、公正取引委員会が本件決定の破棄を被審人に命ずるということは、会員企業が違法状態に戻るように命ずるに等しい効果を生む。被審人が本件決定を破棄することは可能であるので、破棄すれば済むとの見方も考えられるが、破棄させる行為は事業法で禁止されている行為であるから、この主文は果たして妥当かという疑問がある。

この問題を回避するには、少なくとも単純な決定の破棄命令や不作為命令ではなく、被審人に対して会員企業による事業法違反状態を解消するようにさせる措置も併せ命ずる必要があったと考えている。被審人に対して会員企業が認可運賃を遵守するようにさせるとの命令では不可能を命ずることになるので、決定した運賃につき会員企業が認可申請するようにさせるなど、会員企業が事業法を遵守するための方策を併せ講ずるよう被審人に命ずるほかないと思われる。

しかし、主文でこのような命令をしても主務官庁が申請を認可しない可能性は残る。それを回避するには、公正取引委員会と主務官庁が本件の処理方法につきあらかじめ協議するほかないとも考えられる。この場合、被審人の行為を違法と認定する勧告処分をする段階で主務官庁と協議し、主務官庁が適切な措置を講ずることを見極めた上、勧告処分は見合わせるという手法が採り得たようにも感じている。

ただし勧告時には、審判で争点となったような問題の所在はまったく公正取引委員会において想定されていなかったのであるから、これは非現実的な議論と言わざるを得ない。審判によりこの問題が提起された後であれば、審判を中断してこの協議に入ることもあり得る選択であったかもしれない（昔は、審判開始決定の取消しで終わった事件も見られる）。

以上のように、事業法と矛盾しないような主文を考案して命ずる必要があったと考えられるが、八条四号該当として処理した本件審決にも同じ問題が残されている。

(3) 八条四号違反問題

二3(3)で見たように、運賃認可制度の下で被審人ができることは、認可申請すべき運賃を審議決定することまでであるから、これを事業者団体の行為と構成したことの妥当性が問われるべきであった。本件を事業者団体事件として構成する限り、被審人が決定したのは認可申請すべき運賃と見るほかない。したがって、本件で問題とすべき行為とは、会員企業が事業者団体の場を利用して収受すべき運賃を協議し、それに従って運賃を収受しようとしたカルテル行為であったことになる。

本件審決は、八条一号違反ではなく四号違反を認定したが、この論理にはかなり無理があると言わざるを得ない。これは、審決のこの部分に関する論理の歯切れの悪さに端的に現れている。事業法上違法な行為をしているのは会員企業であるから、本来被審人が制限すべきでないのは、違法状態を解消するための会員企業による認可申請行為の方であろう。しかし、この部分は主文から除外され、主文では認可運賃の下限を上回る部分につき会員企業の運賃決定の自由を拘束してはならない旨を命じている。

しかし、認可運賃の下限を上回る部分につき被審人が会員企業の運賃決定の自由を拘束していたとの事実は審決では何ら認定されていないないし（審査官がこのことを主張立証していないことは、しっかり認定されている）、そもそも、それが独禁法に違反する行為であることは議論の余地がない。つまり、実際に行ったかどうか明確にされていない事業法上合法な部分につき、被審人に対し会員企業の運賃決定の自由に介入することを禁止する主文に何らかの意味があるとも思えない。これでは、被審人に対して、ついでに独禁法違反をしないよう命じたに等しいと言わざるを得ないであろう。

(4)　認可申請の制限

本件審決は、会員企業による認可申請を制限しないことは命じておらず、認可申請カルテルとは一線を画しているように見える。もともと被審人は、会員企業が決定のとおりに認可申請しても主務官庁は認可するはずがないと認識していたこと、また、会員企業は誰も自由に認可申請できるとは考えていなかったことは、その審判における主張から明らかである。このため、被審人に対して認可申請を制限しないように命じても意味がないと考えたように見える。

そこで本件審決は、認可運賃の下限を上回る部分がどの程度をあったかの立証がされていないので、その限りで競争の実質的制限にあたらないと判断し、本件決定を被審人による会員企業の「機能又は活動を不当に制限する」行為と判断したようである。しかし、認可運賃の下限を下回る部分は事業法上違法な運賃であるとしてそもそも検討対象から除外した以上、競争の実質的制限の評価に関してはこの部分を考慮するというのは矛盾というべきであろう。

認可運賃の範囲内の運賃決定についても、これを収受するのは会員企業であるから、排除すべきは会員企業の「共通の認識」であって、被審人による不当な拘束ではない。カルテルに関する限り、事業者団体が不当な拘束を排除すれば、会員企業は喜んで自由に競争するようになるという想定は、あまりにも現実を無視するものであり、建前論に過ぎるであろう。

この主文を見ると、認可運賃の下限を下回る運賃になっておれば、その限りで事業者団体が会員企業の運賃設定に介入しても独禁法上問題ないと解されるおそれがある。先に述べたように、事業者団体での決定後に会員企業による個別認可申請という行為が介在する場合、事業者団体が決定したのは会員企業が申請すべき運賃やその算定方式だけという抗弁は成立し得るであろう。しかし、事業者団体が運賃を決定すれば、会員企業がそれと異なる内容の認可申請をすることも必然的に制限されることとなる。したがって、会員企業の運賃設定にはそもそも関与しないよう命ずべきなのである。

また、主務官庁から認可されれば現在違法な運賃も合法となるのであるから、被審人に対しては、その時点で事業法上合法であるか否かを問わず、会員企業の実勢運賃であろうと申請すべき運賃であろうと、一切関与しないよう命ずるべきであろう。いずれにせよ、事業者団体は、事業法上違法な運賃であろうと適法な運賃であろうと、会員の運賃決定に関与してはならないというのが、独禁法の論理である。

事業者団体が決定すれば会員企業の自由な活動が制限されるという審決の論理は正しいが、だからといって事業者団体の行為を排除すれば会員企業による競争が回復するとはいえない。運賃を収受するのは会員企業であり、会員企業には「共通の認識」が形成されたままだからである。

(5) 日本冷蔵倉庫協会事件との比較

事業者団体が制限したのは実勢運賃なのか認可申請すべき運賃なのかという問題は、本件の教訓として明確に認識しておくべき問題であった。そして、事業者団体に対して会員企業が自由に決定して申請すべき運賃を（不当に）拘束しないよう命じても、会員企業による運賃決定に対する介入自体を禁止しないと、排除措置としては無意味であることも十分に認識しておくべきであった。この点を無視した「つけ」が再び顕在化したのが、日本冷蔵倉庫協会事件（平成一二年四月一九日審判審決）（平成七年（判）四号）（以下「冷蔵倉庫審決」という）である。

この事件は、本件と極めて対照的な事件であった。冷蔵倉庫料金は変更命令付き事前届出制（三〇日前）という規制を受けており、大口荷主については届出料金より低い料金が経常的に収受されていたこと、料金には一般基本料率と容積建基本料率がありこれは全国一律であったこと、保温温度二〇度以下の冷蔵倉庫の重量別料金が決まるとその他の料金も決まるという関係にあったこと、などが審決で認定されている[24]。認可料金が一二年間改訂されていなかったことも、この事件の特色である（届出料金制度の形骸化）。

事業法が課している義務は、収受する料金を事前に主務官庁に届け出ることであり、主務官庁は届出料率の上下一〇％の範囲内で料金を収受することを認めるとの運用をしていた[25]。これは、これ以上かい離すれば、主務官庁による料金変更命令の発動もあり得るという意味であって、当該料金の収受自体が違法とされるわけではない。権限が発動されるまでは適法と見るべきは明らかである（現に、平穏公然と当該料金が収受されていた）。

本件の場合に日本冷蔵倉庫協会（以下「協会」という）が決定したのは、届出すべき料金であったことは明らかであり、実勢料金を引き上げようとしたのは会員企業であることは疑いの余地がない。また、届出料金の形骸化が進んでいたことで、会員企業も協会の決定どおりに届出すれば、料金の引上げ交渉が容易になると考えての行動であったことも明らかである。上記審決は、この点「届出料金の引上げを契機に少しでも実勢料金を引き上げるよう努力するという程度の認識による決定であったとの認定にとどまらざるを得ない」との興味深い記述を加えている(26)。

しかし、その程度の認識であっても、会員企業のカルテルを認定する上で何らの支障はないから、現時点でこの事件を取り上げたとすると、会員企業によるカルテル事件として摘発すべきことは明らかである。また、そうしないと会員企業に形成された「共通の認識」が有効に排除されないことも明らかである。

そうすると、被審人から、決定したのは会員企業が届出すべき料金に過ぎないとの主張があった時点で、なぜ、(予備的にせよ)当該事件を三条後段事件に切り替えないのかが問われることとなる。これは、審判の対象をどう考えるかに依存する基本的問題といえる。

ただし、本件審決では、「届出料金の引上げ決定と全国市場における実勢料金の上昇との連動性を認定することまではできない」との事実が認定されているので、審判に提出された証拠だけでは、簡単に三条後段適用事件への切換えはできない可能性があるが、これは競争の実質的制限の認定にかかる問題であるから、この二つの間の連動性を認定できなければ三条後段違反にならないとはいえない。

上記審決が連動性の認定が必要と指摘したのは、届出料金の引上げ決定の主体と実勢料金の引上げ行為の主体の相違から生まれる問題であり、事業者団体の行為を問題とするのであれば、この二つの間に連動性が必要と判断したものと思われる。しかし、三条後段違反であれば連動性が見られることは不要であり、届出料金の引上げ決定により全国市場における実勢料金の上昇がある程度もたらされておれば、競争は実質的に制限されたといえるはずである。

そこで上記審決は、被審人が決定したのは届出料金に関する決定であったと判断し、これを「本来会員事業者が自由になし得る届出を拘束・制限するもの」と見たのである。上記審決はこの点につき、「会員事業者は被審人からの料金改定についての連絡を受けた後、その連絡内容どおりに届出を行っており、……実際には、会員事業者が自由に届出を行うという実態にはなかった」との事実も認定している。(27) したがって、会員企業の認識としては、この業界では届出は自由に行うものではなく、所属団体からの指示に基づき行われるものと認識されていたことを、審決も理解していることが分かる。

それにも関わらず、事業者団体が会員企業の「自由になし得る届出を拘束・制限するもの」との論理を使用することは、実態から離れたフィクションであることを十分に理解した上での判断と言わざるを得ない。このため、事業者団体による拘束・制限を排除しても、それによって会員企業間の競争状況は何ら変わらないという事態が生まれることが避けられないのである。

会員企業は、届出とは単なる当局への書類の提出の問題と認識し、届出料金と実勢料金は別のものと認識していたことが明らかである以上、冷蔵倉庫審決で排除すべきは、届出運賃を引き上げることによる実勢料金の引上げという会員企業によるカルテル行為であったことは明らかである。

(6)　これらの事件から得られる教訓

この事件当時、八条一号事件を三条事件に切り換えることは許されないことと認識されていたから、この二つの事件は本質を外れたところで処理されざるを得なくなった。被審人はこの点を逆手に取り、「本件各決定に係る最低運賃等は、実際に貸切バス事業者が受け取る収受運賃等についての最低額に関するものにすぎず」とすら主張しているが[28]、これは今日の観点でいえば、三条後段違反の自認にあたることは明らかである。

この二つの事件で正反対の結論になった理由（本件審決では、会員企業が事業法に違反しない範囲内で収受する運賃を決定したことが、冷蔵倉庫審決では、会員が自由に届出すべき運賃を拘束・制限したことが、それぞれ八条四号違反と判断されたこと）は、運賃認可制と料金届出制の違いあるいは事業法により課される義務の相違にあったが、それだけではない。

冷蔵倉庫業においては、基本料金を変える際に届出をすれば足りる[29]。これは、貸切バス事業における距離別・時間別の基準運賃（単価）に相当するものである。実際に収受する料金は届出の対象ではなく、かつ、届出料金との乖離は一〇％の範囲内では問題ないとする運用が行われていた。届出料金を一〇％以上下回っても違法な料金収受にあたるわけではなく、あくまでも当局から変更命令を受けるリスクがあるというに過ぎない。また、一〇％は主務官庁が運用方針として示した数字であるから、違法になるのはあくまでも法定の要件を充足する場合に限られる。

大阪バス協会事件では、これと異なり一五％という下限以下での運賃収受は違法な運賃収受とされていた。被審人が行った決定は、事業法上違法な行為を会員企業にさせようとする行為であり、いわば事業法が刑事罰付きで違法とする行為を会員企業に対して教唆・幇助する行為に相当する。したがって、被審人が当該決定は独禁法違反に該当しないことを主張するのであれば、その前に自らの違法行為を正す努力をするのが先決というべきなのである。

さすがに、二回も本質を見誤った法適用をしたことが白日の下に晒されたことで、その後は公正取引委員会がこの種の事件につき八条一号または四号を適用しなくなったことは、前記のとおりである。回り道をした感が強いが、高い授業料を支払ったことになる。

(7) 実勢料金の水準

被審人が会員企業による適法な料金収受を制限したかどうかは、形式（決定の内容）ではなく実質（実際の運賃収受状況）で見るべきことは当然である。被審人が決定した内容は、標準運賃×〇・七＋料金であったから、一見認可運賃の下限である認可運賃×〇・八五を下回るように見える。しかし、本件決定は会員企業による下限価格を制限するものであり、会員企業はそれ以上の運賃を収受することは自由であった（むしろ、それが被審人が期待するところであった）。

下限価格を決めるカルテルが市場の競争に悪影響を及ぼすのは、下限価格未満の価格だけではないというのは独禁法の常識である。当然、下限価格を上回る運賃で取引する旅行業者向け運賃にもその影響が及んでいる。それが、カルテルというものである。つまり、会員企業が収受した実勢運賃のうち認可運賃の下限未満の運賃だけがこの決定の影響を受けたことは、審決においても何ら証明されていないのである。

貸切バスには、新品もあれば一〇年以上稼働しているものもある。リクライニングその他の内装も当然実勢運賃に反映されるであろう。作業に手間はかかるが、会員企業が収受した一台ごとの運賃データを証拠として検討し、それが認可された運賃を下回っていたかどうかを個別に調べれば容易に判断できると思われる。

つまり、審判において認可運賃の下限を上回る運賃収受の実態があったかどうか（この決定の影響下で会員企業が収受した実勢運賃が、おおむね認可運賃の下限未満であったか否か）は、十分に証明することができたはずである。審決が求めているのは、すべての運賃収受が認可運賃の下限を下回っていたとの事実ではあるまい。実際には事業法上適法な運賃収受が相当程度あったものと推測されるので、この点の証拠調べをすれば違法であることが証明できたものと考えている。

認可運賃の下限以下における競争は独禁法上保護すべき競争ではないと主張したのは被審人であるから、審判官がそのような証拠の提出を指揮した場合に、被審人がこれに反対することはあり得ない。また、審査官を指揮すれば、本件決定が実勢運賃レベル全体に悪影響を及ぼしたことを主張・立証することは可能であったと考えている。

認可制は主務官庁が運賃水準の適正性をチェックする仕組みであるから、市場の実情を踏まえたものでなければ、会員企業がこれを遵守することは期待できない。被審人は、事業法違反の事実を認識したことから、会員企業が遵守し得る運賃のあり方を検討し、現実に収受可能なものとして本件決定をしたのである。欠落していたのは、それを主務官庁に認可申請するという事業法上の義務の履行だけであった。

仮に事業法が競争秩序を形成しているとすると、被審人の決定を受けて会員企業は個別に認可申請するはずである。したがって、被審人が決定した内容につき会員企業が認可申請の検討すらしなかったという事実は、事業法が競争秩序を形成していないことの証拠と見るべきである。被審人自ら事業法に違反すると認識していた実勢運賃の収受が、貸切バス業界の競争秩序を形成していたというのは、あり得ない論理である。

被審人は、手配旅行の場合には認可された運賃をおおむね収受できていることから、全体の一部を占める主催旅行につき認可を受け直すことはあり得ないと主張した[30]。これも都合のよい論理であって、主務官庁が実際に不認可とする方針を示すまでは、企業が勝手に主張できる論理ではない。主務官庁が不認可の方針を示せば、その後は主務官庁がこの問題を処理する責務を有することとなる。そうすれば、何らかの形で事業法違反を解消する努力がなされ、事業法が競争秩序を形成しているといえる事態が回復したであろう。

審決では、麻薬取引の例が議論されているが[31]、これは、そういう事実に接した公正取引委員会は麻薬取引に関する事件として審査するのではなく、麻薬取引があったことを関係当局に通知し、その処理に委ねるべきということであって、法的措置を講ずることが違法か否かの問題ではない。つまり、麻薬に関するカルテルにつき法的措置を講じ、関係当局への通知を放置するとすれば、批判されるのは公正取引委員会ということに過ぎないであろう。

(22) 上杉・前掲注(6)一四五～一四七頁。
(23) その典型例が、JASRAC事件審判審決（平成二四年六月一二日・平成二一年（判）一七号）である。上杉秋則「JASRAC事件審判審決への五つの疑問」Business Law Journal 二〇一二年九月号七四～七七頁。
(24) 冷蔵倉庫審決六～七頁、四五～四八頁。
(25) 冷蔵倉庫審決四七～四八頁。
(26) 冷蔵倉庫審決五四頁。
(27) 冷蔵倉庫審決四六頁。
(28) 本件審決三三頁。
(29) 冷蔵倉庫審決四七頁。
(30) 本件審決三四～三五頁。
(31) 本件審決五七頁。

四　審判制度への示唆

1　糾問手続と弾劾手続

本件審決は、「審査官の主張立証がない」ことを理由に八条一号違反の認定を否定したが、それが妥当であったかは大いに疑問である。「審査官の主張立証がない」とされたのは、決定の影響下で収受された運賃が認可運賃の下限を下回るか否かであるから、これは、決定後にその影響下で実際に収受された運賃と認可運賃を比較しないと判断できない。

これは、決定した運賃と認可運賃を比較してもほとんど何も分からず、審査官に再調査させないと証明できない事実である。そもそもこれは被審人の主張にかかる事実であるから、被審人（その会員企業）に対して証拠による裏付けを求めるべきは当然といえる。審決は、決定した運賃と認可運賃を比較した上認可運賃の下限を下回っているとの推認を働かせるという方法を採用しているが、これでは認可運賃の下限を下回る部分についてのみ決定の影響が及ぶことを前提にしていることになり、独禁法の考え方とはいえない。

通常、審査官は、カルテル事件審査の過程で、カルテルの実効性を確認するため関係人から実際に収受した運賃に関する資料を入手しているはずである（将来の課徴金納付命令に備えておく必要性もあったはずである）。それが十分なものでないとしても、サンプル調査の目的でこれら資料を分析することは可能であったはずである。被審人はそのような機密データは保有していない以上、会員企業に対する文書提出命令を活用することもできたはずである。

審判官は審判手続中でも四七条（当時は四六条）の審査権限を行使できるし、審査官を指揮して再調査させることも可能である。しかし、独禁法が明示的に認めるこの権限を審判官が行使した前例は見あたらず、この規定は「開かずの間」となっていた。

これは、審判制度の理解が立法時と変化していることが理由である。審判手続は判例に明らかなとおり糾問手続とされ[32]、したがって、委員会が直接審判を主宰することが想定されているし、審判官も審査権限を行使できることが明記されている[33]。しかし、実際には当事者主義の考え方に基づき、被審人側が審判開始決定の内容を弾劾するための手続という認識で審判制度が運用されてきた[34]。

糾問主義の手続において、審査官による主張立証が不十分という論理は許されるものではない。審査官に主張立証を促したのであればまだ許容範囲内であるが、本件ではもちろんそのような事実はない。本件審決では、「現時点で再度審判を再開して右の点について更に新たに審査官に立証を促し、被審人に反証を促すことが審判指揮の在り方として相当であるとは考えられない」という興味深い記述を加えている。これは、糾問主義に立つ制度においてはあり得ない論理であり、審判官の責任放棄に他ならない。審査官がそのような主張立証を諦めたわけではないことは、審決自体が認定している。

審判官は、審決案作成の段階で被審人の主張を検討し、認可運賃の下限を下回る場合には排除措置を講ずることができないとする判断に初めて到達したものである。この審決の論理は、実勢運賃が認可運賃の下限をおおむね下回っていたことが証明されたときに初めて成立する論理であって、認可運賃の下限を下回る部分がかなり存在したはずとの推認によることは許されるべきではない。この当然に可能な審判指揮を躊躇させたのは、審判は当事者主義で運用されるべきという発想が強かったためである。

ここから分かるのは、審査官は審判手続を糾問主義と理解しており、被審人および審判官はこれを弾劾手続と理解しているということである。ここに、わが国審判制度の運用上の根本的な問題がある。このような基本的な問題すら、公正取引委員会内部の見解が不統一であることを物語るからである。このことは、審判官が審判手続は糾問手続であるとする判例を理解していないことを意味する。法律の規定や趣旨に反して審判を弾劾手続（当事者主義に基づく制度）として運用すると審判制度のメリットが失われてしまうことを、当時は誰も認識していなかったように思う。

糾問主義に立てば、審判官が審査官に対して主張立証を促せば足りる。審査官は審判中にそのような指揮を受ければ、審判を中断して必要な資料を収集するのが当然である（審判指揮もないのに審査官が独自に四七条権限を行使することは、妥当ではあるまい）。

他方、学界では、審判は第一審相当のものとして運用すべきであり、できるだけ民事裁判手続に近い形で運用することが善と認識されている。これは上記のとおり、法律の規定や判例に反する考え方といえるが、この考え方で長年審判制度が運用されてきたことは確かである。

このような形で運用されてきた審判制度は、その後不幸な運命をたどることになる。裁判手続と比べた審判制度のメリットが発揮されず、それなら裁判で直接争えばよいという議論が説得力を増すことになったからである。二〇〇五年の法改正で審判制度を事後化したことが審判廃止論を加速したことは間違いないが、筆者は、審判手続の運用実態はそれ以前からそのメリットを発揮でき難いものになっていたと考えている。審判とは裁判手続のまねごと（ミニ裁判）に過ぎないという感じを広く与えたことは、その後の審判制度廃止論に影響を及ぼしたに違いない。それを明確に認識させてくれたのが、本件審決であった。

2　審判の事後化問題

事前型審判制度には多々問題があったことは疑問の余地がない[35]。事前審判制度に見られた問題を列挙すると枚挙にいとまがない。原処分がないために、審判が長期化した場合審決時点における排除措置の必要性（「特に必要があると認めるとき」）が希薄にならざるを得ないという制度的な問題、課徴金の支払い義務を当面免れられるという問題、勧告の時点で委員会としての事実認定および法的評価をしているので、審判では審査官が審判開始決定を維持するという立場で硬直的に対応せざるを得ないという問題、審判官が糾問主義ではなく当事者主義的に審判指揮をしていたという問題等々である[36]。

取消訴訟が東京高裁専属管轄であるのも、問題があった。そこで敗訴すれば上告しかないということで、誤った判例が形成されてしまうおそれが強かった。ある時期まで公正取引委員会は上告することを躊躇していたために、誤った判例が確定してしまったものもある(37)。

もちろん事後型の審判制度にも問題が残ることは否定しないが、これらの問題を解消する措置を講じないで事前型審判制度への復帰を支持する見解は、いかんともし難いと考える。

二〇〇五年の法改正で五八条に二項を追加し、審判開始決定につき「変更……の必要があると認めるときは、これを主張することができる」との規定を設け、さらに「被審人の利益を害することとなる場合は、この限りでない」とするただし書を設けた。

この点、審判規則二八条は、「事件の同一性を失わせることとならない範囲内において」と規定する(38)。本稿で述べたように、私は八条事件から三条事件への変更も可能として運用することが審判制度のメリットを発揮できる方策と考えている。しかし、審判規則二八条を見ると、公正取引委員会はそのようには考えていないように見受けられる。幸い、公正取引委員会はカルテル事件につき八条一号を適用することを差し控えるようになったので、この規定の是非を議論する必要性もほとんど失われている。

(32)　上杉・前掲注(6)一八六～一八九頁。
(33)　五六条一項。
(34)　上杉・前掲注(6)一八八～一八九頁。
(35)　上杉・前掲注(6)一七九～一八〇頁、二〇六～二〇九頁。
(36)　上杉・前掲注(6)一七九～一八〇頁、二〇六～二〇九頁。
(37)　上杉秋則＝山田香織『リニエンシー時代の独禁法実務』八九頁（レクシスネクシスジャパン、二〇〇七年）。
(38)　名あて人が異なるので、三条後段と八条一号で事件の同一性を失わせることとはならないとまでは言い難いであろう。そこで、これを回避すべく八条の二第三項を活用すべきことになるが、それくらいなら初めから三条後段を適用すれば済むことである。

五　まとめ

以上論じたように、本件審決には多々問題があると考えるが、事業法上の運賃認可制度の廃止により、その先例としての価値は失われた。したがって、本件審決の論理を活かす必要のある事案が今後生まれることはほとんど想定できない。

しかし、本件審決は多くの教訓を残したという意味で、極めて重要な審決であることに変わりはない。審判になることで、多くの新たな問題点が浮かび上がり、その解決に向けて理論的な検討が深まった。現在では当たり前となっていることに先例を作ったという意味で、本件審決が果たした役割は大きい。筆者にとっても、実務の中で見逃していた多くの争点の所在を認識させてくれた印象深い事件であり、本件に関与できたことを僥倖に思っている。

参入障壁概念の再定位

——存在と当為の間で

川濵　昇

一　序　章

1　はじめに——議論の不在

わが国のメーカーの強さとしてユーザーの注文に柔軟に対応できることがかつてよく指摘されていた。それが行き過ぎればガラパゴス化の道を辿りかねないが、ユーザーのニーズに応えることは競争の真価でもある。汎用品が一般的に思われがちな工業用原材料においても汎用グレードだけではなく、顧客のニーズに合わせた個別グレードが数多く提供されることもある。そのような市場では個別グレードを提供できない事業者の参入や拡張は難しい。

企業結合の事前相談事例の中には、競争の実質的制限の判断に際して、グレードが多いため汎用品をもっぱらとする海外のメーカーの参入が困難であることを指摘するケースが見られる。[1]　一九七〇年代の所謂ハーバード学派のSCP（構造—行動—成果）パラダイムに馴染んだ読者なら、製品差別化が参入障壁となっているケースだなと得心されるであろう。

ところで、これらの事案で、問題解消措置として当事会社のグレード数の削減が含まれることがある。[2]　参入障壁の緩和なのだから問題解消措置となるのは当然とも思われるが、ユーザーの利便性を低下させる形で海外企業の参入を支援することに釈然としない向きもあろう。事前相談において当事者が申し出た措置を当局が是としたに過ぎないため、このような問題解消措置の適切さの検討は乏しい。問題解消措置は高度に裁量的な判断であるが、釈然としない感覚を理論的にどのように整序できるのだろうか。ハーバード学派対シカゴ学派の論争を見聞した読者には、すぐさまこれは参入障壁に関する両学派の定義の差が関係しているのではないかと思いつかれよう。

それでは、正しく参入障壁を定義すれば後者の懸念は解消するのだろうか。結論から言うと、正しく定義するだけでは問題は解決しない。すぐに分かることだが、前者では参入障壁それ自体は規制対象ではないのに、後者では規制対象となっているというように直面する問題が異なっている。参入障壁の問題を文脈に合わせて正しく提示することが重要なのである。

参入障壁にかかる問題を正しく提示し、その意義を検討することが有益な例として総合的事業能力概念がある。[3]総合的事業能力概念はかなり曖昧な概念であり、単に企業規模が大きかったりして競争力が強いという意味で理解されることもある。そのような曖昧なとらえ方では過剰介入をもたらすという批判もある。[4]過剰介入をもたらすとされるケースは、総合的事業能力の向上等が参入障壁や市場内の下位企業の拡張障壁[5]となっている場合に見られる。総合的事業能力を正しく再構成する問題は参入障壁をめぐる議論と同型の側面をもつ。実際、この概念の元となったと考えられる米国の規制例は参入障壁論の一環としてこれを論じている。広告に長け、効率的な原材料調達が可能な企業が現在参入していない市場の有力企業と合併した場合、当該市場における有力な地位が総合的事業能力によって強化されるがゆえに競争の実質的制限をもたらすと言ってよいのか。新規参入企業や拡張を求める下位企業が直面する困難が懸念であるなら、やはり参入障壁のとらえ方がかかわってくる。

2　参入障壁概念の系譜

競争政策において参入分析の重要性は否定できない。各国の競争法の運用においても非常に重要な位置を占めている。参入分析は、参入が容易であるか否かの分析であるから産業組織論でいう参入障壁の有無が決定的に重要である。障壁が小さく、参入が即時かつ効果的に行われるなら、一定の取引分野における競争の実質的制限や自由競争減殺型公正競争阻害性といった反競争効果の発生を防ぐことができる。

ところで、参入障壁とは何かをめぐって、ハーバード学派の代表たるBainの定義とシカゴ学派産業組織論の雄Stiglerによるそれへの批判以来、長年にわたって論争がある。

Bainによれば参入障壁は「既存の企業が潜在的参入者に対して有する優位性であって、新規参入を引き起こすことなく、既存企業がその価格を持続的に競争水準より引き上げることができる尺度として評価されるもの(6)」である。

これに対してStiglerは「参入者が参入に当たって、また参入ののちに負担しなくてはならない費用であって、すでに市場に存在している企業であれば負担しなくてよい費用(7)」と定義した。

この二つの系譜の対立はいまなお継続している。また、それらの系譜内でも定義が更に洗練されたものとなっており、参入障壁とは何かをめぐる議論は未だ決着を見ない。例えば、American Economic Review誌の二〇〇四年五月号ではその年の学会で行われた参入障壁の意義をめぐるセッションで扱われた論稿が集められているが(8)、それを見るといまだ反トラストの目的での参入障壁についてさえ見解の完全な一致がないことが分かる。

これを受けて二〇〇五年にＯＥＣＤの競争委員会が参入障壁について討議を行い、報告書(9)を公表している。報告書では参入障壁が重要でありながら、その定義について見解の一致が見られないことを確認しつつ、各国の競争当局が参入分析を行うにあたって単一の定義を必ずしも必要としておらず、いわば文脈に応じて参入にかかわる要因をプラクティカルに考慮していることを指摘している(10)。結論として報告書はBainの定義を基調としつつ、Bain自身の分析が構造に偏していた点などの問題を指摘して、その洗練化されたバージョンを念頭に置いたものとなっている。

参入が市場における競争的抑制として現実に機能するか否かは具体的な事情に依存するプラクティカルな問題であり、定義から直ちに結論が導かれるわけではない。こう述べると抽象的な経済理論は実務では関連性がないのだと即断されるおそれがある。しかし、定義の不一致と理論の有益性とは関係ない。潜在的な参入者がどのような状況下で参入の能力とインセンティブを持つのか、逆に言うとそれが妨げられるのはどのような条件下でなのかについての厳密な考察はやはり重要であり、理論とそれにかかわる実証研究は、非常に有益な手がかりを与えてくれる。この点では各国の競争当局は理論と実証を重視している。他方、参入障壁はあり得べき参入に対する何らかの規範的評価を必要とすることから、評価の基準に応じて異なるし、市場参加者の行動様式次第である局面では参入を妨げていた要因が他の文脈ではそうではないということもある。この意味で単一の定義は難しい。また、分析の洗練に応じて異なった定義が適切な場合も出てくる。必要なのは参入障壁の定義ではなく、参入分析の実際であることは確かである。しかし、参入障壁の正しい定義それ自体を追求することは法の運用や解釈に関連性が乏しくとも、参入障壁の基本的なとらえ方（概念（concept））の違いは法的な文脈に応じて重要な意味を持つ場合がある。ここで基本的なとらえ方の違いとはBain流の系譜のとらえ方とStigler流のとらえ方の違いのことである。

シカゴ学派の反トラスト法学者の代表者である、Bork[11]とPosner[12]は一九七〇年代後半、ともに参入障壁としてStiglerの定義に従って、Bainの参入障壁概念を批判した。しかし、Posnerは二〇〇一年の著書ではBainの主張それ自体は批判しつつ、Stiglerの定義を離れて、実際に参入するのにかかる時間等をどれだけ評価するのかというBainの系譜に連なる問題設定の実務上の重要を強調している[13]。

Posnerは立場を変えたのだろうか。後述するように、この変化は立場を変えたがゆえではなく、そこで問われた問題の質の違いを反映したものと考えられる。二〇〇一年の書物では参入障壁は違反が問われている行為がもたらすかもしれない反競争効果を打ち消し得る市場の状況を示すものとして捉えられているのに対し、一九七七年の論稿では参入障壁の存在そのものを好ましくないものとして、いわばそれ自体が違法の根拠となる場合を扱っているのである。参入分析の多くは前者であるが、後者が問題となっているときに前者と同一視すると不適切で過剰な介入を導くおそれがある。後者は、日本法の文脈では参入障壁を増加させたことを違法根拠とする場合の評価の問題である。なお、参入障壁を変動させたことが違法判断の対象とならない場合であっても参入障壁それ自体を制御対象とする（参入障壁にかかる排除措置・問題解消措置）ときは前者とは異なった考慮が必要とされる。例外的なケースではあるが、それらの場合には前者とは異なった評価をすることが法的な要請となる。洗練された競争当局であればこれらを混同することはないものと信じるが、この問題を明確にしておく意義は大きいと思われる。

本稿では、参入障壁概念の差異が意味を持つ法的文脈を明確にすることを課題とする。したがって、参入障壁の様々な定義や経済学理論上の様々な参入分析の詳細には紙幅の関係もあって立ち入らない。あくまで法的な議論に必要な限りで概念の確認を行うにとどめる。上述したAmerican Economic Review誌の特集およびそれを取り巻く様々な経済学の議論については、それを簡潔に整理した荒井弘毅氏の論稿(14)があるのでそちらを参照されたい。

以下、米国反トラスト法およびEU競争法での議論を素材に上記作業を行う。シカゴ学派とハーバード学派の参入障壁概念が異なったものであるということは、一九八〇年代からしばらくは独禁法学者のかなりの部分で知られていたし、米国やEUではこの点を論じているテキストブック等も多い。しかしながら、現在のわが国の法学コミュニティでは二つの考え方があることさえあまり知られなくなっているようである。もちろん、こんな区別がまったく意味がないのなら論じる必要はない。しかし、限定的とはいえ、区別が役に立つ局面や参入障壁をめぐる議論の精緻化が実際の参入分析に有益な視点を与えてくれる局面はある。また、参入障壁問題を思い込みで議論すると混乱が生じることも欧米の経験は教えてくれる。まず二でBain流の参入障壁概念を取り上げ、その含意およびそれが独禁法運用とどのように親和的なのかを説明する。ついで、三でStigler流の参入障壁概念を取り上げ、それがどのような文脈で有益なのかを説明する。その上で、参入分析における法的な留意点を検討する。**四**でそれらの検討をまとめ、独禁法の解釈・運用への含意を説明する。

（1） ①ポリプロピレン事業の統合事例（公取委「平成一三年度における主要な企業結合」事例五）、②三井化学および出光興産のポリオレフィン事業の統合事例（公取委「平成一六年度における主要な企業結合事例」事例八）、③PSジャパンおよび大日本インキ化学工業のポリスチレン事業の統合事例（公取委「平成一六年度における主要な企業結合事例」事例一二）を参照。

（2） 前掲注（1）の事例①②を参照。

（3） 総合的事業能力は企業間の力の格差一般を示す概念として、様々なコンテクストで用いられるが本稿ではもっぱら企業結合規制における同概念を念頭に置く。

（4） 川濵昇ほか『企業結合ガイドラインの解説と分析』一七四〜一七五頁〔泉水文雄〕（商事法務、二〇〇八年）参照。

（5） 参入障壁は完全な新規事業者の参入への障壁だけでなく、市場内の小規模企業が供給（能力）を拡張することの障壁も含めて考えられる。

（6） Joe Bain, Barriers to New Competition 10（1956）.

（7） George Stigler, The Organization of Industry 67（1968）（G・J・スティグラー（神谷傳造＝余語将尊訳）『産業組織論』八五頁（東洋経済新報社、一九七五年））。

（8） R. Preston McAfee, Hugo Mialon, & Michael Williams, “What Is a Barrier to Entry”, 94 Am. Econ. Rev.（Papers & Proc.）461（2004）; Dennis Carlton, “Why Barriers to Entry Are Barriers to Understanding”, 94 Am. Econ. Rev.（Papers & Proc.）466（2004）; Richard Schmalensee, “Sunk Costs and Antitrust Barriers to Entry”, 94 Am. Econ. Rev.（Papers & Proc.）471（2004）.

（9） OECD, Barriers to Entry,（Best Practices Roundtable）（2005）, available at www.oecd.org/daf/competition/documentation under “Best practices”.

（10） *Id.* at 24-26.

（11）Robert Bork, The Antitrust Paradox 195-197, 253-256, 311-329（1978）
（12）Richard Posner, "The Chicago School of Antitrust Analysis", 127 Univ. of Penn. L. Rev. 925, 929, 945-947（1979）
（13）Richard Posner, Antitrust, 72-75（2d ed. 2001）. なお、ポズナーはその上で、スティグラーの立場では参入障壁とされない規模の経済等が時によってはスティグラーの参入障壁に該当することを主張している。これは洗練化による定義の揺らぎの一例であって、重要な指摘ではない。
（14）荒井弘毅「参入障壁の法と経済学」（公正取引委員会競争政策研究センターディスカッションペーパー CPDP-46-J）（二〇〇九年）available at http://www.jftc.go.jp/cprc/DP/abstract/CPDP-46-J_abstract.html。

二　標準的な参入分析：参入障壁の存在問題

1　Bain の参入障壁とその系譜

一で述べたように Bain は一九五六年の著書で参入障壁を「既存の企業が潜在的参入者に対して有する優位性であって、新規参入を引き起こすことなく、既存企業がその価格を持続的に競争水準より引き上げることができる尺度として評価されるもの」と表現した。Bain の定義に対してはそれが定義として不充分ではないかという批判[15]があり、また彼がその定義に関連して行った具体的な考察については様々な問題点が指摘されてきた。そのような批判の最たるものが三で述べる Stigler 流の系譜からものである。

市場支配力を抑制するはずの参入を妨げる要因としての参入障壁を検討するという Bain の系譜の研究は、その後の産業組織論の発展により洗練されていった。

Bain は参入障壁として規模の経済、製品差別化、絶対的費用格差[16]、政府規制を挙げていたが、それらのうち前三者が長期均衡において参入障壁と呼べるのかが Stigler の系譜との対立であった。周知のように、その後、埋没費用がないなど一定の前提の下で独占者であっても市場支配力の行使ができないというコンテスタブル市場論[17]が普及し、これを受けて参入障壁を評価するにあたって埋没費用の重要性（参入リスクやコミットメント効果）が認識されるようになった。またコンテスタブル市場論では参入後の既存業者の対応が固定されていることが前提条件であったのに対して、ゲーム理論の定着とともに、参入後の既存業者の対応が参入後の利益に影響するという当然の事実をモデルの中に入れた精緻な理論的研究[18]が展開された。さらに様々な実証研究[19]も積み重ねられてきた。

2　法適用における参入分析の特徴と参入障壁概念

定義としての不充分さは別にして、市場支配力を抑制するであろう参入を妨げる一切の要因を参入障壁と捉えるこの思考枠組みは多くの法律家の一般的な理解と一致している。Hovnekamp の著名なテキストブックは、Bain と Stigler の対立を紹介し経済学者では後者が一般に受容されていることに言及しつつ「反トラスト分析は主に Stigler の参入障壁の概念ではなく、Bain の定義を主に用いてきた[20]」と指摘している。この指摘を当然と思われる法律家は多かろう。

独禁法における参入分析は、独占状態の規制を除いては、特定の取引や行為が市場支配力の形成・維持・強化（ないしその危険性）をもたらす場合に、参入圧力がそれを打ち消す効果をもつか否かという形で行われる。参入障壁とはそのような参入を妨げる事情ということになる。Bain の考え方が一見してこれに適合している。

例えば、企業結合が市場支配力の形成等をもたらしそうな事情があるとしても、適時かつ充分な参入の蓋然性が、それを打ち消す可能性がある。そこで企業結合ガイドライン[21]は「参入の可能性については、……制度上の参入障壁の程度、実態面での参入障壁の程度、参入者の商品と既存事業者の商品の代替性の程度及び参入可能性の程度を検討し、当事会社及び他の事業者が協調して価格を引き上げた場合に、一定の期間に参入が行われ、価格引上げを妨げることとなるか否かについて検討する」（第4－2(3)）としている。これは多くの国の企業結合規制において基本的にとられている立場である。例えば、米国の二〇一〇年ガイドラインは「関連市場への参入の見込みが反競争効果に関する懸念を軽減する」か否かが問題であり、それが認められるのは合併が顧客を実質的に害することがないように反競争効果を抑止または無効化する場合だけであるとする[22]。

この主の参入分析は企業結合規制に限られない。排除型私的独占ガイドライン[23]でも「一般に、参入が容易ではなく、行為者が取引対象商品の価格を引き上げても一定の期間に他の事業者が新たに参入する可能性が低い場合は、行為者が価格等をある程度自由に左右することが可能となることから、そうでない場合と比較して、競争を実質的に制限していると判断されやすい」（第3－2(2)(ウ)イ）としている。要するに、問題とされている行為・取引がもたらす市場支配力の変化を抑制する参入を現実化させない要因として参入障壁が取り上げられているのである。これらは、細部は別として Bain の考え方と一致している。

このように独禁法（競争法）で参入分析とされるものは、通常は何らかの行為が反競争効果を持ちそうであるのに対して、それを打ち消すものとして参入が機能するかどうかを検討する作業である。ここでは参入ないし参入障壁が存在するか否かという存在問題が問われているのであって、参入ないし参入障壁それ自体の規範的評価は問題となっていない。

既存企業以外の事業者は技術的能力が低いがゆえに参入できない時、その技術格差はいわゆる絶対的費用格差として Bain 流の参入障壁に該当することになる。絶対的費用格差は、単に既存事業者が優れた資源を有していることの反映に過ぎない場合もある。その存在自体を不当と見るべきではないであろう。Stigler の定義ではこれは参入障壁とならない[24]。しかし、例えばそのような優位性を持つ複数の既存業者が合併し、その間の競争が消滅したために市場における競争が減殺されたとしよう。この場合に絶対的費用格差が参入障壁であることは確かである。ここでは、参入障壁が存在するか否かだけが問題なのであって参入障壁の当否は課題とならない。

3　Bain の定義と参入分析の実際との乖離

厳密に言えば、上述の参入分析における参入障壁はいくつかの点で Bain の定義とは異なっている。本稿で Bain の定義とせず考え方と呼ぶ所以である。Bain の定義とは乖離しているが、それはむしろ Bain の定義の難点を避けるものとなっている。

Bain の定義では参入を引き寄せる高価格・超過利潤が定まってはじめて参入障壁が確定できる。そもそも Bain の参入障壁の定義は、市場構造の集中ゆえに市場支配力＝超過利潤が発生し、それを持続させる要因として参入障壁が存在することを検証する研究プログラム（構造—行動—成果パラダイム）の中に位置づけられていた。このプログラムを遂行するには参入障壁が市場における企業数・集中度に与える因果的連鎖の解明が重要である。Bain への批判として、Bain がその解明を行っていないことが挙げられてきた[25]。Bain の課題と異なって、法運用では、問題となった行為＝取引が引き起こした反競争効果としての市場支配力の変動（あるいはその可能性）が出発点となっている。この立場からは Bain の考え方（concept）は有益である。逆に Bain の定義を出発点とした経済学の研究プログラムを遂行するにはベースライン（これをどう定めるかによって定義も変わる[26]）が問題となるのである。行為の違法の背景事情として参入障壁を見る場合にはベースラインは自ずから定まるのである。

ベースラインについて次の点も指摘できる。Bain を含めて経済学では長期均衡において市場支配力等が持続しているにもかかわらず、参入を困難たらしめている要因として参入障壁が考察されている。(27) その観点からBainが挙げた参入障壁とした規模の経済、製品差別化等が参入障壁としての役割を果たすか否かが問われたのである。これに対して、我々の関心は、問題とされる行為＝慣行がもたらす効果を打ち消すものとして参入が機能するか否かである。参入障壁の定義をめぐる従来の議論への批判の中でCarltonが指摘するように、参入が市場支配力の行使を抑制する際にかかる時間の要素やダイナミズムの問題や調整費用を軽視してはならないのである。(28)

4　参入分析をめぐる混乱——米国反トラスト法からの教訓

Hovenkampの見解はこのように自明に思われるが、これは参入障壁自身の当否が課題ではない参入分析に限定された話である。「参入障壁」という表現はこの文脈では参入を困難にする要因を述べているに過ぎない。にもかかわらず「障壁」（barriers）という表現はそれ自体が好ましくないという印象を与える。また、三で見るようにその観点から評価すべき文脈もある。この文脈を混同しておかしな結論を導く危険性もある。米国の企業結合規制の歴史はこの点に関する教訓としても有益である。

米国の一九六〇年代の判例は、集中度が高い場合でも参入障壁が低ければ問題はないという主張に冷淡であった。(29) それは、高度集中度と高利潤の相関を根拠に、両者の持続が参入障壁の存在も含意するという理解に由来する。(30)

一九八〇年代のシカゴ学派革命とコンテスタブル市場論の隆盛は参入分析の重要性を強調することとなった。それを受けて、一九八二年および一九八四年合併ガイドラインは新規参入が容易であれば合併を提訴しないことを明示した。一九九二年ガイドライン以降に比べると著しく簡素な叙述ではあるが、特に一九八四年ガイドラインでは蓋然や適時性についての言及もあり、現在のフレームの原型と言える。ところが、ガイドラインを参入障壁が低いと合併は許容されるというメッセージと捉えた上で、しかも参入障壁とされるものを限定的に捉える下級審判例が相次いだ(31)。それらは、参入がなければ競争を害するものとされ得る合併に対してこれを打ち消す参入圧力が存在することを安易に認定したものである。コンテスタブル市場論の俗流理解に影響されたのか、参入は現実化しなくともその可能性があれば競争減殺効果を無効化できるとしたり(32)、埋没費用がかかわる可能性があるのにコミットしない参入を問題にしたりする傾向が見られた(33)。

それらの一連の判例で特徴的なのは、参入障壁についてのレトリックである。例えば、新規参入には信用を確立する必要があることが参入を妨げているという主張に対して、効率的なサービス提供による信用は競争の結果であって競争の障害と考えるべきでないと応答した判例(34)もあれば、規模の経済が大きいため効率的な参入を行っても利益が見込まれないという主張に対して、「効率的で攻撃的な競争それ自体を参入の構造的障壁と考える破綻した議論に依拠している」と応答した判例(35)もある。これらは文脈によっては正当な主張であるが、ここでは失当である。参入障壁の是非が問題となっているのではなく、その存否が問題なのだということを忘却しているからである。裁判所が、シカゴ学派革命とコンテスタブル市場論のロジックにではなく、レトリックに影響されて議論の前提条件をわきまえなかったものと言わざるを得ない。

裁判所の誤解はなぜ生じたのか。三で見るようにBorkやPosnerらシカゴ学派革命の唱道者がStiglerの参入障壁の定義を別の文脈で説得的に示したため一部の裁判官がそれが常に妥当すると受け止めたせいかもしれない(36)。それとともに、ガイドラインの参入に関する叙述が簡素過ぎたことがそのような誤解を助長したと考えられる(37)。それを受けて一九九二年ガイドラインは参入の容易さの分析を適時性、蓋然性、十分性から分析することを明確にした(38)。それによって反競争効果を打ち消す参入が生まれそうか否かが課題なのだということがはっきりした(39)。一九九二年ガイドライン以降は、安易に参入障壁が低いと断定することはなくなり、競争当局が違法と判断した合併を参入が容易であることを主たる理由として許容した判例は姿を消した[40]。参入分析とは、参入の蓋然性があり得べき反競争効果を打ち消すか否かの事実の問題であり、参入障壁もそのような事実に対応した概念であることが共通了解となったからであろう。なお、米国の合併ガイドラインは参入障壁という表現を回避しているが、判例は今日も参入障壁という表現を用い続けている。障壁という言葉が混乱を招くという見解もあるが[41]、直面している問題を適切に設定すれば誤解は雲散霧消するものと考えられる。

5　Bain 流の考え方の今日的意義

4でふれた米国の合併ガイドラインの参入分析の枠組みはEU[42]およびわが国も継受している。3で紹介したCarlton の指摘通りこれらの作業では参入に要する時間やダイナミズムの要素が重要である。参入分析は、参入が適時に行われ（適時性）、それが反競争効果を覆すのに充分なものか（充分性）、参入が起きる蓋然性があるか（蓋然性）が重要であるとされている。わが国の企業結合ガイドラインは、参入圧力が充分に効くかどうかの要因として①制度上の参入障壁の程度、②実態面での参入障壁の程度、③参入者の商品と当事会社の商品の代替性の程度、④参入可能性の程度を挙げており、三基準を明示していないが、これらの要因はそれによってまとめることができると考えられる[43]。

時間の要素は、参入障壁とされる要因のせいで参入にどの程度時間がかかるかということである。一九九二年ガイドラインが二年を基準にしたことからEU、わが国もそれに追随しているが、米国の二〇一〇年ガイドラインでは数値は示されず、参入を導く高価格等の行動を全体として利益が上がらないようにするだけの迅速な参入であることを基準とするにとどまる。機械的に判断するのではなく、企業結合後の市場支配力の行使を抑制できるか否かという観点を明示したものであり、本来的にはわが国でもこれが基準となるべきであろう。参入のダイナミズムの問題は参入の蓋然性において重要である。参入の蓋然性があるのは、参入にかかる費用とリスクを考慮に入れても参入が利益をもたらす場合である。これは参入後の既存企業の対応がいかなるものであるかに依存する。既存企業の対応とそれに対して想定される参入企業の対応が想定されてはじめて参入後の収益が判断できる。コンテスタブル市場論のように合併後の市場支配力を行使した状態が参入後も継続すると漫然と仮定すると、参入の収益性が過大評価されることになる。コンテスタブル市場論の俗流理解による誤解を回避するためか、米国の一九九二年ガイドラインは参入後の価格の想定について既存企業の対応を考慮に入れることを明言し、実際の基準としては合併「前」価格の水準を採用した。参入による競争の回帰が参入前水準とするというのはベンチマークとしてそれなりに合理的なものかもしれないが、米国の二〇一〇年ガイドラインは慎重にも参入それ自体が与えるインパクトも考慮した価格を基準にしている。EUの水平的合併ガイドラインは二〇一〇年ガイドラインと同じ立場をとっている。わが国のガイドラインでは蓋然性判断に参入の収益性についての言及はなく、参入のダイナミズムを捉え切れていない憾みがある。また、事前相談でも蓋然性について詳細に検討した例は少なく、収益性の判断基準となる参入後価格水準等についても明示的な検討がなされることはなかった。これまでに書かれた文献でも蓋然性判断における参入後の既存企業の対応と価格水準についての想定の重要さは意識されてこなかった。今後企業結合審査において詳細な分析がなされるようになるとその点の事例も充実してくるものと期待される。

さて、参入後に想定される対応が参入の蓋然性に影響するという事実は、行動的参入障壁の重要性を再確認させる。参入後の低価格ないしそれを予想させる参入前低価格や設備投資などの戦略的行動が重要な意味を持つということは当然のことではある。ここでも注意を要するのは、現に行われている行為なり想定される行為が参入の蓋然性に与える影響であって、その行為の妥当性ではないことである。参入阻止価格や参入阻止設備投資が競争的行為と識別が難しく、どのような場合に不当な排除行為なり不公正な取引方法に該当し得るのかは重要な問題だが、三2で見るようにここでの参入分析とは異なった問題類型なのである。

(15) 例えば、免許制がとられているが免許者の数が充分に多いため市場支配力が存在しない場合は、参入障壁にあたらないのではないかという批判もある。これは定義への批判とはなっていても、本文で問題としたように反競争的効果がもたらされているときにそれを打ち消す参入の可能性を考えるコンテクストでは関連性がない。我々に必要なのは、公理主義的な定義ではなく、適用可能な概念なのである。

(16) 絶対的費用格差とは既存事業者の費用関数が、どのレンジにおいても新規参入者を下回る状況にあることを指す。なお、後掲注(24)・(45)も参照。

(17) コンテスタブル市場論の前提条件は埋没費用の不存在、費用・需要関数が企業間で同質、既存企業が参入に価格を変更して対応するのに時間がかかることである。この理論の概略と問題点については、依田高典『ネットワーク・エコノミクス』二三〜五〇頁（日本評論社、二〇〇一年）を参照。

(18) それらの基本的枠組みについては、Richard Gilbert, "Mobility Barriers and the Value of Incumbency" in 1 Handbook of Industrial Organization 509-510（Richard Schmalensee & Robert Willig, eds. 1989）および Jean Tirole, The Theory of Industrial Organization 305-328（1988）を参照せよ。

(19) 実証研究のまとめとして、John J. Siegfried & Laurie Beth Evans, "Empirical Studies of Entry and Exit: A Survey of the Evidence", 9 REV. INDUS. ORG. 121（1994）および P.A. Geroski, "What Do We Know About Entry?", 13 INT'L J. INDUS. ORG. 421（1995）参照。

(20) Herbert Hovenkamp, Federal Antitrust Policy, 40-41（1994）. その後の版でも変更はない。

(21) 「企業結合審査に関する独占禁止法の運用指針」（公取委二〇〇四年五月三一日、二〇一一年六月一四日改正）。

(22) United States Department of Justice and Federal Trade Commission, Horizontal Merger Guidelines（2010）§9.

(23)「排除型私的独占に係る独占禁止法上の指針」（公取委二〇〇九年一〇月二八日）。

(24) 法律家に時々誤解が見られるが、絶対的費用格差がリカーディアンレント（効率性に優れた資源の保有等による効率性ゆえの利潤）の源泉に由来するとき、機会費用を考慮すると費用の非対称は存在しない。Gilbert, *supra* note (18) at 493-94 および Jeffrey Church and Roger Ware, Industrial Oraganization, 120 (2000) 参照。後掲注(45)も参照。

(25) Carlton, *supra* note (8) at 466-67. この研究の発展上に内生的埋没費用と企業規模との関係を扱う Sutton の研究プログラムがある。それについては、John Sutton, "Market Structure: Theory and Evidence", 3 Handbook of Industrial Organization, 2301 (Mark Armstrong and Robert H.Porter eds. 2007) を参照。

(26) 限界費用を超える価格設定とするか、超過利潤とするか、経済レントとするか、何らかの厚生に悪影響を持つ場合とするのか様々なベースラインがある。McAfee et al., *supra* note (8) at 461-462 および荒井・前掲注(14)三頁参照。

(27) McAfee et al., *supra* note (8) at 463 参照。

(28) Carlton, *supra* note (8) at 468-68.

(29) Warren コート期の合併規制を代表する二判例 Brown Shoe Co. v. United States, 370 U.S. 294, 334-46 (1962) および United States v. Von's Grocery Co., 384 U.S. 270, 277-79 (1966) を参照。後者の反対意見は参入と退出が相次ぐ激動の歴史が反映する市場において競争が明らかにますます活発になっていることを無視していると批判している (*Id.* at 292)。

(30) これはSCPパラダイムに忠実に理解されたBain の参入障壁概念の欠陥を反映している。

(31) Malcolm B. Coate & James Langenfeld, "Entry Under the Merger Guidelines 1982-1992, 38 Antitrust Bull." 557, 559, 568-69 (1993) によれば一九八二年ガイドライン、一九八〇年代の合併規制判例二七件の内一〇件で参入障壁が低いことが決定的な根拠となったとされている。

(32) United States v. Baker Hughes Inc., 908 F.2d 981, 987-88 (D.C. Cir. 1990).

(33) Jonathan B. Baker, "The Problem with Baker Hughes and Syufy: On the Role of Entry in Merger Analysis", 65 Antitrust L.J. 353 (1997) によれば、参入障壁が低いことを決定的な理由として合併を容認した一九八〇年代半ばの判例は、コミットしないヒットエンドラン型の参入（コンテスタブル市場）であることを前提していた (*Id.* at 360) が、その仮定は疑わしい事件であった (*Id.* at 361 n.31)。その後の判例もコミットしない参入（供給の代替性）とコミットした参入（本来の参入分析）を区別することなくコミットしない参入を前提とした分析を当てはめていたとする（*Id.* at 361-62）。

(34) United States v. Waste Management, Inc., 743 F.2d 976, 984 (2d Cir. 1984).

(35) United States v. Syufy Enters., 903 F.2d 659, 667 (9th Cir 1990). この事件はシャーマン法二条とクレイトン法七条の両方が問題となったものである。前者で問題とされる行為に企業買収が含まれており、その部分が同時にクレイトン法七条違反にも問われた。企業買収以外に問題となった排除行為は過剰な設備投資によるいわゆる先占戦略である。これが参入阻止戦略として不当な場合と活発な競争との識別が困難であることはよく知られている（川濵昇「私的独占の規制について」後藤晃＝鈴村興太郎編『日本の競争政策』一九九頁、二二三〜二二四頁（東京大学出版会、一九九九年））。このことの影響と見る余地もないではないが、参入障壁についての判示は先占戦略に限定されておらず、当該産業（映画館経営）に対して裁判所が感じている参入のたやすさと、過去に参入していた事例に依拠した判示となっている。個別の映画館としての参入では充分ではなく、一定の規模をもって参入をする必要があるという司法省の主張は退けられた。なお、小規模な参入が容易であることが充分性を充たすのはそれが競争上不利な形態でないことが必要であることは、二〇一〇年ガイドラインでは明言されている（§9.3）。

(36) シカゴ革命の最中である一九八五年にはＦＴＣもStiglerの定義が「法学及び経済学コミュニティにおいて広く受け入れられている」としたことがある（Echlin Mfg. Co., 105 F.T.C.410, 485 (1985)）。しかし、実際はBain流の考え方がもっぱら用いられていたのである。

(37) United States v. Waste Mgmt, Inc., 743 F.2d 976, 982-83 (2d Cir. 1984) が、司法省が自分のガイドラインを無視していると批難しているのは、かような誤解の一例である。

(38) 一九八二、一九八四年ガイドラインの策定と、裁判所の安易な参入分析により敗訴したのはともにレーガン政権（およびそれを引き継いだブッシュ政権）下の競争当局であり、改訂作業もブッシュ政権下で行われたのである。

(39) Jonathan B. Baker, "Responding to Developments in Economics and the Courts: Entry in the Merger Guidelines", 71 Antitrust L.J. 189, 195-205 (2003).

(40) John B. Kirkwood and Richard 0. Zerbe, Jr., "The Path to Profitability: Reinvogorating the Neglected Phase of Merger Analysis" 17 Geo. Mason L. Rev. 39, 60 (2009)（一九九二年四月以降の裁判所の判断が下された事件の悉皆調査の結果）。

(41) Posner, *supra* note (13) at 73.

（42） EU Guidelines on the Assessment of Horizontal Mergers, Ⅵ, O.J. 2004, C 31/5.

（43） 金井貴嗣ほか編著『独占禁止法〔第四版〕』二二〇頁〔武田邦宣〕（弘文堂、二〇一三年）、川濵ほか・前掲注（4）一五七～一五八頁〔泉水〕参照。

三　規範的な参入分析：参入障壁の当為問題

1　Stigler 流の考え方とその系譜

Stigler は参入障壁を「参入者が参入に当たって、また参入ののちに負担しなくてはならない費用であって、すでに市場に存在している企業であれば負担しなくてよい費用」と既存企業と参入者との費用の非対称として定義した。これは、Bain が参入障壁の例とした規模の経済や必要資本量などを参入障壁とすべきでないとする文脈で述べられたものであり、参入障壁の範囲を狭く捉えるものと法学文献では解されてきた。Hovenkamp はこの定義は経済学者には広く受け入れられてはいるが法学ではそうではないとしたが、米国でもＥＵでも Stigler 流を採用すべきであるとする法律家も少なからず存在する。狭い、広いの押し問答は無益である。Stigler 流の考え方の特徴と、それを是とする人々の論拠を検討しよう。

Stigler の定義の特徴は二つある。一つは、参入障壁と見られるべきものがなぜ参入障壁として機能するのかを説明する事実解明的な役割である。もう一つは、参入障壁の定義が効率性の観点からその存在が批難に値するという規範的な側面である。この二つは密接に関連している。

規模の経済の結果、単一の企業の最適規模での生産で市場の需要をまかなえる場合を考えよう。この場合、新規参入企業は最適規模での参入はできない。その場合、費用に非対称があるように見えるかもしれないが、そうではない。同等の規模での参入を行えば費用条件は同じなのであって、これは参入障壁の問題ではなく市場における企業規模が技術条件（規模の経済）と需要によって決定されていることの反映に過ぎない。新規参入ができないのは効率性の発揮ができないという事実だけということになる。製品差別化も後発企業が差別化に要する費用が嵩むという特殊な事情があってはじめて参入障壁となる。ここでは、効率性をめぐる関心と事実の解明が密接に関連している。また、費用の非対称性は、企業の戦略的行動を視野に入れて参入抑止の問題を考えるときに最重要の要因であることは確かであり、その点において優れていると評価することもできる。

Stigler 流の系譜も様々に展開する。効率性について述べるならば、企業の生産上の効率性についてはこの定義は有益だが、参入それ自体を評価するとき、追加的な参入が資源配分の効率性をもたらすとは限らないという問題があり、その観点から Weizsacker が若干の改訂を行った。[44] また、長期における参入障壁として機能するのに必要な費用の非対称性についても議論が整理されていった。[45]

2　Stigler 流の考え方と法的議論

問題となる行為・慣行の反競争効果を無効化する参入圧力の有無を判断するという枠組みであれば Bain 流の考え方で充分なはずであるが、米国およびＥＵでは Stigler 流を是とする見解も有力に主張されてきた。参入が効果的に行われるかどうかそれ自体を判断するのであれば Bain 流が妥当であることは確かだが、Stigler 流が適切なのはどのような局面なのだろうか。

Bain の参入障壁概念を批判した代表的な論者は法学におけるシカゴ学派の代表たる Bork である。Bork の批判は三つの文脈で行われている。一つ目は構造規制としての独占・寡占規制の文脈であり、二つ目は参入障壁の変動をもたらす企業結合規制の文脈、三つ目は参入障壁をもたらす戦略的行動の文脈である。Bork 以外の論者の議論もこの三つの文脈で整理できる。以下、ＥＵでの議論も含めて検討する。

(1)　独占・集中規制

独占化規制を構造的是正を中心に再構成しようという見解が一九七〇年代に有力化していたが(46)、構造的是正を必要とする市場では参入障壁の存否が重要な意味を持つ(47)。その文脈で規模の経済や必要資本量、製品差別化などが障壁として市場の匡正を困難にしていると言えるのか。これらに優っているのは単に効率性が秀でているからに過ぎないのではないか。これを介入の根拠にすることは効率性を罰するというのと同じだという主張である(48)。同時期の Posner による Bain 批判も同じ文脈でなされている(49)。なお、興味深いのはＥＵ競争法でも支配的地位の濫用の文脈での参入障壁に関して、Bain 流ではなく Stigler 流の定義を採用すべき旨を主張する論者がいる。これは(3)の問題とかかわっており、そこで説明する。

(2)　参入障壁の変動

参入障壁の変動としては典型的には混合合併(50)におけるエントレンチメント理論(51)の問題がある。

エントレンチメント理論とは、既に支配的な事業をより効率的にすることを市場支配力を強固にする（entrench）ものとして批判の根拠とする理論である(52)。このような強化が弱小企業の拡張や新規参入にとって障壁になるというものである。市場構造の競争維持を重視していた一九六〇年代の裁判所が大規模企業への忌避感から提唱されたものとされている。特に、著名なのは一九六七年の Procter & Gamble Co. 事件最高裁判例(53)である。そこでは、家庭用洗剤（detergents）と洗浄剤（cleanser）の主たる生産者であるＰ＆Ｇによる家庭用液体漂白剤の主たる生産者（シェア五〇％）の買収が問題となったが、最高裁はこれを違法とした。裁判所が挙げた理由には、広告において数量割引（volume discount）のアドヴァンテージを得ることができ、それゆえに、競争する漂白剤生産者よりも、安く漂白剤を売りに出すことができることなどをあげた。

これは、P&Gが効率的であるために、漂白剤市場の市場支配力を確固たるものとできること（エントレンチメント）をもって違法としたものと言い得る。Bain流の考え方では、あり得べき参入者よりも既存企業が効率性で優っていても参入障壁ということになるが、参入障壁の変動が競争の実質的制限をもたらすものとして違法の根拠とされるとき、その参入障壁の変動はそれ自体が反価値的なものでなければならない。判例の立場では、支配的企業が効率性を高めることそれ自体が参入障壁を高めるものとして批難しているのに等しい。しかし、①「効率性」が特定の少数の事業者しか利用できない特殊な事情（自然独占、自然寡占）がない限り、②競争が存続し効率性は消費者に還元されること、③さらに効率性を向上させることによって勝ち抜くことは競争を向上させるものであってその利用はなんら競争プロセスを害するものではない。この点をBorkが批判し(54)、多くの論者が追随した(55)。この批判は説得的であるが、逆効果も生じたようである。二4で述べたように一九八〇年代の一部の判例は、存在問題としての参入障壁を論じるべきところで、当為問題としての参入障壁問題を論じてしまったのは、これらの議論が説得的であるがゆえの誤解と考えられる。

ところで、このエントレンチメント理論は、わが国では「総合的事業能力」を考慮事項とすることに影響したものと考えられる(56)。エントレンチメント理論の問題点を指摘して「総合的事業能力」の考慮に慎重であるべきだという主張がある(57)、本稿もその立場が妥当と考える。なおこの批判は、「総合的事業能力」概念が無意味だとするわけではない。内容を限定せよということである。エントレンチメント理論を字義通りに捉えると効率性の向上や規模が大きくなることそれ自体が問題視されることになるが、例えば総合的事業能力としての複数部門の掌握が他社の費用を人為的に引き上げる戦略的地位をもたらす場合や、略奪的価格設定を行う前提条件をもたらすことは、競争の実質的制限の評価根拠となり得る[58]。もちろん、これら特に後者は、簡単にその成立が認められるわけではない。ここでは、効率性の向上で他の競争者の競争が排除される場合と、それ以外との区別がかかわっているのである。実際この区別は容易でない。GEとHonneywellの企業結合規制をめぐってEUと米国の競争当局との対立はまさにこの点にあった[59]。

競争者の排除や参入を困難にするという排除戦略を行う地位に基づいている場合であるなら、それが効率性によらない排除をもたらす戦略的地位であることを要する。具体的には競争する能力を損なったり、略奪戦略によって競争から排除することが可能になるような地位の形成等を通じたものでなければならない。かかる戦略的地位は市場支配力そのものではない。市場支配力をもたらし得る費用増大戦略を可能とする地位のことである。この点の誤解が学生などに見られるので簡単な例[60]を挙げて説明しておこう。

いま、最終消費者向け製品甲に対して、それを生産する方式が二種類あってそれぞれの方式に応じてα、βが投入要素となっているとしよう。それぞれがA、Bの一社しか生産を行っておらず、またα、βを投入要素とする事業者は他の投入要素に代替することが一切できないとしよう（強固なロックイン）。AとBはそれぞれα市場とβ市場を独占し、市場支配力を有していると思われるかもしれないが、それは誤りである、例えば、甲をα方式で生産するaとβ方式で生産するbが、生産能力に限定のないベルトラン競争をしているとしよう。その場合、AとBは協調的することがない限り、市場支配力を有しないことは容易に分かる[61]。しかし、仮にA社がbと結合したとしよう。この場合、αの価格引上げはbのライバル費用を引き上げる戦略として機能し、それによって市場支配力の形成が可能になるのである。ここでは、企業結合によって戦略的活動をするインセンティブが発生するように市場構造が変化していることがポイントである。

(3)　戦略的行動

排他条件付取引などライバル費用引上げ効果を持つ一連の戦略的行動は参入阻止の効果も持つ。また、参入後の既存業者の対応いかんによって新規参入の蓋然性が変化することも既に見た通りである。これらの行為を「参入障壁」を構築するものとして問題視することがある。ここで問題となっているのは、これらの戦略の結果、参入抑止効果が発生し得る条件およびその作用機序が反競争的と評価できるか否かである。この問題は従来から排除行為となにかをめぐって論じられている問題であるが、[62] Bain 流の参入障壁を前提にするとしばしば市場において有力な事業者が行った常識的に排除効果がありそうな行為を簡単に参入障壁を向上させるものとして問題視する可能性がある。Bork はこの点を批判する。ここでの教訓は安易に排除行為性を認めるなということであるが、興味深い問題として参入抑止価格の問題がある。不当廉売について自己の効率性を反映しない低価格販売を問題とする立場では費用基準が妥当する。この場合、人為的に参入者を排除する戦略的行動で規制が及ばないものが出てくる可能性がある。参入抑止のための戦略的行動の規制を断念して良いか否かは重要な課題であるが、これまでわが国では検討さえ行われてこなかった。[63]

なお、ここでも注意を要するのは問題の行為が生み出す参入抑止効果とその効果の結果反競争効果を生み出す背景的事情としての参入障壁の区別である。後者については Bain 流の考え方で良い。なお、参入分析の実務においては企業結合と排除行為等ではタイムスパンや事後評価の点などで当然異なる。

この点で興味深いのはＥＵ法における市場支配的地位の濫用規制の文脈での参入障壁論である。市場支配的地位の濫用では、市場支配的地位にあることの立証と濫用（この文脈では排除型濫用）の立証が問題となる。前者に関して参入阻止をもたらす行為を参入障壁と考える分析[64]と、後者について一定の排除行為が参入阻止をもたらすとして濫用と評価される場合の二つがかかわる。いわゆる効果ベースのアプローチをとる場合、行為の排除効果が有意かどうかを判断する前提としての参入障壁も問題となり得るが、ＥＵの従来の判例ではこの点はあまり重視されてない[65]。前者については、行為が事実として参入を困難にしているというだけで批難するのは妥当ではない。一九九〇年代の中頃に参入障壁概念が問題となったのは、この戦略的活動の評価の側面においてである[66]。そこでは Bain 流の考察は有害であり、Stigler 流の費用非対称を出発点とした上で、戦略的行為の理論的分析を行い排除行為該当性を検討すべきだとされた。それと区別された存在としての「参入障壁」は市場支配的地位の濫用においても Bain 流で良いという結論になるはずである。しかし、次の点が問題となる。

ＥＵの市場支配的地位の濫用規制はしばしば特別の責任論という形で支配的事業者の濫用行為を評価する。そのため、効果ベースの立場からの批判にもかかわらず、市場支配的地位にあるものは参入を受容するような戦略を採るべきことが要請されているように見える。そのような義務の前提としての市場支配力評価における参入障壁を Bain 流で判断した場合は過剰規制を招きかねない[67]という問題である。例えば、既存業者の優れた経営資源、技術、生産設備が絶対的費用格差をもたらす場合、Stigler 流の参入障壁とならなくとも Bain 流の参入障壁にはなる。これを考慮して市場支配的地位を認定した場合、特別の責任論では参入障壁を取り除くような受容的行動を要請する可能性がある。例えば、かかる要素を提供し支援することが法的要請ということになりかねない。特別の責任論の独自性を前提にすると、参入障壁を厳密に解すべしという立場は、(1)で見た一九七〇年代の構造規制全盛期における米国の独占化論における参入障壁論に呼応しているのである。

なお、いわゆるエッセンシャルファシリティ理論の適用範囲の問題も類似の問題点を孕んでいる。エッセンシャルファシリティについては不可欠性、複製不能性の要件をどのように解するかが決定的に重要であるが、これを広範に認めると支配的事業者に不効率な参入をも支援する義務を負わせることになりかねない。Oscar Bronner 事件[68]で既存事業者と同様の規模で参入するならば費用の面で問題ない配送システムを構築できることをもってそれをエッセンシャルファシリティとしなかったのは、Stigler 流の参入障壁論からは当然のこととなる[69]。

（44）Carl von Weizsacker, "A Welfare Analysis of Barriers to Entry", 11 Bell Journal of Economics 399（1980）. 固定費用を伴ったクールノー競争を前提にした過剰参入を例示しての立論である。

（45）Stigler の定義における時制をそのまま捉えると、これから参入者にかかる費用とこれから既存企業にかかる費用の非対称になってしまうが、長期の参入障壁として機能するのはこれまでにかかった費用も含めなければ意味をなさない。McAfee et al., *supra* note（8）at 462. 実際、Stigler の挙げた例はそのことを示唆している。コンテスタブル市場論の俗流理解で参入分析を見る法律家にしばしば混乱が見られるようなので、この点を少し詳しく説明しておく。埋没費用があれば、既存企業と参入企業はこれから支払う費用については自明に非対称である。参入後に既存企業が回避可能費用に価格設定を行うことをコミットできれば（あるいは参入後無制約のベルトラン競争が出現するなら）、それだけで参入障壁ということになるが、それには戦略的行為についての充分な説明が必要である（Stephen Martin, "Sunk Cost and Entry", 20 Rev. of Indus. Org. 291（2002）参照）。もちろん、埋没費用が参入リスクを高め、それが結果として費用の非対称を生じさせる場合もある。いずれにせよ、構造的障壁としての費用格差の問題は企業が事業活動を行う上で被る費用すべてを含める必要がある。なお、ここで費用格差と呼んでいるのは当然のことながら、能率が悪いから費用が嵩むといったケースではなく構造的に費用に格差が生まれる場合を意味している。

（46）この点については、実方謙二『寡占体制と独禁法』八〇～一一三頁（有斐閣、一九八三年）参照。

（47）わが国では独禁法二条七項二号や八条の四第一項但書の解釈の問題ということになる。

（48）Bork, *supra* note（11）at 195-56.

（49）Posner, *supra* note（12）at 945-48.

（50）この問題は水平的企業結合の場合であっても生じる可能性はあるが、そこでは競争の消滅が反競争効果をもたらす問題と並行しているため特に問題とされてこなかった（5 Phillip Areeda & Herbert Hovenkamp, Antitrust Law 1101 n.1（3d ed.2009））。

しかし、わが国では水平的企業結合においても総合的事業能力の表題の下、この問題が取り扱われている。

(51) エントレンチメント理論の詳細は、池田千鶴『競争法における合併規制の目的と根拠——ＥＣ競争法における混合合併規制の展開を中心として』二二三〜二三三頁（商事法務、二〇〇八年）、林秀弥『企業結合規制——独禁法による競争評価の理論』二六七〜二七〇頁（商事法務、二〇一一年）を参照。

(52) 5 Phillip Areeda & Herbert Hovenkamp, Antitrust Law 1102b (3d ed. 2009).

(53) FTC v Procter & Gamble Co., 386 U.S.568 (1967). 池田・前掲注(51)二二三〜二二四頁を参照。

(54) Bork, *supra* note (11) at 204-5.

(55) 5 Phillip Areeda & Donald F. Turner, Antitrust Law ¶1103 (1980), Herbert Hovenkamp, Federal Antitrust Policy, 503-504 (1994).

(56) 総合的事業能力は最初のガイドラインから考慮事項とされている（公取委「会社の合併等の審査に関する事務処理基準」第三1(2)ウ、3(2)（一九八〇年））。ガイドライン以前から参照軸となっていた。例えば、ライオン歯磨きおよびライオン油脂の合併事案（昭和五四年一〇月二五日受理、『昭和五五年度公正取引委員会年次報告書』一五四頁）では、総合的事業能力の向上が他の競争者の事業活動に競争制限効果を及ぼすことになるか否かが検討されている。なお、entrenchment 理論の影響がうかがわれる点として、関根芳郎『合併審査基準の解説（別冊商事法務四八号）』三八〜三九頁、一〇〇頁（商事法務研究会、一九八〇年）参照。

(57) 前掲注(4)を参照。

(58) ここでの問題は次のように整理されよう。①総合的事業能力による対抗不能を、単なる効率性ゆえの対抗不能と識別する必要がある。②問題のある総合的事業能力は不当な排除を行う地位である。不当な排除は、略奪的側面とレバレッジ（排他的閉鎖）に分離されるが、前者は後者の効果を補完するものに過ぎず、それだけで不充分である。③レバレッジの問題点は、それによって市場支配力の形成等がもっともらしい場合がどれだけあるかに依存する。レバレッジの定義によるが、A市場で市場支配力を有する事業者がそれを利用してB市場での市場支配力形成等を可能にする地位とされており、それが現実味を帯びることを示す理論としては、差し当たり次のものを参照されたい。Barry Nalebuff, "Bundling as an Entry Barrier," 119 Q. J.E159 (2004); Barry Nalebuff,"Bundling as a Way to Leverage Monopoly, Yale Sch. of Mgmt.Working Paper No, ES-36 (2004), available at

.http://ssrn.com/abstract=586648.. Michael D.Whinston, "Tying, Foreclosure, and Exclusion," 80, Am. Econ. Rev. 837.（1990）. 林・前掲注(51)二八三～二八四頁参照。

（59）この問題については既に詳細な検討がある。池田・前掲(51)一九四～二七一頁、林・前掲注(51)一〇二～一一四頁、二七八～二八二頁、三三六～三六五頁参照。

（60）以下の説例は U.S. v. AT&T and McCaw Cellular,Proposed Final Judgement and Commpetitive Impact Statement, 59 F.R. 44158（1994）の事実と分析を参考にした。

（61）かなり強い仮定をおいているが、これは問題点を明確にするためであって、下流での競争が強ければ同様の帰結になることは様々な条件下で示すことができる。

（62）この問題については、川濱昇＝林秀弥＝玉田康成＝石田潤一郎＝岩成博夫『競争者排除行為に係る不公正な取引方法・私的独占について――理論的整理（共同研究報告書）』（公正取引委員会競争政策研究センター、二〇〇八年）（available at http://www.jftc.go.jp/cprc/reports/index.files/cr-0108.pdf）を参照されたい。なお、川濱・前掲注(35)二二〇～二二九頁と荒井・前掲注(14)八～九頁も参照。

（63）近時のわが国では参入阻止価格についての議論が消え去っているのは確かである。この場合に費用を上回る価格設定であっても不当な場合があるのではないかというのは米国であっても議論されており、参入阻止価格であっても費用ベンチマークを必要とすることの説明をきちんと行うことは有益であろう。本来、これについても論じるべきだが、紙幅の関係で別稿で論じる。

（64）この側面での分析については、David Harbord and Tom Hoehn, "Barriers to Entry and Exit in European Competition Policy", 14 Int'l. Rev.of L.and Econ. 411, 423-425（1994）を参照せよ。

（65）効果ベースの考え方に立つ、執行ガイダンスではこの文脈での参入障壁の重要性は認識されている。See, Guidance on the Commission's Enforcement Priorities in Applying Article 82 of the EC Treaty to Abusive Exclusionary Conduct by Dominant Undertakings, Para17 [2009] OJ C 45/2.

（66）Sarah Turnbull, "Barriers to Entry, Article 86 and the Abuse of Dominant Position--An Economic Critique of EC Competition Law", 17（2）E.C.L.R. 96（1996）; Harbord and Hoehn, *supra* note（64）at 425-432を参照。なお、Oluseye Arowolo "Application of the Concept of Barriers to Entry Under Article 82 of the EC Treaty: Is There a Case for Review"27(5) E.C.L.R. 247, 254-55（2005）も参照。

(67) Arowolo, *supra* note (66) at 251.

(68) Case 7/97, Oscar Bronner GmbH & Co. KG v. Mediaprint Zeitungs und Zeitschritenverlag GmbH & Co. KG 1998 E.C.R. 1-7791.

(69) この問題はエッセンシャルファシリティの定義とともに、非差別性だけでは決定できない事例でのアクセスチャージの算定方式ともかかわってくる。

四 まとめと展望

1 総括

これまでの検討から、参入障壁自体の是非が問われているのではないケース、すなわち反競争効果分析の前提としてその存在のみが問題となる事案であれば、Bain 流の考え方が妥当することが確認された。そこでは、生じるかもしれない悪影響をどれだけ迅速にかつ充分に打ち消すだけの参入がありそうか否かが問われるのである。

他方、参入障壁自体の是非が問われているときは Bain 流の考え方は妥当しない。企業結合が、参入障壁を作り出すことを通じて反競争効果が生じるとされる場合、その参入障壁は Stigler 流の考え方からの批判に耐えるものでなければならない。

同様のことは、参入障壁をもたらしかねない行為を排除行為等として問題視する場合にも妥当するが、これはむしろ排除行為とされるものがどのような作用機序で競争の実質的制限等をもたらすかについての検討の問題ということになる。[70] この問題は独自の重要な検討課題である。いずれにせよ、当該行為が「参入障壁」となっているというレッテルを貼って満足してはならない。

ところで、米国やEUでは市場支配的地位や独占的地位の存在が、構造的介入や特別の責任（参入・拡張の受容）のトリガーとなる場合には、過剰介入を抑制すべく参入障壁の基準としてBainの考え方に批判的な立場もあり得た。米国においては既に克服された考え方であるが、EUの支配的地位の濫用規制を比較法的に参照する場合には注意を要する。

2　わが国独禁法への含意――企業結合規制を中心に

(1)　典型的参入分析

企業結合規制においていわゆる参入分析を行う際にはBain流の考え方が妥当するという結論は、一見して明らかなようにわが国の企業結合ガイドラインの参入分析の立場と一致している。なお、わが国の参入分析に関しては、二5で見たように、参入の蓋然性の判断において参入後に参入費用を上回る状況になっているか否かについての考慮が明示されていないなど、疑問も残る。今後洗練していく必要があろう。

(2)　参入障壁の変動

企業結合において参入障壁の変動が問題となる場合についての参入障壁概念についてわが国では明示的な考察はなされてこなかった。この局面ではBain流の参入障壁は指針とはならず、Stigler流の考察が有益である。

この点について垂直的合併(71)の市場閉鎖効果の分析において、Bain流の考え方から市場が単に閉鎖されたことだけで問題が生じるという素朴市場閉鎖効果で問題点を認識するという見解も過去には見られたようだが、現代では、市場閉鎖等を通じたライバル費用の費用引上げ等を問題にすべきことは共通了解となっている(72)。市場閉鎖効果の分析は、そもそも参入抑止要因となることの厳密な分析なしに参入障壁と認識すること自体が誤りであることはたやすく理解できよう。

(3) 総合的事業能力をめぐる混乱の整理

企業結合ガイドラインは「企業結合後において、当事会社グループの原材料調達力、技術力、販売力、信用力、ブランド力、広告宣伝力等の総合的な事業能力が増大し、企業結合後の会社の競争力が著しく高まることによって、競争者が競争的な行動をとることが困難となることが見込まれる場合は、その点も加味して競争に与える影響を判断する」[73]（第4－2(6)）としている。ここでは、有力な企業が「総合的事業能力」を有することが批難の根拠となっている。競争力の向上による対抗困難性は Bain 流の立場から参入障壁[74]をもたらしているに過ぎない場合もありそうである。このような事情も支配的事業者への抑制要因としては問題視する立場も考えられないではない。三2(2)のエントレンチメント理論の部分で説明したように、支配的事業者といえども効率性の向上を批判の根拠とするのは妥当ではない。もっとも、そこでも説明したように費用上の非対称をもたらす地位やその行使インセンティブに変化があるか否かを吟味することによって、前記「競争力」が不当に排除する地位と解される場合には規制は妥当である。これまでのところ、少なくとも総合的事業能力の強化を根拠にした数少ない事件は、広義の投入物閉鎖によって競争制限効果が生じると解する余地があることは確かであり[75]、総合的事業能力の拡大適用の弊害は顕在化されてはいないが、次に述べるように「総合的事業能力」を端的に競争力の強さ[76]と解することが妥当なケースもあるため、注意が必要であろう。

わが国においては水平的企業結合を行った当事者の「総合的事業能力」をその強化とは異なった観点から問題とするケースがある。市場に総合的事業能力を有する事業者とそうでない事業者が存在する場合、総合的事業能力を有する事業者間の競争的抑制は特に重要な役割を果たす。そのような競争的抑制が消滅することの反競争効果は大きい。ここでの総合的事業能力は広い意味で効率性に優っているに過ぎない場合も当然に含んでおり、それを有する事業者が減少することが問題となるのである[77]。このような形で水平的企業結合による競争状況の変化による悪影響を見る場合に、「総合的事業能力」を限定的に解するのは誤りである。また、それを打ち消す要因としての参入分析をするにあたっても、「総合的事業能力」を有する事業者の参入がないと充分性を欠くことになる。

(4)　市場介入の対象としての参入障壁——問題解消措置

ところで、米国やEUで問題となった参入障壁によって強固になった独占に対する構造的規制や特別の責任論は一見したところ、独占状態規制での参入障壁問題を考察することぐらいにしか関連性がないと思われるかもしれない。しかし、ニュアンスが異なるが企業結合においても似たような問題が生じるときがある。問題解消措置としての参入障壁の改善の問題である。

競争の実質的制限があると判断する際の参入分析において参入障壁の存在が指摘されたとしよう。ここでの分析はBain流の考え方で良い。しかし、問題解消措置として当該参入障壁の解消を行うにあたっては、Bain流の考え方では、当事会社の効率性の発揮を妨げたり、不効率な企業の参入を助長するだけという結果になるかもしれない。ここでは、Stigler流の考え方の方に分がありそうである。

本稿の最初に挙げた、グレード減少を排除措置とした事例を考察しよう。水平企業結合による競争緩和が競争の実質的制限を招きそうであるが、参入可能な企業が汎用グレードでの供給しかできないため参入圧力を加えられない以上、ここでグレードが多数あること（製品差別化）が参入障壁となっていることは確かである。しかし、製品差別化それ自体は効率性を反映した競争の発揮という側面もあり、Stigler流の考え方からは原則としてそれ自体を問題視することはできない。もちろん、過大な製品差別化が先占型排除戦略[78]となっているときは、それがどの範囲で成立するかについて異論はあるにせよ、Stigler 流の要求する費用の非対称性を充たすことになり、製品差別化による参入障壁自体をターゲットとすることは当然許される。

さて、それでは問題解消措置として参入障壁をターゲットとするときには、Bain 流の考え方を充たすだけでは充分でなく、Stigler の要請をも充たす必要があるのだろうか。ここでの問題はもう少し複雑な様相を呈している。ここでは企業結合が市場支配力問題を惹起しており、その悪影響を所与としてそれを解消する手段が考察されているのである。ここで用いられた手法は、企業結合が市場支配力に影響する作用機序に逆機能するタイプの措置ではなく、別個の観点からの市場への介入によって反競争効果を解消しようとするものである。Stigler 流の参入障壁ではなくとも、参入を促進することで市場支配力を解消し、消費者利益の確保になることはあり得る。これを強制することは当事会社に多大な負荷を与えることになり妥当ではないかもしれない。しかし、消費者利益の確保のためになる措置であり、当時企業がその負荷よりも企業結合を実施する方が良いと判断する限りは否定する必要はない。ここでは、企業結合を認めなかった場合に匹敵する消費者利益が確保されているか否かの衡量の問題が決定的なのである。

(70) 前掲注(62)の文献を参照。
(71) 水平的企業結合で同種の効果が発生するときも含まれる。
(72) 林・前掲注(51)八七～一一四頁、六一〇～六一七頁参照。
(73) 関連する複数部門が統合されることを問題視するものとしては、「事業支配力が過度に集中すること」に関して「相互に関連性のある相当数の事業分野においてそれぞれ有力な地位を占めていることにより、国民経済に大きな影響を及ぼし、公正かつ自由な競争の促進の妨げとなること」を含めている例（独禁法九条三項）がある。ただし、これは一般集中規制であって具体的な悪影響を要件とするものではないとされている。

（74）　既存企業の拡張を困難にする事情も参入障壁に該当する。

（75）　ＮＴＴコミュニケーションズによるＪＳＡＴの株式取得（「平成一二年度における主要な企業結合事例」事例六）での「総合的事業能力」の問題は、投入閉鎖の一類型として理解することはできそうである。結果として問題はないとされたが、「平成一〇年度における主要な企業結合事例」事例一でのトヨタの総合的事業能力の向上は効率性の向上と同じであり、それを反競争効果の評価根拠とすることには疑問は残る。むしろ、以下の本文で提示する枠組みで考察すべきケースだったのかもしれない。なお、次注も参照。

（76）　競争者間での企業結合の結果、市場支配的地位を獲得することになるケースで、個別製品と密接に関連する製品全体での供給能力に注目するケースがある（例えば、「平成六年度における主要な企業結合事例」事例一）。ここで総合的事業能力として表象されているのは、結合の結果生じたトータルな供給能力の向上であって、それが惹起する問題は、結合なかりせばあり得たそれぞれのトータルな供給能力が潜在的に持つ競争的抑制の消滅であって、力の発生による対抗の困難さではない。このように、水平的結合において本来は別の形で分類すべき問題点を総合的事業能力として処理するケースもあったが、今日ではより洗練された形で分析されているものと考えられる。

（77）　例えば、「平成一一年度における主要な企業結合事例」事例一四では、企業結合計画により、シェアは下位ではあるが「総合的事業能力」のある事業者が生産面で競争者でなくなることを、反競争的と捉えている。

（78）　川濵・前掲注(35)二二三～二二四頁参照。詳細は、Tirole, *supra* note (18) at 346-350 を参照。

本稿は科研費課題番号二四五三〇〇五七の成果の一部である。

「一定の取引分野における競争を実質的に制限する」と要件事実

酒井紀子

一　はじめに
二　「一定の取引分野における競争を実質的に制限する」に関する論点
三　解釈の統一
四　要件事実
五　おわりに

一　はじめに

「一定の取引分野における競争を実質的に制限する」という要件は、独占禁止法の複数の規定に共通する効果要件であり、基本的かつ重要な要件である。にもかかわらず、その解釈は確定しておらず、さまざまな観点から議論されてきた。

しかし、最近、最高裁判所は、私的独占[1]及び不当な取引制限[2]の審決取消請求事件において、判断し、考え方を明らかにした。この二つの判決は、「一定の取引分野における競争を実質的に制限する」という要件における議論について、一定の方向性を示し、独占禁止法全体の解釈に整合性をもたせ、あわせて、解釈と立証を区別することで、立証あるいは要件事実についても示していると考えられる。

そこで、本稿では、「一定の取引分野における競争を実質的に制限する」という要件の解釈と要件事実について試論を述べる。

（1）　最判平成二二年一二月一七日民集六四巻八号二〇六七頁（ＮＴＴ東日本事件判決）。
（2）　最判平成二四年二月二〇日民集六六巻二号七九六頁（多摩事件判決）。

二　「一定の取引分野における競争を実質的に制限する」に関する論点

「一定の取引分野における競争を実質的に制限する」という要件は、複数の高裁の判決を基にその解釈に関する論点について議論されてきた。

行為規制では、審判・訴訟を通じて「一定の取引分野」について、①行為が競争を実質的に制限する範囲が一定の取引分野であるのか、②行為が対象とする取引の範囲と一定の取引分野は一致するのか、③ハードコアカルテルでは、行為要件を立証すれば、一定の取引分野の画定は不要であり、競争を実質的に制限することは立証する必要がないのか、などである。また、「競争を実質的に制限する」について、①市場の閉鎖性は競争を実質的に制限することになるのか、②規制類型ごとの解釈が異なってよいのか、などである。基本となるいくつかの東京高裁の判断があるが、多くの事件で引用される判決は、制定の初期段階の東京高裁の判決である(3)。

また、構造規制との関係では、行為規制と構造規制における「一定の取引分野」の解釈は異なってよいのかが問題とされた。

構造規制では、法律上は、審判手続、訴訟手続が予定されているが、実際には、審決あるいは判決となることはほとんどなく、公正取引委員会の審査の結果としての公表事例によって明らかになるが(4)、その判断は、企業結合ガイドライン等に沿って行われるから、基本的な考え方はガイドライン等によることになる(5)。ここでも、基本的考え方として上記高裁の判決が引用されている(6)。

(3) 東京高判昭和二六年九月一九日高民四巻一四号四九七頁(東宝・スバル事件)(営業の賃貸借の事件、独占禁止法一六条)、東京高判昭和二八年一二月七日高民六巻一三号八六八頁(東宝・新東宝事件)(映画の排他的配給協定の事件、独占禁止法三条後段)。

(4) 独占禁止法は、企業結合の審査手続においては、排除措置命令を予定するが、審査手続で、一定の取引分野における競争を実質的に制限することとなるかどうかが判断され、実際に、排除措置命令が行われることはなく、審判手続が行われることもない。多くのケースについては、審査手続における判断について是正措置を含めて、主要な企業結合事例として概要が公表されている。
（5）　公正取引委員会が、ガイドラインを改訂、修正等する場合、パブリックコメントに付されるが、この回答は公正取引委員会の考え方を知る一助になる。パブリックコメントに付されると、多くの意見が提出されるが、中には公正取引委員会の考え方を問うものもある。たとえば、平成二三年改訂について、公正取引委員会ホームページ参照。
（6）　前掲注（3）。

三　解釈の統一

1　一定の取引分野

(1)　行為が競争を実質的に制限する範囲が一定の取引分野であるのか

(ア)　これまでの判例等　　高裁は「取引の対象・地域・態様等に応じて、違反者のした共同行為が対象としている取引及びそれにより影響を受ける範囲を検討し、その競争が実質的に制限される範囲を画定して『一定の取引分野』を決定する」[7]としており、不当な取引制限の判決、審決の多くの事件では、この考え方が採用されている。[8]

不当な取引制限については、まず、行為要件である「共同して相互に拘束する」を満たすかどうかを認定するが、その際、合意が競争制限を生じるものであることについても判断することになることが多く行為要件と同時に、効果要件についても認定することになったものである。つまり、行為要件を認定することが「一定の取引分野」を認定することになるため、合意が対象とした取引等の範囲をもって、一定の取引分野とされていたと解される。

しかし、競争を実質的に制限する範囲をもって一定の取引分野とすることは効果要件について、条文上規定されているにもかかわらず、主張立証を不要とするに等しく、当然違法[9]の考えをとらない日本では採用できないとする考えもある。

なお、信号機入札談合事件審決は、「違反行為の実態に応じて複数の商品又は役務を併せた取引分野を画定することを妨げるものではない。」としており、競争関係にない商品または役務について、一定の取引分野とすることを認める。なお書きであり、一般論としては、誤りではないが[10]、同事件との関係では、否定的に論じられている[11]。

これに対して、排除型私的独占については、そもそも、事例自体が少なく、判決、審決となったものも限られる[12]。排除型私的独占ガイドラインには、排除行為によって競争の実質的制限がもたらされる範囲をもって一定の取引分野としているが、単独行為であることから、必要に応じて、需要者（または供給者）にとって取引対象商品と代替性のある商品の範囲または地理的範囲がどの程度広いものであるかとの観点を考慮するとする。争われた場合には、その商品役務の需要の代替性、その取引の内容等から判断されている。

(イ)　最高裁判決とその影響　NTT東日本事件判決および多摩事件判決は、「一定の取引分野」は、原則として、一般的、客観的に成立するとし、商品役務の取引から画定していると考えられる。

多摩事件判決は、「法二条六項にいう『一定の取引分野における競争を実質的に制限する』とは、当該取引に係る市場が有する競争機能を損なうことをいう」とし、「当該入札の市場」を前提に競争の実質的制限を認定している。そして、当該入札、つまり本件の入札については、発注者、入札参加者、発注される役務、発注方法、具体的な入札の実施方法、実施状況等を詳細に認定している。同判決では、明確に一定の取引分野の認定方法について示しているわけではないが、入札の態様を認定することで一定の取引分野を画定していると解される（判決は「市場」という言葉を用いているが、一般的には競争の場を意味し、法律の要件とは区別している）。

多摩事件審決[13]は、被審人によって合意の対象とされた物件は、公社が指名競争入札の方法により発注するAランク以上の土木工事で、本件三三社およびその他四七社のうちの複数の者またはこれらのいずれかの者をメインとする複数のＪＶを入札参加業者または入札参加ＪＶの全部または一部とするもの（特定土木工事）とし、合意の対象とされ競争を実質的に制限する範囲をもって、一定の取引分野としていた。しかし、多摩事件判決は、合意の対象は特定土木工事とするものの、一定の取引分野は、Ａランク以上の土木工事の入札の市場とし、市場と一定の取引分野を区別する。このため、合意の対象とする取引の市場と一定の取引分野は一致しないことになるから、合意の対象とされ競争を制限する範囲をもって一定の取引分野とすることはできないことになる。調査官解説によれば、一定の取引分野は、競争の場であって、競争が実質的に制限されるかどうかを判断する前提であり、合意が競争を実質的に制限するところをもって一定の取引分野とすることは、論理矛盾になるとしており、まず、一定の取引分野の画定をすることが必要であるとされる(14)。

ＮＴＴ東日本事件判決は、一定の取引分野について、「ブロードバンドサービス（筆者注：インターネットに接続して大量のデータ通信を可能とするサービスをいうとする）の中でＡＤＳＬサービス等との価格差とは無関係に通信速度等の観点からＦＴＴＨサービスを選好する需要者が現に存在していたことが明らかであり、それらの者については他のブロードバンドサービスとの間における需要の代替性はほとんど生じていなかったものと解されるから、ＦＴＴＨサービス市場は、当該市場自体が独立して独占禁止法二条五項にいう『一定の取引分野』であったと評価することができる。」としており、需要の代替性の存否について触れ、一定の取引分野について判断している。

さらに、ＮＴＴ東日本事件判決は、ブロードバンドサービスの中でＡＤＳＬサービス等との価格差とは無関係に通信速度等の観点からＦＴＴＨサービスを選好する需要者が存在したとすることから、価格差という点を重視して、ブロードバンドサービスの種類を問わずに選択する需要者もいることを前提としていることになり、ブロードバンドサービスという市場も成立することを認めるようである。調査官解説によると、論旨は、FTTHサービスがADSLやCATVと競合していることからこれらのサービスを含めたブロードバンド市場が全体として「一定の取引分野」を構成するとの理解を前提とし、一般的、客観的に成立する一定の取引分野は、ブロードバンドサービスの取引分野であり、FTTHサービスの取引分野については、本件行為によって競争制限の及ぶ範囲という意味で一定の取引分野とすることができるとする。(15) 確かに、当時の通信に関する状況を前提にすれば、一般的ユーザーは、ブロードバンドサービスの中で、FTTHサービスの特性等を理解した上で、別個独立のサービスとして認識していたとまではいえず、むしろ高速大需要量のサービスという意味でひとくくりと見ていたと見られる（なお、競争政策センターの調査(16)）。

しかし、前記の事実によれば、FTTHサービスについても、供給者、需要者、役務から、認定することが可能であり、一般的、客観的にも市場は成立すると解される。したがって、合意を前提としなくても、ブロードバンド市場の部分市場としてFTTHサービスの市場も成立するとするものであり、本件審決が認定した一定の取引分野もまた一般的、客観的に成立するものと解される。

なお、排除型私的独占ガイドラインは、NTT東日本事件高裁判決を引用しているが、公表当時、同事件は上告審である最高裁に係属している状況であったという事情によるものと解される。なお、ガイドラインは、行為によって制限される範囲とともに代替性についても言及しており、東京高裁の考え方そのものではなく、行為によって制限されると明確に述べているのは、審判審決である。(17)

最高裁判決は、需要の代替性について述べ、さらに片務的代替性では足りないとするものであることからすれば、行為が制限する範囲をもって一定の取引分野とする考えはとられていないと解される。

このように、最高裁の両判決は、一定の取引分野については、競争の場であること、その画定は必要であることを明らかにし、さらに、商品役務の需要の代替性・供給の代替性、あるいは需要者、供給者、商品役務、取引等により、一般的、客観的に画定するものと解される。

(2) 行為の対象とする取引の範囲と一定の取引分野は一致するのか

(ア) これまでの判例等　多くの場合、行為の対象とする取引の範囲と一定の取引分野は一致する。(1)で述べたとおり、行為が対象とし、行為によって競争が実質的に制限される範囲が一定の取引分野とされるのであるから、一致するのが原則ということになる。このため、一致しないということが誤りとされることもあった（たとえば、フォワーダー業務の価格カルテル事件(18)）。

(イ) 最高裁判決とその影響　多摩事件判決では、(1)のとおり、合意の対象とする取引の範囲と一定の取引分野が一致していない。両者の関係が取り上げられたのは、多摩事件の事案の特殊性、つまりいわゆる一発課徴金事件(19)であるため名宛人が受注した事業者のみとされたこと、合意の形成型ではなく合意の評価型であるのにゼネコンが複数参加した物件に限って合意の対象とするということなどから、このような結論をとったという、事例判断であるのか、一般的に妥当するものであるのかという問題はある。他方、一致しないことについて、経済学的にも認められるとするものもある(20)。

合意の対象とする取引の範囲は、当事者が自由に決定でき、その際には、取引分野を前提とすることも、しないこともある。他方、一定の取引分野は抽象的なものであり、一般的、客観的なものとして存在する(21)。そうすると、合意の対象となる取引の範囲と一定の取引分野の範囲は一致することも、しないこともあるということになる。調査官解説では、緩やかに解することができるとされる(22)。

(3)　ハードコアカルテルでは、効果要件を立証しなくてもよいのか

(ア)　これまでの学説等　日本では独占禁止法二条六項は、不当な取引制限について「一定の取引分野を実質的に制限すること」を要件とする。しかしながら、カルテルについて、競争制限効果は、ほとんどの諸外国の経済法では要件とされていない。

このため、諸外国の経済法とのバランスをとるため、ハードコアカルテル(23)と非ハードコアカルテル(24)に分けて、前者では、一定の取引分野の画定および競争を実質的に制限することを立証することは不要とし、後者のみ、これらの立証を必要とすると考え方がある。価格カルテル、入札談合等のいわゆるハードコアカルテルは、競争を制限する目的しかない行為であるから、行為が認定できれば競争制限効果をもたらすことになり、合意とその実効性を立証することで足りることになる(25)。

これに対して、条文で規定される以上、要件でないとか、認定が不要であるとかはできないとし、主張立証することが必要であるとする考え方もある(26)。

(イ)　最高裁判決とその影響　最高裁判決は、「一定の取引分野における競争を実質的に制限する」という効果要件について、要件として規定されており、これを認定する必要があるとしたものと解される。(1)との関係では、行為の対象となる取引等で競争が制限される範囲をもって「一定の取引分野」とすることを否定したため、「一定の取引分野」について認定が必要となったともいえる。

多摩事件判決は、「当該入札の取引の市場」を前提とするが、入札について、発注者、入札参加者、発注方法、発注の実施状況などを認定している。需要の代替性、供給の代替性ということは述べていないが、入札制度自体が、需要の代替性、供給の代替性を前提とするものであることからすると、一定の取引分野を認定する事実となると解

される。

ただ、一定の取引分野を要件とし、その認定が必要であるとするものの、具体的事件では、行為要件を認定する事実と一定の取引分野を認定するための事実が重なっていることから、結局、改めて認定する必要がないことになる。あるいは、カルテル、入札談合は、競争を制限する目的しか持たないので、その行為が認定できれば、その対象となった取引をもって一定の取引分野と推認できるということもできる。このように、立証上の問題とすることで、わが国の独占禁止法の条文の規定とカルテル、入札談合といった行為に関する経済学上の考え方等との間のバランスをとったと解される。詳細は、四で述べる。

⑷　行為規制と構造規制における「一定の取引分野」の解釈は異なってよいのか

㈠　これまでの判例等　独占禁止法の一定の取引分野という要件についての法解釈が条文ごとに異なるという疑問が呈されている(27)。すなわち、不当な取引制限では、一定の取引分野の画定はされないが、企業結合では、その画定が必要とされる。この問題は、同時に、一定の取引分野を画定することが必要かどうかとも関連する。

⑴のとおり、不当な取引制限では、一定の取引分野は行為の対象となる取引等で競争が制限される範囲とされてきたが、これによると一定の取引分野の画定が不要ということになる(28)。また、私的独占では、行為を前提とするものの、単独行為の場合が多く、商品役務、地理的範囲から一定の取引分野の画定は必要であるとされる。他方、企業結合では、一定の取引分野は、商品役務の代替性、地理的代替性を検討し、画定する。

㈡　最高裁判決とその影響　両最高裁判決は、行為規制と構造規制で異なる解釈の前提となっていた考え方を否定することで、両規制における一定の取引分野の解釈を整合させたものと解される。

すなわち、行為規制については、「行為の対象となる取引等で競争が制限される範囲」を一定の取引分野とする考えによっていたが、これを否定し、行為規制の場合も、取引の市場、あるいは競争機能を基準とし、需要者、供給者、商品役務、取引等によって、一般的、客観的に一定の取引分野を画定するとしたと解される。

他方、企業結合ガイドラインは、一定の取引分野は、「競争の場」であり、その内容は、商品役務および地理的範囲について、需要の代替性、供給の代替性を判断することによって、その範囲を画定するとする。企業結合自体は会社法上の手続に沿って行えば適法であり、当該事業者が取引する商品役務のうち、市場占有率が高くなる分野について、競争を実質的に制限することとなるかどうかを判断するにあたり、その前提として、その範囲を画定するものである。

このように、行為規制も、構造規制も「一定の取引分野」は、競争の場であり、一般的、客観的に成立し、行為規制では需要者、供給者、商品役務、取引等から判断するが、これは構造規制における商品役務の範囲、地理的範囲[29]について、需要の代替性、供給の代替性、あるいは需要の代替性に代わるものとして商品役務の機能等から判断することと同様であることから、統一的に解釈されることになったと解される。

2　競争を実質的に制限する

(1)　市場の閉鎖性は競争を実質的に制限することになるのか

(ア)　これまでの判例等　多くの判決は、東宝・スバル審決取消訴訟事件判決[30]、あるいは東宝・新東宝審決取消訴訟事件判決[31]を引用してきたが、その内容は同一ではない。

東宝・スバル事件判決は、「競争自体が減少して、特定の事業者または事業者集団が、その意思で、ある程度自由に、価格、品質、数量、その他各般の条件を左右することによつて、市場を支配することができる形態が現われているか、または少くとも現われようとする程度に至つている状態をいうのである。」とする（傍線は筆者による。以下同じ）。

東宝・新東宝事件判決は、「競争を実質的に制限するとは、競争自体が減少して、特定の事業者又は事業者集団がその意思で、ある程度自由に、価格、品質、数量、その他各般の条件を左右することによつて、市場を支配することができる状態をもたらすことをいう……。」とする。

さらに、石油カルテル（生産調整）刑事事件判決(32)は、「事業活動を拘束する行為のもつ効果としての競争の実質的制限とは、一定の取引分野における競争を全体として見て、その取引分野における有効な競争を期待することがほとんど不可能な状態をもたらすことをいうものと解するのが相当である。」とする。

他方、いずれの判決も、競争の実質的制限に市場の閉鎖性を含めるものはないことでは共通する。ただ、市場の閉鎖性が問題となるのは、排除型私的独占の事件（三条前段）であるが、上記判決はいずれも私的独占に関するものではない。学説では、これを含める考えが有力である(33)。

(イ) 最高裁判決とその影響　NTT東日本事件は、排除型私的独占の事件であるが、最高裁は、「競争を実質的に制限する」の解釈として、新規参入を困難にすること、すなわち、市場の開放性を妨げる力とする考え（市場の閉鎖性）を採用していない(34)。しかし、判決は、行為要件該当事実として事業者を排除する行為を認定しているが、当該事実を「競争を実質的に制限する」の評価根拠事実として用いているものと解される。その上で、これを妨げる事実（評価障害事実）とともに総合判断するものと解される。詳細は、四で述べる。

(2) 行為規制と構造規制における「競争を実質的に制限する」の解釈の違い

(ア) これまでの判例等　(1)のとおり、行為規制の多くの判決・審決は、東宝・スバル事件、東宝・新東宝事件の高裁判決を先例として引用してきた。また、企業結合のガイドラインも、東宝・新東宝事件を引用している。

このように、「競争を実質的に制限する」は、東宝・スバルあるいは東宝・新東宝事件判決によっているという点ではおおむね一致する。

(イ) 最高裁判決とその影響　(i) NTT東日本事件判決と多摩事件判決　NTT東日本事件判決と多摩事件判決では、異なる表現が用いられている。

NTT東日本事件判決は、「同項にいう『競争を実質的に制限すること』、すなわち市場支配力の形成、維持ないし強化という結果が生じていた」とする。

多摩事件判決は、「法二条六項にいう『一定の取引分野における競争を実質的に制限する』とは、当該取引に係る市場が有する競争機能を損なうことをいい、……当該取決めによって、その当事者である事業者らがその意思で当該入札市場における落札者及び落札価格をある程度自由に左右することができる状態をもたらすことをいうものと解される。」とする。

(ii) 市場を支配することができる「状態」と市場支配力を形成維持強化すること　両判決は、「市場を支配することができる状態」という表現を採用していない。NTT東日本事件判決は、原審[35]で「市場を支配することができる状態を形成、維持、強化する」とされていたものを「市場支配力を形成維持強化する」としている[36]。市場支配力にはこだわらないとする考えもあるが[37]、「状態」を疑問視する考えが多かったため、判決に賛同する者が多い[38]。「競争を実質的に制限する」と規定されており、行為によって効果が発生することをいうものと解されるが、市場に対する「効果」は、発生の可能性、蓋然性ではなく、「効果の発生」が必要であるとするものと解される。

なお、「市場支配力を形成維持強化する」ということにどのような意味を持たせるかについては、NTT東日本事件判決は述べていない[39]。そこで、意味を充塡することが必要となる。

(iii) 不当な取引制限と排除型私的独占　両判決は、一見すると、異なる基準を用いているようにも見えるが、それぞれの行為の形態にあわせて言い換えたものと解するべきである[40]。(ii)で見たようにＮＴＴ東日本事件判決は、「市場支配力を形成維持強化する」について、どのような意味を持たせるか述べていない。そこで、先例である東宝・スバル事件判決にいう「取引条件を左右することができる状態をもたらすこと」によることになるが、そうすると両判決は同じことになる[41]。

このような違いは、両事件の行為類型が異なることから生じたものと考えられる。すなわち、多摩事件は、入札談合事件であるので、その取引条件である受注者と受注価格を左右できるということは、「市場の競争機能を損なう」ことであり、市場支配力を形成維持強化することであると解される。他方、私的独占の場合は、「市場支配力を形成維持強化する」ことに該当する行為にはさまざまなものがあるため、対象となる取引条件を限定せず、事件ごとの判断にゆだねたものと解される。

さらに、私的独占に該当する行為は、単独の事業者の行為であることが多く、それ自体ニュートラルな行為であるため、競争を実質的に制限することについて厳密に認定する必要があるのに対して、不当な取引制限は、複数の事業者の行為であり、行為が受注者と受注価格を決めるというものであることから、それ自体競争制限目的を有するものということができ、より緩やかな認定で足りるということも考えられる[42]。詳細は、**四**で述べる。

このようにみると、両判決は、行為の形態によって行為にあった表現を用いたために、異なる表現によることになったと解されるが、「競争を実質的に制限する」かどうかは、「競争機能を損なうこと」であり、「市場支配力を形成維持強化する」ことであって同じ解釈となったものと考えられる。また、東宝・新東宝事件判決によっていた構造規制についても同様に解することができる。

3　因果関係

(1)　これまでの判例等

行為要件と「競争を実質的に制限する」要件との関係は、行為と効果の間に因果関係が必要である点は争いがない。条文上は、「より」がこれにあたる。しかし、その因果関係をどのように解するかという議論がある。いわゆる条件関係（but for）、つまり、あれなければこれなしという厳格な因果関係が必要とする考えもある[43]（条件関係説）。他方、民事訴訟における因果関係は、相当因果関係説、疫学的因果関係説等があるが、いずれも行為と損害を結びつけることができるかといった観点でみることになる[44]。

これまで、判決、審決で明確に論じられたものはなかったが、NTT東日本事件高裁判決[45]は、事実関係を前提に「これらを併せみれば」因果関係はあるとしている。また、審査官の主張として、「本件排除行為と結果の間には相当因果関係がある」とするものもある[46]。

他方、企業結合の場合は、因果関係は特段問題とはされていないが、これは、因果関係は、当該行為が市場効果の原因であるかどうかであるので、問題とならないものと解される。

(2)　最高裁判決とその影響

両判決は、どのような因果関係を要するかについては明確に述べていない。

まず、NTT東日本事件判決では、前提として、市場における状況について認定し、違反行為終了後の新規参入の状況について言及し、本件行為により、競争を実質的に制限するという結果が生じていたとしており、認定できる事実関係を前提に因果関係を認めたものと解される。

また、多摩事件判決では、合意が当該入札市場における落札者および落札価格をある程度自由に左右することができる状態をもたらすものであったこと、しかも、合意が、事実上の拘束力をもって有効に機能していたことから、上記の状態をもたらしていたものということができるとし、当該事実から因果関係を認めたものと解される。

いずれも、因果関係は、条件関係によって判断するのではなく、事実から評価するということで認定している。

（7） 東京高判平成五年一二月一四日高刑四六巻三号三二二頁（社会保険庁シール入札談合刑事事件）。

（8） 東京高判平成二〇年四月四日審決集五五巻七九一頁（種苗カルテル審決取消訴訟事件）、公取委平成二二年一〇月二五日審決集五七巻一分冊二六七頁（郵便区分機入札談合事件）、公取委平成一八年六月二七日審決集五三巻二三八頁（ごみ焼却施設入札談合事件）、公取委平成一八年三月八日審決集五二巻二七七頁（信号機入札談合審判事件）など。学説もこれによるものが多い。たとえば、根岸哲＝舟田正之『独占禁止法概説〔第四版〕』四七頁（有斐閣、二〇一〇年）、根岸哲編『注釈独占禁止法』九〇頁（有斐閣、二〇〇九年）〔稗貫俊文〕。なお、酒井紀子『独占禁止法の審判手続と主張立証』二四七頁（民事法研究会、二〇〇七年）。

（9） 価格カルテル、入札談合などの競争制限する目的しか持たないカルテルについては、行為の目的効果について判断するまでもなく違法とされることをいう。米国、ＥＵで採用されている。Antitrust Guidelines for Collaborations Among Competitors（米国）。

（10） クラスター市場という考え方もある。すなわち、競争関係にない商品をひとくくりにした市場である。たとえば、金融商品を複数組み合わせる場合である。

（11） 白石忠志『独禁法事例の勘所〔第二版〕』二三四頁、二八一頁（有斐閣、二〇一〇年）。

（12） 審判審決としてニプロ事件（公取委平成一八年六月五日審決集五三巻一九五頁）、同意審決として北海道新聞社事件（公取委平成一二年二月二八日審決集四六巻一四四頁）、勧告審決としてインテル事件（公取委平成一七年四月一三日審決集五二巻三四一頁）などがある。

（13） 公取委平成二〇年七月二四日審決集五五巻一七四頁。

（14） 古田孝夫「時の判例」ジュリ一四四八号八九頁（二〇一二年）。

(15) 岡田幸人「判解」曹時六四巻一一号三一四九頁（二〇一二年）、岡田幸人「時の判例」ジュリ一四四三号七八頁（二〇一二年）。
(16) 岡田・前掲注(15)曹時。
(17) 公取委平成一九年三月二六日審決集五三巻七七六頁。
(18) 東京高判平成二四年一〇月二六日公刊物未登載、なお公取委ホームページ参照、同年一一月一九日同。審決に対する評釈として、泉水文雄「フォワーダーによる燃油サーチャージ等のカルテルと不当な取引制限、課徴金」ジュリ一三八〇号九四頁（二〇〇九年）、白石忠志「商品役務の一部に関する価格協定」ジュリ一四三六号四頁（二〇一一年）、杉浦市郎「国際航空貨物カルテル事件審決」NBL九七二号三九頁（二〇一二年）などがある。金井貴嗣ほか座談会「最近の独占禁止法違反事件をめぐって」公取七四二号二一頁（二〇一二年）における川濵昇教授発言によると経済学的にもありうるとする。
(19) 平成一七年改正前独占禁止法によって、排除措置命令を行わずに課徴金納付命令を行う事件をいう。
(20) 金井ほか・前掲注(18)座談会。
(21) 古田・前掲注(14)。
(22) 古田・前掲注(14)。
(23) 価格カルテル、入札談合などの競争制限する目的しか持たないカルテルである。いわゆる当然違法の考え方による。根岸＝舟田・前掲注(8)一五三頁、金井貴嗣ほか編著『独占禁止法〔第四版〕』三九頁、六六頁（弘文堂、二〇一三年）。
(24) ハードコアカルテル以外のカルテルである。非ハードコアカルテルは、価格等の取引条件について合意するものではなく、他の権利・利益の保護の必要性から両者を比較考量し、正当化の余地もあるとして、一定の取引分野を画定し、競争の実質的制限という効果要件についても判断する。合理の原則による。金井ほか・前掲注(23)三八頁、六二頁。
(25) 最判昭和五九年二月二四日刑集三八巻四号一二八七頁（石油カルテル刑事事件）は、合意の成立により既遂に達するとし、実施に移されることは必要でないとする。
(26) 白石・前掲注(11)二九六頁、大久保直樹「入札談合等における『一定の取引分野における競争の実質的制限』の解釈」ジュリ一四四二号四頁（二〇一二年）参照。
(27) 石井崇「独占禁止法の審査事例と企業結合事例における一定の取引分野の画定に係る異動について」OH-EBASHI LPC & PARTNERS NEWSLETTER Vol.14 二頁。企業結合と審査の認定の違いについて、具体的、詳細な取引の内容が認定できるかどうかによるとする。

(28) 根岸＝舟田・前掲注(8)一五六頁、根岸・前掲注(8)八九頁〔稗貫〕、金井ほか・前掲注(23)六七頁、金井貴嗣「独占禁止法を学ぶことの意義とその学び方」公取七三八号二頁（二〇一二年）、宮井雅明「多摩談合（新井組）事件最高裁判決の意義」公取七三九号四九頁（二〇一二年）など。

(29) 不当な取引制限、私的独占では、地理的範囲が争われることは少なく、もっぱら、商品役務の代替性が問題となる。地理的範囲は、管轄の問題として論じられる。

(30) 前掲注(3)。

(31) 前掲注(3)。

(32) 東京高判昭和五五年九月二六日高刑三三巻五号五一一頁。

(33) 根岸＝舟田・前掲注(8)五二頁、根岸哲「NTT東日本のマージン・スクイーズと排除型私的独占」民商一四四巻六号一三二頁（二〇一一年）。

(34) 根岸・前掲注(33)はこれを批判する。

(35) 東京高判平成二一年五月二九日審決集五六巻二分冊二六二頁。

(36) 根岸＝舟田・前掲注(8)一五七頁、根岸・前掲注(8)六五頁〔川濵昇〕など。

(37) 村上政博「東日本電信電話会社事件最高裁判決と今後の課題」判タ一三四八号七五頁（二〇一一年）。

(38) 泉水文雄「東日本電信電話の光ファイバ設備に関する私的独占事件最高裁判決」公取七二六号七四頁（二〇一一年）、大槻文俊「FTTHサービスにおけるマージンスクイーズ」NBL九五七号九四頁（二〇一一年）、白石忠志「NTT東日本FTTHサービス最高裁判決の検討」L&T五二号一四頁（二〇一一年）。

(39) 泉水・前掲注(38)。

(40) 泉水文雄「入札談合における不当な取引制限の要件——拘束、共同して、競争の実質的制限」新・判例解説編集委員会編『新・判例解説 Watch【2012年10月】』一九一頁（日本評論社、二〇一二年）、滝澤紗矢子「経済法判例研究」法学七六巻三号一四七頁（二〇一二年）。

(41) 前掲注(38)。

(42) 古田・前掲注(14)。
(43) 白石・前掲注(38)。高裁判決について、滝澤紗矢子「略奪的廉売行為による私的独占該当性」ジュリ一三八三号一二四頁(二〇〇九年)。
(44) 相当因果関係説は、行為と損害との間にその行為からその結果が生じるのが通常であるとき、または通常とはいえない場合でも予測可能であったときに限り責任を負うというものである。疫学的因果関係説は、直接的な因果関係の立証が困難な場合、状況証拠によって因果関係を認定するものである。
(45) 前掲注(35)。
(46) 前掲注(12)ニプロ事件審判審決参照。なお、審判官は、因果関係はあるとするだけで、どの考えによるかは明らかではない。

四　要件事実

1　独占禁止法と要件事実

(1)　独占禁止法と民事訴訟

独占禁止法の要件は、いずれも抽象的である。その中でも、「一定の取引分野における競争を実質的に制限する」という要件は、最も抽象的なものの一つといえよう。

では、このような抽象的な要件をどのようにして認定するのか。

原則として、事実は証拠に基づいて認定することについては、刑事訴訟法(三一七条)、あるいは民事訴訟法(二四七条)で規定されているが、独占禁止法にもまた同様の規定がある(六八条)。立証の程度の違いはあるものの、証拠による事実認定のプロセスは刑事訴訟も民事訴訟も同様である。

独占禁止法の取消訴訟は、行政事件訴訟法によるとされ(七八条)、行政事件訴訟法は定めのない場合民事訴訟法によると規定する（行政事件訴訟法七条）ことから、独占禁止法の取消訴訟の主張立証も民事訴訟法と同様に解される。

⑵　独占禁止法と要件事実

⑴によれば、独占禁止法の主張立証は、民事訴訟法によることになるから、民事訴訟法にいう要件事実論も、独占禁止法の審決取消訴訟、さらには、その前審である審判手続にも妥当すると解される。民事訴訟法では、法律効果の発生・消滅等の根拠となる要件に該当する具体的事実を要件事実といい、主張立証責任の対象となる。そして、要件事実には、法律の規定の抽象度の違いから、事実的要件と規範的要件(47)・評価的要件(48)がある。事実的要件は、法律効果の発生について、具体的事実を要件とする場合である。当該要件に該当する事実を直接立証することができるものであり、民事法の多くの要件がこれに該当する。他方、法律効果の発生について、ある評価の存否を要件とする場合がある。法律が規定する要件自体が抽象的であるため、当該要件に該当する事実は直接立証することができず、具体的な事実を評価することで認定する場合である。さらに、このような要件のうち、規範を含むものを規範的要件という。評価の根拠となる事実を評価根拠事実といい、評価根拠事実による評価を妨げる事実を評価障害事実という。

事実的要件と評価的要件の区別のメルクマールは、抽象度が高く、直接立証することができないかどうかであるが、通常は、一般的に共通の認識が得られるかどうかで判断される(49)。

独占禁止法には抽象的な規定が多く、評価的要件に該当する場合が多いと解される。

ちなみに、判決や審決では、「総合判断する」「総合勘案する」というフレーズをもって述べられるものがこれに該当し（多摩判決では「併せ考慮する」という文言が見られる）、その認定は「評価」である。

2 「一定の取引分野」と要件事実

(1) 総　論

「一定の取引分野」は、抽象的なものであり、直接立証することができないことから、評価的要件に該当すると解され、具体的な事実を主張立証し評価することで認定することになる。

(2) 多摩事件判決

多摩事件判決の「一定の取引分野」は、Aランク以上の土木工事に係る入札市場とされている。その認定は、公社における入札制度とその実態によって判断されている。具体的には、発注者の概要、入札方法、単独・JVの区分、指名業者のランク、事業者のランクに基づく工事のランク付け、実際の発注の方法、実際の入札の方法である。なお、新都市建設公社は、多摩地区の公共下水道工事の建設等の都市基板整備事業を行う法人であるので、発注する工事は公共下水道工事の建設等である。

このように、入札における「一定の取引分野」は、入札の対象となる工事（役務）、発注者（需要者）、入札に参加する事業者（供給者）、入札の方法（取引方法等）を認定し、これらを評価することで、一定の取引分野を画定する。入札制度自体が、仕様書のとおりの工事を行うという意味で役務の代替性を前提とし、入札に参加できる事業者は供給の代替性を有することを前提とする。また、一連の工事全体についても、事業者からみると、類似の工事の集まりであるという意味で代替性が認められるから、一つの取引分野であるということができる。(50)

(3) NTT東日本事件判決

NTT東日本事件判決は、「一定の取引分野」の認定について、「前記事実関係等によれば、本件行為期間において、ブロードバンドサービスの中でADSLサービス等との価格差とは無関係に通信速度等の観点からFTTH

サービスを選好する需要者が現に存在していたことが明らかであり、それらの者については他のブロードバンドサービスとの間における需要の代替性はほとんど生じていなかったものと解される」とする。事実関係として①通信速度、通信方向は収容局からの距離に左右されない、②接続が安定している、③通信品質がよい、④一本の回線サービスで音声や動画等を統合したサービスが可能であることを認定している。

このように、ＦＴＴＨサービスの特性（役務）、サービスの内容にこだわる需要者の存在（需要の代替性）、ブロードバンドサービス事業者の存在（供給の代替性）といった事実を認定し、「ＦＴＴＨサービスの取引分野」を本件の一定の取引分野と評価する。

なお、調査官の解説によると、ＮＴＴ東日本事件判決は、ブロードバンドサービスを一定の取引分野としているとされているが、その点についての認定は最高裁判決上では明示されているわけではないが、具体的事実を前提に重畳して成立するものとみられる(51)。

⑷　排除型私的独占ガイドライン

排除型私的独占ガイドラインは、第３－１⑴前段で、「一定の取引分野とは、排除行為によって競争の実質的制限がもたらされる範囲をいい」うとするが、⑵で見たとおり、この考えは否定されたものと解される。

これに対し、後段は、行為者の市場における地位、競争者の状況、競争の状況、競争圧力等から判断する。この判断の枠組みは、行為者側の地位等と競争圧力の存在等に分けて判断するというものであり、ＮＴＴ東日本事件判決の枠組みもこれと同じであると解される。

⑸　企業結合

商品役務の範囲と地理的範囲で判断される。

商品の範囲については、需要者からみた商品の代替性という観点から画定される。商品の代替性の程度は、当該商品の効用等の同種性の程度と一致することが多く、この基準で判断できることが多い。具体的には、①用途、②価格・数量の動き等、③需要者の認識・行動による。

地理的範囲についても、需要者からみた各地域で供給される商品の代替性の観点から判断される。各地域で供給される商品の代替性は、需要者および供給者の行動や当該商品の輸送に係る問題の有無等から判断できることが多い。具体的には、①供給者の事業地域、需要者の買い回る範囲等、②商品の特性、③輸送手段・費用等、④取引段階、特定の取引の相手方等その他の要素による。

いずれも、これらの具体的な事実を総合判断することで画定されるが、これらの事実の位置づけは評価根拠事実、評価障害事実と同様であると解される。

(6) 小　括

両判決によると、行為規制の場合、認定できる具体的事実を評価して「一定の取引分野」を認定することになるが、これは構造規制も同様に設定するものと解される。

両判例が示した「一定の取引分野」を認定するための評価根拠事実は、おおむね、排除型私的独占、企業結合のガイドラインと一致すると見られ、同ガイドラインには評価障害事実に該当するものも含まれ、これらを総合判断して認定することになると解される。

3 「競争を実質的に制限する」の要件事実

(1) 総　論

「競争を実質的に制限する」は、抽象的であり、直接立証することができないことから、評価的要件に該当すると解され、具体的な事実を主張立証し評価することで認定することになる。

(2) 多摩事件判決

判決は、「競争を実質的に制限する」について、

「本件合意の当事者、対象となった工事の規模・内容、Aランク以上の土木工事については、当事者と協力者が指名される可能性が高かったこと、個別の受注調整では地元業者も競争回避行動があったことから、本件基本合意が、当事者である事業者らがその意思で当該入札市場における落札者及び落札価格をある程度自由に左右することができる状態をもたらしうるものであったということができる。

しかも、①期間中に発注された特定土木工事のうち相当数の工事において本件基本合意に基づく個別の受注調整が現に行われ、②そのほとんど全ての工事において受注予定者とされた者又はＪＶが落札し、③その大部分における落札率も九七％を超える極めて高いものであったことからすると、本件基本合意は、特定土木工事を含むAランク以上の土木工事にかかる入札市場の相当部分において事実上の拘束力をもって有効に機能し、上記の状態をもたらしていたということができる。」とする。

このように、「競争を実質的に制限する」の部分は、二つの部分からなる。すなわち、

A：基本合意が本件土木工事に係る入札市場における競争制限をもたらしうるものであったこと
および

B：基本合意が、本件特定土木工事に係る入札市場の相当部分において、事実上の拘束力をもって有効に機能していたこと

である。そして、AとBは「しかも」という接続詞で結ばれているから、AおよびBの事実は「競争を実質的に制限する」の評価根拠事実とし、これらの事実から評価するものと解される。

Aの事実は、「共同して相互に拘束する」を認定するに事実とおおむね一致しており、本件基本合意等が、競争制限をもたらしうるものであったと評価する。

さらに、Bの事実は、基本合意に基づく個別の受注調整が行われ、受注調整どおりの結果が生じたこと等をもって、本件基本合意が事実上の拘束力をもって有効に機能していたと評価する。(52)

そして、AとBをあわせ、本件合意が競争を実質的に制限したこと、つまり、効果要件を満たし、かつ、因果関係も認めるものと解される（因果関係については後記4で述べる）。

このように、入札談合事件については、基本合意が競争制限をもたらしうるものであり、事実上の拘束力があり、有効に機能していれば、競争を実質的に制限するといえるとする。ここにいう事実上の拘束力はいわゆる実効性を意味すると解される。(53) そうすると、解釈において、入札談合でも「一定の取引分野における競争を実質的に制限する」は要件とされているとしたが、実際に認定するにあたっては、基本合意とその実効性によって認定できるとするものであり、「競争を実質的に制限する」ことは、事実上立証を要しないと解することができる。このことは、ハードコアカルテルが競争を制限するという目的しか持たないものであり、一定の取引分野における競争を実質的に制限するという要件は認定する必要がないという考え方に反するものではなく、むしろ、これを取り込んで整合的に解したものと考えられる。

なお、本件入札市場には、協力者、アウトサイダーといった基本合意の当事者でない事業者が多数存在することから、当該市場の事業者、市場の状況、アウトサイダーが競争回避的であることなどについても詳細に認定している。また、実効性について、受注調整の結果によって認定している。しかし、アウトサイダーが存在しない当事者のみの市場である場合であれば、原則として、合意が競争制限をもたらしうるものであるといえよう。また、当該市場の事業者がすべて参加しており、結束が固いか、あるいは厳格なペナルティが付されているような場合であれば、実効性は、合意自体から導くことができる。そうすると、合意の成立を認定するだけで、合意が競争制限をもたらしうることおよび合意の実効性の両方を認定することができることになる。もっとも、このように、典型的なカルテルは、ほとんど見かけられず、結局は、さまざまな事実をあわせて認定することが必要と考えられる。

(3)　NTT東日本事件判決

判決は、「競争を実質的に制限する」について、「これらの競業者のFTTHサービス提供地域が限定されていたことやFTTHサービスの特性等に照らすと、本件行為期間において、先行する事業者である上告人に対するFTTHサービス市場における既存の競業者による牽制力が十分に生じていたものとはいえない状況にあるので、本件行為により、同項にいう『競争を実質的に制限すること』、すなわち市場支配力の形成、維持ないし強化という結果が生じていたものというべきである。」とする。

同判決によると、「本件行為は、上告人が、その設置する加入者光ファイバ設備を、自ら加入者に直接提供しつつ、競業者である他の電気通信事業者に接続のための設備として提供するに当たり、加入者光ファイバ設備接続市場における事実上唯一の供給者としての地位を利用して、当該競業者が経済的合理性の見地から受け入れることのできない接続条件を設定し提示したもので、その単独かつ一方的な取引拒絶ないし廉売としての側面が、自らの市場支配力の形成、維持ないし強化という観点からみて正常な競争手段の範囲を逸脱するような人為性を有するものであり、当該競業者のＦＴＴＨサービス市場への参入を著しく困難にする効果を持つものといえる」としており、行為自体が人為性を有するとし、自らの市場支配力の形成、維持ないし強化するものと認定する。

他方、同判決は、市場が競争者による牽制力が十分でない状況にあることから、本件行為によって「競争を実質的に制限する」とする。既存の競業者の牽制力が十分でないことを基礎づける事実として、①競業者の提供地域が限定されることと、②ＦＴＴＨサービスの特性、主として事業の規模によってその効率が高まり、かつ、加入者との間でいったん契約を締結すると競業者への契約変更が生じ難いことをあげ、先行者に有利であるとしている。

これらをあわせみると、「競争を実質的に制限する」の評価根拠事実は、他の事業者の事業活動を排除した行為であり、既存の競業者による牽制力があることが評価障害事実となると解されるが、後者については十分でないとされており、これらを総合判断して「競争を実質的に制限する」ことを認定するものと解される。

行為要件は、「他の事業者を排除する」ことであるが、それ自体について、自らの市場支配力の形成、維持ないし強化という観点からみて正常な競争手段の範囲を逸脱するような人為性を有するものであることを前提とするから、排除行為が認定されると市場支配力を形成維持強化することをもたらすものということができ、評価根拠事実となると解される。そうすると、解釈において、競争を実質的に制限するに市場の閉鎖性を含めないこととしたが、実質的にはこれを採用したことと等しくなるものと解される。ただ、本件のように、市場に競争者が存在する場合、その存在は市場支配力の形成維持強化の評価にあたり、その認定を妨げる方向に働くことになるから、これが評価障害事実となると解される。そして、これらの事実を評価して「競争を実質的に制限する」ことを認定している。

(4)　排除型私的独占ガイドライン

排除型私的独占ガイドラインは、企業結合ガイドラインとおおむね同じである。競争の実質的制限の存否は、一律に特定の基準によって判断されるのではなく、個別具体的な事件ごとに、次の事項を総合的に考慮して判断される。

考慮すべき事項としては、行為者の地位および競争者の状況、潜在的競争圧力、需要者の対抗的な交渉力がある。具体的には、行為者の地位および競争者の状況については、①行為者の市場シェアおよびその順位、②従来の市場における競争の状況、排除行為による市場占拠率の集中の程度など、③競争者の総合事業能力、供給余力が、また、潜在的競争圧力については、①制度上の参入障壁の程度（法令等）、②実態面での参入障壁の程度、③参入者の商品と行為者の商品との代替性の程度、その他、需要者の対抗的な交渉力、事業者の事業における効率性、消費者利益の確保に関する特段の事情などもある。

これらのうち、当該一定の取引分野の特徴等から選択し、認定された事実を前提に競争を実質的に制限するかどうかを判断する。

この判断の枠組みは、行為者側の地位等と競争者側の地位等から判断するというものであり、NTT東日本事件判決の枠組みもこれと同じであると解される。

(5)　企業結合ガイドライン

企業結合ガイドラインが競争を制限に制限するについて判断の枠組みを示す。

ガイドラインは、判断の基礎となる事実について列挙するが、これらの事実のすべてを立証するわけではなく、当該一定の取引分野の特徴等に応じて、認定できる事実をもって評価し判断する。排除型私的独占と同様の判断枠組みであると解される。

企業結合は、水平的型企業結合、垂直型企業結合、混合型企業結合に分類されており、それぞれ、競争に与える影響も異なることから、それぞれ、判断基準を示している。

ガイドラインは水平型企業結合について詳細に規定している。

まず、単独行動についてみる場合、①競争者の状況、②輸入、③参入、④隣接市場からの競争圧力、⑤需要者からの競争圧力、⑥総合的な事業能力、⑦効率性という事情について、具体的な事実関係を認定し判断する。

次に、協調的行動について見る場合、①当事会社グループの地位および競争者の状況、②取引の実態等、③輸入、参入および隣接市場からの競争圧力等、④参入、⑤効率性について、具体的事実関係を認定し判断する。

(6) 小　括

両判例が示した「競争を実質的に制限する」を認定するための評価根拠事実は、おおむね、排除型私的独占ガイドライン、企業結合ガイドラインと一致し、認定できる具体的事実を評価して判断するという点でも同じと解することができる。さらに、両ガイドラインには評価障害事実に該当するものも含まれ、これらを総合判断して、認定することになる。

4 因果関係

(1) 総　論

行為と競争を実質的に制限するという効果の発生の間の因果関係は、抽象的であり、直接立証することはできないから、評価的要件にあたると解され、具体的な事実を主張立証し評価することで認定することになる。(54)

(2) 多摩事件判決

本件は、基本合意の対象となる入札の範囲と一定の取引分野となる入札市場が異なることから、因果関係も単純ではない。しかし、特に、「競争を実質的に制限する」に該当する事実以外の事実を認定するものではなく、これらの事実から、因果関係も認定していることは、3(2)のとおりである。

すなわち、入札市場における受注者と受注価格をある程度自由に左右することができる状態をもたらしうるものであったこと（上記Aの事実）および本件基本合意が事実上の拘束力をもって有効に機能していたこと（上記Bの事実）から、本件基本合意が、一定の取引分野となる入札市場における受注者と受注価格をある程度自由に左右することができる状態をもたらしていたと評価している。

(3) NTT東日本事件判決

判決は、因果関係について、「本件行為停止後に他の電気通信事業者が本格的に新規参入を行っていること、その前後を通じて既存の競争業者の競争力に変動があったことを示すような特段の事情はうかがわれないこと等からすれば、FTTHサービス市場における上記のような競争制限状態は本件行為によってもたらされたものであり、両者の間には因果関係があるということができる」とする。さらに、違反行為終了後の参入と違反行為終了の前後を通じて他の既存の事業者の競争力の変化がないことを認定している。

これについては、違反行為終了後の参入ではないこと、東電のユーザー料金からすると、他の事業者は、同社と競争することができる価格設定はできず、参入できなかったことから、因果関係を否定する考えもある。しかし、先に述べたとおり、複雑な事情がからむ取引において、個々の要素を切り分けて結果との因果関係を認定することは困難である。したがって、因果関係は評価的要件であるとして、評価根拠事実と評価障害事実を認定し、総合判断して、因果関係を認定することになると解される。

（4） 小　括

両判決が示した因果関係における評価根拠事実は、行為が競争制限をもたらしうるものであることとその実効性である。経験則上、そのような行為からそのような効果が発生するということであれば、これらから因果関係があると評価される。ただ、取引分野の構造、取引の状況、アウトサイダーの存在、違反行為終了後の状況の変化等の事情が認定できる場合には、これらもあわせて評価して、認定することになる。

（47） 伊藤滋夫編著『要件事実小辞典』四一頁（青林書院、二〇一一年）、同『要件事実講義』二五七頁（商事法務、二〇〇八年）、難波孝一「規範的要件・評価的要件」伊藤滋夫＝難波孝一編『民事要件事実講座1』一九七頁（青林書院、二〇〇五年）など。民法七〇九条の不法行為の過失、民法一一〇条等の表見代理の正当理由など。

（48） 前掲注（47）、黙示の意思表示など。なお、因果関係も該当するとされる。

（49） 前掲注（47）、河村浩「民事裁判の基礎理論・法的判断の構造分析（二・下・完）」判時二二四九号二一頁（二〇一二年）など。

（50） 入札談合事件において、違反行為は、基本合意か、個別物件の受注調整かという論点もある。別の観点から見ると、一定の取引分野は、基本合意が対象とする入札全体で成立するか、個別物件ごとに成立するかという論点ともいうことができる。一定の取引分野の取引分野の認定からすると、基本合意を違反行為とするものと解される。

反対するものとして、白石忠志「多摩談合最高裁判決の評釈」東京大学ディスカッション・ペーパー GCOESOFTLAW-2012-1、白石・前掲注（26）。

（51） 岡田・前掲注（15）曹時は、競争政策センターの調査について言及する。そこでは、ＡＤＳＬサービス、ＣＡＴＶインターネット、ＦＴＴＨサービスについて、当時の主たるコンテンツとの関係では一定の速度帯（3Mbps）を前提に競争は働いており、ＦＴＴＨサービスの市場もＡＤＳＬサービスの競争圧力にさらされているとしており、代替性を認める。

（52） 受注調整の結果ではなく実効性を評価根拠事実としたのは、実施に至らなかった場合でも競争を実質的に制限すると認定できるようにしたものと解される。たとえば、公取委平成二〇年一二月一八日排除措置命令審決集五五巻七〇四頁。

（53）　前掲注（25）の判決にいう実効性と同趣旨と解される。

（54）　因果関係を評価的要件とするものとして、河村浩「民法における因果関係の要件事実とその構造——評価的要件という視点から」伊藤滋夫編『民事要件事実講座6』二三七頁（青林書院、二〇一〇年）。

五　おわりに

以上のことから、二つの最高裁の判決が出されたことにより、これまで論じられてきた「一定の取引分野における競争を実質的に制限する」という要件における争点について考え方を示し、「一定の取引分野における競争を実質的に制限する」について、統一的に解釈されるようになったものと解される。また、認定方法を示し、要件事実を示すことで、行為規制と構造規制の間の取扱を示したということができる。(55)さらに、これまで経済学的な見地から採用されていた考え方を解釈・立証の両方を併せて判断することで、齟齬がないように配慮したものと解される。(56)

（本稿において意見にわたる部分は個人的なものであり、所属先あるいは所属先の地位に関係するものではない。）

（55）　白石・前掲注（50）GCOESOFTLAW-2012-1。

（56）　前掲注（55）は同旨と解される。

マージンスクイーズについて、武田邦宣「競争法によるプライススクイーズの規制」根岸哲ほか編『ネットワーク市場における技術と競争のインターフェイス』五四頁（有斐閣、二〇〇七年）。全体について、林秀弥『企業結合規制——独占禁止法による競争評価の理論』（商事法務、二〇一一年）。

なお、脱稿後、白石忠志「最高裁判所民事判例研究」法協一三〇巻三号七四四頁（二〇一三年）に接した。

独禁法における因果関係

白石忠志

一　問題の所在

独禁法をめぐる実務は、目覚ましい発展を遂げた。その際、単に公取委の見解に唯々諾々と従うのではない独立の精神が有効に作用したことはいうまでもない。

そのような実務がもたらした諸事象を観察するに、その多くのものにおいて、因果関係という概念が見え隠れすることに気づく。独禁法の体系書等において、因果関係が独自の項目を与えられ総論的に論ぜられることは稀であるが、研究者・実務家が自覚的に論じているか否かは別として、確かにそこに、因果関係という問題は存在しているように思われる。

一般の民事法や刑事法においては、いうまでもなく、因果関係をめぐる深い議論がなされている。百家の争う論題であるから、ここであえて特定の文献を挙げることはしないが、独禁法における因果関係を論じようとする際にも常に参考となる。

本稿は、民事法や刑事法の因果関係論を遠くに意識しつつ、まずは独禁法の諸事象を拾い上げ、足下を固めて、将来の発展に繋げようとするものである(1)。

（1）因果関係に関する研究が現状において十分でない点においては、外国競争法も大差があるわけではない。たとえば、米国の文献であるMichael A. Carrier, "A Tort-Based Causation Framework for Antitrust Analysis," 77 Antitrust L. J. 991 (2011) は、因果関係は反トラスト法のなかで最も探究の進んでいない分野のひとつである、としている。EU競争法においては、若干の自覚的な議論の蓄積がある。たとえば、Jonathan Faull & Ali Nikpay (ed.), The EC Law of Competition (2nd ed., Oxford University Press, 2007), ¶¶9.130-9.162など。これらの外国競争法の状況も、本稿の直接の対象とはせず、今後の課題としたい。

二　因果関係が必要とされる根拠

本稿は、上記のように、日本独禁法に現存する因果関係論の断片を集めることを第一の任としているが、しかしその前に、ごく簡単にではあるが、独禁法において因果関係が論ぜられることの実質的根拠と考えられるものを、述べておきたい。

1　実質的根拠

第一に、独禁法違反であるという結論は、法的非難・制裁の対象となるので、行為者に対する責任追及の根拠がなければならない。課徴金や刑罰が適用される違反類型である場合にはもちろん、そうでなくとも、独禁法のほぼすべての違反類型は二五条の無過失損害賠償責任の根拠ともなる。結果に結びついていない行為を非難・制裁することはできない。かりに、違反要件規定が、行為だけで違反とするという立場を採っているなら、因果関係は論ずるまでもないかもしれない。しかし、そのような不正手段行為ではなく、反競争性があって初めて違反となる行為類型の場合には、行為それ自体は、取引社会でしばしば見られることであってそれ自体が独禁法違反であるわけではない。そうであるとすれば、当該行為と、それを違反とする根拠となる反競争性という弊害との間に、因果関係が必要とされる。

第二に、第一義的には非難・制裁のためのものではないとされる排除措置命令の観点からみた場合であっても、次のようなことが言える。(2) すなわち、排除措置命令をして行為を除去することにより弊害の解消をもたらすには、弊害との間に因果関係があるような行為を除去するのでなければ意味がない、ということである。因果関係のない行為を除去しても、弊害は解消されない。また、排除措置命令は非難・制裁のためのものではないという前提それ自体が机上の想定なのであって、実際には排除措置命令それ自体が社会的制裁および前記の課徴金や損害賠償責任に繋がっていくということにも、注意しなければならない。さらに、企業結合規制の場合には、企業結合規制が基本的には事前規制という強い規制であるため、弊害と無関係の行為を禁止したり弊害と無関係の問題解消措置を条件としたりすることに対してさらに抑制的であるべきではないか、という点を考える必要があろう。

第三に、独禁法関係の民事裁判において、独禁法の違反要件論の枠外で、違反行為と原告の損害等との間の因果関係が論ぜられる場合がある。それらについては、民事法において因果関係が必要とされる根拠がそのまま当てはめられることになるのであるから、ここで重ねて論ずるまでもないであろう。

2　条文上の根拠

以上のような実質的根拠は、独禁法の条文にも盛り込まれている。

たとえば、私的独占を定義する二条五項、不当な取引制限を定義する二条六項、においては、「により」という文言で、因果関係が要件となることを明示的に定めている。(3)

不公正な取引方法の諸規定では、因果関係が明示的な文言となっていないことが多いが、これは、個々の規定全体から当然に読み取れるためにあえて書かなかったものと受け止めるべきであろう。たとえば、現行二条九項六号柱書は、平成二一年改正の経緯に照らせば、現行二条九項各号や一般指定のすべての文言上の淵源と考えてよいのであるが、それを見ると、「次のいずれかに該当する行為であつて、公正な競争を阻害するおそれがある」と規定している。これは、「行為」がこの部分での実質的な主語であり「阻害するおそれがある」が述語なのであって、両者の間は「により」と同等のもので結ばれているものと考えてよいように思われる。「により」が書かれていないのは、そのあとで公取委の指定について言及する必要があったという言い回し上の原因にすぎないのではないか。

以上は、非企業結合規制の違反類型であるが、企業結合規制においても、一〇条一項や一五条一項一号などにおいて、「により」または「によつて」という文言で、企業結合行為と弊害との間の因果関係が必要であることが表現されている。

民事裁判においては、一般民事法の条文のほか、独禁法二四条と独禁法二五条という特別な規定が登場する場合がある。二五条は、因果関係論との関係では、無過失責任とされることの反動がどのように作用するかという点などを別とすれば、民法七〇九条と同じ因果関係論を当てはめればよいのであろうと思われる。それに対し二四条の差止請求においては、被告の違反行為と、原告の利益侵害・著しい損害との間の因果関係という、一般民事法において必ずしも一般的でないものが登場する可能性がある。尤も、独禁法の外に目を転ずれば、知的財産法や消費者契約法など、差止請求規定の適用例は枚挙に遑がなく、基本的には、それらの議論の応用が可能ではないかと想像される。

（2）　排除措置命令が是正のためのエンフォースメントであるという点を強調して、排除措置命令については因果関係に関して緩やかな要件を想定すべきであるという方向での議論もあり得るところであり、現にその趣旨を述べる有力な文献も存在する。滝澤紗矢子『競争機会の確保をめぐる法構造』二一八〜二一九頁（有斐閣、二〇〇九年）。本稿は、そのような問題提起と、以下に挙げるような別の要素とを、いずれも視野に入れて今後の理解を深めるべきであると述べているのにすぎず、上記文献ももとよりそのような趣旨を含むものであると思われる。

（3）　私的独占の定義規定においては、行為と弊害との間の因果関係が、「排除」と「競争の実質的制限」の間でなく、「排除」のなかにおいて、入れ子のように、行為と排除効果との間で、論ぜられることもあり得る。

三　非企業結合規制における因果関係をめぐる諸事象

1　はじめに

独禁法の違反類型には、企業結合規制と、そうでないものとがある。企業結合規制は、行為と弊害との間に時間差があり、しかも弊害の成否の判断が将来予測である、という特殊性がある。

そこで、以下ではまず、企業結合規制ではないもの、すなわち、非企業結合規制の違反要件論の枠内における因果関係論を見る。行為要件を充たす行為と弊害要件を充たす弊害との間の因果関係が問題となる場合が多い(4)。

以下では、便宜上、諸事象をいくつかのグループに分けて、例示的に列挙する。グループは、相互に排他的なものではなく、あくまで記述の便宜のための分類である。

2　並行的な排他的取引

非企業結合規制のなかで重要な位置を占める他者排除行為は、取引拒絶系の行為（raising rivals' cost）と略奪廉売系の行為とに大別されるが、複数の同種行為が並行しておこなわれるために因果関係が問題となる事例は、両系統のいずれにも観察される。

取引拒絶系の行為の場合は、被排除者に対する行為の競合であり、典型的には、自己の競争者に対する取引拒絶等を取引先に求める排他的取引を複数の者が並行的におこなっている、というかたちで登場する。

並行的な排他的取引が話題となった古典事例が、東洋精米機製作所事件である。東京高裁判決が公取委審決を取り消した理由のひとつが、同事件が並行的な排他的取引の事例であることと関係していた[5]。すなわちそこでは、一般論として、「[流通経路が閉鎖されている場合でも]すでに各販売業者が事実上特定の事業者の系列に組み込まれており、その事業者の製品だけしか取り扱わないという事態になっているなど特段の事情が認められる場合は、排他条件付取引に公正競争阻害性が認められないとされる余地が生ずるものと解される」、という考えが示された[6]。

それに対する批判が公取委文書に結実したのが、流通取引慣行ガイドライン[7]の脚註の記述である。それによれば、「[考慮要素のひとつである]市場全体の状況としては、他の事業者の行動も考慮の対象となる。例えば、複数の事業者がそれぞれ並行的に自己の競争者との取引の制限を行う場合には、一事業者のみが行う場合に比べ市場全体として競争者の取引の機会が減少し、他に代わり得る取引先を容易に見いだすことができなくなるおそれが生じる可能性が強い[8]。」。

両者の違いは、因果関係に関する考え方の違いというよりも、並行的に排他的取引をおこなって販売経路等を抱え込んでいる者のほかに、販売経路を用意できず排除される者がいる、ということに対する認識の有無であったのかもしれない。

しかし、東京高裁判決を、次のように善解することもできるかもしれない。すなわち、そのような者が排除されるとしても、販売業者を自己の系列に抱え込んでいる者は複数おり、排除効果の原因を東洋精米機製作所の行為だけに帰することはできないから、東洋精米機製作所の行為は違反要件を充たさないと考えた、と読むこともできるかもしれない。判決の読み方としてそれが正しいか否かは、定かではない。あくまで、仮の読み方である。

流通取引慣行ガイドラインは、単純に、並行的な排他的取引によって誰かが排除される場合もある、と述べているだけであり、上記の仮の読み方のような因果関係論に対する応答となるほどの理論武装はしていない。

3　並行的な廉売

略奪廉売系の他者排除行為が並行的におこなわれて因果関係が問題となる事例とは、典型的には、複数の者が廉売をしており、そのような行為の影響で第三者が排除された、というものである。(9)

先駆的事例は、マルエツ・ハローマート事件である。マルエツとハローマートは、松戸市上本郷のそれぞれの店舗において、牛乳の廉売を、仕入価格を下回って、並行的におこなった。そして、それぞれの廉売が、それぞれの店舗から一キロメートルの商圏内に店舗を持つ牛乳専売店等の事業活動を困難にさせるおそれがあることが認定されている。二社のいずれに対しても、別々に、排除措置命令がなされた。(10)

同様の事例として、シンエネ・宇佐美事件がある。シンエネと宇佐美は、小山市のそれぞれの給油所において、ガソリンの廉売を、仕入価格を下回って、並行的におこなった。そして、競争業者の販売シェアが減少したことが認定されている。二社のいずれに対しても、別々に、排除措置命令がなされた。(11)

これらの二つの事件において、個々の廉売行為者の行為と排除効果との間の因果関係がどのように検討されたのか、定かではない。

ただ、忖度するならば、次のような点が浮かび上がってくる。まず、マルエツ・ハローマート事件では、両社の店舗が「交互に対抗的に販売価格の引下げを繰り返し」と認定されている。(12)また、シンエネ・宇佐美事件でも、「互いに販売価格の引下げを繰り返していた」と認定されている。(13)さらにシンエネ・宇佐美事件では、小山市における市場シェアがそれぞれ、約二九％・第一位、約一二％・第三位、と認定されている。(14)

互いに繰り返していたという認定は、いずれか一社が行為を取りやめれば他の一社も取りやめたであろう、ということを窺わせる事情であると言えるかもしれない。もしそうであると言えるならば、個々の者の行為と排除効果との間に「あれなければこれなし」という条件関係があると言えるように思われる。市場シェアの認定は、忖度すれば、個々の者の行為の排除効果への寄与度を示していると言えるかもしれないが、定かではない。

なお、シンエネ・宇佐美事件においては、やはり小山市においてガソリンを仕入価格未満で売っていた関東スタンダードに対して警告がなされている[15]。なぜ関東スタンダードに対しては排除措置命令でなく警告にとどまったのか、その理由は説明されていない。互いに繰り返していたという事情が欠けていたのか、価格がシンエネ・宇佐美ほどには安くなかったのか[16]、市場シェアがシンエネ・宇佐美ほどには大きくなかったのか[17]、それらの事情の総合考慮であるのか、そのあたりは、不明である。

排除措置命令がなされなかったために事件全体が関東スタンダードと同様の不明点に包まれているのが、ミタニ等による福井県でのガソリンの廉売の事例である。それによれば、ミタニは一三箇所の給油所で「その供給に要する費用を著しく下回る対価で継続して供給し」た模様であり、警告を受けている[18]。なぜ警告にとどまったのか、理由は明らかにされていないが、同時に、他の五社（これも一三箇所の給油所）が、「ミタニと同等の価格で」ガソリンを販売したとして注意を受けている点が関係するのかもしれない。すなわち、警告を受けたミタニと注意を受けた五社を除く石油製品小売業者の不振が起きていたと仮定して[19]、ミタニの行為と当該不振との間の条件関係がないとされたのか（ミタニが廉売を取りやめても他の者は取りやめず、いずれにせよ当該不振は生じたのではないかということ）、それともミタニの寄与度がさほど大きくないとされたのか、など、不明点は残されている[20]。

並行的な廉売の最後に、最高裁判決にまで至ったＮＴＴ東日本ＦＴＴＨサービス事件を見ておくこととしたい[21]。この事件では、ＮＴＴ東日本が、分岐方式であるとしながら実際には芯線直結方式で役務を提供していたという行為をおこなっていなかったとしても他の事業者は参入できなかったのではないかという因果関係問題と、ＮＴＴ東日本が廉売をおこなっていなかったとしても東京電力等も低価格で供給していたのであるからやはり他の事業者は参入できなかったのではないかという因果関係問題とがある。これについて、最高裁判決は、次の一文をもって因果関係を肯定した。「さらに、上告人［NTT東日本］が本件行為を停止した後に他の電気通信事業者が本格的にFTTHサービス市場への新規参入を行っていること、その前後を通じて東京電力及び有線ブロードの競争力に変動があったことを示すような特段の事情はうかがわれないこと等からすれば、FTTHサービス市場における上記のような競争制限状態は本件行為によってもたらされたものであり、両者の間には因果関係があるということができる。[22]」。これは、行為終了後の状態を用いて、NTT東日本の行為と他の電気通信事業者の不振との間に条件関係があることを示そうとしたものだと位置づけることができよう[23]。分岐方式と芯線直結方式の問題は、同事件を極めて複雑なものとしているが、東京電力等の問題のほうは、分岐方式と芯線直結方式の問題を捨象しても語り得る単純な並行的排除の問題であり、その点を含めて最高裁判決が上記のような判断をおこなったというわけである[24]。

4　他の原因が競合したその他の事例

並行的な排他的取引や並行的な廉売のほかにも、他の原因が競合して因果関係が問題となった事例がある。JASRAC事件の公取委審決は、その一例である[25]。そこでは、JASRACの包括徴収行為とイーライセンスへの排除効果との間に因果関係があるか否かが論ぜられた。JASRACの包括徴収行為とは、需要者である放送事業者が追加的負担をすることなくJASRACの管理楽曲を使うことができるという形態でJASRACが料金徴収をする行為である。そのようななかではイーライセンスの管理楽曲を放送事業者が使わなくなるのではないか、という懸念がある。そこで、イーライセンスの不振には他の原因はないのか、ということが、問題となる。

ＪＡＳＲＡＣ審決は、まず、「イーライセンスの管理事業の実態」と題する判断[26]を締めくくるにあたり、次のように述べている。「以上によれば、放送事業者がイーライセンス管理楽曲の利用につき慎重な態度をとったことの主たる原因が、被審人と放送事業者との間の包括徴収を内容とする利用許諾契約による追加負担の発生にあったと認めることはできず、むしろ、イーライセンスが準備不足の状態のまま放送等利用に係る管理事業に参入したため、放送事業者の間にイーライセンス管理楽曲の利用に関し、相当程度の困惑や混乱があったことがその主たる原因であったと認めるのが相当である。[27]」。ＪＡＳＲＡＣの包括徴収行為がイーライセンスへの排除効果の「主たる原因」ではないと述べているのであって、ＪＡＳＲＡＣの包括徴収行為がまったく無関係であったと述べているわけではない。すなわち、無関係ではないが寄与度が少なく、法的な意味での因果関係を認めるには足りない、というニュアンスであろう。

ＪＡＳＲＡＣ審決は、また、「エイベックス・グループのイーライセンスとの管理委託契約の解約」と題する判断[28]を締めくくるにあたり、次のように述べている。「以上によれば、エイベックス・グループは、放送事業者が、追加負担を理由としてイーライセンス管理楽曲の利用を回避したと信じ、平成一九年一月以降、再び利用を回避すると予想してイーライセンスとの放送等利用に係る管理委託を解約したが、エイベックス・グループは、イーライセンス管理楽曲の客観的な利用状況を把握していなかった。そして、前記(2)オのとおり、現実には、放送事業者が一般的にイーライセンス管理楽曲の利用を回避したということはできず、イーライセンス管理楽曲の利用について慎重な態度をとったことが認められるにとどまるから、エイベックス・グループが正確な情報に基づいてイーライセンスとの委託契約を解約したとはいえない。［原文改行］また、前記(3)ウのとおり、放送事業者がイーライセンス管理楽曲の利用に慎重な態度をとった主たる原因は、被審人と放送事業者との間の包括徴収を内容とする利用許諾契約による追加負担の発生にあったとはいえず、イーライセンスによる準備不足のままの状態での参入とそれに伴う放送事業者の困惑、混乱等であったと認められる。［原文改行］そうすると、エイベックス・グループは、被審人の本件行為を原因として、イーライセンスへの管理委託契約を解約したということは困難であり、被審人の本件行為にイーライセンスへの管理委託契約を解約させるような効果があったとまではいえない(29)。」。すなわち、JASRACの包括徴収行為とエイベックス・グループによる解約との間に、事実的な意味での繋がりがあることは認め、ただ、中間に、第三者（エイベックス・グループ）による誤信という過失行為が介在していることを理由に、因果関係の成立を否定しようとしているわけである。

JASRAC審決は、さらに、因果関係を含む同事件の争点について、審査官に証明責任があることを当然の前提として審査官に不利な結論を得たという点でも注目される。すなわち、「以上によれば、本件行為は、放送事業者が被審人以外の管理事業者の管理楽曲を利用することを抑制する効果を有し、競業者の新規参入について消極的な要因となることは認められ、被審人が管理事業法の施行後も本件行為を継続したことにより、新規参入業者が現れなかったことが疑われるものの、本件行為が放送等利用に係る管理楽曲の利用許諾分野における他の管理事業者の事業活動を排除する効果を有するとまで断ずることは、なお困難である。」と述べている(30)。

他の事業者の不振の原因が、被疑違反行為者の行為によるものではなく、当該他の事業者自身の失策によるものではないのか、という論点は、たとえばマイクロソフトエクセル等事件におけるジャストシステムについて、論ぜられることもあった。同事件で公取委は、ジャストシステムの一太郎とマイクロソフトのワードとの順位逆転はマイクロソフトの抱き合わせ行為「に伴い」生じた、という僅か三文字で因果関係に相当する認定をおこない、マイクロソフトが争わなかったこともあって事なきを得た(31)。それと同種の論点が、JASRAC事件では、当事者が争うことによって、より明確に論ぜられるに至ったわけである。

他の原因の競合は、ハードコアカルテル事件でも、問題となり得る。たとえば、多摩談合事件において、新井組等に係る東京高裁判決が新井組等に課徴金を課すべきでないとの結論に至った理由づけを辿れば、そのひとつは、受注希望者がもともと一社のみであったのであって基本合意・個別調整がなくとも同じ結果となっていた、というものである。(32) 最高裁判決は、あっさりと、「本件基本合意に基づく個別の受注調整の結果、受注予定者とされた者が落札し受注したものであり」と述べて、課徴金を課すべきであるとの結論を得ている。(33) 確かに、同事件では、受注希望者が一名の場合の他の基本合意参加者の行動をも含む基本合意の存在が認定されているので、受注希望者が一名であったから因果関係が否定される、という主張は、受注希望者が一名の場合をも含む基本合意が認定されたということそれ自体を争うのでなければ、難しかったと言えるのかもしれない。(34)

以上のほか、優越的地位濫用規制において、優越的地位と濫用の間の因果関係が話題とされることがある。(35)

5 補足

以上のほか、たとえば次のような問題がある。

モディファイヤー事件では、東京高裁判決において、「平成一一年の合意については、まず、三社の営業課長級の者による相互間の意向確認がされたが、各社において塩化ビニル樹脂向けモディファイヤーの販売価格引上げを実施するためには、営業部長級の者の判断が必要とされていたところ、三社の営業課長級の者からの報告を受けた三社の営業部長級の者は、当該報告を踏まえて、又は、……他社の営業部長級の者とのやり取りを通じて、他社の販売価格引上げの意思を認識し、これに合わせて自社も販売価格を引き上げることを決定し、……」とされたうえで、合意の認定がなされている[36]。営業課長級の者の合意では足りないと明確に述べているわけではないが、営業部長級の者が関与していないとする被疑違反者側の主張に応えて、営業部長級の者の合意が必要であることを前提とし、そのような合意を認定したうえで、結論が導かれているように見受けられる[37]。

これは、言葉の使い方によっては、行為と弊害との間の因果関係を求めたもの、と位置づけることもできなくはない。つまり、営業課長級の者の合意と弊害との間の因果関係が問題となった、と表現できなくもない。しかし、価格決定権のない者同士が合意をしても二条六項の「他の事業者と共同して」とは言わない、意思の連絡とは言わない、という形でそもそも行為要件を充たさないのだ、と立論することも可能である。不当な取引制限、特にハードコアカルテルにおいては、行為要件の充足が、弊害要件や因果関係の充足を強く推認させるので、上記のような問題は、因果関係の問題とするのでなく行為要件の問題として整理しておくほうが妥当であるように思われる。

（4） もちろん、行為者による排除であると言えないのであれば「排除」とは言わない、などというかたちで因果関係の議論を既存の他の要件のなかに埋め込むこともできるのであって、むしろこれまでは暗黙のうちにそのようなかたちで事案処理がなされてきたのかもしれない。後記注(25)のＪＡＳＲＡＣ審決は、その一例であり、因果関係という表現ではなく、排除効果の有無という表現のもとで、実質的には因果関係が論ぜられている。本稿では、因果関係の問題に焦点を当てることを優先するため、逆に、当該他の要件は充たされることを前提としたうえで因果関係の論点を抽出して成否を論ずるという言葉遣いをすることがある。

（5） 東京高判昭和五九年二月一七日（昭和五六年（行ケ）第一九六号）行集三五巻二号一四四頁、審決集三〇巻一三六頁（東洋精米機製作所）。

（6） 前掲注(5)行集一六三頁。

（7） 公正取引委員会事務局「流通・取引慣行に関する独占禁止法上の指針」（平成三年七月一一日）。

（8） 流通取引慣行ガイドライン第1部第四－2注9、第2部第二－2(2)注5。引用は前者による。

（9） 並行的に廉売がおこなわれても、廉売をおこなっているのが二社で、そのうちＡの行為をＢが民事裁判で問題とする、という場合には、本文で取り上げる諸事例のように並行的廉売の因果関係論が綺麗にでてくるわけではないように思われる。そのように位置づけられるのではないかと考えられる事例として、宇都宮地大田原支判平成二三年一一月八日(平成二三年(ワ)第八八号)審決集五八巻第二分冊二四八頁〔矢板無料バス〕、東京高判平成二四年四月一七日(平成二三年(ネ)第八四一八号)〔矢板無料バス〕。

(10) 公取委勧告審決昭和五七年五月二八日(昭和五七年(勧)第四号)審決集二九巻一三頁〔マルエツ〕、公取委勧告審決昭和五七年五月二八日(昭和五七年(勧)第五号)審決集二九巻一八頁〔ハローマート〕。

(11) 公取委命令平成一九年一一月二七日(平成一九年(措)第一六号)審決集五四巻五〇二頁〔シンエネコーポレーション〕、公取委命令平成一九年一一月二七日(平成一九年(措)第一七号)審決集五四巻五〇四頁〔東日本宇佐美〕。

(12) 審決集二九巻一五頁、二〇頁。

(13) 審決集五四巻五〇三頁、五〇五頁。

(14) 審決集五四巻五〇二～五〇三頁、五〇四～五〇五頁。

(15) 公正取引委員会「栃木県小山市において給油所を運営する石油製品小売業者に対する排除措置命令等について」(平成一九年一一月二八日)第3。

(16) 仕入価格未満であるという点で同じであっても、価格水準が同じであるとは限らない。そもそも、仕入価格はそれぞれの者によって異なる。

(17) シンエネが第一位で宇佐美が第三位とされているので、関東スタンダードが第二位であった可能性があるが、公取委発表資料からは明らかではない。

(18) 公正取引委員会「福井県の四市において給油所を運営する石油製品小売業者に対する警告等について」(平成二五年一月一〇日)。

(19) ミタニおよび五社を除く石油製品小売業者の不振を公取委が問題としたことは、前掲注(18)の発表資料本体には明記されていないが、当該資料に「参考」として付された図において、そのことが明示されている。

(20) 公取委による警告と同日に、福井新聞は、次のように伝えている。「四市にある約九〇社の中には廃業した業者もあった。ただ、ミタニと同程度の販売価格の業者も複数あり、公取委はミタニによる影響だけではないとして、行政指導の警告にとどめ法的措置（排除措置命令）は見送った。ガソリンを卸している親会社の『三谷商事』（福井市）については、関与はなかったと判断した。」（福井新聞ウェブサイト「二〇一三年一月一〇日午後八時四二分」の記事）。その内容が確かであるか否かは不明であるが、その点を描くとすれば、因果関係問題を検討するための設例として有益な視点を提供する記事であるように思われる。最後の一文は、因果関係問題というよりは、親会社の関与をどう位置づけるかという問題に関するものであるが、便宜上あわせて掲げておいた。

(21) 最判平成二二年一二月一七日（平成二一年（行ヒ）第三四八号）民集六四巻八号二〇六七頁、審決集五七巻第二分冊二一五頁〔NTT東日本FTTHサービス〕。同事件におけるNTT東日本の行為は取引拒絶か廉売かという問題は、些末であるだけでなく、本稿には関係がない点であるから、立ち入らない。

(22) 前掲注(21)民集二〇八一頁。本稿では、同判決に垣間見える法的観点のみを検討対象とし、同事件において本文引用のような認定を前提に判断することの当否には立ち入らない。

(23) 岡田幸人・同判決調査官解説・曹時六四巻一一号三一八四頁（二〇一二年）が、「確かに、東京電力と新電電との競争力を比較して前者が後者を圧倒していたといえる場合には本件行為と競争の実質的制限との間の因果関係は否定されよう」としている点も、あわせて注目される。

(24) 東京電力等の側については、廉売がコスト割れである等の悪性の認定はなく、そもそも審決の名宛人ではないから、違反の成否は問題とならない。

(25) 公取委審判審決平成二四年六月一二日（平成二一年（判）第一七号）〔JASRAC〕。

(26) 審決案六四〜七一頁。

(27) 審決案七一頁。

(28) 審決案七一〜七五頁。エイベックス・グループは、音楽著作権者のひとりであり、同事件においては、JASRACとイーライセンスにとっての共通の原材料供給者として位置づけられる。

(29) 審決案七五頁。

(30) 審決案八〇頁。

(31) 公取委勧告審決平成一〇年一二月一四日（平成一〇年（勧）第二一号）審決集四五巻一五三頁〔マイクロソフトエクセル等〕

（審決集一五八頁）。

(32) 東京高判平成二二年三月一九日（平成二〇年（行ケ）第二五号）審決集五六巻第二分冊五六七頁〔多摩談合課徴金新井組等〕（審決集五八四～五八七頁）。

(33) 最判平成二四年二月二〇日（平成二二年（行ヒ）第二七八号）民集六六巻二号七九六頁〔多摩談合課徴金新井組等〕（民集八一二頁）。

(34) 多摩談合事件のこの因果関係問題に関する詳細は、白石忠志・多摩談合最高裁判決評釈・法協一三〇巻三号七四四頁（二〇一三年）。同事件におけるこの問題は、公取委実務・最高裁判決の法律構成によれば、不当な取引制限の違反要件論における因果関係論ではなく、七条の二第一項の「当該商品又は役務」の成否における因果関係論である、ということになる。しかし、単純な価格協定事件で、特定の需要者に対しては特定の被疑違反者しか供給していない、という場合など、同じような問題が不当な取引制限の違反要件論のレベルで登場することはあり得るであろう。なお、不当な取引制限については、ハードコアカルテルの事例が多いことに勢いを得てか、行為即違反なのであるから因果関係は要件とはならない、という趣旨だと思われる文献に接することもある。しかし、多摩談合最高裁判決も認めるように、ハードコアカルテルであっても当然違反ではなく、弊害要件の充足が求められるのであるから、因果関係は要件とはならないとまで述べるのは、勇み足であるように思われる。もちろん、不当な取引制限の場合には行為が認定されれば弊害と因果関係が認定されやすいのは確かであり、そうであるからこそ、後記5のように、行為要件が的確に論ぜられる必要があるのである。

(35) 白石忠志＝長澤哲也＝伊永大輔「〔鼎談〕優越的地位濫用をめぐる実務的課題」ジュリ一四四二号二二頁〔長澤発言〕（二〇一二年）。

(36) 東京高判平成二二年一二月一〇日（平成二一年（行ケ）第四六号）審決集五七巻第二分冊二二二頁〔モディファイヤー排除措置〕（審決集二五〇～二五一頁）。

(37) 審決集五七巻第二分冊二五一～二五二頁。

四　企業結合規制における因果関係をめぐる諸事象

1　はじめに

非企業結合規制を終えて、企業結合規制における因果関係論の諸事象に移る。これも、便宜上、いくつかのグループに分けることができる。

2　少数株式取得

合併等のように完全に一体化したり、株式取得によって親会社となり経営を支配するというのでなく、少数株式取得をおこなうにすぎない場合に、それが企業結合規制の対象となるか、という問題がある(38)。企業結合規制の対象となる場合として、経営支配には至らないまでも被取得会社に対する重要な影響を与え被取得会社の競争行動を抑制するようになる場合(39)、被取得会社の財務状況に対する利害関係が発生するため取得会社の側が競争行動を抑制するようになる場合(40)、被取得会社の秘密の競争情報を入手できるようになるために協調的行動が助長される場合(41)、などが考えられる。これらが複合的に生ずる事例というものも、もちろん、あり得るであろう。とにかく、これらは、少数株式取得という企業結合行為と、弊害と、の間の条件関係を跡づけようとする思考過程であると分析できる。

以上のような因果関係論と重なり合うのが、公取委の「結合関係」概念である。この概念は、企業結合によって「結合関係」が形成・維持・強化される場合のみを企業結合審査の対象とするという入口の基準となり(42)、さらに、企業結合後の時点で「結合関係」があることとなる複数企業を「当事会社グループ」としてひとまとめにして弊害の成否の考察を進めるための紐帯として機能する。[43] このうち、因果関係論と特に重なり合うのは前者である。尤も、企業結合ガイドラインの該当部分に示された「結合関係」の認定基準は、議決権などの意思決定権限に注目したものが多く、上記のうち経営支配や重要な影響という類型の発想が色濃い。しかし、もともと条文に根拠のない鵺的な概念であるから、利害関係の発生や情報入手の観点にも配慮して融通無碍に伸縮する可能性はある。

3　並行的な企業結合

企業結合が活発におこなわれれば、同じ業界で複数の企業結合が同時並行的に計画されることがあっても不思議ではない。

問題は、それらの企業結合計画がすべて実行されたと仮定した場合には弊害が生ずるというとき、複数のうち、どの企業結合に問題解消措置を求めるか、という点にある。両方に求めるのが、ある意味では公平であるが、一方だけが問題解消措置をとれば弊害は生じないという場合などには法適用として過剰であるということにもなりかねない。

それが問題となり得た例が、ＨＤＤの並行的な企業結合事例である。ウエスタンデジタルによる企業結合計画と、シーゲイトによる企業結合計画とが、並行した。日本では、ウエスタンデジタルが問題解消措置を申し出たので、表向きの論点とはならずにすんだ。[44]

そうしたところ、米国のＦＴＣは、ウエスタンデジタルのみに問題解消措置を求めたのは、ウエスタンデジタルの企業結合計画のほうが弊害への寄与度が大きいからである、という趣旨の、因果関係論の観点から興味深い説明をおこなっている。[45]

4　弱小競争者との企業結合

企業結合の一方当事者が弱小の競争者であるために、企業結合後の当事会社の市場シェアが非常に大きい場合でも、違反要件を充たさないとされることがある。たとえば、東証・大証の事例における「上場関連業務」のうち「本則市場」の検討においては、「このように、上場替えをしようとする会社は東証の本則市場以外の選択肢を考えないのが実態である。また、東証と大証の本則市場に重複上場している会社を中心に、大証での上場を廃止する傾向が顕著である。」として、大証の本則市場における地位の低下が指摘され、違反要件を充たさないことの説明とされている。[46]どの会社も、複数の商品役務を取り扱っているから、そのなかには、一方当事者が弱小の競争者にすぎない場合があり得るということであろう。

そのような場合を違反なしとするのは、結局、条件関係がないから違反としないのである、と説明することになろう。

(38)　以下について詳しくは、白石忠志「少数株式取得と企業結合規制」商事法務一九二二号四頁（二〇一一年）。

(39)　事例は多数ある。

(40)　新たな企業結合行為をする企業結合集団による従前からの少数株式所有に関するものではあるが、公正取引委員会「平成二〇年度における主要な企業結合事例」（平成二一年六月九日）事例三〔Westinghouse・原子燃料工業〕がある。

(41)　少数株式取得によるものであるか否かはともかく、情報の入手に着目して事前規制としての企業結合規制を検討した例として、公正取引委員会「平成二二年度における主要な企業結合事例」（平成二三年六月二一日）事例三〔三井金属鉱業・住友金属鉱山〕、公正取引委員会「平成二三年度における主要な企業結合事例」（平成二四年六月二〇日）事例八〔カンタス・日本航空〕。

(42) 企業結合ガイドライン第一冒頭。
(43) 企業結合ガイドライン第二冒頭。
(44) 公正取引委員会「平成二三年度における主要な企業結合事例」(平成二四年六月二〇日)事例六〔HDD並行的企業結合〕。
(45)「Statement of the Federal Trade Commission Concerning Western Digital Corporation/Viviti Technologies Ltd. And Seagate Technology LLC/Hard Disk Drive Assets of Samsung Electronics Co. Ltd.」(文書それ自体には日付がないが、この文書は、米国FTCウェブサイトの本件ページのうち二〇一二年三月五日の欄に置かれている)。EUでの処理も含め、同事例での並行問題について詳しくは、白石忠志「平成二三年度企業結合事例集等の検討」公取七四五号二〇～三一頁(二〇一二年)。
(46) 公正取引委員会「株式会社東京証券取引所グループと株式会社大阪証券取引所の統合計画に関する審査結果について」(平成二四年七月五日)第4の3(2)。

五 違反行為と損害等との間の因果関係をめぐる諸事象

1 はじめに

独禁法関係事件で民事裁判となり、違反行為と損害等との間の因果関係が問題となることがあり得る。ここでの因果関係論は、因果関係が必要とされる根拠も含め、民事法一般の因果関係論に帰着するはずではあるが、ともあれ、独禁法においてどのような事象が生起しているのかをサンプルとして記録する。

2 違反行為はあるが損害との間に懸隔がある場合

まず、違反行為はあるが損害との間に懸隔がある場合として、灯油事件を契機としておこなわれた因果関係論がある。被告が石油元売会社で、原告が灯油の末端購入者であって、両者の間には介在者がいた、原告は間接購入者であった、という事例である。原告の証明負担を軽減するさまざまな枠組みが提唱され、仙台高裁秋田支部判決がそのひとつを採用して請求を認容した(47)。

しかし、最高裁判決では、そもそも石油元売会社の段階で、現実元売価格と想定元売価格との間に差があったとはいえない、という判断が下された(48)。したがって、現実元売価格と想定元売価格との間に差があることを前提として、それが末端購入者の段階まで転嫁されたことを示そうとする上記の因果関係論は、事案の解決にとって無関係のものとなった(49)。最高裁判決は、因果関係が必要であり原告側に証明責任があるとする抽象的な一般論を判示するにとどまっている(50)。

輾転流通による因果関係問題は、今後も起こりえることではあるが、最近では、話題とされることが少ないようである。そのことは、入札談合に対する発注者の損害賠償請求（住民訴訟を含む）という、原告と被告とが直接に取引をしている事例での請求認容判決が相次ぎ、そちらが脚光を浴び続けていることと、無縁ではないであろう。

3　灯油事件最高裁判決における因果関係問題

灯油事件は、むしろ、最高裁判決の前提に立つならば、別の因果関係問題を提起しているように思われる(51)。すなわち、灯油事件では、不当な取引制限該当行為がおこなわれたが、そのような行為がなくともオイルショック等により同じような高い元売価格となったはずである（そうではないことを原告が証明していない）、という論法で、最高裁判決は、損害なしとした。これを「仮定的因果関係」の問題と呼ぶか「適法な択一的行為」の問題と呼ぶかは、どのような具体的事実を前提とするのかに加えて言葉の問題が絡み、難しいところであるが、ともあれ、最高裁判決が前提としたところによれば、石油元売会社は価格協定をおこない価格を引き上げたが価格協定がなくとも価格は同じ時期に同じ価格まで上がっていたであろう、というのである。「仮定的因果関係」の議論は、価格が被告の行為のみによって上がった、ということを前提とするはずであるから[52]、被告の行為がなくとも同時期において同じ価格となったはずであるという最高裁判決の前提とは、少々事案が異なるようにも思われる。いずれにしても、損害は現実価格と想定価格との差である、という、当然のように受け容れられている一般論は、灯油事件において最高裁判決が前提とした事実関係のもとでは、現実の行為者の責任を問わないという結果となることを論理的に内包している、ということになる。

4　行為が違反である理由と損害とが対応していない場合

独禁法関係の民事裁判で因果関係論が登場した他の例として、行為が違反である理由と賠償が請求された損害とが対応していない場合がある。すなわち、被告の行為にいくつかの側面があり、または、被告の行為が複数あり、そのうち、原告の損害とは無関係の行為・側面が独禁法違反であることを言い立てて原告が請求をしてきた場合である。

東芝昇降機サービス事件の乙事件は、その典型である。同事件には、部品とその取替え調整工事の抱き合わせという行為と、部品と普段の保守の抱き合わせという行為とが、存在した。原告や、判例評釈等の多くの文献は、部品と取替え調整工事の抱き合わせによって、すべてを説明しようとした。彼らにとっては、そちらのほうがわかりやすかったのであろう。大阪高裁判決は、それに対し、独立系保守業者である原告光誠電機の損害は、メーカー系保守業者であって部品を一手に販売している被告東芝昇降機サービスが、部品交換を要する故障を起こしたエレベーターのユーザーが東芝昇降機サービスと普段の保守の契約を結んでいないとの理由で三か月もの先の納期を指定したために生じた、という認定をおこなった。すなわち、原告が賠償を請求する損害は、部品と普段の保守の抱き合わせ（またはそれに準ずる行為）によるものである、とされたわけである。部品と取替え調整工事との抱き合わせと、原告が賠償を請求する損害と、の間には「因果関係もない」とされた[53]。

このような、アフターマーケットの問題は、日常的に生じ得るものであるうえに、少々複雑であるから、興味深い問題を提起することが多い[54]。

(47) 仙台高秋田支判昭和六〇年三月二六日（昭和五六年（ネ）第六五号）判時一一四七号一九頁、審決集三一巻二〇四頁〔鶴岡灯油〕（判時五四～五五頁）。

(48) 前記注(47)の仙台高裁秋田支部判決の上告審である最判平成元年一二月八日（昭和六〇年（オ）第九三三号）民集四三巻一一号一二五九頁、審決集三六巻一一五頁〔鶴岡灯油〕のほか、最判昭和六二年七月二日（昭和五六年（行ツ）第一七八号）民集四一巻五号七八五頁、審決集三四巻一一九頁〔東京灯油〕も同様である。

(49) 白石忠志「独禁法関係事件と損害額の認定」日本経済法学会年報一九号一二三頁（一九九八年）。

(50) 民集四一巻五号七八七頁、民集四三巻一一号一二七一頁。

(51) 白石忠志・東京灯油判決評釈・法協一〇六巻一〇号一九一三～一九一四頁（一九八九年）。

(52) 内田貴『民法Ⅱ〔第三版〕』三八六頁（東京大学出版会、二〇一一年）では、仮定的因果関係の設例として、学生Cが窓に六法全書を投げつけて割ったが、その直後にボールが飛び込んだ、というものを挙げている。

(53) 大阪高判平成五年七月三〇日（平成二年（ネ）第一六六〇号）判時一四七九号二一頁、審決集四〇巻六五一頁〔東芝昇降機サービス〕（判時二一五頁）。部品と普段の保守の抱き合わせに準ずる行為を、一般指定一五項（現行一般指定一四項）該当行為と構成して独禁法違反とし、損害賠償請求は認容している。

(54) たとえば、ハイン対日立ビルシステム事件という事件がある。新潟地判平成二三年一月二七日（平成二〇年（ワ）第七〇一号）審決集五七巻第二分冊三六一頁〔ハイン対日立ビルシステム〕、東京高判平成二三年九月六日（平成二三年（ネ）第一七六一号）審決集五八巻第二分冊二四三頁〔ハイン対日立ビルシステム〕。そこにおける裁判所の認定事実に若干の仮定を付け加えて机上設例とすることが許されるならば、次のような議論が可能である。すなわち、部品交換を要する故障を起こしたエレベーターのユーザーである医療法人が普段の保守の契約先を独立系保守業者ハインからメーカー系保守業者日立ビルシステムに切り替えたのは、どのような動機によるものであったのか、ということである。かりに、医療法人が普段の保守の契約先を切り替えた動機は、そのようにすれば日立ビルシステムによる部品の納期が早まるという期待を日立ビルシステムが与えたためであったのだとすれば、日立ビルシステムが部品供給と普段の保守とを結びつけている行為と、医療法人のハインとの契約の解消とが、因果関係をもつことになる。しかしそれに対し、医療法人が普段の保守の契約先を切り替えた動機が、単にハインの保守が十分でないので故障が起こったのであるという認識のもとに普段の保守の品質を改善するという観点からのものであったとすれば、日立ビルシステムの行為とハインとの契約の解消とは、因果関係をもたないことになろう。ハインの損害賠償請求を認容した新潟地裁判決は、前者の認定であるように思われる。それに対し、ハインの請求をすべて棄却した東京高裁判決は、因果関係の論点というよりは、医療法人に対する部品の納期が早まったのは医療法人が普段の保守の契約先を日立ビルシステムに切り替えたためではなかった、という認定によるものであり（審決集五八巻第二分冊二四六～二四七頁）、そもそも日立ビルシステムには問題行為がなかったという判断である、と分析できる。

六　今後に向けて

以上のようにさまざまな事象を見てきて、やはり浮かび上がるのは、月並みではあるが、条件関係と寄与度である。

まず、ここまで見てきた独禁法の諸事象では、明確でないものもあるが、条件関係があることが示され、あるいは暗黙のうちにそれが前提とされているものが多く、条件関係がないことを認めたうえで違反とした事例は見当たらないように思われる。

また、寄与度あるいは因果的寄与と呼ばれるであろう要素が、重要な地位を占めている。最も明確なものはＪＡＳＲＡＣ審決の「主たる原因」論であるが、暗黙のうちにこれを前提としている事象が多いように見受けられる。

ＡとＢがそれぞれ致死量の毒をＣの皿に盛った、という有名な設例のもとで論ぜられるように、条件関係がないという場合に常に因果関係を否定してよいわけではない。しかし、そのような場合には特に、十分な寄与度の存在を慎重に認定する必要があろう。このあたりについては、民事法や刑事法の一般論に学びながらさらに検討を深めたいところであるが、直感的には、行為の弊害への寄与度が第一の関心対象であって、条件関係が、そのような寄与度の認定を支える重要な考慮要素である、ということになるであろうか。

条件関係と寄与度のほかの論点・考慮要素を付け加えて挙げるならば、やはりＪＡＳＲＡＣ審決で登場した、第三者の過失の介在である。排除措置命令の是正的要素を強調するならば、そのようなものは考慮しない、という方向の議論となるかもしれないが、排除措置命令の事実上の制裁的要素に加え、課徴金が非裁量的に一体となっている違反類型が多い日本独禁法の現実をも踏まえて、検討を深める必要がある。

証明責任あるいは証明負担の配分のあり方も、重要な問題であろう。ＪＡＳＲＡＣ審決は、審査官に証明責任を負わせ、審査官が主張した範囲での判断をおこなって、因果関係不存在の結論を得た。因果関係の証明はどれほど難しいのか、独禁法の違反類型や行為類型に応じて証明負担の調整に差をもたせるべきか、など、様々な次元での議論が期待される。

法の研究・実務において特定の法分野が名誉ある地位を占めるためには、実務の洗練のみならず、それを骨太に構造化した理論体系が不可欠であるように思われる。個別事象が豊かに発展しておりながら体系的構造化がほとんど論ぜられていない諸事象について、横断的な串を刺してみることは、最先端の実務が重要であるのと同じように、重要で、興味深い作業である。

企業結合規制の問題解消措置としての構造的措置と行動措置

泉水文雄

一　はじめに
二　企業結合ガイドラインの立場
三　構造的措置が原則とされる根拠
四　見直しの根拠
五　日本法の若干の検討と示唆

一　はじめに

企業結合規制における問題解消措置が注目されるようになったのは比較的新しい。この一〇年来、米国ＥＵの競争当局は、いわゆる構造的措置が問題解消措置の原則であることをより徹底する考え方を示す二〇〇八年告示(1)、政策ガイド(2)を出してきた。ところが、二〇一一年、米国司法省は二〇〇四年政策ガイドを改定し、当該事件の個別事案に法的・経済的原則を注意深く適用することを原則とし、構造的措置はシンプルで監視しやすく確実であるとし、構造的措置を基本とし行動措置は例外であるなどの従来の立場を基本的に維持するようにはみえるものの、行動措置、具体的にはファイアーウォール（情報遮断）、非差別条項(3)、強制ライセンス(4)、情報提供義務、報復禁止規定、一定の形態の契約の禁止等をあげて、これを許容する範囲を広げる立場を宣言した。すなわち、垂直型企業結合においては行動措置が効率を実現しつつ反競争効果を除去しうることを強調し、水平型と垂直型の両面がある企業結合では、構造的措置と行動措置を組み合わせた措置（hybrid 措置）が有効でありうることを指摘した(5)。これを契機に、従来、行動措置を許容する範囲は狭すぎたのではないかという論点をめぐって注目がなされている。本稿では、このような動きの背景とそれが示唆するものを検討し、日本法への若干の示唆を得る。

（1）Commission Notice on remedies acceptable under the Council Regulation（EC）No 139/2004 and under Commission Regulation（EC）No 802/2004, 2008/C. O. J. 267/01.
（2）DOJ, Antitrust Division Policy Gide to Merger Remedies（2004）.
（3）履行確保のため仲裁条項を付与する場合もある。
（4）ただし、構造的措置に該当する場合もある。たとえば専用実施権や独占的通常実施権の付与は、通常、構造的措置と考えられる。

（5） 二〇一一年政策ガイドに関しては、田平恵「米国司法省による問題解消措置に関するガイドについて」公取七三七号六七頁（二〇一二年）、渡邊泰秀「合併における問題解消措置に関する米国司法省のポリシー・ガイド」国際商事法務三九巻八号一〇八九頁（二〇一一年）。

二 企業結合ガイドラインの立場

日本の企業結合ガイドライン（第6－1）は問題解消措置について、「事業譲渡等構造的な措置が原則であり、当事会社グループが価格等をある程度自由に左右することができないように、企業結合によって失われる競争を回復することができるものであることが基本となる。ただし、技術革新等により市場構造の変動が激しい市場においては、一定の行動に関する措置を採ることが妥当な場合も考えられる」とし、構造的措置を原則とし、行動措置は例外的にのみ許容する。さらに、「問題解消措置は、原則として、当該企業結合が実行される前に講じられるべきものである」、「やむを得ず、当該企業結合の実行後に問題解消措置を講じることとなる場合には、問題解消措置を講じる期限が適切かつ明確に定められていることが必要である。また、例えば、問題解消措置として事業部門の全部又は一部の譲渡を行う場合には、当該企業結合の実行前に譲受先等が決定していることが望ましく、そうでないときには、譲受先等について公正取引委員会の事前の了解を得ることが必要となる場合がある」とする。問題解消措置が当該企業結合が実行される前に講じられることは、欧米において fix it first といわれ、当該企業結合の実行前に譲受先等が決定している場合の譲受先等は、up-front buyer といわれる。なお、ＥＵ二〇〇八年告示は、企業結合の実行前にその事業者との間で拘束力のある契約がなされている場合にのみ up-front buyer という。いずれにせよ、fix it first を原則とし、up-front buyer が望ましいとする点は、欧米と同等かあるいはより厳格といえる。実行後に行われる場合には期限が適切・明確に定められていることを求める点も欧米と同様である。

企業結合ガイドライン（第6－2）が行動措置について、①長期的供給契約（生産費用相当価格での引取権の設定）、②輸入・参入を促進する措置等[(6)]、③その他の行動措置として、情報交換の遮断、不可欠設備の差別的取扱いの禁止[(7)]をあげている。なお、①②は、（牽制力ある競争者を創出するなど）市場構造自体を変更し措置の後は市場の機能に委ねるものか（構造的措置）、――事業者の利潤最大化等の行動のインセンティブを人為的に変更させるものであるため――措置の後も継続的な監視等が必要であるか（行動措置）に着目すれば、行動措置と分類されよう[(8)]。行動措置か構造的措置かという言葉の問題はともかく、企業結合ガイドラインは、①②が許容されるのも例外的場合である旨を明示している。しかしながら、公取委の実務においては、この原則が徹底しているとはいえず、水平型企業結合においても行動措置が広く採用されてきたことが指摘されてきた[(9)]。

その意味では、行動措置に注目する最近の傾向は、わが国の企業結合規制に近づいたという評価もありうる。また、一九九〇年代等にも行動措置がとられたとの記述が見られる。FTCの一九八四年トヨタ・GM事例を嚆矢としてそこで紹介されるのはジョイントベンチャーであり、ジョイントベンチャーでは行動措置は以前から広く採用されていた[(10)]。しかし、実際にそのような指摘が正しいか否かは個別事件を詳細に検討する必要がある。本稿ではその検証の一つの方法として、この行動措置をより重視する見解は具体的にどのようなものなのか、その理論的背景は何なのかを検討する。

（6） 企業結合ガイドラインは、輸入に必要な貯蔵設備や物流サービス部門等を輸入業者等に利用させること、特許権等について、競争者や新規参入者に適正な条件で実施許諾等をすることを例示する（第6－2(2)ア）。

（7） 第6－2(2)イ。

（8） 同旨、伊永大輔「企業結合規制における問題解消措置」ジュリ一四五一号四一頁注四（二〇一三年）（事後の監視問題に加え、不可逆的な措置であることをあげる）。ただし、五3で述べる②の類型は、この基準においても構造的措置と分類してもよいと考える。いわゆるhybrid型である。

（9） 過去の事例を総合的に検討・分析するものに、泉水文雄「企業結合規制における救済措置の設計と手続のあり方」日本経済法学会年報二四号八三頁（二〇〇三年）、川濵昇ほか『企業結合ガイドラインの解説と分析』二三四〜二五九頁〔和久井理子〕（商事法務、二〇〇八年）。

（10） この点は、筆者も検討したことがある。「企業提携、合弁事業の規制——排除措置を中心として」公正取引委員会経済部企業課編『平成五年度企業結合関係海外委託調査報告書』第一章四〜六二頁（公正取引委員会、一九九四年）available at http://www2.kobe-u.ac.jp/~sensui/JV_remedy94.pdf.

三 構造的措置が原則とされる根拠

司法省の二〇〇四年政策ガイドは、構造的措置が強く推奨される（strongly preferred）とし、次の理由をあげていた。「構造的措置は、比較的明確で、確実で、費用をかけて政府が市場に絡みあうことを一般的に回避する」、「注意深く設計された企業分割は、簡潔で、比較的管理しやすく、確実である」、「これに対して、行動措置は、典型例では、設計が難しく、煩雑で、監視に費用がかかり、構造的措置より迂回が容易である」と。そして、行動措置には、少なくとも四つの費用がかかるとする。第一は、監視と履行確保のための直接の費用であり、第二は、当該事業者が行動措置の文言には違反しないもののその「精神」を潜脱するために行う努力に関係する間接の費用であり[11]、第三に行為措置は潜在的に競争促進的な行為を制限しうること[12]、第四に、行動措置が「効果的」である場合にも、当該事業者の将来の行動を規制しようとする努力が、企業結合当事者が市場条件の変化に対して効率的に対応することを禁止するかもしれないことである。

なお、二〇一一年政策ガイドにおいて構造的措置に関して注目される点は、crown jewel の扱いである。構造的措置について事業譲渡等が予定の期日までに実行できない場合には、譲渡等の対象となる資産に（より価値ある）資産（crown jewel）を追加する措置、いわゆる crown jewel について、二〇〇四年政策ガイドは、最初の問題解消措置の設計において対象資産を狭める危険および購入候補者による機会主義的行動を誘引する危険を指摘し、「強く冷遇する（strongly disfavored）」として否定していた。しかし、二〇一一年政策ガイドは、crown jewel を有効な措置とし、方針を転換した[13]。crown jewel は、譲渡対象資産を魅力あるものにすることで譲渡を容易にし、さらに企業結合当事者は期限内に譲渡をしなければ魅力的な資産を手放さなければならないことから真摯に譲渡の努力をするインセンティブを与えると考えられる。

(11) 価格を引き上げないという約束を守りつつ、品質を劣化させる行為を例にあげる。
(12) 投入要素の非差別条項が、コスト差による差別を正当化するかが問題になる例および価格差別ができないために需要の高い顧客グループにのみ供給され需要の低い顧客グループに供給されなくなる例をあげる。ただ、後者の問題は費用相当価格での供給条項では生じないかもしれない。
(13) ＦＴＣは従来から、crown jewel、up-front buyer など構造的措置の履行確保措置を幅広く採用してきた。この点は、田平恵「企業結合における問題解消措置の実効性確保手段」同志社法学六〇巻五号三三七頁（二〇〇八年）に詳しい。

四　見直しの根拠

1　二〇一一年政策ガイド

二〇一一年政策ガイドは、問題解消措置に関する原則を、①競争を有効に維持することが問題解消措置の鍵であること、②問題解消措置は競争の維持に焦点をあてるのであり、個々の競争者を保護するものではないこと、③問題解消措置は、個別事案の個々の事実に対して法的および経済的原則を注意深く適用されたものでなければならないことを指摘する。そして、構造的措置は、多くの事件において、「簡潔で、管理が比較的容易であり、（競争の維持が）確実である」とし、[14] 水平型企業結合では「構造的措置がしばしば有効に競争を維持する」とし、水平型企業結合ではそれを原則とする点を維持している。しかし、「構造的措置は垂直型企業結合でも同様に適切であるかもしれないが、行動措置が垂直型企業結合の反競争効果にしばしば有効に対応しうる」とする。[15] 二〇一一年政策ガイドも、このように構造的措置は、「簡潔で、管理が比較的容易であり、（競争の維持が）確実である」という点は認めつつ、行動措置は、「有益なツールである」、「企業結合の潜在的な効率を維持し、同時に企業結合によって生じる競争上の問題を解消しうる。構造的措置は企業結合の潜在的な効率を排除するが、問題解消措置がなされなければ当該企業結合が競争を害する場合に、行動措置がとくに有効でありうる」とし、二〇〇四年政策ガイドにはなかった行動措置ならびに構造的措置および行動措置の組み合わせ（hybrid）に関するパートを新設した。また、二〇〇四年政策ガイドでは行動措置が持つ四つの費用に関する記述が削除されている。さらに、行動措置として、二〇〇四年政策ガイドは「ファイアーウォール（情報遮断）」、「非差別条項（公正取引条項）」、「透明性条項（情報提供義務）」、「その他」としていたのに対し、これらを列挙したうえで、さらに「強制ライセンス条項」、「報復禁止規定」、「一定の形態の契約の禁止等」を加えている。また、非差別条項、強制ライセンス条項における履行確保手段としての仲裁条項の利用可能性を新たに加えている。なお、二〇〇九年に司法省反トラスト局長にC. A. Varneyが就任した後、二〇〇九年から二〇一一年にかけて相次いで審査され――一部に水平型企業結合の性格をあわせもつものを含むが――垂直型企業結合に係る三件[16]についてすべてが問題解消措置により許容された。このの見直しはそれらの経験を参考としたものであり、その後本政策ガイドが出された[17]。また、水平型企業結合においてユニークな行動措置がとられた例[18]も出ている。

なお、二〇〇八年EU告示も、構造的措置以外の措置について、記述をしている。そこでは、①アクセス（取引義務）による問題解消措置をあげ（paras. 62-68）、②長期的排他的契約の変更（paras. 67-68）、③その他（para.69）にも短い記述をしている。①では、垂直型企業結合を中心に、行動措置を認める。EU告示は、参入障壁を下げ、競争者の参入を促進する行動措置として鍵となるインフラストラクチャー、ネットワーク、技術・知的財産権へのアクセスに関する問題解消措置を認めるとしている。そこでは、有料テレビのプラットホーム、ガスネットワーク、パイプライン、電気通信ネットワーク、下流市場での事業活動に不可欠な技術や知的財産権等が例示されている。また、監視制度として、仲裁条項等が必要な場合があるとする。

2　行動措置に関する議論

二〇一一年政策ガイドによる行動措置の捉え方に対しては、これを評価するものから懐疑的なものまでがわかれている。ここではこれらの議論においてどのような主張がなされているのか状況を概観しよう。

司法省反トラスト局競争政策部の主任であるK. Heyerは、「行動措置はそれが課される企業に自己の利益とは矛盾する方法で行動するように求めるから、完全に機能することは期待できない。さらに、設計がまずいならば、悪い状況をより悪化させる危険がある。しかしながら、完全な選択肢があることは稀であり、行動措置はある状況では他の選択肢より好ましいかもしれない」とする。(19) 彼の主張をやや詳しく見てみよう。まず、構造的措置が行動措置より優れている要因として三点をあげる。第一は、政府の官僚制度は、効率を達成しようとする企業の行動を制限する方法および履行確保手段に関する訓練を受けておらず、かつ十分な態勢が整っていないこと、第二は、事業者の行動を監視するには競争当局および裁判所に追加的な費用を課すことになること、第三に、技術、費用、需要が変化するダイナミックな市場では、企業行動を制限することは効率を高めるよりも効率を下げるリスクがあること、第四に、構造的措置は、その実行後に政府も裁判所も事業者の行動を継続的に監視しなくてよいことである。しかし、構造的措置にもリスクはあり、成功の保証はないとする。譲渡された資産が第三者の手によってうまく機能するかは誰も予想できないとする。

ところで、企業結合規制において構造的措置と行動措置が実行された後の市場において市場価格がどのように変化したかを分析した研究に、Kwoka & Greenfield論文(20)がある。Heyerは、構造的措置のリスクに関してこの論文を紹介し、構造的措置がとられた事例では約九%、行動措置がとられた事例では一五%超で価格が上昇しているが、しかしこのデータによって競争当局が期待された問題解消措置の効果を発揮できなかったことになるとは限らないとする。なぜなら、競争当局は、裁判所において敗訴するリスクを考えて、不十分な問題解消措置でやむを得ないと考えたのかもしれず、その場合には、敗訴し問題解消措置が一切課されないよりは、問題解消措置がとにかくとられた方がよいとする。(21) ただし、Kwoka & Greenfield論文自身は、このような分析結果から、競争当局の問題解消措置は構造的措置と行動措置のいずれもが不十分であり、より多くの事例において、禁止するかまたは行動措置よりも構造的措置をとるべきという政策が強く打ち出されると結論づけている[22]。

続いて、Heyer は、企業結合当事者に効率を放棄するように求めざるをえないような構造的措置は非効率でありうるとし、この問題は垂直型企業結合で最も明確に生じるが、場合によっては水平型企業結合でも妥当しうるとする。この効率は規模の経済または範囲の経済であるとし、水平型企業結合では、生産や流通においてシナジー効果が生じる例、および当該資産が複数の製品を製造する場合に最も効率的に利用できる場合をあげている[23]。

行動措置がとられるのはどういう場合か。Heyer は、構造的措置をとると相当の効率が損なわれざるをえない場合にも、行動措置がつねにとられるべきではないとし、構造的措置に代わる次善の策として、①構造的措置以外の選択肢、すなわち、②行動措置、③企業結合の禁止、④企業結合の無条件での許容のうちのいずれがよいかを検討すべきとする。そして①ないし④の具体的な内容を検討しているが、ここでは行動措置についてのみ確認しよう。行動措置は多くの形態があり、期間も様々でありうるが、考慮要因として次の点を指摘する。(i)最も重要なことは、課される問題解消措置と反競争効果が生じる理論との密接な関係である。たとえば、市場閉鎖（foreclosure）[24]と結合後における競争者間の情報共有、反競争的な協調[25]とでは異なる。(ii)行動措置の期間は、懸念される反競争効果を除去するうえで合理的に必要な長さの期間でなければならない。市場環境は静的ではなく、時間が経過すると需要や費用の条件が変化する。このような場合、現時点で最適な問題解消措置も意味がなく、害を持つものに変わりうる。(iii)行動措置は、監視が比較的容易であり、企業結合当事者が容易に理解し順守できるものでなければならない。意図的な迂回行為に対しては有効なサンクションがなければならない。企業結合当事者が競争的な地理的市場でも事業をしている場合、競争的な市場における条件等が有効なベンチマークになりうる。費用、需要、技術革新が大きく変動しない成熟産業では、行動措置が有効でありうる。Heyerは、最後に、行動措置は事業者に自己の利益に非整合的な方法で行動するように求めるので、完全に機能すると期待することはできないこと、しかし他の選択肢をとったとしても完全に機能するのは稀であること、行動措置は一定の状況下では他の選択肢よりはましであることを強調する。

これと対照をなすのが、Kwoka & Mossの主張である。Kwoka & Mossは、行動措置に対してより慎重である。すなわち、彼らは、企業結合を許容したうえで、統合した企業構造に本来的なインセンティブを無視する行動をとるよう求めることは、逆説的でありかつ達成は困難であり、さらに行動措置が禁じようとする行為を特定することはしばしば困難であり、継続的なエンフォースメントの問題をもたらすとする。また、EUではネットワーク産業やインフラ産業において行動措置が好まれてきたが、二〇一一年政策ガイドはネットワークやインフラに限定していない点で許容範囲が広いという問題も指摘する。(26) そして、Kwoka & Mossは、行動措置は政府規制（経済的規制）と同様の問題があるとし、利潤最大化行動のインセンティブを変更させるので、継続的な監視と履行確保が必要であり、監視の費用がかかるとする。具体的には**四1**で述べた三件を素材にしつつ、次のように指摘する。(i)情報の非対称性があり、たとえば報復禁止条項を設けても、その行為を実際に報復と認定することは容易でない。(ii)命令の内容を特定することが本来的に困難であり、商品、競争者との関係、将来に係る不確実性という複雑な要因のもとで禁止される行為を記述しなければならない。また、経済的規制において、プライスキャップ制のように価格を特定できても、質の特定は困難であり、質の引下げを回避することは難しい。(iii)企業結合当事者は利潤最大化のインセンティブを失っていない。そのため、措置の境界や他の方法を探し、問題解消措置を迂回したり、措置の効果を最小のものにしようとできる。(iv)継続的監視には費用がかかる。(v)不順守を見つけるにはそれによって被害を受けるものからの報告に大きく依拠する。企業結合当事者は被害者と取引するかもしれないし、紛争に関する仲裁条項を置いても仲裁には費用がかかり、有効でなく、時間がかかるかもしれない。(vi)行動措置は、将来の市場条件、企業の活動、パラメータ等の予測を必要とするが、とくにダイナミックな市場では将来の予測が難しく行動措置の設計はとくに難しい。行動措置は、将来の予測に十分に確信できず、しかし静的または正確でない推定のもとに当事者を縛り付けるという二つのリスクの間で操作される。さらに、競争当局自身が態度を変更するかもしれないことも、将来の不確実性をもたらす。Kwoka & Moss は、次に、競争法（反トラスト）との政府規制（経済的規制）との相違点として、(a)手続と規制権限（競争当局は行為の適法性をチェックする権限しか持たないのに対し、規制当局は行為を規制する広範な権限を持っていること）、(b)監視のタイミング（競争当局は事後に介入し、規制当局は事前に、ときに長期にわたり介入すること）、(c)情報の豊富さと継続的な関係（競争当局には欠け、規制当局にはある）をあげる。そのうえで、二〇一一年政策ガイドのこれらの問題に対する解決策を検討している。(i)二〇一一年政策ガイドは、問題解消措置の監視部門を設けるとしている。これには問題解消措置の設計に関する経験の蓄積とフィードバックがなされる利点がある。他方、審査部門と監視部門の守秘義務や利益相反によりその効果は限定的かもしれない。(ii)二〇一一年政策ガイドは、政府規制の存在は問題解消措置の履行を効率的にしうるとするが、規制当局との協力は問題を引き起こすかもしれない。規制当局から行動措置をとるよう圧力を受けるかもしれないし、とくにTrinko事件連邦最高裁判決[27]等のもとでは司法省が規制当局に先占（preempt）されうる。(iii)政策ガイドの行動措置に関する記述は簡潔であり、構造的措置と異なり行動措置には履行確保手段に関する記述がないので、どの程度積極的に執行するのか等が明らかでなく、監視に関する経験も少ない。(iv)競争当局が企業結合当事者の経済的利益に捕らえられる（captured）おそれがある。この新しい試みが競争を回復させることに成功するか判断するには早すぎるとしつつ、以上の検討を踏まえて行動措置の採用、履行確保手段、政策ガイドの改正や検証に関する政策提言を行っている。

このように、二〇一一年政策ガイドをめぐっては、先行する三ないし四件の事件の検討も含めて、賛否両論が出ている状況にある。しかし、論点が明らかになり、それに対する考え方の整理もかなりなされており、今後先例の蓄積によって議論が進むことが期待できる。(28)

(14) du Pont 事件判決（United States v. E.I. du Pont de Nemours & Co., 366 U.S. 316, 331（1961））を引用する。

(15) プレスリリースも、「水平型企業結合では、司法省反トラスト局は、ときどき行動措置と組み合わせながら、構造的措置に圧倒的に依拠し続ける。しかし、司法省反トラスト局は、多くの垂直型企業結合において、適切に作られた行動措置は、企業結合による効率を実現しつつ、競争上の弊害を防ぐことができる」とする。Antitrust Division Issues Updated Merger Remedies Guide（June 17, 2011）.

(16) United States v. Ticketmaster Entm't, Inc.（July 30, 2010）（チケット販売会社とコンサートプロモータとの垂直的結合等であり、競合するプロモータの競争排除等が問題になり、問題解消措置はチケット販売のプラットフォームのライセンス、報復禁止等、期間は一〇年（水平型企業結合については企業分割））; United States v. Comcast Corp.（September 1, 2011）（ケーブル等によるビデオ配信業者とビデオコンテンツ会社との垂直型ジョイントベンチャーであり、前者による競争者へ供給されるコンテンツの価格引上げ、OVD（オンラインビデオ番組配信業者）からの競争の排除が問題にされ、問題解消措置は非差別条項、ファイアーウォール、報復禁止、仲裁条項等、期間は七年）; United States v. Google, Inc.（October 5, 2011）（フライト検索サービス市場への潜在的参入者であるGoogleによるフライト検索ソフト会社の取得であり、他のフライト検索サービス会社の排除、費用引上げが問題にされ、問題解消措置はフライト検索ソフトのライセンス義務に加え、質の確保義務、研究開発義務、仲裁条項、ファイアーウォール等、期間は五年）。これらの概要は、C. A. Varney Assistant Attorney General Antitrust Division U.S. Department of Justice, Vigorously Enforcing the Antitrust Laws: Developments at the Division, at 6-12（June 24, 2011）; J. E. Kwoka & D. L. Moss, Behavioral Merger Remedies: Evaluation and Implications for Antitrust Enforcement, at 13-17（2011）、田平・前掲注(5)六九～七〇頁参照。

(17) この見直しについては、直接的な経緯に属人的な面があることを指摘するものもいる。D. L. Feinstein, Conduct Merger Remedies: Tried But Not Tested, 26-Fall Antitrust 5, at 6 note 1 (2011) は、H. Thomas, Antitrust Chief Stressed Negotiation at DOJ, FIN. TIMES, Sept. 6, 2011, at 18 を引用し、当時の「前反トラスト局長C. Varney氏のプラグマチックな企業結合執行の接近方法を反映した『相次ぐいわゆる行動措置』」に関する記事を引用し紹介している。

(18) 米国において、最近水平型企業結合において行動措置がとられた事例として、United States v. George's Foods, LLC., (November 4, 2011) がある。ここでは、食品鶏肉加工工場間の企業結合により養鶏業者に対する加工業者の買い手市場支配力が増加するとされた。問題解消措置として、加工業者の処理能力を増大させること、加工工場の屋根を補修することという行動措置により、効率が改善し、需要が増大することによって、市場支配力が弱まるとされた。企業結合当事者の効率を向上させ、ある意味で市場支配力を持つ当該企業結合当事者の競争力を強化する行為が有効な問題解消措置であるとされたユニークな事例である。措置の効果について、詳しくは、Competitive Impact Statement, at 8-10 (June 23, 2011) 参照。以上は、和久井理子教授に教えを受けた。本件については、北博行「ジョージ社によるタイソン食品鶏肉工場買収事件」公取七三九号六六頁（二〇一二年）にも紹介がある。

(19) K. Heyer, Optimal Remedies for Anticompetitive Mergers, 26 Spring Antitrust, at 28 (2012).

(20) J. Kwoka & D. Greenfield, Does Merger Control Work? A Retrospective on U.S. Enforcement Actions and Merger Outcomes (Nov. 4, 2011), available at http:// ssrn.com/abstract=1954849.

(21) Heyer, *supra* note 19, at 30 n.2. 問題解消措置に関する他の実証研究についても注2を参照。

(22) Kwoka & Greenfield, *supra* note 20, at 31, 37.

(23) 企業結合が効率を促進したり、さらにそれが需要者の厚生を増大させる場合、その企業結合を禁止することは少なくともその限りでは効率性や消費者利益を損なわせる。たとえば、独禁法の目的を総余剰の増大とすれば、企業結合により得られる効率性は市場支配力の形成等による効率の減少（死重損失）と正面から比較衡量がされ（いわゆるウィリアムソンのトレードオフモデル）、消費者余剰基準では需要者の厚生の増大分は正面から考慮される。米国では、効率が競争法の目的とされ、企業結合規制では消費者余剰が重視されている。これに対し、日本法が効率性や消費者厚生をどう捉えているかは必ずしも明確ではない。企業結合ガイドラインは、①企業結合固有の効率性向上、②実現可能性、③需要者の厚生の増大の三つを求め、「独占又は独占に近い状況をもたらす企業結合を効率性が正当化することはほとんどない」とする（第4－2(7)）。これは米国の消費者厚生基準とほぼ同じ基準である。ただし、企業結合ガイドラインは、「当事会社グループが競争的な行動をとることが見込まれる場合には、その点も加味して競争に与える影響を判断する」と記述し、効率性を競争促進効果との関係で捉え、さらに、競争の実質的制限は市場支配力の形成、維持、強化とされる（最判平成二二年一二月一七日民集六四巻八号二〇六七頁（ＮＴＴ東日本事件））。この基準を形式的に当てはめれば、独禁法の究極目的との比較衡量の方法を除けば（最判昭和五九年二月二四日刑集三八巻四号一二八七頁（石油カルテル刑事事件）、東京地判平成九年四月九日審決集四四巻六三五頁（日本遊戯銃協同組合事件））、効率性はこのように「外在的」には考慮されないことになりそうでもある。このように反競争効果について総余剰または消費者余剰基準をとり三つの基準を満たせば効率性を「外在的考慮」をすること、すなわち市場支配力を形成等する企業結合を、効率性達成を理由に認めるかについては見解が分かれる（武田邦宣「企業結合規制における効率性の考慮」公取六二八号三五頁（二〇〇三年）、金井貴嗣ほか編著『独占禁止法〔第四版〕』二三二頁〔武田邦宣〕（弘文堂、二〇一三年）、川濵ほか・前掲注(9)一八二～一八三頁〔泉水〕）。本稿で検討している問題は、企業結合による効率性を維持しつつ、競争の実質的制限の蓋然性を除去する問題解消措置であり、有効な問題解消措置はいずれにせよ競争の実質的制限の蓋然性を解消する。したがって、この見解の違いがこの問題に直接影響を及ぼすわけではないが、効率性や消費者利益が独禁法の目的との関係でどの程度重要かは、このような問題解消措置の設計をどの程度真摯に検討すべきかに影響は与える。

(24) 企業結合ガイドラインにいう単独行動による競争の実質的制限に相当する。

(25) 企業結合ガイドラインにいう協調的行動による競争の実質的制限に相当する。

(26) Kwoka & Moss, *supra* note 16, at 5, 7 note 9.

(27) Verizon Communications Inc. v. Law Office of Curtis V. Trinko, LLP, 540 U.S. 398 (2004).

(28) 中国では行動措置が多いと指摘される（Wu Hanhong, The Chinese Anti-Monopoly Policy: Achievements, Problems and Prospect, at 9 table 5（一六件中、構造的措置二件、構造的措置・行動措置の hybrid 型三件、行動措置一一件とする）。なお、川島富士雄「中国における競争政策の動向」公取七四九号七頁（二〇一三年）、Fujio Kawashima's Blog「中国商務部、グーグルによるモトローラモビリティ買収を条件付承認」（「構造的措置もありますが、……行動的措置を付加するケースが非常に多いです。これには中国政府機関の姿勢や伝統という要因も働いているかも知れません」とし、さらに二〇一一年政策ガイドの影響も示唆する）。この一六件が水平型、垂直型、混合型のどれに属するかは正確には確認できないが、たしかに多くはある（川島・前掲は非水平型に対する介入が比較的多いことが主因と考えられるが、水平型にも多いとする）。ただし、日本語および英語の資料を見る限り、構造的措置に伴うhybrid型で行動措置がとられたり、欧米で構造的措置等がとられた後、中国では追加的に行動措置が課される例も含まれるようである。また、持株比率の引下げを行動措置とするなど措置の分類も論者により異なりそうである（中川裕茂＝濱本浩平「中国独占禁止法に基づく企業結合届出審査の近時の遅滞と統計」国際商事法務四一巻一号二五～二六頁（二〇一三年）は一六件中、構造的措置三件、構造的措置・行動措置のhybrid型四件、行動措置八件（うち禁止的な行為条件二つ）とする）。なお、Hao Qian, Merger Remedies in China: Developments and Issues, 6 Competition L. Int'l 13 (2010) は、初期の事例五件の分析にとどまるが、垂直型企業結合一件で差別禁止等の行動措置がとられ、他の水平型企業結合では事業譲渡、トラスティーの選任がなされている。この数年、行動措置が増えているようである。

五　日本法の若干の検討と示唆

1　構造的措置

構造的措置については、近時の公表事例には、企業結合ガイドラインが示す原則を順守するとみられるものが目立つ。三菱ケミカルホールディングスによる三菱レイヨンの株式取得（平成二二年度事例一）は、譲渡先名が明示されている。米国でいわれるup-front buyerである(29)。ただし、完了の期限は記載されていない。新日本石油と新日鉱ホールディングスの経営統合（平成二一年度事例二）では、譲渡先名が明示され、譲渡の期限について六か月以内に契約を締結し、その後六か月以内に本件譲渡を完了すると期間を明示する。また「譲渡対象事業の事業価値を維持するよう努めるとともに、毎月、当委員会に対して、当該事業に係る販売数量を報告する」とし、譲渡までの期間において資産が損傷しないことが記されている。ただし、その履行確保手段として、資産管理トラスティーを選任したり、期限内に譲渡できなければ譲渡対象資産を追加するcrown jewelまではとられていない。また、企業結合ガイドラインは、問題解消措置は企業結合の実行前に講じられることを原則とする（fix-it-first）。企業結合の実行前に譲渡先を明示するEUのup-front buyer[30]より厳格な立場である。しかし、事業譲渡については実際は企業結合後に完了する例がほとんどとされる。[31]パナソニックによる三洋電機の株式取得（平成二一年度事例七）では、三洋の鳥取工場の「当該電池製造設備、人員、取引先との契約等を……他の事業者に譲渡する」とし、事業全体を譲渡し（スタンドアローンベースの譲渡）、譲渡先が明示され、「平成二二年三月末までに当該譲渡に係る契約を締結し、当該契約締結後三か月以内に譲渡を実行する」と譲渡先名に加え期限も示されている。ハードディスクドライブの製造販売業者の統合（平成二三年度事例六）では、PC・家電向け三・五インチHDDの市場シェアの約一〇％分に相当する量を製造する設備の一部の譲渡について、製造販売に必要な知的財産権を譲渡先が利用できるようにすること、財源、専門性およびインセンティブを譲渡先の選定基準とすること、譲渡の実行期限は、譲渡契約書の写しの公取委への提出日から三か月以内と限定することが記されている。譲渡先の選定基準が明示され、期限を定めるなど構造的措置の内容が競争の実質的制限のおそれを打ち消すための配慮がなされたものとなっている。ヤマダ電機によるベスト電器の株式取得計画（平成二四年一二月一〇日）では、平成二五年六月三〇日までに譲渡契約を締結し、契約締結されたが譲渡が実行されなかった地域において、適切かつ合理的な方法および条件で、当該地域に所在する当事会社の店舗について速やかに入札手続きを行うとしている。事業価値を毀損しないようにし、消費者に不当に不利な価格設定を行わない義務を課しており、注目される履行確保措置をとる。[32]ただし、入札を行いまたは事業価値毀損防止の監視や入札の監視、あるいはさらに入札の実行についてトラスティー[33]を置く等考えられたであろう。なお、米国、中国では、政策ガイド等に、構造的措置と行動措置のほかに、両者を組み合わせたhybrid型の類型がおかれている。本稿では構造的措置に含めここでみると、日本でも構造的措置に加えて行動措置をとること（hybrid型）はかなりある。前述のヤマダ電機によるベスト電器の株式取得計画もこのように従来にない行動措置が履行確保手段としてとられているといえる。

2　行動措置

行動措置の中には、行動措置により参入や輸入が生じることで市場構造が変化し、牽制力ある競争者が出現し、それ以後は行動措置を継続しないでよいものがある。このようなタイプの行動措置は、その後は継続的な監視を不要としかつ不可逆的でもあるから、構造的措置といってもよい。企業結合ガイドラインが②輸入・参入を促進する措置等を構造的措置の箇所で記述するのは、その意味では適切といえる。

このタイプの行動措置と考えられるものに、新日本製鐵と住友金属工業の合併の事例（平成二三年度事例二）における無方向性電磁鋼板がある。ここでは、五年間、住友商事にコストベースの引取権を与えるという問題解消措置がとられた。五年度に海外メーカーの高グレード製品による輸入圧力が働くとされている。ただし、住友商事に競争する「能力」は生じるにせよ、競争する「意欲」があるのか、すなわち住友商事は住友金属と同一企業グループに属し、五年後にはコストベースの引取権を与えられなくなる。五年後を見据えて、協調的な行動をとらないという懸念は考えられる。そもそも五年度に海外メーカーの高グレード製品による輸入圧力が働くという予測が正しいのか、事後的な検証が必要とされる。最近の大建工業によるC&Hの株式取得計画(34)は、垂直型企業結合により市場閉鎖のおそれがあるとした事例における問題解消措置として、「薄物Mタイプの MDFに関し、価格等の取引条件について大建Gに供給する場合と実質的に同等かつ合理的な条件で、外販先に対し、従来の販売数量と同等の数量を販売することを確約する」という行動措置がとられ、措置の期限は五年間とした。これは「独立系床材メーカーであっても、五年程度の期間をかければ、……別の基材（合板基材等）を用いて製造することは十分に可能であると認められることから、本件措置終了後も当該メーカーが引き続き競争的な行動をとることが可能」とし、五年後には参入がなされることを理由とし同様の問題解消措置である。

これに対し、水平型企業結合において期限を定めない行動措置がとられる例が多い。新日鐵・住友金属事件の事例でも、高圧ガス導管エンジニアリング業務について、高圧ガス導管エンジ事業の事業譲渡という構造措置はできないとしたうえで、ＵＯ鋼管の供給要請があった場合には、新規参入者に対しエンジ子会社に供給する場合と価格、数量、納期等について実質的に同等かつ合理的な条件により提供する等の行動措置をとるとした。新規参入者が存続するにはＵＯ鋼管の供給は継続的になされることが必要であろう。さらに、「要請がなかった場合」競争の実質的制限のおそれはあり問題解消措置では解消しないのではないかという疑問ももたれる。もちろん、参入が起こらなくても潜在的な競争圧力となり一定の牽制力が働く可能性はあるが、新規参入候補はガス会社に限られると推測され、どのような牽制力を持つのか事後検証が必要である。ＪＸ日鉱日石エネルギーおよび三井丸紅液化ガスによる液化石油ガス事業の統合（平成二二年度事例八）では、北海道ブロックのプロパンは他の複数の元売業に対する出荷基地の利用許諾、東北ブロックのブタンについてはバーター取引の現状維持という行動措置がとられている。たとえば、ブタンについて、「当事会社の東北ブロックにおけるブタンに係るバーター取引の現状が維持されることとなり、競争事業者の供給体制が維持されることとなる」とする。しかし、いつまでこのような義務が継続するのか、対価等の取引条件がどうなり、原価等が変化した場合にどこまで値上げ等が許容されるのかなどは不明である。このような競争を維持し続けるための条件が設定されている可能性があるが、近い将来新規参入が生じ市場構造が変わる等の状況がない中で、そのような条件設定は容易ではないように思われる。

東証グループと大証との統合計画の審査結果[35]は、構造的措置は現実的でないとし、上場関連手数料の決定を外部の有識者の判断にかからしめ、当事会社のみでは上場関連手数料を決定できないようにするため、①上場関連手数料の設定、廃止、金額の変更に関して、東証、大証それぞれの常設の諮問委員会の承認がない限り取締役会で決議できないこととする、②本措置の実施期間は定めず、手数料の設定等、諮問委員会規則の変更、取締役会規則の変更等を委員会に報告する、③報告期間は、統合後一〇年間とする等とした。審査結果は、(i)諮問委員会の構成員は、全員が当事会社以外の者であり、当事会社の方針から独立して意見表明を行うことが可能であること、(ii)現在の諮問委員会の構成員の多数を占める証券会社の役職員は、証券業界についての知見を有し、企業を新規上場させたいというニーズを有していること、(iii)そのため、需要者と利害が共通する傾向があり、不適当な手数料の引上げに対する牽制力になりうることをあげる。さらに、(iv)取引所の公共的機能の存在、金融庁の監督により手数料の引上げが一定程度制約される可能性を踏まえれば、有効な問題解消措置になるとする。諮問委員会を設け、その価格設定を委員会の承認事項とするという問題解消措置は、行動措置であろうが、異例である。極端な例をあげれば、市場シェア一〇〇%になるメーカー間の合併の際、価格を引き上げないという約束をすれば適切な問題解消措置になるのか。価格引上げしないという約束は監視できないか、監視コストがきわめて高いであろうし[36]、米国二〇〇四年政策ガイド等も指摘するように、価格は上げなくても劣る品質の商品役務が提供されるようになろう。もっとも、本企業結合が、諮問委員会を通じた買い手からの競争圧力により市場支配力の形成、維持、強化がもたらされないというのかもしれない。また、行動措置に特有な監視コストも比較的低いとはいえるかもしれない。しかし、このような方法での価格設定への制約は、市場における公正かつ自由な競争によって価格、数量その他の条件が決められるという独禁法が想定する市場の機能の仕方とは異なる。また、本件措置は、通常は、企業結合により形成、維持、強化された市場支配力を行使させないもの（市場支配力の不行使確約）と考えられ、競争の実質的制限自体はあるといえる。さらに、証券取引所の株主でもあるものが[37]、需要者（上場を希望する企業）と同レベルに手数料が低額であることにコミットするのかは明らかでない。疑問のある問題解消措置である。

さらに、このような措置は未来永劫継続するのか、対価等の取引条件がどうなり、原価や需要等が変化した場合にどこまで値上げ等が許容されるのかなどは、不明である。近い将来新規参入が生じ市場構造が変わる等の状況にない中で、そのような条件設定は容易ではない。履行確保手段についても、海外で見られる非差別条項に関して仲裁を強制する条項やトラスティー選任による履行確保措置もない。

この点、米国では、行動措置は期限が定められ五〜一〇年程度が多い。一〇年後は市場が変化しているであろうし、少なくとも市場がどうなっているかわからないということではなかろうか。この点では、前述の三件は、一般にはダイナミックな競争が期待できる市場であり、事業規制も存在するという違いも指摘できよう[38]。このように行動措置により参入、輸入が生じ市場構造が変化し、牽制力ある競争者が出現するというタイプの行動措置[39]はわかりやすいが、市場構造の変更をもたらさない行動措置をどこまで許容するか、どう設計し、履行確保措置を設けるかは難しい問題である。ただし、既存事業者に買い手がなく、新規参入者にも期待できす構造的措置がとれず、行動措置をとらざるをえない産業は、成熟・衰退産業であって、今後の価格、需要、市場環境は変化しないか、衰退していく市場なのかもしれない。極端なケースでは、衰退産業において、企業結合がなされなくても退出が生じ、他に救済する新規参入者、既存事業者もなく、したがって競争が続いたとしても一社しか市場に残らない（企業結合と競争の実質的制限の間に因果関係がない）事例も考えうる。それに近い市場については、行動措置も有効であるかもしれない。

3　若干の分類と検討

以上からは、行動措置はいくつかに分類して検討すべきように思われる。すなわち、①構造的措置に伴いまたは構造的措置を補完するもの、②行動措置により参入・輸入が生じ市場構造が変化し、牽制力ある競争者が出現し、それ以後は行動措置を継続しないでよいもの、③このような市場構造の変化をもたらさないものである。③は、さらに、③－1ネットワークやインフラに係る不可欠な投入要素に係るもの、③－2成熟産業、衰退産業に係るもの、③－3その他ともできよう。

①は、米国、中国では政策ガイド等で明示的に別の類型とされるhybrid型に属しよう。それは、さらに、①－1構造的措置を履行するうえで必要な行動措置（トラスティーの選任、仲裁条項など）、①－2構造的措置だけでは競争が回復しないが（不十分な構造的措置だが）、行動措置で補完することにより有効となるものに抽象的には分類できるかもしれない。①－2の事例が日本においてどの程度存在するか、あるいは存在しないかは本稿では検討できていない。

②は、新日鐵・住友金属事例の無方向性電磁鋼板や大建工業事例の市場閉鎖効果に係る行動措置がこれであった。これらも果たして競争が回復するか事後的検証が求められる。

③－1において採用される措置は、典型的には、非差別条項や合理的取引条件条項である。③－1はEU等の垂直型企業結合でみられる。第一に、自己との取引が存在する場合には差別的か、合理的かの判断や監視は比較的容易な場合がありえ、第二に、たとえばすでに取引をしていたが、垂直型企業結合の後は取引をやめたり、差別条件

を付与すれば、独禁法の解釈上も単独の取引拒絶や差別対価としてそれ自体が違法ということもありうる類型といえる。東証・大証事例における現物商品の売買関連業務に関するJSCCのPTS事業者への非差別供給条項はこれに属するという説明ができるかもしれない(40)。

③－2は結合後の価格、需要、市場環境は変化しないか衰退していくだけであり、将来を予想しやすく、行動措置において課される条件等の設計も監視も相対的には容易な場合があるかもしれない。過去の事例ではこの類型が多そうである。

しかし、①－1、②を除けば、いずれの問題解消措置も、企業結合後の当事者が――市場の機能に任せていれば――とるはずの利潤最大化行動等と矛盾する行為を強制しようとするものであり、行動措置を逸脱しようとするインセンティブは少なくとも理論的にはつねに存在し、継続的かつ有効で低コストの監視ができることが前提となっているはずである。その妥当性は、さらに事後的検証がなされるべきであろう。

日本の問題解消措置が行動措置においても、少なくとも公表されている内容は抽象的であり、順守できるのか、迂回（回避）は容易ではないかと思われる。構造的措置においてトラスティーの選任、仲裁条項が置かれた事例が一件もなく、履行確保措置も相当乏しいようにみえる。しかし、問題が生じている様子がない(41)ことは、構造的措置の条件等を正確に書かなくても、近時改善しているとはいえまた十分に監視等の履行確保をしなくても、企業結合当事者は、利潤最大化活動を行うことなく、真摯に順守しようとしているとも推測される。しかし、今後、外国企業等様々なプレイヤーが審査の対象になると想定されることを考えると、問題解消措置の設計・履行確保措置はやはり課題とされるべきである。

(29) 米国二〇一一年政策ガイド二三頁。

（30） ＥＵ二〇〇八年告知 paras. 50, 53.

（31） 相談事例を詳細に分析し示すものに、「構造的問題解消措置の実行期限」弁護士植村幸也公式ブログ（二〇一二年七月一九日）http://kyu-go-go.cocolog-nifty.com/blog/.

（32） 白石忠志「企業結合規制の概要と諸問題」ジュリ一四五一号一七頁（二〇一三年）は、落札者が出ない場合も公取委が不開通知に拘束される点を指摘する。

（33） 独占禁止法制定後数年しか経過していない中国ではすでに広くトラスティーの選任がなされている。

（34） 公正取引委員会「大建工業株式会社によるＣ＆Ｈ株式会社の株式取得計画に関する審査結果について」（平成二五年一月二四日）。

（35） 公正取引委員会平成二四年七月五日公表。本件については、泉水文雄「東証グループと大証との統合計画の審査結果」論究ジュリ五号一三四頁（二〇一三年）において検討した。また、泉水文雄「企業結合規制の課題」日本経済法学会年報三三号一頁（二〇一二年）でも問題解消措置に触れた。本稿の記述の一部はこれらと重複している。

（36） かかる措置の監視コストが高く実行可能性が低いことを示す例として、「日本航空㈱及び㈱日本エアシステムの持株会社の設立による事業統合」（平成一三年度事例一〇）では、「普通運賃を、主要なすべての路線について、一律一〇％引き下げ、少なくとも三年間は値上げしない」等の措置が、その後のイラク戦争等の際に、例外に当たるかが問題になった。日本経済新聞二〇〇三年三月二八日夕刊、三一日朝刊、二〇〇四年一一月五日朝刊など。

（37） それぞれの証券会社の株主構成は正確には確認できないが、東証の大株主は証券会社、銀行、大証は投資銀行、証券会社、銀行である。

（38） この点で、米国の三例は日本において問題解消措置がとられる事例と事案を異にする。これに対し、水平型企業結合において異色の行動措置がとられた United States v. George's Foods, LLC., *supra* note 18 は衰退産業の事例という点が参考になるかもしれない。ただし、本件措置により市場支配力が弱まるとされ、次の3の分類では②に属する。

（39） そのような意味では、これらは構造的措置でもある。

（40） 宮井雅明「金融商品取引所間の統合と競争政策」ＮＢＬ九九五号六六頁（二〇一三年）は、本件における清算・決算業務の「不可欠施設」性を強調する。

(41) しかし、数少ない事後的検証では、実は問題が生じていることが明らかになっている。公正取引委員会「企業結合審査の事後的検証調査報告書」四一～四三頁(平成一九年六月二一日)。

[追記] 校正段階において、公正取引委員会「エーエスエムエル・ホールディング・エヌ・ビーとサイマー・インクの統合計画に関する審査結果について」(平成二五年五月七日)が公表された。本件では、企業結合事業者の市場シェアは、たとえば上流市場のＫｒＦ光源では約六〇％、川下市場のＫｒＦ露光装置露では約九〇％と高いが、当事者の申し出た措置(①公正、合理的かつ無差別的な条件での取引、②競争者との共同研究開発、③五年間、毎年一回、措置の遵守状況を公取委に報告、④③の報告書は、独立した監査チームが作成)により、「統合前と変わらない条件で［競争者］と取引することを……約束」し、「本件統合後、一定期間、当該措置の遵守状況について、事前に当委員会が承認した独立した監査チームによる監査を行い、当該監査結果を当委員会に報告する」ことから、「実効性は確保されている」こと、統合後も需要者からの競争圧力が一定程度働くことから投入物閉鎖は生じないとした。また、下流市場の競争事業者の秘密情報の取扱いについても措置がとられた。④はわが国で初めてのトラスティー選任事例の可能性があり注目される。ただ、たしかにこの措置により投入物閉鎖が生じないのであれば競争を実質的に制限することとならず一〇条に違反しないとはいえるが、措置はどこまで有効なのか、五年後以降の市場の競争はどうなるのか、措置の履行のコストは高くないのか、迂回が容易でないか等は明らかでない。また、従来の公表事例と同様に、この垂直型結合が効率性を獲得するなどの事実は記載されていない。

水平的少数株式取得に関する一考察

多田敏明

一　本稿の問題意識

二　少数株式取得規制の必要性

三　公取委運用における少数株式取得の取扱い

四　具体的事例の検討と考慮要素

五　おわりに

一　本稿の問題意識

1　経営支配に至らない株式取得の現実性

会社が他社の株式を取得しようとする場合、その目的が被取得会社との経営統合ないし被取得会社の経営支配にある場合には、資本多数決原理のもと五〇％超の議決権保有割合（以下「議決権割合」という）の獲得を目指すことになるのが通常である。他方、株式取得の目的が投資、買収防衛、あるいは長期取引関係の強化等にある場合には、一〇％前後以下の議決権割合に相当する株式の取得にとどまることが多いものと思われる。

その意味では、本稿で取り扱おうとしている議決権割合が五〇％以下となる競争業者の株式の取得（以下「少数株式取得」という）にあって、議決権割合が一〇％を超える株式の取得が行われる例は共同出資会社の設立を除けば頻繁に生じるわけではない。株式の取得には相応の対価の支払いが伴う以上、その対価に見合った利益が取得会社にはもたらされなければならないところ、経営支配に至らない株式数を取得してみても、「中途半端」な議決権を持つこととなるだけであることからすれば、費用対効果との関係から、少数株式取得が頻繁に生じないこともうなずけよう。

しかしながら、本稿で見ていくように、公正取引委員会（以下「公取委」という）が過去に公表してきた「主要な企業結合事例」においても少数株式取得は散見される。のみならず、再編が繰り返され再編が行き着いたと思われる業界が少なくないわが国の産業界にあっては、これ以上の競争業者との経営統合が独占禁止法の企業結合規制上困難であると強く予測される場合に、さらなるグローバル競争を勝ち抜くためには、競争業者が互いに独立性を

合の株式を取得するという事態は考えられる。(1)

2　少数株式取得の検討の必要性

(1)　運用における判断基準の不明確性

後述するとおり、「企業結合審査に関する独占禁止法の運用指針」(以下「現行ガイドライン」という) にあっては、少数株式取得の問題は、まずは取得会社と被取得会社との間に「結合関係」が生じるかどうかが検討され、「結合関係」が生じるとされた後に、企業結合審査の対象となって(2)、当該株式取得によって「一定の取引分野における競争が実質的に制限されることとなる」(以下「競争制限」という) かどうかが検討されることになる。

企業結合審査の対象となる「結合関係」の有無の認定を少数株式取得の「入口問題」と呼ぶことが許されるならば、さしずめ少数株式取得の競争制限の有無に関する認定は「出口問題」となるが、公取委実務の課題は、入口問題については、(内容の当否は別として) 明確な基準が示されているのに対し、出口問題の判断の枠組みまたは考慮要素が明確にされていないことにあるといえよう。

(2)　近時の判断においてもなお欠けるもの

そのような課題を抱える中、平成二三年度の新日本製鐵と住友金属工業の合併事例に関する審査結果においては、この出口問題について一つの判断が下されている。同事例のH形鋼の審査結果では、新日本製鐵の議決権割合が二〇・五％(株主順位単独一位) であるトピー工業および同割合が一五・七％(株主順位単独一位) である合同製

鐵は、新日本製鐵と「結合関係」があると認定した上で、競争制限の有無の考慮要素である「従来の競争状況」について、

「トピー工業及び合同製鉄は、他の電炉メーカーとの競争を意識した価格設定を行ってきており、新日鉄と価格戦略を共有していないと考えられること、新日鉄とトピー工業の間及び新日鉄と合同製鉄の間では顧客の奪い合いが見られることから、新日鉄とトピー工業の結合関係及び新日鉄と合同製鉄の結合関係は、いずれも、両社が完全に一体化して事業活動を行うような強固な関係ではなく、緩やかであり、一定程度の競争関係を維持していると考えられる。本件合併後も、合併会社とトピー工業及び合併会社と合同製鉄との間には、一定程度の競争関係が維持されるものと考えられる。」

との判断が示された。

この判断は、一旦「結合関係」が認められれば、株式を保有する会社と保有される会社とが単純に一体として評価されるわけではないことを明示した点において確かに画期的な面がある。

しかしながら、この判断は、すでに株式所有関係のある会社同士に関するものであって、これから株式を取得しようという事案に関するものではない。**図1**でいえば、A社がすでに株式を所有している,a社 や a”

図1

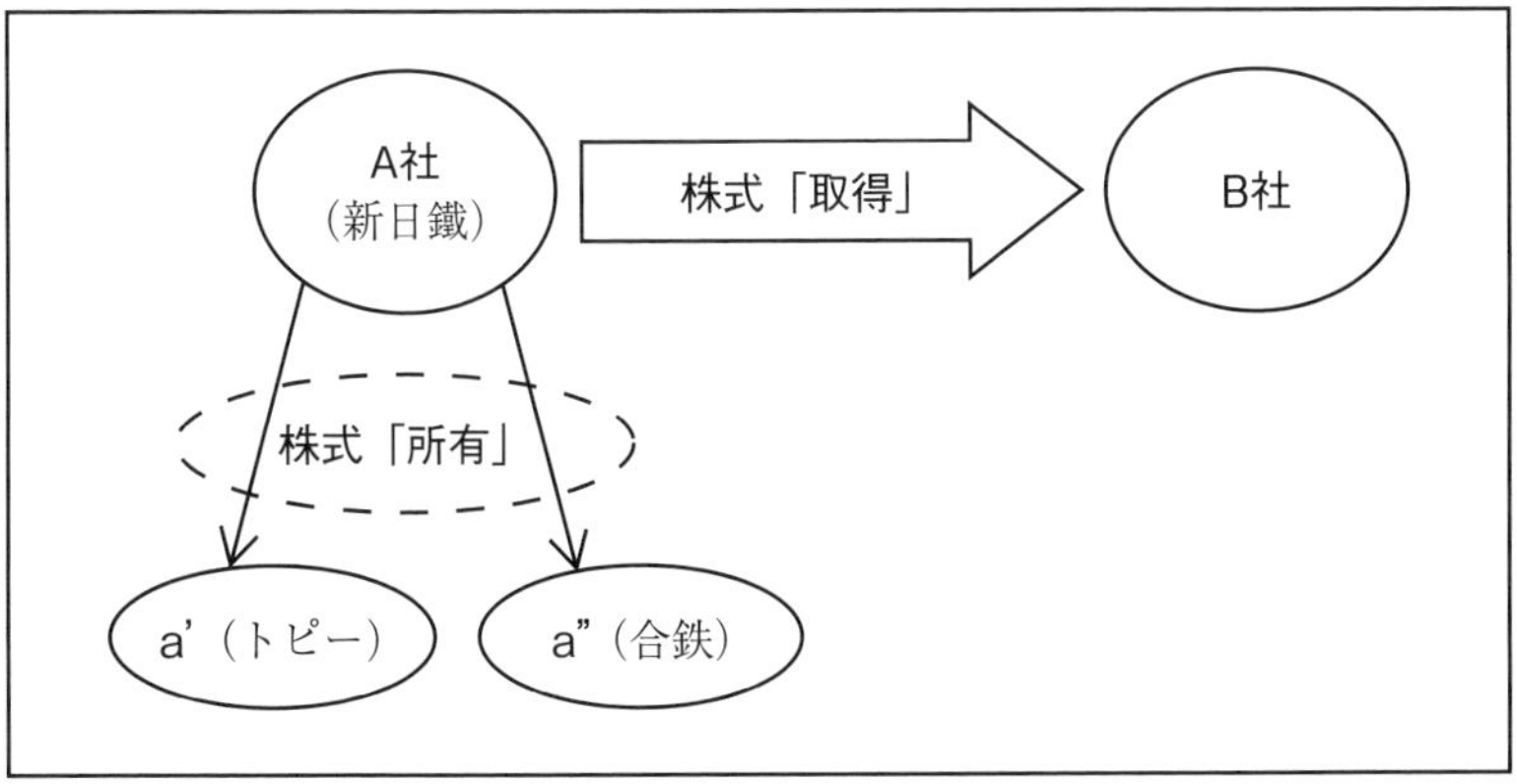

社との関係（波線の楕円形で囲んだ株式「所有」関係）における少数株式「保有」に関する判断であり、A社がこれからB社の少数株式を「取得」しようという場面での判断ではない。すでに一定期間の株式保有関係にある場合には、保有期間中の企業行動（新日鐵・住金案件でいえば、トピー工業および合同製鐵が新日鐵と価格戦略を共有していないことや三社間に顧客の奪い合いが見られること）からみて将来の競争関係を占うことが比較的容易となるが、これから株式を取得しようとする事案についてはそのような判断要素は存在しないため、競争制限の判断における状況は相当に異なる。

したがって、新日鐵・住金事例以降においても、少数株式「取得」の問題は未だ残された課題であり、本稿では、この少数株式取得の問題について、これまでの議論を振り返り、その到達点を示すことを目的としている。(3)

（1） 少数株式取得の目的に関する調査については、平成二三年度経済産業省委託調査「競争政策的観点からの調査研究（各国競争法における少数株式取得の規制実態に関する調査研究）報告書」六～一二頁（二〇一二年）参照（http://www.meti.go.jp/meti_lib/report/2012fy/E002045.pdf）。

（2） 現行ガイドライン第1－1(3)。

（3） 石井崇「企業結合ガイドラインにおける『結合関係』の内容及び機能」ジュリ一四五一号三三頁（二〇一三年）も、同様の問題意識を示している。

二　少数株式取得規制の必要性

1　競争上の弊害の内容

少数株式取得の問題を考えるにあたっては、そもそも独占禁止法上規制が必要なのか、が議論の出発点となる。

合併や事業譲渡等では、独立の競争単位が一つ以上失われることが確実であるため、競争への影響が所与のものとして捉えられるのに対し、被取得会社の確実な経営支配に至らない少数株式取得では、独立の競争単位が一つ以上失われることには直ちにはつながらない。そして、独占禁止法は事業者に積極的な競争を義務づけるのではなく、自由公正な競争を制限または阻害する行為があった場合にそのような行為を排除することで競争を維持する仕組みを採用していることに鑑みれば、少数株式取得についても競争を制限または阻害するという弊害が生じて（または生じる蓋然性があって）初めて規制の対象となる。

この少数株式取得の競争上の弊害については、米国水平的企業結合ガイドライン(4)のセクション13の「Partial Acquisition（部分的結合）」に指摘されている三点、①取得会社の被取得会社に対する影響力から生じる弊害、②株式を取得することで被取得会社の損失を取得会社が共有することから生じる弊害、および③取得会社が被取得会社の競争に影響を及ぼす非公開のセンシティブ情報（以下「競争情報」という）に接することから生じる弊害、に集約することできよう(5)。

①は、言い換えれば、五〇％超の議決権を取得することによって成立する経営支配関係に至らないものの、少数株式取得により、取得会社が被取得会社の意思決定に有意な影響を及ぼすことができる結果、被取得会社の競争行動に対して影響を与え、協調的な行動をとるという弊害（以下「重要影響型」という）であり、被取得会社が取得会社の意向等を忖度して行動することによる弊害である。②は、少数株式取得により、取得会社が、自社の価格・数量政策等の意思決定に際して、被取得会社の利益状況を考慮に入れるようになる結果、協調的な行動を取ることによる弊害（以下「利害発生型」という）であり、①とは逆に、取得会社が被取得会社を慮って行動することによる弊害といえる。③は、最も端的な例でいえば取得会社が被取得会社の価格情報にアクセスすることにより協調的な行

動を取ることになる弊害（以下「情報入手型」という）ということができる。(6)

では、これらの弊害の類型は、より具体的に検討した場合、果たして現実性のある弊害といえるのか、また、企業結合規制ではなければ規制ができないといえるのか、以下若干の検討を試みたい。

2　重要影響型

(1)　想定される弊害

五〇％超の議決権を保有していれば、会社の取締役の選任権を有することになるから、基本的に、被取得会社の具体的な営業政策を決めることも可能であるのに対し、五〇％以下の場合は、かかる関与を行うことができるかは保障されない。株主総会において会社の具体的な営業政策が決定されるわけではないことからすると、少数株式取得は総会決議事項について相応の影響力を行使することができるにとどまるのであり、被取得会社に対して、議決権行使を通じて自社（取得会社）と協調的な行動を取ることまで直接的に要請するというシナリオは、常に現実的なものとまではいえないということがまずは認識されなければならない。株主が総会決議事項の議決以外に持ち得る権限には限界があることを考えると、(7)議決権割合が五〇％以下の状況下では、①実際に株主総会で行使される議決権数との関係で過半を有し、株主総会での決議を左右できる場合、(8)②議決権は①に至らなくとも、役員派遣を通じてまたは重要な取引関係の当事者であることから被保有会社の経営者が無視できない存在である場合、③②に至らなくとも、被保有会社の経営者が主要株主である保有会社の利益も慮って、自社の経営上の意思決定をするという行動を想定できる場合、に競争上の弊害が生じるということになる。(9)

(2) 大株主への遠慮シナリオの現実性

前記③、すなわち、被取得会社が大株主に遠慮して、競争的な活動を自主的に抑制するということは考えられなくはないとしても、一体、どのような状況下で行われるのかを考えた場合、常に現実的なシナリオであるとは言えない面がある。

(ア) 被取得会社の利益を犠牲にする場合　被取得会社による競争活動の自主的な抑制が、それまで活発に行っていた顧客奪取を取得会社との関係では控えるという形で行われる場合、被取得会社自身の不利益につながる可能性がある。取得会社から顧客を奪取して獲得される利益よりも、協調的な行動をとることで得られる利益の方が高い場合のみ、被取得会社は自社の利益を害することなく競争を控えることができるが、そうでない場合には被取得会社は自社の利益を犠牲にして大株主に遠慮をすることになる。しかしながら、特に被取得会社が上場会社である場合、取得会社の利益を加味することが、結局は被取得会社の利益となるという合理的説明がつかない限り、被取得会社の経営者が、自社の利益を犠牲にしてまで、取得会社の利益を加味して販売価格や販売数量を決定することはそう易々とできるわけではない[10]。仮に合理的な説明がつかない場合、ケースによっては被取得会社の取締役の各種義務違反の責任が株主から追及されるおそれすらある。

(イ) 取得会社と被取得会社が協調する場合　他方で、被取得会社が競争活動を自主的に抑制し、取得会社と被取得会社とがともに価格競争を行わないことで、価格が高止まりとなる場合には、両社にとってカルテル類似の利益がもたらされることになる。

このシナリオに関して言えば、被取得会社が取得会社は協調的な行動を取ってくれるはずだという期待を持ち、また取得会社も被取得会社が協調的な行動を取るはずだという期待があって成り立つことになる。このうちの前段の取得会社が協調的な行動を取ってくれるはずだという期待は、どのような場合に生じるかといえば、それは、取得会社が価格を引き下げて被取得会社から顧客を奪うことで得られる利益よりも、価格を維持または引き上げることによって得られる利益が大きい場合であるが、この点は、後述する利害発生型が描いているシナリオに行き着くことになるので、重要影響型固有のシナリオということにはならない。

3　利害発生型

(1)　株式取得による被取得会社の利益の取り込み

被取得会社の営業方針の決定に影響を及ぼし得るような株式保有関係ではないが、取得会社が、被取得会社の株式取得によって被取得会社の利益の一部を自社の利益として取り込めることから、被取得会社が得る利益を勘案して自社の価格政策や数量政策を決定する株式保有形態が考えられる。

取得会社の経営者は、自らの販売価格や販売数量の決定にあたり、被取得会社から得られる配当利益も含めた自社の利益が最大になるように取り計らうのであれば、その限りで一定程度被取得会社の利益を加味し、意思決定を行うことを想定し得ることになる（被取得会社の利益が株式保有比率に応じて取得会社に一部帰属することまで計算した上で販売価格、販売数量を決定する場合など）。

理論的にみれば、取得会社は、値上げをした場合に自社から逃げる顧客の一部を被取得会社が捕捉することが想定でき、この場合には、被取得会社が捕捉した顧客に対する販売から得られる利益の一部を配当の形で取得会社に還元されることを想定し得る。このため、取得会社において、流出顧客を捕捉した被取得会社の利益の一部取り込みを念頭におくことにより顧客の流出を覚悟した価格設定が可能となり、価格引上げのインセンティブは少数株式取得がない場合に比べて強くなるという場合が想定できる(11)。

同様に、被取得会社が値上げした場合に、取得会社が価格を下げれば、被取得会社の顧客の一部を取得会社が奪取することができるものの、このことが被取得会社の損益を毀損し、その結果、自社の被取得会社に対する持分利益も毀損されることになるため、取得会社が被取得会社を配慮し、価格の引下げを躊躇することも想定し得る。

(2) 利害発生型の現実性

注(11)の仮想事例を見ると、取得会社が価格引上げを行うためには、①自社商品の価格をどの程度引き上げれば、②どの程度の顧客が競合他社の製品に乗り換え、③またその乗り換える顧客のどの程度が被取得会社の製品に乗り換えるのか、④そして、被取得会社の一製品当たりの利潤はいくらなのか、が分かって初めて緻密な計算のもとで価格引上げが行われることになる。

しかしながら、前記①から④に関する正確な情報を得ることは容易なことではない。他方で、「自社に被取得会社の株式持分を通じて確実に利益が出るかどうかは分からないにせよ、自社の価格引上げにより他社製品へ転換する顧客のうちの一部は被取得会社の顧客となり、利益の取り込みをできるのだから、競争会社の少数株式を取得していない場合に比べて安心

図2

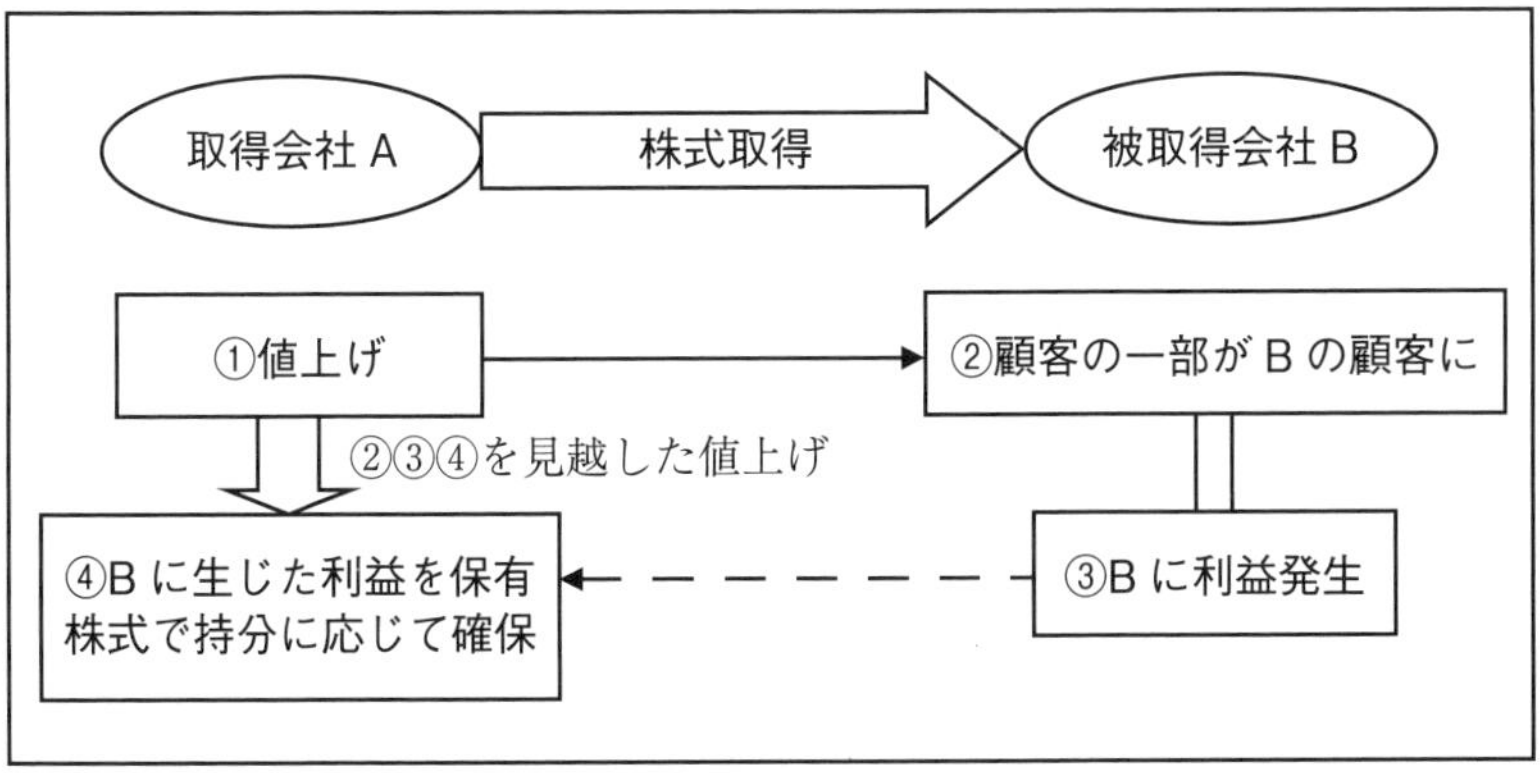

して価格を上げられる」という事態は考えられることからすると、積極的な競争を取得会社が仕掛けていかなくなるという弊害は生じ得ることとなる。

4　情報入手型

(1)　懸念される弊害

情報入手型では、競争情報に接することによって競争が制限されることとなる可能性があること、あるいは取得会社が被取得会社に対して競争上有利な地位に立ち得ることが問題とされているようである(12)。

(2)　情報入手型の現実性

しかしながら、少数株式の取得は、直ちに競争情報を入手することを意味するものではない。株主になったからといって直ちに競争情報へのアクセスが認められることにはならない。たとえば、株主は、株主総会の際に事前交付される計算書類一式を入手することになるが、これらの書類に競争情報が掲載されることは考えにくい。

また、議決権比率三％以上の株式を有する株主には、帳簿閲覧謄写請求権が認められているものの（会社法四三三条）、被取得会社の業務と実質的に競争関係に事業を営みまたは従事する株主からの請求は拒絶事由として明確に規定されていることからして（同条二項三号）、少数株式を取得したことによって競争情報の開示を強制することはできない。

そうなると、情報入手型の想定するシナリオとしては、被取得会社が何らかの形で任意にセンシティブ情報を開示する場合であり、取得会社が被取得会社へ役員を派遣し、役員会でセンシティブ情報が開示される場面などが典型例として考えられよう。

そうであれば、情報入手型が想定しているシナリオは、少数株式を取得したことから直ちに、あるいは株式取得のみを原因として生じる弊害ということではなく、株式取得を契機として、情報入手のために更なる行動を取得会社がとり、またそれに被取得会社が応じることを前提としていることになる。

そうであれば、このような弊害については、両社間に意思の連絡が認められれば不当な取引制限の問題として対応することができるであろうし、意思の連絡が認められない中での協調的行動については、情報遮断体制を構築することによる問題解消措置が現実的な対応として考えられることになる。

5　少数株式取得により持たらされ得る競争促進効果

前述のとおり、少数株式取得が行われた場合には、競争上の弊害が生じるシナリオが考えられるが、市場競争に与える影響という観点からは、株式取得が競争促進的な効果や要素を含み得ることが留意されなければならない。

典型例としては、取得会社と被取得会社間での生産提携や技術提携などの業務提携を推進することで、製造コスト削減等の効率性が達成される場合が挙げられる。たとえば、競争業者間の相互ＯＥＭ契約・生産受委託契約においては、これらの実効的な実施にとって鍵となっているのが、両社の技術担当者を中心とした品質や製造工程、さらには製造技術についてより詳細な意見交換や情報交換である。このような踏み込んだ情報（製造に関する基盤的な技術情報であり、競争を制限する性質の情報ではない）を相互に開示するにあたっては両社の製造部門間での信認関係を持つことが必要不可欠となる。企業間の業務提携は、まずは契約により提携関係を築くことにはなるが、契約だけでは提携が円滑に進まないことは珍しいことではなく、なかんずく競合関係にある相手との水平的業務提携では不信感や猜疑心から提携が機能しなくなる可能性は低くない[13]。たとえば、半製品の相互供給等の業務提携にあっては、相手の会社の最終製品に対する半製品の適合性を高めることが必要であるところ、この適合性を高めるためには製造業者の中核をなす製造に関する基盤的な技術情報を開示したり、根本的な工法・工程を変更しなければならないケースも生じる可能性があるため、技術担当者レベルでの信頼関係がなければ踏み込んだ情報交換を行うことは難しい。

この信頼関係を確保する方法としては、守秘義務を相互に負うこととするような契約レベルでの対応も考えられないわけではないが、自社が拠って立つ基盤的な技術情報の開示を行うことそれ自体に対する懸念を払しょくするには足りない。このような場合には、株式を一定程度保有し合うことによって、提携契約を円滑に遂行できる程度の信頼関係を構築することが考えられる。別言すれば、通常であれば契約によって形成される提携上の信頼関係が、競合関係にあることや企業風土の相違等によって十分に構築できない場合には、株式を取得し所有することによって欠けた信頼を埋め合わせることになる(14)。長期にわたる取引関係を強化し、保証するための株式の一部取得は世上よくみられる現象であるが、このような現象も株式の取得によって一定の信頼関係を形成できることに基づくものである。

また、生産レベルでの業務提携を実効化するために業務提携に向けた投資を実施する必要がある場合には、その投資に対する報酬を保証する仕組みとして、供給先の株式を取得し、供給先が業務提携によって得た利潤の一部を配当によって確保するということも考えられる。すなわち、より安く品質のよい製品を相手方に供給することで、相手方の収益が向上し、これが取得する株式を通じて供給元にも還元されることとなり、供給元の投資効果に対する報酬につながることとなるため、競争を高める取組みのいっそうの深化を図る役割も果たすことが考えられる。

こうした提携関係を補完する株式取得は、そうした株式取得が行われなければ当該提携関係による企業活動の効率化も達成されなかったであろうことを考えると、むしろ競争促進的であるといえよう。そして、上述した利害発生型で想定している企業行動の仕組みそのものが、業務提携の実効化に寄与するということからすると、少数株式取得の市場競争への影響を考える際には、その株式取得が持つ提携関係の競争促進的な効果も加味した分析を行わなければならない事例も存在することに思いを致す必要がある。

（4） U.S. Department of Justice and the Federal Trade Commission, Horizontal Merger Guidelines（August 19, 2010）.

（5） 白石忠志「少数株式取得と企業結合規制」商事法務一九二二号四頁（二〇一一年）は、この三類型で日本の既存の事例も説明できるとされる。

（6） この点を端的に指摘するものとして白石忠志「企業結合規制の概要と諸問題」ジュリ一四五一号一三頁（二〇一三年）。石井・前掲注（3）三二頁も同趣旨と考えられる。

（7） 単独株主権としては取締役会招集請求、種々の差止請求権と閲覧交付請求権が、少数株主権としては株主提案権、総会招集請求権、会計帳簿閲覧権等があるに過ぎず、いずれも被取得会社の経営に重要な影響を及ぼせる権限ではない。

（8） 総会の普通決議事項は、定足数は議決権行使可能な議決権の過半数かつ表決数は出席株主の議決権の過半数とされているので議決権割合五〇％超でなくとも、普通決議事項を左右することができる。

（9） 林秀弥『企業結合規制――独占禁止法による競争評価の理論』六五一頁（商事法務、二〇一一年）は、「たとえば、競争相手から株式を取得されることで、競争相手に遠慮して従前の競争的活動を差し控えたり……するおそれが生じうる。このような競争意欲の減退は、事業上の意思決定を左右するに至らない程度の一部取得であっても生じうる」とされる。

（10） もちろん、取得会社から被取得会社へ相当な規模での役員派遣が行われている場合には、被取得会社の利益を犠牲にしてまで取得会社に利益をもたらすことは考えられないではないが、それは少数株式取得ではなく、役員派遣によってもたらされるものであるし、前記2⑴の②に該当する場合である。

（11） 「取得株式を通じた被取得会社の利益の取り込み」については、Daniel O'Brien & Steven C. Salop, "Competitive Effects of Partial Ownership: Financial Interest and Corporate Control", Antitrust Law Journal, vol.67, pp.574（2001）に挙げられている仮想事例によって、利害発生型の想定するシナリオがよりよく理解できるので、以下に引用する（林・前掲注（9）六七〇～六七一

頁においても紹介されている)。

〈前提条件〉 取得会社Aの製品甲(限界費用八〇・価格一〇〇・顧客数一六)、価格二・五%引き上げて一〇二・五にすると顧客二人喪失する。しかし、二五%の議決権比率を持つ被取得会社Bの製品甲(限界費用六〇・価格一〇〇)に、会社Aが喪失した顧客二名のうち一名が乗り換える。

〈取得会社Aの利益状況〉 利潤二〇×顧客二人喪失＝四〇の利潤喪失。ただし、二・五の値上げにより残りの顧客一四人から利潤三五を獲得。喪失利潤四〇と獲得利潤三五とで取得会社A単体の合計得失はマイナス五となる。

〈被取得会社Bの利益状況〉 顧客一人増えるので、利潤四〇増加。議決権比率二五%の取得会社Aは、利潤四〇の二五%である利潤一〇を獲得。

〈株式保有による取得会社Aの利益状況〉 取得会社Aは、単体の合計得失マイナス五と議決権保有の利潤一〇で正味五の利潤を得られる。以上より、取得会社Aは、価格引上げを行った方が利益の最大化を図れるため、価格引上げのインセンティブが生じることになる。

(12) 林・前掲注(9)六五一～六五二頁。

(13) 森田穂高ほか「企業の提携・部分的結合に関する研究 競争政策研究センター共同研究報告書平成二一年度」六八頁(二〇一〇年)(http://www.jftc.go.jp/cprc/reports/cr-0310.pdf)においても、株式一部所有が企業間の知識・技術の移転を促進する効果があることが経済理論分析により示され、企業へのアンケート・ヒアリング調査からは石油製品・化学工業・運送機械との産業では生産過程に係るノウハウや暗黙知の移転共有は、開発・生産担当のエンジニア間の相互交流が中心となり、そのための前提として信頼関係を構築する目的で資本提携がなされることが示唆されている。

(14) 植松勲編著『合併・株式保有と独占禁止法』二三九頁(商事法務研究会、一九八五年)においても、企業間の取引関係が株式所有関係に裏打ちされて初めて継続的、安定的に遂行されているのが通常であることが指摘されている。もっとも、同著では株式取得の裏打ちによる取引関係の強化が被取得会社に対する支配の一要素として考慮されているが、取引関係が効率性を生む競争促進性の強いものである場合の、この裏打ちによって競争促進効果が実効的に発揮されることになる。

三　公取委運用における少数株式取得の取扱い

上記二において検討した影響を競争に与える少数株式取得は、公取委の運用においてどのように取り扱われ、また位置づけられてきているのであろうか。少数株式取得に関する具体的な事例は後記四において論じることとして、ここではその一般的な取扱いをガイドラインを中心に確認しておくこととしたい。

1　ガイドラインの変遷

(1)　昭和五六年策定のガイドライン

(ア)　判断の枠組み　独占禁止法における株式保有に関する規制は、昭和二八年改正以来、基本的には「他の会社の株式を取得し、又は所有することにより、一定の取引分野における競争を実質的に制限することとなる場合」に当該株式保有を禁止するということとなっている（一〇条一項）。したがって、文言上は、議決権比率の多寡にかかわらず、一株であってもそれを取得することで競争制限効果が生ずれば、当該株式取得は禁止されることになる。

したがって、条文上は、少数株式取得も当然に規制の対象とはなるが、株式保有規制について公取委の運用を初めて公式に対外的に示した「会社の株式所有の審査に関する事務処理基準」（以下「旧々ガイドライン」という）では、①まず当該株式所有が審査対象となるだけの企業間の「結合関係」があるかどうかを判断し、②「結合関係」があれば、当該株式所有により競争制限の有無を判断する、という、現行ガイドラインと同様に枠組みがすでに採用されている。

ただし、「結合関係」の定義については、所有会社が被所有会社の「事業活動を支配することができる場合のほか、その事業活動に相当の影響を与えることができる場合を含むものとする」とされ、現行ガイドラインの定義よりも事業の支配性に重点を置いている。

(イ)　「結合関係」概念導入の趣旨　条文には存在しない「結合関係」が処理基準の枠組みに採用された理由は、旧々ガイドラインには示されていないものの、同ガイドラインを改正した際の公取委職員による解説によれば、「支配結合関係にある会社が共通の意思の下に事業を行い、競争政策の観点からみれば、合併と同様の効果を伴う」ことに株式保有規制の趣旨を見出す姿勢が見られ[15]、結合の度合いに強弱のある株式保有については、合併に比肩する一体性を生み出す株式保有が規制の対象となることを念頭に置いていたことをうかがわせる。

(ウ)　「結合関係」の判断基準　旧々ガイドラインでは、「結合関係」について大きく分けて二つの判断基準を設けている。一つは、「一律判断基準」ともいうべきもので、①株式所有比率（以下「持株比率」という）が五〇%超の場合、②被所有会社が「財務諸表等の用語、様式及び作成方法に関する規則」（以下「財務諸表規則」という）の「関連会社」に該当する場合には、「結合関係」が認められるとしている。

今一つは、「総合考慮基準」ともいうべきもので、一定の持株比率等がある場合（①持株比率二五%以上の場合、②持株比率が一〇%以上二五%未満で株主順位一位または三位以内で当事会社が競争関係にある場合、③共同出資会社に係る株式所有で出資会社が競争関係にある場合）には、持株比率等のほか、当事会社間の役員派遣、取引関係、業務提携や融資関係等を併せて考慮して「結合関係」の有無を検討するというものである[16]。

(エ)　判断基準に対する若干のコメント　まず、旧々ガイドラインの時代には、少数株式取得については、重要影響型の弊害のみが念頭に置かれていたことが、「結合関係」の定義そのものから、また平成六年の同基準改正時の解説からもうかがわれる。

また、旧々ガイドラインの策定当時は、現在と比べて膨大な数の届出数があり、現在の企業結合課よりも相当に職員数の少ない中で、届出の中から効率的に重点審査案件を拾い出さなくてはならないという事情があったことに鑑みると、形式的な基準の必要性が極めて高かったことは想像に難くない。このため、一律判断基準を置きつつ、同基準では捕捉しきれない「結合関係」を拾えるように、総合考慮基準も置き、実態に即した判断にも意を用いたものと思われる。

(2) 平成一〇年策定のガイドライン

(ア) 「結合関係」の判断基準　独占禁止法の平成一〇年改正により、株式保有規制においては届出基準について変更があり、この際に、企業結合全般に関する運用指針として「株式保有、合併等に係る『一定の取引分野における競争を実質的に制限することとなる場合』の考え方」（以下「旧ガイドライン」という）が策定された。

この旧ガイドラインのもとでは、「結合関係」の定義が、「複数の企業が株式保有、合併等により一定程度又は完全に一体化して事業活動を行う関係」と改められたほか、判断基準については、①持株比率が五〇％超の場合、②持株比率が二五％超かつ単独筆頭株主の場合、③持株比率が一〇％超かつ株主順位三位以内で一定事項(17)を考慮して結合関係が形成・維持・強化される場合、④共同出資会社については当事会社間の取引関係、業務提携その他の契約等の関係を考慮して競争影響をみるべき企業結合である場合、という四つが示された。

旧々ガイドラインと比較すると、②の持株比率二五％超の場合について単独筆頭株主であるかどうかだけによって「結合関係」が判断され、諸々の考慮要素を踏まえた判断がなされなくなった点が最も異なる点であるとともに、共同出資会社について出資会社相互間に「直接の株式保有関係はなくとも、共同出資会社を通じて間接的に結合関係が形成・維持・強化されたこととなる」として、「間接的な結合関係」という新たな概念が導入された。

他方、現行ガイドラインとの関係では、②の基準が議決権割合二〇％超ではなく、持株比率二五％超とされていることのほかは、現行ガイドラインとほぼ同様の判断基準が導入されたといえる。

(イ) 「結合関係」基準の改正理由　旧ガイドラインにおいて、一律判断基準として、「二五％超・単独筆頭株主基準」が導入されたのは、旧々ガイドラインの一律判断基準には、持株比率は二〇％以上という関連会社による基準がある一方で、総合考慮基準の一つには持株比率二五％以上基準があり、結合関係の持株比率の統一性が欠けていたことへの配慮と推測される。同時に、旧々ガイドラインの策定に先立ち、公取委が昭和四七年に実施した「株式保有に関する実態調査」からは、「他に抜きん出た筆頭株主として支配するための基準としては二五％以上の持株率が一応の線として考えられる」との分析結果もあったことから、[18]二五％超かつ単独筆頭株主を、五〇％に届かない持株比率における統一的な結合関係の基準として採用したものと思われる。

(3)　現行ガイドラインに対するコメント

(ア)　改正理由の検討　前記のとおり、結合関係の判断基準としての持株比率が実態調査から明らかにされたのに対し、現行ガイドラインの平成二一年改訂においてこの二五％超基準が二〇％超基準に引き下げられた経緯については必ずしも明らかにはされていない。

この点については、会社計算規則二条四項三号においては、議決権割合二〇％超となる場合には、「財務及び事業の方針の決定に対して重要な影響を与えることができる場合」とされ、「関連会社」と規定されていることに平仄を合わせたとの考え方が指摘されている。[19]確かに、被取得会社の経営に重要な影響を与えるかどうかについて、会社計算規則や財務諸表規則の判断基準を援用することは一つの考え方であろうが、これらの規則では、会社計算において被取得会社の業績を連結財務諸表に反映させることによって、取得会社の株主、債権者および経営者に的確な意思決定を可能ならしめることに目的があるのに対し[20]、独占禁止法上の株式保有規制は、従来は独立した競争単位として活動していた複数の企業が株式取得を通じて、事業活動が完全にまたは一定程度一体化し、独立の競争単位ではなくなり、当事会社間の競争が消滅（または減少）することによって、一定の取引分野における競争が制限されることとなるかどうか、という観点から行われることからすると、これらの規則の援用が直ちに正当化されるものではないであろう。

他方で、会社計算規則上の議決権割合二〇％以上の関連会社は財務諸表規則における持分法適用会社になることに着目した場合、少数株式取得における利益発生型との関係では、議決権割合二〇％を「結合関係」の基準の一つとすることについては一定の合理性を見出し得る。すなわち、自社の財務諸表に持分に応じた他社の利益を計上する持分法適用会社の考え方は、被取得会社の利益を慮って取得会社が企業行動を決するという前記二3の「利害発生型」と親和性のある考え方であるといえ、被取得会社の利益を持分に応じて自社の利益に計上できることとなる持分法適用会社となる関係をもって「結合関係」と捉えると考えるようになったというのであれば、議決権割合二五％超を二〇％超に変更したことの説明はできないわけではない[21]。

(イ)　「結合概念」の位置づけ　以上のように幾度かの改正が行われた「結合関係」基準ではあるが、「結合関係」の判断基準の適正、さらには概念の要否に関する議論は、本稿冒頭で指摘した「出口問題」の方向性が現行ガイドラインで示されていないことも関係することが指摘されなければならない。一旦、「結合関係」が認められれば、当事会社のシェアが単純合算され、あたかも合併と同様の審査が行われるのであれば[22]、「結合関係」の判断は極めて大きな意味を持ち、その判断基準の適正さが極めて重要な関心事となろう。これに対し、入口の「結合関係」では、画一的・形式的判断を行いつつも、出口の競争制限の判断においては結合の度合いや競争上の弊害が生じる可能性や弊害の程度など様々な事情を勘案するというのであれば、「結合関係」は、審査を必要とする株式取得の範囲をまずは形式的に画定するための概念に過ぎず、要審査案件選別機能を持つにとどまる概念と捉えることで当事会社の予見可能性を高めることに奉仕するものとして、それなりの有用性を持った概念といえることになろう(23)。

(15) 舟橋和幸編『独占禁止法による合併・株式保有規制の解説――新ガイドライン・規制事例・届出手続を中心にして(別冊商事法務一六九号)』八六頁(商事法務研究会、一九九五年)。なお、同著では、「結合関係」の審査意義について、株式保有規制が禁止する競争制限とは、「『株式を所有し、または取得すること』によるものであり、株式所有と競争制限との間に因果関係があることが要件とされている。そこで『株式を所有することにより』とは、どのような状況の株式所有を指すかあらかじめ明らかにしておかなければならない」との解説も見られ、「結合関係」基準を因果関係を明確にする観点から導入したことも示唆されている(同九〇頁)。

(16) 「結合関係」は、現行ガイドラインでは、審査対象を画する概念として用いられるほかに当事会社グループを画する概念としても用いられているが、旧々ガイドラインは、後者について「結合関係」を用いる発想は文面上うかがわれず、当事会社グループを画する基準としては当事会社が二五％以上の持株比率を有する国内会社および当事会社に対して二五％以上の持株比率を有している国内会社という基準が示されている(旧々ガイドライン第3(注))。

(17) ①持株比率の程度、②株主の順位、株主間の持株比率の格差、株主の分散の状況その他株主相互間の関係、③株式発行会社が株式所有会社の株式を所有しているかなどの当事会社相互間の関係、④一方の当事会社の役員または従業員が、他の当事会社の役員となっているか否かの関係、⑤当事会社間の取引関係(融資関係を含む。)、⑥当事会社間の業務提携、技術援助その他の契約、協定等の関係、⑦当事会社と既に結合関係が形成されている会社を含めた上記①〜⑥の事項、を考慮するとしている(旧ガイドライン第1−1(1))。

(18) 石寺隆義「株式所有と経営関与(下)」公取二七六号三七頁(一九七三年)参照。

(19) 経済産業省委託調査・前掲注(1)二四頁脚注九参照。

(20) 財務諸表規則等は①保有会社の株主に、自らが投下した資本の運用状況の全貌を知らしめ、的確な投資の意思決定を可能ならしめること、②保有会社の債権者に、会社の総合的な財務状況と収益力の実態を知らしめ、的確な融資・取引の意思決定を可能ならしめること、③保有会社の経営者に、会社の総合的な営業活動と資金ポジションの実態を知らしめて、的確な経営の意思決定を可能ならしめるためであり、会社の財務状況を開示するという目的から関連会社を規定していると思われる。

(21) 越知保見「企業結合規制における少数株式取得と『結合関係』概念の再検討」公取七四二号五七頁（二〇一二年）も同趣旨と思われる。

(22) しかしながら、「結合関係」の度合い・強弱には幅があることは、現行ガイドラインでも、①議決権比率五〇％超と②二〇％超・単独筆頭株主という二つの基準を設けていることからも明らかであろう。どちらの結合関係も結合の程度が同じであると考えているのであれば、もともと②は①を包含する関係にあることから②のみの基準を示せば足りるところ、あえて①②の基準を設けていることや届出基準の閾値としても二〇％・五〇％という数値を置いていることからも、①と②とでは結合の度合いが異なると考えているものと思われる。同様の指摘をするものとして川合弘造「独禁法実務を志す若手法律家の方に（第六回・完）」公取七二九号七四頁（二〇一一年）。

(23) 根岸哲「私的独占と企業結合」『独占禁止法の基本問題』一四四頁（有斐閣、一九九〇年）、同「独禁法における行動規制と構造規制」厚谷襄兒先生古稀記念『競争法の現代的諸相(上)』四二三頁（信山社、二〇〇五年）、林・前掲注(9)六三〇頁および越知・前掲注(21)五九頁以下は、「結合関係」の概念は不要とするが、「結合関係」概念の問題は、「結合関係」が認められた後の「出口問題」である競争制限の判断の枠組みや考慮要素が定まっておらず、一旦「結合関係」が認められてしまうと合併と同レベルの一体性を持つものと評価されてしまうのではないかという危惧を抱かせている点にあると思われる。

四　具体的事例の検討と考慮要素

過去、少数株式取得が取り扱った公表事例は多数あるわけではないが、これらの限られた事例の特徴を検討しつつ、少数株式取得を独占禁止法上の評価を加える上での考慮要素を考えていくこととしたい。

1　結合関係の有無

少数株式取得または所有との関係で「結合関係」の有無が検討された事例としては、①トヨタ・富士重工事例(24)（トヨタの富士重工に対する議決権割合九・五％から一六・六一％に増加）、②十六銀行・岐阜銀行事例(25)（三菱東京ＵＦＪ銀行の岐阜銀行に対する議決権割合二一・二％・単独一位）、③新日鐵・住金事例(26)（新日鐵のトピー工業に対する議決権割合二〇・五％・単独一位、合同製鐵に対する議決権割合一五・七％・単独一位）がある。公取委は、①については結合関係がなく、②③についてはいずれも結合関係があると判断した。

①と③の事例を比較したのが**表1**であるが、議決権割合だけに注目すると、①のトヨタ・富士重工では一六・六一％で結合関係が認められなかったのに対し、③の新日鐵・合同製鐵では一五・七％で結合関係が認められている点が興味深い。議決権割合以外においても業務提携（取引関係）についてはむしろ①事例の方が小型乗用車について濃厚な関係にあるにあるようにも思われるが、役員兼任が業務提携関係以上に重要視されているのかもしれない。また、公表事例集からは明らかではないが、会社法上の関連会社であるか否かが重要な考慮要素とされているとの指摘もある。(27)持分法適用会社である場合には、被取得会社の純資産および損益を、取得会社の持分に応じて取得会社の連結財務諸表に反映させるため、利害発生型が想定する競争インセンティ

表1

	トヨタ・富士重工（①）	新日鐵・合同製鐵（③）
株主順位	単独筆頭株主（16.61％）	単独筆頭株主（15.7％）
役員兼任	なし	あり
業務提携	富士重工は、①小型乗用車について、トヨタとの共同研究開発とその生産受託を行い、別途トヨタからOEM供給を受けるほか、②トヨタの子会社ダイハツから小型乗用車および軽自動車のOEM供給を受ける	一部製品の製造受委託
関連会社	持分法適用会社ではない	持分法適用会社

ブの減退が生じる可能性が高いとして結合関係を認めることには一定の合理性はあるといえるのかもしれない。

なお、三菱瓦斯・新酸素化学事例[28]は、三菱瓦斯が新酸素化学の株式五〇％を取得した事例であるが、被取得会社である新酸素化学が三菱瓦斯による株式取得後も独立して販売を行うこととしていることを重視したためか、三菱瓦斯と新酸素化学を独立した事業者と見なしている。公表文では、両社に結合関係があるのかどうかについて明確な判断が記されていないため、結合関係はあるけれども独立した事業者と考えているのか、そもそも結合関係がないと判断しているのかが明らかではない。公表文に記載はないが、新酸素化学のウエブサイトを見る限り、同社の残りの五〇％の株式を三菱商事が保有している。[29]新酸素化学は三菱商事と三菱瓦斯との共同出資会社であり、出資会社間の協定等により三菱瓦斯の経営支配または重要な影響が及ばないのかもしれないが、三菱瓦斯と新酸素化学の間には前記二3の利害発生型の関係が生じ得ることからすると、結合関係を認めなかったのであれば、認めない理由を明示するべきであったと思われる。

2 競争制限における評価

(1) シェアの取扱い

少数株式取得において一つの大きな関心事項は、取得会社・被取得会社のシェアの取扱いであろう。この点については、米国において一部の識者から少数株式取得に関する「修正されたＨＨＩ」の概念などが提唱されているところではあるが[30]、これまでの公表事例では、十六銀行・岐阜銀行事例において岐阜銀行のシェアと同行との結合関係を認定された三菱東京ＵＦＪ銀行のシェアが単純合算されている。

これに対し、先の三菱瓦斯・新酸素化学事例は、三菱瓦斯が新酸素化学の株式を五〇％取得した事案であるが、新酸素化学が三菱瓦斯による株式取得後も独立して販売を行うとしていることおよび三菱瓦斯が新酸素化学に対して出資分である五〇%の過酸化水素（両社間の競合分野商品）の優先引取権を有することに着目して、新酸素化学の生産能力の全てではなく五〇%を三菱瓦斯に加えて同社の株式取得後の生産能力シェアを算出している。

十六銀行・岐阜銀行事例では、三菱東京ＵＦＪ銀行のシェアを岐阜銀行のそれに合算しても、四つの審査対象分野の当事会社合算シェアがそれぞれ四〇%、三五%、三五%、三五%であり、かつ様々な競争圧力との関係でこれらの単純合算シェアを有してもなお競争制限が生じないと判断できた事案であったことから、その結果を見越してシェアを単純合算するという実務的な手法が採用されているように思われるが、単純合算シェアが五〇%を超えるなど大きくなる事案ではこのような手法を用いることには限界がある。

他方、三菱瓦斯・新酸素化学事例は、新酸素化学が共同出資会社であることから、出資者間の株主間協定により、三菱瓦斯の新酸素化学に対する経営関与が相当に制限されていた可能性があり、重要影響型の観点からは経営への影響度が低いものとして新酸素化学を独立した競争単位と評価しつつ、ただ出資分相当の引取権を生産能力シェアに加算し、事案全体としては様々な競争圧力に鑑みて競争制限が生じないと判断したものと推測される。ただし、前述のとおり、株式を五〇%所有することから生じ得る利害発生の点についての考慮はどこまでなされていたかは不明であるが、新酸素化学のシェアが五%と小さいことから、利害発生型の想定するシナリオが成り立ちにくいこと（取得会社の価格を引き上げた結果、逃げる顧客の一部が被取得会社に拾われる可能性が低く、被取得会社への攻勢を弱めることにより得られる利益もシェアが小さいことから僅少であること）などが考慮されたのかもしれない。いずれにせよ、不明点の多い事案であり、公取委の事例公表のあり方が問われる事例であったといえる。

(2)　重要影響型の考慮要素

少数株式取得が被取得会社の経営にどの程度の影響を与えるのかを検討するにあたっての考慮要素としては、基本的には、企業結合ガイドラインにおいて議決権比率一〇%超かつ株主順位三位以内の株式取得に「結合関係」を認定する際の考慮要素とほぼ重なるものと思われる。というのも、株式取得の事実のみからでは直ちに（協調的行動を含めた）一体的な事業活動が認定できない場合に、どのような追加的事実があれば一体的な事業活動が行われる可能性があるのかを示しているのが上記考慮要素だからであり、判断の重なり合いが認められるからである。

(ア)　株式取得の経緯・目的　　少数株式取得が被取得会社の経営に対してどのような影響を与えるのかを検討するにあたっては、当該株式取得の経緯および目的は一つの重要な考慮要素となる。少数株式取得の目的には投資目的もあれば、競争業者でありながら取引先でもある場合には取引確保の目的もあり得るし、競争促進的な業務提携をより推進していく目的であることもあれば、救済支援や支配目的によることもある[31]。日本楽器事件[32]では、日本楽器があらかじめ資金を第三者に提供しこの第三者を通じて、競争業者である河合楽器の持株比率二四・五%分の株式を取得した事案であったが、自己の計算において計画的に第三者に株式を購入させた経緯などからは、事業活動に相当な影響を与える目的であったことが明白であったといえよう。実際、かかる目的が審決書でも認定されており、競争制限が認められている。

(イ)　株主構成　　同じ議決権割合でも、議決権割合の格差や分散の度合いによって相対的な影響力に差が生じる以上、格差・分散度合いが考慮要素となるほか、過去の株主総会の出席率も議決権割合の実質的な大きさを図る要素となり得る。このような観点から、被取得会社が上場会社である場合には、非上場会社に比べて低い議決権割合でも相応の影響力を及ぼすことができることが指摘できる反面[33]、前記二2(2)(ア)のとおり、上場会社では取締役の責任問題が生じることから、大株主とはいえ安易に一部の株主の利益を慮ることが現実的なシナリオであるかどうかについても十分考慮されなければならない。

このほか、有力な株主が取得会社と同系列の事業者であるのか、または被取得会社の取引先であるのかといった取得会社と被取得会社の協調行動に関する利害関係の有無も検討されるべきであろう。

(ウ) 経営陣の構成　経営陣との関係では、役員兼任の有無が重要な考慮要素となるであろうが、構成比や常勤か非常勤かで影響の度合いは大きく変わるほか、考慮対象とするべき役員として監査役を含めるかどうかも検討を要しよう。独禁法の役員兼任規制における「役員」には監査役も含まれているが(二条三項)、業務の執行・遂行を行う取締役とは異なり、監査役は会計・業務の監査を行うに過ぎず、営業面に与える影響度は小さいとともに、出資会社のリスク管理という観点からは、非常勤監査役を派遣することは、世上よく見られることであり、出資先の会社の経営を支配することに目的があるものではない。

また、取得会社の退職者による被取得会社の役員等の就任については、継続的にこのような就任が行われている場合には役員兼任と異ならない影響力を有するとの指摘もある(34)。しかしながら、一般論としては、取得会社との関係がなくなった退職者が取得会社の利益を慮るインセンティブに欠けるというほかない。ましてや被取得会社の利益を犠牲にして取得会社の利益になるように行動する動機があるとは考えにくい。この点で旧々ガイドラインが所有会社の役員・従業員が退職後二年以内に被取得会社の役員に就任することを規制していたのに対し、現行ガイドラインが役員兼任規制において退職者を考慮しないことには十分な理由があると思われる(35)。また、取得会社に所属した時代に得た知見・見識・経営手腕を被取得会社において存分に活かしてもらうという目的で被取得会社から招聘している場合には、むしろ被取得会社の経営力、ひいては競争力を高めることからすると、どちらからの働きかけで就任したのかという事実も重要であろう。継続的な就任について問題があるとすれば、被取得会社が有能な人材の供給源として取得会社に依存しているという事態が認められるような場合に限られるように思われる。

㈢　取引関係等　取引関係のうち、取得会社が被取得会社に融資を行っていたり、被取得会社の銀行融資に対する保証等を行っている場合には、当該融資が被取得会社にとってどの程度の重要性を有しているかを検討する必要がある。また、業務提携等の取引についても同様に、当該取引の被取得会社にとっての重要性が考慮されるべきである。同時に、当該業務提携が競争促進的なものであり、その競争促進性が株式所有により裏打ちされて継続的かつ安定的に行われて初めて発揮される場合には、競争制限の評価にあたり、株式取得が生み出す競争促進性を考慮するべきことは、前記二5にて指摘したとおりである。

⑶　利害発生型の検討

㈠　一般的な考慮要素　少数株式取得による利害発生は、極端な話、一株を持った段階から始まるが、現実的に取得会社が被取得会社の利益に関心を持ち、それが取得会社の経営判断にまで影響を与えるレベルになるのは、被取得会社の純資産・損益を取得会社の持分に応じて取得会社の連結財務諸表に反映させられる段階に至ったときと考えるため、持分法適用会社かどうかが考慮要素の一つになることは否定できないところであろう。

他方で、新日鐵・住金事例における新日鐵とトピー工業・合同製鐵のように、持分法適用会社でありながら、競争関係が維持されている例が厳然として存在していることに鑑みるならば、持分法適用会社になったからといって、直ちに取得会社の被取得会社に対する競争意欲がそがれると考えることは早計ということになる。

この点については、取得会社と被取得会社の競合する商品および地理的分野が、各社においてどれだけのウエイトを占めるのか（典型的には売上高割合）を考慮しなければならない。取得会社としては、被取得会社の売上額に占める割合の小さい商品分野について競争を差し控えたところでその見返りは限られたものになるし、取得会社の売上額に占める割合の高い商品分野の競争を差し控えれば自社の業績が悪化するだけの話である。

また、被取得会社の競合市場における市場シェアも考慮要素となり得ることは、前記2(1)の三菱瓦斯・新酸素化学事例にて指摘したとおりである。

さらに、競合市場における供給が需要を上回っていたり、縮小傾向の市場である場合には、競争を差し控えることで被取得会社の業績を高めて利益の配分にあずかるなどというシナリオ自体が現実的ではない。

加えて、前記二5の最終段階で指摘したとおり、被取得会社の業績向上による利益にあずかるという利害発生型の仕組みは、競争促進的な業務提携（特に生産提携および技術提携）の取り組みにあっては、競争促進性を実効化あらしめ、またより高めるという効果も併せて考慮されなければならない。

(イ) Westinghouse Electric UK 社・原子燃料工業事例(36)　公取委の公表事例で、重要影響型の弊害が生じない株式保有関係において利害発生型の弊害について正面から言及したものとして有名なのが、Westinghouse Electric UK 社（以下「WH」という）による原子燃料工業の株式取得の事例である。本事例は図3に示す状況下での株式取得であったところ、公取委は、「東芝によるGNF―Hに対する出資比率が二二％を占めていることを勘案すると、東芝がGNFグループの意思決定に対する支配力をまったく行使できないとしても、WH社及びGNFグループ双方の事業の成果に強い利害を有していると考えられることから、東芝及びWHグループとGNFグループとの間において結合関係が形成されていないとは評価できない」と判断した。

本事例に関する評釈は、すでに優れたものが公にされているためそちらに譲りたいが(37)、本事例とは少し異なり、図4のような東芝に位置する事業者がWH社にあたる会社に対しても支配権を有していない事案について検討してみたい。

図4は、AがBの株式を一〇〇％取得する場合に、AとBそれぞれの少数株式所有会社甲と乙が競合関係にある事例を示したものである（Aと甲・乙には競合する商品分野がないものとする）(38)。この場合、Aと甲、Bと乙との間に持分法の適用がある場合、公取委のこれまでの取扱いでは、株式取得後には「結合関係」がAと甲・乙に生じることになり、甲と乙のシェアも合算された上で、企業結合審査が行われる可能性がある。

しかしながら、株式取得後のAの甲および（Bを通じた）乙に対する議決権割合が二〇％超であり、かつWH事

図3

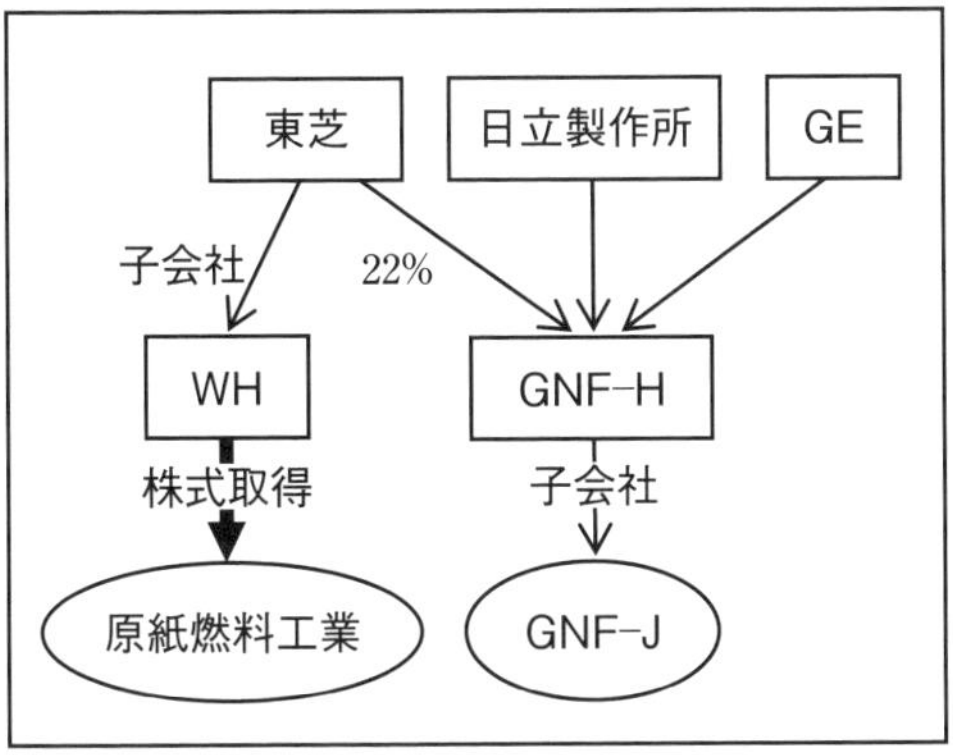

図4

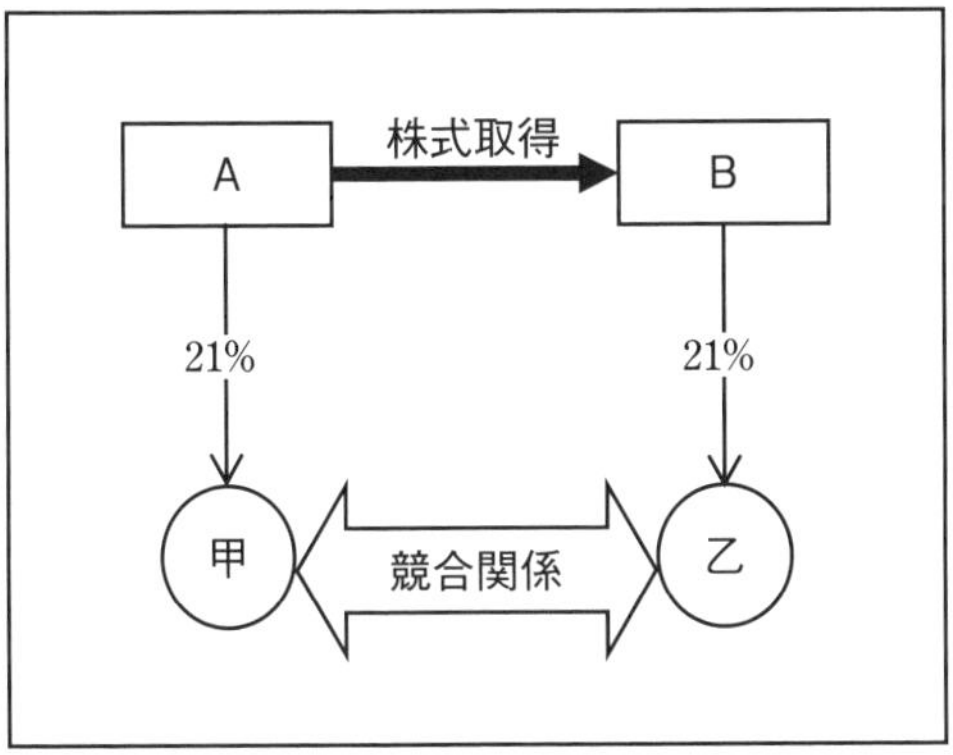

例のように役員派遣等を考えておらず、甲乙の経営に対して重要な影響力を行使できないとした場合、利害発生による競争上の弊害が生じるかどうかについては以下のとおり大いに疑問といえる。

甲と乙との間には相互に直接の株式保有関係は存在しないことから、両社の間に直接的にもまたは（統合会社を介して）間接的にも「利害発生型」の少数株式保有に基づく競争への影響が発生することは考えられない。「利害発生型」の株式保有関係が認められるのは、値上げにより自社から逃げる顧客を被保有会社が捕捉し、そこから得られる利潤を配当の形で保有会社に還元できる関係が認められるからであるところ、甲および乙相互に直接の株式保有関係を有しないため、一方の値上げによって自社から逃げた顧客を他方が捕捉したとしても配当を通じて利潤が還元される関係には一切立たないからである。

図4の事例は、議決権割合が二〇％超であることから「結合関係」が認められた場合であっても、競争制限の問題は生じないこととなる。「結合関係」が認められ、それゆえ一見すると競争上の懸念が生じると思われかねない事案であっても、少数株式取得のもたらす弊害が生じるかという原点に立ち返ることの重要さを示す事例と言えよう。

(4)　情報入手型の検討

厳密な意味での少数株式取得の事例において、情報入手型が問題とされた事例は見あたらず、情報入手型による競争上の制約は、共同出資会社の出資会社間の問題として実務では浮上している。本稿では、共同出資会社の問題を扱うものではないが、「結合関係」との関係で少数株式取得と関連する問題であるため、ここで取り上げることとする。

なお、旧ガイドライン以降、共同出資会社（以下「ＪＶ」ともいう）の設立によって出資会社間に「間接的な結合関係」が生じるとされているが、出資会社間の競争に影響を与えることがあるのは、①ＪＶと出資会社との間に競争関係がある場合（ＪＶが対象とする事業を出資会社も行う場合）、②出資会社間の競合事業について意図的にＪＶを通じて情報交換を行う場合、あるいは③意図的ではないにせよ、出資会社間にＪＶ対象事業と密接に関連する競合事業があるため、ＪＶの運営に付随して高い確率で競合事業に関する競争情報に接することになる場合、に限られよう(39)。

(ア)　三井金属工業・住友金属鉱山事例(40)　先述のとおり、情報入手型による競争上の制約は、共同出資会社において常に問題となるわけではない。完全切出し型の共同出資会社（出資会社が特定の事業部門のすべてを共同出資会社に統合する場合）においては、各出資会社と共同出資会社との業務上の関連性は失われることが多いため、通常は競争情報の入手ということが問題とはならない。

しかしながら、各出資会社に残る事業部門と共同出資会社に切り出された事業部門との間に関連性がある場合には、共同出資会社の運営に付随して(41)、各出資会社に残る事業部門に関係する競争情報が環流し、それにより相互の競争情報が共有されることとなる危険性がある。

この点に関する典型例として挙げられるのが、三井金属工業・住友金属鉱山事例である。統合される伸銅品事業では、電気銅が不可欠の原材料であり、電気銅の四〇％が伸銅品に使用され、電気銅メーカーにとって伸銅品メーカーは重要な顧客となっているところ、出資会社である三井金属工業も住友金属鉱山も電気銅事業を営んでいることから、各出資会社の電気銅に関する競争情報が伸銅品の共同出資会社を通じて共有される危険性があったため、情報遮断に関する問題解消措置が採られた。

(イ)　旭化成ケミカルズ・三菱化学事例(42)　本事例は、旭化成ケミカルズと三菱化学が石油化学基礎製品の製造事業について共同出資組合を設立した事案であり、石油化学基礎製品を原料とする各種誘導品（中間製品）に関する情報が、共同出資組合の運営に付随して出資会社間で共有されないかが問題視されたが、本組合の運営を通じて得られる情報から、両出資会社が互いの誘導品事業の内容を推測することは困難であるとして、情報入手型の競争制約について問題なしとされた。

(ウ) カンタスージェットスターグループ・日本航空事例(43)　本事例は、カンタスージェットスターグループと日本航空が出資して格安型航空サービス会社を設立することを計画していた事案であるが、各出資会社が営むフルサービス型航空サービスと格安型航空サービスとは完全に競合はしないものの、一定の競合関係を有するものであったことから、共同出資会社を通じた情報共有が行われるかが検討された。しかし、共同出資会社は国内航空サービスのみに参入し、出資会社間の競合役務分野である国際航空サービスには、参入する予定がなかったことから、共同出資会社を通じて出資会社間に国際航空サービス事業に関する競争情報が共有されるおそれはないものとされた。

(エ) 小　括　以上検討してきた公表事例をみると、情報入手型の競争制約について、公取委は、共同出資会社の運営を通じて情報共有がなされる危険性を個別具体的に検討した上で、その定型的な可能性がない場合には問題なしとし、可能性がある場合には当事会社が情報遮断措置を講ずることによって当該共同出資会社の設立を認めていることがわかる。

(24) 平成二〇年度主要企業結合事例四。
(25) 平成二〇年度主要企業結合事例六。
(26) 平成二三年度主要企業結合事例二。
(27) 石井・前掲注(3)二九頁。

(28) 平成一七年度主要企業結合事例三。
(29) http://www.sskc.co.jp/
(30) これを紹介するものとして、経済産業省委託調査・前掲注(1)九〇頁以下、白石・前掲注(5)一〇頁および林・前掲注(9)六七四頁。
(31) 議決権割合のレンジを基準として取得目的の統計について経済産業省委託調査・前掲注(1)四〜一二頁参照。なお、株式を長期保有する中で当初の取得目的が変化していく可能性もまた否定できないところではある。
(32) 公取委勧告審決昭和三二年一月三〇日審決集八巻五一頁。
(33) カナダのガイドラインについて経済産業省委託調査・前掲注(1)七六頁、ニュージーランドのガイドラインについて八四頁参照。
(34) 石井・前掲注(3)二九〜三〇頁。
(35) 旧々ガイドライン第2-2-(2)イ(ア)、現行ガイドライン第1-1-(1)イ(エ)。
(36) 平成二〇年度主要企業結合事例三。なお、東芝がWH買収の際に欧州委員会との関係で取った措置（役員の不派遣・経営に関する拒否権放棄または議決権放棄は、重要影響型における問題解消措置として参考になる。
(37) 白石忠志『独禁法事例の勘所〔第二版〕』三八九頁以下、特に三九一頁以下（有斐閣、二〇一〇年）参照。
(38) 類似の事例は、川合・前掲注(22)七四頁において少数出資株主の問題として取り上げられている。
(39) 上杉秋則ほか『独禁法によるM＆A規制の理論と実務』二〇六頁（商事法務、二〇一〇年）も同趣旨。JVを組成した場合には常に出資会社（株主）間に間接的な結合関係が生じるかごとき記載振りは、企業結合規制の関係者に誤解を与えるため、早急に変更するべきものと思料する（越知・前掲注(21)五九〜六〇頁も同旨）。
(40) 平成二一年度主要結合事例三。
(41) 共同出資設立会社以外の少数株式取得においては、競争制約が懸念される情報を入手するには、意図的に情報入手を目論む必要があるのに対し、共同出資会社の場合には業務に付随して出資会社間での情報共有がもたらされる点が異なる点であるといえよう。
(42) 平成一九年度主要結合事例三。

（43） 平成二三年度主要企業結合事例八。

五　おわりに

本稿では、雑駁ながら少数株式取得に関して思うところを記述してきたが、要すれば、少数株式取得から生じる競争上の弊害のシナリオを考え、そのシナリオにどれだけの現実性があるのか、また現実性を検討するにはどのような考慮要素があり得るのか、そして過去の公表事例でそのシナリオが成立するのか、考慮要素は何かを検討してきたことになる。これは、少数株式取得から競争上の弊害が生じることの「確からしさ」を検討していることにほかならない。すなわち、「結合関係」なる概念については、ガイドラインに明示的な記述のない弊害等も盛り込んで融通無碍な広がりを持ち得る危険性があるとの正鵠を射た指摘があるところ、その弊害の具体的内容について検証を試みたものである(44)。

水平的な少数株式取得については、「結合関係」に要審査案件選別機能を認めるとしても、「結合関係」の認定のみに議論を集中させるのではなく、少数株式取得が引き起こし得る競争上の弊害の具体的内容とその弊害が発生するかどうかという、「結合関係」の先にある出口問題に関する判断の枠組みや考慮要素が示されるべき時期がすでに到来しているように思われる。

（44） 白石・前掲注（6）一四頁。

単独かつ一方的な取引拒絶における競争手段不当性

長澤哲也

一　本稿の課題

取引拒絶について、取引先選択の自由の正当な行使としてのものと独禁法違反となるものを識別する基準は、どこに見いだすことができるか。取引拒絶には、他の事業者と共同で行われるものや、他の事業者を利用して間接的に行われるものもあるが、それらは、他の事業者の事業活動を制約するという側面があり、違法性の判断はそれほど困難ではない。また、単独で直接的に行われる取引拒絶であっても、別の独禁法違反行為の実効性を確保する手段として用いられることが多く、その場合、取引拒絶の違法性判断は、当該別の独禁法違反行為のそれに準じてなされることとなる。これらに対し、単独かつ直接の取引拒絶であって、別の独禁法違反行為の実効性を確保する手段として行われるものではないもの（本稿では「単独かつ一方的な取引拒絶」という(1)）について明確な違法性判断基準を確立することは容易ではない。

単独かつ一方的な取引拒絶が独禁法上規制されるのは、私的独占（独禁法二条五項）または不公正な取引方法（同法二条九項六号イ(2)）に該当する場合である。いずれを適用する場合であっても、他の事業者の事業活動を困難にすることまたはそのおそれ（排除効果）の発生が要件となるが(3)、過剰規制とならぬよう、排除効果の発生とは別の要件も必要となるのではないか。とりわけ取引拒絶の場合には、取引先選択の自由を過度に制約することのないよう、特別の配慮が必要なのではないか。排除効果を有する単独かつ一方的な取引拒絶が独禁法違反となる境界線はどのように画定すべきなのか。これらを検討するのが本稿での課題である。

（1）　優越的地位の濫用としての取引拒絶は、本稿の検討対象外とする。

（2） 一般指定二項の「その他の取引拒絶」が原則的な適用法条となるが、取引拒絶に匹敵するほど高い価格を設定する場合や不利な取引条件を設定する場合は、一般指定三項の「差別対価」や一般指定四項の「取引条件等の差別取扱い」が適用され得る。また、取引拒絶による被拒絶者（競争者）の事業活動への影響の観点からみて、一般指定一四項の「競争者に対する取引妨害」が適用されることもある。

（3） 私的独占の場合は、「他の事業者の事業活動を排除」することに加えて、それによって競争を実質的に制限することが必要となる。

二　競争手段としての不当性

最高裁は、独禁法の趣旨につき、「事業者の競争的行動を制限する人為的制約の除去と事業者の自由な活動の保障を旨とするものである」と述べる(4)。競争とは、競争者よりも良質の商品をより好ましい取引条件で提供することによって、顧客の選択を勝ち取ることである。こうした自らの効率性を追求する能率競争が正常に機能するためには、各事業者が自らの意思により自由に競争的活動を行うことが保障されていなければならない。事業者が競争者の競争的活動を不当に制約することによって顧客を獲得することは、競争手段として許容されるものではない。もっとも、競争者よりも、良質の商品を提供したり、低コストの商品を提供したりすることによって、競争者が顧客を失い、その事業活動が困難になったとしても、それは正常な能率競争の過程で自然に発生した結果であり、競争を善とする限り、問題とされるべきものではない(5)。このことは、独禁法制定当時から認識されていたものであり、その提案理由説明では、「公正かつ自由な競争が効果的に行われる結果として、優秀な事業者が自然に競争に打勝つて、大きくなつて行くことは、公共の利益に合致し、この法律において最も望むところであります」と述べられていた[6]。それ故に、競争的行動を制約する行為のうち「人為的」なものだけを規制することが、独禁法の趣旨として導かれるのである。換言すれば、競争者が排除されたという効果が生じただけは、違法な排除的行為を識別することはできず、排除効果とは別の要件が必要となる[7]。

最高裁は、独禁法二条五項にいう「他の事業者の事業活動を排除」する行為に該当するためには、競争者の市場参入を著しく困難にするなどの効果を持つことに加えて、「自らの市場支配力の形成、維持ないし強化という観点からみて正常な競争手段の範囲を逸脱するような人為性を有するもの」であることが必要であるとした[8]。競争的行動の制約のうち独禁法によって除去されるべき「人為性」を有するものとは、対象行為が正常な競争手段の範囲を逸脱するものだということである。異常な競争手段はそもそも許容されないし、また、正常な競争手段であってもその範囲を逸脱すると許容されない（この両方を包含する用語として、本稿では「競争手段としての不当性」という）。

それでは、正常な競争手段とはどのような行為であり、また、どのような場合に正常な競争手段を逸脱したことになるのであろうか。これについては、次のとおり、二段階に分けて考えることができるのではないか[9]。まず、第一段階として、行為の外形が事業者として認められる権限の範囲を逸脱するものであるならば、異常な競争手段であって、そもそも独禁法上許容されない。独禁法の趣旨として最高裁判決が述べるように、事業者には自由な活動が原則として保障される。とりわけ、誰と取引するかを事業者が自由に選択できることは、競争の基盤をなす[10]。また、事業者が市場の需給関係に適応しつつ商品の価格を自由に決定することも、自由競争経済の前提である[11]。こうした取引先選択の自由や価格決定の自由の行使としての事業活動は、正常な競争手段の範疇に入る行為である。それに対し、他の事業者の事業活動を拘束したり制約を加えたりする行為は、当該他の事業者にとっての事業活動の自由を制約するものであり、正当な理由がない限り、異常な競争手段である。それ故に、排他的取引や抱き合わせ、共同の取引拒絶、間接の取引拒絶などは、原則として、正常な競争手段とはそもそも認められない(12)。次に、第二段階として、行為の外形が事業者として認められる権限の範囲内のものである、すなわち、正常な競争手段であるとみえる場合であっても、効率性を追求する能率競争に反するものであるときには、競争手段として許容されない。概念的にいえば、正常な競争手段とは、自らの効率性を追求する能率競争の趣旨に沿った行為である(13)。外形上は正常な競争手段であるが能率競争に反すると判断される典型例は、価格設定の自由を濫用し、自らにとっても経済合理性のない価格設定をすることにより、自らと同等またはそれ以上に効率的な事業者の事業活動を困難にする場合である。難問は、取引先選択の自由の行使が能率競争に反すると判断されるのはどのような場合であるかであり、次項以下で検討する。

不当な競争手段の概念は、私的独占に限らず、不公正な取引方法における自由競争減殺型の違反類型においても含まれているはずである(14)。そうだとすれば、それはどの構成要件に位置付けることができるか。まず、不公正な取引方法の諸類型については、行為要件に規範的要素を内在していないことが多く、「不当に」や「正当な理由がないのに」との要件の中に、自由競争減殺性に加えて競争手段不当性も読み込むことになる。例えば単独直接取引拒絶（一般指定二項）の行為要件は、「ある事業者に対し取引を拒絶し若しくは取引に係る商品若しくは役務の数量若しくは内容を制限」することであるが、この行為要件だけでは、正常な競争過程による排除とそうではない排除を識別することはできない。そのため、「不当に」という公正競争阻害性を示す規範的要件の中に排除効果（他の事業者の事業活動を困難にするおそれ）と競争手段としての不当性が同居していると解釈することになる。他方、私的独占では、「他の事業者の事業活動を排除し」という行為要件の中には排除効果という規範的要素が含まれていることから、競争手段としての不当性も排除行為該当性において判断することができる。前述の最高裁判決はこのアプローチを採用した。これに対し、私的独占では「公共の利益に反して、一定の取引分野における競争を実質的に制限する」という規範的要件が用意されていることから、競争手段としての不当性はそちらで読み込むという方法もあり得る。[15] いずれのアプローチであっても結論に差が生じるものではなく、[16] 重要なのは、競争手段としての不当性の検討を、排除効果等の自由競争減殺性や競争の実質的制限の検討と混同しないことである。

（4）最判平成二二年一二月一七日民集六四巻八号二〇六七頁。
（5）公取委「排除型私的独占に係る独占禁止法上の指針」第2－1(1)（平成二一年一〇月二八日）（以下「排除型私的独占ガイドライン」という）。
（6）第九二回帝国議会衆議院本会議における高瀬荘太郎国務大臣の提案理由説明（議事速記録第二九号昭和二二年三月二八日）。
（7）東京地判平成二三年七月二八日判時二一四三号一二八頁。
（8）最判平成二二年一二月一七日・前掲注(4)。
（9）独禁法二一条の「権利の行使と認められる行為」に係る解釈枠組みを参考にした。
（10）排除型私的独占ガイドライン第2－5(1)。
（11）最判平成元年一二月一四日民集四三巻一二号二〇七八頁。
（12）川濵昇「市場秩序法としての独禁法(三・完)」民商一三九巻六号六〇〇～六〇一頁（二〇〇九年）は、第三者の活動領域に干渉する拘束を契機とした費用引上げ戦略は、競争過程への人為的侵害が明白であり、それによって反競争効果を持てば違法になると指摘する。
（13）川濵昇ほか『ベーシック経済法』一三三頁〔川濵昇〕（有斐閣、二〇〇三年）、根岸哲編『注釈独占禁止法』四〇頁〔川濵昇〕（有斐閣、二〇〇九年）、白石忠志「判批」L&T五二号一八頁（二〇一一年）。
（14）実方謙二『独占禁止法〔第四版〕』二六二頁（有斐閣、一九九八年）、川濵昇「競争者排除型行為規制の理論的根拠」公取六七一号一〇頁（二〇〇六年）。
（15）白石忠志『独占禁止法〔第二版〕』二九六頁（有斐閣、二〇〇九年）。今村成和『独占禁止法〔新版〕』七二頁（有斐閣、一九七八年）は、「公共の利益に反して」の要件に競争手段としての不当性を読み込む。前述の独禁法制定趣旨を引用して同旨を説くものとして、神宮司史彦『経済法二〇講』八六頁（勁草書房、二〇一一年）。
（16）岡田幸人「判解」曹時六四巻一一号二九八頁（二〇一二年）。

三　取引先選択の自由の独禁法上の意義

単独かつ一方的な取引拒絶は、取引先選択の自由の行使であり、外形上は正常な競争手段とみられる行為である。そのため、単独かつ一方的な取引拒絶における競争手段の不当性の判断は、取引拒絶行為が能率競争の趣旨に反するものであるかどうかを検討することが中心となる。その具体的な検討に入る前に、取引先選択の自由の独禁法上の意義について整理しておく。

自由競争経済秩序において、事業活動は自己の利益の最大化を目指したものであり、自己の利益を最大化するためには、取引することが自己にとって有利（効率的）であると思われる顧客と取引し、取引することが自己にとって不効率と思われる顧客とは取引しないことの自由が確保されていなければならない。

また、能率競争によって事業者が創意を発揮し革新的な商品を世に生み出すことは独禁法の目的とするところであるが、革新的な商品が提供されるためには投資が不可欠である。事業者は、事業が成功した暁には投資を回収して高い利益を得ることに期待して投資を行うが、成功後に取引義務を負わされることとなれば、投資のインセンティブは著しく毀損される。同様に、取引先選択の自由を認めないことは、競争者にとって、リスクを負担して先行投資することなく先駆的事業者の投資成果にただ乗りすることができることとなり、自らリスクを負担して投資するというインセンティブを削ぐこととなる。

こうしたことから、取引先選択の自由は、自由競争経済秩序の前提をなすとともに、能率競争を促進して事業者の創意を発揮させることに資するという観点から、独禁法上、基本的に尊重されるべき事業者の権限となるのである。

四　単独かつ一方的な取引拒絶に関する審判決の検討

本稿では、単独かつ一方的な取引拒絶の事案であると考えることができる東急パーキングシステムズ事件、第一興商事件およびＮＴＴ東日本事件について、競争手段としての不当性がどのように判断されたかに焦点を当てて分析する。

1　東急パーキングシステムズ事件公取委勧告審決(17)

東急パーキングシステムズは、東急車輌が全額出資する子会社であり、東急車輌製駐車装置専用の保守用部品を一手に供給しているほか、メーカー系保守業者として、東急車輌製駐車装置のほとんどの保守業務を管理業者等から受注している。

東急パーキングシステムズは、独立系保守業者や自社と保守契約を締結していない管理業者等から保守用部品の販売の申込みを受けた場合、実際には現に在庫しており遅滞なく出荷できるにもかかわらず納期を入金確認日の一か月後としたり、販売価格を自社の契約先所有者等向けの販売価格の一・五倍以上の基準とするなどして、保守用部品を販売した。その結果、独立系保守業者は、東急車輌製駐車装置の保守業務を迅速かつ低廉に行うことが困難となり、保守用部品の調達能力に関する信用を失うことなどにより、東急車輛製駐車装置の管理業者等との東急車輛製駐車装置についての保守契約の維持および獲得が妨げられた。

公正取引委員会は、東急パーキングシステムズの行為は、自社と東急車輛製駐車装置の保守業務の取引において競争関係にある独立系保守業者と東急車輛製駐車装置の管理業者等との取引を不当に妨害していると判断した。

(1) 取引拒絶性[18]

形式的にみれば、東急パーキングシステムズは独立系保守業者に対して保守用部品の取引を拒絶しているわけではない。しかし、納期を長期に設定したり販売価格を高額に設定することは、独立系保守業者に過大なコスト増をもたらすものであり、取引拒絶と同様の効果をもたらすものであって、取引拒絶と同視することができる[19]。

(2) 取引義務違反

本件における取引拒絶の競争手段としての不当性を基礎付けるため、東急パーキングシステムズは独立系保守業者に対して取引義務を負っていると構成する考え方がある。東芝エレベータテクノス事件において、保守用部品供給業者である被告は、被告に部品単体での注文に応じさせることは、契約上供給義務のある契約先と区別されるべき独立系保守業者の育成を強制される結果となって不合理であると主張した。これに対し、大阪高裁は、保守用部品供給業者が、エレベータ所有者に対し、エレベータの販売に附随した当然の義務として保守用部品の取引義務を負うと構成することにより、取引先選択の自由への制約を正当化した[20]。そして、本件東急パーキングシステムズ事件の担当官は、「容易に他社製の駐車装置に変更し難い所有者（所有者からの管理・委託を受けた管理業者を含む。）からの委託を受けて、故障時等の修理に必要な保守用部品の供給を求める独立系保守業者に対して、東急パーキングシステムズが供給拒否をすれば、当然、所有者に対する供給義務は果たせないと考えられることから、その場合

において は独立系保守業者に対して迅速に保守用部品を供給する義務があると解するのが妥当であると考える」と述べて、保守用部品供給業者は、独立系保守業者に対しても保守用部品の取引義務を負うとする。(21)

しかし、保守用部品供給業者と独立系保守業者は本来直接の取引関係にはないし、保守用部品供給業者は本体装置（駐車装置やエレベータ）の売主ではなく、保守用部品供給業者が独立系保守業者に対して保守用部品の供給義務を私法上負うと解釈することには無理がある。(22)

そもそも、仮に私法上の取引義務が認められるとしても、それによって直ちに独禁法上の取引義務が認められるものではない。たしかに、私法秩序と独禁法秩序とは相互に補完ないし連動し合う関係にあるが(23)、独禁法違反を認定するためにはあくまでも独禁法違反の要件を満たす必要がある。取引拒絶が競争手段として不当であることを認定する際には、私法上の取引義務があるならばそれを前提としつつも、あくまでも独禁法の観点から、取引拒絶が能率競争に反するかどうかを評価する必要があるのである。

(3)　手段の反倫理性

そこで、取引拒絶は取引義務に反することからア・プリオリに不当な競争手段であるとするのではなく、取引拒絶がなされた具体的態様に即して、その競争手段としての不当性を判断するアプローチが考えられる。東芝エレベータテクノス事件や三菱電機ビルテクノサービス事件(24)では、エレベータの故障という緊急事態においてその窮状に乗じて部品供給を制限したという反倫理的行動が問題にされたと解することができる。(25) 東急パーキングシステムズ事件においても、具体例として審決中に挙げられている事案は、すべて独立系保守業者が駐車装置の故障に伴う顧客からの修理依頼に対応するために保守用部品の注文がなされたにもかかわらずそれを実質的に拒絶したというものであり、独立系保守業者が平時のストック用として注文したものではない。そうすると、右の考え方によれば、東急パーキングシステムズ事件についても、緊急事態における窮状に乗じて実質的に取引拒絶がなされたという点に反倫理性を見いだして、競争手段として不当であると判断したものと考えることができる。

2 第一興商事件公取委審判審決[26]

第一興商は、通信カラオケ事業分野で約四四％（第一位）のシェアを有する事業者であり、エクシングは、同分野で第三位（シェア一〇数％）の地位にある事業者である。通信カラオケ事業において、管理楽曲を搭載することが重要であり、エクシングは、レコード制作会社から管理楽曲の使用承諾を受けて通信カラオケ事業を行っている。

第一興商は、エクシングから特許訴訟を提起され、その和解交渉が決裂したことから、その対抗措置ないし意趣返しとして、エクシングの事業活動を徹底的に攻撃していくとの方針を決定し、そのころ同社の子会社となっていたクラウンおよび徳間をしてエクシングとの管理楽曲の使用承諾契約の更新を拒絶させるとともに、エクシングの通信カラオケ機器ではクラウンおよび徳間の管理楽曲が使えなくなる等と卸売業者等に告知する営業を行った。

公正取引委員会は、第一興商の行為は、価格・品質・サービス等の取引条件を競い合う能率競争を旨とする公正な競争秩序に悪影響をもたらす不公正な競争手段であると判断した。

(1) 取引拒絶性

第一興商はクラウンおよび徳間をしてエクシングとの管理楽曲使用承諾契約の更新を拒絶させたものであり、形式的にみれば間接的な取引拒絶の事案である。しかし、本件更新拒絶等が行われた時点において、第一興商とクラウンおよび徳間は親子会社の関係にあり、同一グループ間での事業活動（取引先選択の自由）の制約自体を不当と評価することは必ずしも妥当ではない[27]。本件更新拒絶等は、第一興商（グループ）による直接かつ一方的な取引拒

絶と同視できる。(28)

(2) 行為の目的

審決は、第一興商の行為が競争手段として不公正であることを示す事実として、まず、「エクシングの事業活動を徹底的に攻撃するとの目的」の存在を挙げている。

第一興商側は、競争自体が顧客奪取を予定しているものであり、行為の目的をもって公正競争阻害性を判断すべきではないと主張したが、審決は、行為の目的を公正競争阻害性の考慮要素とすることは昭和五七年独占禁止法研究会報告にもみられるところであるとして、第一興商側の主張を退けた。しかし、審決が言及する昭和五七年独占禁止法研究会報告(29)が挙げている行為の目的とは、独禁法上原則的に違法とされている行為を目的とするものであり、第一興商事件には当てはまらない。(30)

競争者を排除する意図が独禁法違反の要件となるものではないことは、第一興商事件審決に先立ち、公正取引委員会が認めているところであるが、(31)競争手段としての不当性を判断する上で、行為の目的や意図を考慮することが一切許されないというわけではない。排除的意図は、能率競争を追求するという正当な競争自体に内包されているものであり、能率競争に反する意図と積極果敢な競争意欲を識別することは著しく困難であるから、それを考慮する際には慎重さが求められるということである。(32)

第一興商事件では、二つの観点から行為の目的が考慮されたものと考えられる。一つ目は、本件更新拒絶と本件告知が一連の行為であると認定するための間接事実としてである。(33)この観点からは、目的自体から競争手段の不当性が基礎付けられるものではない。二つ目は、第一興商が本件行為を行った目的は、能率競争に反するもので占められ、能率競争の追求という要素が見当たらないことを示すことである。

(3) 更新拒絶の不当性

次に、審決は、クラウンおよび徳間とエクシングとの間では契約関係および信頼関係が維持されてきたにもかかわらず、第一興商によって突然に本件更新拒絶がなされたことを、競争手段の不公正さを示す事実として挙げている。

しかし、契約途中で突然に契約を破棄するならばともかく、契約の期間満了時に更新を拒絶することは、たとえそれが突然になされたものであるとしても、独禁法上、当然に競争手段として不公正である評価することには躊躇を覚える(34)。

もっとも、エクシングは、クラウンや徳間から、四年以上に亘って平穏かつ継続的に管理楽曲の使用承諾を受けていた。この事実は、当該対象商品等を供給することやその取引条件が供給者にとって合理的なものであったことを推認させる(35)。クラウンや徳間がこれまでエクシングに対して管理楽曲を継続的に使用承諾してきた本件では、クラウンや徳間は、エクシングに使用承諾し使用料を収受したほうが得策であるとの判断の下で契約を継続してきたと考えられ、使用承諾を終了することはそうした利益を犠牲にする行為である(36)。エクシングとの契約を終了することによる損失を補って余りある合理的理由を説明できなければ、使用承諾を終了することは不自然であり、専らエクシングにダメージを負わせるという能率競争に反する行為であったとの疑いが生じやすくなる。

(4) 告知行為の不当性

審決では、第一興商の行為が競争手段として不公正であることを示す事実として、第一興商が、卸売業者に対して、エクシングの通信カラオケ機器ではクラウンおよび徳間の管理楽曲が使えなくなる等を告知したことが挙げられている。

本件告知は、競争者が顧客と取引する過程に直接働きかけて、取引させないようにする行為である[37]。本件更新拒絶だけでは、エクシングとその取引先である卸売業者の間の取引への影響は間接的であり、現に、エクシングは、本件更新拒絶後もクラウンおよび徳間の管理楽曲を継続して使用しており、本件告知がなければ、エクシングと卸売業者の取引関係に直接的な障害をもたらし得なかったとも考えられる。

問題は、本件告知が能率競争に反する競争手段といえるかどうかである。競争者の顧客に対し、直接、自社の商品等の長所をアピールするとともに、競争者の商品等の短所を伝える行為は、能率競争の追求過程そのものであり、正当な競争手段である。需要者への告知行為が能率競争の観点からみて競争手段として不当と評価されるのは、自社や競争者の商品等の品質や取引条件を歪めて伝える場合である[38]。審決では、本件告知が本件更新拒絶を原因とするものであるから、客観的な事実を告知したものとは認められないとしており、本件更新拒絶の競争手段としての不当性を前提とし、不当な本件更新拒絶を需要者に伝える行為は需要者の意思決定を歪めるものであって競争手段として不当であると評価したものと考えられる。

3　ＮＴＴ東日本事件最高裁判決[39]

ＮＴＴ東日本は、自ら設置した加入者光ファイバ設備を用いてＦＴＴＨサービスを加入者に自ら提供しているが、電気通信事業法上、他の電気通信事業者に対して当該設備を接続させて利用させる義務を負う。総務省においては、加入者光ファイバ設備を保有する電気通信事業者がＦＴＴＨサービスのユーザー料金を設定する場合には、ユーザー料金が接続料金を下回るという逆ざやが生ずることのないよう行政指導を行っている。

ＮＴＴ東日本は、自ら提供するＦＴＴＨサービスのユーザー料金を届け出るに当たって、安価な分岐方式を用いることを前提としながら、実際の加入者へのＦＴＴＨサービスの提供に際しては高価な芯線直結方式を用いる一方で、芯線直結方式による他の電気通信事業者への接続料金については、自らのユーザー料金を上回る金額の認可を受けてこれを提示し、自らのユーザー料金が当該接続料金を下回るようになるものとした。

こうした事実を前提に、最高裁は、次のように判断した。

・ＮＴＴ東日本の加入者光ファイバ設備に接続する電気通信事業者は、いかに効率的にＦＴＴＨサービスを営んだとしても、芯線直結方式によるＦＴＴＨサービスをニューファミリータイプと同額以下のユーザー料金で提供しようとすれば必ず損失が生ずる状況に置かれることが明らかであった。

・ＮＴＴ東日本はニューファミリータイプを分岐方式で提供するとの形式を採りながら、実際にはこれを芯線直結方式で提供することにより、ユーザー料金等に関する種々の行政的規制を実質的に免れていた。

・ＮＴＴ東日本は、ＦＴＴＨサービス市場において他の電気通信事業者よりも先行していた上、その設置した加入者光ファイバ設備を自ら使用するとともに、ダークファイバの所在等に関する情報も事実上独占していたことから、ＮＴＴ東日本と他の電気通信事業者との間にはＦＴＴＨサービス市場における地位および競争条件において相当の格差が存在した。

・以上によれば、本件行為は、その単独かつ一方的な取引拒絶ないし廉売としての側面が、自らの市場支配力の形成、維持ないし強化という観点からみて正常な競争手段の範囲を逸脱するような人為性を有するものである。

(1)　取引拒絶性

本件では、ＮＴＴ東日本は、他の電気通信事業者に対して加入者光ファイバ設備の接続を拒絶していないばかりか、そもそも、違反行為期間中、他の電気通信事業者からNTT東日本に対する加入者光ファイバ設備への接続請求すらほとんどなされていない。それにもかかわらず、本判決は、本件行為が基本的には取引拒絶としての排除行為に当たるか否かという見地から判断している。(40) 本件行為はどのような理由で取引拒絶とみることができるのであろうか。

(ア)　プライススクイーズ　　川下市場（FTTHサービス市場）で事業活動を行うために必要な商品・サービスを提供する川上市場（加入者光ファイバ設備接続市場）における事業者（NTT東日本）が、自ら川下市場においても事業活動を行っている場合において、取引先事業者（他の電気通信事業者）に提供する川上市場における商品・サービスの価格について、自らの川下市場における商品・サービスの価格よりも高い水準に設定したり、取引先事業者が経済的合理性のある事業活動によって対抗できないほど近接した価格に設定したりする行為は、プライススクイーズ（マージンスクイーズ）と呼ばれる。(41) プライススクイーズについては、川下市場における不当廉売と構成するアプローチと、川上市場における取引拒絶と構成するアプローチがある。

プライススクイーズを川下市場における不当廉売と構成するアプローチを採るならば、行為者が川上市場において取引先事業者に対して設定する価格をもって、行為者の川下市場における内部的調達費用とみなし、行為者の川下市場におけるコスト割れの有無を判断することが考えられる。(42) また、「大半の費用をネットワーク構築時までに要する電気通信産業においては平均回避可能費用はほぼゼロになってしまうため、［平均回避可能費用］基準は単純には適用し得ない(43)」ことから、行為者の川下市場におけるコスト割れの有無の判断基準を、一般的な平均回避可能費用（商品・サービスを提供しなければ発生しない費用）基準によるのではなく、先行投資した加入者光ファイバ設備の費用を含めてコストを算出する長期平均増分費用（商品・サービスを提供するために要する費用）基準によって判断することも考えられる(44)。

これに対し、プライススクイーズを川上市場における取引拒絶と構成するアプローチは、川下市場への参入を行う可能性を事実上封じるような価格差の生じる川上市場での価格設定をもって実質的に取引拒絶とみる。このアプローチによれば、単独かつ一方的な取引拒絶における違法性判断の枠組みで検討することになる(45)。

いずれのアプローチであっても、自由競争減殺性の判断手法に違いはない(46)。しかし、競争手段の不当性の判断については、不当廉売のアプローチの場合、通常の不当廉売規制においてはみられない操作を行う法的根拠を明確にする必要がある(47)。また、不当廉売型アプローチは、川上市場において行為者が取引義務を負っていることを前提としているが(48)、そもそも行為者が川上市場において取引義務を負うかどうかは独禁法上の判断が必要であり、それは単独かつ一方的な取引拒絶における競争手段の不当性として検討される事項である。したがって、本件のように川上市場における取引義務が問題となるプライススクイーズについては、どちらかといえば、取引拒絶のアプローチで違法性を判断するのが便宜であるといえよう。

(イ)　競争条件の同等性の欠如　　もっとも、他の電気通信事業者とＮＴＴ東日本との間で競争条件の同等性が確保されていたならば、他の電気通信事業者がＮＴＴ東日本の示した接続条件によって接続を求めなかったのはその自由な経営判断の結果であり、プライススクイーズをもって実質的な取引拒絶であると解することができなくなる余地がある(49)。そのため、最高裁は、ＮＴＴ東日本と他の電気通信事業者との間における競争条件の格差を強調している。すなわち、最高裁は、ＮＴＴ東日本が先行投資している加入者光ファイバ設備を自ら使用してＦＴＴＨサービスを営むため、ユーザー料金が接続料金を下回っても実質的な影響がないことを指摘する。これは、加入者光ファイバ設備の利用コストは、ＮＴＴ東日本にとっては利用部門から設備部門に計算上接続料金を移転すれば足りるのに対し、ＮＴＴ東日本の加入者光ファイバ設備に接続をしてＦＴＴＨサービスを営もうとする電気通信事業者にとっては、接続料金を現実にＮＴＴ東日本に対して出捐しなければならないことが、両者間における競争条件の差異として重大であることを指摘するものである(50)。また、最高裁は、ＮＴＴ東日本がダークファイバの所在等に関する情報を事実上独占していたことを指摘する。ダークファイバの位置情報は、顧客に対する訪問営業のターゲットエリアを絞る上で重要な情報であり、ＮＴＴ東日本だけがこの情報を利用することができたという事実も、ＮＴＴ東日本と他の電気通信事業者との間で競争条件の同等性を欠いていたことを示すものである(51)。

(2) 競争手段としての不当性——行政的規制の潜脱

このように、ＮＴＴ東日本による本件行為は実質的に取引拒絶であると評価できるとして、その競争手段としての不当性は何に見いだすことができるか。最高裁は、ＮＴＴ東日本の行為は、分岐方式で提供するとの見かけを取りながら実際には芯線直結方式で提供するという方法により、行政的規制を実質的に潜脱したものであることを指摘する。

ＮＴＴ東日本に対する行政的規制は、ＮＴＴ東日本が、電気通信事業法上、その保有する加入者用光ファイバ設備を他の電気通信事業者の求めに応じて接続する義務を負っていることを前提とし、そこから派生するものでる。電気通信事業法は、電気通信事業分野における公正な競争の促進を立法目的の一つとして、同分野における競争ルールを構築するものであるから、独禁法とは両立し得るものであり、独禁法は、電気通信事業法によって設定された競争秩序を前提に、それに矛盾しない限度において適用することが要請される(52)。したがって、本件において取引拒絶の違法性を独禁法に基づき判断する際には、ＮＴＴ東日本が電気通信事業法に基づく接続義務やその他行政上の規制を負っていることが前提となる(53)。しかし、そうであるからといって、独禁法における違反要件の全部または一部が電気通信事業法のそれに取って代わるわけではない。取引拒絶の競争手段としての不当性を判断するに当たっては、電気通信事業法上の接続義務等に違反する事実があるならばそれを前提としつつも、独禁法の観点、すなわち、能率競争に反するものであるかどうかという観点から、取引拒絶の競争手段の不当性を評価する必要がある(54)。それ故に、最高裁は、ＮＴＴ東日本の行為は行政上の規制に反するものであることを前提としつつも、それ自体を競争手段としての不当性の根拠とするのではなく、当該行政上の規制に実質的に従わなかった態様の悪質性（反倫理性）を強調することによって、独禁法上の競争手段としての不当性を評価したものと考えられる。

(17) 公取委勧告審決平成一六年四月一二日審決集五一巻四〇一頁。

(18) 本件では、独立系保守業者に対する取引拒絶という観点と、駐車装置の管理業者等に対する取引拒絶という観点があるが、ここでは前者を問題とする。後者については、実質的には、駐車装置の管理業者等に対する保守用部品の供給と保守業務契約の締結の抱き合わせであり、取引拒絶は、抱き合わせ販売という独禁法上違法な目的を達成するための手段として用いられていると評価することができ、その手段の不当性は自明である。

(19) 欧州では constructive refusal と呼ばれ、取引拒絶と同視されている。Commission of the European Communities, *Guidance on the Commission's Enforcement Priorities in Applying Article 82 of the EC Treaty to Abusive Exclusionary Conduct by Dominant Undertakings*, § D, para. 79 (2009) [hereinafter *Article 82 Guidance*].

(20) 大阪高判平成五年七月三〇日審決集四〇巻六五一頁。根岸哲「民法と独占禁止法(下)」曹時四六巻二号二一一～二一二頁（一九九四年）、岸井大太郎ほか座談会「最近の独占禁止法違反事件をめぐって」公取六二二号一五頁〔根岸哲発言〕（二〇〇三年）も、売買契約に付随する売主の義務としての取引義務の存在を認める。

(21) 寺本一彦「東急パーキングシステムズ株式会社による独占禁止法違反事件について」公取六四五号七七頁（二〇〇四年）。

(22) 大塚誠「判批」ジュリ一一一八号一二六頁（一九九七年）。

(23) 根岸・前掲注(20)二〇七頁、白石忠志「契約法の競争政策的な一断面」ジュリ一一二六号一二九頁（一九九八年）。

(24) 公取委勧告審決平成一四年七月二六日審決集四九巻一六八頁。

(25) 根岸哲「判批」NBL四五九号一〇頁（一九九〇年）、渡辺昭成「判批」ジュリ一二三四号一一八頁（二〇〇二年）。
(26) 公取委審判審決平成二一年二月一六日審決集五五巻五〇〇頁。
(27) 親子会社間の取引が実質的に同一企業内の行為に準ずるものと認められる場合は、親子会社間の取引は、原則として不公正な取引方法による規制を受けないことにつき、公取委事務局「流通・取引慣行に関する独占禁止法上の指針」(付)（一九九一年）。
(28) 第一興商の行為は実質的には単独の取引拒絶であるとみる見解として、中川寛子「判批」速報判例解説五号（法セ増刊）二八六頁（二〇〇九年）、泉水文雄「判批」NBL九二五号六六頁（二〇一〇年）。
(29) 独占禁止法研究会「不公正な取引方法に関する基本的な考え方」第二部一〇（昭和五七年七月八日）（以下「昭和五七年独占禁止法研究会報告」という）。
(30) 白石忠志「判批」公取七〇三号五七頁（二〇〇九年）。
(31) 公取委審判審決平成一九年三月二六日審決集五三巻七七六頁。
(32) 中川・前掲注(28)二八八頁、飯田浩隆「判批」NBL九二九号四〇頁（二〇一〇年）。
(33) 排除型私的独占ガイドライン第2－1(1)。
(34) 白石・前掲注(30)五六頁。
(35) *Article 82 Guidance* § D (a), para. 84. 細田孝一「支配的事業者による単独の取引拒絶とEC競争法」土田和博＝須網隆夫編著『政府規制と経済法――規制改革時代の独禁法と事業法』二五二頁（日本評論社、二〇〇六年）。
(36) 泉水・前掲注(28)六七頁。
(37) 金井貴嗣「判批」公取七〇九号一七頁（二〇〇九年）。
(38) 白石忠志「独禁法一般指定一五項の守備範囲(三・完)」NBL五八七号三四～三五頁（一九九六年）。
(39) 最判平成二二年一二月一七日・前掲注(4)。
(40) 岡田・前掲注(16)二七九～二八〇頁。
(41) 排除型私的独占ガイドライン第2－5(1)(注一七)。
(42) Transfer Price Test と呼ばれる。武田邦宣「競争法によるプライススクイーズの規制」根岸哲ほか編『ネットワーク市場における技術と競争のインターフェイス』七四頁（有斐閣、二〇〇七年）、平林英勝「判批」判タ一二四六号八〇頁（二〇〇七年）、白石忠志「判批」法教三二八号九〇頁（二〇〇八年）、東條吉純「判批」ジュリ一三五〇号九〇頁（二〇〇八年）、滝澤紗矢子「判批」ジュリ一三八三号一二五頁（二〇〇九年）、根岸・前掲注(13)五一頁〔川濵〕、岸井大太郎「判批」NBL九二九号三〇頁（二〇一〇年）、伊永大輔「米国反トラスト法における単独行為の違法性判断基準に関する連邦最高裁判決」公取七一八号七二頁（二〇一〇年）、泉水文雄「判批」公取七二六号七九頁（二〇一一年）。

(43) 岡田・前掲注(16)二七九頁。

(44) 欧州委員会が採用する基準である。*Article 82 Guidance* § D, para. 80.

(45) 排除型私的独占ガイドライン第2－5(1)（注一七）、岡田・前掲注(16)二七七頁。

(46) 白石・前掲注(13)二〇頁。

(47) 岡田・前掲注(16)三〇一頁（注二四）。

(48) 大槻文俊「判批」NBL九五七号九六頁（二〇一一年）。

(49) 岡田・前掲注(16)二八四～二八五頁。

(50) 岡田・前掲注(16)二八五頁。

(51) 岡田・前掲注(16)二八五頁。

(52) 石川正「規制分野における独禁法のエンフォースメントについて」塩野宏先生古稀記念『行政法の発展と変革(下)』五六一頁（有斐閣、二〇〇一年）、泉水・前掲注(42)八三頁。

(53) 金井貴嗣ほか座談会「最近の独占禁止法違反事件をめぐって」公取七三〇号一七頁〔川濵昇発言〕（二〇一一年）、武田邦宣「判批」平成二三年度重判解（ジュリ増一四四〇号）二五三頁（二〇一二年）。岡田・前掲注(16)二九五頁は、電気通信事業法上の接続義務は独禁法上の取引義務と「可及的にパラレルなものとして考えるべき」と述べる。

(54) なお、いわゆるエッセンシャル・ファシリティ理論は、不可欠施設を保有している支配的事業者に取引義務を負わせようとするが、NTT東日本事件最高裁判決は、たとえ排除効果が生じようとも、特別な地位にあるというだけで独禁法上の取引義務を負わせるという立場を採っていない。

五　単独かつ一方的な取引拒絶における競争手段不当性の判断基準

以上、最近の三つの審判決をみてきたが、単独かつ一方的な取引拒絶における競争手段不当性は、結局のところ、どのような基準で判断すべきか。結論をいえば、①取引拒絶の態様が経済社会における倫理性に反するものであること、または、②取引拒絶によって被拒絶者の事業活動に影響を与えるほかには、行為者にとって取引を拒絶する経済合理性がないこと、のいずれかを満たす場合に、単独かつ一方的な取引拒絶における競争手段としての不当性が認められると考える。

1　経済社会における反倫理性

ＮＴＴ東日本事件では、行政上の規制に反したという事実のみをもって競争手段としての不当性を見いだすのではなく、行政上の規制に違反した態様の反倫理性に焦点を当てて、競争手段としての不当性が見いだされた。また、東急パーキングシステムズ事件においても、ＮＴＴ東日本事件と同様に、保守用部品の取引を実質的に拒絶した態様が緊急事態における窮状に乗じた行動が反倫理的であると考えることができ、それによって競争手段として不当性を基礎付けることができる。

行為の態様以外の要素からも取引拒絶における競争手段不当性を見いだすことは可能であり、反倫理性という基準は、それによって単独かつ一方的な取引拒絶における競争手段不当性をすべて説明できるわけではないが、反倫理性は、公正取引委員会にとっての事件選択の基準としては有益である(55)。単独かつ一方的な取引拒絶は、企業活動において頻繁に発生し、かつ、被拒絶者はそれなりの痛手をこうむることが多いから、公正取引委員会に対して違反行為の申告がなされることも少なくないと思われる。しかし、前述のとおり、取引拒絶の多くは適法な取引先選択の自由の行使にすぎず、それを誤って違法と判断することは、事業者の投資インセンティブを毀損するものであって、避けられなければならない。わが国の経済社会においては、公正取引委員会によって警告や法的措置が講じられることはもちろん、公正取引委員会によって調査が開始されるということ自体が大きなインパクトをもって受け止められ、それを避けようとする萎縮効果が生まれる。そのため、単独かつ一方的な取引拒絶については、公正取引委員会が取り上げるべき事案は絞り込まれる必要がある。(56) そして、取引拒絶の態様に反倫理性が認められるかどうかを事件選択の基準とすることは、事業者側にとっても行為時点（取引拒絶時点）における判断にそれほど困難を感じないものと思われる。反倫理性という概念それ自体は一義的ではないが、一般的な常識ある事業者が、取引拒絶するかどうかを判断する時点で、冷静に胸に手をあれば「やってはいけないこと」と気付くべき行為がそれに当たる。

経済社会における反倫理性は、不公正な取引方法の公正競争阻害性に関連して議論されてきたものである。不公正な取引方法の公正競争阻害性の一つである競争手段の不公正さを基礎付ける重要な要素として、経済社会における反倫理性が位置付けられている。(57) 競争手段の不公正さを公正競争阻害性の内容とする不公正な取引方法の類型として、取引拒絶との関係で重要なのは、取引妨害（一般指定一四項）である。一般指定二項が規定する取引拒絶については、その公正競争阻害性に競争手段の不公正さは含んでいないものと解するのが一般的である。(58) そのため、単独かつ一方的な取引拒絶について、一般指定二項を適用するならば、拒絶態様の反倫理性をもって競争手段としての不当性と評価することに支障が生じることとなる。こうした事情もあって、単独かつ一般的な取引拒絶について不公正な取引方法違反を問う場合には、一般指定二項ではなく、一般指定一四項が多用されてきたものと考えられる。

2　経済合理性の有無

行為の態様（反倫理性）のほかに単独かつ一方的な取引拒絶の競争手段不当性を識別する要素として、行為の理由が挙げられる。第一興商事件審判審決では、公正取引委員会は、行為の目的、すなわち、「エクシングの事業活動を徹底的に攻撃する」という主観的意図を重視して、単独かつ一方的な取引拒絶における競争手段としての不当性を認定した。取引拒絶には背景となる事情が必ずある(59)。行為の理由は基本的には客観的に判断されるべきものであるが、行為者の意図・目的は、行為の理由を推認させる重要な間接事実となる(60)。

取引を拒絶する理由としては、①相手方に不利益を与えるために取引しないなど、能率競争の趣旨に反するものと、②相手方と取引することが行為者にとって不効率であるために取引しないなど、能率競争の趣旨に沿ったもの（経済合理性にかなう取引拒絶である）に大別される。このうち、②能率競争の趣旨に沿った取引拒絶は競争手段として正当であり、独禁法上不当な競争手段とされるべきものは、①能率競争の趣旨に反する理由による取引拒絶である。

公正取引委員会は、排除型私的独占ガイドラインにおいて、相手方にとって必要な商品の供給を拒絶することが排除行為に該当するのは、それが「合理的な範囲」を超えた場合であり、「合理的な範囲」を超えているか否かは、供給に係る取引の内容や実績、地域による需給関係等の相違が具体的に考慮されるとする(61)。これは、排除効果のある取引拒絶のうち経済合理性のないもの、すなわち、①能率競争の趣旨に反する理由によるものに限定して規制するとの考え方を示したものと考えられる。

それでは、能率競争の趣旨に反した理由による取引拒絶を識別するためには、どのような方法で判断すればよいであろうか。実際には、①と②の理由は、その濃淡に違いはあれども混在していることが多いであろう。前述したように、積極果敢な競争意欲は、その結果として競争者が排除され得るという意図を含むものであり、両者を明確に区別することは困難である。

第一興商事件のように、①取引拒絶を行った理由が能率競争の趣旨に反するものであったことを示せば示すほど、②能率競争の趣旨に沿った理由で取引拒絶を行ったという反論が認められる余地は小さくなるといえる。①能率競争の趣旨に反した理由と②能率競争の趣旨に沿った理由を比較衡量することができるならば、①能率競争の趣旨に反した理由のほうが大きければ、競争手段としての不当性を認めるという方法もあり得るかもしれない。しかし、そのような比較衡量は現実には困難であることが多いであろうし、比較衡量による判断方法には事前の予見可能性に問題がある。判断基準が不明確であれば、誤って競争手段不当性が認定されるおそれという懸念が生じ、能率競争の趣旨に沿った行為であってもそれを控えるという萎縮効果が生じかねない。そのため、競争手段不当性の判断は、控えめになされるべきである(62)。

そこで、取引拒絶について、①能率競争の趣旨に反した理由があったとしても、②能率競争の趣旨に沿った理由（取引を拒絶することが拒絶者にとって経済合理性があること）が認められるならば、競争手段不当性は認められないと判断するのが妥当である。すなわち、競争を排除すること以外には合理的な目的が存在しない場合に、競争手段不当性が認められる(63)。米国では、排除効果が生じる行為についての違法性を判断するため、「仮に競争減殺が生じなかったとすれば、当該行為を行う経済合理性がないこと」という基準が実務上提唱されているが(64)、これと同旨である。

反倫理性の存在を認めがたいと思われる第一興商事件について、この経済合理性基準を当てはめてみる。前述のとおり、第一興商グループが契約更新の拒絶等を行ったのは、エクシングの事業活動を徹底的に攻撃するためであったと認定されているが、仮に契約更新の拒絶等によってもエクシングの事業活動にダメージを与えることはないと第一興商が当初から認識していたとした場合、それでもなお、第一興商は、第一興商グループとしてエクシングとの契約更新を拒絶することにつき合理的理由があったであろうか。第一興商グループは、エクシングに対し、これまで管理楽曲の使用承諾を継続してきたのであり、第一興商が更新拒絶を行う合理的理由としては、使用料を収受したほうが得策であるというそれまでの判断を覆させるほどのものでなければならないであろう。そうすると、当事者間の信頼関係を破壊するような事情がない限り、更新拒絶の合理的理由は通常は見いだせず、第一興商による更新拒絶は競争手段として不当なものと評価されるように思われる。

(55) 米国ＦＴＣの職員が提唱するCheap Exclusionの概念と同趣旨である。Susan A. Creighton et. Al, *Cheap Exclusion*, 72 ANTITRUST L. J. 975 (2005).

(56) 第一興商事件は、前述のとおり、結論的には競争手段としての不当性を見いだされるであろうが、なされた行為が経済社会における倫理性に反するものであったと評価するには疑問のある事案である。本件は本質的には第一興商とエクシングの間での私的紛争であって、公正取引委員会が取り上げるべき事案ではなかったように思われる。

(57) 根岸哲『独占禁止法の基本問題』一六五頁（有斐閣、一九九〇年）。

(58) 昭和五七年独占禁止法研究会報告第一部の二、第二部の一。

(59) 稗貫俊文「判批」舟田正之ほか編『経済法判例・審決百選』一七八頁・一七九頁（有斐閣、二〇一〇年）。

(60) 排除型私的独占ガイドライン第２－１(1)。

(61) 排除型私的独占ガイドライン第２－５(1)。

（62） 今村・前掲注（15）九六頁は、能率競争以外の行為を一切禁止することは競争を管理することになってしまうから、「公正な競争を問題とする法の趣旨は、その積極的実現を図るというよりは、それを可能ならしめる条件を破壊する行為からの防衛ということに、重点があると見なくてはならぬ」と指摘する。

（63） 川濵昇「判批」公取七三五号七〇頁（二〇一二年）、岡田・前掲注（16）二六〇頁。

（64） No Economic Sense Test と呼ばれる。Gregory Werden, *Identifying Exclusionary Conduct Under Section 2: The "No Economic Sense" Test*, 73 ANTITRUST L. J. 413 (2006).

六　結　語

以上のとおり、排除的行為は、排除効果が生じる場合であってもそれだけでは独禁法違反とは認められず、競争手段としての不当性が要件となる。競争手段としての不当性は、自由競争減殺性（排除効果）とは別のものであるが、両方の要件を組み合わせることによって、排除行為該当性や公正競争阻害性といった独禁法における規範的要件を統一的に説明することにつなげることができるように思われる。(65)

（65） 川濵・前掲注（12）五八一頁以下、市川芳治「ＥＵ競争法の規範的考察に関する一試論（下）」公取七一六号六八頁（二〇一〇年）。

不公正な取引方法と競争の減殺を意味する公正競争阻害性

根岸　哲

はじめに――本稿の狙い

筆者は、近年、独禁法一九条が禁止する不公正な取引方法のうち、取引拒絶、差別対価、不当廉売、抱き合わせ販売、再販売価格の拘束、排他条件付取引、拘束条件付取引など、競争の減殺を意味する公正競争阻害性が問題となる不公正な取引方法に該当するか否かは、まず、①当該行為に関連して、通常、ブランド間の競争が展開されている場ないし範囲を意味する市場を画定した上で、つぎに、②当該行為によって、当該画定された市場において競争者の排除効果または競争の回避効果が認められるか否かを検討し、当該いずれかの効果が認められる場合には、競争の減殺を意味する公正競争阻害性の要件を満たし、原則として、不公正な取引方法に該当することになるが、さらに、③独禁法一条の目的に照らして、当該行為の目的に合理性が認められ、その目的を達成する方法に相当性が認められる場合には、例外的に、公正競争阻害性の要件を欠くものと評価され、不公正な取引方法に該当しないことになる、という統一的な基本的な判断枠組みを明らかにすることを試みてきているが、[1] 本稿は、このうち、①および②の部分につき、改めて論ずることを狙いとするものである。

（1）本稿に関連する拙稿として、「流通・取引慣行ガイドラインの見直しと新たな課題」公取七三六号二頁（二〇一二年）、「『競争の実質的制限』と『競争の減殺』を意味する『公正競争阻害性』に一貫した判断枠組み（再論）」神戸大学法政策研究会編『法政策学の試み（法政策研究（第一二集））』三頁（信山社、二〇一一年）、「『競争の実質的制限』と『競争の減殺』を意味する『公正競争阻害性』に一貫した基本的な判断枠組み」甲南法務研究五号一頁（二〇〇九年）などを公表している。

一　不公正な取引方法と公正競争阻害性

1　不公正な取引方法の法定類型と指定類型

不公正な取引方法は、独禁法一九条によって禁止され、二条九項にその定義規定が置かれている。独禁法二条九項は、不公正な取引方法を法定類型と指定類型に分けている。法定類型には、共同の供給拒絶（一号）、差別対価による供給（二号）、不当廉売（三号）、再販売価格の拘束（四号）、優越的地位の濫用（五号）の五類型が定められている。独禁法二条九項六号は、公取委に一定の要件の下に不公正な取引方法の指定権限を与え、公取委は、これに基づき、不公正な取引方法の一般指定と特殊指定を定めている。一般指定では、共同で供給を受けることの拒絶（一項）から競争会社に対する内部干渉（一五項）まで一五類型の不公正な取引方法を指定している。特殊指定では、大規模小売業、物流業、新聞業の三業種にそれぞれ適用される特定の不公正な取引方法が定められている。

かつて、不公正な取引方法は、すべて公取委の指定に委ねられていたが、平成二一年独禁法改正法により、上記五類型の不公正な取引方法が法定化されるに至った。不公正な取引方法の上記五類型の法定化は、上記五類型の不公正な取引方法が課徴金賦課の対象となった（二〇条の二〜二〇条の六）ことと連動している。

2　不公正な取引方法と公正競争阻害性

不公正な取引方法は、法定類型、指定類型を問わず、「公正な競争を阻害するおそれ（以下「公正競争阻害性」という。）がある」行為である点で共通している。もっとも、公正競争阻害性には、自由な競争の減殺（以下「競争の減殺」という）、競争手段の不公正、または（および）自由な競争基盤の侵害（以下「競争基盤の侵害」という）という三つの意味が含まれるものと解されており、不公正な取引方法の類型によって公正競争阻害性が意味するものは必ずしも同じではない。競争の減殺を意味する公正競争阻害性の要件は、競争者の排除効果または競争の回避効果が認められる場合に満たされる。(2) 競争手段の不公正を意味する公正競争阻害性の要件は、競争手段が能率競争（価格・品質・サービスを中心とした競争）の観点から正当化されない場合に満たされる。競争基盤の侵害を意味する公正競争阻害性の要件は、取引の相手方の自由かつ自主的な判断による取引を阻害する場合に満たされるものと解されている。(3)

不公正な取引方法の類型のうち最も多いのが、競争の減殺を意味する公正競争阻害性を問題とする類型である。これには、取引拒絶（二条九項一号、一般指定一項・二項）、差別対価（二条九項二号、一般指定三項）、不当廉売（二条九項三号、一般指定六項）、抱き合わせ販売（一般指定一〇項）、排他条件付取引（一般指定一一項）、再販売価格の拘束（二条九項四号）、拘束条件付取引（一般指定一二項）などが含まれる。競争手段の不公正を意味する公正競争阻害性が問題となる不公正な取引方法の類型には、ぎまん的顧客誘引（一般指定八項）、不当な利益による顧客誘引（一般指定九項）、競争者に対する取引妨害（一般指定一四項）などが含まれ、(4) 競争基盤の侵害を意味する公正競争阻害性が問題となる不公正な取引方法の類型は、優越的地位の濫用（二条九項五号）である。

（2）　田中寿編著『不公正な取引方法――新一般指定の解説（別冊NBL九号）』一〇～一一頁、一〇〇～一〇一頁（商事法務研究会、一九八二年）。

（3）　競争の減殺を意味する公正競争阻害性の要件が競争者の排除効果または競争の回避効果が認められる場合に満たされることは、川濵昇ほか『ベーシック経済法〔第三版〕』一六六頁〔泉水〕（有斐閣、二〇一〇年）、金井貴嗣ほか編著『独占禁止法〔第四版〕』二六五頁〔川濵昇〕（弘文堂、二〇一三年）、泉水文雄ほか『経済法』一九八頁、二〇二頁〔宮井雅明〕（有斐閣、二〇一〇年）、根岸哲編『注釈独占禁止法』三四四頁〔根岸〕（有斐閣、二〇〇九年）などでも示されている。白石忠志『独占禁止法〔第二版〕』四六頁（有斐閣、二〇〇九年）は、競争者の排除を他者排除、競争の回避を競争停止とそれぞれ表現している。なお、田中・前掲注(2)一〇頁においても、競争の減殺のことを、①事業者相互間の自由な競争が妨げられていないことを侵害するおそれがあること、および②事業者が競争に参加することが妨げられていないことを侵害するおそれがあること、であると述べており、①は競争の回避効果、②は競争者の排除効果のことを意味しているものとみられる。

(4) 抱き合わせの公正競争阻害性は、競争の減殺を意味する公正競争阻害性のほか、競争手段を意味する公正競争阻害性に求められる場合もあり、競争者に対する取引妨害の公正競争阻害性も、競争手段の不公正を意味する公正競争阻害性のほか、競争の減殺を意味する公正競争阻害性に求められる場合もある。

二　競争の減殺を意味する公正競争阻害性

1　競争の減殺を意味する公正競争阻害性と競争の実質的制限とに一貫した基本的な判断枠組み

上述のように、競争の減殺を意味する公正競争阻害性の要件は、競争者の排除効果または競争の回避効果が認められる場合に満たされる。不公正な取引方法のいずれの類型においても、法は、市場（＝一定の取引分野）(5)の画定が要件であることを明示していない。しかし、競争者の排除効果または競争の回避効果が認められるか否かを判断するためには、性質上、その前提として、市場の画定が必要となる。(6)市場の画定は、私的独占、不当な取引制限、企業結合などの場合にも基本的に共通しており、市場は、通常、ブランド間の競争が展開されている場ないし範囲によって画定される。(7)

したがって、競争の減殺を意味する公正競争阻害性が問題となる不公正な取引方法については、当該行為が、画定されたブランド間の競争が展開されている市場において、競争者の排除効果または競争の回避効果が認められる場合に、競争の減殺を意味する公正競争阻害性の要件が満たされ、原則として、不公正な取引方法に該当することになる。当該行為が、画定されたブランド間の競争が展開されている市場において、競争者の排除効果または競争の回避効果を超えて、競争を実質的に制限する場合、すなわち「特定の事業者又は事業者集団が、その意思で、ある程度自由に、価格、品質、数量、その他各般の条件を左右することによって、市場を支配することができる状態ないし力」を形成・維持・強化する場合には、独占禁止法二条五項に定義され三条前段が禁止する私的独占または二条六項に定義され三条後段が禁止する不当な取引制限に該当することになる。この意味において、競争の減殺を意味する公正競争阻害性を要件とする不公正な取引方法の禁止規定は、私的独占または不当な取引制限を予防（ないし補完）する規定であるということができる。(9)

2　競争の減殺を意味する公正競争阻害性と競争の実質的制限とに一貫した基本的な判断枠組みを提示した知財ガイドライン

(1)　知財ガイドラインが提示した基本的な判断枠組み

公取委が、競争の減殺を意味する公正競争阻害性と競争の実質的制限とに一貫した基本的な判断枠組みを、はじめて、意識的に提示したのは、知財ガイドライン(10)においてであった。知財ガイドラインは、技術の利用の領域に適用されるものであるが、技術の利用の領域を超えて、一般的に、競争の減殺を意味する公正競争阻害性の要件と競争の実質的制限の要件とを統一的に捉えた基本的な判断枠組みを提示している。

知財ガイドラインは、「第2　独占禁止法の適用に関する基本的な考え方」－「2　市場についての考え方」－(1)において、「技術の利用に係る制限行為について独占禁止法上の評価を行うに当たっては、原則として、当該制限行為の影響の及ぶ取引を想定し、当該制限行為により当該取引の行われる市場[11]における競争が減殺（競争減殺には、競争の実質的制限の観点から検討する場合と、不公正な取引方法のうち第4－1－(2)に記載の観点から検討する場合があり、本項ではこれらの両方を指す。）されるか否かを検討する。」と述べる。そして、第2－「3　競争減殺効果の分析方法」においては、「技術の利用に係る制限行為によって市場における競争が減殺されるか否かは、制限の内容及び態様、当該技術の用途や有力性のほか、対象市場ごとに、当該制限に係る当事者間の競争関係の有無、当事者の占める地位（シェア、順位等）、対象市場全体の状況（当事者の競争者の数、市場集中度、取引される製品の特性、差別化の程度、流通経路、新規参入の難易性等）、制限を課すことについての合理的理由の有無並びに研究開発意欲及びライセンス意欲への影響を総合的に勘案し、判断することになる。」と述べる。

また、「第3　私的独占及び不当な取引制限の観点からの考え方」の前書きでは、「一定の取引分野は、前記第2－『2の市場についての考え方』（かぎ括弧は筆者が追加）を基本とし、技術市場又は製品市場における取引の対象、相手方、取引される地域、取引の態様等を踏まえ、当該行為の影響の及ぶ範囲に即して画定することになる。競争に及ぼす影響の分析方法は、前記第2－『3　競争減殺効果の分析方法』（かぎ括弧とその見出しは筆者が追加）に述べたとおりであり、『競争を実質的に制限する』とは、市場支配的状態を形成・維持・強化することをいう。」と述べ、前記の市場支配的状態について、つぎのような（注10）をつけている。「独占禁止法第二条第五項に規定する『一定の取引分野における競争を実質的に制限すること』の意義については、裁判例上、『市場における競争自体が減少して、特定の事業者又は事業者集団が、その意思で、ある程度自由に、価格、品質、数量、その他各般の条件を左右することによって、市場を支配することができる形態が現れているか、又は少なくとも現れようとする程度に至っている状態をいう』などとされている（東宝・スバル事件判決（昭和二六年九月一九日東京高等裁判所）及び東宝・

新東宝事件判決（昭和二八年一二月七日東京高等裁判所）参照）ところ、このような趣旨における市場支配的状態を形成・維持・強化することをいうものと解される（平成一九年三月二六日審決（平成一六年（判）第二号））。」

さらに、「第４　不公正な取引方法の観点からの考え方」－「１　基本的な考え方」－(2)では、「不公正な取引方法の観点からは、技術の利用に係る制限行為が、一定の行為要件を満たし、かつ、公正な競争を阻害するおそれ（以下「公正競争阻害性」という。）があるか否かが問題となるところ、本指針において、公正競争阻害性については、第２－３に述べた競争減殺効果の分析方法に従い、①行為者（行為者と密接な関係を有する事業者を含む。以下同じ。）の競争者等の取引機会を排除し、又は当該競争者等の競争機能を直接的に低下させるおそれがあるか否か、②価格、顧客獲得等の競争そのものを減殺するおそれがあるか否か、により判断されるものを中心に述べることとする……。」と述べる。前記の①は競争者の排除効果を、②は競争の回避効果をそれぞれ示している。競争者の排除と競争回避という用語は、第２－「４　競争に及ぼす影響が大きい場合の例」－「(1)　競争者間の行為」において登場する。そこでは、「技術の利用に係る制限行為が競争者間で行われる場合には、非競争者間で行われる場合に比べて、これら当事者の間における競争の回避や競争者の排除につながりやすいため、競争への影響が相対的に大きいと考えられる。」と述べる。

(2)　知財ガイドラインが提示した基本的な判断枠組みからの逸脱

知財ガイドラインは、以上のように、競争の減殺を意味する公正競争阻害性と競争の実質的制限とに一貫した基本的な判断枠組みを提示しているが、他方で、このような基本的な判断枠組みを例外なく貫くには至っていない。このような基本的な判断枠組みに対する重要な例外を設けている。

競争の減殺を意味する公正競争阻害性判断に係るセーフハーバーを示す第２－「５　競争減殺効果が軽微な場合

の例」は、「技術の利用に係る制限行為については、……制限行為の対象となる技術を用いて事業活動を行っている事業者の製品市場におけるシェア……の合計が二〇％以下である場合には、原則として競争減殺効果は軽微であると考えられる。」として、セーフハーバーを設定する。しかし、他方では、このセーフハーバーの適用は、「その内容が当該技術を用いた製品の販売価格、販売数量、販売シェア、販売地域若しくは販売先に係る制限、研究開発活動の制限又は改良技術の譲渡義務・独占的ライセンス義務を課す場合」は除外されるとする。しかし、なぜこれらの場合にセーフハーバーの適用が除外されることになるのか、その合理的な説明はない。

例えば、販売価格に係る制限について、「第4　不公正な取引方法の観点からの考え方」－「4　技術の利用に関し制限を課す行為」－「(3)　販売価格・再販売価格の制限」は、「ライセンサーがライセンシーに対し、ライセンス技術を用いた製品に関し、販売価格又は再販売価格を制限する行為は、ライセンシー又は当該製品を買い受けた流通業者の事業活動の最も基本となる競争手段に制約を加えるものであり、競争を減殺することが明らかであるから、原則として不公正な取引方法に該当する（一般指定第一二項）。」と述べる。しかしながら、販売価格・再販売価格の制限が、なぜ、直ちに、競争を減殺することが明らかとなるのかについての合理的な説明はない。上記基本的な判断枠組みに従うならば、販売価格・再販売価格の制限も、通常、ブランド間の競争が展開される製品市場における競争の回避効果、すなわちブランド間の価格競争の回避効果が認められる場合に、競争の減殺を意味する公正競争阻害性の要件を満たし、不公正な取引方法の一般指定一二項に定める拘束条件付取引に該当することになる、といわなければならないはずである。販売価格・再販売価格の制限が、ブランド間の価格競争の回避効果をもたらすことはあり得るが、当該効果をもたらすことについての主張・立証が必要なはずである。また、研究開発活動の制限については、第4－「5　その他の制限を課す行為」－「(7)　研究開発活動の制限」は、「ライセンサーがライセンシーに対し、ライセンス技術又はその競争技術に関し、ライセンシーが自ら又は第三者と共同して研究開発を行うことを禁止するなど、ライセンシーの自由な研究開発活動を制限する行為は、一般に研究開発をめぐる競争のへの影響を通じて将来の技術市場又は製品市場における競争を減殺するおそれがあり、公正競争阻害性を有する。したがって、このような制限は原則として不公正な取引方法に該当する（一般指定第一二項）。」と述べる。しかしながら、研究開発活動の制限が、なぜ、原則として、直ちに、将来の技術市場または製品市場における競争を減殺することになるのかについての合理的な説明はない。上記基本的な判断枠組みに従うならば、研究開発活動の制限も、通常、ブランド間の競争が展開される技術市場または製品市場における競争の回避効果または競争者の排除効果が認められる場合に、競争の減殺を意味する公正競争阻害性の要件を満たし、不公正な取引方法の一般指定一二項に定める拘束条件付取引に該当することになる、といわなければならないはずである。研究開発活動の制限が、ブランド間の競争が展開される技術市場または製品市場における競争の回避効果または競争者の排除効果をもたらすことはあり得るが、当該効果をもたらすことについての主張・立証が必要なはずである。(12)

（5）　白石・前掲注（3）一二〜一七頁は、「市場」と「一定の取引分野」とを一致させて論ずることを批判する。

（6）　競争の減殺を意味する公正競争阻害性が問題となる不公正な取引方法の該当性を判断する前提として市場の画定が必要であることは、都営と畜場不当廉売損害賠償請求事件最判平成元年一二月一四日判時一三五四号七〇頁・判タ七三一号一〇三頁、東洋精米機排他条件付取引審決取消請求事件東京高判昭和五九年二月一七日判時一一〇六号四七頁・判タ五一七号九六頁、トーカイ差別対価損害賠償請求事件東京高判平成一七年四月二七日審決集五二巻七八九頁、ウインズ汐留取引拒絶差止請求事件東京高判平成一九年一月三一日審決集五三巻一〇四六頁などで明らかにされている。

（7）　このようにいうことは、ブランド内の競争が展開される場ないし範囲が市場として画定されることがあり得ることを否定するものではない。特定メーカーの商品が製品差別化に成功している場合や、特定メーカーの商品の購入者が一旦当該メーカーの商品を購入して利用することとなると他のメーカーの商品に乗り換えることが事実上困難となっている場合（このような場合を当該商品にロック・インされている状態にあると言う）においては、ブランド内の競争が展開される特定メーカーの商品のみについて市場として画定されることもあり得る。根岸哲＝舟田正之『独占禁止法概説〔第四版〕』四五～四六頁（有斐閣、二〇一〇年）。例えば、東芝昇降機事件大阪高判平成五年七月三〇日判時一四七九号二一頁・判タ八三三号六二頁、審決集四〇巻六五一頁では、昇降機メーカー間に安全性に係る部品の互換性がなく、また、昇降機の価格は高く、一旦、特定メーカーの昇降機を購入・設置すると、部品や保守サービスが高く悪くとも、他のメーカーの昇降機に乗り換えることが困難であり、したがって、特定メーカーの昇降機ごとの部品と保守サービスに係るブランド内の競争が展開される場ないし範囲を市場として画定したものとみられる。ＳＣＥ事件公取委審判審決平成十三年八月一日審決集四八巻三頁・判時一七六〇号三九頁・判タ一〇七二号二六七頁でも、ゲームソフトは家庭用ゲーム機の各メーカー間に互換性がなく、したがって、特定メーカーの家庭用ゲーム機向けのゲームごとの販売に係るブランド内の競争が展開される場ないし範囲を市場として画定したものとみられる。

（8）　多摩談合審決取消請求事件最判平成二四年二月二〇日判時二一五八号三六頁・判タ一三七六号一〇八頁、ＮＴＴ東日本排除型私的独占審決取消請求事件最判平成二二年一二月一七日判時二一〇一号三二頁・判タ一三三九号五五頁。

（9）　金井ほか・前掲（3）〔川濵〕、泉水ほか・前掲（3）一九三頁〔宮井〕。排除型私的独占に係る独占禁止法上の指針（公正取引委員会　平成二一年一〇月二八日）も、排除型私的独占と、競争の減殺を意味する公正競争阻害性を要件とする不公正な取引方法である不当廉売、排他条件付取引、抱き合わせ、供給拒絶・差別的取扱いとの関係について、このような関係に立つことを前提とした叙述をしている（「第1　公正取引委員会の執行方針」の前書き、および「第2　排除行為」－「1　基本的考え方」－「(2)　排除行為の類型」）。

（10）　「知的財産の利用に関する独占禁止法上の指針」（公正取引委員会　平成一九年九月二八日　改正平成二二年一月一日）（以下「知財ガイドライン」という）。「流通・取引慣行に関する独占禁止法上の指針」（公正取引委員会　平成三年七月一一日　最新改正二三年六月二三日））（以下「流通・取引慣行ガイドライン」という）においても、共同の取引拒絶について、公正競争阻害性を要件とする不公正な取引方法の二条九項一号または一般指定一項と競争の実質的制限を要件とする不当な取引制限の関係に言及していたが、限定的なものにとどまっている。

（11）　知財ガイドラインにいう市場とは、技術市場と製品市場のことであり、その「画定方法は、製品又は役務一般と異なるところはなく、技術又は当該技術を用いた製品のそれぞれについて、基本的には、需要者にとっての代替性という観点から市場が画定される。」（第２－「２　市場についての考え方」の⑵および⑶）。
⑿　知財ガイドライン第４－５－「⑻　改良技術の譲渡義務・独占的ライセンス義務」についても、同じことが当てはまる。

三　再販売価格の拘束と垂直的な非価格制限の公正競争阻害性に係る実務上の解釈・運用

1　再販売価格の拘束の公正競争阻害性に係る実務上の解釈・運用

従来から、上記基本的な判断枠組みから逸脱する取扱いが行われてきた制限に、再販売価格の拘束と垂直的な非価格制限とがある。

再販売価格の拘束は、独禁法一九条が禁止する不公正な取引方法の一類型であって、二条九項四号にその要件が定められている。二条九項四号は、つぎのように定める。

「自己の供給する商品を購入する相手方に、正当な理由がないのに、次のいずれかに掲げる拘束の条件を付けて、当該商品を供給すること。

イ　相手方に対しその販売する当該商品の販売価格を定めてこれを維持させることその他相手方の当該商品の販売価格の自由な決定を拘束すること。

ロ　相手方の販売する当該商品を購入する事業者の当該商品の販売価格を定めて相手方をして当該事業者にこれを維持させることその他相手方をして当該事業者の当該商品の販売価格の自由な決定を拘束させること。」

このうち、「正当な理由がないのに」が公正競争阻害性の要件であることを示している。この規定は、平成二一年独禁法改正によって定められたものであるが、それ以前の不公正な取引方法の旧一般指定一二項に定められていたのと同じ内容である。

再販売価格の拘束は、昭和五七年の不公正な取引方法の一般指定改正において不公正な取引方法の一般指定一二項に定められる前は、「正当な理由がないのに、相手方とこれに物資、資金その他の経済上の利益を供給する者との取引、もしくは相手方とこれから物資、資金その他の経済上の利益の供給を受ける者との取引または相手方とその競争者との関係を拘束する条件をつけて、当該相手方と取引すること。」と定める旧一般指定八（そのとくに中段）の適用を受けていた。

再販売価格の拘束の旧一般指定八の適用をめぐって争われた事件が第一次育児用粉ミルク事件であり、本件の審決取消請求事件において、最高裁は、再販売価格の拘束の公正競争阻害性の要件につき、つぎのように判示している。(13)

「法が不公正な取引方法を禁止した趣旨は、公正な競争秩序を維持することにあるから、法二条七項四号の『不当に』とは、かかる法の趣旨に照らして判断すべきものであり、また、右四号の規定を具体化した一般指定八は、拘束条件付取引が相手方の事業活動における競争を阻害することとなる点に右の不当性を認め、具体的な場合に右の不当性がないものを除外する趣旨で『正当な理由がないのに』との限定を付したものと解すべきである。したがつて、右の『正当な理由』とは、専ら公正な競争秩序維持の見地からみた観念であつて、当該拘束条件が相手方の事業活動における自由な競争を阻害するおそれがないことをいうものであり、……。……一般指定八は相手方の事業活動における競争の制限を排除することを主眼とするものであるから、……再販売価格維持行為により、行為者とその競争者との間における競争関係が強化されるとしても、それが、必ずしも相手方たる当該商品の販売業者間において自由な価格競争が行われた場合と同様な経済上の効果をもたらすものでない以上、競争阻害性のあることを否定することはできないというべきである。」

本判決は、このように、再販売価格の拘束の公正競争阻害性の要件は、ブランド内の価格競争の回避効果が認められる場合に満たされることを明らかにしている。本判決は、再販売価格の拘束の公正競争阻害性の要件を満たすためには、ブランド間の価格競争の回避効果は不要であり、それればかりか、ブランド間の価格競争が強化されるとしても、ブランド内の価格競争の回避効果が認められれば、再販売価格の拘束の公正競争阻害性の要件が満たされると判示している。この判示が先例として、その後における再販売価格の拘束および垂直的な非価格制限の解釈・運用に大きな影響を及ぼすことになっている。しかし、本判決は、なぜそうなるのかについて、独禁法全体の体系的理解に立った合理的な説明はなく、旧一般指定八の主眼（すなわち立法者の主眼）がそこにあるからだという結論を述べるにとどまっている。

流通・取引慣行ガイドラインの「第2部　流通分野における取引に関する独占禁止法上の指針」－「第一　再販売価格維持行為」－「2　再販売価格の拘束」－(1)は、「メーカーが流通業者の販売価格（再販売価格）を拘束することは、原則として不公正な取引方法に該当し、違法となる（独占禁止法第二条第九項第四号（再販売価格の拘束））。」と述べ、再販売価格の拘束それ自体を違法とするようにみえる。その理由として、「第一　再販売価格維持行為」－「1　考え方」の(1)は、「事業者が市場の状況に応じて自己の販売価格を自主的に決定することは、事業者の事業活動において最も基本的な事項であり、かつ、これによって事業者間の競争と消費者の選択が確保される。」と述べる。また、「第3部　総代理店に関する独占禁止法上の指針」－「第二　総代理店契約の中で規定される主要な事項」－「1　独占禁止法上問題となる場合」－(1)　再販売価格の制限」は、「供給業者が契約対象商品について、総代理店の販売価格を制限し、……については、第2部の第一（再販売価格維持行為）で示した考え方が適用される。」と述べるとともに、第3部－1は、「事業者は、国内事業者であると外国事業者であるとを問わず、自己の取り扱う商品を供給するに当たって、ある事業者に国内市場全域を対象とする一手販売権を付与する場合がある。このような一手販売権を付与される事業者は総発売元、輸入総代理店等と呼ばれるが（以下一手販売権を付与する事業者を「供給業者」、付与される事業者を「総代理店」……という。）」と述べる。したがって、供給業者が総代理店一社の販売価格を制限することを違法とすることとしており、再販売価格の拘束それ自体を違法としていることを示している。

このように、流通・取引慣行ガイドラインは、再販売価格の拘束それ自体を違法としており、ブランド内の価格競争の回避効果が認められる再販売価格の拘束を違法とする上記第一次育児用粉ミルク事件最高裁判決を超えるものとなっている。この点では、上記知財ガイドラインの第4－4－(3)「販売価格・再販売価格の制限」が、「ライセンサーがライセンシーに対し、ライセンス技術を用いた製品に関し、販売価格又は再販売価格を制限する行為は、ライセンシー又は当該製品を買い受けた流通業者の事業活動の最も基本となる競争手段に制約を加えるものであり、競争を減殺することは明らかであるから、原則として不公正な取引方法に該当する（一般指定第一二項）。」と述べるのと軌を一にしている。二条九項四号は、商品の販売と再販売を前提としていることから、ライセンス技術製品の販売や再販売には適用されず、不公正な取引方法の一般指定一二項が定める拘束条件付取引が適用されるが、いずれの場合であってもその公正競争阻害性は同一であるからである。

2　垂直的な非価格制限の公正競争阻害性に係る実務上の解釈・運用

垂直的な非価格制限とは、垂直的な販売地域の制限、取引先の制限などのことであり、通常、不公正な取引方法の一般指定一二項が定める拘束条件付取引の適用が問題となる。一般指定一二項は、「法第二条第九項第四号又は前項に該当する行為のほか、相手方とその取引の相手方との取引その他相手方の事業活動を不当に拘束する条件をつけて、当該相手方と取引すること。」と定める。このうち、「不当に」が公正競争阻害性の要件を示している。

流通・取引慣行ガイドラインの「第2部　流通分野における取引に関する独占禁止法上の指針」－「第二　非価格制限行為」－「3　流通業者の販売地域に関する制限」の「(3)　厳格な地域制限」は、「市場における有力メーカーが流通業者に対し厳格な地域制限を行い、これによって当該商品の価格が維持されるおそれがある場合には、不公正な取引方法に該当し、違法となる（一般指定一二項（拘束条件付取引））。」と述べ、「(4)　地域外顧客への販売制限」は、「メーカーが流通業者に対し地域外顧客への販売制限を行い、これによって当該商品の価格が維持されるおそれがある場合には、不公正な取引方法に該当し、違法となる（一般指定一二項）。」と述べる。また、第2部－第二－「4　流通業者の取引先に関する制限」の「(2)　帳合取引の義務付け」は、「メーカーが流通業者に対し帳合取引の義務付けを行い、これによって当該商品の価格が維持されるおそれがある場合には、不公正な取引方法に該当し、違法となる（一般指定一二項（拘束条件付取引））。」と述べ、「(3)　仲間取引の禁止」は、「仲間取引の禁止が、安売りを行っている流通業者に対して自己の商品が販売されないようにするために行われる場合など、これによって当該商品の価格が維持されるおそれがある場合には、不公正な取引方法に該当し、違法となる（一般指定一二項）。」と述べ、「(4)　安売り業者への販売禁止」は、「メーカーが卸売業者に対して、安売りを行うことを理由に小売業者へ販売しないようにさせることは、これによって当該商品の価格が維持されるおそれがあり、原則として、不公正な取引方法に該当し、違法となる（一般指定二項（その他の取引拒絶）又は一二項）。なお、メーカーが従来から直接取引している流通業者に対して、安売りを行うことを理由に出荷停止を行うことも、これによって当該商品の価格が維持されるおそれがあり、原則として不公正な取引方法に該当し、違法となる（一般指定二項）」と述べる。

このうち、上記「(3)　厳格な地域制限」の（注6）は、「『市場における有力メーカー』と認められるどうかについては、当該市場におけるシェアが一〇％以上、又はその順位が上位三位以内であることが一応の目安となる。ただし、この目安を超えたのみで、その事業者の行為が違法とされるものではなく、当該行為によって『当該商品の価格が維持されるおそれがある場合』に違法となる。市場におけるシェアが一〇％未満であり、かつ、その順位が上位四位以下である下位事業者や新規参入者が厳格な地域制限を行う場合には、通常、当該商品の価格が維持されるおそれはなく、違法とはならない。」と述べる。

上記「(3)　厳格な地域制限」の（注7）は、「『当該商品の価格が維持されるおそれがある場合』に当たるかどうかは、以下の事項を総合的に考慮して判断することになる。

① 対象商品をめぐるブランド間競争の状況（市場集中度、商品特性、製品差別化の程度、流通経路、新規参入の難易性等）

② 対象商品のブランド内競争の状況（価格のバラツキの状況、当該商品を取り扱っている流通業者の業態等）

③ 制限の対象となる流通業者の数及び市場における地位

④ 当該制限が流通業者の事業活動に及ぼす影響（制限の程度、態様等）

例えば、市場が寡占的であったり、ブランドごとの製品差別化が進んでいてブランド間競争が十分に機能しにくい状況の下で、市場における有力なメーカーによって厳格な地域制限が行われると、当該ブランドの商品をめぐる価格競争が阻害され、当該商品の価格が維持されるおそれが生じることとなる。」と述べる。

このように、流通・取引慣行ガイドラインは、垂直的な販売地域の制限や取引先の制限が、不公正な取引方法の一般指定一二項が定める拘束条件付取引に該当し違法となるか否かは、「当該商品の価格が維持されるおそれがある場合」であるか否かによって決まることを示している。「当該商品の価格が維持されるおそれがある場合」とは、第一次育児用粉ミルク事件最高裁判決が再販売価格の拘束の公正競争阻害性の要件としたブランド内の価格競争の回避効果が認められる場合と同じことであり、流通・取引慣行ガイドラインは、第一次育児用粉ミルク事件最高裁判決に依拠していることが示されている。

もっとも、「当該商品の価格が維持されるおそれがある場合」であるか否かの判断に当たっては、ブランド内の競争の状況のみではなく、ブランド間の競争の状況も総合的に考慮することが示されている。また、「当該商品の価格が維持されるおそれがある場合」であるか否かの判断に当たって、厳格な地域制限については、行為者が「市場における有力メーカー」によるものに限定しているのに対し、地域外顧客への販売制限、帳合取引の義務付け、仲間取引の禁止および安売り業者への販売禁止については行為者を「市場における有力メーカー」によるものに限定していないことが注目される。しかし、このように厳格な地域制限とそれ以外の垂直的な非価格制限とを区別する合理的な説明を欠いている。

（13）　和光堂事件・最判昭和五〇年七月一〇日判時七八一号二一頁・判タ三二六号八二頁。

四　再販売価格の拘束と垂直的な非価格制限の公正競争阻害性に係るあるべき解釈・運用

再販売価格の拘束と垂直的な非価格制限の公正競争阻害性についても、本来、独禁法全体の体系的な理解に立って、上記基本的な判断の枠組みに従って解釈・運用がなされるべきものである。

再販売価格の拘束と垂直的な非価格制限の公正競争阻害性とは、いずれも競争の減殺を意味する公正競争阻害性のことであり、その要件は競争の回避効果が認められる場合に満たされることになる。上記基本的な判断の枠組みに従えば、この場合の競争の回避効果とは、通常、ブランド間の競争が展開される市場における価格競争の回避効果、すなわちブランド間の価格競争の回避効果を意味する。ブランド間の価格競争の回避効果は、ブランド間の競争が展開される市場の価格を支配できる状態ないし力の形成・維持・強化を意味する競争の実質的制限よりも低い程度の価格競争の回避効果で足りる(14)。

前述のように、実務上の解釈・運用によれば、再販売価格の拘束と垂直的な非価格制限の公正競争阻害性は、いずれも少なくともブランド内の価格競争の回避効果が認められる場合にその要件が満たされることになる。流通・取引慣行ガイドラインは、再販売価格の拘束の公正競争阻害性の要件については、他の事業者の価格を拘束すること自体で満たされるものとし、ブランド内の価格競争の回避効果も不要としている。

しかしながら、このような実務上の解釈・運用は、独禁法全体の体系的な理解からみて論理的に整合性のある解釈・運用であるといえるのであろうか。

米国反トラスト法（シャーマン法一条）やＥＵ競争法（ＥＵ機能条約一〇一条一項）のように、水平的な価格制限である競争者間の価格カルテルを当然違法（per se illegal）とするのであれば、垂直的な価格制限である再販売価格の拘束をブランド内の価格競争の回避効果があれば直ちに違法とすることは、あるいは論理的に整合性があるといえるかもしれない。特定メーカーの商品を販売する競争者間での価格制限、すなわちブランド内の価格競争の制限も、水平的な価格制限として当然違法であり、したがって、これと同一のブランド内の価格競争の回避効果をもたらす再販売価格の拘束を直ちに違法とすることは、論理的に平仄が合っているといえるかもしれない。他方、日本の独禁法は、水平的な価格制限である競争者間の価格カルテルは不当な取引制限として問題とするが、不当な取引制限は、「一定の取引分野における競争を実質的に制限すること」を要件とする（二条六項）。「一定の取引分野における競争を実質的に制限すること」とは、通常、ブランド間の競争が展開される市場において価格を支配できる状態ないし力を形成・維持・強化することを意味している。水平的な価格制限である価格カルテルについて当然違法としない独禁法の下で、垂直的な価格制限である再販売価格の拘束を直ちに違法とすることは、論理的に整合性を欠くことにならないのであろうか。垂直的な非価格制限についてブランド内の価格競争の回避効果が認められれば直ちに違法とすることにも、同じことが当てはまる。また、同じく競争の減殺を意味する公正競争阻害性が問題となる垂直的な非価格制限であっても、競争者の排除効果を問題とする抱き合わせ、排他条件付取引などについては、ブランド内の競争者の排除効果ではなく、ブランド間の競争が展開される市場における競争者の排除効果が認められてはじめて違法とされるのである。同じく競争の減殺を意味する公正競争阻害性が問題となる垂直的な非価格制限であっても、なぜ価格競争の回避効果を問題にする場合にのみ、ブランド内の価格競争の回避効果が認められれば直ちに違法とするのか、という点でも論理的な整合性を欠くことにならないのであろうか。このようにみてくると、再販売価格の拘束も垂直的な非価格制限も、ブランド間の価格競争の回避効果が認められてはじめて違法とするのが、独禁法全体の体系的な理解に適合する論理的に整合性のある解釈・運用である、ということになるものと考えられる。

もっとも、再販売価格の拘束の公正競争阻害性の要件は「正当な理由がないのに」と定められており、再販売価格の拘束は、直ちにないし原則として違法となることを示しているのではないか、とも考えられる。しかし、同じく「正当な理由がないのに」と定める共同の取引拒絶（二条九項一号・一般指定一項）と不当廉売（二条九項三号）については、ブランド間の競争が展開される市場における競争者の排除効果が認められる場合に競争の減殺を意味する公正競争阻害性の要件が満たされるのであり、「正当な理由がないのに」と定めているからといって、直ちにないし原則として違法となることを必ずしも示すものとはいえない。したがって、再販売価格の拘束の公正競争阻害性の要件が「正当な理由がないのに」と定められているからといって、再販売価格の拘束は直ちにないし原則として違法となることを根拠付けるものではない。

また、再販売価格の拘束については、独禁法の適用除外制度があり（二三条）、とくに指定再販制度の適用除外の要件に、ブランド間の競争が自由に行われていることを意味する「当該商品について自由な競争が行われていること」と定められている（二三条二項二号）ことから、あるいはその反対解釈として、再販売価格の拘束は、ブランド内の価格競争の回避効果が認めれられる場合に、直ちにないし原則として違法となることを示しているのではないか、とも考えられる。しかし、指定再販制度に限定された適用除外規定の存在によって、独禁法全体の体系的な理解を歪める解釈・運用が認められるべきではない。確かに、前述のように、再販売価格の拘束がブランド間の価格競争の回避効果が認められる場合に違法になるというのであれば、本来、ブランド間の競争が自由に行われていることを意味する「当該商品について自由な競争が行われていること」の要件の下に適用除外とする必要はないのかもしれない。そうだとすると、この適用除外は、性質上、本来、独禁法に違反しないことを確認した確認的適用除外と解するべきであるということになる。

(14)　拙稿「育児用粉ミルク再販事件最高裁判決」ジュリ五九九号三七頁・四一頁（一九七五年）は、本文のような考え方とは異なる、改めるべき必要のある点を含んでいた。

拙稿は、まず、「不公正な取引方法の実質的要件である『公正な競争を阻害するおそれがあること』という場合の競争は、独禁法の目的からいって、市場における全体としての競争、すなわちブランド間競争を意味することにならざるをえない。したがって、再販行為を、その直接の効果であるブランド内競争の阻害のみを根拠として、直ちに違法とすることはできないと結論が導かれるかもしれない。しかし、再販行為は、販売価格を競争水準より高位に維持することが通常であるが、それを維持するためには、それを行う供給業者が、製品差別化の成功などによって、ある程度の市場支配力を単独であるいは共同してもっており、販売価格競争を回避できる場合でなければ不可能である。このように、独占的支配力ないし寡占的支配力を有する供給業者でなければ、再販行為を維持できないということは、逆に、実効性のある再販行為が存在しておれば、必然的にブランド間競争に悪影響を及ぼす効果を伴っていることを意味する。このことは、経済理論および経済実態によって十分裏づけられている。」と述べていた。しかし、現在においては、「実効性のある再販行為が存在しておれば、必然的にブランド間競争に悪影響を及ぼす効果を伴っていることを意味する。このことは、経済理論および経済実態によって十分裏づけられている。」ということはできず、むしろ、「再販行為によってブランド間競争に悪影響を及ぼす効果を伴っていることを、経済理論および経済実態によって十分裏づけることが必要である」と改めるべきである、ということになる。

拙稿は、つづいて、「この意味において、本件最高裁判決が、再販行為をブランド内競争の阻害のみを根拠として違法としたことは、正当であると思われる。このことは、不公正な取引方法が私的独占の予防規定としての性格をもっている点からみて、『公正な競争を阻害するおそれがある』とは、『市場の競争を実質的に制限するものと認められる程度のものである必要はなく、ある程度において公正な自由競争を妨げるものと認められる場合で足りるものと解すべき』であることからいっても、正当であると思われる。本件事件では、育児用粉ミルク市場が高度の製品差別型寡占市場であり、しかも合計市場占有率約八六パーセントを構成する明治商事（三五）、森永商事（四一）、および和光堂（一〇）が共に時を同じくして並列的に再販行為を行っていたのであって、個別の再販行為の市場全体の競争に及ぼす悪影響は相当なもの（競争の実質的制限の状態）であると評価することができる。市場占有率の低い和光堂の場合であっても、このような寡占的支配力の共有者であったがゆえに、実効性のある再販行為が可能となったことを見逃してはならないのである。したがって、本件最高裁判決が、ブランド間競争が強化されるとしてもブランド内競争を阻害するかぎり、再販行為は違法となると述べているのは妥当ではない。再販行為によって強化されるブランド間競争とは広告宣伝を中心とする製品差別化競争であって、独禁法が保護すべき最も基本的な価格競争はブランド間においても必然的にある程度阻害されるからである。」と述べていた。現在においては、改めるべき点が含まれているが、本件では、高度の製品差別型寡占市場において同時並行的に再販行為が行われたのであり、和光堂の再販行為についても、ブランド間の価格競争の回避効果が認められることから、最高裁判決は結論的には妥当なものであったということになる。

おわりに

近年の再販売価格の拘束に係るハマナカ手芸糸事件(15)でもアディダスジャパン事件(16)でも、行為者が当該行為者の商品を販売する販売業者の価格を維持する、ブランド内の価格競争の回避効果が認められる場合に、直ちに旧一般指定一二項または二条九項四号に該当する、という従来の実務上の解釈・運用を採用し、行為者の商品を販売する販売業者の価格の状況を検討するのにとどまっている。また、安売り業者に対する取引拒絶に係る松下電器産業事件(17)のような事件においても、行為者の商品を販売する販売業者の価格の状況を検討するのにとどまっている。しかし、上に示したように、再販売価格の拘束と垂直的な非価格制限は、いずれも、ブランド間の価格競争の回避効果が認められる場合に、競争の減殺を意味する公正競争阻害性の要件を満たし違法となるという解釈に従えば、通常、行為者の商品を販売する販売業者の価格の状況、すなわちブランド内の価格競争の状況の検討のみによって、ブランド間の価格競争の回避効果が認められるか否かを明らかにすることはできず、行為者以外の競争者の競争の状況と商品価格の状況、すなわちブランド間の競争（市場集中度、商品特性、製品差別化の程度、流通経路、新規参入の難易性等(18)）と価格競争の状況について検討することにより、ブランド間の価格競争の回避効果の存在を主張・立証することが必要となる。

（15）公取委審判審決平成二二年六月九日審決集五七巻第一分冊二八頁、東京高判平成二三年四月二二日判例集未登載および最高裁上告不受理決定いずれも公取委ＨＰ。
（16）公取委排除措置命令平成二四年三月二日公取委ＨＰ。

(17)　公取委勧告審決平成一三年七月二七日審決集四八巻一八七頁。

(18)　これらの要因は、流通・取引慣行ガイドライン「第2部　流通分野における取引に関する独占禁止法上の指針」－「第二　非価格制限行為」、「3　流通業者の販売地域に関する制限」－「(3)　厳格な地域制限」の（注7）の①対象商品をめぐるブランド間競争の状況として掲げる諸要因である。

「同業組合準則心得書」の研究
——明治の反トラスト行政文書の検討

平林英勝

はじめに

筆者は、たまたま同業組合史の文献を参照していた際、明治一九年（一八八六）に農商務省により内訓された「同業組合準則心得書」なる行政文書に興味を惹かれた。そこで、埼玉県立文書館において閲覧したところ、その内容がすこぶる反トラスト的であることに一驚した。本稿は、これを紹介するとともに、明治時代における営業の自由と「反独占」の精神について改めて考える機会としたい(1)。

（1）同業組合準則心得書については、拙著『独占禁止法の歴史(上)』七頁以下（信山社、二〇一二年）で若干紹介しておいた。同業組合については経済史学者による多数の文献があり相当の研究の蓄積があるが、同業組合準則心得書に関しては、白戸伸一『近代流通組織化政策の史的展開』三〇・三一頁（日本経済評論社、二〇〇四年）が概要を紹介している以外に、内容に言及する文献は見当たらない。

一　同業組合準則心得書の配付の経緯

1　営業の自由と同業組合運動

同業組合準則が明治一七年（一八八四）に発布された経緯については、「興業意見」に次のように記述されている(2)。

「我国ノ人民往時事業ヲ経営スル実況ヲ通観スルニ、概ネ各業毎ニ同業組合ナルモノアリ。或ハ一区若クハ一町又ハ一村同業団結シテ、各申合規定ヲ為シ、互ニ其規定ヲ守リテ相犯サズ、厳然トシテ自余ノ商売ニ対向シ、以テ其業ヲ営ミタリ。蓋シ慶長以後昇平三百余年間、各自経営上ノ実験ト諸侯ノ誘導トニ頼リテ、自ラ組合ノ慣習ヲ為シタルナリ。而シテ其趣旨トスル所ハ業体ニヨリ異同アリト雖モ、要スルニ粗製濫造ノ弊害ヲ予防シテ其地名産ノ声価ヲ維持シ、同業一致ノ協合力ヲ以テ他方トノ取引ヲ為シ、得意ノ信用ヲ得ンカ為ナリ。然ルニ維新後制度ノ改革ニ際シ、其風潮ニ連レテ、苟モ旧慣故例ナルモノハ旧弊ト唱ヒ、抑圧ト称シ、右等ノ良慣習一朝ニ瓦解シ、銘々個々ニ事業ヲ営ミ、以テ自由ノ営業ト称道シ、竟ニ名産ノ声価ヲ墜シ得意ノ信用ヲ失ヒ、実ニ収拾スヘカラサルノ有様トナリ。爾来年所ヲ経ル僅カニ十七年、各自経営ノ得失ヲ実験スルニ、日尚ホ浅キヲ以テ、固ヨリ時勢適応ノ慣習ヲ為ス能ハス。加フルニ維新後海外ノ貿易一層頻繁ノ域ニ進ミ、外国商売ニ接スルニ当リ、前述ノ如ク煢々孤立シテ商業熟練ノ外商ニ対ス、彼レノ為メニ圧倒スル所トナルハ、遁ルヘカラサルノ理数ナリ。将来尚ホ之ヲ放任シテ各自実験ノ至ラン事ヲ俟ツ時ハ、愈々弊害百出シテ遂ニ其底止スル所ヲ知ラサルナリ。今ヤ内外ノ貿易ヲ振起セサルヘカラサルノ時機ニ際セリ。速カニ之ヲ矯正シテ、各業ノ秩序ヲ整フルハ最モ緊急ノ要務ナリ。是レ同業組合條例ノ発布ヲ要スル所以ナリ。」

わが国においては、従来、同業組合によって粗製濫造を防止し各地の名産品の声価を維持してきたが、明治維新後に営業の自由と称して収拾のつかない混乱が生じてしまったので、貿易を振興する上でも各産業の秩序を整えるために同業組合条例が必要である、というのである。(3) この間の事情を、大阪府についてより具体的に、経済史学者宮本又次の研究によりつつ、紹介しよう。

明治新政府の商法司は、明治元年（一八六八）五月に「商法大意」を発して、同業者の排他的独占的結合である株仲間の解体を宣言した。すなわち、「諸株仲ヶ間取調之上、人数増減勝手可為事」かつ「冥加金上納等之義は御廃しに相成……」とし、実際には、株仲間の名簿を届出させ、株札を廃止し改めて新鑑札を交付した。これによって、「旧来の株仲間は、実質上、まったく枯死したというもあえて過言ではない」[4]。とはいえ、なお新鑑札をもって旧来の株仲間が公認されたように思う者も多く、大阪府は、明治二年（一八六九）一二月に、内外貿易の自由を明らかにし、また小売店の新規開業の自由を認めることにより、営業の自由が確立されていった[5]。ここで、官も民も新規開業を妨げるのは許されないと、営業の自由を断乎として宣言した、次の明治五年（一八七二）の大阪府の布告は、引用に価しよう[6]。

「……依然従来ノ旧習ヲ襲ヒ、私ニ仲間ヲ結ビ株式同様戸数ヲ限リ、甚敷ハ株ヲ売買シ、偶同業ヲ営ムコトヲ肯ンズルトキハ、加入金或ハ仲間振舞抔唱ヘ、無謂許多ノ出財致サセ候義有之趣、言語同断ノ所業以ノ外ノ事ニ候、元来人各営生ノ為、銘々ノ力次第適意ノ業ヲ働クニハ法度ニ触レル歟、或ハ取締筋ニ関ハル業体ノ外ハ、官府トイヘトモ無故シテ是ヲ拒ムノ理アルモノニ非ズ、況ヤ同一体ノ人民、決テ他人営生ノ業ヲ束縛シ幸福ヲ計ルノ妨ヲナスベキ謂レアランヤ、然ルニ府下不開ノ商民旧来ノ悪習ヨリ動モスレバ一己ノ私利ヲ計ラン為、他人ノ己ト同業ヲ開クコトヲ妨ゲ、仲間連結シテ物価ヲ騰貴セシムルニ到ル、其弊押テ府下ノ疲弊ヲイタシ諸人ノ苦ミト相成、開化文明ノ今日、有間敷筋ニ付自今諸仲間ト唱候類ハ、総テ解放申付、兼テ差出有之諸仲間名前帳ハ悉皆焼捨候、……」（傍点筆者）

しかし、株仲間から解放されると、無資本の悪質商人が出現したり詐欺的行為が行われたために、延売買（信用売買）や手形の流通が行われなくなり、そのために「同業仲間の開放は、……明治初年における大阪の経済的衰頽を誘導した一要因をなした」（これは、東京・京都でも同様であった）[7]。ここに同業組合運動が始まり、明治一一年（一八七八）九月には大阪商法会議所は総会において同業団結の急務なことを唱道した[8]。これを受けて、大阪府は、明治一四年（一八八一）に至り、「大阪堺市街商工業取締法」を発したが、それによると、同業は一致団結し、取締人を置き、開業・廃業は取締人の奥印を得て府庁へ届け出、取締人に同業者名簿を作成させ、各組合は申合規則を定めて府庁の認可を得ることとし、規則には必ず不正品の取扱い、違約者等の取締りに関する事項を設けさせることにした(9)。

2　農商務省による同業組合準則の発布と心得書の配付

農商務省は、各地で同業組合設立の動きが活発になったのをみて、同業組合取締規則の検討を開始し、これらの組合が「私約ニ成ルヲ以テ往々組合ノ効力ヲ完フスル能ハス」という事態になることにかんがみ、東京商工会に対し、取締規則を希望するか否かについて諮問した。東京商工会は、「此際政府ニ於テ右等ノ取締ノ為適当ノ御制法御施設……本会ニ於テモ深ク切望罷在候」と復申した。ここで注目されるのは、商工会が次のように組合が多数の結合力をもって競争制限行為をすることを禁止するよう求めたことである(10)。

「其規約ノ要項ハ組合多数ノ集合力ヲ以テ害他利己若クハ専売ノ趣意ヲ包含シ又ハ巨額ノ課金ヲ以テ新ニ加盟セントスル者ヲ防拒スル等総テ公益改進ノ目的ニ悖リ候條款堅ク御禁止之有……」(傍点筆者)

加えて、東京商工会は、次のようにアウトサイダー対策を要望する建議書も提出した(11)。対策としては、地方長官に業界に対して強制加入の組合の設立を命ずることができる権限を付与することを提案している。

「……苟モ同業者其利害ヲ共通シ各自ノ福利ヲ増進シ随テ世間公衆ニ其利用ヲ及ボサンコトヲ期センニハ……同業者挙

ケテ其組合中ニ加盟セシムルノ必要モ可有之義ニ御座候処……同業者中一二不同意ヲ唱フル者アル為メ仮令有益緊要ノ組合ト雖モ終ニ其成立ヲ期スルコト能ハス……本会ニ於テハ更ニ一歩ヲ進メ商工業者ノ間此憾ナカラシムル為メ適当ノ御制度御施設相成度切ニ希望仕候本会熟々其方法ヲ案スルニ特ニ法律ヲ設ケテ商工業者ヲ規正セラルルニ及ハス単ニ行政上ノ御処分ヲ以テ其御筋ヨリ地方長官ニ……必要ト認ムル場合ニハ……商工同業者ヲシテ組合ヲ設立セシムルヲ得ル旨ノ御布達ヲ発セラレ……」

農商務省は、東京商工会の意見を参考に、明治一七年（一八八四）一一月二九日、「同業組合準則[12]」を各府県に布達した。同業組合準則の発布は、組合設立の動きに勢いをつけ各地で同業組合結成が流行となったとみえて、農商務省は、明治一八年（一八八五）八月六日、同業組合準則は「重要物産ノ改良蕃殖ニ関スル農商工業者ノ組合ニ限リ適用スル」と府県に注意した[13]。

他方で、同業組合の組合員による「締売締買」（買占めや買占めた商品の販売）や開業妨害などの行為がみられたため、農商務省は、同じく明治一八年（一八八五）六月、地方長官に対し、「公益改進ノ目的ニ悖ルノ條款ヲ規約中ニ設クルニ於テハ決シテ認可ヲ与フヘカラ」ずと内達した[14]。

それでも組合による「正当ナ営業ヲ妨害シ公衆ニ損害ヲ与フル等ノ弊ヲ生スルコトアリ」、農商務省は、明治一九年（一八八六）四月二三日、次官発各府県令宛の「同業組合準則心得書[15]」を配付し、これに基づいて取り扱うよう内訓した。これが本稿で紹介する行政文書である。心得書の内容は同業組合準則の解説であるが、その内容はカルテルや競争者排除行為の禁止が中心をなしている。米国のシャーマン法の制定が一八九〇年（明治二三）であるから、それに先立つこと四年である。

（2）『明治前期財政経済史料集成第二〇巻　興業意見（下）』六七七頁（明治文献資料刊行会、昭和三九年）。「興業意見」は、明治一四年（一八八一）に農商務省が設置されたのに伴い、殖産興業の方策を樹立するために、三年余り調査研究を行った後、明治一七年（一八八四）に太政官に提出され、官民に公表された。編集にあたったのは、「鉄鞋」の人と呼ばれた農商務大書記官前田正名である。明治初期におけるわが国の在来産業の実態報告書として貴重であり、かつ自由放任でなく政府による施策の必要（産業政策）を説いている点で重要である。

（3）なお、明治三〇年頃までのわが国は産業革命以前の状態にあり、多数の小生産者が各地の特産品を手工業的に生産している状況にあった。

（4）宮本又次『宮本又次著作集第一巻　株仲間の研究』三二四頁以下（講談社、昭和五二年。初版は有斐閣、昭和一三年）。なお、商法司は京都に置かれ、大阪、東京に支署があった。商法大意を発したのは、正確には、商法司の下の京都商法会所であり、大阪および東京においても同様の措置がとられた。

（5）「内外貿易及小売店開業ヲ自由ナラシムル件」（明治二年一二月二〇日）（大阪市編『明治大正大阪市史第六巻』一三三頁（日本評論社、昭和八年）、宮本・前掲注（4）三三九頁。

（6）「仲間解放並ニ免許営業ニ関スル件」（明治五年四月一七日）（前掲注（5）『明治大正大阪市史第六巻』二九一頁）。これが「株仲間解放令」と称されるものである。旧来の悪習として競争者排除行為とカルテル行為が指摘されているのが、興味深い。同様の布達が、明治五、六年に和歌山、滋賀、東京、神戸、堺で出されたとみられている（宮本・前掲注（4）三四〇頁）。

（7）宮本・前掲注（4）三四三頁。

（8）大阪商法会議所の運動の詳細については、宮本又次『日本ギルドの解放』一七三頁以下（有斐閣、昭和三二年）参照。

（9）「大阪堺市街商工業取締法」（明治一四年一〇月一九日）（前掲注（5）『明治大正大阪市史第六巻』七三〇頁）、宮本・前掲注（4）三五〇頁。

（10）「農商務省同業組合準則ヲ編成セシ旨稟報」に添付された同年五月一九日付け東京商工会々頭渋沢栄一名の復申書（明治一七年一二月一二日、国立公文書館所蔵文書）。

（11）前掲注（10）の復申書に添付された「同業組合ノ設立ヲ要スル義ニ付建議」。

（12）明治一七年農商務省第三七号達（内閣官報局編『明治年間法令全書第一七巻ノ二』一一六〇頁（原書房、昭和五一年））。なお、

大日本帝国憲法の公布は明治二二年（一八八九）（施行は同二三年）であり、それまで議会による制定法は存在しなかった。

（13）明治一八年農商務省第三五号達（内閣官報局編『明治年間法令全書第一八巻ノ二』八七七頁（原書房、昭和六〇年））。ちなみに、発布後二年を経過した明治一九年一一月末現在の準則組合の数は、商業組合六二八、工業組合四〇四、商工業組合五四七、計一五七九に達した（小野武夫＝飯田勘一『最新重要物産同業組合法精義』一五頁（清水書店、大正七年））。

（14）「組合規約認可ノ節注意方各地方長官へ内達」（明治一八年六月）（農商務省商務局『例規類抄』四七頁（同、明治三一年）（国会図書館近代デジタルライブラリー））。

（15）埼玉県立文書館「行政文書（明治元年～）明治一九年勧業部農工商・農工商会・会社　明一五一四の二－二」。

二　同業組合準則および同業組合準則心得書の内容

同業組合準則と同業組合準則心得書を紹介しつつ、筆者の解説を加えよう。以下、条文は同業組合準則の規定であり、各条文の次に引用した「　」が心得書の説明である（【略】とある部分は筆者が省略した）。［　］は、筆者が付した解説である（太字・傍点は筆者による）。

○第三十七号（十一月二十九日）　府　県

同業組合ヲ結ヒ規約ヲ定メ営業上福利ヲ増進シ濫悪ノ弊害ヲ矯正スルヲ図ル者不尠候処往々其目的ヲ達スルコト能ハサル趣ニ付今般同業組合準則相定候條向後組合ヲ設ケ規約ヲ作リ認可ヲ請フ者アルトキハ此準則ニ基ツキ可取扱此旨相達候事

但認可ノ都度当省ニ届ツヘシ

「明治十七年第三拾七号達ヲ以テ同業組合準則ヲ頒布セシ所以ノモノハ……維新後制度ノ改革ニ際シ此等ノ慣習一

朝ニ瓦解シ銘々個々ニ業ヲ営ムコトトナリシヨリ奸黠不正ノ所業其間ニ行ハレ為メニ同業者一般ノ信用ヲ失ヒ正業者ニ損害ヲ蒙ムラシムルコト少ナカラス有志者之ヲ憂ヒ組合ヲ設ケテ以テ此等ノ悪弊ヲ除カンコトヲ謀ルト雖同業者中不同意ヲ唱フル者アルカ為メ終ニ其目的ヲ達スル能ハス今ニシテ之ヲ矯正スルノ方法ヲ設ケス此儘ニ経過セハ愈弊害百出シ遂ニ底止スル所ヲ知ラサラントス且ツヤ方今外国貿易一層頻繁ノ域ニ進マントスルノ時ニ方リ此ノ煢々孤立ノ営業者ヲ以テ経験熟練ノ外人ト対峙スルハ其優劣較セスシテ彰ナリ宜ク同業団結シテ啻ニ弊害ヲ矯正スルノミナラス益々進ンテ改良進歩ヲ図ルヘキナリ本省ノ殊ニ準則ヲ設ケ組合ノ設置ヲ促シタルノ要亦実ニ此処ニ在リトス……」

「……準則第一条ニ於テ組合ヲ設立スルト否トヲ当業者ノ輿論ニ放任シタルモノハ百般ノ営業者ヲシテ強テ之ヲ設立セシメントスルハ干渉其度ニ過クルノ嫌アレハナリ又其設立同意者ヲ其地区内同業者ノ四分ノ三以上ニ定メタルモノハ第四條ノ規定アルカ為メ殊ニ鄭重ヲ要スルモノアレハナリ而シテ第四條ニ於テ自余四分ノ一及新規開業者ヲ強テ加盟セシムルノ規定ヲ設クル所以ノモノハ仮令組合ヲ設立スルモ組合外ノ同業者ニ於テ姦策ヲ施ス時ハ組合ハ終ニ其目的ヲ達スルコト能ハサレハナリ……」

「抑々同業相集リ組合ヲ設クル時ハ其利便固ヨリ少ナカラスト雖モ然レドモ動モスレハ正当ノ営業ヲ妨害シ公衆ニ損害ヲ与フル等ノ弊ヲ生スルコトアリ是ヲ以テ組合ノ規約ハ務メテ公正無瑕ニシテ決シテ右等弊害ノ生スヘキ余地ナカラシムルコトヲ要ス故ニ規約ノ正否ヲ鑑査スルニハ最鄭重ヲ旨トシ厚ク注意ヲ加ヘサル可ラス……」

［解説］心得書が述べている同業組合準則発布の理由は、本稿冒頭に引用した興業意見の説明とほとんど同じであり、不正営業の防止と「外商」（外国人商人）への対抗にあるが、特にアウトサイダー対策にあることが記されている。

注目されるのは、準則が東京商工会の求めた地方長官による強制加入の組合設立命令を採用せず、その理由として営業の自由に対する過度の干渉となるおそれがあるからであると説明していることである。のみならず、同業者が集まると、ややもすれば正当な営業を妨害し、公衆に損害を与える弊害があるから、同業組合の規約の認可にあたっては慎重に審査せよと厳重な注意を促していることも重要である。以下にみるように、正当な営業を妨害する行為とは競争者排除行為であり、公衆を害する行為とはカルテル行為を指している。

このように明治政府の営業の自由についての明確な姿勢がうかがえるが、他方で、注意を促すことは実際には競争制限行為が行われていた証左であり、「政策と実態の乖離」が指摘される所以でもある(16)。

第一条　農工商ノ業ニ従事スル者ニシテ同業者或ハ其営業上ノ利害ヲ共ニスル者組合ヲ設ケントスルトキハ適宜ニ地区ヲ定メ其地区内同業者四分ノ三以上ノ同意ヲ以テ規約ヲ作リ管轄庁ノ認可ヲ請フヘシ

「（一）**（利害ヲ共ニスル者）**同業者ハ素ト営業上ノ利害ヲ共ニスルモノニ付其同業者ヲ以テ組合ヲ組成スルハ勿論ト雖モ或ハ営業ノ種類ニ依テハ他ノ営業者ト結合スルノ必要ヲ見ル場合アルヘシ例セハ織物業ト染物業トノ如キ又ハ製造者ト販売者トノ如キハ其営業各相異ナリト雖モ互ニ協力スルニ非サレハ其目的トスル処ノ改良進歩得テ期スヘカラサルコトアルヘキカ故ニ此等ノ類ヲシテ共同セシムルヘキノ便宜ヲ与フルモノナリ

（二）（三）**【略】**」

［解説］同業組合は、地区内の同業者の四分の三以上の同意によって設立される。設立は民間の発意によるのであって、義務付けられているわけでないことに注意を要する。組合は、組合員の商品の粗製濫造を防止し品質向上を目的とするが、心得書は、この点で生産者、販売業者および関連事業者の利害が一致することがあるので、組合員の範囲を水平的な競業者に限定しない趣旨を述べている。のちの昭和初期の工業組合、商業組合がカルテル的統制を目的とするので、取引段階を異にする者は同一の組合に属し得ないのと比較すると興味深い(17)。なお、同業組合は民

法上の組合とされた(18)が、今日でいえば独占禁止法上の事業者団体であることに妨げはない。

第二條　同業組合ハ同盟中営業上ノ弊害ヲ矯メ其利益ヲ図ルヲ以テ目的トナスヘシ

「(一)(**営業上ノ弊害**)例セハ織物類ニ多量ノ糊ヲ付シ又ハ漆器類ノ木地ニ生材ヲ用ヒ又ハ見本ト異ナル現品ヲ販売スル等ノ如キ要スルニ買主ニ損害ヲ与ヘ随テ同業者ノ信用ヲ墜スヘキコトノ類ヲ云フ

(二)(**利益**)例セハ智識ヲ交換シ内外需用供給ノ消失ヲ詳ニシ技術ヲ練磨スル等要スルニ同業者従来ノ面目ヲ一新シ其地位ヲ進ムヘキコトノ類ヲ云フ」

[解説]心得書は準則中の「営業上ノ弊害」と「利益」について解説したものであるが、「営業上ノ弊害」とは、粗悪品や不正な販売方法のような買主に損害を与えることにより同業者の信用を失墜させることをいう。不当廉売のような競争者に損害を与えるような行為を想定していないことが注目される。また、営業上の利益というのは、需給状況の情報交換や技術の向上のための研修などのことをいう。

同業組合が行う弊害矯正事業としては、製品や作業場の検査、取引上の取締り、雇人取締り等があり、産業助長の事業としては、職工徒弟の保護奨励、視察員の派遣、試験場・模範工場の設置等があるとされる(19)。

第三條　同業組合ノ規約ニ掲クヘキ事項ハ左ノ如シ

第一項　組合ヲ組織スル業名及組合ノ名称

第二項　組合ノ地区及事務所ノ位置

第三項　目的及方法

第四項　役員の選挙法及権限

第五項　会議ニ関スル規程

第六項　加入者及退去者ニ関スル規程

第七項　費用ノ徴収及賦課法

第八項　違約者処分ノ方法

右ノ外組合ニ於テ必要トナス事項

「**（目的及ヒ方法）** 組合ノ目的トスヘキ所ハ第二条ニ定ムル所ノ如クナラサルカラス而シテ目的ヲ立ル以上ハ必ス之ヲ達スルノ方法順序ナカルヘカラス……其ノ方法営業上ニ関スル事ノ如キハ必管轄庁ノ認可ヲ経テ然ル後実施セシムルヲ必要トス何トナレハ其方法ノ良否ハ組合員若クハ公衆ノ利害ニ関スル大ナルヲ以テナリ……

農業組合ノ例【略】

商業組合ノ例【略】

工業組合ノ例

一　漆器ハ其模様格好ハ各自ノ随意タリト雖モ原料ハ何年以上乾燥ノ木材ヲ用ヒ地質ノ堅牢ヲ旨トシ剝脱ノ憂ヒナカラシムルヲ要ス

若シ夫レ規約中ニ組合員自身ノ正当ナル営業ヲ妨ケ又ハ正当ノ競争ヲ抑制シ或ハ害他利巳［ママ］若クハ専売ノ主旨ヲ包含シ或ハ新規加入者ヲ防拒スル等総テ公益改進ノ目的ニ悖戻スル廉アラハ堅ク之ヲ禁セサル可ラス今其注意スヘキ事項ノ概略ヲ左ニ挙ク然レ雖是只規約鑑査ノ標準ナルヲ以テ宜ク規約ノ精神ヲ達観シ之カ利用保持ヲ勉ムヘシ若準拠シ難キモノアラハ事情ヲ具申シテ利達発育ノ道ヲ求ムヘシ

（一）**（価格若クハ賃銀ヲ一定スルコト）** 元来物価ハ自ツカラ其相場ノ相定マルアリテ強テ人為ヲ以テ束制スヘカラサルモノタレハ之ヲ一定スルニ至テハ営業上ノ活発ヲ阻喪シ或ハ需用者ニ不利ヲ与ルノ恐レナシトセス又工賃

若クハ運賃ヲ一定セントスルカ如キモ亦活発競争ノ気象ヲ沮ミ平均ヲ失ハシムルノ虞ナキニ非ス故ニ其規約ヲ調査スルニ当リ最モ注意セサルヘカラス」

［解説］ 準則三條は、同業組合の規約が規定する事項を列記するのみで、その内容については心得書に譲っている。これはおそらく、東京商工会の復申書が、同業組合といっても業界が細分化するにつれて多様となり、同種の商工業でも地域により状況は異なるから、統一的な通則は不要で、標目だけを告示するよう求めたことによるとみられる。そして、東京商工会が競争制限行為を「堅ク御禁止」するよう求めたことについては、心得書に詳細に記されている（心得書の柱書と復申書の文言も類似している）。

心得書がこれから掲げる事項は、管轄庁である地方長官が同業組合の規約を審査するにあたって注意すべき事項を示したものである。同業組合「準則」と称したのは、同業組合のあるべき姿を提示し、地方長官の規約認可の基準を示したものであるからであろう[20]。

心得書は、地方長官が同業組合の規約を審査するにあたって、価格協定の有無を最重要事項として注意すべきことを指示している。価格協定がなぜ不当かといえば、価格は相場（市場メカニズム）によって自ずから決まるべきものであり、競争を不活発にするし需要者の利益を損なうからである。価格協定に正当な理由がある場合があるなどの弊害規制主義的な記述は見られず、「事業者団体の活動に関する独占禁止法上の指針」（平成七年一〇月三〇日付・公正取引委員会。昭和五四年の「指針」を改定。以下「事業者団体ガイドライン」という）が価格制限行為を原則違法と扱っている（第二・1）ことと軌を一にしている。今日と同様の価格カルテルの理解が既に一二七年前に行われていたことになる。なお、この当時においては、同業組合準則に基づく組合であっても、必ずしも組合の名称中に「同業組合」を加えることを要しなかった。

「(二)（**製造高ヲ制限スルコト**）製造家ノ物品ヲ製造スルヤ各自毎ニ需供ノ途ニ注意シ其製造ヲ伸縮スルハ当然ノコトナリ故ニ組合ニ於テ漫ニ製造額ヲ制限スルカ如キハ却テ発達進歩ヲ害スルノ恐レナシトセス宜ク其得失ヲ観察シ之カ措置ヲ錯ラサランコトヲ要ス」

[解説] 製造業者が需要と供給に応じて生産量を調節するのは当然であるが、同業組合が生産数量を制限することには注意しなければならないと指示している。これも、数量制限行為を原則違法とする事業者団体ガイドライン（第二・2）に沿うものである。

「(三)（**原質物又ハ半加工品ノ輸出ヲ止ルコト**）組合ニ於テ原質物（＊）又ハ半加工品ヲ地区外ニ輸出スルヲ禁シ他ノ競争ヲ避ケンコトヲ企ツルモノアリ然レトモ競争ハ品位ノ改良上ニ於テ大ニ其進歩ヲ促スモノナレハ之ヲ禁スルカ如キハ却テ将来ヲ慮ラサルモノナリ宜ク実際ノ得失ヲ鑑査シ其措置ヲ錯ラサランコトヲ要ス」

＊原質物とは、原材料のことであろう。

[解説] 原材料や半加工品の地区外への移出を制限することがあってはならないというのであるが、当該地区の同業組合で原材料や半加工品を独占するのを禁ずる趣旨とみられる。その理由は、競争が品質改良を大いに促すというのである。今日でいえば、競争が資源配分的効率性だけでなく、生産的かつ技術革新的効率性を促進するという

わけである。今日は事情が異なるためか、事業者団体ガイドラインには、一般的な取引先制限や市場分割に関する事項があるだけである（第二・3）。

「(四)（**問屋又ハ仲買人ノミニ就テ売買スヘキ制限ヲ設ルコト**）問屋又ハ仲買人ハ需供ノ中間ニ立物貨ノ流通ヲ円滑ナラシムルモノナリト雖モ規約ヲ以テ之ニ専売買権ヲ与ルカ如キハ検束ニ過ク故ニ之ニ就クト就カサルトハ宜ク組合員ノ意ニ任スヘキナリ」

〔解説〕 問屋や仲買人は流通の中間に位置するが、組合としてこれらの者に一手買取権・一手販売権を与えることは、他の産地との競争があるときなどの場合、当該問屋や仲買人の販売意欲を高め組合員や需要者の利益となる。しかし、そうでないときは、組合員を過度に拘束し、独占の弊害を生じることになる。そこで、これらの権利を与えるかどうかは、個々の組合員に任せるべきことにする趣旨と解される。当時はなお商人資本・問屋資本の力が強かったからこのような注意事項が盛り込まれたとみられる。事業者団体ガイドラインにも排他条件付取引や拘束条件付取引に関する事項があるが、具体例は異なる状況についてのものである（第二・6－5および6－7）。

「(五)（**仕向先又ハ産出元ノ制限ヲ設ルコト**）仕向先云ヒ産出元ト云ヒ斉シク各自信用上自カラ拡充スルヲ得ルモノナレハ規約ヲ以テ之カ制限ヲ設クルカ如キハ検束ニ過キ各自ノ勤勉心ヲ阻喪セシムルノ恐レアリ規約鑑査上宜ク注意スヘシ」

【解説】 販売先や購入先を組合の規約で制限することは、組合員が信用によって開拓する自助努力を挫くおそれがあるので、規約審査にあたって注意すべきことを促している。事業者団体ガイドラインは、顧客、販路等の制限行為を原則として違法としている（第二・3）。

「（六）（**投売ヲ禁スルコト**）規約上投売ヲ禁スルノ条項ヲ掲ルモノアリ濫売ナルカ見切売ナルカ見切売ナルモノハ商売懸引上時トシテ為ササルヲ得サルノ場合アリ然ルヲ規約ニ依リ之ヲ投売ト認メラルルトキハ違約者ト成ラサルヲ得ス斯ノ如キハ宜ク其区分判然タルヲ要ス」

【解説】 投売りとは廉売のことであるが、投売りを禁止する規約がみられる。しかし、売れる見込みがないときに行う見切売りは時に行う必要があるので、見切売りも投売として規約違反とするのは、適当でない。心得書は、正当な見切売りと不当な乱売とは区別すべきであるというが、乱売がいかなるものかその基準は心得書からは明らかでない。不当廉売については、「不当廉売に関する独占禁止法上の考え方」（平成二一年一二月一八日付・公正取引委員会。昭和五九年の「考え方」を改定）に考え方が示されているが、生鮮食品や季節商品について見切り販売を行う場合を「正当な理由」があるものとしている（（注）一〇）。

「（七）（**身元信認金又ハ積金ノコト**）違約者処分ノ予備トシテ之ヲ積ムハ不可ナシト雖モ務メテ其適当ノ額ニ止ムヘシ動モスレハ加盟ノ際一時ニ多額ノ積立等ヲナシ自カラ新規加入ヲ拒ムカ如キノ弊ヲ生シ易キモノナレハ深ク此点ニ注意セサルヘカラス若シ特別ノ事情アリテ已ムナク多額ノ積立ヲ必要トスル場合アラハ其都度当省ニ伺出

ルコトト心得ヘシ又組合共済等ノ用ニ供スル為メ積金ヲ為スハ固ヨリ不可ナシ雖モ元来共済ノ事タル各自ノ随意ニ任スヘキモノナレハ不同意者ヲシテ強テ其規約ヲ守ラシムルノ限ニアラス蓋シ同業組合ニ於テ積金ヲ為スノ要ハ前者ニ在リテ後者ニアラサルコトト知ルヘシ」

[解説] 違約者に対する制裁に備えて組合員から一定の金銭を拠出させることは差支えないが、それも適当な額にとどめるべきである。というのは、高額の入会金を要求することにより、新規参入を阻止する弊害を生じやすいからである。組合共済のために積立金を徴収するのは差支えないが、同業組合は組合員の共済のための組織ではないから、これを強制すべきではない。

事業者団体ガイドラインは、事業者団体に加入しなければ事業活動を行うことが困難な状況にある場合に、高額の入会金や負担金を徴収することを事業者団体への不当な加入制限であるとして、法八条違反となるおそれが強いとしている（第二・5—1—3—①）。同業組合の場合、品質検査を受け合格の証票を付された商品でなければ流通困難なことが多いであろうから、心得書の説明は同業組合への加入制限がただちに参入制限となることを前提に注意を促したと解される。

「(八)（**組合商標ノコト**）商標ハ元来製産者及ヒ販売者ノ用ユヘキモノナレハ同業組合ノ如キ製産又ハ販売ヲナササル者ニ在テハ之ヲ用ユルノ要ナキモノトス」

[解説] 同業組合は、産業組合と異なり、営利事業を行うことは禁止され（準則第五條）、共同生産・共同販売等を

行うわけではないから、組合商標の必要はないというわけである。同業組合が一定の条件の下に組合商標を付すことができれば、産地間競争を促進することになるとも考えられるが、心得書がこれを否定したことに、心得書の個人主義的思考の徹底をみることができる。

「(九)**(違約者ヲ処分スルニ其営業ヲ停止シ又ハ除名スルコト)** 元来営業ヲ停止スル事ノ如キハ独リ政府ノ法令ヲ以テ為スヘキモ民間相互ノ約束ヲ定ムヘキ限ニアラス又組合ヨリ除名スルコトハ事業ノ規模趣向ヲ異ニシ又ハ廃業又ハ地区外ヘ転住スル等ノ場合ニ限リ行フベク単ニ規約違犯ノ廉ヲ以テ除名スルハ準則第四條ニ抵触シ不都合ノコトトス」

[解説] 違約者に対する措置として、営業停止といった重大な処分は、政府が法令に基づいて行うべきもので、民間で行うべきことではない。除名についても、同業組合は品質検査、合格証票の付与といった事業を行っているので、除名されれば即廃業ということになりかねない。また、強制加入（準則第四條）の趣旨からいって、アウトサイダーを創出することも適当ではない。そこで規約違反があったとしても、過怠金等の措置によるべきで、除名は一定の限られた場合に行うべきであるというのである。

農商務省は既に除名に関して規約に規定しないよう指導していたが、この点については、府県から、規約違反を繰り返す者に対しては過怠金では足りず営業を停止させなければ組合を設置した目的が達成できないのではないかとの照会があった。これに対する農商務省の回答は、これを決然として拒絶するものであった(21)。

「(十)**(加入ノ際組合員ノ連署ヲ要スルコト又ハ部内ノ取締若クハ委員等ノ紹介添書ノ類ヲ要スルコト○組合員ノ**

起業其他営業上ニ係ル願伺届ヘ頭取等ノ連印ヲ受ルヲ要スルコト○廃業転業其他退去ノ時組合ノ承諾ヲ請フコト）組合ノ地区内ニ於テ同業ヲ営ム者ハ準則第四條ニ依リ加盟ノ義務アル者ナレハ殊更ニ組合員ノ連署若クハ紹介書等ヲ要スルニ及ハサルヘク又組合員ノ起業其他営業上ニ関スル願伺届等ハ官ノ成規ニ依リテ必要トスル外ハ組合役員ノ干渉ヲ要セサルヘク又廃業転業其他理由アルノ退去ハ素ヨリ各自ノ自由ニシテ組合ノ承諾ヲ請フノ理アルヘカラス然ルニ若是等ノ手続ヲ行ハシムルトキハ組合員又ハ役員タルモノ同業ノ増加ヲ若クハ競争等ニ依リ各自利益ノ減殺ヲ怖ルルノ余或ハ陰々裡ニ新規加入ヲ拒ミ又ハ起業ヲ妨クル等ノ具タラサルヲ保シ難シ故ニ官ノ成規上必要ノ場合アルノ外ハ如斯規定ヲ設ケシメザルヲ可トス」

［解説］同業組合の加入に際し他の組合員の同意等は要しないし、組合からの脱退に組合の承諾を要しないとしている。同業組合は地区の同業者を加入させなければならないが、実際には当該事業分野への新規参入を制限すべくこのようなことが行われていたのであろう。転廃業について組合の承諾を要するのも、当該事業の譲渡により新たな競争者が出現する等競争条件の変化を懸念してのことであろう。（七）の身元信認金と同様、これも事業者団体の加入・脱退制限を手段として行う競争制限である（事業者団体ガイドライン第二・5－1－3。ただし、ガイドラインは脱退制限について言及していない）。よって、これらの規定を設けさせないほうがよいというものである。

「（十一）（**費用ノ徴収及賦課法ノ認可ヲ郡区戸長ニ請フコト**）費用ノ徴収及賦課法ノ如キハ尤モ組合員ノ懇和熟議ニ出テシメ可成威圧スルノ嫌ヲ避クルヲ必要トスレハ此等ノ事ハ勉メテ各自ノ協議ニ止メ官衙ノ其間ニ立入ラサルヲ良トス」

［解説］同業組合の経費の賦課徴収は、組合の自治にまかせ、行政庁の介入はなるべく避ける趣旨である。すなわ

ち、経費・過怠金の徴収は国税滞納処分の例などによらず、必要ならば民事訴訟の手続によるべきであるというものである。

第四條　組合ノ設アル地区内ニ於テ組合員ト同業ヲ営ム者ハ其組合ニ加盟スヘシ
但事業ノ規模及趣向ヲ異ニスルカ為メ加盟シ難キカ或ハ加盟ヲ拒ムヘキ事情アルトキハ管轄庁ニ申出テ其認定ヲ請フ可シ

「（一）**（加盟者退去ノ場合）【略】**
（二）**（加盟ヲ拒ム者ハ違警罪ニ問フコト）** 本條但書ノ手続ヲ履行セスシテ謂ハレナク加盟スルコトヲ拒ム者ノ如キハ即チ地方長官ノ令達規則ニ違背スルモノナルニ依リ之ヲ違警罪ニ問フノ必用ナルヲ認ムルノ場合ニ於テハ其庁限リ予メ明文ヲ掲ケ置クヘシ」

［解説］ 地区内の同業者の四分の三以上の同業者の同意によって同業組合が設立された場合、残りの四分の一未満の同業者も、但書に該当する場合を除いて、同業組合への加入が義務付けられる。とはいえ、加入を担保する制裁を準則は示していない(22)。加入しなければ品質検査合格の証票を自らの産品に貼付できないという不利益があるだけである（公正競争規約のアウトサイダーと同じである）。そのため、組合関係者は加盟しない者の処置に苦慮することになる(23)。

そこで心得書は、地方長官が加入義務違反を違警罪とする必要がある場合には、府県の令達規則をもって違警罪に処すことを認めることにした(24)。実際、大阪等の府県は、同業組合取締法規を設けたり、違警罪に組合未加入者処罰の条項を加え(25)、それによって一応の成果を挙げることになった。

第五條　同業組合ハ同業組合ノ資格ヲ以テ営利事業ヲ為スコトヲ得ス

「組合ノ名義又ハ役員ノ名義ヲ以テ売買貸借スヘカラサルハ勿論組合ニ於テ荷為換（＊）ヲナシ或ハ荷為換ノ保証等ヲ為ス如キ営利ノ業ハ渾テ同業組合ニ於テ為スヘカラサルノコトトス」

＊荷為替のことであろう。

［解説］同業組合は営業上の弊害の除去という公益的事業[26]を行うので、組合員のために営利事業を行うことはできない。産業組合法（明治三三年法律第三四号）に基づく産業組合は、資金の貸付、共同販売、共同購入、共同加工等の積極的な事業を行うことを目的としたものであるが、対照的に同業組合は営業上の弊害の矯正という消極的事業を行うのにとどまるところに特色がある（産業組合は、戦後の協同組合の前身であるが、主として農村で発達した）。

第六條　同業組合ハ総テ其ノ事蹟及費用決算表ヲ毎年管轄庁ニ報告ス可シ

第七條　規約ヲ改正スルトキハ更ニ認可ヲ請フ可シ

第八條　分立又ハ合併スルトキハ更ニ規約ヲ作リ認可ヲ請フ可シ

第九條　同業組合ニ於テ聯合会ヲ設ケ其ノ規約ヲ作ルトキハ管轄庁ヲ請フ可シ

但其聯合ニ府県以上ニ渉ルトキハ聯合地管轄庁ヲ経由シテ農商務省ノ認可ヲ請フ可シ

（聯合会規約届ノコト）【略】

（16）白戸・前掲注（1）三二頁。明治一八年の「第五回農商務省報告」は、次のように述べている（由井常彦『中小企業政策の史的研究』三七頁（東洋経済新報社、昭和三九年）から引用）。

「……組合ノ最モ必要タル目的及方法ニ於テ確立スルモノ稀ナリ或ハ製品ニ額ヲ制限シ若クハ価格ヲ一定ニスル等ノ条項アリ

結局旧幕末ノ治下ニ行ハレシ彼株仲間一般ノモノヲ将テ再ヒ今日ノ現出スルノ恐レナキニアラス」

(17) 商・工全業者強制加入の同業組合は問屋の資本利害に極めて有利であり、それ故に、「同業組合は、むしろ問屋資本の存在を補強、いや助長する面すらあった」とされる（藤田貞一郎『近代日本同業組合史論序説』三四頁（国際連合大学、平成七年）、同『近代日本同業組合史論』九六頁（清文堂出版、平成七年））。

(18) 小池金之助『同業組合及準則組合』五三頁（昭和図書、昭和一四年）。明治三〇年の重要輸出品同業組合法により同法に基づく同業組合は法人となり、同業組合は公法人か私法人か学説上論争が起こるが、政府・判例は私法人説をとった。

(19) 小野＝飯田・前掲注(13)六九頁以下参照。

(20) 上川芳実「同業組合準則改良運動の研究」大阪大学経済学三〇巻四号一一七頁（昭和五六年）。

(21) 「伺之趣ハ人民相互ノ規約條項中ニ掲クヘカラサル儀ト可心得事」（「同業組合準則ニ関スル件（山梨県）伺」に対する農商務省指令（明治一八年八月一九日）法令全書明治一八年付録農商務省八二頁（国立国会図書館近代デジタルライブラリー））。

(22) それ故に、本条を強制加入規定とみることに否定的な見解もある（正田健一郎「明治前期の地方産業をめぐる政府と民間」高橋幸八郎編『日本近代化の研究　上――明治編』一六五頁（東京大学出版会、昭和四七年）。

(23) 小野＝飯田・前掲注(13)一二頁、小池・前掲注(18)五四頁。

(24) 既に、農商務省は、愛知県からの照会に対して、「違警罪ノ明文ヲ掲ケ置適宜処分スルハ不苦候事」と回答していた（「同業組合準則中ノ件（愛知県）伺」に対する農商務省指令（明治一八年三月一〇日）（前掲注(21)法令全書二二頁））。

(25) 小野＝飯田・前掲注(13)一三頁、小池・前掲注(18)五四頁、宮本・前掲注(4)三五四頁。違警罪とは、フランス刑法典にならった旧刑法（明治一五年〜同四一年施行）の下での犯罪の区分で、最も軽いもの。警察署長等による即決処分で拘留または科料を科すことができた。

(26) 小野＝飯田・前掲注(13)八四頁は、「同業組合の事業は国家的事業とも謂うべきものである」ことを理由とする。

三　同業組合による価格協定の禁止のその後

明治政府は、輸出振興策を強化するため、明治三〇年（一八九七）に重要輸出品同業組合法を制定し、重要輸出品に関する同業組合は同法によることとし、同法に基づく組合に加入しない者には罰金を科しかつ定款の違約者に対する過怠金徴収の規定を盛り込むことにより、同業組合の内外の規律を強化した。同法の制定に伴い同業組合準則が廃止されることはなく、準則に基づく組合は「準則組合」と称されて存続したけれども、準則第四條の加入義務は削除された。明治三三年（一九〇〇）、重要輸出品同業組合法は、輸出品関係組合に限らず同業組合の統制を強化するために、重要物産同業組合法に改組される。

同業組合による価格協定の禁止はなお維持された(27)ものの、農商務省の担当者は、大正七年（一九一八）に、次のように述べた(28)。

「……トラスト及カーテルと同業組合とは其の間に多少類似の点がないではないけれども、同業組合の事業は遥かに狭き範囲に限定せられ、之が主なる事業は……組合員の粗製濫造を取締ると云ふのであつて、カーテルの如く価格の一定や、生産制限を行ふが如きことは今日では殆んど許されて居ないのである。併し世界文明の進歩に伴ひ、商工業も亦駸々として発達するものであれば、同業組合の如きも必ず他日トラストと迄は行かずとも、企業連合即ちカーテルの如く組合が積極的態度を以て、或は生産制限を行ひ又は価格の一定を計ることの出来る時期が必ず到来するであらうと思ふ。……」

担当者の予言は、大正一四年（一九二五）に輸出組合法および重要輸出品工業組合法が制定されることにより実現する。輸出品についてとはいえ、これらの組合が数量制限や価格カルテルを合法的に行うことができるようになり、かつ強制加入の代わりに行政官庁によるアウトサイダー規制（統制命令）が導入された。製品の品質検査事業を中心とするギルド的な同業組合は時代遅れとなり[29]、政府はカルテルを行う輸出組合、工業組合を推進することに方針転換し、昭和六年（一九三一）制定の重要産業統制法に基づく大企業の統制協定（カルテル）とともに、商業組合を含めたこれら三組合のカルテルによって昭和の不況を克服する政策をとった。同業組合の価格協定禁止についても、不況が深刻化すると、廉売防止目的ならば許容されるに至り[30]、形骸化していく。そして、ついには同業組合も事実上統制団体化（！）するのである[31]。

(27)「重要物産同業組合及同聯合会ノ取扱ニ関スル件」（大正五年六月次官通牒）は、「外国貿易上ニ於ケル売崩ノ弊ヲ防クタメ必要ナル場合ノ外商品ノ価格ヲ組合ニ於テ定ムル規定ヲ設ケシメサルコト」と通達している（広島県内務部商工水産課編『重要物産同業組合関係法規』（昭和二年）（国立国会図書館近代デジタルライブラリー所収））。
(28) 小野＝飯田・前掲注(13)四頁。
(29) 金沢良雄『経済法の史的考察』七三頁（有斐閣、昭和六〇年）。藤田は、これを「同業組合切り捨て策」と呼んでいる（藤田・前掲注(17)序説一六頁）。
(30)「重要物産同業組合及聯合会ノ商品ノ価格協定ニ関スル件」（昭和八年一一月一四日、商工次官通牒）（小池・前掲注(18)二〇一頁）。「……当省所管ノ同業組合ニ付テハ外国貿易ニ関係ナキ場合ニ於テモ売崩ノ弊ヲ防ク為必要ナルトキハ商品ノ価格協定ヲ為スコトヲ得シムルコト……」とある。裁判所も、同業組合が定款の規定に反して売薬を割引販売した組合員に対する過怠金の請求を認容している（大判昭和九年四月一七日民集一三巻七号五三〇頁。拙著『独占禁止法の解釈・施行・歴史』三二〇頁以下（商事法務、平成一七年）参照）。

(31)「……同業組合ニハ統制ノ文字ナキモ、現ニ各種価格ノ協定ヲ実施シ居リ、極メテ優秀ナル実績挙ゲツツアルハ周知ノ事実ナリ、……」(傍点筆者)(昭和一三年三月一八日の同業組合全国大会における日本実業組合連合会の配布文書)(小池・前掲注(18)二九頁)。

四 同業組合準則心得書の意義――明治期の「反独占」の精神について

かの営業の自由論争を提起した経済史学者岡田与好は、「反独占の精神の欠如が、日本の『自由経済』の思想的特色なのである」と喝破した[32]。わが国が明治期に輸入した英国の古典派経済学の「自由放任主義学説が反独占の精神を基調としていたことは、不当に軽視されてきたように思われる」とし、自由放任主義学説が「わが国では、逆に、『独占の自由』、『同業組合の自由』を正当化するものとしてうけとられた」と指摘した[33]。

岡田は、宮本又次の研究によりつつ、前記「大阪堺市街商工業取締法」の布達にみられる「官民一体の同業組合の助長策」を「『営業の自由』の原則の放棄」とし、さらに同業組合準則の制定をもって「同業組合の助長が政策の一般原則とされるに至った」という[34]。岡田によれば同業組合は――特に加入強制をもって――営業の自由を制限する独占的なものであるとみなし、同業組合準則の制定によって、株仲間解放令にみられた「反独占的反同業組合的『営業の自由』の政策は、維新変革のその場かぎりの一こまに終わった」と評した[35]。

とはいえ、同業組合に対する岡田の否定的評価に対しては、とりあえず次のように指摘できると考える。

第一に、同業組合による品質向上や公正取引のための活動を独占的カルテル的活動として、営業の自由の侵害とみてよいのかである。岡田は同業組合への強制加入が営業の自由に関する重大な制限とみている。確かに強制加入は――といっても緩やかなものである――問題であるが、明治政府に多数の個別の商品の品質検査や規格の設定などを行うことは不可能であり、業界の自主規制に頼らなければならなかった[36]。その場合に、最も悩ましい問題はアウトサイダーの取扱いであることはいつの時代も変わらない[37]。もっとも、いきなり強制加入に訴えるよりは、品質検査合格の証票を貼付した商品の声価を高めることにより、アウトサイダーの自発的加入を誘引する努力がまず求められるべきであったかもしれない[38]。いずれにせよ、同業組合の自主規制によってわが国の商品の品質が一定の改良・向上をみたことは認めざるを得ないのではなかろうか[39]。問題なのは、岡田がこうした検討なしに同業組合の活動を営業の自由を抑圧する独占的活動ときめつけていることである。

第二に、同業組合準則の立法者は、同業組合が――強制加入であるが故になおさら――価格協定や競争者排除に濫用される危険を強く認識していたことである。そのために、同業組合準則心得書を配付して厳重な注意を促したのである。しかし、岡田はかかる反カルテル反独占の文書について言及するところがまったくない。右に検討したように、心得書の内容は今日の競争法の見地からみても極めて厳格である。同業組合は、わが国の在来産業が粗製濫造の防止という近代化のために必要とし、他方、欧州のギルドの排他性独占性を払拭するという、わが国が独自の工夫をした組織形態であったといえよう[40]。

同業組合が営業の自由を制限するものであるか否かは、当時も激しい議論があった。同業組合準則制定後の明治二〇年代に、商業会議所聯合会において組合強化論と慎重論が繰り返し論じられたし[41]、重要輸出品同業組合法の制定をめぐって帝国議会が紛糾するということがあった[42]。

少なくともいえることは、明治政府は、在来産業の向上と輸出振興のために同業組合の組織化政策をとったが、同業組合準則心得書に象徴的にみられるように、営業の自由の制限には極めて慎重であったということである。特にカルテルや競争者排除行為に対して厳しい姿勢をとった。そのような意味で、営業の自由の政策が「維新変革のその場かぎりの一こまに終わった」とは到底いえないように思われる。

(32) 岡田与好『自由経済の思想』二二頁(東京大学出版会、昭和五四年)。たとえば、アダム・スミスは、徒弟制度などによる同業組合の排他的特権を厳しく非難している(アダム・スミス(大内兵衛訳)『国富論(一)』二一〇頁以下(岩波書店、昭和一五年))。他方、英国の入門経済学をわが国に紹介した神田孝平の「経済小学」や福沢諭吉の「西洋事情」といった著作には、独占やカルテルを非難する記述は見当たらない。スミスの「国富論」の完訳は、石川暎作らにより明治一七年〜二一年にかけて行われた。

(33) 岡田・前掲注(32)二二頁。

(34) 岡田・前掲注(32)三五・三六頁。

(35) 経済史学者が岡田のような見解で一致しているわけではない。藤田貞一郎は、同業組合の性格規定として、次の三説に整理している。①株仲間との関連に留意する説(宮本又次、岡田与好、尾城太郎丸ら)、②株仲間との関連を否定し、明治政府の営業の自由の基本原則の範囲内にあるとする説(由井常彦、正田健一郎)、③株仲間との関連は否定するが、明治政府の画一的・干渉的政策(間接的勧業政策)の対象であったとする説(上山和雄、上川芳実)、である(藤田・前掲注(17)序説三頁以下、同・史論六頁以下)。藤田自身、同業組合を株仲間のゆり戻しとして①の説に立つが、①説に対しては、白戸伸一を含め②、③の説からの批判が強い。

(36) 安岡重明「市場の拡大と同業組合の品質規制」同志社商学四二巻四・五号一六八頁(平成三年)は、明治政府が成立してから、中央政府も府県も各業種の実情に通じるほど年月はたっていないとする。

(37) 同業組合準則とほぼ同時期に布達された茶業組合準則(明治一七年三月三日農商務省達第四号)や蚕業組合準則(明治一八年一一月二日農商務省達第四一号)は、規則上組合への加入義務を規定せず、不良品排除の方策として、組合が茶や繭・生糸を検査し組合名・製造者名を記しまたはそれらを記した標章を付すこととしている。ただし、このような説に対しては、当時も「本邦商工社会ノ現状ヨリ考フレバ言フ可クシテ行フ可カラザルノ説」との批判があった(上川・前掲注(20)一二八頁が引用する、明治二三年三月の東京商業会議所の調査報告)。なお、現行事業者団体ガイドラインは、品質・規格等の自主規制が合法となる条件として、①需要者の利益を不当に害しないこと、②不当に差別的なものでないこと、③正当な目的に基づいて合理的に必要な範囲内であることのほか、自主規制の利用・遵守が任意であることを挙げている(第二・7-(2)ア)。

(38) 前記のように明治三〇年に同業組合への加入義務がなくなったが、それにより「組合を脱する者多く、為に同業者の統一を欠きて組合の瓦解を来さんとする傾向を生ぜり」という（『大阪府誌　第一編商業、金融、貨幣』三二二頁（明治三六年、昭和四五年復刻））。景品表示法に基づく公正競争規約の運用の難しさもここにあった。

(39) たとえば、埼玉県下においては、「十七年同業組合準則の発布と同時に染織に関する組合が組織せられ染織工業の上に始めて曙光を見た」として、以後、同業組合の設立とその活動によって秩父銘仙など各種織物工業の販路拡張、意匠の改良、機具の改善等が進んだとされている（『埼玉県史　第七巻』三四六頁以下（昭和一四年）参照）。粗製濫造が輸出産業（生糸・茶）や在来産業（絹織物）の生産を減少させていたことが指摘されている（正田・前掲注(22)一五四頁以下）。

(40) 周知のように明治政府による近代法の整備は欧米からの輸入によって行われたが、同業組合関係法制は外来の制度によらない立法である（福島正夫編『日本近代法体制の形成　下巻』一八八頁（日本評論社、昭和五七年）〔伊牟田敏充・福島執筆〕）。

(41) 上川芳実「同業組合準則改良運動と商業会議所聯合会」大阪大学経済学三一巻一号一一五頁以下（昭和五六年）参照。

(42) 明治三〇年三月二四日の衆議院における重要輸出品同業組合法案についての議事速記録参照。

おわりに

これまで、同業組合について経済史学者がさまざまに研究し論じてきたところであるが、明確な反独占反カルテルの立場に立つ同業組合準則心得書はなぜか注目されることがなかった。日本の産業の近代化・資本主義化の過程を考察する上で、明治政府の同業組合政策や各地の同業組合の実態の研究は不可欠であるが、その際に同業組合準則心得書は重要な一史料となりうると考える。わが国における近代的経済（統制）法制の成立の序章として、経済史学者のみならず経済法学者からも関心が持たれることを期待したい。

司法アクセスの充実を願って

宮崎　誠

一　はじめに
二　日弁連の改革案
三　審議会提言はどう生きたか
四　東日本大震災では制度改革はどう機能したか
五　まとめ

一　はじめに

1　二割司法から司法制度改革へ

国民の裁判を受ける権利は憲法上の権利である。それを実質的に保障するためには裁判やその代替的手続へのアクセスが国民にとって容易でなければならない。

一方、欧米に比べ日本における民事裁判の件数が極端に低いことはよく知られている。「一九九〇年に、ドイツの訴訟率は日本の約一六倍であった。両国は訴訟率の尺度の両端を占めている。ドイツは〔訴訟率の高い〕トップ集団にランクされ、これに対して現代の日本は、産業化された諸国の間でもっとも低い位置にある。ドイツと日本は法や近代化については多くの共通点を持っているにもかかわらず、訴訟率は対照的である。日本の民事手続はドイツの一八七七年民事訴訟法（Civilprozeßordnung）を範として作られた。裁判所の紛争処理の制度的枠組はほとんど同一であり、国際比較のための信頼できる基盤を提供している。日独両国は世界でもっとも豊かな国である。しかしながら、この繁栄が一方では高水準の訴訟をもたらし、他方ではそうはならなかった。これはなぜであろうか」(1)。その原因を、川島武宜教授(2)は、近代化に伴う「権利」意識の明確化が充分でない上、「訴訟しても結局和解が多いことに見られる」ように物事をはっきり決めず、権利行使より共同社会の平穏を尊ぶ国民性に求め、今後の国民の権利意識の高まりに期待を寄せた。この見解は広く影響を与えたが、ジョン・O・ヘイリー教授が、統計数字などから日本人は訴訟嫌いではなく件数の少なさはわが国の社会構造と法曹人口の少なさ、そして、法執行を含めた裁判制度そのものに原因を求めるべきだと全面的に批判した。田中英夫教授はヘイリー教授の統計や学説の引用誤りを指摘し批判を加えたが、田中教授はそれ以前から、裁判件数が少ない原因を「法律家が日本人の権利意識の低さを指摘しつづけるのは一般国民の立場からすれば、自分の任務を果たさないで他人の非をあげつらう無礼を犯すもの」と指摘し、国民性や権利意識に帰するのではなく、損害賠償制度、法曹人口をはじめとする日本の法制度改革に取り組むことの必要性を強調されていた(3)。裁判制度の改革が必要だとする議論は少しずつ活発となってきたが、多くは裁判遅延ひいては法曹人口に主な原因を求めることが多く（この点の重要性を否定するつもりはないが）、その陰に隠れてしまう形で裁判制度そのものをどう改革するかという点に焦点を当てた検討が行われることは少なかった。

一方でその間も司法、中でも裁判所・弁護士と国民との敷居は高いまま、利用しにくい制度を放置していることへの厳しい批判を浴びてきた。

一九九九年から始まった司法制度改革審議会（以下「審議会」という）では、中坊公平弁護士の「二割司法」という問題提起(4)を受け、国民的基盤の確立などと並び「国民が利用しやすく頼りがいのある司法の実現」が一つの大きいテーマとなり、その解決のため、まず、

① 「法曹人口の大幅な増加が急務であ」り、司法試験合格者三千人の目標を掲げるとともに、法科大学院を中核とする新しい法曹養成制度を提言した。

② 民事裁判改革については裁判期間の短縮、専門性強化、知財関係事件の迅速化、知財裁判所の設置、労働関係事件の迅速化や労働審判につながった労働調停の導入、家裁・簡裁の機能の充実、民事執行制度強化、行政訴訟制度の拡充などを提言したものの、国民参加の裁判員裁判制度や証拠開示・被疑者国選など抜本的改革案を提言した刑事司法分野と比較すると物足りない内容にとどまった(5)。

③　裁判所へのアクセス拡大については、
(ア)　提訴手数料の低額化、弁護士費用敗訴者負担、訴訟費用保険の拡充
(イ)　民事法律扶助の拡充
(ウ)　裁判所の利便性向上
(エ)　被害救済の実効化
などが提言され、あわせて、
(オ)　裁判外紛争解決手段（ＡＤＲ）の拡充、活性化
も提言された。

2　不充分に終わった民事裁判制度改革

(1)　提言は、政府に設けられた「司法制度改革推進本部」で法案にまとめられ弁護士費用敗訴者負担など一部を除くと、そのほとんどが何らかの形で実現した。中でも法曹人口の急増や、㈶法律扶助協会が国の資金で運営される独立行政法人司法支援センター（以下「法テラス」という）に衣替えし[6]、弁護士費用立替払い制度だけでなく、全国規模の情報提供業務や過疎偏在対策業務が盛り込まれるなど、アクセス改革のための画期的な改革も含まれていた[7]。しかしながらそれまでの民事裁判改革への研究や実践の少なさゆえか、裁判制度そのものの改革については、「迅速化」など裁判所の負担軽減に重きが置かれ、損害賠償制度の実効化や、証拠収集の強化などの抜本的改革は不充分であった。

(2)　なお審議会を契機に始まった実証的研究の結果、日本人は決して権利意識に乏しいわけでもなく、訴訟手続を

利用しようとする意識においても欧米との間でさほど差のないことが、指摘された(8)。

日本人の性格に向かないと一部で声高に言われていた裁判員裁判では、一般市民が積極的に法廷裁判や裁判官との合議に参加し、日本人は刑事裁判参加ですら、消極的な国民でないことも明らかになった。

(3) 日弁連は従前から日本の裁判件数が少ないのは、法曹人口や国民性あるいは、裁判遅延が最大の問題でなくむしろ日本の裁判制度、裁判所のインフラに改善すべき点が多すぎるためであると批判し、二〇一二年二月には「民事司法改革グランドデザイン」を発表した。

以下二では右日弁連提言に簡単に触れるとともに、三では審議会意見書を受けて、「利用しやすく信頼できる司法制度」を目指した民事司法関連改革で何がどう変わったのか、まず権利保護保険(弁護士費用保険)、法テラス、常勤スタッフ弁護士、ADRおよび弁護士会の活動、および弁護士人口増などを検討し、四では東日本大震災で、これらの改革がどう生かされたのか検証し、五のまとめではこれら検証から国民が利用しやすく、頼りがいのある民事司法の充実を願い、若干の意見を述べたい。

(1) クリスチャン・ボルシュレーガー(佐藤岩夫訳)「民事訴訟の比較歴史分析——司法統計からみた日本の法文化(一)(二・完)」法学雑誌四八巻二号五〇五頁、三号七五二頁(二〇〇一年)。

(2) 川島武宜『日本人の法意識』(岩波書店、一九六七年)。しかし和解が多いのは国民性と言われると、和解をすすめることが多い実務家としてはやや違和感がある。執行制度の不備、判決の不確実性、挙証の成功度、時間を含め訴訟経済上のコストなど説明し、一番有利だから和解を勧めるに過ぎないし、依頼者もこれが一番有利と納得した場合でないと受諾しない。和解が多いのは法制度の不備の一つの表れに過ぎない。

(3) なお、ジョン・O・ヘンリー(加藤新太郎訳)「裁判嫌いの神話(上)(下)」判時九〇二号一四頁・九〇七号一三頁(一九七八年)、田中英夫『英米法研究3 英米法と日本法』(東京大学出版会、一九八八年。初出一九八〇年)、田中英夫=竹内昭夫『法の実現における私人の役割』(東京大学出版会、一九八七年。初出法協八八巻五号=六号から八九巻九号まで、一九七二年)。なお、後掲注(31)も参照。

(4)「司法制度改革審議会第一回議事録」（中坊公平弁護士の一連の発言）「日本の司法は二割司法である、本来果たすべき機能の二割しか果たしていない、残りの八割が果たされていない。そのためにどうなっておるかと言えば、まず、第一に、泣き寝入りというのが、実は本当に世の中では多いものであります。（以下略）」。

(5) 菅原郁夫ほか「二〇〇五年日本私法学会シンポジウム資料」ジュリ一二九七号六三頁（二〇〇五年）。なお、民事裁判の利用者調査については、このシンポジウムの対象となった①二〇〇〇年「審議会」民事訴訟利用者調査のほか、②民事訴訟法制度研究会「二〇〇六年」調査、③同研究会「二〇一一年」調査が継続的に行われている。

(6) 山本和彦「総合法律支援の理念」ジュリ一三〇五号一〇頁（二〇〇六年）。

(7) なお法テラスの組織自体が審議会意見書で提言されていたわけではない。民事法律扶助の拡大、被疑者を含む公的弁護の運営、主体の確立、過疎偏在対策、ＩＴ技術などを利用した法情報の提供など種々の提言を一つにまとめる組織として、二〇〇二年一一月四日付朝日新聞での「リーガルサービスセンター構想」の記事をきっかけとして、顧問会議における小泉首相の「司法ネット」提唱につながり、推進本部での検討を経て、コールセンター設置をはじめとする構想が徐々にできあがった。

(8) 垣内秀介ほか「二〇一一年民事訴訟利用者調査の分析」論究ジュリ四号一六〇頁（二〇一三年）では過去の調査と比べ依頼弁護士の評価が高くなり、費用の透明度や裁判期間についても利用者の評価が改善しているにもかかわらず、裁判制度そのものの評価はかなり明確に低下している。見えないものが見えてきた結果ではなかろうか。

二　日弁連の改革案

日弁連の「民事司法改革グランドデザイン」は、次頁**図表1**の通り、民事裁判、家事事件、行政訴訟、裁判所の人的物的基盤整備、その他の幅広い分野への提言となっている。

①　民事裁判へのアクセス改善の観点から民事法律扶助の改善、弁護士費用保険の対象範囲の拡大、提訴手数料の低・定額化や弁護士アクセスの改善、裁判所の物的・人的な充実、集団訴訟制度（消費者被害および一部の一

図表1　民事司法の改革

〈制度趣旨〉
市民にとって、より利用しやすく、頼りがいのある、公正な民事司法

民事紛争

ADRでの解決
①ADR制度の活性化
応諾義務の法定、履行確保措置の導入
②ADR機関の認証手続の簡素化・監督の運用改善、非認証機関の効果の改善

当事者での解決

裁判所における解決

アクセスの拡充
①提訴手数料の低・定額化（有）
②民事法律扶助制度及び扶助予算の拡充（法テラスの拡充）
③集合訴訟制度の創設（有）
④民事審判制度の創設等簡易な裁判手続の導入
⑤弁護士費用保険（権利保護保険）の拡充

家庭裁判所
①家事事件手続法の施行
②子の手続代理人制度の充実
③人事訴訟法の運用改善
④家事調停の充実
⑤家族法の改正
⑥遺産分割制度の改善
⑦ハーグ条約と国内実施法の制定

地方裁判所

簡易裁判所
①軽微・少額事件（訴額140万円まで）、少額訴訟手続（訴額60万円まで）の充実
②民事調停の充実（民事調停法17条の改正）

行政事件
①行政不服審査法の改正（有）
②行政訴訟法の改正（有）
③団体訴訟制度の導入
④公金検査請求制度の創設（有）
⑤裁判員制度の導入

消費者被害の救済
①適格消費者団体等による集合訴訟（有）
②不当な収益のはく奪・経済的不利益賦課制度の導入（有）
③消費者契約法の改正

労働事件
①労働審判制度の拡充

倒産事件
①倒産法制の改革

民事裁判の運用改善
①争点整理手続の改善
②証拠収集及び証拠調べ手続の改善
③合議体による審理の拡大
④裁判官の異動と手続の在り方等

判決の適正
①損害賠償制度の改革
・違法行為を抑止する損害賠償制度の導入

証拠収集手続の拡充
①文章提出命令の改正（有）
②当事者照会制度の改正（有）
③陳述録取制度の創設
④弁護士会照会（弁護士法23条の2）改正（有）
⑤文書送付嘱託の応諾義務の明文化

強制執行制度の改革
①財産開示請求の改善
②第三者に対する財産照会制度の創設

裁判所等の基盤整備
①裁判官・裁判所職員の増員　②裁判官非常駐支部の解消と裁判所支部の機能強化
③管轄の見直しや裁判所支部の新設等　④法廷等の新設・増設　⑤家庭裁判所・簡易裁判所の拡充
⑥法教育の拡充　⑦弁護士研修の充実　⑧専門認定制度の創設

（注）（有）…日弁連意見書有り

般事件）への導入を、また、
② 証拠および情報収集手段の拡充について文書提出命令、当事者照会制度の強化、文書送付嘱託の応諾義務、陳述録取制度の導入、などの改革を提言している。
③ 実効性ある民事裁判制度として、判決執行制度の改革、損害賠償制度の見直しなどを提言している。

アクセス改善には、(ア)費用の壁、(イ)距離の壁、(ウ)情報の壁、(エ)心理的な壁があると言われており(9)、右提言はこれらの壁の解消を目指すとともに、証拠の偏在を正し真実の発見という裁判の本来の目的を達成するための証拠収集と、適切な損害賠償制度、判決がしっかり執行され訴訟提起を無駄骨に終わらせないための提言が中心となっている。その多くは「審議会」意見書でも検討・提言されたが、なお不充分であったとして、改めて提言されている。

（9） 我妻学「司法アクセスの課題」伊藤眞＝山本和彦編『民事訴訟法の争点』三四頁（有斐閣、二〇〇九年）、および山本和彦「総合法律支援の現状と課題――民事司法の観点から」総合法律支援論叢一号一頁（二〇一二年）など。

三　審議会提言はどう生きたか

1　弁護士費用保険

審議会意見書では利用者の費用負担軽減のため、「訴訟費用保険の開発・普及に期待」するとされた。確かに効果が期待できる弁護士費用保険（権利保護保険、弁護士保険ともいう。本稿では弁護士賠償保険との区別の観点から「弁護士費用保険」という）の普及はいわゆる費用の壁を克服する手段として、重要である。

経済的な弱者については、法テラス利用の道があるが、そのような道のない中間層（年収四〇〇万円〜八〇〇万円）の弁護士利用率が弱者層より低いことはいくつかの調査[10]で示されており、中間層への弁護士費用保険の普及は意味がある。大手損保から販売されている「弁護士費用保険」は、自動車保険に付帯し、特約で加入する形をとっている。対象が「事故（交通事故とは限られないが）による損害賠償請求」の弁護士費用に限られている点で限界はあるが、二〇〇〇年に日弁連と損保会社三社が提携し販売を開始して以来、二〇一二年末で提携損保は一一社（そのほかに、日弁連と提携しないで独自に販売している大手損保会社もある）に拡大し、さらに何社かが提携を検討中と聞く。特約保険料も一〇〇〇円前後からと高くはないので、特約への加入者は、自動車保険契約者の七〇％を超えると言われており、提携会社だけで二〇一一年の契約数は約一八八〇万件、支払対象事故は約一万三五〇〇件[11]。二〇〇六年当時の契約数は約四四〇万件、対象事故はわずか七〇〇件にすぎなかったから、その急成長ぶりがうかがえる。しかも提携外損保会社をあわせると契約数は優に二五〇〇万件を超えると言われており、損害賠償事件の受任時、弁護士には、弁護士費用保険の確認が勧められている。

この発展を見て、日弁連と一部大手損保会社間では、その保護範囲を諸外国の趨勢にあわせ、離婚や賃貸借、契約違反などもっと広範囲をカバーできるように検討を行っている。

すでに一部の小額短期保険会社については最近金融庁から届出を受理され、かなり広範囲な民事裁判・示談交渉・法律相談をカバーする商品が、売り出されている。

採算性は保険料と支払限度額、免責条項の定め方如何であるが、制度の安定的な発展のためには契約者と弁護士そして損保会社間の紛争を容易にかつ迅速に解決するためのＡＤＲが不可欠であろう。現行弁護士費用保険は狭い範囲ではあるが関係者の努力で「審議会」意見書の期待を裏切っていないようである。すみやかな保険範囲の拡大が望まれる。

2　独立行政法人日本司法支援センター（以下「法テラス」という）の設立

⑴　法テラスは二〇〇六年四月に開設され、準備期間を経て二〇〇六年一〇月に開業した(12)。

①　裁判所の被告人国選弁護人選任業務を移管した上で、新しく被疑者国選、国選付添人の業務を行うほか、

②　㈶法律扶助協会が行っていた民事法律扶助を受け継ぎ、さらに全く新しく

③　法による紛争解決に資する情報提供業務

④　過疎偏在対策業務

⑤　犯罪被害者支援業務

⑥　関係機関との連携業務

などを契約弁護士などを通じて行うことになった。

⑵　③の法律情報の提供は司法アクセスの観点から画期的な試みとなった。全国五〇ヶ所の地方事務所で直接行うほか、仙台にコールセンター（サポートダイヤルと呼んでいる）を設け、全国からの問合せに九時から二一時（土曜日は一七時）まで応じている。四〇〇〇余りのＦＡＱをコンピューターから選び出しオペレーターが対応する。数名に一名のスーパーバイザーと、センターに交代で常駐する弁護士が困難な問い合わせに対応している。具体的な法律相談に応じるわけでないが、弁護士会や裁判所、その他の関係機関の連絡方法を紹介したり、手続など基本的な法律情報を提供している。犯罪被害者の専用電話があり、また英語にも対応するなど、多様な相談でも専門のオペレーターで対応できるのが強みである。地方事務所での直接の情報提供（約二〇万件）を合わせると年間五〇万

から六〇万件の情報提供がなされている。[13] 日弁連側で設立に関与した私ですら（？）当初は、電話オペレーターが幅広い法律紛争の問合せに応じた情報提供ができるか不安を抱いたが、経験と研修を繰り返すことによって、結果的には充分対応しており利用者アンケートによってもその満足度は極めて高い。

東日本大震災の後も急遽作成された震災ＦＡＱに基づき震災関連の特別法についても、ほとんどがオペレーターのみで情報提供できているようである。二〇一三年一月には開設以来六年余りでコールセンター利用累計件数が二〇〇万件を突破した。

データ蓄積と分析を進めることによって、司法アクセス改善への提言を期待したい。

(3) 法テラスの中心的な業務に経済的に恵まれない国民に対し弁護士費用・司法書士費用などを立て替える代理援助事業がある。**図表2**は日弁連が昭和二七年財団法人法律扶助協会（二〇〇七年解散）を設立して始めた民事法律扶助（弁護士費用の立替払い制度）に対する国の補助金の伸びを、法テラス設立以降は、運営費交付金（民事法律扶助やコールセンター運営）と国選弁護費用の予算の伸びを示している。**図表3**は法テラスの援助事業件数（二〇〇六年度は、扶助協会最終年度の件数を含む）の伸びである。関係者の努力もあって、着実に発展しているのは喜ばしいことであるが、代理援助事業の伸びは期待を下回っている。やはり、

① 代理援助事業については世界的には給付型が多いのに、日本では立替払いであって、償還しなければならないこと[14]

② 民事・行政裁判手続に限ること（行政手続が含まれないこと）

③ 在留資格ある者を除き、原則として外国人に適用されないこと

などの問題点が指摘されている。

図表２　国による補助金等の伸び

扶助協会への国庫補助金の推移

（単位：千円）

	1958（昭和 33）年度	1990（平成 2）年度	2000（平成 12）年度	2005（平成 17）年度
国庫補助金等	10,000	115,606	2,159,491	4,503,502

法テラスに係る政府予算の推移

（単位：千円）

	2007（平成 19）年度	2009（平成 21）年度	2012（平成 24）年度
運営費交付金	10,213,000	10,407,000	16,402,000
国選弁護人確保業務委託費	10,093,000	15,796,000	15,445,000
合　計	20,306,000	26,203,000	31,847,000

日本弁護士連合会編著『弁護士白書 2012 年版』50 頁

図表３　民事法律扶助 援助実績件数の伸び

（単位：件）

事　業	2006 年度			2007 年度	2009 年度	2011 年度
	法律扶助協会	法テラス	合　計			
法律相談援助	42,558	64,837	107,395	147,430	237,306	280,389
代理援助	28,426	32,768	61,194	68,910	101,222	103,751
書類作成援助	1,853	2,024	3,877	4,197	6,769	6,164

日本弁護士連合会編著『弁護士白書 2012 年版』50 頁

代理援助事業は、DV離婚など厳しい事件が多いのに弁護士報酬基準が低廉である上、立替払いであるため人間関係の希薄な依頼者との弁護士報酬をめぐるトラブルを抱えがちであり、利用者にとっても、離婚事件など、勝訴しても収入が得られるわけではない事件について償還を考え利用しにくいと言われている。法テラスにおいても、事件数の伸びなやみは資力要件、償還問題と「制度の壁」「費用の壁」がやはり原因として大きく立ちふさがっている（震災特例法によって資力要件、取扱事件の範囲について被災地では一定の改善がなされていることは後述する）。

3　スタッフ弁護士の活躍――アクセスからアウトリーチへ

(1)　法テラスは、弁護士過疎解消のため日弁連が推進していたひまわり基金法律事務所のような個人事業型（以下「ひまわり型」という）ではなく、法テラスに雇用されるスタッフ弁護士制度（以下「スタッフ型」という）を導入した。三年任期で過疎地に常駐し、その地域のあらゆる弁護士業務を行う過疎型スタッフと、地裁本庁を中心に、始まったばかりの被疑者国選あるいは裁判員裁判そして資力の乏しい人への民事扶助業務を担当する都市型スタッフの二種類が採用された。二〇〇六年にスタッフ弁護士第一期生二四人が各地に赴任し、現在では総勢二〇〇名余りが各地に赴任している。

スタッフ弁護士は赴任までの一年間、各地の養成法律事務所で、オンザジョブトレーニングを兼ねて刑事事件や扶助事件処理に携わり、その間三ヶ月に一度程度集合研修を受ける。クレサラ事件が激減し、ひまわり型では経営が厳しい地域でもスタッフ型は経営を気にしないで業務に専念できる分、安定している。

(2)　最近注目されているのは、スタッフ弁護士が法テラスの持つ地方自治体や社会福祉協議会等諸機関との連携機能を最大限に生かし、社会弱者に寄り添い、円滑に社会生活を送ることができるように環境整備するという業務である。泉房穂元衆議院議員（現明石市長）は、「当時、私は法テラス法（総合法律支援法）の法案担当者の一人でしたが、三つの観点からの充実化を法律に盛り込みました。一つ目は、当初法テラスは弁護士と司法書士だけでしたが、そうではないだろうと。支援が必要な場面はもっと広い。だから、『福祉機関との連携』を条文に入れました。二つ目は、高齢者・障害者は相談に来いと言っても来られないのだから、自宅や病院に行ってはどうかと、『特別の配慮』条項を入れました。そして三つ目は、弁護士であれば誰でも良い訳ではなく、犯罪被害者支援であれば、それに『精通』した弁護士というように、より高い専門性の確保が必要で、そのことを明記しました」[15]。

(3)　具体的にどのような活動をしているのか谷口太規元スタッフ弁護士[16]の論文の一節を紹介したい。

「アクセス障害解消のため関係機関と連携を図るという発想は、弁護士にとって一般的なものではなかった。しかし近年、都市型公設事務所やひまわり公設事務所等の、いわゆる公設系と呼ばれる事務所で働く弁護士の誕生により、その必要性が強く指摘されるようになった。そして、法テラスの常勤弁護士であるスタッフ弁護士たちの誕生が、この分野での実践をさらに前進させた。スタッフ弁護士は、必ずしも収益性にこだわらずフットワーク軽く活動することができ、関係機関との信頼関係を築きやすい。さらに、法テラスが国によって設立された公的機関であるということも、関係機関との連携にとって大きな意味を持つ。外形的にも公正さ・公平さを求められることが多い役所等は、特定の民間事務所とは表立った連携を取りにくかったからだ。」

「地域包括支援センター、福祉事務所、社会福祉協議会、ホームヘルパー、警察等々、さまざまな機関と連携しながら、社会的弱者の法的救済に奔走してきた（先駆者の）太田弁護士は、最近『リーガルアクセス』という言葉ではなく、『アウトリーチ』という言葉を用いるという。『アウトリーチ』とは、直訳すれば『手を伸ばす』という意味である。私自身はこれまで『アクセス』という言葉を使ってきた。つまり司法や法律家にどう届かせるかという観点から語ってきた。しかし太田弁護士は言う。そうではない、と。どう辿り着いてもらうかではなく、どう手を伸ばすかを考えなくてはならないのだと。[17]

「法律家がなしうるアウトリーチの一つの方法として、関係機関との連携について述べたが、関係機関の側も、こうした法律家の活動を切望していたようだ。」

「最初の頃は『こんなことを弁護士さんに相談して良いものか…』とか『本人が事務所まで行くことができないのですが、やはり法律相談はできないのでしょうか』とおずおずと電話をかけてきていた担当者たちも、今では気軽に電話をかけてきては、『地域に気になる方がいるんですけど、今度一緒に家に行きませんか』といった話を持ちかけてくるようになった。しかしここまでの関係性ができあがるまでには随分と試行錯誤の積み重ねが必要であった。地域の福祉機関は実際には法的トラブルの相談を多数抱えていたが、それがそもそも法律問題なのか判断がつけられずにいたり、法律が関係していることが分かっても、どのように法律家にアプローチすれば良いのか分からずにいた。需要はあったが、それは潜在的なものとしてくすぶっていた。」

「地域における高齢者の介護保険事業や相談支援等を担う地域包括支援センター（通称「包括」）という機関がある。包括は小規模な人口単位での設置がされている地域密着型の機関であるため、地域で起きている問題にいち早く気づくことができる。」「包括は民生委員やケアマネージャー等の地域の情報網を活かし、法律に関し問題を抱えていそうな高齢者をリストアップし、相談を受けるよう勧める。」

「こうしたスタッフ弁護士の経験交流会（略）に参加するたびに私たちは他のスタッフたちの実践の深化に奮起させられると同時に、驚くことになった。何に驚くことになったのか。それは、各地でのそれぞれの実践が、一つの共通する指向性を伴っていることにであった。スタッフ弁護士たちは、各地で、関係機関との連携、とりわけ地

図表４　関連機関との連携とアウトリーチのイメージ

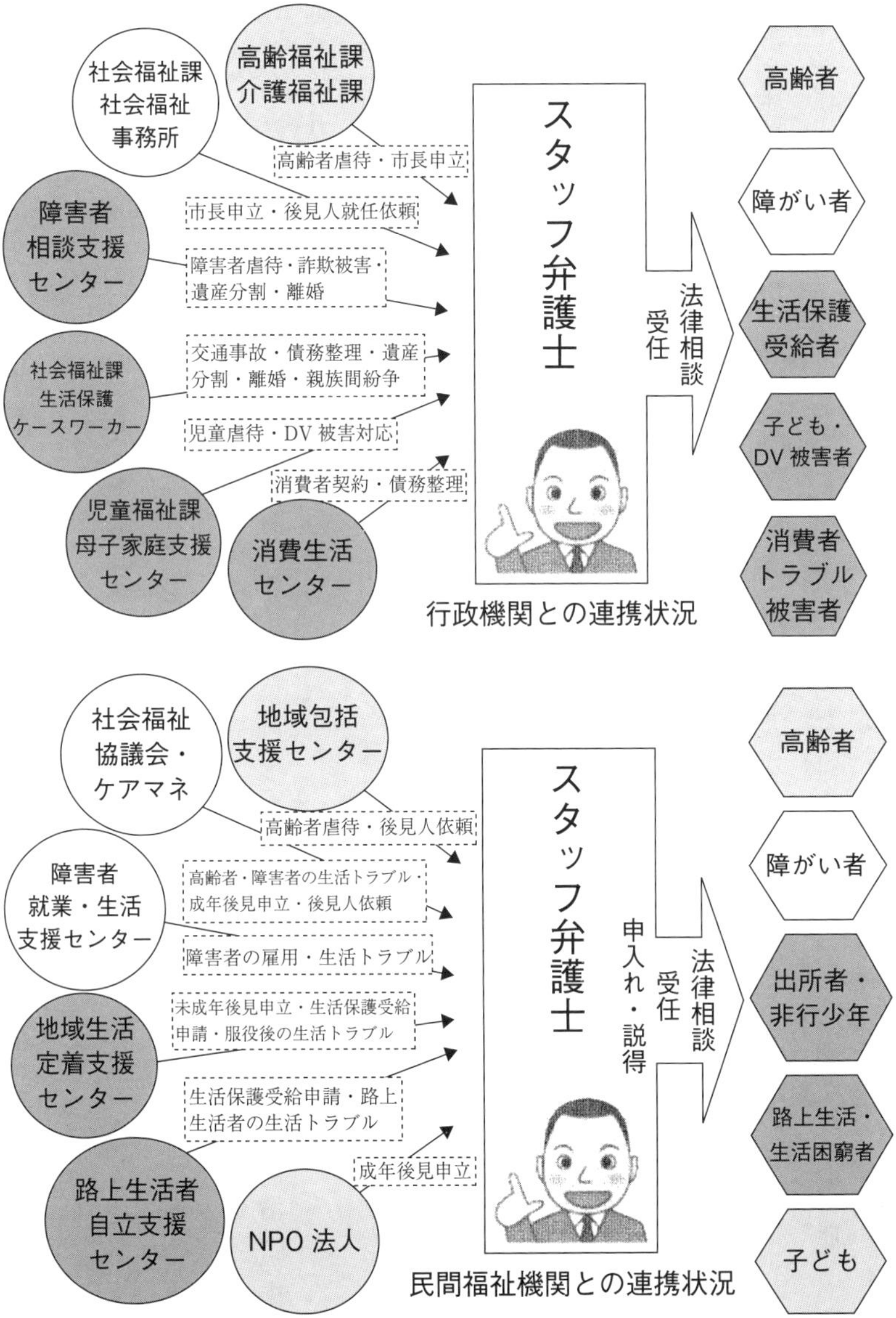

水島俊彦＝吉田忍「連携から広がる新たな弁護士活動」日本司法支援センター推進本部編『平成 24 年度日本司法支援センタースタッフ弁護士全国交流会報告書』110 ～ 111 頁（日弁連と共催、2013 年）

域の福祉機関と連携しながら、高齢者、障害者、生活困窮者、DV被害者等々、これまで法律家に縁遠く、しかし困難な状況に陥っている人たちに近づこうとしていた。また福祉機関の手を借りることで、法的問題に留まらないその人たちの生活全体の安心を確保する取り組みを始めていた。多くのスタッフ弁護士が、各地で同時並行的に『アウトリーチ』とか、『社会的包摂』とか、福祉の世界に流通していた概念を法律家の観点から捉え直し、実践しようとしていた。(18)」

(4)　これらの活動は審議会意見書でいう「社会生活上の医師」としての役割が、今や法テラスの活動の中で、ごく普通に行われる手法となったことを示している。(19)

そして今回の東日本大震災ではスタッフ弁護士だけでなく被災地に赴いた多くの弁護士の中でこの手法が定着しているように見えた。

しかし、いかに有用であってもこのような需要は、事務所を運営する一般弁護士の業務とはなりがたい。高齢化社会を迎え経済的な基盤を含め、地方公共団体や法務省（法テラス）だけでなく厚生労働省、消費者庁を含めた幅広い支援が不可欠である。

4　ADR（裁判外紛争処理手段）の拡充

(1)　意見書は、ADRについて「厳格な裁判手続とは異なり、利用者の自主性を活かした解決、プライバシーや営業秘密を保持した非公開での解決、簡易・迅速で廉価な解決、多様な分野の専門家の知見を活かしたきめ細やかな解決、法律上の権利義務の存否にとどまらない実情に沿った解決を図ることなど、柔軟な対応も可能である」と評価しつつも、ADRの普及が充分でないことから、活性化のためポータルサイトを設けること、国際的商事仲裁を含む仲裁法制の整備などを提言した。提言を受け、「裁判外紛争解決手続の利用の促進に関する法律」（以下「ADR法」という）が制定（二〇〇七年四月施行）され、この法律によって調停、あっせんを行う民間事業者は、一定の基準に適合するときに法務大臣の認証を受けることができ、認証を受けた事業者は報酬を受けることができる上、事件について時効の中断および訴訟手続の中止を認めるとともに、調停の前置に関する特則を設けた。

現在（二〇一三年三月）では、一二〇余りの民間機関が認証を受けている。またそれとは別に金融ADRのように金融商品取引法の規定に従い業界団体が集まって金融庁主導で設けられたADR組織もある。

(2)　実際の処理件数はどうであろう。意見書以前から交通事故ADRとして存在する、[20]①公益財団法人交通事故紛争処理センター、②公益財団法人日弁連交通事故相談センター、また「意見書」と前後して（二〇〇一年）始まった③厚生労働省総合労働相談センターおよび都道府県労働局による個別労働紛争解決制度と、最近新しく始まった④国民生活センターのADR、⑤従来から一部では始めていたが、参加会が増えている全国各地の弁護士によるADR（取りまとめは日弁連仲裁センター）など成立率が一定の水準にある、ADRの課題を見ておきたい。

業界団体がADRに参加している①②の場合、ADR機関の和解案や調停案につき（事実上）各事業者に応諾・尊重する義務を課している場合が多く、そのような機関では和解に至る期間は短く（長くて六ヶ月）和解成立率は高い。例えば①②では八〇％を超えている。しかし最近開設された業界団体が参加し、応諾義務があるはずの金融ADRはホームページなどによると解決率は平均五〇％にすぎない。デリバティブ紛争など判例の積み重ねが少ない分野が多いとは言え、申立人の期待に遠い調停案が呈示されているのではないかと懸念している。③や新しく始めた④国民生活センターのように、相談件数は圧倒的に多くとも相手方に応諾義務のないADRとなると相手方（事業者）は中立があっても手続に応じるか否か、示された調停案に応じるか否かが基本的には任意であるため、このようなタイプのＡＤＲ申立件数の伸びは関係者の努力にかかわらず今一つであるのが通例である。

(3) 以下個別に見ておく。

① 公益財団法人交通事故紛争処理センター（前身は昭和四九年設立） 同センターは損害保険会社各社が費用を負担し、日弁連の協力を得て立ち上げ、二〇一二年四月に公益財団法人に移行した。交通事故について弁護士による無料の和解のあっせんと審査を目的としているので、その意味で、どちらかといえば相談主体の日弁連交通事故センターとは異なる。

あっせんが不調に終わった場合、損保会社が相手方の場合、審査手続に移行し裁定する。裁定案について申立人は拘束されないが、保険会社は尊重義務を負っている。

受付件数は二〇〇六年七四二一件、二〇一一年八五一四件（いずれも物損を含む）と増加している。和解成立は七五％強であり、審査手続に移行解決した一〇％弱を加えると解決率は高い。和解成立した事件の申立人も多くは二回または三回の訪問で済んでいる。

② 公益財団法人日弁連交通事故相談センター（前身は昭和四二年設立） 日弁連が運輸大臣（当時）の許可を得て一九六七年に設立し二〇一二年四月公益財団法人に移行した。同センターでは、自賠責保険金積立金からの国庫補助を受けて、無料で相談・示談あっせん業務などを行っている。設立年当時全国五一か所であった相談所は、二〇一二年九月現在で一六九か所となっている。

示談あっせんが不調に終わった後、協定を結んでいる全労災など共済九社が実質、相手方の事件については、審査手続に移ることができる。共済九社は裁定案を尊重する義務を負っている（物損については損保会社とも協定している）。成立率は八三％強と高い。

相談件数は三万四八四八件（二〇〇五年度）から三万九二七四件（二〇一一年度）と伸びている。うち示談あっせんの申立も一四五九件（二〇〇五年度）から一六八七件（二〇一一年度）、成立件数も一一五二件（二〇〇五年度）から一四二一件（二〇一一年度）に増えている。審査業務は年間六件から一三件程度ある。この一〇年間は交通事故自体、三割以上減少していることを考えると、①②とも件数の伸びは利便性への理解が深まったほか、弁護士費用保険の効果もおそらくあろう。

③　総合労働相談コーナーと紛争調整委員会のあっせん　厚生労働省では、各都道府県労働局、各労働基準監督署内、駅近隣の建物などに労働問題に関する相談に対応するための総合労働相談コーナーを設置している。件数の推移は、**図表5**の通りであるが、二〇一一年度に限っても相談件数は、次の通り極めて多い。

(i)　総合労働相談件数　一一〇万九四五四件（前年比二万〇七八〇件減（一・八％減））

(ii)　民事上の個別労働紛争相談件数　二五万六三四三件（前年比九四三六件増（三・八％増））

(iii)　このうち労働局に助言指導を申し出た件数は九五九〇件、都道府県あっせん手続移行は六五一〇件と着実に増加している。あっせんは審理を一回に限るなど比較的簡単な事件のみを対象とする限界はあるものの、解決率四〇％を超えるのは関係者の努力の賜物であろう。

(iv)　意見書を受けて創設された裁判所の労働審判制度も審理を原則三期日に限る迅速な手続と公平な委員構成が好評で平成一九年一四九四件、平成二四年三七一九件と順調に伸びている。従来の仮処分・労働訴訟も平成一九年二五六四件、平成二四年は三八一六件と増加している。

他に従来からの労働委員会での解決手段もあるので、労働紛争についての解決手段のメニューは多様で、それぞれ一定の役割を果たしているが、相談件数の多さに対比するとき、やはり法的な解決を求めようとする比率はまだまだ低いと思わざるを得ない（図表6参照）。

④　国民生活センター（ＡＤＲは二〇〇九年から）　全国の消費生活センターが受け付けた消費生活相談の年度別相談件数は架空請求や、サラ金相談が一段落したため二〇〇四年の一九〇万件をピークに減少し、最近は九〇万件弱で推移している。

同センターが二〇〇九年から始めたＡＤＲの申請件数は、左記のようにさほど多くない（なお（　）内は和解成立件数である）。関係者の努力や、不誠実企業の公表などを通じ成立率は高いが、件数を含め、人間関係のない企業相手の任意のＡＤＲの限界が見うけられる。

平成二一年　一〇六件（二六）

平成二二年　一三七件（五三）

平成二三年　一五〇件（一一二）

平成二四年　七五件（五三）

⑤　各地の弁護士会によるＡＤＲの取り組み　意見書の前から第二東京弁護士会をはじめＡＤＲに取り組んでいた単位会もあったが、意見書以降「ＡＤＲ法」による認証を受ける弁護士会、認証を受けない弁護士会の別はあるが、ＡＤＲを立ち上げる弁護士会が増え、現在合計三六センターが各地に設置されている。各弁護士会によってやり方や費用も異なり、震災直後の仙台弁護士会による震災ＡＤＲが注目を浴びたが、『弁護士白書二〇一二年度』二七三頁によると、それらをあわせて二〇〇一年九三〇件であった受理件数は二〇一一年には一三七〇件に増え、応諾率（テーブルについた率）六七％強、応諾事件中和解成立率五九％、平均審理期間一〇〇日余りと、何ら強制力のないＡＤＲとしては、一定の成果を残している。

図表５　総合労働相談件数および民事上の個別労働紛争相談件数の推移

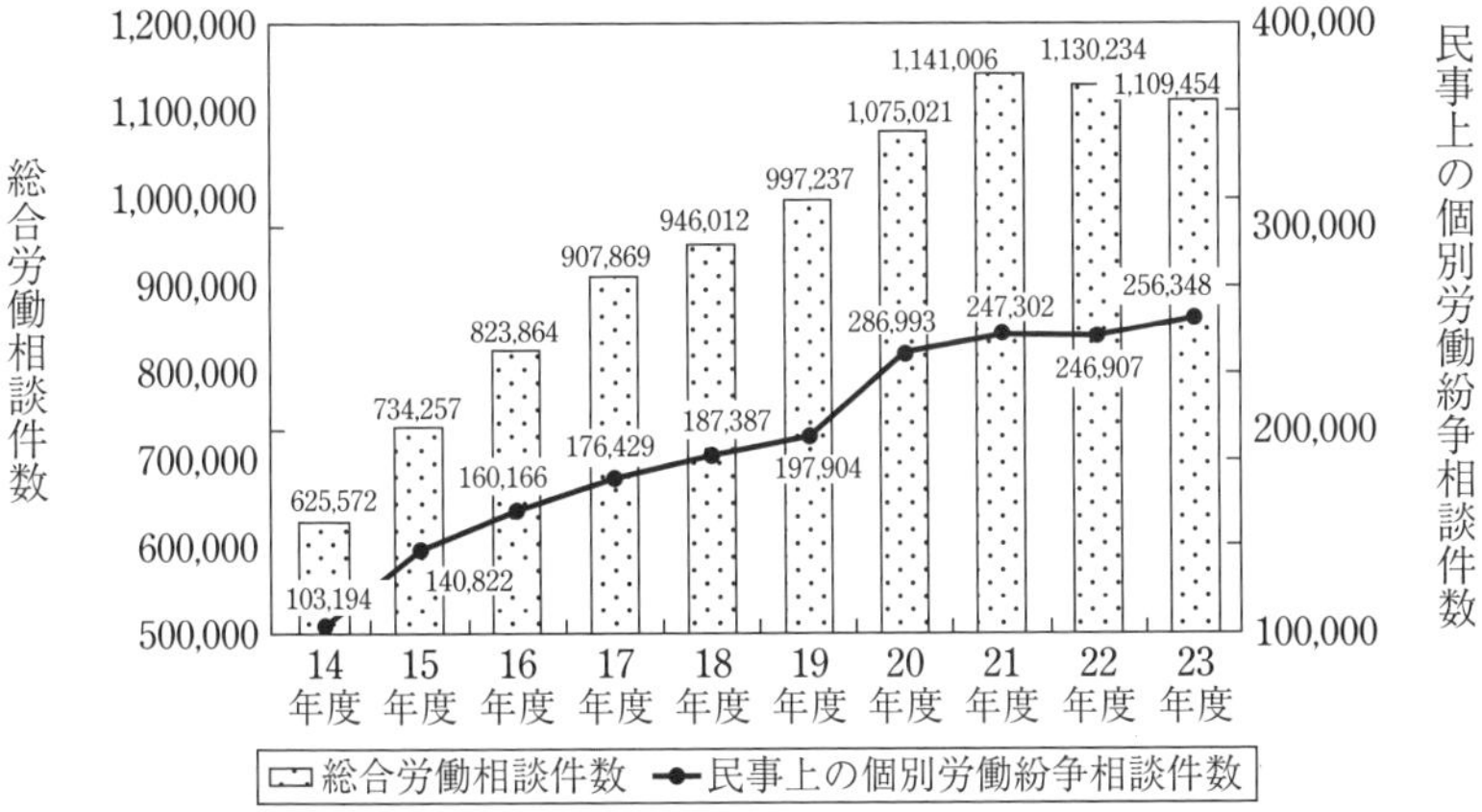

※民事上の個別労働紛争とは、労働条件その他労働関係に関する事項についての個々の労働者と事業主との間の紛争である。

図表６　簡易な個別労働紛争解決制度の比較

	労働審判（裁判所）	都道府県労働局紛争調整委員会のあっせん	労働委員会（東京・兵庫・福岡は除く）
仲裁者・裁定者	審判者１名と審判員２名の計３名	労働分野に知識経験のあるあっせん委員（弁護士、学者など）	公益・労働者・使用者による三者構成
費用	申立手数料	無料	無料
解決までの期間	平均 73.1 日	助言指導で１ヶ月 あっせんで２ヶ月	１ヶ月以内が 47％ ２ヶ月以内が 85％
解決率	83.9％（平成 24 年） ※取下げを除く既済件数に対する調停成立件数及び異議申立のなかった労働審判件数の比率	40.6％（平成23年度） ※取下げおよび不開始を除く終結件数に対する合意成立件数の比率	57.8％（平成23年度） ※取下げを除く終結件数に対する合意成立件数の比率
新規受付件数	3,719 件（平成24年） 〈参考〉 通常件数 3,323 件	あっせん 6,510 件 （平成 23 年度） 〈参考〉助言・指導 9,590 件	個別紛争件数 393 件 （平成 23 年度）

最高裁判所事務総局行政局、厚生労働省「平成 23 年度個別労働紛争解決制度施行状況」および中央労働委員会事務局の各資料より

なお大阪弁護士会では二〇〇九年から専門団体、経済団体、消費者団体、自治体など二一団体[21]が参加した認証団体として公益財団法人総合紛争処理センターを弁護士会の外に立ち上げ、ありとあらゆる紛争に対して、専門団体から派遣された法律職種、会計士は勿論、医師、臨床心理士、建築士などの専門家があっせん人として和解・あっせん・仲裁判断を行っている。申立手数料は無償ではなく一万円、解決時には金額に応じて一万五〇〇〇円以上の手数料を徴収するが、士業の壁を破り、医療過誤事件には医師が参加するなどワンストップであらゆる事件に専門家とともに対応できる新しいADRの試みとして注目され、年間申立件数は一〇〇件〜一三〇件余りと増加傾向にある。

4　弁護士大幅増員と司法アクセスの拡充

(1)　「審議会」設置の最大の目的の一つが、弁護士人口の大幅増員にあったことは明らかである。日本の裁判件数の少ない原因として多くの学者が一致して指摘していたのも法曹人口の少なさであったし[22]、日本の経済力ならフランス並の弁護士人口五万人に対するニーズは充分あるという判断であった。

確かに人口増の結果、心配された被疑者国選の対応体制は休日を含め順調に運営されている。スタッフ弁護士を目指す人、地方の弁護士会を支える若い人材の供給難も解消され、組織内弁護士も年間一〇〇人程度増えつつある。また原子力被害に関する紛争処理センターで頑張る多数の若い非常勤弁護士（調査官）、政策秘書、任期付公務員など以前に比べさまざまな働き場所に弁護士は存在するようになった。

(2)　しかしながら、

(ア)　フランス並というニーズ分析に二二万といわれる隣接士業の存在と、その業務範囲拡大が無視されていた上に、

(イ)　ニーズは、ボランティアではなく職業として成立するものでなければならないが、そのような潜在するニーズを職業として確立させるための施策と基盤整備の時間軸を無視した議論であったこと（かつ、このような施策がほとんど行われていない）、

(ウ)　図表7の通り、弁護士が増えても民事通常事件はむしろ減少している。司法インフラや、裁判制度の改革が同時に必須であると認識していなかったこと、

(エ)　図表8の通り増員のスピードが急激すぎて、弁護士事務所の受け皿も企業や公共団体の受け皿もなく就職難が発生し、その結果資格取得のために多額の資金と時間を掛けることの不安があって、法科大学院離れが著しく、今や、法学部離れまで起きて、とどまる気配はない。

(3)　人口増で、すべてが解決すると考えた政策は破綻しつつある。

一定の増員を果たした今は、人口急増政策から人口漸増政策への転換を行い、就職難を緩和しつつ志願者の経済的・時間的負担の軽減を行って志願者数と合格者の質の回復を図るべきであろう。法曹人口の着実な増員と並行して、専門性と多様性に対応した養成課程の充実、それに基づく多様なニーズ拡大と、裁判所のインフラ充実や抜本的な民事司法改革などが同様に重要であることを示している。

5　弁護士会の活動

意見書以降、日弁連の活動は、即独を含む新人弁護士への研修の強化、スタッフ弁護士の育成など、司法基盤をなかばボランティア的に支える活動の負荷は増している。また東日本大震災支援も活発に行われている。ここでは司法アクセス改善のため日弁連が行っている活動の一部に簡単にふれておく。図表9は、日弁連が会費から支出し

図表７　弁護士数（総数）と民事第一審通常訴訟事件数（全国）の推移

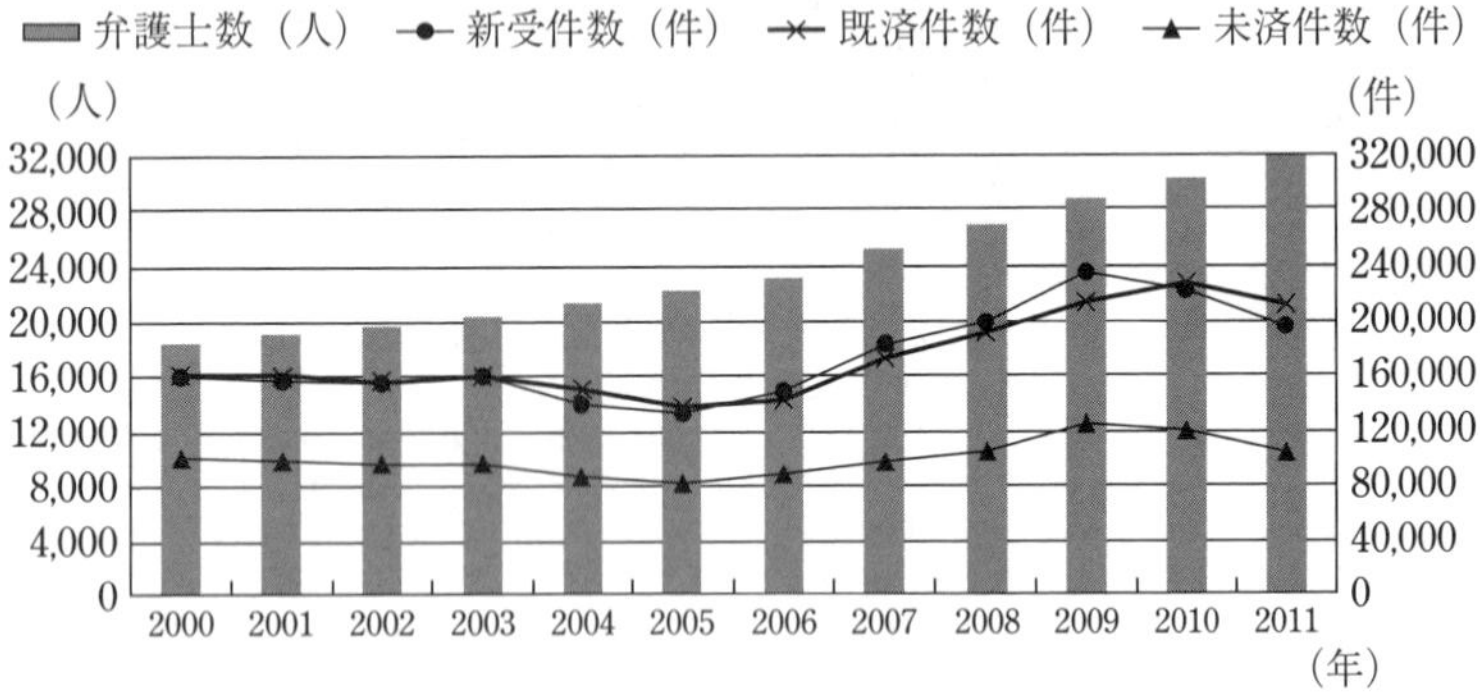

図表８　年代別に見る弁護士の急増

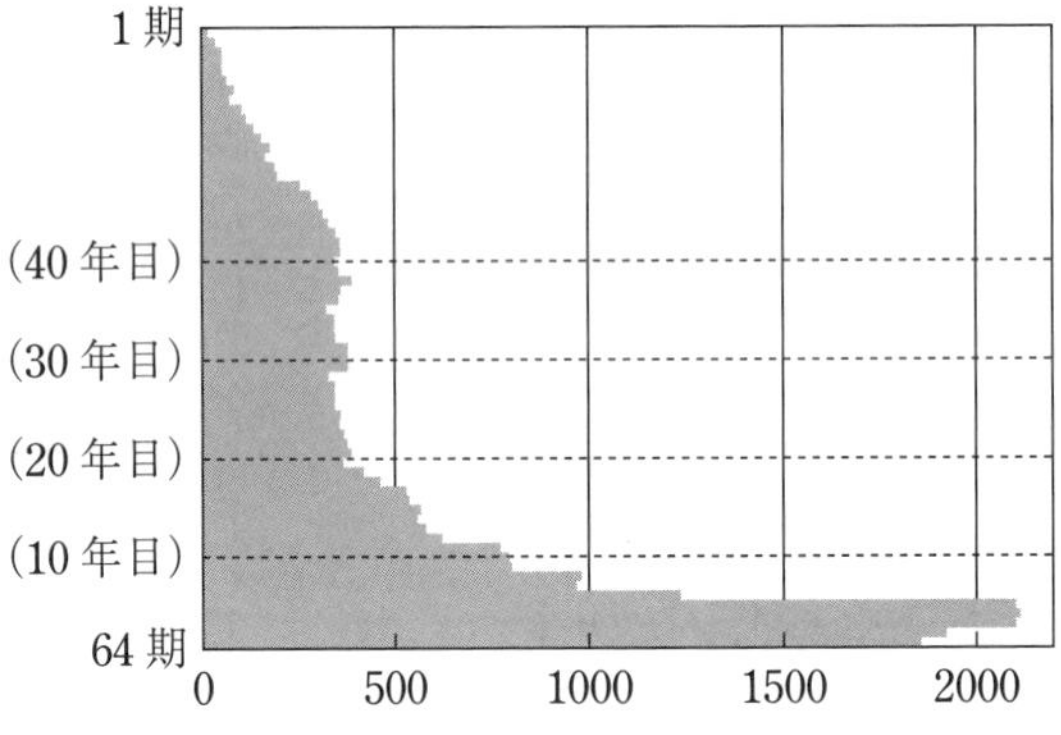

図表９　司法アクセス改善のために……日弁連の取り組み(1)

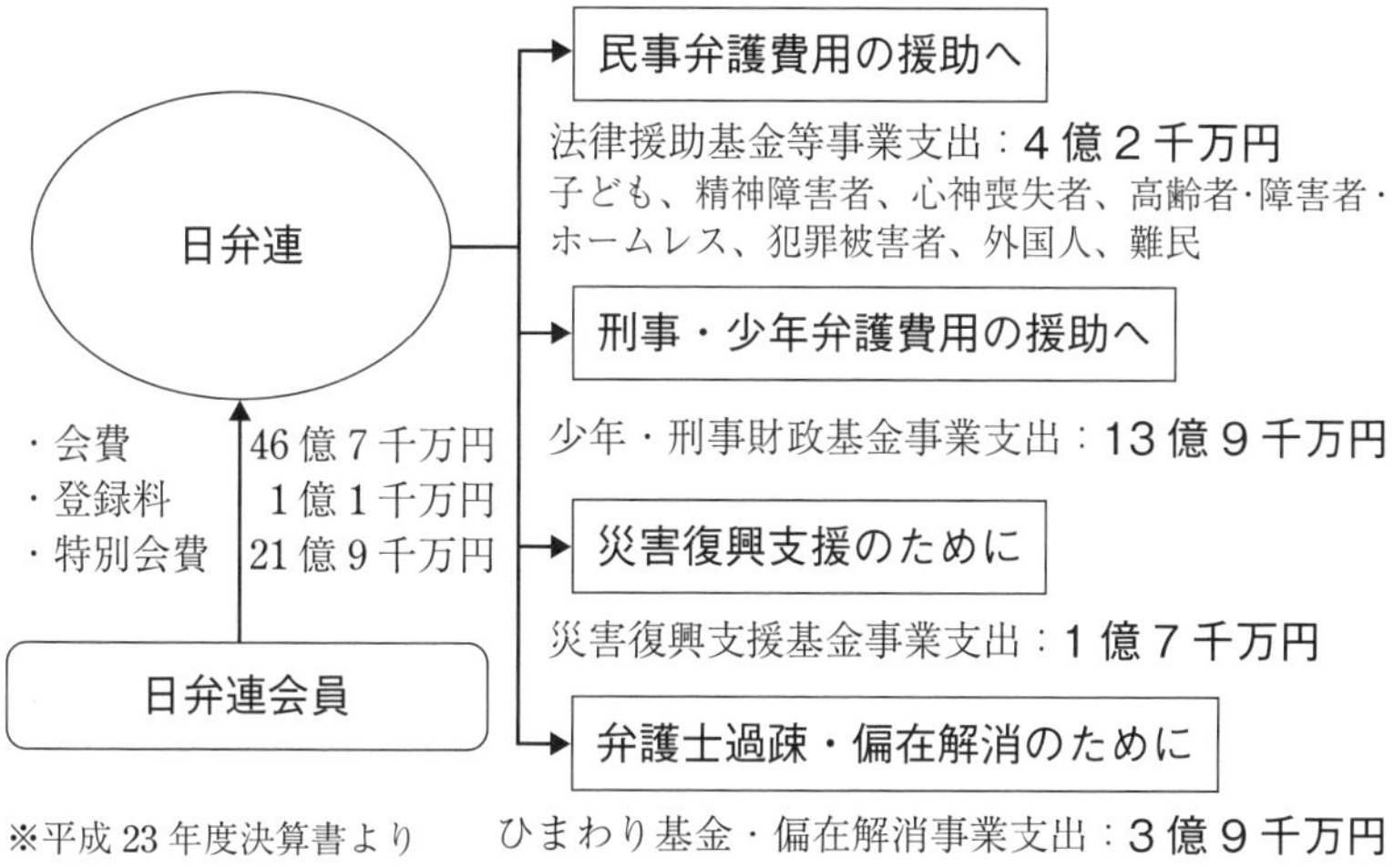

図表10　司法アクセス改善のために……日弁連の取り組み(2)

	弁護士ゼロ支部	弁護士ワン支部
1993年	50ヵ所	25ヵ所
2012年	なし	2ヵ所

〈参考〉
裁判官ゼロ支部……46ヵ所
（全国203支部のうち判事・判事補が常駐していない支部。2010年8月末現在）

ている金額（年当たり）である。法テラスが設立され扶助事業は移管されたが、それに替わる人的救済事業に対する支出が拡大している。また各弁護士会が行っている活動も多い。意見書の前から継続している無料法律相談事業は、全体を集計すると二〇一一年で合計五一万六八〇〇件余り、有料法律相談は九万九九〇〇件余りをそれぞれ受け付けている。法テラスの法律相談と合計すると、総件数は伸びているものの、競合する関係にあり、弁護士会の有料相談は伸び悩んでいる。インターネット受付、専門相談を強化するなど、各弁護士会で工夫しながら、ニーズの掘り起こし整備につとめている。

(10) 日本弁護士連合会「市民の法的ニーズ調査報告書」一一三頁（二〇〇八年六月）、武士俣敦「紛争処理と弁護士へのアクセス」福岡大学法学論叢五三巻四号二九～三〇頁（二〇〇九年）。
(11) 日本弁護士連合会編著『弁護士白書二〇一二年版』二九〇頁（日本弁護士連合会、二〇一二年）。
(12) 二〇〇八年一二月業務開始。なお二〇一二年四月から震災特例法に基づく東日本大震災法律援助事業（三年間の時限事業）も開始。
(13) 日本司法支援センター「法テラス白書平成二三年度版」、日弁連・前掲注(11)三〇一頁。
(14) 二〇一〇年度からは生活保護世帯についての償還が免除されるようになった。
(15) 泉房穂・法テラスニュース二〇一二年一〇月一七日秋号。
(16) 谷口太規弁護士は第一期生として法テラス埼玉法律事務所に、太田晃弘弁護士も第一期生として法テラス可児法律事務所（岐阜県）にそれぞれ赴任している。
(17) 谷口太規「公益弁護士論――法と社会のフィールドワーク(一)(二)(三)」法セ六六四～六六八号、特に六六六号四七～四八頁・六六八号五四～五五頁（二〇一〇年）。
(18) 谷口太規「公益弁護士論――法と社会のフィールドワーク(八)」法セ六七八号五七頁（二〇一一年）。
(19) このような活動の意義について、太田晃弘ほか「常勤弁護士と関係機関との連携　司法ソーシャルネットワークの可能性」総合法律支援論叢一号一〇三頁（二〇一二年）、吉岡すずか『法的支援ネットワーク』二〇五頁以下（信山社、二〇一三年）参照。

（20）　交通事故関連のＡＤＲとしては他に自賠責保険についての被害者との紛争を扱う「一般財団法人自賠責保険・共済紛争処理機構」（二〇〇二年設立）と、金融ＡＤＲの仕組みで、損保会社への交通事故保険請求（被害者を含む）を扱う「そんぽＡＤＲセンター」（二〇一〇年設立）がある。いずれも保険会社を片面的に拘束する。

（21）　公益財団法人総合紛争処理センター。参加二一団体：大阪弁護士会、大阪司法書士会、大阪土地家屋調査士会、大阪府不動産鑑定士協会、大阪府行政書士会、大阪府宅地建物取引業協会、日本公認会計士協会近畿会、大阪府建築士事務所協会、大阪社会福祉士会、大阪府社会保険労務士会、近畿税理士会、大阪府建築士会、特定非営利活動法人消費者ネット関西、全大阪消費者団体連絡会、消費者関連専門家会議西日本支部、大阪府、大阪市、堺市、大阪府市長会、特定非営利活動法人消費者情報ネット、東大阪市。医師など他に数十名の専門分野の仲介あっせん委員がいる。

（22）　前掲注（2）（3）参照。

四　東日本大震災では制度改革はどう機能したか

1　弁護士会の震災直後の取り組み

大震災は、もともと弁護士がほとんどいない地域を直撃した。司法アクセスの面では、距離の壁、費用の壁、心理的な壁、情報の壁に高く取り囲まれた地域が多かった。

阪神・淡路大震災の教訓から日弁連と単位会は以前から「災害復興支援委員会」を組織していたが、東日本大震災の当日直ちに「災害復興対策本部」を立ち上げ、まず被災した人々への情報提供を中心に、阪神・淡路大震災のマニュアルなどを頼りにコールセンター（東日本大震災電話相談、仙台弁護士会電話相談、岩手弁護士会電話相談など）を立ち上げた。被災した人自らというよりその周辺の親族、住民からの電話が殺到した。

次に、法律情報というより生活情報を提供し始めた。印鑑や通帳がなくとも預金を引き出す方法、当座の現金貸付窓口などである。岩手弁護士会は避難所に「被災者ニュース」壁新聞を貼って歩いた。

次に、これらの活動や得られた情報がメールで集約され応援弁護士の共有情報となり、二重ローン問題など災害関連立法提言につながっていった[23]。しばらくすると相続、不動産関係の相談も増えたが、これら相談にも避難所・仮設住宅を訪問して行うアウトリーチの手法がとられた。これら支援に全国から多くの若手弁護士が駆けつけた。東北の各弁護士会での弁護士人口はこの一〇年間で多いところで倍に、少ないところでも七割増となっており、若手会員が増えていたので支援活動をなんとか支えることができた。そういう意味で、過去の蓄積と意見書以降の弁護士の増員や過疎偏在対策、法テラスを中心とする諸機関との連携などの取り組みは生きたと言えるが、応援弁護士と受け入れる地元弁護士との連携、地元自治体との連携などの反省を抱えつつ、試行錯誤の一年余りであったと思われる。

2　東日本大震災被災地における法テラスの援助事業[24]

(1)　東日本大震災法律援助事業

日弁連の立法提言もあり、平成二四年四月一日から「東日本大震災の被災者に対する援助のための日本司法支援センターの業務の特例に関する法律」（いわゆる震災特例法）が施行され、法テラスでは今後三年間にわたり「東日本大震災法律援助事業」を行うことになった。

東日本大震災の被災地の市民に資力要件を問わないで（家族を失って悲しみにくれる被災者に資力要件審査のため、家族構成を聞くことは、とてもできなかったであろう）、法律相談（無料）を受け、また資力要件を問わず、従来の裁判手続だけでなく、新しくＡＤＲ、行政不服申立、東京電力への請求手続を扶助事業（立替払い）として行うものである。また償還時期も事件開始時からでなく事件終了後から始まるなど、被災者への配慮から一定の手当をしている。施行後一年間の特例法による法律相談件数は法テラスプレスリリース（二〇一三年四月九日）による速報によれば四万二九二八件、多い順に不動産、家事、損害賠償と並ぶが、弁護士などへの事件委任件数は二六九九件にとどまり、その六割強が原子力損害賠償紛争解決センター（以下「原紛センター」という）へのＡＤＲ申立であった。震災特例法は従来から法テラスでの問題とされてきた、対象事件の拡大、償還問題等に一定の手当を加えたもので、今後の法テラスの業務拡大に参考となろう。

(2)　被災地出張事務所

被災地は前述の通り弁護士過疎、しかも多くは本庁から交通不便な遠隔地にあり、被災地の方への法的支援のベースキャンプとして現地事務所が不可欠と考えられた。そこで役所敷地を無償で借地することによりプレハブの被災地出張事務所を順次開設し、移動相談用のワゴン車を配備し現在は七ヶ所[25]で弁護士が交代で法律相談に応じている。さらに法テラスに認められている、関係諸機関との連携、情報提供業務の枠組を生かし、消費者庁、国民生活センターと連携し情報提供業務の一環として司法書士、税理士、建築士、土地家屋調査士、社会保険労務士、行政書士、社会福祉士などが交代で被災地住民の抱える問題にワンストップ的に対応する出張事務所もある。**図表11**は宮城県内三出張所における弁護士の相談事件数である。出張所の所在地は、多くは川島教授が指摘していた閉鎖的な（地形的にも）地域にあり、弁護士に相談したことも、姿を見たこともなかった住民も多かった。

法テラス出張事務所は、認知度を高めて情報の壁を取り払うため、市役所など地方公共団体の広報、有線放送の利用は勿論、地元住民である出張所の事務局職員が仮設住宅に出向いてチラシを撒き、さらには集会に顔を出し、一緒に「お茶っこ」しながら親近感を深め、困り事があれば弁護士利用を勧め、遠隔地への出張相談、仮設住宅集会所での法律相談、ワゴン車内での法律相談など地道な活動を行ったことと震災特例法による相談料無料（二〇一二年四月以降）の施策もあり、かなりの認知度を獲得するとともに心理的な壁を破りつつあるようだ[26]（**図表11**は、出張事務所設置前と設置後の同じ地域の住民の法テラス法律相談件数の伸びを示す）。ワゴン車で移動中、手を挙げて車を止め、「法律相談したい」と言う住民がいたと嬉しそうに話してくれた職員もいた。しかしやはり事件への委任を示す代理援助件数の少なさが気になる[27]。地元の弁護士に聞くと、「離婚（どちらかが地区住民でない場合）や金融機関相手の多重債務については抵抗なく代理援助の依頼があるが、地域住民同士の紛争については仮設住宅にいることや、親戚関係が濃密なため訴訟に踏み切れないことが多い。しかしそういう壁を超えていったん訴訟を提起すると今度は和解ができない」と説明していた。復興がまだまだ進んでいない地域であり、今は高台移転のための敷地買い取りに対応する相続手続に追われているので、もう少し推移を眺める必要があろう。しかし、現地を訪れてみて、法テラスの関係諸機関との連携、スタッフ弁護士によってもたらされたアウトリーチの手法が、被災地出張事務所の職員の日常活動に、しっかり定着していることに感心させられた。

図表 11　法律相談援助事業における相談者の地域別年度別利用状況

（なお震災特例法は平成 24 年 4 月～）

【法テラス南三陸】　出張所開業：平成23年10月～平成25年3月11日　（単位：人）

	年度／月	4月	5月	6月	7月	8月	9月	10月	11月	12月	1月	2月	3月	合計
法テラス南三陸（気仙沼市・南三陸町）	22年度	13	8	11	10	10	17	13	11	11	10	12	2	128
	23年度	8	17	16	76	13	40	54	60	43	32	93	52	504
	24年度	64	85	72	72	57	92	85	92	65	73	77	34	868

【法テラス山元】　出張所開業：平成23年12月～平成25年3月11日　（単位：人）

	年度／月	4月	5月	6月	7月	8月	9月	10月	11月	12月	1月	2月	3月	合計
法テラス山元（山本町・亘理町・丸森町）	22年度	9	10	14	9	13	12	12	6	3	4	12	7	111
	23年度	10	18	11	24	12	15	13	11	38	28	39	28	247
	24年度	57	54	69	49	67	73	54	58	71	59	60	19	690

3　原子力損害賠償紛争解決センターの設置

⑴　原発事故に伴う損害賠償のルールは原子力損害の賠償に関する法律三条以下で定められていたが（同法の不備についてはともかく）、事件後改めて設置された原子力損害賠償紛争審査会のもとで原紛センターが設置され、紛争審査会では、二〇一一年八月五日、東京電力と被害者との円滑な協議のため「東京電力が負担すべき損害」についての中間指針を示し、原紛センターは個別事件について同指針に基づき和解案（仲介案）を示している。

原紛センターは、イラクによるクウェート侵攻に伴う損害賠償解決に取り組んだ国連「イラク賠償委員会」の試みにヒントを得て[28]、広域かつ多数の住民・企業の損害を迅速に公正に解決するためのＡＤＲとして設置された。クラスアクション制度をもたない日本の裁判制度の脆弱性もその背景にある。

被害者は東電と直接交渉してもよいし、最初から原紛センターに和解の仲介を依頼してもよい。同センターでは、仲介委員が当事者の提出書類やヒアリングによる事実調査・意見聴取を踏まえて、和解案を提示する。仲介手続を統括する統括委員会の策定する和解の基準や仲介委員への助言等を通じて、ある程度統一的な基準に準拠した和解案が示されることとなっている。

⑵　原紛センターのホームページによれば、二〇一三年三月一日現在、

申立件数　五六三五件（二〇一一年九月一日以降の累計）
既済件数　二五四六件（うち全部和解成立：一七五二件、取下げ：四五八件、打切り：三三五件、却下：一件）
現在進行中　三〇八九件（うち和解案提示中：四四五件）

とある。組織の概要は**図表12**のとおりである。

仲介委員は申立が増えるにつれ当初一二八名であったものが、二〇一二年一二月末には二〇五名に増員された

（補助的役割の調査官は二八名から九一名（二月初めには一三三名）に、事務局は三四名から一一二名になおも増員は続いている）。

事務所は第一東京事務所、第二東京事務所、福島事務所。福島事務所の下に県内四か所の支所を設けている。

原紛センターが扱う事件は不法行為という一つのジャンルにすぎないとも言えるが、被害者は、個人、法人を含め極めて多数である上、損害の内容も風評被害など多種多様であり、なおかつ、避難している人々がまだ一五万人を超え、被害が継続していて、いつ終わるか知れないところに特色がある。

(3) 原紛センターの活動状況報告書に見るいくつかの課題を見ておく。立ち上がり時期は皆が未体験、かつ寄せ集めの組織でありながら、すべてを一から立ち上げる必要があるなど、時間を要した。

① さらに原紛センターでは、裁判官三名、検察官一名、文部科学省ほかの省庁から来た少数の職員以外はすべて非常勤の弁護士が支えていること、

② 東京電力の対応が、当初かなり厳密に争う姿勢であったため、停滞に拍車をかけたこと、

③ 原紛センター自身の不慣れもあって当初は特に慎重に手続を進めたこと、

などから、事件処理が遅れて批判された。

(4) 東京電力に原紛センターの提示する和解案への応諾義務はないが、二〇一一年一一月に公表された原紛センター和解案の尊重を含む「東電の五つの約束」もあり、最終的に東京電力が拒否したことはない。そして態勢が整うにつれ①の人員の増員もかなり解決し、②の東京電力の対応も一定程度改善され（直接請求への対応についてはまだ課題が多いが）、③の原紛センターも和解案を積極的に提示するなど、迅速な解決を目指せるようになってきた。これら効果が相まって、増える一方だった未済事件が二〇一三年一月以降はわずかずつ減少に転じている。しか

図表12　原子力損害賠償紛争解決センター組織概要

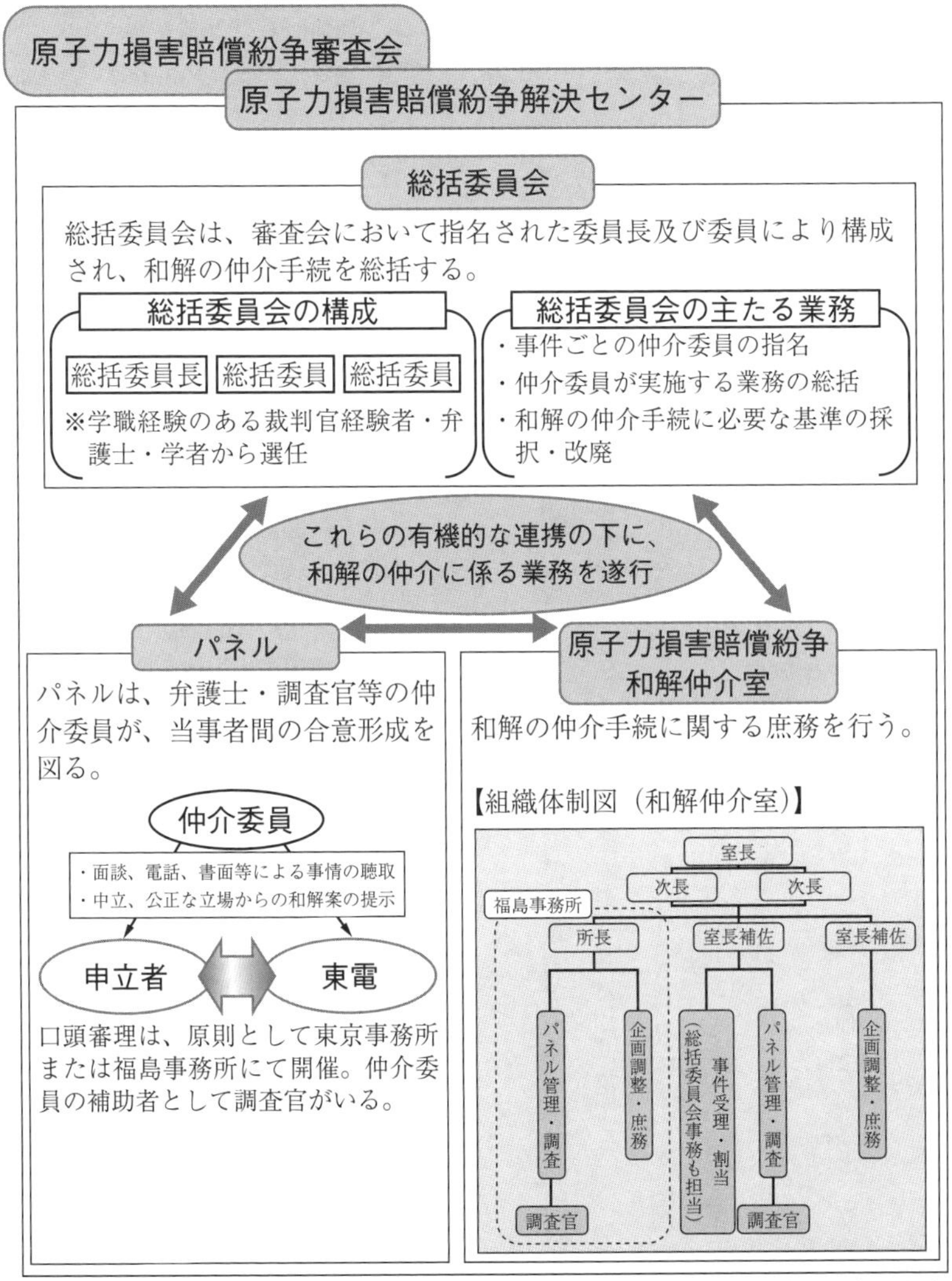

文部科学省ホームページ「原子力原子力損害賠償紛争解決センター組織概要」などを参考に作成（http://www.mext.go.jp/component/a_menu/science/detail/__icsFiles/afieldfile/2012/12/20/1329118_002.pdf）

し、審理期間は平均約八ヶ月と迅速な解決は達成されているとは言い難い状況にある。(5) 政府による「非難指示区域再編成」が決まり、二〇一三年七月頃からは不動産の損害賠償申立が本格化するものと思われる。

代替地提供要求など、金銭賠償では済まない、原紛センターの予定されている役割を超える問題が想定される。とはいえ広域にわたる代替地提供など、複雑な課題への柔軟な対応は今の「日本の」裁判所の能力を超えるであろうから、原紛センターのスキームの中で解決せざるを得ないかもしれない。

軌道に乗り始めた現状を踏まえ今後の課題として、さらに二点挙げておきたい。

まず第一に弁護士選任率が三〇％強にすぎない点が気になる。これが審理の遅延の原因の一つと聞く。これからより複雑な不動産がらみの事件が増えるため、選任率の低迷を克服する努力が原紛センターだけでなく、各地の弁護士会、日弁連に求められよう。

第二に、原紛センターの組織は担う課題の大きさに比して非常勤の弁護士が主体の組織では限界があるため、時限的組織とは言え、常勤の弁護士を強化するなど、さらなる体制整備が不可欠と思われる。

しかし突発的大事件に対し、人的物的基盤が整わない中にもかかわらず、ADRの果たす役割の大きさ、柔軟さ、そして、それに必要な体制などを再認識させているのも良くも悪くも原紛センターの功績と言えよう。

(23) 震災支援についての日弁連の立法提言や活動は、日本弁護士連合会・前掲注(11)二頁以降に詳しい。
(24) 日本司法支援センター・前掲注(13)。
(25) 宮城地方事務所のもとに東松島、南三陸、山元。岩手地方事務所のもとに大槌、気仙（大船渡市）。福島地方事務所のもとに二本松、ふたば。
(26) 法テラスによる「東日本大震災の被災者等への法的支援に関するニーズ調査報告書」（二〇一三年三月）によれば、出張所のある地域と出張所のない被災地域を比較すると出張所のある住民は法律専門家に相談した比率、解決に向かっている比率、法テラスへの認知度が格段に高い結果が出ている。

(27) 日本司法支援センター・前掲注(13)。

(28) 鈴木五十三「ジュネーブ経由で国際人権を考える」『魁としての第二東京弁護士会』四二六頁（第二東京弁護士会、二〇〇六年）。同委員会では二六〇万件、四〇兆円の請求を扱ったとされる。

五　ま と め

1　以上のとおり意見書以後の司法アクセス改善へのさまざまな取り組みを一部ではあるが概観してきた。弁護士費用保険普及に向けたねばり強い努力、法テラスでは民事扶助事業の財政基盤の改善、コールセンターや、スタッフ弁護士を中心とするアウトリーチ手法、各機関との連携も進みつつある。弁護士人口増による人的基盤強化も進んでいる。東日本大震災被災者への支援事業では多くの若い弁護士が現地に駆け付け、東北の弁護士会も最近増えた若手弁護士が中心になって活動した。原紛センターについても二〇〇名以上の非常勤弁護士がほとんどの活動を支えている。ＡＤＲについては仕組みは広がったが応諾義務が課題であった。専門家を集め、機能を充実することでその壁を乗り越えようとする大阪弁護士会の試みはおもしろい。

にもかかわらず、ひとり裁判所の事件数は、労働審判を含む労働分野の微増と成年後見事件を抱える家裁を除くと増えていない。クレサラバブルがはじけた後、簡易裁判所を含め事件数は減り気味ですらある。今回の東日本大震災をめぐる法的紛争でも裁判所の存在感は余り見えない。

2「意見書のとおりやってきたが、裁判件数は相変わらず増えない」事実は何を表しているのだろうか。川島・前掲書[29]、吉岡・前掲書[30]が指摘する権利意識の薄い、閉鎖的な社会の制約は、権利意識の高まりや近代化に伴う共同社会の崩壊もあり、さらに前述した弁護士人口の急拡大、前述してきたアクセス改善の多くの試み、そして裁判の迅速化なども進んでいるので、裁判件数の少ない原因として多くの学者が従前指摘してきた条件は、解決されつつある。これら指摘が正しければ、裁判件数が（弁護士人口に比例してとまで言わないにしても）徐々に増加してよいはずである。

日本の手厚い行政サービスが紛争の極大化を吸収しているとの指摘[31]もあるが、**図表13**は警察が行っている総合相談の件数推移である。平成二三年度は一四五万件であった。厚労省の労働相談に一〇〇万件、国民生活センターには九〇万件の相談が寄せられているのを見てきた。法テラスのコールセンターや情報提供窓口にも年間四〇万件以上のアクセスがある。正確な分析は今後の研究によるとしても、日本の法的紛争は決して少なくない。

3　にもかかわらず裁判件数が増えない状況は、この間の迅速化を中心とする小手先の民事裁判改善や法曹人口増員、法テラスなどのアクセス改善だけでは足らず、法テラスの弁護士費用立替払い制を一部給付型とするなどのこの間の改革の

図表13　相談取扱件数の推移　（平成14年～23年）

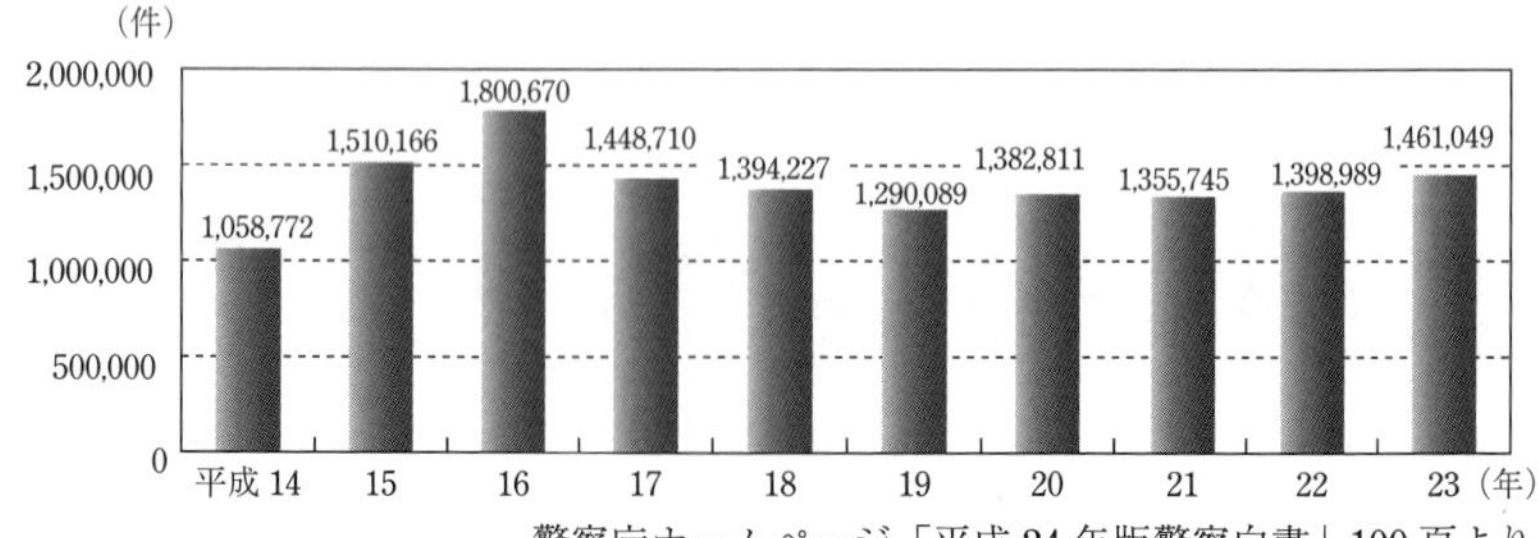

警察庁ホームページ「平成24年版警察白書」100頁より

さらなる改善の必要性とともに民事裁判そのものをもっと使いやすい、使いたくなる抜本改革の必要性を示唆しているように思われる。クレサラ事件は弁護士過疎地かどうかを問わず、裁判件数を押し上げた。手続が分かりやすく、証拠収集が容易であった、執行・回収もリスクが少なかったからだと言われている。要するに訴訟提起のメリットが見込めたからであろう[32]。頼りがいのある司法とするため、多くの識者が一致して指摘しているのは、訴訟が真実発見の場となるための証拠収集の充実、勝訴が徒労に終わらないような損害賠償額の増額と執行制度の充実である。

4　しかしこれら仮説が多くの支持を受けるとしても、改革を実現するためには、多くの障壁が予想される。司法改革を押し進めた政治はむしろ今、逆風であろう。さらに証拠偏在を正す方策には経済界の反発が、執行法の強化には社会的弱者に寄り添う弁護士たちの懸念が予想される。またこれら改革に取り組むべき裁判所は、自らの負担が増える改革には従来から腰が（とても）重い。

5　気になるデータをもう一つ挙げておく。**図表14**はすでに日本が完敗しているアジアにおける国際商事仲裁の姿である。

この原因は権利意識に薄い日本の企業の存在と人材や財政支援を含めたわが国の司法基盤の脆弱性・消極性を示すものとして、裁判件数が増えないこととの共通の地盤にある。改革努力を怠ると、日本の裁判制度自体世界から相手にされなくなるおそれは極めて強い。そうなると日本の司法制度や判例は各国から参考にされなくなり、ますます孤立し、特許戦争ですでに見られるごとく[33]日本の紛争でありながら外国で裁判され、ルールが決められ、結果的に日本の司法の容量を狭める結果となりかねない。
日本の大企業ですら原告事件はメリットを見込める外国で起こす方針を取っている(34)。このような動きをふまえ日本の民事裁判を活性化し、司法の機能を強化するためには世論を巻き込み政治を動かす必要があるが、そこに至るまでに事前の地道な研究と、粘り強い意見交換が不可欠と思われる。なかでもまず刑事司法改革を後押しした日弁連が、このような改革に向けた会内集約ができるかどうかも試されている。意見の相違を克服し労働審判を生んだ粘り強さと英知を民事司法の改革の分野でも期待したい。

図表14　アジア主要仲裁機関の仲裁事件取扱い件数

	2007年	2008年	2009年	2010年	2011年
HKIAC	448 *	602 *	649 *	624 *	502 *
SIAC	70	71	114	140	188
CIETAC	1,118 *	1,230 *	1,482 *	1,352 *	1,435 *
KCAB	59	47	78	52	N/A
KLRCA	40 *	47 *	N/A	N/A	N/A
VIAC	30 *	58 *	48 *	63 *	N/A
JCAA	15	12	18	26	17

（出所：香港国際仲裁センターHPおよびベトナム国際仲裁センターHPより）
（注）HKIAC：香港国際仲裁センター　SIAC：シンガポール国際仲裁センター
CIETAC：中国国際経済貿易仲裁委員会　KCAB：大韓商事仲裁院
KLRCA：クアラルンプール仲裁地域センター
VIAC：ベトナム国際仲裁センター
＊なお、CIETACの件数の7割程度、HKIAC、KLRCAおよびVIACの件数の一部は国内仲裁を含む。KCAB（韓国）は、国内仲裁を含めると、2008年で262件である。

(29) 前掲注(2)参照。
(30) 前掲注(19)参照。
(31) 原発から避難し、二本松の仮設住宅に住んでいる住民への前掲注(26)のアンケートによれば四割弱程度の住民しか自分は原発関連の法的問題を抱えていると認識していないとの驚くべき結果もある。追加調査が行われると聞いているが、原発による避難とそれに伴う問題は、司法ではなく、行政プロパーで解決されるべき課題ととらえているのかもしれない。法教育の必要性もうかがわれる。
(32) 田中＝竹内・前掲注(3)一八二頁は、「日本人は法意識がない、権利意識がないと言うだけではなくて、もしそういう状態を改めるべきだとすれば、そのために、法あるいは法制度さらに法律家は、何をしてきただろうか、いまなすべきことは何かという問題を提起してみようという気持ちがありました。さらに、このことから出てくることですが、法とその機構をもっとみんなが使いやすいようにすべきではないか、使えるものにしていくべきではないか、という気持ちがあったと思います。正義感に燃えた人だけが法を利用できるというようなものではなく、現世的なご利益を伴っていないと、一般人はなかなか法を使わないのではないか。そして、そうやって法を使ってみて初めて法に対する親しみができるのではないかと考えたのです」とする。
(33) 二〇〇〇年のRambus特許紛争で日本企業はアメリカで訴えられ、アメリカで反訴を起こし、日本では起こさなかった。ソニーの日本人技術者はアメリカで特許を取得しアメリカで任天堂を訴え、二九億円の損害賠償判決を得ている（朝日新聞二〇一三年三月一四日付朝刊）。
(34) 例えば松下電器産業二〇〇六年七月二七日付プレスリリース。

事業提携契約交渉における説明義務違反と救済

国谷史朗

一　はじめに
二　錯　誤
三　契約締結上の過失
四　契約締結後の事情変更との異同
五　不実表示、表明・保証条項との関係
六　情報提供・説明義務
七　事業提携契約交渉における情報提供・説明義務
八　ま と め

一　はじめに

わが国の企業は、国内外において事業提携をしている。企業の生き残りをかけた国境を越える事業提携は増加の一途をたどっており、提携を規律する契約形態にも様々なものがある。事業提携契約は、当事者間の信頼関係に基づいた、ある程度の期間継続する契約で、一定の義務が規定される。製造販売等の活動領域の設定・制限、競業避止義務、対価の支払い（最低購入義務、最低ロイヤリティ支払義務、事業の各段階における契約金、マイルストーン金支払い等）がその典型的なものである。これらの義務は、交渉の結果規定されたものとはいえ、提携の前提が崩れ、相互の信頼関係がなくなり、提携の実が上がらない事態に陥った場合には、当事者にとって大きな制約、負担となる。

このような事態に陥った当事者は、契約からの離脱、義務からの解放を望み、離脱が不可能な場合でも契約条件について再交渉したいと願い、また、相手方の権利行使の全部または一部を制限できないかと考える。損害賠償を得ることも救済にはなるが、損害の立証が容易ではない場合も少なくない。国境を越えたクロスボーダー取引においては、相手方当事者との行き違い、情報交換不足等が発生しやすく、問題となる事例が少なくない(1)。

契約交渉段階における情報提供・説明不足に対しては、民法上の詐欺、錯誤、契約締結上の過失、契約条項に表明保証条項がある場合にはその解釈により、一定の救済が与えられてきており、また、一定の取引、契約形態においては、主として信義則に基づく説明・情報提供義務とその義務違反による損害賠償が認められている。ただ、詐欺、錯誤の要件を充足するのは容易ではなく、企業買収（M&A）関連の契約においては表明保証条項は一般的であるが、事業提携契約においては比較的稀である。判例上契約締結段階における情報提供・説明義務違反が認められる取引、契約形態は徐々に拡大しつつあるものの、事業提携契約の多くは救済されてきた取引、契約類型には入っていない。

民法（債権法）改正においては、意思表示に関する規定の拡充として、消費者契約法における不実告知や不利益事実の不告知の規定と同趣旨の規定を一般ルールとして民法に設けるべきであるという考え方が提示され、議論検討が進められているが、仮に提案どおりの規定がおかれたとしても、救済されない事例が残ると考えられる。

本稿では、錯誤、契約締結上の過失とその限界を検討し、契約締結前の交渉における情報・説明不足と契約締結後の事情変更に共通する契約の基礎の不存在、喪失への対応とその救済を比較したうえ、不実告知に関する米国の考え方とわが国の民法（債権法）改正の動向も視野に入れつつ、情報提供・説明義務違反の判例を分析し、各種事業提携契約の交渉段階における情報提供・説明義務違反とその救済について考え方を纏める。(2)

（1） 筆者は長年、様々な事業提携契約の作成、交渉、関連する紛争解決にあたってきたが、グローバル競争のスピードが加速されるに伴い、契約の交渉期間も短縮され、契約交渉段階における情報提供・説明不足からくる事業提携失敗事例も増加しつつある。

（2） 外国当事者との事業提携契約においては、準拠法が大きな問題となる。欧米との取引において日本法を準拠法とできる例は未だに少ないのが現状であるが、アジア諸国との取引においては、技術の優位性、力関係等から日本法を準拠法にできる場合もある。ただし、日本の制定法や裁判例が国際的に見てビジネス社会での普遍性、合理性、公平性を有するものでなければ、外国当事者も日本法を準拠法とすることに同意しない。その意味でも、民法（債権法）改正や判例の発展により、日本法が、ビジネス実務に柔軟に対応できる内容となっていることがわが国の更なる発展にとって不可欠である。本稿では、一定の範囲で外国法も参照にしながら、日本法について分析する。

二　錯誤

1　錯誤無効（民法九五条）の要件と情報不足の効果

法律行為の「要素」に錯誤があることが必要である。契約交渉過程における情報不足は、多くの場合、いわゆる動機の錯誤となる。動機の錯誤の解釈については、二元説（伝統的通説）と一元説（有力説）がある。二元説は、動機はそれが表示され意思表示の内容になったときに要素の錯誤になりうると考える（もっとも、動機の表示は黙示であってもよいとされている(3)）。一元説は、動機の錯誤と他の錯誤を区別せず、取引の安全を図るため相手方の認識可能性を問題とし、相手方が悪意または相手方に過失があるときに要素の錯誤が認められるとする(4)。

2　情報不足により錯誤無効を認めた裁判例

(1)　割賦販売の連帯保証人のケース(5)

被上告人（原告）が、商品代金の立替払い契約による立替金の支払債務につき連帯保証した上告人（被告）に対し、支払いを求めた事案である。本判決は、立替払い契約は商品の売買契約が存在しないいわゆる空クレジット契約であり、保証人は、保証契約締結時にそのことを知らなかったのでその意思表示には要素の錯誤があるとした。本判決では、動機の表示の有無は問題にされていない。

(2)　連帯保証人（個人）のケース(6)

信用金庫が信用保証協会の保証付きで行った融資について連帯保証した保証人（個人）に支払いを求めた事案で

ある。融資の時点で短期間に倒産に至る破綻状態にある債務者のために締結した連帯保証契約には要素の錯誤があり、破綻状態でなければ連帯保証はしなかったという動機が表示されているとして、要素の錯誤により無効とした。本件では、連帯保証人は債務者と取引関係のない情義的な保証人であり、高齢かつ病弱で、貸付人の担当次長から債務者の会社は大丈夫との返答があり、これを信じて保証することを決断したので、債務者が破綻状態にはないことを信じて保証するという動機が表示されていたと認定された。無償の情義的保証人とこれにより一方的に利益を受ける債権者の関係から、債権者に保証人に対する保護義務、保証内容説明義務を認める立場からは、この義務に違反したことも錯誤無効を認める理由の一つと指摘されている(7)。

本件では、主債務者が破綻状態にないことは保証しようとする者の動機として黙示的に表示されているとの一般論を示したことに特徴があり、主債務者が破綻状態にあれば保証契約を締結する者はいないという経験則が基本にあるとの判例評釈がある(8)。このような経験則が存在するとまでいえない場合に、どの程度まで情報提供義務と救済を認めるのかの検討も本稿の課題である。なお、保証人の錯誤が相手方債権者の不実表示により惹起されたことを重視する立場もある(9)。

(3) 連帯保証人（信用保証協会）のケース(10)

主債務者である中小企業が企業としての実体を有することは、信用保証協会法に基づき設立された信用保証協会が保証するための重要な要素であり、主債務者に実体がないにも関わらず、信用保証協会が、企業実体があると信じたことは、保証契約の重要な部分に要素の錯誤があったと認定した。本件では動機が表示され意思表示の内容になったかどうかは問題とされていない。

3　実務対応上の制約

情報不足を基因とする錯誤無効の主張には、要素の錯誤といえるか、動機が黙示であっても表示されているといえるか、一元説によった場合でも、相手方に悪意または過失があることを立証できるか等の実務上の問題点がある。動機の錯誤が相手方の提供した情報によってもたらされた場合には、動機の表示は問題とせず、要素の錯誤にあたるかの点だけが認定上の問題となるのではないかと指摘されている。[11] この考え方からは、情報提供に問題がある場合には、不実表示の法理により救済されるべきではないかという点が示唆されている。

(3) 我妻榮『新訂民法總則』二九七頁（岩波書店、一九六五年）。
(4) 星野英一『民法概論Ⅰ序論・総則』二〇〇頁（良書普及会、一九七一年）、内田貴『民法Ⅰ総則・物権総論〔第四版〕』七〇頁（東京大学出版会、二〇〇八年）。
(5) 最判平成一四年七月一一日判タ一一〇九号一二九頁。
(6) 東京高判平成一七年八月一〇日判タ一一九四号一五九頁。
(7) 平野裕之「破綻している主債務者のための保証契約と保証人の保護」判タ一一九四号一〇〇頁（二〇〇六年）参照。
(8) 多々良周作「判批」『平成一八年度主要民事判例解説（判タ臨増一二四五号）』二四頁（判例タイムズ社、二〇〇七年）。
(9) 小林一俊「動機の錯誤にもとづく連帯保証契約の効力」私法判例リマークス三三号（二〇〇六年(下)）一四頁。
(10) 東京高判平成一九年一二月一三日金法一八二九号四六頁。
(11) 内田貴『民法改正――契約のルールが百年ぶりに変わる』一三三頁（筑摩書房、二〇一一年）。

三　契約締結上の過失

わが国の判例上、契約交渉、準備段階における信義則上の注意義務が認められており、この義務に違反した場合には、一定の範囲で損害賠償責任が負わされる。[12] 契約の準備段階における交渉の一方的な破棄は、「契約締結上の過失」の一類型とされており、通説は、この責任を信義則を理由とする契約法上の一種の債務不履行責任であるとしている。最高裁判所は、信義則上の注意義務違反を理由とする損害賠償責任を認めるものの、その法的性質は明らかにしていなかったが、後出(六2(5))の関西興銀事件判決で、契約締結に先立つ信義則上の説明義務違反を、債務不履行ではなく、不法行為であると判示した。

契約締結上の過失は、専ら、契約締結に至らない場合の損害賠償責任として論じられてきているが、契約交渉がある程度煮詰まった段階に至れば、契約の締結に向けて誠実に交渉する義務があることにはほぼ異論がないであろう。[13] この誠実交渉義務に、合理的な範囲での情報提供・説明義務を含めて考えるべきではないか。当事者間で誠実な交渉をしようと思えば、一定の範囲での説明と情報交換は不可欠であり、問題は、どのような場合に、どの程度の情報提供や説明がなされるべきかという点にあると考えられる。

ドイツでは、錯誤、詐欺、強迫の規定を置く民法典の限界が露呈し、それが説明・情報提供義務違反を理由とする契約締結上の過失責任の膨張につながったとされる。[14]

(12) 最判平成一九年二月二七日判時一九六四号四五頁。
(13) 野澤正充「契約準備段階における信義則上の注意義務違反と損害賠償請求の可否」NBL八五五号一四頁(二〇〇七年)。
(14) 潮見佳男「ドイツにおける情報提供義務論の展開(三・完)」法學論叢一四五巻四号八頁(一九九九年)。

四　契約締結後の事情変更との異同

契約締結後にその基礎となった事情が、当事者の予見していなかった事実の発生により変更し、このため当初の契約内容に当事者を拘束することが極めて過酷となった場合に契約の解除や改訂を認める法理である事情変更の原則は、民法にはその明文の規定がないものの、判例上認められている(15)。事情変更の原則も、信義則に基づくものとされている。

基礎になった事情が失われたことにより当事者間の公平を欠くに至るという点においては、契約締結交渉における情報提供・説明不足により、当事者のよって立つ基礎が失われたまま契約締結に至った場合と、契約締結の前後という違いはあるものの、類似の事情がある。もっとも、事情変更の原則は、一旦契約が成立した後に事情が変更したことを基礎として論じられ、事情の変更が当事者の責めに帰することのできない事由によって生じたことがその要件とされる。情報不足のまま契約締結に至った場合の救済は、情報提供・説明義務を観念し、その義務違反を前提として議論されるため、その適用範囲は異なる。事情変更の原則は、極めて特殊な場合に限定的に適用されてきたのに対し、契約締結段階における情報提供・説明義務違反の救済は、一定の類型の取引や契約においては、比較的広く認められている（義務違反と救済を認容した裁判例も多い）。

民法（債権法）改正においては、信義則に基づく事情変更の法理を明文化することが議論されているが、具体的事案に応じて信義則や契約解釈により柔軟に解決する方が望ましいこと等を理由に明文化に反対の意見も少なくない。ドイツ民法は、二七五条二項において、「債務者は、債権債務関係の内容及び信義誠実の要請を考慮して、債権者の給付に対する利益に対し著しく不均衡となる費用を要するときは、履行を拒絶できる」と規定し、履行請求権排除の法理も採用している(16)。

(15) 最判昭和二六年二月六日民集五巻三号三六頁、最判昭和二九年二月一二日民集八巻二号四四八頁、最判昭和三〇年一二月二〇日民集九巻一四号二〇二七頁、最判平成九年七月一日民集五一巻六号二四五二頁等。

(16) 事情変更と履行請求権排除の関係については、石川博康「履行請求権排除法理と事情変更法理の競合」ジュリ一四三四号一一頁(二〇一一年)参照。

五 不実表示、表明・保証条項との関係

1 英米法における不実表示

情報・説明不足による不実表示の場合には、情報提供・説明義務違反を問題にすることなく、不実表示という結果(事実)に基づいて一定の救済が考えられる。

米国においては、多くの判例から形成された法理を明文化したリステイトメント(restatement)において、当事者の一方による同意の表示が、相手方による詐欺的または重大な不実表示によって誘引され、かつその表示を受領者が信頼するのが正当であった場合、受領者は契約を取り消すことができる旨規定されている(17)。

2 民法(債権法)改正と不実表示

法制審議会での民法(債権法)改正の議論では、複雑・多様化する取引に対応するために、消費者契約法における不実告知・不利益事実の不告知の規定と同趣旨の規定を、消費者契約に対象を限定しない一般ルールとして民法

に設けることが検討されている。[18] 消費者契約法の規定は、詐欺に必要な故意は不要であること、事業者が重要事項について不実告知をしたことに無過失であっても、消費者が契約を取り消すことができる点に特徴がある。

意思決定の基盤である情報収集は自己責任であること、事業者と消費者との間における情報や交渉力の格差を根拠とする消費者保護法の規定を一般化する必要性はなく、取消権の濫用や悪用のリスクがある等の理由から、経済界や経済産業省・金融庁を中心に反対意見や慎重論が少なくないが、不実表示の規定を設けるかどうかの検討が継続されている。[19]

3　表明・保証条項の影響

企業買収（M＆A）（株式・事業譲渡等）、ローン契約等の契約実務では、一定の表明保証（representations and warranties）条項を規定するのが一般的になっている。特にM＆A関連の契約においては、詳細な表明保証条項の文言について激しい交渉が行われることは珍しくない。表明保証条項は、前後して行われる企業買収調査（due diligence）の結果を反映してその内容が定められることが多い（買主は、懸念される事項について一定の表明保証を希望し、売主は、責任を免れるため、保証の範囲を狭くするか、例外事項を別紙で列挙する等の工夫をする）。

東京地判平成一八年一月一七日は、[20] 表明保証条項違反を理由とする補償請求を認めた。この事案では、株式譲渡契約の譲渡価格が、買収対象会社の貸借対照表に基づいて算出されることになっていたが、和解債権の残高が不当な利息充当によって水増しされ、高額な記載となっていた。表明保証は、財務諸表が一般に承認された会計原則に従って作成され、財務内容が貸借対照表のとおりであるとの内容であった。この判決においては、買主側に悪意と同視しうる重過失がある場合には、売主は表明保証責任を免れる余地があるとしつつ、買主側がどのように調査をしたのかについて詳細な検討をしている。企業買収案件においては、情報提供・説明義務を論じるまでもなく、一定の情報提供と説明が買主から要求され、売主もこれに応じたうえ、当事者間で表明保証条項を合意するのであり、責任の有無は、表明保証条項の解釈の問題となる。ただし、ある事項について表明保証がされず、かつ契約における表明保証条項対象外の事項については表明保証をしたものとはみなされない旨の明文規定がない場合には、当該対象事項が表明・保証の対象となるのか、情報提供・説明義務があるのか、救済をどうすべきかが問題となりうる。(21)

上記事例とは別に、売主が対象会社の株式の価値を正確に開示説明する信義則上の義務を負わないとする大阪地判平成四年九月一七日(22)がある。株式の価値算定には多くの方式があること、本件で問題となった純資産価値についても、その説明方法や判断要素は多岐にわたるため、どこまで説明をすれば正確な説明といえるのか等の実務上の問題点があり、株式の価値を正確に説明することは容易ではないこと、買主は調査不足であったと見られること等を考慮すれば、本判決が、企業買収取引における売主の対象会社についての説明義務を一律に否定したものとは考えられない。

なお、M&A実務においては、表明保証条項を規定するものの、取引の決済後に当該取引が取り消された場合の影響の重大さに鑑み、取消権を制限し、損害賠償のみによる救済を定め、損害賠償額についても一定の制限をすることが多い。民法（債権法）改正により不実表示を理由とする取消規定が新設された場合においても、その規定は任意規定とされるべきであり、契約上の表明保証条項、その違反に対する救済に関する規定の効力を奪うべきではないとの意見が、実務界から出されている。(23)実務の現状と要請からすれば、合理的かつ当然ともいえる意見と考えられる。

（17） §164(1). Restatement of the Law-Contracts, Restatement (Second) of Contracts. 原文は、"If a party's manifestation of assent is induced by either a fraudulent or a material misrepresentation by the other party upon which the recipient is justified in relying, the contract is voidable by the recipient."

（18） 消費者契約法三条は、消費者の権利義務その他の消費者契約の内容について必要な情報を提供する努力義務を事業者に課しており、また、四条は、重要事項についての不実告知または不利益事実の不告知の場合の契約取消を規定している。

（19） 日本弁護士連合会は、不実表示による取消規定の新設に賛成の立場から、「表意者が意思表示をするか否かの判断に通常影響を及ぼすべき事項につき、相手方が事実と異なる表示をしたために、表意者が事実を誤って認識して意思表示をし、かつ表意者がその表示によって事実の認識を誤ったこと及びそれによって意思表示をしたことについて、いずれも正当な理由が認められるときは、表意者はその意思表示を取り消すことができる。」との立法提案を行った（「民法（債権関係）改正に関する意見書」三頁以下。日弁連ホームページ（二〇一一年三月一五日））。

（20） 金判一二三四号六頁。

（21） 本判決の問題点を論じたものとして、金田繁「表明保証条項をめぐる実務上の諸問題（上）（下）」金法一七七一号四三頁、同一七七二号三六頁（二〇〇六年）、岡内真哉「表明保証違反による補償請求に際して、買主の重過失は抗弁となるか」金判一二三九号二頁（二〇〇六年）。

（22） 金判九五一号三六頁。

（23） 青山大樹＝宇田川法也「企業取引実務から見た民法（債権法）改正の論点（第一回）不実表示等と表明保証」ＮＢＬ九一九号九頁（二〇〇九年）、金融法委員会「不実表示にかかる債権法改正に関する論点整理」ＮＢＬ九四〇号一八頁（二〇一〇年）。

六　情報提供・説明義務

1　外国法と民法（債権法）改正

(1)　外国法

　ドイツにおいては、売買契約上の付随義務として助言義務を認める裁判例、過失による不実記載について損害賠償を認める裁判例、契約解消請求と金銭賠償請求のいずれかを救済として選択しうると判示した裁判例も見受けられる。ドイツの学説、判例においては、説明義務の根拠について様々な議論がなされているが、通常の取引においては、情報収集は自己責任であり、原則として説明義務は発生しないとされる。説明義務が認められるのは、未成年者、取引経験のない消費者が相手方である場合、弁護士、会計士、金融機関等特別の専門知識のある者がその地位に基づいて取引をする場合等である。他の視点としては、情報、知識を有している者にとっては情報提供が余分のコストをかけずに容易であるとの情報アクセスの議論がある。ドイツにおいても、信義則規定や公序良俗規定を根拠にして様々な取引の類型化をしようとする試みもなされている。興味を引くのは、情報提供が不十分なまま締結された契約の「取消」により契約からの離脱を認めるのに比べ、損害賠償による救済の方が高額となりうるとの考慮から、原状回復としての契約解消への道が開かれるとの議論がなされてきている点である(24)。

(2)　民法（債権法）改正

(ア)　賛成論　民法（債権法）改正の議論では、信義則上の説明・情報提供義務を明文化することが提案されている。弁護士会、学者、消費者団体、労働組合関係者は概ね立法化を支持し、経済産業省、経済界には明文化に慎重な意見が少なくない。支持する意見の主な点と根拠付けは以下のとおりである。

(i) 裁判実務では、説明・情報提供義務を前提とした議論がなされており、信義則に従って一定の義務があることについては、ほぼ共通の理解が得られている。

(ii) 経済活動を阻害するおそれがあるとの意見については、現在でも信義則に基づいて義務が存在するのであり、明文化されても状況に変化はない。

(iii) 実務的に問題となる、義務の範囲、考慮要素、要件、効果については対応可能である。すなわち、範囲については、最判平成二三年四月二二日の関西興銀事件判決（後出2⑸）において「当該契約を締結するか否かに関する判断に影響を及ぼすべき情報」、という説示がなされていること、考慮要素としては契約の種類、当事者の属性、地位、情報量の格差（提供側が既に情報を持っているか、入手することが容易な状態にあること、情報受領者には情報を得ることができないことに正当理由があること）、専門知識の入手可能性、交渉経緯等があり、効果としては、過失相殺も考慮に入れた損害賠償とするが、契約の取消も考慮に値する。

(iv) メリットに関する一定の情報が提供されながら、不利益情報、リスクに関する情報が提供されないことにより、後者の説明があれば契約を締結しなかったという関係にあることとする。

(v) 情報提供義務がある場合を例示として具体的に示す規定も検討すべきである。

(vi) 生命、身体、健康、財産に損害が生じる可能性の高い危険な情報については、情報提供義務を課すべきである。

(vii) 契約の当事者の一方が事業者であって、当該契約に係る情報について専門的な知識、判断をすることができる能力を有している場合を情報提供義務の例示として明記する。

(イ)　反対論　反対論、慎重論の問題意識は以下のとおりである。

(i)　契約交渉前に各種調整作業が生じて、迅速・活発な経済活動が阻害される。

(ii)　販売担当者が、取り扱う商品の全てに関して専門的な知識を有しているとは限らない。

(iii)　当事者の立場や情報量等は契約ごとに千差万別であり、説明義務が認められる範囲を一律に明文化することは困難である。信義則に委ねた方が妥当な解決が図れる。

(iv)　当事者が情報収集を行うのは自己責任である。(25)

2　日本の裁判例

わが国においても、情報提供・説明義務違反を認めた裁判例がある程度集積されている。類型ごとにその特徴を検討する。

(1)　マンション購入契約

(ア)　東京高判平成一一年九月八日(26)　マンションの九階の専有部分を不動産販売業者から購入したが、南側にマンション建築計画が持ち上がったため、手付金相当額の返還等を請求した事案である。本判決は、日照・通風等につき正確な情報を提供する義務違反を認め、契約締結上の過失責任を肯定した。手付金相当額の半額の損害賠償を認めた。

(イ)　大阪高判平成一一年九月一七日(27)　マンションの六〇三号室を購入し手付金を払ったが、販売代理店による二条城の眺望が広がっているとの記載や、二条城の方向の視界が通っているとの説明が事実ではなく、西隣のビルの屋上のクーリングタワーが眺望の妨げになっていることが判明したため、手付金の返還を求めた事案である。この判決は、分譲業者等の説明義務違反を認め手付金相当額、慰謝料等の損害賠償を認めた。

(ウ)　大阪地判平成一一年一二月一三日(28)　マンション三階の専有部分を購入したが、南側にあったテニスコート等が取り壊され、八階建てと一四階建てのマンションが建築されたため、眺望に関する説明義務違反を主張し損害賠償を請求した事案である。本判決は、説明義務違反を否定し請求を棄却した。本件においては眺望の利益がさほど大きくなかったこと、南側隣地が売却されることを被告が知らされていなかったこと、したがって、通常の不動産取引におけるセールストークを超えた説明義務違反は認定できないとした。

(エ)　大阪地判平成二四年三月二七日(29)　本件では、一〇階建てマンションからの眺望が隣接土地に建設された二四階建てマンションによって失われたとの主張であったが、販売会社が隣接土地の管理処分権を有していなかったこと、したがって眺望の変化を制御できる立場にはなく、売買契約に基づく付随義務としての眺望を保持すべき義務を負っていないこと、販売会社が、マンションの眺望に変化が生じる可能性があることを十分に説明していたこと、マンション建設前の眺望が将来にわたって保証されるかのような誤った情報を提供したとはいえないこと等を認定し、説明義務違反を否定して請求を棄却した。本判決では、一般論として、情報量に大きな格差があり、契約自由の原則、自由意思による決定が保証されない場合には、信義則上の義務として、買主に対して必要適切な情報を提供する義務があり、この説明義務には、必要な情報を提供する義務と、誤った情報を提供してはならない義務が含まれると判示した。

(2)　ファイナンス（ローン）取引

(ア)　最判平成二四年一一月二七日(30)　シンジケートローンへの参加招聘に応じた金融機関に対するアレンジャーである金融機関の信義則上の情報提供義務違反が認められた事案である。本件で問題となった情報は、実在しない売掛金の計上等があるため純資産額が約四〇億円過大となる粉飾決算の事実である。本判決は、アレンジャーから参加招聘金融機関に対しては資料に含まれる情報の正確性・真実性について一切の責任を負わず招聘先金融機関で独自に債務者の信用力等の審査を行う必要があること等が契約に明示的に記載されていたとしても、アレンジャーが業務遂行過程で入手した当該情報については提供を期待するのが当然であり、アレンジャーは、信義則上、ローン実行前に当該情報を提供すべき注意義務を負うとして、この義務に違反して情報を提供しなかったアレンジャーに不法行為責任を認めた。

田原睦夫裁判官の補足意見は、一般に、金融機関に融資を申し込む者は、申込に際して誠実に対応すべき義務を信義則上負っていること、債務者が、参加金融機関の参加の可否の判断に重大な影響を与えるべき事実を秘匿していることをアレンジャーが知った場合に、あえてその事実を秘匿したままアレンジャーが業務を遂行した場合には、アレンジャーは債務者の情報提供義務違反に加担したものとして、共同不法行為責任が問われうるとした(31)。

(イ) 適合性の原則　高いリスクを伴う金融先物取引において、金融機関が高齢者等に十分な説明をせずに先物取引商品を販売した場合に、金融機関の専門性、弱者保護、情報の格差等を背景に、いわゆる「適合性の原則」から、金融機関の説明義務違反を認めた裁判例が多数ある。金融商品の販売等に関する法律三条では、金融商品販売業者に元本欠損の可能性等一定の説明義務を課している。

(3) 企業買収契約

(ア) 東京地判平成一九年九月二七日(ライブドア事件(32))　本判決は、企業買収において資本・業務提携契約が締結される場合、企業は相互に対等な当事者として契約を締結するのが通常であるから、私的自治の原則が適用され、特段の事情がない限り、相手方当事者に情報提供・説明義務を負わせることはできないと判示した。本件は、通常のケースとは逆に、買収側の表明保証責任が問われた特殊な事例であり、売主側の表明保証責任については財務状況を含めた多数の項目が規定されているのに対し、買収側のライブドアの表明保証条項は僅か三項目で、かつ、財務状況に関する表明保証責任は規定されていないことから、当事者間においては、買収側の財務状況を表明保証する必要がないと理解していたものと認定されている（通常売主が買収側から多数の表明保証条項を求めることはなく、本件においても、買主の財務状況を問題として質疑応答が行われたこともないと認定されている）。

(イ) 大阪地判平成二〇年七月一一日（船井電機事件[33]） 本件では、粉飾された決算書を示して虚偽の説明を行い、不当に高い価格で株式を買い取らせたとして、説明義務違反に基づく債務不履行が主張されたが、請求が棄却された。本判決は、売主が買主に対して虚偽の説明をしてはならないという消極的な説明義務を負うのは当然であるが（本件では虚偽説明の事実は認定できず）、その義務に加え、買主の判断に影響を及ぼすと考えられる情報を自ら積極的に開示する積極的な説明義務を常に負うとはいえず、売主が積極的な説明義務を負うかどうかは、買主が購入の是非や条件を判断するのに必要な目的物に関する情報の内容や、買主が当該情報を自ら保有しまたは調査によって獲得することが可能か等の諸事情を考慮して、契約の類型ごとに判断すべきと判示した。なお、本判決は、売主には、可能な限り買主の調査に協力すべき調査協力義務はあると判示した。

(4) フランチャイズ契約

(ア) 名古屋高判平成一四年四月一八日[34] 本判決は、フランチャイジーになろうとする者は、通常、小規模な事業者で資金力も小さく、知識や情報がフランチャイザーに比べて少ないため、フランチャイザーには、予定店舗についての適格な情報を収集するとともに、収集した情報を、特に秘匿すべき事情のない限り、契約締結の判断資料として提供すべき情報提供義務があるとした。本判決は、提供すべき情報の内容が虚偽であってはならないという消極的情報開示提供義務に加え、積極的情報開示提供義務を認めた。

(イ) 名古屋高裁金沢支判平成一七年六月二〇日(35) 本判決では、フランチャイザーが提供した売上予測等については、情報提供義務の前提として、客観的で合理的な方法に則り周到な調査を行った上で適正な数値を求める義務があったにも関わらず、いくつかの問題点が指摘できるとして、過失により適正な売上予測等を示す信義則上の情報提供義務に違反したとして、損害賠償を認容した。

(ウ) 福岡高判平成一八年一月三一日(36) 本判決は、契約締結に向けた準備段階においても、フランチャイズ契約を締結してフランチャイジーになるかどうかの判断材料たる情報(核心部分は、対象店の売上や収益予測に関するもの)を提供すべき義務があり、その情報はできる限り正確でなければならないが、本件においては、近隣店舗の売上実績に依拠して、本件店舗も損益分岐点をクリアーできるかのような説明に終始し売上予測を伝えなかったこと、開業後損益分岐点を超えることなく閉店したことを認定し、損害賠償請求を認容した。なお、本件においては、フランチャイジーが素人であって、フランチャイザーをひたすら信用していることが容易に見てとれる事例であったことも認定されている。

(エ) 東京地判平成二四年一月二五日(37) 本判決は、フランチャイジーになるかどうかの判断材料になる正確な情報を提供していなかった事実を認定し、信義則上の説明義務違反が不法行為を構成するとして、原告の請求を一部認容した。本件では、契約締結前に、原告から既存店舗の具体的な売上等を見たいと要請されたにも関わらずこれを一切説明しなかった等の事情が認定されている。

本判決では、フランチャイジーは、単なる消費者とは異なり、自己の経営責任の下に事業により利潤の追求を企図するものであることに照らせば、最終的には自己の判断と責任において契約の締結を決断すべき立場にあること、原告の代表者が人材コンサルタントで、飲食店経営経験があり、店舗候補地を探す技量があり、被告から、売上・収益予測について必要な情報が提供されない状況であるにも関わらず本件契約締結に至っていること等から、過失相殺により認定損害額の三割を減額した。

⑸ 信義則上の説明義務を認めた最高裁判決（関西興銀事件(38)）

本件では、信用協同組合である上告人の勧誘に応じて出資をしたが、同組合の経営破綻により出資持分の払い戻しを受けられなくなった被上告人が、上告人が実質的に債務超過の状態にあり経営が破綻するおそれがあることを説明すべき義務に違反した等と主張した。本判決は、契約の一方当事者が、当該契約の締結に先立ち、信義則上の説明義務に違反して、当該契約を締結するか否かに関する判断に影響を及ぼすべき情報を相手方に提供しなかった場合には、相手方が当該契約を締結したことにより被った損害につき、不法行為による損害賠償責任を負うが、契約上の債務の不履行による賠償責任を負うことはないと判示した。本件上告における主たる争点は、不法行為構成であれば三年の消滅時効にかかるため、時効期間の長い債務不履行責任が認められるか否かであった。本判決では、情報提供義務違反により損害を被った場合には、後に締結された契約は、その説明義務の違反によって生じた結果と位置づけられるのであって、説明義務をもって上記契約に基づいて生じた義務であるということは、契約上の本来的な債務というか付随義務というかに関わらず一種の背理であるとして、債務不履行構成を退けた。

最高裁は、債務不履行責任は認めなかったものの、「当該契約を締結するか否かに関する判断に影響を及ぼすべき情報」を相手方に提供しなかった場合に、不法行為責任を負うと判示した。民法（債権法）改正において、情報提供義務を認める明文規定を新設する場合に契約の一方当事者から提供されるべき情報の範囲として、本判決に基づいて、「当該契約を締結するか否かに関する判断に影響を及ぼすべき情報」が一つのメルクマールになるとして議論されている点からも注目されている。

本判決には、千葉勝美裁判官の補足意見が付されている。補足意見では、民法には、契約準備段階における当事者の義務を規定したものはないが、契約交渉に入った者同士の間では、誠実に交渉を行い、一定の場合には重要な情報を相手に提供すべき信義則上の義務を負い、これに違反した場合には、それにより相手方が被った損害を賠償すべき義務があること、説明義務の存否、内容、程度等は、当事者の立場や状況、交渉の経緯等の具体的な事情を前提にした上で、信義則により決められるものであって、個別的、非類型的なものであり、契約の付随義務として内容が一義的に明らかになっているようなものではなく、通常の契約上の義務とは異なる面があることが指摘されている。契約締結の準備段階の当事者の信義則上の義務を一定の法領域として扱い、その発生要件、内容等を明確にした上で、契約法理に準ずるような法規制を創設することはありうるところであり、むしろその方が当事者の予見可能性が高まる等の観点から好ましいが、それはあくまでも立法政策の問題であるとも指摘されている。

(24) ドイツにおける情報提供義務については、潮見佳男「ドイツにおける情報提供義務論の展開(一)(二)(三)」法学論叢一四五巻二号、三号、四号(一九九九年)で詳しく紹介、検討されている。
(25) 法制審議会民法(債権関係)部会第四九回会議議事録(法務省ホームページ掲載)(二〇一二年六月一二日)。
(26) 判時一七一〇号一一〇頁。
(27) 判タ一〇五一号二八六頁。
(28) 判時一七一九号一〇一頁。
(29) 判時二一五九号八八頁。
(30) 金法一九五九号三〇頁。
(31) アレンジャーと参加金融機関はいずれも金融のプロフェッショナルであり、それぞれが保有する情報の質および量に非対称性はないが、参加金融機関の努力によったのでは情報の対称性を回復することが困難であるケース、またはアレンジャーが情報を開示しないことが著しく公平を欠くと法的に評価されるケースに限って救済を認めるべきであること、情報の対称性が求められる根拠は、当事者の要保護性に基づくものではなく当事者の自己決定権確保の要請であり、それを支えるための情報偏在の解消である、と指摘する判例批評が、本件の原審である名古屋高裁平成二三年四月一四日判決に対してなされている。（渡辺達徳「シンジケートローンを招聘したアレンジャーが参加金融機関に対して負う情報提供義務」金法一九二九号一八頁（二〇一一年））。

(32) 判タ一二五五号三一三頁。

(33) 判時二〇一七号一五四頁。本判決の判例批評については、久保大作「企業買収における説明義務と調査協力義務」ジュリ一三九九号一五五頁（二〇一〇年）。この判例批評においては、売主に積極的説明義務が発生するような特段の事情は、極めて限られた場合にのみ認められるとされている。

(34) 裁判所ウェブサイト。本件の判例批評としては、奈良輝久ほか「判批」中田裕康ほか編『説明義務違反・情報提供義務をめぐる判例と理論（判タ臨増一一七八号）』一七六頁以下（判例タイムズ社、二〇〇五年）。

(35) 判時一九三一号四八頁。本件の判例評釈としては、小野寺千世「フランチャイザーの情報提供義務違反による責任と精算金請求」ジュリ一三五八号一七三頁（二〇〇八年）。

(36) 判タ一二一六号一七二頁。本判決の判例批評として、三嶋徹也「フランチャイズ契約締結の際の情報提供義務違反による損害賠償の額」私法判例リマークス三五号（二〇〇七年(下)）五四頁。本批評においては、本件が、従来の判例よりもフランチャイザーが賠償すべき損害の範囲を広く認めたこと、開業準備費用のみならず、店舗計上の赤字分および逸失利益について認めたこと、フランチャイザーの損害賠償責任が認められたほとんどの事案においては過失相殺は行われており、その程度が高い場合には七～八割、その他の事例でも三～四割の過失相殺が認められる場合が多いが、本判決では、二五パーセントという比較的低率の過失相殺を認めたことが指摘されている。

(37) ＴＫＣ法律情報データベース。

(38) 最判平成二三年四月二二日民集六五巻三号一四〇五頁。

七　事業提携契約交渉における情報提供・説明義務

1　基本的視点

(1)　裁判例のまとめ

経済社会の取引における私的自治、契約自由の原則、自己責任の考え方をベースにしつつ、契約当事者の特性、契約の性質、交渉経緯、特に当事者が弱者であるか、保護を必要とするか、情報へのアクセスの容易さ、困難さ等を総合的に考慮し、事例ごとに契約交渉段階における誠実義務違反を判断し、必要に応じて損害賠償による救済を認め、情報受領者の過失の程度に応じて過失相殺により当事者間のバランスをとっている。誤った情報（虚偽情報）を提供しないという消極的情報提供義務は比較的容易に認められるものの、積極的に情報を提供する義務は当然には認められず、特段の事情が存在する場合にそれを肯定するのが、裁判例の主流である。最高裁判決(39)は、情報提供義務の根拠は、契約に基づく債務不履行ではなく不法行為であることを明確に認めた。

(2)　救済に向けての解釈指針

民法（債権法）改正の議論において、情報提供義務を明文化することが提唱され、その議論の中で、最高裁判決に従って「当該契約を締結するか否かに関する判断に影響を及ぼすべき情報」が提供されなかった場合に、諸般の事情を総合的に考慮して、救済を認めることが提案され、解釈指針として一定の取引、契約類型を具体例として条文に取り込むことも示唆されている。企業買収契約においては、当事者間の情報交換、交渉を経て詳細な表明・保証条項が契約に規定されることが多く、そのような場合の情報提供義務の範囲についていくつかの裁判例が現れ、それに関して議論が展開されている。

本稿は、民法（債権法）改正の方向性が固まっているわけではないこと、契約の表明保証条項で当事者間の利害関係が十分に調整されない場合が少なくないことを踏まえ、経済社会に大きな影響を及ぼす事業提携契約について一定の要素の分析と救済のための類型化を検討するものであるが、その際には、以下の事業提携契約の特質を十分考慮すべきである。

(ア) 高度で専門的な情報を必要とする取引が多いこと。

(イ) 一回限りの取引ではなく、一定期間、当事者の関係を継続的に規律すること。

(ウ) 事業提携により当事者は密接な関係になり、独占的・排他的権利関係を設定し、競業禁止義務、継続的研究開発義務、最低購入義務、最低ロイヤリティ支払義務、一定の売上達成義務、事業の進行段階に応じた一定の金銭支払義務等が規定される場合も少なくないこと。

(エ) 拘束条件が付された場合には、契約締結後の当事者の事業展開が制約されること。

2 契約と特段の事情の類型化

(1) 事業提携契約の具体例

本稿で対象とする事業提携契約には、出資を伴う合弁契約、共同研究開発契約、ライセンス契約、販売代理店契約、継続的供給契約、ＯＥＭ契約（委託者が製品の設計、製作、組立図面等を受託者に支給し、ブランドは委託者のものながら生産は受託者に任せる契約）、ＯＤＭ契約（ＯＥＭ契約と類似のものであるが、製品の設計、開発を受託者側が行う契約）、共同販売（促進）契約（Co-marketing Agreement、Co-promotion Agreement）が含まれる。これらの事業提携契約の多くは、対等当事者間で私的自治の原則に基づく交渉を経た上で締結されるものの、契約に詳細な表明保証条項が規定されることは多くない。

(2) 類型化のための分析における基本的な考え方

事業者間の事業提携契約においては、契約当事者間に消費者契約ほどの強者・弱者の関係はなく、お互いに一定の情報収集能力と交渉能力がある場合が多いが、情報提供義務を認め、救済を図る場合には、以下の点に留意すべきである。

(ア) 当該情報の専門性、必要不可欠性。必要不可欠であることが、明白であるか。

(イ) 情報へのアクセスの難易度と、アクセスコスト（経済的負担）の大小。

(ウ) 当事者の帰責事由。

(エ) 契約上当事者に与えられる権利と、当事者が拘束される義務の内容と程度（事業提携契約では拘束条件の負担が重い場合が少なくないことは前述のとおり）。

(3) 具体的な分析要素

上記基本的な考え方に基づいて、より具体的に分析する場合の考慮要素としては以下のものが考えられる。

(ア) 契約対象製品・サービスの専門性、複雑性。情報提供が情報提供者の専門性等から期待されているか。

(イ) 情報提供者が既に有している情報であるか。入手が時間的、コスト的に容易か（例えば、提供者が開発した情報システム・ソフトウェア、提供者が実施した医薬品の臨床試験のデータ提供）。

情報へのアクセスの関係で取引コストが一方にとってほとんどかからないのに対し、他方当事者が入手する場合には多大なコストを要する場合は、情報を有する側に一定の提供義務を課すのが公平、妥当であり、また契約当事者間ではそのような提供が当然の前提となり、また期待されている場合が多い(40)。

(ウ) 公益性の要請が強いか。生命、身体、健康、重要な財産への危険を伴う事業を遂行する目的で、それに必要不可欠な情報が提供されることが期待されているか（例えば、医薬品の副作用情報、当該製品を原因とする事故の発生事実）。

(エ) 公益目的のための法令上の許認可取得に当該情報が必要不可欠か。許認可取得が事業の前提となっていることが、情報提供者にも明白か。

(オ) 矛盾行為禁止、禁反言の法理（考え方）を適用しうるか。追加説明・情報提供がないと、当初の提供・説明後の交渉における情報提供、説明、行為が一貫せず、矛盾したものになるか（例えば、市場に容易に受け入れられる良質の製品であるとの説明をしながら、製品の品質を達成・維持する製造工程に必要な情報が提供されない場合。情報受領者から一定の情報の提供や説明が要請されたにも関わらず、要求された情報提供や説明がない場合(41)）。

3 情報提供・説明義務違反と救済

契約締結交渉の段階で、情報提供・説明義務違反があった場合に、受領者にどのような救済を与えるべきかが問題となる(42)。

(1) 損害賠償

損害賠償が認められることに、判例、学説上異論はない。

(ア) 範囲

契約を締結したことにより実際に支払われた費用、手付金、貸付金、その他の対価がその範囲に含まれることには異論はなかろう。事業提携契約が継続的に密接な関係を当事者間に築き上げ、かつ、競業禁止義務等一定の事業上の制約を伴うことも少なくないため、契約なかりせば得べかりし利益の損害も多大なものになりうる。情報提供義務違反の例に限らず、逸失利益の請求については損害立証が実務上容易ではないことから、多額の損害賠償が認められる例は多くないであろうが、情報提供者に虚偽情報の提供、情報の隠蔽等重大な帰責事由が認められる場合には、一種のサンクションとして、逸失利益が認められやすくなることはありうる。

(イ) 契約による制限　事業提携契約において、損害賠償の範囲について一定の制限をする場合がある。契約による免責、責任制限は原則有効であるが、違反者に故意、重過失がある場合には、制限は効力を有しないとされている。(43)(44) 事業提携契約における情報提供・説明義務違反の救済についても同じ考え方を採るのが妥当であろう。

(ウ) 過失相殺　情報受領者に過失がある場合には、裁判例においても過失相殺を認めるものが少なくない。事業提携契約における救済でも、過失相殺を認めて当事者間のバランスをとるべきであろう。事業提携契約の情報受領者は、弱者ではなくある程度の判断能力、情報収集能力を有するので、情報受領者に情報収集の点で落ち度があった場合には、損害賠償の額を減額することで調整を図ることに妥当性がある。

(2) 権利行使の制限

十分な情報提供、説明をしないで契約締結に導いた当事者からの契約に基づく権利行使が信義則により制約を受けることを認めるべきであろう。裁判例では情報提供・説明義務違反を信義則に基づく義務違反と捉える場合が多いことを考えれば、情報提供者からの契約に基づく権利行使を同じく信義則により制限するのが妥当な場合もあろう。

(3) 無効、取消

情報提供・説明義務違反を、契約交渉当事者の信義に基づく誠実義務違反と構成する立場からは、無効、一部無効を救済として認めることは、理論上困難であり、また、実務上も、契約の義務からの解放という点では、仮に取消が認められれば目的は達成されるため、無効を救済として取り上げる実益は乏しい。

裁判例で、契約の取消が正面から請求され、判断されたことはないと思われるが、特に一定の事業活動の制約になる拘束的義務を伴う事業提携契約の場合には、金銭的な損害賠償だけではなく、契約からの離脱により情報受領者を義務から解放し、契約の拘束がなければ遂行しうる事業展開を許容することが妥当な場合が少なくない。

民法（債権法）改正の議論では、不実表示に対する救済として取消が正面から考慮されているが、情報提供義務違反の救済としては、取消も議論されているものの損害賠償を中心に検討されている。

企業買収に関する契約では、既に実行された企業買収によって形成された権利義務関係を元に戻すことが実務上困難なため、契約違反による取消は認めず、損害賠償のみに救済を限定するのが一般である。本稿で取り上げる事業提携契約においては、そのような取消を制限する条項が規定されることは実務上少ない。情報提供・説明不足により契約を締結させられると情報受領者は提供者に大きな不信感を抱くのであり、そのような状況で実のある事業提携が成しうるとは考えにくい。また、契約上の事業制限による逸失利益の損害賠償を求めたい場合もあると考えられるが、逸失利益の立証は実務上容易ではなく、損害賠償による救済には限界がある。

契約締結段階における情報提供義務違反は契約上の債務不履行ではないとした最高裁判決の立場からすれば、損害賠償を超えた取消という救済を認めることは理論的に難しいであろう。ただし、拘束が過度な負担となる情報受領者に取消による救済を認める実務上の必要性は十分にあるので、情報提供者から情報受領者に対する拘束条件的な義務履行を求める請求を信義則上認めず、契約受領者を義務から解放し、実質上取消を認めたのと同等の効果を達成するのが妥当な場合もあろう。実務上は、情報受領者が契約から逃れたいと思う場合には、詐欺、錯誤、契約違反等の理由により契約の取消、無効、終了通知を情報提供者に送り、情報提供者は、それを争い、契約の履行・損害賠償の請求をすることになる（情報受領者が反対に損害賠償の請求をすることもある）。この場合に、信義則により、情報提供者による履行請求と損害賠償請求を認めなければ、実質上取消と同等の救済が情報受領者に与えられる。

(4) 契約改訂、再交渉義務

民法（債権法）改正の事情変更法理の明文化議論の中では、契約の解除・改訂、再交渉請求権・再交渉義務を規定すべきであるとの考え方も提示されてきているが、事情変更の原則の明文化への反対も少なくなく、また再交渉請求権・再交渉義務に対しては様々な反対意見が出されている。(45)ドイツにおいては、契約締結後のみならず、契約締結前をも再交渉義務の活用領域として捉える考え方があり、わが国においても、再交渉義務を日本法の解釈論として導入しようとする試みはなされている。(46)契約改訂、再交渉については、事業提携の基礎が失われ不信感が醸成された当事者間では有意義な改訂を実現する再交渉は実務上難しいこと、私的自治への過度な介入となりうること、裁判例としてもこれを正面から認めたものがないこと等から、契約に改訂や再交渉の規定がない限り、救済としては認めがたいと考える。(47)

(39) 前掲注(38)最判。
(40) 三枝健治「アメリカ契約法における開示義務(一)(二・完)」早稲田法学七二巻二号一頁、三号八一頁（一九九七年）は、「情報に対して平等にアクセスできるか否か」で開示義務の有無を考える。
(41) フランチャイズに関する前掲注(37)東京地判参照。
(42) 義務違反と救済を結びつける因果関係の存在も問題となるが、実務上多くの事例では、当該情報もしくは説明があれば当該契約の締結はなかったことが比較的明白であるので、本稿では、因果関係の問題は分析していない。

(43) 売主、請負人が知りながら告げなかった事実については、契約によっても免責されない（民法五七二条、六四〇条）。
(44) 売買契約書中に売主は瑕疵担保責任を負わないとの免責特約が規定されていたものの、売主に、瑕疵の存在を知らなかったことについて悪意と同視すべき重過失があったことを認定し、民法五七二条を類推適用して免責特約の効力を否定した裁判例がある。この判決では、売主が、瑕疵に関する事実関係について調査をして買主に誠実に説明する義務があり、その信義則上の説明義務違反の債務不履行責任があることも認定した（東京地判平成一五年五月一六日判時一八四九号五九頁）。
(45) 民法（債権関係）部会資料一九－二第二、三（一九頁）、同部会資料四八（二七頁）。
(46) 外国法における再交渉義務と日本法の解釈論としての再交渉義務を詳細に論じたものとして、石川博康『再交渉義務の理論』（有斐閣、二〇一一年）。民法（債権法）改正の事情変更法理の効果の議論に関して、再交渉義務の問題点を指摘するものとして、大阪弁護士会『実務家から見た民法改正――「債権法改正の基本方針」に対する意見書（別冊NBL一三一号）』一一一頁（商事法務、二〇〇九年）、小林一郎「日本の契約実務と契約法(六・完)」NBL九三五号一〇〇頁（二〇一〇年）。
(47) 契約に契約改訂条項、再交渉義務を定めた条項、協議条項等が規定されている場合には、それらの条項の解釈が問題となる。協議条項に基づいて請負人から工期変更の申出がなされたが、注文主がこの協議に応じずに契約の解除をした事案で、注文主に請負人と協議する義務があることを認め、契約の解除は認めないと判示した例がある（東京高判昭和四八年六月二五日判時七一〇号五九頁）。

八　まとめ

本稿では、不幸にして契約締結の交渉段階における情報提供・説明が不十分なまま契約を締結してしまった当事者を、契約に基づく継続的な義務、特に競業禁止、継続的研究開発義務、最低購入義務等の拘束条件から解放することが社会経済の発展にとって大きな意味があるとの視点から、従来の錯誤、契約締結上の過失等の理論に基づく救済、民法（債権法）改正の議論、表明保証条項・情報提供・説明義務違反を巡る裁判例を分析し、救済への示唆が得られるかどうかを検討した。

基本的には契約自由、私的自治の原則に立ちながらも、現代の複雑化した経済取引における、高度な専門性への期待、情報アクセスの確保、コスト面などからの経済合理性、公益性・安全性確保の要請等から、ある程度洗練された事業者間の交渉の結果締結された事業提携契約に関する情報提供・説明不足からの救済（特に継続的義務からの解放）をより積極的に認めるための方向づけを試みた。

民法（債権法）改正作業が結実し、情報提供義務、不実表示等経済取引に重要な点について一定の指針が明文化されることを望むものであるが、仮にそのような明文化が達成できたとしても、なお条文では捉えきれない領域が少なからず残ると思われる。情報提供・説明義務違反に関する本稿の分析と問題提起が、よりよい事業提携契約の締結と不合理な契約からの正当な離脱や救済につながること、この分野の議論が更に深まることを希望する。

生殖補助医療により生まれた子の親子関係

——日本における議論の展開

野村豊弘

一　はじめに
二　生殖補助医療に関する最高裁判所の判決
三　生殖補助医療により生まれた子の親子関係
四　おわりに

一　はじめに[1]

1　生殖補助医療技術の進展

自然的な生殖の方法によらず、人工的な生殖[2]の方法によって子を出生させる試みはそれほど新しいものではなく、すでに一八世紀末にイギリスにおいて初めて人工授精が行われたといわれる。[3] また、フランスでもすでに一八〇四年に（偶然であるが、フランス民法典が制定された年である）、人工授精子が誕生しているということである。[4] しかし、新鮮な精子を使用する必要があることから、それほど広くこの技術が用いられていたわけではない。その後、二〇世紀半ばに長期間にわたる精子の冷凍保存が可能になって（精子の保存のためにいわゆる精子銀行が作られている）、人工授精がかなり広く行われるようになったようである。[5] これらの技術は、男性の側の不妊に対する治療としての意味をもっている。

さらに、人工生殖の技術が発達し、人工授精、すなわち夫あるいは第三者の精子を女性の性管に人為的に注入する方法だけでなく、女性から採取した卵子に精子をかけて受精させ（体外受精）、女性の子宮内に戻す方法、受精卵を卵子の提供者とは別の女性の子宮に入れる方法（いわゆる代理母の典型的な場合である）、などが行われるようになった。[6] これらの新しい方法は、女性の側の不妊に対する治療としての意味をもっている。

日本においても、第二次大戦後、夫婦間において、夫に不妊の原因がある場合に、夫の精子あるいは第三者の精子を利用した人工授精により子を得ることが行われるようになった。このような人工授精がもたらす法的な問題の検討も行われているが、民法学界において、広く関心をもたれているとは必ずしも言えなかったように思われる。[7]

実際に、人工生殖に関する法的な問題が裁判上争われるということはなかったように思われる。

その後、生殖技術の飛躍的な発展に伴い、生殖補助医療の一環であることが社会的に広く知られるようになった。そして、生殖補助医療により子を儲けることもかなり広く行われていると思われる。ただし、日本の戸籍制度においては、戸籍の管掌者が出生届に記載された子の妊娠出産の経緯を調査することは行われていないために、他人の精子を利用した人工授精によって生まれた子についても、自然生殖による子と同じように出生届が提出され、夫婦間の嫡出子として戸籍に記載されている。そこで、生殖補助医療がどのように利用され、それによって生まれる子が毎年どれぐらいいるのかは明らかになっていない。日本における養子縁組の減少、養親の年齢の高齢化は、不妊に悩む夫婦がまず、不妊治療に頼り、養子縁組を最後の手段として考えていることが窺える。(8)

2 生殖補助医療に関する法的検討の状況

(1) 法的検討の経緯

一方で、生殖補助医療が広く行われ、社会の関心を呼ぶようになったことから、法的な検討が行われるようになってきた。たとえば、新聞でも、生殖補助医療を巡るさまざまな問題が取り上げられるようになっている。(9) 他方で、法学者も生殖補助医療に関する欧米における法的な検討にも関心をもつようになり、諸外国における立法や裁判例などを紹介するとともに、日本において、生殖補助医療をどのように扱うべきか、生殖補助医療により生まれた子の法律上の父母は誰か、などの法的な議論が見られるようになった。(10)

このような状況において、日本でも、一九九〇年代終わり頃から、生殖補助医療に関する下級審裁判所による裁判例が公表されるようになってきた。とくに、非配偶者間人工授精（ＡＩＤ）により生まれた子の父子関係、代理出産により生まれた子の母子関係などが問題となっている。[11] 二〇〇〇年には、生殖補助医療技術の利用に対する法的規制について、日本弁護士連合会による提言がなされている。[12] そして、二〇〇一年から、一方で、厚生労働省の厚生科学審議会において、生殖補助医療制度の整備について検討が開始され、[13] 他方で、法務省の法制審議会において、生殖補助医療によって生まれた子の親子関係について検討が開始された。法制審議会に設置された生殖補助医療関連親子法制部会[14]においては、その後、一九回の会議が開催され、「精子・卵子・胚の提供等による生殖補助医療により出生した子の親子関係に関する民法の特例に関する要綱中間試案」がとりまとめられ、法務省民事局により公表されている。そこでは、①卵子または胚の提供による生殖補助医療により出生した子の母子関係、②精子または胚の提供による生殖補助医療により出生した子の父子関係および③生殖補助医療のために精子を提供した男性の法的地位の三つの問題が取り上げられている。その後、いろいろな事情により、厚生労働省および法務省における審議は中断されて、今日まで、審議は再開されていない。

最高裁判所では、二〇〇六年に、夫の死後に凍結保存されていた精子を利用して妻が生んだ子の父子関係について、夫の子ではないとした判決がなされ、二〇〇七年に、日本人夫婦がアメリカで代理出産により儲けた子の親子関係について、依頼者夫婦の嫡出子ではないとした判決が出されるに至った。

このように、代理出産が大きな社会問題として取り上げられたことから、二〇〇七年に、厚生労働大臣および法務大臣により日本学術会議に検討の依頼がなされ、二〇〇八年三月に学術会議による提言が公表された。[15] 提言では、原則として代理出産を認めないことが述べられている。しかし、その後も、厚生労働省および法務省では生殖補助医療に関する審議が再びなされることなく、今日に至っており、この問題に関する立法は実現していない。

(2) 生殖補助医療をめぐる法的問題の整理

このような生殖補助医療技術の発達は、必然的に社会に大きな論議を起こす原因となっている。ここでは、生殖補助医療がどのような法的問題を生じさせているのかを簡単に整理しておくことにする。なぜなら、生殖補助医療に関して、個々の具体的な問題を法的に考察するにあたって、その全体像を把握しておくことが有用であるからである。まず第一に、法的な考察の基礎になるものとして、道徳的、倫理的な見地からこのような技術を利用して子どもをもちたいという欲望を満足させることが許されるかが問題とされなければならないであろう。また、仮にそれが許されるとしても、どのような場合に許されるのかも問題になるであろう。このような道徳的・倫理的な考察は、法的な規範を定立しようとする場合には、必要不可欠な前提作業であるといわなければならない。第二に、このような技術を法的にどのように取り扱うべきかという問題を考えなければならない。具体的には、どのような場合に人工的な生殖方法が許されるか、どのような方法が許されるか、どのような者がこのような方法を施術することができるか、などの問題が考えられる。たとえば、最も厳格な考え方からは、人工授精も体外受精も法律上の配偶者間に限って認められ、他の場合には許されないと考えることも可能であろう。すなわち、夫の精子と妻の卵子の利用以外は認めないことになり、現在広く行われているＡＩＤは認められないことになる。あるいは、第三者の提供した精子・卵子の利用を認めるとしても、提供者は配偶者があって、すでに子を儲けていることを必要とするという考え方もありうるであろう。第三に、このような生殖補助医療によって生まれた子について、その法的な父母が誰であるかという問題である。これまで、自然生殖においては、夫婦間において生まれた子については、民法七七二条により、夫が父であると推定される。したがって、夫による嫡出否認の訴えによって、父子関係が否定されない限り、妻が妊娠・出産した子の父は夫の子として扱われる。また、婚姻関係にない男女間に生まれた子は、非嫡出子とされ、父および母による認知によって父子関係および母子関係が認められる（民法七七九条）。認知は、父母から自分の子であることを認める任意認知と子が父母に対してその子であることを認めさせる強制認知とがある。任意認知は、原則として戸籍の届出による（民法七八一条一項）。強制認知は、訴えによらなければならない（民法七八七条）。ただし、母子関係については、実務では、民法の規定にかかわらず、母の認知を必要とせず、分娩・出産という客観的事実によって母子関係が発生するとされている。いずれにせよ、遺伝的な関係が親子関係の基本にあると考えられてきたといえよう。ところが、生殖補助医療により生まれた子については、子を儲けようとする夫婦との間に遺伝的な関係がないことから、その親子関係が問題となるのである。たとえば、AIDにより出生した子の場合には、分娩出産した女性との間には遺伝的な母子関係が認められるが、その夫との間には、遺伝的な父子関係はなく、その夫と精子の提供者とのいずれが法律上の父であるのかが問題となる。また、夫婦間の精子と卵子によってできた胚を代理母の子宮内に着床させて、代理母が分娩出産した子の場合には、遺伝的な母子関係のある女性と分娩出産した女性とが異なることになり、いずれを法律上の母とすべきかが問題となる。第四に、生殖補助医療に関する契約の有効性、不法行為の可能性なども問題となる。たとえば、代理出産の場合に、代理母が分娩出産した子を依頼者夫婦に引き渡さない場合に、依頼者夫婦は、代理出産に関する合意に基づいて、子の引渡しを請求できるかという問題が考えられる。あるいは、AIDにより出生した子に障害がある場合に、精子の提供者に損害賠償責任があるかという問題も考えられる。

3　本報告の内容

以上のような日本における生殖補助医療に関する法的検討の状況を踏まえて、本報告では、二つの論点を取り上げる。まず、第一に、前述の二件の最高裁判決を検討する（二）。第二に、生殖補助医療により生まれた子の親子関係について考察する（三）。

（1） 本稿は、もともと、二〇一三年三月一七〜二〇日にシドニー（オーストラリア）で開催された第六回家族法および子供の権利に関する世界大会（6th Congress on Family Law and Children's Rights）における報告（英文）のために準備したものである。元の原稿では、民法の条文の文言を明記するなど、日本法の知識が十分でない外国人が理解できるようにしていたが、本稿では、そのような配慮を必要としないので、大幅な加除修正を行っている。ただし、論文の全体的な構成を維持するため、日本の読者にとって当然のことを述べている部分も、多少残さざるをえなかった。

また、これまで、多くの機会に私が発表してきた論文等を参考にしている。個別に引用することはしないが、その論考は、以下の通りである。

① 「フランスの判例における代理母と養子縁組」加藤一郎先生古稀記念『現代社会と民法学の動向(下)民法一般』五九五頁（有斐閣、一九九二年）。

② 「人工生殖と親子の決定」石川稔＝中川淳＝米倉明編『家族法改正への課題』三一五頁（日本加除出版、一九九三年）。

③ 「生殖補助医療と親子関係をめぐる諸問題　総論」ジュリ一二四三号六頁（二〇〇三年）。

④ 「生殖補助医療と法的親子関係に関する一考察」平井宜雄先生古稀記念『民法学における法と政策』七七一頁（有斐閣、二〇〇七年）。

⑤ 中嶋士元也＝町野朔＝野村豊弘『法システムⅠ　生命・医療・安全衛生と法』五四頁〜六三頁〔4 生殖補助医療と民事法〕（放送大学教育振興会、二〇〇六年）。

（2） 現在においては、人工的な生殖の方法としてさまざまな方法が用いられている。本報告は、このような人工生殖により出生した子の親子関係について法的な考察をすることを目的とするものであるから、医学的な技術の細かな観点に立ち入ることなしに、次のような用語法をとることにする。

まず、女性の性管に精子を人為的に注入する方法を人工授精と呼ぶことにする。これは、主として夫の側に不妊の原因がある場合に用いられるものである。そして、夫の精子によるものと夫以外の第三者の精子によるものとがある。それぞれＡＩＨ

（Artificial Insemination by Husband）、ＡＩＤ（Artificial Insemination by Donner）と略称されている。

次に、女性の体内から取り出した卵子と精子とを受精させること、あるいはその受精卵を女性の子宮に戻すことを含めて、体外受精と呼ぶことにする。ＩＶＦ（In vitro fertilization）と略称されている。そして、受精し分裂した卵（胚）を子宮内に移植することを含めて体外受精・胚移植（IVF-ET）と呼ばれている。これは、主として、妻の側に不妊の原因がある場合に用いられるものである。この場合に、妻の卵子と受精させる精子が夫のものである場合と第三者のものである場合とが考えられる。また、妻以外の女性の卵子を利用する場合も考えられる。

さらに、妻以外の女性の子宮に着床させることによって出生した子を夫婦の子とする場合を代理母出産と呼ぶことにする。この場合にも、卵子が妻のものである場合と代理母自身のものである場合とが考えられる。

これらのすべての場合を含めて人工生殖と呼ぶことにする。なお、欧米では、「人工生殖」の代わりに、「生殖補助医療」あるいは「医学的に援助された生殖」という言葉が広く用いられるようになってきている。人工生殖が不妊治療の一つの形態であることを示し、それが社会的に容認されるべきものであるという主張を含んでいるように思われる。

（3） Guy RAYMOND, La procréation artificielle en droit français J.C.P. 1983. I. 3114, no 1; François TERRE, L'enfant de l'esclave. Génétique et droit. 1987, p. 51.

（4） TERRE, op. cit.（前掲注（2））, p. 51; Pierre KAYSER, Les limites morales et juridiques de la procrèation artificielle, D. 1987. Chron. 189, n° 2.

（5） RAYMOND, op. cit.（前掲注（2））, n° 1; TERRE, op. cit.（前掲注（1））, p. 51.

（6） TERRE, op. cit.（前掲注（2））, p. 52.

（7） たとえば、小池隆一ほか編『人工授精の諸問題——その実態と法的側面』（慶應義塾大学法学研究会、一九六〇年）は、初期における人工生殖に関する法学的研究である。

（8） 岩崎美枝子「わが国における養子制度の実情——養子縁組斡旋の現場からよりよい特別養子法の改正を願って」家族〈社会と法〉二五号四六頁（とくに五三頁）（二〇〇九年）参照。

（9） たとえば、夫の死亡後に凍結されていた精子による人工授精により子が生まれているという記事（読売新聞二〇〇二年六月二五日夕刊）、日本で代理母出産が行われたという記事（朝日新聞二〇〇三年三月六日朝刊）、性同一性障害者夫婦が生殖補助医療により儲けた子を嫡出子として認められないという記事（朝日新聞二〇一〇年二月一四日朝刊）などが注目に値する。

（10）　日本の多くの法学者（特に家族法を専門とする学者）が人工生殖に関する欧米など諸外国における法的議論を研究し、その成果を論文として公表している。たとえば、松川正毅「フランスに於ける人工生殖と法――人工授精をめぐる問題（一）（二・完）」民商一〇五巻二号一七一頁、三号三二三頁（一九九一年）（同『医学の発展と親子法』（有斐閣、二〇〇八年）所収）、唄孝一ほか「人工生殖の比較法的研究」比較法研究五三号一頁以下（一九九一年）、高橋朋子「フランスにおける医学的に援助された生殖をめぐる動向」東海法学七号一九〇頁（一九九一年）、大村敦志「フランスにおける人工生殖論議」法協一〇九巻四号一四二頁（一九九二年）（同『法源・解釈・民法学』（有斐閣、一九九六年）所収）、櫛島次郎＝大村美由紀「フランス『生命倫理法』の全体像」外国の立法三三巻二号一頁（一九九四年）、北村一郎「フランスにおける生命倫理立法の概要」ジュリ一〇九〇号一二〇頁（一九九六年）、総合研究開発機構＝川井健共編『生命科学の発展と法――生命倫理法試案』（有斐閣、二〇〇一年）、床谷文雄「人工生殖子の親子関係をめぐる解釈論と立法論」國井和郎先生還暦記念『民法学の軌跡と展望』四四九頁（日本評論社、二〇〇二年）、松倉耕作「スイス生殖補助医療法と人工授精」判タ一〇九七号四四頁（二〇〇二年）、床谷文雄「生殖医療・生命倫理・親子法――スイス法を手がかりとして」阪大法学五二巻三・四号一四九頁（二〇〇二年）、山田美枝子「フランスにおける生殖補助医療による親子関係」法学研究（慶應義塾大学）七六巻一号三三五頁（二〇〇三年）、松倉耕作「概説スイス生殖補助医療法」アカデミア人文・社会科学編（南山大学）七八号五四三頁（二〇〇四年）、床谷文雄「比較法（実質法）からみた生殖補助医療親子・代理母法（学会報告から）」国際私法年報六号一九七頁（二〇〇四年）、織田有基子「生殖補助医療とアメリカ法の現状――いわゆる代理母から出生した子の母親は誰か（学会報告から）」国際私法年報六号二二〇頁（二〇〇四年）、石原善幸「アメリカにおける死後生殖素描」松山大学論集一七巻一号二三三頁（二〇〇五年）、総合研究開発機構＝川井健共編『生命倫理法案――生殖補助医療・親子関係・クローンをめぐって』（商事法務、二〇〇五年）、両角道代「スウェーデンの人工生殖法――非配偶者間人工生殖における『子の福祉』」樋口範雄＝土屋裕子編『生命倫理と法』二九〇頁（弘文堂、二〇〇五年）、織田有基子「代理出産における母子関係――アメリカ法の場合」樋口＝土屋編・前掲書三〇五頁、高山奈美枝「代理懐胎と法――日仏比較法と通じて」明治学院大学法学研究八四号一頁（二〇〇八年）、小林真紀「胚の法的保護の枠組みに関する一考察――フランス生命倫理法の視点から」愛知大学法学部法経論集一七九号一頁（二〇〇八年）、石井美智子「生殖補助医療によって生まれた子の親子関係――日英比較法研究」法律論叢（明治大学）八四巻二・三号二五頁（二〇一二年）、山田敏雄「イギリスにおける生殖医療法制と『子供の福祉』」法律論叢（明治大学）八四巻二・三号四六七頁（二〇一二年）、伊藤弘子＝小川富之監修「インドにおける生殖補助医療規制をめぐる近年の動向（一）～（四・完）」戸籍時報六八〇号一六頁、六八一号一二頁、六八三号一二頁、六八四号一四頁（二〇一二年）等。

(11) たとえば、大阪地判平成一〇年一二月一八日家月五一巻九号七一頁は、非配偶者間人工授精子について、夫が同意していなかったことを理由に、夫の嫡出否認の訴えを認めている。また、東京高決平成一〇年九月一六日家月五一巻三号一六五頁は、非配偶者間人工授精子について、夫の子であるという嫡出推定が働くことを認めるとともに、離婚の場合における親権者の指定に関して、夫（子の父）が遺伝的な父でないことも考慮すべき一つの要素であることを認めている。また、大阪高決平成一七年五月二〇日判時一九一九号一〇七頁は、代理母により生まれた子が依頼者夫婦の嫡出子でないことを認めている。なお、最判平成一八年九月四日民集六〇巻七号二五六三頁は、夫の死後に行われた生殖補助医療により生まれた子の父子関係に関する判決であるが、これについては、本文でやや詳細に紹介している。また、最決平成一七年三月二三日民集六一巻二号六一九頁は、代理母により生まれた子の親子関係に関して、アメリカでなされた判決の効力を否定している判決であるが、これについても、本文でやや詳細に紹介している。

(12) 日本弁護士連合会「生殖医療技術の利用に対する法的規制に関する提言」（二〇〇〇年三月）。

(13) もっとも、厚生労働省の厚生科学審議会では、すでに専門委員会で生殖補助医療の在り方について検討がなされていて、二〇〇〇年一二月に、「精子・卵子・胚の提供等による生殖補助医療のあり方についての報告書」が公表されている。

(14) なお、筆者は、部会長としてこの会議に参加している。

(15) 代理懐胎は原則として禁止することが望ましいこと、営利目的の代理出産には厳罰をもって処すること、厳重な管理下で代理出産を試行的に実施することを容認すること、代理出産により出生した子について、懐胎した代理母を母とすること、代理出産により出生した子と依頼者夫婦との間に養子縁組によって親子関係を定立することなどを提言している。

二　生殖補助医療に関する最高裁判所の判決

1　最判平成一八年九月四日民集六〇巻七号二五六三頁

(1)　事実の概要

A（夫）およびB（妻）夫婦は、婚姻後不妊治療を受けていたが、子を懐胎するに至らなかった。Aは、婚姻前から、慢性骨髄性白血病の治療を受けていたが、骨髄移植手術に伴い大量の放射線照射を受けることにより無精子症になることを危ぐし、病院において精子を冷凍保存した。

Aは、骨髄移植手術を受ける前に、Bに対して、自分が死亡するようなことがあってもBが再婚しないのであれば、自分の子を生んでほしいという話をした。また、Aは、骨髄移植手術を受けた直後、両親に対して、自分に何かあった場合には、Aの保存されている精子を用いて子を授かり、家を継いでもらいたいとの意向を伝え、さらに、その後、Aの弟および叔母に対しても、同様の意向を伝えた。

AB夫婦は、Aの骨髄移植手術が成功して同人が職場復帰をした後に、不妊治療を再開することとし、病院から保存されている精子を受け入れ、これを用いて体外受精を行うことについて承諾が得られた。しかし、Aは、その実施に至る前に死亡した。

Bは、Aの死亡後、Aの両親と相談の上、本件保存精子を用いて体外受精を行うことを決意し、上記病院において保存されていた精子を用いた体外受精を行い、これにより懐胎したXを出産した。Bは、嫡出子として出生届を市役所に提出したが、その届出は受理されなかった。そこで、Xが、検察官に対し、XがAの子であることについて死後認知（民法七八七条但書参照）を求めた。

第一審裁判所である松山地方裁判所は、Aが死後の人工生殖に同意をしていたとは認められないこと、AとXとの間に、法律上の父子関係を認めることが当然に子の福祉に適うとは断言できないことなどを理由に、Xの請求を棄却した。

(2) 訴訟の経緯

そこで、Xが控訴した。控訴審裁判所である高松高等裁判所は、次のとおり判断して、本件請求を棄却した第一審判決を取り消し、本件請求を認容すべきものとした。すなわち、第一に、民法七八七条は、生殖補助医療が存在せず、男女間の自然の生殖行為による懐胎、出産のみが問題とされていた時代に制定されたものであるが、そのことをもって、男性の死亡後に当該男性の保存精子を用いて行われた人工生殖により女性が懐胎し出産した子（以下「死後懐胎子」という）からの認知請求をすること自体が許されないとする理由はない。第二に、子の懐胎時に父が生存していることは、認知請求を認容するための要件とすることはできず、死後懐胎子について認知が認められた場合、父を相続することや父による監護、養育および扶養を受けることはないが、父の親族との間に親族関係が生じ、父の直系血族との間で代襲相続権が発生するという法律上の実益がある。第三に、夫の意思にかかわらずその保存精子を用いた人工生殖により妻が懐胎し、出産した子のすべてが認知の対象となるとすると、夫の意思が全く介在することなく、夫と法律上の親子関係が生じる可能性のある子が出生することとなり、夫に予想外の重い責任を課すこととなって相当ではない。結論として、裁判所は、「人工生殖により出生した子からの認知請求を認めるためには、当該人工生殖による懐胎について夫が同意していることが必要であると解される。結局、死後懐胎子からの認知請求が認められるためには、認知を認めることを不相当とする特段の事情がない限り、子と父との間に血縁上の親子関係が存在することに加えて、当該死後懐胎子が懐胎するに至った人工生殖について父の同意があることが必要であり、かつ、それで足りると解される。」と述べ、本件では、「Xは、Aの死亡後に保存されていたAの精子を用いて行われた体外受精により、Bが懐胎し、出産した者であるから、Aとの間に血縁上の親子関係が存在し、Aは、その死亡後に本件保存精子を用いてBが子をもうけることに同意していたと認められる。」と判示している。

そこで、検察官が最高裁判所に上告した。最高裁判所は、以下のように、XとAとの間に法律上の父子関係は認められないと判示し、原判決を破棄し、Xの控訴を棄却した。判決は、「民法の実親子に関する法制は、血縁上の親子関係を基礎に置いて、嫡出子については出生により当然に、非嫡出子については認知を要件として、その親との間に法律上の親子関係を形成するものとし、この関係にある親子について民法に定める親子、親族等の法律関係を認めるものである。ところで、現在では、生殖補助医療技術を用いた人工生殖は、自然生殖の過程の一部を代替するものにとどまらず、およそ自然生殖では不可能な懐胎も可能とするまでになっており、死後懐胎子はこのような人工生殖により出生した子に当たるところ、上記法制は、少なくとも死後懐胎子と死亡した父との間の親子関係を想定していないことは、明らかである。すなわち、死後懐胎子については、その父は懐胎前に死亡しているため、親権に関しては、父が死後懐胎子の親権者になり得る余地はなく、扶養等に関しては、死後懐胎子が父から監護、養育、扶養を受けることはあり得ず、相続に関しては、死後懐胎子は父の相続人になり得ないものである。また、代襲相続は、代襲相続人において被代襲者が相続すべきであったその者の被相続人の遺産の相続にあずかる制度であることに照らすと、代襲原因が死亡の場合には、代襲相続人が被代襲者を相続し得る立場にある者でなければならないと解されるから、被代襲者である父を相続し得る立場にない死後懐胎子は、父との関係で代襲相続人にもなり得ないというべきである。このように、死後懐胎子と死亡した父との関係は、上記法制が定める法律上の親子関係における基本的な法律関係が生ずる余地のないものである。そうすると、その両者の間の法律上の親子関係の形成に関する問題は、本来的には、死亡した者の保存精子を用いる人工生殖に関する生命倫理、生まれてくる子の福祉、親子関係や親族関係を形成されることになる関係者の意識、更にはこれらに関する社会一般の考え方等多角的な観点からの検討を行った上、親子関係を認めるか否か、認めるとした場合の要件や効果を定める立法によって解決されるべき問題であるといわなければならず、そのような立法がない以上、死後懐胎子と死亡した父との間の法律上の親子関係の形成は認められないというべきである。」と述べている。

2　最決平成一九年三月二三日民集六一巻二号六一九頁

(1)　事実の概要

X_1（夫）とX_2（妻）夫婦は、二〇〇三年に、米国ネバダ州在住のアメリカ人女性であるA（夫Bがいる）との間で、有償の代理出産契約を締結した。契約では、①Aは、X_1らが指定し、Aが承認した医師が行う処置を通じて、X_1らから提供された受精卵を自己の子宮内に受け入れ、受精卵移植が成功した際には出産まで子供を妊娠すること、②生まれた子についてはX_1・X_2が法律上の父母であり、ＡＢ夫妻は、子に関する保護権や訪問権等いかなる法的権利または責任も有しないことなどが定められていた。代理出産契約に基づき、Aが懐胎出産した双子の子（CおよびD）について、ネバダ州の裁判所で、X_1およびX_2が子の父母であることの確認がなされ、それに基づき、出生証明書が作成された。そこで、X_1らは、区役所に対して、X_1およびX_2を父母とする嫡出子としての出生届を提出したところ、子らがX_2を分娩出産した事実が認められず、X_1およびX_2と子らとの間に嫡出親子関係が認められないことを理由として本件出生届を受理しない旨の処分がなされた。そこで、X_1およびX_2が、区長に対して、戸籍法に基づき、本件出生届の受理を命ずることを申し立てた。

(2) 訴訟の経緯

第一審である東京家庭裁判所は、法律上の母子関係については、分娩者を母とする従前の考え方に従って、X_1およびX_2の申立を却下した。

そこで、X_1およびX_2が抗告した。第二審である東京高等裁判所は、この問題をネバダ州の裁判所の判決が日本において効力を有するかどうかという問題として判断した（民事訴訟法一一八条参照）。判決は、C・DがX_1・X_2の子であることを確定したのであり、その裁判が公序良俗に反するものではないから、その裁判を日本で承認することは公序良俗に反しないとして、区長に対して、出生届の受理を命じた。

そこで、区長が最高裁判所に対して許可抗告を申し立てた。最高裁判所は、以下のように、ネバダ州の判決が公序良俗に反するものとして日本において効力を有しないとして、原決定を破棄し、嫡出子出生届は、受理されるべきでないとした。最高裁判所は、まず、外国判決の承認に関して、「外国裁判所の判決が民訴法一一八条により我が国においてその効力を認められるためには、判決の内容が我が国における公の秩序又は善良の風俗に反しないことが要件とされているところ、外国裁判所の判決が我が国の採用していない制度に基づく内容を含むからといって、その一事をもって直ちに上記の要件を満たさないということはできないが、それが我が国の法秩序の基本原則ないし基本理念と相いれないものと認められる場合には、その外国判決は、同法条にいう公の秩序に反するというべきである。実親子関係は、身分関係の中でも最も基本的なものであり、様々な社会生活上の関係における基礎となるものであって、単に私人間の問題にとどまらず、公益に深くかかわる事柄であり、子の福祉にも重大な影響を及ぼすものであるから、どのような者の間に実親子関係の成立を認めるかは、その国における身分法秩序の根幹をなす基本原則ないし基本理念にかかわるものであり、実親子関係を定める基準は一義的に明確なものでなければならず、かつ、実親子関係の存否はその基準によって一律に決せられるべきものである。したがって、我が国の身分法秩序を定めた民法は、同法に定める場合に限って実親子関係を認め、それ以外の場合は実親子関係の成立を認めない趣旨であると解すべきである。以上からすれば、民法が実親子関係を認めていない者の間にその成立を認める内容の外国裁判所の裁判は、我が国の法秩序の基本原則ないし基本理念と相いれないものであり、民訴法一一八条三号にいう公の秩序に反するといわなければならない。」と述べている。

次に、最高裁判所は、法律上の母子関係について、「我が国の民法上、母とその嫡出子との間の母子関係の成立について直接明記した規定はないが、民法は、懐胎し出産した女性が出生した子の母であり、母子関係は懐胎、出産という客観的な事実により当然に成立することを前提とした規定を設けている（民法七七二条一項参照）。また、母とその非嫡出子との間の母子関係についても、同様に、母子関係は出産という客観的な事実により当然に成立すると解されてきた。民法の実親子に関する現行法制は、血縁上の親子関係を基礎に置くものであるが、民法が、出産という事実により当然に法的な母子関係が成立するものとしているのは、その制定当時においては懐胎し出産した女性は遺伝的にも例外なく出生した子とのつながりがあるという事情が存在し、その上で出産という客観的かつ外形上明らかな事実をとらえて母子関係の成立を認めることにしたものであり、かつ、出産と同時に出生した子と子を出産した女性との間に母子関係を早期に一義的に確定させることが子の福祉にかなうということもその理由となっていたものと解される。民法の母子関係の成立に関する定めや上記判例は、民法の制定時期や判決の言渡しの時期からみると、女性が自らの卵子により懐胎し出産することが当然の前提となっていることが明らかであるが、現在では、生殖補助医療技術を用いた人工生殖は、自然生殖の過程の一部を代替するものにとどまらず、およそ自然生殖では不可能な懐胎も可能にするまでになっており、女性が自己以外の女性の卵子を用いた生殖補助医療により子を懐胎し出産することも可能になっている。そこで、子を懐胎し出産した女性とその子に係る卵子を提供した女性とが異なる場合についても、現行民法の解釈として、出生した子とその子を懐胎し出産した女性との間に出産により当然に母子関係が成立することとなるのかが問題となる。この点について検討すると、民法には、出生した子を懐胎、出産していない女性をもってその子の母とすべき趣旨をうかがわせる規定は見当たらず、このような場合における法律関係を定める規定がないことは、同法制定当時そのような事態が想定されなかったことによるものではあるが、前記のとおり実親子関係が公益及び子の福祉に深くかかわるものであり、一義的に明確な基準によって一律に決せられるべきであることにかんがみると、現行民法の解釈としては、出生した子を懐胎し出産した女性をその子の母と解さざるを得ず、その子を懐胎、出産していない女性との間には、その女性が卵子を提供した場合であっても、母子関係の成立を認めることはできない。もっとも、女性が自己の卵子により遺伝的なつながりのある子を持ちたいという強い気持ちから、本件のように自己以外の女性に自己の卵子を用いた生殖補助医療により子を懐胎し出産することを依頼し、これにより子が出生する、いわゆる代理出産が行われていることは公知の事実になっているといえる。このように、現実に代理出産という民法の想定していない事態が生じており、今後もそのような事態が引き続き生じ得ることが予想される以上、代理出産については法制度としてどう取り扱うかが改めて検討されるべき状況にある。この問題に関しては、医学的な観点からの問題、関係者間に生ずることが予想される問題、生まれてくる子の福祉などの諸問題につき、遺伝的なつながりのある子を持ちたいとする真しな希望及び他の女性に出産を依頼することについての社会一般の倫理的感情を踏まえて、医療法制、親子法制の両面にわたる検討が必要になると考えられ、立法による速やかな対応が強く望まれるところである。」と述べている。[16]

（16）　なお、この事件では、X_1およびX_2がCおよびDを養子とすることによって解決された。

三　生殖補助医療により生まれた子の親子関係

1　法律上の親子関係を決定する要素

生殖補助医療によって生まれた子の親子関係をどのように決定するかという問題を考察するにあたっては、その前提として、まず、親子関係決定の準則を定めるに際して考慮すべき要素は何かであるかを明らかにする必要がある。すでに述べたように、日本民法では、これまで、自然生殖により生まれた子については、嫡出子と非嫡出子に分けて考えられている。すなわち、婚姻関係にある男女間に生まれた子は嫡出子とされ、嫡出推定の規定によって、父子関係が決定されている。また、婚姻関係にない男女間に生まれた子は非嫡出子とされ、父との間の父子関係は認知（父から父子関係を認める任意認知または子から父子関係を認めさせる強制認知）によって定立する。また、母と子の間の母子関係は、認知を定めた規定（民法七七九条）が存在するにもかかわらず、分娩という事実によって生じ、認知を要しないとされている。このような法律上の親子関係の決定方法は、遺伝的な親子関係（言い換えれば血縁的な親子関係）を法律上の親子関係とするという考え方を基礎としている。

もっとも、法律上の親子関係が遺伝的な親子関係の基礎の上に定立されるということは、必ずしも絶対的に貫徹されているわけではない。たとえば、妻の出産した子が夫の子でないにもかかわらず、民法七七二条により夫の子（嫡出子）と推定される場合には、夫のみがその嫡出であることを否認できるにとどまり（民法七七四条）、夫が否認権を行使しない限り、他の者（たとえば、遺伝的な父）がその嫡出親子関係を否定することができない。しかも、夫が否認権を行使できるのは、夫が子の出生を知った時から一年以内であり、その期間内に否認の訴えを提起しなければならない（民法七七七条）。また、父が成年の子を認知するためには、その子の承諾を得なければならない（民法七八二条）。したがって、遺伝的な父子関係があっても、子の承諾がない限り、父が認知することはできず、法律上の父とはなり得ない。このように、遺伝的な親子関係があっても、法律上の親子関係が認められない場合が存在する。そこで考慮されているのは、法律上の父とされている者の意思、法律上の子とされたくない者の意思である。また、嫡出否認の訴えの制限については、社会的に見て親子のような外観があるものについて、それを尊重し、第三者がそれに干渉することを否定するという意味も持っていると考えられる。

しかし、このような遺伝的な親子関係と法律上の親子関係の食い違いは、例外的なものであって、原則として、遺伝的な親子関係が法律上の親子関係の基礎になっていることは否定できない。民法上、そのことは明文で規定されているわけではないが、当然の前提になっているものと考えられる。夫が長期間海外に滞在していた場合のように、妻が夫によって懐胎することが客観的に不可能である場合に、妻の出産した子について、推定の及ばない子として、嫡出否認の訴えによらず、親子関係不存在確認の訴えまたは審判によって、誰でも親子関係を否定でき、嫡出否認の訴えのような出訴期間の制限もないとする判例理論は、遺伝的な親子関係を重視していることの表れであるといえよう。

以上のような遺伝的な親子関係に基礎を置いて、法律上の親子関係の定立する準則は、生殖補助医療によって生まれた子については、必ずしもあてはまらないといわなければならない。夫婦間において、夫婦の精子と卵子とを用いて行われる生殖補助医療の場合には、原則として、これまでの準則で親子関係を定立してもあまり問題はないが[17]、第三者の提供した精子・卵子が用いられる場合には、それによって生まれた子について、生殖補助医療を受ける夫婦の少なくとも一方との間に遺伝的な意味においての親子関係は存在しないからである。そこで、何らかの生殖補助医療を認めるとすれば、生殖補助医療によって生まれた子の親子関係を定立する準則を立法によって（民法あるいは特別法として）定める必要がある。準則を定めるにあたっては、法律上の親子関係を決定するために考慮しなければならない要素を明らかにしなければならない。遺伝的な親子関係のほかに、当事者の意思（とくに、父あるいは母になろうとする意思）、社会的に親子と認められるような実態（あるいは親子のような外観）などが重要な要素である。また、父子関係と母子関係とで同じ基準で考えられなければならないか、それともそれぞれ別個により適切な基準で考えなければならないかも問題であろう。いずれにせよ、法的に是認される生殖補助医療によって生まれた子については、その医療を受けた男女が法律上の父母とされることが必要である。前述のように、厚生労働省の審議会では、法律上の夫婦に限って生殖補助医療の利用を認めることとされていたが、その場合には、生殖補助医療の依頼者夫婦が法律上の父母ということになろう。戸籍上の記載も含めて、自然生殖により生まれた子と同じような地位を与えるのか、養子に類似したような地位を与えるのかも検討しなければならないであろう。また、法的に是認されない生殖補助医療によって生まれた子について、どのように考えるかも問題である。この問題については、まず、このような子について親子関係を定立する準則を定めるべきか、解釈論に委ねるべきかが検討されなければならない。一方で、一定の生殖補助医療を法律で禁止しておきながら、他方でそれによって生まれてくる子の親子関係について明文の規定を置くことはやや奇妙な感じを受けることは否定できない。しかし、法律の禁止を無視して生殖補助医療が行われることも容易に予想されるところであり、それによって生まれた子をある程度視野に入れて法律上の親子関係に関する準則を定める必要のあることも事実である。また、かりに、そのような場合についての準則を定めるとしても（あるいは解釈論としても）、法律の禁止を無視して生殖補助医療によって生まれた子について、その医療を依頼した男女が法律上の父母になるとすれば、禁止していることの意義はまったく没却されることになる。しかし、生まれてくる子の福祉を考えると、その子にとって、最も望ましい父母は誰であるかを考慮せざるを得ず、その場合には、依頼者である男女を父母とせざるを得ないということになる。結局、これは法律上の禁止と親子法との間にある避けることのできない矛盾であって、政策的に判断するほかはないであろう[18]。

以下においては、人工生殖により出生した子の父子関係および母子関係について、考察するが、議論を明確にするために、子のない夫婦が生殖補助医療により子を儲ける場合について検討する。もちろん、婚姻していない者[19]、性同一性障害者の夫婦[20]、同性婚のカップル[21]などが生殖補助医療により子を儲けることも考えられないわけではない。しかし、そのような場合には、まず、生殖補助医療が許されるかどうかが問題になる。もし、そのような生殖補助医療の利用が許されないと考えた場合に、禁止された生殖補助医療により生まれた子の親子関係をどのように考えるかという複雑な問題になる。むしろ、普通の夫婦間で行われる生殖補助医療について考察することによって、問題の本質をより正しくとらえることができると考えられる。

2　父子関係

父子関係について、問題となるのは、人工生殖により妻が産んだ子と夫の間に遺伝的な親子関係が存在しない場合である。最も広く行われている非配偶者間の人工授精（ＡＩＤ）がその典型である。前述の法制審議会の中間試案では、「妻が、夫の同意を得て、夫以外の男性の精子（その精子に由来する胚を含む。以下同じ。）を用いた生殖補助医療により子を懐胎したときは、その夫を子の父とするものとする。」とされている。多くの学説も、このような考え方をとっている[22]。また、諸外国の立法例でも、同様の考え方がとられている。生殖補助医療に同意をしている夫は、出生した子を育てる意思を有していると考えられ、また、子の利益のためにも、夫を父とすることが望ましいと考えられる。

もっとも、外国の立法例では、人工生殖子の父が誰であるかを直接に定めていない場合もある。大陸法系の多くの民法典では、法律上の父母を直接に定めた規定は置かれていなかった。そこで、生殖補助医療に同意をした夫が子の嫡出性を否認できないことを規定している[23]。日本でも、立法するとすれば、同じような規定になるものと考えられる。

なお、中間試案は、生殖補助医療のために精子を提供した者は、その精子を用いた生殖補助医療により女性が懐胎した子を認知することができないとするとともに、子が精子提供者に対して、認知の訴えを提起できないとしている。

3　母子関係

前述の法制審議会の中間試案では、「女性が自己以外の女性の卵子（その卵子に由来する胚を含む。）を用いた生殖補助医療により子を懐胎し、出産したときは、その出産した女性を子の母とするものとする。」としている。この考え方は、遺伝的な母子関係よりも懐胎・出産という事実を重視するものである。現在の日本民法における自然生殖による子の母子関係についてもあてはまる規範である。諸外国でも、このような考え方がとられている[24]。

このような規範によれば、代理出産の場合には、依頼者夫婦の妻ではなく、代理母が法律上の母とされることになる。現在アメリカなどで行われている代理出産においては、代理母が法律上の母にならないことが重要な要素になっている。したがって、懐胎・出産した女性を法律上の母とする規範は、事実上、代理出産を否定する意味を持っているといえよう。

(17) 夫婦間の精子と卵子を用いて行われる生殖補助医療によって生まれた子の法律上の親子関係がまったく問題とならないわけではない。たとえば、夫婦の精子と卵子を体外で受精させ、その受精卵を第三者の子宮に入れて代理出産させる場合には、遺伝的な母(卵子に由来する)が法律上の母であるのか、分娩出産した母(代理母)が法律上の母であるのかが問題となる。これまで、民法で分娩出産した者を法律上の母と解してきたのは、遺伝的な母が分娩出産した者でもあるからである。しかし、生殖技術の発達により、それが別人でありうることになったのであるから、分娩出産した女性と遺伝的なつながりのある女性のいずれを法律上の母とすべきかという問題が生ずるのである。

(18) このような矛盾は、非嫡出子と嫡出子との間に差別を設けることによって、法律上の婚姻をしていない男女間に子の生まれることを抑制しようとする場合に生ずる矛盾(非嫡出子本人にはなんら非難すべき点はない)と共通するものである。

(19) 朝日新聞一九九二年四月三〇日朝刊。アメリカでは、結婚せずに人工授精で子を産むシングルマザーが増えていること、日本では人工授精が夫のいる女性にしか実施されていないので、アメリカで人工授精をすることを予定している日本人の女性がいることなどが報道されている。

(20) 日本では、性同一障害者が法律上の手続を経て、性転換をして、変更された戸籍の性別に従って、婚姻をすることが認められている。しかし、生物学的には、同性者のカップルであり、自然生殖で子を儲けることはできないために、生殖補助医療が利用される。たとえば、女性から男性に転換した者が女性(妻)と婚姻をし、妻がＡＩＤにより子を分娩出産する場合が考えられる(前掲注(8)参照)。

(21) 日本では、同性婚は認められていない。

(22) ただし、現行の民法のもとでは、事実上夫の子として扱われているにすぎず、夫による嫡出否認の訴えの可能性、夫以外の者による親子関係不存在確認の訴訟の可能性、精子提供者からの認知の可能性があり、不安定な状態にあることを指摘する見解も見られる(小町谷育代「生殖医療技術における子の福祉と権利」自由と正義五八巻一〇号三〇頁(二〇〇七年))。

（23）たとえば、フランス民法三一一－二〇条、ドイツ民法一六〇〇条二項、スイス民法二五六条三項等。なお、外国の立法例については、総合研究開発機構＝川井健共編『生命倫理法案』（商事法務、二〇〇五年）参照。

（24）たとえば、ドイツ民法一五九一条参照。もっとも、この規定は生殖補助医療により生まれた子だけでなく、自然生殖により生まれた子にも適用されるものであり、法律上の母に関する一般的な規範である。

四　おわりに

平成一八年（二〇〇六年）の最高裁判所の判決は「人工生殖に関する生命倫理、生まれてくる子の福祉、親子関係や親族関係を形成されることになる関係者の意識、更にはこれらに関する社会一般の考え方等多角的な観点からの検討を行った上、親子関係を認めるか否か、認めるとした場合の要件や効果を定める立法によって解決されるべき問題であるといわなければならない」と述べている。その後も、生殖補助医療をめぐる状況は大きく変化している。たとえば、二〇一三年一月には、日本で卵子の提供を支援する団体が設立され、活動を開始した。このように、社会において、生殖補助医療がどこまで容認されるのかについても、変化しているように思われる。以前にも増して、生殖補助医療により生まれた子の法律上の親子関係についての明確な規範が必要になっているといわなければならない。法制審議会の再開が望まれるところである。

企業間契約における協議条項の法的効力

茂　木　鉄　平

一　はじめに
二　企業間契約における協議条項にはどのようなものがあるか？
三　裁判所は判決において当事者の協議に基づく合意に代わる決定を行うことができるか？
四　結　語

一　はじめに

国内取引であるか国際取引であるかを問わず、取引関係が一定期間継続する契約においては、契約条件の一部について具体的定めをおかず、「当事者の誠実な協議により定める」という文言がおかれることが多い。英米法においてはこのような条項すなわち、Agreement to agree は原則として法的拘束力を持たないと理解されている(1)。

日本法においても、このような協議条項の法的効力は弱いと一般的に認識されている。協議が不調に終わった場合、裁判所に何らかの救済を求めることは難しいと感じられているからである。しかしながら、裁判例の中には、協議条項について一定の法的効果を認めた例もあり、中には、当事者に代わって、協議により定められるべき事項の内容を定めた例もある。裁判例から必ずしも統一的な方向性が見い出されるわけではないが、本稿の目的は、日本の裁判例の分析を通じて、日本法における協議条項の法的効力を検討し、契約交渉時および、協議条項をめぐる紛争発生時の実務家の参考に資することにある。

（1） Black's Law Dictionary, Ninth Edition 参照。ただし、同書においても、Agreement to agree の意味として、履行強制力のない合意と並列して「十分に明確な条件と適当な約因を含み、当事者が一部詳細事項について合意すべき点を残しているに過ぎない、完全に履行強制力のある契約」をも意味することが記載されている。

二　企業間契約における協議条項にはどのようなものがあるか？

1　協議条項利用の実情

日本においては、企業間でも契約書を作成せずに取引を行うことが今尚珍しくなく、作成しても簡単なものにとどめ、契約条件の多くを「当事者の協議により決める」という「協議条項」に委ねることが多い。

これに対して、近時、事業のグローバル化に伴う契約実務のグローバル化、および、取締役の責任の重視という流れの中で、多くの企業において契約書作成の重要性が認識されるようになった。同時に、当事者の権利義務を予め定め事後の紛争を予防するという契約書作成の目的に照らして「協議条項」が不十分な規定であるということも意識されるようになっている。

しかしながら、取引基本契約・賃貸借契約等、継続的取引にかかる契約や工事請負契約・企業間の業務提携契約・製品の共同開発契約等、一定期間の契約存続を予定し、かつ複雑な取引においては、なお「協議条項」が多用されている。

例として、日本の工事請負契約において広く用いられている「民間（旧四会）連合協定工事請負契約約款」は平成九年の改正において「協議して定める」という文言の多くを削除した。例えば、請負工事代金額の変更にかかる二九条は旧二五条の協議にかかる文言を削除し、工事の減少部分については監理者の確認を受けた請負代金内訳書の単価により、増加部分は時価により客観的に請負代金の変更が認められるものとした(2)。しかしながら現行の約款において尚、協議条項は多くの条項に残されている(3)。

また、財団法人全国中小企業取引振興協会が作成し、公表している「外注（下請）取引標準基本契約書」を見ると、全四一条の標準契約であるが[4]、一二一カ所（協議への直接の言及がないが、明らかにこれを前提とすると理解できる条文一カ所を含む）[5]において契約当事者による協議が言及されている。このように多くの協議条項が盛り込まれている背景としては、この標準契約が、比較的規模の大きな発注企業と、中小企業たる下請企業の間を律する契約のモデルであり、下請企業側が使用することを前提とするものであるところ、一方的に下請企業の保護に厚い、明確な権利義務関係を定める条項を下請企業側から提案しても発注企業が受け入れる可能性が低く、実務的に意味がないということもあると思われる[6]。

紛争予防の見地からはいかなる契約であっても、可能な限り想定される状況変化を列挙し、その一つ一つについて、当事者間でリスクをどのように分担するかを具体的に決定しておくことが理想である。しかしながら、発生の可能性があるにとどまる様々な事由について一つ一つの将来の発生時点における利害得失状況を予想し、あるべきリスク分担を交渉するというのは、極めて煩瑣である。のみならず、予測困難性故に、当初の契約締結段階で交渉の結果合意される分担が、真実経済的に合理性のある分担方法であるという担保もない。また、各当事者によるリスク判断の困難さ故に、相手方に対して譲歩することが困難となり、契約交渉が暗礁に乗り上げる場合もある。したがって早期の契約締結およびビジネスの開始を望む当事者が、一定事項を将来の協議条項に委ねようとするのは自然なことであろう。

明確な契約なしに取引することや、比較的簡潔な契約に基づいて取引することは、従来、日本的契約意識によるものとされていた。しかしながら実は日本国内の取引だけではない。程度の差はあれども国際取引においても、当事者が明確な契約なく取引を行い、後から紛争が生じることは少なくない[7]。また、国内契約と同様、長期の契約関係の存続が想定される国際的契約や、将来の状況の変化の予想が困難な国際的契約においては、「協議条項」がしばしば見受けられる。

なお、契約の簡潔さは、各国の法律によって認められている契約解釈にあたっての裁判所の裁量権の幅とも関連すると思われる。例えば、オランダ民法は一九九二年に大きく改正されたが改正後の民法には以下のような条文が定められている。

六・二四八条（法律、慣習もしくは合理性および衡平の基準から生じる効果）

一項　契約は当事者が合意した効果を持つのみならず、契約の性質に応じて、法律、慣習もしくは合理性および衡平の基準から生じる効果を持つ。

二項　契約に基づき当事者により遵守されるべきルールは、特定の状況下において当該ルールが合理性および衡平の基準の観点から受け入れがたい場合においては、適用がないものとする。

六・二五八条（予期しない事情）

一項　合理性および衡平の基準に照らして、相手方が変更がないまま契約が維持されることを期待すべきでないと解すべき、予期しない事情が生じた場合、裁判所は契約の一方当事者の申立により、契約の効果を変更し、もしくは、その全部若しくは一部を解除することができる。裁判所は、遡及的にそのような変更もしくは解除を行うことができる。

すなわち、オランダにおいては、民法上、裁判官が合理性と衡平の観点から、契約条項を変更し、もしくは一部なかったことにする権限を有することが正面から認められている。筆者がオランダの法律事務所において研修中（一九九三年）、オランダの法律実務家から「オランダにおいては、どのような詳細な契約を作っても、結局は、裁判官が衡平の観点から適宜修正する権限を持っているから英米のように詳細な契約を作っても仕方がない」と聞かされたことがある。無論、契約は裁判規範であるのみならず、行動規範であるから、当事者の予測可能性の観点からある程度の事項を事前に具体的に取り決めておくことは重要であるが、このような裁判官の権限が、各国の契約実務に影響するとしても不思議ではない。

2　協議条項の類型

協議条項には様々な内容のものがある。必ずしも明確に峻別できるものではないが、法的効果を考えるためにある程度、類型化して整理することが有益であると考えられる。

(1)　契約条件のうち一部の条件についての合意を後の交渉に委ねる協議条項

(ア)　この類型の協議条項の例　　複雑な取引にかかる契約においては、主要事項をまず合意し、詳細の合意は事後の当事者の協議に委ねることが一般的である。例として後述（本稿二2(3)(イ)(i)参照）の住友信託銀行とＵＦＪ信託銀行の提携協議に関する書面の八条一項においては「二〇〇四年七月末までを目途に協働事業化の詳細条件を規定する基本契約書を締結し、その後実務上可能な限り速やかに、協働事業化に関する最終契約書を締結する。」と規定されており、基本契約書、次いで最終契約書という二段階で契約が締結されることが予定されていた。

また、それほど複雑な取引でなくても、一定の事項のみについて交渉が難航する等して契約交渉が時間切れとなった場合、契約条件の一部の合意を積み残し、後の協議に委ねることは珍しくない。例えば継続的売買取引において、製品保証や危険負担にかかる事項を別途協議とすること等がしばしば見受けられる。

(イ)　このような協議条項を含む契約の法的拘束力　　これらの場合、当初の契約において当事者が取引を開始するために枢要な当事者の権利義務が合意されていれば、当初の契約自体、法的拘束力を有する契約として有効となるものと解される。

ただし、当初の合意が契約として法的拘束力をもつために、どこまでの契約条件が合意されている必要があるかということは必ずしも明確ではない。

伝統的な契約論においては契約の要素（例えば売買契約における売買代金）についての合意が成立しない場合、契約として不成立と考えることになる。しかしながら、取引の実態としては、特に継続的取引において売買価格が決まらないまま商品の授受がなされることも珍しくない。

例えば、市況による価格変動が頻繁なガソリンの石油元売会社とユーザー向けにガソリンを販売する特約店の間においては、かつて、価格の合意前であってもガソリンを継続的に供給し、後で値段交渉を行って価格を確定するという取引が一般的であった。このような場合、典型契約としての売買契約というべきか、後に協議して定められる価格を対価として商品の所有権を予め移転するという非典型契約というかは別として、何ら契約が成立していないと考えることは社会実態にそぐわないようにも思われる(8)。しかしながら、最近の裁判例ではこのような取引に関連して売買価格の合意がないから売買契約の成立は認められないとして、引き渡し済みガソリンの価値の不当利得返還請求のみが認められたものがある(9)。

これに対して、請負契約については、請負代金額の合意が成立していなくても、合理的な金額を報酬として支払う旨の合意が成立しているものとして請負契約の成立を認めるのが一般的である(10)。

賃貸借契約については、最高裁判例において当事者間に社会通念上相当とせられる対価を支払うべき合意があれば、賃料額の具体的約定が成立していなくても賃貸借契約が成立することが認められている(11)。

(ウ)　協議条項自体の法的効果（協議不調の場合の法的効果）　裁判所が当事者の協議による合意に代わる決定ができるかという点については、(2)の類型と共通であり、三で更に検討する。

(2)　将来一定の問題が生じた場合、これに対応する契約条件の変更もしくは新たな契約条件の合意をその時点における交渉に委ねる協議条項

(ア)　この類型の協議条項の例　このような協議条項は、ある程度契約関係が継続する契約に規定される。例えば継続的供給契約における「著しい経済状況の変化、その他事業継続上著しい影響が生じたとき、当事者で協議の上、販売価格を変更できる」という規定のように契約締結時に予想することが困難な将来の状況変化に対応するために規定される場合が多い。前述の「民間（旧四会）連合協定工事請負約款」に残された協議条項も同様である。しかしながら、必ずしも事情の発生の予想がおよそ困難という事由のみを対象とするものではない。例えば「近隣賃料との均衡、固定資産税の増額、管理用人件費の増加等の事情がある場合は協議の上賃料を増額できる」という条項は、通常予想できる事象の発生を理由とする協議を認めるものであるが、予め具体的な賃料改定基準を定めず、当事者の協議に委ねるものである。

(イ)　協議が不調の場合の法的効果　この類型の協議条項の法的効果を考える前提として、協議が調わない場合、当事者の利益状況がどうなるかをまず整理することが重要である。例えば販売代金の増額や請負工事代金の増額が問題になる場面では、協議が不調に終わった場合、増額が実現しないという意味において代金の支払いを受けるべき当事者が不利益を被ることになる。また、「甲が乙に納入した製品について瑕疵が発見され、前条に定める保証期間中に乙より申し出があった場合、甲乙両者で状況および内容精査の上、甲乙協議により責任の所在を判断し、当該瑕疵が明らかに甲の責に帰すべき事由によるときは、甲は乙に対し以下の各号の補償を行う。（以下略）」

という瑕疵に関する売主の保証責任を定める条項があったとした場合、責任の所在に関する甲乙の協議が調わなければ、買主は責任追及ができないように読める。(12) 共同開発契約に基づき共同で開発され一方当事者が製造販売する製品が消費者に対して製造物責任の問題を生じさせた場合に「双方協議の上、製造物の欠陥に関するクレームに対応する。」という協議条項があった場合、協議が成立しなければ、製造販売を行っている当事者が負担を負うことになる。

すなわちこの類型の協議条項については、当事者が協議を尽くしても合意にいたらない場合、一方当事者が不利益を被る場合が多い。しかしながら、そのような結果は通常、協議条項に合意した当事者の意思に沿うものではない。(13) そこで、当事者不調の場合、裁判所その他の紛争解決機関が、当事者に代わって、協議にかわる合意の内容を決定することができるかが重要な問題となる。この点については、項を改めて三で詳細に議論する。

(ウ) 事情変更の原則との関係　冒頭で述べたとおり、この類型の協議条項が、当事者の予期しなかった事象が生じた場合の契約変更協議を規定する場合、「事情変更の原則」と機能が重なることになる。一般に日本の裁判所が事情変更の原則を適用することを認めるのは、著しい事情の変化があった例外的な場合に限られており、未だに事情変更の原則の適用を正面から認めた最高裁判決はないとされている。

しかしながら、最判平成一五年六月一二日(14)は、バブル経済の前に締結された「賃料は三年毎に見直すこととし、第一回目の見直し時は当初賃料の一五%増、次回以降は三年ごとに一〇%増額する。」という地代等自動改訂特約のある賃貸借契約について、バブル崩壊後の経済状況に鑑み、当該地代等自動改訂特約を定めるにあたって基礎となった事情が失われたとして、当該特約の効力を否定し、借地借家法一一条一項に基づく地代増減額請求権の行使を認めた。この判例は、もともと契約自由の原則を制限した同法同条の強行法規性を前提とするものであって一般的に事情変更の原則を認めたものと理解することはできないが、借地借家法の増減額請求権が当事者の衡平の理念に根ざしたものであることを考慮すると、継続的契約関係において、当事者の予期しない事情の変更によって当初当事者が合意した契約条件がその基礎を失った場合にその趣旨を広く及ぼすことも可能であろう。

また判例には、当初に一定の規模の投資を必要とする継続的取引に関して、経済事情の変動に伴い対象商品の価格が騰貴したような場合に、「たとえ当事者間において約定の売買価格を改訂する旨の明文の約定がない場合においても、一方の当事者から価格の改訂を求められたときは、他の当事者は誠実に交渉に応じ、それが事情やむを得ないものと認められるような場合には、出来る限りその要求に応ずべきものというべきもの」とするものがある。(15) このように予想外の事情の変更が生じた場合一般的に、信義則に基づき、契約の一方当事者から他方当事者に対して契約条件の改訂を求める権利があるという立場に立てば、本類型の協議条項のうち、予期しない事情の発生にかかる協議条項は、法律上当然のことを規定したに過ぎないことになる。

(エ) 契約再交渉義務との関係　また、本類型の協議条項は、信義則に基づき、事情変更の原則に基づく契約解除権を認め、その前提として契約再交渉義務を認める考え方における再交渉義務と機能が重なるところがある。(16) 正面から再交渉義務を認めたものではないが、当事者による協議期間中は一定の効果が発生しないとした判例もある。(17) ただし、継続的契約関係に関しては、例えば、中小販売代理店や下請企業と大手製造メーカーの間の継続的取引のように、一方当事者が契約関係の維持についてより強い利害関係をもつ場合が多く、契約の解除という効果が当事者の救済に寄与しない場合もあることに留意しなければならない。

(3) 正式契約に向けた交渉段階で締結される書面における協議条項

(ア) この類型の協議条項の例　企業間取引において、一定の取引にかかる正式な契約の交渉段階において、契約趣意書、意向確認書、基本合意書、Letter of Intent、Memorandum of Understanding、Heads of Agreement等と題する書面が締結され、その中において、正式契約の締結に向けて誠実に交渉する義務が規定されることがある。そのような書面自身において、交渉段階における当事者の意思の確認にとどまり法的拘束力のない書面であることが明示される場合も多いが、明示がない場合、当該条項に基づき法的に意味のある誠実交渉義務が認められるか否かが争いになることがある。

(イ) 法的効果　(i) 損害賠償　東京三菱銀行とUFJ銀行の合併にあたり、UFJ信託銀行が住友信託銀行との業務提携交渉を白紙撤回した事件において、UFJ信託銀行およびUFJ銀行が住友信託銀行と締結していた書面には、「各当事者は、事業・会計・法務等に関する検討、関係当局の確認状況又は調査の結果等を踏まえ、誠実に協議の上、二〇〇四年七月末までを目途に協働事業化の詳細条件を規定する基本契約書を締結し、その後実務上可能な限り速やかに、協働事業化に関する最終契約書を締結する。」(八条一項)という条項が含まれていた。保全処分にかかる一連の訴訟後に提起された住友信託銀行による損害賠償請求事件について判断した東京地裁は、被告である統合後の東京三菱UFJ銀行が「『誠実に協議の上』などと抽象的であり、当事者の具体的な権利義務を定めておらず、道義的条項あるいは紳士協定にとどまり、法的拘束力を有するものではない」と主張したのに対して、対象となる取引が複雑であり、取引実現のためには多岐にわたる契約条項の交渉を含め、相当期間にわたる準備作業や協議が必要不可欠であることを根拠に、当事者は「単なる努力目標ではなく、各当事者が本件協働事業化の実現に向けて誠実に協議すべき法的な義務を相互に負うことが必要であるとの認識をもって、『誠実に協議の上』という文言を含む本件基本合意書八条一項について合意したというべきである。」と述べて、上記規定は誠実に協議する法的義務を定めたものであると判断した。(18) ただし、他方、原告の契約締結義務を定めたものという主張を排斥し、誠実協議義務違反に対する救済としては、信頼利益の請求のみが認められ、履行利益の請求が認められないと判断した。

上記東京地裁の判決は、「単なる不動産の売買のような一回限りの取引に関する合意とは異なり」として、問題となった取引の複雑性を強調するが、一回限りの不動産売買であっても、取引実態としては相当期間の交渉を要する場合が多いのであって、仮に交渉過程で暫定的な書面が締結された場合、その法的拘束力を否定する理由はないと思われる。

このような明示的な合意がない場合においても、日本法上信義則に基づく契約締結上の過失の理論により一定の条件下で契約交渉の相手方を保護することが認められている。このことに照らしても、明文で誠実交渉義務を定めた場合、これに反して、例えば交渉期間中に第三者との同趣旨の交渉を行う等して当事者の信頼を害するような行為を行った他方当事者に債務不履行の法的責任が発生するというのはむしろ当然ともいえよう（この意味では、法的効果を排除したい場合、前述のとおり法的効果を持たせないことを明記することが重要である）。

ただし、交渉期間について何らの定めもない場合には、そのような法的効果は、認められるとしても書面締結後の一定期間に限定されると解するべきであり、また、交渉期間の定めがあるとしても、当事者のいずれの責任にもよることなく、当事者間の交渉が一旦途絶し、客観的に交渉成立の見込みがなくなったような場合はもはや法的拘束力がないものと解されるべきであろう(19)。

(ii) 強制履行　本件訴訟に先立つ一連の保全処分事件においては、同書面一二条の「各当事者は、本基本合意書に定めのない事項若しくは本基本合意書の条項について疑義が生じた場合、誠実にこれを協議するものとする。各当事者は、直接又は間接を問わず、第三者に対し又は第三者との間で本基本合意書の目的と抵触しうる取引等にかかる情報提供・協議を行わないものとする。」と条項に基づき、情報提供・協議を行うことについて仮差止めができるかどうかが問題となったが、最高裁は、情報提供・協議を行わない義務について法的拘束力を認めた上、違反の効果は信頼利益の賠償にとどまるから、損害賠償で事後的に賄えるものであるとして、保全命令発令の要件が満たされないと判断した。[20] しかしながら、上記最高裁の判示内容に見る限り、保全処分という手続の特殊性と、事案固有の事情に基づく判断と解され、一般的にこのような合意の強制履行を否定したものとは解されない。上述のとおり、情報提供・協議禁止条項がない場合であっても、誠実交渉義務条項の内実として排他的交渉義務が認められる場合もあり、誠実交渉義務条項に基づき、一定の交渉期間について差止めが認められる場合もあり得ると解される。

(iii) 裁判所による合意内容の決定　この類型の協議条項においては、当事者の交渉により合意されるべき当事者間の複雑な権利義務を当事者に代わって裁判所が決定することは裁判所の能力を超えるものであり、契約自由の原則の観点からも認められるべきでない。協議条項に合意した当事者の合理的意思としても、当事者に代わって裁判所が契約内容を確定することまでも意図しているとは通常考えられない。

(4) 紛争解決のための円満解決条項もしくは誠意協議条項

(ア) この類型の協議条項の例　日本の企業間で締結される契約のほとんどには一般条項として、「この契約の規定に関する疑義又はこれらの規定に定めのない事項については、甲乙誠実に協議して解決するものとする。」というような誠実協議条項が含まれている。[21] 法的手続による紛争解決の前に、当事者で協議による解決を行う努力をなすべきことを規定するものである。[22]

(イ) 法的効果　(i) 紛争状況に入った当事者にとって、誠実な交渉を期待することは事実上不可能な場合が多く、何が誠実な交渉かという判断基準を想定することも困難である。当事者の合理的意思としても、このような誠実協議条項について実体法上の債務不履行を生じさせるような効果を認めたものと解すべき場合は少ないであろう。理論的には、一方当事者がこのようなステップを経ずに法的手段に訴えた場合、協議により紛争を解決していれば生じなかったはずの相手方の費用が債務不履行による損害賠償の対象となるということも考えられる。しかし相手方が費用について補償を求める意思をもつような場合において、仮に有効な協議を求めていれば法的手段によらず解決できていたはずという主張が裁判所等に受け入れられることは考えにくく、実質的に意味のある議論とは思われない。

(ii) 誠実交渉条項については、紛争が生じた場合において当事者の一方がこのような手続を経ずして仲裁または訴訟といった紛争解決手段に訴えた場合、当該手続の却下を求めることができるかという意味において、訴訟法的効果をもつかという点も問題となる。

この点について明確に論じる日本法上の文献は見あたらないが、訴訟要件の一つとして、特定の当事者間の合意により、「一定期間もしくは、一切、特定の権利または法律関係について訴えを提起しない」旨の不起訴の合意の効力が認められており[23]、一旦誠実協議を行った後でなければ起訴しないという合意としての訴訟法上の効果（違反を理由として訴えの却下を求めることができる）を認めることも可能であろう。

ただし、仲裁条項のドラフトに関してしばしば指摘されるとおり[24]、いつ正式に交渉が始まり（例えば、一方当事者から他方当事者への書面による協議開始要請通知）、どの程度の期間（例えば、前記通知の日から六〇日間）交渉しなければならないかというステップを明確に定めていない場合は、訴訟の却下という重大な効果を認めるだけの合意としては不十分と判断されることもあろう[25]。

(5) 契約上定められた一方当事者の権利の行使にあたり、事前に相手方との協議を義務づける協議条項

(ア) この類型の協議条項の例　例えば継続的な製造委託契約において、品質確保などの目的で発注者が受託者の工場等に立入検査する権限が認められる場合があるが、発注者による権利濫用的な権利行使を防止するため、「受託者と事前に協議の上立ち入り検査することができる」という条項が定められることがある。

(イ) 法的効果　通常このような条項は、協議義務だけを定めるものであり、承認を得る義務までを定めるものではないと解釈される。しかしながら例えば協議をまったく経ない立入り要求に対して、これを拒絶できるという法的効果が認められる。また、実務的には、実際の立入日時や立入方法について受託者との合意が成立しない限り権利を行使することが困難であり、結局合意が成立しない限り、権利の行使ができないという結果になることがある。

このような協議条項の解釈論として協議に基づく合意が必要と理解されることもあり得る。この場合、理論的には、類型(1)や類型(2)の協議条項と同じく、裁判所が当事者の協議に基づく合意に代わる判断を行うことができるかという問題が生じることになるが、実務的には対象となる権利の性質上、時間をかけて協議に代わる判断を求めて法的紛争を行うことが適当でない場合が多いであろう。現実的には、相手方が不合理に協議もしくは合意を拒み、その結果、権利の行使が困難になったとして、信義則違反による債務不履行の責任が問題になる場合が多いと思われる。

契約作成上の留意点としては、相手方の合意を要求するものであるかどうかを明確にし、合意を要求すると規定する場合は、不合理な合意の拒絶が債務不履行となることを明記することが望ましい。

（2） 平成九年の改正の趣旨について民間（旧四会）連合協定工事請負契約約款委員会編著『民間（旧四会）連合協定工事請負契

約約款の解説　平成二一年（二〇〇九）五月改正』六四頁（大成出版社、二〇〇九年）。なお、同書の「協議が成立しない場合には、問題は紛争解決機関に委ねるほかなくなる。」という記載部分については、紛争解決機関による解決が本当に可能かどうかについて疑義があることに留意しなければならない（本稿三2⑷(ク)参照）。

（3）　一六条（四）項（設計、施行条件の疑義、相違等による工事の内容、工期、請負代金額の変更）、一八条（二）項および損害防止（五）項（損害防止のために必要な費用の負担）、二三条の二（五）項（法定検査に合格しなかった原因が請負者の責めに帰すことのできない事由による場合の必要な措置の内容）、二五条（一）項（部分引渡時の引渡部分相当請負代金額）、二八条（三）項（発注者の指示による工事内容の変更）、三三条（二）項および（四）項（契約解除に伴う措置）、三五条（一般協議条項）。

（4）　平成二五年六月一日現在、同協会のホームページ上で公表されている。この標準契約を元に、各業界毎に独自の標準契約を作成している例もあるようである。

（5）　この数には「甲乙協議して定める個々の取引契約」というように、基本契約という性質上個別契約に言及する際、当然に当事者の協議を前提とせざるを得ないものも含んでいる。

（6）　つぶさにこの標準契約の協議条項を検討すると、協議が成立するまで発注者の権利行使を停止させる効果をもち、また、協議が成立しない場合、裁判所等の衡平の理念に基づく判断を求める可能性が確保されるという意味において、下請企業の保護のため、協議条項が有効に挿入されていると理解することができる。

（7）　内田貴教授も「契約を作らないとか、いったん作ってもそれらを援用しない、また紛争が起きても裁判を回避するといった、契約法回避の動きが、多かれ少なかれどの国にもあるということ、とりわけ、契約社会と呼ばれるアメリカ社会においても指摘されている」と述べる（内田貴『契約の時代』二五頁（岩波書店、二〇〇〇年））。

（8）　参照されている事案の種類は異なるが、滝澤孝臣判事は判事として同じような感覚を述べている（滝澤孝臣「契約の解釈と裁判所の機能(上)」ＮＢＬ七四六号四六頁（二〇〇二年））。

（9）　東京地判平成二三年一一月一七日ウエストロー・ジャパン。元売り会社と特約店の紛争ではなく特約店と販売店の紛争事例である。古い判例であるが、最判昭和三二年二月二八日判タ七〇号五八頁も「時価を標準として協議して決定する」という合意があった事案で、売買契約の成立を否定している。

（10）　当初請負代金について東京地判昭和四八年七月一六日判時七二六号六三頁。追加変更・作業については後述のとおり多数あるが、例えば、東京高判昭和五六年一月二九日判タ四三七号一一三頁。

(11) 最判昭和三七年八月三日集民六二巻五五頁。最判昭和三七年三月一五日民集一五巻八号二二二八頁もほぼ同旨。後掲東京高判平成一三年一〇月二九日判時一七六五号四九頁も、一応賃貸借契約の成立は認めている。

(12) 古い判例であるが、大判大正一一年一一月六日新聞二〇七八号一九頁は、工事の内容が変更された場合、注文者が相当と認めるところにより工事代金を変更するという規定のあった工事請負契約に関して、文言どおりの効果を認めると随意契約となることを理由に、文言にかかわらず「客観的に相当な額に変更される」と判断している。本文の条項を文言どおり理解すると瑕疵に関する責任を負うかどうかは一方的な買主の意思により決められることになり、本判決の指摘するような問題が生じることになる。本文記載の条項が随意契約であるが故に無効であるとすると、任意規定としての瑕疵担保にかかる民法および商法の規定が適用されることになろう。

(13) ただし、本文記載の瑕疵担保責任に関する協議条項のように、売主の責任を限定することを意図して、協議に言及する例もあり、買主がこれを当然認識できたという場合は、協議不調の結果も、当事者が契約締結時に受諾したものであり、公序良俗に反して無効になる場合以外は、買主として受け入れざるを得ないという議論もあるであろう。

(14) 民集五七巻六号五九五頁。

(15) 大阪高判昭和五四年二月二三日判タ四〇六号一三四頁。

(16) 東京地判平成二二年三月二四日判時二〇九四号六三頁は、契約解除を認めたものではないが、協議義務を認め、協議が尽くされたにもかかわらず協議が成立しなかった場合に、特定の条項が無効になると判断したものであり、再交渉義務の理論と重なるところがある。

(17) 東京地判昭和三八年一二月二日下民集一四巻一二号二六〇四頁。ただし、最判昭和五六年四月二〇日民集三五巻三号六五六頁は、「賃料増減の意思表示の前に協議を行わず、またその後協議を尽くさなかったとしても、増減額請求の意思表示の効果に影響しない」と判断している。

(18) 東京地判平成一八年二月一三日判タ一二〇二号二一二頁。

(19) 住友信託銀行とＵＦＪ銀行の統合にかかる後掲注(20)の最高裁決定も同じ見解を述べた上、社会通念上契約の可能性が存しないとまでは言えないから、情報提供・協議を行わない債務は未だ消滅していないとしている。

（20）最決平成一六年八月三〇日民集五八巻六号一七六三頁。
（21）このような紛争解決メカニズムを規定する例は、国際的にも珍しくない。例えば、International Bar Association の公表している Guidelines for Drafting International Arbitration Clause の第九四段落は、仲裁の前に当事者が交渉により友好に紛争を解決する努力をすべき旨を含む条項を推奨条項の一つとして提示している。
（22）予期しない事情変更が生じた場合に契約改訂を求める根拠として、(2)の類型の協議条項として主張されることもある。
（23）菊井維大＝村松俊夫原著『コンメンタール民事訴訟法3』一二頁（日本評論社、二〇〇八年）。
（24）前掲注（21）第九四段落。
（25）英国では一般に Agreements to negotiate in good faith は履行強制力がないとされている（House of Lords in *Walford v Miles* ［1992］2 AC 128））。しかしながら、訴訟提起前にADRによる解決をする努力を定める規定について、手続が明確になっていることを理由として、法的拘束力を認めた Court of Appeal の判例もある（*Cable & Wireless plc v IBM United Kingdom Ltd* ［2002］EWHC 2059））。

三　裁判所は判決において当事者の協議に基づく合意に代わる決定を行うことができるか？

1　はじめに

冒頭で述べたとおり、我々実務家は、契約書において、前記二2(1)もしくは(2)の類型における協議条項を規定した場合、一般にその法的拘束力を弱いものであるという感覚を有している。しかしながら、実際の裁判例を見ると、特に賃貸借契約および請負契約の場合において、協議不調の場合は当事者の協議による合意に代えて、裁判所が合意の内容を決定することができるとする判例が相当数あることがわかる。以下、判例を概観して、その理論的根拠、およびその限界を検討する。

2　裁判例

(1)　協議不調の場合、裁判所が合意の内容を決定することはできないとした判例（否定説）

(ア)　最高裁昭和三二年二月二八日判決(26)　要旨「売買契約において、目的物の価格は時価を標準として決定する旨定めた場合においては、当事者間にその価格の協議が整わない限り売買契約は成立しない。」とし、協議が尽くされたか如何を問わず、売買契約は不成立もしくは無効として、買主となる予定であった当事者の手付金の返還請求を認めた。

(イ)　東京地裁昭和三六年五月一〇日判決(27)　「契約単価は、契約成立後三ヶ月を経過した後は、物価労銀その他経済事情の変動により不適当と認められるときは、双方協議の上で更改する」という協議約款のある鉄鉱露天堀請負工事において、協議条項の合理性を認めながら、「借地法、借家法による地代、家賃の値上げのように、法が当事者の一方的意思表示に適当価格の形成をゆるす場合の他は、契約による価額の変更は、当事者双方の協議による外はない。（中略）協議が成立しない限り、当初の約定額によるべきものである。」とした。ただし、工事内容の変更が合意された場合においてそれにより生じた追加費用については、当初の契約単価に対する現実の工事増加額を協議義務不履行による損害として認めた。

(ウ)　東京高裁昭和五六年一月二九日判決(28)　注文者が資材の値上がり等による代金増額の協議に応じない場合は、請負人は工事を一時中止するという条項のある工事請負契約について、注文者が誠意をもって協議に応じなかったという事案において、「増額の請求によって法律上当然にその趣旨の請求権が請求者のために形成させられるべきものとする実定法の根拠はない。」として、増額請求を認めなかったが、注文者が協議に応じなかった期間は、請負者に違約金支払義務が発生しないとした。

(エ)　東京高裁平成一三年一〇月二九日判決[29]　大型駅ビルの開発計画の参加者となっていた、ビルの建物区分所有者と当該区分所有部分を賃借しテナントたる系列百貨店に転貸していた鉄道会社との間で、百貨店による占有開始後一〇年近くを経ながら、当事者間に協議による賃料の合意がないという状況において、一方当事者が裁判所に対して賃料額の決定を求めた事案に関するものである。この事案において両当事者の間には「今後、（賃料等の賃借条件について）当事者はそれぞれ調査・研究することとし、各々信用ある第三者の専門家に他の類似の百貨店の賃貸条件の調査を依頼し、それを持ち寄り、これらを尊重して、誠意をもって協議し、公正な額で決定する。」という合意があった。両当事者とも、裁判所が当事者の合意に代わる賃料額を決定する権限を有することについては異議がなく、原審の東京地裁[30]は、「いわば借地非訟と同様の手法をとることが相当である」とした上、市場価格を基本としつつ賃貸借契約締結に至る経緯、契約内容等について、主観的、客観的要素を総合考慮し、「公正な額」を決定した。しかしながら、東京高裁は、賃料額を決定した原審を破棄し、要旨「賃料額について当事者間に抽象的な合意しか成立しておらず、裁判所が合意に基づく賃料額を証拠によって認定することは不可能であり、また、一方当事者に賃料額を定める形成権が付与されていると解すべき実定法上の根拠は存在せず、実質上の非訟事件として裁量により賃料額を定める権限が裁判所に付与されていると解すべき実定法上の根拠もまた存在しない。従って、本訴えは『法律上の争訟』にあたらない」として、訴えを却下した。

(オ)　東京地裁平成一九年三月一三日判決[31]　紙製品販売の営業全部の営業譲渡契約において「営業譲渡日より三年の間に、前条の別紙目録に記載記載された営業権の一部に縮小等の変動が生じたと乙（営業譲受人）が判断したときは、甲（営業譲渡人）と乙との協議により対価を減じることができる」という条項が合意されていた事案において、協議が成立しない場合は減額がなされないと解することが、協議条項の定め方からみても自然である、として代金減額を認めなかった。

(2) 協議不調の場合、裁判所が当事者に代わって合意の内容を決定できるとした判例（肯定説）

(ア) 東京地裁昭和四四年三月二八日判決[32] 建物賃貸借契約終了時の原状回復義務の内容にかかる協議条項に関して、「一見その協議が調わないかぎり補償金支払い義務が発生しないかの如くであるが、しかし本件原状回復条項が裁判上無意味な内容を定めたものとは解されないから、……協議不調の場合は前記の基準に照らして必要最低限の工事をすることとし補償金額を算出することにあると考えられ、かかる金額である以上協議で定められなくとも裁判上請求し得るものと考えるが相当である」として補償されるべき原状回復費用を認定した。

(イ) 東京高裁昭和四七年六月一日判決[33] 協議条項の定めはなかったが、部品製作請負代金額を概算金額として合意した事案において、「請負代金を確定金額とせず概算金額とした場合は後日当事者は精算のための協議を行う義務があるものというべきである。そして協議不調の場合概算金額をさらに増額すべきであると主張する当事者は増額請求権を、同じく減額すべきであると主張する当事者は減額請求権を行使することを契約上認められているものと解される。」とした。結論においては、発注者の減額の主張に理由がないとして、概算金額を確定金額とした。

(ウ) 東京地裁昭和四八年二月一六日判決[34] 二年間の契約期間更新時には双方協議の上更新料の額を定めて、賃借人が賃貸人にこれを支払うという条項のある契約において、当事者の協議によって更新料が合意されなかった場合は、裁判所が「通常支払われる相当額」を確定しなければならないとして、この額を認定した。

(エ) 東京地裁平成一三年三月六日判決[35] 否定説の(エ)の東京高裁判決の原審である。

(オ) 横浜地裁平成一九年三月三〇日判決[36] 賃借人である百貨店と賃貸人との間で、百貨店の売上の一定割合に応じた賃料部分と固定の賃料部分を合計した賃料が支払われることが合意されており、かつ、その総額が前記の賃料を下回る場合は、当該前記の賃料に至るまで精算賃料を追加で支払うという合意がなされ、その条件の改定について協議すべきものとされていた事案において、協議不調の場合に精算賃料を除いた賃料とすることがリスクを分担し合うことを合意した契約の賃料の趣旨に合致する相当な賃料であるとした。

(カ) 東京地裁平成二一年七月三〇日判決[37] 賃貸借契約が合意解除された場合において、協議によって定められるべき返還すべき権利金の額について契約の残存期間が二分の一あることなどから権利金の半額を返還すべきであるとした。

(キ) 東京地裁平成二四年五月二三日判決[38] 土地賃貸借契約において、「賃料は、固定資産税評価額の変更がなされた年において、協議の上、当該固定資産税評価額の変更額及び近隣の賃料相場等に基づき、変更するものとする」という条項が規定されていた事案において、当事者の協議が調わなかった場合賃料が変更されないと解するのは不合理であるとして、条項に定められた考慮要素等を考慮した上、新たな賃料を認定した。

(3) 判例の分析

(ア) 上記に見るとおり、判例は分かれている。裁判所が協議に基づく当事者の合意に代わる合意の内容を決定することを否定する判例は、東京高裁平成一三年一〇月二九日判決に代表されるように、①一方当事者に賃料額を定める形成権が付与されていると解すべき実定法上の根拠は存在しない、②実質上の非訟事件として裁量により賃料額を定める権限が裁判所に付与されていると解すべき実定法上の根拠もまた存在しない（裁判所法三条参照）ことを根拠とする。

元最高裁裁判官である滝井繁男弁護士は前記東京地裁昭和三六年五月一〇日判決（否定説判例(イ)）に対して「当事者の意思は、追加工事については時価による合理的な金額を支払うことにあると考えられる」として批判している[39]。また、東京高裁平成一三年一〇月二九日判決については、「法律上の争訟にあたらない」として却下した判断について、数多くの批判的論評がなされている[40]。その詳細は各論稿に譲るが、例えば猪股孝史教授は、「法律上の訴訟」に関する中野貞一郎教授の「とりわけ、いわゆる現代型紛争については、最高裁が限定するような意味の『法律上の争訟』にはあたらないが裁判による救済の必要性の高い事件は多く存在するのであり、それらに訴訟の途を開くための新たな理論の構築が今後の重要な課題に属するといわなければならない」という指摘に触れた上、「実定法の根拠がないからできないというのは、形式的で空疎な非難でしかない。そのような理由だけで司法権の範囲外におくことは、裁判所の責務を放棄するに等しい」と批判する。また川嶋四郎教授も、「一見紛争解決当事者間に私的自治を勧奨する（安易な司法への寄りかかりを戒める）ように見える点で妥当な一面を有するとも思われるが、①非訟的な問題の適切な処理こそ現代民事訴訟法の新たな任務といえる、②賃料額を決めるのが困難であるが民訴法二四八条の類推適用の基礎を有する、③借地借家法三二条の類推適用も可能、④傍論の『本契約が解除され賃料相当損害金について紛争が生じた場合には訴訟上の判断に馴染むものとなる』という旨の付言は、私的自治・継続的契約関係の破壊を招来させる」と批判する。

(イ)　これに対して、裁判所の権限を肯定する判例は、当事者の協議が調わなかった場合、裁判所に当事者の協議による合意に代わる合意の内容を決定してもらうというのが当事者の合意の合理的解釈であるとして裁判所に権限があるものと解している。

(4)　私　見

(ア)　裁判所法三条の規定する「法律上の争訟」にあたるか否かの議論は、東京高裁平成一三年一〇月二九日判決に対する各論評が明らかにするように、これを根拠として、協議不調の場合に、当事者の協議による合意に代わる合意の内容を決定する権限を裁判所が欠くと判断する実質的根拠にはならないと考える。

裁判所は、工事請負契約における追加変更工事代金の認定にかかる事件において、「報酬額の定めのない場合であっても、有償であることの合意があれば、当事者間において、当該請負工事の内容に照応する合理的な金額を報酬として支払うというのが当事者の通常の意思である」[41]として、その後、業界内部の基準、当事者間の意思、仕事の規模、内容、程度、契約の経緯および建築業界での報酬額の実情、下請業者への支払額、当初見積額およびその後の物価変動、本工事における値引き率および間接経費率等を考慮して報酬を算定する実務を確立している[42]。当事者が合意した「合理的な金額」の認定という形、すなわち、訴訟事件という形式をとっているが、社会的実態として、裁判所による決定以前に、当事者の合意した具体的内容が存在しないことは明らかであり、まさに実質上の非訟事件である。裁量により代金額を定める権限が裁判所に付与されていると解すべき実定法上の根拠が存在しないにもかかわらず裁判所はこの機能を果たしているのである。この点に鑑みても、上記東京高裁の判断は不当と言わざるを得ない。

(イ)　筆者としては、肯定説の各判例が述べるように、当事者の合意自身に、裁判所の権限を認めるべきであると考える。前記東京高裁の事案では、裁判所による判断権限の根拠として、借地借家法三二条の類推適用もしくは民法三八八条但書の類推適用が主張されたが、当事者の合意に裁判所の権限の根拠を求めることがより直裁であろう[43]。私人が裁判所の権限を創設できるのかということが一応問題になり得るが、このように考えることは憲法上保障された裁判を受ける権利を伸長するものでありこそすれ、矛盾するものではない。

(ウ)　肯定説の各判例が前提とするように協議条項の解釈として、当事者が協議不調の場合、裁判所による判断を求めることを合意していたと解釈できれば、裁判所が合意内容を決定することは契約自由の原則もしくは私的自治の要請と衝突するものではない[44]。ただし、裁判所の裁量的判断は、当事者にとっての予測可能性についての問題をはらみ得るものである。この視点にたって、当事者がそのことを了解した上で、最終的に裁判所の判断を求めることに合意していたと言えるかどうかをある程度慎重に認定する必要があろう。

(エ) 肯定説をとることが、合理的もしくは公正な契約条件の決定という作業を裁判所に求めることになる結果、裁判所にとって一定の負担を生み出すことは明らかである。しかしながら、実定法は、借地借家法一一条または三二条に基づく「相当な賃料」、商法五一二条に基づく「相当な報酬」、特許法三五条四項および五項等に基づく「相当の対価」、特許法一〇二条三項に基づく「特許発明の実施に対し受けるべき金銭の額に相当する額」など多くの場面で、裁判所に同様の作業を求めている。上述の請負工事における追加・変更代金の算定の作業も同様である。他方、民事訴訟法二四八条に基づく損害賠償額の認定、民法四一八条に基づく過失相殺における過失割合の認定および身元保証に関する法律五条に基づく身元保証人の責任およびその金額の決定等の場面で、裁判所はすでに合理性と衡平の理念を前提として一定の裁量権を行使する作業も行っている。

すなわち、裁判所は、合理的もしくは公正な契約条件の決定という機能を果たすだけの能力を有しているのであって、肯定説をとることにより、裁判所に過度の負担を課することになるとは解されない。

(オ) ただし現実問題として、裁判所にとって、参考となる先例が累積されている分野（例えば賃料額の決定や、合理的な請負代金の分野）においては比較的作業が容易であるのに対して、そうでない分野において、客観的に公正と認められる契約条件を如何にして認めるかという作業は容易ではないといえる。このことは逆にいえば、当事者にとっての判決についての予測可能性が低いということでもある。

判例をみても、工事請負契約や賃貸借契約の場合は比較的積極的に当事者の合意に代わる合意の認定がなされているように思われる。特に追加・変更工事の代金額の決定については、本工事という様々な意味で参考となる資料の入手可能性が裁判所の算定を容易にしている可能性がある。これに対して、裁判例が多くないので一般的な傾向を認めることは困難であるが、売買契約の場合は、消極的であるようにも思われる。これは、売買契約の場合、交渉により決定される売買金額が、より個々の契約毎に個性的であることと関連しているかもしれない。しかしながら、工事請負契約においても、様々な状況の下に交渉がなされるのであって、それぞれの契約毎に個性的であることは同様である。また、商法五一二条に基づく「相当な報酬」を決定した判例を見ると、裁判所は実に様々な分野の業務、もしくは、複雑な業務についての相当な報酬を決定している(45)。したがって、特定の分野について裁判所の判断権がないと考えるべき合理的な根拠はないと思われる。この点については、前述のとおり、予測可能性との関係における裁判所による判断に付託する当事者の意思の認定を通じて調整されるべき問題であろう。

(カ)　さらに特殊な例として、様々な客観的・主観的状況を考慮すれば、衡平の理念に基づき、裁判所は少なくとも一定程度の合意を認定できるはずであると主張されることがある。例えば、ある新薬の共同研究開発契約において、開発に失敗した場合の損失分担については当事者双方の協議により定めるという協議条項が定められていたとする。この場合において、一方当事者が臨床治験にかかる費用等、多額の費用を負担し、他方当事者が、臨床試験用の薬の他方当事者への有償供給を通じてむしろ利益を得ていたという場合、本来は後者も一定の損失を積極的に負担するというのが協議条項の趣旨および衡平の理念に基づき相当であるが、具体的な損失分担を決定することが裁判所にとって困難であるとしても、少なくとも後者が得た利益がゼロになる程度損失分担の合意は認定できるはずという主張である。裁判所の負担の軽減および予測可能性の確保の観点から、一定の場合は、このような主張も認められるべきであると考える。

(キ)　国の機関として司法を担う裁判所の判決は、単に当事者の紛争解決・納得に資するだけではなく、市民一般から見ても公正なものでなければならない。すなわち、法の一部である合理性と衡平の理念という基準に照らしてその公正性が担保できるものでなければならない。この見地から、資金をいかなる事業に投資すべきかといったようなビジネス上の判断や、医薬品の臨床開発にあたって、開発を中止すべきかどうかといった科学的な判断に裁判所が立ち入ることはできない。契約当事者にこれらの点について意見の相違が生じた場合は、予め、もしくは相違の発生後に専門家の見解に服する合意をする、当事者の契約からの脱退のメカニズムを定めておくなどの別の方法で紛争を解決することが相当である。

(ク)　最後に、これまで述べてきたことと仲裁判断との関係について触れる。日本においては、従来「仲裁人はその知識と経験に基づいて衡平と実質的正義にかなうと考えられる判断をすればいい」というのがより有力な考え方であった[46]。したがって、本稿で議論した内容は仲裁については問題とならなかった。

しかしながら現行の仲裁法は、三六条三項において、「当事者の双方の明示された求めがあるときは、前二項の規定にかかわらず、衡平と善により判断するものとする。」という規定をおいた。この条項はUNCITRALのモデル法を踏襲したものであり、当事者の求めがある場合に初めて友誼的仲裁人（amiable compositeur）としての判断ができるということを規定している。逆に言えば、求めがない限り、法律に従った判断をなさねばならず、従来日本で考えられていたような法を離れた知識と経験に基づく衡平と実質的正義にかなう判断はできないということになったのである。

友誼的仲裁人の権限については、各国において考え方が異なり、様々な議論があるところである。法に基づく判断においても衡平の理念が不可欠であることは世界的に共通して認められており、それ故に、「法に基づく判断」

と「衡平と善」による判断の境界をどこに求めるか、困難な問題がある。本稿においてこの点について詳細な検討をする紙幅はないが、仮に本稿で述べたような裁判所による当事者の合意に代わる合意内容の決定という作業が実質的非訟事件としての処理であり、法に基づく判断でないとすれば、仲裁人が行った同様の判断は、当事者の求めのない限り、取消し得るべき仲裁となりそうである。

(26) 判タ七〇号五八頁。
(27) 下民集一二巻五号一〇三二頁。
(28) 判タ四三七号一二頁。
(29) 判時一七六五号四九頁。
(30) 東京地判平成一三年三月六日判時一七六五号四九頁。
(31) ウエストロー・ジャパン。
(32) 判時五六八号六〇頁。
(33) 判時六八四号七三頁。
(34) 判時七一四号一九六頁。
(35) 前掲注(29)参照。
(36) 金判一二七三号四四頁。
(37) ウエストロー・ジャパン。
(38) ウエストロー・ジャパン。
(39) 滝井繁男『実務法律選書 建設工事契約』三五頁（ぎょうせい、一九九一年）。
(40) 猪股孝史「判批」判例評論五二二号二七頁（判時一七八五号一九七頁）、澤野順彦『判例にみる地代・家賃増減請求』五〇頁（新日本法規、二〇〇六年）、宮川聡「判批」私法判例リマークス二六号（二〇〇三年上）一一八頁、上田竹志「批判」法政研究（九州大学）六九巻四号二〇五頁（二〇〇三年）、川嶋四郎「判批」法セ五八二号一一八頁（二〇〇三年）、西村正喜「判批」奈良法学会雑誌一七巻三・四号五七頁（二〇〇五年）。

(41) 東京高判昭和五六年一月二九日判タ四三七号一一三頁。

(42) 松本克美＝齋藤隆＝小久保孝雄編『建築訴訟（専門訴訟講座2）』五三六頁（民事法研究会、二〇〇九年）。

(43) 西村・前掲注(40)五七頁は同旨を述べる。

(44) 契約自由の原則もしくは私的自治の要請との関係が、訴訟当事者の双方が裁判所による判断を求めていた上記東京高裁の事案で問題にならないのは当然である。

(45) 近時の例では、キャラクターデザイン、編集業務、企業ブランドイメージについてのコンサルタント、システム開発、システム監視、株式譲渡仲介等がある。

(46) 滝井・前掲注(39)二七五頁、小島武司＝高桑昭編『仲裁法』（青林書院、二〇〇七年）。

四　結語

本稿は企業法務実務家として普段から気になっていた「協議条項」の法的効果を日本法に基づく裁判例を中心として整理したものである。契約書の作成・交渉の場面で法的効果を意識することは何よりも重要であり、少しでも今後の契約実務の参考に資することができればと思う。とりわけ、協議が不調となった場合の裁判所の裁量権の問題については、今後の判例の発展に委ねるべき問題であるが、実務家として、有効な紛争解決メカニズムの規定と予測可能性の確保という両方の観点を意識した上で、協議が不調に終わった場合、裁判所の判断を求める意思を明確にする協議条項をドラフトすることは可能であるように思われる。そして、このような努力が、紛争解決機関としての裁判所の役割をより、有効なものにすることにつながることを期待する。

区分所有建物の管理組合の法的性格

山田誠一

一　はじめに

二　区分所有建物の管理に関する法的規律の概観

三　管理組合

四　まとめ

一　はじめに

区分所有建物においては、管理組合があり、通常、その管理組合によって、区分所有建物等の管理が行なわれる[1]。管理組合は、建物の区分所有等に関する法律（以下、「建物区分所有法」という）上、区分所有者が全員で、区分所有建物ならびにその敷地および附属施設の管理を行なうため構成するものと定められている（三条）。すなわち、建物区分所有法三条が定める区分所有者の団体は、区分所有者の何らの行為をすることなく、成立するものであって、それが、管理組合であると理解されている[2]。このような管理組合が、区分所有建物の管理に関する紛争が訴訟になった場合に、訴訟の当事者となることがある。例えば、最近の最高裁判決としては、最判平成二三年二月一五日判時二一一〇号四〇頁[3]では、区分所有建物の管理に関する紛争が訴訟になったもので、管理組合が、訴訟の当事者となっている。本判決の事案は、単純化して示すと次のようなものである。マンション（本件マンション）の管理組合であるXが、本件マンションの区分所有者であるYに対して、Yが、本件マンションの規約（本件規約）に反してXの承諾を得ずに、本件マンションの共用部分である壁面等の改造工事により工作物（看板等）（本件工作物）の設置を行なったと主張して、第一に、主位的に、本件規約にもとづく原状回復請求として本件工作物の撤去請求を、予備的に、本件規約にもとづく承諾料等の請求を、第二に、本件規約所定の違約金、または、これと同額の不法行為にもとづく損害賠償の請求をした。原判決は、本件マンションの共用部分は区分所有者の共有に属するものであるから、本件各請求は区分所有者においてするものであり、そのため、Xの原告適格を否定し、本件訴えをいずれも却下した。これに対して、本判決は、「給付の訴えにおいては、自らがその給付を請求する権利を有すると主張する者に原告適格があるというべきである」との見解を示し、この見解にもとづき、Xの原告適格を否定した原審の判断は是認することができないとの判断をして、Xの訴えを却下した原判決を破棄し、事件を高等裁判所に差し戻した。本判決は、原告適格の存否についてのみ判断し、破棄差戻しをしたものであるが、この事件が最終的に解決されるためには、区分所有者の共有に属する共用部分に関する権利を、管理組合が行使することができるかどうかという実体法上の問題を明らかにする必要がある。

たしかに、管理組合は、本判決の事案からもうかがわれるように区分所有建物等の管理において、現実的に重要な意義を有している。しかし、管理組合の法的性格、および、管理組合をめぐる法律関係は、必ずしも明らかではない。そのことの背景には、一般に、管理組合は、権利能力なき社団にあたると考えられていて、権利能力なき社団については、民法には規定がなく判例によって法準則が形成されたという事情があると考えることができる。しかし、それだけではなく、それとともに、建物区分所有法は、管理組合については、既に指摘した通り、区分所有者によって構成されると定めてはいるが、そのことを定めるのみであり、他方で、管理者、規約、および、集会といった区分所有建物等の管理のための規律を、管理組合との関係を具体的には示さずに、定めているという事情も、背景にあるように思われる。

そこで、本稿では、区分所有建物の管理組合の法的性格について、検討を行なうこととしたい。特に、管理組合が当事者となり、区分所有者以外の者と、区分所有建物等の管理のために、契約をする場合に、その契約にもとづく法律関係は、どのようなものであるかに焦点をあてて検討を行なうこととする。そのために、まず、区分所有建物の管理に関する法的規律について概観し（二）、続けて、管理組合の法的性格とそれをめぐる法律関係について検討を行ない（三）、最後に、それらのまとめを行なうこととしたい（四）。

（1） 本稿では、区分所有建物の管理組合を、以下、単に管理組合ということがある。いわゆるマンションの管理組合は、これにあたる。

（2） 川島武宜＝川井健編『新版注釈民法(七)』六一三頁〔濱崎恭生＝吉田徹〕（有斐閣、二〇〇七年）は、「本条［建物区分所有法三条］前段は、複数の区分所有者による区分所有関係の存するところには、法律上当然に、当該区分所有者を構成員とし、当該建物等の管理を目的とする団体が構成されること（……）を規定する」とする。青山正明編『注解不動産法(五)区分所有法』〔青山正明〕（青林書院、一九九七年）は、建物区分所有法三条は、「区分所有者が、何らの行為をするまでもなく、本法の定めるところにより当然に、他の区分所有者と共同で建物等の管理をする仕組みのなかに組み込まれ、様々な団体的な拘束を受ける関係に立つことになることを確認的に宣言したものである」（三三頁）としたうえで、「区分所有者は、本条の規定を待つまでもなく、本法の他の諸規定によって自ずから、その全員で、建物並びにその敷地及び附属施設の管理を行うことを目的とする一つの統一性のある団体を構成しているということができる」（三四頁）とし、さらに、「本条の区分所有者の全員（……）を構成員とする団体は、何らの設立行為がなくても、区分所有関係の成立（……）により、たとえ一部の区分所有者に反対があろうとも、当然に成立し、区分所有者は、区分所有者である以上、当然その構成員で」ある（三六頁）とする。これとやや異なるものとして、稲本洋之助＝鎌野邦樹『コンメンタールマンション区分所有法〔第二版〕』（日本評論社、二〇〇四年）は、建物区分所有法三条は、「区分所有建物にあっては、区分所有者が全員で当然に団体を構成すること、その団体が建物ならびにその敷地および附属施設の管理を行うことを定める」（二四頁）とし、「区分所有者は任意に団体を構成することができるのではなく、区分所有関係の成立と同時に法律上当然に区分所有者の団体が構成される」（二七頁）とするとともに、建物区分所有法三条の団体が、「管理組合の形態をとってそれら［集会の開催、規約の設定、管理者の設置］を行うか否かも自由である」（二九頁）とし、そのうえで、「現実に区分所有者によって設立された管理組合等の組織が開催する総会、それが定める組合規約、それが選任する管理者がここでいう団体［建物区分所有法三条の団体］の集会、規約、管理者として効力を有するかは、ひとえにそれらが本法［建物区分所有法］所定の要件を充足するかどうかにかかっている」（二九頁）とする。

（3） 本判決の判例解説としては、八田卓也「判批」私法判例リマークス四四号一二二頁（二〇一二年）、堤龍弥「判批」民商一四五巻二号二三七頁（二〇一一年）、河野憲一郎「判批」平成二三年度重判解（ジュリ増一四四〇号）一二五頁（二〇一二年）がある。

二　区分所有建物の管理に関する法的規律の概観

1　建物区分所有法の構造

建物区分所有法は、一棟の建物に構造上区分された数個の部分で独立して住居等としての用途に供することができるものについて、その各部分を、同法の定めるところにより、それぞれ所有権の目的とすることができると定め（一条）、そのうえで、その部分を目的とする所有権を、区分所有権というと定めている（二条一項）[4]。同法は、さらに、区分所有権を有する者を区分所有者といい（二条二項）、区分所有権の目的である建物の部分を専有部分といい（二条三項）、専有部分以外の建物の部分を共用部分という（二条四項）[5]。そのうえで、共用部分は、区分所有者全員の共有に属するとする（一一条一項本文）。一棟の建物であって、その建物に区分所有権が成立するものを、区分所有建物[6]というならば、区分所有建物は、専有部分と共用部分からなり（いいかえれば、区分所有建物は、いずれの部分であっても、必ず、専有部分と共用部分のいずれかであり）、専有部分については区分所有者が区分所有権を有し、共用部分は、区分所有者全員の共有に属するということになる[7]。

建物区分所有法は、共用部分に関する規定を定め（一一条〜二〇条）、共用部分等の保存等について管理者に関する規定を定め（二五条〜二九条）、さらに、区分所有建物等の管理等について、規約に関する規定（三〇条〜三三条、および、四六条）を定めるとともに、集会に関する規定（三四条〜四七条）を定めている。本稿では、管理組合が当事者となり、区分所有者以外の者と、区分所有建物等の管理のために、契約をする場合に、その契約にもとづく法律関係は、どのようなものであるかに焦点をあてるため、これらのなかから、共用部分に関する規定にもとづく規律と、管理者に関する規定にもとづく規律について、その基本的な内容の検討を行なうこととしたい。

2　共用部分に関する規定にもとづく規律

区分所有建物において、専有部分以外の部分は、共用部分である[8]。共用部分は、既に述べた通り、建物区分所有法一一条一項本文にもとづいて、区分所有者全員の共有に属する。共用部分が区分所有者の全員の共有に属する場合、その共用部分の共有については、同法一三条から一九条までに定めるところによる（同法一二条）。すなわち、民法は共有に関する規定（二四九条〜二六二条）を定めているが、共用部分の共有にはそれらは適用されず[9]、建物区分所有法が共用部分について定める規定が適用されることになる。

共用部分の管理について、建物区分所有法は、共用部分の管理に関する事項は、共用部分の変更でその形状または効用の著しい変更を伴わないものを除いたものとなる場合[10]を除き、集会の決議で決する（一八条本文）、ただし、保存行為は各共有者がすることができる（同条ただし書）と定める[11]。この集会における決議は、区分所有者および議決権の各過半数で決する（同法三九条一項[12]）。各区分所有者の議決権は、その有する専有部分の床面積の割合による（同法三八条、一四条[13]）。また、共用部分につき損害保険契約をすることは、共用部分の管理に関する事項とみなす（同法一八条四項[14]）。

これらの規定にもとづいて、具体的な例をあげて検討を進めることにする。まず、最初の具体例は、共用部分についての損害保険契約をすることである。損害保険契約は、保険契約者と保険者との間で、保険者、保険契約者、被保険者、保険事故、その期間内に発生した保険事故による損害を塡補するものとして損害保険契約で定める期間（以下、単に「期間」という）、保険金額、保険の目的物、保険料およびその支払方法などを定めて、行なわれるものである。[15] 建物区分所有法一八条四項および一項は、区分所有建物の共用部分についての損害保険契約をすることは、集会の決議で決すると定めている。これは、区分所有建物の共用部分を保険の目的物として損害保険契約をするかどうか、保険者（損害保険会社）を誰にするか、また、その期間、保険金額、保険料をどうするかについての区分所有者の意思決定を、集会における決議（区分所有者および議決権の各過半数）ですることができるとしたものである。保険の目的物は区分所有建物の共用部分であり、区分所有建物の共用部分は区分所有者全員の共有に属するため、このような損害保険契約の被保険者は、区分所有者全員となるものと考えられる。[16] さらに、誰がこのような損害保険契約の保険契約者となるかについては、改めて検討を行なうこととする（3）。

次の具体例は、共用部分の清掃や見回り等の管理について管理会社[17]との間で管理委託契約をすることや、共用部分である玄関・廊下・階段の照明や共用部分であるエレベータの駆動等の電力使用のため電力会社との間で電力供給契約をすることや、共用部分の修繕工事請負契約をすることである。これらについては、管理委託契約をすることと電力供給契約をすることは、共用部分の管理に関する事項であると考えられる。共用部分の修繕工事請負契約については、修繕工事の規模・程度・内容が、どのようなものであるかによることになるが、その修繕工事が、共用部分の変更でその形状または効用の著しい変更を伴わないものを除いたものにあたらなければ、共用部分の管理に関する事項である（以下では、修繕工事が、共用部分の変更でその形状または効用の著しい変更を伴わないものを除いたものにあたらない場合に限って検討を進めることにする）。したがって、これらの契約をすることは、集会の決議で決する（建物区分所有法一八条一項）。これは、区分所有建物の共用部分の管理委託契約をするかどうか、管理会社を誰にするか、また、その期間、委託する管理の内容、管理委託報酬をどうするかなどについての区分所有者の意思決定を、区分所有建物の共用部分のための電力供給契約をするかどうか、電力会社を誰にするか、また、その電力料金をどうするかなどについての区分所有者の意思決定を、また、共用部分の修繕工事請負契約をするかどうか、請負人となる建設会社を誰にするか、その工事内容、工事期間、工事請負代金をどうするかなどについての区分所有者の意思決定を、集会における決議（区分所有者および議決権の各過半数）ですることができるとしたものである。ここでも、さらに、誰がこのような管理委託契約の委託者、電力供給契約の電力を使用する側の契約当事者（以下、単に「契約当事者」という）、および、修繕工事請負契約の注文者となるかについては、改めて検討を行なうこととする（3）。

なお、各共有者は、規約に別段の定めがない限りその持分に応じて、共用部分の負担に任ずる（建物区分所有法一九条）。ここでの共有者は、区分所有者である。共用部分に関する損害保険契約の保険料、共用部分の管理委託契約の管理委託報酬、共用部分についての電力供給契約の電力料金、および、共用部分の修繕工事請負契約の工事請負代金は、それぞれ、共用部分の管理に関する事項により生じた費用であり、それらは、共用部分の負担であると考えられる。したがって、それらは、各区分所有者が共用部分の持分に応じて、負担することになる。このことにもとづいて、具体的に誰と誰の間の債権債務が、どのように発生する[18]と考えるべきかは、改めて検討を行なうこととする（3）。

また、ここでの問題に関連するものとして、区分所有者の特定承継人に対する効力等の問題がある。まず、集会の決議は、区分所有者の特定承継人に対しても、その効力を生ずる（建物区分所有法四六条一項）。したがって、集会の決議によって、損害保険契約等をすることを決した場合において、その後、ある区分所有権の特定承継が行なわれたとき、損害保険契約等をすることは、その特定承継人に対して効力を生ずるということであると考えられる。次に、区分所有者が、共用部分につき他の区分所有者に対して債権を有する場合、その債権は、債務者である区分所有者の特定承継人に対しても行なうことができる（同法八条、七条一項）。したがって、集会の決議によって、損害保険契約等をすることを決し、各区分所有者がその保険料等を負担することとなった場合において、その後、ある区分所有者がその保険料等の負担を履行することなく、その者が有する区分所有権について特定承継が行なわれたとき、その者を債務者とし、他の区分所有者を債権者とする保険料等の負担にかかる債権は、その特定承継人に対しても行なうことができることになる。

3　管理者に関する規定にもとづく規律

区分所有建物の管理者[19]について、建物区分所有法は、区分所有者は規約に別段の定めがない限り集会の決議によって、管理者を選任し、または、解任することができると定める（二五条一項）。さらに、管理者の権限については、管理者は、共用部分等[20]を保存し、集会の決議を実行し、および、規約で定めた行為をする権利を有し、義務を負うと定める（同法二六条一項）。さらに、管理者は、その職務[21]に関し、区分所有者を代理する（同条二項前段）と定めるとともに、①共用部分[22]についての損害保険契約にもとづく保険金、ならびに、②共用部分等について生じた損害賠償金および不当利得による返還金の請求および受領についても、区分所有者を代理する（同条同項後段）と定める。また、管理者は、規約または集会の決議により、その職務[23]に関し、区分所有者のために、原告または被告になることができる（同法二六条四項[24]）。

これらの規定にもとづいて、2と同様に、具体的な例をあげて検討を進めることにする。まず、共用部分についての損害保険契約をすることである。集会の決議で決した損害保険契約を、管理者はする権利を有し、義務を負う。また、管理者は、集会の決議で決した損害保険契約に関して、区分所有者を代理する。したがって、管理者が、区分所有者を代理して、保険者との間で、損害保険契約を締結すると、その損害保険契約の効力は、区分所有者に帰属することになる。損害保険契約の保険の目的である共用部分は区分所有者全員の共有である。次に、共用部分について、管理委託契約をすること、電力供給契約をすること、または、修繕工事請負契約をすることである。これらも、共用部分についての損害保険契約をすることと同様である。管理者は、集会の決議で決した、または、規約に定めのある管理委託契約、電力供給契約、または、修繕工事請負契約をする権利を有し、義務を負い、それらの契約に関して、区分所有者を代理する。したがって、管理者が、区分所有者を代理して、管理会社、電力会社、または、建設会社との間で、それらの契約を締結すると、それらの契約の効力は、区分所有者に帰属することとなる。清掃や見回りの等の管理の対象は共用部分であり、電力が使用される照明は共用部分の使用のためのものであり、同じく電力が使用されるエレベータは共用部分であり、修繕工事の対象は共用部分であり、そのような共用部分は、区分所有者全員の共有である。

4　管理者による代理の方法

以上の検討から、建物区分所有法が用意している管理者に関する規定のもとづく規律とは、以下のようなものであるということができる。すなわち、区分所有者が、共用部分を共有していて、その共用部分についての契約を、第三者との間でしようとするとき、区分所有者全員が意思表示を行ない、第三者との間で契約をすることに替えて、管理者が、区分所有者全員を代理して意思表示を行ない、第三者との間で契約をするというものである。契約の締結は、代理を用い、その結果、契約の効力は、区分所有者全員に生ずるというものである。このことは次のような意味を有していると考えられる。まず、区分所有者全員が、第三者との契約をすることに賛成の場合を想定する。その場合も、複数の本人（区分所有者）を、一人の代理人（管理者）が代理をし、第三者との間で、一つの契約を締結することは、複数の者がそれぞれ自ら、第三者との間で、一つの契約を締結する際に生ずる事実上の煩雑さ、および、複数の者、ときに、多数の者が当事者になることにより、生じうるその契約の効力の不確実さ（全員が当事者とならないと契約の成立が認められないような場合には、一人の意思表示に無効となる理由や取消しとなる原因があると、契約が全体として効力を失うことが考えられる）などを回避するための方策であると考えることができる。さらに、管理者の選任を多数決ですることができ、管理者が区分所有者を代理する事項は、集会の決議や規約の定めにしたがって定まり、それらも、区分所有者の全員の一致を必要としないため、その管理者が、区分所有者全員を代理することができるということは、第三者との間で契約をすること自体について区分所有者全員の賛成が得られないときにも、第三者との間で契約をすることを可能とするものである。そのうえで、管理者が第三者との間でした契約により第三者が区分所有者に対して有する債権は、その特定承継人に対しても行なうことができ（建物区分所有法二九条二項）、そのことは、区分所有者の交替があったときに、第三者との契約の効力を安定的に継続させることを実現していている[25]。

（4） 正確には、一棟の建物に構造上区分された数個の部分で独立して住居等としての用途に供することができるもののうち、同法四条二項の規定により、共用部分とされたものは除かれる（同法二条一項かっこ書）。

（5） 共用部分は、専有部分以外の建物には限られず、そのほか、専有部分に属しない建物の附属物、および、同法四条二項の規定により共用部分とされた附属の建物が共用部分である（二条五項）。

（6） 建物区分所有法では、ここでいう区分所有建物を、単に建物という。例えば、三条が、「建物」というのは、区分所有建物のことである。

（7） 区分所有建物が所在する土地を、建物の敷地といい、それとともに、同法五条一項の規定により建物の敷地とされた土地も建物の敷地という。本稿では、区分所有建物に検討の対象を限定し、建物の敷地については、建物の敷地に固有の問題もあるため、検討を行なわないこととする。なお、同法は、専有部分を所有するための建物の敷地に関する権利を敷地利用権といい（二条六項）、そのうえで、敷地利用権に関する規定を定めている（二二条～二四条）。

（8） 川島＝川井・前掲注（2）六一九頁〔川島一郎＝濱崎恭生＝吉田徹〕は、「建物の基礎工作物・支柱・屋根・外壁等、建物の基本的構造部分は、一般に、建物全体の安全や外観を維持するために必要なものであるから、原則として、全体の法定共用部分と解するのが相当である」とする。青山・前掲注（2）七七頁〔大内俊身〕は、共用部分の例として、屋根・外壁など建物の基本的な構造部分、廊下・階段室など構造上区分所有者全員の共用に供されるべき建物の部分、建物全体のための電気配線・冷暖房設備をあげる。稲本＝鎌野・前掲注（2）二〇頁は、廊下、階段室のほか、エレベータ室、基礎・土台部分、屋根、屋上、外壁などの躯体部分をあげる。

（9） 川島＝川井・前掲注（2）六五〇頁〔川島＝濱崎＝吉田〕は、建物区分所有法一二条は、「共用部分の共有については、民法の共有に関する規定（民二四九―二六二）の適用を排除する趣旨を含んでいる」とする。青山・前掲注（2）八〇頁〔大内〕は、「共用部分の共有については、民法物権編の共有に関する規定は適用されない」とする。また、稲本＝鎌野・前掲注（2）八〇頁は、「共用部分の共有関係については、民法の共有に関する規定（二四九条～二六二条）の適用はなく、本法〔建物区分所有法〕一三条から一九条の規定が適用される」とする。

（10） 共用部分の変更でその形状または効用の著しい変更を伴わないものを除いたものは、区分所有者および議決権の各四分の三以上の多数による集会の決議で決する（同法一七条一項）。

（11） なお、一方で、同法一八条一項は、規約で別段の定めをすることを妨げず（同法一八条二項）、他方で、共用部分の変更が専有部分の使用に特別の影響を及ぼすべきときは、その専有部分の所有者の承諾を得なければならないとする同法一七条二項は、同法一八条一項本文の場合に、準用する（同法一八条三項）。

（12） ただし、規約に別段の定めをした場合は、それによる（同法三九条一項）。

（13） ただし、規約に別段の定めをした場合は、それによる（同法三八条）。

（14） 共用部分につき損害保険契約をすることは、共用部分の管理に関する事項とみなすとする趣旨については、稲本＝鎌野・前掲注（2）一〇八～一〇九頁は、「この場合の損害保険契約の締結が共用部分の狭義の管理に関する事項（本条〔一八条〕一項本文）

と共用部分の保存行為（本条〔一八条〕一項但し書）のいずれに該当するのかは必ずしも明らかでない」ためであるとする。

（15） 保険法六条が定める損害保険契約の締結時の書面交付における書面に記載する事項を参考にした。山下友信『保険法』二〇三～二〇四頁（有斐閣、二〇〇五年）は、「保険契約が成立するためには、保険契約の要素が確定していなければならない。（……）損害保険契約であれば、保険契約者、被保険者、保険事故、保険金額、保険期間（……）および保険料が、（……）少なくとも確定されていなければならないと解されている」とする。

（16） 損害保険契約において、「損害保険契約によりてん補することとされる損害を受ける者」を被保険者という（保険法二条四号イ）。なお、山下・前掲注（15）七八頁は、「損害保険契約では、被保険者とは、被保険利益の帰属主体であると同時に保険給付請求権の帰属主体として定義される」とする。

（17） 区分所有建物等の管理等を、その事業として行なっている会社があり、区分所有建物の共用部分の清掃や見回り等の管理を、そのような会社に委託することがある。そのような会社を、ここでは、管理会社とよぶ。管理会社は、建物区分所有法上の概念ではない。

（18） 青山・前掲注（2）九三頁〔大内俊身〕は、建物区分所有法一九条は、「共有者の内部関係について規定したものにすぎない」とする。また、稲本＝鎌野・前掲注（2）一一一頁も、同条は、「共用部分の負担等についての共有者間の内部関係を規定したもので」あるとする。

（19） 区分所有建物の管理者について、建物区分所有法上、その資格には制限がない。区分所有者である必要はなく、また、個人であっても法人であってもよい（青山・前掲注（2）一二九頁〔田原睦夫〕）。なお、「マンション標準管理規約（単棟型）」（平成二三年七月二七日、国土交通省住宅局市街地建築課マンション政策室）は、管理組合の理事長について、理事長は、管理組合を代表し、その業務を統括等するとともに、理事長は、区分所有法に定める管理者とするとする（三八条一項二項）。これとともに、組合員の資格は、区分所有者になったときに取得し、区分所有者でなくなったときに喪失すること（三〇条）、および、組合員のうちから理事が選任され、理事の互選により理事長が選任されるとすること（三五条二項三項）によって、「マンション標準管理規約（単棟型）」によれば、管理者は、区分所有者であることになる。

（20） ここでの共用部分等とは、共用部分、建物の敷地等が区分所有者の共有に属する場合の建物の敷地等をいう（建物区分所有法二六条一項かっこ書）。

(21) 管理者の職務とは、建物区分所有法二六条一項により、管理者がそのことをする権利を有し、義務を負うものであり、したがって、具体的には、共用部分等の保存、集会の決議の実行、規約で定めた行為である（川島＝川井・前掲注(2)六八五～六八六頁〔濱崎恭生＝吉田徹〕、および、稲本＝鎌野・前掲注(2)一四七頁参照）。

(22) ここでの共用部分とは、共用部分のほかに、建物区分所有法二一条により、建物の敷地等が区分所有者の共有に属する場合に、同法一八条が準用される場合の建物の敷地等を含む（同法二六条二項前段かっこ書）。

(23) ここには、建物区分所有法二六条二項前段が管理者が代理権を有すると定める職務とともに、同条同項後段が管理者が代理権を有すると定める事項も含まれる（同法二六条四項かっこ書）。

(24) 管理者が、建物区分所有法二六条四項にもとづき、区分所有者のために、原告または被告となることができるとき、各区分所有者から個別の授権を受けることなく、訴訟を追行することができ、管理者がした訴訟の結果としての判決は、勝訴であるか敗訴であるかを問わず、区分所有者に対してその効力を有する（民事訴訟法一一五条一項二号）（川島＝川井・前掲注(2)六九一頁〔濱崎＝吉田〕、青山・前掲注(2)一四八頁〔田原睦夫〕、および、稲本＝鎌野・前掲注(2)一五七頁）。この管理者の訴訟追行権の法的性格については、「訴訟物たる法律関係の帰属主体に代わって第三者がその訴訟物について当事者として訴訟を追行する、いわゆる訴訟担当である」としたうえで、「そして、規約または集会の決議という団体的意思決定の方法によるものではあるが、法律関係の帰属主体からの授権に基づき訴訟担当をするものであるから、一種の任意的訴訟担当〔訴訟信託〕に当たる。すなわち、選定当事者の制度と同様に、任意的訴訟担当を法律上認めたものである」（川島＝川井・前掲注(2)六九〇頁〔濱崎＝吉田〕）とするものがあるとともに、「規約又は集会の決議による授権に基づいてはじめて管理者の訴訟担当がなされるという意味で、任意的訴訟担当の一種と解されるが（……）、管理者の地位に基づき、かつ規約による一般的授権が認められる点で、法定訴訟担当的性格をも有する」とするものがある（青山・前掲注(2)一四七頁〔田原〕、濱崎恭生「建物の区分所有等に関する法律の改正の概要――建物の管理に関する改正部分について」ジュリ七九五号一五頁（一九八三年））。管理者による訴訟担当については、山本克己「民法上の組合の訴訟上の地位(一)――業務執行組合員による任意的訴訟担当」法教二八六号七七～七八頁（二〇〇四年）も参照。

(25) 山田誠一「マンション法の理論的諸問題」ジュリ八二八号八七頁（一九八五年）を参照。

三　管理組合

1　管理組合の建物区分所有法上の位置づけ

区分所有建物で、住宅として使用されているものの多くは、一般に、マンションとよばれ、○○という名称があり、そのマンションとよばれる区分所有建物には、一般に、○○管理組合[26]と称する団体がある。一で既に述べたように、この管理組合は、建物区分所有法三条が定める団体であると考えられる[27]。そして、このような団体は、何かという問題がある。建物区分所有法三条が定める団体は、権利能力なき社団であるというべきである。その理由は、以下の通りである。

権利能力なき社団とは、「団体としての組織をそなえ、そこには多数決の原則が行なわれ、構成員の変更にもかかわらず団体そのものが存続し、しかしてその組織によって代表の方法、総会の運営、財産の管理その他団体としての主要な点が確定しているものでなければならない」と解されており[28]、したがって、ある団体が、①団体としての意思決定や業務執行を行なうための組織を備え、代表の方法、総会の運営、財産の管理その他の主要な点が確定していて、②多数決によって団体の意思決定が行なわれ、③構成員の加入脱退にかかわらず団体そのものが存続する場合、その団体は、権利能力なき社団であると考えられる。

建物区分所有法三条が定める団体（以下、「区分所有者の団体」という）は、これらの点について、次の通りである。区分所有者の団体には、同法により、業務執行を行なうための機関として管理者を置くことができ（二五条）、管理者が置かれた場合、管理者は建物区分所有法にもとづき区分所有者を代理し（二六条二項）、また、同法により、団体としての意思決定のための機関として集会が置かれ（三四条以下）、集会の運営は同法によって規律され（三四条〜四五条）、さらに、同法は、建物またはその敷地もしくは附属施設の管理または使用に関する区分所有者相互間の事項は、同法に定めるもののほか、規約で定めることができる（三〇条一項）とするため、区分所有者の団体は、団体としての主要な点が確定しているということができ、したがって、上記の①の要件をみたす。また、集会の議事は、建物区分所有法により、同法または規約に別段の定めがない限り、区分所有者および議決権の各過半数で決するとされるため、多数決の原則は行なわれているということができ、したがって、上記の②の要件をみたす。さらに、建物区分所有法は、規約または集会の決議は、区分所有者の特定承継人に対しても、その効力を生ずる（四六条一項）とし、このことは、区分所有者の変更にかかわらず、団体に関する法律関係が継続することを意味し、したがって、上記の③の要件をみたす。これらから、区分所有者の団体は、権利能力なき社団にあたると考えられ[29]、したがって、管理組合は、権利能力なき社団にあたると考えることができる。

そのうえで、権利能力なき社団の財産、ならびに、権利能力なき社団における権利の取得、および、義務の負担については、「権利能力のない社団の資産は構成員に総有的に帰属する。そして、権利能力のない』社団でありながら、その代表者によってその社団の名において構成員全体のため権利を取得し、義務を負担するのであるが、社団の名において行なわれるのは、一々すべての構成員の氏名を列挙することの煩を避けるために外ならない」と理解されている[30]。管理組合は、権利能力なき社団であり、区分所有者は、権利能力なき社団の構成員である。したがって、管理組合の財産は、区分所有者に総有的に帰属し、管理組合の代表者は、管理組合の名において、区分所有者全員のために権利を取得し、義務を負担すると考えることができる。

2　区分所有建物の管理に関する管理組合の法的な地位

ここでは、以下のような例について、検討を行なうこととしたい（二2および3で用いた例と、基本的には共通するが、同一ではない）。管理組合が、各区分所有者が管理費として管理組合に対して支払った金銭を銀行に預金として預け入れ（①）、区分所有建物の共用部分について、損害保険会社との間で損害保険契約をし、①の預金から保険料を支払い（②）、区分所有建物の共用部分について修繕工事を行なうため、建設会社との間で、修繕工事請負契約をし、これも①の預金から請負代金を支払う（③）というものである。なお、以下では、管理組合には理事長が置かれていて、理事長が管理組合を代表することとする。[31]

管理組合が、各区分所有者が管理費として管理組合に対して支払った金銭を銀行に預金として預け入れる場合（①）、管理組合の理事長が管理組合を代表して、管理組合の名で、銀行（甲銀行）との間で、預金契約を締結[32]すると、甲銀行と管理組合の間に、預金契約（本件預金契約）が成立し、本件預金契約にかかる預金債権は区分所有者に総有的に帰属することとなる。

次に、管理組合が、共用部分について、損害保険契約をする場合（②）、管理組合の理事長が管理組合を代表して、管理組合の名で、損害保険会社（乙損害保険会社）との間で、損害保険契約を締結すると、乙損害保険会社と管理組合の間に、損害保険契約（本件損害保険契約）が成立し、本件損害保険契約にかかる保険契約者の地位は、区分所有者に総有的に帰属し、保険料債務は、区分所有者に総有的に帰属することになる。なお、この場合、保険の目的は、区分所有建物の共用部分であり、区分所有建物の共用部分は、区分所有者の共有であって、管理組合の財産ではなく、したがって、区分所有者に総有的に帰属するものではない。したがって、本件損害保険契約にかかる被保険者は、区分所有者であって、その地位は、区分所有者に総有的にではなく帰属し、区分所有者に総有的に帰属するものではないと考えるべきである。

さらに、管理組合が、共用部分の修繕工事について、請負契約をする場合（③）、管理組合の理事長が、管理組合を代表して、管理組合の名で、建設会社（丙建設会社）との間で、修繕工事請負契約を締結すると、丙建設会社と管理組合の間に、修繕工事請負契約（本件修繕工事請負契約）が成立し、本件修繕工事請負契約にかかる注文者の地位は、区分所有者に総有的に帰属し、請負代金債務は、区分所有者に総有的に帰属することになる。請負人である丙建設会社に対して、仕事の完成を求める債権は、注文者である管理組合に、したがって、区分所有者に総有的に帰属することになると考えられる。

3　管理組合を契約の当事者とする方法

以上の検討から、管理組合が当事者となり、第三者との間で、区分所有建物の管理に関する契約をすることができることが分かる。そこでは、管理組合が、預金者になり、保険契約者になり、注文者になる。預金債権や、仕事の完成を求める債権は、管理組合に、すなわち区分所有者全員に総有的に帰属し、保険料債務や、請負代金債務は、管理組合に、すなわち区分所有者全員に総有的に帰属することになる。

これらに対して、共用部分の損害保険契約の保険の目的は、共用部分であり、共用部分は、管理組合に帰属するのではなく、区分所有者の共有であるため、その損害保険金請求権は、区分所有者全員に総有的にではなく帰属する[33]。仮に、管理組合に権利が帰属することと、区分所有者全員に総有的にではなく権利が帰属することとを区別するならば、このような損害保険契約は、第三者のためにする損害保険契約[34]としての性格を有していることになる。また、このことと類似する事情を、請負契約にもとづいて行なわれる修繕工事について指摘することができる。すなわち、修繕工事が行なわれることで、経済的な効用が生ずるのは区分所有建物の共用部分である。区分所有建物の共用部分は、区分所有者の共有であって、管理組合の財産ではなく、したがって、区分所有者に総有的に帰属するものではない。そのため、本件修繕工事請負契約は、区分所有者が総有的に代金債務を負い、仕事の完成を求める債権を有するものの、その契約内容である修繕工事が行なわれることの経済的な効用は、区分所有者に総有的ではなく生ずるものと考えられる。

また、これらとは別に、保険料債務や、請負代金債務が、区分所有者全員に総有的に帰属するとはどのような法律関係であるのかが問題となる。権利能力なき社団が負う債務については、最判昭和四八年一〇月九日民集二七巻九号一一二九頁[35]は「権利能力なき社団の代表者が社団の名においてした取引上の債務は、その社団の構成員全員に、一個の義務として総有的に帰属するとともに、社団の総有財産だけがその責任財産となり、構成員各自は、取引の相手方に対し、直接には個人的債務ないし責任を負わないと解するのが、相当である」との見解を示している。株式会社においても、一般社団法人においても、株式会社や一般社団法人が当事者となって第三者に対して負った債務について、株式会社や一般社団法人の財産だけがその責任財産であり、株主や社員は債務を負わず、また、責任を負わない。たしかに、権利能力なき社団は、現実には多様なものを含むものの、それが営利であるか非営利であるかを問わず[36]、その構成員は、権利能力なき社団が負った債務について、債務を負わず、また、責任を負わないと解するべきである。管理組合は権利能力なき社団であり、したがって、区分所有者は、管理組合が負った債務について、債務を負わず、また、責任を負わないと考えるべきである。管理組合が負った保険料債務や、請負代金債務は、管理組合の財産、すなわち、区分所有者に総有的に帰属する財産のみが責任財産となり、区分所有者は、総有的に債務を負う以外には、債務を負わず、また、責任も負わないというべきであり、管理組合の財産とは、例えば、区分所有者が管理組合に管理費として支払った金銭を銀行に預け入れた預金が、その例になると思われる(37)。

(26) ○○とは、様々であるが、地名と、集合住宅を意味する語を組み合わせることが多いように思われる。例えば、最判平成一六年四月二三日民集五八巻四号九五九頁の事件における原告は、ライオンズマンション草加西町管理組合である。

(27) 川島＝川井・前掲注(2)六一四～六一五頁〔濱崎恭生＝吉田徹〕は、「分譲マンション等において、一般に「管理組合」を設立しこれにより管理を行っている例が多いが、それが本法〔建物区分所有法〕の規定に則って建物等の管理を行っているものである限りは、本条〔建物区分所有法三条〕前段にいう団体に他ならないのであって、別個の任意団体が設立されたものと観念する必要はない」とする。青山・前掲注(2)三七頁〔青山正明〕は、この点について、「規約により、「当マンションの管理を行うため、区分所有者の全員で、管理組合を設立し、これを『○○マンション管理組合』と称する。」（……）と定めることがあるとしても、それは、本条〔建物区分所有法三条〕の定めることを確認的に明らかにしたに止まり、本条の団体とは別個の団体を設立したものと理解すべきでないことはいうまでもない」とする。

(28) 最判昭和三九年一〇月一五日民集一八巻八号一六七一頁（宮田信夫「判解」最高裁判所判例解説民事篇昭和三九年度四〇九頁（一九七三年）、星野英一「判批」法協九六巻一号一〇七頁（一九七九年）、福地俊雄「判批」民商五二巻五号七三三頁（一九六五年）、山田誠一「判批」中田裕康ほか編『民法判例百選Ⅰ〔第六版〕』二〇頁（有斐閣、二〇〇九年）などを参照）。

(29) 川島＝川井・前掲注(2)六一六頁〔濱崎恭生＝吉田徹〕は、「本条〔建物区分所有法三条〕の団体についてのこれら〔判例（最判昭和三九年一〇月一五日民集一八巻八号一六七一頁）が示す法人に非ざる社団が成立するため〕の要件は、ほぼ、本法〔建物区分所有法〕によって充足されていると考えられるから、この団体が本法の定める集会・規約・管理者等に関する規定に従って機能する限りにおいては、社団に該当するものと解することができる」とする。

(30) 前掲最判昭和三九年一〇月一五日。

(31) 前掲注(19)「マンション標準管理規約（単棟型）」では、管理組合には、理事長が置かれ（三五条一項一号）、理事長は、管理組合を代表する（三八条一項）と定めている。

(32) 前掲注(19)「マンション標準管理規約（単棟型）」では、「管理組合は、会計業務を遂行するため、管理組合の預金口座を開設するものとする」（六二条）と定めている。これに対して、実際には、管理会社が管理費等の管理の委託を受け、自己の名前で銀行に預金をすることがあり、そのような事案について、問題となっている預金は管理会社名義ではあるが、その出捐者は、マンションの区分所有者全員であるとし、そのうえで、その預金者は、「マンションの区分所有者の団体である管理組合であり、区分所有者全員に総有的に（……）帰属する」と判断した下級審判決がある（東京高判平成一一年八月三一日金法一五五八号二四頁）。

（33）保険金請求権は金銭債権であり、金銭債権は可分であるため、保険金請求権は、各区分所有者に分割して帰属するものと考えられる。

（34）保険法八条は、被保険者が損害保険契約の当事者以外の者であるときは、当該被保険者は、当然に当該損害保険契約の利益を享受すると定め、第三者のためにする損害保険契約を承認していることが分かる（萩本修編著『一問一答 保険法』一四九頁（商事法務、二〇〇九年）参照）。また、「他人のためにする損害保険契約は、民法上の第三者のためにする契約の特殊形態であると考えられている」とする山下・前掲注(15)二六二頁も参照。

（35）東條敬「判解」最高裁判所判例解説民事篇昭和四八年度三八頁（一九七七年）。

（36）「営利であるか非営利であるかを問わない」とは、多様な意味がありうるが、ここでは、会社法一〇五条一項一号二号、および、同条二項を参考にして、団体の構成員が、剰余金の配当を受ける権利、または、残余財産の分配を受ける権利の少なくともいずれかを有しているか（営利）、そうではなく、いずれをも有していないか（非営利）を問わないという意味で用いている（神田秀樹『会社法〔第一五版〕』六頁（弘文堂、二〇一三年）参照）。

（37）ここでは、さらに、管理組合が負った債務、すなわち、区分所有者に総有的に帰属する債務は、区分所有権が譲渡され、区分所有者が交替した場合に、誰にどのように帰属するかという問題がある。詳細な検討は別に行なう必要があると考えられるが、五つの専有部分のある区分所有建物があり、各専有部分についてＡＢＣＤＥという五人の区分所有者がいる場合において、ＥがＦに自己の区分所有権を譲渡したときを例とすると、共用部分の持分は、その有する専有部分の処分に従う（建物区分所有法一五条一項）ため、共用部分はＡＢＣＤＥの五人の共有から、ＡＢＣＤＦという五人の共有となる。このとき、区分所有者に総有的に帰属する債務は、ＡＢＣＤＥに総有的に帰属することから、ＡＢＣＤＦに総有的に帰属することとなるべきである。このような規律は、管理者が第三者との間でした行為について定める建物区分所有法二九条二項と実質的に同一であるが、管理組合に関しては、建物区分所有法に具体的な規定がない（なお、建物区分所有法二九条二項によれば、ＥからＦへの区分所有権の譲渡の後も、Ｅは、第三者に対して債務を負うものと考えられるが、管理組合が負う債務については、ＥからＦへの区分所有権の譲渡の後も、Ｅに総有的に帰属すると考えるべきかは、なお検討を要する）。

四　まとめ

本稿では、ここまでに、区分所有建物の管理について、二つの方法があることを示すことができた。第一は、建物区分所有法が具体的に用意しているものであり、管理者による代理の方法である（二）。第二は、管理組合を当事者とする方法である（三）。いずれによるかは、区分所有者すなわち管理組合側が、いずれの方法により第三者との間で契約をするか、あるいは、第三者の側で、区分所有者すなわち管理組合側と契約をするに際し、いずれの方法ですることを求めるかといった実際上の問題に帰着するように思われる。いずれの方法が用いられたかによって、多くの場合、現実的な相違は生じないように考えられるが、区分所有者すなわち管理組合側が、負った債務を履行せず、その債務にかかる債権を有する第三者が債権を行使しようとする場合に、相違が生ずることになる。すなわち、管理者による代理の方法では、区分所有者は、分割ではあるが、債務を負う（建物区分所有法二九条一項）。この債務は、なんらかの財産、例えば、管理組合の財産である管理組合が預金者となっている預金に責任が限定されるということはなく、また、金額についても制限はない。区分所有者が、第三者からの債権の行使に対して争おうとする場合は、管理者には、そのような契約をする代理権（建物区分所有法二六条二項）が与えられていなかったというようなことが考えられるにとどまる。これに対して、管理組合を契約の当事者とする方法では、三3で検討した通り、管理組合の負った債務は、区分所有者に総有的には帰属するが、それは管理組合の財産に限定された責任を負うということであり、区分所有者は、それ以外には、その債務について債務を負わず、責任も負わないことになる。

このことは、次のようなことを意味するものと思われる。ある区分所有建物の管理組合（A管理組合）において、

Bという個人が理事長に選任された場合であって、A管理組合の規約では理事長を建物区分所有法の管理者とする旨の規定[38]があるとき、Bは、当該区分所有建物の管理者であるとともに、A管理組合の理事長であることになる。Bが第三者Cと当該区分所有建物の管理について契約（銀行との預金契約、損害保険会社との損害保険契約、建設会社との修繕工事請負契約などである）をする場合、A管理組合の理事長として、A管理組合を代表して契約をすると、管理組合を契約の当事者とする方法（三3）となり、そうではなく、当該区分所有建物の管理者として、区分所有者を代理して契約をすると、管理者による代理の方法（二4）となるということである。果たして、実際の場面で、これらを区別し、そのことが理解されたうえで、BとCとの間で、契約が行なわれるかという問題があり、そうではないことは少なくないだろうと思われる。そうすると、争いが生じたときに、事後的に、管理組合を契約の当事者とする方法で契約が行なわれたか、そうではなく、管理者による代理の方法で契約が行なわれたかが判断され、その判断にもとづいて解決が図られることになる。そのような解決の仕方が、適切といえるかどうかという問題となってくる。

以下、権利能力なき社団である入会地の管理団体に関する最判平成六年五月三一日民集四八巻四号一〇六五頁[39]を参考にしつつ、管理組合を契約の当事者とする方法について、試みの検討を行なうこととしたい。

本判決は、ある入会団体が、ある不動産が、その入会団体の構成員の総有に属することの確認を求めた訴えについて、「入会権は権利者である一定の村落住民の総有に属するものであるが（……）、村落住民が入会団体を形成し、それが権利能力のない社団に当たる場合には、当該入会団体は、構成員全員の総有に属する不動産につき、これを争う者を被告とする総有権確認請求訴訟を追行する原告適格を有するものと解するのが相当である」とし、そのうえで、「そして、権利能力のない社団である入会団体の代表者が構成員全員の総有に属する不動産について総有権確認請求訴訟を原告の代表者として追行するには、当該入会団体の規約等において当該不動産を処分するのに必要とされる総会の議決等の手続による授権を要するものと解するのが相当である」とした。本判決は、第一段階で、入会団体の構成員に総有的に帰属する権利の確認の訴えにつき、権利能力なき社団である当該入会団体が原告適格を有するとの見解を明らかにし、第二段階で、その訴えにかかる訴訟を、当該入会団体の代表者が追行するには、当該入会団体内部の手続による授権が行なわれなければならないとの見解を明らかにしたものである。第一段階については、権利能力なき社団である入会団体が原告となった入会権の確認の訴えは、入会団体の構成員全員に帰属する入会地についての権利を訴訟物とするものであり、権利能力なき社団である入会団体と、総有的に権利が帰属する入会団体の構成員全員とは別個の法主体であると考えれば、他人の権利について訴訟追行をしようとするものであって、本判決は、このような場合に、権利能力なき社団である入会団体（原告）は、入会団体の構成員全員に総有的に帰属する入会権（原告ではない他人の権利）について、訴訟担当をすることができることを認めたものであるということができる。[40] 第二段階については、権利能力なき社団である入会団体にある訴訟の原告適格が認められる場合であっても、その代表者に常にその訴訟の追行権が認められるのではなく、当該入会団体の手続による授権があってはじめて、その訴訟の追行権が認められるというものである。[41] 株式会社では、代表取締役は、株式会社の業務に関する一切の裁判上または裁判外の行為をする権限を有し（会社法三九四条四項）[42]、一般社団法人では、代表理事は、一般社団法人の業務に関する一切の裁判上または裁判外の行為をする権限を有する（一般社団法人及び財団法人に関する法律七七条四項）こととは異なるということである。

本判決を手がかりにして、以上のように考えるならば、区分所有建物の管理組合は、区分所有者に総有的にではなく帰属する権利について、当事者として訴訟を追行することができ、その訴訟を管理組合の代表者が追行するには、管理組合の手続にしたがって授権が行なわれなければならないという規律を考えることができる。一でとりあげた、前掲最判平成二三年二月一五日の事案について、区分所有者の共有に属する共用部分に関する権利を、管理組合が行使することができるという解決を導くことができるのではないかと思われる(43)。

そのうえで、管理組合を契約の当事者とする方法で、第三者と契約をすることについても、管理組合の手続にしたがって授権が行なわれれば、管理組合の理事長が、管理者としてではなく、管理組合の代表者として第三者と契約をした場合であっても、その契約にもとづく債務について、管理組合が負うとともに、管理組合の手続にしたがった授権を根拠にして、区分所有者が債務または責任を負うという法律関係を形成することが可能であるように思われる。授権は、集会の決議によることも、規約の定めによることもできると考えられる。その場合、管理組合が負う債務について、区分所有者が負う債務は、建物区分所有法二九条と同様に、分割債務とすべきであり、また、管理組合法人に関する定めである同五三条一項を参考にして、管理組合の責任、すなわち、区分所有者全員が総有的に負う責任に対して、補充的な性格にとどまる(管理組合の財産をもってその債務を完済することができないことを、区分所有者が責任を負うための要件とする)ものとすべきである。これらは、解釈によって導くことも考えられないではないが、集会の決議、または、規約の定めのなかに、授権の具体的な内容として定めるべき事柄であるように思われる。

このように考えることができれば、区分所有建物の管理組合を、区分所有者が権利を取得し、義務を負うための法的な仕組みとして、位置づけることができるように思われる。その場合、管理組合が契約の当事者となるのであり、区分所有者全員を権利や義務の帰属主体として示す必要はなく、また、区分所有者の交替に際しても、交替の前後で法律関係が変更なく継続するということが実現できるのではないかと思われる(44)。

(38) 既に触れた通り、前掲注(19)「マンション標準管理規約（単棟型）」では、管理組合の理事長は、区分所有法に定める管理者とすると定めている（三八条二項）。

(39) 田中豊「判解」最高裁判所判例解説民事篇平成六年度三九四頁（一九九七年）、同「判解」ジュリ一〇五二号一〇八頁（一九九四年）、山本和彦「判批」高橋宏志ほか編『民事訴訟法判例百選〔第四版〕』二六頁（有斐閣、二〇一〇年）、高橋宏志「判批」法教一七四号七四頁（一九九五年）、山本克己「判批」平成六年度重判解（ジュリ増一〇六八号）一一八頁（一九九五年）、山田誠一「判批」中田裕康ほか編『民法判例百選Ⅰ〔第六版〕』一五八頁（有斐閣、二〇〇九年）、同「判批」『民法の基本判例〔第二版〕（法学教室増刊）』七六頁（有斐閣、一九九九年）などを参照。

(40) 山本弘「権利能力なき社団の当事者能力と当事者適格」新堂幸司先生古稀祝賀『民事訴訟法理論の新たな構築(上)』八八四頁（有斐閣、二〇〇一年）は、本判決について、「判旨は（……）、訴訟物が村落において形成されてきた慣習等に従う団体的な色彩の濃い共同所有形態の権利であることを、入会権者たる村落住民が結成した管理組合の原告適格を承認すべき根拠としてあげている。ここで、『団体的色彩の濃い共同所有の形態』ということの含意が、古典的な入会総有においては入会財産の使用収益権と管理処分権とが分離し、前者は構成員各自に、後者は入会団体にそれぞれ帰属し、構成員は総会等を通じて入会財産の管理処分に関与するに過ぎず、入会団体はこの管理処分権に基づいて、構成員の総有権確認につき原告適格を有するということにあるとすれば、それは共同所有形態の特性に由来する法定訴訟担当構成にほかならない」とする。高橋・前掲注(39)七五頁は、本判決について、「X組合〔原告である権利能力なき社団である入会団体〕を権利主体とは別の人格だとすると、本判決は、解釈による法定訴訟担当を認めたということになる」とする。また、山本和彦・前掲注(39)二七頁は、本判決について、「入会団体に原告適格が認められるとして、それはどのような資格に基づくかという」問題を指摘し、それには、「団体により構成員全員に対する訴訟担当が成立すると解するのが自然であろう」とし、そのうえで、「本判決を素直に読めば、団体の原告適格を認めるについては授権を一切問題としていないことから、法定訴訟担当と解するほかないように思われる」とする。なお、山本弘「法人格なき社団をめぐる民事手続法上の諸問題(二)」法教三七五号一四一〜一四六頁（二〇一一年）、および、山本克己「入会地管理団体の当事者能力・原告適格」法教三〇五号一〇四頁（二〇〇六年）も参照。

(41) 新堂幸司『新民事訴訟法〔第五版〕』一八〇頁（弘文堂、二〇一一年）は、法人等の代表者の訴訟上の地位について、訴えの提起および応訴は、「法人でない社団（……）の場合には、その代表者（……）の定めの趣旨による」とし、本判決を引用する。

(42) 代表取締役の代表権は、会社の業務に関する一切の裁判上・裁判外の行為に及ぶ包括的なものである(神田・前掲注(36)二〇五頁参照)。

(43) 最判平成一三年三月二二日金法一六一七号三九頁は、事案の詳細が分からないが、管理費を支払わない区分所有者に対して、他の区分所有者が有する求償債権およびその遅延損害金債権の支払いを、管理組合法人が原告となり、管理費を支払わない区分所有者に対して求めたものであり、管理組合法人に原告適格を認めずに訴えを却下した原判決に対する上告を棄却した。集会の決議または規約による授権が認定されなかったためか、仮に授権が認定されても、管理組合法人には原告適格は認めないという趣旨であるか、判断は困難である。川島=川井・前掲注(2)七三九頁〔濱崎恭生=富澤賢一郎〕は、本判決を、「ある区分所有者が修繕積立金や水道料金等を支払わなかったため他の区分所有者が立替払をした場合について、立替払による求償債権およびこれに対する遅延損害金債権は、各区分所有者に帰属するものであることを理由に、管理組合法人の訴訟追行権を認めなかった」ものであるとする。

(44) 建物区分所有法の管理組合法人について定める規定にもとづく規律が、参考になる。管理組合法人については、管理組合法人は、その事務に関し、区分所有者を代理するとともに、共用部分についての損害保険契約にもとづく保険金額ならびに共用部分等について生じた損害賠償金および不当利得による返還金の請求および受領について、区分所有者を代理し(建物区分所有法四七条六項)、規約または集会の決議により、その事務(共用部分についての損害保険契約にもとづく保険金額ならびに共用部分等について生じた損害賠償金および不当利得による返還金の請求および受領を含む)に関し、区分所有者のために、原告または被告となることができる(同条八項)。なお、川島=川井・前掲注(2)〔濱崎=富澤〕は、「〔建物区分所有法〕三条の団体が法人格を有しない場合に管理者の職務(……)に属する行為の大部分(例えば共用部分の補修工事請負契約の締結)は、管理組合法人の場合は法人自身の行為として(理事を代表者として)行うことになり、この場合の行為は、区分所有者の代理人として行うのではない。本項〔建物区分所有法四七条六項〕は、管理組合法人の事務であるが、性質上法人自身の行為と解することが困難なもの(その主要なものは、本条〔建物区分所有法四七条〕六項後段の行為である)について、管理組合法人に区分所有者を代理する権限を与えたものである」(七三八頁)とし、また、「管理組合法人に帰属する法律関係(管理に係る法律関係の大部分はこれに属する)については、本項〔建物区分所有法四七条八項〕の規定によることなく、管理組合法人自身の名において自身のために訴訟追行することができる」(七四〇頁)とする。

契約の解釈と民法改正の課題

山本敬三

一　はじめに
二　従来の議論状況
三　民法改正の動向と改正の方向性
四　おわりに

一　はじめに

1　民法改正の現況

現在、債権法を中心として、民法の抜本的な改正をおこなうための作業が進められている。二〇〇九年には、民法学者を中心とした民法（債権法）改正検討委員会（以下では「改正検討委員会」という）が『債権法改正の基本方針』（以下では「基本方針」という）を発表したのをはじめとして[1]、いくつかの研究グループによる改正試案が発表されている[2]。こうした動きをふまえながら、二〇〇九年一一月に、法制審議会に民法（債権関係）部会が設置され、改正に向けた審議が進められている[3]。二〇一一年五月には、それまでの審議をもとに、「民法（債権関係）の改正に関する中間的な論点整理」（以下では「中間論点整理」という）が公表された[4]。その後、パブリック・コメントの手続を経て[5]、さらに立ち入った審議が進められ、二〇一三年三月に、「民法（債権関係）の改正に関する中間試案」（以下では「中間試案」という）が公表されている[6]。

今回の改正では、債権関係の中でも、特に契約に関する規定を中心に見直しをおこなうことが企図されている。そこでは、契約の成否や効力に関するさまざまな問題に関する規定が検討の対象とされるとともに、契約の解釈についても規定を設けるかどうかが検討されている。上記の中間論点整理によると、その検討課題は、次のようにまとめられている。

「民法は契約の解釈を直接扱った規定を設けていないが、この作業が契約内容を確定するに当たって重要な役割を果たしているにもかかわらずその基本的な考え方が不明確な状態にあるのは望ましくないことなどから、契約の解釈に関する基本的な原則（……）を民法に規定すべきであるとの考え方がある。これに対しては、契約の解釈に関する抽象的・一般的な規定を設ける必要性は感じられないとの指摘や、契約の解釈に関するルールと事実認定の問題との区別に留意すべきであるなどの指摘がある。これらの指摘も考慮しながら、契約の解釈に関する規定を設けるべきかどうかについて、更に検討してはどうか[7]。」

これを受けて、中間試案では、次の三つの解釈準則を定めることが提案されている[8]。

1　契約の内容について当事者が共通の理解をしていたときは、契約は、その理解に従って解釈しなければならないものとする。

2　契約の内容についての当事者の共通の理解が明らかでないときは、契約は、当事者が用いた文言その他の表現の通常の意味のほか、当該契約に関する一切の事情を考慮して、当該契約の当事者が合理的に考えれば理解したと認められる意味に従って解釈しなければならないものとする。

3　上記1及び2によって確定することができない事項が残る場合において、当事者がそのことを知っていれば合意したと認められる内容を確認することができるときは、契約は、その内容に従って解釈しなければならないものとする。

1および2は、狭義の解釈といわれるものに関する準則であり、1は本来的解釈、2は規範的解釈といわれるものに関する準則にあたる。これに対し、3は、補充的解釈といわれるものに関する準則にあたる。もっとも、中間試案では、そもそも「契約の解釈に関する規定を設けないという考え方がある」ほか、「上記3のような規定のみを設けないという考え方がある」ことが注記されている。

2　検討の課題

中間論点整理でも指摘されているように、契約の解釈について、現行民法には明文の規定はない。しかし、契約に関する紛争を実際に解決しようとすると、その契約をどのように解釈するかということが不可避的に問題となる。しかも、それは、契約制度の趣旨をどのように理解するかということにつながり、その意味ですぐれて理論的な問題でもある。そのため、学説でも、現行民法が制定されてしばらくしてから、この問題について議論がおこなわれるようになり、教科書・体系書や注釈書等でもかならず言及されるようになった。そこでは、かなり早い段階で、表示の客観的解釈を軸とした通説的な見解が確立したのに対して、一九六〇年代から七〇年代以降、そのような「解釈」の中には異質な作業が含まれていることが指摘され、さらに当事者の意思や契約の趣旨を重視する考え方が有力に展開されてきた(9)。中間試案で示された提案は、そのようなこれまでの議論の成果をふまえたものにほかならない。もっとも、こうした議論の展開は、かならずしも十分に周知されていないようである。中間試案で明文化に消極的な意見があることが注記されているのも、そこに原因の一端があると考えられる。

そこで、本稿では、契約の解釈に関する従来の議論状況を概観し、中間試案に示された提案が従来の議論をどのように受けとめたものであり、その意味がどこにあるかということを明らかにすることとしたい。その上で、中間試案に対して寄せられている疑問の当否を検討し、あるべき改正の方向性を示すこととする。

（1）　民法（債権法）改正検討委員会編『債権法改正の基本方針（別冊NBL一二六号）』（商事法務、二〇〇九年、以下では『基本方針』として引用する）、同編『詳解債権法改正の基本方針Ⅰ～Ⅴ』（商事法務、二〇〇九～一〇年、以下では『詳解Ⅰ～Ⅴ』として引用する）。

（2）　民法改正研究会（代表・加藤雅信）編『民法改正と世界の民法典』（信山社、二〇〇九年）、同編『民法改正国民・法曹・学界有志案――仮案の提示（法律時報増刊）』（日本評論社、二〇〇九年）、椿寿夫＝新美育文＝平野裕之＝河野玄逸編『民法改正を考える〔法律時報増刊〕』（日本評論社、二〇〇八年）、金山直樹編『消滅時効法の現状と改正提言〔別冊ＮＢＬ一二二号〕』（商事法務、二〇〇八年）等。

（3）法制審議会民法（債権関係）部会における審議の資料と議事録は、法務省のホームページ（http://www.moj.go.jp/shingi1/shingikai_saiken.html）を参照。

（4）法制審議会民法（債権関係）部会「民法（債権関係）の改正に関する中間的な論点整理」（以下では「中間論点整理」として引用する）。これは、法務省のホームページに公表されているほか（http://www.moj.go.jp/content/000074989.pdf）、ＮＢＬ九五三号（二〇一一年）の付録としても公刊されている。また、この中間論点整理に即して、法制審議会民法（債権関係）部会における議事の概況等を整理したものとして、法務省民事局参事官室「民法（債権関係）の改正に関する中間的な論点整理の補足説明」（以下では「中間論点整理補足説明」として引用する）も、同様に法務省のホームページに公表されているほか（http://www.moj.go.jp/content/000074988.pdf）、商事法務編『民法（債権関係）の改正に関する中間的な論点整理の補足説明』（商事法務、二〇一一年）として公刊されている。

（5）パブリック・コメントをまとめたものとして、金融財政事情研究会編『「民法（債権関係）の改正に関する中間的な論点整理」に対して寄せられた意見の概要』（金融財政事情研究会、二〇一二年）を参照。

（6）法制審議会民法（債権関係）部会「民法（債権関係）の改正に関する中間試案」（平成二五年四月八日補訂）。これは、法務省のホームページに公表されているほか（http://www.moj.go.jp/content/000109604.pdf）、ＮＢＬ九九七号（二〇一三年）に収録されている。また、この中間試案について、各項目ごとにそのポイントを要約して説明する「（概要）」欄を付したものとして、法務省民事局参事官室「民法（債権関係）の改正に関する中間試案（概要付き）」（平成二五年四月八日補訂）（以下では「中間試案（概要付き）」として引用する）も、同様に法務省のホームページに公表されているほか（http://www.moj.go.jp/content/000109606.pdf）、商事法務編『民法（債権関係）の改正に関する中間試案（概要付き）〔別冊ＮＢＬ一四三号〕』（商事法務、二〇一三年）として公刊されている。そのほか、さらに詳細な説明を加える「（補足説明）」欄を付したものとして、同「民法（債権関係）の改正に関する中間試案の補足説明」（以下では「中間試案補足説明」として引用する）も、同様に法務省のホームページに公表されているほか（http://www.moj.go.jp/content/000109950.pdf）、商事法務編『民法（債権関係）の改正に関する中間試案の補足説明』（商事法務、二〇一三年）として公刊されている。

（7）　前掲注（4）「中間論点整理」一八〇頁のほか、前掲注（4）「中間論点整理補足説明」四四七頁以下を参照。
（8）　前掲注（6）「中間試案」五一頁のほか、前掲注（6）「中間試案（概要付き）」一二七頁以下、前掲注（6）「中間試案補足説明」三五九頁以下を参照。
（9）　従来の議論状況については、野村豊弘「法律行為の解釈」星野英一編集代表『民法講座第一巻民法総則』（有斐閣、一九八四年）三〇二頁以下、沖野眞已「契約の解釈に関する一考察——フランス法を手がかりとして（二）」法協一〇九巻四号二頁以下（一九九二年）、山本敬三「補充的契約解釈——契約解釈と法の適用との関係に関する一考察（五）」法学論叢一二〇巻三号二頁以下（一九八六年）を参照。

二　従来の議論状況

1　現行民法の制定過程

(1)　旧民法

契約の解釈に関しては、現行民法には規定がないものの、旧民法では、フランス民法を参考にして、かなり多数の規定が置かれていた。それによると、旧民法の財産編の第二部「人権及ヒ義務」第一章「義務ノ原因」第一節「合意」の第四款に「合意ノ解釈」という款が設けられ、次のような解釈準則が定められていた[10]。

まず、①旧民法財産編三五六条は、当事者が用いた「語辞」の字義に拘泥せず、当事者の「共通ノ意思」を推尋する必要があるとしている[11]。②旧民法財産編三五七条一項は、土地によって「語辞」の意味が異なる場合に、どの場所で「慣用」する意味にしたがって解釈すべきかという基準を定め[12]、③同条二項は、「語辞」に二様の意味がある場合には、その「合意ノ性質及ヒ目的」にもっとも適した意味によることを定めている[13]。また、④旧民法財産編三五八条一項は、合意の各「項目」は合意の全体ともっともよく一致する意味にしたがって解釈するものとし[14]、⑤

同条二項は、一個の「項目」に二様の意味があり、その一つがその「項目」を有効なものとするときは、その意味にしたがって解釈するものとしている[15]。さらに、⑥旧民法財産編三五九条一項は、広汎な「語辞」が用いられたときでも、当事者が「期望シタル目的」のみを包含するものと推定し[16]、⑦同条二項は、「合意ノ自然若クハ法律上ノ効力」の一つを明示し、または特別の場合におけるその適用を明示している場合でも、慣習もしくは法律によって生ずる他の効力または「適当ニ受ク可キ他ノ適用」を「阻却」しようとしたものとは推定しないとしている[17]。最後に、⑧旧民法財産編三六〇条一項は、以上によっても当事者の意思に疑いがあるときには、「諾約者ノ利ト為ル可キ意義」にしたがうとして、諾約者有利の原則を定め[18]、⑨同条二項は、双務の合意についてこの規定が「項目」ごとに適用されることを定めている[19]。

これらのうち、文言の字義に拘泥せず、当事者の「共通ノ意思」を探究する必要があるとする三五六条が、全体の基本原則にあたる。ただし、そこで当事者の「共通ノ意思」というのは、後のように、表示と対置された内心の意思（の合致）を指すものではない。文言の字義にしたがった形式主義的な解釈ではなく、両当事者が実際に合意したと考えられる内容を明らかにすることを求めたものである。三五六条に続く他の規定は、この基本原則を具体化し、補完するものとして位置づけられる。

以上の旧民法の規定は、細部については違いがあるものの、基本的にはフランス民法の一一五六条以下に対応している。ただし、慣習による補充を定めたフランス民法一一六〇条――「慣習とされている条項は、契約に明示されていないときでも、これを契約に補充しなければならない」――に相当する規定は置かれていない。そのような補充に関する規定は、第四款「合意ノ解釈」とは別に、第三款「合意ノ効力」の第一則「当事者間及ヒ其承継人間ノ合意ノ効力」に定められている。それによると、合意は、「当事者ノ明示又ハ黙示ノ効力」だけでなく、「合意ノ性質」にしたがって「条理若クハ慣習ヨリ生シ又ハ法律ノ規定ヨリ生スル効力」を有すると定められている（旧民法財産編三二九条）[20]。このように、旧民法は、合意の解釈と――客観的な規範による――補充を明確に区別して規定していたとみることができる[21]。

(2) 現行民法

もっとも、現行民法では、草案を起草する段階で、これらの規定はすべて削除され、契約の解釈について明文の規定は定められないこととなった。その理由は定かではないが、上記の基本原則は、当然のことであり、ことさら明文で定めるまでのこともなく、また、この基本原則を具体化し、補完する一連の規定も、繁雑であり、法律で特に定める必要はないと考えられたものと推測される[22]。

2 伝統的通説の形成

現行民法の制定後しばらくの間は、法律行為概念の整備に力が注がれ、法律行為ないし契約の解釈については特に言及されないか[23]、されたとしても、外国の法典上の規定が指摘されるにとどまっていた[24]。日本において法律行為ないし契約の解釈が本格的に論じられるようになったのは、一九一〇年代から二〇年代にかけてであり[25]、この時期に表示主義を基調とした伝統的通説が形成されることになった[26]。

この伝統的通説の特徴は、次の四つにまとめられる。

(1) 客観的解釈

第一は、表示主義を徹底し、解釈については表示と区別された意思を考慮しないことである。伝統的通説によると、法律行為の解釈とは、表示行為の有する意味を明らかにすることであり、内心的効果意思は、錯誤等の場合において法律行為の効力の有無を左右することがあるだけで、法律行為の内容に影響をおよぼすことはないとされる[27]。この見解のもとになったドイツの学説によると、当事者が言葉の意味について一致をみている場合は、その言葉の意味はこの一致した意味で確定されなければならない——この場合は解釈の余地がなく、解釈がおこなわれるのは当事者間に言葉の意味について争いがある場合である——とされていた[28]。それに対し、日本の伝統的通説は、この場合も、通常の解釈——次に指摘するように、事件の事情に対する法的な評価という意味での——が問題になることに変わりはないとして[29]、特別なあつかいを認めていない点で、さらに徹底している。

(2) 個別的解釈

第二は、事件の事情を表示行為を組成する要素とみて、そうした表示行為の有する意味を文脈に応じて個別的に明らかにする必要があるとすることである。「われわれの言語・挙動は、程度の差こそあれ、常にそのなされた際の当該の事情に即してのみ一定の意味を有する」というのが、その理由である[30]。解釈の第一の基準として「当事者の企図する目的」があげられ、「当該の法律行為によって当事者の達しようとした経済的または社会的目的を捉え、法律行為の全内容をこの目的に適合するように解釈する」ことが必要とされるのも[31]、個々の法律行為に即した解釈をおこなうという考え方のあらわれとみることができる。

(3) 解釈・補充一元論

第三は、解釈と補充を区別しないことである。伝統的通説によると、上記のように、事件の事情は表示行為そのものを組成する要素として位置づけられ、それらの事実関係を法的に評価することが、法律行為の解釈としてとらえられる[32]。その結果、表示に明確に定められていないときに、事件の事情を法的に評価して、一定の結論を導くこともまた、法律行為の解釈にほかならないとされることになる[33]。法律行為の解釈の基準として、慣習のほか、任意法規があげられるのも、[34] 解釈と補充の間に質的な違いをみていないことのあらわれであると考えられる。

(4) 合理的解釈

第四は、解釈により意思表示の内容を合理化する可能性を認めることである。もともと法律行為制度は、「個人の意思行為によってその私法関係を処理させることが最も妥当だという理想の下に存在する」ものである以上、その制度の目的からいっても、「意思表示の内容が合理的に定められねばならないことは当然」である。[35] しかも、経済生活の変動にともない、経済的に不平等な者の間で締結される契約についてさまざまな問題が生じている状況の下では、意思は、もはや単独では私人間の公正を保つことができない場合が多くなっている。そこで、「個人の意思によって実現しえない公正を実現」するために、合理的な基準――「共同生活の理想」――にしたがって法律行為を解釈することが要請されると考えるわけである。[36] こうした観点から、法律行為解釈の基準として、特に信義誠実の原則ないし条理が重視されることになる。[37] このように、解釈の中に、最初から修正の契機を取り込んでいるところに、伝統的通説の特徴がある。

3 伝統的通説の見直し

以上のような法律行為の解釈に関する伝統的通説は、一九二〇年代から三〇年代にかけて確立し、その後多くの教科書・体系書等でもこれにならった記述がされることになる。裁判実務でも、法律行為の解釈の方法や基準について特に明示されることは少ないものの、[38] このような考え方が広く深く浸透したとみることができる。

しかし、特に一九六〇年代以降、学説では、このような伝統的な通説の考え方を見直す動きが展開され、現在では、伝統的通説はもはや「通説」とはいえない状況になっている。

(1)「解釈」の分化

まず、一九五〇年代から六〇年代にかけて、裁判過程における法律行為の解釈行動を分析する研究が展開され、法律行為の解釈といわれている作業の中に、性格の異なるものが含まれていることが明らかにされた[39]。

(ア) 意味の発見と意味の持ち込み　それによると、裁判官が現実に法律行為の解釈という名の下におこなっている操作の中には、意味の発見——「ひとつの社会的事実としての、シンボルの意味や当事者のうちに惹き起された社会的期待がどういうものであるか、を発見し確定する操作」——と意味の持ち込み——「法律行為にどのような効果(legal operation)を与えるべきかについて法的価値判断をおこない、望ましい効果を生ぜしめるような意味をシンボルに付与する操作」——という操作が含まれているとされる[40]。このうち、後者の意味の持ち込みがおこなわれる場合として、①当事者間の合意に空白部分があり、それを補充するための規定(補充規定)がない場合、②各当事者が与えた意味が食いちがう場合に、そのいずれが正しかったかを証拠によっても十分明らかにすることができない場合、③法律行為を構成しているシンボルの社会的意味が比較的明白であるが、その社会的意味どおりの法律効果を発生させることが公の政策からみて妥当でないと裁判所が考える場合があげられている[41]。

(イ) 伝統的通説からの変化　その後、このように、法律行為の解釈といわれている作業の中には、意味の発見と意味の持ち込みという異質な操作が含まれているという認識は、広く一般に受け入れられることになる[42]。それとともに、法律行為の解釈に関する説明の仕方にも、伝統的な通説に対し——論者によって違いはあるものの——変化がみられることになる。

(i) 狭義の解釈——表示の「社会的意味」の確定　第一に、意味の発見としての法律行為の解釈(狭義の解釈)は、表示の客観的意味というよりはむしろ、表示の「社会的意味」を明らかにすることであるとされる。そこでは、法律行為制度は、「伝達（表示）によって生じた社会的期待（特にその相手方の）を保障する」ことを目的とするものとしてとらえられる。これによると、法律行為の解釈とは、「表示によって生じた社会的期待が何であったかを明らかにすること」であり、「意思表示受領者が当該の事情のもとにおいて当該の表示から通常期待すると認められる内容」が当該の表示の意味であるとされることになる。(43) 上述したように、伝統的通説でも、事件の事情が重視され、個別的解釈をおこなう必要があることが強調されていた。ここではさらに、社会一般ではなく、「表示受領者の立場で理解され得る内容(44)」が基準とされるところに特徴がある。

(ii)「補充」の分化――解釈・補充二元論　第二に、意味の持ち込みに含まれるもののうち、「補充」にあたるものが意味の発見としての法律行為の解釈（狭義の解釈）と区別して論じられるようになった。それによると、意味の発見としての法律行為の解釈によってもその意味が明らかにならない場合には、裁判規範の補充が必要となり、そこでは裁判官による裁判規範の定立がおこなわれることになる。しかし、それも法律行為の解釈という概念に含めてしまうと、「記号＝ことばの客観的な（伝達において共有された）意味の探究という作業との違いをあいまいにし、裁判官の作業の種々の側面ないし性質をあいまいにする」ことになる。ここで問題となるのは、補充規定や慣習、条理といった客観的な規範の適用であり、そのような作業がおこなわれることを明らかにするために、「補充」として独立に整理されることになったわけである。(45)

(iii)「修正」の分化――解釈・修正二元論　第三に、意味の持ち込みに含まれるもののうち、「修正」にあたるものが意味の発見としての法律行為の解釈（狭義の解釈）とは独立に論じられるようになった。それによると、実際の裁判例では、当事者が表示した内容に干渉してこれを変更することを理由づける手段として、法律行為の「解釈」という構成が用いられることがしばしばある。そこで実際におこなわれているのは、裁判所による法律行為の修正にほかならない。もちろん、意味の発見としての法律行為の解釈と法律行為の修正の限界は不明確であり、流動的であることから、後者もまた法律行為の「解釈」の名の下におこなうことが可能になっている。しかし、裁判所の理由づけないし法的構成としてはそうであっても、その実質は異なるのであり、両者は「論理的には」区別できるし、また区別すべきであるとされる(46)。

(iv) 解釈の類型化　第四に、法律行為の類型に応じて解釈の基準が異なる可能性があることが意識されるようになった。当初は、法律行為一般の解釈に加えて、特に個別的な事情を捨象した解釈や文言解釈をおこなうべき行為類型――約款、法人の定款・寄附行為等、手形行為等――があげられていたのに対し(47)、その後は、契約や遺言、遺言以外の単独行為、合同行為のように、法律行為の類型に即して解釈基準を示すものが多くなっている(48)。

(2) 狭義の解釈――客観的解釈の見直し

以上のうち、まず、狭義の解釈について、一九六〇年代から七〇年代にかけて、さらに見直しが進められることになった。

(ア) 共通意思優先説　上述したように、伝統的通説は、法律行為の解釈は、表示行為の有する意味を明らかにすることであり、内心的効果意思は、法律行為の内容に影響をおよぼすことはないとして、客観的解釈を原則とすることを強調していた。その後の行動主義的な見地から法律行為の解釈を分析する上記の立場では、先ほどみたように、狭義の解釈は、表示の社会的な意味――「表示受領者の立場で理解され得る内容」――を明らかにすることとしてとらえられる。それによると、表意者の意思が表示受領者にとって明らかであれば、それが「表示受領者の立場で理解され得る内容」にあたるとみる余地があるが、その点はかならずしも明示されていない。そのため、一般には、狭義の解釈に関するかぎり、この見解は伝統的通説と異なる立場を示したものとは受けとめられていなかった。

これに対して、表示の客観的意味にかかわりなく、当事者の意思が一致している場合——当事者が表示に付与した主観的な意味が一致している場合——には、その一致した意味で表示を解釈すべきであるとする見解が主張された(49)。この場合は、当事者が表示に通常とは異なる意味を付与していたときであっても、当事者が一致してそのような意味どおりの効果を望んでいる以上、それを認めても差し支えないというのがその理由である。この見解は、その後広く受け入れられることになり、現在ではほぼ異論をみないところとなっている(50)。

(イ)　意味付与比較説　次に問題となるのは、当事者の意思が一致しない場合——当事者が表示に付与した主観的な意味が一致していない場合——である。伝統的通説は、この場合も、表示の客観的な意味にしたがって解釈すべきであるとする。先ほどみた共通意思優先説が支配的になった後も、この場合については、伝統的通説と同様に、客観的解釈を支持する見解が有力である(51)。

これに対して、この場合は、当事者がそれぞれ表示に付与した意味のうち、いずれが正当であるかにしたがってその意味を確定すべきであるとする見解も有力に主張されることになった(52)。これは——論者によって理由づけに差がみられるものの——、客観的解釈の名の下に、両当事者がいずれもまったく考えていなかった第三の意味で内容を確定することは不当であるという考慮にもとづく。

これによると、正当とされた意味にしたがって意思表示の内容が確定されることになるが、それと異なる意味を付与していた者には錯誤があることになる。この場合は、その錯誤が法律行為の「要素」に関するものであるときは、表意者に重過失があるときを除いて、その表意者は意思表示の無効を主張できる。それに対して、いずれの付与した意味も正当でない場合、あるいはいずれも正当である場合は、表示の意味を確定することができず、意思表示は不確定性のゆえに無効であるとされる。

(3) 解釈・補充二元論の見直し――補充的解釈の分化

上述したように、伝統的な通説は、解釈と補充を特に区別していなかったのに対し、法律行為の解釈といわれている作業の中には、意味の発見と意味の持ち込みという異質な操作が含まれていることが明らかにされてから後は、少なくとも解釈と補充を区別することが一般的となった。そこで補充のための基準としてあげられるのは、慣習、任意法規（補充法規）、条理や信義誠実の原則である。これらの基準は、伝統的な通説においても、法律行為の解釈の基準としてあげられていたものであるが、そのような法律行為の外にある客観的な法規範の確定と適用は、意味の発見としての狭義の解釈とは異質な作業であり、「補充」の問題として区別されることになったわけである。

これに対して、その後、特に契約について、狭義の解釈により内容を確定することができない事項が残る場合には、客観的な法規範による補充がおこなわれるだけであるという理解――解釈・補充二元論――には問題があることが指摘されるようになった。それによると、このような場合でも、当事者が実際におこなった契約から一定の趣旨を読み取ることができる場合には、それにしたがって補充をおこなう必要があるとされる。これは、契約の趣旨にしたがって契約を補充的に解釈するという意味で、補充的（契約）解釈と呼ばれる(53)。

こうした補充的解釈が必要とされる理由は、次の二つにまとめられる。

まず、任意法規にしても慣習にしても、程度の差はあれ、典型的な場合を想定したものであり、そのような客観的な法規範による補充だけでは、常に実際の契約に適合した解決を得ることはできない。上述したように、伝統的通説は、補充にあたるものも解釈に含め、しかも事件の事情を表示行為を組成する要素とみることにより、解釈を個別的におこなう必要があることを強調していた。解釈を意味の発見としての狭義の解釈に純化し、それと客観的な法規範による補充を並置するだけでは、実際の契約に即した個別的な補充に相当するものが抜け落ちる恐れがある。そこで、一般的な補充ではなく、個別的な補充がおこなわれることを確保するために、これを補充的解釈として独立に位置づける必要があると考えるわけである。

もっとも、個別的な補充をおこなうだけであれば、条理や信義誠実の原則等による補充でも対処することは不可能ではない。しかし、上述したように、当事者の共通の意思が確定できる場合には、それを優先すべきであるという考え方からすると、狭義の解釈により内容を確定することができない事項についても、できるかぎりその契約の趣旨に照らして解決を導くことが求められるはずである。補充的解釈とは、そのように、当事者がおこなった契約を可能なかぎり尊重するという考え方から要請されるものにほかならない。

そのような補充的解釈の基準としてあげられるのは、仮定的当事者意思である。もっとも、ここでは、狭義の解釈によっても内容を確定することができない事項が残る場合が問題となるため、その事項に関する当事者の現実の意思は存在しないことが前提となる。したがって、仮定的当事者意思といっても、それは、そのような事項が残ることを契約の両当事者が契約をする際に知っていれば、どのように合意したであろうかと問うものであり、補充的解釈をおこなうための指針を示したものでしかない(54)。この意味での仮定的当事者意思は、実際には、例えば、両当事者がその契約をした具体的な目的や、当事者が具体的に契約で定めている内容を手がかりとして確定されることになる(55)。

補充的解釈という独立のカテゴリーを正面から認めるかどうかは別として、以上のように、実際の契約の趣旨に照らした個別的な補充に相当するものを認める必要があることについては、現在では、おおむね一致をみているといってよいだろう(56)。

(4) 合理的解釈の見直し——修正的解釈から内容規制へ

上述したように、伝統的通説によると、解釈により法律行為の内容を合理化する可能性が認められ、法律行為を修正することが最初から解釈の中に取り込まれていた。その後、これは意味の持ち込みにあたり、意味の発見としての狭義の解釈とは異なる作業として位置づけられるようになった。

もっとも、こうした作業の中には、厳密にいうと、次の二つの場合が含まれている(57)。

第一は、当事者が用いた文言の通常の意味から離れるとしても、契約の趣旨にしたがって契約内容を確定する場合である。例えば、当事者が用いた文言は広い意味を持つとしても、契約の趣旨によると、限定された意味しか持たないと解釈する場合がこれにあたる(58)。これは、狭義の解釈であり、契約の修正にはあたらない。

第二は、狭義の解釈をそのままおこなうと一定の契約内容が確定されるにもかかわらず、それを修正する場合である。これが、本来の意味での契約の修正にあたる。

このうち、後者の契約の修正については、実質的には、契約の一部無効を認めたのと同じであることが指摘されている(59)。契約の修正とは、契約内容のうち不当と考えられる部分を無効とし、残りの部分のみで契約を維持したり、無効とされた部分を適正な基準で補充したりするのと変わらないからである。実は、伝統的通説でも、条理による解釈と一部無効は連続的にとらえられることが明示されていた(60)。しかし、そうであるならば、これはむしろ、契約の一部無効の問題として構成することが望ましいというわけである。

契約の一部無効を認めるためには、契約内容のうち不当と考えられる部分が無効であることを正当化する必要がある。これは、その旨を定めた個別的な規定、つまり強行法規がある場合は簡単であるが、そうでない場合は、これまで民法九〇条の公序良俗違反にあたるというしかなかった。しかし、従来の一般的な理解によると、公序良俗違反といえるのは、ごく例外的な場合――著しい不正義・不道徳にあたる場合――にかぎられてきた。そのため、実務では、こうした一部無効の判断を避けて、契約の解釈によって実質的に契約内容を修正することがしばしばおこなわれてきた(61)。契約の解釈によるならば、修正された内容が契約の趣旨にかなうといえば足り、不当と考えられる部分が無効である客観的な理由を明示する必要はなくなるからである。

こうした手法は、契約を無効とするための法律上の手段が十分整備されていないところでは、そのような制約の中で必要な救済を与えるものとして評価することができる。しかし、本来の問題が、不当な契約を規制するための手段の不備にあるのであれば、それを改善し、無効とすべきものは無効といえるようにする必要がある。民法九〇条をそのような方向で解釈しなおすことは可能であるし、現在では、消費者契約に関しては新たに内容規制に関する規定が設けられている。そのような手がかりがあるときには、不当な条項を無効と判断し、契約の内容規制をおこなうことに躊躇すべきではないと考えられる(62)。

(10) 旧民法財産編の規定については、野村・前掲注(9)二九三頁以下、沖野眞已「契約の解釈に関する一考察――フランス法を手がかりとして(一)」法協一〇九巻二号八〇頁以下（一九九二年）を参照。
(11) 旧民法財産編三五六条「合意ノ解釈ニ付テハ裁判所ハ当事者ノ用ヰタル語辞ノ字義ニ拘ハランヨリ寧ロ当事者ノ共通ノ意思ヲ推尋スルコトヲ要ス」
(12) 旧民法財産編三五七条一項「一箇ノ語辞カ各地ニ於テ意義ヲ異ニスルトキハ当事者双方ノ住所ヲ有スル地ニ於テ慣用スル意義ニ従ヒ若シ同一ノ地ニ住所ヲ有セサルトキハ合意ヲ為シタル地ニ於テ慣用スル意義ニ従フ」
(13) 旧民法財産編三五七条二項「一箇ノ語辞ニ本来二様ノ意義アルトキハ其合意ノ性質及ヒ目的ニ最モ適スル意義ニ従フ」
(14) 旧民法財産編三五八条一項「合意ノ各項目ハ合意ノ全体ト最モ善ク一致スル意義ニ従ヒテ相互ニ之ヲ解釈ス」
(15) 旧民法財産編三五八条二項「一箇ノ項目ニ二様ノ意義アリテ其一カ項目ヲ有効ナラシムルトキハ其意義ニ従フ」

(16) 旧民法財産編三五九条一項「合意ノ語辞カ如何ニ広泛ナルモ其語辞ハ当事者ノ合意ヲ為スニ付キ期望シタル目的ノミヲ包含セルモノト推定ス」

(17) 旧民法財産編三五九条二項「当事者カ合意ノ自然若クハ法律上ノ効力ノ一ヲ明言シ又ハ特別ノ場合ニ於ケル其適用ヲ明言シタルモ慣習若クハ法律ニ因リテ生スル他ノ効力又ハ適当ニ受ク可キ他ノ適用ヲ阻却セント欲シタルモノト推定セス」

(18) 旧民法財産編三六〇条一項「総テノ場合ニ於テ当事者ノ意思ニ疑アルトキハ其合意ノ解釈ハ諾約者ノ利ト為ル可キ意義ニ従フ」

(19) 旧民法財産編三六〇条二項「双務ノ合意ニ於テハ此規定ハ各項目ニ付キ各別ニ之ヲ適用ス」

(20) 旧民法財産編三二九条「合意ハ当事者ノ明示又ハ黙示ノ効力ノミナラス尚ホ合意ノ性質ニ従ヒテ条理若クハ慣習ヨリ生シ又ハ法律ノ規定ヨリ生スル効力ヲ有ス」

(21) フランスでは、ドマが、債務関係を両当事者による明示の取り決めがあるもの、約定の性質上当然に生じるもの、法律あるいは慣習法により生じるものの三段階に分け、第一の表現の解釈について解釈原則——意思探究・意思優越の原則と誠実かつ明瞭に自己の意思を表現する義務——を置いていたが、ポティエは、ドマのような段階分けをせず、意思探究・意思優越の原則をほとんど唯一の柱として契約解釈原則を示していたのに対し、フランス民法典は両者を折衷した形をとることになった経緯については、沖野・前掲注(9)六三頁以下を参照。

(22) 野村・前掲注(9)三〇二頁以下、沖野・前掲注(10)九五頁以下を参照。

(23) 例えば、梅謙次郎『民法要義巻之一総則編』(明法堂、一八九六年)等。

(24) 例えば、岡松参太郎『註釋民法理由総則編(訂正一二版)』(有斐閣書房、一八九九年)一七七頁以下、富井政章『民法原論第一巻総論(下)(第三版)』(有斐閣書房、一九〇四年)四二二頁等。

(25) 曄道文藝「法律行為ノ解釈(民法第九十二条)」京都法学会雑誌一〇巻大禮記念号一頁(一九一五年)、同「続法律行為ノ解釈(一)～(三)」京都法学会雑誌一一巻五号三三頁・七号二一頁・一一号四四頁(一九一六年)、我妻榮「ダンツの『裁判官の解釈的作用』」同『民法研究Ⅰ』(有斐閣、一九六六年、初出一九二三年)五一頁、菅原眷二「法律行為解釈の目的」法学論叢一〇巻五号一頁(一九二三年)、同「合意の本質と契約の解釈」法学論叢一一巻六号一頁(一九二四年)等を参照。

(26) 我妻榮『民法総則』(岩波書店、一九三〇年)三七一頁以下。そこで示された考え方は、我妻榮『新訂民法総則』(岩波書店、一九六五年）二四九頁以下でもそのまま踏襲されている。
(27) 我妻・前掲注(26)『新訂民法総則』二四九頁以下。
(28) Erich Danz, Die Auslegung der Rechtsgeschäfte, 3.Aufl. 1911 S.62f. この見解については、我妻・前掲注(25)『民法研究Ⅰ』七〇頁以下のほか、磯村保「ドイツにおける法律行為解釈論について——信頼責任論への序章的考察(一)」神戸法学会雑誌二七巻三号二九五頁以下（一九七七年）を参照。
(29) 我妻・前掲注(26)『民法研究Ⅰ』七六頁以下。ただし、我妻も「明瞭な合意ある場合にもこの合意を無視していいというのではもちろんない」としている。
(30) 我妻・前掲注(26)『新訂民法総則』二五〇頁。
(31) 我妻・前掲注(26)『新訂民法総則』二五〇頁。
(32) 我妻・前掲注(26)『民法研究Ⅰ』一四五頁以下・一四八頁以下・一五二頁以下等を参照。
(33) このような理解については、山本・前掲注(9)六頁以下を参照。
(34) 我妻・前掲注(26)『新訂民法総則』二五一頁以下・二五三頁以下等。
(35) 我妻・前掲注(26)『新訂民法総則』二五六頁。
(36) 我妻・前掲注(26)『民法研究Ⅰ』一四八頁以下・一五一頁以下を参照。
(37) 我妻・前掲注(26)『新訂民法総則』二五五頁以下。
(38) 例えば、大判大正一〇年六月二日民録二七輯一〇三八頁は、肥料の売買において「塩釜レール入」と約定されたケースについて、慣習が「意思解釈ノ資料」であることを前提とした判示をしている（法律行為の当事者がその慣習の存在を知りながら特に反対の意思を表示しなかったときは、それによる意思を有するものと推定するとした）。また、最判昭和三二年七月五日民集一一巻七号一一九三頁は、契約の解釈についても信義誠実の原則が基準になるとした原判決を支持する旨を判示している。もっとも、これは、裁判上の和解を受けたその後のやり取りの中で交付された「証」と題する書面について、その文言に拘泥せず、前後の経緯等からその趣旨を明らかにしたものであり、伝統的通説に即していえば、合理的解釈というよりも、個別的解釈に相当するものとみるべきである。
(39) 川島武宜「法律行為」同『川島武宜著作集第六巻』（岩波書店、一九八二年、初出一九五六年）九六頁、穂積忠夫「法律行為

の『解釈』の構造と機能(一)(二)」法協七七巻六号一頁・七八巻一号二七頁(一九六一年)等を参照。

(40) 穂積・前掲注(39)法協七八巻一号三〇頁以下。

(41) 穂積・前掲注(39)法協七八巻一号三一頁以下。

(42) 川島武宜『民法総則』(有斐閣、一九六五年)一八七頁以下のほか、幾代通『民法総則』(青林書院、一九六九年)二二三頁以下、星野英一『民法概論Ⅰ』(良書普及会、一九七一年)一八〇頁、四宮和夫『民法総則』(弘文堂、一九七二年)一六二頁以下、川島武宜編『注釈民法(三)』(有斐閣、一九七三年)四〇頁以下〔平井宜雄〕等を参照。

(43) 川島・前掲注(42)一九五頁以下・一九八頁のほか、幾代・前掲注(42)二二三頁以下等を参照。

(44) 川島・前掲注(42)一九七頁。

(45) 川島・前掲注(42)二五〇頁以下を参照。四宮・前掲注(42)一六三頁は、これを「補充的解釈」と呼んでいる。

(46) 川島・前掲注(42)一八九頁・二〇六頁以下、幾代・前掲注(42)二二五頁等を参照。四宮・前掲注(42)一六三頁は、これを「修正的解釈」と呼んでいる。この関連で、具体例としてしばしばあげられるのがいわゆる例文解釈であるが、そこにはさまざまな性格を持つものが含まれていることについて、沖野眞已「いわゆる例文解釈について」星野英一先生古稀祝賀『日本民法学の形成と課題 上』(有斐閣、一九九六年)六〇三頁を参照。

(47) 川島・前掲注(42)二〇八頁以下を参照。

(48) 星野・前掲注(42)一七五頁以下等を参照。四宮和夫は、『民法総則』の初版(前掲注(42))では、こうした類型分けを示していなかったが、第四版(同『民法総則〔第四版〕』(弘文堂、一九八六年)一四七頁以下)では、契約、相手方のある単独行為、相手方のない単独行為、普通契約約款、合同行為について、解釈基準が異なることを明示している。

(49) 内池慶四郎「無意識的不合意と錯誤との関係について——意思表示解釈の原理をめぐり」慶應義塾大学法学研究三八巻一号二一七頁以下(一九六五年)、賀集唱「契約の成否・解釈と証書の証明力」民商六〇巻二号一八頁・二二頁・二三頁(一九六九年)等、星野・前掲注(42)一七五頁以下、石田穣「法律行為の解釈方法——再構成」同『法解釈学の方法』(青林書院、一九七六年、初出一九七五~七六年)一五〇頁以下・一五三頁以下、磯村保「ドイツにおける法律行為解釈論について——信頼責任論への序章的考察(四)」神戸法学雑誌三〇巻四号七二八頁以下(一九八一年)等を参照。四宮和夫は、『民法総則』の初版(前掲注(42)一六三頁)では、伝統的通説と同様に、表示の客観的意味を確定しなければならないとしていたのに対し、第二版(同『民法総則〔新版〕』（弘文堂、一九七六年）一五六頁）から、「まず、当事者の付与した共通の意味（主観的意味）を確定しなければならない」としている。

(50) 磯村保「法律行為の解釈」加藤一郎＝米倉明編『民法の争点Ⅰ』（有斐閣、一九八五年）三〇頁以下、石田喜久夫編『現代民法講義1民法総則』（法律文化社、一九八五年）一四五頁〔磯村保〕、鹿野菜穂子「契約の解釈における当事者の意思の探究――当事者の合致した意思」九大法学五六号一七四頁以下（一九八八年）のほか、内田貴『民法Ⅰ総則・物権総論〔第四版〕』（東京大学出版会、二〇〇八年）二七〇頁、四宮和夫＝能見善久『民法総則〔第八版〕』（弘文堂、二〇一〇年）一八六頁、山本敬三『民法講義Ⅰ総則〔第三版〕』（有斐閣、二〇一一年）一三五頁、加藤雅信『新民法大系Ⅰ民法総則〔第二版〕』（有斐閣、二〇〇五年）二〇四頁、佐久間毅『民法の基礎1〔第三版補訂二版〕』（有斐閣、二〇一二年）七〇頁、潮見佳男『民法総則講義』（有斐閣、二〇〇五年）九〇頁、河上正二『民法総則講義』（日本評論社、二〇〇七年）二五〇頁以下、佐久間毅＝石田剛＝山下純司＝原田昌和『民法Ⅰ総則』（有斐閣、二〇一〇年）一二五頁〔山下〕等を参照。これに対して、滝沢昌彦「表示の意味の帰責について――意思表示の解釈方法に関する一考察」一橋大学法学研究一九号三〇四頁以下（一九八九年）は、当事者の理解が一致する場合にも、①諸般の事情からわかるときと②諸般の事情からはわからないが偶然一致したときがあり、②の場合に当事者の理解を通用させることは解釈の限界を越えているとする（同「法律行為の解釈」内田貴＝大村敦志編『民法の争点』（有斐閣、二〇〇七年）六二頁も参照）。この点は、「誤表は害せず（falsa demonstratio non nocet）」原則をどのように理解するかという点と関係する（滝沢・前掲一橋大学法学研究一九号三〇四頁以下のほか、磯村・前掲注(49)七〇八頁以下、小林一俊「契約における合意と誤表――『誤表は害さず』について」同『錯誤法の研究〔増補版〕』（酒井書店、一九九七年、初出一九八三年）五六〇頁も参照）。

(51) 星野・前掲注(42)一七七頁、四宮・前掲注(48)一四八頁等を参照。

(52) 内池・前掲注(49)二一九頁、賀集・前掲注(49)一六頁以下・一八頁・二四頁以下・二六頁以下、石田・前掲注(49)一五九頁以下、磯村・前掲注(49)七二八頁以下のほか、磯村・前掲注(50)『民法の争点Ⅰ』三二頁、石田編・前掲注(50)一四五頁以下〔磯村〕、佐久間・前掲注(50)七一頁、河上・前掲注(50)二五二頁等を参照。

(53) 山本・前掲注(9)一四頁以下・三七頁以下、山本敬三「補充的契約解釈――契約解釈と法の適用との関係に関する一考察」私法五〇号一四七頁以下（一九八八年）、山本・前掲注(50)一四一頁以下を参照。

(54) 仮定的当事者意思の意味については、山本・前掲注(9)四〇頁のほか、山本敬三「補充的解釈――契約解釈と法の適用との関係に関する一考察(四)」法学論叢一二〇巻二号一八頁以下（一九八六年）を参照。

(55) 補充的解釈の基準については、特に山本・前掲注(54)二六頁以下を参照。

(56) 本文で述べたような補充的解釈を独立のカテゴリーとして認めるものとして、磯村・前掲注(50)『民法の争点Ⅰ』三三頁、四宮＝能見・前掲注(50)一八八頁以下、佐久間・前掲注(50)七五頁、潮見・前掲注(50)九七頁以下、河上・前掲注(50)二五五頁以下、石田ほか・前掲注(50)一二六頁〔山下〕、中舎寛樹『民法総則』（日本評論社、二〇一〇年）八一頁等を参照。川島武宜＝平井宜雄編『新版注釈民法(三)』（有斐閣、二〇〇三年）六一頁〔平井宜雄〕は、日本民法は、法律行為の解釈に関して何等の規定を持たないから、まず「真意」から出発すべきだという実定法的拘束を免れているし、方式主義からの自由が徹底されているから、法律行為にもとづく権利義務はすべて当該法律行為の解釈、すなわち当事者の「意思」の解釈によって根拠づければ足りるため、「真意の探究」と「規範的解釈」との中間段階にある「補充的解釈」を観念する必要は存しないとしている。しかし、これも、「補充的解釈」にあたる作業の必要性を否定しているわけではなく、「真意の探究」に相当する「本来的解釈」に吸収されるとしているだけである。ただし、「すべてが『意思』に基づく解釈として正当化できる可能性が与えられている以上、解釈の種類を明確に区別することもできず、解釈の性質の差異を大まかに示すような分類であれば足りる」として、日本民法上の分類としては、解釈のいわば「理念型」として、両極にある「本来的解釈」と「規範的解釈」の二つをあげれば足りるとしている点は、本文で述べた考え方からすると、賛同しがたい。

(57) 山本・前掲注(50)一四四頁を参照。

(58) 例えば、最判平成一五年七月一八日民集五七巻七号八三八頁（税理士職業賠償責任保険について、過少申告があった場合は保険により填補しない旨を定めた特約条項は、税理士の税制選択上の過誤による場合には適用されないとしたケース）等を参照。

(59) 山本・前掲注(50)一四四頁、四宮＝能見・前掲注(50)一九二頁以下、河上・前掲注(50)二五七頁、石田ほか・前掲注(50)一二八頁〔山下〕等を参照。

(60) 我妻・前掲注(26)二五七頁以下を参照。

(61) 例えば、最判昭和四六年六月一〇日民集二五巻四号四九二頁（当座勘定取引契約中の印鑑照合についての免責条項に関するケース）、最判昭和六二年二月二〇日民集四一巻一号一五九頁（保険事故発生の通知義務を懈怠した場合についての免責条項に関するケース）、最判平成一五年二月二八日判時一八二九号一五一頁（ホテルの宿泊契約で高価品の明告がない場合についての責任制限条項に関するケース）を参照。

（62） 山本・前掲注（50）一四五頁を参照。解釈と一部無効の関係および一部無効の判断構造については、山本敬三「不当条項に対する内容規制とその効果」民事研修五〇七号二一頁以下（一九九九年）を参照。

三　民法改正の動向と改正の方向性

冒頭で述べたように、現在の民法改正をめぐる論議の中で、契約の解釈についても、以上のような従来の議論の成果をふまえて、改正の提案がおこなわれている。以下では、そうした提案とそれをめぐる議論を概観し、あるべき改正の方向性について検討することとする。

1　立法提案

法制審議会における審議が開始するのに先立ち、二〇〇九年四月に、民法（債権法）改正検討委員会が『債権法改正の基本方針』を発表し、契約の解釈についても改正提案をおこなった。その内容は、後の中間論点整理および中間試案と重なるところが多いため、最初にその概要をみておくことにする。

(1)　契約の解釈に関する準則の明文化

まず、「基本方針」は、契約の解釈に関する準則の明文化について、次のような指針を提案している。[63]

【3.1.1.D】（契約の解釈に関する準則の明文化）

〈1〉法律行為ないし意思表示一般についてではなく、契約の解釈について基本的な解釈準則を定める。

〈2〉契約の解釈に関する個別の解釈準則は、不明確準則に関するものを除き、明文化しない。

ここまでみてきたように、法律行為ないし契約の解釈については、現行民法に規定はないものの、古くから議論がおこなわれている。それは、法律行為ないし契約に関する紛争を実際に解決しようとすると、その法律行為ないし契約をどのように解釈するかということがいわば不可避的に問題となるからであり、また、法律行為ないし契約制度の意義や趣旨をどのように理解するかということともつながる点で、理論的にも重要な問題だからである。比較法的にみても、法律行為ないし契約の解釈について、基本的な解釈準則を定めるものが圧倒的多数である。このような状況をふまえれば、この問題についても、少なくとも基本原則に相当するものは明文化すべきであるという考慮が、以上の提案の背後にある。

その上で、法律行為ないし意思表示一般についてではなく、契約の解釈について基本的な解釈準則を定めることが提案されているのは、上述したように、現在では、法律行為の類型に応じて解釈の基準が異なることが共通の認識になっていることを反映している。その中でも、特に契約の解釈について基本的な解釈準則を定めることが提案されているのは、契約の解釈は、実際上もっともよく問題になる上に、当事者双方が意思表示を通じて自らの法律関係を形成するという構造的な特質があることから、それに即して解釈準則を考えることが可能であり、また必要であると考えられたことによる。

これに対して、旧民法にみられたような個別の解釈準則——例えば全体解釈・有効解釈の原則等——は、特に定める必要はないとされている。これは、現行民法が制定されてから後、この種の細かな解釈準則はあまり重視されておらず、その内容についても共通の理解が確立しているとはいいがたいことによる。ただし、後述するように、個別の解釈準則の中でも、不明確準則については、明文化することが提案されている。

⑵　契約の一般的な解釈準則

以上のような指針のもとで、「基本方針」は、契約の一般的な解釈準則を本来的解釈、規範的解釈、補充的解釈の三つに分けて規定することを提案している。これらはいずれも、上述した契約の解釈に関するこれまでの議論の成果に対応したものである。その特徴は、これらの解釈準則を、契約とは当事者が自らの法律関係を形成するためにおこなうものであるという契約制度の趣旨から統一的に基礎づけているところにある。

(ア)　本来的解釈　　まず、「基本方針」は、本来的解釈について、次のような規定を置くことを提案している。(64)

【3.1.1.40】（本来的解釈）
契約は、当事者の共通の意思に従って解釈されなければならない。

この提案は、上述したように、当事者の意思が一致しているときには、それにしたがって解釈するという考え方が現在では支配的となっていることを受けたものである。契約は、当事者が自らの法律関係を形成するためにおこなうものである以上、当事者の意思が一致していれば、それを基準とすることが契約制度の趣旨に合致するというのがその理由である。

(イ)　規範的解釈　　次に、「基本方針」は、規範的解釈について、次のような規定を置くことを提案している。(65)

【3.1.1.41】（規範的解釈）

契約は、当事者の意思が異なるときは、当事者が当該事情のもとにおいて合理的に考えるならば理解したであろう意味に従って解釈されなければならない。

上述したように、当事者の意思が異なるときも、伝統的な通説によると、表示の客観的な意味にしたがって解釈することになる。当事者の意思が一致する場合には、それにしたがって解釈すべきであるとする見解が支配的になった後も、このように考える見解が有力である。

もっとも、伝統的な通説も、表示の一般的な意味――表示手段（特に言語や記号）が社会において有する一般的な意味――をそのまま解釈の基準としてきたわけではない。むしろ、当事者が表示手段を用いた際の事件の事情を考慮する必要性があることが強調され、そのようなコンテクストの中で当該表示手段がどのような意味を持つかが問題とされてきた。さらに、狭義の解釈を表示の社会的意味を明らかにすることとしてとらえる見解では、「意思表示受領者が当該の事情のもとにおいて当該の表示から通常期待すると認められる内容」が表示の意味であるとされていた。

「基本方針」の提案は、このような考え方にしたがい、契約をした当該当事者に視座をすえて、そのような当事者が合理的に考えるならばどのように理解するかという基準を採用するものである。契約は、当事者が自らの法律関係を形成するためにおこなうものである以上、当事者がどのように理解し、また理解すべきだったかという基準によることが契約制度の趣旨に合致するというのがその理由である。

上述したように、学説では、両当事者が表示に付与した意味が異なる場合は、両当事者がそれぞれ表示に付与した意味のうち、いずれが正当であるかにしたがって契約の意味を確定すべきであるとする見解（意味付与比較説）

も有力に主張されていた。これに対し、「基本方針」は、上記のように、当事者が表示手段を用いた際の諸事情を考慮することを明確にし、当事者に視座をすえた解釈を基準とするならば、こうした意味付与比較説の趣旨を一定程度取り込むことも不可能ではないとする。というのは、現実には、各当事者は自己の理解にしたがった行動をするはずであり、そのような諸事情をあわせて考慮して、「当事者が」「合理的に考えるならば」、表示の客観的意味で理解するとはいえない場合が少なくないと考えられるというのがその理由である。これによると、上記の提案は、意味付与比較説を支持する論者からも受け入れられるのではないかとされている(66)。

(ウ)　補充的解釈　次に、「基本方針」は、補充的解釈について、次のような規定を置くことを提案している(67)。

【3.1.1.42】（補充的解釈）

【3.1.1.40】および【3.1.1.41】により、契約の内容を確定できない事項が残る場合において、当事者がそのことを知っていれば合意したと考えられる内容が確定できるときには、それに従って解釈されなければならない。

この提案は、上述したように、狭義の解釈により契約の内容を確定することができない事項が残る場合でも、客観的な法規範による補充だけがおこなわれるのではなく、当事者が実際におこなった契約から一定の趣旨を読み取ることができるときには、それにしたがって補充をおこなうべきであるとする考え方が有力になっていることを受けたものである。任意法規にしても慣習にしても、典型的な場合を想定したものであり、常に実際の契約に適合するわけではない。むしろ、契約は、当事者が自らの法律関係を形成するためにおこなうものである以上、その当事者が知っていれば合意したと考えられる内容が確定できるときには、それを尊重することが契約制度の趣旨に合致するというのが、提案の理由である。

(3)　不明確準則——条項使用者不利の原則

以上のほか、「基本方針」は、約款の解釈と消費者契約の解釈について、次のように不明確準則を定めることを提案している(68)。

【3.1.1.43】(条項使用者不利の原則)

〈1〉約款の解釈につき、【3.1.1.40】および【3.1.1.41】よってもなお、複数の解釈が可能なときは、条項使用者に不利な解釈が採用される。

〈2〉事業者が提示した消費者契約の条項につき、【3.1.1.40】および【3.1.1.41】よってもなお、複数の解釈が可能なときは、事業者に不利な解釈が採用される。[ただし、個別の交渉を経て採用された条項については、この限りではない。]

契約解釈の一般原則によっても複数の解釈可能性が残ることは、約款や消費者契約にかぎらず起こりうる。不明確準則とは、もともと、そうした場合に、それらの解釈可能性の一つにしたがって内容を確定するというものである。このような場合に、その部分を無効とすることなく、残された解釈可能性のうちの一つにしたがって内容を確定することは、当事者がおこなった契約をできるかぎり尊重するという考え方からも要請される。その意味で、これは契約一般に妥当する解釈原則だということができる(69)。実際、上述した旧民法財産編三六〇条を含め、比較法的にみても、これを契約一般に妥当する解釈準則として規定するものが少なくない(70)。

これによると、その場合に、どのような基準にしたがって残された解釈可能性のうちの一つを選ぶべきかが問題となる。いずれを選ぶかによって、どちらの当事者が有利になるか不利になるかも変わってくる。しかし、契約を尊重し、その効力を維持しようとするかぎり、どちらかの当事者が不利益をこうむることは避けられない。こうした場合に民法の基本原則から出てくるのは、不利益を課されてもやむをえない者、つまり帰責性のある者に不利益を課すという考え方である。これによると、不明確な条項を使用し、その不明確さを生じさせたことについて帰責性のある者の不利に解釈することが要請される(71)。

契約一般についていえば、不明確な条項を使用したからといって、常にこの意味での帰責性が認められるわけではない。しかし、約款に関しては、約款使用者がそれを多数の契約のために一方的に使用しようとするのであるから、自ら約款を使用する以上、それが不明確であることによる不利益は負担すべきであると考えられる。「基本方針」が〈1〉で「条項使用者に不利な解釈」を採用するとしているのは、このような考え方にもとづくと考えられる。

また、消費者契約に関しても、消費者と事業者の間には知識や情報の構造的な格差があるという前提に照らせば、事業者が契約条項を提示した以上、それが不明確であることによる不利益はその契約条項を使用した事業者が負担することが要請される。〈2〉は、このような考え方にもとづくものと評価することができる(72)。

2　法制審議会における審議状況

冒頭でふれたように、その後、二〇〇九年一一月から、法制審議会民法（債権関係）部会で民法（債権関係）の改正に向けた審議が開始された。契約の解釈については、第一九回会議（二〇一〇年一一月三〇日(73)）、第二四回会議（二〇一一年二月二二日(74)）、第二六回会議（二〇一一年四月一二日(75)）で審議され、中間論点整理が二〇一一年五月に公表された後、第六〇回会議（二〇一二年一〇月二三日）[76]、第六九回会議（二〇一三年二月一二日）[77]、第七一回会議（二〇一三年二月二六日）[78]で審議がおこなわれ、二〇一三年三月に中間試案が公表されている。

これらにおいては、基本的に、上述した「基本方針」にならった考え方や提案が示され、審議がおこなわれている。もっとも、そこで示された考え方や提案の意味と射程はかならずしも明確ではなかったことから、疑問や異論も出され、それを受けて提案の内容にも変遷がみられる。以下では、まず、項目ごとに、そうした変遷を概観しておこう。

（1）　契約の解釈に関する原則を明文化することの要否

まず、法制審議会でも、契約の解釈に関する原則を民法に規定すべきであるという考え方が示され、それにしたがった提案がおこなわれている。契約をめぐって紛争が発生すると、まずは契約の解釈によって契約の内容を明らかにすることが必要になる。民法には契約の解釈に関する規定が設けられていないが、契約の解釈が契約にもとづく法律関係の内容を明らかにするという重要な役割を担っていることにかんがみると、それがどのような考え方にしたがっておこなわれるべきかが条文上明確でないのは望ましくないということが、その理由としてあげられている[79]。また、今回の民法改正にあたって、特に契約を基軸とする考え方にしたがって契約責任等に関する規律を見直すのであれば、契約の内容をどのように確定するかということが重要な意味を持つことになるため、契約解釈の基準を誰にもわかるように明文で示す必要があるということも、指摘されている[80]。

これに対して、法制審議会では、契約の解釈に関する規定はそもそも設けるべきではないという考え方もあり、中間試案でも別案として注記されている[81]。個々の提案に対する異論を別とすれば、その理由として次の二つがあげられている[82]。

第一に、契約の解釈に関する規律を設けると、個々の事案に応じて柔軟にされるべき契約解釈という作業の硬直化を招くことになるから、事案ごとに個別の解釈にゆだねるのが相当である[(83)]。

第二に、契約解釈という作業が事実認定の問題か法律問題かについても考え方が分かれているなどその法的な性質はかならずしも明確になっておらず、民事実体法に置かれるべき法規範としてなじむかどうかにも疑問がある[(84)]。

(2) 本来的解釈

次に、本来的解釈に関しては、第一九回会議で、「基本方針」と同様に、「契約は当事者の共通の意思に従って解釈しなければならない」という規定を設けることの当否が検討された[(85)]。その後、第二四回会議では、「契約において当事者が表示した事項については、当事者の意思が一致しているときは、これに従って解釈しなければならない」旨の規定を設けることが提案され[(86)]、第二六回会議では、「契約は、当事者の意思が一致しているときはこれに従って解釈しなければならない」旨の規定を設ける方向で、さらに検討してはどうかという提案がされた[(87)]。これを受けて、中間論点整理でも、同様の提案がされた[(88)]。

中間論点整理の後の第六〇回会議では、再び、「契約は、当事者の共通の意思に従って解釈しなければならない」旨の規定を設けることが提案されたのに対し[(89)]、異論が出された結果、第六九回会議では、「契約の内容について当事者が共通の理解をしていたときは、契約は、当事者が理解した意味に従って解釈しなければならないものとする」という提案に改められ[(90)]、第七一回会議で、「当事者が理解した意味に従って」という部分が「その理解に従って」に改められた[(91)]。

以上の結果、中間試案では、「契約の内容について当事者が共通の理解をしていたときは、契約は、その理解に従って解釈しなければならないものとする」という提案がされている[(92)]。

(3)　規範的解釈

規範的解釈に関しては、第一九回会議で、「基本方針」と同様に、「当事者の意思が異なるときは、当事者が当該事情の下において合理的に考えるならば理解したであろう意味に従って解釈されなければならない」という規定を設けることの当否が検討された(93)。その後、第二四回会議では、「当事者の意思が異なるときは」という部分が「当事者の意思が一致していないときは」に改められ(94)、第二六回会議を経て(95)、中間論点整理では、「当事者の意思が一致していないときは、当事者が当該事情の下において合理的に考えるならば理解したであろう意味に従って解釈する」という考え方の当否について、さらに検討してはどうかという提案がされた(96)。

中間論点整理の後の第六〇回会議では、「契約は、当事者の共通の意思がないときは、当該契約に関する一切の事情を考慮して、その事情の下において当該契約の当事者が合理的に考えれば理解したと認められる意味に従って解釈しなければならない」旨の規定を設けるものとすることが提案された(97)。このうち、前段の「当事者の共通の意思がないとき」は、第六九回会議で、「契約の内容について当事者が異なる理解をしていたとき」に改められ(98)、さらに、先ほどの本来的解釈に関する準則との適用関係を明らかにするために、第七一回会議で、「契約の内容についての当事者の共通の理解が明らかでないとき」――したがって、デフォルト・ルールとして規範的解釈に関する準則が適用され、当事者の共通の理解が明らかにされたときに、本来的解釈の準則が適用されることになる――に改められた(99)。また、後段についても、第六九回会議で、「表示の通常の意味のほか、当該契約に関する一切の事情を考慮して、当該契約の当事者が合理的に考えれば理解したと認められる意味に従って解釈しなければならないものとする」と改められ(100)、第七一回会議で、「表示の通常の意味のほか」が「当事者が用いた文言その他の表現の通常の意味のほか」に改められた(101)。

以上の結果、中間試案では、「契約の内容についての当事者の共通の理解が明らかでないときは、契約は、当事者が用いた文言その他の表現の通常の意味のほか、当該契約に関する一切の事情を考慮して、当該契約の当事者が合理的に考えれば理解したと認められる意味に従って解釈しなければならないものとする」という提案がされている[102]。

(4) 補充的解釈

補充的解釈に関しては、第一九回会議で、「基本方針」の定式とは異なり、一般的な方向性を示すかたちで、「当事者が表示していない事項」について、「当事者が合意したと考えられる内容が確定できるときは、その合意内容に従って契約を解釈しなければならない」という規定を設けるという考え方の当否が検討された[103]。その後、第二四回会議では、前段が「当事者が表示していない事項について補充する必要がある場合」に改められ、後段が「当事者がそのことを知っていれば合意したと考えられる内容が確定できるときはこれに従って契約を解釈する」という定式に改められた[104]。これに対して、前段は、正確にいうと、上記の本来的解釈と規範的解釈に関する解釈準則によっても契約内容が明らかにならない部分ではないかという指摘を受けて、第二六回会議では、「上記の原則によって契約の内容を確定することができない事項について補充する必要がある場合」に改められ[105]、中間論点整理では、「上記の原則によって契約の内容を確定することができない事項について補充する必要がある場合は、当事者がそのことを知っていれば合意したと考えられる内容が確定できるときはこれに従って契約を解釈する」という考え方の当否について、さらに検討してはどうかという提案がされた[106]。

中間論点整理の後の第六〇回会議では、前段の「補充する必要がある場合」が削除され、「上記(1)及び(2)［本来的解釈と規範的解釈に関する準則］によって契約内容を確定することができない場合において、当事者がそのことを知っていれば合意したと考えられる内容を確定することができるときは、契約は、その内容に従って解釈しなければならない」旨の規定を設けることの当否が検討された[107]。これに対しては、本来的解釈と規範的解釈に関する準則によって「契約内容を確定することができない場合」にどこまでの場合が含まれるかをめぐって疑問が示され、第六九回会議を経て、第七一回会議で、「上記1及び2によって確定することができない事項が残る場合」に改められた[108]。また、後段については、第六九回会議で、「当事者がそのことを知っていれば合意したと考えられる内容」を「当事者がそのことを知っていれば合意したと認められる内容」に変更することが提案され、第七一回会議で、それにしたがって変更されている[109]。

以上の結果、中間試案では、「上記1及び2によって確定することができない事項が残る場合において、当事者がそのことを知っていれば合意したと認められる内容を確定することができるときは、契約は、その内容に従って解釈しなければならないものとする」という提案がされるにいたっている。ただし、上記の議論を受けて、補充的解釈に関する規定のみを設けないという考え方があることが別案として注記されている[110]。

(5) 条項使用者不利の原則

以上のほか、個別の解釈準則については、第一九回会議で、「契約をできる限り有効又は法律的に意味のあるものとなるように解釈すべきであるとの原則、契約を全体として統一的に解釈すべきであるとの原則、個別交渉を経た条項の優先、条項使用者不利の原則など」を例示しつつ、「個別的な解釈指針は基本的には明文化しないという考え方」の当否が検討された[111]。その際の議論をふまえて、第二四回会議では、条項使用者不利の原則のみが取り上げられ、「約款又は消費者契約に含まれる条項の意味が多義的である場合には、条項使用者にとって不利な解釈を採用すべきである旨の規定」を設けるべきかどうかについて、「予見不可能な事象についてのリスクを一方的に条項使用者に負担させることにならないかなどの指摘」があることにも留意しながら、さらに検討してはどうかという案が示された[112]。これに対し、賛否両論が示された結果、第二六回会議では、まず、「条項の意義を明確にする義務は条項使用者（あらかじめ当該条項を準備した側の当事者）にあるという観点から、約款又は消費者契約に含まれる条項の意味が、上記2記載の原則〔契約の解釈に関する基本原則〕に従って一般的な手法で解釈してもなお多義的である場合には、条項使用者にとって不利な解釈を採用するのが信義則の要請に合致するとの考え方（条項使用者不利の原則）」があるとした上で、このような考え方に対しては、「予見不可能な事象についてのリスクを一方的に条項使用者に負担させることになって適切でないとの指摘や、このような原則を規定する結果として、事業者が戦略的に不当な条項を設ける行動をとるおそれがあるとの指摘」があるとし、こうした指摘も考慮しながら、上記の考え方の当否について、さらに検討してはどうかという案が示された。また、この原則の適用範囲についても、「約款と消費者契約を対象とすべきであるという考え方」があるとした上で、「労働契約において労働者が条項を使用するときは、それが約款に該当するとしても同原則を適用すべきでないとの指摘」もあるとし、このような指摘の当否も含めて、さらに検討してはどうかとされた[113]。これを受けて、中間論点整理でも、同様の提案がされた[114]。

中間論点整理の後の第六〇回会議では、「約款又は事業者が提示した消費者契約の条項については、前記1(1)及び(2)記載の方法〔本来的解釈と規範的解釈〕によっても複数の解釈が可能である場合には、そのうち約款使用者又は事業者に不利な解釈を採用する旨の規定を設けるという考え方」がありうるとして、その当否が検討された[115]。ここでも、賛否両論が示された結果、十分な合意を形成する見込みが立たないと判断されたことから、第六九回会議では、条項使用者不利の原則は改正対象から外されることになった[116]。これに対して異論も提起されたものの、第七一回会議を経て[117]、中間試案でも、条項使用者不利の原則について改正提案はおこなわれていない[118]。

3　検討の課題と改正の方向性

法制審議会における提案の変遷と現在の状況は、以上のとおりである。問題は、そこでいったい何が問題とされているのか、それについてどのように考えるべきかである。

(1)　狭義の解釈

まず、狭義の解釈——本来的解釈と規範的解釈——については、伝統的通説が実務でも支配的であるという理解を前提とした立場から問題提起がおこなわれた。上述したように、伝統的通説によると、法律行為の解釈とは、表示行為の有する意味を明らかにすることであり、内心の意思は、錯誤等の場合において法律行為の効力の有無を左右することがあるだけで、法律行為の内容に影響をおよぼすことはないとされる。こうした客観的解釈の考え方によると、「基本方針」に依拠した提案は「意思」を前面に出したものと映り、「違和感」ないし「不安感」が示されることになった(119)。

(ア)　本来的解釈　(i)　共通の意思の優先とその意味

そのような「違和感」ないし「不安感」が示されることになった一因は、本来的解釈に関する準則として、当初、「基本方針」にならって、「契約は当事者の共通の意思に従って解釈しなければならない」という規定を設けることが検討課題とされたことにあると考えられる。このような一般的な原則が——それも契約の解釈に関する規定の冒頭に——定められると、表示の客観的な意味ではなく、当事者の意思が解釈の基準となり、伝統的通説の立場から大きく転換することになると受けとめられたわけである。

しかし、「基本方針」がこのような規定を定めることを提案したのは、上述したように、当事者の意思が一致しているときには、それにしたがって解釈するという考え方が現在では支配的となっていることを受けたものである。契約は、当事者が自らの法律関係を形成するためにおこなうものである以上、表示の客観的意味とは違っても、当事者の意思が一致していれば、それを基準とすることが契約制度の趣旨に合致する。客観的解釈を原則視する者であっても、このこと自体は否定できないはずであり、また、実際には否定していないと考えられる。[120]

そこで、このような趣旨を明確化し、ありうる誤解を防ぐために、「契約の内容について当事者が共通の理解をしていたときは」、契約は「その理解に従って」解釈されるという定式に改められたわけである。これにより、本来的解釈がおこなわれる場面が、「当事者が共通の理解をしていた」ことが確定できる場合であることが明らかにされている。[121]

比較法的にみると、「当事者の共通の意思に従って解釈しなければならない」という解釈準則は、文言に拘泥した解釈をしりぞけ、当該契約において当事者が実際に合意したことを基準とすることを含意するものである。[122] これは、意思か表示かという対立軸よりも、むしろ形式的な理解と実質的な理解、外在的な理解と内在的な理解という対立軸でとらえられるものである。共通の「意思」ではなく、共通の「理解」という定式に改められたのは、このような観点から評価することもできる。

(ii)　虚偽表示の構成　このほか、伝統的通説が実務でも支配的であるという理解を前提とした立場から、虚偽表示の構成——したがってまた攻撃防御の構造——が変化することになるのではないかという問題提起もされている。[123]

それによると、例えば、当事者が本当は一〇〇万円で目的物を売買するつもりだったのに、代金額を一〇〇万ドルとする仮装の契約書を作成した場合は、従来の考え方によれば、一〇〇万ドルの売買契約が成立したとして、売主が買主に一〇〇万ドルの支払を請求するのに対して、買主は虚偽表示を理由としてその意思表示は無効であるという抗弁を主張することになる。ところが、本来的解釈の提案によると、この場合は一〇〇万円の売買契約が成立することになるのだから、買主は一〇〇万ドルでの売買契約の成立を否認すれば足りることになるのではないかというわけである。

しかし、虚偽表示の主張が抗弁か否認かという問題は、虚偽の外形的な行為も「意思表示」ないし「契約」とみてよいかどうかという問題であり、現行法のもとでも存在する問題である。[124] これは、厳密にいうと、本来的解釈に関する準則を採用するかどうか――その「契約」の意味を当事者の共通の理解にしたがって解釈すべきかどうか――とは、別の問題である。

例えば、契約の解釈について客観的解釈の考え方に立つとしても、単に仮装の契約書が作成されただけの場合には、そもそも独立の「契約」が成立したとはいえないと考える余地もある。[125] この場合は、一〇〇万ドルでの売買契約の成立は否認されたとみることになる。

また、契約の解釈について本来的解釈の準則を採用するときでも、同様に考える余地がある。[126] しかし、仮装の契約書を作成するのは、権利名義を変更しようという積極的な意味を持つとして、これを独立の「契約」とみた上で、そのような外部的な合意――一〇〇万ドルで売買するという契約――とともに、内部的な合意――一〇〇万ドルではなく、一〇〇万円で売買するという契約――がされたものと考える余地もある。この場合は、外部的な合意と内部的な合意のそれぞれの意味を確定する必要があり、本来的解釈の準則は、そこで意味を持つ。それによると、外部的合意は一〇〇万ドルで売買するという当事者の共通の理解にしたがって解釈され、内部的合意は一〇〇万円で売買するという当事者の共通の理解にしたがって解釈されるだけである。[127]

このように、虚偽表示の主張が抗弁か否認かという問題については、異なる考え方があるとしても、それは契約の解釈について本来的解釈の準則を採用することの妨げにはならないと考えられる。

これに対して、当事者が一〇〇万円という意味のつもりで一〇〇万ドルと記載した場合は、虚偽表示の問題ではない。例えば、当事者は一〇〇万円と書くつもりで誤って一〇〇万ドルと記載してしまった場合や、当事者間の特殊な記号として一〇〇万円を表すために一〇〇万ドルという表現を用いた場合は、一つの「契約」があるだけであり、その「契約」の意味が問題となる。本来的解釈の準則は、この場面で働くものである。それによると、この場合は、当事者の「共通の理解」にしたがい、一〇〇万円の売買契約が成立したものと解釈されることになる。売主が契約書の記載にしたがい、一〇〇万ドルの支払を請求しても、本来的解釈の準則によると、一〇〇万ドルの売買契約は成立したとはいえないという否認が認められることになるだけである(128)(129)。

(イ)　規範的解釈

(i)　客観的解釈との異同　以上のほか、規範的解釈に関する提案についても、客観的解釈の考え方から「違和感」が指摘されている。客観的解釈の考え方によると、通常人が表示をどのように理解するかということにしたがって表示の意味が解釈されることになる。提案にいう「当事者が合理的に考えれば理解したと認められる意味」は、これと異なり、当該契約の当事者の理解に照準をあわせるものであり、伝統的通説の立場から逸脱したものと受けとめられたわけである(130)。

しかし、「基本方針」について述べたように、伝統的通説も、表示の一般的な意味をそのまま解釈の基準としてきたわけではない。むしろ、当事者が表示手段を用いた際の事件の事情を考慮する必要性があることが強調され、そのようなコンテクストの中で当該表示手段がどのような意味を持つかということが問題とされてきた。狭義の解釈を表示の社会的意味を明らかにすることとしてとらえる見解では、「意思表示受領者が当該の事情のもとにおいて当該の表示から通常期待すると認められる内容」が表示の意味であるとされていた。

契約は、当事者が自らの法律関係を形成するためにおこなうものである以上、当事者がどのように理解し、また理解すべきだったかという基準によることが契約制度の趣旨に合致する。規範的解釈の提案は、このような考え方にしたがい、契約をした当該当事者に視座をすえて、そのような当事者が合理的に考えるならばどのように理解したと認められるかという基準を採用するものにほかならない[131]。

もちろん、通常の当事者であれば、表示手段を通常の意味で理解するため、そうした通常の意味は、「当該契約の当事者が合理的に考えれば理解したと認められる意味」を確定する上で重要な手がかりとなる。しかし、それにそのままにしたがうのではなく、当該契約に関する一切の事情を考慮して、何が当該契約の当事者が合理的に考えれば理解したと認められる意味かを基準とするのが、規範的解釈に関する提案の考え方である[132]。

(ii) 錯誤との関係　また、伝統的通説を前提とした立場からは、規範的解釈に関する提案によると、錯誤との関係がどのようになるのかという疑問も示されている。客観的解釈の考え方によると、表示の客観的意味にしたがって意思表示の内容が確定され、それと異なる意思を有していた者に錯誤が認められることになる。規範的解釈に関する提案によると、それが変わるのか変わらないのかという疑問である[133]。

表示錯誤は、意思と表示が一致していない場合であるため、そのような錯誤があるかどうかを判断するためには、その前提として表示の意味が確定されなければならない。その意味で、契約の解釈が先行することに変わりはない。ただ、規範的解釈の提案によると、それは「当該契約の当事者が合理的に考えれば理解したと認められる意味」を基準としておこなわれる。その結果、それと異なる意味で表示を理解していた当事者に錯誤があると判断されることになる。つまり、このような判断の構造自体は、まったく変わらないわけである[134]。

(2) 補充的解釈

次に、補充的解釈については、それがどのような場合に問題となるものであり、その内実はどのようなものかという点が問題とされた。

(ア) 補充的解釈の射程　まず、補充的解釈については、どのような場合に問題となるものであるかという点が問題とされ、上述したように、提案の定式が繰り返し変更された。

当初は、表示された事項と表示されていない事項が区別され、補充的解釈は表示されていない事項について問題となるという理解を前提として、提案がされていた（第一九回会議・第二四回会議）。しかし、単純に「表示された」といっても、その意味を確定しなければ、何が「表示された」かが定まらない。まさにそうした「表示された」ことの意味を確定するための解釈準則が、上述した本来的解釈と規範的解釈に関する準則である。

そこで、その後、本来的解釈と規範的解釈に関する準則によって契約の内容を確定することができる事項とできない事項が区別され、補充的解釈は後者の事項について問題となるという理解を前提として、提案がされた（第二六回会議・中間論点整理・第六〇回会議・第六九回会議）。ところが、このように理解すると、①「当事者が合意していなかった事項がある場合」だけでなく、②「何らかの合意はあるが、その合理的な解釈可能性が複数あるためにいずれを採用すべきかを確定することができない場合」も、補充的解釈の対象に含まれることになる(135)。しかし、②が契約の成否を左右する中心的な部分について問題となるときには、本来的解釈と規範的解釈に関する準則によっても契約の内容を確定することができない以上、契約は成立しないことになるはずである。そのような場合にまで、補充的解釈をおこなうことは――契約の目的や趣旨も確定できない以上――不可能である。こうしたことから、契約内容の確定性に関する問題との関係が明らかでないとして、そもそも補充的解釈なるものを認めるべきではないという意見も出されることになった[136]。

しかし、従来から補充的解釈を認める見解が前提としていたのは、①の場合であり[137]、この場合において、当事者が知っていれば合意したと考えられる内容を確定することができるときは、その内容にしたがって解釈することが、当事者がおこなった契約を可能なかぎり尊重するという考え方からも要請される。したがって、補充的解釈を認めるべき場合があることには問題はなく、問題は、それが認められる場合をどのように表現するかである。このような考慮から、その後、「基本方針」にならって、補充的解釈は、「上記1及び2〔本来的解釈と規範的解釈に関する準則〕によって確定することができない事項が残る場合」におこなわれることとされたわけである[138]（第七一回会議・中間試案）。

(イ) 補充的解釈の内実　このほか、補充的解釈については、実際にそうした解釈がどのようにおこなわれるかということも問題とされた。

その際、特に「留保」を要するとされたのは、審議の過程において、「当事者がそのことを知っていれば合意したと認められる内容」が「仮定的な意思」と呼ばれ[139]、それが補充的解釈の基準になるとされた点である[140]。上述した本来的解釈と規範的解釈の準則によっても契約の内容を確定することができない事項が問題となる以上、ここでは当事者の「意思」は存在しないはずである。それにもかかわらず、仮定的な「意思」を基準にするのは、「意思」を不当に拡張して使用するものであり、容認しがたいという考慮が、この点に関する「留保」の背後にあると推測される。

しかし、上述したように、「仮定的な意思」といっても、ここでは当事者の現実の意思が存在しないことが前提となる。そのため、これはあくまでも、そのような事項が残ることを契約の両当事者が契約をする際に知っていれば、どのように合意したであろうかと問うものであり、補充的解釈をおこなうための指針を示したものでしかない。実際また、補充的解釈に関する提案でも、「当事者がそのことを知っていれば合意したと認められる内容を確定することができるときは」、「その内容に従って解釈しなければならない」とされているのであり、まさにそうした指針を定めているだけである。これをわざわざ「仮定的な意思」と読み替えて、それを理由に提案を退けるのは不当というほかない。

問題はもちろん、こうした指針が実際にどのような意味を持つかである。上述したように、こうした指針にしたがって解釈する際には、特に、両当事者がその契約をした具体的な目的や、当事者が具体的に契約で定めている内容が手がかりとされる。

例えば、両当事者がその契約をした具体的な目的を実現するために、当該事項についてどうすべきかということを確定することができるときには、それにしたがって契約が補充されることになる。この場合はまさに、そのような目的で契約をしたこの両当事者が、当該事項を定めていないことを知っていれば、そのように合意したはずであると考えることが可能である(141)。

また、当事者が具体的に契約で定めている内容に照らすと、当該事項についてもその内容を類推することができるときには、それにしたがって契約が補充されることになる。この場合はまさに、そのような内容を定めたこの両当事者が、当該事項を定めていないことを知っていれば、そのように合意したはずであると考えることが可能である(142)。

このように理解するならば、補充的解釈は、契約に関する実務において通常おこなわれている作業に属することがわかるはずであり、提案に反対する理由もないことが明らかになるだろう(143)。

(3)　条項使用者不利の原則

条項使用者不利の原則については、当初から賛否両論が主張され、上述したように、中間試案の取りまとめ段階に入った第六九回会議から後、提案として取り上げられないこととなっている。そこで問題とされた点は、次の三つに集約できる。

(ア)　契約解釈の一般原則と条項使用者不利の原則の関係　第一は、契約解釈の一般原則と条項使用者不利の原則の関係である。これは、条項使用者不利の原則がどのような場合におこなわれるかという問題と関わる。かりに条項使用者不利の原則が契約解釈の一般原則と並列するものである――後者を具体化した個別的解釈準則のワン・オブ・ゼムである――とすると、条項の意味に曖昧なところがあるときには、ただちに条項使用者不利の原則が適用され、条項使用者の不利に条項が解釈されるのではないかという危惧が、この原則に反対する立場の根底にあると考えられる(144)。

これに対しては、条項使用者不利の原則は、契約解釈の一般原則――本来的解釈と規範的解釈の準則――によっても条項の内容を確定することができない場合にはじめて適用されるものであることについては、一致をみている(145)。実際には契約解釈の一般原則によって条項の意味内容を確定することができるときには、そもそも条項使用者不利の原則は適用されない。これに対しては、かりにそうだとしても、現実には、条項の意味が曖昧であるとしてこの原則が利用されることを危惧する意見も強い。しかし、そうした利用の恐れは、この原則にかぎらず、どのようなルールについても一般的に存在するのであり、この原則を明文化することに反対する理由にはならない。そのような理由で明文化に反対するのであれば、比較法的にみて、条項使用者不利の原則ないしはこれに類する原則が古くから広く明文で定められていることの説明がつかないと考えられる。

(イ)　契約解釈の準則としての条項使用者不利の原則　第二は、条項使用者不利の原則は契約解釈の準則とは異質なものではないかという問題である。条項使用者不利の原則は、双方の当事者を等しくあつかうものではなく、一方当事者を不利にあつかうものである。そのため、これは、契約解釈というよりも、契約に対する規制としての性格を持つものとして受けとめられ、少なくとも上述した契約解釈の一般原則と同じレベルで規定すべきものではないと考えられるわけである(146)。

これに対して、条項使用者不利の原則が問題になるのは、上述したように、契約解釈の一般原則によっても条項の意味を確定することができない場合である。このような場合に、ありうる解釈可能性のいずれを採用したとしても、どちらかの当事者が不利益をこうむることは避けられない。このような場合に、不利益を課せられてもやむをえない者、つまり帰責性のある者に負担を課すのが民法の基本原則である。条項使用者不利の原則は、このような民法の基本原則を前提として、不明確な条項を使用した者にその不明確さを生じさせたことに帰責性があると考えるものである。その意味で、これは、民法の基本原則にしたがった契約解釈の準則の一つであり、契約に対する規制とは異なる。

(ウ)　条項使用者の帰責性　第三は、条項使用者にその意味での帰責性が常に認められるかどうかという問題である。

ひとくちに条項使用者といっても、さまざまな者が考えられる。少なくとも、将来におけるあらゆる事象を想定して契約条項を作成することは不可能である。したがって、予測不可能なリスクを条項使用者に一方的に負担させることを正当化するだけの帰責性が常に認められると考えるのは不当だというわけである(147)。

こうした指摘に対しては、そのような場合であっても、条項使用者の相手方は、よりいっそうリスクを負担させられる理由がない以上、そのような者との関係では、条項を使用した者の側にやはり帰責性を認めることができるという反論がありうる。もっとも、学説でも、約款については、条項作成者の側にそうした帰責性があることがいわば推定されるだけであり、実際に帰責性がないと認められる場合には、条項使用者不利の原則を適用する前提を欠いていると主張するものもある。(148) かりにそのような反証の余地を認める提案ならばコンセンサスが得られるのであれば、それも十分考慮の余地があるというべきだろう。

(63) 前掲注(1)基本方針一二二頁、前掲注(1)詳解Ⅱ一四七頁以下を参照。
(64) 前掲注(1)基本方針一二二頁、前掲注(1)詳解Ⅱ一五〇頁以下を参照。
(65) 前掲注(1)基本方針一二二頁以下、前掲注(1)詳解Ⅱ一五一頁以下を参照。この場合を「規範的解釈」と呼ぶのは、ドイツ法の一般的な用語法（normative Auslegung）を参考にして、学説において説かれていたところにならったものである（例えば、石田・前掲注(49)一五八頁、磯村・前掲注(49)七二八頁以下、原島重義「契約の拘束力――とくに約款を手がかりに」同『市民法の理論』（創文社、二〇一一年、初出一九八三年）六四七頁等を参照）。これに対して、前掲注(56)『新版注釈民法(三)』七九頁〔平井〕は、「規範的解釈」を「本来的解釈（すなわち、『合意ノ推尋』）という形をとりながら、または、その形もとらないで、解釈の名の下に行われる裁判官による規範を定立する作業」、つまり「現実には契約当事者の意思如何にかかわりなく行われる契約上の権利義務を創造する作業」と定義している。これは、その典型例として、例文解釈に関する裁判例や、「仮登記担保という新たな担保を創造した判例法理を生み、仮登記担保に関する法律……の制定までもたらすきっかけになった最高裁昭和四二年一一月一六日判決」（民集二一巻九号二四三〇頁）があげられていることからもわかるように、修正的解釈や合理的解釈に相当するものである。「規範的解釈」という用語をこのように定義することは不可能ではないものの、他に例をみないことに注意を要する。
(66) 前掲注(1)詳解Ⅱ一五四頁を参照。
(67) 前掲注(1)基本方針一二三頁、前掲注(1)詳解Ⅱ一五四頁以下を参照。以下については、山本敬三「契約規制の法理と民法の現代化(二)」民商一四一巻二号三四頁以下（二〇〇九年）も参照。
(68) 前掲注(1)基本方針一二三頁以下、前掲注(1)詳解Ⅱ一五七頁以下を参照。以下については、山本・前掲注(67)二一頁以下も参照。

(69) 上田誠一郎『契約解釈の限界と不明確条項解釈準則』（日本評論社、二〇〇三年、初出一九九八年）一八三頁以下を参照。

(70) たとえば、フランス民法一一六二条、イタリア民法一三七〇条以下、オーストリア民法九一五条、第二次契約法リステイトメント二〇六条、ヨーロッパ契約法原則五：一〇三条、ヨーロッパ私法共通参照枠草案Ⅱ.-八：一〇三、共通ヨーロッパ売買法草案六四条以下等を参照。

(71) 上田・前掲注(69)一九一頁以下は、その意味で「表現使用者」に「過失」ないし「帰責事由」がある場合に、「表現使用者に不利に」解釈するという準則が妥当するとしている。

(72) このように考えるならば、約款による場合はもちろん、消費者契約の場合でも、個別の交渉を経て採用された条項については、契約一般の解釈準則によるべきであり、不明確な条項を使用したというだけでその不利に解釈するのは問題である。「基本方針」では、消費者契約に関し「個別の交渉を経て採用された条項については、この限りではない」というただし書きを付加する可能性について、両案が併記されているが、これは明示する方向で考えるべきだろう。

(73) 法制審議会民法（債権関係）部会第一九回会議議事録（二〇一〇年一一月三〇日）(http://www.moj.go.jp/content/00061435.pdf、以下では、「第一九回会議議事録」として引用する）のほか、審議資料として、民法（債権関係）部会資料一九-二「民法（債権関係）の改正に関する検討事項(14)詳細版」(http://www.moj.go.jp/content/00058277.pdf、以下では「部会資料一九-二」として引用する）を参照。

(74) 法制審議会民法（債権関係）部会第二四回会議議事録（二〇一一年二月二二日）(http://www.moj.go.jp/content/00072447.pdf、以下では、「第二四回会議議事録」として引用する）のほか、審議資料として、民法（債権関係）部会資料二四「民法（債権関係）の改正に関する中間的な論点整理のたたき台(4)」(http://www.moj.go.jp/content/00069795.pdf、以下では「部会資料二四」として引用する）を参照。

(75) 法制審議会民法（債権関係）部会第二六回会議議事録（二〇一一年四月一二日）(http://www.moj.go.jp/content/00074008.pdf、以下では、「第二六回会議議事録」として引用する）のほか、審議資料として、民法（債権関係）部会資料二六「民法（債権関係）の改正に関する中間的な論点整理案」(http://www.moj.go.jp/content/00073084.pdf、以下では「部会資料二六」として引用する）を参照。

(76) 法制審議会民法（債権関係）部会第六〇回会議議事録（二〇一二年一〇月二三日）(http://www.moj.go.jp/content/00109164.

pdf、以下では、「第六〇回会議議事録」として引用する）のほか、審議資料として、民法（債権関係）の改正に関する論点の検討(21)」（http://www.moj.go.jp/content/000103650.pdf、以下では「部会資料四九」として引用する）を参照。

(77) 法制審議会民法（債権関係）部会第六九回会議議事録（二〇一三年二月一二日）（以下では、「第六九回会議議事録」として引用するが、本稿執筆時点では未公表である）のほか、審議資料として、民法（債権関係）部会資料五七「民法（債権関係）の改正に関する中間試案のたたき台(5)（概要付き）」（http://www.moj.go.jp/content/000107196.pdf。以下では「部会資料五七」として引用する）を参照。

(78) 法制審議会民法（債権関係）部会第七一回会議議事録（二〇一三年二月二六日）のほか、審議資料として、民法（債権関係）部会資料五九「民法（債権関係）の改正に関する中間試案のたたき台(4)(5)（概要付き）」【改訂版】（http://www.moj.go.jp/content/000108216.pdf、以下では「部会資料五九」として引用する）を参照。

(79) 前掲注(6)「中間試案補足説明」三六〇頁を参照。この理由は、前掲注(4)「中間論点整理」一八〇頁でもあげられていた。そのほか、前掲注(4)「中間論点整理補足説明」四四七頁では、①特に、債権法に関する有力な潮流である当事者間の合意を重視する考え方を採る場合にはその重要性が大きくなると考えられるが、「契約の解釈」という文言自体が多義的である上、解釈にあたっての基本的な考え方がどのようなものであるかなどが不明確な状態にあることから、基本的なルールを民法上規定すべきであるという意見のほか、②契約は当事者が自らの法律関係を形成するためにおこなうものであるという契約制度の基本的な趣旨によると、当事者がどのような法律関係を形成しようとしたかを重視する方向で契約の解釈をおこなうという原則を民法に定めるべきであるという意見があったことも指摘されている。

(80) 前掲注(73)「第一九回会議議事録」五二頁以下（松本恒雄委員）、前掲注(76)「第六〇回会議議事録」頁四五頁（山本敬三幹事）を参照。

(81) 前掲注(6)「中間試案」五一頁。

(82) 前掲注(6)「中間試案補足説明」三六四頁を参照。

(83) 前掲注(73)「第一九回会議議事録」五二頁（村上正敏委員）、前掲注(74)「第二四回会議議事録」三八頁（村上委員）等を参照。

さらに、前掲注(73)「第一九回会議議事録」五三頁（佐成実委員）、前掲注(74)「第二四回会議議事録」三八頁（佐成委員）は、このような抽象的で一般的なものをあえて明文化する必要性は基本的には存在しないという理由を指摘している。
(84) 前掲注(73)「第一九回会議議事録」五三頁（岡正品委員）、五六頁（村上委員）等を参照。
(85) 前掲注(73)「部会資料一九-二」四八頁。
(86) 前掲注(74)「部会資料二四」三七頁以下。
(87) 前掲注(75)「部会資料二六」一七四頁。
(88) 前掲注(4)「中間論点整理」一八〇頁のほか、前掲注(4)「中間論点整理補足説明」四四八頁を参照。
(89) 前掲注(76)「部会資料四九」一頁以下。
(90) 前掲注(77)「部会資料五七」五四頁以下。
(91) 前掲注(78)「部会資料五九」九頁以下。
(92) 前掲注(6)「中間試案」五一頁のほか、前掲注(6)「中間試案補足説明」三六〇頁以下を参照。
(93) 前掲注(73)「部会資料一九-二」四八頁。
(94) 前掲注(74)「部会資料二四」三八頁。
(95) 前掲注(75)「部会資料二六」一七四頁。
(96) 前掲注(4)「中間論点整理」一八〇頁のほか、前掲注(4)「中間論点整理補足説明」四四八頁以下を参照。
(97) 前掲注(76)「部会資料四九」一頁・三頁。
(98) 前掲注(77)「部会資料五七」五四頁以下。
(99) 前掲注(78)「部会資料五九」九頁以下。
(100) 前掲注(77)「部会資料五七」五四頁以下。
(101) 前掲注(78)「部会資料五九」九頁以下。
(102) 前掲注(6)「中間試案」五一頁のほか、前掲注(6)「中間試案補足説明」三六二頁以下を参照。
(103) 前掲注(73)「部会資料一九-二」四八頁・四九頁以下。
(104) 前掲注(74)「部会資料二四」三八頁。
(105) 前掲注(75)「部会資料二六」一七四頁。

(106) 前掲注(4)「中間論点整理」一八〇頁のほか、前掲注(4)「中間論点整理補足説明」四四八頁を参照。
(107) 前掲注(76)「部会資料四九」一頁・三頁以下。
(108) 前掲注(78)「部会資料五九」一〇頁。
(109) 前掲注(78)「部会資料五九」一〇頁。
(110) 前掲注(6)「中間試案」五一頁のほか、前掲注(6)「中間試案補足説明」三六三頁以下を参照。
(111) 前掲注(73)「部会資料一九-二」五〇頁以下。
(112) 前掲注(74)「部会資料二四」三八頁。
(113) 前掲注(75)「部会資料二六」一七五頁。
(114) 前掲注(4)「中間論点整理」一八〇頁以下のほか、前掲注(4)「中間論点整理補足説明」四四九頁以下を参照。
(115) 前掲注(76)「部会資料四九」四頁以下。
(116) 前掲注(77)「部会資料五七」五六頁。
(117) 前掲注(78)「部会資料五九」一一頁。
(118) 前掲注(6)「中間試案」五一頁のほか、前掲注(6)「中間試案補足説明」三六四頁以下を参照。
(119) 前掲注(76)「第六〇回会議議事録」三九頁(佐成委員)、五一頁以下(岡崎克彦幹事)等のほか、五五頁以下(三上徹委員)も参照。
(120) 前掲注(76)「第六〇回会議議事録」四四頁(山本敬三幹事)、四七頁以下(大村敦志幹事)のほか、四一頁以下(高須順一幹事)を参照。
(121) 前掲注(76)「第六〇回会議議事録」四四頁(山本敬三幹事)を参照。
(122) 前掲注(73)「第一九回会議議事録」五五頁(中井康之委員)、前掲注(76)「第六〇回会議議事録」四九頁(中井委員)は、このような含意に即した規定を設けることも考えられることを示唆している。これに対して、前掲注(76)「第六〇回会議議事録」五五頁以下(三上委員)は、英米法を念頭に、現代契約における契約書の重要性を指摘して、むしろ書面に示された文言を重視すべきであると主張している。
(123) 前掲注(76)「第六〇回会議議事録」五一頁以下(岡崎幹事)、五六頁(村上委員)のほか、前掲注(6)「中間試案補足説明」

三六一頁以下も参照。

(124) この問題について立ち入って検討したものとして、賀集・前掲注(49)を参照。

(125) この場合は、賀集・前掲注(49)一六頁の分析に照らすと、仮装の契約書は、そもそも「処分証書」にはあたらないと判断されることになると考えられる。

(126) 賀集・前掲注(49)二二頁は、現行法のもとでも、虚偽表示の場合は、契約の成立を認めるべきではなく、虚偽表示の主張は否認であるとする。

(127) 前掲注(76)「第六〇回会議事議事録」五二頁以下（高須幹事）、五六頁（道垣内弘人幹事）のほか、前掲注(6)「中間試案補足説明」三六一頁を参照。

(128) 前掲注(76)「第六〇回会議事議事録」五二頁（道垣内幹事）のほか、前掲注(6)「中間試案補足説明」三六一頁以下を参照。前掲注(76)「第六〇回会議事議事録」五一頁以下（岡崎幹事）は、この場合についても、善意の第三者（差押債権者等）が入ってきた場合に、不測の損害が生じることはないかという疑問を述べている。しかし、この場合は、当事者間では共通の理解にしたがった契約がおこなわれているだけであり、第三者が善意であったとしても、当事者が契約により取得した権利を前提とせざるをえない。第三者にそれ以上の保護が与えられるためには、民法九四条二項の類推適用等による外観に対する信頼保護法理によるしかない。ただし、現在の判例法理によると、そのような信頼保護は一定の厳格な要件のもとでしか認められていないことに留意する必要がある。

(129) 前掲注(77)「部会資料五七」五四頁以下では、「契約の解釈は、契約が成立したことを前提として、その内容を確定するために行われる作業である」という理解が示されたのに対して、前掲注(77)「第六九回会議議事録」（山本敬三幹事）で、契約の解釈は契約の成立の有無を判断する段階でも問題とされることが指摘された結果、前掲注(78)「部会資料五九」九頁以下では、この部文の説明は削除されている。

(130) 前掲注(73)「第一九回会議事議事録」五三頁（岡委員）を参照。前掲注(76)「第六〇回会議事議事録」三九頁（佐成委員）等のほか、前掲注(6)「中間試案補足説明」三六二頁を参照。大阪弁護士会編『民法（債権法）改正の論点と実務――法制審の検討事項に対する意見書〈下〉』（商事法務、二〇一一年）五四九頁以下、東京弁護士会（会長竹之内明）編著『「民法（債権関係）の改正に関する中間的な論点整理」に対する意見書』（信山社、二〇一一年）五一六頁も参照。

(131) 前掲注(76)「第六〇回会議事議事録」五〇頁(山本敬三幹事)のほか、前掲注(6)「中間試案補足説明」三六二頁を参照。

(132) 前掲注(6)「中間試案補足説明」三六二頁以下では、「例えば、契約書に『金一〇〇グラムをα円で売却する』と記載されており、売主は金一〇〇オンスを売却するつもりであったが、買主は金一〇〇グラムを買うと理解していたという事例を考えると、この記載は、原則として、一〇〇グラムを売却すると解釈するのが合理的である。しかし、代金額を確定する際に準拠した金の相場表がオンス単位であり、α円が金一〇〇オンスに対応した金額であるという事情があるときは、当該事情のもとでは『金一〇〇グラムをα円で売却する』という表現は『金一〇〇オンスをα円で売却する』という意味で理解するのが合理的であったということができる。これは、実務において一般に行われている契約解釈とも整合的であると考えられる。」とされている。

(133) 前掲注(73)「第一九回会議事議事録」五二頁(村上委員)、前掲注(76)「第六〇回会議事議事録」五一頁(佐成委員)のほか、前掲注(6)「中間試案補足説明」三六三頁を参照。

(134) 前掲注(6)「中間試案補足説明」三六三頁を参照。田中豊＝土屋文昭＝奥田正昭＝村田渉編『債権法改正と裁判実務――要件事実・事実認定の重要論点』(商事法務、二〇一一年)一一一頁以下は、規範的解釈の提案によると、表意者に錯誤があるケース――例えば、XがYに鉛筆一〇グロスを代金六万円で売るという契約をした際に、Yが一グロスとは二〇ダースであると信じていたケース――では、「契約の成立(当事者間の内心的効果意思を含めた意思の合致)の請求原因の問題として、Yの表示上の効果意思と内心的効果意思が一致することの立証責任をXが負う」ことになると理解している。しかし、これは誤解である。規範的解釈の提案によれば、当該契約の当事者が理解した意味――「内心的効果意思」に相当する――が基準となるのではなく、「当該契約の当事者が合理的に考えれば理解したと認められる意味」が基準となる――これにしたがって「Yの表示上の効果意思」に相当するものの意味が確定される――。例えば、当該契約に関する一切の事情を考慮すると、Yが合理的に考えれば一グロスを一二ダースの意味で理解すべきであったと認められるときは、鉛筆一〇グロス＝一二〇ダースを六万円で売買するという契約が成立し、それと異なる意味で理解していたYは、錯誤の抗弁を主張することに変わりはない。

(135) 前掲注(76)「部会資料四九」三頁。

(136) 前掲注(76)「第六〇回会議事議事録」四二頁(山野目章夫幹事)。

(137) 前掲注(76)「第六〇回会議事議事録」四三頁以下(鹿野菜穂子幹事)、四四頁以下(山本敬三幹事)、四六頁以下(沖野眞已幹事）、四七頁（大村幹事）、四八頁以下（山本敬三幹事）のほか、前掲注(6)「中間試案補足説明」三六三頁を参照。

(138) 前掲注(77)「第六九回会議議事録」（山本敬三幹事）を参照。

(139) 前掲注(76)「部会資料四九」三頁以下。

(140) 前掲注(76)「第六〇回会議事議事録」四二頁（山野目幹事）、四七頁（大村幹事）。

(141) 審議の過程では、例えば、賃貸借契約でも、ごく短期間、自分が使わない間にごく安い賃料で貸す場合において、通常の使用の範囲内で瑕疵にあたるものが出てきたときには、民法六〇六条によれば貸主が修繕義務を負うとしても、契約の趣旨からすると、この程度の軽微な瑕疵であれば、賃借人が負担すべきであるということが出てくる場合などが挙げられている（前掲注(76)「第六〇回会議事議事録」四五頁（山本敬三幹事））。

(142) 前掲注(76)「第六〇回会議事議事録」四八頁（山本敬三幹事）。前掲注(6)「中間試案補足説明」三六三頁以下では、「建物の賃貸借において『ピアノ演奏禁止』と定められている場合」には、「騒音による近所迷惑を防止するという趣旨に照らすと、ヴァイオリンやチェロの演奏も禁止されるが、ヘッドホンをつけて電子ピアノを演奏することは禁止されないと解釈され得る」という例が挙げられている。

(143) 前掲注(76)「第六〇回会議事議事録」四八頁（岡田ヒロミ委員）――「どうも具体的なイメージが補足説明を読んでも、私は湧きませんでした。先ほど、山本敬三幹事のお話しを聞いていて、かなり具体的な理解ができたように思いますし、ここも使えるなというふうな感じを受けましたので」、「是非、先ほどの山本敬三幹事の説明のような解釈ができるような文にしていただきたいと思います」――、四九頁（中井委員）――「山本敬三幹事ほか、研究者の皆さんの御発言を聞いて、なるほど、そうかと私達が日頃、やっていることの作業の確認であるなということを、改めてここで確認できたと思います」。「今、おっしゃっていただいた内容については、私としては同意できる事柄ですので、それを明文化することに賛成したいと思います」――を参照。前掲注(6)「中間試案補足説明」三六四頁は、「当事者の仮定的な意思によって契約を解釈するという手法がこのようなものであるとすると、これは現在の実務においても取られている手法であり、本文3の考え方が必ずしも現在の実務からみて特殊なものであるとは言えない」とする。大阪弁護士会編・前掲注(130)五四九頁以下、東京弁護士会編著・前掲注(130)五一六頁も、特に異論を述べていない。

(144) 例えば、前掲注(73)「第一九回会議議事録」四八頁（佐成委員）、前掲注(76)「第六〇回会議事議事録」四一頁（佐成委員）、

四三頁（佐成委員）等を参照。本文のような恐れがあるため、条項使用者の側は、曖昧になるのを防ぐために、詳細かつ長大な条項を作成せざるをえなくなるという指摘も（前掲注(76)「第六〇回会議事議事録」四〇頁（三浦聡関係官））、同様の考慮を前提としている。

(145) 例えば、前掲注(73)「第一九回会議議事録」四九頁（沖野幹事）、五一頁（山野目幹事）、前掲注(76)「第六〇回会議事議事録」四五頁以下（沖野幹事）、五五頁（内田貴委員）等を参照。

(146) 前掲注(6)「中間試案補足説明」三六五頁は、こうした考慮を決め手の一つとして、条項使用者不利の原則の明文化を見送ったとしている。

(147) 前掲注(73)「第一九回会議議事録」四七頁以下（奈須野太関係官）、四八頁（佐成委員）、前掲注(76)「第六〇回会議事議事録」四〇頁（大島委員）等を参照。

(148) 上田・前掲注(69)一九四頁以下を参照。

四　おわりに

以上の検討から明らかになったとおり、契約の解釈に関する規定の明文化については、個々的には疑問が指摘されているものの、提案の内容が正確に理解されれば、いずれも払拭することが可能であると考えられる。より明確な規定の仕方が可能であれば、それを模索する必要は残るとしても、方向性としては、中間試案に示された提案にしたがって改正をおこなうべきである。条項使用者不利の原則についても、必要な修正を加えればコンセンサスが得られるのであれば、そのような可能性を今後も追求すべきであると考えられる。

もっとも、こうした契約の解釈に関する個々の提案の当否とは別に、そもそも契約に関する規定を明文化することに消極的な意見もあることが、中間試案でも注記されている。これは、契約の解釈に関する規定を民法に定めることの意味がまだ十分に理解されていないことのあらわれというべきだろう。

例えば、契約の解釈について提案されていることは、事実認定の問題ではないかという疑問が示され、そのような問題について民法に規定する必要があるのかという問題提起がされている[149]。しかし、法的な主張が認められるかどうかを判断するために事実を認定するときには、どのような事実を認定する必要があり、どのような事実は認定する必要がないかということを取捨選択する必要がある。契約の解釈に関する準則は、契約の解釈をおこなうにあたって、どのような事実を認定する必要があるかという基準を示すものである。例えば、契約の内容について当事者が共通の理解をしていたときは、その理解にしたがって解釈するという準則が採用されるならば、契約の内容について当事者が共通の理解をしていたことを基礎づける事実が認定されなければならないことになる。このように、契約解釈に関する準則は、事実認定を枠づけるという意味を持つ[150]。

これに対しては、このような枠づけがされると、個々の事案に応じて柔軟に契約を解釈することができなくなり、硬直的な解決をもたらす恐れがあるという意見もある[151]。しかし、契約の解釈は、個々の事案において「衡平」と考えられる結論を導くためにおこなわれるものではない。契約とは、当事者が自らの法律関係を形成するためにおこなうものである。そのような契約制度の趣旨からすると、契約をめぐる問題も、当事者が契約によって自ら形成したところにしたがって解決することが要請される。契約の解釈とは、まさに当事者が契約によって自ら形成したところを明らかにするためにおこなわれるべきものである。中間試案において示された提案は、このような契約制度の趣旨から導かれる基本的な解釈準則にほかならない。それは、個々の契約に即した解釈を要請するものであり、そうした枠づけがおこなわれることは、契約の解釈である以上、むしろ当然というべきだろう。

もちろん、そこで柔軟に契約を解釈できなくなることを危惧する声の中には、合理的解釈ないしは修正的解釈をおこなうべき場合があることを念頭に置いているものもある。[152] たしかに、現実の問題として、そのような合理的解釈ないしは修正的解釈がおこなわれる場合があることは否定できない。また、それを防ぐことは、実際上不可能といわざるをえない。しかし、近時の学説が指摘するように、それは、実質的には、契約の一部無効を認めたのと同じである。そうであるならば、それはむしろ、契約の一部無効、つまり契約の内容規制の問題として構成することが望ましい。もちろん、そのためには、不当条項規制の整備を進め、さらに公序良俗違反を理由とする規制を拡充することが必要となる。この点も、まさに民法改正の課題の一つというべきだろう。[153]

契約の解釈について、中間試案が示した提案にしたがって実際に民法の改正がおこなわれるかどうかは、現時点ではまだ定かではない。[154] そうした改正が実現されるためには、契約の解釈に関する規定を民法に定めることの意味について理解が深められなければならない。本稿の検討が、そのための一助となれば幸いである。

(149) 前掲注(73)「第一九回会議議事録」五三頁（岡委員）、五六頁（村上委員）のほか、前掲注(4)「中間論点整理」一八〇頁、前掲注(4)「中間論点整理補足説明」四四八頁を参照。福岡県弁護士会『判例・実務からみた民法（債権法）改正への提案』（民事法研究会、二〇一一年）八一八頁以下も参照。

(150) 賀集・前掲注(49)三二頁は、「契約の解釈という仕事を細かく分析しておかなければ、契約締結前の交渉から説き起こし、口頭弁論終結に至るまでの経緯を物語風に事実認定をして、結論を出してしまうことにもなりかねない。そうすると、証拠と具体的事実との結び付きがあいまいになるほか、どれが決め手になったのかわからないまま、いつのまにか勝負がついているという判決文になる。これでは、判決理由として、説得力に乏しい。このように考えてくると、契約の解釈を分析する仕事は、必ずしも無意味ではない」と指摘している。

(151) 前掲注(73)「第一九回会議議事録」五二頁（村上委員）のほか、前掲注(4)「中間論点整理補足説明」四四七頁以下、前掲注(6)「中間試案補足説明」三六四頁を参照。

(152) 前掲注(76)「第六〇回会議議事録」五三頁（中井委員）を参照。

(153) この点について検討したものとして、山本敬三「契約規制の法理と民法の現代化(一)(二)」民商一四一巻一号一頁・二号一頁（二〇〇九年）を参照。

(154) 前掲注(77)「第六九回会議議事録」（筒井健夫幹事）を参照。

いわゆる「事実上の役員等」

――最近の裁判例の検討から

近藤光男

一　はじめに
二　対第三者責任
三　会社に対する責任
四　事実上の取締役と会社の責任（三五〇条）
五　むすび

一　はじめに

会社法四二九条（旧商法二六六条ノ三）は、役員等が職務を行うについて悪意または重大な過失があったときは、当該役員等は、これによって第三者に生じた損害を賠償する責任を負う旨を定める。この規定は、従来から有力な反対説があるものの、現在では、役員等の地位に基づく法定の特別責任を課したとするのが通説・判例である。そもそも株式会社が事業に関して何らかの損害を第三者へもたらした場合、これを被った被害者は、その賠償責任を追及しようとする。この場合第三者は、会社自体に賠償を求めることをまず考えるが、問題の行為を惹起した会社の経営者の責任を追及することをも考える。とりわけ当該行為の違法性を論じ、行為者に制裁を与え行為の抑止を狙うのであれば、直接経営者自身の個人責任を追及することが有益であるし、小規模会社で会社に資力がない場合には、むしろ経営者の責任を追及することの方が効率的である。

ところで、四二九条における役員等とは、取締役、会計参与、監査役、執行役、会計監査人のことである（四二三条一項かっこ書き）。これらの者は、執行役（四〇二条二項）を除きいずれも株主総会で選任され（三二九条一項）、登記されることが求められていて、その範囲は明確である（九一一条三項）。しかし、小規模会社等においては、会社の実質的な経営者が正規の選任等の手続きを踏んでいない場合も少なくない。その結果、取締役として株主総会で選任されておらず、登記もされていない者は、いかに経営者的な行動をしていてもこのような責任を負わないのかということが疑問になってくる。もちろんその者が第三者に不法行為を行ったと解することができるならば、第三者はこの者への不法行為責任（民法七〇九条等）の追及が可能である。問題は、会社法四二九条に基づく責任追及が可能かである。この点については既に学説において詳細に論じられており、[1] 裁判例でも、これを論じた下級審裁判例が散見される。しかしながら、これを否定する見解もある一方で、最近になって積極的にこれを認めた裁判例が出ており、現時点で裁判例として必ずしも確定した立場が見られるわけではなく、さらなる検討が必要である。

また、従来この種の議論は、主に実質的な取締役が第三者に対して責任を負うのかという角度で論じられてきた。しかし、四二九条における役員等とは取締役に限られていないのであるから、実質的な者の責任は取締役だけに留まらないのではないかという問題や、あるいは取締役でない者に取締役に類する効果を認めるのであれば、それは四二九条の適用に留まることなく、他の会社法の規定においても妥当するのか議論する必要がある。このような観点から、以下本稿では、事実上の役員等について検討するものである。

（1） 代表的なものとして、石山卓磨『事実上の取締役理論とその展開』（成文堂、一九八四年）がある。
また、昭和六一年における商法改正試案では、取締役と称する者による会社の業務執行につき、会社がこれを許容しているときは、会社が第三者に責任を負うし、当該取締役と称した者も会社および第三者に対し、取締役としての責任を負う旨の案が示されていた。この案では会社が許容して「取締役を称する者」が業務執行を行っていることが要件となっていた。ここでは事実上の取締役を、法律上正規に選任されていないが、実質的には取締役として内外から承認されているような場合であるとされる（大谷禎男「商法・有限会社法改正試案の解説（四）」商事法務一〇八〇号二一頁（一九八六年））。事実上の取締役とされた者自身が第三者に対して責任を負うかという場面で、会社がどこまでが許容していたか、関与していたかは必ずしも問題にする必要はないとの立場も考えられるが、ここでは会社の第三者に対する責任と事実上の取締役自身の責任とを並べて検討している。

二　対第三者責任

事実上の取締役についての学説の議論は、主として株主総会で取締役に選任されていない者が第三者に対して責任を負うかという点から論じられてきた。ただし、登記簿上の取締役、すなわち株主総会で選任されていない者であっても、取締役として登記された者、あるいは取締役の職を辞任しながら登記だけが残っている者、についての責任も既に学説・判例で多く論じられてきたところであるが、そこでは登記の記載についての信頼保護や、あるいは取締役としての形式があるという要素を重視する必要があり、同時に論じることは必ずしも適切ではない。以下では、株主総会で取締役や執行役に選任されていないし、登記上もそのような地位にないにもかかわらず、会社の経営支配に関与している者を事実上の経営者としたい。

まず事実上の取締役の対第三者責任に関する下級審裁判例を検討してみよう。

1　責任を認めなかった裁判例

以下の裁判例は、事実上の取締役という存在を認めるかどうかは別として対第三者責任を否定した事例である。

① 東京地判昭和五五年一一月二六日判時一〇一一号一一三頁

「取締役として登記されていない者で原告の主張する『実質上の取締役』という立場にある者に対して商法二六六条ノ三に基づく責任を追求しうるかについては、疑問の存するところであるが、仮にこれを肯定する見解を採るとしても、ある者につき右『実質上の取締役』たる立場を肯認するためには、その者が、実際上、取締役と呼ばれることがあるのみでは足りず、会社の業務の運営、執行について、取締役に匹敵する権限を有し、これに準ずる活動をしていることを必要とすると解すべきである。」

「Y_2は、Y_1会社の社員から専務と呼ばれていたこと、Y_3が、Y_1会社の東京支店において、Y_4から、Y_4がXから受領した本件売買代金を受領した際に同席したこと、Y_1会社の事務に従事したことがあることを認めることができる《証拠判断省略》が、右認定の事実によっては、Y_2をY_1会社の『実質上の取締役』と推認することはできず、他にこれを認めるに足りる証拠はない。

また、商法二六二条の表見代表取締役の法理は、善意の第三者を保護するためのものではあるが、会社の責任に関するものであり、取締役の立場にある個人の責任を定めた商法二六六条ノ三における取締役の意義を右法理を適用して解釈することには問題があるのみならず、本件各売買契約の締結及び本件売買代金の原告からの受領にY_2が表見代表取締役として関与したことを認めるに足りる証拠はない。」

＊判旨は、はじめに事実上の取締役の考え方に疑問を呈するが、これを仮に認めたとしても、その要件は、専務と呼ばれていただけでは十分ではなく、会社の業務の運営、執行について、取締役に匹敵する権限を有し、これに準ずる活動をしていることを挙げている。すなわち、権限を有することと、業務執行をしていたことが要求されるようである。また、ここでの問題を会社に対して責任を追及する場合の表見責任とは区別する。いずれの点も判旨は正当であろう。もっとも事実上の取締役の要件を具体的に示していることは、それが認められるならば事実上の取締役の責任を広く積極的に認める趣旨であるとするならば、そこには疑問も感じられる。

② 東京地判平成五年三月二九日判タ八七〇号二五二頁

「当裁判所としては、およそ取締役として登記されていない者に対しては、仮にX主張のような行動が認定できたとしても、いわゆる『事実上の取締役』であることを理由として有限会社法三〇条ノ三に基づく取締役の責任を追及することは許されないものと解する。したがって、XのYに対する本訴請求はこの点において、既に理由がないものというべきである。

なお、付言するに、仮に、いわゆる『事実上の取締役』であることを理由として有限会社法三〇条ノ三に基づく取締役の責任を追及することを肯定する立場をとったとしても、ある者が右にいう『事実上の取締役』であると認めるためには、その者が実際上取締役と呼ばれるなどして取締役の外観を呈しているだけでは足りず、会社の業務の運営、執行について取締役に匹敵する重大な権限を有し、継続的に右のような権限を行使して会社の業務執行に従事していることを必要とするものと解すべきであるが（東京地裁昭和五五年一一月二六日判決判例時報一〇一一号一一三頁等参照）、本件においては、証拠上、Yには右のような要件に該当する事実が認められず、『事実上の取締役』ということはできないから、いずれにしても、XのYに対する請求は失当であり、棄却を免れない。」

＊旧有限会社法に基づく取締役の責任が問われた事案であるが、ここでも基本的に事実上の取締役の考え方に疑問を呈する。その上で、付言するという形で仮にこれを認める場合の要件を論じるが、それは、裁判例①を引用しこれと同様の立場であることを示している。外観、権限、業務執行への従事が要素となると解される。

③　東京地判平成一四年六月二八日判時一七九五号一五一頁

「Y_2は、Y_1会社の取締役ではなく、また、事実上の取締役（会社の業務の運営、執行について、取締役に匹敵する権限を有し、これに準ずる活動をしている者）であるとまでは認められないから、有限会社法三〇条ノ三第一項に基づいて、損害賠償義務を負うことはないものというべきである。」

＊これも旧有限会社法に基づく取締役の責任が問われた事案である。結論としては責任を否定するものの、権限

を有し、取締役に準ずる活動をしていれば事実上の取締役としての責任を積極的に認めると解されるような判示である。

④ 東京高判平成二〇年七月九日金判一二九七号二〇頁

「このように旧商法二六六条ノ三の責任は商法で認められた特別の責任であることに照らすと、株主総会において取締役として選任され、就任を承諾した取締役ではない者に対して、この旧商法二六六条ノ三の規定を類推適用して、会社に対する任務懈怠を理由に、第三者に対する損害賠償責任を負わせることができるかどうかについてはそもそも疑問があるところである。仮にこれを肯定する説に立ったとしても、取締役でない者に第三者に対する損害賠償責任を負わせるためには、その者が会社から事実上取締役としての任務の遂行をゆだねられ、同人も事実上その任務を引き受けて、会社に対し、取締役と同様の、善良な管理者としての注意義務を負うに至っていると評価されるような事実関係があり、かつ、実際にその者が取締役であるかのように対外的又は対内的に行動して、当該会社の活動はその者の職務執行に依存しているといえるような事実関係があることが必要であるというべきである。しかしながら、本件で被控訴人ら三ファンドにつきそのような事実関係があったことを認めるに足る証拠はない。」

＊この判示も、裁判例①と②に類似しており、基本的には事実上の取締役に取締役と同様の対第三者責任を課すという考え方に疑問を呈す。ただし、その上で、仮にこれを認めるとしてもより詳細かつ厳格な要件があるとしている。すなわち会社の意思、本人の意思、職務執行の事実関係を要求する。さらに、①や②に対して、会社の活動はその者の職務執行に依存していることを要件に加える。その者がいて初めて業務が成り立つような場合であろうか。これらの要件を満たすのはきわめて例外的な場合であるように思われる。正規の株主総会による選任決議はな

いものの、関係者の間の認識では、実質的にはそれに近い存在とする暗黙の合意があったような場合に限られるのではないかと思われる。また、任務懈怠という責任を追及するためには、本人が任務を引き受けたという事実を要件とすることは合理的と思われる。

⑤　大阪地判平成二一年五月二一日判時二〇六七号六二頁

「Y_1は、A社の大株主として会社の経営を一定程度支配していたものと認められるが、その支配の態様は、上記認定のとおり、あくまで株主としての立場から、代表取締役社長のB、代表取締役副社長のY_2、専務取締役のY_3、監査役のY_4、Y_5、Y_6、Y_7営業部長らを通じて間接的に行われたものにすぎない。したがって、Y_1が、事実上の取締役として実質的に会社の経営を支配していたとまでは認められないから、Y_1には、商法二六六条ノ三第一項による第三者に対する損害賠償責任は認められない。なお、Y_1が、取次手数料や情報提供料として関連会社を通じて利益を得ていたとしても、その支払が不当であるとは認めるに足りないし、ましてそれによって会社の経営を破綻させたともいえない。

また、Y_1が大株主としてBやY_2らをC社から移籍させて受け入れ、A社の個人顧客に対する営業を強化しようとしたことは認められるが、Bらが、実際に違法な営業を行い、顧客に損害を与える営業活動をしていることを具体的にY_1が認識していたとは認められないから、Y_1が、違法な営業活動による顧客の損害を具体的可能性として予見できたとまでは認められない。」

「そして、Xが主張するような株主であるY_1も含め、A社が、組織全体として、過当営業を容認していたとまでは認めるに足りないのである。

また、Y_1が、大株主として、平成一三年一二月ころまでには、D公認会計士の監査報告やY_6ら監査役あるいは専務取締役であるY₃からの報告等により、Y₂らによる杜撰経理や過当営業によると思われる顧客からの損害賠償請求の多発の事実を認識したことは認められるが、そうであるからといって、取締役や監査役を越えて株主の立場にすぎないY₁がこれを改善する措置を講ずべき法的義務を負っていたとまでいうことはできない。

したがって、Y₁は、本件取引によるXの損害の発生に対する直接的な損害賠償責任も、XのA社に対する損害賠償請求権が同社の破綻によって実現不能になったという間接的な損害賠償責任も、そのいずれについても過失があったとは認められないから、民法七〇九条の不法行為による損害賠償責任（七一九条による共同不法行為責任を含む。）を負わない。」

＊Y₁はあくまでも主要株主として、会社の経営について代表取締役を通じた間接的な支配をしていたに過ぎないことから、事実上の取締役として対第三者責任を負う者ではないとしている。また、民法七〇九条による不法行為責任も負わないとしている。たとえ経営に影響力をもっている主要株主であっても、主要株主としての責任と、事実上の取締役の責任とでは区別して考えるべきであろう。不法行為責任については、顧客の損害の発生についての予見可能性からこれを否定したことも支持できる。主要株主にあっては顧客への損害を回避する義務や、積極的に取締役等を監視する義務があるとはいえないのであろう。この判旨はそれまでの判旨とは異なり、事実上の取締役の考え方に必ずしも疑問を示しているのではない点が注目される。

2　責任を認めた裁判例

これに対して、次に示すのが、事実上の取締役としての責任を認めた事例である。

⑥　東京地判平成二年九月三日判時一三七六号一一〇頁

「診療所は形式的には医師のAが開設者になっていたものの、実体はY_1会社そのものであったというべきであり、またY_2は登記簿上Y_1会社の取締役にはなっていないものの、Y_1会社の実質的経営者（事実上の代表取締役）であったものというべきである。」

「Y_2はY_1会社の取締役にはなっていなかったものの、対外的にも対内的にも重要事項についての決定権を有する実質的経営者（事実上の代表取締役）であったのであるから、本件においてはY_2はY_3と同様の義務を負うものと言うべきである。」

「Y_3は商法二六六条ノ三第一項により、Y_2はその類推適用によりXが被った損害を賠償する責任があると言うべきである。」

＊本件判旨ではY_2を対内的にも対外的にも事実上の代表取締役であるとしている。しかし、実質的に経営している者であるということと、事実上の代表取締役であるということとでは同じことを意味するのであろうか。とりわけ対外的にY_2が会社を代表して行動していたのかどうかが疑問となる。判旨によれば、Y_2が自己資金で診療所を設立したことや重要事項を決定したことをもって事実上の代表取締役とした根拠としているようである。たしかにY_2は実質的経営者であると捉えることは理解できるが、対外的にみて事実上の代表取締役と言えたのかは疑問である。もっとも、本件は医薬品販売業者に対する責任であることから、医師であるY_2に相当の信頼を寄せていたのかも知れない。この点を重視して債権者としての販売業者を保護した結論は理解できなくもないが、やはり理論的に不明確であることは否めない。

⑦　大阪地判平成四年一月二七日労判六一一号八二頁

A会社ではY_1が代表取締役であり、Y_2は監査役であった。

「Y_2は、A会社の事実上の代表者として全権を有しながら、Bの経営が不良なまま、改善の手段を講じることもなく漫然と営業を続け、累積赤字を増大させたばかりか、Xに対し給料等の不払を頻発し、Xをして退職の止むなきに至らしめ、遂にはBの維持・再建の意思をも放棄し、A会社を事実上の倒産状態に陥らせたと認められる。

以上によると、Y_2は、故意または重大な過失によって、A会社の事実上の代表者としてA会社に対し負う忠実義務を怠り、その結果、Xに対し前記損害を被らせたというべきであるから、商法二六六条ノ三の類推適用により、Xに対し右損害賠償責任を負うと解される。」

＊本件は、Y_2に事実上の代表者としての賃金債権者に対する責任を認めた事例である。仮にY_2が取締役であれば、取締役としての任務懈怠、業務を適正に行う義務に違反したと言える事案である。(2) しかし、「事実上の代表者として全権を有していた」と認定するが、そこから当然倒産を防ぐ義務が生じるのかどうかが問題となる。もちろんY_2としても努力して会社を事実上の倒産状態に陥らせないことが望ましいが、それが会社法上取締役の任務懈怠となり対第三者責任をもたらすと判断すべきものなのであろうか。Y_2は取締役でない限り、そのような積極的な任務があったとは言い難い。もちろんY_2の行為態様によっては従業員に対する不法行為責任が認められる場合も考えられる。また形式的存在であったとしても他に取締役がいたはずであり、倒産を防ぐべく業務を適正に行わせるのは、正規の取締役の任務でもある。直接損害の事案であれば、加害行為をした者が事実上の取締役であっても債権者に対して責任を負うことは理解しやすい。しかし、直接加害を行ったのではない放漫経営の事案において、事実上の経営者についても、任務懈怠というものを考え、会社債権者に対して取締役と同様の責任を負うべきかどうかが問われることになる。

⑧ 京都地判平成四年二月五日判時一四三六号一一五頁

「Y1の言動とA社の経営状況の浮沈との間には密接な対応関係がみられるのであって、Y1は、A社の経営と相当深い関係をもっており、親会社であるB社の代表取締役として、また、会社創設者であるCの相続人で、A社の実質的所有者として、事実上A社の業務執行を継続的に行ない、A社を支配していたものであって、A社の事実上の取締役に当たるというべきである。Y1は、A社の事実上の取締役であり、A社は、親会社たるB社及びY1の資産と信用を頼りに、銀行から資金を借り入れ営業を存続させていたものである。

A社は、Xとの本件取引開始直前の昭和六二年度決算期(同年末)には累積赤字が二億〇、一〇〇万円に達しており、主要取引銀行である甲銀行の意向に従って、同銀行に対する借入金弁済のために、同年一二月、B社の店舗を、売却して漸く資金繰りをつけたもので、相当な経営困難に陥っていた。その後、A社は、昭和六三年一月新社屋に移転したものの、親会社の資金援助とか、他からの借入金などを当てにしたものであって、確実な代金支払いの目処もないのに、その支払いのため満期を六か月先とする約束手形を振り出し、Xから本件格安商品を買受けて、成算の持てない極めて利益の薄い安売りを続け、同年四月以降は返品の続発もあってXからの仕入れた本件商品を原価割れのダンピングをするなどして急場を凌いでいたものである。

Y1自身も、この頃、A社の経営不振について危機感をもち、帳簿類を調査したこともあるのに、単に利益の薄い取引であることを指摘して、注意を喚起したにすぎず、その後、自ら、取引銀行の甲銀行や乙に対して、取引打切りの申し出をしている。A社は、Xから本件商品を当初の同年一月の仕入れは一七五万五、〇〇〇円であったが、同年二月以降同年四月まで月額一、〇〇〇万円を超過する金額に達しており、同年五月は六三八万六、五〇〇円となり、急激に取引金額を増加させている。

Xとの取引による商品の代金は当初から一切支払われていない。

以上の各事実、弁論の全趣旨に照らすと、Y_1は、A社の事実上の取締役として、重大な過失によりY_2の前認定の任務懈怠行為に対する監視義務を怠ったものというべきであって、Y_1はこれにより生じたXの損害を事実上の取締役の第三者に対する責任として商法二六六条ノ三第一項により賠償すべき責任がある。」

＊本件は、監査役かつ親会社の代表取締役であった者について、会社の実質的所有者として、事実上会社の業務を執行し、会社を支配していたことから、事実上の取締役として第三者責任を認めたものである。まず本件では、何をもって事実上の取締役といえるのかが疑問となる。親会社の代表取締役であることも、会社の実質的所有者であることも、本来それだけでは決定的な意味を持たないはずである。しかも現実に積極的な業務執行も行っていなかったようである。つぎに、取締役に準じるとしても、ここでは何を任務懈怠と考えているのであろうか。被告にどのような任務の履行を期待できるのであろうか[3]。正規の取締役の任務懈怠行為についての監視を期待しているようにも見える。たしかに債権者保護の見地から四二九条責任を拡張する必要がある場合もあるかもしれない。しかし、本来取締役としての地位のない者に監視義務違反を認めるにはやはり無理があるのではなかろうか。本件は問題となる業務執行に関与していた⑥や⑦とは異なる事案である。事実上の取締役についても監視義務の違反による責任を認めると、四二九条により第三者が保護される場面が広がることにはなるが、事実上の取締役の範囲を明確かつ制限的に捉えておかないと、それがいつでも公正な結果となるのか疑問に思える。ここでは、Y_1に何をなすことを期待できたのであろうか。なすべきことを適切に行っていなければ監視義務違反になるが、何もしていないといつでも監視義務違反というわけではないはずである。

⑨　名古屋地判平成二二年五月一四日判時二一一二号六六頁

「Yは、A社の経営に関与していないどころか、実質的な経営者として、同社の財産を管理していたということができる。——Yは、A社の経営の実務も実際に行っていたというべきである。——実際上も、A社において、代表取締役(当初はB、後にC)を含め、すべての役員、従業員がYの部下のような状況であり、従業員らもYを実質的な経営者とみていた。

以上の諸事実からすれば、Yは、A社の事実上の(代表)取締役であったと認められる。」

「Yによる個人的な金員の取得ないし流用がなければ、A社の経営が破綻することはなく、前記一で認定したXらの損害を賠償することは容易であったと認められるから、事実上の(代表)取締役である被告の任務懈怠により原告らが損害を被ったということができる。」

＊Yによる金員の取得により会社が破綻したことから、会社債権者に対してYの実質的な経営者としての責任が認められた事例である。たしかに役員や従業員を自己の部下のような状況で会社の経営を行っていた者は、取締役に近い存在と言えるかも知れない。しかし、四二九条責任を追及するには任務懈怠要件が問題となるが、取締役でもない本件のYに取締役と同様の任務というものを認めることが必要で適切であろうか。たしかに財産管理や実質経営を行っていたことを重視することで、事実上の経営者と解して任務懈怠を観念するという考え方も成り立つ。しかし、むしろYの行為は会社資金の不正流用であり、不法行為による責任追及を認めればよいのではないだろうか。実質的な経営者であるから会社資金を流用しやすかったとしても、あえて四二九条の責任にこだわる必要があったのであろうか。取締役としての任務懈怠と構成しなくても、会社資金の流用という不法行為と理解することも可能である。もちろん正規の取締役については監視義務違反が当然に認められるべきであろう。

⑩　東京地判平成二三年六月二日判タ一三六四号二〇〇頁

Y_1は、Z_1社の支配的株主(一〇四五株中七六二株の株主)であるY_2の父であり、少なくともY_2の株主としての権限行使を委任されており、Z_1社の会長と呼ばれ、Z_1社の最高実力者であった。Z_2をZ_1社の代表取締役に指名したのもY_1である。Y_1は、相談役としてZ_1社の取締役会に参加し、京都営業所の閉鎖を提案して、Z_1社の投資活動に関して取締役会からZ_2とともに一任されるなど代表取締役と同等の活動をしていた。Z_1社の資本政策・持株比率等はY_1が決定していた。Y_2名義およびZ_2名義の株式の譲渡に関して、その交渉をY_1が行い、Y_2名義の株式をCに譲渡するときには、事前に取締役会決議を経たが、Xに譲渡する際は、独断で決定し、事後的に取締役会の承認を得た。Xと本件株式譲渡契約1を締結する際に、Y_2は立ち会わず、Y_1が交渉した。XはY_2からZ_1社株式を購入したところ、株式は無価値であったとしてY_1らの責任を追及した。裁判所は、Y_1は、Z_1社の事実上の代表取締役であり、かつ、本件株式譲渡について実質的決定権を有する者であったとした上で以下のように判示した。

「Y_1は、本件株式が実質上無価値ないしそれに近いものであり、Xが事情を知れば、本件株式譲渡契約1を締結せず、その代金三億一六〇〇万円を支出することはなかったであろうことを知り、又は知り得たものというべきであり、Xに対し、不法行為責任を負うものというべきである。」

＊事実上の代表取締役と認めつつも、四二九条の責任については論じずに、不法行為責任を認めている。Y_1はZ_1社の経営を支配し、その実情をよく理解していた。とりわけ同社では売上げのほとんどが架空取引等に関するものであったといった会社の経営状態も知っていた。このような状況で会社の株式を譲渡すれば不法行為と構成することは適切である。

3　裁判例のまとめ

以上近年の裁判例を概観して、事実上の経営者として対第三者責任が認められた事例を検討すると、それは、いわゆる間接損害の事案か、または監視義務違反（⑧事件）の事案であることが分かる。直接第三者に加害を行う直接損害に事案においては、事実上の経営者として責任が問われたものは見られない。そもそも最近では直接損害について四二九条責任が追及されることは必ずしも多くない。すなわち最近の対第三者責任が認められた事例では、直接第三者に加害を行った取締役等については不法行為責任を追及し、それ以外の取締役について任務懈怠として監視義務違反を追及するものが多いようである。このことから考えると、事実上の経営者による加害行為と思われる場合であっても、不法行為責任が追及できるのであれば、あえて四二九条を使わないことが適切であるように思える。これに対して、間接損害事案にあっては、第三者との関係で不法行為責任を認めることが難しい場合も考えられ、そのような場合に事実上の経営者の理論を用いて、四二九条責任を負わせようとしたのが⑥、⑦、⑨の判決であると思われる。(4)しかしながら、そのような事案にあっても、取締役の任務の懈怠は、本来は正規の取締役に問うべきものであろう。もちろんそれに実効性がない事案であるが故に問題となる。しかし、会社法上の任務や権限のない者に、任務懈怠を認めて四二九条の責任主体を拡大することには疑問がある。とくに監視義務違反の事案においては、監視義務として何をなすべきか、任務の不明確な者には曖昧であり、その違反による責任を認めることが躊躇される。もちろん従来から会社債権者を始め第三者である被害者を救済するために、会社財産だけでは十分でない場合、取締役について四二九条の責任追及が活用されてきた。このような機能を重視する場合に、会社経営を支配してきた者について、取締役として選任されていないことや、登記されていないことを必ずしも重視しなくても良いという考えは自然な発想とも言える。また、取締役にならないことで四二九条の責任を免れることができるのであれば、あえて取締役に就任しない経営者が出現することも心配される。④の判決が要件とするように、自ら任務を積極的に引き受けた場合はなおさらである。しかし、実質上経営活動をしていたから責任を負うというのは分かりやすい理論であるが、本来四二九条は取締役の法的地位に着目して責任を加重（要件緩和）した規定であることも軽視すべきではない。また、業務執行をしているものは必然的に取締役としての監視義務を負うことになるのであろうか。その意味で、これに対して慎重な立場を示す裁判例（①②④）が見られており、これらはよく理解できる。(5)

4　事実上の経営者が責任を負う場合

ここで、仮に、事実上の経営者についても四二九条の責任を負わせるという立場を採用するならば、その場合の要件は何であろうか。(6) ①②④の判決によれば、単なる信頼される外観だけでは足りず、会社の業務の運営、執行について取締役に匹敵する重大な権限を有し、継続的にそのような権限を行使して会社の業務執行に従事していることを必要とするとされている。さらに④判決は、会社から事実上取締役としての任務の遂行をゆだねられ、同人も事実上その任務を引き受けて、取締役と同様の善管注意義務を負うに至っていると評価されるような事実関係があり、かつ、実際にその者が取締役であるかのように対外的または対内的に行動して、当該会社の活動はその者の職務執行に依存していることと、さらに要件を厳格にしている。総会による選任決議と登記の点を除けば取締役と実質同様である者か、それ以上の積極的な行動が要求されるようであり、そうなれば単に取締役に匹敵するからというよりも、むしろ積極的な経営行動に基づく責任と考える方が適切かもしれない。また事実上の代表取締役という言葉を使う裁判例もあるが、ここでは必ずしも会社を代表する権限があるかどうかに関わらないはずであり、業務執行を行っているかどうかが問題となる。

⑨判決については、会社の重要業務に関する通例的な指揮を取締役に対して行うことが核心的要件であるとし、

会社の資金管理、財産管理等、会社の重要業務に対する取締役への指揮指図の存在をもって事実上の取締役と捉えている。これについては、実質的に経営へ関与する者への経営責任の追及として妥当であると評価する立場があり[(7)]、任務懈怠に関しては、事実上の主宰者は取締役としての職務を引き受けていると考えられ、自ら取締役でないことを理由に義務責任を否定することが信義則上許されないと理解する[(8)]。さらに、その者が会社の業務を執行する意思および行為とそれについて会社の許容があることによって、明示か黙示かを問わず、取締役と同様の責任を負うべき法的関係にあると解すべきであると言う立場もある[(9)]。たしかに一方的に業務執行を引き受けただけで任務が生じるとは考えにくく、会社側の何らかの対応も要素になろう。なお、第三者が責任を追及するためには、被告が総会で選任された取締役ではないことを知らなかったことは、要件とはならないのであろう。四二九条が任務懈怠責任であることからすると、知っていたとしても第三者による責任追及を認める余地はある。①判決の述べるように原則として表見責任とは一線を画すべきであろう。

では、事実上の役員等として責任を負うのはどこまでか。法文言から考えれば、会社法四二九条一項では、役員等の責任となっており、ここでの役員等は四二三条一項の定義により、取締役、会計参与、監査役、執行役、会計監査人とされる。最高裁は、旧商法二六六条ノ三の定める取締役の責任について、「法は、株式会社が経済社会において重要な地位を占めていること、しかも株式会社の活動はその機関である取締役の職務執行に依存するものであることを考慮して、第三者保護の立場から」責任を規定したと判示した[(10)]。そうであれば、会社法の定める役員等も、会社に対して重要な職務を担当し義務を負うと考えられている者を定型的に限定列挙したと考えることができる。そこで、ここに広く「事実上の役員等」を認め法定の特別責任を課すことが適切であるかという疑問が生じる[(11)]。とりわけ事実上の監査役や事実上の会計監査人の責任を認めることには躊躇される。あるいは取締役についてのみ、事実上の主宰者[12]や事実上の経営者を含むと解すべきなのであろうか。会社法の下では、取締役であっても代表権もなければ業務執行権もない者もいるが、「事実上の取締役」の要件がなぜ業務執行や会社の代表なのであろうか（取締役会非設置会社であることが前提であれば分かるが）。また取締役会設置会社であっても、委員会設置会社の場合には、取締役の職務は決定や監視・監督となるため主たる機能が異なっており、むしろ事実上の執行役としての責任が問題になるかもしれない。また、委員会設置会社の業務執行を行わない取締役であっても、四二九条の対象である。このことは同条が業務執行についての責任ではなく、取締役という地位に立つ者の責任であることを示す。四二九条が監視や監督を含めた取締役たる地位の重要性に鑑みた責任規定であるとすれば、単に経営上の主宰者というだけで四二九条の適用を認めて良いのか疑問となる。

当該人物が経営活動を行っていたかどうかという要素だけではなく、当該会社において他の取締役の構成がどうなっていたか、正規の取締役との関係も重視すべき点である。他に取締役が選任されていれば、たとえその者に影響力を行使する実力者がいたとしても、事実上の取締役としての責任をいつでも問うことは疑問である。四二九条としては本来の取締役に責任を問うべきだからである。ただし、取締役が完全に名目的な存在であり他に経営活動を行う取締役がいない例外的な場合には、実質的経営者に四二九条の責任を負わせる余地がある。

なお、株主総会での取締役選任決議があったものの、そこに瑕疵があり決議が取り消された場合には、遡って他に取締役が存在しなくなることになる。この場合には、取り消されるまでは選任されていた取締役は事実上の取締役と解されること（あるいは表見法理）によって取引の相手方は保護される[13]。しかし、このような者の行った行為について会社が第三者に対して責任を負うかどうかという場面と、この者が第三者に対して責任を負うのかという場面とでは大きく異なる。後者では取締役として任務懈怠と評価できるかどうかが問題になってくるからである。

この点について、取締役としての資格（三三一条）に欠ける者が取締役として選任されれば当該株主総会決議は無効となるが、この者が実質的に取締役としての行動を行えば、第三者責任が生じるとの立場が見られる[14]。たしかに会社破綻時の債権者等の保護を徹底させるために、このような者にも第三者責任を負わせることは意味があるが、やはり取締役でない者に任務懈怠を認めることには疑念が残り、明文規定がほしいところである。

次に、四二九条の責任を課すには、一般に悪意または重過失による任務懈怠が要件となると解されているが、事実上の取締役には任務が不明確である。この点について、経営指揮の事実と指揮を受けた取締役の悪意または重過失を立証すれば、事実上の主宰者の責任追及を認めよという見解がある[15]。しかし、任務懈怠を認定できない場合が予想される。事実上の主催者の責任を一切問わなくて良いとは思わないが、四二九条の責任である必要はない。

5　事実上の取締役の監視義務

事実上の経営者がたとえその立場を引き受けたとしても、法律上の取締役ではない以上、他の取締役を監視する義務を負うとは考えにくい。たしかに権利侵害の重大性や社内体制の杜撰さを問う余地はあるし、投資家保護、労働者保護等の第三者を保護する必要性の高い場面で、監視義務違反の責任を問うことも考えられる。しかし、事実上の経営者といっても全ての面で取締役と同一ではなく、そもそも職務や義務の関係が不明確な事実上の関係に基づき、監視義務違反に基づく責任を拡大することには慎重であるべきであろう。特殊例外的な事案を別とすれば、範囲の不明確な事実上の取締役として認定して監視義務違反に基づき四二九条の責任を問うよりも、本来の正規の取締役の経営責任をむしろ厳格に問うべきであろう。会社法の下では、取締役でありながら取締役としての機能を果たしていない者の責任を否定する理由はない。かつて商法の旧規定の下で多くの裁判例が見られた名目的取締役については、厳格な責任を問うのが酷であった事案もあり、名目的取締役の責任を一方で否定しつつ、事実上の経営者の責任を問うことは合理的であったかもしれないが、取締役会設置会社とそれ以外とで区別する会社法の下では取締役に本来の機能を求めるのが筋であろう(16)。

また、事実上の取締役の責任発生の要素が、外観、権限、業務執行への従事であるとする裁判例が見られていたが、これらは、積極的経営活動についての責任には当てはまるものの、監視・監督という義務とは必ずしも合致しないように思われる。

もっとも、事実上の経営者が、自己の影響力の下にある者によって違法な業務を展開できるような組織を意図的に構築している場合には、積極的な行為が認められるのであって、単なる監視監督の域を超えており、不法行為責任を認めるべきであろう。

6　事実上の経営者は第三者か

四二九条の適用において事実上の経営者を取締役と同等に扱うとするならば、事実上の経営者に該当する者が四二九条に基づく責任を追及する側になれないのかという反対方向の論点もある。事実上の経営者が、第三者として他の取締役について四二九条責任を追及できるかということである。以下がこれを論じた裁判例である。

⑪　横浜地判昭和五八年三月一七日判時一〇九五号一五〇頁

従業員から実質上の取締役になったXが会社取締役Yに対して旧商法二六六条ノ三により、給与や立替金等の支払いを求めたところ、Xは第三者には該当しないとして責任が否定された。

Xは、A会社の取締役として登記が経由されたことはなかったが、A会社代表取締役Bの勧めでA会社の経営に関与するようになった昭和五四年七月以降A会社に対し金四〇〇万円を出資し、営業資金に金一三二万円を貸し付けるなど資金面でA会社の経営に肩入れするとともに、自らもBに協力してその経営に当たっていた。昭和五四年一一月頃からはA会社の経理部長となり、おそくとも同五五年二月からは実質上の取締役となった。裁判所は、「A会社の倒産が代表取締役Bの放漫経営によるものであり、且つ取締役たるYらがBの業務の執行を監視すべき義務を怠つたとしてこれが責任を負担すべきものとしても、Xもまた実質上の経営担当者であり且つ取締役としてその責任の一端を担うべきものであるから、仮にA会社の倒産により出資金及び貸金の返還を受けられず、その他給与、立替金の支払いを受け得られなかったとしても、Xは商法第二六六条ノ三第一項の第三者に該当しないものというべきである」と判示した。

判決は、Xが実質上の取締役とみられている以上、当然の結論のようにも見える。たしかに四二九条における第三者とは、会社以外の者と解されるが、会社関係者である会社の役員や株主の扱いについては慎重な検討を要する。株主については、事案(または損害の種類)に応じて第三者性が認められる場合とそうでない場合があり得る(17)。取締役であったからということで、第三者から当然に除外して良いかは疑問である(18)。取締役は他の取締役を相手に四二九条の訴えを起こすことを認めるべきではないと一概に言えるのであろうか。まして、取締役として選任されていない場合には、たとえ実質的な経営者であるからとはいえ、(過失相殺は問題となりうるであろうが)第三者であることを否定することには疑問を感じる。とりわけ上級の従業員が実質上の経営者であるからといって四二九条の責任追及が閉ざされることには慎重であるべきであろう。

(2) 竹濱修「事実上の取締役の第三者に対する責任」立命館法学三〇三号三〇五頁(二〇〇五年)は、正規の取締役ではないから責任を負わないという解釈では法の潜脱を許す結果となると論じる。

(3) 竹濱・前掲注(2)三〇八頁によれば、この者は業務執行という性質の行為を行っていないのであり、事実上の取締役とした判旨には疑問であるとする。そして、会社としての任務がない者に監視義務違反を問うことは難しいと批判する。また、江頭憲治郎『株式会社法〔第四版〕』四七四頁(有斐閣、二〇一一年)も、親会社として子会社の業務に介入しなかったことが子会社債権者に対する責任を基礎づけるものとする点は、法人格否認の法理との権衡から見ても相当疑問とする。青竹正一『新会社法〔第三版〕』三四六頁(信山社、二〇一〇年)によれば、事実上の取締役としての責任を負わせるためには、会社の業務執行に関与していることが必要である、支配の要件だけでは責任を認めることはできないとする。

(4) 鳥山恭一「最新判例演習室 商法 第三者に対する損害賠償責任を負う事実上の取締役」法セ六八五号一一九頁(二〇一二年)によれば、実質上の支配者の行為により会社に生じた損害と第三者に生じた直接損害は不法行為で賠償を求めることができる。判例は、間接損害について四二九条責任を負わせるために、賠償責任を実質上の会社支配者に認めたとする。

(5) 取締役を退任した後も以前と同様に業務に関与していた場合には、事実上の取締役とされる可能性がある。この点について消極的に解したのが次の裁判例である。

静岡地判平成二四年五月二四日判時二一五七号一一〇頁

「A社は、Y_1のワンマン経営が行われていた会社であり、Y_2もまた、Y_1の指示によって取締役に就任しあるいは取締役から退任したにすぎず、本件全証拠をもってしても、取締役退任後、A社が破産するに至るまで、Y_2が経営の根本に関する事項を決定し、あるいはかかる意思決定に関与する立場にあったと認めるに足りないというべきである。

Xらは、Y_2が取締役を退任した後も同人の権限や職務、待遇等に変化がなかったことをもって、Y_2が平成二〇年一一月ころにおいても事実上の取締役であったと主張するようであるが、(中略)Y_2についてもそもそも取締役在任中から取締役としての実質的な権限が与えられていなかったとみるのが相当であって、退任後も権限や職務等に変化がなかったからといって、Y_2が事実上の取締役といえる程の立場にあったと認めることはできないというべきである。」

(6) 昭和六一年の改正試案では「取締役を称する者」が業務執行を行っていることを要件としていた。これに対して、吉本健一『会社法』二〇三頁(中央経済社、二〇一〇年)では、会社の業務執行への継続的な関与とこれに対する会社の容認とする。

(7) 中村信男「判批」金判一三七九号六頁(二〇一一年)。

(8) 中村・前掲注(7)七頁。ただし立法論的には明文化が必要とも述べる。また中村信男「親子会社と影の取締役・事実上の主宰者の責任」日大法科大学院法務研究七号四二頁(二〇一一年)によれば、このような考え方について、四二九条一項の取締役の意義を実質的に捉え、経営指揮を行う者を取締役に準じて責任負担者たる取締役として扱い、その責任の追及を可能にするものであるから、対第三者責任の法的責任をめぐる理解の如何を問わず経営指揮を行う支配株主等の責任を導くことができる点で帰責法理として有用性があると論じる。

(9) 竹濱・前掲注(2)三一二~三一三頁によれば、事実上の取締役が責任を負うべき根拠は、その者が会社の業務を執行する意思および行為とそれについて会社の許容があることによって、明示か黙示かを問わず、取締役と同様の責任を負うべき法的関係にあると解すべきであるとして、要件は、①実質的に取締役としての業務を行った者、②その者が業務を行った上で、取締役と同様の権限を引き受ける意思、③取締役としての業務を行うことについて会社の承諾・許容であるとする。

(10) 最判昭和四四年一一月二六日民集二三巻一一号二一五〇頁。

(11) 竹濱・前掲注(2)三一四頁によれば、名称は執行役員でも，実態としては取締役と同等の相対的に独立の執行権限を与えられ、事業経営を担当する者は、取締役としての権限を引き受けていると解されるので、取締役と同様に第三者責任を負うべきであるとする。しかし、業務執行に関与する執行役員と呼ばれる存在は現在実務上珍しくない。彼らは取締役としての義務や責任を負わないと理解されている。例外的には事実上の取締役としての責任を認めるべき場合も考えられなくはないが、事実上の取締役として執行役員を四二九条責任の対象にすることには慎重であるべきであると思われる。なお、石山・前掲注(1)二七七頁では、事実上の監査役の概念の導入を論じている。

(12) 裁判例で事実上の主宰者であることが重視された事例として東京地判昭和五六年三月二六日判時一〇一五号二七頁がある。ただしこの事件は、取締役が他の会社の事実上の主宰者となったことが競業避止義務違反に当たるとした事例であり、事実上の取締役が責任を負うかどうかとは無関係である。すなわち義務の主体の問題ではなく、義務違反行為の態様が問題となった事例である。

(13) 江頭・前掲注(3)三四九頁。

(14) 竹濱・前掲注(2)三一四頁。

(15) 中村・前掲注(7)四九頁は、不合理な業務執行の指示をし、そこに悪意重過失があれば良いとする。経営指揮の事実と指揮を受けた取締役の悪意重過失を立証すれば、事実上の主宰者の責任追及を認めるという見解である。

(16) 最近の裁判例として、大阪地判平成二三年一〇月三一日判時二一三五号一二一頁は、数あわせの名目的な監査役について、第三者との関係で任務解怠責任を免除、軽減はしないとする。

(17) 株主からの間接損害についての損害賠償責任追及を認めなかった裁判例として、東京高判平成一七年一月一八日金判一二〇九号一〇頁がある。

(18) たとえば東京地判平成一九年六月一四日判時一九八二号一四九頁は、取締役が取締役会の退職慰労金議案の不当性により責任を追及したところ、「取締役報酬に関しては、報酬支給の対象である取締役(又は元取締役)は、議案を提案した取締役に対して、提案した議案の実質的内容が不当であることを提案取締役の義務違反として取締役に対する損害賠償請求をすることは、特段の事情がない限り、できないものというべきである。」とした。同様に、大阪高判平成一六年二月一二日金判一一九〇号三八頁も、「Xは、A会社に対して、本件内規に基づく退職慰労金を請求する権利を有していたとは認められず、Yが、A会社の代表取締役として、Xに対して本件内規に従った退職慰労金の支払に関する議案を株主総会に提出するための取締役会を招集したり、取締役会において、上記議案を提案すべき義務を負っていたとは認められない。」として取締役の責任を否定した。これらは、取締役であっても四二九条に基づく請求をすること自体は認められることを前提にしているかのように思われる。

三　会社に対する責任

以上検討したところは、対第三者責任を念頭に置いた事実上の経営者の責任についてである。それでは、事実上の取締役あるいは経営者として評価される者は、四二九条の場面を超えて、会社に対しても取締役と同様の責任を負うのであろうか。会社法上四二三条も四二九条も責任を負う主体は「役員等」であり、区別はされていない。しかしながら、第三者に対して責任を負う事実上の取締役は、会社に対する関係でも事実上の取締役として責任を負うべきなのであろうか(19)。これは、事実上の取締役の捉え方によるが、会社において許容していたということが前提であるならば、正規の取締役でない者に会社の経営行為を許容しておきながら、この者に取締役としての責任を問うことができるのかが問題となる。取締役として選任手続を取らないでいるのであるならば、取締役として責任追及することはできないとも考えられる。もちろん総株主の同意による免除（四二四条）であっても、債権者の利益を害することはできない（民法四二四条）と解されることから、会社が認めたからといってこの者の経営責任は否定されないとも考えられるが、本来会社の経営体制を整備すべき義務を負うのは会社である。あえて取締役の地位に就任させないでおきながら、責任だけは取締役と同等というのは、会社との関係では正当であろうか。あるいは職務執行の対価の有無にもかかわる。もっともこの者が任された地位を濫用して会社に損害を与えたような場合であれば、債務不履行責任や不法行為責任を追及する余地はあろう。事実上の経営者を容認しておきながら、事実上の経営者に四二三条による取締役としての会社に対する責任を認めるべきなのか疑問に思われる。[21]

(19) 中村・前掲注(7)四三頁によれば、事実上の主宰者概念を使えば、その者の会社に対する責任追及方法として株主代表訴訟の提起が認められるとする。
(20) たとえば江頭・前掲注(3)四四六頁。
(21) 形式的な取締役については、第三者保護が問題とならない場面では、責任が否定されることとなろう。東京高判平成一五年九月三〇日判時一八四三号一五〇頁では、「一人株主との事実上の合意、了解の下に、取締役としての職務、とりわけ経理、会計事務には全く関与していなかったものであるから、その限度において取締役としての善管注意義務や監視監督義務を免除されていたものというべきであり、会社の債権者その他の第三者に対する関係や責任についてはともかく、会社に対する関係においては、善管注意義務や監視監督義務の責任を負わないものと解するのが相当である。」としている。

四　事実上の取締役と会社の責任（三五〇条）

会社法三五〇条によれば、代表取締役その他の代表者がその職務を行うについて第三者に加えた損害を会社が賠償する責任を負うと規定する。すなわち同条の下で会社が第三者に責任を負うのは、会社を代表する資格のある取締役等が不法行為を行った場合が要件となっている。しかし、そのような場合に会社の責任を限定をし、それ以外の場合については会社が責任を負わないと解するべきか疑問となる。ここに事実上の経営者の行った行為について会社の責任が認められないかが問題となる。以下がそれに関する裁判例である。

⑫ 東京地判平成一一年一月二九日判時一六八七号九四頁

「Y_2は、商業登記簿上はY_1会社の代表者ではないものの、実質的にはY_1会社のいわゆるオーナー若しくは経営者として代表者の地位にあるものといわなければならない。Y_1会社は、Y_2は、Y_1会社の創業者で、かつ、大株主としての立場を利用して、Y_1会社に立ち入り、社内に保管されている会社ゴム印及び代表印を無断で盗用し、Xとの契約書に押印したものと推測されると主張するが、Y_2がこのようなことができること自体、Y_2がY_1会社の実質的経営者としての地位にあったことをうかがわせるものである。」

「Y_2の地位が前記のとおりであるとすれば、Y_2の不法行為によりXが損害を被ったことにより、Y_1会社は、民法四四条一項の類推適用により、Xの右損害を賠償すべき責任があるといわなければならない。

ところで、Y_2が、当時、Y_1会社の理事若しくは取締役に選任されておらず、その旨の登記もないことは前記のとおりであるが、前記認定のY_2のY_1会社における地位、Y_2が、Y_1会社の代表機関としての外形を有しており、Y_1会社もこの点につき責任があること、さらに、民法四四条一項の趣旨及び商法二六二条の趣旨を併せ考慮すれば、たとえ理事若しくは取締役に選任されておらず、その旨の登記もないとしても、Y_2は、民法四四条一項にいう『理事其他の代理人』に該当すると解するのが相当である。」

＊たしかに三五〇条は「代表取締役その他の代表者」の行為に限定している。そこでは、代表者の行為について

会社に責任を負わせるのであって、その範囲は明確である。しかし、この判旨のように事実上の代表取締役にまで拡大すると適用範囲は不明確になることは否定できない。表見代表取締役の規定は代表取締役らしい者の行為について会社が第三者に対して責任を負うという意味で類推の余地はあるが、この規定は名称信頼を基礎とし、信頼の対象はある程度明確である。職務を行うについては外形的に考えればよいとしても、職務範囲は不明確である。ここでは実質的経営者という不明確な基準よりも、むしろこの事案においては、会社の使用人ないし代理人に認定して、七一五条を適用または類推適用する方が事実認定において容易ではなかったのかと思われる。(22) もっとも会社の責任を認めた結論自体は正当のように思われる。

(22) 道野真弘「判批」ジュリ一二〇三号一四〇頁（二〇〇一年）。

五 むすび

事実上の取締役の議論においては、取締役とは小規模会社の取締役を主として念頭に置いて論じられてきたように思われる。現在検討されている会社法の改正では、あらたに監査・監督委員会設置会社が設けられ、その委員たる取締役は他の取締役とは別個に株主総会で選任される。彼らの地位や権限は他の取締役と異なる。委員会設置会社の取締役とも異なるようである。このように益々取締役の機能が多様化してきている。この場合、事実上の取締役というのはいかなる取締役を念頭に置くべきであろうか。

会社が経営破綻したような場合を念頭に置くと、債権者に対して、取締役として選任されていないが、会社の経営支配している者に一定の責任を負わせることは合理的である。しかし、それは取締役として選任されていない者も、事実上の経営行為等を根拠に取締役と同視して扱うというのではなく、第三者を保護することを意図し、現実に会社の業務を支配している者について責任を課すべきである。それは必ずしも四二九条の責任である必要はなく、不法行為の一類型と考えることもできる。直接損害の類型では事実上の経営者の不法行為責任と捉えるべきである。間接損害の事案では、事実上の取締役の責任を認める余地があったとしても、まず正規の取締役による経営活動についての責任を問うべきである。あるいは、事実上の経営者の不法行為責任を問うべきである。これに対して、監視義務違反については事実上の取締役についてこれを問うことについては消極的であるべきである。事実上の経営者には、その任務が不明確であり、監視活動として何をなすべきか論じにくく、結果責任に近くなるおそれがある。仮に認めるとしても、実質的経営者が名目的取締役を積極的に利用しているような例外的な場合に限るべきであろう。いずれにしても、事実上の経営行為等を根拠に全ての関係で取締役と同等と解することには慎重であるべきであろう。取締役としての登記がある場合や、瑕疵があっても株主総会の選任決議がある場合においては、取締役に類する扱いをすることが十分に考えられるが、事実上の経営活動だけを根拠に取締役に類する扱いをすることは、きわめて例外的な場合に限るべきであろう。

株式の所有関係は定型的に押さえられることから、支配株主の責任であれば明確である。これに対して事実上の経営者は、種々の事実関係から判断する必要がある。支配的な株主であることから由来する義務と、事実上経営していることから生じる義務とでは発想が異なる。支配株主の責任と事実上の主宰者の責任とは分けて論じるべきものであろう。

平成二三年一二月の会社法改正中間試案でも、親会社の責任について、利益相反取引による不利益についてのみ提案され、親会社、支配株主の責任については提案はなされていなかった。イギリス法における影の取締役のように、明文規定を置くことも考えられるが、現行法の解釈によって、事実上の取締役の責任を捉えようとする場合には、あいまいな事実上の主宰者概念と緩やかに解しうる監視義務違反の範囲により、過大な責任が生じるおそれがあることには注意すべきである。たしかに、実質的に見て会社の経営者に当たる者について、会社法上の取締役ではないため一切の責任を負わないというのは不当である。しかし、正規の取締役でないのであれば、原則としてそれが取締役としての会社法上の責任である必要はない。

責任を追及する第三者については、その悪意を問題とするか議論の余地がある。(23) 悪意者は責任追及が一切できないとするのは適切ではないが、取締役でないことを知っていた事情を責任の範囲を決めるに当たり考慮すべきであろう。

(23) 石山・前掲注(1)二二〇〜二二一頁は、既成事実尊重の理念を徹底するならば、第三者の善意悪意は問題にならなくなるであろうとする。

匿名組合再考

宍戸善一

一　はじめに

匿名組合は商法五三五条以下に規定される商法上の典型契約であるが、この規定は一八九九年以来一度も改正されたことはなく、[1] 商法学説において議論されることも稀である。他方、匿名組合は、税法学説においては好んで取り上げられるトピックであり、基本通達も数度にわたり改正されている。すなわち、匿名組合は、主に課税逃れのスキームとして注目されてきたといっても過言ではない。本稿は、商法と税法の交錯領域にある匿名組合に光を当て、匿名組合は、本来、きわめて合理的な「動機付けの仕組」であり、[2] 今日的な利用可能性が無限にあることを示そうとするものである。

匿名組合の特色は、そのハイブリッドな性格にある。商法上の典型契約としての匿名組合は、営業者と各匿名組合員との間の共同事業に対するある種の出資契約（資本参加）に過ぎない。匿名組合員は、営業者に対して、営業を求める権利（商法五四〇条二項参照）、利益分配請求権（商法五三五条）、出資価額返還請求権（商法五四二条）、業務監視権（商法五三九条）、契約解除権（商法五四〇条）を有する債権者である。しかし、「契約の束」を見ると、それはある種の組織形態としての実質を有している。実務における匿名組合の利用価値の高さは、各当事者の資本拠出を、デットとエクイティ、物的資本と人的資本の区別を明確にすることなく、レジデュアル・クレイムとレジデュアル・コントロールの関係を自由に設計できる、[3] その懐の広さに加えて、税法上、匿名組合の事業収益に係る納税義務者は営業者であり、営業者が匿名組合員に対してなす利益配分が納税主体（営業者）にとって費用として控除できる点は、少なくとも争いがないことにある。[4]

このような、匿名組合のハイブリッドな性格は、従来、匿名組合の共同事業性の問題として議論されてきたものであり、税法の側から匿名組合に対してなされてきた批判は、そのハイブリッドな性格に対するものである。しかし、動機付けの仕組としての匿名組合の有用性は、まさにそのハイブリッドな性格によるものである。

課税ルールは、私法上のルールとともに、当事者間の動機付け交渉の前提であり、課税ルールが変われば、動機付け交渉の内容、すなわち、私法上の合意にも影響が及ぶ。課税主体が明白な課税逃れの手段として匿名組合の外観を利用することを看過できないことは言うまでもないが、合理的な動機付け交渉から生まれた新しいハイブリッドな資本拠出の仕組の誕生を、典型契約から乖離しているという理由だけで阻害すべきではない。企業活動を促進し、かつ、課税収入を増やすために、当事者間の合意によって、私法ルールと課税ルールの最適パッケージを選択できるようにすることが望まれる。

以下、二において、動機付けの仕組としての匿名組合のハイブリッドな構造とその利点を指摘し、三においては、そのような匿名組合のハイブリッドな性格が、税法上、どのように問題視され、現行法上どのような取扱いがなされているかを概観する。**四**では、匿名組合の、動機付けの仕組としての利点を生かしながら、課税上の問題点を解決する方向を、動機付け交渉における政府の位置付けという観点から模索する。**五**においては、以上の議論を前提に、匿名組合の具体的な利用例と将来に向けた可能性を検討する。**六**は結論である。

(1) 宮武敏夫「匿名組合契約と税務」ジュリ一二五五号一〇六頁、一〇七頁(二〇〇三年)参照。平成一七年商法改正において、文語体が口語体に改められ、準用条文の整理等が行われたが、内容的な変更は加えられていない。

(2) 宍戸善一『動機付けの仕組としての企業――インセンティブ・システムの法制度論』(有斐閣、二〇〇六年)参照。

(3) レジデュアル・クレイム(residual claim)とは、企業の総収入から負債、経費、その他の契約に定められた支払義務を差し引いた後に残る収益(残余利益)を受け取る権利(残余請求権)である。レジデュアル・コントロール(residual control)とは、法の定めや契約によって他人に割り当てられている以外の企業の資産を使用する方法についての決定権である。資産を「所有」するということは、残余支配権（residual control rights）を有するということである。ポール・ミルグロム＝ジョン・ロバーツ（奥野正寛ほか訳）『組織の経済学』三二一～三二四頁（NTT出版、一九九七年）参照。
（4） 宮武・前掲注（1）一〇八頁参照。

二 三つのハイブリッドな要素

匿名組合の利用例ないし利用可能性はバラエティに富んでいるが、商法に規定された典型契約としての匿名組合自体が、以下に述べる三つの意味でのハイブリッドな要素を包含している。すなわち、第一に、匿名組合は契約と組織の中間形態であり、第二に、匿名組合員の行う出資の性格はデット（負債）とエクイティ（資本）の中間に位置し、そして、第三に、営業者と匿名組合員との関係は、物的資本と人的資本の区別を明確にすることなく[5]、契約自由に基づいて合意されうる。

1 二当事者間交渉と多角的交渉

商法五三五条が、「匿名組合契約は、当事者の一方が相手方の営業のために出資をし、その営業から生じる利益を分配することを約することによって、その効力を生ずる」と定めているように、匿名組合契約は、営業者と個々の匿名組合員の間における二当事者間の出資契約であって、匿名組合員相互の間には株主間協定のような契約関係が存在しない。ただし、営業者は、同一の営業のために、複数の出資者と匿名組合契約を結ぶことが可能であり、営業者と複数の匿名組合員の関係は、一つの企業組織として捉えることができる[6]。

典型契約としての匿名組合は、営業者と各匿名組合員との契約の束であり、動機付けの仕組の観点から見ると、営業者を基点として複数の二当事者間交渉が並存する「プルーラル・バイラテラル（plural bilateral）」な関係である。これは、民法上の典型契約としての任意組合が、組合員相互間の多角的交渉を前提にした「マルチラテラル（multilateral）」な関係であることに対して、匿名組合の大きな特色であるが(7)、匿名組合員間の連携（coalition）が禁じられているわけではなく、多角的交渉の要素が混入することはあり得る(8)。

プルーラル・バイラテラルな動機付け交渉は株式会社の特色でもあるが(9)、仮に株式会社形態をとっているとしても、少人数の共同事業の内部関係は、任意組合のそれである、すなわち、マルチラテラルな動機付け交渉となると考えられている。実際、同族企業等の、多くの閉鎖的株式会社の株主間では、マルチラテラルな動機付け交渉が行われている。しかし、たとえ、少人数の共同事業であっても、マルチラテラルではなく、プルーラル・バイラテラルな形態で動機付け交渉を行った方が効率的であるケースはあり(10)、それが、企業形態として匿名組合を用いる基本的なニーズであると思われる。また、匿名組合員の数が増え、共同事業の性格が薄れて出資者相互の交渉が不要になり、間接金融的性格が強まるほど、そのニーズが高まることはいうまでもない。

2 デットとエクイティ

匿名組合員による出資がデットであるのかエクイティであるのかは曖昧である。商法五三五条は、匿名組合員が特定の営業のために出資をなし、営業者は、その営業から生じる利益を分配することを約束すると規定するのみで、「利益の分配」の約束が、一定額の利子的な支払いの約束なのか、利益の高に応じた変動額の支払いの約束なのかは規定していない(11)。匿名組合の利用例を見ると、限りなくデットに近いものから、限りなくエクイティに近いものまで、千差万別である(12)。

後述するとおり、税務当局ないし税法学者が匿名組合に対して懐疑的な態度をとってきた主たる理由は、このような匿名組合出資のハイブリッドな性格にある。しかし、タックス・プランニングの観点を離れて、人的資本の拠出者と物的資本の拠出者間の動機付け交渉の観点から見ると、デットとエクイティの境界が曖昧になることは決して非合理なことではなく、むしろ合理的な動機付け交渉の結果として、両者は連続的なものとなると考えられる。

そもそも、一〇世紀のイタリアで海上貿易に資金を提供した人々に、デットとエクイティの概念の区別はなかったはずであり、近年の日本における、いわゆる宇部式匿名組合においても、デットとエクイティの混同が見られた(13)。しかし、このようなデットとエクイティの混同ないし境界の曖昧性は、無知ないし法制度の未整備によるものではない。現代におけるベンチャー企業投資においても、同一のベンチャー・キャピタルが、起業家との合理的な動機付け交渉の結果として、デットとエクイティを組み合わせた投資を行っており、また、金融工学の産物としてのハイブリッド証券は、まさにデットとエクイティの境界をまたぐものであるが、それは必ずしも租税回避を目的としたものではない(14)。

3　物的資本と人的資本

営業者と匿名組合員の関係に関して、営業者の出資に着目すると、匿名組合という企業形態においては、デットとエクイティの境界だけでなく、物的資本と人的資本の境界も曖昧になることが分かる。商法は、匿名組合員の出資は金銭その他の財産という物的資本に限ると規定しているが（商法五三六条二項）、営業者の出資に関しては何ら規定しておらず、その営業から生じる果実の分配の方法は契約自由に委ねられている。また、支配の分配に関する規定としては、商法五三九条が、匿名組合員の貸借対照表等の閲覧等ならびに業務および財産状況の検査権限を定めているが[15]、これは、最低限のモニタリング権限と解されており、匿名組合員に重要事項に対する同意権や拒否権を与えることが禁じられているわけではなく、これも契約自由に委ねられている[16]。

すなわち、典型的には人的資本の拠出者である営業者（同時に物的資本の拠出を行うこともあり得る）と物的資本の拠出者である匿名組合員（同時に人的資本の拠出を行うこともあり得る）との間で、どのような果実の分配および支配の分配が取り決められようと契約自由の問題であるということであり、組織法上の制約が及ぶことはない。また、営業者の匿名組合員に対する果実の分配が、独立当事者間取引である限りにおいては、税法上、寄附金と認定されて、無償で経済的利益を供与した営業者が当該果実の分配に係る経費の損金計上を否認されたり（法人税法三七条）、適正価格との差額に相当する収益について、無償による資産の譲渡に係る当該事業年度の収益として課税される（法人税法二二条二項）という問題が生じることもないはずである[17]。これは、企業活動に必須な資源の拠出者間の動機付け交渉を、物的資本と人的資本を概念的に区別することなく、両者を等価なものとして、行うことを可能とするものであることを意味している。

このように、組織法上の制約も、税法上の制約もなく、営業者が「労務出資」を行うことができる企業形態は、日本には他に存在しない。任意組合の組合員や合名会社・合資会社の無限責任社員は、組織法上、労務出資が認められているが、税法上、どの範囲の果実の分配の取り決めを贈与や寄付金と認定されることなく行うことができるかについては、基本通達もなく、不明確な状況にある。学説上、初めから労務出資に対して、金銭出資と同等の残余財産分配請求権を与えることは、贈与ないし寄附金となるとする見解が有力である[18]。これに対して、匿名組合においては、匿名組合員による金銭出資は、初めから営業者の財産に帰属するのであって、これに関しては税法上も問題となる余地はない。

（5）「物的資本」とは、金銭、有体物等、一般に譲渡可能であり、事前に契約によって資本の拠出内容を確定することができる経営資源を指し、「人的資本」とは、技能、知識、労務等、一般に譲渡不能であり、事前に契約によって資本の拠出内容を合意しても後日の履行内容を確定することができない経営資源を指す。

（6）匿名組合は、組合と社団ないし法人の実質的な区別が曖昧であることを示す組織であるともいえよう。

（7）髙宮雄介「匿名組合と課税――契約の性質からのアプローチ」（ＣＯＥソフトロー・ディスカッション・ペーパー・シリーズ二〇〇四-六）六頁（二〇〇四年）参照。

（8）組合員総会などが設けられることはあり得る。ただし、匿名組合員同士が何らかの契約を締結した場合に、民法上の任意組合と認められる可能性はある。平出慶道『商行為法〔第二版〕』三二七頁（青林書院、一九八九年）、関根美男「法人税の課税根拠と多様化する事業形態に対する課税ルール」租税資料館賞受賞論文集一九(上)号二五頁（二〇一〇年）（http://www.sozeishiryokan.or.jp/award/z_pdf/ronbun_h22_06.pdf）参照。

（9）宍戸・前掲注(2)一六七頁参照。

（10）マルチラテラルな交渉とプルーラル・バイラテラルな交渉のどちらが効率的な交渉形態であるかについては、一概には言えないが、前者においては、全員のコンセンサスが得られない場合は交渉がまったく成立しないのに対して、後者においては、全員のコンセンサスは不可欠ではなく、合意が成立した契約のみを実行することが可能である。このような差異は、多国間貿易交渉において、マルチラテラルな交渉形態をとるＷＴＯ交渉が成立することはむしろ稀であり、今日においては、二国間の貿易交渉（ＦＴＡ）が多数成立していることにも現れている。*See* Kyle Bagwell & Robert W. Staiger, *Multilateral Tariff Cooperation during the Formation of Free Trade Area*, 38 Int'l Econ. Rev. 291 (1997); Raymond Riezman, *Can Bilateral Trade Agreements Help to Induce Free Trade?*, 32 Can. J. Econ. 751 (1999); Carsten Kowalczyk & Raymond Riezman, Trade Agreements (CESifo Working Paper, 2009).

（11）ただし、匿名組合員からの出資は営業者の財産となるものの、予め定められた「営業のために」用いる約束がされていること（商法五三五条）、および、「出資が損失によって減少したときは、その損失をてん補した後でなければ、匿名組合員は、利益の配当を請求することができない」（商法五三八条）と定められ、少なくとも内部的には匿名組合員に損失の負担が求められていることは、匿名組合出資が単なるデットではなく、エクイティ的要素を含んでいることを示すものである。髙宮・前掲注(7)五頁、宮武・前掲注(1)一〇九頁参照。

(12) 利息制限法適用の可否をめぐって、貸し金業者と原資提供者の間に匿名組合類似の契約の成立を認めた判例(岡山地判昭和四一年一二月七日下民集一七巻一一・一二号一二〇〇頁)があるが、原資をその都度調達する契約が、貸付行為の実施の賛否に組合員の意向が広く及ぶ余地があるとされた。髙宮・前掲注(7)九頁・一四頁参照。

(13) 和座一清『慣習的共同企業の法的研究――いわゆる「宇部式匿名組合」を中心として』六〇頁(風間書房、一九七〇年)参照。

(14) *See* Mark P. Gergen & Paula Schmitz, *The Influence of Tax Law on Securities Innovation in the United States: 1981-1977*, 52 Tax L. Rev. 119 (1997).

(15) これは、元々は、合資会社の有限責任社員のモニタリング権限と同列に定められたものであり(改正前商法五四二条による改正前商法一五三条の準用)、営業者の業務および財産の状況に関する匿名組合員の検査権の行使は、営業年度の終わりにおいて、営業時間内に限るという限定が付いており、また、重要な事由がある場合の検査権の行使は裁判所の許可を要するとされている。合資会社の有限責任社員にも適用される現行会社法五九二条は、持分会社の社員に共通の業務・財産調査権として規定されたもので、無限責任社員であるか、有限責任社員であるかに関わりなく、等しく業務調査権を与え、かつ、定款自治の範囲を明確にしようとしたものであり、時期的制限・時間的制限をはずし、また、裁判所の許可を不要とした。神田秀樹編『会社法コンメンタール第一四巻』五九二条〔宍戸善一〕(商事法務、近刊)参照。

(16) 神作裕之「交互計算・匿名組合――商行為法と金融法の交錯」NBL九三五号三四頁(二〇一〇年)、髙宮・前掲注(7)四頁・一四頁参照。

(17) 国際的な匿名組合においては、移転価格税制上の考慮も必要になるが、それは、匿名組合員に対する利益分配の割合が独立企業間価格であるか否かを問題とするものであり、営業者がその営業に投じた財産額と労務を評価した額との合計額を営業者の出資額と計算して、これと匿名組合員の履行済みの出資額とを対比することになる。宮武・前掲注(1)一一五頁、平出・前掲注(8)三三六頁参照。

(18) 山下宜子「労務出資と課税上の評価」立命館法学二九五号八〇一頁(二〇〇四年)参照。

三　ハイブリッドに対する税法の対応

1　「共同事業性」をめぐる議論

前章で検討した、匿名組合のハイブリッドな要素は、従来、税法上、「共同事業性」の問題として論じられてきたものである。匿名組合契約は、消費貸借契約と任意組合契約の中間に位置するものであり、どちらに近い課税ルールを適用するかを、共同事業性という基準で決めようという議論である(19)。

税法上の共同事業性の議論においては、以下の三つの要素が考慮される。第一に、出資財産の所有関係、第二に、利益・損失の配分（事業のリスク分担）、そして、第三に、事業への関与・コントロールである(20)。

第一の、出資財産の所有関係は、対外的には、営業者の財産であって、組合財産が創設されないことは明らかであるが、対内的に、営業者は、出資財産を、契約で定められた特定の営業のために用いる義務を負う(21)。営業者が契約で定められた目的以外に出資の目的物を使用するなどした場合には、匿名組合員は営業者に対し、債務不履行に基づく損害賠償請求権を有し（民法四一五条）、匿名組合契約を解除することができる（商法五四〇条二項）。この関係は、匿名組合員が、営業者に対して、出資財産を一種の信託財産として譲渡したものと考えることができ(22)、匿名組合員と民法上の任意組合の組合員の出資財産に対する権利義務は、実体的には類似しているとも言われる(23)。

第二の、事業のリスク分担に関しては、匿名組合員は、対外的には有限責任であるが、対内的には、損失を補填しなければ利益配当請求権を行使できないという商法五三八条の規定により、計算上は匿名組合員が出資額を超える損失を負担するのであり、共同事業を行っている側面があるとされる(24)。契約により、追加出資条項を入れる場合もあり、その場合には、より共同事業性が高まると解されている[25]。これに対して、類型的に有限責任社員よりもリスクを負わない匿名組合員を、大きなリスクを負うことが多い無限責任社員と同様の課税ルールに服させるのは整合性を欠くとの反対論もある[26]。

第三の、事業への関与・コントロールの点は、典型契約上は、かつての合資会社の有限責任社員と同じ情報収集権が定められているだけであり、それだけで、営業者の事業に共同事業者として参与していると言えるかは疑問もあるが、契約によっては同意権等のより強い事業への関与を定めることも可能である[27]。支配の分配の観点から見た共同事業性の強さは、各匿名組合契約により、大きな差異があり得る[28]。

2　匿名組合に対する現行課税取扱い

前節で述べた、共同事業性の議論を踏まえて、匿名組合に対する課税取扱いは、現状において、以下のようになっている。

共同事業の実態に関係なく、匿名組合事業に係る損益は、営業者にいったん帰属し、営業者が法人の場合には、営業者に法人税が課されるが、匿名組合員へ分配すべき損益は、発生主義により、損金（益金）の額に算入する（法人税基本通達14－1－3改正[29]）。

匿名組合員に対する課税は、匿名組合員が法人の場合には、匿名組合に生じた損益を計算期間末に自己の損益として計上することができる（法人税基本通達14－1－3）[30]。すなわち、パススルーが認められている[31]。ただし、匿名組合員が個人の場合は、その所得区分を原則として雑所得とし、例外として、共同事業性が強い場合は、営業者の事業内容に従い、事業所得またはその他の各所得として取り扱われる（所得税基本通達36・37共－21）[32]。これは、匿名組合員が事業運営に参画して事業者としてその出資をした場合には、営業者の営業の内容に従った所得区分とするが、出資のみを目的とした投資については、人格のない社団の構成員と同様にその所得区分を判断すべきであるとの考え方に基づいている[33]。損益の分配が雑所得に区分された場合には、雑所得の金額がマイナスになった場合でも、他の所得と相殺して税金の還付を受けることができなくなる[34]。

匿名組合員に対する利益の分配について、実際に金銭の支払いが行われた場合には、営業者は、その支払いの際に二〇％の源泉徴収義務を負う（所得税法二一〇条[35]）。匿名組合員が非居住者または外国法人の場合も同様であるが、その非居住者または外国法人が日本国内に支店等の恒久的施設（ＰＥ）を有しないときは、二〇％の源泉徴収のみで課税関係が終了する[36]。

(19) 匿名組合員が営業者の業務を監視していない場合には、消費貸借と認定されるリスクもある。最判昭和三六年一〇月二七日民集一五巻九号二三五七頁は、匿名組合と消費貸借契約の差異の判断基準に関して、匿名組合が共同事業体の一種である以上、営業損益に連動した利益分配、匿名組合員の監視権による事業モニタリング、隠れた事業者としての事業参加意思、財産の営業者への帰属などの要件を示している。

(20) 高宮・前掲注(7)一二頁・一七頁、小原昇「有限責任事業組合契約制度の課税上の取扱いについて」租税研究六七四号五頁・六頁（二〇〇五年）参照。

(21) 商法上も、ドイツの通説は、匿名組合は、匿名組合員が営業者の事業に対し純粋な債権債務関係を超えた団体法上の権利を有し義務を負う、内的組合であると考えている。神作・前掲注(16)三二頁参照。

(22) 高宮・前掲注(7)一六頁。

(23) 米田保晴「匿名組合の現代的機能(二)その現状と法律上の論点」信州大学法学論集六号一五九頁、一八二頁（二〇〇六年）。

(24) 高宮・前掲注(7)一三頁。このような、匿名組合内的組合説に対して、営業から生じた利益はいったん営業者に帰属し、その所得の一部が契約に基づき匿名組合員に分配されるに過ぎないと考える、匿名組合出資契約説もある。渡邊芳樹「事業体に対する課税形態と実務上の問題点について」租税研究七四八号一〇五頁、一〇九頁（二〇一二年）参照。

(25) 米田・前掲注(24)一八二頁、神作・前掲注(16)三〇頁。ただし、追加出資義務の有効性については、議論がある。弥永真生『リーガルマインド商法総則・商行為法〔第二版〕』一七六頁（有斐閣、二〇〇六年）、平出・前掲注(8)三三八頁参照。

(26) 渕圭吾「匿名組合契約と所得課税――なぜ日本の匿名組合契約は節税目的で用いられるのか?」ジュリ一二五一号一七七頁、一八二頁（二〇〇三年）。

(27) 篠田四郎「非典型的匿名組合――その類型論的・法的構成(二・完)」名城法学三一巻三・四号七七頁（一九八二年）、神作・前掲注(17)三四頁参照。

(28) 共同事業性の認定において、事業への関与・コントロールの点が重視されると、税法上の考慮から、当事者間で非効率な支配の分配が行われる危険がある。

(29) 渡邊・前掲注(24)一〇八頁、永沢徹監修・さくら綜合事務所編著『SPC&匿名組合の法律・会計税務と評価――投資スキームの実際例と実務上の問題点〔第五版〕』四二三頁（清文社、二〇一三年）参照。

(30) これは、外部的には営業者の個人事業であるが、内部的には共同事業であるという匿名組合の実体に則した取扱いである。永沢・前掲注(29)四二七頁。

(31) 高宮・前掲注(7)一八頁。

(32) 渡邊・前掲注(24)一〇八頁。

(33) 永沢・前掲注(29)四四三頁。

(34) 永沢・前掲注(29)四四三頁。この点が、レバレッジド・リースを中心とした匿名組合型の投資商品に個人向け商品が少ない理由の一つである。永沢・前掲注(29)四二四頁。

(35) かつては、匿名組合員が九人以下の場合には源泉徴収義務がなかったが、平成二〇年一月一日以後に支払われる利益の分配については、匿名組合員の人数にかかわらず二〇%の源泉徴収義務がある旨の改正がなされた。永沢・前掲注(29)四三六頁。

(36) 永沢・前掲注(29)四三七頁。換言すれば、営業者が、非居住者または外国法人たる匿名組合員に利益分配を行わない間は、当該匿名組合員は何ら納税義務を負わないし、営業者も源泉徴収義務を課せられない。宮武・前掲注(1)一一〇頁。

四　動機付け交渉における課税主体（政府）の位置付け

企業における動機付け交渉において、課税主体（政府）は、所与の交渉の前提か、交渉の当事者か（あるいは、どちらであるべきか）は、悩ましい問題である。筆者は、これまで、主としてモデルの単純性を維持する必要から、政府を、動機付け交渉の所与の前提と位置付けて議論してきたが[37]、本稿で取り上げた匿名組合、ないし、新しいハイブリッドな資金調達の仕組に関しては、交渉の当事者の選択を受けて課税主体が対応することもあり得るので、課税主体を動機付け交渉の所与の前提として位置付けることは実態論として無理がある。しかし、課税主体が、人的資本の拠出者や物的資本の拠出者と同じレベルで動機付け交渉に参加しているわけでもない。問題は、政府がどのような立場で動機付け交渉に関与することが望ましいかということである。

課税の対象となるべき経済事象を発生させる効果をもたらすのは、税法ではなく、私法上の契約であり、私法上の契約は私法上の概念に従って内容が規律される[38]。租税法律主義（憲法八四条）の下においては、法律の根拠なしに、当事者の選択した私法上の法形式を、通常用いられる私法上の法形式に引き直し、それに対応する課税要件が充足されたものとして取り扱う権限が課税主体に認められているものではない[39]。それゆえ、通常は、当事者が、動機付け交渉の結果、ある私法上の法形式を選択した場合には、その法形式に従った課税ルールが適用されることが予め分かっていたはずであるから、当事者間の動機付け交渉は、課税ルールおよびそれに従った政府の課税行為を所与のものとして行われたと考えられる。

ところが、ハイブリッドな法形式は、単純には既存の所得区分のいずれかに当てはまるものではなく、複数の所得区分に該当することが多い。その際、租税法律主義に基づき税額を確定するためには、契約の性質論に基づき、既存の所得区分のいずれか一つに決める必要がある。さらに、課税回避目的以外には経済合理性がない異常な取引を仕組み、取引の真実性がない私法上の法律構成を濫用的に選択することによる脱税（課税要件充足）や、租税回避（課税要件の充足を避ける不当な税負担軽減）を認めるべきでないという価値判断によって、当事者の選択と異なる認定が課税主体によってなされる場合もある。ここに、課税ルールの不確実性が必然的に生じ(40)、課税主体が動機付け交渉に当事者として参加する余地が生まれる。

課税主体が動機付け交渉に関与するに際しては、課税収入を減らすことなく、資金調達手段等、新しい動機付けの仕組を開発するインセンティブをできるだけ阻害しない方針を守るべきである。課税主体を含むアメリカの規制官庁は、新しい金融商品に対して、一定の情報開示と詐欺・相場操縦にならないことを要求するほかは、おおむね自由放任主義を採っており(41)、濫用的取引に対してのみ、課税庁は遡及的規制を及ぼすことができるという、謙抑的姿勢を採っている(42)。交渉の当事者は、私法上のルールとともに税法上のルールも動機付け交渉の前提としていたはずであるから、当事者が選択した法形式を無視して、経済的実態に合わせて課税ルールを適用しようとすると、交渉の前提が変わってしまうことになり(43)、効率的動機付け交渉を阻害してしまうことになる(44)。当事者が、契約や業務形態などを税法の基準に適合させることによって課税主体の合意も得られたと考え、その課税スキームを選択できる方向を模索すべきである。

実態論として、匿名組合における当事者の動機付け交渉に対する課税主体の位置付けは、動機付け交渉の所与の前提とすることはできず、当事者の選択に対して事後的に関与する余地を有する者である。しかし、規範論としては、非公式な行政指導や実務で行われる事前相談のみならず、事前に課税当局とスキーム設計を共同で検討し、所得区分を公式に合意するという制度[45]を充実するというような、課税当局を積極的に動機付け交渉のプレーヤーとして取り込むアプローチを採るべきではなく、同一の経済効果を得られる異なった法的スキームの選択や、複数の所得区分に該当する取引に関する所得区分の選択を当事者に委ね（課税主体の事前の合意を擬制し）[46]、課税主体は濫用的取引のみを事後的に規制することによって[47]、新規ビジネスに対する政府の支援を補助金や新規の租税特別措置法による減税措置などではなく、当事者の創意工夫で既存の制度を利用した節税で代替し、節税額相当分を新規事業に誘導するという、課税主体の謙抑的姿勢を強調するアプローチが、課税収入を減らすことなく、私人間の効率的な動機付け交渉を促進するという観点からは望ましい。

（37）宍戸善一「企業における動機付け交渉と法制度の役割」同編著『「企業法」改革の論理――インセンティブ・システムの制度設計』一頁、六頁（日本経済新聞出版社、二〇一一年）参照。

（38）金子宏『租税法〔第一八版〕』一一七頁（弘文堂、二〇一三年）、髙宮・前掲注（7）三頁参照。租税法が他の法分野（たとえば、商法）から借用した概念は、法的安定性の観点で、本来の法分野と同一の意義に解釈すべきである。

（39）宮武・前掲注（1）一一三頁参照。東京高判平成一一年六月二一日判時一六八五号三三頁参照。

（40）*See* Gergen & Schmitz, *supra* note 14, at 157.

（41）*See* Gergen & Schmitz, *supra* note 14, at 173. ただし、アメリカには、デットかエクイティかの決定要素を財務省規則に委任する内国歳入法典三八五条が存在する。また、受益権が複層化された信託（multi-class trusts）に関する、いわゆるSears regulationのように、課税上の濫用可能性の観点から、同スキームの利用可能性を否定したと評価されている、過剰な規制が行われる例も見られる。*See* New York State Bar Association Tax Section, Report on Securitization Reform Measures, Report No.1024, 11-12（2002）〔http://www.hysba.org/Content/ContentFolders20/TaxLawSection/TaxReports/1024report.pdf〕.

（42）*See* Gergen & Schmitz, *supra* note 14, at 181. ただし、新しい仕組の開発によってもたらされる金融上の利益が皆無で、課税上の利益のみを追求したような金融商品に対しては、積極的に遡及的な課税ルールの変更を行うべきであるとの議論もある。*Id.*, at 179.

(43) 宍戸・前掲注(37)一頁、五〇頁参照。

(44) わが国の通説も、実質課税原則に関して、「要件事実の認定に必要な法律関係についていえば、表面的に存在するように見える法律関係に即してではなく、真実に存在する法律関係に即して要件事実の認定がなされるべきことを意味するに止まり、真実に存在する法律関係からはなれて、その経済的成果なり目的なりに即して法律要件の存否を判断することを許容するものではないことに注意する必要がある」(金子・前掲注(38)一三五頁)と考えている。経済的実態に合わせて課税ルールを変えるのではなく、「当事者が真に意図した私法上の法律構成による合意内容」を認定して課税ルールを選択する実質課税原則は、効率的な動機付け交渉を可能とする目的にも合致している。宮武・前掲注(1)一一二頁参照。

(45) そのような例としては、航空機リースの仕組について税務調査で否認される事案が発生したため、日本リース事業協会が国税庁と折衝して、税務調査で否認を受けないための自主規制規則を作成したケースがあるが、結果的に、税務上の利益が激減し、航空機リース取引はほとんど利用されなくなった。宮武・前掲注(1)一〇八頁参照。また、構成員全員の有限責任とパススルー課税を兼ね備えた組織形態として、有限責任事業組合(日本版ＬＬＰ)の立法に際して、利用者の利益を代表する経済産業省と課税主体としての財務省が事前の交渉を行ったが、その濫用的利用を事前に予防する観点から、共同事業性が過度に強調されるなど、組織形態としては使い勝手の悪いものになった。

(46) ただし、課税主体に当事者の選択を受け入れることを求めるアプローチに対しては、税法の観点からの反論が予想される。たとえば、法人課税かパススルー課税かの選択を納税者に委ねることとしたアメリカの check-the-box-regulation に対しては、当事者の選択が国際的に整合していることを確保しなければ、どこからも課税されない利益が発生してしまうことが問題視されている。*See* David S. Miller, How U.S. Tax Law Encourages Investment Through Tax Havens〔http://www.taxanalysts.com/www/features.nsf/articles/86f0282d165d18b58525787300 54f262?opendocument〕.

(47) ただし、税法の観点からは、濫用的取引の把握に要するコストを誰が負担するのかという反論が予想される。

五　匿名組合の利用例と利用可能性

最後に、以上に検討した匿名組合の動機付けの仕組としての特色および税法上の課題を前提として、匿名組合の実際の利用例と将来の利用可能性について考察する。

匿名組合の利用可能性は、比較的少数の当事者間の共同事業の受け皿と、多数の出資者から資金を募る資金調達の仕組の受け皿、の二つに大きく分けることができる。ただし、両者の区分はむしろ連続的なものであり、少人数の共同事業として出発した匿名組合が、組合員の数が増えて、所有と経営の分離が進み、さらには、間接金融的色彩を帯びていくこともあり得る。

1 共同事業としての匿名組合

第一に、企業間の共同事業に匿名組合を利用する例が見られる。具体的には、企業Aと企業Bが共同で合弁会社（ジョイント・ベンチャー）を設立し、これを営業者とする。そして、企業Aと企業Bが匿名組合員となって、事業用の財産を出資し、営業者に帰属する財産とする（商法五三六条一項参照）。このスキームによって、企業Aと企業Bは、有限責任とパススルー課税、および、事業体（合弁会社として株式会社ないし合同会社形態を利用する）の法人格を同時に獲得することができる(48)。この形態は、匿名組合員が共同で営業者を支配している点が典型的な匿名組合と乖離しているが、むしろそのことによって、「共同事業性」が強まっていると見ることもでき、税法上、パススルー課税を認めることは問題ないように思われる(49)。問題があるとすれば、匿名組合員が、業務監視権の行使（商法五三九条参照）にとどまらず、営業者（合弁会社）の事業を直接執行していると認定されることによって（商法五三六条三項参照）、任意組合と認定されて、有限責任性を否定されるリスクである(50)。合弁会社の法人格が否認されうるような実態のない会社とみなされて、営業者の債権者に対する責任を負うことを避けるためには（商法五三六条四項参照）、合弁会社の経営陣にある程度の自主独立性を与えることが必要であろう(51)。

わが国の歴史上、匿名組合類似の企業形態が最初に用いられたのは、おそらく、宇部式匿名組合と呼ばれる、山口県宇部市を中心に明治時代に発生した石炭採掘の共同事業においてであった(52)。宇部式匿名組合は、「頭取」を中心に、組合員が応分の資金を拠出するとともに、労働者として働く組織であり、すべての組合員が物的資本だけでなく人的資本をも拠出する共同企業体であったが、事業規模の拡大に伴い、次第に、人的資本を拠出せず、資金のみを拠出する組合員が出現し、後には、組合券の気配相場が立ち、証券会社の店頭で取引されるようにもなった(53)。宇部式匿名組合は、対外的には、長らく、頭取の個人事業とみなされてきたが、戦後、課税上の取扱いから、個人企業性を貫くことができず、自ら共同企業たることを示した(54)。

2　不特定多数の出資の受け皿としての匿名組合

第二に、匿名組合は不特定多数の出資者からの資金調達の手段としても有用である。営業者と匿名組合員は、動機付け交渉において、果実の分配方法を、デットとエクイティの中間形態で自由に定めることが可能である。出資者である匿名組合員にとっては、匿名性の利益および納税方法の簡便性が魅力であり、資金調達者である営業者にとっては、二重課税を避けられるメリットのほかに、いかに多額の資金調達を行っても、事業の経営権を失う危険がないという利点がある。

換言すれば、匿名組合形態を利用して、不特定多数の出資者から資金調達を行っても、営業者にとって匿名組合という事業体に対する支配と経営は分離しない。それゆえ、支配と経営が分離することによるエージェンシー問題は存在せず、コーポレート・ガバナンスのコストをかける必要がない。ただし、「所有と経営の分離」から発生する「少数株主保護」の必要性に例え得るある種のエージェンシー問題が存在するため(55)、出資者保護のための制度が必要になる。

戦後、最初に匿名組合が注目を集めた、保全経済会事件は、匿名組合形態を利用して、銀行法等の規制を逃れて、間接金融的に不特定多数の個人から出資を集めたケースであり、結果的に多くの個人出資者が詐欺的被害にあった。[56]「少数株主保護」にかかわるエージェンシー問題が露呈された事例であり、法規制の必要性が認識された。

一九八〇年代になって、匿名組合は、航空機のファイナンシャル・リースに利用されるようになったが、業界団体と課税庁との交渉の結果、多くの税務上の利益が失われ、また、バブル経済の崩壊とともに、ほとんど利用されなくなった。[57]最近では、不動産の流動化のスキームとしての利用例が見られるが、個人の匿名組合員の課税関係が不明確であるため、出資者は、ほとんど法人投資家に限られている。[58]

今後、匿名組合の間接金融的な利用方法としては、ソーシャル・レンディングやクラウド・ファンディングの分野が考えられる。不特定多数の個人投資家から、インターネット等を利用して少額の出資を募り、全体として相当額の資金を集めるものである。[59]営業者段階で、匿名組合員への利益配当を費用として控除できるという意味での二重課税回避効果は大きいが、匿名組合員段階でのパススルー課税の適用はあまり問題とする必要はない。この利用形態において最も問題となるのは、金融商品取引法における公募の規制である。現在、ファンドが匿名組合で資金集めをすると、金銭の貸借の媒介を業として行うものに該当し、貸金業としての登録が必要で（貸金業法二条一項）、知らない人同士の融資仲介形式となる場合、匿名組合出資契約を募集するための第二種金融商品取引業者の登録も必要になる（金商法二八条二項）。[60]詐欺的な資金調達を規制する必要はあるが、上場会社に対するような従来型の公募規制を行うと、クラウド・ファンディングのような資金調達は実現困難になる。[61]

3　中間型としてのエンジェル投資

少人数の共同事業としての匿名組合と不特定多数からの出資の受け皿としての匿名組合の中間に位置する匿名組合の利用形態として、ベンチャー企業がエンジェル投資を募るスキームが考えられる。ベンチャー企業（通常は株式会社）が営業者となり、エンジェル投資家が匿名組合員として出資を行う。営業者としてのベンチャー企業株式会社の代表取締役・支配株主である起業家は、匿名組合員としてのエンジェル投資家からどれだけ多くの資金を集めても、経営支配権を失うことはなく、利益分配について独立当事者間取引が行われている限り、贈与等が問題とされることもない。通常のエンジェル投資において合意されるようなモニタリング権限ないし経営参与権を取り決めたとすれば、共同事業性が認められるはずであるので、エンジェル投資家が個人であったとしても、パススルー課税が適用され、事業の損失を計上できるはずである。業務執行者として対第三者責任を問われることもなく、完全な有限責任を享受できる。営業者たるベンチャー企業がＩＰＯに成功するなど、アップサイドの利益が出た場合のために、匿名組合の存続期間をたとえば五年と定め、五年後に変換される出資金の額面金額でワラントを行使すれば、ベンチャー企業の株式に転換できるような仕組を作ることも可能である(62)。

匿名組合は、わが国の現行法上、経営者および出資者の有限責任、人的資本の拠出者と物的資本の拠出者間の自由な動機付け交渉、パススルー課税、成功シナリオにおける上場株式の取得のすべてを最も簡便に実現できる企業形態であり、わが国のベンチャー企業の育成に寄与する可能性がある。

（48）　わが国には、現行法上、これら三つの利点を同時に享受できる企業形態は存在しない。合同会社は、構成員の有限責任と、事業体の法人格は備わっているが、パススルー課税は認められていない。有限責任事業組合は、有限責任とパススルー課税を享受できるが、事業体の法人格がない。

(49) 平成一五年の産業活力再生特別措置法改正において、設備廃棄損の損益通算を得る目的で、このような仕組が設けられたが、利用例が少なく、平成二一年に廃止された。経済産業省経済産業政策局産業再生課編『改正産業活力再生特別措置法ハンドブック』一六頁（商事法務、二〇〇三年）参照。当時の立法担当者の解説に、「この問題に詳しい方は、この制度が、かねてから日本経団連が税制改正を要望してきたＬＬＣ（有限責任会社）に関連したパススルー税制に酷似しているのに気づかれるだろう。本格的なＬＬＣ法制と税制は法務省と財務省で今後検討されることになっているが、これを待っていたのでは当面の事業再編が進まないため、少々複雑なスキームになっているが、事実上同じような効果のある仕組みを今回創設したものである」とある（石黒憲彦『産業再生への戦略』一五二～一五三頁（東洋経済新報社、二〇〇三年））。

(50) 匿名組合か任意組合かの判断が争われた裁判例として、大判大正六年五月二三日民録二三輯九一七頁参照。恒久的施設（ＰＥ）の存否の関係で匿名組合か任意組合かが争われた裁判例として、東京高判平成一九年六月二八日判時一九八五号二三頁、最決平成二〇年六月五日税資二五〇号～二五八号（一〇九六五順号）〔ガイダント事件〕参照。

(51) 実務では、合弁会社の経営者（株式会社の取締役または合同会社の業務執行者）は、パートナー企業からの出向ではなく、転籍にするなど、匿名組合の業務執行に係る意思決定に匿名組合員が関与しない外観を整える対応が採られているようである。

(52) その法的観点からの詳細な歴史研究として、和座・前掲注(13)がある。

(53) 永沢・前掲注(29)一九二頁参照。

(54) 和座・前掲注(13)九〇頁参照。なお、昭和三二年の税法改正によって、宇部式匿名組合が人格のない社団として法人税の納税義務者とされたことが、地域の伝統組織を株式会社組織に転換させる一大契機になったという歴史は（永沢・前掲注(29)一九二頁参照）、税法が動機付け交渉に与える影響という観点からも興味深い。

(55) 対外的には出資財産の所有者は営業者であるが（商法五三六条一項）、営業者が特定の事業のために運用（財産を管理処分）して出資者に利益を配分する義務を負う事業体であるという点において、いわば、信託（信託法一条参照）のようなものであるので、営業者が実質的所有者であるとは言えない。他方、匿名組合員は、営業者に対する債権者であって、その権利をデットとエクイティの中間のハイブリッド的な権利として設定することができるに過ぎないので、匿名組合員が所有者であるということも正確ではない。ただし、匿名組合員が、「その営業から生じる利益」の分配（商法五三五条）を受ける権利を有していることからは、何らかのレジデュアル・クレイムを有しているということができるので、匿名組合員を実質的な「所有者」と考えることは、合資会社の有限責任社員とは法的地位が異なるものの、経済実態としては、あながち間違いではないであろう。
(56) 宮武・前掲注(1)一〇七頁、永沢・前掲注(29)一九三頁参照。
(57) 宮武・前掲注(1)一〇八頁参照。航空機リースの匿名組合に関して、東京高判・前掲注(50)、最判・前掲注(50)参照。
(58) 米田保晴「匿名組合の現代的機能(一)その現状と法律上の論点」信州大学法学論集四号七七頁、八五頁(二〇〇四年)参照。
(59) ソーシャル・レンディングの事例として、SBIソーシャルレンディング社の貸付事業の匿名組合などがある(https://www.sbi-sociallendingsupport.co.jp/faq/entry/item/6)。また、米国においては、起業の促進を狙いとしたThe Jumpstart Our Business Startups Act, 2012年(JOBS法)がある(http://www.dir.co.jp/souken/research/report/capital-mkt/12042501capital-mkt.pdf)。
(60) 松宮浩典=高橋淳「不動産流動化スキームの最新動向——匿名組合と合同会社とを用いたスキーム編」経理情報一二〇〇号四八頁、五〇頁(二〇〇八年)参照。
(61) アメリカでは、JOBS法によって、クラウド・ファンディングに対する証券取引法の適用除外を設けることによって、その利用の急拡大が図られている。
(62) 永沢徹監修・さくら綜合事務所編著『SPC&匿名組合の法律・会計税務と評価——投資スキームの実際例と実務上の問題点〔第四版〕』六一九頁(清文社、二〇一〇年)参照。

六　おわりに

匿名組合は、動機付けの仕組として見ると、設計自由度が高いハイブリッドな構造を持った、効率的な動機付け交渉を促進する制度であり、少なくとも営業者段階での二重課税を回避できる点において、きわめて利用価値の高い組織形態である。

共同事業のパートナー間の交渉形態としては、マルチラテラルではなく、プルーラル・バイラテラルな交渉が可能であり、物的資本の拠出者と人的資本の拠出者との交渉に関して、匿名組合員の出資の性格をデットとエクイティの中間に設定することができるだけでなく、営業者の労務出資を正面から評価することが可能である。

匿名組合のハイブリッドな構造は、税法の観点からはネガティブに評価され、その税務上の取扱いも紆余曲折を経てきた。

匿名組合は、新しい動機付け交渉を生み出すことのできる柔軟な制度であり、それだけに、課税主体が、当事者間の動機付け交渉に事後的に関与する可能性は小さくない。しかし、課税主体が交渉に積極的に関与すると、当事者間の効率的な動機付け交渉を阻害する危険が高い。課税主体はできるだけ謙抑的な姿勢で臨み、その事前の同意を擬制した上で、私法ルールと課税ルールの最適パッケージを当事者が選択できるような方向で、新規事業を促進することが望ましい。

匿名組合は応用範囲が広く、ジョイント・ベンチャーなどの共同事業から、クラウド・ファンディングなどの不特定多数の出資者からの資金調達まで、さらには、その中間に位置する、エンジェル投資においても有用であり、その利用可能性は無限に広がっている。

企業における動機付け交渉が効率的に行われ、経済的価値を生み出すためには、その交渉の前提となる法的インフラが重要な意味を持つ。百年以上手付かずにされてきた商法上の典型契約が、動機付け交渉の法的インフラの不備を今照らし出しているとも言える。企業における動機付け交渉の法的インフラは、商法・会社法だけでなく、税法や、金融商品取引法、業法など、当事者のインセンティブに影響を及ぼすすべての法によって成り立っており、それは、「企業法」として体系的に捉えられ、効率的な動機付け交渉を促進する観点から総合的な立法政策論が行われるべきものである。匿名組合は、そのような企業法的考察の必要性をわれわれに示している。

本稿の執筆に当たって、梅谷眞人、後藤元、福田宗孝、吉村政穂の各氏より、有益な指摘を受けた。野村資本市場研究所「経済活性化と合同会社の法制・税制の整備」研究会（座長：森信茂樹中央大学法科大学院教授）における議論から多くの示唆を得た。

新保険法の下における保険者の解除権

――重大事由による解除の適用場面を中心に

嶋寺　基

一　はじめに
二　保険法における片面的強行規定
三　告知義務違反による解除
四　危険増加による解除
五　重大事由による解除
六　保険法に規律する以外の解除権の有効性
七　おわりに

一　はじめに

二〇〇八年五月に、商法の保険契約に関する規定（第二編第一〇章）を約一〇〇年ぶりに全面改正し、新たに「保険法」（平成二〇年法律第五六号）が成立した（同法は二〇一〇年四月一日から施行されている）。保険法の大きな特徴の一つが、片面的強行規定の導入であり、保険法の規定よりも保険契約者等に不利な特約を無効とすることで、保険契約者や被保険者、保険金受取人の保護を図ることとしている。

片面的強行規定の導入に伴い、解釈上の問題が生じることとなった規律の一つに、保険者による保険契約の解除に関する規律がある。保険契約が保険者により解除されると、保険契約者は将来に向かって保障を失うだけでなく、場合によってはすでに発生した保険事故に対する保険金が支払われない等の大きな不利益が生じることになるため、保険法における保険者からの解除の規定はすべて片面的強行規定とされている。

しかし、この片面的強行規定の適用にあたっては、条文上「第〇条の規定に反する特約で保険契約者（または被保険者、保険金受取人）に不利なものは、無効とする」と定めるのみであるため、片面的強行規定に抵触するか否かの解釈問題が常に生じることとなる。また、保険法が保険者からの解除について規定を設けているのは、告知義務違反による解除、危険増加による解除、重大事由による解除の三種類であるため、これらの場面以外に約款で約定解除権を定めることの有効性についても、それぞれの解除における片面的強行規定性との関係で検討が必要となる。

そこで、本稿では、保険法の下での保険者による保険契約の解除について、保険法で新設された重大事由による解除を中心に、保険法の規律（とりわけ片面的強行規定のルール）がいかなる効果を及ぼすものであるかを分析してみることとしたい（なお、以下では、保険法制定前の商法を「改正前商法」と表記することとする）。

二　保険法における片面的強行規定

改正前商法の保険契約に関する規定は、被保険者の同意や消滅時効等、規定の性質上強行規定であるものを除き、基本的には任意規定であるとされていたため、個々の約款で改正前商法の規定と異なる定めをした場合には、原則として約款の定めが優先されると解されていた。しかし、保険契約は約款を用いた付合契約であることが一般的であり、契約内容について保険契約者と保険者との間の交渉の余地が少ないことから、法律の規定よりも約款の内容が優先されることになると、いくら法律で保険契約者等の保護を図ろうとしても、その趣旨を十分に実現することはできない。そこで、保険法では、保険契約者等の保護を図る必要性が高い規定について、当該規定よりも保険契約者等に不利な特約を無効とすることによって、保険契約者等の保護をより確実にしているものである(1)。

前述のとおり、保険法における保険者からの解除の規定はすべて片面的強行規定であるため、保険者の解除権について約款で保険法の規定と異なる定めを設けた場合には、当該保険法の規定の趣旨、解除の要件および効果等に照らし、総合的にみて当該約款の定めが保険法の規律よりも保険契約者（または被保険者、保険金受取人）に不利なものであるか否かによってその有効性が判断されることになるものと考えられる。

以下、このような片面的強行規定の基本的な解釈を前提として、保険者からの解除が問題となる場面ごとに、保険法の規定の内容および適用範囲、保険法と異なる特約の有効性等について論じていく。

（1）山下友信＝米山高生編『保険法解説――生命保険・傷害疾病定額保険』二三五頁〔萩本修＝嶋寺基〕（有斐閣、二〇一〇年）。

三　告知義務違反による解除

保険法では、危険に関する重要な事項のうち保険者になる者が告知を求めたものを「告知事項」と定め、告知事項について保険契約者等に告知義務を課す（四条、三七条、六六条）とともに、故意・重過失による告知義務違反があった場合には、保険者が保険契約を解除することができることとしている（二八条、五五条、八四条）。また、この場合の解除の効果として、保険契約の効力が将来に向かって失われることに加え、解除がされた時までに発生した保険事故等について保険者は免責となることが定められている（三一条、五九条、八八条。ただし、告知しなかった事実と保険事故等との間に因果関係がない場合は免責とならない）。

告知義務の制度は、保険者が危険選択をするために必要な情報は構造的に保険契約者側に遍在しているところ、保険者がこれを収集するためには保険契約者側からの情報提供を義務づける方法が最も低コストであることから、これを法制度化したものであると説明されている(2)。そして、保険契約者側がこの義務を怠った場合には、一定の範囲で保険給付が受けられないという制裁を課すことで、保険契約者側からの情報提供の確実性を担保することとしているものである。

このような告知義務の制度趣旨からすれば、保険者による危険選択をより緻密なものとすることで保険料を低く抑えることができるよう約款で法律よりも告知義務の対象となる事実の範囲を広げたり、保険契約者側からの情報提供をより確実なものとするために告知義務違反による解除の主観的要件（故意・重過失）をより緩やかなものとして制裁的効果を強めること等も、理論上は考えられる。しかし、いったん保険契約が解除されると、保険契約者は将来に向かって保障を失うとともに、すでに発生した保険事故等について保険金が支払われないこととなるが、それだけでなく、その時点で被保険者の健康状態が悪化している場合には、新たに別の保険契約に加入することができないという重大な不利益が生じることもある。そこで、保険法は、保険契約の解除に伴う保険契約者側の不利益を緩和すべく、告知事項を危険に関する重要な事項でありかつ保険者が告知を求めたものに限定する（いわゆる質問応答義務）とともに、告知義務者が故意または重大な過失により正しい告知を行わなかった場合に限り保険契約を解除することができるものとし、さらに解除がされた場合でも告知しなかった事実と因果関係のない保険事故等については保険金を支払うこととする（いわゆる因果関係不存在特則）等の規律を設け、これらを片面的強行規定としているものである。

このように、告知義務に関する一連の規律は、保険契約の解除に伴う不利益を緩和するために片面的強行規定とされているものであるから、ここでの片面的強行規定に抵触するか否かの判断にあたっては、保険法の規律よりも緩やかな基準で保険者による解除（ないし保険者の免責）を認めることになるか否かによって判断すべきであると考えられる。したがって、例えば保険者が告知を求めていない事項について保険契約者等が自発的に申告しなかったことを理由に保険契約を解除する場合のように、保険法よりも解除の範囲を広げることは片面的強行規定に抵触することになるが、解除や免責の制裁を伴わない形であれば、例えば重要性のない事項について告知書の中で質問すること等も、片面的強行規定に抵触するわけではないと考えられる(3)。

（2） 山下友信『保険法』二八三頁（有斐閣、二〇〇五年）。
（3） 山下＝米山・前掲注（1）一七二頁〔山下友信〕においても、「本条が片面的強行規定であるということは、重要でもない事項について質問して（違反すれば解除できることになるという意味での）告知義務を課してはならないという意味で理解すべきものであり、質問する事項が絶対的に重要性のある事項に関するものに限定されるというように理解すべきものではない」と説明されている。

四　危険増加による解除

保険法では、保険契約の締結後に危険が増加した（保険事故等の発生率が高まる事情が生じた）場合に、一定の条件で保険者が保険契約を解除することができることとしている（二九条、五六条、六七条）。また、この場合の解除の効果として、保険契約の効力が将来に向かって失われることに加え、危険が増加した時から解除がされた時までに発生した保険事故等について保険者は免責となることが定められている（三一条、五九条、八八条。ただし、危険の増加をもたらした事由と保険事故等との間に因果関係がない場合は免責とならない）。

危険増加による解除は、規定の構造が告知義務違反による解除と似ているが、両者の規律の趣旨は大きく異なる。保険契約も民法上の契約であり、当事者間の合意がない限り契約内容の変更はできないため、契約締結時に定めた当事者の権利義務（対象となるリスク、保険料の額等）は、その後の状況の変化に関わらず契約期間中は変更されないのが原則である。しかし、保険契約は、将来のリスクに備えて契約を締結するという性質上、契約締結時に想定していた危険の内容に変動が生じることが類型的に考えられ、その都度保険契約を締結し直すことになれば、保険契約者にとって不便であるだけでなく、保険者にとっても追加保険料さえ受領できれば足りる場合も多いため、一定の範囲で従前の保険契約を存続させるメリットがある。また、保険契約者等が関知しないところで危険が増加することもあり得るため、その場合にまで当然に保障が失われることになると、保険契約者側にとって酷な結果となってしまう。

このような保険契約の特殊性から、諸外国でも危険の増加に関する規律を法律で定めるのが一般的であり、保険法の審議の過程においてもいかなる規律を設けるのが適当かについて様々な議論がされたところである。その結果、保険法では、危険に応じた保険料を受領するという保険者の利益を損なわない範囲で、保険契約者側の契約存続の期待を保護するための規律を設けることとしたものである。すなわち、①保険者が追加保険料を受領することで保険契約を継続できる場合（保険者の引受範囲内の危険にとどまっている場合）と追加保険料を受領しても継続できない場合（危険が保険者の引受範囲を超えている場合）に分け、②引受範囲内の場合には原則として増加した危険も保障の範囲に含めることとし、引受範囲外の場合は保険者の意思に反して保障の対象とするのは相当でないことから保険契約の解除を認める、③引受範囲内の場合であっても確実に保険者が追加保険料を受領できるよう保険契約者側に対し危険の変更があったら遅滞なく通知すべき義務を課すことを認め、その通知義務を故意または重大な過失により怠った場合に限り保険契約を解除することができるものとする、④保険契約が解除された場合は危険が増加した時から解除までに生じた保険事故等は原則として免責としつつ、増加した危険と因果関係のない保険事故等については保険金を支払うこととしている。

このように、保険法では、民法における契約ルールを一部修正して、保険者の利益と保険契約者側の利益とのバランスを図るための規律を設けているものであるが、ここで定めた規律よりも保険契約を存続できる場面が狭くならないように、これら一連の規律を片面的強行規定としているものである。そのため、ここでの片面的強行規定に抵触するか否かの判断にあたっては、危険に応じた保険料を受領するという保険者の利益も考慮しつつ、保険法の規律よりも緩やかな基準で保険者による解除（ないし保険者の免責）を認めることになるか否かによって判断すべきであると考えられる。したがって、例えば目的物の用途変更のような危険の増加の場面で、保険契約者側に対し「遅滞なく」ではなく「あらかじめ」の通知を義務づけ、この事前の通知がなかったことを理由に保険契約を解除する場合のように、保険法よりも解除の範囲を広げることは片面的強行規定に抵触することになる。

五　重大事由による解除

1　保険法の規律

保険法では、重大事由による解除の規律を新たに設けることとし、保険契約者等が保険金を取得する目的で故意に保険事故等を生じさせた場合や、保険金の請求にあたって詐欺を行った場合等、保険契約上の信頼関係を破壊するような事象が生じた場合には、保険者が保険契約を解除することができることとしている（三〇条、五七条、八六条）。また、この場合の解除の効果として、保険契約の効力が将来に向かって失われることに加え、重大事由が生じた時から解除がされた時までに発生した保険事故等について保険者は免責となることが定められている（三一条、五九条、八八条）。

改正前商法下においては、明文の規定はなかったものの、ドイツの判例・学説上認められていた特別解約権の法理を参考に、保険金の不正請求が行われた場合等に保険者からの保険契約の解除を認める見解が主張されており、下級審の裁判例の中には、これを判決において認めるものもあった(4)。また、生命保険会社では、重大事由に基づく解除権を約款で規定することが行われるようになり、そこでは、保険金を詐取する目的で事故招致をした場合や、保険金の請求に関して詐欺行為があった場合等が重大事由として掲げられ、保険契約が解除された場合には保険金を支払わないこととされていた。

これらの学説や裁判例、生命保険の約款等を踏まえ、保険法において新設されたのが重大事由による解除の規律である。保険法がこの規律を設けた趣旨としては、一般に次のように説明されている。

保険契約は、万一の事態に遭遇した場合の財産的補償としての役割を果たすものであるため、保険者には適時・適切な保険給付が求められるが、その一方で、保険契約者が支払う保険料に比して保険給付の財産的価値が非常に大きくなり得るため、内在的性質として射倖性を有するものであり、こうした射倖性からくるモラルリスクを踏まえ、保険契約者には故意の事故招致をしないこと等が求められる。そのため、保険契約は、当事者間の信頼関係が契約の大前提として強く求められる契約類型であり、モラルリスク事案のように保険契約者等の側で信頼関係を破壊するような行為が行われた場合には、もはや契約関係を維持することはできないため、保険者からの保険契約の解除を認めることとしたものである(5)。

このように、重大事由による解除の規律は、保険契約が信頼関係を基礎とする契約であることを踏まえ、保険法において特別に規律が設けられたものであるから、この規律の解釈にあたっては、保険契約の特質を踏まえた分析・検討を行うことが重要である。

2　片面的強行規定の趣旨

保険法は、保険者による解除の対象となる重大な事由を次のとおり定めている。①保険契約者（または被保険者、保険金受取人）が、保険者に保険給付を行わせることを目的として故意に保険事故等を生じさせ、または生じさせようとしたこと、②被保険者（または保険金受取人）が、保険給付の請求について詐欺を行い、または行おうとしたこと、③前二号に掲げるもののほか、保険者の保険契約者（または被保険者、保険金受取人）に対する信頼を損ない、当該保険契約の存続を困難とする重大な事由。そして、保険契約が解除された場合には、重大事由が生じた時から解除までに発生した保険事故等については免責としている。しかし、告知義務違反による解除や危険増加による解除とは異なり、因果関係不存在特則は設けられておらず、解除権の除斥期間の規定も設けられていない。その上で、これら一連の重大事由による解除の規定は、すべて片面的強行規定とされている。

ここで、重大事由による解除の規定が片面的強行規定とされた趣旨をどのように考えるべきであろうか。前述のとおり、保険契約の信頼関係を保護し、モラルリスクを防止することが重大事由による解除の目的であるとすれば、解除事由やそれに伴う制裁はできるだけ広く認めるべきであるようにも思われる。実際に、前記のとおり重大事由と保険事故等の発生との因果関係を問わずに保険者を免責とし、また解除権の除斥期間を設けていないのは、重大事由による解除の実効性を高めるためであり、これらの規律の趣旨からも、重大事由による解除の適用場面を制限することは好ましくないようにも思われる。しかし、その一方で、保険期間中の保険者からの解除事由の定めを無制限に認めてしまうと、保険契約者にとってみれば、ある日突然、保険者により保険契約が解除され、将来の保障が失われるという事態が生じ得ることとなり、契約関係が著しく不安定なものとなってしまう。特に、告知義務違反や危険増加による通知義務違反と異なり、重大事由による解除については対象となり得る場面に制限がなく、保険契約者等が自らの義務違反の事実を明確に認識していない場合でも解除事由に該当し得るため、ここに何らの規律も及ばないのでは、他の場面で保険契約者等の保護を図っている保険法の趣旨が没却されかねない。

そこで、保険法では、類型的にみて保険者からの解除を正当化できる場合として、①保険金目的による事故招致、②保険金の請求詐欺、③その他信頼を損ない契約の存続を困難とする重大な事由を法定の解除事由として定め、これらに該当しない軽微な事由をもって保険者が重大事由による解除を行うことを制限すべく、片面的強行規定としたものである。また、重大事由による解除の効果についても、重大事由が生じた時から解除までに発生した保険事故等につき保険者を免責とすることで、重大事由の発生を抑止するための制裁的効果を図ることとする一方で、これよりも重い制裁を課すことを制限すべく、片面的強行規定としたものと考えられる。

したがって、重大事由による解除の片面的強行規定に抵触するか否かの判断にあたっては、モラルリスク等の不正利用の防止を図るという趣旨を踏まえつつ、保険法で定める重大事由よりも軽微な事由による解除を認めることにならないか、あるいは解除に伴い保険法で定めるよりも重い制裁を保険契約者側に課すことにならないか、といった観点で検討する必要があるものと考えられる。

3　重大事由該当性についての検討

重大事由による解除の規定が片面的強行規定とされたこともあり、保険会社の実務においては、重大事由該当性は極めて厳格に解釈され、本来保険契約の解除が可能な場面でも保険会社は解除権を行使しない傾向にあるように思われる。しかし、前述したとおり、これを片面的強行規定とした趣旨は、保険法が定める重大事由よりも軽微な事由によって保険契約を解除することを制限することであって、保険法が認めた重大事由を狭く解釈する（あるいは謙抑的に運用する）ことを求める趣旨を含むものではない。保険法は、保険契約者等の保護のための規律も多く設けているが、重大事由による解除の規律はこれと性質を異にするものであって、保険契約の健全性を確保し、モラルリスクを含む不正利用に対して毅然とした態度で臨むこともまた、保険法の重要な目的の一つであることを忘れてはならない(6)。

そこで、以下では、保険法における重大事由該当性が問題となる事案をいくつか取り上げ、それぞれの場面について保険法の趣旨を踏まえた解釈のあり方を検討していくこととする。

(1)　他の保険契約における重大事由の発生

重大事由による解除の適用が問題となる典型的な場面の一つに、同一の保険者との間で締結している複数の保険契約の一つで重大事由が発生した場合に、同時に他の保険契約の重大事由にも該当し解除ができるかという問題がある。

この問題を検討する上で、出発点となるのが保険法の条文の構造である。保険法は、生命保険契約（死亡保険契約）において保険金取得目的で故意に保険事故（被保険者の死亡）を発生させた場合や発生させようとした場合に、当該生命保険契約の重大事由に該当するだけでなく、他の生命保険契約についても重大事由に該当することを定めている（五七条一号）。これは、死亡保険における事故招致が、故殺という反社会性の強い行為であることにかんがみ、別の保険者との間で締結している契約を含め、他のすべての死亡保険契約を解除することができるようにしているものである。これに対し、損害保険契約および傷害疾病定額保険契約については、「当該」保険契約の保険事故等を故意に発生させた場合にのみ、一号の重大事由に該当することとしている（三〇条一号、八六条一号）。そのため、これらの保険契約の場合には、保険金取得目的による事故招致が、直ちに他の保険契約における一号の重大事由に該当するわけではなく、三号の重大事由、すなわち保険者の信頼を損ない契約の存続を困難とする重大な事由というバスケット条項に該当するか否かを個々の事案ごとに検討する必要がある。

そこで次に、損害保険契約および傷害疾病定額保険契約の場合に、どのような付加的な要素があれば、他の保険契約についても三号の重大事由該当性が認められるかが問題となるが、故意による事故招致が偶然性を旨とする保険契約の本質的な違背であり、かつ、これが保険金取得目的で行われた場合には、すべての保険契約の基礎である信頼関係を積極的に破壊する明確な意思が認められるものであるから、これが保険契約の存続を困難にする極めて重大な事象であることは否定できない。そのため、複数の保険契約の間に、保険事故の内容や対象となるリスクの点で同一性が認められる場合や、事故招致の態様から他の保険契約においても類似の重大事由が生じる蓋然性が高い場合等には、三号の重大事由に該当するものと解することが可能であると思われる。

なお、一号の保険金取得目的による事故招致の場面に限らず、それ以外の重大事由についても、同時に他の保険契約の重大事由に該当するものとして解除が認められる場合は十分に考えられるが、その際には、一号の場面に比べて信頼関係の破壊がそれほど直接的なものでない場合もあるため、当該重大事由の悪質性の程度等も加味した判断が必要となるものと考えられる。

(2) 請求詐欺の程度

保険法では、当該保険契約に基づく保険給付の請求について詐欺を行った場合や詐欺を行おうとした場合を重大事由として掲げているが(三〇条二号、五七条二号、八六条二号)、ここでの「詐欺」にどのような行為が含まれるか、特に少額の詐欺行為であっても重大事由に該当するかが問題となる。

保険法が一号の保険金取得目的による事故招致とは別に、保険金請求における詐欺を重大事由として掲げた趣旨は、保険契約においては、保険事故の発生自体を偽装する場合のように、保険金の支払事由に当たらないにもかかわらずこれを偽って保険金請求が行われることがあり、あるいは、仮に保険事故等が真正に発生した場合でも、保険金請求書類を偽造する場合のように、保険金の請求時に詐欺行為が行われることが類型的に想定され、これらが保険契約の信頼関係を破壊する典型的な不正行為であると考えられたからである。一般に、保険契約においては、保険事故等は保険契約者側の支配圏内で発生し、保険者は事故や損害の状況を正確に知り得ないため、保険者としては、保険金請求手続を通じて保険契約者側から正確な情報を取得しなければ、支払事由の該当性や免責事由の有無等を正しく判断することができないという構造的な問題（情報の偏在化）がある。そのため、保険契約者等が保険者に対して正確な情報を提供することは、保険契約における保険契約者等の本質的な責務であり、その過程で虚偽や不正な申告が行われた場合には、保険者はこれに気づかないまま誤って保険金を支払ったり、本来よりも過大な保険金を支払ったりするおそれが高くなる。このように、保険金請求時における保険契約者側からの正確な情報提供は、保険契約の信頼関係を維持する上で極めて重要なものであることから、保険法では、保険金請求における詐欺を重大事由の一つとして掲げたものと考えられる。

このような保険法の趣旨からすれば、例えば診断書を偽造して水増し請求をした場合等は、その行為自体が保険契約の信頼関係を著しく損なうものであって、必ずしも水増しの程度によって重大事由に該当するか否かが左右されるものではないと考えられる。したがって、二号の詐欺に該当するか否かは、正当な権限がないことを知りつつ、保険者を騙して保険金を（より多く）取得する意思をもって請求を行ったかによって決まるものであり、このような意思をもって行われる限り、金額が少額であることや軽い気持ちで行われたこと（いわゆる出来心によるもの）によって詐欺の該当性が否定されるわけではないと考えられる。

(3)　著しい重複契約の存在

保険法の審議の過程において、保険契約者が多数の保険契約に重複して加入していた場合には、類型的にみて不正請求のおそれが高いと考えられることから、その程度が著しい場合には重大事由による解除の余地があることについてコンセンサスが得られていたものである。そのため、保険法における三号のバスケット条項には「著しい重複契約」が存在する場合が含まれると解されるが、どの程度の重複契約をもって重大事由と認められるかについては明確な基準がない。しかも、改正前商法下において重大事由が認められた裁判例は、保険金額の合計が極端に高額な事例が多く、それらの水準をもって重大事由該当性の判断をするのは必ずしも適切ではない。

そのため、ここでも保険法の趣旨を踏まえた解釈を行う必要があるが、この点については、次のような説明がされている。「例えば、保険契約者がごく短期間の間に著しく重複した保険契約に加入し、結果として毎月の保険料の支払額が自己の月収を超えるような状況となり、かつ、保険者にそれを秘匿していたというような事情があったような場合には、（中略）保険契約関係として極めて不自然な状態に陥っているといえます。したがって、このような場合には、個別の事案の事情にもよりますが、（中略）一般的に重大事由による解除が認められる可能性が十分にあるものと考えられます[7]」。ここでは、短期間の加入や収入を上回る保険料の負担等を付加的な要素として挙げているが、重複の程度によっては、これらの要素が常に不可欠であるとは言えないものと思われる。

そこで、どの程度の重複があれば重大事由と認められるかについて検討してみると、まず、保険契約には様々な性質のものが存在する以上、単に重複加入している保険契約の数だけで一律の基準を設けることは困難であると考えられる。また、損害保険と定額保険の違いも無視することはできず、例えば生命保険契約においては、人の生命を金銭に換算することはできないことが定額保険の合理性として一般的に説明されている以上、他の保険契約との合計額が損害賠償の場面で認容される逸失利益の額を超えていることの一事をもって、重大事由に該当すると判断することもできない。したがって、保険契約の性質や対象となるリスクの内容、重複加入の合理性、一事故に対して支払われる保険金の総額、保険契約者の収入等の要素を考慮して、重複加入の程度が保険契約関係として極めて不自然な状態に至っているか否かによって判断せざるを得ないものと思われる。あくまでも私見ではあるが、例えば傷害保険や疾病保険において、入院時における給付金の合計が日額二万円や三万円になっているものは、一般的な個室料や入院雑費の水準からみてかなり高額であると思われるが、これだけで直ちに重大事由該当性を認めることには躊躇を覚えざるを得ない（後述するとおり他の要素とあわせて重大事由に該当する可能性はある）。しかし、日額五万円程度にまで至ると、一定規模の個人事業の経営者が事業リスクのために加入する等の特殊な事情がない限り、その必要性を合理的に説明することは極めて困難であると思われ、何らかの不正な意図をもって加入されているか、少なくとも不正請求を行う動機づけになる危険性が非常に高いものといえるため、モラルリスクを含む不正利用の防止という重大事由による解除の趣旨にかんがみ、基本的には重大事由該当性を肯定してよいものと思われる。

なお、保険会社の約款においては、重大事由の一つとして「他の保険契約との重複によって、この契約の被保険者にかかる給付金額等の合計額が著しく過大であって、保険制度の目的に反する状態がもたらされるおそれがあるとき」を掲げているものが見られるが、これは保険法の三号のバスケット条項を具体化するものであるため、同じく前記の解釈が妥当するものと考えられる。

(4)　バスケット条項の考え方

保険法では、三号の重大事由として、「前二号に掲げるもののほか、保険者の保険契約者又は被保険者（保険金受取人）に対する信頼を損ない、当該保険契約の存続を困難とする重大事由」というバスケット条項を設けている。このバスケット条項の解釈について、重大事由による解除の規定が片面的強行規定とされたことから、その適用範囲を極めて限定的に解釈すべきであると誤解されている向きもあるが、そのような解釈は正しくない。保険法は、一号および二号の重大事由だけでは対応できないからこそ、三号の重大事由を設けたのであって、三号の重大事由に該当する場合に適切に保険契約を解除することもまた保険法の要請であると考えられる。

では、三号の重大事由には、いかなる場合が含まれるのであろうか。ここでも、保険法の条文の構造とともに、保険法が重大事由による解除の規律を設けた趣旨を踏まえて解釈することが重要である。保険法は、一号として保険金取得目的による事故招致、二号として保険金請求における詐欺を掲げているが、これらは三号のバスケット条項の例示であると考えられるため、一号および二号と同等の事由であることがバスケット条項の解釈の基本であると思われる。この「同等の事由」に何が含まれるかを分析する方法はいくつか考えられるが、一つの方法としては、一号と二号のそれぞれの趣旨からアプローチしていく方法が考えられる。

まず一号は、保険金取得目的で故意に保険事故等を発生させたり、発生させようとした場合に保険契約の解除を認めるものであるが、ここで「発生させようとした場合」が含まれているのは、現に事故が惹起された場合に限らず、そのおそれが高まった場合にも保険者からの解除を認めることで、将来のモラルリスクを未然に防止することにある。このような趣旨からすれば、経験則からみて、意図的に事故の発生を誘発したり、保険金の支払いを拡大させたと認められる行為があった場合には、将来のモラルリスクの重大な兆候が認められるものとして、バスケット条項に含まれると解釈する余地がある。このような視点から、例えば傷害保険や疾病保険において、医学的観点からみて不必要である入院を繰り返している場合や必要な入院期間を大幅に超過して入院を続けている場合等、経験則上、保険金の取得を目的としたものと認められる行為については、バスケット条項の適用を検討する余地があるものと思われる。

次に二号は、保険金の請求において詐欺を行ったり、詐欺を行おうとした場合に保険契約の解除を認めるものであるが、前述したとおり、ここでは情報の偏在化という保険契約の構造上の問題を踏まえ、保険金請求時における保険契約者側からの正確な情報提供が信頼関係の基礎であることから、重大事由の一つとして掲げられているものである。ここでの「詐欺」は基本的に財産上の給付に向けられた行為であるため、水増し請求のような保険金の支払いに直結する行為が典型的に想定されるが、これに該当しない場合でも前記の信頼関係に重大な影響を及ぼすものが考えられる。例えば、診断書や鑑定書等の第三者が作成名義となっている書類に何らかの手を加えた場合（発病時期や事故態様等の記載の修正）や、事故原因等の裏づけとなる証拠を合理的理由なく破棄した場合等は、これが直ちに保険金の支払可否に影響を及ぼすものでないとしても、前記のような正確な情報提供の要請からみて、明らかに信頼関係を損なう行為であると評価せざるを得ない。したがって、このような請求書類の偽造や証拠の破棄等が行われた場合には、二号の重大事由に該当しないとしても、バスケット条項に含まれると解釈する余地は十分にあると思われる（場合によっては、二号の「詐欺を行おうとした」に該当すると評価されることもあり得る）。このほか、証拠の偽造や破棄等の行為によらなくても、保険契約者等が事故内容等について故意に虚偽の申告を行った場合も、保険契約における信頼関係を損なうものであるから、申告内容によってはバスケット条項に含まれる余地があるし、同じく正確な情報提供の観点から必要とされる保険者の調査に協力する義務に関しても、保険契約者等が不当に調査への協力を拒んだ場合（調査の同意書の提出を拒否する等）には、バスケット条項の適用を検討する余地があるものと思われる。

このように、一号と二号に類似する行為をもってバスケット条項に該当するものと考えることが可能であるが、バスケット条項を設けた趣旨からすれば、これらの一号ないし二号類似行為に限定されるものではないと考えられる。そこで、その他の重大事由該当性については、保険契約の存続を困難とする程度に保険者の保険契約者等に対する信頼を損なうものか否かという基準で個別に判断せざるを得ないが、通常は、単一の行為や事象をもってその他の重大事由に該当する場合は少ないように思われ、多くの裁判例において示されているのと同様に、複数の事情をあわせて重大事由に該当するものと判断するのが適当であると思われる。その際に考慮される事情としては、次のようなものが考えられる。まず、①契約加入時の事情として、短期間に重複して保険契約に加入している事実や収入に比して明らかに過大な保険料を負担している事実等、経験則上、その合理性を説明することが困難なもののほか、他保険契約の告知を故意に行わなかったり、被保険者の入院中に親族がインターネットで契約に加入している等、不正な意図が類型的に認められる加入時の状況も（個々に重大性の程度に差はあるが）考慮すべき事情に含まれるものと考えられる。次に、②契約加入後の事情として、加入後まもなく保険事故が発生している事実や短期間で複数の自損事故による保険金請求が行われている事実等、経験則上、何らかの人為的な関与がなければ起こり得ない不自然な事故発生の状況もここで考慮すべき事情に含まれるものと考えられる。さらに、③事故発生後の事情として、事故発生から相当期間経過した後の保険金請求や調査の過程における申告内容の著しい変遷、他保険契約の存在の秘匿等、経験則上、不正請求の意図がなければ合理的な説明ができない保険契約者等の対応のほか、事故後まもなく類似の事故態様で別の保険事故が発生しているといった不自然な状況も考慮すべき事情に含まれると考えられる。このほか、必ずしも直接的なものではないが、④その他の事情として、過去の保険金詐欺の実績や保険募集人等の保険契約に関して詳しい知識を有する者による不自然な保険金請求、他社での加入を拒否された者が不実の告知によりインターネットで契約に加入している事実等も、場合によっては不正の意図を裏づける事情として考慮される余地はあるものと考えられる。

なお、前記のバスケット条項の解釈においては、保険契約者等の不適切な行為によって信頼関係が損なわれる場面を念頭において議論しているが、このことは保険契約者側の何らかの行為がなければ重大事由に該当しないということを意味するものではない。保険法は、「信頼を損ない、当該保険契約の存続を困難とする重大事由」をバスケット条項としているものであるから、その文言上明らかなとおり、保険契約者等の行為によらずに重大事由が生じることも否定するものではない。また、当該文言からすれば、保険契約上の保険契約者、被保険者、保険金受取人以外の第三者の関与によって重大事由に該当する場合も、バスケット条項に含まれる余地があると考えられる。例えば、保険契約者が法人の場合には、その取締役の不適切な行為によって保険契約者と保険者との間の信頼関係が損なわれる場合があるし、契約上の保険金受取人以外の第三者が実質的な利益の享受者である場合に、その第三者の行為によって信頼関係が損なわれる場合もあり得る。どの範囲の第三者にこの規律が及ぶかについては、今後さらに議論を深めていく必要がある。

(5)　暴力団排除条項との関係

近時、保険会社の約款において、保険契約者や被保険者（保険金受取人）が暴力団等の反社会的勢力に該当する場合に、保険契約を解除する旨の条項（いわゆる暴力団排除条項（暴排条項））を設ける例が増えている。暴排条項は、政府指針における反社会的勢力排除の取り組みの一環として検討が行われ、各都道府県における暴力団排除条例の制定による世論の高まりも踏まえ、保険業界において導入が進められたものである。約款における暴排条項の位置づけについては、告知義務違反による解除や危険増加による解除の一部として位置づけることも検討されたが、最終的には、重大事由による解除における解除事由の一つとして位置づけられることになったものである。ところが、保険法では、前述のとおり重大事由による解除を片面的強行規定としているため、三号のバスケット条項に含まれるものでなければ、これを重大事由の一つとして位置づけることはできない。そこで、約款における暴排条項がバスケット条項に含まれるかが問題となる。

現在すでに生命保険会社の約款で導入されている暴排条項の内容は、概略次のとおりである。

「会社は、次のいずれかの事由がある場合には、保険契約を将来に向かって解除することができます。

一～三（略）

四　保険契約者、被保険者または保険金の受取人が、次のいずれかに該当するとき

イ　暴力団、暴力団員（暴力団員でなくなった日から五年を経過しない者を含みます。）、暴力団準構成員、暴力団関係企業その他の反社会的勢力（以下「反社会的勢力」といいます。）に該当すると認められること

ロ　反社会的勢力に対して資金等を提供し、または便宜を供与するなどの関与をしていると認められること

ハ　反社会的勢力を不当に利用していると認められること

ニ　保険契約者または保険金の受取人が法人の場合、反社会的勢力がその法人の経営を支配し、またはその法人の経営に実質的に関与していると認められること

ホ　その他反社会的勢力と社会的に非難されるべき関係を有していると認められること」

また、この規定により保険契約が解除された場合には、保険金を支払わないこと等があわせて規定されている。

ここで、前記の事由がバスケット条項に含まれるかについては、このような属性要件のみでもバスケット条項に該当するかが問題となるが、前述のとおり、保険法の文言上、重大事由に該当するためには保険契約者等の行為を不可欠なものと解する必要はない。したがって、属性要件のみで重大事由に該当するものと解すること自体は、保険法の解釈としても否定されるものではない。

そこで、前記の事由が「信頼を損ない、当該保険契約の存続を困難とする」程度のものであるかが問題となるが、反社会的勢力の排除が政府や都道府県の政策として掲げられていることや、企業には反社会的勢力との関係遮断のための措置が求められること、保険会社の反社会的勢力排除の取り組みは金融庁等の監督指針における要請でもあ

ること、実際に反社会的勢力が関与する保険金詐欺等の事案が存在すること、保険契約者等が反社会的勢力に該当する場合に保険契約を解除し保険金を支払わないことが契約関係書類において明示されていること等の事情からすると、「信頼を損ない、当該保険契約の存続を困難とする」ものと評価することが可能であると考えられる。(8) また、仮にバスケット条項の範囲を超える部分が存在するとしても、後述するとおり保険法の片面的強行規定の趣旨に反しない解除事由の定めは否定されないものと考えられるため、政府の政策的要請に基づいて設けられた当該解除事由の定めは、片面的強行規定に反しないものとしてその効力が認められると解することが可能であると思われる。

このように、約款における暴排条項は重大事由による解除の片面的強行規定性に反するものではないと考えられるが、損害保険会社が扱う賠償責任保険等においては、解除に伴う被害者の不利益も考慮せざるを得ないため、今後いかなる範囲の約款に暴排条項が設けられるか保険業界の対応が注目される。

（4）大阪地判昭和六〇年八月三〇日判時一一八二号一五三頁等。
（5）萩本修編著『一問一答 保険法』九七頁（商事法務、二〇〇九年）。
（6）萩本・前掲注(5)一〇一頁注五。
（7）萩本・前掲注(5)一〇〇頁。
（8）第一東京弁護士会民事介入暴力対策委員会編『保険業界の暴排条項対応』九二頁（金融財政事情研究会、二〇一二年）。

六　保険法に規律する以外の解除権の有効性

保険法は、告知義務違反による解除、危険増加による解除および重大事由による解除を保険者による保険契約の解除権として定め、これらをすべて片面的強行規定としている。そのため、約款でこれら三種類以外の保険者の解除権を定めた場合に、保険法の片面的強行規定によりすべて無効となるのかが問題となる。

この点について、保険法が規律している以外の保険者の解除権を一切認めないのが片面的強行規定の趣旨であるとの考え方もあるが、「片面的強行規定」を単純にそのように解するのは正確でないように思われる。保険法では、各規律ごとにそれぞれ片面的強行規定としている趣旨が異なるため、片面的強行規定に反するか否かの解釈は、あくまでも個々の規律ごとにその趣旨を踏まえて行うべきであると考えられる。したがって、告知義務違反による解除、危険増加による解除、重大事由による解除は、いずれも保険者の解除権として共通するものであるが、ある約款の定めがこれらの片面的強行規定性に抵触するかどうかは、それぞれの規律ごとに判断すべきであって、これら三種類以外の解除権を一切認めない趣旨であると単純に解釈するのは必ずしも論理的な説明とはいいがたい。

このような視点で分析した場合、例えば、保険料不払いによる保険契約の解除はどのように解釈すべきであろうか。この解除の法的性質は、民法の債務不履行解除（民法五四一条）であると考えられるが、これは保険料という保険契約の主たる債務について保険契約者に債務不履行があったことを理由に保険者が法律上の解除権を行使するものである。たしかにこの解除権については、保険法上、保険者の解除権として規定されていないが、これは保険法が民法の特別法という位置づけであり、保険法に規律がないものについては民法の規律に従うという関係にあるからにほかならない。したがって、債務不履行解除は、保険法上の解除権との間に優劣の差があるものではなく、同等の位置づけを有する法律上の解除権であるといえる。しかも、保険契約の主たる債務の不履行については、危険に応じた契約の引受けを行うという告知義務や危険の増加の制度と目的を異にするものであり、保険契約の信頼関係についての規律を定める重大事由解除の制度とも目的を異にするものであるから、それぞれの片面的強行規定の趣旨に反するものでもない。そのため、保険料不払いによる保険契約の解除については、保険法の下でもその有効性が認められるものである(9)。

では、このような法律上の解除権以外に、約款で保険者の約定解除権を定めることは可能であろうか。ここでも、それぞれの解除権の片面的強行規定の趣旨から解釈する必要があると考えられるため、以下、順に検討していく。

まず、告知義務違反による解除との関係では、契約締結時に保険契約者側に一定の事実を表明させた上で、これが真実に反する場合に、そのことを理由に保険契約を解除することは、告知義務違反による解除の片面的強行規定性に抵触することになるため、保険法の規律よりも広い解除事由を約定することは認められない。次に、危険増加による解除との関係では、危険が引受範囲を超えた場合に保険者からの解除を約定することは可能であるが（これは保険法の片面的強行規定の範囲外であることが明示された場面である）、これ以外の場面において、契約締結後に一定の事実関係の変更が生じた場合に、それが保険契約を当然に失効させる事由（被保険利益の消滅等）でないにもかかわらず、保険契約者側の通知義務違反の有無を問わずに保険契約を解除することは、危険増加による解除の片面的強行規定性に抵触することになるため認められない。さらに、重大事由による解除との関係では、前記の告知義務や危険増加に関する片面的強行規定の適用場面と重複する部分もあるが、保険契約者側の義務違反や不適切な行為等があった場合に、そのことを理由に保険契約を解除することは、他の法律上の解除権により正当化される場合を除き、広く重大事由による解除の片面的強行規定性に抵触する可能性があると考えられる。

このように、約定解除権の定めについては、その内容に応じて、①契約締結時の事情に関しては告知義務違反による解除の規律により、②契約締結後の事実の変更に関しては危険増加による解除の規律により、③それ以外の保険契約者側の帰責事由を問題とする場合は重大事由による解除の規律により、それぞれ制限を受けることになると考えられる。そして、これら三種類の解除権の規律によって、保険契約において想定される解除の場面が幅広く網羅されることになるため、これらが片面的強行規定であることにより、結果的に、保険法上の保険者の解除権よりも緩やかな約定解除権を定めることは、ほとんど認められないことになるものと考えられる。特に重大事由による解除との関係では、もともとこの規律の守備範囲が広いために、ほぼすべての約定解除権の定めについて、重大事由による解除の片面的強行規定性との関係が問題となるわけである。

しかし、前述したとおり、重大事由による解除の規律は、およそ保険契約上のすべての解除事由を規律することを目的とするものではなく、あくまでもモラルリスク等の不正利用の防止という観点から規律を設けているものであるから、これと異なる合理的要請に基づく約定解除事由については、この規律の片面的強行規定によって制限されるものではないと解釈することが可能である。例えば、前述した暴排条項における解除事由については、政府の反社会的勢力排除の政策的要請に基づくものであるから、仮に重大事由のバスケット条項を超える部分があると判断される場合でも、重大事由による解除の片面的強行規定に反しない約定解除権として許容される余地があるものと考えられる。

もっとも、上記の例は極めて例外的なものであって、それ以外に合理的要請に基づく約定解除事由として何が考えられるかといえば、ほとんど想定できないようにも思われ、このことからすると保険法で規律する以外の解除権は一切認められないという考え方とも結果において大差はないのかもしれない。この問題については、具体的に想定される解除事由をもとに、今後さらに分析・検討を深めていく必要があるように思われる。

(9) 多くの生命保険会社の約款では、保険料の不払いがあった場合に保険契約が失効する旨の条項が定められているが、この失効条項も債務不履行解除の一種と位置づけることができるため、保険法の片面的強行規定に抵触するものではないと考えられる。

七　おわりに

本稿では、保険法の下における保険者の解除権について、片面的強行規定のルールを中心に論じてきたが、保険契約における片面的強行規定は保険法で導入された新しい制度であるため、その解釈や具体的な適用場面等について今後議論が深まっていくものと思われる。その際には、個々の規律の趣旨とそれらを片面的強行規定とした目的が重要になると思われるため、本稿では特に、各解除権を設けた保険法の立法趣旨に遡って分析・検討を試みたものである。

保険者からの解除の有効性、とりわけ重大事由による解除の適用範囲については、今後裁判例の集積により次第に解釈が固まっていくことが予想されるが、保険法がこの規律を新設した趣旨を踏まえ、保険契約の健全性を維持するために必要な場面では、積極的にこの規律が活用されることが期待される。保険法は必ずしも保険契約者等の保護のみを目的とするものではなく、必要に応じた保険者の解除権の行使もまた、保険法の重要な目的の一つであることを忘れてはならない。

保険法に関しては、理論上の解釈問題だけでなく、保険実務を構築する上での課題も多いため、それぞれの場面で保険法の立法趣旨を踏まえた合理的な解釈がされるよう、さらに分析・検討を深めていきたい。

買主の故意・重過失と表明保証責任

――米国における裁判例およびモデル株式譲渡契約を参考に

竹平征吾

一　はじめに

二　表明保証の法的性質——法概念としての整理

三　モデル株式譲渡契約

四　悪意・重過失のある買主の保護

五　米国における裁判例および契約実務

六　日本における今後の解釈論および契約実務への示唆

一　はじめに

表明保証とは、契約の当事者が一定の時点における一定の事実状態や権利義務の存在・不存在を表明し、その内容が真実かつ正確であることを保証することをいい、日本の契約実務においてもM&A取引、資産流動化取引、バルクセール型の債権譲渡取引や重要な不動産取引等に広く用いられている。

典型的なM&A取引の一例として株式譲渡を想定した場合、当事者は、対象会社の事業内容、財務内容、将来の収益見込、法令等の遵守条項その他将来のリスク等様々な要素を勘案し、交渉の上、株式の譲渡価格等の取引条件を取り決めることとなる。不動産や動産を取引する場合であれば、仮に紛争が発生した場合であっても、一般の取引慣行に照らし、瑕疵担保責任における「物が通常有すべき品質・性能」が何かを解釈すれば、詳細な表明保証条項がない場合であっても当事者の合理的意思に反することのない妥当な結論を招聘することができる場合があるかもしれない。しかし、株式を取引する場合において「物が通常有すべき品質・性能を欠くこと」というものが何を指すのかは一義的ではなく、株主の地位に基づく権利が存在すれば足りると考えて取引が実行されるわけではない。むしろ買主および売主は株式の売買に伴い取得する対象企業の企業価値または株式価値に着目して取引を行うのが通常であり、「物が通常有すべき品質・性能を欠くこと」という規範のみでは、取引当事者が期待する企業価値または株式価値を把握することができない。このような場合、瑕疵担保条項のみでは紛争解決のための指針として十分ではなく、株式譲渡の取引条件を設定する前提として、企業価値または株式価値に影響のある多くの事項について表明保証条項を通じたリスク分配がなされる必要性がある。

このような背景もあり、現在では日本におけるM&A取引の契約において表明保証条項が設けられることが一般化しており、比較的小規模のM&A取引においても詳細な条項が設けられることも少なくない。しかしながら、表明保証はもともと日本法において存在する概念ではなく、英米法によって発展された法概念[1]および契約実務が輸入されたものにすぎないため、未だ表明保証条項の法的性質や機能についての理解が十分になされているとはいえない。

裁判例としても、表明保証違反に関するリーディングケースであるアルコ事件判決（東京地判平成一八年一月一七日判時一九二〇号一三六頁）以外にも多数の裁判例が登場するに至っている[2]が、その中で契約実務が本来想定している表明保証の法的性質や法律効果が適切に認識されているかどうかは疑問なしとしない[3]。

（1） 表明（Representation）は過去および現在の事実の表明であり、保証（Warranty）は現在および将来の事実が正確である旨の約束であり、別個の法概念であるが、両者を区別する実益はないとされる（ABA Mergers & Acquisitions Committee, Model Stock Purchase Agreement with Commentary (2d ed. 2010) at 77）。

（2） M&Aに関する表明保証違反が認容された事例としては、東京地判平成一九年七月二六日判タ一二六八号一九二頁、東京地判平成二三年四月一五日判例集未登載（LLI・DB判例秘書登載）、東京地判平成二四年一月二七日判例集未登載（LLI・DB判例秘書登載）があり、棄却された事例としては東京地判平成二二年三月八日判時二〇八九号一四三頁、東京地判平成二三年四月一九日金判一三七二号五七頁、大阪地判平成二三年七月二五日判タ一三六七号一七〇頁、東京地判平成二四年四月二五日判例集未登載（LLI・DB判例秘書登載）がある。また、狭義の損害塡補特約に関するものとして東京高判平成八年一二月一八日金法一五一一号六一頁、連帯保証契約上の表明保証に関するものとして東京地判平成一八年一〇月二三日金法一八〇八号五八頁がある。このほか、M&Aに関する説明義務に関する多くの裁判例の解説として金丸和弘＝森田恒平「M&A取引における説明義務と表明保証責任(上)」判タ一三五〇号二六頁（二〇一一年）を参照されたい。

（3） 例えば東京地判平成一九年七月二六日（前掲注（2））は、当事者が表明保証（判決では「真実保証」と記載されている）違反を主張しているのに対し、売主が説明をしたかどうかを縷々認定し、「説明義務違反」を認定している。売主側の開示内容の正確性に関する表明保証が争われた事案であるから、売主の説明内容を争点として設定するのは正しいが、表明保証違反と説明義務違反の主張を混同しているように思われる。

二　表明保証の法的性質――法概念としての整理

表明保証は、英米契約実務における表明保証に由来するものであって、日本法下の既存の法体系の中でもともと存在していた法概念ではない。しかし、準拠法を日本法とする契約書においては、日本法下における既存法制度の中でこれを検討せざるを得ない。表明保証の法的性質については、大きく分けて瑕疵担保責任、債務不履行責任、損害担保契約（特約）と分類する立場に分かれている。

1　瑕疵担保責任とする立場

まず、表明保証は瑕疵担保責任（民法五七〇条）にいう瑕疵の範囲を明示し、かつ、論者によっては瑕疵担保責任を拡大する旨の特約であるとする立場がありうる[4]。表明保証と瑕疵担保責任は、契約の目的物に関する売主の担保責任を規定するという点においてきわめて類似しており、判例上「保証」した事実については瑕疵担保責任にいう瑕疵の対象に含まれること等を根拠として、表明保証は瑕疵担保責任にいう「保証」であり、瑕疵担保責任に係る民法の条文を排除する旨明示的に定めていない場合には、当事者の合理的意思解釈として、瑕疵担保責任に関する民法の条文が準用されるという考え方もありうる旨の指摘がなされている[5]。また、表明保証違反に伴う責任は通常は違反者の故意・過失等の帰責事由を問わずに発生するもの[6]と理解されており、瑕疵担保責任はその点においても表明保証責任と類似する。

しかしながら、一般に契約実務上想定されている表明保証と、民法上の瑕疵担保責任とでは、表明保証の対象が契約の目的物にとどまらず、対象とする範囲がより広範である点や、通常は表明保証による補償の範囲が信頼利益にとどまらないと理解されている点等が異なるという点が指摘されている(7)。この他、瑕疵担保責任(民法五七〇条)は「隠れた瑕疵」の解釈論として買主の善意・無過失が要求されているところ、表明保証違反について悪意・重過失のある買主が補償責任を追及することができるかどうかは議論になっており、この点は後述する。

2　債務不履行責任とする立場

次に、表明保証は債務不履行責任であるとする立場がある(8)。これに対しては、表明保証も契約条項の一内容であるから契約違反であることに疑いの余地はないが、表明保証違反に基づく責任は故意・過失を要件とせず、表明保証の対象事項が不正確であることにより発生するものであり、この点において、違反者の帰責事由を要件とする債務不履行責任とは異なる(9)。

3　損害担保契約(特約)とする立場

以上のような点を考慮すると、表明保証責任はむしろ契約上の特約としての損害担保契約であると正面から認めることが妥当であり、また通説的見解と思われる(10)。このように表明保証責任を特約としての損害担保契約であると解した場合、表明保証責任と瑕疵担保責任とは両立しうることとなり、実務上、特に不動産取引等の契約においては表明保証責任と瑕疵担保責任の条項の両方が存在することも多い。

筆者も通説と同様、表明保証責任に基づく補償請求という場面においては、その日本法における法的性質は損害担保契約（特約）と理解するのが適切と考えるものであるが、損害担保契約（特約）と理解をしたとしても日本法における要件や法律効果が一義的に定められるものでもない。表明保証は契約実務慣行から発生したものである以上は、個別具体的な契約文言から離れて解釈されるものではなく、結局のところは問題とされる契約の解釈に委ねられる部分が多いことが指摘できよう。

（4）堂園昇平「表明・保証をめぐる東京地判平一八・一・一七」金法一七七二号四頁（二〇〇六年）は表明・保証の法的性質およびその効果は明確ではないとしつつ、その法的性質を瑕疵担保責任と理解しているように思われる。

（5）江平亨「表明・保証の意義と瑕疵担保責任との関係」弥永真生ほか編『現代企業法・金融法の課題』八二頁（弘文堂、二〇〇四年）。なお、藤原総一郎ほか『M&Aの契約実務』（中央経済社、二〇一〇年）は同文献について、表明保証条項は瑕疵担保責任の瑕疵の範囲を明示し、かつ、拡大する特約であるとする立場に整理しているが、同文献の立場はむしろ表明保証を損害担保契約（特約）と理解した上で瑕疵担保責任と混同しないように実務的な示唆をしていると理解するのが正しいように思われる。

（6）「売主の知る限り、第三者の知的財産権を侵害するおそれはない」等、特定の表明保証の対象事項に関し、売主の認識または認識可能性を条件とした表明保証条項が記載される場合は存在する。

（7）金田繁「表明保証条項をめぐる実務上の諸問題(上)――東京地判平一八・一・一七を題材として」金法一七七一号四三頁（二〇〇六年）。

（8）岡内真哉「表明保証違反による補償請求に際して、買主の重過失は抗弁となるか――東京地判平成一八・一・一七」金判一二三九号二頁（二〇〇六年）。

（9）金田・前掲注(7)。

（10）金田・前掲注(7)。潮見佳男「消費者金融会社の買収に際しての表明・保証違反を理由とする売主の損害補填義務」金法一八一二号六七頁（二〇〇七年）。青山大樹「英米型契約の日本法的解釈に関する覚書(下)『前提条件』、『表明保証』、『誓約』とは何か」ＮＢＬ八九五号七三頁（二〇〇八年）。村中徹「M&A契約における表明保証条項を巡る実務課題の検討」同志社法学六一巻二号三六九頁（二〇〇九年）。渡邊博己「M＆A契約における表明保証と契約当事者の補償責任——損害担保契約の一類型としての整理」NBL九〇三号六四頁（二〇〇九年）。藤原ほか・前掲注(5)も同旨。

三　モデル株式譲渡契約

表明保証の要件および法律効果については個別の契約内容によるため、抽象的に法的性質を論じるのではなく、むしろ一般的な契約実務を正しく理解することからはじめるのが適切と思われる。株主譲渡契約においては買主および売主の両方による表明保証を規定することが通常であるが、買主による表明保証は契約の締結権限や資金調達能力等ごく限定的なものにとどまることが通例であり、実務的に問題となるのは売主による表明保証である。以下では、M＆Aに関する契約交渉および紛争解決に従事することの多い法律実務家の立場から、米国法曹協会が出版しているモデル株式譲渡契約(11)（以下「モデル株式譲渡契約」という）を参考に米国における契約実務における売主による表明保証条項の機能の分析を試みることとする。

1　モデル株式譲渡契約の位置付け

モデル株式譲渡契約はあくまでも仮定のケースを想定した契約ドラフティングのための参照資料としての位置付けであり、案件毎に契約内容が異なることは言うまでもないが、米国法曹協会M＆A委員会により編集され、M＆A専門家の間において頻繁に参照されている資料であるという意味において米国におけるM＆Aの契約実務を理解するための有力な資料と考えることができる。

モデル株式譲渡契約は、定義、クロージング、売主による表明保証、買主による表明保証、クロージング前の売主による誓約、クロージング前の買主による誓約、クロージング後の誓約、買主のクロージング義務の前提条件、売主のクロージング義務の前提条件、契約の終了、補償、その他の各項目毎に網羅的かつ詳細な条項のモデルを提示しており、ファーストドラフトを準備する買主の便宜のための注釈とともに、売主の便宜のための注釈も示されている。以下ではモデル株式譲渡契約での記載例を参考に、売主による表明保証条項の機能を分析することとする。なお、モデル株式譲渡契約の機能を分析することが目的であるから、以下で条項の内容を説明する場合はその概要を記載することとする。

2　表明保証の目的

モデル株式譲渡契約の注釈(12)によれば、売主による表明保証は情報開示機能、リスク分配機能、契約解除機能および救済機能を有するとされる。第一に、表明保証条項およびその例外をめぐる交渉を通じて対象会社の情報を取得することができ、また開示別紙の中には知的財産権のリスト等が定められることがあり、それらを通じて情報を得ることもある（情報開示機能）。第二に、表明保証の対象事項は売主の責任、例外事項は買主の責任としてリスクを分配する機能もあり、特に買主も売主も知りえない事項（例えば、第三者から知的財産侵害訴訟を提起されるおそれ）についても売主または買主のいずれかにリスクを分配する機能がある（リスク分配機能）。第三に、特にクロージング前において表明保証違反が判明した場合は買主はクロージングを拒否し、また契約を解除し、義務から解放されることができる（契約解除機能）。最後に、クロージング前か後かにかかわらず、買主が売主に対して損害賠償請求等の救済を求めることができる（救済機能）。以下、モデル株式譲渡契約を題材にこれらの機能がどのように具体化されているかをみていくことにする。

3　表明保証の内容

⑴　表明保証条項が担保する内容

モデル株式譲渡契約三条においては、「売主らは買主に対して連帯して以下のとおり表明し、保証する」として、組織、契約の執行可能性、株主資本・子会社、財務諸表、会計帳簿、不動産・動産、資産状況およびその十分さ、売掛金、在庫、非開示の責任の不存在、税金、重大な悪影響の不存在、従業員福利厚生、法令遵守・許認可、法的手続、一定の変化・事象の不存在、契約、保険、環境、従業員・コンサルタント、労働紛争、知的財産権、海外腐敗行為防止法等の遵守、関係会社間取引、証券法、顧客およびサプライヤー、製造物責任、取引仲介者ならびに開示といった多岐にわたる事項について詳細な表明保証事項を規定している。

まず、株式譲渡にあたって基本的な前提事項として、同契約三・三条（株主資本・子会社）において、対象会社の発行可能株式総数、自己株式を除く発行済株式総数、売主が担保等の制約なく全ての譲渡対象株式を所有していること等が規定されており、これにより、買主が担保等の制約なく、対象会社の一定比率の株式を有効に取得する取引であることが担保される。

次に、企業価値または株式価値を把握するために最も基本的な事項として、同契約三・四条（財務諸表）において、売主が買主に対して対象会社等の監査済連結財務諸表等を交付済であること、当該連結財務諸表が対象会社等の財務状況を公正に示しており、一般に公正妥当と認められた会計原則に合致することが記載され、同契約三・五条において、ディスクロージャースケジュール（以下「開示別紙」という）三・五条に開示されたもの、暫定貸借対照表に記載されたもの、暫定貸借対照表の日付以降に通常の業務遂行により発生したものを除いて負債がないことが規定されている。これにより、買主が企業価値または株式価値の算定に利用した連結財務諸表等が適正に作成されており、開示されたもの以外の偶発債務等がないことが担保される。

さらに、対象企業の許認可や法令遵守状況、知的財産権の内容、第三者の知的財産権を侵害するおそれの有無、労働者との紛争、福利厚生の制度設計の内容等、M&Aの手法や手続の選択および買収後の企業運営にとってきわめて重要な事項であって、必ずしも連結財務諸表等に表現されていない事項についても詳細な表明保証条項が規定され、当該表明保証条項に違反し、または違反するおそれのある事項については開示別紙に記載されることとなる。

これに加え、モデル契約三・二九条では売主による開示内容が重要な事実に関する虚偽の説明を含んでおらず、誤解を生じさせるような重要な事実を省略していない旨の表明保証条項が規定される。これにより、重要な事実の開示に加え、開示をしないという不作為についても表明保証の対象となりうる。

(2) 開示別紙と表明保証条項との関係

開示別紙に記載される場合、特定の表明保証条項に関する例外であることを明示的に示した上で開示別紙に記載されることが多い。モデル株式譲渡契約一二・三条（b）は、開示別紙に記載された事項およびその補足事項は関連性を明示されている特定の条項との関係のみに関連し、その他の条項に関連しない旨の定めをおいている。この立場にたてば、訴訟等の法的手続に関するモデル株式譲渡契約三・一五条の例外としてある訴訟の存在を開示別紙三・一五条に記載すれば、当該訴訟の存在はモデル株式譲渡契約三・一五条の違反にはならないが、当該訴訟により偶発債務発生のおそれがあるのであれば当該訴訟の存在を偶発債務等がないことに関するモデル株式譲渡契約の三・五条の例外として開示別紙三・五条にも記載しなければモデル株式譲渡契約三・五条の違反になるおそれがある。かかる契約実務を採用すれば、売主は訴訟という一つの事象を開示するにあたって、当該訴訟が関連しうる事項として、例えば、法令遵守、環境、税務、簿外債務等に関する複数の表明保証条項に該当しうるかどうかを検討して開示を行うことになるので、一つの事象がどのようなリスクを有するかという点に関し、買主に対する情報開示が促進されることになる。

このように米国では開示別紙に特定の表明条項を参照して表明保証の例外事項を記載する契約実務が広く行われているが、筆者の経験によれば、欧州では「データルームにおいて開示されたもの」を表明保証の例外とする契約実務も広く行われているようである。この場合は何がデータルームに開示されたのか、開示された事項がどの表明保証条項の例外なのかという点を巡り、争いが生じうることとなる。近年ではヴァーチャルデータルームの活用等により開示された資料を特定することも多いが、特に口頭での説明内容については争いが生じる可能性が高い。

(3) 表明保証の時期

表明保証は契約締結日付およびクロージング日付の両時点でなされるのが通常の契約実務である。株式譲渡契約において「契約締結日現在およびクロージング日現在において」とあらかじめ明示することもあれば、株式譲渡契約においては契約締結日現在の表明保証のみを記載しておき、クロージング日付で別個の表明保証の確認書等を取得することで表明保証を更新することもある。従って、契約締結日現在において売主に表明保証違反がない場合であっても、契約締結日からクロージング日までの間に発生した事象等により、クロージング日時点では表明保証違反となる事態が発生しうることになり、そのような事態を回避するためには売主が買主に対して当該事象の通知をした上で協議を行うことが必要となる。

4　表明保証違反の効果

表明保証違反の効果としては、通知義務、クロージングの前提条件の不成就、契約の終了および補償義務があるのが通常である。

(1)　通知義務

モデル株式譲渡契約五・四条（a）は、契約締結日以降クロージング日までの間における売主の買主に対する通知義務を規定しており、これによれば、売主は、①契約締結日において表明保証に違反する事実もしくは事象、または、②クロージング日付で表明保証をしたとすれば表明保証違反を構成し、もしくはそのおそれのある事実または事象について、買主に通知をするとともに、開示別紙の補足資料を交付しなければならないものとされている。

契約締結後に契約締結日現在の表明保証違反の事実が判明する場合や、または契約締結後に訴訟提起がなされた等、事象の変更等によりクロージング日現在に表明保証をしたとすればその違反となるおそれがある事実が発生することがあるところ、そのような場合に売主に情報の開示を求めるものである。

表明保証は買主および売主間のリスクの分配機能を有するものであるから売主の表明保証違反がある場合には当該違反事項については売主がリスクを負担するというのが原則的な考え方である。そこで、モデル株式譲渡契約五・四条（a）は表明保証違反の通知や開示別紙の補足資料の交付によって表明保証違反が治癒されるものではないことを明示的に定めている。一方当事者からの通知や補足資料の交付のみによってリスク分配の境界が変更されることはないことを確保するものであり、当然の定めといえる。

(2)　クロージングの前提条件の不成就

モデル株式譲渡契約八・一条（a）は、買主がクロージングを実行する義務を負う前提として、売主の契約締結日における表明保証、およびそれがクロージング日になされたとした場合の表明保証が重要な点において正確であることをクロージングの前提条件としている。同条はこの場合も開示別紙の補足資料が効力を有さないことを明示的に定めている。

表明保証は取引条件を取り決める前提条件であり、リスク分配機能の境界であるから、買主は、売主による表明保証違反の事実があった場合はクロージング義務を履行しないことを選択することができることを規定するものであるが、売主の立場からすれば株主価値にほとんど影響がないような軽微な表明保証の違反があっただけでクロージングが実行されないとすれば不安定な地位におかれるという事情もある。そこで、クロージングの前提条件として重要な表明保証違反に限定するという取決めがなされることもあるし、表明保証条項自体に「重要な」との限定が加えられることもある。しかし、株主資本に関する表明保証条項（モデル株式譲渡契約三・三条）に関しては、株式譲渡の前提として支配権を取得する、あるいは完全子会社化することが極めて重要である場合が多く、他の株主が一株でも持っているとそもそも取引を実行することが適切でないこともある。このような重要な表明保証条項については、重要性の有無にかかわらず、表明保証違反がないことを前提条件として定める場合もある（モデル株式譲渡契約八・一条（b））。

表明保証以外の誓約や義務であってクロージング前に履行されるべきものが重要な点において全て履行されていることも同様にクロージングの前提条件となる（モデル株式譲渡契約八・一条）。誓約の中には(1)記載の通知義務も含まれる。

買主は、クロージングの前提条件が全て成就していない場合であっても、それが独占禁止法における事前審査等法令上の要求でない限り、前提条件を放棄してクロージングを実行することもできる。例えば、売主に表明保証違反があるときであっても買主の選択として前提条件を放棄することは実務的な対応としては考えられることであるが、その場合に買主が売主に対して表明保証違反に基づく補償請求権を放棄したものとみなされることのないよう、「買主の裁量による前提条件の一部または全部の書面による放棄は表明保証違反に基づく補償請求権その他本契約に基づく権利の行使に何らの影響を与えるものではない。」旨の定めがおかれることも多い。モデル株式譲渡契約八条にはかかる明示的な定めはおかれてはいないが、権利放棄は書面によることを定めた同契約一二・一七条がこれに対応するものと思われる。

(3) 契約の終了

モデル株式譲渡契約一〇・一条（b）は売主による重大な契約違反の場合において、クロージング前における買主の契約解除を規定する。表明保証違反も契約違反である以上、それが重大な違反であれば買主は契約を解除することができ、クロージング義務から解放される。同条（d）はクロージングの前提条件が一定期限までに達成することが不可能になった場合（買主の義務違反に基づく場合を除く）における買主の解除権を認めている。(2)記載のとおり、モデル株式譲渡契約は表明保証が重要な点において正確であることをクロージングの前提条件としているので、クロージングが一定期限までに実行されない結果、買主に解除権が発生することがある。

(4) 補償義務

モデル株式譲渡契約一一・一条（a）は、売主の表明保証違反がある場合に、売主らが、連帯して、買主、対象会社、それぞれの代表者、株主、子会社および関係会社（以下、総称して「買主側補償対象者」という）に対する「損害（Loss）」を補償する義務を負うものとしている。第一に、売主および買主が契約当事者である場合に、買主以外の補償対象者に対する補償義務を負わせる点が特徴的である。第二に、「損害（Loss）」は定義されている用語であり、同契約一・一条では「損害（Loss）」は、コスト、損失、責任、義務、クレーム、請求原因、損害、不足、費用（調査および防御のための費用および合理的な弁護士報酬・費用を含む）、罰金、罰則、判決、仲裁判断、査定または価値の減少等と広範な定義となっている点も特徴的である。(13)

補償義務には一定の期限が設けられる場合も多く、モデル株式譲渡契約一一・五条はクロージングから三年以内に買主から通知がなされない場合には責任が消滅するものとしている（但し、株主資本に関する表明保証等根幹にかかわるものに関しては期限が設けられていない）。また、補償額には下限（同契約一一・六条（a）参照）または上限（同条（b）参照）が規定されることも多い。

5　他の救済手段との関係

米国であれば、表明保証違反に基づく補償請求等以外に、コモン・ローや契約違反による救済がありうる。モデル株式譲渡契約一二・一一条においては各当事者の救済は累積的なものである旨が明示されており、他の救済手段による途も残されている。

これに対し、表明保証条項や補償義務の範囲について両当事者が多大な労力をかけて交渉をしたにもかかわらず、他の救済手段によってリスク分担の範囲を変更することは不合理であるという立場にたてば、金銭の補償に関しては補償義務が唯一の救済である旨を明記することもある。

（11） Model Stock Purchase Agreement, *supra* note 1.
（12） Model Stock Purchase Agreement, *supra* note 1 at 77-78.
（13） 筆者の経験によれば、日本においても意識的に「損害」「賠償」という用語を避け、「損害等」「補償」という用語を使用した上で定義をし、弁護士費用等を含む「損害等」を広範に「補償」することを認める制度であることを明示する契約実務が広く定着している。

四　悪意・重過失のある買主の保護

1　東京地判平成一八年一月一七日（アルコ事件）

アルコ事件(14)は、日本の裁判例において表明保証違反に基づく補償請求が認められたリーディングケースであり、本稿で引用したものを含め、数多くの判例評釈が出されているところである。本件では消費者金融会社の買収時における表明保証違反に基づく補償請求に関し、買主の悪意・重過失が争われた。

東京地裁は、この点に関し、傍論ではあるが、「原告が、本件株式譲渡契約締結時において、わずかの注意を払いさえすれば、本件和解債権処理を発見し、被告らが本件表明保証を行った事項に関して違反していることを知り得たにもかかわらず、漫然これに気づかないままに本件株式譲渡契約を締結した場合、すなわち、原告が被告らが本件表明保証を行った事項に関して違反していることについて善意であることが原告の重大な過失に基づくと認められる場合には、公平の見地に照らし、悪意の場合と同視し、被告らは本件表明保証責任を免れると解する余地がある」と判示しつつ、結論としては悪意・重過失を認定せずに原告の請求を認めた。この判示からすれば、表明違反を請求するものが悪意であった場合は表明保証責任を免れ、重過失であった場合は「責任を免れると解する余地がある」ということになる。この判示をめぐって、悪意・重過失のある買主が表明保証違反を根拠に補償請求をすることを認めるべきかどうか、様々な議論がなされている。

2　悪意の場合——悪意になった時期

まず、前提として、本件の争点は株式譲渡契約締結時点における買主の悪意・重過失であり、株式譲渡契約締結後クロージングまでの間における買主の悪意・重過失が問題にされたわけではなく、判示も明示的に株式譲渡契約締結時点における主観について述べていることを指摘しておきたい。

契約締結時点で売主の表明保証違反について悪意があった場合は買主としてはその点を折り込んで交渉しているはずであるのに対し、契約締結後に売主の表明保証違反の認識を得た場合は既に契約の拘束力は生じており、契約締結時点での買主の認識としては表明保証違反がないことを前提にしているという違いがある。契約締結時点の悪意の場合に責任追及をすることを否定したとしても、契約締結後に悪意になった場合に同様の結論になるとは限られないというべきである。契約締結後に売主の表明保証違反の事実を認識した買主としては、契約に従い、①クロージングを実行せず、契約を解除するか[15]、②クロージングを実行し、表明保証違反に基づく補償請求を行うかの選択肢を有するはずであり、後者の選択をすることが信義則や禁反言に反するかどうかが問われることとなろう。

3　悪意であれば信義則・禁反言に制約される必然性があるか

本判決は契約締結時において悪意であれば表明保証違反の責任を追及できないことを所与の前提として悪意の有無を検討しており、その根拠は信義則・禁反言にあると思われる[16]。しかし、契約締結時点で悪意であることによって当然に表明保証違反の責任追及を否定する事情になるかどうかも慎重に検討されるべき課題のように思われる。

契約実務上請求者の主観的事情は責任追及のための要件とはされておらず、買主および売主が表明保証の範囲と例外を確定することにより、リスク分担の範囲を確定しているのであるから、買主が悪意であったとしても当該リスク分担機能を貫徹するのが当事者の意思に合致するという判断もありうる。M&Aの交渉時点における説明義務をめぐる多くの裁判例は私的自治および自己責任の原則を貫徹し、契約上明記していない説明義務を容易には認めない傾向にある[17]ところ、私的自治および自己責任の原則を貫徹するのであれば、契約に明文として定められていない買主の主観を要因として請求を制限するのではなく、契約文言に従ったリスク分担を行うこともあながち不合理ではないと思われる。

事案によっては実質判断により契約文言にはない要件を加えることに合理性があることも否定はできないが、契約締結時点で悪意であることが責任追及を否定する理由になるかどうかは実質的に考慮されなければならないように思われる。まず、買主が悪意であると認定されたとしてもそれは「リスクがあることを認識している」という意味での悪意にすぎないという点に留意が必要である。当該リスクをどのように評価し、どのように取引条件に反映させるのかについては当事者間の交渉に委ねられるが、リスクが顕在化する可能性および顕在化した場合の損害等の評価について当事者の意見が全く異なるのがむしろ通常であり、買主がリスクを過大評価し、売主がリスクを過少評価することは珍しいことではない。そうした場合に取引条件についての合意が成立しないから取引を中止するという選択肢だけではなく、リスクを取引条件すなわち価格には反映させず、リスクが顕在化した場合にのみ補償を認めるというかたちで事後的な補償に委ねるという選択肢もあながち不合理なものとはいえない。次に、売主と買主間の情報の格差があり、買主がデューディリジェンスを実施したとしても時間・人員・コスト等の制約から複雑なビジネスのリスクを十分に把握しきれないのに対し、（事案にもよるが）売主はビジネスについて十分な情報を有しているのが通常であり、開示別紙に表明保証の例外として開示すればリスクを買主に移転することが可能なはずである。売主も表明保証違反について悪意である場合に、買主が悪意であるからという理由で補償請求を否定すべきかどうかという問題は残る。売主の認識、買主が認識を有するに至った経緯、認識の内容、交渉の経緯、当該リスクが価格等の取引条件に反映されているかどうか等を問うことなく、買主が悪意の場合は直ちに表明保証違反に基づく責任追及を制限することという解釈論が果たして妥当かどうかは疑問なし(18)としない(19)。

4　重過失の場合

悪意であるとしても直ちに表明保証違反に基づく責任追及を制限すべきではないとする立場からすれば、重過失の場合における責任追及の制限には否定的にならざるを得ない。重過失の場合は、悪意ではないので表明保証違反に伴うリスクは価格等の取引条件に反映されているはずがない。また、悪意、重過失および過失の分水嶺は実際には曖昧であり、仮にデューディリジェンスにおいて開示された膨大な資料の中に関連するような記載がわずかでもあれば悪意・重過失が認定されうるとすれば表明保証のリスク分担機能が著しく害されることとなる。悪意・重過失の場合における表明保証違反の請求追及が制限されうるとすれば、買主としてはデューディリジェンスを実施せず、当初から表明保証違反のみに依拠すればよいとする実務を正当化しかねないが、そのような実務は決して健全なものではないし、善管注意義務の観点からも正当化が難しい。

5　小　括

以上より、私見ではあるが、表明保証違反について買主が悪意・重過失である場合であっても補償請求が免責されるかどうかは契約解釈論も含め、事案毎に判断されるのが妥当なように思われる。もっとも、表明保証が一定の時点における一定の事実状態や権利義務の存在・不存在を表明し、その内容が真実かつ正確であることを保証することにある以上、少なくとも買主に悪意がある場合にまで責任追及を認めることについて倫理的抵抗感があることは否定しがたく、悪意の場合については米国でも同様に議論があるところである。

以下では米国における裁判例の傾向について触れ、リスク分配を徹底するための契約実務のさらなる工夫についても論じておきたい。

(14) 東京地判平成一八年一月一七日判時一九二〇号一三六頁。
(15) これに加えて表明保証違反に基づく補償請求を行うことも選択肢としては考えられる。
(16) 潮見・前掲注(10)。
(17) 東京地判平成一九年九月二七日判タ一二五五号三一三頁。また、裁判例の傾向について、金丸＝森田・前掲注(2)参照。
(18) 越知保見「『買主、注意せよ』から『売主、開示せよ』への契約観の転換」NBL九四九号二六頁（二〇一一年）は、「公平の観点からは、重過失はもちろんのこと単に悪意であったとしても補償請求の制限は認められるべきではなく、請求する側が、当該条項が誤りであることを知っているだけでなく、誤りであることを前提としてプライシングがなされているところまで立証される場合に初めて（信義則の観点から）補償請求が制限されるべきと思われる。」とする。
(19) 契約締結前に税務署による税務リスクの指摘を受けた議事録を買主に交付していた事案において表明保証違反に基づく補償責任を否定した裁判例として前掲注(2)大阪地判平成二三年七月二五日があるが、これは「売主が、クロージング日前に、買主に対し、明示的に表明及び保証の違反を構成する事実を開示した上で、本件株式を譲渡した場合」は表明保証違反が免責されることを契約上定めていた事案であり、契約に定められていない主観的要件としての悪意に基づいて責任追及を否定しているわけではない。

五　米国における裁判例および契約実務

1　米国における裁判例

買主がクロージング前に売主の表明保証違反の認識を有しており、クロージングすることを選択した場合になお表明保証違反に基づく補償請求ができるかどうか[20]は米国においても議論になっている。これに対し、筆者の認識する限り、重過失を問題にする議論はみあたらないようである。

(1)　依拠（Reliance）の要件

売主の表明保証違反に関する買主の認識は依拠の要件との関係で問題とされることがある。契約法の下では裁判所は当事者の合意に従うという原則があり、請求者は当該約束に依拠したかどうかを証明する必要がなく、単に約束違反を立証すればよいのに対し、詐欺（Fraud）という不法行為の場面では虚偽説明に依拠したことが請求の要件とされる。裁判所は、伝統的に、明示の保証（express warranty）は単なる事実の表明であり、約束ではないと理解をしており、明示の保証が契約書の中に規定されていたとしても、それは虚偽の場合に損害を支払うという内容の約束ではなく、単に約束を誘引するための事実表明すなわち事実行為にすぎないとの理解をしてきた。その結果、当事者が明示の保証が事実ではないと知っていた、疑う理由があった、または事実かどうかに関心がなかったという場合には責任が否定されることとなる[21]。

このような伝統的な理解からすれば、買主が売主の表明保証違反を認識していた場合は依拠の要件を欠き、買主は売主の表明保証違反の責任を追及できない[22]。しかしながら、後述するCBS対Ziff-Davis事件[23]（以下「Ziff-Davis事件」という）をはじめ、表明保証を契約責任として理解する立場が近年では有力であり、過半数の州がこの考え方を採用しているとされている(24)。

(2) Ziff-Davis 事件

Ziff-Davis 事件は、売主 Ziff-Davis が出版事業を買主 CBS に事業譲渡した際における買主に提供した財務内容に関する明示の保証が問題になった事案である。本件事業譲渡契約においては、①売主は、買主に対し、買主に提供した財務諸表が公正かつ妥当な会計原則に合致しており、財務情報を公正に示している旨の明示の保証をし、②他方当事者の調査にかかわらず、表明保証はクロージング後も存続する旨が定められていた。事業譲渡契約締結後、買主がデューディリジェンスを実施したところ、交付を受けた財務諸表について保証違反があると認識するに至ったため、売主に対し、交付を受けた財務諸表に重大な誤りがあるという見解を有する旨のレターを送付したところ、売主は、買主に対し、本件では全ての前提条件が成就されていること、買主の主張には理由がなく、財務諸表は公正かつ妥当な会計原則に合致し、かつ、財務状況を公正に示していること、クロージングが実行されなければ法に基づいてあらゆる救済を求める意思があることを通知した。買主は、これに対し、両当事者間に明確な紛争があること、売主がより多くの情報を持つことを明記し、クロージングは両当事者が有する何らの権利をも放棄するものではないことを留保した上で事業譲渡をクロージングする意思があることを伝え、売主はこれに合意した。

買主からの明示の保証違反の主張に対し、第一審は依拠の要件を欠くとしてこれを棄却し、控訴審もその判断を認容したが、ニューヨーク州最高裁判所は保証違反の請求が契約責任に基づくものであるとの理解を示し、「最も重要な問題は買主が保証された情報が正しいかどうかを信じたかどうかではなく、真実性に関する約束を購入していると信じたかどうかである」と述べ、「補償請求権は保証違反が立証されるかどうかという点のみにかかっている」と判示した。この判決は形式的には真実性に関する約束を購入していると信じたかどうかという形で依拠の要件の文言を残しているが、実質的にはその要件を撤廃したものと理解される。
Ziff-Davis 判決は依拠の要件を撤廃することで買主の主観的要件を問わないものとしたと理解され、買主にとっては歓迎すべきものであるが、「買主が保証された事実の存在についての売主の約束を購入した場合、買主に合意した後にこれらの事実について疑義を有するようになったからといって売主が責任を免れるものではない」と判示していることから、契約締結前に表明保証違反の事実を知った場合にも同判決の射程が及ぶかどうかは定かではないことが指摘されている(25)。

また Ziff-Davis 判決の後に、この判決の適用範囲を限定する裁判例が出ている。Galli 事件(26)において、連邦控訴裁判所第二巡回区は、クロージング時点で特定の保証の正確性について争いのあった Ziff-Davis 事件と当事者がクロージング時点で特定の保証が正確ではない旨合意していた本件とを峻別し、買主が、売主が開示した表明保証違反を構成しうる事実を十分認識し、承諾の上クロージングをした場合においては、買主が保証の権利を明示的に留保しない限り、権利を放棄している旨判示し、当該事実が売主より開示された場合は買主が権利を放棄したこととされる可能性が高く、第三者が買主に対して開示した場合は買主が保証を購入したとされる可能性が高いとして、表明保証違反の事実の入手経路を審理させるべく、原審に差し戻しをしている。Galli 事件によれば、売主が表明保証違反の事実を買主に伝達した場合、買主は保証の権利を明示的に留保しない限り、事後的に救済を受けられないものと理解される。

2　米国における契約実務

M&A契約の準拠法として頻繁に利用されるニューヨーク州法の下でも表明保証違反の事実について認識を有していた買主がクロージングを実行した場合に事後的に救済を受けられるかどうかは曖昧な点が残っている。かかる点を補完するため、買主に助言をする法律実務家としては、買主の主観にかかわらず、事後的に表明保証違反の責任を追及することができるように契約実務に工夫を加えることとなる。

(1)　サンドバギング条項・反サンドバギング条項

契約交渉の場面においては、買主側は、契約締結の前後もしくはクロージングの前後であるかの時期を問わず、買主が得た表明保証の正確性に関する知識または調査は表明保証に基づく補償請求その他の救済に影響を与えない旨の規定（以下「サンドバギング条項」という）を求めることが通常である（モデル株式譲渡契約一一・一条（b））。買主の立場からは、買主の主観にかかわらず、売主の保証および関連する補償請求権を購入したのであるからその権利行使は買主の主観によって影響されるべきではないということになろう。

これに対し、売主は、買主がクロージング時点で知識を有している売主の表明保証違反に関しては買主は権利を放棄したものとみなされる旨の条項（以下「反サンドバギング条項」という）の規定を求めることもある。売主の立場からは、買主が表明保証違反の事実を知っているにもかかわらず、クロージングを行い、その後補償を求めるのは不公正であり、倫理的ではないということになろう(27)。

Charles K. Whitehead の調査によれば、二〇〇七年七月から二〇一一年六月の間においてEDGARシステムに公開されている株式譲渡、資産譲渡および合併契約の八八四事例において、サンドバギング条項をおいているものが四七・一％、反サンドバギング条項をおいているものが五・五％、いずれもおいていないものが四七・四％

あったということである。(28)

(2) 特別の補償

表明保証のリスク分担機能を重視する立場からは、買主の主観にかかわらず、補償請求権が行使されるべきということになるが、その機能の貫徹のためには、必ずしも表明保証違反とする必要はなく、補償請求権が可能であればよいということになる。この観点からすれば、表明保証に違反したから補償を請求するという法律構成ではなく、直接的に一定の損害等、例えばクロージング前に製造または販売された製品に関する（製造物責任等の）損害等を特別の補償として規定すればよいということになる。モデル株式譲渡契約一一・二条（d）以下はこのような特別の補償を定めるものであり、税金、訴訟および環境等が定められている。特定の事項に関してクロージング前の行為または事象に基づくものは売主の負担、それ以降のものは買主の負担とリスク分担を明記するものであって、発想としては危険負担に近いものがあるように思われる。

(20) M&Aに従事する実務家の間では、契約締結時点またはクロージング時点において、買主がデューディリジェンス等を通じて特定の表明保証が虚偽であることを認識しているにもかかわらず、クロージングを行い、その後、売主に対して表明保証違反に基づく責任を追及することを「サンドバギング」と呼んでいる。「サンドバギング」は騙すというニュアンスで用いられる用語であり、かかる行為が倫理的な意味で否定的に捉えられていることを端的に示しているように思われる。Glenn D. West & Kim M. Shah, Debunking the Myth of the Sandbagging Buyer: When Sellers Ask Buyers to Agree to Anti-sandbagging Clauses, Who is Sandbagging Whom?, 11 No.1 M&A Law 3（2007）.

(21) Glenn and Kim, *Id.*

(22) Hendricks v. Callahan, 972 F. 2d 190, 194（8th Cir. 1992）（ミネソタ州法）は明示の保証違反を知っていた買主の責任追及を否定した裁判例の中で代表的なものとされる。同判決を含め、ミネソタ州法を批判するものとして、Representations, Reliance & Remedies: The Legacy of Hendricks v. Callahan, 62-SEP Bench & B, Minn 30（2005）がある。また、依拠と明示の保証との関係について各州の裁判例をまとめたものとして、Frank J. Wozniak Purchaser's disbelief in, or non reliance upon, express warranties made by seller in contract for sale of business as precluding action for breach of express warranties, 7 A.L.R.5th 841 (1992) がある。

(23) CBS Inc. v. Ziff–Davis Publishing Co., 553 N.E.2d 997, 1001 (N.Y. 1990) は「明示の保証違反はもはや不法行為に基礎を有するのではなく、本質的に契約責任であるとするのが通説的な考え方」とする。

(24) Robert J. Johannes and Thomas A. Simonis, BUYER'S PRE-CLOSING KNOWLEDGE OF SELLER'S BREACH OF WARRANTY, 75-JUL Wis. Law. 18 (2002). また Charles K. Whitehead, Sandbagging: Default Rules And Acquisition Agreements, 26 Del.J.Corp.L 1081 (2011) は Appendix A において依拠を要求する州と契約責任とする州の分類を掲載している。

(25) Robert F. Quintance, Jr., CAN YOU SANDBAG? WHEN A BUYER KNOWS SELLER'S REPS AND WARRANTIES ARE UNTRUE, 5 No. 9 M&A LAW. 8 (2002).

(26) Galli v. Metz, 973 F. 2d 145 (2d Cir. 1992).

(27) James C. Freund, ANATOMY OF A MERGER: STRATEGIES AND TECHNIQUES FOR NEGOTIATING CORPORATION ACQUISITIONS (1975) at 423.

(28) Charles K Whitehead, *supra* note 24.

六　日本における今後の解釈論および契約実務への示唆

以上見てきたとおり、米国においてはクロージング前に買主が売主の表明保証違反の事実を認識した場合、売主の表明保証違反を追及できない可能性があることが指摘されており、また依拠の要件に関する各州の判断が分かれていることもあって、契約準拠法の選択の重要性や契約におけるサンドバギング条項等の必要性が広く議論されているところである。

日本においては、表明保証が輸入概念であること、裁判所が必ずしもM&A等の契約実務になじみがあるとはいえないため、表明保証の要件や法律効果について予測可能性が高いとはいえない。その意味で、契約当事者が契約締結時に予定をしていた法律効果が達成されるかどうかについて不安定な状況にある。このように買主の悪意・重過失が表明保証違反を制約する可能性があるにもかかわらず、関係当事者は表明保証に過度に期待している傾向があるように思われる。

買主側に助言をすることもある法律実務家としては、裁判所が、買主の主観にかかわらず、「契約は契約である」というわりきった考え方を採用することを期待するわけにもいかない。買主の悪意の場合に契約違反による損害賠償を請求することに倫理的抵抗があるとすれば表明保証という概念に拘泥することなく、特別の補償条項やリスク分担による価格調整および代金の返還を定める条項に切り替えていくことも将来的な実務課題であろう。

ドイツにおけるコーポレート・ガバナンスの発展

――コーポレート・ガバナンス・コードによる規律

前田重行

一　序論

1　会社法の領域においてコーポレート・ガバナンス（Corporate Governance）が盛んに論じられるようになってきており、コーポレート・ガバナンスはすでに会社法学においても広く用いられる概念となっている。ただその概念の意味するところは、必ずしも明確ではなく、統一されているわけではない。会社法における広範囲な問題を含めてコーポレート・ガバナンスの概念を用いる場合から、特定の問題に限定して用いる場合まで、広狭かなり幅のある概念となっている。このように会社法におけるコーポレート・ガバナンスはかなり多様な意味にも用いられてきているが、しかし多くのコーポレート・ガバナンス論では、主として会社の運営機構の問題を扱ってきており、会社の運営・管理機構のあり方とそれに関連する諸問題がコーポレート・ガバナンス論の中心的テーマとなっている。特にわが国では、コーポレート・ガバナンス論としては、大規模な株式会社の業務執行とその監視・監督機能の有効性の確保の問題を扱っている場合が一般的である。(1)

ドイツではコーポレート・ガバナンスについては、Unternehmensverfassung（企業の基本的構造ないしは仕組み）という概念が対応するものと考えられてきており、企業の運営とその監督についての法的かつ事実的な体制を示すものとして考えられてきている。(2)このようにドイツにおいてもコーポレート・ガバナンスの概念自体については、広い概念として訳されているが、しかし文献等においてコーポレート・ガバナンスの問題として論じられている多くは、株式会社における会社の運営とその監視・監督のシステムの問題であり、会社の運営における株主総会、取締役および監査役会の間の相互の関係とそれらの機関の機能を有効に発揮させるためのシステムないし方策についての議論が、コーポレート・ガバナンス論の中心課題となっている。(3) そしてさらに、後述のコーポレート・ガバナンス・コードの規整の対象となっているのが上場会社であることから明らかであるように、コーポレート・ガバナンスの中心的問題は上場会社のような大規模会社の運営機構の問題であり、その適切かつ効果的な制度および機能の問題であるということになる。

このようにみてくると、ドイツにおいてもコーポレート・ガバナンスとは、狭義では大規模株式会社の運営機構を対象とし、特にそのような会社の業務執行とその監視・監督システムを意味するとともに、その適切なあり方を意味するものといえよう。本稿でも、ドイツにおけるコーポレート・ガバナンスを右に述べたような意味として把握し、取り扱うこととする。

2　ドイツにおけるコーポレート・ガバナンスについての法制度たる株式会社法は一九世紀以来の歴史を有するが、現行株式会社法は、一九六五年に制定された株式法（Aktiengesetz vom 1965）であり、現在まで度々改正されてきている。特にコーポレート・ガバナンスの議論に関しては、一九九〇年代以来活発化してきている。一九九〇年代においては、大規模な企業の破綻や不祥事が相次いで生じてきており、このような状況の中でドイツにおける株式会社の企業運営と経営に対する監視・監督機構が有効に機能していないという批判が生じ、その対策としてコーポレート・ガバナンス・システムを主たる対象として、立法的対策がとられ、株式法の改正(4) がなされてきている。また従来ドイツにおいては、企業の資金調達については、留保利益、銀行借入および国内資本市場からまかなってきていたが、次第にドイツ外の資本市場からの調達も重要になり、資金調達が国際的にならざるを得なくなってきた。そして資本市場がグローバル化することにより、ドイツの大企業もグローバル化した資本市場からの資金調達を重視せざるを得なくなり、その結果ドイツの企業もこのグローバル化した資本市場から要請される適切なコーポレート・ガバナンス・システムを整備しなければならなくなってきたのである。特にグローバル化した資本市場に資金供給をする投資家層である国際的なインベストメント・ファンド等に対して、適切な開示制度や効率的な経営およびその監視・監督機構の存在をアピールすることが必要になったのである(5)。いわば、資本市場の国際化、グローバル化にともなって、国際的に企業のコーポレート・ガバナンス・システムの適切な形成と維持が要請され、そのことは国際間のコーポレート・ガバナンス・システムのあり方と形成についての競争が生じてきたことを意味することになる(6)。ドイツにおいてもこの要請に応え、コーポレート・ガバナンスの改革と整備が積極的に行われることとなった。ただこのようなコーポレート・ガバナンスへの改革への取り組みは、必ずしも常に法改正のレベルで行われたわけではなく、自主規制ないしは強制力を伴わないモデル・コードの作成と提示というレベルにおいても積極的に行われることとなった。このモデル・コードとして作成されたのが、上場企業を規整対象とするドイツ・コーポレート・ガバナンス・コード（Deutscher Corporate Governance Kodex）である。多くの大企業がこのコードの勧告に従ってきており、近年におけるドイツのコーポレート・ガバナンス・システムの発展は、このコードの存在に負うところが大きいともいえる。

また最近におけるコーポレート・ガバナンスをめぐる議論やそれを受けた法改正あるいはコードの改正は、ヨーロッパ諸国における金融危機、特にユーロ圏における金融、財政危機を契機として、それにコーポレート・ガバナンスの面から対処するという側面を有してきている(7)。

近年のドイツにおけるコーポレート・ガバナンスの改革は、以上のような背景を有するが、それに関連して、会社法のヨーロッパ化とでもいうべき、ＥＵにおける会社法の調整作業やＥＵによる勧告・提案に対応して法改正等が行われ、コーポレート・ガバナンス・システムの改革が進められてきている。

（1） 前田重行「ドイツにおけるコーポレート・ガバナンスの問題」民商一一七巻四・五号三四頁以下（一九九八年）参照。

（2） G. Hueck/C.Windbichler, Gesellschaftsrecht, 21. Aufl., 2007, S. 6, Henrik-Michael, Ringleb/T. Kremer/M. Lutter/A. v. Werder, Deutscher Corporate Governance Kodex, 4. Aufl., 2010, S. 1.

（3） Vgl. Hueck/Windbicher, a. a. O., S. 271.

（4） 「企業の領域におけるコントロールと透明性のための法律（Gesetz zur Kontrolle und Transparenz im Untenehmensbereich (KonTraG)）」（1998）、「透明性および開示の増進のための株式法および貸借対照表法の改正法（Gesetz zur weiteren Reform des Aktien- und Bilanzrechts, zu Transparenz und Publizitätsgesetz（Transparenz-und Publizitätsgesetz））」（2002）、「企業の完全性と取消権の現代化のための法律（Gesetz zur Unternehmensintegrität und Modernisierung des Anfechtungsrechts（UMAG））」（2005）、「取締役報酬の相当性についての法律（Gesetz zur Angemessenheit der Vorstandsvergütung（VorstAG））」（2009）等が挙げられる。

（5） Vgl. Ringleb/Kremer/Lutter/v.Werder, a. a. O., SS, 14-15.

（6） Vgl. Theodor Baums, Aktienrecht für globalisierte Kapitalmarkte — Generalbericht —, in : P. Hommelhoff, M. Lutter, K. Schmidt, P. Ulmer（Hrsg.）, Corporate Governanc, Beihefe der ZHR, H. 71, 2002, S. 14.

（7） Vgl. D. Weber-Rey, Äenderungen des Deutschen Corporate Governance Kodex 2009, WM Heft 2009, S. 2255.

二　ドイツ株式法におけるコーポレート・ガバナンス・システム

1　会社の運営機構に関する二層システムないしは二元的構成

ドイツ株式法における会社の運営機構については、いわゆる二層ないし二元的経営システム（Two-Tier-System, duale Führungssystem）がとられてきており、ドイツ株式法上は業務執行機関とその監督機関が明確に分離・区分され、異なった二つの機関によってそれぞれ担当されてきている。すなわち、会社の業務執行については取締役がその責任においてこれを行い、取締役の業務執行に対しては、異なった機関である監査役会が監視・監督する体制がとられている。もっとも監査役会は、純粋に監視・監督機能を担うだけではなく、会社における一定の重要事項については決定権や決定への参加権を有し、かつ業務執行に関して取締役との協議に応じ、かつ助言する等の役割を担っており、純然たる監視・監督機関に留まらず、会社のコントロール機関としても位置づけられている(8)。

2　株式会社における業務執行とそれに対する監視・監督体制

(1)　株式会社における業務執行

株式法七六条一項は、取締役が自己の責任において株式会社を指揮しなければならないと定めており、株式会社における業務執行は取締役が担当するものとしている。取締役の業務執行権限は取締役員全体の共同的権限であり（株式法七七条一項一文）、取締役が複数の取締役員により構成されている場合には、業務執行の意思決定は取締役員全員の合意によらなければならない。ただ定款または取締役規則により、これと異なる定めを置くことも認められている（株式法七七条一項二文）。

株式法九三条一項は、取締役員は通常かつ誠実な業務指揮者としての注意をもって業務執行を行わなければならないと定めており、取締役員に対して業務執行に際しての注意義務（Sorgfaltspflicht）を課している。この注意義務は、わが国の取締役が業務執行に際して負っている善管注意義務に相応するものといえよう。またドイツ株式法上、取締役員は、右の注意義務の他に、会社に対して忠実義務（Treuepflicht）も負っており、あらゆる場合に会社の利益を守り、会社を害してはならないといとされる(9)。この忠実義務は、英米会社法における取締役の忠実義務・

信認義務に由来するものと解されている。[10] その他、取締役員は、株式法上専念義務および競業避止義務（株式法八八条）ならびに守秘義務（株式法九三条一項三文）を負うものとされているが、これらの義務は右の忠実義務から派生するものと考えられる。[11] 取締役員は、前述の注意義務に違反して会社に損害を与えた場合には、会社に対して損害賠償責任を負う（株式法九三条二項）。この責任は過失責任であるが、注意義務を尽くしたか否かの立証責任は当該取締役が負うものとされている[12]（株式法九三条二項二文）。ただ取締役員の経営判断については、経営判断の原則（business judgment rule）の適用が認められており、取締役員の経営上の判断に際しては、取締役員が適切な情報に基づいて会社のために行為していることが合理的に認められる場合には、当該取締役員は注意義務違反の責めを負わないものとされる（株式法九三条一項二文）。

取締役員の選任は、監査役会が行う（株式法八四条一項一文）。監査役会は複数の取締役員を選任する場合には、そのうちの一名の取締役員を取締役議長に指名することもできる（株式法八四条二項）。員数については、株式法は一名または二名以上と定めているに過ぎず（株式法七六条二項）、具体的な員数は定款の定めによることになる。ただが、基本資本が三〇〇万ユーロを超える会社では二名以上必要である（株式法七六条二項）。また労働取締役が選任されている場合には、二名以上の取締役員が必要である。

解任については、監査役会に権限があるが、重要な理由がある場合にのみ解任できる。重要な理由としては、特に重大な義務違反がある場合、正規の業務執行をなし得ない状況にある場合および株主総会が不信任をした場合が挙げられている（株式法八四条三項）。

なおドイツ株式法上は、右に述べたように会社の業務執行は取締役が担当し、業務執行権限は取締役が有するものとされているが、取締役が業務執行を行うことについては、すべてが取締役のみによって決定されるわけではない。後述する監査役会も一定の範囲で業務執行の決定に関与するものとされており、部分的ではあるが監査役会も取締役とともに業務執行の決定に加わっているともいえる。このようにドイツ株式法上、業務執行の決定につき取締役が主体となりつつも監査役会も関与し、協働する体制については、近年次第に重視されてきており、そのための制度化も近年の株式法改正[13]やコーポレート・ガバナンス・コードによる規整[14]によって進められてきている[15]。

(2) 業務執行に対する監督

(ア) 株主・株主総会による監督　取締役の業務執行に対する監督は、後述するように主として監査役会が担うが、その他に株主総会や株主の監督是正権の行使も考えられる。株主総会は直接取締役員の選任・解任権を持たないが、取締役員、監査役員の責任解除決議を行う権限を有しており（株式法一一九条一項三号）、この権限を行使することは取締役の業務執行（および監査役員の職務執行）に対する一種の監督権の行使といえよう。株主総会は毎年営業年度の開始から一定期間内に取締役員および監査役員の責任解除についての決議を行うことになるが（株式法一二〇条一項一文）、その決議は、株主総会自身が決定するかまたは少数株主の請求がある場合には、個々の構成員ごとに決議しなければならない（同条一項二文）。株主総会が責任解除決議を行った場合には、取締役員または監査役員の会社の管理が承認されたことになる（株式法一二〇条二項）。したがって、このような取締役員・監査役員についての責任解除決議は、当該取締役員または監査役員に対する信任を意味するものといえよう[16]。もっとも、責任解除決議は右の役員に対する損害賠償請求権を放棄することを意味するものではないとされている（株式法一二〇条二項二文）。また責任解除決議が否決された場合には、そのことから直ちに当該取締役員等の地位が失われるわけではない。ただ取締役員に対する責任解除決議が否決された場合には、その決議は当該取締役員の解任事由たる重要な理由に当たることから、監査役会による解任の対象となる[17]。

以上のように見てくると、株主総会は業務執行機関によって提案される種々の決議案の審議を通して、業務執行機関に対する監督機能を間接的に発揮するが、特に株式法上の責任解除決議の制度は、取締役の業務執行に対する株主総会の直接的なコントロールであり、監督の制度であるといえる。また株主総会は、取締役等に対する会社の損害賠償請求権の行使を強制することができ、かつ損害賠償請求権行使のための特別代理人を選任することができる（株式法一四七条）、さらには株主には少数株主権であり、かつ裁判所の許可が必要ではあるが、一種の代表訴訟提起権も認められている（株式法一四八条）。これら一連の取締役員等に対する責任追及の制度は、株主総会ないしは株主による取締役に対する監視・監督機能を有するものといえよう。

(イ)　監査役会による監督　(i)　ドイツ株式法上、取締役に対する主要な監督機関は監査役会であり、監査役会が取締役の業務執行に対して直接監査を行うことになる。もっとも監査役会は直接的な監査機関に留まるものではなく、監査役会の職務および権限はかなり広く、その果たす機能はかなり広い範囲に及んでいる。すなわち、監査役会は、監査機関としての監査、取締役の選任、解任、定款または監査役会自体が定めた一定の重要事項についての同意、決算書の監査、決算についての株主総会への報告および年度決算書の確定についての権限を有し、それにより重要な機能を果たしている。これらの職務、権限により果たしている監査役会の機能をまとめると、取締役の業務執行に対する監査機能、業務執行機関の構成員たる取締役員の選任、解任の機能、会社の経営指揮に関して取締役と協議し、助言する機能および重要な企業的決定および年度決算の確定への参加機能ということになる(18)。

以上のように見てくると、監査機関としての監査役会は、直接的な監査だけではなく、かなり広い範囲の職務と権限を有するが、それらの広い範囲に及ぶ職務、権限は監査を有効に行うことを補充し、支える役割を担っているともいえるが、それとともに右の職務、権限は監査役会を単なる直接的な監査機関に留めず、取締役に対する支配・管理機関的な役割をも担うものとして位置づけられているものと考えられる。特に、監査役会が取締役員の選任・解任権を有し、一定の範囲ではあるが業務執行への介入が認められていることを見ると、その感を一層深くする。またドイツの監査役会の導入の経緯およびその沿革から見ても、監査役会が単なる直接的な監査機関に留まらず、株主の利益を代表する支配・管理機関としての位置づけを有するものと解することは妥当であろう(19)。

(ii) 監査役員は、株主総会によって選任される（株式法一〇一条一項）。ただし、監査役会は株主総会によって選任される監査役員だけで構成されるわけではなく、共同決定制度の下で、一定の会社を除くすべての株式会社においては従業員・労働者参加が強制され、監査役員は従業員、労働者からも選任される(20)。したがって、株式法一〇一条一項は、株主総会が選任する監査役員のについてのみの規定であり、いわば株主代表としての監査役員の選任規定である。

監査役会は三名の監査役員から構成されることが必要であると定められていることから（株式法九五条一文）、監査役員の員数の最低限は三名ということになるが、定款でそれ以上の員数を定めることもでき、その場合は三の倍数でなければならないとされている（同条二文）。定款で監査役員の員数を定める場合に、その数が三の倍数であることが要求されるのは、三分の一参加法(21)によって、監査役会を構成する監査役員の三分の一は従業員・労働者代表によることが要求されているからである(22)(23)。

株式法上、監査役員については右に述べたように株主総会が選任するが、その他に定款の定めにより特定の株主または特定の株式を所有する者は一定数の監査役員を派遣することが認められている（派遣監査役員制度）（株式法一〇一条二項）。監査役員の派遣権が認められる場合の後者における特定の株式については、記名株式で譲渡制限が付されている株式であることが要求されている（株式法一〇一条二項二文）。また右の派遣監査役員の数は法または定款の定める株主側監査役員の三分の一を超えてはならないとされている（株式法一〇一条二項四文）。これは監査役会が相応の株式を保有していない者に支配されることを防ぐためである。[24]

監査役員の解任については、原則として株主総会が行使された議決権の四分の三以上の多数決により行うことができるが（株式法一〇三条一項二文）、派遣監査役の場合は、派遣権を持つ者が、いつでも解任することができる（同条二項）。また監査役員につき重大な事由がある場合には、監査役会は裁判所に当該監査役員の解任の申立をすることができる（株式法一〇三条三項）。ただ従業員・労働者代表監査役員の解任は、共同決定制度における選任についての根拠法によることになる。

(iii) 監査役会の主たる業務は業務執行の監査であり、その監査業務を行うために種々の権限が与えられている。監査役会の監査を行うための権限は、機関としての監査役会総体に与えられており、監査業務の実行としての権限の行使は、機関としての監査役会が行うことになる。もちろん監査役会の監査業務には、個々の監査役員や内部委員会による具体的な監査行為およびそのための個別的な権限の行使も含まれるが、これらの行為や個別的権限は、総体としての監査役会の権限から派生するものとされている。[25] 監査役会による監査業務の実行に際しては、近年重要になってきているのは、監査役会における内部委員会（Ausschuss）の役割であり、監査役会はこの内部委員会の活動を通して監査業務を行うのが通常である。特に大規模な株式会社において監査役会の規模が大きくなり、監査役会自体が十分機能しなくなってきている状況の下では、内部委員会が監査機能を果たす上で重要な役割を担ってきている。[26] このような内部委員会について、株式法は、明文で監査役会がその審議や決定の準備のためまたはその決定の実施を監督するために、監査役員による委員会を一つまたは複数設定することができることを定めている（株式法一〇七条三項一文）。そして内部委員会の設定については、監査役会の決定によらなければならず、定款や株主総会がその設定を定めることはできないと解されている[27]。監査役会の権限に関しては、監査役会はその決定権限を委員会に委ねることができると解されていることから[28]、内部委員会は右の職務とともに監査役会から授権された決定権限を行使することもできる。ただ一定の重要な事項については、監査役会は右の内部委員会にその決定を委ねることができないとされている（株式法一〇七条三項三文）。委員会の活動状況については、監査役会に定例的に報告することが要求されている（株式法一〇七条三項四文）。

また株式法は、上記の監査役会における内部委員会のうち、特に監査委員会（Prüfungsausschusse）の設置についての規定を置いている。すなわち株式法一〇七条三項二文は、計算のプロセスの監視ならびに内部統制システム、リスク・マネージメント、内部検査システムおよび決算検査（特に決算検査役の独立性等）の有効性監視のための監査委員会を設定しうると定めている。この監査委員会の設置についての規定は、二〇〇九年の計算規定現代化法[29]による株式法の改正によって導入されたものである。この監査委員会の構成員については、上場会社（商法二四六d条が定める上場会社）では、少なくとも一名の会計または監査についての独立した専門家が加わることが必要であるとされている（株式法一〇七条四項）。ただこの専門家たるメンバーの必要性については、右の上場会社における監査役会には会計または監査の専門領域についての独立した監査役員が少なくとも一名存在することが要求されていることから（株式法一〇〇条五項）、この者が監査委員会の構成員に加われば、それで満たされると解されている[30]。

監査役会の監査については、取締役の業務執行の適法性のみならず合目的性および経済性についてまで及ぶものとされており、監査業務の実行は、取締役からの報告、取締役に要求して得られた情報に基づき、かつ自らの調査・閲覧等に基づいて、取締役の業務執行が適法であるか否かまた合目的的であるか否かを判断することになる。取締役の監査役会への報告義務については、株式法が会社の営業政策や将来の業務執行上の重要な問題、収益性、事業経過および会社の資産等に著しい影響を及ぼすおそれのある事項等について、定期的に報告することを義務づけている（株式法九〇条一項）、これらの取締役の報告義務については、前記二〇〇二年の「透明性および開示法」による改正によって改善されるに至っている(31)。

（8）前田重行「ドイツ株式会社法における経営監督制度の改革」菅原菊志先生古稀記念『現代企業法の理論』（以下「菅原古稀記念」と略称する）五九八頁（信山社、一九九八年）。ドイツ株式法における二層システムについては、前田・前掲注（1）四四頁以下、同・前掲菅原古稀記念六一一頁以下参照。

（9）Hueck/Windbicher, a. a. O., SS. 315 - 316.

（10）K. Langenbucher, Aktien- und Kapitalmarktrecht, 2008, S. 43.

（11）Hueck/Windbicher, a. a. O., S. 315.

（12）Hueck/Windbicher, a. a. O., S. 328, U. Hüffer, Aktiengesetz. 10. Aufl. 2012. § 93 Rn 16.

（13）二〇〇二年の「透明性および開示法（Transparenz- und Publizitätsgesetz）」など。

（14）ドイツ・コーポレート・ガバナンス・コード「取締役と監査役会の協働」Tz. 3.1 以下。

（15）主として取締役の監査役会への情報提供の強化や協議体制の整備など。

（16）Hüffer, a. a. O., § 120 Rn 2, 12.

（17）Hüffer, a. a. O., § 120 Rn 16.

（18）M. Lutter, Defizite für eine effiziente Aufsichtsratstätigkeit und gesetzliche Möglichkeiten der Verbesserung, ZHR 1995, S. 289, 前田・前掲注（8）菅原古稀記念五九七頁参照。

（19）前田・前掲注（8）菅原古稀記念五九七頁。

（20）共同決定制度については、前田・前掲注（8）菅原古稀記念五九八頁以下参照。

（21）Gesetz über die Drittelbeteiligung der Arbeitnehmer im Aufsichtsrat (Drittelbeteiligungsgesetz).

（22）従来経営組織法（Betriebsverfassungsgesetz）の適用を受ける会社については、監査役会の構成員の三分の一は従業員・労働者側から選任されなければならないとされていたことを考慮した規定であるが、二〇〇四年の三分の一参加法により、経営組織法における共同決定についての規定は、同法に吸収されている（Hueck/Windbicher, a. a. O., S. 284.）。

（23） 共同決定法における監査役会への従業員・労働者の参加については、前記三分の一参加法の他に共同決定法、石炭鉄鋼共同決定法等の制度があり、これらの法律の適用を受ける株式会社については、それぞれ異なった監査役員の員数が定められている。そのうち共同決定法の適用を受ける会社については、従業員数に応じた員数が定められているが、その監査役員全体の割合は、半数とされている（前田・前掲注（8）菅原古稀記念五九九頁参照）。なお、共同決定制度の適用を受ける株式会社の監査役会における従業員・労働者側の監査役員の割合および員数については、高橋英治『ドイツ会社法概説』一六八頁以下（有斐閣、二〇一二年）の説明が詳細である。

（24） Hüffer, a. a. O., § 101 Rn 9.

（25） Hans-Joachim Mertens, in : W. Zöllner/U. Noack（Hrsg.）, Kölner Kommentar zum Aktiengesetz, 2.Aufl. 1996, § 111 Rn 10. 前田・前掲注（8）菅原古稀記念六〇二頁参照。

（26） Hueck/Windbicher, a. a. O., S. 24.

（27） Hüffer, a. a. O., § 107 Rn 16.

（28） 株式法一〇七条三項三文の反対解釈。Vgl. Hüffer, a. a. O., § 107 Rn 18.

（29） Gesetz zur Modernisierung des Bilanzrechts（Bilanzrechtsmodernisierungsgesetz（BilMoG））（2009）.

（30） Hüffer, a. a. O., § 107 Rn 17d.

（31） 前掲注（4）「透明性および開示の増進のための株式法および貸借対照表法の改正法（Transparenz-und Publizitätsgesetz）」による株式法九〇条の改正。同改正法案の理由書（Bundestag-Drucksache, 14/8769, SS. 13－16）参照。

三　ドイツ・コーポレート・ガバナンス・コードによる規整

1　前記二で述べたようにドイツのコーポレート・ガバナンス・システムについては、一九六五年の株式法制定以来、数次の法改正により立法的な改善措置が施されてきている。特に一九九〇年代以降、度々コーポレート・ガバナンス・システムについて立法的改革が広範囲になされてきており、これらの法改正によってドイツのコーポレート・ガバナンス・システムは大きく改善されてきている。ただドイツのコーポレート・ガバナンス・システムの改善は、右のような制定法についての立法的な改革によるだけではなく、それと相俟って進められてきた自主規制としてのコーポレート・ガバナンス・コードの創設とその実施によるところも大きい。特に、上場会社の実務に対しては、コーポレート・ガバナンス・コードによる規整は大きな効果を上げてきている。もっともその反面では、コーポレート・ガバナンス・コードについては後述するような種々の批判もあり、問題点も存在する。

2 ドイツ・コーポレート・ガバナンス・コードの創設過程

(1) 創設の背景

二〇〇二年のドイツ・コーポレート・ガバナンス・コードの創設の背景には次の三つの点が挙げられよう。その一つ目は、一九九〇年代における企業経営の失敗による大企業の破綻や企業不祥事の多発に対して、コーポレート・ガバナンスの改善による対処の面が挙げられる。もちろん右のような企業破綻や不祥事への対策あるいは防止に関しては、立法的な措置としての法改正が挙げられる。そのような法改正の例としては、前記一九九八年のコン・トラ法(KonTraG)(前掲注(4)参照)による株式法の改正があるが、さらに強行的な制定法の強化等によるだけではなく、そのような制定法を補完する効果的な自主規制によることも考えられたのである。二つ目の点は、経済のグローバル化と資本市場の自由化・国際化に対応するためのコーポレート・ガバナンス体制の改革の必要性という点もコーポレート・ガバナンス・コードの創設の背景としては重要であろう(32)。この点についてはドイツの大企業にとって国際的な資本市場からの資金調達の必要性が高まり、それに対応して、グローバルなコーポレート・ガバナンス・システムへの移行が要請され、それに対応するための手段として効果的な自主規制としてのコーポレート・ガバナンス・コードが重視されたのである。(33) 三つ目は、諸外国における自主規制コード制定の動きによる影響である。すなわち、諸外国において、強制的な制定法によらずに任意的な自主規制の導入によって、良きコーポレート・ガバナンス・システムを形成する傾向が見られ、主として上場会社を対象とした標準的規制の導入により、コーポレート・ガバナンス・システムのスタンダードを形成せしめようとすることが行われてきた。(34) この影響を受けてドイツにおいてもより良いコーポレート・ガバナンス・システムのスタンダードを企業社会に提示するということが図られたのである。(35)

(2) バウムス委員会（Baums-Kommission）の設置とその提言

(ア) 二〇〇〇年に連邦政府の委託によりコーポレート・ガバナンス政府委員会が設けられ、コーポレート・ガバナンス・システムの改革についての検討が要請された。すなわち連邦政府は委員会に近年における資本市場の国際化によって生じた変化を考慮して法制度の現代化を図るための提案を行うことを要請した。具体的には、発展した情報およびコミュニケーション技術の利用を図ること、ドイツにおける大企業の経営の指揮とそのコントロールの強化を図ること、および国際的なコーポレート・ガバナンス・システムの競争においてリーダーシップを発揮するために考えうる欠点を除去することが要請されたのである。(36) そして右のコーポレート・ガバナンス・システムの競争ということは、ドイツ企業が国際的な資本調達を行う上で必要とされるコーポレート・ガバナンス・システムの国際的なスタンダードに合わせることであり、特にアングロサクソン系の機関投資家の要求する基準に対応させることを意味することになる。(37) それとともにドイツ国内の企業や投資家の資金を国内市場のみならず国際的市場においても運用するための種々の機関や制度についてこれを強化し、新たに必要な制度を創造することが必要であると指摘されている。[38]

(イ) Baums委員会は、二〇〇一年七月最終報告書[39]を連邦首相に提出した。

報告書の内容を大きく分けると、コーポレート・ガバナンス・コード制定の必要性についての提案および株式法における種々の改革提案からなっている。すなわち、報告書では、最初に制定法としてのドイツ株式法による規制が行為規準としてのコードによって補充されるべきか否かを検討し、上場会社を対象としたコーポレート・ガバナンス・コード（Corporate Governance Kodex）を設けるべきであることを提言した。すなわちそのコードにおいてコーポレート・ガバナンスについての基準を定め、上場会社の取締役・監査役会にこの基準に基づく勧告に応ずるかどうかを毎年宣言することを法律上義務づけることとすべきであるとした。[40]

報告書における株式法上の改革提案としては、①経営指揮機関（取締役・監査役会）、②株主と投資家（株主総会、株主の権利および投資家保護）、③企業金融、④情報技術および開示、⑤計算規定および決算検査の項目からなっており、これらの項目につき改革すべき点を検討し、その基本線を示すとともに、基本的な提案を行っている。特に最初の経営指揮機関としての取締役・監査役会の項目では、共同決定制度については扱わず、かつ経営指揮機関の二元性は維持することを確認している点が注目される。[41]

(ウ) 前記Baums委員会報告書については、連邦政府はこれを承認し、その実現のための措置を順次段階的に行ってきている。まずコーポレート・ガバナンス・コードの設定については、連邦司法省は二〇〇一年九月六日にドイツ・コーポレート・ガバナンス政府委員会（Regierungskommission Deutscher Corporate Governance Kodex）を設置し、同委員会に「委員会は現行法を基礎としてドイツ・コーポレート・ガバナンス・コードを発展させ、制定し、さらに定期的のその内容をチェックし、必要に応じて適合性を確保すべきである。[42]」とする趣旨の付託を行った。二〇〇二年に委員会はコードを制定し、これを電子官報で公告した。

なおコードにおいては、「勧告に応ずるか、さもなくばその理由を説明せよ（comply or explain）」の原則がとられているが、この点については立法的措置が必要であり、この点は、透明性・開示法（Transparenz-und Publizitätsgesetz）の政府草案に委ねられた[43]。

また立法者に向けられた株式法の改革提案については、順次段階的に実現されていったが、特にその多くは右の透明性・開示法の制定に取り込まれている[44]。また報告書における会社法上の特別手続についての提案は、会社法上の特別手続についての新たな規制法（Spruchverfahrensneuordnungsgesetz vom 2003）に取り込まれている[45]。

（32） Ringleb/Kremer/Lutter/v.Werder, a. a. O., SS. 14-15.

（33） Vgl. Ringleb/Kremer/Lutter/v.Werder, a. a. O., SS. 14-15.

（34） その例としてはＯＥＣＤのコーポレート・ガバナンス原則（OECD Principles of Corporate Governance（1999, Revised version 2004））や英国のコンバイン・コード（Committee Corporate Governance, The Cobined Code（1988））などが挙げられる。

（35） Vgl. Ringleb/Kremer/Lutter/v.Werder, a. a. O., SS. 14-15.

（36） Baums, a. a. O., S. 14, Bericht der Regierungskommission „Corporate Governance“ Unternehmensführung – Unternehmenskontrolle – Modernisierung des Aktienrechts, Bundestag – Drucksache 14/7515（2001）, A. Auftrag.（以下 Bericht der Regierungskommission と略称する）。なお、同報告書については、わが国においても紹介されているが、その要約部分の邦訳と概要の紹介については、早川勝「業務の施行・監督・株式法の現代化――ドイツ『コーポレート・ガバナンス委員会』報告書」同志社大学ワールドワイドビジネスレビュー三巻一号一二四頁以下（二〇〇二年）および正井章筰『ドイツのコーポレート・ガバナンス』三七二頁以下（成文堂、二〇〇三年）がある。

（37） Baums, a. a. O., S. 14.

（38） Baums, a. a. O., S. 14.

(39) Bericht der Regierungskommission.
(40) Bericht der Regierungskomission, Zusammenfassung der Empfehlungen, Rdz. 5-17, Erstes Kapitel: Gesetzliche Reguleirung und Corporate Governance-Kodex, II. Rdz. 5-17.
(41) Vgl. Bericht der Regierungs-kommision, Zweites Kapitel : 1. Allgemeines, Rdz. 18, Baums, a. a. O., S. 19.
(42) Ringleb/Kremer/Lutter/v.Werder, a. a. O., S. 19.
(43) Vgl. Baums, a. a. O., SS. 22-23, Bundestag-Drucksache 14/8769, Begründung 1. Allgemeiner Teil.
(44) Vgl. Bundestag-Drucksache 14/7515, Begründung 1. Allgemeiner Teil.
(45) Vgl. Bams, a. a. O., SS. 23, 24.

四　ドイツ・コーポレート・ガバナンス・コードの目的とその性格

連邦政府の付託の趣旨から見ると、コーポレート・ガバナンス・コード制定の目的としては、現行法を基礎として、良き責任ある企業運営についての綱要を形成し、ドイツの上場会社の経営の指揮と監督についての内外の投資家の信頼を確保せんとする点にあると考えられる[46]。制定法に代わることではなく、既存の制定法を拡大、発展させることでもなく、その意図するところは、現行法の範囲内で、広く開かれた行為、行動の裁量範囲を具体化し、その実行提案としての勧告を示すことにある[47]。

コードに示された勧告に従うか否かは、個々の会社や経営者の問題であり、従うことについては任意である。ただ、勧告に従うか否かについて、定期的に明示し、従わない場合にはその理由を示すことが要求される。この点についてのみ制定法上の義務とされている（株式法一六一条）。

(46) Ringleb/Kremer/Lutter/v.Werder, a. a. O., S. 22.

(47) Ringleb/Kremer/Lutter/v.Werder, a. a. O., S. 22.

五　ドイツ・コーポレート・ガバナンス・コードの実施とエンフォースメントの確保

1　ドイツ・コーポレート・ガバナンス・コードは取引所上場会社に対してのみ適用され、コードの規準には、勧告（Empfehlung）および推奨（Anregung）の二種類がある。上場会社は、毎年コードの勧告に従うか否かを連邦官報に表明することが要求されている（株式法一六一条）。コードの適用を受ける会社であっても勧告に従う義務はなく、勧告と異なることも可能である。ただその場合には、勧告に従っていない旨を表明し、その理由を付さなければならない（株式法一六一条）。いわゆる、「勧告に応ずるか、さもなくばその理由を説明せよ（comply or explain）」の原則がとられている。

勧告は、上場会社としてのベスト・プラクティス（Best-Practice）を定めたもので、上場会社はこの勧告に関しては応ずるか否か表明すべき義務を負っている。これに対して、コードにおける推奨は、いまだ一般的にベスト・プラクティスとしては受容されていないが、将来的にはベスト・プラクティスのスタンダード（Best-Pracitce-Standard）に発展すれば、勧告に格上げされることになるモデル的な規準を意味する(48)。

エンフォースメントの確保としては、会社の内部制度や行動がコードの勧告に従っているか否かが株主および市場における投資家に開示されることから、会社が市場における影響を意識し、それを考慮すれば、コードの勧告に従うことが事実上強制されることになろう。とくに勧告と異なる場合については、その理由を示すことが強制されることは（株式法一六一条）、勧告に従うための圧力となる。

2　株式法一六一条による勧告に応ずるか否かの表明義務は、上場会社の取締役および監査役会の法的義務であるから、取締役および監査役会がコードの勧告について従うか否かの表明をしない場合または不実の表明をした場合には法令違反となる。(49) 取締役および監査役員が右の法令違反行為を行った場合には、取締役員および監査役会の構成員たる監査役員は善管注意義務（株式法九三条・一一六条）違反となり、会社に損害が生じた場合には、損害賠償義務を負うことになる。会社の損害が生ずる場合として考えられるのは、株式法一六一条違反の市場への影響によって、会社が融資を受ける場合の条件が悪化するような場合である。(50)

3　さらにコーポレート・ガバナンス・コードのエンフォースメントにとって重要な点は、コードの要求する手続を順守しないことについての司法上のサンクションが存在することであろう。すなわち、不順守が裁判所によって違法と判断され、一定の法的効果が下されることである。この点については、すでに連邦普通裁判所（Bundesgerichthof）は、最上級審として、会社が株式法一六一条に違反してコードの勧告に従うか否かについて表明をしなかったか、または不実の表明をした点につき、それが取締役員または監査役員の責任解除決議（同法一二〇条）に影響している場合には、決議は取消事由を帯びるという判断を行っている。このような判断を示した最初の判例としては、Kirch/Deutsche Bank 判決(51)が挙げられる。同判例における事案は、会社の取締役および監査役会がコードの勧告五・五・三（監査役会による利益相反についての株主総会への報告の必要性を定める勧告(52)）を含む勧告に応じる旨の表明をしていたが、当該会社の監査役員が会社と利益相反関係を有しているにもかかわらず、監査役会がその旨およびその取扱いを報告せずに監査役員の責任解除決議を株主総会で行った事案である。同判決は、株式法一六一条により取締役および監査役会が行ったコードにおける勧告に応じる表明が、不実の表明であった場合には、当該表明は株式法一六一条に違反し、そのような違反が存在するにもかかわらず、かつ当該役員がその表明の不実性を認識しまたは認識しうべき場合には、当該役員について株主総会で行われた責任解除決議には、決議取消事由が生ずると判示している。さらにその後すぐに連邦普通裁判所の判例として二〇〇九年九月二一日の判決(53)が出ており、右の判例を踏襲している。同判例における事案は、やはりコード五・五・三を含むコードの勧告に応ずる旨の表明をしておきながら、監査役会が監査役員の利益相反の存在ないしはその取扱いを株主総会へ報告しなかったことに対して、株式法一六一条違反が問われた事案である。同判例は、右の違反は、真実の表明または不実の表明を是正する表明を行うべき役員の義務に違反することになり、その違反が重要な点に関わる場合には、株式法二四三条一項による決議取消事由が認められる。そしてこの場合の、重要な場合としては、違反により提供されなかった情報が、株主の議決権等の権利の正当な確保を図り、株主がその権利行使に際して適切な判断を行う上で重要である場合を意味することになるとする。

右に述べた二つの判例は、いずれも、監査役会が株主総会への報告において利益相反の存在およびその取扱いを報告すべきであると規定するコードの勧告五・五・三に応諾しておきながら、それを行わずに、監査役員の責任解除決議を行ったことに対して、当該決議の取消を認めた事案であり、かつ株式法一六一条の表明に反して監査役員の利益相反を株主総会に報告しなかったことは、重大な点に関わる違反行為であるとした点において共通した判断を示している(54)。このように、すでに判例により、株式法一六一条に違反した場合には、その違反が関連する株主総会決議に関しては、決議取消事由が生じうることが明らかにされており、このような判例の発展は、コードのエンフォースメントにとって大きな効果を持つものといえよう。

（48） Bundestag-Drucksache 14/87, Begründung II. Besonder Teil, A. Nummer 16.

（49） M. Lutter, Der Kodex und das Recht, : S. Grundmann und anderen（Hrsg.）Festschrift für Klaus J. Hopt zum 70. Geburtstag am 24. August 2010, Unternehmen, Markt und Verantwortung, Bd. 1（2010）, S. 1026.
（50） Lutter, a. a. O., Festschrift für Hopt, S. 1028.
（51） BGH, Urteil vom 16. Februar 2009-II ZR 185/07., BGHZ 180, 9, ZIP 2009, 463.
（52） 後掲注（67）参照。
（53） BGH, Urteil vom 21. September 2009-II ZR 174/08., ZIP 2009, 2051.
（54） Ringleb/Kremer/Lutter/v.Werder, a. a. O., S. 390.

六　ドイツ・コーポレート・ガバナンス・コードの構成と主要な内容

1　コードにおける序論

ドイツ・コーポレート・ガバナンス・コードの構成としては、最初に序章（Präambel）があり、以下コーポレート・ガバナンスに関して、その具体的なあり方、勧告および推奨とからなっている。序章では、まずドイツ・コーポレート・ガバナンス・コードのあり方およびその目的を示している。すなわちコードは上場会社の業務執行とその監視・監督についての基本的な制定法上の規定に沿ったものであり、適切で責任ある業務執行とその監督についての国際的および国内的な標準を示すものであるとする。そしてコードは、ドイツのコーポレート・ガバナンス・システムを透明性のある持続的なシステムにすることとし、ドイツの上場会社の経営とその監督に関して内外の投資家、顧客、従業員および一般公衆からの信頼を確保しようとすることにあるとしている。またドイツの株式会社は、法律上二元的な経営指揮システムを前提にしており、それに基づく取締役および監査役会の役割と職務を明らかにしている(55)。

さらにコードにおいては上場会社の取締役および監査役会を対象とした勧告ならびに推奨が定められているが、勧告については、その対象となっている上場会社の取締役・監査役会は、それに応ずることが義務づけられているわけではないが、取締役等は応じない場合には毎年そのことを表明し、その理由を示すべきであるとしており、さらに推奨については、それに応ぜず、異なる扱いをしている場合についても、開示する必要はないとしている。もっともこの勧告の扱いについては、前述のように株式法一六一条が勧告についての応諾の有無および応ぜず異なった扱いがなされる場合の理由について開示することを法律上義務づけていることに注意すべきである。

その他序章においては、コードにおける規整は、会社のみならず、会社とコンツェルン関係を有するコンツェルン企業をも対象にしており、その場合には、会社の代わりに企業という用語を用いることとし、コードの規整は上場会社を対象としているとする。(56)

2　コードの構成と主要な内容

序章部分に続いて、コードでは以下のような項目を立て、そこで株式法に沿ったコーポレート・ガバナンス・システムについてのあり方、勧告および推奨ならびにその具体的な説明等を定めている。コードにおける項目としては、「株主および株主総会（コード2）」、「取締役と監査役会の協働（コード3）」、「取締役（コード4）」、「監査役会（コード5）」、情報開示に関する「透明性（コード6）」および「計算および決算検査（コード7）」の項目が定められている。そしてそれぞれのところで、コーポレート・ガバナンス・システムに関して国際的なスタンダードに沿い、国内的にもより良い態勢を実現する上で望ましい規準を勧告、推奨という形態で示している。

(1)　「株主および株主総会」の項目では、株主総会の招集に際して株主等への招集通知や適切な情報開示・報告等についての勧告、議決権行使やその代理行使を容易になしうるための勧告およびＩＴ技術の利用を図ることについての勧告等が定められている。具体的には、以下のような勧告がなされている。すなわち、（イ）取締役に要求される株主総会のための報告書や資料については、総会の議事日程と一緒に会社のウェッブサイトに掲載すべきである（Tz.2.3.1）。（ロ）会社は株主総会招集通知を、すべての金融サービス業者、株主および株主同盟にその同意を得て電子的な方法で伝達すべきである（Tz.2.3.2）。（ハ）会社は株主による権利行使を容易にすべきであり、議決権の代理行使について支援すべきである（Tz.2.3.3の前段）。（ニ）会社は、株主の指図に従って、議決権の代理行使を行う代理人の選任に配慮すべきである（Tz.2.3.3の後段）。

(2) 次の「取締役と監査役会の協働」においては、取締役と監査役会の密接な協働関係およびそのあり方について説明がなされた後、以下のような勧告が定められている。すなわち、（イ）監査役会は、取締役の情報提供義務や報告義務を一層確定的にすべきであること（Tz.2.3.4）、（ロ）監査役員のための責任保険においては、相応の自己負担を合意すべきであること（Tz.3.8）、および（ハ）取締役および監査役会は、毎年企業のコーポレート・ガバナンスについての事業報告としてコーポレート・ガバナンス報告を行うべきであること[57]等の勧告が定められている。

(3) さらに「取締役」の項目では、まず取締役が企業利益を図るために自己の責任において企業の経営を指揮すると述べるとともに、その際に持続的な価値創造の目的をもって、株主、従業員およびその他のステークホルダーの利害を考慮するという説明をしている点が注目される（Tz.4.1.1）。この点は、コードの序文において取締役および監査役会による企業経営が企業の存在および持続的な価値創造と社会市場経済の原則との調和に配慮することを要求している序章部分に対応したものと考えられ、いわば両者は相俟ってコードが会社経営によって追求される企業利益の意味を示しているものと考えられる[58]。コードは企業利益として株主の利益の追求を第一次的に考える方向に対して、従業員やその他のステークホルダーの利益をも含める方向を示しているものと考えられ[59]、コードの性格を示すものとして興味深い。

ところで取締役の項目に関しては、その多くの部分が取締役報酬に関する部分であることが注目される。これはコードがコーポレート・ガバナンス・システムにおいて改革を要する問題として取締役報酬の規整を重視してきたことを反映している。この取締役報酬の規整の部分は、二〇〇九年に「取締役報酬の相当性についての法律（VorstAG）[60]」との適合性を図るため、二〇〇九年のコードの改正により補充、改正がなされている部分である。同報酬についてのコードの勧告としては、コード四・二・二（Tz.4.2.2）第一文では、監査役会は委員会の提案に基づいて、個々の取締役員の報酬総額を決めるとともに取締役員の報酬支給システムを決議し、定期的に検査すべきであると定める（Tz.4.2.2. Satz1.）。さらにコード四・二・二第二文では、個々の取締役員の報酬総額の確定に際してはコンツェルン関係を含めることとし、報酬の相当性の判断基準については、取締役員の職務課題、個人的に受ける給付、企業の経済状況、成果および将来の見込みから形成するとともに、さらに他との比較、その他会社に妥当する報酬構造の考慮のもとで報酬の通例性をも含めて形成することになるとしている。この点は二〇〇九年の改正法による株式法八七条一項に対応したものと考えられる[61]。取締役報酬に関するその他の勧告としては、変動報酬制の導入とその算定について、監査役会議長による取締役員の報酬システムの綱要を株主総会に報告すること、取締役任用契約の締結に際しては、取締役員の任期満了前の退任に際しての当該取締役員への給付については、付随給付を含めて二年分の取締役報酬の価値を超えず（退職給付の上限）（Abfindungs-Cap）、かつ残任期間を超えない範囲での報酬支払いを顧慮すべきであり、附属明細書または営業報告書における報酬の開示については、一般的に理解しやすい方式で行われるべきである等が定められている（Tz.4.2.3－4.2.5）。その他、取締役の項目では、取締役の職務と権限、取締役の構成および利益相反が挙げられており、具体的な勧告としては、取締役員の複数選任や議長の必要性を勧告する（Tz.4.2.1）とともに、取締役員の兼職については、監査役会の同意を要するとすべきであるとする（Tz.4.3.5）。さらには取締役は利益相反に関しては遅滞なく監査役会に開示し、かつ他の同僚取締役員に情報を提供すべきであり、会社とその取締役員およびその近い関係者・企業との重要な取引については、監査役会の同意を要すべきである（Tz.4.3.4）等の勧告が示されている。

(4) 次に「監査役会」の項目における勧告はコードの各項目中もっとも多くなっており、コードにおいて一層重視していることがうかがわれる。具体的には取締役の構成や取締役員の選任[62]、監査役会議長のあり方や職務[63]、有効な経営に対するコントロールや監査を行うための手続および方法、特に監査委員会を中心とした委員会の設置やそのあり方についての勧告[64]、監査役員の適切な選任のための一連の勧告[65]、監査役員の報酬についての勧告[66]および監査役員の利益相反についての開示や報告等の要求についての勧告[67]等が列挙されている。

以上のコードにおける勧告を見ると、監査役会についての勧告がかなりの数になっており、その他の「透明性（コード6）」および「計算および決算検査（コード7）」の項目を含めて眺めても監査役会についての記述および勧告が圧倒的に多い。その意味では、コードは監査役会制度を重視していることは明らかである[68]。そして特に監査役会の中に、専門委員会（監査委員会を重視する）を設置し、これを運用することによって業務執行に対する監査や関与を効果的に行うことを意図しているように思われる。おそらくこのような監査役会における監査委員会等の内部委員会の重視は、アメリカ会社法のボード・システムにおける内部委員会的な役割を右の委員会に担わせることを考慮しているようにも思われる。

(55) Deutscher Corporate Governance Kodex 1 Präambel.

（56） Deutscher Corporate Governance Kodex 1 Präambel.

（57） 同報告は、企業経営についての説明の一部であり、コードの勧告とは異なる扱いをしている場合には、その部分についての説明も含まれことになる（Tz.3.10）。

（58） Weber-Rey, a. a. O., S. 2257.

（59） Vgl. Weber-Rey, a. a. O., S. 2257.

（60） 前掲注（4）参照。

（61） Ringleb/Kremer/Lutter/v.Werder, a. a. O., SS. 215ff.

（62） 取締役の構成および取締役員の選任に関しては、多様性を重視すべきである等の勧告（Tz.5.1.2）等。

（63） 監査役会議長は、取締役と定期的なコンタクトをとり企業の経営戦略や事業の展開およびリスク・マネージメントについて協議すべきである、監査役会議長は取締役からの重要な事象についての情報を監査役員に知らせ、必要な場合には臨時の監査役会の会議を招集すべきである等の勧告（Tz.5.2）。

（64） 委員会に関する勧告の例としては、その一部として次のような勧告が挙げられよう。すなわち、（イ）監査役会は企業の特定の領域に依拠し、かつその構成員の一定数の者が専門的能力を有する委員会を設定すべきである（Tz.5.3.1）。（ロ）監査役会は、特に計算、リスク・マネージメント、コンプライアンス、決算検査役の独立性、決算検査役への検査委託、検査の重点の特定および報酬の合意について監査の問題を取り扱う監査委員会を設置すべきである（Tz.5.3.2 前段）。（ハ）監査委員会の議長は独立性を有する者で、直近の二年間当該会社の取締役でなかった者にすべきである（Tz.5.3.2 後段）。（ニ）監査役会は、もっぱら持分権者の代表者によって構成され、監査役会が株主総会に付議する適切な候補者の提案を行うための指名委員会を設置すべきである（Tz.5.3.3）。

（65） 具体的には、監査役員の選任は、個別的に行われるべきであり（Tz.5.4.3 前段）、監査役会議長の候補者の提案は、それを決定する監査役会の会議までに株主に知らせるべきである（TZ.5.4.3 後段）等の勧告である。

（66） 具体的には、監査役員の報酬は株主総会の決議または定款によって定めるべきであり（Tz.5.4.6 前段）、監査役員の報酬は、個別的に、かつその構成部分ごとに区分されて、コーポレート・ガバナンス報告書に表示されるべきである（Tz.5.4.6）等の勧告である。

(67) 具体的な勧告としては、すべての監査役員は、顧客、供給者、信用供与者またはその他の事業上のパートナーのもとでの助言または機関としての機能に基づく利益相反が存在する場合には、そのことを監査役会に開示すべきである(Tz.5.5.2)、監査役会は生じた利益相反およびその取扱いを株主総会への報告において情報提供すべきである(Tz.5.5.3)等の勧告である。

(68) Vgl. Thomas Kremer, Der Deutsche Corporate Governance Kodex auf dem Prüfstand: bewahrte Selbst-oder freiwillige Überregulierung?, ZIP 2011, S. 1178.

七 ドイツ・コーポレート・ガバナンス・コードに対する批判

1 ドイツ・コーポレート・ガバナンス・コードはその実施以来すでに一〇年を経過し、上場会社の大多数によって受諾され、ドイツの企業社会において定着してきている(コードの全勧告につき応じている企業の割合は、上場企業の八六%になっており、取引所のDAX銘柄企業の九六%以上に達している)。[69] そしてコードの実施によってドイツにおける上場会社のコーポレート・ガバナンスが改善されてきていることについては、ほとんど疑いを容れないように思われる。しかしその反面、コーポレート・ガバナンス・コードに対しては種々の批判もなされてきている。そのような批判として、まず挙げられるのは、コードは憲法(Grundgesetz)違反ではないかという疑問である。すなわち、コーポレート・ガバナンス委員会は司法省による連邦官報によりコードの勧告を示し、それを公的に認めさせている結果、コードの勧告は連邦政府の措置として理解されることになるが、それは制定法たる株式法一六一条をもってしても違憲性は免れないという主張[70]や、コードは議会の立法によらずに、会社の機関の行動を強制し、一定の義務を課し、企業運営についての国家的規制を私的団体に委ねるもので基本法上の民主主義原則の要請[71]および議会による立法権を侵害するものではないかという疑問が提起されてきている。[72]

しかしこのような疑問に対しては、コードの勧告は企業の取締役・監査役会にそれに応じるか、または異なる扱いをすることについての表明を義務づけているにすぎず、強制規範ではないし、異なった対応をする場合の表明とその理由の提示の義務は、制定法たる株式法一六一条によって定められたものであり、制定法によらずに義務づけたものではないと考えられる(73)。また制定法としての株式法一六一条に関しては、Ringleb/Kremer/Lutter/v.Werderの前掲書により紹介されているハインツェン（Heintzen）の考え方によれば、株式法一六一条は、コードに委ねられた企業についての情報の収集・提供という課題のための法律上の根拠として憲法上十分なものと認められ、かつ政府による憲法六五条の国家運営および情報機能の実現を第三者に委ねたものとして合憲であるとする反論がなされている(74)。そしてコードについては、基本法上の民主主義原則に反するものではなく、かつ議会の立法権を侵害するものではないことから、合憲であるとする解釈が支配的であるように思われる(75)。

2　さらにコードに対しては、以下のような批判もなされてきている。すなわち、（イ）コードは上場会社の運営機構や運営方法に対して過剰規制ではないか、（ロ）コードは制定法ではないにも関わらず、制定法に類似する拘束力を有しているのではないか、（ハ）コードにおける一連の株式法の規定の解釈は妥当ではなく、いくつかの勧告は制定法と一致しない、（ニ）コードの改正は一方的で、作成・公開が短期間のうちに行われ、企業や一般公衆が検討する時間的余裕がないまま、常に行われてきている、等の批判である(76)。

このような批判に基づき、コードの施行を一時的に停止し、改めて再構築することが必要であるとか、あるいは少なくとも、コードの変更・改正を行う場合には、より時間をかけ、企業や一般公衆の意見を反映させうる方法を考慮すべきである等の主張もなされている(77)。右の（イ）の過剰規制についての批判は、特に監査役会についての勧告が多量かつ詳細になされていることに対して向けられている。監査役会についての立法による規制の強化は一九九八年のコン・トラ法（前掲注(4)参照）以来度々行われてきており、コードによる勧告はこれに輪をかけて強化し、詳細化してきており、規制が過剰になってきているとする。(78)（ロ）の批判は、株式法一六一条によって勧告に応じるか否かの表示義務および異なった対応の場合の理由を示す義務に向けられている。すなわち、コードの勧告については、企業がこれに従う義務はなく、任意の制度であるという建前がとられているが、上場会社がこれと異なる対応をすることに対しては、市場や一般公衆から反発を受けざるを得ず、勧告に従って対応すべき事実上の圧力を受けざるを得ない面がある。そしてさらに株式法一六一条によって前述の対応すべき義務が会社の業務執行・監督機関に課せられており、このことはこれらの機関に制定法が適用される場合とその効果はほとんど変わらないのではないかとする主張である。(79)（ハ）の批判においては、コードの勧告は、株式法に沿って定められているが、その勧告は不明確で、解釈が必要となり、かつ誤っている構成がなされているものが散見されるし、一部では制定法規定と矛盾するものも存在するとの主張がなされている。たとえば、コードの規準五・四・三は監査役会議長の候補者の提案については、これを株主に知らせるべきであるとする勧告が定められているが、これを文言どおり実行するとすれば、監査役会は監査役会議長の選任のための会議の前に適切な方法で、監査役会議長候補者を一般株主に周知させなければならないことになる。しかしこのようなことは、監査役会の最終決定の前にその意思決定の形成を一般に公開してしまうことになり、監査役会における審議の秘密維持の原則と一致しないことになる。その意味では、この勧告については実際上制限的に解釈せざるを得ないことになるとする。(80)

以上の批判やコードの再検討の主張に対して、多くの論者は、コードが上場企業のコーポレート・ガバナンスの標準化および管理機関の専門化に大きく寄与してきたという評価を支持しており、コードを否定し、廃止することは妥当ではないし、現実的ではないと主張している。[81] 以上のような状況を見ると、コードは種々の批判を受けながらも、ドイツの企業社会に定着し、コーポレート・ガバナンスに対する規整として広く受け入れられているように思われる。

(69) M. Hoffmann-Becking, Zehn kritische Thesen zum Deutschen Corporate Governance Kodex, ZIP 2011, S. 1174.
(70) Vgl. Lutter, in : W. Zöllner und U. Noack（Hrsg.）, Kölner Kommentar zum Aktiengesetz, Bd. 3, § 161 Rn 4.
(71) ここでの基本法上の民主主義原則（Demokratieprinzip）による要請とは、国家的課題の実現を委ねている統治機関についての議会を経由した国民による切れ目のない委託の連鎖の必要性を意味しており、この連鎖において国家により委託されている私人が活動する場合には、議会がこの権限を認めるか、または政府がその活動のために任用することが必要であるとされる（Hoffmann-Becking, a. a. O., S. 1174.）。
(72) Hoffmann-Becking, a. a. O., S. 1174, Vgl. Ringleb/Kremer/Lutter/v.Werder, a. a. O., SS. 34-35.
(73) Vgl. Lutter, in: Kölner Kommentar zum Aktiengesetz, 3 Aufl., Bd. 3, § 161 Rn 4.
(74) Ringleb/Kremer/Lutter/v.Werder, a. a. O., S. 34.
(75) Vgl. Lutter, in: Kölner Kommentar zum Aktiengesetz, 3 Aufl., Bd. 3, § 161 Rn 4, G. Spindler/E. Stilz, Kommentar zum Aktiengesetz, Bd. 2, § 161 Rn 4.
(76) Hoffmann-Becking, a. a. O., SS. 1173 folgende.
(77) Vgl. Hoffmann-Becking, a. a. O., S. 1176.
(78) Hoffmann-Becking, a. a. O., S. 1173.
(79) Hoffmann-Becking, a. a. O., S. 1174.
(80) Hoffmann-Becking, a. a. O., S. 1175.
(81) Vgl. C. Gehling, Diskussionsbericht zu „Deutscher Corporate Governance Kodex – Eine kritische Bestandsnahme", ZIP 2011, S. 1181.

八　自主規制としてのドイツ・コーポレート・ガバナンス・コードのメリット

コーポレート・ガバナンス・コードによるコーポレート・ガバナンスに対する規整は、前記のようにすでに定着した制度となっており、これからも発展していくことが予想される。このような制定法としての株式法とは別に自主規制の一種ともいうべきコーポレート・ガバナンス・コードの存在が是認され、積極的に運用されていくことについては、そのメリットが企業社会において十分に評価されているものと思われる。そのようなメリットとしては、次のような点が考えられる。その第一としては、制定法たる会社法のエンフォースメントにとって有益である。すなわち、コードが制定法の効果的な運用を意図した勧告ないし規準を示し、これに企業が応じるように要請することによって制定法のエンフォースメントがより効果的となる。第二には、制定法たる会社法の規定がその適用に関して適用を受ける企業に一定の裁量的な余地を与えている場合には、コードはその裁量の枠内で望ましい適用についての基準を示すことができる。[82] 第三には、制定法の規定についての解釈に際して、コードは望ましいコーポレート・ガバナンスに沿った解釈に誘導することが可能である。第四としては、制定法に比べて、コードはその規制を柔軟に適用しうる。[83] たとえばドイツ・コーポレート・ガバナンス・コードの場合には、勧告についても理由を示せば、それと異なった対応が可能であり、このことは企業の特定の部門や支店の特殊な事情に応じて、それぞれについて異なった対応が可能となる。[84] そして第五には、制定法とは異なり、コードではその変更や修正が容易であり、経済情勢や社会情勢の変化にタイムリーにかつ迅速に対応しうる。

以上のような自主規制としてのコードのメリットについては、コードが完全な自主規制にすぎない場合には、必ずしも十分に発揮されるわけではない。むしろ自主規制の原則に立ちつつも、その運用に際して規制の回避に対する効果的なサンクションや制定法による根拠づけ、あるいは制定法による何らかのバックアップ体制が、自主規制たるコードに結びつくことによって、自主規制としてのコードがその機能を発揮しうるわけである。その点に関しては、まさにドイツ・コーポレート・ガバナンス・コードは株式法一六一条によりそのエンフォースメントが間接的にせよ担保されており、そのような制定法たる株式法と結びついた自主規制としての意味を有することにより、その効果が発揮されているわけである。

（82） Vgl. Kremer, a. a. O., S. 1178.
（83） 前田重行「証券取引における自主規制」河本一郎先生還暦記念『証券取引法大系』九五頁（商事法務研究会、一九八六年）参照。
（84） Kremer, a. a. O., S. 1178.

九　む　す　び

近年株式会社のコーポレート・ガバナンス・システムに対しては、制定法である株式会社法の他に自主規制たるコーポレート・ガバナンス・コードによる規律も諸外国において広く行われるようになってきており、このような規律の二本立てによる会社法の実現（エンフォースメント）に関しては、国際的に見ても一つの大きな流れになってきている。ドイツにおけるコーポレート・ガバナンス・コードの創設とその実施もまたこの流れに沿ったものといえよう。制定法に加えてこのドイツ・コーポレート・ガバナンス・コードによる会社法のエンフォースメントに関してその企業社会の受け入れ状況を見ると、かなり効果を上げており、成功しているものといえよう。その意味ではこれからのドイツの大企業のコーポレート・ガバナンス・システムに対する法規制は、この二本立てによる規律の体制が継続していくことになろう。そしてその一つの柱であるコーポレート・ガバナンス・コードについては制定法と異なり改正が容易であり、かつコードの仕組みとしてコードの内容をチェックし、経済的、社会的な状勢に適切に対応させるための常設委員会が存在することから(85)、これからもその内容についてタイムリーに改革が図られ、コーポレート・ガバナンスに対する規整のための重要な柱として発展していくことと思われる(86)。

ただこのようなコーポレート・ガバナンス・コードによる規整に対しては、一定の限界もあり、かつ問題がないわけではない。ドイツ・コーポレート・ガバナンス・コードによる規整の限界としては、当然のことながらその内容は制定法たる株式法の枠内に留まらざるを得ないという点である。この点に関しては、第一には、コードはコーポレート・ガバナンス・システムの基本構造としては、前述した二層制ないしは二元制を維持しつつ、その枠内で改革を進めざるを得ないということになる。もちろんドイツにおいては、株式会社の経営の指揮とその監督システムにつき取締役と監査役会による二元制がとられていることについては、一般に肯定的であり、これをアメリカ会社法のとるボード・システムに切り替えるという動きがあるわけではない。しかし、コードの実質的に意図している国際的なコーポレート・ガバナンス・システムへの対応という点から考えれば、ドイツ株式法のとる二元制に対してアメリカ会社法上のボード・システムを意識せざるを得ず、それとの関係を考慮せざるを得ないことになる。この点については、コードの姿勢は、システムの全面的な切り替えではなく、ドイツ型二元制をボードシステムに接近させ、両者のシステムを収斂させるという方向である。すなわちコードにおいては、諸外国において二元制度と単一のボードシステムは実務上相互に接近してきており、両者は同じような効果を上げていることが指摘されているが（コードの序言（Präambel））、このような取締役と監査役会の集中的な協働関係を維持し、二つの制度を一層接近させ、収斂させるという方向は、コードにおいてもとられており、その方向の具体化は、コードにおける取締役、監査役会および両者の協働関係[87]についての項目やボード・システムの下での取締役会における内部委員会に類似しているともいえる監査役会における内部委員会制度の重視に示されているように思われる。

またコードの限界と問題に関する二つ目の点は、共同決定制度との関係である。従業員・労働者の代表を会社の監査役会に参加させ、会社の運営に関与させるという共同決定制度は、コーポレート・ガバナンス・システムのあり方についての一つの方向であり、ドイツのみならず諸外国のシステムにおいても大いに考えられる方向であるが、その反面克服すべき種々の問題点があり、ヨーロッパ諸国の会社法においても、一部を除いては必ずしもその採用については積極的ではない。ドイツにおいても共同決定制度については、種々の問題点が指摘され[88]、その存在自体がドイツの企業にとってはコーポレート・ガバナンス・システムの国際的な競争において一つの不利な点であると考えられているようである[89]。しかし、ドイツにおいては共同決定制度を廃止ないし変更することは現在のみならず将来においても考えられていない。コードもその状勢を反映して共同決定制度については、序言において株主側の代表者たる監査役員と従業員側の代表者たる監査役員は同様に企業利益を図ることが義務づけられるということの指摘（コードの序言（Präambel））のほか、若干触れる程度に留めており、共同決定制度自体には踏み込んでいない。しかしコーポレート・ガバナンス・システムのあり方およびその内容の改善をを図る場合には、共同決定制度に関わる問題、特に監査役会制度の機能化を図る上で共同決定制度の扱いが大きな問題となる。その意味では、改めてコーポレート・ガバナンス・システムにおける共同決定制度の位置づけを検討し、効率的な経営監督制度を目標とする伝統的な株式会社法による規制と共同決定制度との調整の問題は重要であり、避けて通れない問題点であろう。ドイツにおけるコーポレート・ガバナンス・コードのさらなる発展を考える場合には、まさに共同決定制度の問題が重要な要素となろう。

(85) ドイツ・コーポレート・ガバナンス・コード政府委員会は、常設委員会であり（Ringleb/Kremer/Lutter/v.Werder, a. a. O., S. 31.)、「通常一年に一回国内および国際的な発展の背景に応じて、コードを検証し、必要な場合には改正を行う」ことが、コードの序章（Präambel）に謳われている。そしてすでにコードの内容は一定の改正がなされてきている。

(86) ドイツ・コーポレート・ガバナンス・コードの運用状況を含めた、ドイツにおける近年のコーポレート・ガバナンスの状態についての詳細な報告書（Regierungskommission, Bericht der Regieirungskommission Deutscher Corporate Governance Kodex an die Bundesregierung, Nov. 2010）がドイツ・コーポレート・ガバナンス政府委員会から連邦政府に提出されているが、その内容についての考察、検討は、本論文以後の課題とせざるを得なかった。

(87) このような関係の強化は、ドイツ株式法上の二層システムにおける監査役会をボード・システムにおける取締役会の機能に接近させるともいえる。ドイツ株式法上の二層制ないしは二元的システムとアメリカ会社法等におけるボード・システムとの比較および両者のシステムが次第に接近してきていることについては、前田・前掲注(1)四四頁以下参照。

(88) 前田・前掲注(8)菅原古稀記念六二七頁以下参照。

(89) 前田・前掲注(8)菅原古稀記念六二八頁参照。

事業者に対する複雑なデリバティブ取引の勧誘と金融商品取引業者等の責任

――二〇一一年ドイツ連邦通常裁判所判決を素材とした一考察

山下友信

一　はじめに
二　ドイツの投資勧誘に関する民事責任法理の概要
三　本件BGH判決
四　本件BGH判決の意義と学説等の評価
五　日本の同種紛争に関する裁判実務との比較

一　はじめに

リスクのある金融商品の投資勧誘を投資者に対して行う金融商品取引業者等（証券会社、銀行等）に民事法上説明義務が課され、これに違反した金融商品取引業者等は投資により損失を被った投資者に対して損害賠償責任を負うという判例法理が一九九〇年代以降わが国では確立しており[1]、また、金融商品取引法（以下、「金商法」という）にいう適合性原則（金商法四〇条一号）についても、最判平成一七年七月一四日民集五九巻六号一三二三頁により、民事法上も同原則違反が損害賠償責任を生じさせうるという判例法理が確立している。これらの判例法理に基づいて、リスクのある金融商品への投資により損失を被った投資者が勧誘した金融商品取引業者等に対して損害賠償責任を追及する民事訴訟は相変わらず絶えることがないが、近時は、個人投資者による責任追及のほか、事業者が複雑なデリバティブ取引により損失を被ったとして責任を追及する事例が多発しているところである。このような事例は、投資者が事業者であるということとともに、取引が複雑であるという二点において、従前の投資勧誘に関する民事責任が追及される事例の類型とはいささか異なる様相を示しており、この種の事例についての民事責任のあり方をどのように考えるかは、理論的にも大きな課題であると考えられる。

このようなわが国の問題と類似して、ドイツでも、二〇〇〇年代に中小事業者や地方自治体が複雑なデリバティブ取引により大きな損失を被るケースが頻発し、その後取引を勧誘した銀行に対する民事訴訟が多数提起されるようになった。そして、このようなケースについて、わが国の最高裁判所に相当する連邦通常裁判所（ＢＧＨ）が二〇一一年三月二二日に銀行の責任を認める判決[2]（以下、「本件ＢＧＨ判決」という）を下し、そこでは、銀行の助言義務ないし説明義務について新たな考え方が示され、理論と実務双方に大きな衝撃を与えている[3]。これを見ると、わが国のこれまでの判例法理ないし裁判実務とは相当に異なる考え方がとられており、理論的にも大いに興味深い論点が提示されている。本稿では、このBGH判決を紹介し、わが国における判例法理ないし裁判実務との比較分析を試みたい。

(1) 金融商品販売法三条の説明義務違反による同法五条の責任も追及可能であるが、この責任が問題とされている裁判例は、特に本稿の対象とする事業者に対するデリバティブ取引の勧誘ではほとんどない。
(2) BGH Urt. v. 22.3.2011, BGHZ 189, 13.
(3) Lehmann, Anmerkung zum BGH Urt. v. 22.3.2011, JZ 2011, S.749 は、「(BGHの)判決がこのように熱狂的な興奮をもって迎えられることは珍しいものであった」とする。Klöhn, Anmerkung zum BGH Urt. v. 22.3.2011, ZIP 2011, S.762 は、本件BGH判決のほかにも自治体を当事者とする同種訴訟が複数BGHに係属中であるとする。

二　ドイツの投資勧誘に関する民事責任法理の概要

本件BGH判決を検討する前提として、ドイツの投資勧誘に関する民事責任法理および証券取引法(Wertpapierhandelsgesetz. 以下、「WHG」という)による投資勧誘規制について、その概要を理解しておくことが必要である。

まず、WHGによる投資勧誘規制は、一九九四年の同法制定以来、証券業者の行為規制として規定されているが、現行の規制は、同法三一条が規定するところで、EUの二〇〇四年金融商品市場指令(MiFID; 2004/39/EC)に基づき二〇〇七年に改正されたものである。

WHG三一条は、一項で一般原則、二項〜三a項で不実表示禁止・情報提供義務、四項・四a項で投資助言等が行われる場合の証券業者の義務、五項で投資助言を行わない証券業者（ディスカウント・ブローカー等）の義務を規定する等の構成となっているが、とくに本稿の問題に関わるのは以下の一項、四項、四a項の規定である。(4)

① 証券業者は、以下の義務を負う。

1 証券サービスおよび証券付随サービスを、必要な知識、注意および誠実をもって、その顧客の利益になるように遂行すること

2 利益相反の回避に努め、合理的な判断によれば顧客の利益の侵害のリスクを回避するために第三三条第一項第二文第三号による組織的な措置が十分でない限りでは、(5)顧客のための取引の実施に先立ち顧客に対して利益相反の一般的な態様および根拠を一義的に説明すること

④ 投資助言または金融ポートフォリオ管理を行う証券業者は、顧客から、特定の種類の金融商品または証券サービスについての取引に関する顧客の知識および経験、顧客の投資目的ならびに顧客に対して顧客に適合した金融商品または顧客に適合した証券サービスを推奨することができるために必要である顧客の財産状況についてのすべての情報を入手しなければならない。適合性は、顧客に対して推奨される具体的な取引または金融ポートフォリオの範囲における具体的な証券サービスが当該顧客の投資目的に合致するか否か、顧客にとってそこから生ずる投資リスクが顧客の投資目的に対応して財産的に負担可能か否か、および顧客がその知識および経験によりそこから生ずる投資リスクを理解することができるか否かにより判断される。証券業者は必要な情報を取得しないときは、投資助言と関連して金融商品を推奨し、または金融ポートフォリオ管理に関連していかなる推奨もしてはならない。

④a 第四項第一文に掲げる証券業者は、その顧客に対して、入手された情報によれば顧客にとって適合する金融商品および証券サービスのみを推奨することができる。

一項は、証券業者の一般原則として、顧客の利益の実現義務と利益相反がある場合に係る義務が規定される。四

項および四a項は、投資助言および金融ポートフォリオ管理を行う証券業者について、顧客に関する情報を入手した上で、顧客に適合した投資推奨をする義務を規定するものである。この四項・四a項は金融商品市場指令一九条四項の規定とほぼ同じであり、証券業者が顧客の情報を入手しなければならないとした上で、顧客に適合した推奨をしなければならないという規定内容であるが、その適用があるのが投資助言または金融ポートフォリオ管理を行う証券業者に限定されている。しかし、ここでいう投資助言を行うということの意味は、わが国でいう金融商品取引業者等が投資助言契約や投資一任契約を締結して行う投資助言に当たるものに限られたものではなく、証券業者が（見込み）顧客に対して行う投資助言であれば明示であるか黙示であるかを問わず該当する。(6)

他方で、四項・四a項の規定の文言から見ると、わが国でいう狭義の適合性の原則のように、投資者の属性により推奨すること自体が禁止され、その前提として顧客の属性に関して調査質問しなければならないという規制も含まれていることは明らかであるが、それにとどまらず、知り得た情報に基づき顧客に適合した内容の助言をする義務を負うというわが国でいう広義の適合性の原則に相当する規制も含んでいるように思われる。(7)

このようなWHGの行為規制は、公法的な業者監督規制であり、投資勧誘に係る証券業者の民事責任の問題とは、一応体系的には区別されると考えられている。もっとも、WHGの行為規制が民法八二三条二項にいう保護法規ということであれば違反が不法行為責任を根拠づけることになるが、一般には、その点は否定的に考えられており、(8)民事責任は、証券取引法の行為規制を参照しながら、民事法独自の問題として論じられている色彩が強い。

そこで、民事責任に関する判例法理として確立しあるいは生成発展しつつあるところを概観すると、投資助言契約が締結される場合には助言義務が証券業者すなわちドイツでは主として銀行（以下でも、銀行の助言義務の問題として述べる）に課されることは、すでにWHGの制定前の一九九三年六月六日のBGHのBond判決(9)以来、確立した判例法理となっている。[10]その際に、投資助言契約が締結されているということの意味については、投資助言契約が明示に締結される場合のみでなく、黙示に締結があると認められる場合も含まれることに異論はなく、投資助言を実質的に含む投資勧誘をするような証券取引では一般的に助言義務が認められると考えてよい。[11]この結果、上記WHG三一条四項の適用される場合とほとんど重なっているということができる。

この銀行の助言義務の内容は、Bond判決以来、投資者に適合する助言をする義務と投資対象に適合した助言をする義務とから構成されるというものであることが確立している。投資者に適合する助言をする義務は、顧客の知識状況とリスク受容性（Risikobereitschaft）[12]を考慮した助言をする義務をいう。この義務を履行するためには銀行は顧客の知識と投資目標を考慮しなければならず、従前の取引関係からそれらがわからなければ顧客に質問しなければならない。この限りでいわゆるknow-your-customerルールが助言義務にも盛り込まれている。[13]投資対象に適合した助言をする義務は、推奨する投資対象が投資者の知識状況およびリスク受容性を考慮したものでなければならないという義務であるが、その中心は、推奨する投資対象の内容およびリスク等についての説明をする義務、あるいはリスク等について警告する義務である。[14]このことから、ドイツで助言義務の問題として取り扱われる問題には、わが国でいう説明義務の問題も包含されているということができる。

さらに後に見るように、本件BGH判決では、銀行の利益相反に関する説明義務が問題とされているが、利益相反に関しても民事法上の判例法理の展開がある。[15]すなわち、二〇〇〇年一二月一九日のBGH判決[16]は、銀行が顧客の財産管理者との間で、当該財産管理者が銀行から報酬および預託手数料の分配に与る合意を結んだときは、銀行は顧客の利益を実現する義務に基づき財産管理者が分配に与る事実を顧客に開示する義務を負い、これに違反した場合には顧客の被った損害についての賠償責任を負うものとした。さらに二〇〇六年一二月一九日のBGHの

Kick-back判決[17]は、銀行が顧客に対して投資信託を推奨したが、銀行は、発行上乗せ金および年次管理手数料から隠れたリベート（キックバック）を受領することになっている場合には、顧客に対してリベートを受領する事実を説明し、銀行の投資推奨が顧客の利益の観点からのみ行われているのか、できるだけ多くのリベートを受領するという銀行の利益の観点から行われているのかを、顧客が判断できるようにしなければならないとして、取引により被った損害の賠償責任が認められた。このような銀行の利益相反についての説明義務による損害賠償責任についても、WHG三一条一項二号の利益相反に係る行為規制を直接の根拠として認められているものではなく、投資助言契約上の義務違反またはその成立過程における契約締結上の過失責任として根拠づけられている[18]。

このように、銀行は、利益相反がある場合には、その利益相反を顧客に対して説明する義務を負うものとされるが、半面で、銀行があらゆる利益相反について説明する義務を負うとされているわけではない。一般論として、銀行による金融商品の販売において販売価格に利益マージンが含まれているようなことがらにまで説明義務が認められるわけではないとされており、二〇一一年九月二七日のBGHのLehman判決[19]も、リーマン・ブラザース社の関係会社が発行した債券がリーマン・ブラザース社の破綻により支払不能となったことにより損害を被った投資者が販売銀行に対して損害賠償責任を追及した事案について、販売銀行は利益マージンについての説明義務を負うものではないとしている。

（4）WHG三一条については、川地宏行「投資取引における適合性原則と損害賠償責任（一）」法律論叢八三巻四・五合併号四二〜六二頁、六七〜七三頁（二〇一一年）参照。

（5）WHG三三条一項二文三号では、証券業者の組織義務（Organisationspflicht）の一つとして、証券業者と顧客との間および顧客相互の間での利益相反による顧客の利益侵害を回避するための適切な措置をとるべき義務を定める。

（6）Koller, in: Assmann, H.-D./ Schneider, U. (hrsg.), Wertpapierhandelsgesetz Kommentar, 6.Aufl., 2012, §31 Rz. 131.

（7）Koller, in: Assmann/ Schneider (hrsg.), a.a.O. (N.6), §31 Rz. 131ff. においても四項の見出しは「投資助言」としている。

（8）川地・前掲注（4）六〇～六二頁参照。

（9）BGH Urt. v. 6.6.1993, BGHZ 123, 126. 証券業者の助言義務・説明義務は Bond 判決前から確立していたが（山下友信「証券会社の投資勧誘」『証券取引法大系』三三〇頁以下（商事法務研究会、一九八六年））、現在では、助言義務の基本概念は Bond 判決により確立されたという位置づけがされている。

（10）川地・前掲注（4）三五～三六頁。

（11）Bamberger, in: Derleder, P./Knops, K./Bamberger, H. (hrsg.), Handbuch zum deutschen und europäischen Bankrecht, 2004, S.1086-1087（投資者が投資についての説明ないしは助言を求める場合であると、金融機関が投資についての説明ないし助言をすることを申し入れる場合であるとを問わず、求めないし申入れにより助言についての対話がされることによって黙示の助言契約が成立するするものとされる）。

（12）リスク受容性の意義については、リスクに対するその人ごとの態度であるとされ、リスクの高い・中くらい・低いを選択させたり、目標を収益、成長、チャンスのうちから選択させたりすることにより把握するものとされている。Koller, in: Assmann, H.-D./ Schneider, U. (hrsg.), a.a.O. (N.6), §31 Rz. 140.

（13）Bamberger, in: Derleder/Knops/Bamberger (hrsg.), a.a.O. (N.11), S.1111.

（14）Bamberger, in: Derleder/Knops/Bamberger (hrsg.), a.a.O. (N.11), S.1117.

（15）ドイツにおける金融・証券取引全般についての利益相反の規制については、前田重行「ドイツにおける金融機関の利益相反行為とその規制」金融法務研究会編『金融機関における利益相反の類型と対応のあり方（金融法務研究会報告書一七）』二一頁（金融法務研究会事務局、二〇一〇年）参照。

（16）BGH Urt. v. 19.12.2000, BGHZ 146, 235.

（17）BGH Urt. v. 19.12.2006, BGHZ 170, 226.

（18）BGH Urt. v. 19.12.2000, BGHZ 146, 235, 239, BGH, Urt. v. 19.12.2006, BGHZ 170, 226, 232.

（19）BGH Urt. v. 27.9.2011, BGHZ 191, 119.

三　本件ＢＧＨ判決

以下、本件ＢＧＨ判決を紹介する。ＢＧＨがどのような思考プロセスを辿っているかを示すことにも意味があるので、基本的には関係部分の全文を翻訳する。

〔事実〕　ＢＧＨがまとめた事実関係は以下のとおりである。Ｘは、トイレ衛生関係事業を営む中規模企業である。Ｘは、二〇〇二年にＹ銀行とは別の銀行との間で二件の想定元本一〇〇万ユーロ、期間一〇年の金利スワップ契約を締結していた（Ｘが変動利息の受取、五・二五～五・二九％の固定利息を支払う内容）。二〇〇五年一月～二月に、ＸはＹから、金利の低下によりＸの上記スワップ契約の負担を軽減させるために（その時点で一二万四七〇〇ユーロ～一三万八二五ユーロのマイナス時価であった）、その当時二年もの金利と一〇年もの金利の一・〇二％ポイントのスプレッドが将来拡大するという予測に基づく「CMS（constant maturity swap)-Spread-Ladder-Swap-Vertrag」（定訳が存在しないようなので、以下、「本件スワップ契約」または「本件ＣＭＳＳＬＳ契約」という）を推奨され、二〇〇五年二月一六日に契約が締結された。これによれば、Ｙは、二〇〇万ユーロの想定元本額から五年の契約期間につき、半年ごとに年三％の固定利息の支払をし、Ｘは、初年度は年一・五％を支払い、その後は最低〇・〇％で、スプレッド（ベーシスレートA1〔EURIBORベーシスの一〇年ものスワップ中央レート。以下、「A1」という〕－ベシスレートA2〔EURIBORベーシスでの二年ものスワップ中央レート。以下、「A2」という〕）の推移による変動レートによる利息の支払を以下のような算式に従い支払うものとされていた。

2006年2月20日～2006年8月18日：1.50％＋3×［1.00％－（A1－A2）］
2006年8月18日～2007年2月19日：前期の変動レート＋3×［1.00％－（A1－A2）］
2007年2月19日～2007年8月18日：前期の変動レート＋3×［0.85％－（A1－A2）］

2007年8月18日～2008年2月18日：前期の変動レート＋3×〔0.85％－（A1－A2）〕
2008年2月18日～2008年8月18日：前期の変動レート＋3×〔0.70％－（A1－A2）〕
2008年8月18日～2009年2月18日：前期の変動レート＋3×〔0.70％－（A1－A2）〕
2009年2月18日～2009年8月18日：前期の変動レート＋3×〔0.55％－（A1－A2）〕
2009年8月18日～期間満了時：前期の変動レート＋3×〔0.55％－（A1－A2）〕

また、重大事由によらない中途解約は、三年経過後に契約の市場価値の清算金の支払と引換えにのみ可能とされていた。

Yによる助言時の交付文書では、スプレッドが著しく低下するとXの支払が受取を超えるリスクを指示し、損失リスクは「理論的には無限」と記載されていた。しかし、契約時に八万ユーロのマイナスの市場価値であったことの指示はなかった。

二〇〇五年秋からYの予測に反してスプレッドが継続的に低下し、一年経過後、Xの側の差金支払義務が生じた。二〇〇六年一〇月二六日にXが詐欺を理由に取り消したが、Yはこれを拒否した。二〇〇七年一月二六日にXが五六万六八五〇ユーロの市場価値の清算金支払により契約が清算された。

Xは、二〇〇八年二月五日に、初年度の受取利息を差し引いて五四万一〇七四ユーロの支払を請求する本訴を提起した。一審は請求棄却[20]。控訴審[21]もXの控訴を棄却。控訴審判決では、本件スワップ契約が賭博であり良俗違反として無効である、本件スワップ契約がYの詐欺によるもので取り消す、本件スワップ契約締結時にYの助言義務ないし説明義務違反があった等のXの主張をすべて斥けた。助言義務ないし説明義務違反の主張については、本件スワップ契約はリスクが高い契約であるとしても、Xでは契約締結に際しては支配人である経済学士が担当しており、スワップ契約の経験もあることから、Yの助言義務ないし説明義務違反は認められない、スワップ契約締結時にマイナスの市場価値であったことについての説明義務はないなどと判示した。Xが上告。

〔判旨〕　判決は、賭博による良俗違反、詐欺取消し等のXの主張には立ち入る必要がないとした上で、助言義務について以下のように判示し、控訴審判決を破棄しXの請求を認容した（なお、以下の判旨においては、見出しは筆者が付したものであり、また、判例・文献等の引用部分は省略している)。

(1) 助言義務について

「攻撃されずかつ法的瑕疵のない控訴裁判所の認定によれば、当事者間に助言契約が締結された。」

「これによれば、Yは助言銀行としてXに対して投資者と投資対象に適合する助言をする義務を負う。その際、助言義務の内容および範囲は、個別ケースの事情による。基準となるのは、一方では、顧客の知識の状態、リスク受容性および投資目的であり、他方では、景気の状況、資本市場の展開のような一般的リスク並びに投資対象の特殊性から生じる特別のリスクである。投資決定にとって重要な事情に関する顧客に対する説明が正しくかつ完全でなければならない一方で、投資対象の評価および推奨は、前記の所与条件を考慮して、事前的にのみ観察して支持できるものでなければならない。投資者および投資対象に適合する助言に基づきされた投資決定が事後的に誤ったものであるというリスクは投資者が負担する。」

(2) 投資者に適合する助言をする義務について

「控訴裁判所のこれまでの認定によれば、YがXに対する投資者適合的な助言についての義務を果たしたということを前提とすることはできない。控訴裁判所の認定によれば、推奨されたCMSSLSスワップ契約は、『一種の投機的賭博』というリスクのある取引である。それに応じた高いリスクを引き受ける受容性がXにあったか否かは、当事者間で争われている。控訴裁判所は、不当にも、Xの側の交渉には、Xの支配人——経済学士——が関与していたことから、彼女によりスワップ契約の構造とその数学的定式についてプレゼンテーション文書で使用された計算例について理解され、それによりYはXの高いリスクの引受についての一般的受容性を検討する義務を負わなかったという理由により、その争点は無関係とした。この判断は、上告審の審理に耐えるものではない。」

「まず正当にも、控訴裁判所は、助言銀行はBGHの判例によれば、投資推奨をする前に知識の状態、経験および投資目的(Zweck)およびリスク受容性を含む投資目標(Ziele)について質問する義務を負うということから出発する。この義務は、——Yのような——証券サービス業者については監督法上も規定されている(WHG旧三一条二項一項一号ないし新三一条四項）。この調査義務は、助言銀行に、この諸事情が、たとえば顧客との長期の取引関係やその従前の投資行動からすでに知られているときにのみ無くなる。」

「Xは、YがXのリスク受容性を調査しなかったと主張する。Yは、このことは、具体的な助言の状況およびXの従前の投資行動に照らして必要でなかったと主張する。このYの主張は正当ではない。」

「助言する銀行が、――本件のように――商品のリスクについて計算例に基づいて説明し、また『理論的には無限の』損失リスクを示したとしても、銀行は、本件で問題となっているようなCMSSLS契約のような高度に複雑に仕組まれた金融商品にあっては、取引をする顧客が高いリスクを負担する受容性があるということから直ちに出発することはできない。顧客の投資目標（Anlagenzielen）――投資目的（Anlagenzweck）とリスク受容性――と合致する商品のみを推奨することがまさに投資助言者の任務である。投資助言者は、投資助言の前にすでに――判例および監督法上要求されるように――顧客のリスク受容性について質問しなかったときは、いまだ顧客の投資決定の前に顧客が投資助言者により説明されたリスクについてあらゆる点において理解したということを確実にすることによってのみ投資者適合的な推奨の義務に応えることになりうる。そうでないとすれば、投資助言者は、その推奨が顧客のリスク受容性に応えるものであるということから出発できない。そのためには、Yは、その損失リスクが――Yの損失リスクと異なり――金額において限度がなく、理論的に存するのみならずスプレッドの対応する展開により常に現実的な可能性があることをXが認識することを確保しなければならない。そのような認定は欠けている。」

「控訴裁判所の見解に反して、Xの側では助言に経済学士が参加していたということは意味を持たない。一方では、BGHは、すでに何度も、その職業上の活動の遂行との関連で実際上知識および経験をしたという具体的な根拠が存在しない限り――それは控訴審裁判所が認定しなかったが――、顧客の職業上の資格だけでは、金融取引に関連した知識および経験を認めるためには十分ではないとしてきた。トイレ衛生の中規模企業の支配人としての活動は、本件で問題となっている投資商品の特殊なリスクに関する知識には縁がない。他方では、控訴裁判所は、顧客の専門知識から顧客のリスク受容性が導かれ得ないことの判断を誤っている。専門知識に相応する予備知識は、助言者により引き受けられる顧客の投資目的を調査し、またそれに適合した商品を推奨する義務に影響を及ぼさない。」

「推奨されたCMSSLS契約に対応するXの高いリスク選好を、Yはこれまでの投資行動からも導くことができなかった。すでに二〇〇二年に他の銀行と締結した二つの金利スワップ契約は、明らかに単純な構造を示しており、リスクに関しては比較可能でない。このことは、Xは、――その主張するように――これらの契約を変動利率の与信に関するヘッジ取引として締結したのであれば、特に妥当する。そのような反対のリスクがある関連原因取引が存在するのであれば、金利スワップ契約は、オープンなリスクポジションの投機的な引受に資するのではなく、金利水準の有利な展開への参加を同時に放棄して、変動利率の資金受入れと固定利率の債務負担との『交換』のみを目的とするものである。仮に二〇〇二年にXがスワップ契約を対応する原因取引なしに締結したのであったとしても、Xは、これらの契約により――CMSSLS契約と反対に――無限の損失リスクを負うことになるわけではない。そこでは、Xの支払は、固定利率により計算されるので、Xの最大リスクは、この利率――五・二五%～五・二九%――と『ゼロ』との間に限定される。二つの契約は二〇〇二年からYの助言の時点まで一二万四七〇〇ユーロ～一三万八二五ユーロの額のマイナスの市場価額を有していたという、Yがそのことについて本件との関連で示した状況は、したがって、決定的な意味を持たない。」

「いまだオープンな、Xの主張によれば『安全性を指向して』投資しようとしていたというXのリスク受容性の解明のためには、本来ならば当裁判所は、事案を控訴審の判断の破棄の後控訴裁判所に差し戻さなければならないところである。しかしながら、すでに他の理由によりYはその助言義務に従わなかったという事実が確定されるので、そのようなことは必要でない。」

(3)　**投資対象に適合する助言をする義務について**

「Yは、Xに対して投資対象適合的に助言したものではなかった。」

「助言する銀行に求められるところは、CMSSLS契約のような複雑な仕組みでリスクのある商品にあっては高いものがある。この金利賭博のリスクは、Yの見解とは反対に、変動金利支払義務の計算についての推移が跡づけられうるということによっては、おおよそのところのみでも捉えられない。むしろ、助言銀行は、顧客に対して、顧客にとって上方に無限の損失リスクについて『理論的』のみでなく『スプレッド』の展開次第で現実的かつ破滅的でありうるということをわかりやすくかつ過小評価しないような態様で、特別に明らかに目にとまるようにしなければならない。そのためには、変動利率の計算の定式のすべての要素（レバレッジの係数、ストライク、前期の利率との連動、〇％の顧客の最小レート）および『スプレッド』のあらゆる想定される展開における具体的な効果（たとえば、レバレッジ効果、『メモリー効果』（筆者注・変動レートが前期の利率と連動することとなっていることを意味するものと思われる））についての立ち入った説明のみでなく、金利賭博への参加者の間でのチャンスとリスクのプロフィールは対称的なものでないということについて顧客に対する一義的な説明が必要である。すなわち、顧客のリスクは無限である一方で、銀行のリスクは、――その『ヘッジ取引』と無関係に――〇％での変動金利のキャップ（いわゆる「フロア」）により、年三％に確定された銀行の支払義務を上回りうる顧客のマイナスの利子支払義務は算出され得ないということにより当初から小さく限定されていた。これらすべてのファクターの説明なくして助言銀行は、顧客が取引のリスクを理解したということから出発することはできない。程度については個別事例の事情にもよることになる説明は、このように高度に複雑な商品においても、顧客が取引のリスクに関して基本的なところで顧客に助言銀行と同等の知識および認識状態にあるということが保障されなければならない。なぜならば、そのようにしてのみ、顧客にとって、顧客が提供された金利賭博を受け入れるか否かについての自己責任による決定が可能となるからである。」

「Yが投資対象適合的助言についてのこの高い要求に適合したか否かという問題の答えは、さらに事実審裁判所の認定を要するが、Yはその余の助言義務違反を犯したことのために、立ち入らないでおくことができる。」

⑷　当初マイナス価値についての説明義務違反について

「控訴裁判所の見解と反対に、Yは、Xに対して、Yにより推奨された契約が締結された時点においてXにとって想定元本額の約四％の額（約八万ユーロ）のマイナスの市場価値を示していたということを説明しなかったことによりその助言義務に違反したものである。上告は、マイナスの市場価値は単に――顧客にとって契約締結の時点で純粋に理論的な――事前の契約終了の場合において清算金支払として支出されるべき額を示すものにすぎないので対応する説明はされる必要はなかったという控訴裁判所の判断を逆転させる。それは、顧客にとってのマイナスの当初価値の意味を把握しないものである。むしろ、当初価値には、Xによる問題となっている金利賭博についての判断にとって決定的な意味がある。なぜならば、それは、Yの重大な利益相反の現れだからである。」

「助言契約により銀行は、顧客利益に対してのみ向けられた推奨をする義務を引き受けている。したがって、銀行は、助言目的を疑問のあるものとし顧客利益を危うくする利益相反を回避し、またこれを開示しなければならない。この民事法的原則は、監督法上は、WHGの適用のある取引の領域については同法三一条一項二号において規定されている。」

「これによれば、YはXに対して、Yにより意識的に仕組まれたCMSSLS契約のマイナスの当初価値について説明しなければならない。」

「一方側の利益が他方側の鏡像的損失となるCMSSLS契約の推奨に際しては、Yは助言銀行として、重大な利益相反状態にある。金利賭博の相手方として、Yは、顧客の利益に相対立する役割を引き受けている。Yにとっては、金利支払の『交換』（英語のスワップ）は、ベーシス価値――スプレッドの拡大――の推移についてのその予測がまさに生じず、Xがそれにより損失を被るときにのみ有利であることが判明する。これに対して、Xの助言者として、Yは、Xの利益を保護する義務を負う。Yは、したがって、Xの最大限の高い利益に配慮しなければならないが、そのことはY自身にとっては対応する損失を意味するのである。」

「Yは、この利益相反について、YはXの『賭博の相手方』としてのその役割を、契約で合意された継続期間中保持するのではなく、『ヘッジ取引』により直ちに他の市場参加者に転嫁したということにより解決されたと考えている。これは正当ではない。『ヘッジ取引』の締結後は、スワップ契約の継続期間にわたるスプレッドの推移は、Yはこの反対取引によりすでにそのコストをカバーし、その利益を獲得したということの故によってのみ、Yにとってはどうでもよくなっている。Yは、このことを、スワップ契約の条件を意識的に同契約は契約始期においてXにとっては想定元本の四％のマイナスの市場価値（約八万ユーロ）を示すように仕組んだことにより可能とした。Yが主張するように、契約のその時々の現在市場価値は金融数学的計算モデルに基づき、――場合により含まれるオプション部分を考慮して――当事者の予測による将来の固定的および変動的金利支払が対比され、また、対応する支払期日現在の金利のファクターにより評価時点で割り引かれるというような態様で算出される。変動的利率の推移は当然不知であるから、顧客の将来の支払義務は、計算時点で計算上算出される期間利率に基づくシミュレーションモデルにより算出される。『市場』が――用いられるシミュレーションモデルによれば――Xが引き受けるリスクの締結時点での想定元本額の約四％マイナスであると評価するのであれば、そのことは、Yにとっては、そのチャンスがその額だけプラスであると評価されているということを意味する。Yは、この利益を『ヘッジ取引』により買い取ってもらうことができたのである。」

「Yにより仕組まれた原始的なマイナスの市場価値は、かくして、その重大な利益相反の表れであり、Xの利益を危うくするものである。助言する銀行が、市場がYにより推奨される商品により顧客が引き受けるリスクをその当時約八万ユーロ、マイナスと見ていることから利益を受けるのであれば、Yは、その投資推奨を顧客利益においてのみ行うのではない具体的な危険が存在する。『スプレッド』が拡大し、スワップ取引に基づく損失が予見可能でないという予測が助言時点で主張しうるものであるとしても、顧客の支払についてのきわめて複雑な金利計算公式が、同時に市場がそのリスクを――顧客に助言する――契約相手方の現在のリスクよりもマイナスに見るように仕組まれるということを顧客が知っていたのであれば、顧客の観点からは投資推奨が、他の光のもとに現れる。その際に、上告に対する反論の観点に反して、Yの仕組まれた利益マージンが市場で通常のものであり、顧客の利益のチャンスが重大には侵害されていないか否かは問題とならない。Yの助言給付の完全性は、契約締結の時点における計算モデルによれば、顧客がYの投資推奨に基づき引き受ける圧倒的に顧客が損失を被るリスクをYが『買い取ってもらっている』ということにより疑問が持たれるものとなるということのみが意味を持つ。」

「上告に対する反論が考えるのと異なり、Xの説明の必要性は、Xが締結時点でマイナスの市場価値について知っていたということの故になくなるものではない。控訴裁判所は、そのような事実認定もしていない。Xには、最初からマイナスの市場価値を有する投資コンセプトが二〇〇二年度において他の銀行と締結したスワップ契約に基づき知られていたのであり、スワップ契約は均衡とのとれたスタートチャンスを有するものではないということを知っていたということから出発しうるということが認められている限りにおいて、上告審での審理に耐えない法的結論である。認定されていないことであるが、二つの他のスワップ契約が締結時点において等しくXにとってマイナスの市場価値を示していたとしても、Xがそのことについて他の銀行から説明されていたということを示したりそのことが明らかであることにはならない。Yの提出書類に基づき、Xには、金利水準がこの間に低下していたためにこの契約の市場価値はYの助言時点である二〇〇五年はじめにおいてマイナスであったということだけが知られたにすぎない。」

「適切にもYは、口頭弁論において、本件におけるように自己の投資商品を推奨する銀行は、自分がその商品により利益を得ることについて、原則として説明する義務を負うものではないということを明らかにした。このこと（筆者注・銀行が利益を得ること）は、そのような場合においては顧客にとって明らかである。その限りで生ずる利益相反は、特別の事情が加わる場合を除いて、そのことについて特別に示される必要はないという形で明らかである。本件で説明義務のある利益相反は、Yの一般的な利益の獲得意思と、Yにより計算される利益マージンの具体的な高さとのいずれにおいても生じているものでもない。Yにより具体的に推奨される、直接契約締結に関連して顧客がYの助言給付に基づき引き受けたリスクを売却することができるようにするために、リスクの構造を意識的に顧客の不利に形成した商品の特殊性のみが説明義務を生じさせる。顧客は、――銀行の一般的な利益の獲得意思と異なり――このことをまさに認識できない。――Yが示す――チャンスの移転はスワップ契約の条件において『明らかになっていた』ということは、このことを変更するものではない。Yが自認するように、個々のスワップの構成要素の確定は、多かれ少なかれ複雑な金融数学の計算を前提とするものであり、通常は銀行のみが計算する立場にあるのであって、顧客も計算する立場にあるとはいえない。」

(5) 過失相殺について

「Yが考えるのと異なり、損害賠償請求権は、Xの共同過失の故に民法二五四条による減額はされるべきでない。なぜならば、Xの業務執行者は、控訴裁判所による口頭の審問において、契約の基礎となるモデルについて理解していなかったにもかかわらず契約に同意したと陳述したからである。BGHの確立した判例によれば、情報提供義務を負う者は、原則として、民法二五四条一項により、被害者に対して、述べられたことを信頼してはならず生じた損害について共同の責任を負うということに反対することはできない。反対の見解は、投資者は通常与えられた助言の正しさと完全性について信頼することができるという説明および助言義務の基本思想に対立するものである。これによれば、請求権の縮減は本件では問題にならない。投資コンセプトなしで理解しなければならない投資を行うというXの決定は、まさに、投資者をして第一に『彼の』助言者の推奨に指向するようにさせ、それ以上の質問をしたり調査をすることをやめさせるようになる、この特別の信頼関係の表れである。」

(20) LG Hanau Urt. v. 4.8.2008, ZIP 2008, 2014.
(21) OLG Frankfurt a.M. Urt. v. 30.12.2009, ZIP 2010, 921.

四　本件ＢＧＨ判決の意義と学説等の評価

1　判決の構造とドイツ法における意義

本件ＢＧＨ判決は、判旨⑴においてX・Y間に助言契約が締結されたという判断の下に、証券業者の助言義務に関する判例法理を適用するものである。判例法理に従い、本件ＣＭＳＳＬＳ契約の推奨が、投資者適合的助言であったか否か、および投資対象適合的助言であったか否かを順次判断している。投資者適合的助言であったか否かの判旨⑵、投資対象適合的助言であったか否かの判旨⑶のいずれについても、結論的には判旨はYが適切に助言義務を尽くしたか否かについての結論は下していない。本来であれば、Yの助言義務違反の成否の判断は、控訴審までに認定された事実では結論が下せないので、控訴裁判所に差し戻されるべきところであるが、本件では、判旨(4)の当初マイナス価値についてのYの説明義務違反が認められることから、その点だけでYの助言義務違反の責任を結論づけることができたので、判旨(2)(3)の争点については判断をするまでもないということになったものである。この意味において、判旨(2)(3)は、傍論といってもよいのかもしれないが、そうであっても、判旨(2)(3)にも、複雑なデリバティブ取引を事業者に推奨する場合における助言義務の内容について興味深い判断が示されており、本件BGH判決についての学説の論評においてもその点について議論されている。(22)

2　投資者適合的助言義務

投資者適合的な助言をする義務に関する判旨(2)においては、投資助言銀行としては、判例に従い、投資推奨をする前に顧客の知識の状態、経験並びに投資目的およびリスク受容性を含む投資目標について質問する義務を負うということから出発する。そして、とりわけ、投資助言者は、投資助言の前にすでに顧客のリスク受容性について質問しなかったときは、顧客の投資決定の前に顧客が投資助言者により説明されたリスクについてあらゆる点において理解したということを確実にすることによってのみ投資者適合的な推奨の義務に応えることになりうるとする。本件では、Xの担当者が経済学士であり、スワップ契約の経験があるとはいえ、複雑性が大きく異なる本件CMSSLSスワップ契約については、同人に説明するだけではリスク受容性があるものとしてXに同契約を推奨することは助言義務違反となるというのである。

この判旨(2)は、本件CMSSLS契約という複雑なデリバティブ取引については、取引について理解力のある担当者に説明しなければ推奨をしてはならないという読み方ができるが、これは、わが国でいえば狭義の適合性原則違反を認めることに相当する。ドイツでは、その際に、「説明されたリスクについてあらゆる点において理解したということを確実にする」ことが必要であるという判断基準を判旨⑵がとっていることが本件ＢＧＨ判決の新しい判断であり、それが厳格に過ぎる基準か否かが議論されているが、本件ＣＭＳＳＬＳ契約の複雑性とリスクに基づく判断として理解されている(23)。

3　投資対象適合的助言義務

投資対象適合的な助言をする義務に関する判旨⑶については、判旨⑵以上に、控訴裁判所の認定した事実では判断の材料が不足しており、傍論としての性格が強い。その点を留保した上で検討すると、投資対象適合的な助言をする義務は、これまでの判例によれば、投資判断にとって重要な意味のある特定金融商品の性質、特にそれ特有のリスクについての説明をする義務とされている。これについて、判旨⑶は、リスクについて数値で例示したり、損失は無限大という説明をするのみでは足らず、助言銀行は顧客がリスクの構造について助言銀行と同等の知識と認識状態にあるように説明をしなければならないという判断基準を示している。このような判断基準は、本件ＢＧＨ判決前には見られなかったものであり、新しい判断基準を示したものといえるが、これを文字どおりに受け止めればきわめて厳しい判断基準であり、これをどう評価するかについて、本件ＢＧＨ判決に対する学説等の論評でも戸惑いを見せているという印象がある(24)。判旨のような判断基準をとる場合には、銀行の助言義務は甚だ高度なものとなり、実務上は、助言銀行の担当者と同程度の金融に関する専門知識を有する担当者を備えた顧客でない限り、デリバティブ取引の推奨はできなくなるのではないかという疑問が呈されるように(25)、この判断基準を満たすような助言ないしは説明は不可能となるということにもなりかねないためである。判旨⑶はあらゆる投資取引に適用されるものではなく、本件CMSSLS契約のような複雑なデリバティブ取引についての判断基準であると理解されるが、この基準がとられる限り本件CMSSLS契約のごときデリバティブ取引の販売は実際上不可能になるという見解がある。(26)これに対して、この結論を実質的に正当化する理論的根拠として、投資者におけるリスクの認知能力の限界という行動経済学の知見も参照するものもある。(27)

4 利益相反の説明義務

本件の結論に直結した判旨⑷においては、助言銀行は本件CMSSLS契約の締結に関して、同契約は締結時のXにとっての当初市場価値が四％のマイナスであったということについての説明義務を負い、Yはこの義務に違反したとする。その理由としては、YはXと利益相反の状況にあり、Yの負う助言義務の故に、この利益相反についてXに対して説明する義務があるとされているのである。それでは、当初価値がマイナスであったということがY・X間で利益相反の問題とされるのはなぜか。判旨⑷の述べる理由は必ずしもわかりやすいものではないが、本件契約は、XとYとの間の相対取引であり、YはXの損失により利益を得るという立場にあるが、同時にYは助言銀行としてXの利益を図る義務を負うのであるから、このYの二つの立場は利益相反の関係にあり、Yとしてはそのような利益相反がある場合にはこれを回避するのでなければ、顧客にこれを説明しなければ契約を締結してはならないところ、本件CMSSLS契約の内容を形成するに当たり、当初価値がマイナスであるということをもってXの不利益においてYが利益を得るような内容でYが本件CMSSLS契約を仕組んだにもかかわらず、これを説明しなかったことが、本件CMSSLS契約のそのような内容と価値はYの側のような金融の知識がないXには評価不能であることにより説明義務違反として評価されている。また、Yは、本件契約締結直後に、本件契約のポジションをヘッジ取引として他者に移転したことをもってしても、その移転取引により利益を確保した以上は利益相反が解消されるものではないとされている。

このような利益相反に関する判旨は、前述のようなBGHの利益相反についての説明義務の判例に新たな類型を加えるものであるが、これを判例の展開の中でどのように評価するかは難しいところである。(28) 相対取引で銀行が利益マージンを得ることは、投資者にとっても当然に予測されることであり、そのような利益相反まで説明する義務はないことについて意見は一致している。本件スワップ契約も、相対の取引であるから、Yが利益を得ることをもって説明義務が生ずるような利益相反と見ることができるのかは疑問もありうる。前掲 Kick-back 判決や Lehman 判決とどのように適用範囲が整理されるのかも必ずしも明らかではなく、(29) 判旨(4)がこの点について十分な理由づけとなっているかには疑問がもたれている。(30)

学説等の論評では、判旨(4)の結論についてもすべて否定的なわけではなく、別の理由づけを模索している。本件のような店頭デリバティブ取引のごときは複雑でありまた比較可能性が乏しいことから、取引当事者間の情報の非対称を放置して自己責任に委ねることが適切ではなくなるとするもの(31)、金利スワップ契約のごときを銀行はまじめな（ehrlich）な賭博として提供し顧客と同一のリスクを引き受けているように見せているが、市場は銀行に有利な金利の展開を予測してリスクは対等ではないと評価しているときには、銀行がそのことを利用して利益を得ることは許されず、市場の評価を説明しなければならないとするもの(32)、銀行の利益マージンについて説明義務が認められないのは、銀行が利益マージンを上乗せしていることは自明のことであると同時に、利益マージンは市場での競争によりコントロールされておりこれに委ねておくべきであるのに対して、本件CMSSLS契約のごときは、市場による取引条件のコントロールが小さい反面で、顧客の事情をよく知る取引銀行が取引相手方となるものであり、顧客の銀行に対する高度の信頼が説明義務を正当化するとするものがある。[33] これらの見解に共通するのは、本件CMSSLS契約のごとき複雑な店頭デリバティブ取引については、市場も有効に機能しないまま取引当事者間の情報の非対称により顧客が取引の経済的意義を評価できない状態で取引が行われ、そのことが隠蔽されたまま銀行が利益を得ていることが問題視されており、その故にこそ説明義務が導かれることになる。したがって、判旨(4)のごとき利益相反についての説明義務が認められるのは、情報の非対称が著しくかつ市場も十分に機能しない、複雑な本件CMSSLS契約のごとき複雑なデリバティブ取引についてであるという射程の限定も導かれ、学説等の論評においてはこの点で意見は合致していると見られる。[34] 現に、本件BGH判決の下級審判決では、プレーン・バニラ・タイプのスワップ契約については本件BGH判決の法理は適用されないとするものがあり、[35] 本件BGH判決は、やはり本件CMSSLS契約のような複雑なデリバティブ取引についての判例法理を示すものとする理解がとられている。

5 過失相殺

判旨(5)は、銀行は助言義務を負うのであるから、顧客はその助言に対して信頼することができるとして、過失相殺を否定するものである。ドイツでも、助言義務違反が認められても顧客側の共同過失により五〇％のような過失相殺が認められることはあるが、顧客側の知識や経験が乏しい場合に過失相殺を認めることには判例は消極的であり、[36] 判旨(5)も本件CMSSLS契約のような複雑な取引についていえば、Xのごとき投資者について過失相殺をすることは適当でないとするものであろう。

(22) 本件BGH判決について論評するものとして、Schmitt, Aktuelle Rechtsprechung zur Anlageberatung bei OTC-Derivaten,

BB 2011, S.2824, Lehmann, a.a.O.（N.3）, Klöhn, a.a.O.（N.3）, Spindler, Aufklärungspflichten im Bankrecht nach dem „Zins-Swap-Urteil" des BGH, NJW 2011, S.1920, Walz/Leffers, Anlegerschutz im Werpapiergeschäft: Jüngste Entwicklungen Verantwortlichkeit der Organmitglieder von Kreditinstituten - Bericht über den Bankrechtstag am 29. Juni 2012 in Frankfurt a.M.- , WM 2012, S.1457.

（23） Klöhn, a.a.O.（N.3）, S.764. Walz/Leffers, a.a.O.（N.22）, S.1439 も、判旨(3)の判断基準は、銀行にその有する情報全体を移転する義務を負わせるものであり、情報提供義務の限界を超え顧客の自己責任原則を廃棄することになる旨の批判をしている。

（24） Lehmann a.a.O.（N.3）, S.750 は、顧客の損失リスクがスプレッドの展開次第で現実的かつ破滅的でありうるということをわかりやすくかつ過小評価しないような態様で、特別に明らかに目にとまるようにしなければならないという要求は、どんどん過激になるたばこのパッケージの警告文に似ているとか、リスクについての顧客の知識と認識を銀行と同等な水準にしなければならないという要求は、顧客を銀行のトレーダーと同じ水準にする必要があるというようなもので現実的でないという、やや感情的な批判をしている。

（25） Klöhn, a.a.O.（N.3）, S.763.

（26） Spindler, a.a.O.（N.22）, S.1922.

（27） Klöhn, a.a.O.（N.3）, S.763 は、知識のある投資者であっても楽観的なバイアスがかかることによりリスクについての認識がぼやけたものとなりうることは行動経済学の研究からも裏付けられることが判旨(3)を説明するものとする。

（28） 本件ＢＧＨ判決に先立ち、当初市場価値は、収益の見通しおよびリスクにとって重要な意義があり、銀行はこれを説明しなければならず、銀行はスワップ契約に含まれるオプション料を具体的に説明し、銀行が報酬としていくらを請求しているかを知らせなければならないとしたものとして、OLG Stuttgart Urt. v. 27.10.2010, ZIP 2010, 2189.

（29） Walz/Leffers, a.a.O.（N.22） S.1460.

（30） 本件ＢＧＨ判決に関する前掲注(22)の各論評もいずれもとりわけ利益相反についての説明義務を認める判旨(4)については、かなり懐疑的なトーンを示している。

（31） Spindler, a.a.O.（N.22）, S.1923.

（32） Lehmann, a.a.O.（N.3）, S.751.

（33） Klöhn, a.a.O.（N.3）, S.763.

（34） Klöhn, a.a.O.（N.3）, S.763, Spindler, a.a.O.（N.22）, S.1923, Lehmann a.a.O.（N.3）, S.752. Walz/Leffers, a.a.O.（N.22）, S.1459も判旨⑷は金融商品の高度の複雑性とリスクによってのみ正当化しうるとするが、境界は不明確であると批判する。

（35） OLG München Beschl. v. 9.8.2012, ZIP 2012, 2147, LG Köln Urt. v. 27.3.2012, BB 2012, 1053, OLG Köln Urt. v. 18.1.201, I-13 U 235/10, 13 U 235/10 -, juris.

（36） Bamberger, in:Derleder/Knops/Bamberger（hrsg.）, a.a.O.（N.11）, S.1129-1130.

五　日本の同種紛争に関する裁判実務との比較

1　日本の類似事案についての裁判例との解決の比較

本件ＢＧＨ判決の事案は、銀行が中小事業者に複雑なデリバティブ取引を推奨したというもので、最近わが国で紛争が多発している銀行や証券会社が中小事業者や学校法人等に複雑なデリバティブ取引を推奨したという事案と基本的には共通するものがある。わが国のこれまでのこの種の裁判例では、後述のように責任の成否に関する判断枠組みは、適合性原則違反と説明義務違反による不法行為責任というものであるが、後掲別表に整理した裁判例（プレーン・バニラ・タイプのスワップ契約に関する事例は含まず、オプション売りがオプション買いの三倍等にされたレバレッジがかかったものなど複雑なデリバティブ取引事例に限定している）では、適合性原則違反を認めたものは皆無であり、責任は説明義務違反に求められている（①②③④⑤⑧）。傾向的に整理すれば、適合性原則違反が認められないとされる事情としては、事業者であることや事業の規模や資産の大きさなどに加えて、デリバティブ取引等のリスクの高い取引の経験があることが挙げられている。また、説明義務違反が認められた事例では、取引の仕組みとリスクについての説明が不十分であったという事例もあるが（①④⑤⑧）、担保差入義務（②）や中途解約の場合の法律関係についての説明が不十分であったという事情（③）に着目して説明義務違反が認められている事例もあり、他方で、説明義務違反が認められないとされた事例（⑥⑦）では、取引の仕組みやリスクについて文書等により十分な説明があったという判断がされており、取引の仕組みやリスクについての説明義務違反の成立が認められることは容易でないことが明らかになる。

このようなこれまでのわが国の裁判例の判断基準を本件BGH判決の事案に当てはめるとするとどのようになろうか。Xは、中小事業者であって、本件CMSSLS取引のような複雑なデリバティブ取引の経験はなかったが、プレーン・バニラ・タイプのスワップ取引の経験はあり、そうであるとすると、わが国の裁判実務では、適合性原則違反は認められない可能性はある。本件CMSSLS取引は、変動レートが前期のレートに連動するものとされていること、銀行のリスクが限定されていること、三倍のレバレッジがかかっていることから、後掲別表のわが国の裁判例で問題となっているデリバティブ取引と複雑さとリスクにおいて同程度ということができるのでその点からもわが国では適合性原則違反が認められる可能性は小さい。しかし、わが国の裁判例における投資者側のデリバティブ取引等の投資経験や知識は裁判例毎に多様であり、単純な比較は難しい。なお、①は、CMSスワップ契約が問題となっている事例であるが、適合性原則違反は争点となっていない。

また、説明義務違反については、Yがどのような説明をしたかの詳細が不明ということはあるが、損失は無限大であるという説明はしているようである。本件BGH判決は、助言義務違反に関しては、傍論的判断を示すにとどまるので、断定的なことはいえないが、控訴裁判所に比較すると、助言義務の水準は相当高度なものとするという判断は示しており、Yの助言義務違反も認められる可能性が高いと見るのが穏当である。これに対して、わが国の後掲別表の裁判例では、説明義務の水準については一義的なものがあるとはいえないように思われる。

本件ＢＧＨ判決の直接の先例的意義は、利益相反という観点から、本件ＣＭＳＳＬＳ契約のマイナスの当初価値に関する説明義務違反があるという点にあるが、このような利益相反的要素に着目する主張は、わが国の裁判例では、これまでのところ争点とされてこなかった。ただし、後述のように、最近ではデリバティブ取引の構造に着目する主張が見られるようになり、これは本件ＢＧＨ判決にいう利益相反の問題に関連する。

2　理論的枠組みの比較

1においては、事案の解決という観点から単純な比較を試みたが、当然のことながら、責任の成否を判断する理論的枠組みはドイツと日本とでは異なる。この点を無視して、両国の判例を単純に比較することは適切ではない。ドイツで本件ＢＧＨ判決が銀行の責任を認めているのは、あくまでもドイツの理論的枠組みに基づくもので、わが国の理論的枠組みとは異なるという評価はありうるであろう。それが適切かどうかを検討する。

まず、投資者適合的助言および投資対象適合的助言をする義務という意味での助言義務がドイツに特有なものではないかという点を考える。助言義務は、助言契約に基づく義務という位置づけであるから、わが国でいえば、委任契約に基づく善管注意義務に対応する義務として顧客投資者の利益を図る義務として助言義務が認められるということができ、その故にこそ義務づけられる助言も、わが国のような不法行為法上の義務よりも水準が高いものとされるということになりそうである。しかし、このような見方は適切ではない。ドイツについていえば、投資勧誘をする銀行の責任の根拠を助言義務による債務不履行責任に求めるのは、不法行為責任の成立範囲が狭いということに多分に起因しているし(37)、他方、わが国についていえば、適合性原則違反や説明義務違反による不法行為責任の成立が認められているが、不法行為責任とはいえ投資勧誘という契約締結過程上の接触から生ずる責任であり、また、そのような責任の成立が認められる実質的な根拠としては、知識と経験において優位にある金融商品取引業者等の投資助言に顧客投資者が信頼しがちであり、そのことにより顧客投資者に自己責任で損失を負担させることが適切でない投資助言がなされることから顧客投資者を保護する必要があるということにあるのであって、金融商品取引業者等の専門家性とそれへの顧客の信頼に責任の根拠があると考えられる(38)。そのように考えれば、直接的な法律構成は両国で大きく異なるが、実質的にそれほどの違いはないといえるのである。

さらに、本件ＢＧＨ判決の助言義務の内容を見ても、投資者適合的助言義務として検討されているのは実質的にはわが国の適合性原則の判断にきわめて近いものを含むものといえ、また投資対象適合的助言義務として検討されているのは実質的にはわが国のリスクについての説明義務の判断にきわめて近いものということができる。したがって、義務の法律構成が違うことによってのみドイツの判例法理が参考にならないという評価をすることは適切ではない。問題は、適合性原則違反の成否、説明義務違反の成否を実質的にどのような判断基準によるべきかについて、ドイツの判例法理が参考になるか否かの検討であるということになる。

次に、利益相反についての説明義務をどう考えるべきか。わが国では、二〇〇九年の金商法、銀行法等の改正により、業者監督法における利益相反の規制が導入され（金商法三六条二項、金融商品取引業等に関する内閣府令七〇条の三、銀行法一三条の三の二、銀行法施行規則一四条の一一の三の三）、利益相反により顧客の利益が不当に害されないようにするためにとるべき方法の一つとして顧客の利益が不当に害されるおそれがあることについて当該顧客に適切に開示する方法が示されているが（金融商品取引業等に関する内閣府令七〇条の三第二号ニ、銀行法施行規則一四条の一一の三の三第二号ニ）、私法上の利益相反に係る法律関係は必ずしも十分に解明されておらず、本件ＢＧＨ判決のような利益相反についての説明義務を認めるような判例法理は存在しない。ただ、近時の銀行取引に関する下級審裁判例には利益相反に着目した銀行の行為義務を問題とするものがあり[39]、金融取引や投資取引についての説明義務違反が問題となっている事例についても実質的には金融商品取引業者等と顧客との間に利益相反的要素があることに問題の原因があると解しうることが示唆されている[40]。しかし、この問題はわが国はまだ萌芽的な段階にあることは認めざるを得ず、また、本件BGH判決で問題としているような利益相反の類型についてはほとんど議論がなく、ドイツの判例法理を参考とする議論がわが国で可能かどうかの検討が必要となる。

3　適合性原則・説明義務のあり方についての検討

本件BGH判決は、助言義務違反の責任という枠組みをとるものではあるが、デリバティブ取引について銀行にどのような行為が求められるかという観点から整理すれば、顧客側には複雑なデリバティブ取引を推奨するには、顧客がそのようなデリバティブ取引に相応しい理解力と経験を有することを確認しなければならないのであって、デリバティブ取引といっても複雑性において大きく異なるものであれば、従前のデリバティブ取引の経験があることから安易に理解力、経験およびリスク受容性を肯定してはならないという準則、およびデリバティブ取引についてのリスクの説明は、取引の複雑性により文書でリスクの大きさについて明確に記載してあることでは十分とはいえず、顧客が基本的なところで銀行と同程度にリスクの内容と性質について理解することができるだけの説明をしなければならないという準則を見い出すことができると考えられる。ただこの両者の準則を合わせると、受け止めようによっては、複雑なデリバティブ取引を個人投資者のみならずプロ投資者とはいえない程度の事業者に推奨することも、そもそも認められないということにもなりうる。これは、投資者の自己責任原則を否定するものではないかというドイツでもたれているのと同じような疑問も生じかねないものであり、そのような疑問には一面では説得力があると考えられる。(41) 他方で、デリバティブ取引でも近時の紛争で見られるような複雑なものについては、(42)顧客が一通りの仕組みとリスクについての説明を受けたとはいえ、これを実質的に理解し得たといえるのかはさほど簡単に断定はできないのではなかろうか。(43) 従前のデリバティブ取引の経験から、同じくデリバティブ取引といっても取引の仕組みの複雑性やそれに伴う特有のリスクが大きく異なるデリバティブ取引について、同一の水準の判断基準によりたやすく適合性の存否を判断したり、一通りの説明で説明義務は尽くされたという判断をすることには慎重であるべきであるという考え方には合理性があると考えられる。最判平成二五年三月七日金判一四一三号一六頁は、事業者に対するプレーン・バニラ・タイプの金利スワップ契約について、取引の基本的な仕組みや、契約上設定された変動金利および固定金利について説明するとともに、変動金利が一定の利率を上回らなければ融資における金利の支払よりも多額の金利を支払うリスクがある旨の説明をしたことにより基本的に説明義務を尽くしたものとして、銀行の説明義務違反は認められないという判断を示したが、あくまでもプレーン・バニラ・タイプのスワップ契約に関する判断であり、その限りでは私見としてもこれに反対するものではないが、複雑なデリバティブ取引についての判断基準をも示すものとはいうべきでないであろう。

4　利益相反に関する説明義務についての検討

本件ＢＧＨ判決が結論の決め手とした利益相反についての説明義務という問題設定と問題解決が枠組みとして適切なものか否かはドイツでも議論のあるところで、学説等の論評では、むしろ批判的に評価されており、ただ非常に複雑な店頭デリバティブ取引についての解決としてはありうるものという評価が一般的であることは前述したとおりである。

わが国でも、すでにデリバティブ取引における当初市場価値がマイナスであり、そのことは裏返せば金融商品取引業者等が隠れた形で利益を得ていることを問題視する動きは見られるところである(44)。また、前掲最判平成二五年三月七日の原審判決である福岡高判平成二三年四月二七日判時二一三六号五八頁でも、当該スワップ契約について、大要、スワップ対象の各金利同士の水準が価値的均衡を著しく欠くため(銀行の利益や販売コストが折り込まれることによるとする)、ヘッジ効果が小さくなっており、契約は銀行に一方的に有利、顧客に事実上一方的に不利であって、説明義務違反が成立するのみならず契約が無効となるとしている。ここでも銀行が利益を得る取引の構造に着目され、問題意識としては、本件BGH判決と共通するものがあるといえる。

しかし、このような観点に対しては、金融商品取引業者等の自己計算取引として行われる相対の契約において一方当事者が利益を得ることについて利益相反の問題とすることについての理論的疑問が提示されることはドイツでも見られたし、わが国でも、前掲福岡高判平成二三年四月二七日等を契機に議論が見られるようになっているが(45)、やはり基本的にはこれを利益相反の問題とすることは理論的に困難であると考えるのがわが国では無理のないところであろう。その意味では、本件BGH判決を複雑なデリバティブ取引についてあるべき姿を示すものという評価をすることには慎重であるべきである。

しかし、他方で、金融証品取引業者等の自己計算による取引であっても、金融証品取引業者が不透明な態様で利益を得ることについて何の制限もなくてよいかは別問題である。ドイツでも、学説等が、本件BGH判決の解決に合理性があるとすれば、複雑なデリバティブ取引については、市場が機能にしくい状況で情報格差により銀行が不透明な利益を得ていることに理由を求めていることは参考となるものである。そして、このような問題は、わが国の金商法の規制の体系の中で考えれば、誠実・公正義務（金商法三六条一項）の問題として位置づけることができるように考えられる(46)。そのように考える場合に、具体的にどのような場合が義務違反とされるべきかは、ここで直ちに論ずることはできず、今後の検討課題というしかないが、見通しとしては、自己計算取引への介入はあくまでも限定的なものになるのであって、デリバティブ取引の複雑性の程度、金融商品取引業者等の得る利益の大きさ・異常さ、投資者の金融商品取引業者等への信頼の強さ（逆にいえば、金融商品取引業者等による投資者の投資判断への影響力の強さ）に着目することになろう。また、金商法上の誠実義務違反を重要な要素として不法行為責任が認められると考えられる(47)。いずれにせよ、この問題については、デリバティブ取引の複雑さやリスク、金融商品取引業者等の利益など取引の構造についての検討に踏み込むことが必要であるということが本件ＢＧＨ判決が強く示唆するところである。

(37) ドイツの不法行為責任法では、責任の認められる事由が権利侵害（絶対権に対する侵害に限定される。ＢＧＢ八二三条一項）、保護法規違反（八二三条二項）、良俗違反（八二六条）に限定されており、本稿で問題としているような助言義務、説明義務違反による不法行為を八二三条一項により根拠づけることはできず、八二三条二項の責任も前述のようにＷＨＧ三一条が保護法規には当たらないので根拠づけることができない。

(38) わが国でも適合性原則違反および説明義務違反による責任を助言義務違反として構成する見解もある。広義の適合性原則を助言義務として位置づける場合の根拠について、当事者間の信認関係に着目して信頼供与責任ということに求める見解として、潮見佳男「適合性原則違反の投資勧誘と損害賠償」新堂幸司＝内田貴編『継続的契約と商事法務』一八六～一八七頁（商事法務、二〇〇六年）。なお、前掲最判平成一七年七月一四日のオ口千晴裁判官の補足意見においては、オプション取引を継続していた証券会社は顧客のリスクを改善するための指導助言義務を信義則上負うものとする。これは、取引関係が開始され継続している段階での義務として考えられているが、取引開始前でも信義則上の助言義務を認めることは理論的に可能であると考える。

(39) 岩原紳作「金融機関と利益相反――総括と我が国における方向性」金融法務研究会編・前掲注(15)九二～九七頁。

(40) 岩原・前掲注(39)九六～九七頁。
(41) わが国でも、近時のデリバティブ取引や仕組債の投資勧誘についての適合性原則違反や説明義務違反による損害賠償責任を認める裁判例については、責任の成否の判断基準が厳格化されていることを指摘しつつ、その行き過ぎを問題視する見解がある。松尾直彦「店頭デリバティブ取引等の投資勧誘の在り方――『悪玉論』への疑問」金法一九三九号七〇頁（二〇一二年）。また、和仁亮裕「デリバティブ取引と紛争解決」金法一九五一号二八頁（二〇一二年）も、責任の強化には批判的である。
(42) 最も複雑性の高い取引のタイプについて、清水俊彦「デリバティブ損失問題の深相(一五)牙を剥くゴアラ」NBL九三一号八七頁（二〇一〇年）および「同(一七)為替リスクの化け物」NBL九三四号五六頁（二〇一〇年）。
(43) 金融商品取引業者等が取引を勧誘する過程で提供する様々な情報には取引を成立させようとする動機に出た情報も含まれることは容易に想像できるところであり、そのような情報により顧客にバイアスが生じれば、客観的な説明により顧客が冷静にリスクを評価して取引をすることができるか否かが疑問となる。このことは、上記のように、ドイツでも指摘されているところである。
(44) 佐藤哲寛『為替デリバティブ取引のトリック2』（PHP研究所、二〇一三年）。
(45) 松尾・前掲注(41)七六頁は、店頭デリバティブ取引においては、組成業者や販売業者の手数料等（手数料、利益、コスト等）を考慮して条件が決められるので、リスクとリターンの関係がわかりにくくなっている面はあるが、このような手数料等は金融商品の原価や利益に当たるものであるから、顧客に対して説明する必要はなく、少なくとも投資経験を有する顧客には「リスクが大きい金融商品は相応にリターンが大きくなるように設計されること」を説明する必要はないとして、前掲福岡高判平成二三年四月二七日は金融商品の価格に対して過剰な介入をするものであると批判している。また、青木浩子「ヘッジ目的の金利スワップ契約に関する銀行の説明義務――福岡高判平二三・四・二七を契機に」金法一九四四号八一頁（二〇一二年）も、前掲福岡高判平成二三年四月二七日について、当該スワップ契約の利ざやは大きかったようであるものの、これを暴利行為や説明義務違反として争うことは難しいのではないかとする。これらの見解は、わが国の法律家の多くが共有しているものと推測される。
(46) 金商法の誠実・公正義務は、平成四年の証券取引法改正においてＩＯＳＣＯの行為規範原則第一「誠実・公正」を取り入れたものであるが、系譜的には米国の連邦証券規制における証券業者の行為規制において発展してきた看板理論（shingle theory）に連なるものであるということができる。看板理論においては、証券業者がディーラーとして自己計算取引を行う場合でも、市場価格をはるかに上回る価格で顧客に店頭取引銘柄の証券を売却する行為も連邦証券規制上の詐欺行為として位置づけられる（前田雅弘「証券業者のディーラー業務と投資者保護」証券取引法研究会国際部会編『証券取引における自己責任原則と投資者保護』五八～六三頁（日本証券経済研究所、一九九六年）。これは、本件ＢＧＨ判決で利益相反の問題として扱われている問題に類似の問題であるということができる。なお、ドイツでも、誠実・公正義務は前述のＷＨＧ三一条一項一号で規定されているが、これを民事責任に関連づける動きは見られないようである。

（47）　現在のところ、誠実・公正義務を直接または間接の根拠として民事責任が認められているのは証券会社による過当取引（churning）の類型であるが（石田眞得「過当取引と損害賠償責任」神田秀樹＝神作裕之編『金融商品取引法判例百選』八〇頁（有斐閣、二〇一三年）、誠実・公正義務が民事責任につながることの例とはなろう。

判決	原告	被告	取引（名称）	適合性原則	説明義務	過失相殺
①東京地判平成21年3月31日判時2060号102頁	会社	証券会社	金利スワップ（CMSスワップ）	争点とされず	○（金利感応度分析表等を交付せず、これと大きく食い違うシミュレーション表により説明）	66.7%
②大阪地判平成23年10月12日判時2134号75頁	会社	証券会社	通貨オプション	×	○（取引の仕組み・リスクについての説明は十分であったが、担保についての説明が不十分）	70%
③大阪地判平成24年2月24日判時2169号44頁	学校法人	証券会社	フラット為替取引	×	○（リスクの説明は十分であったが、中途の場合の解約手数料の説明が不十分	80%
④大阪地判平成24年4月25日消費者法ニュース94号243頁	会社	証券会社	通貨スワップ	×	○（リスクの説明および中途解約の困難性の説明が不十分）	50%
⑤大阪高判平成24年5月22日金判1412号24頁	会社	証券会社	仕組債（株価指数連動債）	×	○（仕組みおよびリスク等についての説明が不十分）	50%
⑥東京地判平成24年6月5日TKC25494755	会社	証券会社	フラット為替取引	×	×	
⑦東京高判平成24年7月19日金法1959号116頁	会社	証券会社	通貨オプション	×	×	
⑧東京地判平成24年9月11日判時2170号62頁	会社	銀行・証券会社	通貨スワップ	×	○（時価評価額の変動要素の具体的内容、変動によるリスクの有無および程度の説明が不十分）	70%

不当労働行為救済制度における集団的利益の優越について

――複層侵害事案における申立適格をめぐる一試論

大内伸哉

一　はじめに
二　申立適格と要保護利益
三　集団的利益の優越と例外
四　行政救済と司法救済——行政救済の独自性
五　おわりに

一　はじめに

1　不当労働行為救済制度における集団的利益と個別的利益

判例によると、労働組合法（以下「労組法」という）二七条以下に定める労働委員会の救済命令制度（以下「行政救済」という）は、労働者の団結権および団体行動権（団体交渉権も含まれる）の保護を目的とし、これらの権利を侵害する使用者の一定の行為を不当労働行為として禁止した同法七条の規定の実効性を担保するために設けられたもの、とされている。(1)

不当労働行為救済制度の目的に対する判例の前記のとらえ方に異論が存しないわけではないが、(2)少なくとも、同制度が、使用者による反組合的な行為を禁止し、それに対して実効的な救済を与えることによって、労働組合の利益（以下「集団的利益」という）の保護を図ろうとしたものと理解することについては、ほぼ異論はなかろう。

一方、行政救済を申し立てる資格については、従来、広くとらえられており、労働組合だけでなく、労働者個人にも認められてきた。(3)このことは、中立適格に関して、「使用者から……直接・間接にその団結権が侵害され、救済を受けることについて正当な利益を有するもの」(4)、あるいは、「当事者主義の原則に拠り、使用者の行為により直接または間接に権利ないし利益の侵害を受けた者、すなわち救済に対して正当な利害関係（被救済利益）を有する者」というような広い定義が、学説、判例、労働委員会実務において受け入れられてきたことにも現れている。(5)

不当労働行為救済制度は、集団的利益の保護を目的とするとはいえ、具体的な不当労働行為には、労組法七条一号で禁止されている行為に典型的に示されているように、個々の労働者に向けられたものもあるので、個人申立てにそもそも適さないもの（七条二号の団交拒否等）を除くと、労働組合だけでなく、労働者個人に救済申立適格が認められるのは当然であろう(6)。

これを理論的に整理すると、七条一号をめぐる事件（一号事件）のような労働者個人に向けられた使用者の反組合的行為には、労働組合の集団的利益だけでなく、その構成員である個々の組合員の利益（以下「個別的利益」という）をも侵害するという複層侵害構造があり、労働者個人は後者の個別的利益の侵害という面から救済を求める資格があるということである。もっとも、このことが、行政救済手続において、労働者が侵害された個別的利益を、労働組合の集団的利益と無関係に回復を求めることができるということを意味するわけではない。不当労働行為救済制度の趣旨からすると、その手続では、集団的利益の保護が中心に据えられるべきだからである。つまり、個別的利益の回復を求めることができるとしても、その前提には、個別的利益と集団的利益の一体性があると考える必要があるのである。ところが現実には、こうした一体性が損なわれていることがある。

2　集団的利益と個別的利益の不一致の場合

判例上、個別的利益と集団的利益が一致しないことが問題となったケースがある。一つは、個別的利益が消滅しても、集団的利益の保護を求める救済利益があるかが争点となった旭ダイヤモンド工業事件である。同事件で、最高裁は、ストライキに対する賃金カットをめぐる一号（および三号）事件において、賃金カットされた組合員が退職するなどして組合員資格を失っている場合においても、労働組合には固有の救済利益があるとし、ただし、「労働組合の求める救済内容が組合員個人の雇用関係上の権利利益の回復という形をとっている場合には、たとえ労働組合が固有の救済利益を有するとしても、当該組合員の意思を無視して実現させることはできないと解する」と判

示した。(7)

ここでは、個別的利益と集団的利益の一体性が否定されているようにみえる。しかし、不当労働行為救済制度が集団的利益を保護することを目的とするものである以上、個別的利益が事後的に消滅したとしても、労働組合に固有の救済利益が認められるのは当然のことであろう。つまり、個別的利益の存続と無関係に、集団的利益は存続するということである。前記判決は、救済内容において、当該組合員の意思を尊重することを求めてはいるが、これは救済命令の内容面での相当性を考慮したものにすぎず(8)、個別的利益を集団的利益に優越させるものではない。

もう一つの判例は、逆に、集団的利益の保護が求められていないときにも、個別的利益の保護を求める申立適格があるかが争点となった京都市交通局事件である。

この事件は、組合員の昇進にともなう組合員資格の喪失が問題となった事案で、労働組合は争う意思がないものの、当該組合員が三号事件として救済申立てをすることができるかという争点について、最高裁は、「労働委員会による不当労働行為救済制度は、労働者の団結権及び団体行動権の保護を目的とし、これらの権利を侵害する使用者の一定の行為を不当労働行為として禁止した労働組合法七条の規定の実効性を担保するために設けられたものである。この趣旨に照らせば、使用者が同条三号の不当労働行為を行ったことを理由として救済申立てをするについては、当該労働組合のほか、その組合員も申立て適格を有すると解するのが相当である」として、個人申立てを肯定した。(9)

つまり、組合員個人は、労働組合の意思とは無関係に、独自に不当労働行為救済手続でその利益の保護を図ることができるということである。個人の申立適格には議論があった（二3参照）労組法七条三号をめぐる事件（三号事件）においても、集団的利益から独立した個人の申立適格を肯定したことから、個人に申立適格があることに異論がない一号事件では、いっそう強い理由で、労働組合の意思に関係なく、個人の申立適格が肯定されることになりそうである。

たとえば、解雇事件でいうと、組合員の解雇について、労働組合のほうでは、解雇相当であるとして争わないこととしているが、組合員は不当労働行為として争いたいと考えている場合、あるいは、労働組合が使用者と和解したが、組合員のほうはこれに納得していなかった場合に、解雇された当該組合員は、独自に個人申立てができる、ということになろう。(10)

3　問題提起と本稿での作業

しかし、こうした結論には疑問がある。

第一の疑問は、労働組合の集団的利益の保護という不当労働行為救済制度の目的と整合的であるのか、である。制度目的に整合的に解すると、集団的利益と個別的利益の一体性が損なわれている場合には、集団的利益の主体である労働組合の意向が優先されるべきと考えられるからである。

第二の疑問は、労働組合の決定に反して個人申立てをすることは、労働組合の統制を乱し、組合運営に混乱を来たすおそれのある行為であり、このような労働組合の弱体化をもたらす事態を、不当労働行為救済制度が許容する趣旨と解することができるか、である。

これらの疑問があることから、筆者は、行政救済の個人申立ては、それが労働組合の意思に反したものである場合には、原則として、否定されるべきと考えている。ただし、そこには一つ条件がある。行政救済を申し立てることができなくても、裁判所での救済（以下「司法救済」という）を求める途があり、労働者の保護に支障がないという条件である。京都市交通局事件・最高裁判決が個人申立てを認めているのは、昇進という（組合員資格の問題を除くと）労働者にとって有利な措置が係争事項であるため、司法救済が困難であるという事案の特殊性に着目したものであって、司法救済の途があるという条件を満たしていない事例とみるべきである。(11)

以下、本稿では、行政救済の個人申立て原則否定論を論証するため、まず、不当労働行為救済手続における申立適格と要保護利益との関係について整理し（二参照）、次いで、個別的利益が要保護利益と認められることはあるのか、あるとすればどのような場合であるかについて検討を加える（三参照）。また、司法救済の途があることを条件とする点については、その説得力は、司法救済において、行政救済とどこまで遜色ない保護がなされるかという点にかかっているので、この点の検討も試みる（四参照）。

(1) 第二鳩タクシー事件・最判昭和五二年二月二三日民集三一巻一号九三頁。
(2) 学説の整理として、菅野和夫『労働法〔第一〇版〕』七四八頁以下（弘文堂、二〇一二年）、西谷敏『労働組合法〔第三版〕』一四二頁以下（有斐閣、二〇一二年）等を参照。
(3) 労組法および労働委員会規則のいずれにおいても、直接に申立適格を定めた規定はない。
(4) 外尾健一『労働団体法』三〇八頁（筑摩書房、一九七五年）。
(5) 東京大学労働法研究会編『注釈労働組合法(下)』九六四頁（有斐閣、一九八二年）。
(6) 労組法五条一項但書も、個人申立てを前提としている。
(7) 旭ダイヤモンド工業事件・最判昭和六一年六月一〇日民集四〇巻四号七九三頁。
(8) 山川隆一『不当労働行為争訟法の研究』一一一頁（信山社、一九九〇年）。
(9) 京都市交通局事件・最判平成一六年七月一二日判時一八七二号一一六頁。
(10) なお、個人の単独申立ての場合であっても、労働組合が明示的または黙示的に許容している場合であれば、集団的利益との抵触はない。
(11) 厳密に言うと、昇進が無効であるとして裁判所で争うことは不可能ではない。少なくとも、昇進であっても組合活動上の不利益があれば一号に該当し、一号の強行法規性や権利濫用を根拠として無効と判断される可能性はあるからである。とはいえ、これは微妙な法律判断をともなうものであり、少なくとも解雇や懲戒のように、不利益性が明白で、(結論はともかく) 司法救済を求めうることが明らかな事案とは異なる。京都市交通局事件の事案は、こういう点から、行政救済の途をふさぐのに適さないところに事案の特殊性があったといえる。なお、この事件では、一号事件でも申立てが行われており、労働委員会レベルでは棄却命令が出されていて (三号事件は却下命令)、裁判所でもその判断は支持されている。前記のような三号事件の個人申立てが可能な状況が認められれば、一号の個人申立ても同様に認められよう。

二　中立適格と要保護利益

1　序

一1で検討したように、不当労働行為の救済申立適格においては、救済利益があることが必要とされ、その利益は広くとらえられてきた[12]。しかし、有力な学説が適切に指摘するように、「救済利益という概念の実質は、不当労働行為による被害ないし効果……が存在しているか、または再発防止の必要性が存在している状態を指す」と解すべきであり[13]、したがって、申立適格とは問題となる局面を異にすると解すべきである[14]。その意味で、申立適格が認められるのは、端的に「申立てに係る不当労働行為によって自らの利益を侵害された労働者と労働組合」とする見解に従うべきであろう[15]。ここでいう「利益」とは、不当労働行為救済制度によって保護されるべき「利益」(要保護利益) であり、これは要するに、一で述べた集団的利益ないし個別的利益である。要保護利益は、労組法七条各号ごとに異なる。ここでは、個人申立てが特に問題となる一号事件を中心に検討する。

2　一号事件における申立適格

一号事件については、これまで個人申立てが認められることは自明とされ、むしろ組合申立ての可能性のほうが問題とされてきた。一号事件では、反組合的行為が現実に個々の労働者に向けられており、そうした労働者の救済の必要性が重視されていたからである（一1参照）。

そのようななか、一号事件において組合申立てを肯定する標準的な理由づけは、次のようなものであった[16]。

「不当労働行為の制度は、通常の訴訟と異なり、労働者の団結権に対する侵害を事実的に排除しようとするものであって、労働委員会の命令は、申立人、被申立人の間に何らの法律関係を形成するものではないから、申立権者については、訴訟における当事者適格のように厳格な解釈をとる必要はないし、また、不当労働行為は、たといそれが労働者個人に向けられたものであっても、同時に組合に対する侵害であるから、労働者の団結権を擁護しようとする不当労働行為制度の趣旨にかんがみるとき、このような場合においても、組合に申立権を認めるのが適切と考えられるからである」。

ここで挙げられている二つの理由のうち、本稿で注目されるのは後者であり、それは、不利益取扱いはその不当労働行為の複層侵害構造から、労働組合の集団的利益をも侵害しており、それゆえに組合の申立適格も認められるとする見解とみることができよう。

複層侵害論は、一号解雇事件についての最高裁大法廷判決における、労組法が、「正当な組合活動をした故をもつてする解雇を特に不当労働行為として禁止しているのは、右解雇が、一面において、当該労働者個人の雇用関係上の権利ないしは利益を侵害するものであり、他面において、使用者が右の労働者を事業所から排除することにより、労働者らによる組合活動一般を抑圧ないしは制約する故なのである[17]」、という判示部分とも整合性がある。この判示部分は、救済内容の適法性を判断する文脈のものであるが、労働組合にも、行政救済で保護されるべき固有の利益があることを示したものであり、これが申立適格を根拠づけるのである。

しかし、学説のなかには、複層侵害論に基づき組合に申立適格を認めることを否定する有力な見解もあった。なかでも最も徹底していたのが、一号事件での組合申立てを否定する山口浩一郎教授の見解である[18]。その理由は、一号で組合申立てを認めると、救済申立てをしていない個人に救済措置がとられる、という甚だ奇妙な結果をまねくから、とされる。そして、「七条各号が互いにオーバーラップすることがあるという一般に紹介された考え方は、不利益取扱が別途支配介入になることもあり、またその逆もあるという不当労働行為の成立レベル（いわば実体法のレベル）の問題であり、申立権者（いわば手続法のレベル）の問題について無限定説の根拠となるものではない」と主張する。

山口の見解は、要保護利益論の観点からみると、一号の要保護利益は個別的利益であるから個人申立てのみが認められる（他方、三号の要保護利益は集団的利益であるから組合申立てのみが認められる）、というものである。これは、理論的には明快であるが、不当労働行為救済制度の目的からすると、一号が不当労働行為とされており、一号に該当する行為に集団的利益の侵害がある以上、組合申立てを認めざるを得ないのではないか、という疑問がある[19]。

その後、限定的にのみ組合の申立適格を認める見解を主張したのが、故安枝英訷教授である[20]。安枝は、組合に申立適格を認める理由づけに、「組合員に対する不利益取扱は、同時に労働組合に対する侵害ともなること」という考え方をもちだすことを批判する。そのうえで、第一に、「労組法によって創設された不当労働行為制度は、究極的には、労働者の組織的活動の保護を目的としており、不利益取扱は労働者個人に向けられたものであるけれども、労働組合をはなれて保護の対象となるものではないこと」、第二に、「したがって、労働組合が労働者個人に対する不当労働行為からの救済に積極的な行動をとることが期待されること」、第三に、「労働委員会の救済命令は、当事者間における法律関係を形成するものではないから、申立人資格については若干緩やかな要件を許すのが合理的であること」と述べ、不利益を受けた個人との間に「一定の共通意思」があることを要件として、組合の申立適格を肯定する。

また、安枝は、一号事件で組合申立てがなされた後、組合が申立てを取り下げたというケースにおいては、不利益取扱いを受けた組合員には、当然に申立適格があるとして、除斥期間（労組法二七条二項）内であれば、救済申立てが可能であるとする（ただし、申立ての当然承継には否定的である）。

安枝の見解を理論的に整序することは容易ではないが、複層侵害論を否定し、個別的利益の救済を中心に据える発想に依拠したものと言えるであろう。

これに対して、山川隆一教授は、複層侵害を正面から認めて、労組法が、「労働組合による団体交渉等の活動を通じて労働者の地位の向上を図ろうとしていることからは、当該労働者の加入する労働組合……も、当該労働者への不利益取扱いによって、円滑な組合活動など自らの固有の利益を侵害されたといえるので、申立人適格をもつ[21]」、という通説的な見解に依拠したうえで、集団的利益が放棄された事例について、「当該不利益取扱いを受けた労働者個人が申立人となっているときには、同人の救済利益は組合の同意があっても直ちに失われることはないであろう」とし、その理由として、「不当労働行為救済手続において労働組合は、不利益取扱いにより侵害された労働者個人の雇用関係上の利益についての処分権を一般に有していないからである」とする[22]。

山川は、複層侵害構造は認めながらも、集団的利益と個別的利益の一体性を否定している。旭ダイヤモンド工業事件とは逆に、個別的利益の存続は、集団的利益と存続とは無関係とするものである。要するに、集団的利益と個別的利益は別個独立に存続し、行政救済を求める救済利益となるということである。これは救済利益に関する部分の叙述であるが、申立適格にもあてはまる議論であろう。

一方、学説のなかで、最も集団的利益を重視する議論を試みているのが、道幸哲也教授の見解である。[23] 道幸は、「不当労働行為の救済は、あくまでも組合活動の自由を確保する事を目的とする」という立場を基本にし、「個人申立の場合においても、組合の利益を擁護する必要があることは当然である」としたうえで、そのときには「実質的に、双方申立と同様に解したい」と述べる。一方で、同論文は、一号事件での単独の組合申立ての場合にも、「実質的に双方申立がなされたケースと同様に考えたい」とし、そこでは、「申立後に、組合と使用者間で和解がなされ、申立が取り下げられたとしても、それに同意しない個人は、『個人申立』の部分が残ったとして申立の承継を主張しうる。双方申立が為されていたと同様に解するからである」と述べている。これは、個人申立てで組合が使用者と和解した場合にも個人申立ての継続が可能であることを意味する。

道幸の見解は、集団的利益の保護という行政救済の目的に明確に言及しながらも、個別的利益の独立した保護は否定していない点が特徴的である。

以上の議論からわかることは、一号事件では、個別的利益と集団的利益の複層侵害構造があり、どちらの利益にも要保護性が認められうること（山口旧説は除く）、二つの利益の一体性は否定され、相互の独立性が認められていること、である。したがって、労働組合が集団的利益の保護を放棄し争わないとしていても、組合員個人は個別的利益の保護を求めて、申立適格が認められるというのがこれまでの学説の結論であった。ここには、行政救済における集団的利益の位置づけに関係なく、個別的利益が侵害されている以上、申立適格を認めるべきとする考え方がみてとれる。

3　三号事件における申立適格

複層侵害的な不当労働行為は、三号事件においても起こりうる。三号事件では、一号事件とは逆に、使用者の支配介入は、基本的には、労働組合の集団的利益の侵害行為ととらえられていることから、組合員個人の申立適格のほうが問題となった。ただ、学説の多数および労働委員会実務では、個人申立ては広く認められてきた[24]。

理論的には、そもそも使用者の支配介入行為に複層侵害構造が認められるかが問われることになる。学説のなかには、前記の山口説のように、三号事件では一号事件とは逆に組合員の個人申立てを否定する見解もあるが[25]、むしろ多数説は、支配介入には個人に向けられたケースもあり（一号と同時に三号にも該当するとする申立ては少なくない）、そうしたときには複層侵害を認め、個人にも申立適格を認めてきた[26]。なお、組合が御用組合化している場合における個人申立てを認める実益に着目する見解もあるが[27]、この見解が、こうした実益がある場合に個人の申立適格を限定する趣旨かどうかは明確ではない。

こうした議論状況のなか、最高裁は、京都市交通局事件において、前記のように（一2参照）、労働組合に争う意思がない場合にも、組合員個人の申立適格を肯定した。

この判決の理論的前提は必ずしも明確ではないが、推察するに、不当労働行為救済制度の目的は、究極的には、労働者個人の団結権や団体行動権の保護にある以上、組合員個人の申立適格は当然に認められるということであろう（なお、この事件は複層侵害事案である）。

確かに、憲法二八条のいう勤労者（労働者）の団結権には、労働者個人の団結権が内包されているが、それと同時に、労働組合の団結権もある[28]。三1にみる判例（三井倉庫港運事件）のように、二つの団結権の調整はデリケートな問題である。ところが、京都市交通局事件・最高裁判決は、単純に労働者個人の団結権を優先させてしまっているようにもみえる。そこには、個別的利益を無制約に集団的利益に優越させるロジックが内包されており[29]、集団的利益の保護という行政救済の目的と照らして妥当であるかが問題となる。そこで、以下では、個人の団結権の位置づけから検討を加えることとする。

(12) 東京大学労働法研究会・前掲注(5)九六四頁等を参照。
(13) 山川隆一『労働紛争処理法』一〇三頁以下(弘文堂、二〇一二年)。
(14) 山川・前掲注(8)九四頁以下を参照。
(15) 山川・前掲注(13)七四頁。
(16) 労働省労政局労働法規課編著『新版労働組合法・労働関係調整法』六三七頁(労務行政研究所、一九七八年)。
(17) 第二鳩タクシー事件・前掲注(1)。
(18) 山口浩一郎『労働組合法』一〇二頁(有斐閣、一九八三年)。
(19) 実際、山口は、その後、山口・前掲注(18)の〔第二版〕一一七頁(一九九六年)で、不当労働行為制度の目的(同書では、「公正な労使関係秩序の形成」)という観点から、その主体である労働組合の申立適格を肯定する見解に改められている。以下、本文での山口の見解を山口旧説と呼ぶ。
(20) 安枝英訷「不当労働行為の申立人」荒木誠之先生還暦祝賀『現代の生存権——法理と制度』五二二頁以下(法律文化社、一九八六年)。
(21) 山川・前掲注(13)七四頁。
(22) 山川・前掲注(8)一一〇頁。
(23) 道幸哲也「組合申立の法構造(二)」北大法学論集三九巻一号一〇一頁以下(一九八八年)。なお、道幸哲也『労働組合の変貌と労使関係法』一二七頁以下(信山社、二〇一〇年)も参照。
(24) 東京大学労働法研究会・前掲注(5)九六六頁等。
(25) 山口・前掲注(19)〔第二版〕一一七頁(ただし、経費援助については、個人申立てを認める)。また、安枝・前掲注(20)五三三頁は、組合の総意が救済申立てをする意思を有しない場合には、個人の申立適格を否定すべきとし、道幸・前掲注(23)論文一〇二頁は、組合の統一的処理が不可欠な問題（組合間差別や便宜供与の中止等）は、組合申立てだけが認められるとする。
(26) 西谷・前掲注(2)二一一頁を参照。
(27) 塚本重頼『不当労働行為の認定基準』三八四頁（総合労働研究所、一九八九年）。菅野・前掲注(2)八四三頁も同旨。
(28) 最高裁は、団体行動権（団体交渉権も含む趣旨であろう）にも言及しているが、ここでは、本稿の検討にさしあたり必要な団結権に絞って論じる。
(29) 水町勇一郎「支配介入に対する組合員個人の救済申立て適格の有無――京都地労委（京都市交通局）事件」ジュリ一二八四号一五五頁（二〇〇五年）は、判旨には、「不当労働行為制度の究極の目的は、労働組合という集団ではなく労働者個人の団結権・団体行動権の保護を図ることにあるから、労働者（組合員）個人にも救済を申し立てる資格を認めるべきである……という」理論的含意があるとする。

三　集団的利益の優越と例外

1　労働組合の団結権の優越

憲法は、労働者（勤労者）に団結権、団体交渉権、団体行動権を認めている。特に団結権については、労働者の団結権（積極的団結権と消極的団結権がある）と労働組合の団結権があり、複合的構造をもつ。少なくとも、憲法が、前者の意味の団結権を、労働者が個別的利益を守るために行使することを保障していることは疑いない。一方、労働組合の団結権については、判例は、労働組合の組合員に対する統制権の根拠としても言及してきた(30)。このことは、労働組合内部においては、労働組合の団結権が労働者個人の団結権に優越することを含意している。

さらに、労働組合の団結権と労働者個人の団結権との関係に明示的に言及する判例もある。最高裁は、ユニオン・ショップ協定の効力範囲について検討した判決において、「ユニオン・ショップ協定は、労働者が労働組合の組合員たる資格を取得せず又はこれを失った場合に、使用者をして当該労働者との雇用関係を終了させることにより間接的に労働組合の組織の拡大強化を図ろうとするものであるが、他方、労働者には、自らの団結権を行使するため労働組合を選択する自由があり、また、ユニオン・ショップ協定を締結している労働組合（以下「締結組合」という。）の団結権と同様、同協定を締結していない他の労働組合の団結権も等しく尊重されるべきであるから、ユニオン・ショップ協定によって、労働者に対し、解雇の威嚇の下に特定の労働組合への加入を強制することは、それが労働者の組合選択の自由及び他の労働組合の団結権を侵害する場合には許されないものというべきである。したがって、ユニオン・ショップ協定のうち、締結組合以外の他の労働組合に加入している者及び締結組合から脱退し又は除名されたが、他の労働組合に加入し又は新たな労働組合を結成した者について使用者の解雇義務を定める部分は、右の観点からして、民法九〇条の規定により、これを無効と解すべきである（憲法二八条参照）。」と述べている(31)。

ここでは、ユニオン・ショップ協定締結組合の団結権、他組合の団結権、労働者の組合選択の自由に言及されている（労働者の組合選択の自由も労働者の団結権の一形態である）。この判決は、労働組合が組織の拡大強化のためにユニオン・ショップ協定を締結することは、その団結権の行使として認められるが、労働者の組合選択の自由という形での団結権行使には劣後するとしているのである（一方、どの組合にも入らないという消極的団結権は認めないということも含意している）。

この判決もふまえて、労働組合の団結権と労働者の団結権の関係を整理すると、次のようになる。

まず、労働者は個別的利益を守るために労働組合を結成したり、労働組合に加入したりする。これが労働者個人の（積極的）団結権の行使である。しかし、労働組合を結成したり、加入したりした後は、労働者は労働組合の団結権に服することになる。その具体的な現れが、労働組合の組合員に対する統制権の行使である。労働組合の団結権の優位が認められるのは、労働者が自らの意思で、その個別的利益の処分を、労働組合にゆだねたことに求められるべきである。これは、労働組合の団結権に私的自治的正統性があることを意味する。ただし、労働者の個別的利益のすべてが、労働組合の団結権に劣後するわけではない。労働組合の統制には限界もあるのであり（労働者が労働組合に処分をゆだねていない個別的利益があるということである）、その限りでは、組合員の個別的利益は確保される。

労働組合の団結権の私的自治的正統性を支えるのは、脱退の自由である。脱退が制約されていれば、労働者がその意思により個別的利益の処分を、労働組合にゆだねているとは評価し難くなるからである。現在の判例は、組合員の脱退の自由を認めるものの[32]、ユニオン・ショップ協定の有効性も肯定しているので、その限りでは、組合員の脱退は制限されているようである。ただし、三井倉庫港運事件・最高裁判決（前掲）からもわかるように、別組合への加入や別組合の結成がなされれば、ユニオン・ショップ協定の効力は及ばない。個人加盟の合同労組の増加や組合結成についての法的な制約の少なさを考慮すると、実際上は、ユニオン・ショップ協定による脱退の自由の制約や、それにともなう労働組合の団結権の私的自治的正統性の欠如は、過大に評価すべきではないであろう。

労働組合の団結権の正統性として、私的自治的正統性と並び重要なのが民主的正統性である[33]。労働組合の団結権によって守られる集団的利益は、それを構成する個々の組合員の民主的な意思形成プロセスを通じて形成していくことが想定されている（労組法五条二項も参照）。こうした組合民主主義は、個々の労働者の組合加入の際の当然の前提となっている公序的な規範である。

このような労働組合の団結権の構造に照らすと、労働組合内部においては、労働組合の団結権と労働者の団結権との間には、前者を優位とする優劣関係があることがわかる。労働組合の団結権（集団的利益）よりも労働者の団結権（個別的利益）が重視されるのは、労働組合の結成や労働組合への加入をめざす段階（個人の積極的団結権が行使されている段階）、および、結成・加入後の段階においては、私的自治的正統性ないし民主的正統性の欠如により労働組合の団結権を労働者の団結権に優越させるべきでない場合に限られるのである(34)。

2　集団的利益の放棄

京都市交通局事件・最高裁判決は、申立適格の局面において、労働者個人の団結権から、個別的利益の優位を認めていたが、これは、1で検討したような、組合内部においては、原則として、労働組合の団結権・集団的利益が、労働者の団結権・個別的利益に優越するという結論と整合性がない。むしろ、労働組合の団結権（集団的利益）の優位という観点から、不当労働行為の救済手続の申立適格を考えると、集団的利益と個別的利益がともに侵害される複層侵害事案であっても、労働組合のほうが集団的利益を放棄するという決定をした場合、その判断に組合員は拘束されると解すべきことになろう。組合員がそれに従わないのは、組合内部では統制違反となるし、行政救済制度の目的が集団的利益の保護にあることからすると、組合が集団的利益を放棄すると決定した以上、組合員個人が個別的利益の保護を目的として行政救済を利用することは、その制度趣旨を逸脱することにもなる。これは具体的には、集団的利益の存続する限りにおいて、要保護利益としての個別的利益は存続するということである。

ただし、集団的利益を放棄する意思決定プロセスに瑕疵があり、労働組合の決定に民主的正統性の欠如がある場合は例外である。このときには、要保護利益としての集団的利益が消滅しないまま存続していると評価される。こうした状況下では、組合員個人は、個別的利益だけでなく、残存している集団的利益の保護をも求めることが可能と解される。

3　集団的利益の未侵害

集団的利益の放棄は、いったん集団的利益が侵害され、事後的に消滅したというケースである。しかし、複層侵害事案では、個別的利益の侵害はあったとしても、実質的には要保護利益としての集団的利益の侵害まではなかったとみられる場合もある（この場合は、厳密な意味では、複層「侵害」事案ではない）。複層侵害論は、すでにみたように、一号事件において組合申立てを正当化する理屈とされてきたが、労働組合に申立適格があることは、不当労働行為救済制度の趣旨からして、実は自明である。複層侵害論のもつより重要な理論的インプリケーションは、集団的利益を侵害せず、個別的利益のみ侵害されている場合には、不当労働行為救済手続に乗せるべきではないという点にある。このことは、一号の不当労働行為の要件として、「労働組合の組合員であること」または「労働組合の正当な行為をしたこと」があることにも現れている。この二つの要件は、個別的利益の侵害行為が、「労働組合」の領域に及んでいること、すなわち集団的利益を侵害していることを実質的には求めているのである。

では一号事件において、要保護利益としての集団的利益が侵害されていると評価されるのは、どのような場合であろうか。ここで留意しておくべきは、労働組合が不当労働行為救済手続を利用しようとしている場合、実際に要保護利益が侵害されているかどうかのチェックは審査手続で判断されるべきなので、申立ての段階では問うべきでないという点である。組合員に対する不利益取扱いである限り、労働組合からの集団的利益の侵害があるという主張は当然に認められる。しかし、労働組合が争わないとしている場合（または、次の第一の場合のように、争いえない場合）には、この点が問題となるのである。

場合を分けて論じる必要があろう。

第一に、労働者が労働組合を結成しようとしたところ、使用者から不利益取扱いを受け、その結果、労働組合の結成に至らなかったという場合がある。この場合には、侵害される集団的利益はないようにも思える。しかし、それは使用者の妨害行為があったからであり、こうした場合に個人の救済申立てを認めないと、使用者の不当労働行為はまったく問責されないという不当な結果を招来することになる。あるいは、この場合には、使用者の不利益取扱いがなければ結成されていたはずの労働組合の仮定的な集団的利益が侵害されているとみて複層侵害論に乗せることもできる。いずれの理論構成によるにせよ、不利益取扱いを受けた労働者は、「労働組合を結成しようとしたこと」故の不利益取扱いであるとして個人申立てをする適格がある（労組法五条一項但書も参照）。

第二に、労働組合が存在し、そこで民主的なプロセスを経て決定されてはいるが、そもそも労働組合の決定権限の範囲外で、統制が及ばないとされている事項に関係する場合である[35]。組合員の政治的自由に関する行動等がこれにあたる[36]。たとえば、使用者が、労働組合が正規に決定した政治活動の方針に違反して行動した組合員を解雇したとき、この解雇が労働組合の集団的利益を侵害するといえるかが問題となる。これは、組合員のこの行動が一号の「労働組合の……行為」と評価できるかという問題でもある[37]。

「労働組合の……行為」の解釈については、学説上、統一的な見解がないが、広くとらえる見解が有力である[38]。しかし、集団的利益の保護という行政救済の目的は、この実体要件の解釈にも反映させるべきであろう。すなわち、「労働組合の……行為」は、労働組合が集団的利益に関係するものとして積極的に関与する事項は広く含むべきであるが、少なくとも統制権の及ばない事項は含まないと解すべきである[39]。そして、統制権が及ばない事項については、行政救済では個人の申立適格も認められないと解すべきである。

また、ユニオン・ショップ協定締結組合において、除名された組合員は、除名が無効であり、それゆえにユニオン・ショップ解雇も無効として裁判で争うことはできるが[40]、この場合、解雇された組合員は、一号事件として救済申立てができるかという問題もある。除名という統制処分が仮に無効であるとしても、その除名決議について、民主的なプロセスを経てなされている限りは、集団的利益は明確に体現されており、解雇によって集団的利益は侵害されていないと解すべきである。実体要件との関係でも、このケースでは「労働組合の組合員であること」を理由とするという要件を充足しないであろう[41]。

関連する事例として、たとえば、労働組合が、人員整理をめぐる団体交渉を通して、五五歳以上の労働者を被解雇者とするという選定基準に同意し、それに基づき五五歳以上の組合員が解雇されたような場合が考えられる。この解雇された組合員には、労働協約が適用されないと解される[42]が、この組合員が、組合の意向に反して、行政救済を求めることはできないと解すべきであろう。労働組合が民主的なプロセスを経たうえで同意した労働協約であれば、その規範的効力の有無に関係なく、集団的利益は労働協約の内容に体現されているからであり、使用者による解雇は集団的利益を侵害したとはいえないのである。

第三に、前記の除名決議や労働協約の締結過程等において、集団的利益を形成する民主的な意思決定プロセスに瑕疵がある場合がある。こうした場合には、労働組合内部において、労働組合の集団的利益を、組合員の個別的利益に優越させることはできない。しかし、このことが「労働組合の……行為」や「労働組合の組合員であること」の解釈や中立適格の議論に直接影響するわけではない。組合員が労働組合に所属し続ける以上、改めて不当労働行為救済について労働組合として求める意思があるかどうか（労働組合として集団的利益の侵害として取り上げるかどうか）が吟味されるべきで、求めないとする意思決定のプロセス自体に瑕疵がなければ、やはり個人申立てはできないと解すべきであろう[43]。

第四に、組合内部における言論活動は、たとえ、それが組合の多数派を批判するものであったとしても、保護に値するのは当然である。集団的利益には、民主的なプロセスによって形成されるものもあるが、言論活動の保障のように、民主的な運営を支える基盤を保持することそれ自体に存在することもある。組合内の少数派の言論活動を理由とする解雇のケースは、後者の意味での集団的利益の侵害があるのである。したがって、当該言論活動は、「労働組合の……行為」に該当するし、多数派が不当労働行為救済の申立てをしないことを決めた場合であっても、要保護利益としての集団的利益の侵害が認められる以上、少数派が個人申立てをすることが認められるべきである[44]。

(30) たとえば、最高裁大法廷判決は、「憲法上、団結権を保障されている労働組合においては、その組合員に対する組合の統制権は、一般の組織的団体のそれと異なり、労働組合の団結権を確保するために必要であり、かつ、合理的な範囲内においては、労働者の団結権保障の一環として、憲法二八条の精神に由来するものということができる」と述べている（三井美唄労組事件・最判昭和四三年一二月四日刑集二二巻一三号一四二五頁）。

(31) 三井倉庫港運事件・最判平成元年一二月一四日民集四三巻一二号二〇五一頁。

(32) 東芝労働組合小向支部・東芝事件・最判平成一九年二月二日労判九三三号五頁。

(33) 労働組合の私的自治的正統性と民主的正統性については、大内伸哉『労働者代表法制に関する研究』一五四頁以下（有斐閣、二〇〇七年）も参照。さらに、同『労働条件変更法理の再構成』二五〇頁以下（有斐閣、一九九九年）も参照。

(34) なお、前述のように、ユニオン・ショップ協定締結組合における脱退の制約（あるいは加入強制）による私的自治的正統性の欠如は過大に評価すべきではなく、個別的利益の優越を正当化する理由としては弱いであろう。

(35) 組合員は、そうした事項の処分を労働組合にゆだねていないという点で、私的自治的正統性が欠如する類型と言える。

(36) 三井美唄労組事件・前掲注(30)、中里鉱業所事件・最判昭和四四年五月二日裁判集民九五号二五七頁、国労広島地本事件・最判昭和五〇年一一月二八日民集二九巻一〇号一六九八頁等を参照。

(37) 申立適格が先決問題ではあるものの、適格性の判断においては、「労働組合の……行為」かどうかという実体判断が影響せざるを得ない。

(38) 西谷・前掲注(2)一六二頁以下。裁判例も「労働者の生活利益を守るための労働条件の維持改善その他の経済的地位の向上を目指して行うものであり、かつ、それが所属組合の自主的、民主的運営を志向する意思表明であると評価」できるものを含むとするものがある（千代田化工建設事件・東京高判平成七年六月二二日労判六八八号一五頁（最判平成八年一月二六日労判六八八号一四頁も、これを支持））。

(39) 山口・前掲注(18)八六頁以下、菅野・前掲注(2)七六五頁。

(40) 日本食塩製造事件・最判昭和五〇年四月二五日民集二九巻四号四五六頁。

(41) 労組法七条一号但書も参照。なお、労働協約に基づいて行った解雇であれば、不当労働行為意思も認められにくいであろう。もちろん、民事訴訟では、解雇された組合員が救済される可能性は高い。

(42) 協約自治の限界とされる事項である（菅野・前掲注(2)六七九頁以下を参照）。また、判例は、「協約が特定の又は一部の組合員を殊更不利益に取り扱うことを目的として締結されたなど労働組合の目的を逸脱して締結された」場合には、規範的効力を否定するとする一般論を示している（朝日火災海上保険（石堂）事件・最判平成九年三月二七日労判七一三号二七頁）。

(43) ただし、執行部が使用者と結託して少数派を壊滅させるために解雇をしたという場合、組合がユニオン・ショップ協定を締結しているなどにより、私的自治的正統性が十全なものではない場合には、少数派による個人申立てが認められる余地がある。こうした場合は、民主的な意思決定プロセスに瑕疵があると評価することもできる。

(44) これは、広い意味での組合員であることを理由とする解雇とみることもできる。いずれにせよ、個人申立てができる典型的なケースである。北辰電機製作所事件・東京地判昭和五六年一〇月二二日労判三七四号五五頁も参照。

四　行政救済と司法救済——行政救済の独自性

最後に、複層侵害事案において、行政救済における個人申立ての範囲を限定する条件としてあげた、司法救済の途があることという点について検討しておく。

使用者の反組合的行為に対しては、司法救済と行政救済という二つの途が開かれており、それだけでなく、これを同時に求めることもできると解されている。これは、日本の不当労働行為救済制度の特徴とされ[45]、労働者側の保護に厚くなることもあって、これまで支持されてきた。しかし、それと同時に、こうした二元的な制度の問題を指摘する声もある[46]。要するに、行政救済は、屋上屋を架すものではないか、という指摘である[47]。確かに、団交拒否（労組法七条二号）や支配介入（同三号）のように、労働組合の集団的利益を主として保護する不当労働行為の類型については、行政救済の必要性は高く、その存在理由もある[48]。しかし、一号事件となると、司法救済と行政救済の重複感は強いものとなるし[49]、解雇紛争になると、これはいっそう強いものとなる。

従来、行政救済の独自性[50]としては、次のような点が指摘されてきた（解雇紛争を例にあげながらみてみることとする[51]）[52]。

第一に、救済の要件が違う。解雇事案で、司法救済が認められるための要件は、客観的合理性・社会的相当性を欠くために権利濫用であることである（労契法一六条）のに対して、行政救済では、一号に該当する要件、なかでも不当労働行為意思があることが重要な要件となる。もっとも、一号の不利益取扱いに該当する場合には、原則として権利濫用となると解されるし、また、判例上、労組法七条一号の不利益取扱いに該当する解雇は、権利濫用法理を媒介とせずに、無効と判断されている[53]。こうみると、要件面では、司法救済と行政救済に大差がないとも言える。

第二に、効果（救済内容）面での違いがある。司法救済の場合には、労働関係上の地位の確認といった判断がなされるが、就労請求権は原則として認められていない[54]ので、実際に原職復帰させることの強制はできない。一方、労働委員会では、原職復帰命令を出すことができ、命令が確定すると、罰則による強制（労組法二八条・三二条）

があるという点に違いがある。確かに、この違いは重要ではある。ただ、司法救済でも、使用者は、原職復帰が強制されなくても、賃金の支払いは強制される。実際に就労させることを強制できないという点をそこまで大きく評価することはできないとも言える。(55)

また解雇期間中の賃金相当額について、司法救済では、期間中の収入（中間収入）の控除がなされる（民法五三六条二項二文(56)）が、行政救済におけるバックペイ命令においては、賃金の支払いを命じているわけではないので、中間収入の控除は必ずしも必要ではないとされている。ただ、最高裁で問題となった事案では、中間収入の控除をしなかった救済命令は違法であると判断されており(57)、結果として、両者の差はそれほど大きいものとならない可能性がある。(58)

第三に、制度趣旨が異なる。司法救済では、権利義務を確定することによる紛争解決をめざすのに対して、行政救済では、使用者の不当労働行為による労使関係の歪みという事実に着目し、その状況（不当労働行為の効果）を除去して、労使関係の安定を図ることをめざすものである。ここに行政救済の最も大きな特徴があると思われるが、ただそれは行政救済が、組合員の個別的利益の保護ではなく、労働組合の集団的利益の保護にあることの証しとも言えるであろう。

制度趣旨の違いは、具体的には救済命令の多様性にも関係する。判例は、行政救済の内容は、専門機関の労働委員会にゆだねている(59)。とはいえ、解雇事件に限っていうと、労働委員会でも、原職復帰とバックペイを命じるのが通常で、第二の効果面のところでも論じたように、実際上は、司法救済との大きな差異が出にくい。

このように、少なくとも一号解雇事件において、司法救済と行政救済との間に実際上大きな違いがなく、裁判所ないし労働審判と労働委員会との間で、判断の抵触が生じるリスクも考慮すると、一号の解雇事件において、要保護利益としての集団的利益が存在しないにもかかわらず、あえて個別的利益の保護のための行政救済を認める必要は乏しいと言えよう。

(45) 日本の不当労働行為救済制度の母法であるアメリカでは、行政機関(NLRB:全国労使関係局)に排他的管轄権が与えられており、先占(preemption)の法理により、司法救済の途は排除されている。ただし、行政機関の命令に対する司法の事後審査はある。アメリカの先占の法理については、中窪裕也『アメリカ労働法〔第二版〕』一八二頁以下(弘文堂、二〇一〇年)等を参照。なお、日本でも、かつては、司法救済に反対する学説があった(吾妻光俊「不当解雇の効力」法協六七巻六号四八八頁以下(一九四九年))。

(46) ただし、「実際には、裁判所と労働委員会双方に事件が係属すると、一方が他方の手続の進行状況を考慮して様子をみるのがふつうである。……このため、裁判所と労働委員会が無関係に手続を進め、矛盾する判決と命令がでるという事態は、事実上回避されている」(山口浩一郎「行政救済と司法救済」日本労働法学会編『講座二一世紀の労働法第八巻 利益代表システムと団結権』二六二頁注一(有斐閣、二〇〇〇年))。

(47) 二元的制度の問題については、下井隆史=保原喜志夫=山口浩一郎『論点再考労働法』一八九頁以下(有斐閣、一九八二年)も参照。なお、本文とは逆に、司法救済が屋上屋を架すものではないのか、というのが、吾妻・前掲注(45)の指摘である。

(48) もちろん、私法上の権利義務の問題と把握できる限りでは、司法救済も可能である(司法救済については、山川隆一「不当労働行為の司法救済」西谷敏ほか編『新基本法コンメンタール労働組合法』一二七頁(日本評論社、二〇一一年)以下等を参照)。

(49) ただし、一号事件でも、大量査定差別のように、行政救済で処理するほうが適切な類型もないわけではない。

(50) 道幸哲也『不当労働行為の行政救済法理』第一編(信山社、一九九八年)等を参照。

(51) 野田進「不利益取扱としての解雇」外尾健一編『不当労働行為の法理』一一九頁以下(有斐閣、一九八五年)も参照。

(52) 本文で述べる以外に、行政救済の簡易かつ迅速な救済ということも指摘されてきた(塚本・前掲注(27)六頁等)。もっとも、行政救済の迅速性については、遅延が指摘され、その後の二〇〇四年の労組法改正で迅速化が図られたという経緯がある。司法救済でも、労働審判などの手続があることからすると、行政救済の特徴に手続の迅速性をあげるのは適切でないであろう。また行政救済の簡易性という点も、二〇〇四年の労組法改正では行政救済の特徴に応じた的確性が図られており、簡易性を強調することもまた適切ではなかろう。

(53) 医療法人新光会事件・最判昭和四三年四月九日民集二二巻四号八四五頁。少なくとも労組法七条一号は強行法規であるということである。
(54) 菅野・前掲注(2)九二頁等。裁判例としては、読売新聞社事件・東京高決昭和三三年八月二日労民集九巻五号八三一頁等。
(55) 実際に就労することに正当な不利益がある場合には、就労請求権が肯定される可能性があろう。ただし、その場合でも、履行強制がどこまで可能かは問題として残るので、行政救済との差はある。
(56) 米軍山田部隊事件・最判昭和三七年七月二〇日民集一六巻八号一六五六頁、あけぼのタクシー事件・最判昭和六二年四月二日判時一二四四号一二六頁、いずみ福祉会事件・最判平成一八年三月二八日判時一九五〇号一六七頁。
(57) 第二鳩タクシー事件・前掲注(1)、あけぼのタクシー事件・前掲注(56)。最高裁は、他の事件でも、命令によって作り出される状態が、「私法的法律関係から著しく離れる」ことを理由に、救済命令を違法と判断したものがある（ネスレ日本事件・最判平成七年二月二三日民集四九巻二号二八一頁。ただし、「私法的法律関係から著しく離れる」かどうかを、労働委員会の救済命令の裁量権の限界を画する一般的な基準とすることに疑問を呈する見解として、山川・前掲注(13)九八頁）。
(58) 集団的利益の侵害の程度をどのように中間収入の控除のところで考慮するかの基準が明確でないことも、この点に関係している（道幸・前掲注(23)論文一一〇頁以下も参照）。
(59) 第二鳩タクシー事件・前掲注(1)。

五　おわりに

本稿の主張は、不当労働行為救済手続は、労働組合の集団的利益の保護を目的とする制度であるという原則を一貫させると、労働組合の意向に反した個人申立ては認められないというものである。

特にこのことが問題となる一号事件を例にあげながら、理論的検討を加えた。その結果、不当労働行為救済手続における申立適格には、要保護利益が必要であること、一号事件は個別的利益と集団的利益の複層侵害構造があるが、不当労働行為救済制度の目的からすると、集団的利益こそが重要であること、したがって、要保護利益としての集団的利益が存在しない場合には、個別的利益は要保護利益とならないこと、という理論的結論を得た。そして、複層侵害事案で労働組合が行政救済を求めないと決定した場合には、通常、集団的利益の放棄、あるいは、集団的利益の未侵害状況が認められ、要保護利益としての集団的利益が存在しなくなるため、要保護利益としての個別的利益も消滅し、個人申立てはできなくなること、逆に、労働組合が不当労働行為として争う意思がなくても（あるいは、客観的に争いえなくても）、なお集団的利益がある場合には、個人申立てが認められることを論じた。後者については、具体的には、労働組合結成段階での不利益取扱いのために労働組合の結成に成功しなかった場合、労働組合の行政救済を求めないという意思決定に瑕疵があり、集団的利益が消滅したとは言い切れない場合、労働組合の少数派の言論活動などの労働組合の民主的な運営の基盤を保障するという意味での集団的利益が侵害された場合が、これにあたる。このほか、個別的利益の侵害に対する司法救済の途が困難である場合には、労働組合の集団的利益が消滅していても、個別的利益の保護のために、例外的に労働委員会は中立適格を認めるべきである。これを否定すると、客観的に不当労働行為に該当する行為がなされていても労働委員会でも裁判所でも救済可能性がなくなるおそれがあるからである(60)。

以上の分析は、一号における特に解雇事件を想定したものであるが、解雇以外の不利益取扱い、黄犬契約、さらに四号の報復的不利益取扱いにもあてはまるものである。さらに三号においても、複層侵害構造をもつ反組合的行為にはあてはまる(61)。また、本稿の分析は、主として申立適格の問題を対象としたが、組合申立て、個人申立て、双方申立てを問わず、申立て後において、労働組合が不当労働行為をして争わないという意思決定をして集団的利益を放棄した場合にも、救済利益の消滅という形であてはまると考える。

本稿の主張は、労働者の救済手段を狭め、労働委員会を活性化しようとする方向性とは真っ向から対立するものかもしれない。また、これまでの学説の前提にあったように、不当労働行為により個別的利益が侵害されている以上は、労働委員会での救済可能性（申立適格）を否定すべきでないという考え方も、十分に理解しうるところではある。しかし、労働審判、労働局でのあっせん、あるいは多くの労働委員会で導入されている個別紛争処理など、個別紛争解決手続の充実化が進むなかで、反組合的な行為の救済のための不当労働行為手続の固有の領分を理論的に明確にすることは、むしろ労働委員会における不当労働行為の行政救済手続の存在価値を高めるものと考えるのである。

(60) 使用者の支配介入によって御用組合となり、争う意思がなくなったという場合は、たとえ複層侵害行為で司法救済が可能である場合（たとえば、執行委員長の解雇の場合）でも、個人申立ては認められるべきである。こうした個人申立てを否定すれば、御用組合化に成功したら問責されないということで、使用者に不当労働行為をするインセンティブを与えることになるからである（労働組合の結成段階での不利益取扱いと同様のロジックである）。

(61) なお、団交拒否の二号事件でも、たとえば解雇された後に加入した組合員の原職復帰とバックペイをめぐる団交拒否紛争について、労働組合と使用者との間で、当該組合員の意思に反した和解が可能であるのか、という論点がある。これも、本稿の考察内容と関係するが、実質的個別紛争一般の問題とも関わるので、詳細な検討は別稿にゆずりたい。ただ、結論だけを述べると、二号事件でも集団的利益の保護が目的とされる以上、こうした和解は有効であり、組合員の個別的利益の保護は裁判所で図るべきであろう（労働組合と使用者の和解の中で、組合員本人の同意なく訴権の放棄を定めても、無効と解すべきである）。

メンタルヘルスの労務問題

牟礼大介

一　はじめに
二　業務上外の判断とその効果の違い
三　休職制度について

一　はじめに

電通事件[1]が過労の危険性を指摘し、過労自殺について使用者の責任を認めてから既に一〇余年の時が経過した。厚生労働省は平成一一年に心理的負荷による精神障害等に係る業務上外の判断指針[2]（以下「判断指針」という）を策定し、その前後から精神障害による労災申請は増え続けている。

近時、精神障害に悩む人々は多い。平成二四年版の厚生労働白書によると、仕事や職業生活に関する強い不安、悩み、ストレスを感じている労働者の割合は約六割に達するようである。その原因としては、商品のライフサイクルの短縮化に象徴されるように時代の変化が急激で激しくなり、新たな知識や技術が次々に求められるようになったこと、グローバル事業展開による競争激化および経費削減の要請と成果主義人事制度の導入、非正規社員等多様な雇用形態の増加とそれらによる職場環境の悪化等が挙げられる[3]。実際に日常受ける相談の中でも精神障害（メンタルヘルス不調）が絡む案件は多い。本稿では、現代的な労務問題である精神障害（メンタルヘルス不調）に関して、企業として留意すべき問題点、特に休職制度の在り方を中心に検討する。

（1）「労働者が労働日に長時間にわたり業務に従事する状況が継続するなどして、疲労や心理的負荷等が過度に蓄積すると、労働者の心身の健康を損なう危険のあることは周知のところ」であり、「使用者は、その雇用する労働者に従事させる業務を定めてこれを管理するに際し、業務の遂行に伴う疲労や心理的負荷等が過度に蓄積して労働者の心身の健康を損なうことがないよう注意する義務を負うと解するのが相当」と判示した過労自殺のリーディングケースである（最判平成一二年三月二四日労判七七九号一三頁）。

（2）平成一一年九月一四日基発第五四四号「心理的負荷による精神障害等に係る業務上外の判断指針について」。

（3）石嵜信憲編著『健康管理の法律実務〔第二版〕』一三頁以下（中央経済社、二〇〇九年）。

二　業務上外の判断とその効果の違い

1　序　論

精神障害（メンタルヘルス不調）の問題が難しく感じられる理由は、通常の怪我や病気と比べると客観的にそれが分かりにくい点が挙げられる。精神障害になっているのか否か、どの程度悪いのか、原因は何なのか等について、専門家である医者の診断ですら必ずしも信頼度が高いとはいえない[(4)]。検査数値が出るわけでもなく、健康な者と病気の者との線引きを一体どこで引くのか、必ずしも明確ではないのが実情である。

もっとも、精神障害に罹患した労働者がいる場合、実務的にはまず何が原因かを検証しなければならない。なぜならば、精神疾患の原因が業務にあるのか、業務外にあるのかで法律上の取扱いが全く異なるからである。もちろん、先にも述べたとおり、精神障害の原因が何かを科学的に解明することは非常に困難であるから、かかる判断は、基本的に法律上のそれにならざるをえない。

2　効果の違い

判断基準について述べる前に効果の違いについて検討する。労働者の精神障害が業務災害（業務上の疾病）であると判断される場合、使用者としては重大な効果が生じる。まず、労災保険給付の対象になる（労働者災害補償保険法七条一項一号）。また、労働基準法上の解雇制限に服するため、会社はそのような労働者を解雇できない（労働基準法一九条一項）。そのため、使用者が労働者の精神障害を私傷病であると判断し、その前提で休職制度を適用の上、休職期間満了によって解雇または自然退職とした場合に、後に業務上の疾病であったことが明らかになると、遡って解雇または自然退職が無効となり、雇用契約上の地位確認が認められることとなる(5)。更に、労災保険給付自体は使用者の過失の有無を問わないから、業務災害であるからといって使用者側に労働者の精神障害に対する過失があるとはいえないが、裁判例を見る限り、業務災害がある場合に使用者側の安全配慮義務違反が認められないという事例は極めて少ない(6)。

これに対して、私傷病と判断されれば取扱いは正反対になる。まず、当然のことながら労災保険給付はなされない。したがって、労働者の治療費等は健康保険でカバーされることになる。また、使用者は原則としてそのような労働者を解雇できる。ただし、多くの企業では休職制度を採用しており、私傷病により労務の提供ができない労働者であっても、一定期間は解雇を猶予することが通常である。この休職制度に関する法律上の問題点は三で詳しく検討する。また、私傷病であれば、会社が安全配慮義務に違反したという認定は困難となる。

以上のように、業務災害か私傷病かという違いは、その後の労働者と使用者の権利義務関係に決定的な影響を及ぼすから、その判断基準は非常に重要である。

3　行政機関による業務上外の判断基準について

(1)　判断指針および過労死基準について

労災保険給付は、まず労働者が労働基準監督署長に対して給付の請求を行うことから始まる。請求を受けた労働基準監督署長は、精神障害が業務上の疾病か否かについて、従来は判断指針に基づいて判断していた。

冒頭述べたとおり、精神障害が問題になるケースは近年増えているが、そのことと並行して、精神障害を理由とする労災保険給付も急激にその数を増やしている。平成二四年版厚生労働白書によると、二〇〇七年度は九五二件の請求件数（うち支給決定件数は二六八件）であったものが、二〇〇九年度には一一三六件（うち支給決定件数二三四件）となり、二〇一一年度には一二七二件（うち支給決定件数三二五件）と伸びた。そして、このような精神障害を理由とする労災請求件数の大幅な増加によって、認定の審査期間が平均で八・六ヶ月と長期化するに至ったため、厚生労働省は審査の迅速化や効率化により審査期間の短縮を図るべく、判断指針を廃止し新たな基準として平成二三年一二月二六日基発第一二二六第一号「心理的負荷による精神障害等の認定基準について」を策定した（以下「認定基準」という）。

判断指針と認定基準との大きな違いは、具体的な労働時間数による判断基準を明示・設定したことである。判断指針では、具体的に何時間の時間外労働をすれば過重な労働といえるのかという点に線引きがなかった。そのためか、精神障害についても、いわゆる過労死基準に依拠して判断される傾向が見られた。過労死基準とは、通達[7]で定められた脳および心臓疾患の業務上認定の基準である。具体的には「①発症前一か月間ないし六か月間にわたって、一か月当たりおおむね四五時間を超える時間外労働時間が認められない場合は、業務と発症との関連性が弱いが、おおむね四五時間を超えて時間外労働時間が長くなるほど、業務と発症との関連性が徐々に強まると評価できること、②発症前一か月間におおむね一〇〇時間又は発症前二か月間ないし六か月間にわたって、一か月当たりおおむね八〇時間を超える時間外労働時間が認められる場合は業務と発症との関連性が強いと評価できる」としているもの（特に②）である。

なお、厚生労働省の平成一五年度委託研究「精神疾患発症と長時間残業との因果関係に関する研究」報告書では

「長時間残業による睡眠不足が精神疾患発症に関連があることは疑う余地がなく、特に長時間残業が一〇〇時間を超えるとそれ以下の長時間残業よりも精神疾患発症が早まるとの結論が得られた」としている。これを受けた事務連絡[8]においては、一ヶ月平均の時間外労働時間がおおむね一〇〇時間を超える場合には、心理的負荷の強度を「強」とすべき「極度の長時間労働」の目安として差支えないとされた。また、判断指針は平成二一年に一部改正されている[9]。

(2) 認定基準について

これに対して、新たに策定された認定基準は、過労死基準や事務連絡よりは長い時間外労働をもって「過重な労働」に当たるとしている。認定基準では、週四〇時間を超える労働時間数を「時間外労働時間数」と定め、長時間労働として認められる時間外労働数を以下のとおり定めた[10]。

ア 極度の長時間労働による評価

極度の長時間労働は、心身の極度の疲弊、消耗を来し、うつ病等の原因となることから、発病日から起算した直前の一か月間におおむね一六〇時間を超える時間外労働を行った場合等には、当該極度の長時間労働に従事したことのみで心理的負荷の総合評価を「強」とする。

イ 長時間労働の「出来事」としての評価

長時間労働以外に特段の出来事が存在しない場合には、長時間労働それ自体を「出来事」とし、新たに設けた「一か月に八〇時間以上の時間外労働を行った（項目一六）」という「具体的出来事」に当てはめて心理的負荷を評価する。

項目一六の平均的な心理的負荷の強度は「Ⅱ」であるが、発病日から起算した直前の二か月間に一月当たりおおおむね一二〇時間以上の時間外労働を行い、その業務内容が通常その程度の労働時間を要するものであった場合等には、心理的負荷の総合評価を「強」とする（以下略）。

ウ　恒常的長時間労働が認められる場合の総合評価

出来事に対処するために生じた長時間労働は、心身の疲労を増加させ、ストレス対応能力を低下させる要因となることや、長時間労働が続く中で発生した出来事の心理的負荷はより強くなることから、出来事自体の心理的負荷と恒常的な長時間労働（月一〇〇時間程度となる時間外労働）を関連させて総合評価を行う。

具体的には、「中」程度と判断される出来事の後に恒常的な長時間労働が認められる場合等には、心理的負荷の総合評価を「強」とする。

なお、出来事の前の恒常的な長時間労働の評価期間は、発病前おおむね六か月の間とする。

4　判断指針下における判断の傾向と認定基準による影響

(1)　判断指針下の判断

従来の判断指針下においては、おおむね次のような傾向が見受けられる。すなわち、精神障害を理由に労災保険給付の請求があったもののうち平成二三年度に支給決定がなされたものについて直近一ヶ月の時間外労働時間数を見ると、二〇時間未満は六三件、二〇〜四〇時間未満は一九件、四〇〜六〇時間未満は一五件、六〇〜八〇時間未満は一五件と多くないが、八〇〜一〇〇時間未満は六八件、一〇〇〜一二〇時間未満は一〇五件、一二〇〜一四〇時間未満は七三件等と多くなっている[11]。したがって、統計上一〇〇時間を超えれば当然のことながら、一〇〇時間に満たずとも八〇時間を超えると急激に支給決定件数が増える傾向が窺える。精神障害による労災保険給付では、月間の法定時間外労働について八〇時間や一〇〇時間という水準がメルクマールであったといえる。

⑵　認定基準による判断への影響

認定基準が採用されたのは平成二三年一二月であるため、その具体的な運用がどのようになっていくか、また認定基準採用後の裁判例がどのようになっていくのかは今後の課題である。

もっとも、認定基準策定後にも裁判例(12)が出されている。事案は、うつ病自殺事案で遺族が労災保険給付の申請をしたところ、不支給決定がなされたことに対する行政処分の取消訴訟である。同判決は「認定基準（これは、処分行政庁がした本件不支給処分時には存在していない）は、判断指針等と同様に、裁判所による行政処分の違法性に関する判断を直接拘束する性質のものではない」が、「認定基準は、判断指針等の基本的考え方を維持しつつ、近時の医学的・心理学的知見を踏まえて作成されており、判断指針等を被災者側に有利に、かつ、柔軟に改訂しており、更に、労災保険制度の基礎である危険責任の法理にもかなうものであって、その作成経緯や内容に照らしても、合理性を持つものと解される。したがって、基本的には、認定基準を踏まえつつ、これを参考としながら、当該労働者に関する精神障害発症に至るまでの具体的事情を総合的に斟酌し、必要に応じて、これを修正しつつ、業務と精神障害発症との間の相当因果関係を判断するのが相当である。」としている。同事件における労働者の時間外労働時間は、発症前一ヶ月に六〇時間余りが最長で全体的に長時間とはいえなかったため、認定基準の設定する時間数に対する取扱いは未だ定かではないが、東京地裁の民事一一部（労働部）の合議体が認定基準についておおむね肯定的な評価をしていることからすると、行政機関はもとより、司法においても認定基準を尊重した判断がなされていくものと思われる。

5　安全配慮義務（民事上の損害賠償責任）との関係

使用者が安全配慮義務を負っていることは、陸上自衛隊事件(13)が出された後、雇用関係では川義事件(14)がリーディングケースであり、現在では労働契約法五条が「使用者は、労働契約に伴い、労働者がその生命、身体等の安全を確保しつつ労働することができるよう、必要な配慮をするものとする」と定める等確立した考え方である。具体的な状況下で使用者がいかなる注意義務を負うのかは難しい問題であり様々な議論があるところであるが、ここでは業務上外の判断との異同について述べる。

この点、労災補償制度は業務に内在する危険の現実化を補償するもの、すなわち危険責任の法理に基づく制度として捉える理解が一般的であり、これによれば、業務災害におけるストレス過重性の評価においては、同種労働者基準（平均的労働者基準）がなじむことになる。認定基準においてもこの理は確認されており、「強い心理的負荷」とは、精神障害を発病した労働者がその出来事等を主観的にどう受け止めたかではなく、職種・職場における立場や経験等の類似する労働者が、一般にストレスの原因となった出来事をどう受け止めるかという基準であり、客観性の要請から標準人を設定すべきものである。裁判例もおおむねこのような理解に立っている(15)。確かに「同種」の範囲の設定の仕方によって、これを限りなく狭くしていけば本人基準に近づくが、実際の裁判例でそこまでの判断をするものはない。裁判例の中には最脆弱者基準説をとるものはあるが(16)、労災補償制度の趣旨からすると妥当とは思われない。なお、業務上外の判断に際して使用者の過失の有無は問われず、業務が労働者の精神障害発症の主たる要因となっていれば足りる。

これに対して安全配慮義務との関係では、使用者は個々具体的な労働者を離れた一般的な義務（たとえば、長時間労働の制限や管理、その他、健康診断の励行や健康管理への啓蒙・研修等も挙げられる）だけを果たしていればよいとはいえず、労働者それぞれの事情を踏まえた安全配慮が要請されることがある。たとえば、デンソー（トヨタ自動車）事件[17]は、「〔安全配慮義務の〕具体的内容は、当該労働者の置かれた具体的状況に応じて決定されるべきものであるから、通常であれば、被告らには原告の業務が社会通念上、客観的にみて平均的労働者をして精神障害等の疾患を発生させるような過重なもの（以下「客観的過重労働」という）にならないように注意すれば足りるとしても、それに至らない程度の過重な業務に従事させている労働者が、そのまま業務に従事させれば心身の健康を損なうことが具体的に予見されるような場合には、その危険を回避すべく、その負担を軽減するなどの業務上の配慮を行うべき義務があり、これを怠れば同義務の不履行となる」「〔被告らは、〕原告は平均的な社員よりも精神的に脆弱であったこと、また……〔原告は執着性格等と分類される〕性格傾向から客観的な業務内容よりも負担が過重になりやすいところ、……業務負担を軽減しなければ、原告が第一回うつを発症し、これが悪化して休職に至るおそれがあることを予見することができたといえる」と判示している。

業務災害との認定があった場合で安全配慮義務違反が認められなかったケースは、先にも述べたとおり、ほとんど事例がない。現在の実務上は、業務災害に当たるような場合、すなわち平均的な労働者にとってストレス過重性が認められる出来事（長時間労働を含む）がある場合には、使用者側の予見可能性は肯定され、結果回避のための義務を尽くしたとの反論は功を奏しておらず、結局、安全配慮義務違反が認められているようである。理論的には別の事柄であって、過失を問われない業務災害において、常に安全配慮義務違反が認められるのは本来おかしいのであるが、裁判例を見る限り、このような関係が見受けられる。

これに対して、平均的な労働者にとってはストレス過重性が認められず、業務災害との認定を受けえないケースであっても、安全配慮義務違反が肯定される可能性はその逆より多いように解される。ゼロサムの業務上外の判断と異なり、安全配慮義務では過失相殺での調整があって、より柔軟な解決が可能であるためか、労働者の特別な事情を使用者が認識していた場合には、個々具体的な事情を取り込んだ事例判断を行いやすいものと考えられる。使用者において当該労働者が脆弱であることを認識していれば（典型的には精神障害で休職していた労働者の復職後の状況等が挙げられよう）、そのような労働者であることを前提にした配慮を行う義務があると解されるので注意を要する。

（4）石嵜・前掲注（3）三六三頁。

（5）裁判例の中には、休職開始から六年経過後に労災保険給付の不支給決定が取り消されて、それまでの法律関係が根底から覆されたケースもある（東芝事件（東京高判平成二三年二月二三日労判一〇二二号五頁））。

（6）裁判所において業務災害と認定されると共に（新宿労基署長（佼成病院）事件（東京地判平成一九年三月一四日労判九四一号五七頁））、業務の過重性やそれと過労自殺との相当因果関係を肯定しながら、使用者の予見可能性を否定して安全配慮義務違反を認めなかった事例として立正佼成会事件（東京高判平成二〇年一〇月二二日労経速二〇二三号七頁）がある。

（7）平成一三年一二月一二日基発第一〇六三号「脳血管疾患及び虚血性心疾患等（負傷に起因するものを除く。）の認定基準について」。

（8）平成二〇年九月二五日厚生労働省労働基準局労災補償部補償課職業病認定対策室長・事務連絡「心理的負荷による精神障害等に係る業務上外の判断指針における業務による出来事の心理的負荷の強度の修正等」。

（9）平成二一年四月六日基発第〇四〇六〇〇一号。

（10）認定基準においても長時間労働だけが問題になるわけではなく、「業務による強い心理的負荷は、長時間労働だけでなく、仕事の失敗、役割・地位の変化や対人関係等、様々な出来事及びその後の状況によっても生じることから、この時間外労働時間数の基準に至らない場合にも、時間数のみにとらわれることなく、上記(1)から(3)により心理的負荷の強度を適切に判断する。」とされていることには注意を要する。

（11）厚生労働省「平成二三年度『脳・心臓疾患と精神障害の労災補償状況』まとめ」（平成二四年六月発表）。

（12）平塚労働基準監督署長事件（東京地判平成二四年四月二五日労経速二一四六号三頁）。

(13) 最判昭和五〇年二月二五日労判二二二号一三頁。
(14) 最判昭和五九年四月一〇日労判四二九号一二頁。
(15) 国・渋谷労基署長（小田急レストランシステム）事件（東京地判平成二一年五月二〇日労判九九〇号一一九頁）請求認容、福岡中央労基署長（デュポン）事件（東京地判平成二二年六月九日労経速二〇八七号三頁）請求棄却、国・神戸東労基署長（川崎重工業）事件（神戸地判平成二二年九月三日労判一〇二一号七〇頁）請求認容、国・三鷹労基署長（いなげや）事件（東京地判平成二三年三月二日労判一〇二七号五八頁）請求認容、国・川崎北労基署長（富士通ソーシアルサイエンスラボラトリ）事件（東京地判平成二三年三月二五日労判一〇三二号六五頁）請求認容など多数存在する。
(16) 豊田労基署長（トヨタ自動車）事件（名古屋地判平成一三年六月八日労判八一四号六四頁）。ただし控訴審（名古屋高判平成一五年七月八日労判八五六号一四頁）で否定されている。その他、名古屋南労基署長（中部電力）事件（名古屋地判平成一八年五月一七日労判九一八号一四頁）など。
(17) 名古屋地判平成二〇年一〇月三〇日労判九七八号一六頁。

三　休職制度について

1　序　論

休職とは、労働者を就労させることが適切でない場合に、労働者の就労を一時禁止または免除することをいい、就業規則で制度化されることが多いが[18]、労働者との合意によってなされることもある[19]。休職は法令上に特段根拠を有さない私的な制度であることから、本来、その制度設計は自由であるが、制度化する場合には、当該事業場の労働者の全てに適用される定めをする場合に該当するから、就業規則の相対的記載事項に当たる（労働基準法八九条一〇号）。休職期間中、労働契約は維持されるものの、労働義務は一時的に停止し、通常はそれに応じて賃金も一部または全部不支給となる。本稿では、先に述べた業務上外の判断において、私傷病と判断される場合に適用される私傷病休職を念頭に置いて検討する。

一般的に私傷病による休職制度の目的・意義としては、労務への従事を免除または禁止することにより、治療に専念させて傷病の回復を図り、傷病が悪化しないようにして、安全配慮義務違反によって発生する責任や損害賠償を予防すると共に、健康状態を理由とする普通解雇を猶予することが挙げられる[20]。

この点、伝統的な休職制度は、身体的な疾患を念頭に置いて定められているところ、精神障害は身体的な疾患と異なる特徴があることから、精神障害に対して有効でない内容であることも少なくない。そこで、以下では、精神障害を念頭に置いた休職制度において問題となる論点を整理し、望ましい休職制度における規定の在り方について検討することとする。

なお、休職制度を有しなければ、私傷病による労務の提供不能は普通解雇事由に該当して解雇できるにもかかわらず、休職制度の適用により解雇が猶予される結果、使用者として不利益な制度であると考える余地もある。しかしながら、客観的に合理的な理由があり社会通念上相当でなければ解雇できないから（労働契約法一六条）、公務員関係はもとより（国家公務員法七九条一号、地方公務員法二八条二項一号）、多くの私企業において休職制度を採用していることを踏まえれば、健康状態を害した労働者がいても、回復可能性が皆無でない限り、ある程度の期間、労働者の回復を待つ等の対応が必要であると解され、それらを欠けば普通解雇を無効と判断される可能性が高い。休職制度により私傷病の場合の取扱いを明示することで、労働者に安心感を与えると共に、使用者としても労務管理や処理が明確となることを考えれば、相互の利益に資する制度と考えられる。

2　受診命令および休職命令について

精神障害が疑われる労働者がいる場合に、使用者は当該労働者に対して、医者の受診を命じることができるか。精神障害を抱えた労働者が自らの不調を自覚して通院する場合はよいが、そうではなく、精神障害を隠そうとしたり、自らそれを認めようとせず、使用者の説明や説得によっても、医者の受診を拒否する例も見られる。そして、このような場合には、医者への受診を命じることができるかという問題と、医者の診断がなくても休職を命じることができるかという問題が生じる。

(1)　受診命令について

まず、就業規則上根拠がある場合に受診命令が認められるか。

この点、電電公社帯広局事件[21]は、精神障害の事案ではないものの、使用者は労働者に対して、就業規則上の根拠に基づいて医者の受診命令を出すことを認めている。更に、受診に際して、病院および医師、ならびに時期等を指定して命じることができるかについても、使用者がこれらを指定することを認めている。そして、かかる業務命令違反に対する懲戒処分（戒告）を有効と判断している。

精神障害の場合に同じように解してよいかは問題となるものの、別異に解すべき理由は特にないと考える。むしろ、罹患したか否かやその程度が素人には分かりにくい精神障害の場合、使用者から労働者に対して適切なアプローチを可能にするためにも、その必要性や相当性はより高いように思われる。確かに労働能力や適性に関係がなく、労働衛生管理上の必要性も乏しい症例に対しては、受診命令が認められるべきではないとも考えうるが[22]、精神障害の場合は労働能力や適性に直結し、労働衛生管理上の必要性が高い。また、富国生命保険事件[23]では、休職を命じる前提として、傷病は通常勤務を行うことに支障をきたすほどのものであることを要し、同事案では通常勤務を行えていたとして休職命令を無効としているところ、このように休職命令の有効性との関係でも、事前に医者の診断を踏まえる必要性は高く、少なくとも就業規則上に根拠のある受診命令は認められるべきである。

これに対して就業規則上に根拠がない場合にも、受診命令は認められるか。

就業規則に指定医への受診に関する定めがない中で、会社からの指定医への受診指示に従う義務があるか否かが争われた事案としては、京セラ事件[24]がある。同事案では、私傷病休職中の労働者が所属する労働組合から、業務上疾病として取り扱うように申し入れられたため、会社が当該労働者に対して会社の指定医を受診するよう求めたが、労働者が拒絶したという事案で「改めて専門医の診断を受けるように求めることは、労使間における信義則ないし公平の観点に照らし合理的かつ相当な理由のある措置であるから、就業規則等にその定めがないとしても指定医の受診を指示することができ」ると判断している。[25]

この点、労働者の健康情報が典型的なプライバシーに当たること、本人が受診を拒んでいるのに対して、受診命令と診断書提出命令を発し、それに応じないことを理由に懲戒処分を行っても、本人の病状に即した療養の実現には役立たないこと等から、使用者はあくまでも本人を説得して任意での受診に努力すべきであり、これを業務命令で強制できないとする考え方も有力である。[26] 受診そのものを業務命令として命じなくても、直截に休職を命じることで目的を達することができると解されることも併せて考えれば説得的といえる。就業規則上の根拠がある場合とそれがない場合とを比較して、後者の場合にだけ認めない結論はバランスを欠くようにも思われるが、懲戒処分は就業規則上に根拠が必要と解されるため、受診命令をいわゆる業務命令（違反に対しては懲戒処分を科すもの）としてはなすことはできず、信義則上、受診命令をなしうるとしても、その効果は、安全配慮義務の軽減ないし同義務の履行の一環として評価されるに止まると解する。

なお、実務的には、このような論点を回避するために、受診命令の根拠を就業規則上に定めておくことが望ましいことは言うまでもない。その場合、たとえば「会社は、社員の休職・復職等の判断のため、または、業務に支障が生じるおそれがあると認められるときは、会社の指定する医師の診断を受けるよう命じることができる。」等の規定が考えられる。

(2) 休職命令・休職事由について

就業規則上休職制度が定められている場合、休職として取り扱われるための要件や要件を満たした場合に自動的に休職となるのか、改めて使用者が休職を命じるのか等のバリエーションが存在する。そして、休職として取り扱われる就業規則上の要件が、たとえば「数ヶ月間連続して欠勤を続けること」を要求する等しており、精神障害を疑われる労働者が断続的に出勤するため、休職要件を満たさない場合がありえる。このような場合に使用者として労働者に休職命令を出すことができるかが問題となる。

この点、就業規則に一般的な休職根拠規定（たとえば「その他労務の提供が困難と認められる事情がある場合、使用者は業務上の必要性に基づいて休職を命じることがある」等）があれば、かかる規定を根拠として休職命令を行うことができると解される[27]。問題は、このような一般的な休職根拠規定がない場合、果たして同様に解することができるかである。

先に述べた受診命令を否定する立場は、このような場合に労働者が勤務を続行すれば健康状態が悪化したり、事故等の発生も予想されるため、使用者としては休業を命じることができ、その場合、平均賃金の六〇％の休業手当を支払う必要がある（労働基準法二六条）と結論づけている。

筆者もかかる見解におおむね賛同する。しかし、労務提供が十分行えない健康状態であるのに休業手当の支払が常に必要だとすれば、そのような結論は直ちに首肯できるものではない。労働者の言動等から窺われる健康状態が労務提供を行えない程度か否かにより、休業手当は不要と解する余地もあると解する[28]。

もっともこのような論点を回避するためには、一般的な休職根拠規定を整備することが望ましく、仮にそのような規定がないのであれば、速やかに就業規則を変更してその適用によることを検討すべきである（就業規則の変更については、7で述べる）。

なお、これらの点に関連して、日本ヒューレット・パッカード事件[29]では、精神的な不調のために欠勤を続けていると認められる労働者に対しては、精神科医による健康診断を実施する等した上で、必要な場合は治療を進めた上で休職等の処分を検討し、その後の経過を見る等の対応をとるべきであり、直ちに正当な理由のない無断欠勤として諭旨解雇することは、精神的な不調を抱える労働者に対する使用者の対応として適切なものとは言い難いとして解雇を無効と判断しており、精神障害が疑われる労働者に対しては、使用者として、まずは受診や休職を打診・説得することが求められていることに注意を要する。

3　休職期間中の治療専念義務および報告義務

(1)　治療専念義務

休職期間中の労働者について、労働契約上いかなる義務が認められるかも問題となる。休職制度の意義・目的でも述べたとおり、休職とは本来的に労務提供義務を免除または禁止するものであるから、いわゆる債務の本旨としての労務提供は認められない。しかし、労働契約そのものは継続しているから、使用者との関係で何らの義務も負わないとまで解するのも相当ではない。

休職期間中の労働者に対して実務的に問題となる義務としては、治療に専念すべき義務がある。本来、労働時間中は職務専念義務がある。治療は職務ではないからこれと同様の趣旨で治療専念義務が認められるわけではない。しかし、たとえば、うつ病だと診断されて休職に至ったのに、同休職期間中、旅行にいく等の自由が認められてよいか。近時は休職期間中であるにもかかわらず、休職の必要性に疑念を抱かせるような行動をとるばかりか、それらをインターネット上に公開する例も見受けられる。「新型うつ」等と呼称される、うつ病のタイプも報告されており、使用者としては、企業秩序維持等のため、このような労働者に対して、休職期間中の行動に一定程度の節度を求めたいという場合がある。

この点、私傷病休職は労働者に療養の機会を与えるために敢えて労働義務を免除し解雇を猶予するものであるから、その制度趣旨に照らすと、労働契約上、休職期間中の労働者には一定の治養専念義務があるとの見解があり(30)、基本的に賛同できる。

問題は、仮に治養専念義務があるとしても、どの範囲の行動を制限できるかという点である。何が治療にとって最適かは一般化できず、休職期間中は労務提供義務が免除されており、いわゆる指揮命令は及ばないこと等からすると、医者の診断から大きく逸脱することなく生活をしており、健康に資さないと思われる行動を特段とっていない限り、それ以上の制約は困難と解する。裁判例(31)では、使用者は労働者が「私傷病欠勤期間中に、オートバイで頻繁に外出していたこと、ゲームセンターや場外馬券売場に出かけていたこと、飲酒や会合への出席を行っていたこと、宿泊を伴う旅行をしていたこと、ＳＭプレイに興じるなどしていたことを療養専念義務に反する行為であると主張するが、うつ病や不安障害といった病気の性質上、健常人と同様の日常生活を送ることは不可能ではないばかりか、これが療養に資することもあると考えられていることは広く知られていること……これが原告のうつ病や不安障害に影響を及ぼしたとまで認めるに足りる証拠もないことからすれば、原告の上記行動を特段問題視することはできない」と判断している。

したがって、就業規則に休職期間中の禁止行為等を明記したとしても、そこまでの制約を求めることは困難（具体的な事案にもよるがそのような就業規則の定めは、労働契約法七条本文に照らして有効でないと判断されるか、仮にそこまではないとしても、それらを根拠とした懲戒処分等は認められないのではないか）と解される。

(2) 報告義務

次に、使用者としては、休職中の労働者の回復状況を把握し、復帰時期を見据えて人員調整を行う必要があることから、休職期間中であっても使用者に対して適宜病状等の報告を行うべき義務（報告を行うよう使用者が求めた際にこれに応じるべき義務）を課すことが考えられる。

これについては、就業規則に定めがあればもちろん、仮にそのような明示的な定めがなくとも、労働契約に付随する義務として認めてよいと解する。休職期間中も労働契約は継続しているものであり、労働者の側の事情によって労務提供が行えない状態に至り、解雇猶予の期間として設けられた休職期間であるから、使用者側の上記必要性からして、報告それ自体は労務ではないことも考えれば、労働者がこの程度の義務を負っても何ら過大な不利益とはいえない。

その場合、実務的には病状報告の内容や頻度、報告先（使用者側の窓口）等の詳細を決める必要があり、これらについて一義的に導くことは困難であるから、就業規則にこれらを定めることが望ましいといえる。また、その頻度や方法および内容、報告先等について、療養の目的に反することがないよう注意すべきである。

4 復職の判断について

(1) 復職を認める判断基準

休職期間が満了すると解雇または自然退職の重大な効果が生じるため、通常の労働者は、精神障害に罹患した後、休職期間が満了するまでの間に復職（職場復帰）できるように努めるが、場合によっては十分に治癒（寛解）していないにもかかわらず、治癒したかのような診断書を主治医から取得して復職を申請するケースも見受けられる。使用者としては、治癒していないのに復職させれば、十分な労務提供が期待できないのみならず、その後症状が重篤化して却って回復を遅らせることとなり、取り返しの付かない事態も招きかねないことから、復職が認められるべき治癒の判断は重要であり、かつ難しい問題である。

この点について、従来の裁判例は「従前の業務を通常の程度に行える健康状態に復したこと」を要するものと解していた[32]。労働者が労務提供を十分にできる状態と考えれば原職に復帰できる程度にまで回復していることを求めることは至極当然の理とも思われる。

ところが、著名判例である片山組事件[33]以来、裁判例の傾向は変わってきている。片山組事件は、バセドウ病を罹患した労働者の事案で「……その能力、経験、地位、当該企業の規模、業種、当該企業における労働者の配置・異動の実情及び難易等に照らして当該労働者が配置される現実的可能性があると認められる他の業務について労務の提供をすることができ、かつ、その提供を申し出ているならば……」なお債務の本旨に従った履行の提供があると解するのが相当である旨判示した。その後の裁判例では、労働契約上職種の限定がされていない場合には、原職はあくまで使用者が決めたものにすぎず、仮に原職復帰が困難であっても、使用者において現実に配置可能な業務があればその業務に復帰させるべきとするものが多くなっている[34]。神経症疾患の事案である独立行政法人N事件[35]でも、「他の軽易な職務であれば従事することができ、当該軽易な職務へ配置転換することが現実的に可能であったり、当初は軽易な職務に就かせれば、程なく従前の職務を通常に行うことができると予測できるといった場合には、復職を認めるのが相当である」とされた。このような裁判例の傾向を見ると、私傷病休職からの復職に際しては、原職を基準に判断することにはリスクがあるといわざるをえない。

しかしながら、裁判例の考え方に立てば、精神障害で休職した労働者の復職を拒絶できる範囲は相当限定されると思われ、「程なく原職に復帰できそうか否か」についても判断が困難であるから、実務上の行為規範としては疑問がある。精神疾患の場合、適合しない職種の範囲は広範にわたると解されるから、職種によって大きく判断が異なることも本来はないはずである。したがって、原職が特に心理的負担の大きい職種である場合（たとえばクレーム処理係、飛び込み営業職等）は格別、そうでなければ原職を基準に判断すれば足り、原職が余りに軽微な業務であったならば、通常の業務を基準にしてよい[36]と解する。精神障害の事案である大建工業事件[37]でも、「原則として従前の職務を通常の程度行える健康状態に復したかどうか」が復職判断の基準になるとしている。この理は、労働契約上職種の限定がある場合にはより妥当するといえよう[38]。なお、これらの判断は「通常の程度」とはどの程度をいうのかにも左右されるので、この点については、5(1)および(2)で検討する。

(2) 主治医と指定医の診断の関係

先にも述べたとおり、主治医の診断書、とりわけ復職時点で提出される診断書には信頼性が乏しいものが見られる。多くの主治医は、そもそも使用者の業務内容、労働者が担当する業務内容等について知らないことが多く、労働者の一方的な説明のみに依拠することになることや、主治医にとっての依頼者は患者（労働者）であるからと思われる。

そのため、復職の判断を最終的に行うべき使用者としては、復職を認めるか否かの判断に際し、主治医ではない医者からの診断結果も取得しないと、客観的な判断が行いにくい場合が多い。そして主治医の診断と指定医または産業医の診断とが異なる場合に、使用者は必ずしも主治医の診断結果に縛られないとするのが裁判例である。たとえばカントラ事件(39)は、主治医と産業医との判断が異なる場合に、産業医の診断を重視して復職を認めなかったことを不当ではないとした。

ただし、治療経過や回復可能性について主治医の意見を聴取していない場合に、そのことも理由として、回復可能性がなかったとはいえないとされた事例があり(40)、とりわけ復職を認めない場合には、労働者の病状をもっともよく把握している主治医からの診断結果に配慮しない対応は避けた方が無難である。

以上から、主治医の診断結果のほか、使用者の業務内容等をよく知る指定医（産業医を含む）からも専門的な知見を得た上で復職の判断を検討すべきであるが、その場合に主治医の判断に縛られる必要はないということになる。このような判断資料を遺漏なく取得するためには、就業規則において、「社員は、治癒した場合には、主治医のほか、会社が指定する医師の診断書を添付し、書面で復職を願い出、会社の承認を得なければならない。」「社員は、復職に当たり、会社が必要と認めたときは、会社が主治医と面談し事情聴取をすることに同意するか、もしくは同道し、主治医との面談に協力する。」等の規定を置くことが望ましい。

5　復職支援の措置について

(1)　職場の受け入れ制度

復職（職場復帰可否）についての判断は上記のとおり難しく、定型的な判断基準を示すことは困難であり、個々のケースに応じて総合的な判断を行わなければならない。また、労働者の業務遂行能力が復職時には未だ病前のレベルまでは完全に改善していないことを考慮した上で、職場の受け入れ制度や体制と組み合わせながら判断すべきとされている(41)。

この点、厚生労働省「心の健康問題により休業した労働者の職場復帰支援の手引き」(平成一六年一〇月一四日・平成二四年七月最終改訂)(以下「手引き」という)によると、職場の受け入れ制度として、①模擬出勤、②通勤訓練、③試し出勤が挙げられており、以下ではこのような職場の受け入れ制度について考察する。なお、そもそもこのような復職支援の措置については行うべきではない(そのような措置が必要な状態は治癒に至っていない)とする見解もあり(42)、使用者としてはこれらを制度として採用することについては慎重な検討を要する。

手引きによれば、①模擬出勤とは、「職場復帰前に、通常の勤務時間と同様な時間帯において、短時間又は通常の勤務時間で、デイケア等で模擬的な軽作業やグループミーティング等を行ったり、図書館などで時間を過ごす」もの、②通勤訓練とは、「職場復帰前に、労働者の自宅から職場の近くまで通常の出勤経路で移動を行い、そのまま又は職場付近で一定時間を過ごした後に帰宅する」もの、③試し出勤とは、「職場復帰前に、職場復帰の判断等を目的として、本来の職場などに試験的に一定期間継続して出勤する」ものをいうとされている。

これら①ないし③は、原則として復職させてよいかの判断のために試験的に行うものであり、使用者が治療の一環として労働者に協力するものと位置づけられるものであるから、労働者が復職したというわけではなく、依然休職期間中と扱われる(復職後の労働者への就業上の配慮については、手引きでも別項立てて検討されており、次項で述べる)。また、労働者はこれらにより労働契約上の債務の本旨を履行しているわけではないから、賃金請求権は発生しない。また、労災は「業務上の事由」または「通勤」による負傷等に適用されるものであるところ(労働者災害補償保険法七条一項一号および二号）、上記①ないし③については業務遂行性（労働者が労働契約に基づいて事業主の支配下にある状態）が認められず、また「通勤とは、労働者が、就業に関し、住居と就業の場所との間を、合理的な経路及び方法により往復すること」をいい（同法七条二項一号）、この場合の「就業に関し」とは、往復行為が業務に就くためまたは業務を終えたことにより行われるものであることを必要とする趣旨を示すもの(43)であるから、上記①ないし③の類型では労災の適用もないと解される。そして、休職期間中に労務の提供を伴わず賃金も支払わない制度であれば、労働者に誤解を与えないよう、それに相応しい名称を用いるべきであって、「勤務」や「出勤」等の用語は適切ではないように思われる。

もっとも、③試し出勤等では、使用者における簡易な業務を一定程度行うことが予定されており、使用者が指揮命令することもありうる。また、これら①ないし③の他に、リハビリ勤務（慣らし勤務）等と称されるもの、すなわち、実際に復職を認めた後の就業上の配慮として、職務内容、労働時間、職責等の一部または全部を軽減させた勤務をさせることで職場に慣れさせ、通常勤務への道筋を描く制度(44)も見受けられるところであり、この場合は、労務の提供を行っているから賃金請求権が発生し、労災の適用もありうる。

手引きでも指摘されているが、これらの制度の導入は、精神障害を罹患した労働者の職場復帰を促進するためには望ましいものの、導入する制度の内実（たとえば、その目的、具体的な内容、適用期間、休職期間通算等。またリハビリ勤務の場合には、その労働時間や休憩時間、始業・終業時刻、担当職務や職位と人事等級等）を十分に検討しておく必要があり、特に賃金発生の有無および金額、通勤に要する費用の負担、通勤災害や事業場内での災害に対する労災適用の有無、適用がない場合の保険の確保等を事前に使用者および労働者間で合意するという周到さが求められる。また賃金の額を検討するに際しては、通常、私傷病休職中の労働者は健康保険から傷病手当金（一日あたり標準報酬日額の三分の二）を受け取っているが、復職すると受領できなくなるため、復職させて給与を支払うこと、特に減額した給与を支払うことについても慎重な検討を要する。

これらの検討からすると、復職を認めた上でのいわゆるリハビリ勤務は、法律関係が錯綜する上に賃金額の設定等難しい課題があり、採用は控えた方がよいと考える。一方、手引きにもあるとおり、上記①ないし③の措置は、休職中の労働者について復職（職場復帰可否）の判断資料として有益な場合があり、労働者にとってもスムーズな復職に資することがあるから、採用を検討してよい。その場合、業務をさせるべきではないから上記のうち①や②を中心に検討した方がよいと思われる。また、賃金が支払われないことや労災の対象にならないこと等を丁寧に説明することが必要である。

(2) 職場復帰後における就業上の配慮

一般に、復職後いきなり従前同様の質量の仕事を期待することには無理があり、うつ病等では回復過程においても状態に波があるとされているため（特に回復期に波が大きいといわれている）、使用者の安全配慮義務の一環として、就業上の相当の配慮が必要であり、主治医らと相談をしながら、労働時間の観点および担当業務の観点から、以下の方策を検討すべきである。

すなわち、労働時間の観点からは、短時間勤務（特に適切な生活リズムを整えるという観点から終業時間を早める）、残業・深夜業務の禁止、フレックスタイム制度の制限または適用が検討できる。また、担当業務の観点からは、軽作業や定型業務への従事、出張制限、業務制限（危険作業・高所作業・運転業務・交渉・トラブル処理業務等）、交替勤務制限等が考えられる。

この点に関して、そもそも上記のような配慮が必要になる場合、とりわけ短時間勤務が必要になるレベルの回復具合では治癒しておらず、治癒したものとして復職を認めるべきではないとする見解がある[45]。復職判断の基準を、「従前の職務を通常の程度行える健康状態に復したか」と解せば、通常の程度とは、少なくとも所定労働時間は働けることを想定しており、確かに理論的にはそのとおりであるし、筆者もそのような考え方を原則とすることには賛成である。

もっとも、先にも検討した裁判例の動向や精神障害の回復期における特徴等を踏まえれば、「通常の程度」について、余りに硬直的に考えるべきではなく、主治医および産業医等の専門家の意見を踏まえながら、ケース・バイ・ケースでの判断を行う方が望ましい。そのためには、就業規則には、「復職後の職務については、原則として元の職場の勤務とし、職場復帰の可否は元の職場で通常どおり勤務できるか否かで判断する。」と定め、これらの配慮を制度として使用者に義務づけることがないよう、個別対応が可能な裁量を使用者に確保しておくべきと考える。

また、4(1)「復職を認める判断基準」でも検討したとおり、原職復帰が原則であるが、事情によって原職に戻すことが却ってストレスとなるような事情（たとえば、異動を誘引として発症したケース、原職が危険作業であるケース、原職における職場環境や同僚が大きく変動しているケース等）がある場合にも個別対応が必要となりうる。

6　再休職について

精神障害（メンタルヘルス不調）については、一旦復職しても再発することが多い。また、休職と復職を繰り返す労働者も見受けられるところである。

2(2)で検討したとおり、休職制度が適用される範囲は就業規則で定めるべきであり、休職期間は病気の種類を問わず、勤続年数毎に上限年数（月数）を定め、再度の休職に至った場合には、それらの休職期間を通算することを明確に規定すべきところである。

この点、同一疾病や類似疾病のときのみ通算するという規定もよく見受けられるが、精神障害の場合、同一や類似の判断自体が難しく、診断書記載の病名が異なっている場合に判断に困ることがあるため、特に疾病の内容によらず、休職期間を通算する規定を置くべきと考える。郵政公社の事案であるが、裁判例(46)は、「疾病の種類が異なる場合には休職期間を通算しないこととなるが、そうすると、疾病を併発した者の場合、休職期間が著しく長期……となり……合理性を欠く」としており、かかる判示からすると、休職期間を通算する取扱いが合理性を欠く（労働契約法七条）と判断される可能性は低い。

もっともこのような明確な規定がない場合にまで、果たして休職期間を通算できるかは疑問がある。

再休職の制限や休職期間の通算規定がない場合、休職と復職を繰り返す等の悪質な労働者に対しては、場合によっては休職期間が満了せずとも、回復可能性が乏しい等として普通解雇することも理論的には考えられる。しかしながら、このような対応はかなり大きなリスクを抱えることとなるので実際的ではなく、次項で述べるような就業規則の変更を検討した方がよいと考える。

7　就業規則変更の合理性

以上、検討したとおり、私傷病休職制度は就業規則に定めることを要し、またその内容は精神障害に対応したものとして制定される必要があるところ、これまでの私傷病休職制度は、精神障害のリスクを想定したものになっていないことが多い。そして、就業規則上の根拠がある場合には認められるのに、これがない場合には、取扱いに困る論点が多いといえる。私傷病休職制度を検討する際には、既にある就業規則の変更が必要であり、その有効性を検討しなければならない。

この点、就業規則の不利益変更については労働契約法一〇条の定めがあり、一般的には容易ではないが、裁判例の中には「近時いわゆるメンタルヘルス等により欠勤する者が急増し、これらは通常の怪我や疾病と異なり、一旦症状が回復しても再発することが多〔い〕」「現実にもこれらにより傷病欠勤を繰り返す者が出ていることも認められるから、このような事態に対応する規定を設ける必要があったことは否定できない」として変更に必要性と合理性を認めた事例がある。(47) 裁判例が判示するとおり、このような就業規則の変更は、時代の変化に呼応する必要にして合理的なものであるから、労使協議などの手続を踏めば、たとえば休職期間を一方的に短縮する等の極端な例を除いて有効になる可能性が高いと考える。

(18) 土田道夫『労働契約法』四〇二頁（有斐閣、二〇〇八年）。
(19) 菅野和夫『労働法〔第一〇版〕』五二五頁（弘文堂、二〇一二年）。
(20) 産労総合研究所編『メンタルヘルスハンドブック』一八四頁（経営書院、二〇一一年）。
(21) 最判昭和六一年三月一三日労判四七〇号六頁。
(22) 産労総合研究所・前掲注(20)一五八頁。
(23) 東京高判平成七年八月三〇日労判六八四号三九頁。
(24) 東京高判昭和六一年一一月一三日労判四八七号六六頁、最判昭和六三年九月八日労判五三〇号一三頁。なお同事案では、一般休職処分として期間満了により退職扱いとしたことを是認している。
(25) 空港グランドサービス・日航事件（東京地判平成三年三月二二日労判五八六号一九頁）では労働者が受診を拒絶する限りで会社は安全配慮義務を免れる旨判示している。また、大建工業事件（大阪地決平成一五年四月一六日労判八四九号三五頁）では復職可否の判断に際して診断書の提出を求めることを是認している。

(26) 菅野和夫ほか編『実践・変化する雇用社会と法』二六三頁以下（有斐閣、二〇〇六年）。
(27) 日本瓦斯事件（東京高判平成一九年九月一一日労判九五七号八九頁）。
(28) 石井妙子監修『Q＆A職場のメンタルヘルス――企業の責任と留意点』一一九頁以下（三協法規出版、二〇一三年）は、精神障害の労働者に対する出勤停止命令について、主治医の診断内容（診断された病名および病状の程度、就労の可否に関する意見）や、労働者の実際の就労状況、産業医等の意見等を総合的に考慮した上で、債務の本旨に従った労務の提供がなし得ない健康状態にあると合理的に判断しうる場合には、民法五三六条の「債権者（注：使用者）の責めに帰すべき事由」には当たらず、また労基法二六条の「使用者の責に帰すべき事由」もないとして、賃金請求権および休業手当は発生しないとする。
(29) 最判平成二四年四月二七日労判一〇五五号五頁。
(30) 石井・前掲注(28)一三六頁。
(31) マガジンハウス事件（東京地判平成二〇年三月一〇日労経速二〇〇〇号二六頁）。ただし同事案では労働者側に連日の組合活動参加およびブログの更新など、療養義務に反する行動があったこと等から、結論として解雇を有効としている。また、同事案では休職期間中も有給であった。
(32) 平仙レース事件（浦和地判昭和四〇年一二月一六日判時四三八号五六頁）。
(33) 最判平成一〇年四月九日労判七三六号一五頁。
(34) 脳内出血の事案について東海旅客鉄道（退職）事件（大阪地判平成一一年一〇月四日労判七七一号二五頁）、視力障害の事案について関西電力事件（大阪地決平成一二年五月一六日判タ一〇七七号二〇〇頁）。
(35) 東京地判平成一六年三月二六日労判八七六号五六頁。
(36) 独立行政法人N事件・前掲注(35)では、休職前には書類のコピーや製本などの機械的作業しか行えなかったことにつき、「復職にあたって検討すべき従前の職務について、原告が休職前に実際に担当していた職務を基準とするのは相当ではなく、被告の職員が本来通常行うべき職務を基準とすべき」としている。
(37) 前掲注(25)参照。
(38) カントラ事件（大阪高判平成一四年六月一九日労判八三九号四七頁）。ただし、同事案は慢性腎不全の事案であり、精神障害の事案ではない。

(39) 前掲注(38)参照。
(40) J学園事件（東京地判平成二二年三月二四日労判一〇〇八号三五頁）。
(41) 厚生労働省「心の健康問題により休業した労働者の職場復帰支援の手引き」（平成一六年一〇月一四日・平成二四年七月最終改訂）。
(42) 石嵜・前掲注(3)三五七頁以下・三六九頁。
(43) 厚生労働省労働基準局労災補償部労災管理課編『労災保険制度の詳解〔改訂新版〕』一六四頁（労務行政、二〇〇三年）。
(44) 産労総合研究所・前掲注(22)一八七頁。
(45) 石嵜・前掲注(3)三六九頁以下。
(46) 日本郵政公社（茨木郵便局）事件（大阪地判平成一五年七月三〇日労判八五四号八六頁）。
(47) 野村総合研究所事件（東京地判平成二〇年一二月一九日労経速二〇三二号三頁）。

第三者委員会とは何ものか？

——serendipity から「手続過程論」へ

池田辰夫

一　はじめに

組織の存立・根幹に係わる重大な不祥事の局面では、今日では、しばしば「第三者委員会」(1)が活用される。そのことが極めて日常的な光景とさえいえるほどに、もはや珍しいものではなくなってきた。企業から教育現場、あるいは多少なりとも公的な色彩を伴う組織等(2)において、凄惨な事故や巨額な損失隠し、(3)ハラスメント(4)・捏造・やらせほかの案件をはじめとし、さまざまな不祥事が露見するなか、ほぼ後出しのタイミングで登場するのが「第三者委員会(5)」である。いったい何ものなのだろうか。

すでに実務が先行する。筆者もかつて、あるメーカーの不祥事に絡み、監督官庁からの指導等を踏まえて設置されるところとなった、第三者委員会(6)に委員として就任し、最終調査報告書に関与した(7)。当時、こうした第三者委員会の有用性は実務ではつとに知られていた。ただ個人的には、その進め方などの運営の仔細となると手探り感を否めなかったのも正直なところである。果たして、日本弁護士連合会は、その後、さまざまな声に応える形で、「ガイドライン」を策定、公表した(8)。ともあれ、この機会に、多少なりとも第三者委員会や幅広い意味での中立的な第三者性を有する組織や立場での個人的な相応の経験の蓄積を踏まえ、課題解決を半歩進めるためにも、理論的な視角からこの問題にごくささやかながらも検討を加えようと試みるものである。

民間セクターで生起した不祥事であっても、国として黙過できないほどの重大な利害関係が絡む場合、国に第三者委員会が設置されるということはある(9)。ただ通例は、不祥事が生じた当該組織の内部に中立的な調査等を主管する委員会として設置される。本稿執筆に至った背景の一つに、社会的に耳目を集めた九州電力事案がある(10)。そもそも国策としての原発政策が民間セクターを通じて実施されるという構造的な難しさを抱えるが、そこで生じた論点、例えば、第三者委員会（ないしはこれを構成した一部委員）が依頼企業（少なくともその経営陣）と鋭く対立する現実の構図をどう受け止めればよいのか[11]、わずかばかりでも理論的な光を与えたいと願ってのことである[12]。第三者委員会は専制君主なのか、不祥事の隠れ蓑なのか、それとも……これが本稿の問題意識である。

もっとも、率直に語ることをお許しいただければ、この分野はほぼ手探りに近い面がある。それだけに第三者委員会としての許容性範囲は、論者による個性という変数にもよる伸縮性を相応に容認すべき面があるように思われる。また、ほぼ安定した知見とみられる一般論は個別事案にあてはめるには、よりカスタマイズする余地が高いともいえる。

以下では、企業不祥事が発生し、対外的にも当該事象が具体的に露見をした事案を中心に論じていくこととする。したがって、法制上の根拠が存在するわけではなく、あくまでも契約に基づいて実施される一つの実務上の智慧である[13]第三者委員会のケースを主として念頭に置きながら、取り上げることとなる。文献や資料等は今日では枚挙に遑がないほどである。ただ、本稿においては網羅的には全く参照できていない。引用すべき文献や資料に言及ができていないところは、ご海容を願いたく、思わぬ誤解などはご叱正を賜るほかない。

そこで、まずは考えられうる論点の洗い出しを試みつつ、相応の検討を加えることとする。本稿ですべてを取り上げる余裕はないが、日弁連ガイドライン（以下では、「日弁連GL」という[14]）は、検討の出発点となりうる。なお、密接な関連を有するリスクマネジメントやクライシスマネジメントは、近時の裁判例や企業実務で注目される分野であるが、ここでは深入りしない[15]。

（1）　名称としては、「外部委員会」、「外部調査委員会」、「特別委員会」、「特別調査委員会」、「事故調査委員会」等、さまざまな状況に合わせて使用されるところであるが、ここでは、中立の立場で対象組織に部分介入する基本的には少人数の組織全般を意味する総称として使用するものの、主としては、最狭義として、組織体不祥事といったネガティブ局面における危機管理として導入されるものを指すとみて検討を進める。無論、すでにM&Aにおけるポジティブ局面での活用事例も少なくなく、さらには外延として、法律等に根拠を有する行政委員会や審議会等、あるいは例えば、自治体の男女共同参画苦情処理委員等も視野においてよいであろう。果たすべき役割論としてはともかくも、期待される中立性においては本質的差異はないはずである。

（2） 例えば、大阪市立大学医学部附属病院における異型の血液製剤の輸血による患者死亡事故につき、医療事故調査委員会（病院から内部委員六名、外部委員四名の計一〇名による構成）による「医療事故調査報告書」については、http://www.city.osaka.lg.jp/hodoshiryo/somu/0000128534.html 参照。後述する純粋第三者委員会ではない。

（3） オリンパス事件の第三者委員会報告書後の内外のさまざまな波紋については、例えば、日本経済新聞朝刊二〇一二年一月二三日一九面「《法務インサイド》オリンパス損失隠し」参照。グローバル展開する企業によるADR（米国預託証券）発行に伴う訴訟リスクも示す。第三者委員会の調査報告書では、証券投資で発生した損失を投資ファンドなどに移し替える「飛ばし」について、元会長および後任の前社長の歴代二社長が了承していたと認定した。これにより、会社による現旧取締役への訴訟提起もされるが、取締役一四名のうち、一一名が責任を不問にされたとし、残りの取締役三人も、第三者委員会設置費用等多額の支出を余儀なくされた責任について、十分な責任を問われているとは言えないとし、「取締役の責任をあいまいにしたままでは、ガバナンスの抜本的改革は到底困難である」ことから、個人株主弁護団が当時の取締役ら一四名に対し、英医療機器メーカーの買収などで多額の損害が発生したとして、監査役に訴訟提起を求めていた（代表取締役に対しては、監査法人二社などに訴えを提起するよう求めていた）なか、株主代表訴訟を提起、賠償額一三億円超の支払いを求めた（二〇一二年一月一七日一七時三一分ロイターネット配信）。

（4） パワハラ、セクハラ、アカハラへの対応について、特に学校現場での導入が顕著である。

（5） 例えば、平成一九年六月に総務省に設置された第三者委員会がある。「消えた年金」に係る公的年金の加入事実の確認結果への異議事案（年金記録に係る確認申立書）に関する年金記録確認第三者委員会（年金記録確認中央第三者委員会および年金記録確認地方第三者委員会）は、年金記録の訂正に関し、国民の立場に立って、公正な判断を示すため設置された。民間セクターでは、例えば、オリンパス株式会社の損失隠しに伴う第三者委員会がある。さらには、東京電力福島原子力発電所事故における事故調査委員会（内閣事故調ないし政府事故調、国会事故調、民間事故調そして東電によるものが存在する）、NHK株取引不祥事事件、ダスキン事件判決、野村證券インサイダー事件、相撲協会や全日本柔道連盟（全柔連）ほかなど。全柔連第三者委員会（五名構成）では、柔道女子日本代表の指導陣による暴力・パワハラ問題を検証した（二〇一三年三月二〇日八時〇分（サンケイスポーツネット配信参照）。

（6） この事案では、「調査委員会」と称した。

（7） 平成一九年七月のことである。当時、全国で二四社の実例があったとのことである。日本経済新聞朝刊二〇一〇年九月六日一六面「企業不祥事で相次ぐ設置『第三者委』広がる役割」参照。上場企業のうち不祥事等を理由に第三者委員会を設置した事例の調査分析は、帝国データバンクが実施している（二〇〇七年一月～二〇一一年一二月の五年間）。一一七社、一三二件という。二〇〇七年で二三件とされる（http://www.tdb.co.jp/report/watching/press/pdf/p120205.pdf 参照）。

（8） 日弁連「企業等不祥事における第三者委員会ガイドライン」（二〇一〇年七月一五日策定、改訂　同年一二月一七日）。以下に、項目見出しのみ掲出しておく（http://www.nichibenren.or.jp/library/ja/opinion/report/data/100715_2.pdf 参照）。

第1部　基本原則
　第1．第三者委員会の活動
　　1．不祥事に関連する事実の調査、認定、評価
　　（1）調査対象とする事実（調査スコープ）、（2）事実認定、（3）事実の評価、原因分析
　　2．説明責任
　　3．提言
　第2．第三者委員会の独立性、中立性
　第3．企業等の協力
第2部　指針
　第1．第三者委員会の活動についての指針
　　1．不祥事に関連する事実の調査、認定、評価についての指針
　　（1）調査スコープ等に関する指針、（2）事実認定に関する指針、（3）評価、原因分析に関する指針

2．説明責任についての指針（調査報告書の開示に関する指針）
3．提言についての指針
第2．第三者委員会の独立性、中立性についての指針
1．起案権の専属
2．調査報告書の記載内容
3．調査報告書の事前非開示
4．資料等の処分権
5．利害関係
第3．企業等の協力についての指針
1．企業等に対する要求事項
2．協力が得られない場合の対応
第4．公的機関とのコミュニケーションに関する指針
第5．委員等についての指針
1．委員及び調査担当弁護士
（1）委員の数、（2）委員の適格性、（3）調査担当弁護士
2．調査を担当する専門家
第6．その他
1．調査の手法など
①関係者に対するヒアリング、②書証の検証、③証拠保全、④統制環境等の調査、⑤自主申告者に対する処置、⑥第三者委員会専用のホットライン、⑦デジタル調査
2．報酬
3．辞任
4．文書化

(9) 東京電力のリストラや事業のあり方を検討する政府の第三者委員会「東京電力に関する経営・財務調査委員会」がある。
(10) やらせメール問題を発端として設置された第三者委員会と会社側との軋轢がみられた事案である。玄海原発二、三号機の運転再開に関し、国が開いた佐賀県民向け説明番組で、電力会社社員や関連会社の社員が賛成の立場からの意見をメールなどで番組に投稿。会社幹部が佐賀県知事と会談した際、知事が「再開容認の立場からも意見を出してほしい」と発言したと第三者委員会は認定した。別の佐賀県主催のプルサーマル発電導入をめぐる討論会でも、会社側がやらせ質問を仕込んでいたとされる。そもそも、「仕込み」と「やらせ」の違いは何か。偽装・仮装の類いが許されないことは当然であるが、議事の円滑な進行のための仕込みも許されないのか。非難の判断基準はやらせ事件発生当時のものか、調査時のものか。検討すべき課題は少なくない。郷原信郎氏の立場からの説明としては、同『第三者委員会は企業を変えられるか――九州電力「やらせメール」問題の深層』（毎日新聞社、二〇一二年）。
(11) 二〇一一年一二月二七日付け朝日新聞ネット配信（http://mytown.asahi.com/fukuoka/news.php?k_id=41000741112260001）。この九州電力事案では、第三者委員会が提出した報告書の扱いなどをめぐり、元委員らの際だった発言等で注目された。
(12) ちなみに、九州電力事案ではそもそも企業内に第三者委員会を設置する事案ではなく、国の原子力保安院の問題ではないかとの論点もあるが、ここでは深入りしない。
(13) 竹内朗「日弁連ガイドライン後の第三者委員会の現状と展望」自由と正義六四巻三号五六頁（二〇一三年）は、わが国で自然発生的に生成をされてきた実務慣行とみている。
(14) 詳細は、日本弁護士連合会弁護士業務改革委員会編『「企業等不祥事における第三者委員会ガイドライン」の解説』（商事法務、二〇一一年）参照。なお、本村健編集代表『第三者委員会――設置と運用』（金融財政事情研究会、二〇一一年）。
(15) 例えば、大阪高等裁判所は、平成一八年六月九日、未認可添加物が混入する肉まんを販売した事件でのダスキン株主代表訴訟判決（判時一九七九号一一五頁、判タ一二一四号一一五頁）において、取締役の「信用失墜の回復」や「信頼の回復」に向けた高度な作為義務（善管注意義務）を肯定しており、現代危機管理理論はこのことを前提とする。さしあたり、本判決の信頼回復義務の分析については、竹内朗「ダスキン事件高裁判決で取締役に課された信頼回復義務――大阪高判平成一八・六・九にみるクライシスマネジメントのあり方」NBL八六〇号三〇頁以下（二〇〇七年）参照。不祥事に直面した企業が今後採るべき行動指針を示す。

二　諸外国における動向――論点マップ[16]の作成可能性へのヒントとして

まずは大いに気になるのが、比較制度論の観点である。が、各種の文献でこの点に言及するものを知らない[17]。そもそもこの種の委員会は、世界的に見てどのように位置づけられるのであろうか。これにより、世界的な視野での論点マップが作成可能となるはずである。現時点でのヒントはそう多くはない。手がかりとして、例えば、「実務の知恵で生まれた自浄手段」という認識の表明がある[18]。おそらくは、第三者委員会は特殊日本的なスタイル、和製危機管理の一つの知恵であろう。

しかしながら、ことは日本にのみ生起する固有の事象では全くないし、現代社会における第三者性への依存の構造と処方については、世界で共通する課題として受け止め、検討をすべきところである。現代法における第三者性への依存の構造としては、つとに倒産局面での管財人制度が広く世界にローマ法の時代から存在する。アメリカ合衆国ではどうなのか、英国、ドイツやフランスなどはどうなのか。合衆国の場合は、州会社法上に根拠がある独立委員会はどうなのか、企業不祥事に際しては、日本型第三者委員会方式のような内科的対応としてのソフトランディングではなく、常に躊躇や容赦なく、法的整理を含めた外科的処置といえるハードランディングなのか。確かに、FTCなどの強力な活動にもきわめて明瞭に顕れるところから憶測する一つのイメージはある。

ともあれ、こうしたグローバルで学際的な包括的調査は多くの方々の協力なくしてはできず、他日を期するほかない。もっとも、ドイツに関しては、若干の情報がある[19]。常置機関の設置を組み込む制度を採用する。すなわち、オンブズマン制度が浸透し、企業内オンブズマンを導入する。[20]入手した文献リストを本稿末尾に掲載しておく。

このようにして、役割や権限等の個別論点が比較可能になる。さらには、委員の専門家責任の点はどうなのか。とりわけ、主観的要件はどうなのか。故意または重過失に限定されるか、といった論点も今後の国際比較が待たれる。

(16) 実務上の論点としては、第三者委員会は何名が妥当か（通常は三名、または五名、奇数が望ましい。委員以外に委員の指名による別途の調査補助者を設けることはある。内部委員会に中立専門家が加わる混合型（事例としては一般的ではない）は、やや人数が増える傾向がある）、設置は取締役会に付議すべきか（不祥事事案に関わる者は利益相反で除外する）、取締役会資料としては委員候補者の情報をどの程度用意すべきか、委員の人選はどうするか、委員は東京証券取引所で定める独立役員の考え方に準ずるのか（独立役員というのは、会社法上の社外取締役・社外監査役の「社外性」要件には独立性が要求されていないため、証券取引所の上場規則により、社外性に加え、「独立性」要件を上乗せしたもので、上場企業は、社外取締役・社外監査役の中から、一名以上の独立役員を選任し、証券取引所に届け出る必要がある。親会社の取締役と兼任する社外監査役は、独立役員に指定できない。詳細は、http://www.tse.or.jp/listing/yakuin/index.html 参照。例えば、顧問法律事務所の所属弁護士は、独立役員に就任する余地があるが、日弁連GLでは、顧問は委員に就任できない）、社外取締役（独立役員）や社外監査役は委員となれるか（混合型では、事案の軽重に応じて、社外取締役〔独立役員〕ではない役員さえも組み込むこともありうるが、社外役員でさえも当該不祥事について役員としての責任を負う可能性があり、一般的には避けた方がよい）、委員長はどの時点で誰が決定すべきか、委員長権限はどうか（想定される不祥事による信頼破壊の程度と委員長権限は比例するものとみてよい）、取締役会付議前に、委員候補者に打診することは許されるか（仲裁手続における仲裁人との事前接触の禁止などとは異なる。かえって事前に十分なすりあわせをしておかないと、ブランド毀損を加速化しかねないリスクが増す）、第三者委員会での決議方法は多数決か、報酬決定の方法及び委員間での格差の考え方（日弁連GLはタイムチャージを基本とする。設置を特定法律事務所等に一括して依頼する場合、総額方式もありうる。委員報酬は委員長候補者と十分な協議をしておく。委員間格差は専門性が同一であれば解消すべきであるし、専門性が異別の場合も格差解消が望ましい）、日当はどうか（遠方への出張を伴う場合等は別途支払う）、交通費は実費支給でよいか（タクシーチケットを用意するのが経費管理上も便宜）、迅速な第三者委員会設置のため委員候補者一覧表を準備することは妥当か（あらゆるリスクを想定して、事前にその筋の専門家を網羅するのは、現実化する確率にもよるが、あまり生産的ではなく、不要。仮に、リストアップがされたとしても、所属先の変更〔遠路となり過大な旅費が生じる〕などリストの経年劣化にも留意すべきである）、第三者委員会発足から最終報告までのフロー（タイムスケジュール）についてどうなるか（取締役会決議等による選任から、連日の集中審理による事案調査の結果としての報告書作成、役員会への提出ないし最終報告発表まで、三週間から二ヶ月程度。場合により、一ヶ月程度で中間報告を入れる）、第三者委員会メンバーとの契約の実際はどうか、第三者委員会による最終報告を受け記者発表を実施する場合、第三者委員会メンバー（委員長）は同席するべきか（同席は必ずしも要しないが、事案によっては適切な場合がある〔記者からの質問が予想されるなど〕）、第三者委員会が独自に会見することはあるか（会社側と十分なすりあわせを要するか）、といった点である。

(17) ちなみに、これだけ社会的に注目を浴びている「第三者委員会」であるにもかかわらず、書店や図書館などに専用コーナーや分類をみない。倒産、あるいはM&Aなどに匹敵する重要職域であって、法曹としても活躍の余地が大きい舞台であるが、書籍のボリュームは現在のところ必ずしも多くはない。むしろ密接に関連するジャンル「リスクマネジメント」といった分野は、欧米の圧倒的な専門的知見を踏まえて成立している結果として、専用コーナーとしてもボリュームある存在感を示す。

(18) 中村直人「第三者委員会の信頼性の基準」金判一三三三号一頁（二〇一〇年）。

(19) 昨年三月に開催された、ドイツ民事訴訟法学会（会長〔当時〕プリュッティング・ケルン大学教授）に出席した折、同席されたゲッティンゲン大学リップ教授と懇談する機会があり、ドイツにおける相応の仕組みとして紹介をいただいたのが、企業オンブズマンの制度であった。その後、同教授からは、筆者に関連文献のリストを教示いただいた。果たしてこれがわが国で議論しているところと完全に符合しているかどうかまでの検討はできてはいない。あるいは、個別の利害対立が生じた場合の利害調整機関であって、日本型の第三者委員会が目指すような、事実の本格的な解明とこれによる再発防止策の策定、そして組織の信頼回復といった方向性に欠ける可能性はある。事実調査がどの程度実施されるかなど、掘り下げていくべき課題は多い。

(20) 察するに、わが国における各種の苦情処理委員の活動とイメージとしてはだぶる。ただ、もし複数人員で構成されるとすれば（リップ教授からの私信においてはOmbudspersonenと複数形である）、日本型第三者委員会のイメージともかなり酷似する。少なくとも部分的には重なるのではないかとも見込む。無論、ＡＤＲ（裁判外紛争処理）が期待されるところからは個別紛争の解決に主眼があり、その意味では、むしろ年金記録確認第三者委員会等に近く、最狭義の第三者委員会とは、異別の局面での異質の仕組みというべきものであるかもしれない。一瞥する限りでは、その感が強い。

三　第三者委員会の意義と機能

第三者委員会は、企業不祥事において世情耳目を集める。[21] コンプライアンス経営が叫ばれるなか、押し寄せる現代法の波を正しく運用していくには、もはや第三者委員会の適切な構築と活用が避けて通れない時代であることをあらためて強く認識させられる。

1　類型の整序

まずは第三者委員会という内包と外延を踏まえた多様な裾野を幅広に捉えつつ、[22] 分類・整理をし、その対象を個別に検討するのみならず、全体視点からの考察をしておく必要はある。すなわち、第三者委員会に匹敵する機能を果たすことが期待される組織（第三者機関）としては、法科大学院の認証評価もそうであるし、消費生活苦情処理や男女共同参画苦情処理など、行政型ＡＤＲの局面でも多く見られる。あるいは、海砂採取の境界問題で話題となった、佐賀県と長崎県の紛議に関する総務省の自治紛争処理委員による調停も、この類である。[23] 第三者委員会の職責や職務は、こうした調停人や仲裁人のそれとも連続する面がある。事実認定（ファクトファインディング）、法的な問題点の炙り出しなどは特にそうである。

本稿で取り上げるべき「第三者委員会」は広くは、例えば、Ｍ＆Ａで活用される株式購入価格を中立的な組織で判断させ、もって事後的な紛争予防に資するタイプである紛争予防型（戦略型[24]）も射程に入ろう。こうした第三者委員会を設置目的別に整理すると、少なくとも、わが国においては不祥事対応型と紛争予防型（戦略型）（M&Aほか）、あるいは、今後、そのいっそうの活用が見込まれるADR機能を有する紛争対応型がある。不祥事対応型は、世間の厳しい批判を当面回避するための単なる盾であったり、いわんや単なるアリバイ作りに協力することとなってはならないのは、当然のことである。この点は紛争予防型（戦略型）にも当てはまりうる。無理にこうした類型に共通するものを見いだしたり、指針や統合理論を目指す必要はないが、共有すべきプラットフォームは構築可能であるようにみえる。それでは、以下では主に不祥事対応型のものを念頭に考察を進めていく。

2　第三者委員会の法的位置づけ

次に、第三者委員会の設置にも関わるさまざまな論点がある。設置について制度的根拠は存在するのか、いかなる条件がそろった段階で誰が設置を決断すべきなのか（判断権者と設置の判断基準[25]）、内部調査にとどめるか第三者委員会を設置すべきか、第三者委員会の独立性の内実はどうあるべきか、内部調査の場合は既存の組織を活用するのか、部署の横断的別組織を設けるべきか。また第三者委員会の性質（性格）、機能、調査手法、果たすべき役割はどうか。日弁連GLは「純粋第三者委員会」を念頭に置く。不祥事の類型によっては、日弁連GLからの引き算もありうる[26]。

(1)　正　統　性

第三者委員会は企業等の一つの経営判断として、契約ベースで立ち上がる。そもそも法令等により第三者委員会の設置を義務づける規定は存在しないのであるから、法律上の制度に依拠して存在するものではない[27]。

通例、第三者委員会の役割としては、①事実関係の解明（事実関係の把握）、②原因究明（不正行為事案では発生原因の本質の究明)、③責任の有無および程度等の呈示(不正行為者の民事上、刑事上の責任の有無および程度、さらには社内処分案もありうるが、これは本質的ではない。処分ありきの事実調査では一定の成果を得にくい。後述する再発防止策により大きな比重をかけるべきである)、④再発防止策の呈示とその実効性の検証(同種行為の繰り返し回避)が挙げられる[28]。

そのことを踏まえ、組織不祥事の危機管理としての第三者委員会の意義とその正統化機能について考察するには、強固に中立性を有する外部機関として組織再生をめざすことを基軸とすべきであるものと考える。つまりは、第三者委員会は再生に向けての昇華触媒としての役割を超えることはない。

(2) 調査・運営

基本的には契約ベースの「任意性」が前提となるため、本来の強制調査の権限はない。要は、事実調査権限の正当化根拠はあくまでも関係者との合意に基づく。この合意が第三者委員会の委員就任のための合意のみならず、例えば、依頼者側の雇用契約に基づく従業員からの聴取においても同様に任意で実施される。つまりは、事情聴取も黙示的であれ合意調達が前提となる。無論、上司からの業務命令(職務命令)として雇用契約上の義務から調査協力義務が生じることは別である。また、取締役等の聴取根拠は、法律上の善管注意義務ないしは忠実義務の助けがあってより実効性を有することになるのであろう。

この点、刑事事案における捜査機関の捜査権限が法に基づくのとは大きく異なる。強制捜査権限を有する捜査機関とは異なる第三者委員会の運営は個別の工夫が不可欠である。横暴な専制君主は、たとえ絶対権力を有していたとしても持続可能ではありえないし、まして第三者委員会には、そうした制度的基盤すら存在しない。一般論で推し進めるのは障害を増やしかねないし、ほどよいコンセンサスを置き忘れたマネジメントでは、行き着く先は明らかである。多くの第三者委員会では相応の成果を引き出している。

聴取のスタンスは、鬼手仏心につきる。外科医の執刀の際の精神的支柱はここでも有益である。節度を持った運営が不可欠である。この際のヒアリングは被疑者と捜査機関としての検察官の手法によるというよりも、中立的な立場から事実認定を目指す裁判官の手法の方がより適切ではないか。とはいえ、偽証等の制裁など制度的保証はない。あるとすれば、事実認定を意図的に攪乱する目的で陳述することが、調査費用の増大を招くことによる損害賠償請求のリスクを負わせることであろう。また、偽証等の制裁が極めて謙抑的な運用がなされている状況の下では、第三者委員会の調査権限の担保が著しく法廷の場よりも劣っているとはいえない面があるし、実際のところ、法廷という非日常空間での発言よりは、日常空間に近いか同じといえる会議室等で実施されるもとでの発言の方が、矛盾やほころびも比較的容易にほぐしていける利点があるように思われる。(29) また、事務局の役割については、水先案内人論(30)もあり、初歩的な過ちや誤解等による不適切な調査スコープを防止するためにも重要である。また、どのような組織であっても、アクセルとブレーキを装備しない機関は存在してはならない。無論、両者が高性能で完備していることは望ましいところではある。

第三者委員会は、更生管財人等のように、そもそも組織体の運営を完全に掌握する立場にはない。しかも、不祥事を抱え込む組織体の再生に向けた具体的で詳細なあらゆる処方箋を常に呈示できるほどの「名医」を期待されているようにも思えない。むしろ名医との自負心が、決めつけすぎる予断先行から、かえって事実認識に曇りをもたらし、最も期待される事実調査と原因分析へのリスクを高めないものであろうか。「変革のエンジン(31)」たるべしとの主張は、気概として理解し得ないわけではないが、システム理論としては受け入れがたい。また、そうした気概から、現実にも近寄りがたい存在感が醸し出されることにより、結果を歪めないか懸念される。事実調査はもっとささやかなで謙虚なものであってよい。

第三者委員会は、非常のアドホック機関である。その限りでのコスト優位は認められるが、事案発見の制度的担保としてはその脆弱性は否定しがたいように思われる。ともあれ、確実な証拠を積み上げることにつきる。その意味では、民事司法、刑事司法にも共通する手技である。第三者委員会の主たる業務は、事実調査とこれに基づく再発防止策の策定ほかにある。その後に続きうるさまざまな展開可能性との連続性は意識すべきかどうか、それは項目にもよるのか、といった点も論点として想起される。こうした調査結果としての報告書には、原因分析とともに、ぜひ肉厚な再発防止策の呈示を試みてほしい。

(3) 性　格

第三者委員会の立ち上げ時期にも絡む本質的な性格づけともいえるが、危機管理対応措置説[32]、資本市場規律維持説[33]、企業価値維持説といった考え方があろう。いずれも機能面から考察すると全く矛盾しないどころか、明らかに両立しうるように思われる。微妙に立ち上げ時期の判断には影響しよう。早期の立ち上げが推奨されることはいうまでもない。

(21) 本稿では後述するように、九州電力やオリンパス、大王製紙などの企業不祥事事案を念頭に置く。
(22) ＡＤＲや人権擁護委員会、入札監視委員会に監査・監督委員会設置会社などと第三者性を有すると思われるありとあらゆる機関を幅広く射程に入れたい。
今日的な広がりを示す一例として、消費者委員会やそこでの議論に関係する個人情報保護の独立監視機関の導入論が注目される。個人情報保護の局面での第三者委員会の提案と受け止めることもできる。日本経済新聞朝刊二〇一一年八月二九日三八面「《論点争点》個人情報保護の監視」参照（http://www.cas.go.jp/jp/seisaku/jouhouwg/dai2/siryou2.pdf 参照）。第三者委員会が情報

ＡＤＲ機関として機能する構図も描きうる。なお、梅本吉彦「民事訴訟手続における個人情報保護」曹時六〇巻一一号一頁（二〇〇八年）、「公証・強制執行・倒産処理手続における個人情報保護（一）（二・完）」曹時六二巻一号・二号（二〇一〇年）ほか参照。

堀部政男「個人情報保護第三者機関設置は必須――消費者委員会への注文」ＮＢＬ九五八号一頁（二〇一一年）は、個人情報保護法の改正、第三者機関設置の提言、消費者委員会への期待を述べる。

そもそも法の中の中立的な「第三者性」組織は、行政委員会を始め少なくない。第三者機関を含めた包括的な第三者委員会論があってよい。二〇一一年六月三〇日付け政府・与党社会保障改革検討本部決定『社会保障・税番号大綱』にも、第三者機関設置の必要性、その権能に言及されていた。

(23)　佐賀県唐津市沖での海砂採取の認可境界をめぐり、佐賀、長崎両県の意見が対立している問題で、佐賀県知事は、総務省の自治紛争処理委員が示した調停案を受け入れる考えを明らかにし、長崎県も同様の方針を示す。調停案は、今後一〇年間は暫定的に、長崎県が主張する「漁業取締（とりしまり）ライン」を境界とし、暫定期間が終わるまでに佐賀県が主張する両県の陸地から等距離の境界（等距離ライン）を基本に協議するとの内容で、佐賀県知事は、現状をある程度認めながらも、本来は等距離ラインだという調停結果で、申請した最低ラインはクリアできたと受け止める（http://www.asahi.com/politics/update/0215/SEB201202150064.html）。

(24)　楽天によるＴＢＳ株の追加取得計画につき、ＴＢＳの第三者委員会は、楽天がＴＢＳ株を二〇％超まで買い増しても「経営支配」にはならないとの判断から、買収防衛策の不発動を勧告、あるいはグッドウィル・グループ子会社のコムスンが運営する老人ホームなどの施設系事業が、ニチイ学館に売却されることにつき、コムスンの第三者委員会が、事業規模や法令順守への取り組み等を評価し、正式決定するのもおおむねこの類型である（むしろ、さらに区別をして、公正性事前担保型ということもできる）。東京証券取引所の有価証券上場規程四四一条の二および同施行規則四三六条の三に基づく、ＭＢＯのフェアネスオピニオンに第三者委員会が活用されるのと同様である。これは、「支配株主との重要な取引等」の規制として、少数株主にとって不利益なものではないことに関しての、支配株主との間に利害関係を有しない者からの「意見」が求められていることによる。

また、役員人事に関する第三者委員会という事案もある。これは、国（国に準ずる主体を含む）が一〇〇％株式を保有する特殊会社において、役員候補者（代表取締役、監査役）について第三者が評価を行う委員会を設け、当該委員会から役員として適任であるとの評価を受けることを、役員任命に関する所管大臣認可の条件とする、というものである（平成二二年五月一八日閣議決定「特殊会社の役員人事に関する当面の対応について」参照）。

(25) 小林総合法律事務所編『詳説　不正調査の法律問題』三六頁（弘文堂、二〇一一年）は、第三者委員会の設置の基準としては、①社会的影響の度合い、消費者への影響、マスコミ等による注目の有無、程度、②不正行為の重大性の程度、当該企業または第三者に与えた損害の程度、法令違反の悪質性の程度、計画性の有無、程度、③不正行為関与者の属性、経営陣の関与が疑われる事案か、④不正行為の発生原因、企業風土に根ざしているか、組織的な関与の事案かといった指摘をする。

(26) 同旨、齊藤誠ほか「〈座談会〉企業ニーズの進展と弁護士の新たな価値創出」自由と正義六四巻三号五三頁〔國廣正発言〕（二〇一三年）。

(27) 銀行法二四条に基づき金融庁が報告を求める処分として、第三者による調査を命じる場合も広くは第三者委員会なのであろうか。少なくとも両者には連続性がある。

(28) 小林総合法律事務所・前掲注(25)三九頁参照。

(29) かつて、医療過誤事件をモデルに模擬裁判を主宰したことがある。この際、現役の医師を事件モデルの担当医の役割を演じてもらうために、喫茶店で打ち合わせを実施した。その際には、モデル記録にある糖尿病に係わる数値を示した際には、率直な医療ミスを認める素直な反応が見られた。ところが、模擬法廷で証人尋問を実施した際には、とても分かりにくい反応をされた。これも自己防衛の学習効果というほかないが、これでは裁判官役においては事実認定には極めて大きな困難が生じると率直に感じたことである。

(30) 國廣正「『第三者委員会』についての実務的検討(下)」NBL九〇五号六六頁（二〇〇九年）。

(31) 「変革のエンジン」として機能させていくとする、郷原・前掲注(10)参照。

(32) 國廣正「『第三者委員会』についての実務的検討(上)」NBL九〇三号二七頁以下（二〇〇九年）。

(33) 國廣正「第三者委員会と資本市場の規律」金法一九〇〇号九七頁以下（二〇一〇年）。

四　第三者委員会の現実的諸相

1　委員は誰が選ぶのか

誰が誰をどのようなところから、どのような基準で選ぶのか。真の依頼者は理論的には誰なのか。企業代表者か監査役か、株主全体か、従業員全体か、取引先か。特定のステークホルダーの利益代弁者では全くないところから、トータルで見た器としての組織ということにならざるをえない。この場合、監査役監査方式による依頼もありうるところであるが、第三者委員会の独立性をかえって後退させる余地が生じる[34]。人選については、「純粋第三者委員会」は委員全員が企業とのコンフリクトの全くない第三者で構成される。現実には内部調査委員[35]との混合型[36]のものも存在する。選任には理想と現実が混在する。

ところで、委員名を選任時に公表しない事案も出ている[37]。一般的には、具体的危害が現実化する特殊例外的な場合を除き、理論としてはこれは正当化が困難であろう[38]。「お手盛りの検証と疑われても仕方がない」との批判が出たが、このような指摘は正しい。不祥事組織から調査依頼された第三者委員会の委員名が選任段階で公表されないことはまずない。依頼者からは独立した立場で、時には依頼者に厳しい指摘さえ求められることから、選任委員が誰かを明らかにすることにより、調査の公正さを測定する一つの目安ともなりうる。第三者委員会の中立性の担保の重要な一つがこの点にある。もっとも、生命身体への不当な攻撃等がリスクとして生ずると客観的に説明可能である場合は、例外も認められるべきである。この種の不祥事がそうだというには大いに違和感がある。

2　いわゆるインセンティブのねじれ問題[39]

避けて通るわけにはいかない論点である。報酬の受け取りは、成果の方向性を拘束するものではない。あたかも、医師が患者から診療報酬をもらって病気を言い当てるとの喩えも出される。[40]巧みな表現である。しかし両者は本質的に異なってはいないか。第三者委員会は、場合によっては、解散ないし破産手続開始申立ての結論も排除しないとの前提であれば、今日の医療行為が基本的には患者の生命維持に向けて行われることとも合わせ勘案すると、必ずしも正鵠を得ないようにも感じる。では、究極の論点として、果たして、そのような組織存立の根幹に関する勧告等は第三者委員会の射程なのか。これは第三者委員会の設置目的にかかる。不正調査の信頼性確保、ひいては企業の説明責任を果たし信用回復を図ることにあると指摘されるところからすると[41]、クライアント組織の存立を否定することは、本質的に射程外のことといえる[42]。とすると、医師・患者図式の比喩は本質を鋭く言い当てたものといえる。まさに、司法制度改革における「社会生活上の医師」論とも符合する。当事者に寄り添う当事者意識を持ちながらの中立性維持は矛盾しない。ここから当事者の再生の機縁となる活動が積み重ねられる。

(34)　國廣・前掲注(30)六八頁以下。
(35)　企業内でのより中立性の高い社外役員等、場合によっては顧問弁護士が就任する場合も見受けられる。
(36)　混合型（一般には、社内調査委員会ないし内部調査委員会と呼ばれる）としては、例えば、社外役員（社外取締役等）および外部弁護士の実例としては、野村證券インサイダー事件における「特別調査委員会」がある。http://www.nomuraholdings.com/jp/news/nr/nsc/20080606/20080606_a.pdf 参照。
(37)　独立行政法人「大学入試センター」が実施する大学入試センター試験において、相次いで問題冊子の配布ミスなどが生じた、過去最大のトラブルともいわれる事案で、ミス検証のため、有識者による検証委員会（大学・高校関係者、弁護士、危機管理の専門家ら八名構成）を設置したものの、検証委員の氏名が異例の非公開とされた。委員の氏名は「公表されると、委員がミスをした大学をおもんぱかったり、関係者などから直接、委員に意見が伝わったり、自由な議論の妨げになる可能性がある」などと意見交換に支障が出るとして、委員長（全国高等学校長協会長）以外の委員名を公表せず、結果公表時に明らかにするとした。読売新聞平成二四年二月一五日八時一九分ネット配信。

(38) 余談であるが、中国の司法試験委員名は公表がされない。理論とはいえ、国柄による諸状況を踏まえて扱いの異別性を容認することはありうるところである。

(39) 國廣正ほか座談会「検証　第三者委員会」ＮＢＬ九二〇号二八頁以下（二〇一〇年）。

(40) 齊藤ほか座談会・前掲注(26)五三頁〔竹内朗発言〕。

(41) 日弁連ＧＬが基本的にこの立場であり、小林総合法律事務所・前掲注(25)三五頁も同様である。なお、第三者委員会の任務ないし役割、独立性、組織上の位置づけ、委員会構成等については、同書三七頁以下、第三者委員会の独立性、委員の選任基準、客観性および公正性につき、同書三九頁、企業の指示による調査報告書の変更の可否は、同書一六五頁以下参照。

(42) もっとも、現実は別物かもしれない。帝国データバンクの前掲注(7)調査によると、第三者委員会を設置した企業で、上場廃止となったのは三三社。内一一社が法的整理となり、その一一社のうち六社が粉飾により第三者委員会を設置していたとする。第三者委員会の役割として解散ないし破産的清算に持ち込むということではないと信じたい。

五　第三者委員会の「第三者性」とは

第三者性の価値は信頼担保機能に顕れる。そうした価値は、依頼企業との関係でどのようにふるまうことが適切かにかかっている。そのヒントとして、法的な緊張関係を伴う「代位」コンセプトから考察してみるというのはどうであろうか。

私はこれまで、債権者代位訴訟や株主代表訴訟など、「代位」として構成される制度を少なくともそのメカニズムの正当性の視点から、ほぼ一貫した研究を長く進めてきた。(43) これは、機能不全にある個人または団体における、機能不全補完のための非常の措置に関わる制度を構造論の視角から探求するというものである。第三者委員会と

「代位」とは、一見すると何らの関わりもない制度であるようにみえる。しかしながら、実は、第三者委員会を根源的に考察するには、このような「代位」というコンセプトが極めて有益ではないかと思っている。実際に、第三者委員会の活動に関わる経験を加えながら、その思いを深めていった。今後のあるべき第三者委員会のありようを探るうえで、「代位」から得られる知見から多くの示唆が得られるものと信じている。

さて、第三者委員会は、管財人[44]のように個人や企業組織に全面的に取って代わるわけでは全くない。不祥事に起因し、通常業務の遂行すら著しく困難な状況の下にあって、まさに当該の機能不全を補完するという役割が与えられているに過ぎないのではないか。このあたりの感覚の違いは、九州電力事件での第三者委員会のありように明瞭に現れているように思える。「代位」の構造から学ぶ知見から、あらためて第三者委員会の構造を分析検討することは今後の冷静な議論を半歩進めるためにも、有意義なことではないだろうか。

すなわち、第三者委員会は、あくまでも、事案の解明等についての企業組織等による機能不全をその限りにおいて補完する目的で設置され、その目的達成に必要な範囲で調査等を行い、再発防止策等を呈示するものと捉えることができる。企業不祥事が生じた際に、組織中枢に全面的に取って代わるわけではなく、機能不全の生じた範囲について、これを部分的に補完するものとして位置づけることができる。

元来、第三者委員会の役割は、機能不全に陥った個人や組織の機能破壊にあるわけではない。行き過ぎた糾問型運営は第三者委員会にはなじまない。責任追及型事案では別途の委員会を立ち上げることとなろうが、個別の事案次第とはいえ、この部分は必ずしも第三者委員会に不可欠で本質的なファクターとはいえない。むしろ捜査機関等が独自の観点から対応するだけのことである。

かくして、あたかも「代位」の世界そのものでもあるように、第三者委員会というものは機能不全を補完するささやかな役割を果たすものと位置づけるべきである、というのが本稿の立場である。

第三者委員会は、その中立性に大きな価値がある。中立性はコンフリクト（利益相反性）がないという点がその主たる内容である。バイアスの全くかからない中立性はこの世に存在しない。それを担保するのが、異議申立て手続である。陪審や裁判員の選任過程など、すでにこうしたシステムが活用され、ある種の透明性に貢献する。(45) こうした異議が出されれば自動的に除外されるというシステムのほか、「身体検査」、チェック、テストといった実質を有する、「第三者機関」による審査制度も観念しうるところである。これにより異議申立て手続は実効性を増すことになる。これは、いわば手続価値をベースに実体価値を付加することにより、真のシステム構築が実現できるということである。

第三者委員会に過剰な演出は必要ない。過度の任務もふさわしいものではない。重要なのは、プロセス化である。とすれば、日弁連ＧＬは行き過ぎた独善的な議論とはなっていないか。(46) 例えば、第三者委員会の報告書案の事前の開示が一切許されない、というのでは、あまりにも第三者委員会委員の職責への過度な軽視にほかならないのではないか。民事裁判においてさえも、判決前の書面による裁判官の心証開示はもはや例外的な現象ではなくなりつつある。そのことで、裁判官の中立性や職責に大きな疑念が生じることはない。たしかに、報酬のインセンティブに違いはあるにせよ、双方の職務を連続するものとして捉え考察すべきではないのか。むしろ、多様な関わりの中で職責を果たしていく「過程学」ないしは「プロセス学(47)」のジャンルのあることを意識すべきではないのか。

(43) 池田辰夫『債権者代位訴訟の構造』（信山社、一九九五年）参照。
(44) 管財人の地位には、第三者性と当事者性の二重性格がある。
(45) 公正性の不在の現状に触れることがままある。例えば、労働委員会の公益委員の選任過程すら、組織推薦に押され鵜呑みする傾向があり、現実には機能していない。健全な判断能力の欠如ともいえるが、本文のようなシステム導入を如何に活性化していくかは検討に値する。

(46) 日弁連GLを検証する、小林英明＝綾部薫平「『企業等不祥事における第三者委員会ガイドライン』に対する批判的考察(上)(下)」ビジネス法務二〇一一年一〇月号一一八頁・一一月号一一四頁は、この点でも極めて有益であるし、そこで展開される論旨には十分な説得力がある。つとに、塩崎彰久「第三者委員会ガイドライン弾力的運用の薦め」ビジネス法務二〇一一年八月号一〇四頁、木目田裕＝上島正道「企業等不祥事における第三者委員会——日本弁護士連合会『企業等不祥事における第三者委員会ガイドライン』を踏まえて」商事法務一九一八号一八頁（二〇一〇年）参照。

(47) この意味で、日弁連GLの成立過程への川井信之弁護士によるソフトな批判は傾聴に値する。二〇一一年六月二六日付け「日弁連『企業等不祥事における第三者委員会ガイドライン』について」http://blog.livedoor.jp/kawailawjapan/archives/3672573.html参照。ちなみに、司法制度改革の大きな柱の一つ、担い手を支える法科大学院教育および新司法試験は、「プロセスによる法曹養成」ということで始まったものであるが、今日の「共通的到達目標」の導入により、かえってプロセスのダイナミズムを減殺してはいないか、という視点も重要である。

六　おわりに——「手続過程論」へ

今日では、手続それ自体が有する価値を疑う者はいない。訴訟手続であれ、行政手続であれ、ADRであれ、確かに無視できない手続結果のみならず、手続過程にも大きな意義がある。われわれは、こうした過程論をそのような分野に縛り付け、留まることで満足して良いのであろうか。手続価値は、要するにプロセスに独自の価値を見出すことにあった。そうとすれば、特定分野を超えて、より普遍的な形でプロセスそれ自体に高付加価値を見出すことができるのではないか。まさに手続過程論あるいは過程学の樹立である(48)。その中核には、中立的な第三者性が存在し、これが介在することによって、手続過程論は大きな果実を得られるはずである。

第三者委員会が独善化はもちろん、ブラックボックス化しないため、さまざまな立場から、そして何よりも自由な観点からの議論が今こそ必要なときはない。日弁連ＧＬは出発点ではあっても、到達点を示すものではない。これに呪縛され、未来に向かっての自由な論議が疎外されることは、いっさいあってはならない。

そのような思いから、本稿での結論をあらためて示し直すと、第三者委員会は、組織体の不祥事を機縁として発足し、当該組織体の立て直しのための不可欠のプロセスと位置づけられる。(49) それは、たしかに再生、救済に向けての serendipity ――神様からの贈り物。災い転じて福となす、でもある。しかしながら、ここはさらに前に進むべきではないか。そのようなことを着実に実現するためのプロセスとしての正当化こそがいっそう深められるべきものと考える。今後とも手続過程、それ自体が有する大いなる価値があらゆる方面で認識され、浸透し、実践されることを期待してやまない。

今日において肝要なことは、かような方向性を総称するものとして、例外なくあらゆる手続を対象として呑み込む「手続過程論」をあらたに樹立することにこそ問題解決に繋がる契機となるものとして、ここにこれを提唱したい。本稿が投じた一石による波紋がどのような形になるにせよ、本格的な論議の嚆矢となれば望外の幸せである。これまで公私にわたりご指導を賜った石川正先生の古稀に祝意を表するとともに、今後ともご健勝にて活躍いただくことを願って、擱筆することとする。

(48) こうした民事訴訟法学から手続過程論へという観点から、平成二四年度大阪大学大学院法学研究科において民事訴訟法講義を行った。参加いただいた吉田直起、安枝さやか、ホウブンセイの各氏に心からの謝意を表する。とくに吉田氏の日弁連ＧＬへの批判的検討には触発された。

(49) 同様の認識は、國廣・前掲注(30)六四頁。

Aufsätze zu „Ombudsmann“

Nr.	Verfasser	Titel
1.	Auer, Anton	Ombudsmann, Schlichtung und Wirtschaftsmediation: nur unterschiedliche Begriffe oder auch unterschiedliche Verfahren?, in: Rbeistand 2005, 2 ff.
2.	Barth, Dieter	Versicherungsombudsmann gefragte Einrichtungen, in: ZAP 2003, 1283 ff.
3.	Basedow, Jürgen	Der Versicherungsombudsmann und die Durchsetzung der Verbraucherrechte in Deutschland, in: VersR 2008, 750 ff.
4.	Berlin, Christof Isermann, Edgar	Außergerichtliche Streitbeilegung in Verbraucherangelegenheiten-Bestandsaufnahme und Masnahmenpaket der EU fur 2014/2015, in: VuR 2012, 47 ff.
5.	Germann, Ulrike	Der Banken-Ombudsmann hat gut zu tun, in: VW 2004, 1714
6.	Hoffmann, Volker/Sandrock, Stefan	Der Ombudsmann — betriebliche Möglichkeit zur Bekämpfung von Wirtschaftskriminalität, in: DB 2001, 433 ff.
7.	Hirsch, Günter	Sonderstellung in der Streitbeilegung, in: VW 2009, 1641
8.	Hirsch, Günter	Die Praxis des Versicherungsombudsmanns, in: VuR 2010, 298 ff.
9.	Jauernig, Stefan	Die Zuständigkeit des Versicherungsombudsmannes sollte erweitert werden, in: VW 2003, 998
10.	Knauth, Klaus-Wilhelm	Versicherungsombudsmann — private Streitbeilegung für Verbraucher- in: WM 2001, 2325 ff.
11.	Lorenz, Egon	Der Versicherungsombudsmann — eine neue Institution im deutschen Versicherungswesen, in: VersR 2004, 541 ff.
12.	Lücke, Frank	Die Schlichtung in der deutschen Kreditwirtschaft — eine Form der Mediation?, in: BKR 2009, 324 ff.
13.	Lücke, Frank	Die Schlichtung in der deutschen Kreditwirtschaft als Form außergerichtlicher Streitbeilegung, in: WM 2009, 102 ff.

14.	Müller, Helmut	Außergerichtliche Streitschlichtung im Bereich der Privaten Kranken- und Pflegeversicherung- Erfahrungen im Umgang mit den neuen Gesetzen, in: VuR 2010, 259 ff.
15.	Römer, Wolfgang	Offene und beantwortete Fragen zum Verfahren vor dem Ombudsmann, in: NVersZ 2002, 289 ff.
16.	Römer, Wolfgang	Der Ombudsmann fur private Versicherungen, in: NJW 2005, 1251 ff.
17.	Scherpe, Jens	Der deutsche Versicherungsombudsmann, in: NVersZ 2002, 97 ff.
18.	Scherpe, Jens	Der Bankenombudsmann — zu den Änderungen der Verfahrensordnung seit 1992-, in: WM 2001, 2321 ff.
19.	Tiffe, Achim	Eineinhalb Jahre Versicherungsombudsmann e.V., in: VuR 2003, 261 ff.

Lehrbücher, Monographien und Kommentare zu „Ombudsmann“

Nr.	Verfasser	Titel
1.	Baumbach/Hopt	Kommentar zum Handelsgesetzbuch, 35. Auflage, München 2012, A. Grundlagen des Bankenrechts, Rn.56 ff.
2.	Benkel, Gert A./ Hirschberg, Gunther	Berufsunfähigkeitsversicherung, 2. Auflage 2011, Rn. 33
3.	Beckmann, Roland Michael/ Matusche-Beckmann, Annemarie	Versicherungsrechts-Handbuch, 2. Auflage, München 2009, 1.Teil, 6. Abschnitt, § 23. Prozessuale Typizitaten und Besonderheiten sowie ausergerichtliche Streitbeilegung, Rn. 383 ff.
4.	Bunte, Hermann-Josef	AGB Banken, 3. Auflage, München 2011, Nr.21 Außergerichtliche Streitschlichtung, Rn. 525f.
5.	Derleder/Knops/ Bamberger	Brodermann, Institutionelle Schlichtungsverfahren (Ombudsmannverfahren), § 66, in: Handbuch zum deutschen und europäischen Bankrecht, 2.Auflage, Berlin 2009

6.	Ebenroth/ Boujong/Joost/ Strohn	Handelsgesetzbuch, 2.Auflage, München 2009, XI. Außergerichtliche Schlichtungsverfahren, Rn. I 80 ff.
7.	Von Hippel, Thomas	Der Ombudsmann im Bank- und Versicherungswesen: eine rechtsdogmatische und vergleichende Untersuchung, Tübingen 2000
8.	Kruse, Julia	Der öffentlich-rechtlich Beauftragte: ein Beitrag zur Systematisierung der deutschen Variante des Ombudsmannes, Berlin 2007
9.	Meixner, Oliver/ Steinbeck, Rene	Versicherungsvertragsrecht, 2. Auflage 2011, Rn. 21 ff.
10.	Münchener Kommentar zum VVG/Bruns	Münchener Kommentar zum VVG, 1. Auflage 2010, Rn. 87 ff.
11.	Münchener Kommentar zum VVG/Gause	Münchener Kommentar zum VVG, 1. Auflage 2010, Rn. 311 ff.
12.	Schimansky/ Bunte/Lwowski	Bankrechts-Handbuch, Band 1, 4.Auflage, München 2011, 1. Abschnitt, § 3. Schlichtungsverfahren: Ombudsmann.

Rechtsprechung zu „Ombudsmann“

Nr.	Instanz	Datum	Aktenzeichen	Fundstelle
1.	LG Bonn	03.07.2001	18 O 25/01	NJW 2002, 3260 ff.

Links zu „Ombudsmann“

Nr.	Verfasser
1.	www.versicherungsombudsmann.de
2.	www.pkv-ombudsmann.de

Sonstiges zu „Ombudsmann“

Nr.	Verfasser
1.	Ombudsmann der privaten Banken, Tätigkeitsbericht 2010, Berlin August 2011; Herausgeber: Bundesverband deutscher Banken
2.	Jahresbericht 2010 Versicherungsombudsmann Herausgeber: Versicherungsombudsmann e.V.

Aufsätze zu „innerbetrieblichen Beschwerdestellen“

Nr.	Verfasser	Titel
1.	Briem, Jurgen	Professionelles Konfliktmanagement für innerbetriebliche Konflikte, in: ZKM 2011, 146ff.
2.	Eidenmuller, Horst/ Hacke, Andreas	Institutionalisierung der Mediation im betrieblichen Konfliktmanagement, in: PersF 2003, 20 ff.
3.	Falter, Gernot	Betriebliches Konfliktmanagement sinnvoll nutzen, in: AuA 2006, 716 ff.
4.	Grobys, Marcel	Die Beschwerde nach § 13 AGG, in: NJW-Spezial 2007, 417 ff.
5.	Hage, Marion/ Heilmann, Joachim	Alternative zur Justiz — betriebliche Konfliktlösung, in: AuA 2000, 26 ff.
6.	Hoffmann, Volker/ Sandrock, Stefan	Der Ombudsmann — betriebliche Möglichkeit zur Bekämpfung von Wirtschaftskriminalität, in: DB 2001, 433 ff.
7.	Holger, Thomas	Umgang mit (Interessen-) Vertretern bei innerbetrieblichen Konflikten — Teil 1, in: ZKM 2005, 80 ff.
8.	Kramer, Barbara	Mediation als Alternative zur Einigungsstelle im Arbeitsrecht?, in: NZA 2005, 135 ff.
9.	Oetker, Hartmut	Ausgewählte Probleme zum Beschwerderecht des Beschäftigten nach § 13 AGG, NZA 2008, 264

10.	Schlie, Otto	Die AGG-Beschwerdestelle: „Wo kann man sich denn hier beschweren?", in: AuA 2007, 339 ff.
11.	Thormann, Christoph/ Prior, Christian	Vorgesprache — mit wem und mit wem nicht?, in: ZKM 2006, 136ff.
12.	Westhauser, Martin/ Sediq, Mariam	Mitbestimmungsrechtliche Aspekte des Beschwerderechts nach § 13 AGG, NZA 2008, 78 ff.

Lehrbücher, Monographien und Kommentare zu „innerbetrieblichen Beschwerdestellen"

Nr.	Verfasser	Titel
1.	Erfurter Kommentar zum Arbeitsrecht/ Schlachter	Erfurter Kommentar zum Arbeitsrecht, 12. Auflage 2012, § 13 AGG Rn. 1 ff.
2.	Münchener Kommentar zum Bürgerlichen Gesetzbuch/Thusing	Münchener Kommentar, Band 1 Allgemeiner Teil, §§ 1-240, ProstG, AGG, 6. Auflage 2012, § 13 AGG Rn. 1 ff.
3.	Richardi, Reinhard	Betriebsverfassungsgesetz mit Wahlordnung, 13.Auflage, München 2012, BetrVG § 86 Erganzende Vereinbarungen, Rn. 7 ff.
4.	Schimansky/Bunte/ Lwowski	Bankrechts-Handbuch, Band 1, 4.Auflage, München 2011, 1. Abschnitt, § 3. Schlichtungsverfahren: Ombudsmann.

Rechtsprechung zu „innerbetrieblichen Beschwerdestellen"

Nr.	Instanz	Datum	Aktenzeichen	Fundstelle
1.	BAG	21.07.2009	1 ABR 42/08	BAGE 131, 225 ff., ZIP 2009, 1922 ff.; DB 2009, 1993, 1995
2.	LArbG Berlin-Brandenburg	28.02.2008	5 TaBV 2476/07	juris

「他の事業者と共同して」（独占禁止法二条六項）の認定にかかる主張立証構造

――東芝ケミカル事件判決の手続法的意義

伊藤 眞

一　はじめに

独占禁止法の目的は、同法一条に規定するとおりであるが、その目的を達するために禁止される行為の一類型として、不当な取引制限、すなわち「事業者が、契約、協定その他何らの名義をもつてするかを問わず、他の事業者と共同して対価を決定し、維持し、若しくは引き上げ、又は数量、技術、製品、設備若しくは取引の相手方を制限する等相互にその事業活動を拘束し、又は遂行することにより、公共の利益に反して、一定の取引分野における競争を実質的に制限すること」（独占禁止法（以下、単に法という）二条六項）がある。

これは、いわゆる価格に関するカルテルや談合行為などを禁止の対象として捉えるものであるが、ある事業者の行為が不当な取引制限に該当すると判断されれば、公正取引委員会（以下、公取委という）による課徴金納付命令（法七条）などの制裁の対象となり、それを不服とする事業者は、公取委に対する審判請求（法五〇条四項）、さらに東京高裁に対して審決取消訴訟を提起するという方途（法七七条以下）は保障されているものの、重大な経済的または社会的不利益を受忍せざるをえない。この意味において事業者の行為が不当な取引制限に該当するかどうかの公取委の判断は、重大な効果を有し、特に、審決取消訴訟の実質的第一審としての準司法的性質をもつ審判手続においては[1]、事業者に対する適切な攻撃防御方法提出の機会の保障、すなわち手続保障がなされなければならない。本論文では、このような視点から、審判手続を訴訟手続と同質のものとする前提に立って、不当な取引制限にかかる中心的要件の一つである共同性、すなわち「他の事業者と共同して」の認定にかかる主張立証構造を分析しようとする。

なお、手続保障とは、抽象的な攻撃防御方法提出の機会を意味するのではなく、法律効果、ここでいえば課徴金納付義務の発生原因たる法律要件事実、すなわち、当事者による攻撃防御の最終的目標が明確にされ、判断者たる審判官が、いかなる間接事実を評価の根拠として、法律要件事実の認定に至るべきかという、判断構造が定式化していることが前提となる。不当な取引制限の構成要素として規定されている事実に関する講学上の分類をみると、共同行為の内容、共同行為の効果および共同行為の主体の三つに分けられるが[(2)]、三者に共通する「共同」の概念は、数人の事業者の価格決定などの行為を一個のものと評価することを意味し、各人についてどのような意思が存在すれば、共同と評価されるかという、二つの問題を含むために、実務上でもしばしば争われるところである。

(1)　村上政博『独占禁止法〔第四版〕』四二三頁（弘文堂、二〇一一年）。平成一七年改正前の審判手続は、行政処分の事前手続であったが、同改正後の審判手続は、行政処分に対する事後の再審査手続となり、判断機関たる審判官の面前で審査官と被審人とが攻撃防御を展開するという手続構造の転換がみられる。根岸哲編『注釈独占禁止法』六七〇頁〔鈴木孝之〕（有斐閣、二〇〇九年）参照。「公正取引委員会の審判に関する規則」（平成一七年一〇月一九日　公正取引委員会規則第八号）において、適正かつ迅速な審理の実現（規則一八条二項）、被審人と審査官による冒頭手続（規則二四条）、証拠調べの手続（規則三九条以下）などが定められているのも、こうした理念を具現化したものと理解すべきである。

また、いわゆる実質的証拠による拘束（法八〇条）の視点からも、公取委の審判が、実質的には、第一審としての役割を果たすべきことが予定されているといえよう。根岸編・前掲七七七頁〔宇賀克也〕参照。

(2)　根岸編・前掲注(1)七六頁〔稗貫俊文〕参照。

二　東芝ケミカル事件判決（東京高判平成七年九月二五日判タ九〇六号一三六頁）の判断枠組

上記の点に関する東芝ケミカル事件判決は、下級審裁判例ではあるが、審決取消訴訟について第一審としての専属管轄をもつ東京高裁の判決であることもあり、法的判断枠組を確立したものとして受け止められている。以下は、同判決の理由の一部である。

「『共同して』に該当するというためには、複数事業者が対価を引き上げるに当たって、相互の間に『意思の連絡』があったと認められることが必要であると解される。しかし、ここにいう『意思の連絡』とは、複数事業者間で相互に同内容又は同種の対価の引上げを実施することを認識ないし予測し、これと歩調をそろえる意思があることを意味し（傍線は筆者。以下、第一傍線部という）、一方の対価引上げを他方が単に認識、認容するのみでは足りない（傍線は筆者。以下、第二傍線部という）が、事業者間相互で拘束し合うことを明示して合意することまでは必要でなく（傍線は筆者。以下、第三傍線部という）、相互に他の事業者の対価の引上げ行為を認識して、暗黙のうちに認容することで足りる（傍線は筆者。以下、第四傍線部という）と解するのが相当である（黙示による「意思の連絡」（傍線は筆者。以下、第五傍線部という）といわれるのがこれに当たる。）。もともと『不当な取引制限』とされるような合意については、これを外部に明らかになるような形で形成することは避けようとの配慮が働くのがむしろ通常であり、外部的にも明らかな形による合意が認められなければならないと解すると、法の規制を容易に潜脱することを許す結果になるのは見易い道理であるから、このような解釈では実情に対応し得ないことは明らかである。したがって、対価引上げがなされるに至った前後の諸事情を勘案して事業者の認識及び意思がどのようなものであったかを検討し、事業者相互間に共同の認識、認容があるかどうかを判断すべきである。そして、右のような観点からすると、特定の事業者が、他の事業者との間で対価引上げ行為に関する情報交換をして、同一又はこれに準ずる行動に出たような場合には（傍線は筆者。以下、第六傍線部という）、右行動が他の事業者の行動と無関係に、取引市場における対価の競争に耐え得るとの独自の判断によって行われたことを示す特段の事情が認められない限り（傍線は筆者。以下、第七傍線部という）、これらの事業者の間に、協調的行動をとることを期待し合う関係があり、右の『意思の連絡』があるものと推認される（傍線は筆者。以下、第八傍線部という）のもやむを得ないというべきである。」

本判決の論理を筆者として理解すると、まず、共同性の意味内容について、相互に同内容または同種の対価の引上げを実施することの認識または予測を基礎として（第二傍線部参照）、これと歩調をそろえる意思の存在が必要であるとし（第一傍線部）、その意思の存在には、相互に拘束し合う明示の合意だけではなく（第三傍線部参照）、暗黙のうちに認容することも該当する（第四傍線部）。これを黙示による意思の連絡と位置づける（第五傍線部）。したがって、同内容の対価の引上げ等についての認識または予測とその暗黙の認容が認められれば、黙示による意思の連絡、すなわち共同性が肯定されることになる。いいかえれば、不当な取引制限にかかる法律要件事実の一部たる共同性については、同内容の対価の引上げ等についての相互の認識およびその暗黙の認容として具体化される。ただし、ここでいう暗黙の認容の意味内容は、判決理由自体からは明らかではないが、通常の理解を前提とする限りは、対価の引上げ等に関する認識を自らの意思決定の基礎として受容することというべきである。

しかし、このような意味での暗黙の認容は、それ自体が歴史的事実であるとはいいがたいために、直接証拠によって認定することは困難であり、対価の引上げ等に関する情報交換すなわち認識に加えて、それと同一または準ずる行動に出たときには（第六傍線部）、黙示による意思の連絡があるものと推認する（第八傍線部）。ただし、その行動が情報交換すなわち認識の結果たる他の事業者の行動とは無関係に、当該事業者独自の判断によって行われたことを示す特段の事情の存在が認められれば、その推認は成立しない（第七傍線部）。

もっとも、この特段の事情の内容たる独自の判断については、判決理由中では、「取引市場における対価の競争に耐え得る」との内容が示されているが、これが独自の判断の内容の例示にとどまるのか、それともこれ以外の独自の判断がありえないのかについては、独自の判断に対してどのような手続法的な位置づけを与えるかによって異なった考え方がありうる。その点は後に検討する。

三　従来の審決例および下級審裁判例との関係

不当な取引制限の認定について、共同性は中心的な概念であるが、積極的に合意の事実が認定されたものを除くと、従来の審決例や裁判例の中で、黙示による意思の連絡について言及するものは必ずしも多くはない(3)。

その中で、古い審決例になるが、湯浅木材（合板入札調整事件）審決（公取委昭和二四年八月三〇日審決集一巻六二頁）中には、以下のような説示がみられる。

「先づ被審人日合連を除くその余の被審人等が、前記第五及び第六認定のようないきさつの下に、第一、二回の入札に参加した事実は、私的独占の禁止及び公正取引の確保に関する法律（以下独禁法と略称する。）第四条第一項第一号に規定する『共同して対価を決定した』ものに該当すると共に、同法第二条第四項にいわゆる『共同して相互にその事業活動を拘束し、遂行した』ものにも該当するといわなければならない。しかしてこの点に関して特に問題となるのは、共同行為ありといわんがためにはどの程度の主観的意思の連絡が必要であるかの判断であるが（傍線は筆者。以下、第一傍線部という）、当委員会は共同行為の成立には、単に行為の結果が外形上一致した事実があるだけでは未だ十分でなく（傍線は筆者。以下、第二傍線部という）、進んで行為者間に何等かの意思の連絡が存することを必要とするものと解するとともに（傍線は筆者。以下、第三傍線部という）、本件におけるがごとき事情の下に、或る者が他の者の行動を予測しこれと歩調をそろえる意思で同一行動に出でたような場合には（傍線は筆者。以下、第四傍線部という）、これ等の者の間に右にいう意思の連絡があるものと認めるに足るものと解する。」

ここでは、共同性の内容について、それが主観的意思の連絡を意味すること（第一傍線部および第三傍線部）を前提として、行為の結果の外形上の一致という事実（第二傍線部）だけでは、それを認めるに足りず、それに加えて、ある事業者が他の事業者の行動と歩調をそろえる意思（第四傍線部）が必要とされている。東芝ケミカル事件判決における判断枠組は、湯浅木材事件における枠組を踏襲してはいるが（東芝ケミカル事件判決第一傍線部および第二傍線部）、歩調をそろえる意思について、明示の合意（東芝ケミカル事件判決第三傍線部）に加え、黙示による意思の連絡が含まれるとの判断を示し（東芝ケミカル事件判決第四傍線部および第五傍線部）、さらに、黙示による意思の連絡を認定するためには、対価引上げ行為に関する情報交換と同一または準じる行動に出たことが必要であり（東芝ケミカル判決第六傍線部および第八傍線部）、逆に、その行動が当該事業者独自の判断にもとづいてなされたことを示す特段の事業が認められれば（東芝ケミカル判決第七傍線部）、その認定が妨げられるとしているところに特徴がある。

いいかえれば、東芝ケミカル事件判決の意義は、共同性の内容たる歩調をそろえる意思に関して、黙示による意思の連絡が含まれることを明らかにし、その認定のための積極事実と消極事実となるべきものを判示したところにある。

（3） 東京高判昭和二八年三月九日判時二号八頁や東京高判昭和三一年一一月九日行裁例集七巻一一号二八四九頁も関連する裁判

例としてあげられるが、前者では、合意の形成が認定されているし、後者でも、「申合せの存在が、実質的証拠によつて立証せられているものと判断せられることは、前段説示のとおりであり、かつ被告の引用する証拠によれば、これ以前の大口需要者に対する入札又は見積合せにおいては、各自の入札又は見積価格が区々であつたことが明らかであるのに、当事者間に争のない本件中央気象台等における原告らの入札した具体的価格がほとんど一致していることを合せ考えれば、入札が前段説示の申合せに基くものとすることは、当然の論理的帰結というべきもので、この点の審決認定事実は、実質的証拠によつて立証せられているものと言うを妨げない」と判示されているので、明示の合意が認定されているものと思われる。

また、近時の裁判例である東京高判平成二〇年四月四日審決集五五巻七九一頁においても、「上記のとおり、遅くとも平成一〇年三月一九日までには、三二社（雪印種苗及び後藤種苗は平成一三年三月一四日以降）の間に本件合意が存在していたことが認められ、本件審決はその旨認定しているものであるところ、不当な取引制限として本件合意が存在していることを認定しているのであるから、三二社が相互に本件合意の内容を認識し、認容していたことも当然その内容となっているものというべきであり」と判示されているところから、合意の存在が認定されているものと理解される。

更に、最判平成二四年二月二〇日民集六六巻二号七九六頁も事業者間の基本合意にもとづく共同性を判断の前提としている。

四　学説の動向

次に、東芝ケミカル事件判決を含む審決例や裁判例について学説がどのような分析をしているかを検討する。古くは、三にあげた湯浅木材審決を基礎として、共同性について他の事業者の行動についての認識または予測と同一行動の事実が立証されれば、「挙証責任の転換によって」、被審人の側で共同行為でないことの積極的な証明が求められるとする見解がみられた。(4) 論者が審判手続と訴訟手続との間に共通性を認めていることを前提とすれば、(5) 挙証責任（証明責任）の転換を説く以上、他の事業者の行動についての認識や同一行動の事実を意思の連絡を根拠づける主要事実とし、他方、共同行為でないことを示す事実を意思の連絡を否定するための主要事実と認識していた可能性もあるが、この段階では、それ以上の分析は示されていない。

もっとも、東芝ケミカル事件判決に関して同一の論者が、「事前における情報の交換と同一又はこれに準じるような行動があれば、特段の事情のない限り意思の連絡が推認されるという事実上の推定法則を打ち立てた」（傍線は筆者）と記述しているので、[6] 訴訟法的視点からいえば、証明責任の転換という枠組に代えて、事実上の推定とそれを破るための反対証明という理解を示しているところから、これらにかかる事実を間接事実とみなし、意思の連絡を主要事実と理解していると考えられる。

また、同じく東芝ケミカル事件判決についての解説として、別の論者は、暗黙の合意を主要事実とし、事前の連絡交渉およびその内容、ならびに行為の外形的一致という間接事実にもとづく推認が働くとしており、[7] 他の解説類もほぼ同様の理解をするものと思われるので、[8] 他の事業者の行動についての認識または予測とともに、同一行動の事実を間接事実として、経験則を基礎とした自由心証の作用として、主要事実たる黙示による意思の連絡が認定できる、すなわち講学上の事実上の推定を示したのが東芝ケミカル事件判決の意義であるとの認識が一般的であるといえよう。

更に、近時の学説をみても、意思の連絡の解釈として、その中には、黙示による意思の連絡が含まれ、事前の連絡交渉と結果としての行為の一致の二つを間接事実として、黙示による意思の連絡が認定されるとか、[9] 事前の連絡交渉とその内容および結果としての行為の一致から合意の存在を推認することができるとする。[10]

（4）川井克倭「独禁法における事実認定と証拠(上)」公取一一〇号一五頁（一九五九年）。
（5）川井・前掲注(4)九頁。
（6）川井克倭「判批」平成七年度重判解（ジュリ増一〇九一号）二一二頁（一九九六年）。

（7）土佐和生「判批」舟田正之ほか編『経済法判例・審決百選』四五頁（有斐閣、二〇一〇年）。
（8）来生新「判批」今村成和＝厚谷襄児編『独禁法審決・判例百選〔第五版〕』三七頁（有斐閣、一九九七年）、杉浦市郎「判批」厚谷襄児＝稗貫俊文編『独禁法審決・判例百選〔第六版〕』四一頁（有斐閣、二〇〇二年）。
（9）白石忠志『独占禁止法〔第二版〕』二一七頁（有斐閣、二〇〇九年）では、事前の連絡交渉と結果としての行為の一致の二つが重要な間接事実であるとする。
（10）実方謙二『独占禁止法〔第四版〕』一七六頁（有斐閣、一九九八年）、根岸編・前掲注（1）八〇頁〔稗貫〕、村上・前掲注（1）二二八頁。

五　黙示による意思の連絡の判断構造

これまでみたように、共同性の意味内容については、明示の合意のみならず、黙示による意思の連絡を含むとの法解釈が東芝ケミカル事件判決によって確立され、加えて、その推認の基礎となる事実および推認を妨げる事実が明らかにされ、この判例法理の理解として、学説においては、推認の基礎となる事実を間接事実とし、その存在によって主要事実たる黙示による意思の連絡が事実上推定されるとの定式が確立されているようにみえる。しかし、訴訟法理論の視点から見ると、このような理解や定式が黙示の意思表示の認定にかかる一般的判断枠組と調和するか、あるいは特段の事情は、同じく間接事実とされるのか、また、東芝ケミカル事件判決が特段の事情の例としてあげる事実は、限定的なものか、他にも考えられるのかなどの問題について、更に検討を加える必要を感じる。

1　黙示による意思の連絡の手続法的性質

共同性の内容としての明示の合意と黙示による意思の連絡との間の本質的差異は、前者が歴史的事実（過去に実際に生起した事実）であり、証拠によって証明することができる性質を有するのに対して、後者は、過去の事実としては実在せず、ただ一定の事実を基礎とすれば、連絡があったものと評価ないし同視できるという判断を内容としている点である[11]。したがって、黙示による意思の連絡そのものを証拠によって証明することは考えられず、その基礎となるべき一定の事実の証明にもとづいて黙示による意思の連絡の有無を判断する以外にない。既に黙示の合意、たとえば一定期間の土地使用とそれに対する土地所有者側の黙認にもとづく黙示の使用貸借の合意については、このような考え方が確立されており、黙示の合意は、規範的または評価的要件事実であり、その評価の基礎となる一定期間の土地使用やその黙認を主要事実であるとする考え方が支配的である[12]。

実質的にみても、主要事実とは、法律効果の基礎となる事実として、その効果の発生の有無を争う当事者間の攻撃防御の中核となるものであり、証明度に達する証明がなされてはじめて、その存在を認めるべきものであるから、その内容が具体的に特定している必要があり、その視点からしても、情報交換および同一行動の二つを評価の根拠となる主要事実として捉え、それらの存在にもとづく評価として、黙示による意思の連絡を認定すべきであるというのが、東芝ケミカル事件判決の手続法的理解として相当と思われる。

2　情報交換および同一行動にもとづく推認の意義

もっとも、東芝ケミカル事件判決は、情報交換と同一行動の事実から意思の連絡があるものと推認するとの判示をしており、ここでいう「推認」の意義については、さらに検討が必要である。

(1)　事実上の推定とする考え方

先に見たように、東芝ケミカル事件判決の理解として、また近時の学説としては、他事業者の行動に関する認識または予測と当該事業者の同一行動とを間接事実とし、そこから主要事実たる黙示の意思による連絡が推認されるとしているので、訴訟法理論一般の枠組との関係でいえば、ここでいう推認を事実上の推定とする考え方に属するといえよう。

民事訴訟理論においても、また実務においても、推認の概念は、いわゆる事実上の推定を意味するものとして用いられることが多い。したがって、主要事実たる意思の連絡に該当する具体的事実を主張し、その立証のために二つの前提事実を証明した場合には、経験則を媒介とする自由心証の働きとして、意思の連絡の証明がなされたものとして取り扱うことが許される。

ここで注意しなければならないのは、①主要事実としての意思の連絡については、弁論主義との関係上、必ずその具体的内容が当事者によって主張されなければならないこと、②これに対して、情報交換および同一行動の事実は、いずれも間接事実にとどまるから、場合によっては、当事者による主張がなくとも、裁判所が証拠から直接にそれらの事実を認定することも許されるという点である[13]。ただし、黙示による意思の連絡が、一般の黙示の意思表示と同様に、それ自体が具体的歴史的事実ではなく、具体的歴史的事実たる情報交換や同一行動を基礎とする評価判断を意味するものとすれば、このような法律構成は合理性をもたないと考えられる[14]。

もっとも、黙示による意思の連絡を主要事実とし、情報交換などを間接事実とする構成に立ったとしても、事実上の推定を破るための特段の事情を東芝ケミカル事件判決がいう、「取引市場における対価の競争に耐え得るとの独自の判断によって行われたこと」に限定すべき理由はない。間接事実とは、自由心証を媒介として主要事実の認定の資料となるべきものであるから、主要事実と異なってそれが法定される性質のものではなく、それぞれの事案に応じて様々な事実が考えられる。したがって、東芝ケミカル事件判決がいう、「取引市場における対価の競争に

ば、価格決定力を有する相手方からの要請がなされたなどの事実によって事実上の推定を覆しうることとなる。

にとどまり、情報交換および同一行動の二つの事実にもとづく事実上の推定を破るに足る他の間接事実、たとえ

耐え得るとの独自の判断によって行われたこと」も、当該事案において想定される代表的な間接事実の例をあげた

(2) 法律上の推定とする考え方

東芝ケミカル事件判決がいう推認をいわゆる法律上の推定とした場合には、意思の連絡を主張立証する側は、それに代えて、情報交換および同一行動を主張立証すれば足り、特段の事情の存在は、その法律上の推定を破るために、当該事業者の側で主張立証の責任を負うことになる。そのように考えると、①意思の連絡自体についての主張立証に代えて、情報交換および同一行動の主張立証で足りる、②情報交換および同一行動は、主要事実に準じた取扱いを受けるべきこととなるから、必ずその具体的内容が当事者から主張されなければならない、③特段の事情は、法律上の推定を破るための事実として、意思の連絡の存在を争う側が主張立証責任を負うという結果が生じる。ただし、③については、そこでいう特段の事情が、東芝ケミカル事件判決があげる「取引市場における対価の競争に耐え得るとの独自の判断によって行われたこと」のみに限定されるのか、それとも、それは例示にとどまるのかについては、なお検討の必要がある。

もっとも、法律上の推定は、法律効果発生等の前提となる事実について、主張立証責任の転換という重大な効果を伴うものであり、明文の規定が存在する場合に限って認められることを考えると、東芝ケミカル事件判決にいう推認が法律上の推定を意味すると解することは困難と思われる。

(3) 評価的要件事実とする考え方

先に述べたように、黙示による意思の連絡を評価的要件事実とする前提に立てば、情報交換と同一行動の二つが

意思の連絡があったとする評価を基礎づける主要事実であり、その具体的内容が主張立証された場合には、経験則にもとづく評価として意思の連絡の存在を認定することが許されるとの理解がありうる。この場合には、特段の事情とは、その評価の成立を妨げるための主要事実、いわゆる評価障害事実として位置づけられる。先に(1)事実上の推定とする考え方について述べたように、一方で、意思の連絡の具体的内容を主張するための負担から審査官を解放し、評価根拠事実としての情報交換と同一行動さえ具体的に主張立証すれば、意思の連絡の成立を肯定しうること、他方で、当該事業者についてみても、評価障害事実としての特段の事情を主張立証すれば、意思の連絡の成立を否定しうることを考えれば、東芝ケミカル事件判決がいう推認は、このような意味のものであるとの理解がもっとも説得的であろう。(15)

(11)　川井・前掲注(4)一四頁註二では、「明示の意思の連絡とは、そのような事実が、過去の社会的事実としてあったということであるに反し、黙示の意思の連絡とは、そのような事実が過去にあったということではなく、過去のある事実をそのように構成したに過ぎない」と説く。

(12)　司法研修所編『民事訴訟における要件事実第一巻〔増補版〕』三七頁（法曹会、一九八六年）参照。また、甲斐哲彦「使用貸借」伊藤滋夫編『民事要件事実講座第三巻』三二七頁（青林書院、二〇〇五年）は、黙示の意思表示に関して、「事案の実態を直視すれば、意思表示そのものは存在しなくても、意思表示がされていて当然であるような事実関係が存在する場合に、裁判所が意思表示を擬制して法的関係を創設していると考えるべきであるとの指摘もされている」と説明する。

(13)　ただし、間接事実ではあっても、手続の帰趨を決するような重要性を有するものであるから、当事者に対する手続保障の視点からすると、主張内容が明らかにされないままに、証拠にもとづいて認定することは避けるべきである。秋山幹男ほか『コンメンタール民事訴訟法Ⅱ〔第二版〕』一六九頁（日本評論社、二〇〇六年）では、弁論主義が支配する民事訴訟について、「裁判実務においては、訴訟の勝敗を決するような重要な間接事実について、当事者からの主張がないままに認定・判断するというようなこと—中略—は、まず考えられないといえる」と指摘する。兼子一原著『条解民事訴訟法〔第二版〕』八八八頁（弘文堂、二〇一一年）、伊藤眞『民事訴訟法〔第四版〕』二九六頁（有斐閣、二〇一一年）も重要な間接事実について同様の考え方をとっている。

　最判昭和二九年五月二五日民集八巻五号九五〇頁が「公正取引委員会の審判手続は、刑事若しくは民事の訴訟手続ではないから、所論のように厳格な意味の『訴因』若しくは『本案』の問題を生ずることなく、その審判の範囲は審判開始決定記載事実の同一性を害せず且つ被審人に防禦の機会をとざさない限り右記載事実と多少異なつた事実に亘つたとしても適法と解すべきである。」と判示するように、審判手続においては、厳密な意味での弁論主義が妥当するわけではないが、少なくともその趣旨は尊重されるべきである。

(14)　もっとも、川井・前掲注(6)二一二頁では「事実上の推定法則」を本判決が打ち立てたという評価を与えている。しかし、事実上の推定あるいは法定証拠法則という概念はあるが、事実上の推定法則という概念は一般には用いられない。事実上の推定は、自由心証の領域に属するものであり、そこには規範性を有する「法則」はありえないからである。裁判所が判示したとしても、それは事実認定に関する例を示したものにすぎない。これに対して、法定証拠法則は、事実認定に関する規範であり、自由心証に対する制約を意味する。たとえば、民事訴訟法二二八条四項にもとづく私文書の成立の真正の推定は、署名または押印の事実が認められれば、裁判所は、文書の真正、すなわち作成名義人の意思にもとづいて作成されたことを認定しなければならないという規範命題を意味する。この点において自由心証主義（民事訴訟法二四七条）の例外になる。したがって、法定証拠法則は、その名称が示すように、法の規定が存在しなければならず、解釈上、法定証拠法則を創り出すことは許されない。

(15)　実体法が定めるある事実を規範的または評価的要件事実として、評価を基礎づけたり、それを妨げたりする事実を主要事実とする例は、民法六一二条に関していわれる、背信的行為と認めるに足りない特段の事情を代表例として、判例法理上広く存在するところである。我妻榮ほか『我妻・有泉コンメンタール民法〔第二版〕』一一二八頁（日本評論社、二〇〇八年）参照。ただし、大島眞一「規範的要件の要件事実」判タ一三八七号二四頁（二〇一三年）は、評価障害事実を主要事実とすることに対する疑問を呈示する。
　また、最判平成一〇年二月二六日民集五二巻一号二五五頁の「内縁の夫婦がその共有する不動産を居住又は共同事業のために共同で使用してきたときは、特段の事情のない限り、両者の間において、その一方が死亡した後は他方が右不動産を単独で使用する旨の合意が成立していたものと推認するのが相当である」との判示中の推認の意義に関して、伊藤滋夫『要件事実の基礎』一三五頁（有斐閣、二〇〇〇年）は、「こうした判示は、『推認』という用語の使用にもかかわらず、当事者が実際にしていた合意の成立を事実認定の問題として推認していると見るよりは、そう考えないと結果が不合理であるから、一種の法的価値判断の問題として、当事者としてはそう考えていたに違いないと判断していると見る方が、ことの実質には合致しているであろう」と説く。

六　特段の事情の内容

上記五2⑴において述べたように、東芝ケミカル事件判決がいう推認を事実上の推定と理解すれば、特段の事情は、事実上の推定を破る間接事実として位置づけられ、同判決があげる内容の他に、自由心証による評価に耐えるものであれば、他の事実も特段の事情の内容となりうることは、当然といえる。

これに対して、⑶において述べた、情報交換および同一行動を評価根拠事実とし、特段の事情を評価障害事実とする考え方による場合に、特段の事情に該当する事実をどのように捉えるかは、特段の事情の意義の理解に関わる。同じく規範的または評価的要件事実として理解されている黙示の意思表示の場合には、評価根拠事実である具体的行動を総合した結果に経験則を適用して、意思表示がなされたものと評価するのに比較して、この場合には、評価根拠事実たる情報交換と同一行動との間に後者が前者を基礎とするという意味での牽連関係があり、その両者を結合して規範的要件事実である黙示による意思の連絡を肯定するという特徴がある。すなわち、情報交換によって相手方の意思を認識し、それを認容、すなわち自己の意思決定の基礎として取り入れた上で、同一の行動を取ったと認められることが、ここでの評価の内容である。したがって、そのような評価の成立を妨げる評価障害事実としての特段の事情とは、意思決定の基礎としての情報交換と意思決定の結果としての同一行動との間の関連を切断するという意味において、意思の連絡の成立という評価を妨げる意義を有することが必要であり、かつ、それで足りると考えるべきである。

東芝ケミカル事件判決においては、特段の事情について、「右行動が他の事業者の行動と無関係に、取引市場における対価の競争に耐え得るとの独自の判断によって行われたこと」と判示するが、特段の事情の意義に関する上記のような理解を前提とすれば、その趣旨は、他の事業者との情報交換とは別の事実や事情を基礎として当該事業者による価格決定の判断が行われたことを評価障害事実としての特段の事情とするものと理解すべきである。判決理由中で、「取引市場における対価の競争に耐え得る」との判断内容があげられているのは、それが、事業者の価格決定に関する判断としてもっとも典型的、かつ、合理的なものであるからに他ならない。しかし、当該事業者としては、取引の相手方と自らとの力関係や将来にわたる取引機会の確保などを考慮して、当該取引自体に着目すれば必ずしも合理的とはいえない価格を設定するという判断をすることもありうるし、そのような判断は、同判決があげる例と同様に、評価根拠事実たる情報交換と同一の行動にもとづく黙示の意思による連絡の成立という評価を妨げるという意味で、評価障害事実としての特段の事情として扱って差し支えなく、それが東芝ケミカル事件判決の趣旨に合致するというべきである。

七　実質的証拠法則との関係

独禁法八〇条一項は、審決取消訴訟については、公取委が認定した事実は、これを立証する実質的な証拠があるときには、裁判所を拘束すると規定し、同条二項は、そこでいう実質的な証拠の有無は、裁判所がこれを判断するものとすると規定する。これは、実質的証拠法則と呼ばれるが、その趣旨については、「法八〇条は、審決取消訴訟につきいわゆる実質的証拠の原則を採用し、審決の認定した事実は、これを立証する実質的証拠があるときは裁判所を拘束する旨を定めている。したがつて、裁判所は、審決の認定事実については、独自の立場で新たに認定をやり直すのではなく、審判で取り調べられた証拠から当該事実を認定することが合理的であるかどうかの点のみを審査する」（最判昭和五〇年七月一〇日民集二九巻六号八八八頁）との考え方が確立されている。(16)

さらに立ち入ってみると、公取委の判断過程は、①証拠の採用とその評価、②証拠にもとづく間接事実の認定、③間接事実に経験則を適用した推論過程、④推論された要件事実にもとづく法的基準の適用という四つの段階に分けられ、①ないし③について実質的証拠法則が適用されるという。(17)東芝ケミカル事件判決において説かれている情報交換と同一行動にもとづく黙示による意思の連絡について、五２⑴に説明した現在の一般的考え方に従って、事実上の推定とし、また特段の事情をその推定を妨げる間接事実と理解するのであれば、これは、実質的証拠法則が適用される上記③の推論過程に属することとなり、たとえば、事実上の推定を破るための事実として東芝ケミカル事件判決があげている事実以外の事実の主張立証を認めない旨の判断を審判官がしたとしても、それが黙示による意思の連絡を認定するための推論過程に属するものであるとすれば、実質的証拠法則の適用によって、それを不合理とする証拠が存在しないかぎり、裁判所を拘束することとなろう。

これに対して、五２⑶に述べたように、黙示による意思の連絡を評価的要件事実とする考え方を前提とし、特段の事情を評価障害事実として位置づける立場をとるとすれば、何をもって評価障害事実として取り扱うべきかは、むしろ法律要件事実の具体化の問題と考えられるので、受訴裁判所としては、審判官の判断とは独立にその点を判断すべきこととなろう。

(16)　学説については、根岸編・前掲注（1）七七七頁〔宇賀〕、白石・前掲注（9）五四三頁参照。

(17) 諏訪園貞明ほか「我が国の審決取消訴訟における実質的証拠法則について」公取六一八号三七頁(二〇〇二年)参照。ただし、同論文においては、証拠により「基礎的事実」を認定する旨の表現が用いられているが、筆者の理解によって、これを間接事実と置き換えている。

八 おわりに

筆者は、独禁法、また不当な取引制限の認定のあり方について研究を積み重ねてきたわけではない。しかし、公取委の審判手続が訴訟手続に準じるものとして構想され、また運用されていることを考えると、共同性の認定にかかる東芝ケミカル事件判決の意義について、訴訟法理論一般の視点から、なお検討すべき余地が残されているのではないかと感じたことが、小論執筆の動機である。

畏友、石川正君は、わが国を代表する法律事務所の一つである大江橋法律事務所の創設者の一人として、実務界において巨大な足跡を刻み、また独禁法を中心とする研究および教育についても多大な貢献を果たしていることで知られている。小論を御笑覧の上、御祝いの気持ちのみをお受け取り頂ければ幸いである。

国際裁判管轄二題

高橋宏志

一　はじめに
二　登記・登録の国際裁判管轄
三　事業主が労働者を相手とする国際裁判管轄
四　結　　語

一　はじめに

平成二三年（二〇一一年）に民事訴訟法が改正され、国際裁判管轄に関する明文規定が置かれることとなった。それ以前は、マレーシア航空事件の最判昭和五六年一〇月一六日民集三五巻七号一二二四頁が、日本法には「国際裁判管轄を直接規定する法規もなく、また、よるべき条約も一般に承認された明確な国際法上の原則もいまだ確立していない現状の下においては、当事者間の公平、裁判の適正・迅速を期するという理念により条理にしたがって決定するのが相当であり」「民訴法の規定する裁判籍のいずれかがわが国内にあるときは、これらに関する訴訟事件につき、被告をわが国の裁判権に服させるのが右条理に適うものというべきである」と説く通り、判例法によって規律されていたのであるから画期的立法だということができる。(1)

すでに立法はなったのであるが、しかしながら、この立法の制定過程では個々の規定につき異論も存在した。特に法制審議会国際裁判管轄法制部会の幹事であった古田啓昌弁護士は、登記・登録に関する訴訟の国際裁判管轄、事業主が労働者を訴える訴訟の国際裁判管轄につき、部会の審議でも反対論を述べ、その後の論文、著書でも、部会が決定した規定に「改正民訴法の今後に資する」ために異論を唱えている。(2) 本小稿は、古田弁護士の優れた立法批判に啓発され、今回の国際裁判管轄に関する立法を、私なりに振り返り考え直してみようとするものである。(3)

（1）　しかし、わが国に国際裁判管轄に関する規定が存在しないとしてよいかには疑問も呈されていた。民訴法大正一五年改正での議論では、ドイツと同様に、国内裁判管轄の規定が同時に国際裁判管轄の規定でもあるという二重機能説で立法が考えられていた可能性があるからである。竹下守夫「判批」金判六三七号四九頁（一九八二年）、小林秀之「判批」法セミ三二四号二三頁

（一九八二年）、石黒一憲『現代国際私法(上)』二六一頁（東京大学出版会、一九八六年）ほか参照。しかし、マレーシア航空事件の判例もそうであり、池原季雄＝平塚真「渉外訴訟における裁判管轄」鈴木忠一＝三ヶ月章監修『実務民事訴訟講座第六巻』三頁（日本評論社、一九七一年）のように通説も国際裁判管轄の規定は存在しないと解していた。

なお、判例のいう条理の内容たる当事者間の公平、裁判の適正・迅速については、高橋宏志「国際裁判管轄」澤木敬郎＝青山善充編『国際民事訴訟法の理論』三一頁以下、特に三三頁（有斐閣、一九八七年）に分析がある。

(2) 古田啓昌「国際裁判管轄法制について」現代民事判例研究会編『民事判例Ⅱ――二〇一〇年後期』一一五頁（日本評論社、二〇一一年）、同『国際民事訴訟法入門』四六頁、五六頁（日本評論社、二〇一二年）。

(3) 私（高橋）は、国際裁判管轄法制部会の部会長であったが、本小稿は、むろん、部会長であった立場からではなく、一研究者の立場で考えるものである。無意識のうちに自己弁護とならないよう自戒したつもりである。

二　登記・登録の国際裁判管轄

法制審議会国際裁判管轄法制部会の部会資料9（平成二〇年一二月一九日第三回会議）七頁によれば、審議の当初より「登記又は登録に関する訴えは、その登記又は登録をすべき地が日本国内にあるときは、日本の裁判所の管轄に専属するものとする」と専属管轄で構想されていた。部会資料9の説明文では、法令に基づいて行われる権利の公示は公益性が高く、また、国際裁判管轄の場合には、登記・登録をすべき地以外の国において判決を得たとしても、相手方の任意の協力を得ない限り、その登記・登録をすべき地における承認等の手続が必要となるなど、迂遠な手続を要する。そこで、登記・登録をすべき地が日本国内にあるときには、日本の裁判所の専属管轄とすることとしたものである、とされていた。また、ブリュッセル条約、ルガノ条約も同旨だと紹介されていた。なお、この部会資料9の説明では、知的財産権の登録に関する訴えについては別途規律を検討する予定である、とされていたがその後、部会資料20（平成二一年九月四日第一一回会議）五頁では特段の議論もなく、知的財産権の登録に関する訴えも登記または登録に関する訴えに含まれ、したがって、専属管轄だとされた。本小稿では知的財産権の登録についても特に取り上げて論ずることをしない(4)。

しかし、この第三回会議で、古田啓昌幹事が日本に管轄があるとする点はよいが、専属管轄とすることに疑問を呈したのである。疑問の第一は、外国の裁判所で判決を得たとしても、相手方の任意の協力がなければ登記・登録ができないというが、登記の意思表示を命ずる外国判決について日本で執行判決を得れば債務名義となり、それを添付して日本の登記所に対して登記申請をすることは可能ではないか、というものである。第二は、外国で判決を得たとしても日本で承認が必要となるので迂遠だという点は、金銭請求の訴えでも同様なのであるから理由とならない、とする。その結果、例えば、ロスアンゼルスに住んでいるアメリカ人同士が日本の土地の売買契約をし、その売買契約の履行として移転登記を求める場合に、ロスアンゼルスの裁判所で本案訴訟を行うことには相応の合理性がある、とする。

この意見に対して山本和彦幹事（一橋大学）が、古田幹事は間接管轄を念頭に置いて議論しているがこの規定が対象とする直接管轄としては、外国の登記・登録がどういう制度になっており、どういう訴訟が必要かは多様であろうから、日本の裁判所に登記・登録に関する訴えが提起された場合、他国の登記・登録制度に基づく請求を審理するのは大変であろう、やはり公簿については外国が責任を持って審理して欲しいというのはそれほどおかしな話しではない、と反論し、それに古田幹事が、審理が困難な場合は特段の事情で対応すればよい、と再反論を行なっている。続けて、間接管轄の議論となるが、古田幹事は、外国の裁判所であるから、日本の登記システムの理解が不十分で、ときには日本の登記所では受け付けられないような判決をするかもしれない、そういう危険はあるだろう。ただし、それは日本の裁判所でも起こり得ることである。日本の裁判所で移転登記請求を命ずる勝訴判決をもらっても、その判決が登記所では受け付けられず、登記が実行できない場合は現にある。それへの対応は、原告があらかじめ日本の登記所に相談して適切な請求を外国の裁判所で行なうことで足り、それをしない原告がいることを慮ってあらかじめ専属管轄にしておく必要はない、とするのである。(5)

第七回会議（平成二一年四月二四日）においても、同様の議論が展開された。古田幹事が、日本の不動産について外国人同士が締結した売買契約に関して紛争が生じ外国の裁判所に訴訟が提起される場合、売主が売買代金の請求をし、買主は土地の引渡しと移転登記手続請求をしたとすると、売買代金についての判決と引渡し請求の判決は、承認要件を満たせば日本でも承認されるけれども、移転登記手続請求についての判決は間接管轄がないので日本では承認されないということになるが、こういう帰結はバランスが悪く、結論として座りが悪いと論じ、移転登記手続請求は私人間で意思表示を求める給付の訴えであり、専属にするほどの理由はない、とする。これに対して、山本和彦幹事が、意思表示を求める給付の訴えであるかどうかは当該国の登記システムによる、登記制度は行政的な面があり専門技術的側面もある、登記の部分は外国で訴訟をして下さいというのもそれなりに合理性がある、と反論した。そして手塚裕之委員（弁護士）が、弁護士会内部で議論をしても古田説は少数説であり、登記・登録ならばその国の専属で実務上不便があるとも思えないし、登記・登録国に行くのはしようがないという感覚が弁護士に多い、と発言し、部会の議論はほぼ決着した。(6)

その後、第一〇回会議（平成二一年七月一〇日）で、古田弁護士は、日本の裁判所が外国で登記・登録をすべき権利について本案判決をした例がある（東京地判平成五年一〇月二二日、東京地判平成一六年三月四日）、また、わが国の特許庁も外国の判決に基づいて登録を行い得ると説明していたと指摘した。(7)

第一二回会議（平成二一年一〇月二日）での部会資料22一七頁での説明文は、以下の通りであり、これで最終的に確定したと見てよいであろう。

「意見照会の結果、登記等に関する訴えについて、登記等をすべき地が日本国内にあるときに日本の裁判所に国際裁判管轄を認めることについては異論がなかったが、これを法定専属管轄に相当する規律とすべきかどうかについては、意見が分かれた。

本文に反対する意見は、（ⅰ）外国に所在する不動産の登記等について、日本人間で紛争が生じた場合、日本の裁判所に訴えを提起することができないのは不都合であること、（ⅱ）登記等に関する訴えと不動産に関する訴え（所有権に基づく不動産の引渡請求等）とを併合して審理することができない場合が生じること、（ⅲ）登記等に関する訴えは、私法上の義務を争うものにすぎず、専属管轄とするほどの公益性は認め難いことなどを理由とする。

これに対し、本文に賛成する意見は、（ⅰ）公示制度は公益性が高いこと、（ⅱ）公示を行う国の裁判所が迅速かつ適正に判断し得ること、（ⅲ）登記等をすべき国以外に国際裁判管轄を認めても、判決に基づき登記等をするには、その国の手続が必要となることから迂遠であることなどを理由とする。

このように本文に対しては、賛否が分かれたが、後記参考のとおり、不動産、知的財産権を問わず、これまで、外国において登記等に関する訴えを提起し、その判決に基づいて日本の登記・登録機関に登記申請がされた例は見当たらず、外国におけるこのような訴えを認める実務上の必要性は必ずしも高いとはいえないと考えられる。また、不動産の引渡請求と登記請求とを併合して審理する必要がある場合には、むしろ、不動産所在地かつ登記をすべき地のある国の裁判所で併合して審理することが望ましいとも考えられる。そこで、これまでの部会における審議等も踏まえ、本文を維持しているが、それでよいか。

（参　考）

1　外国の知的財産権の登録に係る訴えに関連する裁判例としては、（ⅰ）東京地判平成五・一〇・二二知的財産権関係民事・行政裁判例集二六巻二号七二九頁、その控訴審である東京高判平成六・七・二〇同号七一七頁及びその上告審である最判平成七・一・二四公刊物未登載、（ⅱ）東京地判平成一五・九・二六最高裁ＨＰ、（ⅲ）東京地判平成一六・三・四最高裁ＨＰ及びその控訴審である東京高判平成一六・八・九最高裁ＨＰがある。

このうち（ⅰ）は、原告が、被告との合意に基づき、米国において登録されている特許権の譲渡登録手続を請求した事案であるが、いずれも、国際裁判管轄は争点となっておらず、国際裁判管轄に言及することなく本案判決をしている（結論は請求棄却）。また、（ⅲ）は、ヨルダンにおいて登録されている商標権の移転登録の抹消登録手続を請求した事案であるが、第一審及び控訴審ともに、国際裁判管轄は争点となっておらず、国際裁判管轄に言及することなく本案判決をしている（結論は請求棄却）。

これに対し、（ⅱ）は、米国特許権の登録に係る訴えは、専ら同国における特許権の帰属の問題であって、日本の裁判所の国際裁判管轄を認める余地はないと判示している。

2　外国判決について執行判決を得て登記又は登録がされた例の有無を調査したところ、不動産登記、商業登記のいずれも、外国判決について執行判決を得て登記申請がされた例はなく、特許権及び著作権の登録申請についても同様とのことであった。」

先例がなく、したがって、実務上の必要性も高くないことが決定的だったのであろう。

後に古田弁護士は論文・著書の中で、世界各国で事業を展開している企業間のM＆A取引において、世界各国に所在する不動産や知的財産権を一括して譲渡した場合に、その譲渡契約をめぐる紛争を一カ所の裁判所に集中して処理することが困難となる、今回の立法はグローバルな企業取引に少なからぬ影響を及ぼす可能性がある、と論ずるのである(8)。

さて、私見では、理論的には古田弁護士の説くところは一理あると考える。確かに、公示制度の公益性というのは時にマジックワードとなり得、また、実務上もグローバルな企業取引に影響が出る可能性はあろう。しかし、立法としては今回の立法あたりでよかったのではなかろうか。山本和彦教授が論ずるように、今回の立法は日本の裁判所の直接管轄であるので、まずそこで考えると、外国によっては登記・登録が日本の裁判手続にはなじまない、少なくとも審理が相当に困難な場合があろうことは想像できることである。そういう場合は特段の事情で排除すれば足りるという古田説は理論的には成り立つが、事前に特段の事情の過度な利用に頼る立法は、立法としては健全ではない。次に間接管轄で考えると、登記手続を命ずる判決が登記所で受け付けられないことは日本の裁判所の判決でもあり得ることは古田弁護士が説く通りであるが（それもあって、民保法六〇条は登記に関する処分禁止仮処分命令の更正を定めている）、外国の裁判所の判決であれば格段に増加する懸念はあろう。また、古田説でも外国の裁判所の判決に対して日本での執行判決が必要となるのであるから、執行判決と本案判決の違いがあるとはいえ、初めから本案も日本の裁判所で行なえと当事者に要求するのもそれほど理不尽なことではない、ということになろう（執行判決の審理の方が本案判決の審理より困難なことはあり得ないではない(9)）。この立法でしばらく処理をしてみて、古田説の説くような不便、不都合が顕著であることが判明した段階で立法をし直すという対応を今次立法が否定しているわけではなかろう。理論的には古田説も明快であり一理があるが、立法としては今次立法でよいと考える。

立法とは、そういうものではなかろうか。

（4）この問題については、高部眞規子「『日本法の透明化』立法提案に対するコメント」河野俊行編『知的財産権と渉外民事訴訟』三九八頁以下、特に五〇三頁（弘文堂、二〇一〇年）参照。

（5）第三回会議議事録二〇頁以下。ただし、カギ括弧を使っている場合を除き、引用は逐語的でなく、適宜、引用者高橋が変更を加えてある。アラビア数字を漢数字に直した場合もある。

（6）第七回会議議事録一二頁以下。

（7）第一〇回会議議事録七頁。判例は、次の部会資料22で紹介されている。特許庁の資料は特許庁出願支援課登録室編『産業財産権登録の実務』（経済産業調査会、二〇一〇年）であり、そこには、民訴法一一八条の要件を具備している〔外国の〕確定命令（判決）であれば、登録の原因を証明する書面とすることができる、なお、民執法二四条の執行判決を添付しなければならない、とあると古田幹事は指摘する。

（8）古田・前掲注（2）『民事判例Ⅱ——二〇一〇年後期』一二一頁、古田・前掲注（2）『国際民事訴訟法入門』四八頁。

（9）しかし、実際上の便宜を考えると、多くの知的財産権を一括して譲渡した場合、それで紛争となったときに例えば譲渡がなされた国で訴訟をすると翻訳は無用か、あるいは一括して一カ国語ですることができる。それを各登録国で本案訴訟をするとなると、裁判資料の翻訳が数カ国語になりかねず、実際上は便宜ではなく費用も高額となる。執行判決であれば、本案の再審理はしないので、確定判決の翻訳でほぼ足り、翻訳の負担は激減する。そうではあるのだが、しかし、翻訳等の負担から国際裁判管轄の専属性を決めるというのは、理論的には肯定しにくいであろう。

三　事業主が労働者を相手とする国際裁判管轄

労働者関係の国際裁判管轄は、労働者が事業主を訴える場合と事業主が労働者を訴える場合とに分かれる。前者は、最終的には、労務提供地（その地が定まっていない場合にあっては、労働者を雇い入れた事業所の所在地）が日本国内にあるときに、日本の裁判所に国際裁判管轄があると規定された（民訴法三条の四第二項）。古田弁護士が問題とするのは、後者である。

第四回会議（平成二一年一月二三日）の部会資料11一一頁が、当初の案である。次のようにされていた。

「②　個別労働関係民事紛争に係る事業主から労働者に対する訴えは、労働者の住所が日本国内にない場合においては、次に掲げる場合に限り、日本の裁判所の管轄に属するものとする。

ア　労働者が第一審裁判所において日本の裁判所の管轄に属しないとの抗弁を提出しないで本案について弁論をし、又は弁論準備手続において申述をしたとき。

イ　労働者と事業主との間の個別労働関係民事紛争について日本の裁判所管轄裁判所と定める合意が効力を有するとき。

③　労働者と事業主との間の将来において生ずる個別労働関係民事紛争を対象とする管轄合意は、無効とするものとする。ただし、労働者が当該管轄合意に基づき訴えを提起した場合は、この限りでないものとする。」

資料説明文では、本文②は、労働者保護の観点から、個別労働関係民事紛争のうち、事業主から労働者に対する訴えについて、日本国内に労働者の住所がないときは、原則として、日本の裁判所の管轄を認めないこととし、(ア)労働者が応訴した場合および（イ）労働者と事業主との間の管轄合意が効力を有する場合（主として、労働契約に関する紛争が生じた後に締結された合意を念頭に置いている）の例外的な場合に限り、日本の裁判所を管轄裁判所とすることができるとすることを提案するものである。本文③は、労働者と事業主との間の管轄合意について、個別労働関係民事紛争が生ずる前に締結された管轄の合意については、原則として無効とするとともに、労働者が当該管轄合意に基づく訴えを提起する場合には、当該管轄合意を有効なものとして援用する意思があることが明らかであり、その合意の効力を認めるのが相当であるから、例外的に合意の効力を認めることとすることを提案するものである。なお、合意の方式等については、合意管轄についての一般的な規律が適用されることを前提としている。このように説明されていた。

要するに将来の紛争に関する管轄合意は無効とするという案であるが、第四回会議では、手塚裕之委員（弁護士）が批判の口火を切った。労働者といってもいろいろな類型がある。技術関係で会社の核心の技術を持ち高給を得ている労働者もいる。実例でも、日本で技術本部長をしていたような労働者を外国企業が引き抜くことがある。会社を辞めるときに、秘密保持義務とか競業避止義務とかを契約で定めたとしても、労働者が日本に住所を持たないようになると日本の裁判所に訴えを提起できないことになる。外国企業がお抱えで渡航費用やら何から何まで全部出して引き抜いた不正競争が絡むような事案では、退職時の契約や覚書きもすべて無意味になってしまい詐欺のようなことになる。仲裁合意もできないので（仲裁法附則四条）、事業主としては手の打ちようがない、と問題を提起し、古田幹事もこれに同調し労務提供地も管轄原因とすべきだ、管轄合意を一律に無効だとするのは過激な立法ではないか、と論じたのである。(10)

第八回会議（平成二一年五月二二日）の部会資料16四頁も同様な提案であった。

「② 個別労働関係民事紛争に係る事業主から労働者に対する訴えは、労働者の住所が日本国内にない場合においては、次に掲げる場合に限り、日本の裁判所の管轄に属するものとする。

ア 当該訴えが日本の裁判所の管轄に専属するとき。

イ 労働者が第一審裁判所において日本の裁判所の管轄に属しないとの抗弁を提出しないで本案について弁論をし、又は弁論準備手続において申述をしたとき。

ウ 労働者と事業主との間の個別労働関係民事紛争について日本の裁判所管轄裁判所と定める合意が効力を有す

るとき。

③　労働者と事業主との間の将来において生ずる個別労働関係民事紛争を対象とする管轄合意は、無効とするものとする。ただし、労働者が当該管轄合意に基づき訴えを提起したとき、又は訴えが提起された場合において当該管轄合意に基づき日本の裁判所の管轄に属しないとの抗弁を提出したときは、この限りでないものとする。」

資料説明文では、本文②は、内容において部会資料11から変更はない。なお、労働契約終了後に労働者が他国に住居を移すこともあり得ることから、第四回部会においては、労働者の住所だけでなく、労務提供地も管轄原因に加えるべきとの意見があったが、この点は、消費者契約関係の訴えに関する議論を踏まえ、なお検討すべきこととし、本文には反映していない。本文③について、部会資料11と変更はない。なお、本文③は、将来において生ずる「個別労働関係民事紛争」についての管轄合意に限っているところ、第四回部会において、仲裁法と同様の「個別労働関係紛争」についての管轄合意を対象とすべきではないかとの指摘があった、とされている。

第八回会議での議論は活発であったが、概要は次の通りである。古田幹事は、労働契約の中で管轄合意をすれば有効だという前提で実務は動いているので、無効だとするとかなり大きな政策変更となる、と指摘した。手塚委員は、引き抜きにあった技術者が会社の情報その他を持ち出して外国の競争会社に移ってしまった、家族もまだ日本にいる、家も土地も持っているけれども住所（勤務地）はもう外国だという例は結構ある、と指摘した。これに対して長谷川裕子委員（連合）は、日本人が外国で労務を提供していた場合に置き換えると、手塚委員・古田幹事の提案は労働者の負担を非常に増す、と反論した。想定している労働者の範囲が広いことは共通に認識されていき、それを受けて山本克己委員（京都大学）は、手塚委員・古田幹事は基本的には広く網をかぶせて（管轄合意を有効として）ひどい場合には網から外すということだが、それでは大半が網から逃げていくのではないか、契約であるので、むしろ原則は無効だとしておいて、極端な場合には無効だという主張が信義則上許されないという法理があり得る、事業主に信義則違反の特段の事情を主張立証させるほうがよい、と論じている[11]。

第一〇回会議（平成二一年七月一〇日）でも、似たような議論がなされている[12]。

第一一回会議（平成二一年九月四日）の部会資料20七頁でも、原案はほぼ同様であり、資料説明文で、労働審判法二条は国内土地管轄について規定しているところ、労働関係の訴えに関する国際裁判管轄の規律は、同法二二条一項により訴えの提起があったものとみなされる場合に適用されるものとする〔すなわち、労働審判が日本でなされたとしても、訴えについては改めて国際裁判管轄が日本にあるかを審査する〕、とされた。

第一二回会議（平成二一年一〇月二日）の部会資料22三頁も、ほぼ同様の原案である。

「② 個別労働関係民事紛争に係る事業主から労働者に対する訴えは、第1①又は②の規律〔被告の住所に基づく国際裁判管轄〕による場合を除き、日本の裁判所に提起することができないものとする。ただし、次に掲げる場合には、日本の裁判所は、当該訴えについて管轄権を有するものとする。

ア 労働者が第一審裁判所において日本の裁判所が管轄権を有しないとの抗弁を提出しないで本案について弁論をし、又は弁論準備手続において申述をしたとき。

イ ③の規律により個別労働関係民事紛争について日本の裁判所を訴えを提起することができる裁判所として定める合意が効力を有するとき。

③ 労働者と事業主との間の個別労働関係民事紛争を対象とする管轄権に関する合意は、次に掲げるときに限り、その効力を有するものとする。

ア 当該紛争が生じた後にされたものであるとき。

イ　労働者が管轄権に関する合意に基づき日本若しくは外国の裁判所に訴えを提起したとき、又は事業主が日本若しくは外国の裁判所に訴えを提起した場合において、労働者が管轄権に関する合意に基づきその裁判所が管轄権を有しないとの抗弁を提出したとき。」

資料説明文は、本文③については、賛成の意見が多数であったが、これに反対する意見も寄せられた。本文③に賛成する意見は、労働契約は潜在的に当事者間の力関係の均衡を欠いているので、合意管轄を制限するのが相当であることなどを理由とする。他方、反対する意見は、日本人従業員が外国企業に引き抜かれ、競業禁止期間中に国外の競合企業に勤務するような場合に日本で訴えを提起できないとするのは行き過ぎであること、事業主の予測可能性を害することなどを理由とする、というものであった。

この第一二回会議では、横山潤委員（一橋大学）から、もともとドイツに住んでいた人が他の国に移った場合に、ドイツを管轄合意しているとドイツの管轄が認められるという規定がドイツ民訴法にあり、これはトルコから来た外国人労働者がドイツで働いた後にトルコに帰ったときに、トルコまで行って訴えを提起しないといけないかといとそうでないという規定である、最初は純国内的な事案だったものが、被告の海外移動で渉外性を持ってきてしまった場合に、元の国の管轄権をあらかじめ確保しておく手段である、という紹介があった。[13] 山本弘委員（神戸大学）は、手塚委員・古田幹事が念頭に置いているのは引き抜きとか競業避止義務とかの事案であり、通常の労務の提供をめぐる労使間の紛争とは相当違うものであろう、労働契約終了後の競業避止義務違反をめぐる紛争については不法行為地の特別裁判籍に倣って結果発生地（事業主の営業の本拠地）ないし最後の労働契約上の労務提供地に特別裁判籍を定めるのがよいのではないか、という提言をし山本克己委員も賛同した。[14] 長谷川委員は、若手の研究者がアメリカで研究をして日本に帰ってきてからアメリカで訴訟を起こされるという実例がある、負けた場合の裁判費用も高く損害賠償額も高額で大変だと聞く、日本の企業から引き抜かれた場合だけでなく、外国で働いていた日本人が外国で訴えられるということも考えなければならない、と指摘した[15]。

議論は「行ったり来たりしている」と表現され[16]、堂々巡りの感を呈していたが、第一三回会議（平成二一年一〇月三〇日）部会資料23の三頁で本文は従前と同様であったものの、説明文で新しい案が提示された。以下のように詳細であった。

「3　本文③について

(1)　従前の議論の状況

本文③について、意見照会の結果及び前回の部会においても、管轄権に関する合意が効力を有する場合として、本文③ア及びイ〔紛争発生後の合意〕のほかに認めるか否かについては、意見が分かれた。

部会及び意見照会においては、日本の企業と労働契約を締結している労働者が、労働契約上競業禁止義務が課せられているにもかかわらず、労働契約終了後、外国に住居を移転し、競業禁止規定に違反して外国の企業と労働契約を締結したような場合には、本文③による管轄権に関する合意を有効とし、日本の裁判所に訴えを提起することができるようにすべきであるとの意見が出た。

前回の部会では、本文③の考え方を支持する意見が多数であったが、本文③の趣旨を尊重しつつ、上記のような場合に、日本の裁判所に訴えを提起することができるようにするのであれば、(i)合意の有効性が認められる範囲を一部拡大する、(ii)本規律の対象となる紛争を限定するとの方法も考えられるとの示唆がされた。

(2)　新たな考え方の検討

上記のとおり、本文③の考え方を支持する意見が多数であることを踏まえつつも、上記示唆に基づき、考えられる代替案を検討した結果は、次のとおりである。

ア　管轄権に関する合意が有効となる場合を一部拡大する案

事業主から労働者に対する訴えには、訴え提起の時点で労働契約が継続している場合と終了している場合があり得るが、管轄権に関する合意を拡大すべきとする上記事案にも示唆されているとおり、主として問題となるのは、労働者が労働契約終了後に住所を移転する場合であるように思われる（労働契約継続中は、労働者の住所と労務提供地が一致することが通常であることから、労働者の住所地で訴えを提起することとしても、事業主に不利益にならないと考えられる。）。

そこで、別案1として、（i）労働契約終了後に訴えを提起する場合に限定した上で、（ii）契約終了時の労働者の住所地のある国（通常は、最後の労務提供地のある国と一致すると思われる。）の裁判所に訴えを提起することができる旨の合意をした場合で、（iii）その合意が付加的な合意である場合、には管轄権に関する合意の効力を認めることも考えられる。

このような規律を設けた場合には、例えば、日本人の労働者が労働契約の終了後、外国の事業主に雇用されて、海外に住所を移転した場合（上記事案）や、外国人の労働者が労働契約の終了後に本国に帰国したような場合であっても、労働契約終了時の労働者の住所が日本国内にあれば、日本の裁判所に訴えを提起することができる旨の合意をすることができることになる。

この規律による合意は、付加的な管轄を認めるものであるので、労働者の住所地で訴えを提起する方が相当な場合には、具体的な事情を考慮して訴えを却下することを妨げるものではない。

また、管轄権に関する合意の時期については、労働契約時の合意も有効とするという考え方のほかに、労働契約終了時に競業禁止に関する合意をすることも少なくないとの実務も踏まえ、別案2としては、労働契約終了時の合意において管轄権に関する合意をする場合に限定してその効力を認めることも考えられる（なお、労働契約の終了時には紛争が発生していれば、このような合意は本文③アの規律に該当するが、契約終了時に紛争が未発生の場合には同アは適用にならないと考えられる。）。

以上の考え方に対しては、例えば、日本人の労働者が、調査研究等のため、外国の事業主に雇用され、数年外国において調査研究に従事した後、帰国したところ、労働契約上の秘密保持義務違反であるなどとして、巨額の損害賠償を求める訴えがその外国の裁判所に提起される例もあるとの指摘がある。通常この種の労働契約においてはその外国の裁判所を管轄裁判所とする管轄合意条項が定められているが、別案1のように労働契約終了時の労働者の住所地に国際裁判管轄を認める合意を有効とする規律を設けると、労働契約の終了時にその外国に住所を有している場合には、わが国の裁判所は、外国裁判所の確定判決を承認することとなると考えられるので、この点をどのように考えるかが問題となる。

イ　労働関係に関する訴えの管轄権の対象を限定する案

本規律の対象となる紛争について、労働審判法第一条に規定する個別労働関係民事紛争や、個別労働関係紛争の解決の促進に関する法律第一条に規定する個別労働関係紛争であれば、競業禁止義務違反に関する紛争も含まれると解される。

そこで、本規律の対象を限定し、競業禁止義務等を除くことも考えられるが、競業禁止義務違反等を個別・網羅的に除外し、又は抽象的な要件を設けて除外することは困難であり、労働契約上の義務のうち、特定の義務のみを除外する合理的な理由を見いだすこともまた困難であると考えられる。そうすると、労働契約に関する訴えの管轄権の対象を限定するとの方向での代替案は難しいように思われる。」

将来の紛争に関する管轄合意を一定範囲で有効とする案が出されたわけであるが、この第一三回会議で、古田幹事は、退職時に事業主と話合いをして合意退職する労働者については別案2で十分に対応できるが、会社の秘密情報を不正に取得して退職合意をせずに一方的に退職してしまう労働者に対しては対応できない（日本で訴訟ができない）、と指摘した。また、競業避止義務違反が、それを超えて不法行為を構成するような違法行為であれば、不法行為の国際裁判管轄が適用されるという考え方を示唆した[17]。山本克己委員からは、日本の優秀な人材が海外で活躍する前提として、管轄合意を有効としておかないと海外の研究機関で受け入れてもらえないということが起こり得る、管轄合意を認め外国の間接管轄を認めておかないと、日本の研究者が海外で研究活動に入ろうとしてもあたは秘密保持義務違反をしても自国に帰ってしまったら責任を追及できない人だから受け入れないとされることが懸念される、iPS細胞研究で有名な山中教授もアメリカで勉強して日本で成果を花開かせたのだが、アメリカで受け入れてもらえなかったならば研究は伸びなかった、別案1を採用してもらいたい、と研究者の観点から発言し、山本弘委員も同様であった[18]。

以上を受けて、第一四回会議（平成二二年一一月二〇日）の部会資料24要綱案（第一次案）七頁の説明文は、次の通りとなった。

「2　本文③について

(1)　前回の部会での議論の状況

前回の部会において、本文③の考え方を支持する意見が多かったことを踏まえつつ、考えられる代替案を提案したところ、労働関係に関する訴えの対象を限定する案については困難であることから、管轄権に関する合意が有効となる場合を一部拡大する方向で検討すべきであるとの意見が相当数出された。

(2) 検討

そこで、前回の部会での議論の結果を踏まえ、管轄権に関する合意が効力を有する場合を一部拡大するとした場合に、以下のような考え方については、どのように考えるか。

ア 別案1

別案1は、(i) 労働契約終了後に訴えを提起する場合であり、(ii) 最後の労務提供地がある国の裁判所を合意していた場合で、(iii) 付加的合意である場合には、管轄権に関する合意が効力を有するとの考え方であり、合意をする時期については限定しない(労働契約締結時、労働契約期間中、労働契約終了時、労働契約終了後のいずれであってもよい。)とするものである。

別案1の規律としては、例えば『労働契約の終了の時における労務の提供地がある国の裁判所に訴えを提起することができる旨の合意(その国の裁判所にのみ訴えを提起することができる旨の合意については、その国以外の国の裁判所に訴えを提起することを妨げない旨の合意とみなす。)であるとき。』とすることが考えられる。

この考え方によれば、例えば、日本の事業主に雇われていた労働者が、労働契約終了後、外国の事業主に雇われて海外に住所を移転した場合であっても、日本の裁判所に訴えを提起することができる旨の管轄権に関する合意をしており、労働契約終了時の労務の提供地が日本であったときには、その合意は効力を有することとなるため、その合意に基づき日本の裁判所に訴えを提起することができることとなる。

この考え方に対しては、労働契約締結時の事業主と労働者との力関係を考えると、労働契約締結の時点における管轄合意の効力を認めることにより本文②の規律の例外を設けることについては、できるだけ慎重であるべきであり、日本の事業主に雇われていた労働者が、労働契約終了後、競業避止義務に反して外国の事業主に雇われ海外に住所を移転した場合には、労働契約の終了時点の管轄権に関する合意により同契約の終了時の労務提供地国に管轄を認めるにとどめるべきであるとの意見もあり得る。

イ　別案2

別案2は、労働契約終了時に競業禁止等に関する合意をすることも少なくないとの実務を参考に、合意ができる時期を労働契約の終了時に限定したものである。具体的な規律の内容は、（ⅰ）労働契約終了時の合意であり、（ⅱ）最後の労務提供地がある国の裁判所を合意していた場合で、（ⅲ）付加的合意である場合には、管轄権に関する合意が効力を有するとするものである。

別案2の規律としては、例えば、『労働契約の終了時にされた合意であって、その時における労務の提供地がある国の裁判所に訴えを提起することができる旨の合意（その国の裁判所にのみ訴えを提起することができる旨の合意については、その国以外の国の裁判所に訴えを提起することを妨げない旨の合意とみなす。）であるとき。』とすることが考えられる。

この考え方によれば、例えば、日本の事業主に雇われていた労働者が、労働契約終了後、外国の事業主に雇われて海外に住所を移転した場合、事業主と労働者が契約終了時に日本の裁判所に訴えを提起することができる旨の管轄権に関する合意をすれば、日本の裁判所に訴えを提起することができることとなる。

この考え方に対しては、労働者が契約終了時に管轄権に関する合意に応じずに海外に住所を移転する場合も考えられ、その場合には日本の事業主は日本の裁判所に訴えを提起することができなくなるので、管轄権の合意が効力を有する範囲としては狭すぎるのではないかとの意見があり得る。」

第一四回会議では、まず長谷川委員が、間接管轄については主に研究者を念頭に置いて議論されてきたが、海外で働く日本人というのは研究者だけではなく、解体事業や製造業の技術者だとか、サービス業のホテル業などの日本人労働者だとかが今後増加するであろう、別案に反対する、と発言した。古田幹事は、会社を退職する際に会社の知的財産を不正に持ち出して海外に行ってしまうような場合、大企業であれば海外で訴えを提起することも可能であろうけれども、中小企業ではそういう資力のないことが多い、と発言した。その後、別案のどちらかを選ぶかという議論となったが、労働者の従属性、交渉力の格差からは労務提供地を基準にすることは労働者の保護にならないことがあるので、別案1は適当でなく別案2がよい（山本和彦幹事、松下淳一幹事（東京大学））、辞める側がある意味開き直っているというか、確信犯的というか、そういう人がいることを想定しなければならないので別案1がよいという意見（山本弘委員）の双方が出された。そこで実務の対応が訊ねられ、松木和道委員（三菱商事）は、経済界としては別案1の方がより望ましいとは考えるけれども、別案2でも十分受け入れられる、と発言した。古田幹事は、さらに、会社在職中に修得した会社のいろいろなノウハウが頭の中に入っているような場合には、不法行為地が日本にあるというのは困難である、別案1を採り、労働者に酷な場合には管轄合意自体の有効性を公序の観点から検証すればよい、となお別案1を支持したが、高橋部会長も、別案2の契約終了時という案を採ったとしても、契約終了時に競業避止義務なり守秘義務なりを確認したとすれば、その確認の中に合意があったのに準ずるというくらいの解釈論はできるかもしれないと発言し、手塚委員も、別案2で本当に駄目かというとそれなりに対処可能な面はある、どうしても別案1が大勢として難しい場合、別案2をとっても実務で対応していくことはありかなと問題提起者としては感じている、と発言し、長谷川委員も、退職をするときには様々な手続がある、退職金だけでなく、年金や社会保険など様々ある、したがって、退職時に管轄の合意はできると思う、どうしても管轄合意が必要だというならば別案2なのかなと思う、と発言し、これらの発言で別案2に決着した[19]。

以上を受けて、第一五回会議（平成二一年一二月一一日）の部会資料25要綱案（第2次案）六頁は、次のようになった。

「②　日本の裁判所は、個別労働関係民事紛争に関する事業主からの労働者に対する訴えについて、第1①又は②の規律による場合のほか、③の規律によって個別労働関係民事紛争を対象とする第4の1の合意がその効力を有する場合に限り、管轄権を有するものとする。

③　個別労働関係民事紛争を対象とする第4の1の合意は、次に掲げるときに限り、その効力を有するものとする。

ア　労働関係が終了の時にされた合意であって、その時における労務の提供地がある国の裁判所に訴えを提起することができる旨の合意（その国の裁判所にのみ訴えを提起することができる旨の合意については、ウ及びエに掲げるときを除き、その国以外の国の裁判所にも訴えを提起することを妨げない旨の合意とみなす。）であるとき。

イ　既に生じた個別労働関係民事紛争に関してされた合意であるとき。

ウ　労働者が当該管轄合意に基づき合意された国の裁判所に訴えを提起したとき。

エ　事業主が日本若しくは外国の裁判所に訴えを提起した場合において、労働者が当該合意を援用してその裁判所が管轄権を有しない旨の抗弁を提出したとき。」

第一五回会議で、古田幹事は二つの懸念を表明した。一つは、一方的な意思表示で退職する労働者については、事業主は管轄の手当ができないことである。もう一つは、間接管轄の問題であり、退職時に管轄合意をしていなければ外国判決は日本で承認・執行されない、そこで、外国を労務提供地とする労働者の募集があったときに、いろいろな国の労働者からの応募があろうけれども、日本から応募する者については、外国の労務提供地を管轄裁判所とする合意をしたとしても、日本では効力がないということで他の国からの応募者との比較で不利に扱われることである[20]、というのである。

部会資料26（平成二二年一月一五日）の要綱案（案）四頁、七頁は、次のようになった。

「② 日本の裁判所は、個別労働関係民事紛争に関する事業主からの労働者に対する訴えについて、第1①又は②の規律による場合のほか、個別労働関係民事紛争を対象とする第5の1の合意がその効力を有するときは、管轄権を有するものとする。」

「第5 1〔管轄の合意〕

⑥ 将来において生ずる個別労働関係民事紛争を対象とする上記①の合意〔管轄の合意〕は、次に掲げるときに限り、その効力を有するものとする。

ア 労働関係が終了の時にされた合意であって、その時における労務の提供地がある国の裁判所に訴えを提起することができる旨の合意（その国の裁判所にのみ訴えを提起することができる旨の合意については、イに掲げるときを除き、その国以外の国の裁判所にも訴えを提起することを妨げない旨の合意とみなす。）であるとき。

イ 労働者が当該管轄合意に基づき合意された国の裁判所に訴えを提起したとき、又は事業主が日本若しくは外国の裁判所に訴えを提起した場合において、労働者が当該合意を援用したとき。」

これが、最終的に民訴法三条の七第六項となったのである。

古田弁護士は、その後も、論文および著書で、退職時の管轄合意に限られたが、従前の判例準則では、雇用契約における国際的な専属管轄合意も、公序に反しない限り、原則として有効だと解されていたことからすると取り扱いが大きく変わることになる。労働者が退職後に日本国外で競業避止義務に違反して競業行為を行なった場合には、不法行為を認めることは困難であり、退職合意に応じた労働者と一方的に退職した労働者とで、取り扱いに大きな差が生ずることになる。労働契約締結時ないし労働契約存続中にされた管轄合意も一定の要件の下に（たとえば労務提供地がある国の裁判所に訴えを提起することができる旨の合意に限って）有効にすべきであったと思われる。また、間接管轄については、外国企業から見ると、退職後に日本に帰国する可能性のある者を雇い入れた場合、退職後は日本での提訴を余儀なくされる可能性を負う、このことは、外国企業が日本からの求職者を忌避する原因となりかねない、その意味で、海外で求職するわが国の労働者の利益を保護する観点からも、労働契約締結時ないし労働契約期間中にされた管轄合意も、一定の要件の下に有効とすべきであったと思われる、と批判を維持している。(21)

私見も、古田弁護士の提言は合理的だと考える。純粋国内事件であったものが被告労働者の住所変更により渉外事件に転化することに対しては、対抗する規定があってしかるべきである。一方的な意思表示で退職する最も悪質な労働者を野放しにすべきでもない。また、海外で求職するわが国の労働者がハンディキャップを負うのも得策ではない。しかし、最も悪質な労働者に関して言えば、その多くは当初から純粋国内事件ではなかったであろう。そうだとすると、事業主もそれなりの戦略の下に雇用するのであろう。企業実務に精通する松木委員や手塚委員が、就職時でなく退職時の管轄合意でもやむを得ないとするのは、その見通しがあるからだと思われる。家族が日本にいる、住居も日本にあるという純粋国内事件であれば、長谷川委員の指摘のように年金や社会保険の関係があり退職時の管轄合意は、ある程度可能であろう。海外で求職するわが国の労働者のハンディキャップの問題も、高給労働者もその業界でその後も生きていく以上、退職時の清算をせずに一方的に他国に移ることは考えがたく（たとえば研究者であればその学会でその後も生きていく以上、一方的に帰国すれば二度と留学国での学会出席ができなくなり研究者としての生命を失う）、したがって、求職時のハンディキャップも小さくなるのではなかろうか。もっとも、そもそもは、審議の中で山本弘教授が指摘したように、競業避止義務や秘密保持義務で特別裁判籍を規定する、または商法もしくは会社法の競業避止義務等の規定の中に国際裁判管轄の特則を置くのが賢明であったようにも思われる[22]。それが、労働契約の一部を取り除くことの法制技術上の問題、法制審議会の部会制度その他の関係で困難だとすれば、今回の立法は微温的ではあるが上記のように一定の前進ではあり、そういうものとして是とすべきではなかろうか。これも、登記・登録に関する訴えの国際裁判管轄と同様、この立法でしばらく処理をしてみて、古田説の説くような不便、不都合が顕著であることが判明した段階で立法をし直すということであろう。

(10) 第四回会議議事録二八頁以下。また、高橋宏志＝横山潤＝手塚裕之＝山本和彦座談会「国際裁判管轄に関する立法の意義」ジュリスト一三八六号四頁以下（二〇〇九年）、特に一七頁の手塚発言。
(11) 第八回会議議事録一八頁以下。
(12) 第一〇回会議議事録一六頁。
(13) 第一二回会議議事録一一頁。
(14) 第一二回会議議事録一四頁。しかし、高橋宏志部会長は、それは最後の手段であって、とりあえずは一般の管轄の中で議論して欲しいと引き取っている。特別裁判籍、さらには商法や労働法の中に国際裁判管轄の規定を入れるのは最後の手段だというのである。
(15) 第一二回会議議事録一六頁。
最後の長谷川委員の発言に関して私見を述べるならば、外国で多額の裁判費用と損害賠償認定額が生ずるのは、確かに実体的には気の毒であるが、これは、雇用機会でのハンディキャップとどちらを優先させるかの問題でもある。すなわち、そもそも外国で働くことができなくなるのでよいか、との衡量である。そうだとすると、外国で働くときは（日本で働くときも実は同様であるが）、成果物の権利の帰属、競業避止義務、秘密保持義務等の条件を十分に考慮すべきであるのは今後の知的労働では当然の事態ではなかろうか。今までの日本人労働者の認識が十分でなかったという面もあるのである。

(16) 第一二回会議議事録一八頁の青山善充委員（明治大学）の発言。
(17) 労働関係と不法行為が競合した場合、不法行為の国際裁判管轄も認められるかは、必ずしも定かではない。審議でも成立した民訴法でも、事業主が労働者を訴えることができるのは、合意管轄の他は、労働者の住所地だとしているからである。労働者保護の要請が強いというのであれば、不法行為であっても事業主が労働者を訴えるには住所地と管轄合意地だけだという解釈もあり得るであろう。他方、不法行為のような本案成立要件と国際裁判管轄原因が符合する場合には、国際裁判管轄原因としていわゆる客観的部分の成立が認められなければならないという最判平成一三年六月八日民集五五巻四号七二七頁の下では、客観的部分の成立が認められるのであれば不法行為管轄を肯定してもよいとなるかもしれない。古田・前掲注(2)『国際民事訴訟法入門』六二頁は、不法行為管轄を肯定する。
(18) 第一三回会議議事録四頁以下。私（高橋）も大学に所属する者であるので、両委員とは部会の外で事前に同旨の発言を交わした記憶がある。
(19) 第一四回会議議事録二頁以下。
(20) 第一五回会議議事録九頁。
(21) 古田・前掲注(2)『民事判例Ⅱ――二〇一〇年後期』一一八頁、古田・前掲注(2)『国際民事訴訟法入門』六〇頁。
(22) もっとも、佐藤達文＝小林康彦編著『一問一答　平成二三年民事訴訟法等改正』一〇一頁（商事法務、二〇一二年）は、事業主から労働者に対する訴えの典型例として競業避止義務違反に基づく損害賠償請求を挙げている。典型例だとすれば、これを特別裁判籍とすることや商法・会社法で規定することは、もともと無理であったであろう。

四　結　語

今回の国際裁判管轄立法に対する古田弁護士の批判には、理論的に共鳴できる部分が多い。登記・登録に関する訴え〔特に登録に関する訴え〕の国際裁判管轄は専属管轄とするまでもなかったのかもしれない。事業主が労働者を訴える場合の合意管轄は、一定の限定をするのが立法技術的に相当難しいものの、労働契約締結時ないし労働契約期間中にされた合意も適法とすべきであったのかもしれない。しかし、立法は、基本的には漸進的であるのをよしとすべきであろう。[23] 古田説は、時代に先んじており、その意味でやや急進的だったのではないか。かくして、今回の立法は間違っていたとは言えないし、むしろ穏当なところだったのではないか、これが本小稿の結論である。

（23） 古田・前掲注（2）『民事判例Ⅱ――二〇一〇年後期』一二一頁の末尾にも、高名な民訴法学者から「立法というものは、関係者それぞれが少しずつ不満を持つくらいが、ちょうど良い」と言われ感銘を受けたという記述がある。

要件事実と弁護士からの注文

竹内康二

一　要件事実の受益者は誰か
二　要件事実は、やはり事実ではない
三　緻密となった要件事実の効果の希薄化現象
四　ゴミ証拠の集積と要件事実前の掻き分け作業
五　要件事実の認定と陳述書
六　要件事実論の基礎に係わる若干の検討

一　要件事実の受益者は誰か

1　要件事実が有益ではないというつもりはない。そもそも、要件事実をよく分かっていないという自覚があるから、批判がましいことは言わない方が身のためであると防衛本能が働くからである[1]。また、法廷で立証責任と日常的に向かい合っている弁護士が昭和五〇年代の立証責任論争に参加できていなかったことのひけ目もある。

ただ、弁護士にとっては、要件事実論は、直接的には迫力十分ではなく、エキサイティングではないことは確かである（争い方によっては、後に述べるようにエキサイティングな場合があり得る）。その理由をあれこれと考えていたら思いあたった。第一に、それが判決起案時（格好をつけて言えば口頭弁論終結時と言うべきか）の整理の道具としてあるだけではなく、立証過程よりも、弁論（訴訟の入り口論、前捌き論）として登場するからである。第二に、要件事実が当事者および弁護士にとっての法廷活動の不出来による不名誉を前提としている裁判上の技術であるからである。すなわち、不勉強で主張すべきを言わない当事者および弁護士に対する法廷の進行技術として（つまり、主張責任、立証責任の分配をわきまえない者への失権効を及ぼすため）、そして立証、説得の技術が上手ではないため、審判者を説得しきれない当事者および弁護士に対する法廷の技術上の制裁（つまり、non-liquet であるときの立証責任負担者を敗訴させるため）として、存在しているからである[2]。

2　もしも、ベストの審判者を貰い、その前でのベストの弁護士を目指す者による法廷を想定するのであれば、要件事実論は、全員が承知をしているはずの交通ルールにより実体形成を統制管理する点で、綺麗に機能する。しかし、そのような法廷では、組み合った各主張と収集提出された証拠の全体の中で、どの事実に関する証明と、どの事実に関する反撃の証明とが決定的であるのかが、時にはどちらの側の立証責任であるかなどの順序、責任負担者問題を乗り越えて、一方が証明に成功し、他方が証明を粉砕されて、勝敗が決定して終わる。主張をしないからとか、真実が不明であるからという、生半可なところで、勝負が決まるのは、どちらにとっても名誉ではない。一方が勝利の名誉を取り、他方が敗北の責任を取った方が、むしろ明快であるからである。このような意味で、要件事実はエキサイティングではないと述べた。ただし、争い方によってエキサイティングであるといったのは、次のような場合を思うからである。例えば、相手の請求に対して、管轄を含めた職権探知・調査事項の収集の不足、相手の主張事実が請求を認容させ、あるいは認容の障害足り得ないときの当該主張の失当を理由とする公判証拠調べによらない裁判の中立などは、エキサイティング足り得る。

3　要件事実は、審判者のケースマネージメントとして重要な指針を提供する。①原告の請求している法的効果をもたらす事実を要件事実の枠により理解できるようにし、かつ、その整理をすること、また、②被告の抗弁している法的効果をもたらす事実を要件事実の枠により理解できるようにし、かつ、その整理をすること、そして、その過程で、③管轄、訴訟物、その個数を明らかにし、④当事者への釈明の内容程度を決定し、⑤実体判断に必要な本当の証拠の採否を支配し、証拠による認定すべき事実を厳選して、⑥公判においては、勝訴敗訴の心証を分ける契機となり、そして、⑦判決起案の際の思考論理の導きおよび書式として、あるいは争点主義判決の下書きあるいは隠れた書式として機能する。ただし、①に述べた要件事実の枠により事実を理解するというのは、根拠となる制定法が、一定の法的効果を与える際の条件、要件を正しく記載し配分をしているという想定に立っているので、ここに誤りや不足があれば、制定法だけでは足りなくなる。このような意味では、要件事実は、本来は審判者の文化領域、職業領域に属する。そして、non-liquet のように、審判者の責任回避の口実と言われかねないものもある。

4　弁護士からすれば、極端なことを言えば、要件事実をもって自らの主張を整序できず、主張に支離滅裂があっても、相手方の指摘を契機とし、あるいは審判者が交通整理あるいは義務として、釈明を求めた事項にだけ食らいついて、どのように証拠を集め審判者を説得するか、あるいは相手が釈明を受けた事項につき追撃の証拠を用意して審判者に躊躇させることができるか、が決め手となる。つまり、指摘された事実関係につき、証拠最重点主義をもって臨むことでもって目的を達する場合もある。勿論、原告が請求を支える要件事実を明らかにできないときには、審判者の知性を満足させないから、勝訴を期待し得ないし、相手が先に述べたエキサイティングな感情を覚えることになるかもしれない。その意味で、自ら証明を要する事実を知って準備の不足、怠りなきを期することが勝訴に繋がりやすいし、また、審判者の要らざる手数をかけては覚えがよろしくはないから、要件事実をきちんと学習し、審判者と同じ程度に要件事実を知ることが望ましいことは言うまでもない。しかし、弁護士としては、忙しい中で、立ち上がりから抽象的な緻密に過ぎる弁論の組み合わせに現を抜かすのであれば、ある程度の精度で弁論の見切りをつけて、依頼者と共に証拠を拾い、審判者に提示をする作業を続けた方が、よほど勝利への道は近いであろう。審判者は、そのような地位にはいないのであるから。

（1）　ここに集めたのはエッセイでありどれも論文とはほど遠い。また、諸先輩の有力書、著名論文に目を通していない欠陥がある。大江忠「要件事実と弁護士業務」自由と正義四七巻一号六七頁（一九九六年）は、要点引用形式による大変有益な小論で不勉強を補うに参照させて頂いた。ここでの私のエッセイは、弁護士からの観点である点は同じだが、どれも大江小論（法曹ギルドにおける秘伝の技術とするもの）に対抗して論を張るほどに視点が一致してはいない。要件事実論に対する弁護士からの独自の希望やその目に映る問題性を述べるに過ぎない。

（2） 末川博によると、真偽不明はその主張が虚偽だと言われると同じだという（末川博「一応の推定と自由なる心証」『不法行為並に権利濫用の研究』三〇頁（岩波書店、一九三三年）ようである。なお、条文でも、「事実についての主張を真実と認めるべきか否かを判断する。」（民事訴訟法二四七条）とあるので、形式解釈としては末川説のとおりである。以上につき、岩松三郎＝兼子一編『法律実務講座民事訴訟編第四巻』第四編第一審手続 第五章証拠 第三節自由心証主義（七七頁注(三)）（有斐閣、一九六四年）による。

二 要件事実は、やはり事実ではない

1 世の中に生起し、消滅する人間行為、自然事象、社会事象（以下「事実」という）は、法律家の職業活動にとっては、専らに言語を通じて認識される。法律家の職業活動にかかる「事実」は、多くは過去に生じた「事実」であるので、過去の「事実」を認識する時は、かくかくの〝「事実」があった〟と表現される。

2 法学教育で学習することを求められる要件事実は、将来の職業活動に備える教育のために一般に提供されるのであるから、書証と証言とからなる訴訟記録を使用するような教育を別にすれば、素材としてはまず「事実」ではない。そのような教育で提供されるのは、「事実」ではないから、その抽象性を強調する意図をもって言えば、法（制定法あるいは判例法をいう）が、一定の法律効果を与えるために必要であると選定をした「要件」と言うのが一番正しいと思われる。従来の法学教科書が「要件」を使用していたとすれば、その用語法に近い。勿論、「要件」は実際の生起した「事実」から、当該法の目的のために意味があるものとして、つまり当該法の命令する効果を引き出

すために立法者が必要だとして当該法が抽出したものだから、将来において「事実」により補強される。

そうであれば、要件事実に係わる教育、研究は、まずは、制定法、判例法の形成の過程を歴史的に探り、その内容を探求し、その時代的な基本構造による制約、そしてその制度の現代的な状況下での、あるいは立法時からの不備を補整、補正するという、研究的、立法的、あるいは判例による法創造のための教育、研究である（以下「法探求目的」という）。もしも、その成果があって、要件事実の階層的構成、主張反論的分配が明確になったとしても、それは、「法探求的目的」が満足されるだけである。

3　また、訴訟の過程（口頭弁論終結前）での職業活動のなされる個別事案において、当事者の主張をもとに、また釈明を求めて補うことにより、「要件」に従い、要件事実をさらなる具体的な事実をもって階層的構成、主張反論的分配において正しく順序だてて言語表現をした（以下「配列表」という）としよう。しかし、この段階でも、完成した配列表に記載されたこととなる要件事実は、「事実」ではない。当たり前のことであるが、配列表の要件事実は、当事者がかつてにこのような「事実」があったという主張を纏めたものであり、証明の主題であって、証明のされた「事実」ではない。この段階で、要件事実と銘を打っても、やはり、想定された事実による作表であるので、精緻であるかもしれないが、存在しない事実を配列している危険があり、可能性の範囲にとどまる。つまり、全て「もし真実であれば（if true）」という前提で配列されている。口頭弁論終結後の要件事実の配列表についても同じことが言えるが、その段階では、公判後の事実の存否にかかる心証をもって作成され、勝敗を決することとなる要件事実表である点に差がある。

4　ところで、主張の過程（訴訟の過程）で要件事実の詳細度、精度、緻密度が上がるということは、具体的な事象、現象が本当に存在するときにはじめて詳細な主張が可能になるので、そのように詳細、緻密な主張があれば真実に近いという認識、心証を採ることになるかもしれない。つまり、「主張詳細につきもっとも。」と言うことである。しかし、これは半分当たっているが、残る半分は間違っているのではないか。①特に、証拠、情報が、主張立証責任を負担する当事者の側には存在せず、相手方に偏在するときには、主張立証責任を負担する当事者の主張が抽象的であることは当然であるので、詳細、緻密でないことをもあって、真実らしくないとは認識してはならない。審判者が証拠開示について消極的であるときはそのような認識の採り方の不当性は高い。公判においてはじめて明らかになる可能性があるような場合も同様である。②また、倫理その他の制裁が事後的にあることは当然だとしても、真っ赤な嘘を言ってのける者があれば、しばらくは、そして虚偽であったときのリスクを別にすると、審判者がこれに影響されかねない。さらに、③要件事実を間接証拠の推認力をもって証明せざるを得ない原告は、その主張が所詮は推測であるとの非難を受けやすいとの不利を覚悟する必要がある。また、④要件事実が詳細に構成されるとすると、それは基本的には主要事実が詳細になるだけで、論理的には間接事実が入り込むことにはならないはずであるが、実は重要な間接事実との境界は微妙である。[3]そして、間接事実であるべきものが自ずから取り込まれる可能性がある。例えば、規範的要件については、そもそも規範的評価自体（過失があるなど）を主要事実としていた時代からみれば、評価根拠事実は全て間接事実であった。そこでは、極端に言えば、間接事実のように詳細な要件事実と証拠が合致しないときには、要件事実の証明がないことになるので、棄却をするか、主張の変更をさせなければならない。勿論、態様、日時の点で多少の食い違いがあっても、主張と証拠との同一性が認められる場合のあることは承知をしている。これを別にしても、そもそもにおいて緩やかな要件事実であれば、この要件事実に積極的に繋がる間接事実の数が増える。そうであれば、審判者は、不意打ちの問題を除けば、自由心証主義のもとに、当事者の主張の有無にかかわらず、間接証拠から自由に間接事実を認識し、どのような種類、内容の間接事実が主要事実に対する関連性を持つかについても、経験則、論理則により判断し、さらには、証明力、信用力をも吟味して、緩やかな要件事実を認定し、あるいは認定できないとすることができる。つまり、自由心証主義を単なる証明力の問題とするのであれば格別、そうではなくて間接事実の認定、その関連性、推認力までをも含むというのであれば、このような審判者が働かせるべき知性的な作業が、緻密詳細な要件事実により奪われかねない。とりわけ、訴訟の多くが事実に係わっており、その事実は、多くは間接事実により推認され、証明される主要事実であるのであるから(4)、間接事実の領域の減少は、証明力を除いた自由心証主義の本来の範囲の減少となりかねない。

5　以上のような枠組みと制約を理解されたうえで、訴訟の過程で配分表ができたとして、言うまでもないが、審判者の真の作業は、ここから始まる。つまり、証明主題からなる配列表から脱線をしないようにしながら、証拠との関係で「事実」を認識する精神作業を遂げる必要がある。配列表のでき上がりで、仕事が終わったと言うわけではない。そのように豪語するとすれば、証拠や事実に対する謙虚さに欠けていると言われかねない。むしろ立法者、研究者の資質がある。前記の2の作業、3の作業は、それなりに大変な作業ではあるが、これに力を使ってしまえば、弁論偏重、証拠無頓着となり、証拠収集、証拠判断への情熱に悪影響がある。どちらかといえば、抽象的、法的な作業（前記「2＋3」の作業）よりも、証拠の収集、読み取りなどの作業（前記「4」の作業）が、注目と精神作用を向けるに値する。抽象的、法的な作業の作業に誤りがあれば、これを修正する制度的な保障（上訴審での修正など）は厚いし、修正可能性は高い。これに対して、証拠の収集、読み取りなどの作業（前記「4」の作業）に誤りがあると、これを修正する制度的な保障は薄いし、修正可能性は低い。考えても見れば、裁判を支えているといってよい当事者の蒙る被害は大きいであろう。また、抽象的、法的な作業（前記「2＋3」の作業）がどのような重厚、膨大な配列表を構成するに至っても、「事実」がなければ、一蹴すれば足りる。一蹴するに足りる運命にあるものについての豪華な配列表の作成に情熱をささげることは、本来、事実探求が終われば（口頭弁論終結時）、むなしく映るに違いない。

6　要件事実の配分表の作成が審判者にとってもしも負担であるとすれば、それはおそらく弁護士が楽をしていることの裏返しである。このことを承知していることは伝えておきたい。すなわち、訴訟提起後一定の期間内（指定された日程調整期日の三週間前まで）の当事者による会議義務、その会議での請求・防禦の整理、主体的に行う証拠開示の手配および強制力を備えた開示（discovery）の計画合意、その合意の審判者への報告義務があり(5)、当該会議当日あるいはその後一四日以内の弁護士が審判者の手を煩わすことなく主体的に行う証拠開示（自主的な開示（disclosure））をなす義務があり(6)、強制力を備えた開示（discovery）計画では、規則に定める基準との対比において、その手順、程度、日程、回数制限を取り決める義務があり(7)、多くはこの合意により日程調整命令の審判者署名を求める義務があり（合意ができないときは日程調整期日を経て）(8)、これに従い discovery を進め、情報を収集し、公判前期日（pre-trial conference）での争点整理、不要請求の削除、争いのない事実の確認などを裁判所の補助のもとで行う義務があり(9)、最終的には公判直前の最終公判前合意（pre-trial memorandum）により、双方が合意した争点、請求、証拠明細、証人明細等々を裁判所に連署して提出し（合意ができないときはそれぞれが独自に提出）、これにより最終公判前命令を得て(10)、公判（証人尋問）に備える義務がある、という制度と比べると、わが国の弁論主義は、弁護士が自由に主張をするだけで、緻密な作業を審判者に押しつけたままである点において、本来、当事者の主体的な弁論活動によることが要素であるべき弁論主義からはほど遠いと言えよう。そして、わが国弁護士は、自ら事件のマネージメントを行う格好の機会を失っている。

（3） 民事訴訟規則五三条一項では「請求を理由づける事実」と「当該事実に関連する事実で重要なもの」を記載しなければならないが、同二項によれば、できるだけ両者を区分して記載することを求めている。それほどに微妙な境界であることが認識されていると思う。

（4） 主要事実が直接に証明される例は、自白、目撃証人、処分文書（成立に争いがない契約書など）、通知などである。債務の履行などは、金銭債務の弁済を除くと、紛争になる以上一度に証明できるものはない。正当事由、善意、悪意等も同じである。

（5） 米国連邦民訴規則 Federal Rules of Civil Procedure, Rule 26(f)(1)(2).

（6） 同上 Rule26(a)(1)(C).

（7） 同上 Rule26(f)(2)(3).

（8） 同上 Rule16(b). Scheduling Order という。連邦の各地裁の Local Rule により、報告の書式、連署して提出する Scheduling Order 原案などがある。

（9） 同上 Rule16(a)(c).

（10） 同上 Rule16(e).

三　緻密となった要件事実の効果の希薄化現象

1　訴訟過程で、特に入り口段階で、弁論偏重をもって訴訟物の特定、要件事実の配列表の作成に要する手間ひまが掛かる時には、その後の「事実」の認定作業にまわす能力、気力、そして時間に不足することは、裁判が人間作業であるから当然のことである。無理を継続して強制したのでは、強制の分だけ制度的欠陥となって各所で露呈する。仮に、それでも非常な努力と並外れた能力とにより制度的欠陥が露呈しないとしても、それ以外の問題が残る。

2　そこで、証拠収集への審判者の関心の希薄化を取り上げると、まず、証拠収集は、当事者の責任であって審判者の責任ではないとの反論があろう。しかし、わが国の制度では審判者の責任を否定できそうにもないのである。それは、民事法廷は、訴状の提起の段階から、証拠種類を提出することが望ましいとの実務でもあり、そのようにして出される訴状の審査と含まれた問題の提起は、被告ではなく、いきなり、補正、釈明として審判者から飛んでくる。そして、第一回期日を迎えてからの各弁論期日では、証拠書類の提出、立証趣旨を明確にした証拠説明書を契機に、次々と証拠種類が提出され、しかもその証拠書類には伝聞法則も働かないので証拠書類の無制限、無法地帯化現象が生じるが、このようにしてなされる自主的な証拠の開示に審判者は期日の指揮者として付き合い、内容を了知することを求められる。立証者が文書を所持していない場合の文書送付嘱託、文書提出命令、これを準用する検証その他の証拠に関する手続は、なぜか弁護士の独自の調査権、提出命令権を否定しているので、全て審判者が面倒を見ることとなる。つまり、公判廷の主催者が、証拠開示、証拠収集の責任者の役割を負わせられている。その反面で弁護士は、自らの手持ち資料を出し、相手の好意的提出を促すだけの無能力者となっている。だから、わが国審判者は、強制力の有無をもって基準とすれば、法的にはただ一人の証拠収集の責任者である。その責任者が、証拠収集の意思と関心とを失う事態があれば、これは、真実発見にとり致命的な欠陥である。

3　したがって、審判者が、要件事実のまとめをさせられ、未整理で膨大な証拠書類を突きつけられ、さらには証拠収集の責任を負担させられては負荷が多いので、証拠収集への直接的な関心度と責任レベルを落として付き合うことになりかねない。つまり、なるべく当事者の任意、自主的な証拠の提出のシステムに身をおいている方がよいという一時的な選択をするかもしれない。提出命令に関する民事訴訟法の改正、そして会社法の商業帳簿の提出命令は、目覚しい活用がされているとはいえないと思う。かくして、民事裁判は、このような不足を放置している分だけ、「事実」に肉薄することができず、審判者により、どこかに貴重な資料があるかもしれないという不安が消えないという意味での、ギャンブル的な「事実」の認定に終わる危険が高いものとなっている。勿論、訴訟制度であり人間の営む作業であることから、世界に存在する全ての証拠を見るわけではないとする、打ち切り主義[11]を理解していないわけではない。ここでは、人為的に収集できる機会が設けられていないか、設けられていても活用されていないことの問題を指摘しているのである。こうなっては、要件事実が緻密となっても、何のためであったかが分からなくなる。

4　さらに、深刻であるのは、公判段階（証拠調べあるいは訴訟過程の後半とでも理解されたい）での問題である。公判に至れば、事実の認定には、証拠共通の原則がある。また、頻繁に使用されている用語ではないが、主張共通の原則さえもがある[12]。つまり審判者は、立証責任のある当事者の主張でなくても、当事者が主張した事実については、これを証拠により認定できる。さらには、より一層強力な理由付けとして、「弁論の全趣旨」がある。一体となった弁論だけではなく、当事者の訴訟上の行為、態度などについても、証拠原因として使用することができる。したがって、勿論、限度はあるが、当事者の主張であるべきものを、当事者の他の主張、証拠申請行為、釈明での行動などから汲み取り、拡大し、善解し、真意をここにありと見つけて読み取ること（主張解釈における charity という）もできないわけではない。証拠に至っては、公判の資料と目すべきである限り、何でも使用できる。そうだとすると、ここに浮かび上がるのは、かつてあれ程に緻密で配列の美をもって構成された要件事実が垣根を失い敵味方の別なく入り交じり、自由な証拠の中に浮遊している状況である。裁判を受ける当事者の視点からこれを言うと、入り口が狭くて通過しにくく、出口は誠に審判者に緩やかな構造である。最初は緻密に主張の整理をして、そこからはみ出ないかのように思わせながら、最後は、いわば法廷に出たもの、表れた態度、取った行動などをもって判断に加えるから、何でもありとも言われかねない。むしろ、そうであれば、最初からいわば広く緩やかに主張させ、また、最後も広く緩やかに判断することを告げている方が、当事者にはとまどいがないと思われる。

5 なお、要件事実が緻密となった後、さらに公判段階において、審判者が、要件事実表に加えて、詳細に間接事実（間接反証を含めて）およびそれから推認される主要事実あるいは間接事実を具体的に、その証拠と共にをチャートに盛り込んだ事実認定の手順表、証拠ツリーまでを作成して公判に臨むものかどうかは詳らかではない。Wigmore Diagrams, Wigmore's Chart Method(13)につき言及したわが国の先駆的な論文があるが(14)、その後のわが国での研究については不勉強で分からない。

参考までに、Wigmore Diagrams は、その極端に簡単なものでは、以下のように作図されるようである。勿論、事実関係は事案により多数項目にわたる。

【図表】 Diagram

この図表での間接事実、証拠と推認の関係は次のとおり。事案は、被告Uが被害者Jを殺害したというものである。□は証言、○は間接事実、◁は補強証拠、垂直の矢印は推認（先端が二重であるのは強い推認）が働く過程（強調は二重線）、水平の矢印は、左に向かう矢印は間接事実を否定するものではないが、その間接事実があってもその推理、価値を喪失せしめる説明あるいは弁駁（explanation）、右に向かう矢印は、その弁駁に対して間接事実を補強する証拠（corroboration）である。矢印に○が加えられているときは消極的な推理を示す。矢印に×が加えられているときは、補強の効果があることを示す。「∧」の上辺が二重であるのは弁護人証拠。

Key List（鍵となる証拠、間接事実の一覧）は、以下のとおり。

「8」被告Uの被害者Jを殺して仕返しをしようとする感情（murderous emotion towards J.）があったとする間接事実（premise, testimonial assertion）（なお、ここから殺人の動機の証明をしようとする間接事実である）。

「9」被害者Jにおいて、被告Uが重婚であると述べ被告Uの結婚を妨害しようとし、これにより被告Uには殺害感情を生んだとの間接事実。

「10」牧師に被告Uには家族があるとの投書がなされたとの間接事実。

「11」某証人の証言。

「12」その投書は被害者Jが作成したとの間接事実。

「13」某証人の証言。

「14」牧師から被告Uへの結婚式を断る手紙。後にこれは撤回された。

「15」某証人の14に関する証言。

「16」牧師への手紙が虚偽であったとの間接事実。

「17」某証人の16の証言。

「18」被告Uの結婚式が挙行され、被告Uは仕返しの強い感情を持たないであろうとの事実。

「18・1」某証人の18の証言。

「19」被害者Jが日々妻との接触があったとの事実。

「19・1」某証人の19の証言。

「20」妻がその地に残っており、被告Uと被害者Jの嫉妬が継続していたとの事実。

「20・1」某証人の20の証言。

「21」被告Uが、脅しその他の敵対発言をしていたとの事実。

「22」某証人の21の証言。

「23」被告Uが被害者JをK所有物を盗んだと告発をしたとの事実。

「24」某証人の23の証言。

「25」この告発が虚偽とは思われず、よって害意によったものとは言えないとの事実。

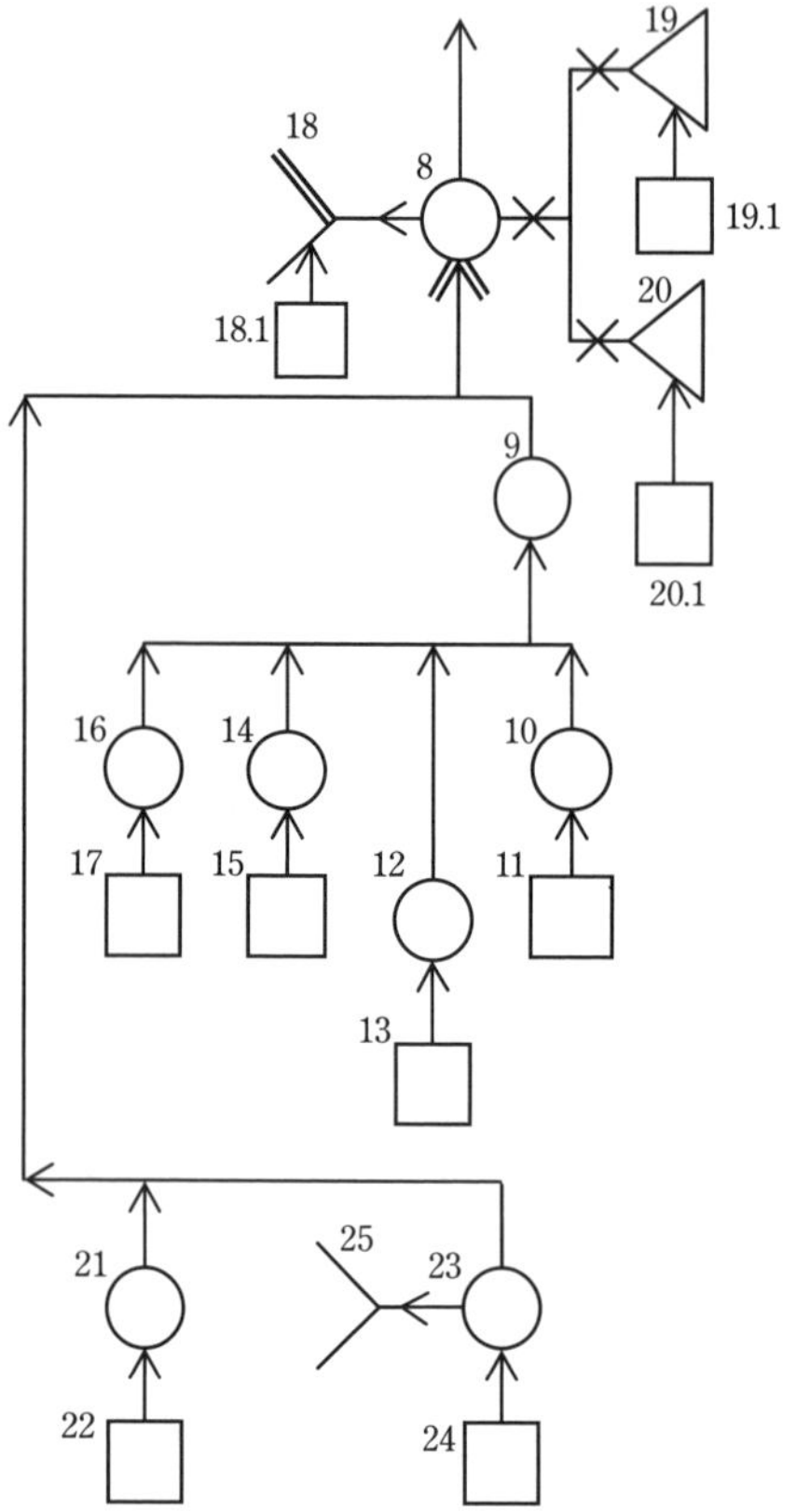

6　先に触れた先駆的な研究ではダイアグラムの基礎を次のように説明する。[15] 証明主題Ｐ＝「Ｘが一定の日時場所でＹをナイフで刺殺した。」とし、これを原告が間接事実Ｃ＝「Ｘが血の付着したナイフを所持していた。」から推認させようとする。これに対して、被告の対応は、①弁駁（Opponents Explanation）Ｃ２＝「Ｘは救助のために現場に駆付けＹからそのナイフを引き抜いた。」を主張すること、②否認（Opponents Denial）Ｃ３＝「Ｘは血の付着せるナイフを所持せず。」を主張すること（身体検査をした者のナイフ不発見の証言など）、③敵対事実（Opponent's Rival Fact）Ｃ５＝「Ｘの喧嘩傷害を好まない温和な性格」を証明すること、等があるという。その結果は、次のようなチャートとなる。[16]

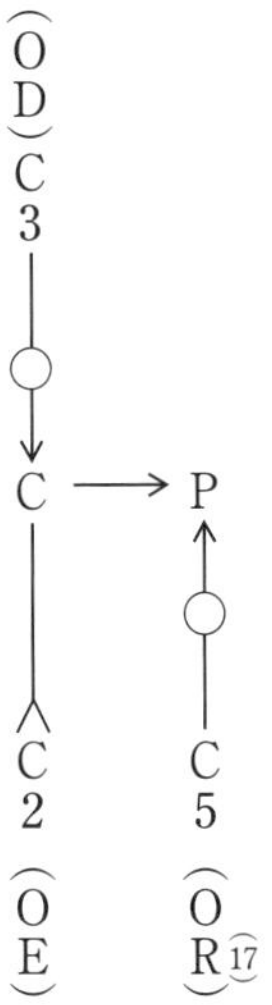

（11）岩松＝兼子・前掲注(２)五〇頁。

（12）最判昭和三二年五月一〇日民集一一巻五号七一五頁などを念頭に置いている。

（13）Wigmore, J.H. The Principles of Judicial Proof, or The Process of Proof, as given by Logic, Psychology and General Experience and Illustrated in Judicial Trials (2nd ed.) Bostn. MA: Little Brown & Co. 最近の紹介文献として、Goodwin, J. Wigmore's Chart Method, 20, No.3 Informal Logic 223-243.

（14）岩松＝兼子・前掲注(２)九五頁。そこで紹介されている足立勝義「英米刑事訴訟に於ける情況証拠」司法研究報告五輯四号五五頁（一九五二年）など。

(15) 足立・前掲注(14)四六頁。
(16) 間接事実についての主張(請求原因)、否認、抗弁、間接反証という類似が興味深い。
(17) 足立・前掲注(14)四六頁では、「ＯＤ」とされているが、rival facts の誤記と思う。

四　ゴミ証拠の集積と要件事実前の掻き分け作業

1　わが国民事訴訟では、訴状の提起の段階から、公判担当の審判者は、当事者が自由に提出してくる膨大な証拠書類に襲われている。しかも、なるべく早く提出することが望ましいとされるから(民事訴訟法一四九条、一五一条、一五六条、一五六条の二、一五七条、一六一条、一六二条、一六七条、一七四条、一七八条など。民事訴訟規則五三条、五五条、七九条、八〇条、八一条など)、この傾向は止みそうにもない。

2　問題は、そのように提出される証拠には、基本的に証拠能力の制限がなく、どのような証拠も印刷物、記録、証拠書類の体裁を備えれば証拠となり、裁判記録を構成し、公判の審判者が目を通すことになる。そこには、貴重な証拠があるのは当然としても、余計な証拠、価値のない証拠、厳密な証拠法則があれば排除されてもしかるべき証拠が、山と積み重ねられる。少数の光る証拠に対して、大量の「ゴミ」証拠がある可能性が強い。

3　このような大量の「ゴミ」混載の記録から、貴重な証拠を選び取り、読み取るのは、よほどの手数を要すると見なければならない。これを免れて、貴重な資料に明晰な頭脳を働かせるには、証拠書類に関するある種の乱暴な無視を決め込み、厳選した特定の資料にかかるしかない。これを解決するには、どうするのがよいか。

第一案は、証拠書類に関する厳密な証拠法則を採用することである。証明責任論だけではない民事証拠法の構築が必要である。つまり、刑事証拠法と民事証拠法を共通にすればよいのである。[18]最たるものは、関連性規定および伝聞法則である。類型的に、無関連の資料、あるいは証明力が明らかにないような関連性に問題ある資料、または事故防止など政策目的を推進するための資料[19]を排除し、さらに伝聞証拠[20]を排除すれば、真実保証が薄く、あまり意味のない証拠書類は裁判記録から排除できる。しかも刑事の証拠法則と同じ法則を採用しても、審判者が知るべき確度の高い情報は、伝聞法則の数々の例外があるので、必ずや使用できる。なお、わが法廷では証人尋問に関しては、ほぼ民事訴訟規則、刑事訴訟規則は、同じ内容の規定を用意している。公判廷（尋問段階）で厳密であるものが、民事弁論での証拠につき緩やかであるのは、旧来の惰性に従っているか、審判者の能力の過大評価であるかもしれない。危うい資料は誰からも除外しておくのが安全と思う。

4　第二案は、当事者間において、公判審判者が直接に関与しないところで、証拠開示、証拠提出を盛んに行なわせ、当事者がその内容を互いに吟味し、開示に関する争いは証拠開示部あるいは審判者ＯＢ部が交通整理をしてやることである。当事者、特に弁護士に、法廷外での調査権を付与することも用意しておかないと、いつまでたっても官庁依存で、時間の無駄が避けられない。弁護士の証拠開示に関係した調査権、証人等の直接尋問権を付与する必要がある。勿論、調査権と言う以上、その違反には、何らかの制裁が科せされるという調査権でなければ意味がない。つまり、調査権、尋問権を行使する弁護士には、court officerとして、あたかも職員と同じような責任と調査権、尋問権行使に伴う多くの倫理が併せて明確にされる必要がある。このようにすることで、証拠収集に勝訴、敗訴が係っていると思う弁護士のインセンティブは、無関心、消極に流れる危険のある審判者からの拘束からある程度放たれて、十分に発揮される。そして、このプロセスから貴重な資料が選び出され、証拠法則に合致するものだけが公判に提供される。審判者に提供される情報は質的に厳選され、数量も縮減できる。

5 このような体制が整えば、公判の審判者は、提示された争点について、厳密な証拠の法則に則り、証言を聞き、証拠書類を読み取り、解釈をなし、事実判断をなし、整理された主張をもとに、請求に対する判断を直ちに行うとの体制ができ上がると思うのである。

(18) 米国連邦裁判所の証拠法則(Rules of Evidence for United States Courts and Magistrates, Pub.L.93-595,section 1, January 2, 1975, 88 Stat. 1926)は、民事、刑事に共通である。

(19) 事後的な改善措置、和解提案、治療費の支払い申出、責任保険契約などは、事故防止策の必要、和解の推進、治療の優先、責任認定の厳密から、過失、欠陥などの立証につき関連性を否定される。Rules of Evidence, Rule 407, 408, 409, 411.

(20) Rules of Evidence, Rules 809-806.

五 要件事実の認定と陳述書

要件事実の整理、でき上がりと共に、主尋問を代用し、時間を節約するための陳述書が提出されるというのが、現在の実務の運用であるように思われる。勿論、その限度においては異議がない。そこから、早期に提出された証拠書類と、証人予定者、当事者尋問予定者による陳述書をもって、公判(証人尋問)に至らないままで直接に要件事実の認定がなされるような運用(そして、判決の形式で訴訟が終了する)があるとすると、特に一方当事者が尋問求めているときに、心証形成の完成を理由に(勝ち負けが分かったと豪語して)、その反対を押し切って判決に至るのは、個々の事案によるところもあろうが、能率はよいとは思うが、それだけでは疑問がないではない。いくつかの代表的な理由は、次のとおりである。

1　陳述書は、昨今の問題となった検事作文ではないが、基本的には利害関係の一致した供述者と弁護士との作品であるので、弁護士の指導に負うことが多い。特に効率を求めて、弁護士素案から完成する方法を採るときには、どのように供述者にチェックを依頼しても、甘いところがあり、真実からはみ出てしまう危険がゼロとはならない。また、述べられた事実が直接見聞されたものか、読んだ情報か、聞いた話か、推測が混じっているかなど、厳密な表記がなされないし、検討自体も加わってはいないかもしれない。また、積極的な虚偽はないかもしれないが、消極的に一部を除外して、相手方による掘り起こしを待つ形でき上がっている可能性も否定できない。このような問題の可能性は、反対尋問でしか明らかにされない。

2　1と重なるところがあるが、公判を経て判決による裁判を求められている事件で、現実の訴訟が公判に至るときに、陳述書を扱うのに、審判者の裁量があるとしても、果たして、交互尋問を反対尋問一本主義で割り切ってよいのかは、やはり疑問が残る。主尋問は、審判者にとっても、相手方にとっても、供述者の観察→記憶→表現の過程を、反対尋問と同じように明らかにし、その信用性をチェックできる機会である。民事訴訟規則が、誘導尋問を原則として禁止する態度を維持しているのもそれなりの理由がある（民事訴訟規則一一五条二項二号）。陳述書による主尋問は、結局、誘導尋問をしたのと同じであり、とくに無制限に放置する正当の理由はないかもしれない。陳述書の署名の自認、記載の正確である旨の結論的供述だけでは、やはり、公判判決事件では問題があり、重要な争点につき、陳述書の記載を基礎にさらに具体的な尋問をすることなど、もう少し何らかの実務的工夫が必要であると思う。少なくとも、審判者から主尋問時間の短縮への圧力が多少とも薄らげば、弁護士としては主尋問を大事にしたい気持ちを持っていると思う。

3　以上が陳述書の内在的な問題であるとすると、公判判決事件で、陳述書による事実の認定をするとして、一体どの判断基準をもってなすべきかという、大問題がある。この点は、わが国の審判者はほとんど無視している。というのは、わが国の審判者は、訴状の段階から提出されている双方からの証拠書類を、厳密な事実認定の方法で、中立な精神をもって検討しているはずである。そこに、さらに陳述書が加わるときの陳述書からの事実の認定は、陳述書の内容の一貫性、説得力、証拠書類との合致・矛盾という方法での信用性の検討となる。つまり、事実上、法廷証人の証言記録を読むのと同じ基準であることは否定されないのだと思う。

4　しかし、実は、これが問題なのである。反対尋問を経ない陳述書をもって直ちに事実認定をしてよいかどうかは、別の追加の不文のルールを用意して臨んだ方がよいように思う。そして、このルールにより判読する必要がある。もっとも、その不文のルールが全ての審判者には行き渡っていないというのが、問題点なのである。いずれにせよ、そのルールとは、①いずれの当事者が、公判での反対尋問権の保障された審理を要求しているかを明らかにすることである。そして、②当事者Aが、公判を開かないで、当事者Aに有利な判決を求めているのであれば、自由な心証によるのではなく、審判者は、他の争いがない事実と、客観証拠に基づき、そして、これに反対する当事者Bの提出した陳述書を含めて全ての証拠を当事者Bにとり最も有利な心証形成をもって読み取るとの強制法定心証を持って読み込んだとして、それでも、もはや重要な要件事実については、公判での審理を遂げる必要が残っていないほどに当事者Aに有利であるときにのみ限定して、反対尋問を経ないで（公判をしないで）、陳述書を含めた資料から裁判（認容も却下もあり得る）をしてよい、と考えるのである。そのような場合に該当しなければ、反対尋問権を保障する公判を開く。そこでは自由な心証により、事実の認定をしなければならない。同じ審判者が引き続き公判廷（証人尋問）を主宰しても、今度は、適確な証拠による自由心証という原則があるので、支障がないと思う。もしも、①および②のプロセスを経ないで、自由な心証を理由に、当事者Bの反対を押し切って、公判なしで当事者Aに有利な判決をしてしまうと、適正な手続の保障の違反となるであろう。そして③当事者A、当事者B共に、公判によらずに自己に有利な判決を求めれば、それは反対尋問権の放棄をしたのであるから、自由な心証をもって全資料を読み取ってよい。以上の①から③が、公判事件での陳述書に基づく心証法則であり、公判（尋問）期日の指定に関する基準である。公判での従来どおりの心証法則は、これと別に存在することとなる。

5　勿論、4に述べたルールは、筆者が適用されるべきであると信じる不文のルールである。どこから発想を得たかといえば、宣誓供述書、デポジションの利用を認めたうえでの米国の summary judgment に関する連邦民事訴訟規則（Rule 56）などにヒントを得ている。勿論、独自に広げたり変更しているのでご容赦をお願いしなければならない。なお、summary judgment における心証形成のルール（すなわち、summary judgment に反対する当事者の有利に全証拠を検討したうえでの公判に移行すべき争点の存否）は、明文にはなく、確立した判例法によるものである。

六　要件事実論の基礎に係わる若干の検討

1　指導的な見解

要件事実の指導的論者によると、「民事訴訟における権利の存否の判断は実体法、例えば民法の適用と言う形でされるのであるが、現行民法典において要件と定められている事実が存否不明になることがあるにもかかわらず、現行民法典の条文は事実の存否が明らかであるという前提で定められているため、こうした事態に適切に対処することができない。そこで、こうした証明の問題に適切に対処するためには、民事訴訟における裁判規範としての実体法（以下においては、実体法を私法の基本をなす民法を持って代表させることとし、単に『裁判規範としての民法』という）の要件を、民法典の条文の解釈から適切に定めなければならない。要件事実とは、こうして定められた裁判規範としての民法の要件に該当する具体的事実であるという性質を有する。要件事実論を考えるに当たっては、まずこのことを明確に意識することが必要である。[21]」と言われているところである。

2　独自の規範である裁判規範としての民法について

そこで、まず、指導的論者のいう裁判規範としての民法が本当に必要であるかについて、少し考えてみたい。

指導的論者によれば、実体規定である「一定の事実（F）があれば、一定の効果（K）が発生する」との規定は、Fの事実があれば、Kの効果が発生すること、Fの事実がなければ、Kの効果が発生しないことまでは規定しているが、「Fの事実が訴訟上あるかないか不明（存否不明）の場合に、原告、被告のいずれの不利益になるまでは規定していない。」というのである。[22] しかし、非力を省みず述べれば、このような理由付けには、いくつかの落とし穴があるように思われる。順次述べる。

⑴　実体規定（民法）は、そもそも裁判規範であるとするのが原則であったように記憶する。[23] ここから論じても、すでに裁判規範である民法の上にさらなる裁判規範を重ねる意味のあるかがよく理解できない。勿論、民法を行動規範でもあるとして、国民に自主的な遵守を求めることもできるし、国民相互に自律によるコストが安く効率の高い生活関係を期待してもよい。しかし、残念ながら行動規範は多くの場合、機能不全を呈する。そこに、裁判があり、そこで裁判規範として機能してはじめてその役割を果たす。そのような裁判規範である民法は、その規定した要件の証明が存否不明に終われば、原則として、その効果を求めた当事者の敗訴を明示しているはずである。

⑵　実体規定により、社会生活上（裁判外の行為）において、Fの事実があるかないか確信できない「存否不明」があるとすれば、当然に訴訟の場でも、弁論終結時における、審判者（裁判官）にとっての存否不明がある。そして、Fの事実があれば、Kの効果が発生するとの民法規定が大方の支持を得ているものと前提して、その場合には、Fの事実の存在が確信できないことであるから、Fの事実がないと同じであり、訴訟上でもKの効果が発生しないとの判断を求められるのではないだろうか。言い換えれば、普通の論理の然らしめるところは、Kの効果を求めた当事者に、Fの事実の存否が不明に終わったときの不利益を課すにある。「原告、被告のいずれか」を規定はしていないが、Kの効果を求めたのが被告（契約による請求に対して契約の錯誤Fによる無効Kを主張する被告）であれば、Kの効果が発生しないとされることの不利益をその被告が受けることは、当然のことである。したがって、原告、被告のいずれの不利益になるかが、規定の上で自ずから判明することになっている。

⑶　そこで、論理則の求めるところと思われるにもかかわらず、なぜ、「Fの事実が訴訟上あるかないか不明（存

否不明）の場合に、原告、被告のいずれの不利益になるまでは規定していない。」というのか、である。民法が行動規範であり裁判規範ではないから、裁判上（訴訟上）において存否不明と言う訴訟現象には行動規範を適用できないので、結局、存否不明に対して、民法は沈黙している、という理由が考えられる。やや表現を変えて民法は裁判規範と行動規範の性質を両方持つとしても、裁判上の現象である存否不明に混合的な性質を有する民法を適用できないということかもしれない。しかし、これらは極端な空中戦であり、形式論であろうし、民法を純粋な行動規範とするものはいない。次に、ボアソナード起草にかかる旧民法典証拠編第一条「①有的又ハ無的ノ事実ヨリ利益ヲ得ンガ為メ裁判上ニテ之ヲ主張スル者ハ其事実ヲ証スル責アリ、②相手方ハ亦自己ニ対シテ証セラレタル事実ノ反対ヲ証シ或ハ其事実ノ効力ヲ滅却セシムル事実トシテ主張スルモノヲ証スル責アリ」、第二条「自己ノ主張ノ全部又ハ一部ヲ法律ニ従ヒテ証セス又ハ判事カ証拠ヲ査定スル権利ノ自由ナル場合ニ於テ判事ニ此主張ノ心証ヲ起サシメサリシ原告若クハ被告ハ其証セサリシ点ニ付キ請求又ハ抗弁ニ於テ敗訴ス」と言う証拠法則があったが、[24]旧民法典の証拠編は、訴訟法に編入する企画であったが民事訴訟法に引き継がれることがなかったので、民法としては、当事者による自己の主張の証明にあたり、存否不明の場合のこうした規範を欠く、という歴史的理由付けを言っているのかもしれないし、また、民法起草者の法典調査会での説明を挙げて、起草に際して立証責任の配分を念頭に置かなかったという答弁を理由にしているのかもしれない。[25]しかし、旧民法典証拠編が採用されなかったのは、それが否定されたからでないことは明らかであるし、当時の学説も証拠編規定を肯定していたようであるから、[26]かえって肯定的な歴史的事実があるように思われる。また、法典調査会の答弁で表現上の難点をさけるために「分リ易イ方ヲ主トシテ書イタ」というのであるから、表現が難しくないところでは、証拠編（立証責任分配）を意識していたであろうと推測する。また、立法技術としても、一定の法律効果のために必要な要件を吟味のうえ規定しようというのであるから、要件を満たさなければ効果を生じない、という論理に支配された作業をしたはずである。また、民法四一五条以外の条文に関する質疑だけを取り上げるのも、限られているように思う。加えて、一度、「一定の事実（F）があれば、一定の効果（K）が発生する」との実体規定を置けば、論理則による解釈は、尊重する必要があろう。そのような論理の独立歩行もある。したがって、「Fの事実が訴訟上あるかないか不明（存否不明）の場合に、原告、被告のいずれの不利益になるまでは規定していない。」と結論は、全面的には採用できないのではないだろうか。(27)

(4) むしろ、問題は、Fという事実があればKという効果を生じるという規定にあるのではなく、これと別に、Gという事実があればLという効果を生じるという規定があり、Kの効果とLの効果が対立、矛盾をするかなど、相互の関係が、民法として明らかではない点にある。勿論、総則の規定（例えば錯誤）と契約総論・各論（例えば売買）の規定、不法行為の規定などの配列は、パンデクテン法に伝統を受け継いだ配列によっており、自ずと、それに従った読み方、解釈が決定しているので、指針がないわけではない。さらには、通常の問題なのか、通常ではない問題であるのか、一般規定の問題なのか、特別規定の問題なのか、などの基準もある。これらにより、攻撃守備の順序、範囲を画することも可能であろう。

(5) そして、弁護士としては、規範（ルール）のレベルで言えば、なるべく平易な解釈で法律要件（証明の対象事実）を特定できる方がよい。そして、証明活動としては、自己の求める条文に表記された効果を追求するための条文に表記された要件を、その請求原因、抗弁という配置に拘泥せず、その表記による本証だけではなく、反証を問わず、有利な心証を得るべく立証に努めるべきであろう。そうすれば、規範説が優勢な場が多いと思われるので、これらの総合作用により立証に成功して勝訴する見込みを高めることができる。存否不明までにも到達しないときのリスク（敗訴）は示されている。存否不明につき自己に不利な立証責任規範があるという場であれば、規範説による活動と同じである。また、存否不明につき自己に有利な立証責任規範があるという場であっても、本証、反証に努め、立証に成功すること（存否不明による勝訴は保険でしかない）に努めることになる。存否不明のときの規範が有利であろうと不利であろうと、存否不明を目指したり、これに賭けるのは完全な過ちであろう。なお、同じ趣旨であるが、存否不明のときに事実が存在するという有利な規範がありそうだとして、有利で正義にかなうと信ずる証明責任規範を自ら試作して提示して訴訟を追行してもよい。しかし、存否不明での優勢に賭けるよりは、立証の負担が証拠との距離、情報能力、正義に反すると考えるのであれば、積極的に条項に表記された証明テーマの変更、転換、軽減を求め訴訟において勝利し判例の形式で、その変更、転換、軽減を認知してもらうことが、本則と思われる。こういった意味で存否不明は、弁護士にとっては魅力あるテーマではない。

(6) このような要件事実論ひいては「裁判規範としての民法」に対しては批判もあるところであり[28]、私は、どうも証明責任規範説につき語る資格はないように思う[29]。また、証明責任規範説と「裁判規範としての民法」を唱える要件事実論が、どのように違いがあるのかも、実はよく分からない。居直り風ではあるが、民法がこんなに難しくて本当によいのかという気持ちもある[30]。しかし、一言をお許しいただけば、そもそも完璧ではなかったとしても法律効果とそれをもたらす重要要素である法律要件を意識しながら、そして、請求原因と抗弁とをある程度意識しながら、しかし、条文表現の上では、分かりやすいことを心がけて立法されたことが確実な民法が存在する[31]。したがって、これに並立する証明責任からなる体系（規範、ツール）を作り上げることは不要かと思う。勿論、民法の規定が不備であったり、当初の効果の発生要件と当該効果を排斥する要件とが截然となっていなかったり、証明責任が過重で正義に反したり（事案解明義務）、民法規定が機能をしていないことを捉えることのできる視点、基準が必要であることは間違いがないが[32]、そのために、これを独立の監視的体系に組み立てるまでの必要はなく、公平、正義、社会的相当性、効率など民法を支配する一般原則に準拠して民法のあるべき解釈を常に探求し、判例、学説がこれを明らかにして民法につき補充するという民法の充実化の作業が、構造としては可能になっていると考える。端的に言えば、パッチワークでよい。あるいは、そもそもパッチワークの方がよいと思うのである。制定法のような体系的体裁の規範とは別に、成文ではないが体系的に組成される規範を求める希望が強ければそのように修正された存在である裁判規範としての民法（事実が存否不明である場合に審判者が裁判できるように立証責任までを考えた民法）、あるいは立証責任を前面に押し出して述べた Restatement である民法を観念してもよかろうが、それは第一次の、また直接の法ではなく、教科書、コメンタールと同類の補助手段としての存在意義があるにとどまり、そもそも、それを知らなければ法を知らないかのように非難をなすべき根拠にはならないし、そもそも、そのような大業な書き直しを絶対に必要とするものでもないと思われる[33]。

3　民事訴訟では、本当に、non-liquet（事実の存否不明）に備える必要があるのか

(1)　要件事実論の指導的論者によれば、要件事実論は、民法に定める法律要件にあたる具体的事実（主要事実）の存否不明に対処するための規範を探求することに始まる。しかし、疑問が二点ある。まず、①存否不明は本当に審判者の心理の中で生じるのであろうか。仮に、生じたとしても、判決による外部表示では、ことごとく、存否不明のために立証責任を負担する者を敗訴せしめたとは記載せず、敗訴者の立証が存否不明の域にも到達しないほどに、証明が足らず、信用できないと表示するのではないか。そして、②要件事実の指導的論者は、審判者が必要とする証明度、つまり、ある事実を真実であると確信する証明にまで至った程度につき、測定の道具あるいは基準を

必ずしも提供していないが、それで済むのであろうか。

(2) 思うに、存否不明は、分析的な分類では、ある主要事実につき審判者が設定する証明度基準の最低限度（おそらくは、事実が存在したという高度の蓋然性という言葉による統制）を満たして証明されたと確信される領域（存在が証明された領域）と、審判者におよそそのような事実が存在しなかったと確信されてしまう領域（不存在が証明された領域）との中間に挟まれて位置する領域である。抽象的にはこのように区分して位置付けができるし、率直な心証形成の程度として（特に高度の蓋然性という基準によっている審判者にとっては）、存否不明である証明度に終わることがあろう。しかし、このような場合でも、実際の裁判例では、証明するに足らない、信用できない、などの表現により、敗訴の判決が起案される。つまり、存否不明で敗訴となったのではなく、それにも達しない負け方をしたように表現される。その理由が、存否不明を理由にしたのでは、審判者の認定能力の不足、釈明義務の不足、証拠収集指導の怠慢などの批判を招くためであるのか、体面の問題であるのかは不明である。しかし、仮に額面どおり受け取れば、存否不明の場合に備える必要は、ごうも存在しないことになる。つまり、要件事実論の必要性の事実根拠がなくなる。

(3) 次に、存否不明は、実は、証明活動に求める証明度の如何により、存在しなくなるという可能性がある。先に述べたように、証明主題である主要事実の存否につきその確からしさ（蓋然性）の程度につき、高度の蓋然性を要求するときには[34]、その事実の不存在につき確信がなされる領域との間の隙間が空いて、ここに存否不明がより広く登場し得る。しかし、他方において、民事訴訟であることに照らして、優越証拠の法則（優越的蓋然性、証拠の優越説、preponderance of the evidence、preponderance of evidence standard of proof）を採用するとしよう[35]。その場合の証明度は、絶対数値の完全証明度を一〇〇％とすれば、五〇％を超えることである[36]。あるいは、異なる表現によれば、相対的な尺度を使用して、相手の証拠の説得力を上回る説得力を示すことである[37]。まず、五〇％を超えるという尺度をとるときの存否不明は、五〇％対五〇％のケースに限られるが、証明責任を負担する当事者が不利益を受ける。存否不明の状態は、構造的に稀であることが分かるし、現実の事案でも、このような均衡状態は多くはないであろう。そのうえ、五〇％を超えるところまで証明できれば勝訴（相手の敗訴）を宣言できるので、単なる表記上の説明を超えて、実際にも五〇％を超えているか、五〇％を下回っているかのいずれかにはっきり落ち着くものと思われる。なお、相対的な証拠の優越によれば、主要事実が真実である可能性がそうでない可能性より高いことで足りる。この場合でも、同じ可能性である場合があるが、その場合には、やはり証明責任を負担する当事者が不利益を受ける。このように見てくると、証明度の議論を欠いたままの存否不明は抽象的観念的である欠陥がある。

(4) 最後に、以下は情緒的な発言であるが、non-liquet（存否不明）を口にすると、我ながら権力的な勢いが感じられると同時に、無責任な姿勢が自覚されるところがある。法廷の権力者（判断権を持つ者）が存否不明を言うのは誠実な職責行使の然らしめるところもあるが、同時に、事実認定の問題に他ならないので、証拠の集まり具合の不備、重要な証拠の積み忘れが審判者の責任に帰すべき場合もあるからである。存否不明の領域が構造的に狭い証明度ルールが実践されたり、存否不明が生じないように証拠収集がなされるルールが活動すれば、non-liquet を口にしなくとも済むように思われる。

なお、立証責任を転換、厳格あるいは軽減することによる社会科学的な秩序操縦（無過失責任よりも過失責任を維持した方が事故が減るなど）、同じく、証明度を高度の蓋然性から証拠の優越に転換した方が社会のコスト低減になるなどの議論がある。大変興味深いが、すでに触れたところを超えては触れる能力がない。

4　主張責任、立証責任の変動、移転について

主張責任、立証責任の配分は、本来的に固定的であり、静的である。つまり、主張立証責任の所在は、訴訟の進展、当事者行動の如何にかかわらず不変である。しかし、周知のとおり、当事者の主張立証という具体的行動も影響を受けて立証責任だけではなく、主張責任までもが配分される（動態的な配分原則）ことが別に認識される。

(1)　立証責任の静態的な配分原則

(ア)　静態的な配分原則には、制定法そして判例法による法律要件があり、その内容と責任の所在が客観的に定まっており、予め主張責任、立証責任の配分が明示される（the burden of proof、the burden of persuasion）。さらに制定法などを超える配分原則があるかどうかについては、公平、社会正義などの要素をあげることができるが、普遍的な原則はないとされているようである。[38]

(イ)　このほか静態的な配分原則としては、当事者の具体的地位、請求、証拠との距離、経済的優劣、公平などの客観的要素から予め（時には、その実体が判明するにつれて）配分される場合が肯定されている。

(2)　動態的な配分原則

(ア)　動態的な配分原則としては、当事者により現実になされた訴訟行為から、また、その訴訟行為により判断者の部分的暫定的な心証形成がなされたことから、新たに配分し直される主張、立証責任がある。例えば、

(i)　まず、証拠の提出責任論（立証に応じて移動する the burden of production, of going forward with evidence という責任）がある。[39] 立証活動に応じて、この負担は当事者の間を移転する。米国民事訴訟の当事者にとっては、公判前の主張、証拠開示のプロセス段階および公判での交互の立証の推移により、裁判官に対する関係で、また、陪審に対する関係で、たちまちに移動するので注意義務を果たすべき重要項目である。静態的立証責任の分配に安住し

て注意義務を怠るとたちまち敗訴となる。その根源的理由は、判断者がどのような情報によりどの時点で説得されるものかどうかは、誰にも分からないので、相手方のつまらない主張と証拠であっても説得が効果を生じているかもしれないことの危険を常に当事者が負担するからである[40]。証拠の提出責任とその移転は、わが法では、公判での立証の順序が明確に区分されていないうえ、専ら判断者の内心の状態、心証によるため外部からは見えず、これを視覚で捉える節目がない。したがって、証拠の提出責任論は、裁判官が心証を背景に釈明をするような例外的場合を除き、当事者においても内心の読みにかかる自主的な判断に基づく行動原理の域を出ず、深刻の度合いと緊張が足りない。また、そのために実務家、研究者の関心を集めない。しかし、米国民事訴訟では、訴訟構造を反映して、提出責任こそが重要課題となる。例えば、仮に公判前の手続を無事に経過して公判に移行することができたとしても、公判において立証責任を負担する当事者が公判立証をしないと被告の申立あるいは裁判所の職権により、裁判所（陪審の評決によることなく）の判断により、請求の却下の敗訴（non-suit、dismissal、directed verdict など）となる。また、立証責任を負担する者がまず提出責任を果たして、必要な立証を行って立証を終えた段階でも、証拠が十分ではない（どのような陪審であっても原告におよそ有利な評決をするべき証拠を見いだせないとき。insufficient evidence）ときには、被告の申立あるいは裁判所の職権により、裁判所（陪審の評決によることなく）の判断により、請求の却下の敗訴（non-suit、dismissal、directed verdict など）となる。そして、このテストを合格してもすぐに勝訴にはならない。これを合格してはじめて陪審による評決に付される資格（bench trial であれば裁判官による実体判断を受ける資格）が与えられるだけである。この段階では、例外的に証拠の信用性（承認の誠実、偏見、知覚などの要素）が仮に十分であるような場合には、原告は裁判所に、自己に有利な a directed verdict、a judgment as a matter of law を発するように申立ができるが、被告が立証の機会を行使すると、その申立は意味がなくなる。ここに、不利な判断の発出を防止するために提出責任が被告に移転する。そのようにして、被告の立証が終わると、同じような申立が原告からなされるという経過をたどる。こうして、当事者の提出責任が満たされ、裁判所が判断をしないという段階で、陪審の評決がなされる仕組みである。提出責任は陪審評決を受けるための要件なのである。このような機能が提出責任の本質である。

(ii) 立証責任は、通常は主張責任と一体をなして配分される。しかし、その例外もあるようである。つまり、反対当事者の指摘行為（指摘するだけを超えて部分的立証責任がある場合を含む）により、もともと、当事者の立証責任に属する潜在的なものが浮上するものがある。このようなものには、同時履行の抗弁（かつての売主売買代金債権請求に対する買主の主張責任だけを肯定した論＝主張責任立証責任分離論）があり、わが国刑事訴訟では、正当防衛、強制、公訴時効に関する弁護側の指摘責任（公訴時効を検察立証責任としたとき）がある。刑事では争点形成責任というようである。米国の弁論法理（the law of pleadings）に一般によっても、債務不履行（breach）につき原告の主張責任があるが、その履行（fulfillment）につき被告に立証責任があるとされるし、また、寄与過失（contributory negligence）につき、被告に主張責任があり、主張に対して原告が立証責任を負担するとされる場合がある。

(iii) また、いわゆる「a＋b」論も、弁済提供（a）と催告に応じた供託（b）とが、原告の請求の如何、拡張（法定解除明渡請求か、延滞賃料、損害金請求まで含むか）により、主張の範囲が変動する例と思われる。

5　要件事実がエキサイティングになることを阻害しているかもしれない訴訟構造と弁論法理について

(1) わが国の要件事実は、ある要件から生ずる効果を求める当事者が、その要件に該当する具体的事実を主張しなければ、失当であるものとして敗訴となる。単なる条文のコピーでは足りないし、法律の定める効果を述べるだけでも足りない。

(2) 米国でも、ローマ法、英法の訴訟類型別の形式主張（the writ system）と弁論によるぎりぎりの争点の整理（issue pleading）を求めた時期があったようであるが、まず、David Dudley Field による New York Code of 1848 によるＮＹ民訴法の部分改正（一八五〇年の全面改定）を経て、その後 Code Pleading と呼ばれる弁論法の時代となった。つまり、the writ system に代わり、single form of action, civil action を導入し、issue pleading に代わり、fact pleading が導入された。請求原因を構成する事実を、通常の簡単な言語で重複を避けて、何が意図されているかを通常人に分かる方法で提示することとなった。[41] 同じ頃、衡平法においても、Federal Equity Rule 25, 1912 も、証拠を単に記載したものではなく、原告が求める救済を基礎づける短くかつ簡単な最終の事実（ultimate facts）を主張する必要があるとした。[42] こうした Code Pleading のもとでは、主張の階層は、conclusion of law、ultimate facts（operative facts。判断者が認定するべき最終の事実）、evidence に分類して認識される。そして、弁論（主張責任）としては、conclusion of law、あるいは evidence を主張することは許されず、求められるのは ultimate facts（operative facts）の主張である。その意味では、Code Pleading というべき弁論法理（the law of pleading）は、わが国の現在の要件事実論、そしてこれに基づく弁論法理（主張責任）に近かったようであり、主要事実を述べなければ、請求として適正ではないとされる。つまり、妨訴抗弁（demurrers）に服して却下される。

(3) この転換にもかかわらず、そもそも conclusion of law、ultimate facts（operative facts、要件事実）、evidence の違いがあるのか、論理的な違いはなくせいぜい主張の詳細度の差ではないか、[43] また、ultimate facts の記載があるかどうかにより司法による救済が拒否されているなどの批判から、連邦裁判所の民事訴訟規則として一九三八年 Federal Rules of Civil Procedure（FDCiv.P）が登場した。

連邦民事訴訟規則が、コモン・ローと衡平法の二種の手続を廃止し、一個の手続としての civil action に統合したことは知られるところである。[44] そして、訴訟構造も弁論法理も、その間に密接につながりを見せながら変更された。分かる範囲でいうと、まず、訴訟構造は、①訴状の提起から証拠開示が始まるまでの弁論段階（pleading）、②その次の証拠開示段階（discovery）、そして、③公判段階（trial）に分かれる。それぞれの段階で、主張の不備による事件処分、あるいは主張と証拠と証明力・蓋然性の不足による事件処分がなされる。その役割を負うのが、裁判官による裁判であり、①の段階では judgment on the pleading[45]、②の段階では summary judgment[46]、③の段階では、judgment as a matter of law[47]、また評決後でも judgment non obstante verdicto[48]、である。これにより、事件が終結する道（つまり陪審に代わる裁判、あるいは陪審の評決内容を指導する裁判）が設けられている。

(4) そこで、このうち①の弁論段階を、訴状においてなすべき主張をめぐって、多少詳しく触れる。訴状などの代表的弁論を貫く基本精神は、「通知としての弁論」の原則（“notice pleading”）である。これにより事実関係の把握は、証拠開示の作業であり、把握された事実と訴状の主張との関係整除（却下などの手法による）は、証拠開示の過程における summary judgment の仕事である。もっとも規定中に、“notice”と言う言葉があるわけではない。Code Pleading の時代の“ultimate facts”、“fact”、“cause of action”との言葉は消えている。これらに代わって“claim showing that the pleader is entitled to relief”が置かれた。請求された救済（請求の趣旨、relief）を認められる根拠である claim を相手に通知せよ、との趣旨である。規定で言えば、訴状の記載に関する Rule 8(a)(2)[49]、Rule8(e)(1)[50]、そして Rule9(a)(b)[51] である。そして、連邦規則の末尾に置かれた Forms 書式[52]が根拠である。Claim が何を意味するかは、相手が防御を準備できるに相応しい通知であること、Code Pleading の時代で否定されていた conclusion of law、法の求める要件（elements of cause of action）を繰り返すに過ぎないものは、やはり事実を欠く点で不適格であるが、ultimate fact である必要はないこと、evidence を述べるに過ぎないものもやはり不適格であることを参照しながら、Rule8(a)(2)、Rule8(e)(1)、そして Rule9(b) の条項と Forms から[53]最低限度の主張というべきものを主張するしかない[54]。そうすると、claim の構成の仕方は微妙である。

これに対して、答弁書において、独立の各種の申立（妨訴抗弁など。motion）をもって、原告の主張の足りない点、不備をつき、訴えの却下（dismissal）などを求めることができる[55]。なお、却下を求められたときの判断作用は、原則として、問題の訴状に記載された主張を真実とみなしたうえでの却下理由の存否となる。事実の探求、証拠収集は、この段階の趣旨、目的ではない[56]。しかし、何が適正な claim の主張であるか、どのような事実、事実的な事項が必要であるのか、さらには、どのような主張でも真実と認めて判断をするのか、等々の問題が残る。米国連邦最高裁は、連邦民事訴訟規則の notice pleading による緩やかな弁論法理を長く支持してきたが[57]、最近では、事実要素への関心を高めて、どのような主張があるときに、その主張を真実として、救済を肯定するもっともな claim であるかを審査する方向にある。大型の独占禁止法違反事案で（共同謀議による取引制限）、違反の成立の要素（elements）を検討し、競争制限の合意という要件については、併行した競争制限行為の主張からの推測（共謀）を利用する主張があるだけで、記載から、共謀をもっともらしく思わせる（plausibility. 可能性より強く、蓋然性である必要はないそうである）共謀そのものにかかる事実をもって claim を述べていないとして（もっとも少数意見はそのような主張があるとしているので注意）、主張が不備であるとして却下をした（その結果、証拠開示にも至らない[58]）。さらには、the September 11, 2001 attacks にかかるパキスタン国籍イスラム系居住者の勾留に伴う人種、宗教、出身国家による憲法に反した差別を理由とする請求（憲法違反を直接に理由とする黙示の請求権を認める a Bivens action で、修正憲法一条、五条の違反をいうもの。監督者公務員は代位責任ではなく、差別を目的とした直接の行動である責任原因を必要とする。被告は司法長官、ＦＢＩ長官）の事件では、法廷意見は、原告が、被告らの行動にかかる事実的な事項（factual matter）の主張をしたときに、これを真実とみて（単なる法的な結論は真実とみなされない）、果たして被告らが原告の明確な憲法上の権利を害したとするclaimを主張したといえるかを問うべきであり、事案では、原告が、重要容疑者を拘束するとの被告らの方針をいうだけで、特定の集団に対する宗教、人種、出身国家による差別を目的とする方針を被告らが推進したことを示すもっともらしい事実の主張がないので、主張として足りず訴えの却下を指示したものがある（第一審、第二審までは、訴状の主張として適正としていた）。これらは、いずれも証拠開示に進めば性質上膨大な時間と費用を生じる独占禁止法事案、人権侵害公務員責任事案という特殊事案であるが、特殊事案を超えて連邦民事訴訟規則の弁論法理の変容を迫りつつある。(59)

(5)　思うに、わが法では、訴状に盛り込むべきは、訴訟物の特定（新旧各理論の別をおいて）、請求原因（主要事実）、間接事実、証拠の存在・内容、適用すべき法とこの法を適用した結論（請求の趣旨）に、それぞれ当たる事実と法的意見である。しかし、それでも起案者は、法の要件をことさらには明示をしないままに（頭において）、事実と意見を述べる。連邦民事訴訟規則では、訴状に盛り込むべきは、規則のうえではclaimではあるが、前記のように理解できる基準のもとで、程度の差はあれ、claimの中に具体的事実の一端を記載することは当然に求められていた。したがって、突然、事実要素を求められるになった、というものではない。しかし、これまでnoticeという原理で指導されていたものが修正を求められていることは確かである。有力控訴裁判所が主張十分としたものが覆るのであるから相当の変革であろう。競争制限の合意あるいは高官の犯罪検挙・防止に係わる方針樹立の動機・目的などは、多くは相手方の内部に深く潜んでいる事実であるので、これまでの静態的立証責任において、立証責任を転換することが多くの場合肯定できるような分野である。虚偽でないという条件で、このような新たな条件を充たす事実的な事項の主張（抽象的な要件ではなく）が、証拠開示を許さないままでできるかどうかは、問題として残る。なお、過失・故意、善意といった多くの請求に共通な要件は、やはり、相手方の内部に深く潜む事実であるが、単に過失・故意、善意という主張で足り、証拠開示に至るが、この部分を変更するまでにはなるまい。Code pleading から notice pleading への転換、そこから再び多少の逆戻し現象のある中で、あるいは、一貫して Code pleading を実践しているわが法にも、発言の機会があるのかもしれない(60)。

(21) 伊藤滋夫「要件事実論の現状と課題」伊藤滋夫＝難波孝一編『民事要件事実講座1 総論1――要件事実の基礎理論』五頁（青林書院、二〇〇五年）、難波孝一「主張責任と立証責任」同一六三頁など。なお、これらの論者は全て旧訴訟物理論に従っている。しかし、新訴訟物理論に沿った要件事実も、当然に攻撃防御の方法として必要であるので、多少の頁を新訴訟物理論に沿った要件事実として展開していただくことがあれば有り難い。おそらく、請求原因、抗弁などの構造は同じであろう。なお、これらの論者は、要件事実の主張の前に訴訟物の特定を求め、しかも、手続進行順としてもまず訴訟物の特定を要求している感がある。しかし、請求を基礎づける事実の提示と、その法的な構成の模索の中で、旧訴訟物理論によっても訴訟物が特定形成されるのではないかと思う。

(22) 難波・前掲注(21)一六一頁。

(23) 川島武宜『民法総則』一七頁（有斐閣、一九六五年）、内田貴「民事訴訟における行為規範と評価規範」法教七五号六九頁以下（一九八六年）。

(24) 石田穣『証拠法の再構成』一〇頁（東京大学出版会、一九八〇年）。

(25) 石田・前掲注(24)一六頁、一八頁。

(26) 石田・前掲注(24)一三頁〔松室至博士〕、一五頁〔高木豊三大審院判事〕。

(27) 難解であるのでよく消化できていないが、プログラミングの専門家でもある法律家による証明責任に関する論文として、佐藤健「証明責任とその周辺概念の論理プログラミングによる定式化」東京大学法科大学院ローレビュー四号四六頁（二〇〇九年）がある。法律要件 f が証拠から存在すると証明される心証度を q (f) とし、不存在のそれを q (-f) としたときに、存否不明を「not q (f) かつ not q (-f)」と表現する。そして、証明責任により真偽不明の場合に f を仮定する場合と q (f) である場合を default (f) と表現されているので、真偽不明の場合にfを仮定することを前提での定式化であるように思われる。「not q(f) かつ not q(-f)」の場合にfを仮定できないと言う前提をとられてはいない。もっとも真偽不明の時にfを仮定するのが論理的に正解であるという趣旨ではない思う。他に、佐藤健＝浅井健人ほか「PROLEG: 論理プログラミングをベースとした民事訴訟における要件事実論の実装」（国立情報科学研究所）（http://research.nii.ac.jp/~ksatoh/juris-informatics-papers/kbs92-ksatoh.pdf）。

（28） 松本博之「要件事実論と法学教育（一）（二）（三）」自由と正義五四巻一二号九八頁（二〇〇三年）、五五巻一号五四頁、五五巻二号九二頁（二〇〇四年）。

（29） 石田・前掲注（24）一〇〇頁以下。その要点につき伊藤眞『民事訴訟法〔第四版〕』三五三頁（有斐閣、二〇一一年）、新堂幸司『新民事訴訟法〔第五版〕』六〇二頁（弘文堂、二〇一一年）など。証明責任規範説は、「一定の事実（F）があれば、一定の効果（K）が発生する」との法規のもとでは、Fの事実の存否不明の場合、Kが生じるかどうかは、法規自体からは解決できないとする。つまり、この法規の命ずるところは、FがあればKが生じ、FがなければKが発生しない、という結論しか導かないという理解である。そして、存否不明のときに事実が存在するとするのか、しないのかを、別に証明責任規範が扱うとのことである。さらには、論理的に、権利根拠規定と権利障害規定の区別が明確でないことをいうようである。石田・前掲注（24）七〇頁、一一八頁。例えば、①表示された効果意思と内心の効果意思の一致を権利根拠規定として置き、その反対である意思の不一致を権利障害規定に置くこと（新堂・前掲六一二頁）、②錯誤の不存在を権利根拠規定におき、その反対である錯誤の存在を権利障害規定に置くこと、③未成年の法律行為を権利障害規定に置き、成年であることを権利発生規定に置くこと（石田・前掲注（24）一二二頁）等々は、全て同じ事実であり、その間に、実体法上の差異を認めない。④最も分かりやすい例では、A＝「動産を一〇年間自主占有した者はその所有権を取得する。但し、悪意の場合はこの限りではない。」という規定（ドイツ民法九三七条）と、B＝「動産を善意で一〇年間自主占有した者はその所有権を取得する。但し、悪意の場合はこの限りではない。」との規定を対比する。ローゼンベルク（そして規範説）の理解では、善意、悪意の存否が不明であれば、Aのもとでは取得時効が成立、Bのもとでは不成立となる。しかし、論者（石田・前掲注（24）など）は、Aは、そもそも、「取得時効が完成するためには悪意が存在してはならない。つまり、善意でなければならないことになり、結局、右規定は、動産を一〇年間善意で自主占有したものはその所有権を取得するが、一〇年間悪意で自主占有した者はその所有権を取得しない、と言うことを叙述しているといわざるを得ない。」とし、Bでも勿論同じ結論であることを述べており、A、B共に実体法としては区別できないとする。ということは、善意、悪意の存否不明は、A、B共に時効取得の不成立を帰結する。そうすると、A、Bの表現、表記の差は、Aでは被告に悪意の立証責任（主観的立証責任を言うと思われる）を負わせ、Bでは原告に善意の立証責任を負わせる立法者意思が明示されたことを意味する、という（石田・前掲注(24)一一九頁、一二〇頁）。思うに、このように同一とされたり、違うとされたりすると、結局は、記号である文字の論理学を超えて、そもそも、存否不明の場合に時効成立の意図で、あるいは不成立の意図で立法がなされたか、または、総合的客観的にそのような意図があったものと見るか、それとも立法とは一般に存否不明を最終的には決めて、それを表記していると見るか、によって決定しても良さそうである。単体での条文を問題にするのであれば、規範説のような考えの方が分かりやすい。

(30) もし、論者（石田・前掲注(24)など）の言うように、これらの規定（取得時効での善意、悪意）が同じことを述べているのであれば、権利根拠規定、権利障害規定などの命名の意味がないことは分かるが、内容的にいずれの形式であるかを問わず、善意であることが存否不明に終われば取得時効を否定することになるのであるから、結局、実体法としては存否不明のときの規定を置いていることを承認せざるを得ない。そうであれば、証明責任規範説は、逆にこれを必要がないとの結論に至る。問題は、そもそも国民は、成立している形式基準たる条項（規範説の根拠）に対面しているわけで、このような深部にわたる解釈議論により国民に対して、条項は根拠とならないとして目にすることができない証明責任規範を見ろと言われたり、あるいはやはり条項は最後には根拠になると言われたりするようでは、国民の側は、いたずらに左右せざるを得ない。なお、論者によれば、時効取得の例での善意、悪意だけではなく、そもそも錯誤などの権利障害規定も契約上の権利に係る権利根拠規定に全部吸収されるということになる。その場合、立証の負担が過大となるので、例えば一般規定、特別規定の例によって区分をするのであれば、理論ではなく政策論に入り込んでいることになると思う。あまり「理論」に驚くなと言うことであろうか。

(31) 石田・前掲注(24)一八頁は、起草者は「立証責任の配分を原則として念頭におかなかったのである。」としているが、旧民法典証拠編一条、二条は意識されていたはずであるし、表現が優しいところではそのような原則が現れていると思うし、一定の要件があれば一定の効果を与えるとの法的価値判断は、そのような原則を少なからず反映していると思う。

(32) 夏目漱石は芸術論、心理学に優れた評論を著しているが、参考までに法形式（我々からすれば要件事実と呼ぶ構成を含むであろう）に対する国民の側からの常識的な考えを次のように述べる。「して見ると要するに形式は内容の為の形式であって、形式のために内容が出来るのではないと云ふ訳になる、モウ一歩進めて云ひますと、内容が変れば外形と云ふものは自然の勢ひで変って来なければならぬと云ふ理屈にもなる、傍観者の態度に甘んずる学者の局外の観察から成る規則法則乃至凡ての形式や型のために我々の生活の内容が構造されるとなると少しく筋が逆になるので、我々の実際生活が寧ろ彼等学者（時によれば法律家と云つても政治家と云っても教育家と云っても構ひません、兎に角学者的態度で観察一方から形式を整へる方面の人を指すのです）に向かって研究の材料を与え其結果として一種の形式を彼らが抽出する事が出来るのです、その形式が未来の実施上参考にならんとは限らんけれども本来から云へばどうしても是が原則でなければならない、然るに今此順序主客を逆まにしてあらかじめ一種の形式を事実より前に備えて置いて、其形式から我々の生活を割出さうとするならば、ある場合には其処に大変な無理が出来なければならない、……其規則を当嵌められる人間の内面生活は自然に一つの規則を敷衍してゐる事は前申し上げた説明ですでに明らかな事実なのだから其内面生活と根本義に於て抵触しない規則を抽象して標榜しなくては長持がしない、徒に外部から観察して綺麗に纏め上げた規則をさし突けて是は学者の拵へた者だから間違いはないと思ってては却って間違いになるのです。」（夏目漱石「中身と形式」『漱石全集第一五巻』四五頁（岩波書店、一九五五年））。

(33)　「裁判規範としての民法」を唱える要件事実説が、民法の権利の発生を正当なものとし、かつ、その立証責任が明示される本質的事実を探求してこれをもとに組み立てた「裁判規範としての民法」を目指すとして、膨大で一通りでは終わらない作業を引き受けられることに敬意を表しても、民法と「裁判規範としての民法」との二重の法源をもたらしかねない点が心配される。

(34)　刑事事件に関するものであるが、最判昭和二三年八月五日刑集二巻九号一一二三頁（「元来訴訟上の証明は、自然科学者の用ひるような実験に基くいわゆる論理的証明ではなくして、いわゆる歴史的証明である。論理的証明は『真実』そのものを目標とするに反し、歴史的証明は『真実の高度な蓋然性』をもつて満足する。言いかえれば、通常人なら誰でも疑を差挟まない程度に真実らしいとの確信を得ることで証明ができたとするものである。」）、最判昭和五〇年一〇月二四日民集二九巻九号一四一七頁（「通常人が疑を差し挟まない程度に真実性の確信を持ちうるものであることを必要とし、かつ、それで足りる」）。加藤新太郎「確信と証明度」鈴木正裕先生古稀祝賀『民事訴訟法の史的展開』五四九頁以下（有斐閣、二〇〇二年）。

(35)　これは、コモン・ロー諸国の証明度に関する原則である。ただし、衡平法事件などにつき、clear and convincing evidence という基準がある。ところで、わが国最高裁が証拠の優越をもって足りるとした事例は検出できないが、事実認定にあたり証拠の優越という確信の程度を用いる余地のあることを示唆しているもの（実際には採用していない）ものに、最判昭和五一年三月二三日刑集三〇巻二号二二九頁がある。

（36） 新堂・前掲注(29)五七二頁本文および注(一)。

（37） Livanovitch v. Livanovitch, 99 Vt. 327, 131 A. 799 (1926) ("When the equilibrium of proof is destroyed, and the beam inclines toward him who has the burden, however slightly, he has satisfied the requirement of the law, and is entitled to the verdict. A bare preponderance is sufficient, though the scales drop but a feather's weight.")。陪審裁判における陪審への説示（jury instruction）では、prepondrance of the evidenceと立証責任につき、例えば、次のような説示がなされる。"Preponderance of the evidence" means the greater weight of the evidence. It is such evidence that when weighed against opposing evidence persuades you that the claim is more probably true than not true. In the absence of such proof, Dr. Settlegoode cannot prevail as to that claim. If the evidence appears to be equally balanced, or if you cannot say on which side it weighs heavier, then you must resolve that question against Dr. Settlegoode who has the burden of proof."

（38） 9 Wigmore on Evidence § 2486 at 277 (3rd ed. 1940).

（39） 三ヶ月章『民事訴訟法』四一〇頁（有斐閣、一九五九年）。

（40） 9 Wigmore on Evidence § 2485 at 270, 271 (3rd ed.1940).

（41） An Act to Simplify and Abridge the Practice, Pleadings and Proceedings ofthe Courts of this State, ch. 379, § 120 (2), 1848 N. Y. Lawspp. 497, 521 ("a statement of the facts constituting the cause of action in ordinary language, without repetition, and in such a manner as to enable a person of common understanding to know what is intended.").

（42） Fed. Equity Rule 25 ("a short and simple statement of the ultimate facts upon which the plaintiff ask relief, omitting any mere statement of evidence.")

（43） Weinstein & Distler, Comments on Procedural Reform: Drafting Pleading Rules, 57 Colum. L. Rev. 518, 520–521 (1957).

（44） FRCiv.P, Rule2, "There is one form of action-the civil action.".

（45） FRCiv.P, Rule12 (b): (b) HOW TO PRESENT DEFENSES. Every defense to a claim for relief in any pleading must be asserted in the responsive pleading if one is required. But a party may assert the following defenses by motion: (1) lack of subject-matter jurisdiction; (2) lack of personal jurisdiction; (3) improper venue; (4) insufficient process; (5) insufficient service of process; (6) failure to state a claim upon which relief can be granted; and (7) failure to join a party under Rule 19. R.12(b) は、

judgment on the pleading を扱うが、このうち(b)(6)が、claim の主張が失当である場合の却下を定める。

(46) FRCiv.P, Rule 56.(a) Motion for Summary Judgment or Partial Summary Judgment. A party may move for summary judgment, identifying each claim or defense — or the part of each claim or defense — on which summary judgment is sought. The court shall grant summary judgment if the movant shows that there is no genuine dispute as to any material fact and the movant is entitled to judgment as a matter of law. The court should state on the record the reasons for granting or denying the motion. Summary judgment における心証形成の基準は、summary judgment に反対する当事者の有利に全証拠を検討したうえでの公判に移行すべき争点の存否である。この基準は明文ではなく、確立した判例法によるものである。

(47) FRCiv.P, Rule 50(a)。一方当事者の立証が終わった段階で、裁判官が、その証拠には法的に十分の基盤がなく合理的な陪審においてその者に有利な判断がとてもできないと判断する場合には、当該争点をその者に不利に認定し、有利な認定でないときには維持できない請求、あるいは抗弁につきその者に不利な判決をすることができる。

(48) FRCiv.P, Rule 50(b).

(49) FRCiv.P, Rule 8(a)(2), "A pleading that states a claim for relief must contain a short and plain statement of the claim showing that the pleader is entitled to relief." である（請求（claim）を主張する書面は、主張者が求める救済を容認するべき claim を短く簡単に主張しなければならない）。選択的、予備的原因につき Rule 8 (d)(2), "A party may set out 2 or more statements of a claim or defense alternatively or hypothetically, either in a single count or defense or in separate ones." ; Rule 8 (d)(3), "A party may state as many separate claims or defenses as it has, regardless of consistency."

(50) FRCiv.P, Rule 8 (e): e) CONSTRUING PLEADINGS. Pleadings must be construed so as to do justice.

(51) FRCiv.P, Rule9: 管轄を証明する場合を除き、一般に当事者能力の主張、代表権の主張、団体の成立などについての主張を不要とするというのが(a)である。"(a) Capacity or Authority to Sue; Legal Existence. (1) *In General.* Except when required to show that the court has jurisdiction, a pleading need not allege:(A) a party's capacity to sue or be sued;(B) a party's authority to sue or be sued in a representative capacity; or (C) the legal existence of an organized association of persons that is made a party. (2) *Raising Those Issues.* To raise any of those issues, a party must do so by a specific denial, which must state any supporting facts that are peculiarly within the party's knowledge." また、詐欺あるいは錯誤の主張をするときはその生じた事

情を特定して主張する必要がある。これに反して、害意、意思、認識そのたの心的事情は一般に述べることで足りるとするのが、(b)である。“(b) FRAUD OR MISTAKE; CONDITIONS OF MIND. In alleging fraud or mistake, a party must state with particularity the circumstances constituting fraud or mistake. Malice, intent, knowledge, and other conditions of a person's mind may be alleged generally.” また、停止条件については、一般に全ての条件が充たされたことを主張すれば足り、これを争うときは争う者において具体的に主張する必要があるとするのが、(c)である。“(c) CONDITIONS PRECEDENT. In pleading conditions precedent, it suffices to allege generally that all conditions precedent have occurred or been performed. But when denying that a condition precedent has occurred or been performed, a party must do so with.”

(52) FRCiv.P, Rule 84.

(53) 過失による交通事故の損害賠償事件の訴状書式Form11では、“2.On <Date>, at <Place>, the defendant negligently drove a motor vehicle against the plaintiff. 3.As a result, the plaintiff was physically injured, lost wages or income, suffered physical and mental pain, and incurred medical expenses of $ <_____>.”という記載が示されている。Justice Breyer は、…on October the 24th, 2004 at the corner of 14th and Third Avenue, defendant drove negligently and injured me.”（「被告が二〇〇四年一〇月二四日、一四丁目と三番街の角で車を注意を払うことなく運転し、私を傷つけた。」）と言う訴状の主張は、十分に claim を述べているとの見解が残されている（Bell Atlantic Corp. v. Twombly, 550 U.S. 544（May 21, 2007）の二〇〇六年一〇月二七日弁論速記録二四頁）。

(54) 学者からは、“a plaintiff's obligation to provide the “grounds” of his “entitle[ment] to relief” requires more than labels and conclusions, and a formulaic recitation of the elements of a cause of action will not do... Factual allegations must be enough to raise a right to relief above the speculative level, see 5 C. Wright & A. Miller, Federal Practice and Procedure §1216, pp. 235–236（3d ed. 2004）”（「救済を受けるべき根拠を提示する原告の義務は、ラベルや結論を超える必要があり、さらには請求の要件を形式的に唱え直すだけでは足りない。事実の主張は、そのような権利を推測レベルの上へと持ち上げるに十分でなければならない。（引用省略）。」）という。

(55) 前掲注(44)を参照。このほか、Rule12(e)には、特定した主張を求める申立ができること、これを相手が怠った時は、その主張を排斥できるとの定めがある。A party may move for a more definite statement of a pleading to which a responsive pleading

is allowed but which is so vague or ambiguous that the party cannot reasonably prepare a response. The motion must be made before filing a responsive pleading and must point out the defects complained of and the details desired. If the court orders a more definite statement and the order is not obeyed within 14 days after notice of the order or within the time the court sets, the court may strike the pleading or issue any other appropriate order.

（56） Theatre Enterprises, Inc. v. Paramount Film Distributing Corp., 346 U.S. 537（1954）; Swierkiewitz v. Sorema, N.A., 534 U.S. 506, 508（2002）.

（57） Conley v. Gibson, 355 U.S. 41, 47（1957）.

（58） Bell Atlantic Corp. v. Twombly, 550 U.S. 544（May 21, 2007）。判文中には、Conley 判決を否定する箇所もある。

（59） Ashcroft v. Igbal, 556 U.S. 662（2009）.

（60） 米国の民事訴訟における弁論法理（pleading 段階）に対して、実は、日本企業はよほどの貢献をされており、特筆すべきである。内容には立ち入る余裕はないが、独禁法事件における証拠開示段階での summary judgment の可否につき、Matsushita Elec. Industrial Co. v. Zenith Radio Corp.,475 U.S. 574（1986）; 特許侵害の馴れ合い訴訟を利用した取引制限の弁論段階における主張が、裁判所に顕著な事実から特許訴訟が客観的に根拠がないとはいえないときには、請求をなさないものとしたものに、Asahi Glass v. Pentech Pharmaceuticals, 289 F. Supp. 2d 986（ND Ill. 2003）.

仲裁手続と訴訟手続の競合規整

――West Tankers 事件判決とブリュッセルⅠ規則の改正

中野俊一郎

一　はじめに

仲裁合意の存否や有効性が争われる場合、一方当事者が裁判所で本案訴訟を提起し、他方が仲裁の抗弁を提出して仲裁手続を開始することにより、裁判手続と仲裁手続の競合を招くことが少なくない。仲裁合意が有効ならば裁判所は訴えを却下し、そうでなければ仲裁手続は終了すべきことになるが、仲裁廷は自らの仲裁権限について判断権をもち、裁判手続中も仲裁手続を続行できるからである（仲裁法一四条、二三条参照）。

UNCITRALモデル仲裁法型の国内仲裁法の下では、仲裁廷が仲裁合意を有効と見て仲裁判断を下しても、仲裁判断の取消・執行手続で仲裁合意の有効性が審査されるから（仲裁法四四条一項二号、四五条二項二号参照）、仲裁廷としては、裁判所の判断をにらみつつ慎重に手続を進めざるをえない。これに対して、仲裁廷の判断を優先させる形で手続競合の規整を図る考え方もある。例えばフランス民訴法一四四八条は、「仲裁廷が未だ事件を受理しておらず、仲裁合意が明らかに無効又は明らかに適用されない場合を除き」、受訴裁判所は訴えを却下すべきものとしており（仲裁権限判断権《コンペテンツ・コンペテンツ》の消極的効果[1]）、一九六一年の欧州国際商事仲裁条約Ⅵ条三項もこれとほぼ同様の考え方を示す[2]。

国際仲裁の場合、仲裁地と仲裁判断執行地は必ずしも一致せず、それ以外の国で本案訴訟が起こされることもあるうえ、仲裁合意の有効性判断基準は国によって相違しうることから、より難しい問題を招く。仲裁合意の準拠法を統一できれば合意の有効性判断は調和するが、仲裁合意の準拠法は通常明記されず、主契約準拠法と仲裁地法が一致しない場合には、いずれを重視するかで準拠法は異なりうる。仮に準拠法が一致しても、事実認定により、合意の成否や有効性の判断は国によって相違しうるであろう。したがって、仲裁手続と訴訟手続の国際的競合という問題は、常にありうることと見なければいけない。

欧州域内で国際裁判管轄を統一的に規律するブリュッセルI規則（以下「規則」という）[3]は、訴訟競合に関して先係属優先主義をとり、加盟国裁判所の判決は管轄審査なしに他の加盟国で承認されるとした（規則二七条、三四条）。これは、管轄権の有無について、専ら先係属裁判所が判断権をもつことを意味する。「仲裁」は規則の適用範囲から除外されるが（規則一条二項d号）、裁判所による仲裁合意の有効性判断が適用除外の対象かどうかは明らかでない。そうすると、仲裁合意の一方当事者が訴訟を提起し、他方が仲裁の抗弁を提出して管轄を争うとともに、仲裁地で仲裁手続を開始する場合、仲裁合意の有効性判断は、全て先係属裁判所に委ねられることになるか。もしそうだとすると、仲裁合意の拘束から逃れたい当事者は、訴訟手続が迅速に進まない国を選んで「魚雷」（torpedo）訴訟を提起することにより、仲裁手続の進行を阻害できることになる。West Tankers事件ではこの点が問題になった。仲裁手続の遅延は仲裁地としての欧州全体の信用問題にも直結しかねないから、ことがブリュッセルI規則の改正論議にまで発展するのも頷けよう。

（1） Fouchard, Gaillard, Goldman on International Commercial Arbitration, 1999, no. 671-681; Bühler/Webster, Handbook of ICC Arbitration, 2005, para.6-78.

（2） Ⅵ条三項「裁判所への申立てに先立って、仲裁合意の一方当事者が仲裁手続を開始した場合、その後に同一当事者間での同一係争事項につき、あるいは仲裁合意の存否や有効無効ないし失効につき判断を求められた締約国裁判所は、仲裁廷の管轄権に関する判断を、これと異なる十分かつ実質的理由がある場合を除き、仲裁判断があるまで停止しなければならない。」

（3） これにつき中西康「民事及び商事事件における裁判管轄及び裁判の執行に関する二〇〇〇年一二月二二日の理事会規則（EC）44/2001（ブリュッセルI規則）（上）（下）」国際商事法務三〇巻三号三一一頁、四号四六五頁（二〇〇二年）。

二 West Tankers 事件判決に至る道

1 先係属優先主義と専属管轄合意：Gasser 事件判決

規則二七条は、「同一当事者間での同一訴訟原因（cause of action）に関する手続が異なる構成国の裁判所に係属する」場合、「先係属裁判所以外の裁判所は、職権により、先係属判所の管轄が確定するまで手続を中止」しなければならず、先係属裁判所の管轄が確定すれば「訴えを却下しなければならない」という。この先係属優先主義の考え方は、専属管轄合意に反して他国で本案訴訟が先行提起された場合にも妥当するか。二〇〇三年の Gasser 事件判決(4)はこれを肯定した。

本件では、オーストリア会社とイタリア会社の契約中にオーストリア裁判所の専属管轄合意があったが、イタリア会社はその存在を争い、イタリアで訴えを先行提起したため、オーストリア裁判所から欧州司法裁判所（以下「ECJ」という）に先決判断が求められた。判旨によると、条約二一条（規則二七条に相当）の目的は、訴訟競合状態の解消による将来的な判決承認の障害除去にあり、そのためには同条を広く解釈せねばならない。同条は、管轄原因のいかんを問わず、管轄判断を先係属裁判所に委ねた。当事者が管轄合意を援用した場合に合意の有無を審査して訴えの可否を判断するのは先係属裁判所の義務に属する。条約一九条は、「他の締約国裁判所が専属管轄を有する事件」につき訴え却下を命じるが、専属管轄合意を規定する一七条はそこに含まれず、訴訟遅延をねらって合意管轄地外で訴えが提起されるおそれも、この解釈を覆すには足りない。したがって、「条約二一条は、後係属裁判所の管轄権が管轄合意に基づく場合であっても、先係属裁判所が自らの無管轄を宣言するまで、手続を中止させる趣旨と解される」、と。

本判決によると、先係属優先主義による訴訟競合の規整にあたって、先行訴訟が専属管轄合意に反するかどうかは影響せず、それは専ら先係属裁判所で判断される。この見地からすると、先係属訴訟で仲裁合意違反が主張される場合にも同じ答えになるはずであり、West Tankers 事件判決はそれを裏付ける結果となった。

2 先係属裁判所による外国訴訟差止命令：Turner 事件判決

英米法上、当事者による外国訴訟の提起が信義誠実に反し、相手方への権利侵害と評価される場合、内国裁判所はそれを禁じる命令（外国訴訟差止命令）を発布できる[5]。では、先係属裁判所による訴訟禁止命令は規則上許されるか。二〇〇三年の Turner 事件判決[6]はこれを否定した。

本件では、英国に住む弁護士が、元の雇用主である英国会社、スペイン会社を相手取って英国裁判所で訴訟提起したのに対して、被告英国会社はスペイン裁判所で損害賠償を求めた。そのため、スペイン訴訟の追行を禁じることがブリュッセル条約に違反するかにつき、ＥＣＪの先決判断が求められた。

判旨によると、条約の管轄システムは加盟国司法制度に対する相互信頼に基づくため、他の加盟国裁判所の管轄権の審査は原則的に認められない。これに照らすと、制裁金をかけて他の加盟国裁判所での訴訟追行を禁じることは、当該裁判所の管轄権を侵害する。この侵害は、それが間接的であり、被告の訴権濫用を防ぐためだとしても正当化できない。被告の外国訴訟提起が濫用的かどうかの判断は、訴訟提起の適切さの評価を含むため、条約の基礎をなす相互的信頼の原則と相容れない。したがって、条約は、「加盟国裁判所が、そこで係属する訴訟の当事者に対し、他の加盟国裁判所での訴訟手続の開始や追行を禁じる命令を出すことを、仮にこの当事者が係属中の訴訟を阻害する意図で悪意をもって行動している場合であっても許さない」、と。

本判決によると、規則の適用上、先係属裁判所も外国訴訟差止命令を発布できない。ここで強調される「加盟国司法制度に対する相互信頼」という考え方からすれば、仲裁地国裁判所による訴訟禁止命令についても、答えは同じになるはずである。West Tankers 事件判決はこれを確認する結果になった。

3 「仲裁」除外の範囲：Marc Rich 事件判決と Van Uden 事件判決

仲裁に関しては、一四八カ国が加盟する「外国仲裁判断の承認及び執行に関する条約」（ニューヨーク条約）、欧州三一カ国が加盟する欧州国際商事仲裁条約等の多数国間条約が独自の規律をおく（加盟国数は二〇一三年一月現在）。これを考慮して、規則一条二項d号（条約一条二項四号）は「仲裁」を規則の適用範囲から除外した。

ここでいう仲裁が何を意味するかについて、Jenard 報告書は、「仲裁判断取消しのような仲裁に関する訴訟」というにとどまるが[7]、Schlosser 報告書は、仲裁判断の取消しや承認・執行に関する訴訟、仲裁判断確認訴訟[8]のほか、仲裁人の選任・解任、仲裁地の決定、仲裁判断作成期間の延長、仲裁合意の有効性に関する裁判、仲裁合意の無効を前提に当事者に仲裁手続の続行を禁じる裁判のように、広く「仲裁手続に付随する（ancillary）裁判手続」がこれに該当するという[9]。これらは条約一条二項四号に関する説明であるが、規則の解釈についても妥当すると解されており[10]、ＥＣＪもこれらを基に「仲裁」除外の外延を判断してきた。

一九九一年の Marc Rich 事件判決[11]においては、一方当事者によるイタリアでの訴訟提起に対し、他方当事者が英国で仲裁を開始するとともに裁判所で仲裁人選任を求めたため、これが条約の適用を受けるかが問題となった。ＥＣＪによると、「ある紛争が条約の適用範囲に入るかどうかの決定にあたっては、紛争の係争事項（subject matter）だけを参照すべき」である。裁判所による仲裁人選任は、「国が仲裁手続を進行させるプロセスの一部として行う措置」にすぎないから、条約一条二項四号にいう「仲裁」に該当し、条約は適用されない。この結論は、「仲裁合意の存在又は有効性が先決問題として争われていても」異ならない、と。

一九九八年のVan Uden事件判決[12]では、仲裁合意の一方当事者が、条約二四条に基づき、仲裁地国の裁判所で仮処分を求めうるかが争われた。ＥＣＪは、Schlosser報告書に触れながら、「保全処分は原則的に仲裁手続に付随するものではなく、それと並行して、それを補助する措置として意図され、命じられるもの」であり、「仲裁それ自体に関わるものではなく、広い範囲で権利の保全に関わる」こと、「その条約中での位置づけは、それ自身の性質によるのではなく、それが保全しようとする権利の性質によるべき」ことを指摘する。その上で、「保全処分申立ての係争事項が条約の事項的適用範囲内の問題に関わる限り、仮に本案につき既に手続が開始し、あるいは開始されうるとしても、また、これらの手続が仲裁廷で行われるとしても、条約の適用は認められ、条約二四条に基づき、当該申立てを受理した裁判所に管轄権が認められうる」とした。

これらの先例によると、規則の適用範囲から外れる「仲裁」とは「仲裁手続に付随する手続」をいい、その該当性判断に際しては、専ら「紛争の係争事項」が基準となる。当該手続で「仲裁合意の存在又は有効性が先決問題として争われていても」重要ではなく、本案が仲裁手続で判断されることは保全手続に条約を適用する妨げにならない。これらの判示からは、「仲裁」除外の範囲がかなり制限的に理解されていることが窺えよう。他方で、仲裁合意の当事者が仲裁地外の国で本案訴訟を提起し、他方が仲裁合意の抗弁を提出した場合、これに関する受訴裁判所の判断手続が規則の適用を受けるかどうかは明らかでない。しかし、Evrigenis/Kerameus報告書は、「条約に基づいて訴えが提起された裁判所の管轄権を争うために当事者が仲裁合意を援用した場合、その先決問題としての確認は、条約の範囲内に属すると見なければならない」としており、[13] West Tankers事件判決はこの考え方によった。

（4） Eric Gasser GmbH v. MISAT, C-116/02 [2003] ECR I-14693.

（5） これは、内国裁判所の専属管轄や内国仲裁の合意がある場合に、手続競合を解消する手段としてよく利用されてきた。中野俊一郎「国際仲裁と外国訴訟差止命令」国際商事法務三五巻一二号一六二七頁以下（二〇〇七年）。

（6） Turner v. Grovit, C-159/02 [2004] ECR I-3565.

（7） Jenard, Report on the Convention on jurisdiction and the enforcement of judgments in civil and commercial matters, OJ 1979 C 59, p.1, IV D.

（8） その性質は執行許可手続に相当する。中野俊一郎「仲裁判断を確認する外国判決の執行」ＪＣＡジャーナル五七巻八号二頁以下（二〇一〇年）。

（9） Schlosser, Report on the Convention on the Association of the Kingdom of Denmark, Ireland and the United Kingdom of Great Britain and Northern Ireland to the Convention on jurisdiction and the enforcement of judgments in civil and commercial matters and to the Protocol on its interpretation by the Court of Justice,OJ 1979 C 59, p.71, No.64, 65.

（10） Kropholler/von Hein, EuZPR, 9. Aufl., 2011, Art. 1 EuGVO Rz. 43.

（11） Marc Rich & Co. AG v. Società Italiana Impianti PA, C-190/89 [1991] ECR I-3855.

（12） Van Uden Maritime v. Deco-Line and Another, C-391/95 [1998] ECR I-7091. 本件では、オランダ会社とドイツ会社の間で傭船契約の不履行が問題となり、オランダ会社は、オランダで仲裁手続を開始するとともに、裁判所で仮払仮処分を求めた。ドイツ会社はオランダ裁判所の保全命令管轄を争ったが、オランダ裁判所は、ブリュッセル条約二四条に基づく保全命令としてドイツ会社に仮払いを命じたため、本案が仲裁で判断されるべき場合に、裁判所で申し立てられた保全処分が条約の適用範囲に入るかどうかが問題となった。本判決につき的場朝子「欧州司法裁判所による保全命令関連判断——ブリュッセル条約二四条（規則三一条）の解釈」神戸法学雑誌五八巻二号一二八頁以下（二〇〇八年）を参照。

（13） Evrigenis/Kerameus, Report on the accession of the Hellenic Republic to the Community Convention on jurisdiction and the enforcement of judgments in civil and commercial matters, OJ 1986 C 298, p.1, No.35.

三 West Tankers事件判決(14)

1 事案

二〇〇〇年八月、イタリアのシラクサにおいて、英国法人Xの所有船舶が傭船者であるイタリア法人Aの所有する桟橋に衝突し、桟橋を長期間使用不能にする損害を生じた。Aは、Xを相手方として、傭船契約中の仲裁条項に基づき、保険の塡補範囲外の損害の賠償を求める仲裁手続をロンドンで開始した。他方、Aへの保険金支払いにより債権を代位取得したと主張する保険会社Y_1・Y_2は、仲裁合意の拘束力を否定して仲裁手続に参加せず、事故地であるシラクサの裁判所でXに対する損害賠償請求訴訟を提起した。そのためXは、イタリア裁判手続で仲裁の抗弁を提出して裁判所の管轄権を争うとともに、仲裁手続では、自らがA、Y_1・Y_2のいずれに対しても責任を負わない旨の確認を求め、また英国裁判手続においては、当該紛争が仲裁で解決されるべきことの確認とともに、Y_1・Y_2に対するイタリア訴訟差止命令を求めた。二〇〇五年三月、英国高等法院は仲裁合意の有効性を認めてイタリア訴訟の差止めを命じ、上訴を受けた貴族院はＥＣＪに先決判断を求めた。

2 二〇〇九年二月一〇日のＥＣＪ判決

[二二]「X及び英国政府は、ブリュッセルⅠ規則一条二項d号は仲裁を規則の適用対象外としているから、訴訟差止命令は同規則に抵触しないと主張する。」

[二三]「この関係で考慮すべきは、紛争がブリュッセルⅠ規則の適用範囲内に含まれるかどうかを判断するにあ

たっては、係争事項だけを問題とすべきである、ということだ（Marc Rich 事件判決二六節）。より詳しくいうと、ブリュッセルⅠ規則の範囲内にそれが位置づけられるかは、問題となる手続が保護しようとする権利の性質によって決せられる（Van Uden 事件判決三三節）。」

〔二三〕「従って、本件主訴訟のような、訴訟差止命令を目的とする手続は、ブリュッセルⅠ規則の範囲内には含まれえないことになる。」

〔二四〕「しかし、仮にこの手続がブリュッセルⅠ規則の適用範囲内に含まれないとしても、それは、民商事事件における管轄抵触ルールの統一及び判決の自由移動というブリュッセルⅠ規則の目的達成を妨げる結果をもたらしうる。このことは、とりわけ、この手続が他の構成国の裁判所に対し、ブリュッセルⅠ規則が認めた管轄権行使を禁じる場合にいえることだ。」

〔二五〕「その関係で必要となるのは、シラクサ裁判所でYらが提起した訴訟がブリュッセルⅠ規則の範囲内に含まれるかどうかの検討と、訴訟禁止命令が当該手続に及ぼす影響を確定することだ。」

〔二六〕「そこで前提となるのは、法務官意見の五三節・五四節がいうように、ある手続が、その対象により、つまり、例えば損害賠償請求のように、当該手続で保護されるべき権利の法的性質によって、ブリュッセルⅠ規則の適用範囲に含まれるのであれば、合意の有効性を含む仲裁合意の妥当可能性に関わる先決問題もまた、同じく規則の適用範囲内に含まれる、ということだ。この考え方は、ギリシャのブリュッセル条約加入の際の Evrigenis/Kerameus レポート三五節で支持されている。それによると、ブリュッセル条約に基づく提訴を受けた裁判所の管轄を争うべく当事者が援用した仲裁合意の有効性を先決問題として判断することは、条約の適用範囲に含まれる。」

〔二七〕「従って、Xがシラクサ裁判所で仲裁合意に基づいて提出した無管轄の抗弁は、仲裁合意の有効性問題も含めブリュッセルⅠ規則の適用範囲内に属し、それゆえ、専ら当該裁判所が、この抗弁及び自らの管轄権について、規則一条二項d号及び五条三号に従い判断することになる。」

〔一二八〕「規則五条三号に基づき、通常であれば紛争解決の管轄を有する加盟国裁判所に対し提訴された紛争への規則の適用可能性につき、一条二項d号に基づき判断することを禁じる訴訟禁止命令の利用は、必然的に、規則の下で自らの管轄権につき判断する権限を当該裁判所から奪うことになる。」

〔一二九〕「そこから、次の帰結が導かれる。第一に、法務官意見五七節にいうように、本件で問題となるような訴訟差止命令は、ブリュッセル条約に関する当裁判所の先例から浮かび上がる一般原則、すなわち、全ての受訴裁判所は、自らに適用される規則の下で、提訴された紛争を自らが解決する管轄権を有するかどうかを自ら決定する（この点につきGasser事件判決四八・四九節）、という原則と相容れない。これとの関係で注意すべきは、ブリュッセルⅠ規則は、本件主手続には関係のないいくつかの限られた例外を除き、加盟国裁判所の管轄権を他の加盟国裁判所が審査することを認めていない、ということだ（Overseas Union事件判決四八・四九節及びTurner事件判決二六節）。その管轄権は、規則の適用範囲規定を含め、規則が定めたルールにより直接決定される。従って、ある加盟国が、他の加盟国裁判所の管轄権の有無を判断するにつき、優位な立場に立つということはありえない（Overseas Union事件二三節及びGasser事件判決四八節）。」

〔一三〇〕「さらに、このような訴訟差止命令は、他の加盟国裁判所が規則上与えられた権限、すなわち、一条二項d号を含め、規則の客観的適用範囲定義規定に基づき規則の適用の有無を決定する権限、を行使するのを妨げることにより、規則の管轄システムが基礎をおく、加盟国相互の法秩序及び司法制度に対する信頼に逆行することになる。」

［三一］「最後に、もしも訴訟禁止命令によって、シラクサ裁判所が仲裁合意の妥当可能性確定という先決問題を審査できなくなるとすれば、当事者の一方は、単に当該合意を援用するだけで手続を回避できることになり、合意が無効、失効あるいは履行不能であると考える申立人は、規則五条三項に基づいて自らが訴えを提起した裁判所へのアクセスを阻害され、自らに与えられた司法的保護の形式を奪われることになる。」

［三二］「以上により、本件主手続で問題となっているような訴訟差止命令は、ブリュッセルＩ規則と相容れない。」

3　ＥＣＪ判決以後の展開

ＥＣＪの判決を受けて訴訟差止命令は取り消され、イタリア訴訟手続と英国仲裁手続が並行して進められた。その結果、仲裁手続では、Ｙら不参加のまま、二〇〇八年一〇月、Ａの請求を棄却し、ＸがＡに対し賠償責任を負わないことを確認する仲裁判断が下され、また同年一一月には、ＸがＹらに対し賠償責任を負わないことを確認する仲裁判断が下された。しかし、Ｙらは依然イタリアでの訴訟手続を続行したため、Ｘは英国裁判所において、英国仲裁法六六条一項に基づき一一月の仲裁判断の執行許可を求めるとともに、同条二項に基づき仲裁判断と同内容の判決言渡しを求めた。これは、将来イタリアで下されるべき本案判決が英国で承認・執行されることを防ぐための措置にほかならない。二〇一〇年一一月一五日、高等法院はＸの申立てを認容し、Ｙらからの不服申立ても斥けた(15)。二〇一二年一月二四日の控訴院判決も、仲裁判断と同内容の判決の付与は「純然たる国内法の解釈問題」であり、「ＥＵ法的性質をもたない」として控訴を棄却している(16)。

4　ＥＣＪ判決の影響

West Tankers事件判決は、仲裁地外の国で訴訟が先行提起され、そこで仲裁の抗弁が提出された場合、受訴裁判所による管轄判断は規則の適用を受け、仲裁地国裁判所といえどもそれを阻止することはできないとした。そうすると、仲裁合意の効果を主張する当事者としては、仲裁手続を開始しても、仲裁地国では管轄争いを確定的に解決できないことになる。二〇一〇年のNational Navigation事件[17]ではこの点が問題となった。

本件では、傭船契約紛争を発端として、スペイン会社Yがスペインでエジプト会社Xの所有船舶を差し押え、同日、Xは英国で債務不存在確認訴訟を提起した。Xは、スペインでの本案訴訟において、傭船契約の引用によりロンドン仲裁条項が船荷証券中に組み込まれたとして手続中止を申し立てた。スペイン裁判所はこの主張を斥けたが、英国裁判所での訴訟係属が先行する可能性があることを考慮し、英国裁判所の管轄判断があるまで手続を中止するとした。そこでXは、英国で仲裁手続を開始するとともに、英国裁判所で、本件紛争が仲裁合意の範囲に含まれることの確認を求め、これに対してYは、本件スペイン判決は規則上承認の対象になると主張した。

原審は、本件スペイン判決は規則の適用範囲に属するが、仲裁手続は規則の適用を受けず、当該判決は仲裁手続では拘束力をもたないとしてスペイン判決の効力を否定し、本件船荷証券は仲裁条項を含むと判断した。これに対して控訴院は、その間に下されたWest Tankers事件判決を精査し、「手続の主たる対象が規則の適用範囲内にある場合、当該手続で仲裁条項の適用可能性について下された先決的判断は規則の適用範囲内にある」という。また、「仲裁条項の契約への組込みの判断は契約紛争の内容と密接に関係」しており、これに関する判断は規則三二条、三三条に基づく承認の対象になるとして原判決を取り消し、船荷証券中への仲裁条項の組込みを否定したスペイン判決は英国裁判所を拘束するとした[18]。

確かに、受訴裁判所が自らの管轄権を認めて下した判決につき、仲裁合意の存在を理由に承認を拒絶できないとすることは、規則が間接管轄の審査を許さないこと、管轄合意や仲裁合意の抗弁が出されないまま判決に至る可能性もあることを考えれば、規則の構造上自然な解釈といえよう[19]。しかし、それが仲裁実務に及ぼす悪影響は相当に大きい。なぜなら、仲裁合意の有効性を否定したい当事者は、規則上管轄が認められる――しかも手続進行の遅い――加盟国の裁判所を選んで本案訴訟を先行提起することで、仲裁手続の進行に強力な揺さぶりをかけられるからである。国際仲裁が仲裁地国に様々な経済効果をもたらすことは知られており[20]、そのために各国は、モデル法の採用や仲裁機関・仲裁規則の整備を通して、自国への仲裁誘致にしのぎを削ってきた。このような観点からすれば、欧州全域につき、仲裁手続の迅速性や実効性を損ないかねない規律を採用することは問題である。同じことは管轄合意についてもいいえ、これらの扱いに関して規則改正を望む声が出るのも故なしとしない。

現行規則の問題は、仲裁手続と裁判手続の連携の不備にある。つまり、仲裁を規則の適用範囲から外しながら、先係属裁判所の管轄判断の優先を仲裁との関係でも認めるために、仲裁手続と裁判手続が競合する場合に仲裁地国による処理が制約されることである。換言すると、仲裁と規則との分離の仕方が中途半端だといってもよい。そのため、規則改正の議論においては、仲裁を規則の適用範囲に含め、手続競合を規制する考え方と、逆に、仲裁と規則との分離を徹底しようとする考え方とが対立することになった。

（14） Allianz SpA v. West Tankers Inc., C-185/07 [2009] ECR I-663. 本判決の紹介として中西康「仲裁合意を支援するための訴訟差止命令とブリュッセルＩ規則」貿易と関税五七巻一二号七五頁（二〇〇九年）、安達栄司「仲裁合意を貫徹するための訴訟差止命令の可否」国際商事法務三七巻九号一二五六頁（二〇〇九年）。

（15） West Tankers Inc. v. Allianz SpA et.al. [2011] EWHC 829 (Comm).

（16） West Tankers Inc. v. Allianz SpA et.al. [2012] EWCA Civ 27. 本判決については、中野俊一郎「内国仲裁手続と外国訴訟手

続の競合事例において、英国裁判所が、確認的仲裁判断の執行許可及び仲裁判断内容に準拠した判決を付与した事例」ＪＣＡジャーナル六〇巻一号四四頁（二〇一三年）。

（17）National Navigation Co. v. Endesa Generacion SA（the "Wadi Sudr"）, [2010] 1 Lloyd's Rep. 193.

（18）*Id.* at para. 40, 42.

（19）Kropholler/von Hein, a.a.O., Art.1 EuGVO Rz. 47.

（20）例えば、欧州の主要仲裁センターが生み出す経済価値は四〇億ユーロに達するとの調査報告がある。CSES, *infra* note 26 para. 5.1.2 at p.93.

四　ブリュッセルⅠ規則の改正

1　ハイデルベルク報告書（二〇〇七年）

規則七三条によると、欧州委員会は、規則発効後五年以内に、規則の適用に関する報告書を提出しなければならない。その準備のために二〇〇七年九月に欧州委員会に提出された報告書（いわゆるハイデルベルク報告書[21]）は、現在の画一的な仲裁除外により、仲裁合意の有効性に関する裁判所の判断が国ごとに相違したり、仲裁判断と判決が抵触したりすることで当事者の予測可能性が損なわれているとした上で[22]、以下のような方向性での規則改正を提案している。すなわち、

① 規則一条二項d号を削除し、ニューヨーク条約と規則との密接な接合を図る。ただし、特別法としてのニューヨーク条約の優先適用（七一条）は維持する。

② 規則二二条六項で、「仲裁の援助に関する付随手続」に関する仲裁地構成国裁判所の専属管轄を定めることにより、手続競合を防ぎ、規則と仲裁との積極的な接合を図る。

③　「加盟国裁判所は、仲裁合意の存在及び範囲に関して被告が裁判所の管轄権を争い、仲裁合意中で仲裁地として指定された構成国の裁判所に、仲裁合意の成立、有効性及び［又は］範囲に関する確認訴訟が係属する場合、手続を中止しなければならない」との規定をおき、仲裁合意の有効性に関する手続競合を規整する。(23)

2　グリーン・ペーパー（二〇〇九年）

二〇〇九年四月、欧州委員会は、ハイデルベルク報告書を基にしたグリーン・ペーパー(24)を公表した。その第七項目「規則と仲裁とのインターフェイス」は、ニューヨーク条約が十分に機能しており、それに触れるべきでないとしながら、同時に、「仲裁を規整するためにではなく、主として欧州における判決の円滑な流通を保障して手続競合を防ぐために、仲裁に関わるいくつかの問題を規則中で扱うことは妨げられない」として、次のようにいう。すなわち、

①　仲裁除外の廃止は仲裁手続と裁判手続とのインターフェイスを促進し、仲裁地国裁判所に専属管轄を認めることは法的安定性を高めうる。

②　仲裁合意の有効性に関する裁判手続と仲裁手続の調整、例えば、仲裁合意の有効性につき仲裁地国裁判所に優先的判断権を与えることが考えられる。

③　仲裁合意の有効性に関する抵触規則を統一し、例えば仲裁地法に連結することで、合意の有効性判断が食い違う可能性を減少させうる。

④　「ニューヨーク条約上執行可能な仲裁判断と抵触する判決の執行拒絶を許す規則」の導入や、仲裁地国に仲裁判断の執行力や手続的公正性を確認する専属管轄を与え、それを受けた仲裁判断をＥＵ内で自由流通させる

こと、ニューヨーク条約七条を通してEUレベルで仲裁判断の承認促進を図ることも考えられる。

これらを踏まえ、グリーン・ペーパー（質問七）は、仲裁合意の実効性強化、裁判手続と仲裁手続の連携確保、仲裁判断の実効性強化のために、EUレベルでいかなる施策が適当かを照会した。

しかし、ハイデルベルク報告書やグリーン・ペーパーが提案するラジカルな規則改正への動きは、仲裁除外の廃止、専属管轄の導入、仲裁廷の仲裁権限判断権を十分に顧慮しないこと、仲裁合意の有効性に関する抵触規則の導入といった点で、厳しい批判を受ける結果となった[25]。そのため、翌年公表された欧州委員会提案はより抑制的な立場を示す。

3　欧州委員会提案（二〇一〇年）

(1)　基本方針

欧州委員会は、グリーン・ペーパーによる意見照会、アンケート調査[26]、シンポジウムなどを通して各方面から意見を吸い上げた上で、専門家グループを立ち上げ、そこで取りまとめられた提言を基に、二〇一〇年一二月、ブリュッセルI規則改正のための提案[27]（以下「委員会提案」という）を公表した。これと同時に公表された規則改正の効果に関する評価報告書（インパクト・アセスメント）は、「West Tankers事件判決は、規則の下で、濫用的訴訟の危険性が現実にあることを露呈した。不誠実な原告が『好意的な』管轄国で本案訴訟を提起することで仲裁合意から逃れうるという事実は、EUにおける仲裁の実効性を危険に曝すものである。現在の状況は、仲裁手続に関してより法的確実性の高いEU外の国での仲裁を当事者に促すことで、EU域内の仲裁の魅力を減殺することになりうる」という[28]。同様の認識から、委員会提案は、「仲裁」除外規定の削除というドラスチックな手法によるのではなく、仲裁手続と裁判手続の競合規整に関わる場合だけを「仲裁」除外の範囲から外した上で、先係属優先主義を一部修正し、仲裁地の裁判所および仲裁廷に優先的判断権を与えることで、「欧州における仲裁合意の実効性を強化し、裁判手続と仲裁手続の競合を防ぎ、濫用的訴訟戦術への誘因を除去」しようとする。(29)

(2) 「仲裁」除外の制限と手続競合規整

委員会提案一条二項d号は、「仲裁」除外規定に制限を加え、「但し二九条四項、三三条三項に規定する場合を除く」とした。(30) ここでいう二九条四条は、委員会提案が新たに導入した仲裁手続と訴訟手続の競合規整の規定であり、次のように定める。

「合意されたか指定された仲裁地が構成国内にある場合、仲裁合意に基づき管轄権が争われる他の構成国の裁判所は、仲裁地が所在する構成国の裁判所又は仲裁廷に、その主たる訴訟対象として、又は先決問題として、仲裁合意の存在、有効性又は効力を定める手続が係属した場合、手続を中止しなければならない。

本項は、管轄権を争われる裁判所が、自国国内法が規定する場合に、上の状況において訴えを却下することを妨げるものではない。

仲裁合意の存在、有効性又は効力が認められた場合、受訴裁判所は訴えを却下しなければならない。（以下略）」

これによると、消費者契約や労働契約等に関わるものを除き、仲裁合意がある事件につき訴えを受理した裁判所は、そこで管轄権が争われ、仲裁地国の裁判所か仲裁廷で仲裁合意の有効性に関する手続が係属した場合、手続を中止または却下する義務を負う。(31) 仲裁合意の有効性が、主たる訴訟対象として争われるか（仲裁合意の有効性確認訴訟など）、先決問題として争われるか（仲裁廷の管轄判断に伴う仲裁合意の存否確認など）は問われない。係属時点の先後も問題にならず、仲裁地国裁判所か仲裁廷にいったん手続が係属した以上はそれが優先し、受訴裁判所は手続を中止しなければならない。三二条二項には、管轄合意に関して、これと平仄を合わせた規定がおかれている(32)。他方、仲裁廷での手続係属については統一的ルールがないため、委員会提案三三条三項は、「仲裁廷での手続係属は、一方当事者が仲裁人を指名したか、一方当事者が仲裁廷の構成のための援助を機関、当局又は裁判所に申し立てたときに生じたものとみなす」とした。

4 学説上の評価と欧州議会・欧州理事会の反応

(1) 学説上の評価

委員会提案は、仲裁手続と訴訟手続の競合を規整するための規定を導入し、その限りにおいて、仲裁関連訴訟を規則の適用範囲に取り込もうとする。これは、「仲裁」除外規定の削除、仲裁地国の専属管轄規定や仲裁合意の準拠法決定規定の創設を視野におくハイデルベルク報告書やグリーン・ペーパーに比べれば、かなり穏健な方針といえよう。

委員会提案に対しては、現行規則が魚雷訴訟の提起を可能にするのと同様に、濫用的な管轄抗弁を誘発する危険性が指摘されていた。つまり、受訴裁判所での手続を阻害する意図で、被告が根拠の薄い管轄抗弁を提出した場合でも、仲裁地国で仲裁合意の有効性に関する訴訟や仲裁が係属する以上、受訴裁判所は手続を中止しなければならない、という問題である(33)。また、EU構成国間でも仲裁合意の有効性判断基準に違いがあるため、仲裁地以外の国で仲裁合意の効力を否定して本案判決を受けることを、常に不誠実な訴訟追行と見ることはできない、との批判もあった(34)。しかし、そのような訴え提起が容易に許され、奏功するとすれば、それが仲裁制度全体に及ぼすマイナス効果は計り知れない。さらに、West Tankers 事件判決が認めた先行訴訟優先原則の徹底は、当事者間に「早い者勝ち」の意識を生む。仲裁合意を主張したい側が仲裁地国で、他方がその他の国で、先を争って訴訟手続を開始するとなれば、当事者間には早い段階で敵対感情が生まれ、裁判外での紛争解決は難しくなる[35]。これらの観点からすると、「仲裁」除外を原則的に維持しつつ、手続競合の規整という一点に絞ってこれを緩和し、仲裁地国での判断に優先性を認めようとする委員会提案には正当性が認められ、学説上も賛成の声が少なくない状況にあった[36]。

(2) 欧州議会・欧州理事会の反応

これに対して、欧州議会・欧州理事会の反応は極めて否定的なものであった。

そもそも欧州議会は、グリーンペーパーに対する二〇一〇年九月七日の決議[37]において、次のような立場をとっていた。すなわち、

① 仲裁援助の手続につき仲裁地国裁判所に専属管轄を認めるべきではない。

② 訴訟禁止命令など、仲裁廷の管轄保全のための各国国内法上の制度は今後とも利用できるようにすべきであり、West Tankers事件判決以前と同様に、他の構成国におけるこれらの裁判の効果は各国国内法に委ねられるべきである。

③ （部分的なものであっても）仲裁除外の廃止には強く反対する。

④ 規則一条二項d号においては、仲裁手続だけでなく、本問題または先決問題としての仲裁権限の有効性や範囲に関する裁判手続も、規則の適用範囲から外れることを明記すべきである。

これは、「仲裁」除外を最大限広く認めることで、仲裁に関する各国国内法制度の活用を許す考え方にほかならない。同様の見方は委員会提案の公表後も根強く、例えば二〇一一年六月、一〇月の司法委員会の審議では、「二〇一〇年九月七日の議会決議に掲げられた理由から……仲裁のあらゆる局面は、規則の適用範囲から明確かつ

曖昧さを残さず排除されるべきである」として、委員会提案の大幅な修正が提案されていた[38]。

欧州理事会の反応もこれとほぼ同様であり、二〇一二年六月に公表された「一般方針」(General Approach)[39]は、規則一条二項d号の仲裁除外規定を維持するとともに、以下に述べる改正規則前文と同内容の提案をしていた。欧州議会においてもこれが支持され、二〇一二年一二月一二日、改正ブリュッセルI規則[40](以下「改正規則」という)が成立した。

5　改正ブリュッセルI規則(二〇一二年)

改正規則一条二項d号は、従前の規定をそのまま維持して、「仲裁」を規則の適用範囲から除外している。同時に改正規則は、新たに前文一二に次の定めをおくことで、仲裁と規則の関係を一定範囲で明確化しようとした。すなわち、

「本規則は仲裁には適用されない。本規則は、当事者が仲裁を合意した事項に関する訴訟が係属した構成国裁判所が、自国国内法に基づき、当事者に仲裁付託を命じたり、手続を中止または却下したり、仲裁合意が無効であるか、失効しているか、又は履行不能であるかを判断したりすることを妨げるものではない。

仲裁合意が無効であるか、失効しているか、又は履行不能であるかに関して構成国裁判所が下した判断は、裁判所がこれを本問題として判断したか先決問題として判断したかにかかわらず、本規則が定める承認・執行規則に服してはならない。

他方において、裁判所が、本規則又は国内法の下で管轄権を行使し、仲裁合意が無効、失効、又は履行不能であると判断した場合、このことは、当該紛争の実体に関する当該裁判所の判断が、本規則に従って承認され、場合に

よっては執行されることを妨げるものではない。このことは、構成国裁判所が、本規則に優先する一九五八年六月一〇日の外国仲裁判断の承認・執行に関するニューヨーク条約に従い、仲裁判断の承認・執行について判断する権限を妨げるものではない。

本規則は、仲裁に関する訴訟ないし付随的手続、とりわけ仲裁廷の構成、仲裁人の権限、仲裁手続の実施その他の手続的局面に関するもの、及び仲裁判断の取消し、再審査、上訴、承認及び執行に関する訴訟や判決には適用されない。」

これは、ハイデルベルク報告書や委員会提案が目指した、仲裁を規則の適用範囲内に取り込もうとする方向性を否定し、従前の報告書や先例が徐々に明確化してきた「仲裁」除外の外延を、確認的に述べたものにすぎない。そのため、仲裁の規律に関して各国は従来通りの広いフリーハンドを認められる反面、West Tankers事件が提起した、魚雷訴訟による紛争解決の遅延という問題は放置されたことになる。さらに、仲裁判断言渡後に先行訴訟で判決が下された場合、仲裁判断の存在が判決執行の拒絶事由になりうるかといった点は[41]、今後とも解釈問題として残されたと見てよい。

(21) Report on the Application of Regulation Brussels I in the Member States, presented by Burkhard Hess, Thomas Pfeiffer and Peter Schlosser, Study JLS/C4/2005/03. この報告書はウェブ上でも公開されているが（http://ec.europa.eu/civiljustice/news/docs/study_application_brussels_1_en.pdf）、その後の情報を加えてアップデイトされたものが単行書として公刊されている（Hess/Pfeiffer/Schlosser, The Brussels I-Regulation（EC）No 44/2001-The Heidelberg Report on the Application of Regulation Brussels I in 25 Member States［Study JLS/C4/2005/03］, 2008）。本稿での説明は後者によることとし、以下においてはHess/Pfeiffer/Schlosserとして引用する。

(22) 本報告書は、加盟各国での規則適用に関する国別調査を基礎としており、そのためのアンケートでは、規則の適用範囲拡大、特に仲裁・調停手続を取り込むことの是非が問われた。これに対する各国からの回答は、ニューヨーク条約の普遍的妥当性を理由に規則の適用範囲拡大に反対するものが大部分であったが、同時に、仲裁合意の執行確保のための裁判、仲裁手続に付随する裁判や仲裁合意の有効性判断を含む裁判の取り扱い、仲裁手続と裁判手続の競合規整などについて、規則とニューヨーク条約の連携に問題があることも指摘されている。Hess/Pfeiffer/Schlosser, no.109, 116-119.

(23) Hess/Pfeiffer/Schlosser, no.120-135.

(24) Green Paper on the Review of Council Regulation (EC) No 44/2001 on jurisdiction and the recognition and enforcement of judgments in civil and commercial matters, COM (2009) 175 final.

(25) 例えばMagnus/Mankowski, Brussels I on the Verge of Reform - A Response to the Green Paper on the Review of the Brussels I Regulation -, ZVglRWiss 109 (2009), S.21 ff.; Radicati di Brozolo, Choice of Court and Arbitration Agreement and the Review of the Brussels I Regulation, IPRax 2010, S.124 ff. などを参照。

(26) CSES, Data Collection and Impact Analysis - Certain Aspects of a Possible Revision of Council Regulation No. 44/2001 on Jurisdiction and the Recognition and Enforcement of Judgments in Civil and Commercial Matters ('Brussels I'), accessible at 〈http://ec.europa.eu/justice/doc_centre/civil/studies/doc/study_CSES_brussels_i_final_17_12_10_en.pdf〉.

(27) Proposal for a Regulation of the European Parliament and of the Council on jurisdiction and the recognition and enforcement of judgments in civil and commercial matters, COM (2010) 748 final.

(28) Impact Assesment, SEC (2010) 1547 final, p.35 para.2.4.1.1.

(29) COM (2010) 748 final p.9 para.3.1.4.

(30) 同時に前文一一節は、「本規則は、本規則中に定める一定の場合を除き、仲裁には適用されない。とりわけ本規則は、仲裁合意の方式、存在、有効性または効力、仲裁人の権限、仲裁廷における手続、ならびに仲裁判断の有効性、取消し及び承認・執行には適用されない」とする。

(31) これは、EU構成国間での相互的信頼を前提に国際的手続競合の規整を図るものであるから、仲裁地がEU域外にある事件や国内事件には適用されない。Illmer, Brussels I and Arbitration Revisited -The European Commission's Proposal COM (2010) 748 final-, 75 RabelsZ (2011) S.649.

（32）「（前略）二三条にいう合意が構成国裁判所の専属管轄を定める場合、他の構成国裁判所は、合意において指定された裁判所が訴えを却下するまで、当該紛争に関して管轄権を有しない」。

（33） Radicati di Brozolo, Arbitration and the Draft Revised Brussels I Regulation: Seeds of Home Country Control and of Harmonisation?, JPrivIntL Vol.7 No.3（2011）p.442-447.

（34） Radicati di Brozolo, *supra* note 33 at p.431.

（35） Dickinson, *infra* note 36 at p.294.

（36） Benedettelli, 'Communitarization' of International Arbitration: A New Spectre Haunting Europe?, ArbInt Vol.27 No.4（2011）, p.609; Dickinson, Surveying the Proposed Brussels I Bis Regulation - Solid Foundation But Renovation Needed -, Yearbook PIL Vol.12（2010）, p.294; Illmer, a.a.O., S.666; ders., Der Kommissionsvorschlag zur Reform der Schnittstelle der EuGVO mit der Schiedsregerichtsbarkeit, SchiedsVZ 2011, 256; Radicati di Brozolo, supra note 33 at p.455-460 など。

（37） European Parliament resolution of 7 September 2010 on the implementation and review of Council Regulation（EC）No 44/2001 on jurisdiction and the recognition and enforcement of judgments in civil and commercial matters, P7_TA（2010）0304, para.I-M and 9-11, accessible at 〈http://www.europarl.europa.eu/sides/getDoc.do?pubRef=-//EP//TEXT+TA+P7-TA-2010-0304+0+DOC+XML+V0//EN〉.

（38） Draft Report on the proposal for a regulation of the European Parliament and of the Council on jurisdiction and the recognition and enforcement of judgments in civil and commercial matters（recast）（COM（2010）0748-C7-0433/2010 - 2010/0383（COD））, accessible at 〈http://www.europarl.europa.eu/RegData/commissions/juri/projet_rapport/2011/467046/JURI_PR（2011）467046_EN.pdf〉 and 〈http://www.europarl.europa.eu/RegData/commissions/juri/amendments/2011/473813/JURI_AM（2011）473813_EN.pdf〉.

（39） Proposal for a Regulation of the European Parliament and of the Council on jurisdiction and the recognition and enforcement of judgments in civil and commercial matters（Recast）-First reading - General Approach（10609/12 JUSTCIV 209 CODEC 1495）, Article 84 fn.1. 〈http://register.consilium.europa.eu/pdf/en/12/st10/st10609.en12.pdf〉.

（40） Regulation（EU）No 1215/2012 of the European Parliament and of the Council of 12 December 2012 on jurisdiction and the

recognition and enforcement of judgments in civil and commercial matters (recast), OJ 2012 L 351/1.
（41） これにつき中野・前掲注（16）四七頁を参照。

五 おわりに

国際仲裁の規律について、各国はさまざまな形で権限を分掌している。法廷地国にとって、仲裁合意の有効性は裁判上の救済の許否に直結するから、その判断は重要性をもつ。また、仲裁判断の執行は債務者財産への重大な介入となるため、執行国にとっても、仲裁判断のクォリティ・コントロールは欠かせない。仲裁地国は、仲裁手続を規律・援助し、仲裁判断に確定判決と同一の効力を与え、あるいは取り消すといった形で、国際仲裁の規律につき第一次的な責務を担う[42]。現在のところ、各国は、この三者それぞれの立場で独自に仲裁合意の効力判断を行っており、これは、国家が自国裁判権の範囲を自ら決定するという建前から根拠づけられる。しかし、そこから生じる判断の齟齬が仲裁による紛争解決の実効性を損なうとすれば、何らかの手当てが望まれよう。その場合、国際仲裁の規律に第一次的責任を負う仲裁地国の権限拡大によることは最も考えやすい[43]。この観点からすると、仲裁地国での仲裁合意の有効性判断に優先的効力を認める委員会提案には十分な説得力がある。それにもかかわらず、委員会提案が採用されなかったのはなぜだろうか。

仲裁は、国家司法制度によらないことを最大の特徴とする紛争解決方法であり、その独自性のゆえに強い魅力をもち、発展を続けてきた。しかし他方において、仲裁がその機能を十全に発揮するためには、さまざまな場面で国家司法制度の援助を仰がねばならない。ニューヨーク条約は、仲裁が国家司法の力を借りながら国際的にも通用するための最小限の共通基盤を提供することで、世界的に受け入れられてきた。もっとも、条約は、加盟国に仲裁判断や仲裁合意の承認義務を課すだけで、仲裁合意の有効性判断基準を示さない。しかも、条約成立当時、民事手続法は世界的に不統一な状態にあったから、各国はそれぞれの独自性を色濃く残した仲裁像を描き、その実効性を担保する手続法制を別個に構築することで、互いにしのぎを削りつつ、仲裁という紛争解決制度を発展させてきた。ところが、その後欧州では、ブリュッセルⅠ規則を中心として、国際民事手続法制の広範な法統一が実現し、域内における権利保護の実効性強化が進んだ。このような状況において、仲裁とブリュッセルⅠ規則の衝突という問題が表面化するのは、ほぼ時間の問題であったということができる。

仲裁とブリュッセルⅠ規則の関係をめぐる議論の展開は、仲裁と規則の連携不足が「魚雷」訴訟を誘発することを問題視し、仲裁を規則の枠内に取り込むことで両者の連携を図ろうとする動きと、これに対抗して仲裁の独自性、自律性を守ろうとする動きとの衝突という構図で理解することができる。前者の立場を徹底するのがハイデルベルク報告書であり、それをスケールダウンしたものが欧州委員会提案であった。他方、欧州理事会や欧州議会では後者の立場が支配的であり、最終的にはこれが規則修正への圧力を封じ込めたということができよう。

ブリュッセルⅠ規則は欧州民事手続法の統一に向けて生成発展を続けてきた。そのさらなる進化を考えた場合、裁判と拮抗するだけの巨大な紛争解決システムに成長した仲裁を規則の対象に取り込もうとする動きが芽生えるのは自然である。しかし他方において、フランスや英国といった国々が、激しい競争のなかで独自の仲裁観や手続制度を構築することで、この紛争解決制度を発展させ、取引社会の支持を拡大してきたことを思えば、これに法統一というしばりをかける動きに対して反発が出るのもまた当然であろう。West Tankers 事件は、この難しい二者択一問題の存在をあぶり出す役割を果たしたということができようか。

(42) この点につき中野俊一郎「国際仲裁と国家法秩序の関係」国際法外交雑誌一一〇巻一号五三頁以下（二〇一一年）。

(43) 日本の仲裁法の解釈としても、「この法律に規定する場合に限り」裁判所に権限行使を認める仲裁法四条、UNCITRALモデル法五条の趣旨から、「本案訴訟の法廷地は、仲裁合意の存否の判断を仲裁地に譲るべき」であるとの見解がある。中村達也「国際仲裁における手続上の問題——仲裁と訴訟の競合」ＪＣＡジャーナル五一巻一一号七九頁（二〇〇四年）。

石川正先生には、神戸大学法科大学院の国際仲裁セミナーにおいて、豊富な実務経験に裏打ちされた、洞察力に富む貴重なお話を数多く聞かせて頂いた。先生にお読み頂くにはあまりにも拙いものではあるが、深い感謝と尊敬の念を込めて、本稿を献呈させていただきたいと思う。

詐害行為取消訴訟の構造に関する覚書

畑　瑞穂

一　はじめに
二　従来の制度と解釈論
三　近時の立法論
四　若干の検討
五　補　論
六　おわりに

一　はじめに

債権者が詐害行為取消権（民法〔以下括弧内では「民」と略す〕四二四条[1]）を行使する訴訟の構造については、詐害行為取消権の性質論とも関係して、古くから論じられてきたところであり、法制審議会民法（債権関係）部会（以下「部会」という）で現在進行中の債権法改正準備作業[2]においても論点の一つとなっている[3]。

本稿では、この問題のうち債務者の位置づけに重点を置いて、倒産法上の否認権（破産法〔以下括弧内では「破」と略す〕一六〇条以下等[4]）の場合と比較しつつ、従来の状況（二）と近時の立法論（三）を見た後に、若干の検討を行い（四）、いくつかの点について補足する（五）こととするが、時間や筆者の能力をはじめとする諸般の制約から、詐害行為取消権に関する膨大な学説・判例を網羅的に検討することはおよそなしえず、いくつかの見解に即して、大まかな方向性を論じるものに過ぎない。また、詐害行為取消権の性質論については、近時の立法論において、判例（大判明治四四年三月二四日民録一七輯一一七頁等）のいわゆる折衷説を基本的に維持しつつ、必要な範囲で修正を加えるという方向が有力であること[5]を踏まえて、詐害行為の目的である財産を債務者側に取り戻す枠組み自体は維持されることを前提とし、目的財産を受益者等の手許に残したまま強制執行の対象とする責任説等の枠組みは検討の対象としていない[6][7]。

（1）「債権者取消権」の語が用いられることもあるが、本稿では、現在の法文（民四二四条見出し等）に即して「詐害行為取消権」の語を用いる。

（2）部会での審議の状況は、法務省のウエッブサイトで資料等も含めて公開されている（http://www.moj.go.jp/shingi1/

shingikai_saiken.html)。本稿執筆・校正時点では、平成二三年四月一二日部会決定「民法（債権関係）の改正に関する中間的な論点整理」および法務省民事局参事官室「民法（債権関係）の改正に関する中間的な論点整理の補足説明」の公表・パブリックコメントを経て、平成二五年二月二六日部会決定「民法（債権関係）の改正に関する中間試案」を取りまとめ、これに法務省民事局参事官室の文責において各項目ごとにそのポイントを要約して説明する「概要」欄を付した「民法（債権関係）の改正に関する中間試案（概要付き）」および「概要」欄に加えてさらに詳細な説明を付した「民法（債権関係）の改正に関する中間試案の補足説明」を公表した段階である。これらは、商事法務編『民法（債権関係）の改正に関する中間的な論点整理の補足説明』（商事法務、二〇一一年）、同編『民法（債権関係）の改正に関する中間試案（概要付き）（別冊ＮＢＬ一四三号）』（商事法務、二〇一三年）、同編『民法（債権関係）の改正に関する中間試案の補足説明』（商事法務、二〇一三年）という形で公刊されている。本稿における部会での審議状況の紹介としては、主に、上記「論点整理」および上記「中間試案」の引用によることとする。

(3) 「論点整理」前掲注(2)二七頁以下、「中間試案」前掲注(2)二二頁以下参照。

(4) 否認権の制度は、各種倒産法制を通じておおむね共通であるため、条文の引用は、特に必要がない限りは破産法のみについて行うこととする。

(5) 「論点整理」前掲注(2)二六頁以下、「中間試案」前掲注(2)二四頁以下参照。

(6) 近時の労作である佐藤岩昭『詐害行為取消権の理論』（東京大学出版会、二〇〇一年）、片山直也『詐害行為の基礎理論』（慶應義塾大学出版会、二〇一一年）、水野吉章「詐害行為取消権の理論的再検討(一)〜(七・完)」北大法学論集五八巻六号、五九巻一号・三号・六号、六〇巻二号・五号、六一巻三号（二〇〇八〜二〇一〇年）等の成果も十分に参照できておらず、沿革的・比較法的な検討もほとんどなしえていない。

(7) 本稿は、筆者の別稿である畑瑞穂「転得者に対する否認権・詐害行為取消権行使の効果に関する覚書」田原睦夫先生古稀・最高裁判事退官記念『現代民事法の実務と理論　上巻』一五八頁以下（金融財政事情研究会、二〇一三年）の内容と関連する面がある。

二　従来の制度と解釈論

1　否　認　権

検討の便宜上、倒産法上の否認権について先に見ておくと、否認権は裁判上の行使を要する実体法上の形成権であって、否認権を行使する訴訟が形成訴訟であるわけではなく、否認権行使の効果を前提として給付請求等の適宜の請求を立てることになると解されている(8)。否認権者が訴えを提起する必要もなく、抗弁としての行使(9)や、否認の請求（破一七四条以下等(10)）という決定手続における行使もできることが明文で定められている（破一七三条一項等）。

沿革的には、明治二三年の旧商法（以下括弧内では「旧商」と略す）破産編では、贈与等について「財団ニ対シテハ当然無効トス」（旧商九九〇条）とされていたほかは、「財団ノ損害ニ於テ為シタル総テノ支払及ヒ権利行為」（旧商九九一条一項）や「債務者カ債権者ニ損害ヲ加フル目的ヲ以テ為シタル権利行為」（旧商九九六条）に対して「異議ヲ述ブルコトヲ得」とされていたが、異議権の行使方法について明確な規定はなかった。この点について、起草者ロエスレルは、裁判上の行使を想定していたように見えるのに対して(11)、大審院判例は、特別の方式は要さず、裁判外の意思表示で行使しうる、と述べていた(12)。大正一一年の旧破産法制定の際にこれを改めて、（否認の請求の制度を別として）現行倒産法制におけるのとほぼ同様の規定が置かれたのである。この点について、旧破産法の理由書では、詐害行為取消権は訴えによってのみ行使されうるが、抗弁による場合も判決で否認権の存否が確定されることに変わりはないので、これも認めることにする旨の説明がされている(13)。

なお、その後も、否認権を裁判手続外で行使できないか、という点が議論されているが、上記の通り、これを否定して裁判上の行使を要する形成権と解するのが通説である[14]。ただし、いずれにしても、登記実務上は、否認の登記をするためには、否認を認める判決ないし決定が必要であり[15]、他方、否認権行使の可能性があることを背景とした和解が裁判外でも可能であることには疑いはない（大判昭和五年一一月五日新聞三二〇四号一五頁、大判昭和六年一二月二一日民集一〇巻一二四九頁参照[16]）ため、議論の実益は大きくない[17]。

否認権行使の効果面に関しては、目的財産を物権的に復帰させるものとして理解されている（物権的効果説[18]）。目的財産の返還請求は復帰した物権に基づいてされるものと考えられており、否認権の内容としての返還請求権は想定されていないように見受けられる[19]。

他方で、否認の効果は、①倒産手続との関係でのみ、かつ、②否認権行使の相手方との関係でのみ生じるという意味で相対的である（相対的無効）と解されている。①は、例えば、否認権の行使によって回復された目的財産が破産財団中に残存したまま破産手続が終了したようないわばイレギュラーな場合は、否認権行使の効果が消滅する（当該財産は否認権行使の相手方に返還すべきことになる）こと（否認の登記に関する破二六〇条四項、民事再生法（以下括弧内では「民再」と略す）一三条六項、会社更生法（以下括弧内では「会更」と略す）二六二条六項参照）を意味するが、そのような場合でなければ、否認権行使の効果はむしろ確定的なものになり[20]、その効果は少なくとも実質的には倒産債務者に及んでいることになりそうである。②は、その他の者には否認権行使の実体的な効果が及ばないことを意味し、とりわけ念頭に置かれているのは財産減少行為の目的財産が転売されている場合である（直接の受益者に対して否認権を行使しても転得者にはその効果は及ばず、だからこそ転得者否認の制度が設けられている[21]）が、倒産債務者に効果が及ばない、といった表現がされることはないように見受けられる。

いずれにしても、否認権が行使される裁判手続に（被告という形であれ、訴訟告知という形であれ）倒産債務者が必要的に関与することは想定されていない。

2　詐害行為取消権[22][23]

詐害行為取消訴訟について、判例（前掲大判明治四四年三月二四日等）は、詐害行為の取消しを求めるとともに目的財産の返還等を求めるものとする[24]いわゆる折衷説を前提としつつ、取消しの効力は債務者には及ばず（相対的取消し）、このため受益者（または転得者）を被告とすれば足りる、としてきた。判例の折衷説は、以下で触れる形成権説と請求権説の折衷的なものとして位置づけられている。

まず、形成権説[25]は、詐害行為取消訴訟を、まさに詐害行為を取消してその効力を絶対的ないし物権的に否定することを求める形成訴訟として理解するものであり（「(純) 物権説」ないし「絶対的無効説」とも呼ばれる[26]）、債務者と受益者を共同被告とすべきものとする。[27][28]もっとも、物権的効果を生じる形成訴訟としつつも、債務者は被告とすべきほどの反対利益を有さないとして、受益者（または転得者）のみを被告とすべきものとする説もある。[29]

他方、請求権説[30]は、詐害行為取消権を法律の規定によって直接発生する債権的な請求権として理解するものであり（「(純) 債権説」とも呼ばれる）、詐害行為取消訴訟はその請求権を行使する給付訴訟であり、返還請求等の相手方のみを被告とすることになる。この請求権説の場合は、形成力が債務者に及ぶかという問題自体が生じないことになるが、請求権の内容は、受益者（または転得者）に対してその得た利益を債務者に返還すべきことを求めるものとされ、受益者が債務者に反対給付をしていた場合には不当利得としてその返還を請求しうる、とするなど、実質的には詐害行為取消権行使の効果を債務者に及ぼしているようにも見える。

また、折衷説には他のヴァージョンも存在し、このうち「判例よりも取消しに重点を置く」ものとして位置づけられる説[31]は、詐害行為取消権を詐害行為の当事者間でもその効力を否定するものとして理解し、債務者を含む詐害行為の当事者を被告とすべきものとする。

これに対して、「判例よりも請求に重点を置く」ものとして位置づけられる説[32]は、裁判上の形成権行使（意思表示）により債権的請求権を生じると理解するものである（「否認債権説」、「債権的相対無効説」とも呼ばれる）。訴訟としては目的物の返還を求める給付訴訟等ということになり、返還請求等の相手方のみを被告とすべきことになる。この説は、詐害行為取消権を「単に債権者に対する関係においてのみ債務者の行為の効力を否認する権利」と位置づけ、「債務者・受益者間の法律行為は有効に存在し、目的物の所有権は有効に受益者に移転している」とするが、先の請求権説とほぼ同様に、返還請求権行使の結果として目的財産の所有権や占有は債務者に復帰するとしており、やはり実質的には、詐害行為取消権行使の効果を債務者に及ぼしているようにも見える。なお、この説のうち、詐害行為取消権を裁判上の行使を要する形成権として位置づける部分は、民事訴訟法学説上はかなり有力であり[33]、実務家からの支持も一部で見られるようになっている[34]。

付言すれば、本稿では直接の検討対象とはしない責任説（の一部）でも、受益者（または転得者）のみを被告とするとしつつ、取消しの効果（責任法的無効）は何人にも対抗し得る絶対的なものと明言されている[35]。

以上からすると、従来の学説においても、取消しの効果の及ぶ範囲（や効果の内容）と訴訟構造の結びつきは意外に強くないと言うこともできるように思われる。

（8） 多数説が形成の訴えとする破産債権査定異議の訴え（破一二六条等）において否認権が行使されることもありうる。
（9） 明文には現れていないが、再抗弁等として否認権が行使されることもありうる。
（10） 否認の請求の制度は、昭和二七年制定の旧会社更生法で導入され（旧会更八三条以下）、平成一一年制定の民事再生法（民再一三六条以下）、平成一六年制定の現行破産法に順次拡大されたものである。

(11) ロエスレル『商法草案下巻』八七三頁以下、八七九頁（司法省、一八八四年）参照。

(12) 大判大正六年三月一五日民録二三輯三六六頁が、旧商法九九六条について、特別の方式は要さず、相手方に対する意思表示で行使しうる、と述べ、大判大正一一年七月一七日民集一巻四六〇頁が、旧商法九九一条について、訴えまたは抗弁による必要はなく、裁判外の意思表示で行使しうる、と明言していた。大正六年判決は、直接には、抗弁としての行使を認めたものであるが、大正一一年判決は、破産管財人が破産者による弁済に異議を述べてその額の返還を求める訴えを提起した後に、訴訟外で示談が成立し、弁済金が返還されて訴えが取り下げられた場合に、もとの債務が復活することに伴って保証債務も復活することを認めたものである。

(13) 司法省編『改正破産法理由』四七頁（中央社、一九二二年）。

(14) 山木戸克己『破産法』二二二頁（青林書院新社、一九七四年）、谷口安平『倒産処理法〔第二版〕』二七五頁（筑摩書房、一九八〇年）、竹下守夫ほか編『大コンメンタール破産法』一七三頁〔田頭章一〕（青林書院、二〇〇七年）、伊藤眞ほか『条解破産法』一一一二頁（弘文堂、二〇一〇年）等。肯定説は、霜島甲一『倒産法体系』三三八頁（勁草書房、一九九〇年）、伊藤眞『破産法・民事再生法〔第二版〕』四三〇頁（有斐閣、二〇〇九年）。

(15) 平成一六年一二月一六日付民二第三五五四号法務省民事局長通達「破産法の施行に伴う不動産登記事務の取扱いについて」。裁判外行使否定説でも、裁判上の和解や調停については裁判上の行使として捉える見解もある（山木戸・前掲注(14)二一九頁、斎藤秀夫ほか編『注解破産法(上)〔第三版〕』五一八頁〔宗田親彦〕(青林書院、一九九八年)）が、否認の登記はできないわけである。

(16) この場合の効果は、否認の効果に関する規定自体ではなく、和解条項とその解釈によって決まることになる（この点は、裁判外で行使できることに争いのない形成権を背景として和解がされた場合も同様であろう）。

(17) ただし、裁判外で弁済の偏頗行為否認が主張されて和解で決着した場合に保証債務等が復活するか、という問題（前掲注(12)大判大正一一年七月一七日参照）や、価額償還額の算定等において「否認権行使時」が基準とされる場合の扱いでは、違いを生じうる。

(18) 「原状に復させる」という条文の文言（破一六七条一項等）等が根拠とされる。これに対置されるのは、相手方に対して目的物の復帰を求める請求権が生じるのみで、その履行がされてはじめて財産権の復帰が生じる、という債権的効果説であるが、現在では主張されていないように見受けられる。後掲注(32)も参照。

(19) ただし、価額償還請求権等の場合は、否認権行使に基づく請求権を想定していることになろうか。

(20) 倒産手続中に目的財産が任意売却されたような場合〔否認の登記に関する破二六〇条二項・三項、民再一三条二項・三項、会更二六二条二項・三項参照〕や、再建型である民事再生・会社更生において目的財産が残存したまま再生計画認可決定確定等の段階にまで至った場合〔やはり否認の登記に関する民再一三条四項・五項、会更二六二条四項・五項参照〕である。

(21) 逆に、転得者に対して否認権を行使しても受益者にはその効果は及ばない、とされることが多いが、転得者が受益者に対して担保責任を追求することを認める見解が多く、これによれば受益者にも何らかの効果が及ぶことになる。転得者に対する否認権・詐害行為取消権行使の効果については、畑・前掲注(7)で検討を試みた。

(22) 以下については、潮見佳男『債権総論Ⅱ〔第二版〕』八五頁以下〔信山社、二〇〇五年〕、中田裕康『債権総論〔新版〕』〔岩波書店、二〇一一年〕、奥田昌道編『新版注釈民法(一〇)Ⅱ』七九五頁以下〔下森定〕〔有斐閣、二〇一一年〕に多くを負っている。

(23) 民法起草段階の議論については直接参照し得ていないが、必ずしもはっきりしない面があるものの、取消しの効果は絶対的に生じることを前提に、債務者をも被告とするという考え方が、少なくとも有力であったようである。潮見・前掲注(22)八六頁、奥田・前掲注(22)七九二頁〔下森〕参照。

(24) ただし、取消しのみを求めることもできる、としている。

(25) 石坂音四郎「債権者取消権〔廃罷訴権〕論」同『改纂民法研究下巻』二〇九頁〔有斐閣、一九二〇年〕等。詐害行為取消権の行使方法に着目するのであれば、「形成訴訟説」と呼ぶことも考えられそうであるが「形成権説」の呼称が定着しているようである。

(26) 「物権的」ないし「絶対的」と言っても、受益者に対して取消権を行使した後に、善意の転得者から目的財産を取り戻せると考えているわけではもちろんない。このことからすると、この説に対する「取引関係を不当に混乱させる」という批判は必ずしもあたらないようにも思われる。

(27) 転得者がいる場合の被告については議論が分かれるが、本稿では立ち入れない。

(28) 前田達明『口述債権総論〔第三版〕』二六七頁以下〔成文堂、一九九三年〕は、形成権説の近時のヴァージョン〔「新形成権説」と呼ばれる〕であり、詐害行為を取り消す形成判決とともに債務者から取消債権者への給付判決を命じると解することや、目的物が不動産である場合は受益者への移転登記の抹消をも命じると解することによって、実質的に一回の訴訟で問題を解決することを目指す点が特徴である。前田説を本格的に論評する用意はないが、取消債権者から債務者に対する給付請求を必ずしなければならないとすればなぜか、不動産登記の抹消を命じる根拠は何か、といった点が必ずしも明らかでないように思われる。

(29) 仁井田益太郎「債権者ノ取消権ヲ論ズ」法協三一巻一二号二〇三八頁（一九一三年）。

(30) 雉本朗造「債権者取消ノ訴ノ性質」同『民事訴訟法論文集』四四七頁（内外出版印刷、一九二八年）。

(31) 鳩山秀夫『増訂改版日本債権法総論』一九八頁以下（岩波書店、一九二五年）。

(32) 加藤正治「廃罷訴権論」同『破産法研究第四巻』一三七頁（有斐閣、一九一九年）。この加藤説は、旧商法破産編の下での否認権にも妥当する（ただし、当時の否認権は裁判外でも行使できた。前掲注(12)と対応する本文参照）ものとして主張されたものであるが、旧破産法の制定を受けて、否認権については、破産財団のため関係的に否認するものしてと理解しつつ、（前述二1で触れた現在の学説と同様に）条文の文言からして物権的な効果を生じると解するほかはない、とするに至っている。加藤正治『新訂増補破産法要論』一七二頁以下（有斐閣、一九三六年）。

(33) 兼子一『新修民事訴訟法体系』一四六頁（酒井書店、一九五六年）、新堂幸司『新民事訴訟法〔第五版〕』二〇九頁（弘文堂、二〇一一年）等。民法学説上も、星野英一『民法概論Ⅲ〔補訂版〕』一一七頁（良書普及会、一九八一年）は、「常に反訴でゆけというのは適当でない」として、この方向に好意的である。なお、ドイツ法の倒産手続外取消権も、抗弁としても行使できるようである（AnfG§9）。

(34) 飯原一乗「詐害行為取消権の行使方法」ジュリ八二一号九三頁（一九八四年）、和田真「詐害行為取消権に関する訴訟法的一考察」判タ五九〇号一〇頁（一九八六年）、長井秀典「詐害行為取消権の構造」司法研修所論集八六号〔一九九一Ⅱ〕七三頁（一九九二年）。このうち長井説は、否認権との比較を重視しつつ、「手続内」では取消しの効力は債務者に及ぶが、債務者は管理処分権を持たない（「手続相対効説」と称する）、債権者取消権の内容として請求権を観念する必要はない（前掲注(28)の前田説とはもちろん別物であるが、やはり「新形成権説」と称する）、といった興味深い解釈論を展開する。基本的な発想としては責任説である中野貞一郎「債権者取消訴訟と強制執行」同『訴訟関係と訴訟行為』一六〇頁（弘文堂、一九六一年）に近いとしており、やはり責任説の影響を受けて、取消しの効果は人としての債務者には及ばないが、責任財産には及ぶ、とする奥田昌道『債権総論〔増補版〕』二八四頁（悠々社、一九九七年）に通じるところもあるように思われる。長井説を本格的に論評する用意はやはりないが、言うところの「手続」は、取戻財産の換価・配当か、取消しの効果を受ける債権者の被保全債権すべての消滅まで「終了」せず、その間債務者は管理処分権を持たない、とするあたりの妥当性が問題になりそうである。

(35) 下森定「債権者取消権に関する一考察」法学志林五七巻三・四号一七六頁(一九六〇年)。

三 近時の立法論

詐害行為取消権についての部会の議論では、基本的にはいわゆる折衷説を維持しつつ、債務者に効力を及ぼさないという意味での「相対的取消し」からは転換して債務者に効力を及ぼす方向が有力であり[36]、これを踏まえて、「中間試案」では、債務者を詐害行為取消訴訟の共同被告にすべきこと(本稿では「共同被告構成」と呼ぶ)を本案として掲げた上で、「債務者を被告とするのではなく、債務者に対する訴訟告知を取消債権者に義務付けるとする考え方」(本稿では「訴訟告知構成」と呼ぶ)が注記されている[37]。詐害行為取消しの効果が債務者には及ばないことを理由に債務者を被告とする必要はないとする判例の考え方(前述二2)に対して、目的財産が不動産である場合には、詐害行為取消しによって債務者名義に回復され、債務者の責任財産として強制執行の対象となるにもかかわらず、詐害行為取消しの効果が債務者に及ばないとするのは、整合的でないといった批判がされていること等[38]を踏まえて、詐害行為取消しの効果を債務者にも及ぼすこととし、そうであれば、債務者にも詐害行為取消訴訟に関与する機会を保障する必要がある、というのが共同被告構成の考え方であり[39]、詐害行為取消しの効果が債務者にも及ぶことを前提としつつも、取消債権者の手続上の負担等を考慮したのが、訴訟告知構成の考え方である[40]。

部会での審議では、共同被告構成に傾く要因・論拠としては、債務者に判決の効力を及ぼす以上は被告にするのが筋であること、現行法下でも債務者が何らかの形で詐害行為取消訴訟に関わることが多いこと、債務者が行方不明のような場合は公示送達を用いることができること等が挙げられている。他方、訴訟告知構成に傾く要因・論拠としては、共同被告構成ではやはり手続的な負担が重いこと、否認訴訟においても倒産債務者を被告とすることとはされていないこと等が指摘されている(41)。

なお、詐害行為取消訴訟のあり方に関しては、債務者に対する給付訴訟の併合提起を義務づけるかどうかについても検討されたが(42)、この論点は、「中間試案」では姿を消している(43)。

(36) 民法（債権法）改正検討委員会「債権法改正の基本方針」ＮＢＬ九〇四号一六四頁以下（二〇〇九年）が提案していた方向でもある。
(37) 「中間試案」前掲注(2)一二二頁以下。
(38) このほか、目的財産が金銭その他の動産である場合には、それを直接受領した取消債権者が債務者に対してその返還債務を負うとされていること、詐害行為取消権を保全するための仮処分における仮処分解放金（供託金）の還付請求権は、債務者に帰属するとされている（民事保全法六五条参照）こと、目的財産から債権者が満足を受ければ、債務者は受益者からの不当利得返還請求を受けることになることが考慮されている。「中間試案の補足説明」前掲注(2)一六三頁参照。
(39) 民法（債権法）改正検討委員会・前掲注(36)一七三頁以下も参照。
(40) 「中間試案の補足説明」前掲注(2)一六二頁以下参照。
(41) 「中間試案の補足説明」前掲注(2)一六三頁以下参照。
(42) 「論点整理」前掲注(2)二七頁参照。
(43) 併合提起は取消債権者にとって便宜な面があるにせよ、それを義務づけるまでの理由はないと考えられたものと言えよう。「論点整理の補足説明」前掲注(2)六九頁参照。

四　若干の検討

詐害行為取消しの効力を債務者にも及ぼすことを前提として、詐害行為取消訴訟において債務者をどう扱うべきであるのかは難問であるが、もともと「相対的取消し」ではあっても実質的には債務者にも影響があったにもかかわらず、債務者は被告とされていなかったことからすると、債務者に効力を及ぼすことを正面から認めることになると直ちに必要的共同被告にすべし、というのはやや形式的に過ぎるようにも思われ(44)、筆者（畑）としては訴訟告知構成に傾いている。実務的な要請については両論あるため(45)、以下ではもっぱら理論面から若干の検討を試みることとするが、ここで債務者に及ぼすことが問題になっているのは、既判力というよりもむしろ実体的な形成力であることをまず確認しておきたい。

1　否認権との比較

比較の対象としてまず考えられる倒産法上の否認権の場合は、前述（二1）の通り、「否認の効力が倒産者（債務者）に及ばない」と表現されることはないように見受けられるが、倒産債務者を被告にすることはもとより、訴訟告知をすることも想定されておらず、これに引き付けるとすれば、詐害行為取消権の場合も、むしろ債務者に対する訴訟告知さえも必要ないということにもなりえそうである。もっとも、否認権との比較については、倒産法制による違いも含めて、単純ではない面があるように思われる。なお、手続的な面でも、否認権の場合は形成訴訟という構成がとられていないという違いがあるが、この点については後に触れる（五2）こととし、ここでは、より実体的な面（倒産債務者の有する実質的な利害関係等）に着目する。

破産においては、否認の効力が、破産者に帰属する財産の集合体である破産財団[46]に影響することには疑いはないが、破産手続係属中は、破産財団に属する財産の管理処分権は否認権の行使主体でもある（破一七三条一項）破産管財人に専属し（破七八条一項）、破産者自体は破産財団の管理処分からはいわば切り離された状態にある。[47]もっとも、自然人破産の場合において免責が許可されなかったとき[48]は、破産者が、否認の効果の相対性①（前述二1）の点を別として基本的には、破産手続終了後に否認の成否の影響を受けた財産関係をいわば引き継ぐことになり、この状態は、倒産手続外で詐害行為取消権が行使され、それが認められた場合であれば目的財産が換価されて債権者への弁済に充てられた後の状態[49]にほぼ対応すると考えられる。

会社更生の場合や民事再生において管理命令が発せられた場合も、実質的にはほぼ同様であり、否認権が行使される時点においては、更生会社財産や再生債務者財産についての管理処分権は否認権の行使主体でもある管財人に専属する（会更七二条一項、民再六六条）とともに、倒産手続終了後は、更生会社や再生債務者が、基本的には否認の成否の影響を受けた財産関係をいわば引き継ぐことになる。

民事再生において管理命令が発せられない場合は、再生債務者が再生債務者財産についての管理処分権を維持しつつ（民再三八条）、否認権の行使主体はその権限を付与された監督委員になる（民再五六条）というやや特殊な事態になるが、やはり再生手続終了後は、再生債務者が、基本的には否認の成否の影響を受けた財産関係をいわば引き継ぐことになる。再生債務者財産についての管理処分権を維持する再生債務者については、破産管財人等と同様の倒産手続の機関として位置付ける見解が有力ないし多数であるが[50]、否認権の行使主体がこれとは別になる点ではやはり特殊ということになろう。

以上から結論を導くのはやや難しいが、倒産原因が裁判で確定され、倒産手続が開始されて倒産債務者から財産の管理処分権が奪われている否認権の場合とは区別して[51]、詐害行為取消権において債務者への訴訟告知を要求することも十分ありうる選択肢であろう。

2 他の形成訴訟との比較

次に、他の形成訴訟との比較を試みると、これも単純ではなく、例えば、会社法（以下括弧内では「会」と略す）上は、会社関係訴訟のうち株式会社における役員選任決議取消の訴えで被告になるのは会社のみとされており（会八三四条一七号）[52]、当該役員は被告になるわけではなく、訴訟告知も予定されていないが、決議取消しの実体的な効果は当該役員に及ぶことになる[53]。もっとも、この点については様々な議論があり[54]、会社法下でも当該役員も被告にすべしとする見解も有力である[55]。

他方で、役員（取締役）解任の訴え（会八五四条＝商法旧二五七条三項）では、会社と当該役員を共同被告にすべきものとされている（会八五五条）。この点についても議論があるが[56]、会社法で明文化される前の最判平成一〇年三月二七日民集五二巻二号六六一頁は共同被告構成をとり、その理由として、「取締役解任の訴えは、会社と取締役との間の会社法上の法律関係の解消を目的とする形成の訴えであるから、当該法律関係の当事者である会社と取締役の双方を被告とすべきもの」とするとともに、「これを実質的に考えても、この訴えにおいて争われる内容は、『取締役ノ職務遂行ニ関シ不正ノ行為又ハ法令若ハ定款ニ違反スル重大ナル事実』があったか否かであるから、取締役に対する手続保障の観点から、会社とともに、当該取締役にも当事者適格を認めるのが相当である」と述べていた。この後者の点が、役員選任決議の瑕疵が争われる会社訴訟との質的な違いであるという理解も示されているところであるが[57]、この点が当事者適格の違いをもたらす性質のものであるかについては疑問の余地もあろう。

このように、役員選任決議取消しの訴えと役員解任の訴えとの区別やそれぞれの結論の当否自体が困難な問題を含むことから、詐害行為取消訴訟とこれらを比較するのもやはり困難と言わざるをえないが、一般的に言えば、婚姻・養子縁組の取消しの訴えの場合（人事訴訟法〔以下括弧内では「人訴」と略す〕一二条二項参照）やかつて存在した短期賃貸借解除の訴え（民旧三九五条但書）の場合[58]も含めて、第三者が当事者間の法律関係を否定する形成訴訟については、当該法律関係の両当事者を共同被告とする方向が主流ということになりそうである。しかしながら、将来にわたる継続的な法律関係を否定する場合（役員解任の訴え等）と、過去の法律行為の効力を否定して、目的物の返還等を求めることに重点がある場合（詐害行為取消訴訟）との違いからすると、詐害行為取消訴訟において、いわば受益者等に重点を置いて債務者については訴訟告知構成をとることは、やはり十分にありうる選択肢であるように思われる。

なお、裁判上の行使を要する（実体法上の）形成権という構成に転換すれば（後述五2も参照）、そもそも判決効の問題ではなくなり、債務者に取消しの実体的な効果を及ぼしつつ被告としないことへのハードルは下がる、ないし、むしろ常に債務者を被告とすることが難しくなると考えられるが、やはり債務者への手続保障等の実質論が重要であると言うべきであろう。

3　訴訟告知活用（論）の諸相

付言すれば、色々な意味で状況を異にするものの、判決効の拡張や多数当事者訴訟に関して、訴訟告知等の活用が明文化されていたり、議論されていたりする場合がある。

例えば、株主が責任追及の訴え（株主代表訴訟）を提起したときは、遅滞なく、株式会社に対し、訴訟告知をしなければならないものとされている（会八四九条三項）[59]。

これに類似する状況である債権者代位訴訟についても、法定訴訟担当として捉えて、債務者への既判力の拡張を認めるのが判例（大判昭和一五年三月一五日民集一九巻八号五八六頁）・通説であるが、とりわけ債務者の手続保障の観点からやはり議論があり、債務者への訴訟告知等を要求する見解が有力になっていたところであり、近時の立法論でもその方向が有力である[61]。

また、前述（四2）の役員選任決議取消しの訴えを含む会社の組織に関する訴え一般の認容確定判決の既判力は観念的には広く第三者に及ぶ（対世効）ことになり（会八三八条）、前述の議論は、この点にも関係して法人の内部紛争一般についてされているものであるが、訴訟告知を活用する説も見られたところである[62]。

認容判決に限らず判決が双面的に対世効を有する（人訴二四条一項＝旧人訴一八条一項）とされる人事訴訟（認知の訴えのような形成の訴えも含まれるため、形成力も問題になる）についても、さまざまな議論があり、やはり訴訟告知の活用等が論じられていた[63]が、平成八年の民事訴訟法全面改正の際に、利害関係人に対する訴訟係属通知の制度が設けられている（人訴二八条＝旧人訴三三条[64]）。

さらに、共同相続人間のいわゆる遺産確認の訴えについても、訴訟告知を活用する試論が提示されている[65]。

もちろん、ここから単純に結論を導くことはできないが、総じて、訴訟告知の活用による柔軟な処理は近時有力な傾向であるとは言えそうである[66]。

（44）　長井・前掲注（34）九一頁も、前述の通り詐害行為取消権についても目的財産に対する清算の手続の限度では債務者にも効力が及ぶ、という考え方を解釈論としてとりつつ、従来の判例・通説でも債務者に対して同様の影響があったのであり、やはり債務者を被告にする必要はない、と論じている。
(45) 前掲注(41)と対応する本文参照。
(46) 破産財団や破産管財人をめぐる法律関係をどのように理論構成するかについては古くから議論があるが、破産財団については本文に述べたように捉えるのが現在では一般的な理解と言えよう。伊藤・前掲注(14)一七四頁以下参照。
(47) 法人の場合は、基本的には破産手続開始によって解散し（会四七一条五号等）、破産手続の目的の範囲内において存続するものとみなされる（破三五条）。破産管財人の管理処分権に服さない事項については破産法人の機関が管理処分することになると解されている（伊藤・前掲注(14)一二五頁参照）が、これはもちろん破産財団の外の事項ということになる。自然人の場合は、もちろん破産手続の開始によって権利能力を失うことはないが、自然人本人が管理処分しうるのはやはり破産財団の外にあるいわゆる自由財産のみである。
(48) 労働組合のように（労働組合法一〇条参照）、破産が解散原因とされていない法人の場合も同様になろうか。
(49) この状態には、取消しの効果が債務者に及ばないという従来の判例の構成であれ、及ぶという近時の立法論の構成であれ、大きく変わりはない。受益者が債務者に対して有する権利等が異なるのみである。
(50) 伊藤・前掲注(14)六〇九頁以下等。
(51) このような観点からは、民事再生において管理命令が発せられない場合は、再生債務者が管理処分権を維持している点で、詐害行為取消権の場合に近いとも考えられるが、本文で述べたように、再生債務者が再生手続の機関であるとすると、やはりやや異なる状況ということもできよう。
(52) 従来の判例（最判昭和四四年七月一〇日民集二三巻八号一四二三頁等）の方向を明文化したものである。
(53) 長井・前掲注(34)九一頁は、この点も指摘している。
(54) 谷口安平「判決効の拡張と当事者適格」中田淳一先生還暦記念『民事訴訟の理論下巻』五一頁（有斐閣、一九七〇年）等。
(55) 議論の状況も含め、新堂・前掲注(33)三〇二頁、高橋宏志『重点講義民事訴訟法上〔第二版〕』三〇五頁以下（有斐閣、二〇一一年）参照。
(56) 河邉義典「判解」最高裁判所判例解説民事篇平成一〇年度三六三頁参照。
(57) 河邉・前掲注(56)三七七頁以下参照。

(58) 明文はなかったが、賃貸人と賃借人を被告とすべきものと解されていた。
(59) さらに、株式会社が責任追及の訴えを提起したとき、または本文の訴訟告知を受けたときは、遅滞なく、その旨を公告し、または株主に通知しなければならないものとされている（会八四九条四項）。会社による公告・通知の規律は平成一三年商法改正で設けられたものである（商法旧二六八条四項）。
(60) 議論の状況も含め、新堂・前掲注(33)二九四頁、高橋・前掲注(55)二四七頁以下、池田辰夫『債権者代位訴訟の構造』(信山社、一九九五年）参照。
(61) 「中間試案」前掲注(2)二二頁。
(62) 山本克己「判批」民商九五巻六号九二四頁（一九八七年）。
(63) 吉村徳重「判決効の拡張と手続権保障」山木戸克己教授還暦記念『実体法と手続法の交錯(下)』一一八頁（有斐閣、一九七八年）等。
(64) 従来の状況や訴訟係属通知制度の限界も含めて、高橋宏志「人事訴訟における手続保障」伊藤眞＝徳田和幸編『講座新民事訴訟法Ⅲ』三四九頁（弘文堂、一九九八年）参照。
(65) 山本克己「遺産確認の訴えに関する若干の問題」判タ六五二号二八頁（一九八八年）。
(66) すでに、高橋宏志「多数当時者論の現状と課題」三ヶ月章＝青山善充編『民事訴訟法の争点〔新版〕』一二三頁（有斐閣、一九八八年）が、多数当事者訴訟論における近時の傾向の一つとして、訴訟告知の活用を挙げていた。

五　補　論

最後に、以上で論じたところに関連するいくつかの点について、補足的に言及することとする。

1　訴訟告知構成による場合の判決効等

まず、訴訟告知構成の方向による場合には、さらに詰めるべき点がいくつかあると考えられる。すなわち、共同被告構成には、①原告＝取消債権者のアクションによって債務者が当事者になるべきことのほか、②債務者と受益者等が必要的共同訴訟人として互いに強い牽制関係に立つ（民事訴訟法〔以下括弧内では「民訴」と略す〕四〇条）こと、③債務者に当事者としての判決効が及ぶ（民訴一一五条一項一号）こと等の含意があると考えられ、訴訟告知構成をとることはこのうち①を否定することを当然ながら意味するが、他の点はどうなるのか、という問題である。

これらについて十分論じる用意はないが、③の判決効の問題は、詐害行為取消権・否認権において形成訴訟ないし裁判上の行使を要する形成権という構成が担ってきたと思われる他の機能（おそらくは、法律関係の明確性の確保）が訴訟告知構成による場合にどうなるか、という観点からも重要であろう。そこで、若干見ておくと、実体的な形成力が及ぶことは別として、当事者にならない以上は債務者に既判力は及ばないことになりそうである。そうすると、取消しをめぐる紛争を残すことにもなるが、債務者と受益者等との関係では、共同被告構成によるとしても、既判力を当然に生じるわけではない[67]。共同被告構成によりつつ、共同訴訟人間における当然の補助参加関係[68]を肯定するなどして、共同訴訟人間での参加的効力の発生を認めることも考えられるが、訴訟告知構成からこの種の効力を認めることも十分考えられるところであろう[69][70]。取消債権者と債務者との関係についても、訴訟告知構成によりつつ、訴訟告知をいわば梃にして何らかの拘束力を認めることも考えられる[71]ほか、もともと取消債権者と債務者の間で既判力が問題になるのは、取消要件を欠くにもかかわらず不当に取消しがなされたことに基づく損害賠償請求くらいではないかと思われ、既判力の有無は大きな問題ではないと考えることもできそうである。この場合の「損害」がどのようなものかについてもなお検討を要するように思われるが、その意味内容によっては、従来の「相対的取消し」を前提としても同様の損害賠償請求が問題になりえ、かつ、従来も債務者は被告にされなかったために取消債権者・債務者間で既判力を生じてはいなかった、ということになりそうでもある。あるいは、ある種逆説的な議論になるが、従来、債務者に実体的な形成力が及ばない（相対的取消し）という建前の下で一応は問題が処理されてきたのだとすると、それはすなわち、債務者との関係まで含めて画一的（かつ明確）に問題を解決する必要性が低いということを意味するともいえないであろうか。

②については、訴訟告知構成による場合には、取消債権者と受益者等の間の訴訟に債務者がどのような形で参加できるのか、という問題になろう。卒然と考えると、取消しを防ぎたい債務者が受益者等に補助参加することを想定することになり[72]、それが通常の補助参加であるのか、いわゆる共同訴訟的補助参加であるのかは、一般的な理解によれば③の判決効の問題に連動することになりそうであるが、既判力そのものが及ぶわけではないとすると、通常の補助参加ということになろうか。

関連して付言すれば、共同訴訟構成によるとすると、否認訴訟において債務者本人が当事者とはならないこととの関係で、例えば、詐害行為取消訴訟の係属中に債務者が破産手続開始決定を受けた場合、債務者は手続上どう扱われるのか、という問題を生じ、おそらくは、債務者に対する請求部分が取り下げられなければ、訴え却下や手続の中断といった規律を想定することになりそうである。もっとも、類似の問題は、訴訟告知構成を前提として、債務者が被告＝受益者等側に補助参加していた場合に債務者が破産手続開始決定を受けたときにも生じることになる[73]。

2　裁判上の行使を要する実体法上の形成権という構成の可能性

次に、裁判上の行使を要する実体法上の形成権という構成への転換は、とりわけ、詐害行為の受益者が第三者異議の訴えを提起してくるのに対して差押債権者が詐害行為取消権で対抗しようとする局面で問題になる（裁判上の行使で足りるとすれば、詐害行為取消権を抗弁として行使して、第三者異議の訴えの棄却を求めうることになる）。判例は、詐害行為取消訴訟が形成訴訟で（も）あることを維持した上で一定の枠組みを示しているが[74]、議論されているように、裁判上の行使を要する実体法上の形成権として構成する方が、直截な解決であるようには思われる。

裁判上の行使を要する実体法上の形成権として構成することについては、以上の第三者異議訴訟の局面に加えて、取立訴訟・債権者代位訴訟における債務免除の抗弁に対して、原告＝債権者が詐害行為取消権の行使で対抗する、という局面でも、詐害行為取消権を再抗弁として行使できるというメリットがあると論じられることがある[75]。債務者自身は有さない再抗弁の提出ということになり、やや問題があるが[76]、これを認める余地がないわけではないであろう[77]。なお、判例の折衷説等のように詐害行為取消権の内容としての請求権を想定するのであれば、債務免除の取消しの場合に、取消債権者が債権執行（取立訴訟）や債権者代位によることなく[78]、詐害行為取消権の内容としての自らの請求権を行使しうるという可能性もありそうであるが、債務免除の取消しの場合は形成訴訟による取消しで足りる、と表現されることも多く、従前の判例の枠組みの下での処理自体が必ずしも確立していないようにも見受けられる。

3　詐害行為取消権の内容としての請求権の要否

詐害行為取消権の内容として取消しに加えて請求権をも想定する折衷説を維持すべきかどうかについても、検討を要するように思われる[79]。なお、この点は、加藤正治説（前述二2参照）等の存在が示すように、取消しの部分を形成訴訟として構成するか、裁判上の行使を要する実体法上の形成権として構成するか、という点（前述五2）とはいわば独立の問題であると考えられる。

まず、近時の立法論において有力である取消しの効力を債務者に及ぼす方向（前述三参照）が実現すれば、取消しの結果として、債務者も目的財産の返還請求権等を有することになりそうであり、詐害行為取消権の内容としての請求権を維持すると、債務者の請求権と取消債権者の請求権をどう調整するか、という問題を生じることになりそうである。その意味では、詐害行為取消権の内容としての請求権を想定しない方が、問題の複雑化を避けるというメリットがあるように思われる。

他方で、詐害行為取消権の内容を取消しに限定し、請求権を想定しない方向に転換する場合には、取消債権者としては、目的財産の返還を実現するためには、やはり債権者代位権の行使等による必要があることになろう。そうなると、債権者代位権による必要があるというのは迂遠であるという従来の形成権説に対するのと同様の批判がされることになりうるが、もともと、従来の形成権説でも、取消訴訟と債権者代位訴訟を併合提起しうるとすれば、折衷説において取消請求と返還請求が併合されるのと状況はあまり変わらない（いずれにおいても、いわゆる形成結果の先取りが必要になる）ようにも思われる。なお、裁判上の行使を要する実体法上の形成権として構成する場合には、取消訴訟の部分は存在しないため、請求権を想定しないとしても、上記の批判はそもそも妥当しえないことになりそうであるが、債権者代位訴訟等における詐害行為取消権の行使が一般的に問題になり、そこでは、債務免除の取消しについて前述（五2）した問題点がやはり妥当することにはなろう。

また、目的財産の返還請求は債権者代位権の行使によるべきこととすると、動産等の場合に債権者への引渡しを求めうるのか、債務者への引渡しを求めうるのみか、という点が、債権者代位権における同様の問題(80)についての解決に依存することにはなりそうである。

なお、否認権については、前述（二1）したように、その内容に請求権は含まれないというのが現在では一般的な理解であるが、破産管財人等が復帰した目的物等について管理処分権を有し、給付請求等をする権限を有することにはあまり問題がないため、詐害行為取消権ほどには状況が複雑化しないものと考えられる。(81)

(67) 垣内秀介教授の指摘に負う。この点は、役員解任の訴え（前述四2参照）にも妥当することになろう。

(68) 兼子・前掲注(33)三九二頁・三九九頁。ただし、判例（最判昭和四三年九月一二日民集二二巻九号一八九六頁）はこれを否定している。

(69) もっとも、訴訟告知をした者（取消債権者）ではなく、その相手方（受益者等）との間での効力ということになるため、若干のハードルがあることは否定できない。

(70) なお、詐害行為取消権の内容としての請求権を想定せず、取消債権者が債権者代位によって目的財産の返還を求めることとする場合（後述五3参照）には、債権者代位訴訟の判決効が被担当者たる債務者と被告たる受益者等の間で生じる（民訴一一五条一項二号）ことになる。この点は、共同被告構成か訴訟告知構成かにはかかわらないと考えられる。

(71) もっとも、債権者代位訴訟で債務者に対する訴訟告知を要求する（前述四3参照）場合にも、代位債権者と債務者の関係で拘束力を生じるかが問題となりうるが、高橋・前掲注(55)二六〇頁は、告知があっただけで債務者が代位債権者の被保全債権の存在を争えなくなるのはいささか酷だという判断はありうるかもしれない、として否定的である。なお、兼子・前掲注(33)四〇六頁は、訴訟担当者に対して本人との関係で参加的効力を認めるべし、としていたが、債権者代位の場合に債務者の側が被保全債権の存在を争えなくなるという趣旨ではもちろんないと考えられる。

(72) なお、詐害行為取消権の内容としての請求権を想定せず、取消債権者が債権者代位によって目的財産の返還を求めることとする場合（後述五3参照）には、法定訴訟担当者たる取消債権者による債権者代位訴訟において、被担当者たる債務者が被告たる受益者等の側に補助参加することについては、いわゆる株主代表訴訟において会社が被告たる役員の側に補助参加すること（最判平成一三年一月三〇日民集五五巻一号三〇頁、会八四九条参照）と類似する問題を生じることになろう。さらに、これを否認権に当てはめると、例えば、破産管財人が否認権を行使する訴訟において、破産者本人が被告＝受益者側に補助参加することができるか、という問題になりそうであり、この点は従来あまり論じられていないように見受けられる。

(73) 前掲注(72)参照。

(74) 最判昭和四〇年三月二六日民集一九巻二号五〇八頁は、詐害行為取消しの効果は取消しを命ずる判決の確定により生ずるから、受益者（第三者異議訴訟原告）の所有権取得原因たる贈与契約が詐害行為に該当するとして上記契約の取消しを命ずる判決がなされても、上記判決が確定しないかぎり、受益者が所有権を喪失するいわれはない、としつつ、第三者異議訴訟の係属中に、上記契約が詐害行為に該当することを理由としてその取消しを求める反訴が差押債権者（第三者異議訴訟被告）から提起され、本訴および反訴が同一の裁判所において同時に審理された結果、口頭弁論終結当時の状態において、詐害行為取消権が存すると判断され、受益者の所有権取得が否定されるべきことが裁判所に明らかな場合においては、受益者主張の所有権は第三者異議理由に該当しない、としている。ある種の形成結果の先取りを認めたものと言える。その後、最判昭和四三年一一月一五日民集二二巻一二号二六五九頁は、第三者異議の訴えと詐害行為取消しの訴えが別訴として提起され、弁論も併合されず、それぞれ別個の判決がなされる場合は、これと同列に論ずることはできない、として、前掲最判昭和四〇年三月二六日の射程を限定している（事案としては、詐害行為取消しの別訴につきその原告たる被上告人勝訴の判決をした原審の判断に違法があるとして、これが破棄されたことにも言及しつつ、第三者異議の訴えを認容したもの）。新堂幸司「判批」法協八二巻六号八六五頁（一九六六年）、同「判批」法協八七巻四号五一五頁（一九七〇年）は、これらの判例に即して、詐害行為取消権の抗弁としての行使を認めるべし、と論じている。

(75) 飯原・前掲注(34)九七頁、和田・前掲注(34)一四頁。

(76) 最判昭和五四年三月一六日民集三三巻二号二七〇頁は、債権者代位訴訟において「被告となつた第三債務者は、債務者がみずから原告になつた場合に比べて、より不利益な地位に立たされることがないとともに、原告となつた債権者もまた、その債務者が現に有する法律上の地位に比べて、より有利な地位を享受しうるものではないといわなければならない。そうであるとするならば、第三債務者である被告の提出した債務者に対する債権を自働債権とする相殺の抗弁に対し、代位債権者たる原告の提出することのできる再抗弁は、債務者自身が主張することのできる再抗弁事由に限定されるべきであつて、債務者と関係のない、原告の独自の事情に基づく抗弁を提出することはできないものと解さざるをえない。」としている（相殺の主張が代位債権者との関係で権利濫用にあたるという再抗弁を容れた原審を破棄したもの）。

(77) 吉井直昭「判解」最高裁判所判例解説民事篇昭和五四年度一四三頁（一九八三年）は、昭和五四年判決の一般論（前掲注(76)参照）を常に貫徹できるか疑問が残らなくはない、としている。

(78) 判例の相対的取消し論からすると債務者に取消しの効力が及ばないため、免除が取り消されても債務者自身との関係では債権が復活することはないはずであり、債権執行や代位行使はおかしいようではあるが、これは、詐害行為の目的財産が不動産である場合に、相対的取消し論からすると債務者自身との関係では目的不動産が復帰しないはずであるのに、債権者による不動産執行が行われるのと同様の状況であろう。以上については、民法懇話会（東京大学）での議論に負う。

(79) ただし、価額償還請求権等についてはいずれにしても別論ということになろう。前掲注(19)参照。

(80) 「中間試案」前掲注(2)二一頁参照。

(81) ただし、民事再生において管理命令が発せられない場合は、否認権が監督委員に付与される関係でかなり複雑な状況を生じている（民再一三八条参照）。

六　おわりに

以上のように、筆者としては、詐害行為取消権を裁判上の行使を要する実体法上の形成権に転換した上で、債務者については訴訟告知構成をとる方向に魅力を感じているが、本稿の論証は十分なものでは到底なく、さらなる検討を後日に留保せざるをえない。甚だ不十分な本稿ではあるが、今後の立法論・解釈論に多少なりとも裨益するところがあれば幸いである。

〔付記〕　石川正先生とは、実にさまざまなご縁で結ばれており、色々な形でお世話になってきている。本稿は、石川先生の古稀のお祝いにお捧げするにはあまりにも不十分なものであるが、大方のご叱責・ご批判を覚悟しつつ、あえて提出させていただく次第である。

〔付記二〕　本稿は、学術研究助成基金助成金（基盤研究（C））（課題番号二三五三〇〇九一）による研究成果の一部である。

立退料判決をめぐる実体法と訴訟法

山本克己

一　はじめに
二　最高裁裁判例の整理・検討
三　実体法と訴訟法の区分け
四　立退料支払の「申出」――その実体法上の意味
五　おわりに

一　はじめに

従来、立退料判決をめぐっては、実体法上だけでなく、申立事項の拘束力（民事訴訟法二四六条）との関係で、訴訟法上の議論も盛んに行われてきた(1)。しかし、筆者は、従来の訴訟法上の議論のあり様に対して、根本的な疑問を有している。その疑問を披瀝するとともに、借地借家法六条・二八条所定の「申出」について解釈論的提言を行い、大方のご批判を仰ぐことが本稿の目的である。

本論に入る前に、立退料判決をめぐる訴訟法上のものとされてきた論点（このような微妙な言い回しをするのは、**五**で明らかにするように、筆者がこれらのすべてが訴訟法上の論点であるとは考えていないからである）を確認しておきたい。卑見の及ぶ限りで、これらの論点を最も簡潔かつ明解に列挙しているのは、近藤崇晴裁判官の論稿(2)であるので、近藤裁判官が挙げる順序に従ってそれらの論点を以下に掲げておく。

① 原告が無留保の明渡判決を求めている場合に、立退料との引換給付判決をすることができるか
② 立退料との引換給付判決をするためには、被告の同時履行の抗弁権の行使が必要か
③ 原告が立退料の金額を明示してそれと引換えに明渡しを求めている場合に、無留保の明渡判決、あるいは、立退料を減額した引換給付判決をすることができるか
④ 無留保の明渡しを求める請求と立退料と引換えに明渡しを求める請求の訴訟物は同一か
⑤ 原告が立退料の金額を明示してそれと引換えに明渡しを求めている場合に、立退料を増額した引換給付判決をすることができるか

⑥　立退料の額を明示せず、その決定を全面的に裁判所に委ねる旨の申立ては、どのように扱われるべきか
立退料判決として一般に観念されているのは、引換給付判決である。しかし、借地借家法六条と二八条は、「借地権設定者〔建物の賃貸人〕が土地〔建物〕の明渡しの条件として又は土地〔建物〕の明渡しと引換えに借地権者〔建物の賃借人〕に対して財産上の給付をする旨の申出をした場合に」、更新拒絶等の正当事由の有無の判断に当たって立退料を考慮に入れることができる旨を定める（なお、訴訟実務上問題になるのはほとんど借家関係であるように見受けられるので、以下では、主として同法二八条を念頭に置いて議論を進める）。つまり、法律の文言上は、立退料その他の財産上の給付を条件とする明渡判決も想定できるのである。(3)以下では、まず、検討の手始めとして、条件付明渡判決と引換明渡判決のそれぞれについて、旧借家法一条ノ二（借地借家法二八条とは異なって、財産上の給付による正当事由の補完についての定めを欠いていた）の下での、立退料についての判例法理が確立する昭和三〇年代・四〇年代の最高裁の裁判例を、整理・検討することとする（その際、各事件の原告をX、被告をYと表記する）。

（1）　訴訟法的な観点から従来の判例と学説を詳細に整理・検討する論稿として、坂田宏「立退料判決」（初出一九九三年）同『民事訴訟における処分権主義』一六三頁以下（有斐閣、二〇〇一年）がある。本稿も多くをこの坂田論文に負っている。
（2）　近藤崇晴「判批」新堂幸司ほか編『民事訴訟法判例百選Ⅱ〔新法対応補正版〕』三一二頁（有斐閣、一九九八年）。
（3）　寺田逸郎「借地・借家法の改正について」民事研修四七巻一号六一頁（一九九二年）。

二　最高裁裁判例の整理・検討

1　条件付明渡判決と引換明渡判決

最高裁の裁判例の検討に移る前に、条件付明渡判決と引換明渡判決の相違点を確認しておく。

立退料の支払により正当事由が肯定できると判断される場合における実体法に即した判決主文は、明渡しの条件として立退料の支払が申し出られたときには、「被告は、原告に対して、〇〇円の支払を条件として、本件建物を明け渡せ」である。

条件付給付判決とは、一般に、口頭弁論終結時において、訴訟物である請求権が未だ発生（現実化）していないが、将来において一定の事由が生ずればこれが発生すると認められる場合に、当該事由を条件（その性質は約定または法定の停止条件である）とする給付命令を内容とするとされている。民事執行法二七条一項が条件の成就を執行文付与要件としているのは、条件未成就の間は条件付給付判決には、それが確定していても、執行力がないことを前提に、条件成就による執行力の発生を執行文によって公証する趣旨に出たものである（同法三〇条二項の強制執行実施の条件としての立担保との相違点はここにある）。この条件付給付判決についての一般的な理解を、条件付明渡判決に当てはめると、条件付明渡判決は口頭弁論終結時に明渡請求権が未発生であることを前提としていることになる。

これに対して、明渡しと引換えに立退料を支払う旨の申出がされ、かつ、立退料の支払により正当事由が肯定できると判断される場合には、実体法に即した判決主文は、「被告は、原告に対して、〇〇円の支払と引換えに、本件建物を明け渡せ」である。

引換給付判決とは、一般に、事実審の口頭弁論終結時において、訴訟物である請求権が既に発生しかつ履行期も到来していると認められるにもかかわらず、当該請求権に同時履行の抗弁権や留置権の抗弁といった反対給付に係る権利阻止抗弁が付着している場合に発せられる、現在給付を命ずる判決の特殊な形態であると理解されている。民事執行法三一条一項が反対給付またはその提供があったことを執行開始要件としているのは、引換給付判決がその確定によって執行力を獲得していることを前提に、単純執行文の付与で執行力の発生を公証すれば足りるとの趣旨に出たものであると考えられる。この引換給付判決についての一般的な理解を、引換明渡判決に当てはめると、引換明渡判決は口頭弁論終結時に明渡請求権が既に発生していることを前提としていることになる。

2　条件付明渡判決に関する最高裁の裁判例

さて、立退料の支払を条件とする条件付判決について明示的に判示する最高裁の裁判例はほとんど知られていないようであるので、代替家屋の提供を条件とする判決について判示した、最判昭和三二年三月二八日民集一一巻三号五五一頁【裁判例一】を取り上げる。

民集により控訴審判決の内容を紹介すると、まず指摘しなければならないのは、控訴審判決の判決文からは訴訟物が建物所有権に基づく物権的請求権としての明渡請求権なのか、賃貸借契約の終了による債権的請求権としての明渡請求権なのかが、明確でないことである。もっとも、控訴審判決は、その理由中で、賃貸借の目的である建物がX所有のものである旨を判示しているから、訴訟物を前者として捉えているという推測が成り立つ。ともあれ、Xが、第一次請求として無留保の明渡しを求め、予備的に第二次請求として代替家屋を賃貸に供することを条件として明渡しを求めたのに対して、控訴審判決は、第一次請求を棄却し、第二次請求を認容した。

そして、最も注目すべきは、第二次請求に関する理由中の判示の中で、「解約の申入は正当な事由を具え本家の内Yが使用している部分の賃貸借契約は……解約の申入後六月を経過した昭和二五年五月中旬終了したものと謂はなければならない、故に右の提供をなほ維持して之を条件とするXの明渡請求は認容しなければならぬ」と判示し、主文において、条件付きの明渡しを命ずるとともに、明渡済みに至るまでの間の賃料相当損害金の支払を命じているることである。つまり、控訴審判決は、口頭弁論終結時において既に賃貸借契約が終了していると判断しているにもかかわらず、条件付明渡判決を下したことになるのである。

Yの上告に対して、最高裁は、「原判決は、Xが第二号目録記載の家屋〔代替家屋：筆者注〕についての賃貸借の提供をなし且つ該家屋を引渡すことをもつて、第一号目録記載の家屋〔明渡請求の対象である家屋：筆者注〕に対する明渡の執行の条件と定めたに過ぎないことが判文上明らかである。……Xが原判決を執行するには、Yに対して第二号目録記載の家屋の賃貸の提供およびその引渡の提供をした上、裁判所に対してその事実を証明して執行文の付与を受ければ足り（民訴五一八条二項、五二〇条参照）、Yにおいてこれが承諾をすると否とを問わないものである」（引用文中の「民訴」は、民事執行法制定前の旧民事訴訟法を指している）と判示している。

控訴審判決の自己理解はともかくとして、最高裁は、本件条件付明渡判決における条件を、請求権を発生（現実化）させるための条件ではなく、単なる強制執行実施の条件であると捉えているようである。つまり、明渡請求権は既に発生するとともに、履行期も到来していると捉えていると考えられるのである。その上で、最高裁は、条件成就を、執行開始要件ではなく、執行文付与要件であるとしている。最後の強制執行法上の扱いはさておくとして（四で若干の検討を加える）、本件条件についての最高裁の理解は、事実審の口頭弁論終結時において賃貸借契約が終了しているという控訴審判決の理由中の判断と矛盾するものではない。

なお、最判昭和四七年一〇月一二日集民一〇七号一九頁は、「原審がXの本訴請求を認容するに当たり、金員の支払を条件とした点はともかくとして（この点について不利益を受くべきXからは不服の申立はない。）、Yらに対し本件各家屋の明渡しを命じた原審の判断は相当である」と判示している。控訴審判決が公表されていないため明確ではないが、引用文の前半は、無留保の明渡請求があった事案において、控訴審判決が立退料の支払を条件として明渡しを命ずる判決を下したことを論難しているものと理解できよう（もっとも、不利益変更禁止の原則が働くために最高裁はこの点を是正できない）。ただし、論難する理由が、条件付判決を下したことが現行民事訴訟法二四六条に相当する旧民事訴訟法一八六条に違反することにあるのか、それとも、立退料の提供の申出がないのに立退料を条件としたことにあるのかは、不明である。

3　引換明渡判決に関する最高裁の裁判例

立退料と引換えに明渡しを命ずる判決に関する最高裁の裁判例としては、最判昭和三八年三月一日民集一七巻二号二九〇頁【裁判例二】がリーディングケースである（なお、最判昭和四六年六月一七日判時六四五号七五頁は、立退料の補充的性格など【裁判例二】を敷衍する判示を行っているが、本稿の関心とあまり関連しないので、その紹介は省略する）。

【裁判例二】の控訴審判決を民集によって紹介すると、まず指摘すべきは、控訴審判決は、おそらく所有権に基づく物権的請求権としての明渡請求権が訴訟物であると考えているようであるが、必ずしも判然としない点である。それはともかくとして、Xは、第一次請求として無留保の明渡しを求めていたが、控訴審において請求を追加して、予備的に第二次請求として立退料と引換えに明渡しを求めたところ、控訴審判決は、第一次請求を棄却し、第二次請求を認容した。また、口頭弁論終結時においては、立退料の提供の申出を伴った解約申入れから六月を経過していなかったので、控訴審判決は、その六月の経過以降に、立退料と引換えに明渡しを命じている。「解約の申入れにより、これより満六ケ月後にあたる昭和三七年一〇月一四日の経過とともに、被告との間の本件建物賃貸借契約は終了する」と述べているように、賃貸借契約の終了時に、明渡請求権が発生し、かつ、履行期が到来する、というのが控訴審判決の立場である。

Yの上告に対して、最高裁は、特に理由を述べることなく、控訴審判決の判断は旧借家法一条ノ二に反するものではないと判示するに止まる。

その後の立退料と引換えに明渡しを命ずる判決に関する最高裁の裁判例のうち、本稿の関心との関係で意味があるのは、最判昭和四六年一一月二五日民集二五巻八号一三四三頁【裁判例三】である（同趣旨を判示した最判昭和四六年一二月七日判時六五七号五一頁もあるが、原判決が公表されていないため、事案の詳細が不明であるので、その紹介は省略する）。

【裁判例三】の第一審判決を民集によって紹介すると、やはり、おそらく建物所有権に基づく物権的請求権としての明渡請求権が訴訟物であると見ているようであるが、第一審判決の立場は必ずしも明確でない。その点はさておくとして、本件原告は、第一次請求として無留保の明渡しを求め、予備的に第二次請求として三〇〇万円の立退料と引換えに明渡しを求めたのであるが、第一審判決は、第一次請求を棄却し、第二次請求を認容した。賃貸借契約の終了時期については、「立退料三〇〇万円の提供を以ってする原告の解約告知には正当の事由があるものであつて、これを理由として本件店舗の賃貸借契約は六ケ月後……に解約の効果を生じた」と判示している。その上で、第一審判決は、契約終了から明渡しまでの間の賃料相当損害金の支払を命じている。

次に控訴審判決であるが、やはり、訴訟物が物権的請求権と債権的請求権のいずれと見ているのかは明確ではない。しかし、「無条件の家屋明渡請求と立退料の提供を条件とする家屋明渡請求とは一個の請求であつて、第一次請求と予備的請求との関係に立つものではなく、したがつて立退料の提供を条件とする家屋明渡請求を認容すべきものとするときは、家屋明渡請求中その余の部分を棄却すべきものであ」るとして、第一審判決が第一次請求を全部棄却したことは妥当ではないとしている点は、興味深いところである。

しかし、控訴審判決で最も注目すべきは、「補強条件の金額が当事者の主張するところに限定せられるとすると、それが少額に失するときは、そのことだけで賃貸人が敗訴することになり、それが多額に過ぎれば、これ又賃貸人が無用の出費をしたことになるのであるから、特に反対の意思がうかがわれない限り、解約申入をする者はその主張する金額に必ずしもこだわることなく、一定の範囲内で裁判所にその決定を任せていると考えるべきであ」るとの判示である。このような一般論を述べた上で、控訴審判決は立退料五〇〇万円と引換えに明渡しを命ずる判決を下した。なお、その際に、旧民事訴訟法一八六条に全く言及していないことに注意が必要である。なお、控訴審判決は賃貸借契約の終了時期については第一審判決の立場を踏襲しており、また、賃料損害相当金の支払を命ずる点も第一審と同様である。

Yの上告に対して、最高裁は、「XがYに対して立退料として三〇〇万円もしくはこれと格段の相違のない一定の範囲内で裁判所の決定する金員を支払う旨の意思を表明し、かつその支払と引き換えに本件係争店舗の明渡を求めていることをもつて、Yの右解約申入につき正当事由を具備したとする原審の判断は相当である」と判示して、上告を棄却した。最高裁も、旧民事訴訟法一八六条に言及していないことに留意されたい。

4　いくつかの指摘

【裁判例一〜三】に共通する点をいくつか指摘しておく。

第一に、いずれの事案においても、建物所有権に基づく物権的請求権としての建物明渡請求権が訴訟物とされていると推測される。したがって、最高裁は、物権的な明渡請求について、条件付明渡判決と引換明渡判決のどちらも許容される、という立場を採用していることになる。

第二に、いずれの事案においても、解約申入れから六月の経過によって、賃貸借契約が終了するとする控訴審判決の立場が、最高裁によって黙認されている点に注意が必要であると考えられる。そのため、控訴審の口頭弁論終結時において、六月が経過している場合には、条件付明渡判決も引換明渡判決も、現在の給付を命ずる判決であることになる。その結果、条件付明渡判決における条件には、明渡請求権を現実化するという実体法的な意味はなく、単なる強制執行の開始に制約を加える事由となっている。

第三に、【裁判例二】と【裁判例三】の事案において、賃貸借契約の終了から明渡済みに至るまで、被告である借家人に賃料相当損害金の支払を命ずる控訴審判決の立場を、最高裁が黙示的に是としている点にも注意が必要である（なお、【裁判例二】の事案では、賃料相当損害金が請求されていなかったようである）。条件付きの明渡しを命ずる場合には、最高裁の立場を前提とする限り、条件に実体法的な意味がないから、これは当然のことのように思われる。これに対して、引換えに明渡しを命ずる場合には、引換給付関係が、明渡しの遅滞を正当化（その違法性を阻却）するものではないとされていることに注意が必要である。つまり、同時履行の抗弁権や留置権に基づく引換給付関係と異なった扱いがされているのである。条件付きと引換えのいずれの場合にも、賃貸借契約の終了から明渡済みに至るまで賃料相当損害金の支払を命じている実質的な理由は、被告である借家人が目的建物の使用を継続している以上、原告である家主はその対価（ないしはその代替物）を受け取って当然である、ということにあると考えられる。

第四に、【裁判例一〜三】のいずれもが、旧民事訴訟法一八六条に全く言及していないことを指摘しておかなければならない。【裁判例三】と同趣旨の判示を含む比較的新しい最高裁の裁判例に、最判平成三年三月二二日民集四五巻三号二九三頁があるが、可部恒雄裁判官の補足意見中で旧民事訴訟法一八六条に触れられてはいるものの、法廷意見においては何の言及もされていない。このことは、立退料判決と処分権主義（ないし申立事項の拘束力）という問題設定は、学説主導で展開されてきたことを意味していると言ってよかろう。

三　実体法と訴訟法の区分け

二4で指摘した第四点は、従来の学説が前提としてきた、立退料をめぐる法律問題の実体法と訴訟法への区分けが適切であったのか、という疑問を生じさせる。そこで、星野英一博士の見解[4]を例に、この点を検討してみたい。

星野博士は、立退料（移転料）その他の財産上の給付を論ずるに際して、「提供されるものによる分類」、「訴訟法に属する問題」と「理論的な問題」の三つに問題点を分類している。「理論的な問題」として挙げられているのは、「家主は自ら申し出た移転料支払、代替家屋提供義務を負うか。条件付判決との関係はどうか」と「解約申入の効力発生時期」の二つである。前者は、これだけではわかりづらいが、立退料の申出をした家主は立退料支払債務を負うかどうか、負うとした場合にその実体法上の根拠は何か、という問題である（結論的に、星野博士は、家主の債務負担を肯定し、立退料の申出には債務負担の申込みとしての性格があるとする。家主の単独行為による債務負担が否定されていることからは、借家人の承諾が擬制されると考えているようであるが、曖昧である[5]）。つまり、星野博士の「理論的な問題」とは、実体法上の問題であると考えられるのである。

これに対して、星野博士が「訴訟法に属する問題」として挙げるのは、「家主が申し出た給付の量を裁判所が増減できるか」（ア）、「当事者が条件附給付判決を申し立てていないのに条件附判決をしてよいか」（イ）、「家主が反対給付の申出を全くしていないのに〔条件附判決〕を命ずる〔ことができるか〕」（ウ）と「条件附判決か。引換給付判決か」（エ）の四つである。そして、星野博士は、アとイは旧民事訴訟法一八六条の問題であり、ウは処分権主義と弁論主義の問題であるとするが、エが訴訟法上の問題であることの根拠は示されていない。

筆者は、以上のような星野博士による実体法と訴訟法の区分けは、星野説内在的に大きな矛盾を孕んでいると考える。というのも、申出に含まれる家主の申込みという意思表示（裁判所に対するのではなく、借家人に対する意思表示であることに注意が必要である）に基づいて債務負担が生ずると言うのであれば、負担する債務の内容も家主の意思表示に根拠を求めざるを得ないと考えるからである。よしんば、家主の申込みの内容が「裁判所が決定した内容の債務を負担します」というものであり、かつ、かかる申込みが許容されるとしても、この場合の裁判所の債務内容についての決定権限は、家主の債務負担の申込みに根拠を有する、換言すれば、実体法に基づいていると考えられる。したがって、星野説内在的には、アとウは、旧民事訴訟法一八六条の問題ではない（弁論主義との関係については五で後述するところを参照されたい）と言わなければならない。これに対して、イは、ウとの対比から明らかなように、家主の申出があった場合を論じており、まさに旧民事訴訟法一八六条の問題である。最後に、エでは、条件付明渡判決と引換明渡判決のいずれが借家人の保護に資するかが論じられている（立退料が先履行となる条件付明渡判決の方が借家人の移転先確保の時間的余裕があり、借家人の保護に資するという結論が採られている）が、エで設定されているのは、立退料の先履行か同時履行かという実体法の問題であり、訴訟法の問題ではないと考えられる。

行論がやや前後するが、民事訴訟法二四六条（旧民事訴訟法一八六条）は、そもそも訴訟上の請求になっていない事項について主文で判断することを禁ずること（例えば、売買代金の支払請求訴訟において、被告の反訴提起がないにもかかわらず、判決主文で原告に売買目的物の引渡しを命ずることはできない）も含むが、裁判所が審理の結果達した訴訟物についての実体法的な判断（例えば、不法行為に基づく損害賠償請求権の額が五〇〇万円であるとの判断）と、原告の申立て（例えば、同じ請求権に基づき三〇〇万円の支払を求める申立て）との間にずれがある場合に、裁判所の判断に即した判決主文の判決を下すことが許容されるかどうか、という問題に関わっている。したがって、立退料判決においても、裁判所の達した実体判断と原告の申立ての間にずれが生じて初めて、民事訴訟法二四六条（旧民事訴訟法一八六条）の適用の有無が問題になると考えるべきである。そして、少なくとも家主の立退料支払債務を肯定する場合には、立退料の要否と金額は実体法の問題である。したがって、星野博士の言う「訴訟法に属する問題」のうち、**ア**と**ウ**は実体法の問題であるのに対して、立退料の支払を相当とする裁判所の実体法上の判断と無留保の明渡しを求める原告の申立ての間のずれをどのように扱うべきかという**イ**の問題だけが、民事訴訟法二四六条（旧民事訴訟法一八六条）の解釈問題をなすのである。

以上述べたように、請求の当否に応答する判決主文の内容は原則的に実体法が定めるものであり、民事訴訟法二四六条（旧民事訴訟法一八六条）はそれを例外的に制約することがある、という立場を前提にする場合には（立退料以外のコンテクストでは、ほとんどの論者が、かかる前提に立っていると推測される）、立退料による正当事由の補完を認めるかどうか、認めるとして、立退料の額をいくらにすべきかは、実体法の問題であると考えるべきことになる。立退料に関する判例法理が確立する途上においては、立退料に関する判断の裁量性と相俟って、実体法と手続法の区分けが混乱してしまったが、借地借家法六条・二八条が整備された現在においては、立退料の要否と額が実体法の問題であることを疑う余地はないように思われる。この点に関する私見は**四**で述べることにし、その前に、立退料の根拠は訴訟追行過程にあるという坂田宏教授の見解に検討を加えておくことにする。

坂田教授は、家主の立退料支払債務（借家人の立退料支払請求権）を肯定するが、その根拠について、「広い意味では、実体法上及び訴訟法上の信義則に求めるべきであると思うが、厳密には、原告・被告の訴訟追行に基礎を置いた判決形成に求めるべきであろう。それゆえ、立退料支払義務は判決時（＝口頭弁論終結時）には成立しているものである。したがって、被告は予備的に反訴を提起し得る」と述べている。[6] この引用文で坂田教授が意図するところは、立退料の要否と金額が判決によって形成されると考える場合には、立退料判決が確定しない限り、借家人は反訴によって立退料の支払を請求したとしても、請求が棄却されることになってしまうのではないか、という疑問を回避するために、口頭弁論終結時に立退料支払義務が成立していることを言わんとするものであると推測される。

しかし、離婚訴訟において親権者指定や子の監護に関する附帯的な裁判がされる場合には、離婚判決か確定する前であるにもかかわらず、裁判離婚が成立したことを前提にして親権者指定等の裁判がされるのであるから、これと同様に考えれば、口頭弁論終結時に立退料支払義務が成立していると考える必要はない。また、そもそも論として、訴訟追行過程が立退料支払義務の根拠となるとしている点は、大いに疑問であると言わなければならない。事実の記述としてであれば、訴訟追行過程が立退料の要否と額に影響を与えることがある可能性は排除できないが、[7] 立退料支払義務の「法的な」根拠を訴訟追行過程に求めることは、法規範による裁判の正当化を否定するものであると言わなければならない。裁判の内容について裁判所が裁量を有する場合も、裁量権の根拠は実体法に求められるのであり、裁量権の存否と範囲について実体法規範による正当化が必要である。

（4） 星野英一『借地・借家法』五六四頁以下（有斐閣、一九六九年）。
（5） この星野博士の見解は、承諾を擬制するものとして受け取られているようである。小川克介「立退料と正当事由」水本浩ほか編『現代借地借家法講座第二巻』四〇頁（日本評論社、一九八六年）参照。
（6） 坂田・前掲注（1）二〇〇頁。
（7） 和田仁孝「正当事由紛争の特質と訴訟過程」（初出一九八七年）同『民事紛争交渉過程論』一九九頁以下（信山社、一九九一年）

を参照。なお、坂田教授の見解は、和田教授その他の「第三の波」理論の論者の影響を受けているようである（坂田・前掲注（1）二一〇頁注一二二参照）。しかし、「第三の波」理論自体に根本的な疑問があるほか、法と裁判についての一般理論である「第三の波」理論を、立退料という限定されたコンテクストにおいてだけ援用することの当否も問題である。「第三の波」理論についての私見は、山本克己「いわゆる『第三の波』理論について」法学論叢一四二巻一号一頁以下（一九九七年）を参照されたい。

四　立退料支払の「申出」――その実体法上の意味

論証に不十分なところは残るが、立退料をめぐる実体法と訴訟法の区分けについての私見の概要は、三で明らかにできたので、以下では、借地借家法六条・二八条の「申出」について私見を述べておきたい。

まず確認しておかなければならないのは、借地借家法六条・二八条の規定上、「申出」を訴訟の場ですることが要求されていないことである。「その主たる法律効果が訴訟法の領域に属する行為」という一般に承認されている訴訟行為の定義を前提とするとき、訴訟上行うことが予定されていないだけでは、訴訟行為性を否定する根拠とはならない。しかし、申出に賃貸借契約の解消という実体法上の効果が帰せしめられている以上[8]、この訴訟行為の定義によれば、申出は実体法上の行為であると言わなければならない。では、申出行為の相手方は誰であろうか。申出が賃貸借契約の解消という家主と借家人の間の利害調整に関わる行為であることを考えると、相手方は借家人であると言うべきであろう。立退料判決における民事訴訟法二四六条の守備範囲を広く認める論者の中には、申出を裁判所に対する申立行為であるかのように捉えている者もあるような印象を受けるが[9]、そのような捉え方は妥当でない。

では、申出はどのような種類の実体法上の行為であると捉えるべきであろうか。この申出は賃貸借契約の終了ないし明渡請求権に係る実体法上の法律関係の変動をもたらす行為であると考えられる。そこで、私見は、申出は形成権行使の意思表示であり、単独行為と捉えるべきではないかと考えている。筆者は、後に述べるように、条件とする申出がされた場合には立退料債務を否定すべきであると考えるが、引換えにする申出がされた場合に立退料債務を肯定すべきかどうかについては、定見を有するには至っていない。星野博士の見解に見られるように、一般論としては、単独行為による債務負担は否定されるべきである。しかし、筆者は、仮に立退料債務を肯定する場合であっても、申出を単独行為として構成することは可能であると考えている。というのも、借地借家法の制定以前であればともかく、制定法上の根拠を有する現在にあっては、一般論を徹底する必要はないと考えられるからである。例えば、建物買取請求権（同法一三条・一四条）や造作買取請求権（同法三三条）は売買関係を一方的意思表示により形成する権利であるところ、これらの権利の行使により、相手方の売買代金支払義務だけではなく、権利を行使した者の売買関係上の建物ないし造作の引渡債務も発生する。それと同様に考えればよいのである。

このように申出が形成権行使の意思表示だとすると、次に、申出によってどのような実体法上の法律関係の変動が生ずるのであろうか。

【裁判例一〜三】は、立退料の支払または代替家屋の提供の申出があった場合においても、解約の申入れがあってから六月の経過により（旧借家法三条一項、借地借家法二七条一項）、建物賃貸借契約が終了するとした控訴審判決を維持している。このように解した場合において、家主が立退料を支払わなかったときの法律関係はどうなるのであろうか。【裁判例二】と【裁判例三】の控訴審判決は、明渡済みに至るまで、借家人の賃料相当損害金支払義務を肯定しているから、家主は事実上賃料を確保できる。しかしながら、賃貸借契約が終了した以上、借家人が家主に対して建物の修繕を求めることはできまい。このような状況は、当事者間のバランスを欠いているのではなかろうか。少なくとも、不安定な法律関係であることは否めないように思われる。そこで、以下では、立退料の支払があるまでは、賃貸借契約が存続するという解決の可能性を探ってみたい。

しかし、引換えにする申出がされた場合には、更新拒絶の場合を含めて、借地借家法の文言通りの時点で賃貸借契約が終了することを認めざるを得ないと考えられる。というのも、引換給付判決は現在の給付判決であるから、反対給付である立退料の支払または提供より前の時点で、明渡請求権が現実化していることが必要であるからである。

これに対して、条件とする申出がされた場合には、「明渡しの条件として」という借地借家法六条・二八条の文言には反するきらいはあるものの、立退料の支払または提供が賃貸借契約終了の条件となると解することができるように思われる。このように解した場合には、借地契約・建物賃貸借契約の終了は、更新拒絶の場合には、立退料の支払または提供の時点で、解約申入れの場合には、解約申入れから六月を経過した時と立退料の支払または提供の時のうち遅い方の時点で、それぞれ終了することになる。このように解しても、「賃貸人が解約申入後に立退料等の金員の提供を申し出た場合又は解約申入時に申し出ていた右金員の増額を申し出た場合において、右の提供又は増額に係る金員を参酌して当初の解約申入れの正当事由を判断することができる」という、前掲の平成三年最判の判示を前提とする限り、現実の訴訟事件においては、口頭弁論終結時までに解約申入れから六月が経過していることになろう。

なお、条件とする申出についての私見は、立退料の全額を支払って契約を終了させるか、それとも、立退料を一切支払わずに契約を存続させるか、という選択権を地主・家主に与えるものであるから、強制執行による一部支払の可能性を生じさせる立退料債務の成立は、少なくとも条件とする申出の場合には、否定されるべきである。

さて、条件とする申出についての私見においては、【裁判例一】とは異なって、条件付明渡判決が将来給付を命ずる判決にご注意いただきたい。もっとも、この指摘は、【裁判例一】の判示を批判する趣旨を含むものではない。というのも、民事執行法二八条一項の前身である同法制定前の旧民事訴訟法五一八条二項は、条件成就に係る執行文付与が必要な場合について、「判決ノ執行カ其旨趣ニ従ヒ保証ヲ立ツルコトニ繫ル場合ノ外他ノ条件ニ繫ル場合ニ於テハ」と規定していた。そこでの条件は「執行」についての条件である。これに対して、現行民事執行法下では、立担保について条件が成就したことの証明が同法三〇条二項により強制執行開始の要件として扱われているが、立担保以外に、すぐ後に述べる「請求」の条件と区別された意味における強制執行実施の条件があることは想定されていない。しかし、現行民事執行法下ではともかくとして、旧強制執行法の下では、【裁判例一】の判示は違和感なく受け入れることができるものであったと言うことができよう。

これに対して、民事執行法二七条一項の文言は、「執行が……」（旧民事訴訟法五一八条二項前段参照）ではなく、「請求が債権者の証明すべき事実の到来に係る場合においては」であり、実体権に関する条件を念頭に置いていると考えられる。(10) 請求権が既に発生し履行期も到来しているにもかかわらず、何らかの給付を先に行わないと請求権の行使ができない場合を、引換給付関係以外に想定することができないわけではないかもしれないが、卑見の及ぶ限りでは、そのような場合を他に見出すことはできない。これに対して、私見のように考える場合には、条件付明渡判決は、民事執行法二七条一項が想定する典型的な条件付給付判決であることになる。

以上で述べたことのまとめとして、申出がいかなる法律関係を形成するかを整理しておくことにする。まず、引換えにする申出は、借地借家法の規定する時点で借地契約・建物賃貸借契約を終了させるとともに、地主・家主の明渡請求権（所有権に基づく物権的請求権と契約終了による債権的請求権の両方）について、その行使に「立退料の支払と引換えに」という留保を生じさせる。次に、条件とする申出は、更新拒絶の場合には、立退料の支払または提供の時点で、解約申入れの場合には、解約申入れから六月を経過した時と立退料の支払または提供の時のうち遅い方の時点で、借地契約・建物賃貸借契約を終了させる。その結果、その時点で地主・家主の明渡請求権（所有権に基づく物権的請求権と契約終了による債権的請求権の両方）が発生する。

最後に立法論を述べておくと、以上の私見が受け入れられる場合、立退料が支払われなかったときの地主・借地人間あるいは家主・借家人間の法律関係の安定という観点からは、条件とする申出の方が優れているので、引換えにする申出は廃止して、条件とする申出に一本化すべきであると考える。また、法律関係を早期に安定させるために、「本判決の確定から一年を経過するまでに〇〇円を支払うことを条件として」といった具合に、裁判所が条件としての立退料の支払に期限を付すことも考えられてよいと思われる。[11]

（8）【裁判例二】は、条件とする申出に強制執行法上の効果をも結びつけている。しかし、【裁判例二】の立場においても、代替家屋の提供が正当事由を補完することが重要であって、強制法上の効果は副次的なものであると言うことができる。

（9）明示的にその旨を述べるものとして、鈴木禄弥『借地法上巻〔改訂版〕』四六〇頁（青林書院、一九八七年）がある。

（10）中野貞一郎『民事執行法〔増補新訂六版〕』二七三頁（青林書院、二〇一〇年）は同項による執行文付与が必要とされる場合について、「債務名義上、債務者の給付義務の履行が一定の将来の事実の成立に係る場合であ」ると説いており、「給付義務の履行」という実体法上の範疇が云々されている。

（11）鈴木・前掲注（9）四六四頁以下参照。

五　おわりに

判例と学説のいずれについても断片的な検討しか経ていない（とりわけ学説の史的展開を全く調査していない）こと、そして、提示した私見が未熟なものであることは、十分に自覚しているつもりであるが、以上で本論を終えることにする。しかし、本稿を閉じる前に、読者の理解の便宜のために、一で挙げた①〜⑥の論点について、私見を適用した結果を説明しておきたい。

1　論点④について

無留保の明渡しを求める場合の訴訟物は、所有権に基づく物権的請求権としての明渡請求権か、契約終了による債権的請求権としての明渡請求権である。引換えにする申出が功を奏した場合、いずれの請求権も立退料との引換えにしか行使できなくなる。そのことを判決主文に反映したのが、引換明渡判決である。また、条件とする申出が功を奏した場合、いずれの請求権も立退料の支払を法定の停止条件として発生する。そのことを判決主文に反映したのが、条件付明渡判決である。したがって、物権的請求権か債権的請求権かという請求権の種別が同じである限り、無留保の明渡請求と引換明渡請求・条件付明渡請求は訴訟物を同じくする。

なお、賃貸借契約等の終了の場合の債権的請求権について訴訟物の単位をどうするかは議論のあり得るところである(12)（本稿の立場は、契約の同一性の範囲内では、終了原因の如何を問わず単一の訴訟物を構成する、というものである）。しかしながら、物権的請求権については、訴訟物を分断する見解は、新訴訟物理論の一種である二分肢説はともかく、旧訴訟物論を前提とする論者の間では、見当たらないのではないかと思われる（【裁判例一〜三】の事案の訴訟物がいずれも物権的請求権であると推測されることは、二2、3で既に指摘したところである）。

2　論点①について

三で紹介した星野博士の整理において明らかにされているように、この問題は二つの場合に分けて考察する必要がある。

まず、無留保の明渡請求がされている場合に、立退料の申出がないのに、引換明渡判決または条件付明渡判決ができるかどうか、という問題を検討する。申出がなければ実体法上の法律関係の変動が生じないのであるから、引換明渡判決または条件付明渡判決は実体法上許されない判決であることになる。ここで「申出がなければ」というのは、「申出行為がされたことが訴訟上認められなければ」という趣旨である。

「訴訟上認められる」を詳しく説明すると、訴訟外で申出行為がされた場合には、申出行為がされた事実が裁判所に対して主張されるとともに、かかる事実について自白・擬制自白が成立するか、かかる事実が証拠によって証明されることが必要である。これに対して、申出行為が訴訟上された場合には、形成権の訴訟上行使であるから、一般的見解である併存説によると、被告＝借地人・借家人に対する実体法上の意思表示と、意思表示をした旨の裁判所に対する主張行為が同時にされていることになる（この場合、意思表示がされた事実は、職務上顕著な事実であって、証明を要しない）。このように申出が訴訟外と訴訟上のいずれでされた場合であっても、申出行為がされた事実の裁判所に対する主張が必要である。これは弁論主義が適用されるからにほかならない(13)。

これに対して、立退料の申出はされている（申出行為がされたことが訴訟上認められる）が、無留保の明渡請求だけが立てられている場合において、引換明渡判決・条件付明渡判決ができるかどうかという問題設定は、中立事項と裁判所が到達した訴訟物についての実体法上の判断の間でずれが生じている場合に関するものであるから、民事訴訟法二四六条の問題である。④について述べたように、無留保の明渡請求と引換明渡請求・条件付明渡請求は、物権的請求権か債権的請求権かという点で種別を同じくする限り、訴訟物が同一であるから、無留保の明渡請求に対する引換明渡判決・条件付明渡判決は、質的一部認容判決であることになる。したがって、原告＝地主・家主のこれに反する現実の意思が表明されあるいは推認されない限り、このような質的一部認容判決を下すことは、裁判所の権限でもあり義務でもある。その際に、被告＝借地人・借家人の意思を付度する必要はない(14)。

3　論点②について

この問題に答えるためには、借地人・借家人の同時履行の抗弁権が帰属するか、という前提問題について答える必要がある。既に二4で指摘したように、【裁判例三】は、引換明渡しを命じながらも、明渡済みに至るまでの賃料相当損害金の支払を命じた控訴審判決を黙認している。このことは、同時履行の抗弁権の存在効を否定することを意味する。そうなると、借地人・家屋の貸借人の同時履行の抗弁権を認めるとしても、ここでの同時履行の抗弁権は一般的なそれとは性質が異なったものにならざるを得ない。引換えにする申出によって引換給付関係が形成されるという私見の立場においては、被告の権利抗弁の行使の要否は申出によって形成される引換給付関係をどのように構想するかという問題に帰着するから、同時履行の抗弁権の行使について要と否のいずれも観念できる。しかし、存在効のない同時履行の抗弁権を肯定してまで、権利抗弁の行使を要求する必要性は乏しいように思われる。

4　論点③について

立退料の申出行為があったことが訴訟上認められるにもかかわらず、裁判所が立退料の支払がなくても正当事由があると認めることは、申出が正当事由を肯定するために必要不可欠の要素ではない以上、実体法上は許容されることがあると考えられる。しかし、原告＝地主・家主が無留保の明渡請求をせずに、引換明渡請求・条件付明渡請求だけを立てている場合において、裁判所が立退料の支払がなくても正当事由があると認めるときは、申立事項と裁判所が到達した訴訟物についての実体判断の間でずれが生じているから、民事訴訟法二四六条の問題になる。そして、物権的請求権か債権的請求権かという点で種別を同じくしても、無留保の明渡判決をすることは、申立事項を超えて原告を有利に扱うことになるので、同条によって許されないことになる。

特定の金額を示した立退料の申出行為があったことが訴訟上認められる場合において、裁判所が申出額より低額の立退料で正当事由を肯定できるかどうかは、実体法の問題である。立退料が正当事由の補完的な要素とされていることからは、少なくとも減額の方向であれば、申出額の拘束力を否定することは許されると考えるべきであろう。したがって、無留保の明渡請求だけが立てられている場合に、特定額を示した申出行為が訴訟上認められる場合に、申出額を減額した引換明渡判決・条件付判決をすることは、実体法上も訴訟法上も許容される。

しかし、特定金額を示した引換明渡請求・条件付明渡請求だけが立てられており、かつ、申出において提示された立退料の金額と引換明渡請求・条件付明渡請求に示された金額が同じ場合においては、仮に裁判所がより低い金額で正当事由が認められると判断しても、申出額を減額した引換明渡判決・条件付判決をすることは、民事訴訟法二四六条により許されない。

5　論点⑤について

特定金額を示した引換明渡請求・条件付明渡請求がされている場合に、立退料を増額した引換明渡判決・条件付明渡判決をすることは、民事訴訟法二四六条との関係では、①について述べた要件の下に、一部認容判決として許容される。しかし、同条を云々する前に、借地人・借家人が特定の額を提示して立退料の申出をした場合に、裁判所がそれを増額して正当事由を肯定することが実体法上許されるかどうか、という問いに答える必要がある。つまり、この問いに肯定的に答えて初めて、同条が問題になるのである。

では、実体法上の許容性についてはどのように考えるべきであろうか。この点について、筆者は、引換えにする申出がされた場合と条件とする申出がされた場合とで区別する必要があると考えている。

まず、引換えにする申出がある場合には、それによる補完によって正当事由が肯定されれば、立退料の支払を俟たずに借地契約・建物賃貸借契約が終了することになるところ、裁判所の判断によって増額を許容すると、増額された立退料を地主・家主が支払わなかった場合の法律関係が不安定なものになるので、増額判断は実体法上許されないと考えるべきである。もっとも、増額が相当であると判断した裁判所が、増額された立退料の申出（実体法上の行為）をするよう原告＝地主・家主に促し、原告がそれに応ずれば、請求の変更を要せずして一部認容判決としての増額された引換明渡判決をすることの許否ないし要否が、民事訴訟法二四六条の解釈によって決せられることになる。この点についての私見は、①について述べたところを参照されたい。

次に、条件とする申出がある場合には、それによる補完によって正当事由が肯定されても、立退料の支払を俟たずに借地契約・建物賃貸借契約が終了することはない。したがって、引換えにする申出の場合のような問題は生じないから、増額判断は実体法上許容されると考えるべきである。その結果、増額が相当であると判断した裁判所は、原告＝地主・家主に増額された申出をすることを促すまでもなく、請求の変更を要せずして一部認容判決としての増額された引換明渡判決をすることの許否ないし要否が、民事訴訟法二四六条の解釈によって決せられることになる。この点についての私見は、①について述べたところを参照されたい。

6　論点⑥について

この問題も二つの要素に分解して考えるべきである。

一つは、立退料の額の決定を裁判所に委ねることが、実体法上の行為としての立退料の申出の一形態として許容されるかどうか、という問題である。⑤について述べたことから明らかなように、筆者は、引換えにする申出については許容されないが、条件とする申出については許容されると考える。引換えにする申出の場合に立退料債務の成立を肯定するときには、地主・家主が想定外の債務を負担することから保護するという観点も、その許容性を否定する論拠となり得る。これに対して、**四**で述べたように、条件とする申出の場合に、私見は立退料債務の成立を否定しているので、想定外の過大な債務の負担の問題は生じない。

もう一つは、立退料の額を裁判所が相当と認める額とする引換明渡請求・条件付明渡請求が、訴訟法上許容されるかどうか、という問題である。これは訴訟上の請求の特定性の問題であるところ、金額を示さない損害賠償請求と類似するようにも思われる。しかし、金額を示さない損害賠償請求の場合には、訴額の算定の問題のほか、被告の敗訴のリスク（支払を命じられる金額の上限）が特定されていない。これに対して、立退料の金額を特定しない引換明渡請求・条件付明渡請求の場合、訴額は無留保の明渡請求と同様になり、訴額算定上の問題が生じないとともに、被告の敗訴のリスクは立退料一円の引換明渡判決・条件付明渡判決によって上限を画されている。また、原告の敗訴リスクも、請求を全部棄却する判決によって上限を画されている。したがって、立退料の額を裁判所が相当と認める額とする引換明渡請求・条件付明渡請求が訴訟上許されないと考えることには、理由がない。もっとも、これは訴訟法上許容されるというだけであって、引換えにする申出の場合に、実体法上裁判所に立退料の額の決定を委ねることができないことを左右するものではない。

（12） 新堂幸司「家屋明渡訴訟の訴訟物」（初出一九六九年）同『訴訟物と争点効(上)』二二五頁以下（有斐閣、一九八八年）参照。

（13） 申出行為があった事実について弁論主義が適用になることは、近藤・前掲注(2)三二二頁、青山善充「演習」法教一四〇号一一二頁（一九九二年）などで既に指摘されているところである。なお、三で紹介したように、星野博士は、ウは旧民事訴訟法一八六条と弁論主義の双方の問題であるとする。しかし、訴訟上は、裁判所が申出行為を斟酌するためには、申出行為があった事実の主張が必要であるが、純実体法的には、そもそも申出行為がない場合に、ウの問題が生ずる。このことを考えると、星野博士の見解は、おそらく、立退料の申出は訴訟上されなければならない、という想定に基づいていると推測される。坂田・前掲注(1)一九八頁が、民事訴訟法二四六条適用説か弁論主義適用説か、という問題設定をしているのも、同じ想定に基づくものと推測される。そして、近藤裁判官と青山教授に（特に青山教授に）同様の想定がないとは言い切れないように思われる。これに対して、私見は申出を実体法上の行為として純化する点に特徴を有している。

（14） 本文で述べた一部認容判決が訴訟法上許容される要件については、山本克己「金銭債務不存在確認の訴えと申立事項の拘束力」法教二九一号一〇四頁以下（二〇〇四年）を参照されたい。

平成二三年改正民事訴訟法における管轄権

――併合請求および反訴を中心として

山本　弘

一　はじめに
二　法改正前の判例の状況
三　旧法下の判例法理を併合請求に適用した場合の問題点――その一　客観的併合
四　旧法下の判例法理を併合請求に適用した場合の問題点――その二　主観的併合
五　現行民訴法三条の六の立案過程
六　改正法の下での解釈上の問題点
七　反訴の管轄権
八　おわりに

一　はじめに

平成二四年四月一日から「民事訴訟法及び民事保全法の一部を改正する法律」（平成二三年法律三六号）が施行されている。同法は、いわゆる国際裁判管轄（改正後の法律は「管轄権」と呼んでいるので、本稿もこれに従う）について、民事訴訟および民事保全の分野に限定されてはいるものの、網羅的に明文の規律を置いたものである。本稿は、そのうち、民事訴訟法（以下「民訴法」という）三条の六が規律する「併合請求の管轄権」と民訴法一四六条三項の「反訴の管轄権」について、改正の経緯と問題点を簡潔に指摘することを目的とする。

二　法改正前の判例の状況

管轄権について、従前の判例は、明文の制定法規もなければ、よるべき確立された国際慣習法も存在しない、との前提から出発し、当事者間の公平および裁判の適正・迅速を期するという理念により条理に基づいて決するのが相当であるとし、結論としては、わが民訴法の土地管轄規定が定める裁判籍の何れかがわが国内に存在すればわが国の管轄権を認めるのが、右条理に適うとしていた（最判昭和五六年一〇月一六日民集三五巻七号一二二四頁。以下「昭和五六年最判」という）。これは、その帰結において当時民事訴訟法学において多数説であった「逆推知説」と一致する。この立場では、民訴法五条四号により、わが国に住所を持たない被告がわが国に差し押えることができる財産を有していれば、たとえそれが僅かな価値しか有しないものであっても、当該被告に対するあらゆる財産上の請求を対象とする訴訟につき、わが国に管轄権が生ずることとなり、管轄の基本原則である被告の応訴の便宜の保護という要請に反する結果となる。(1) そこで、判例は、わが民訴法の土地管轄規定が定める裁判籍の何れかがわが国内に存在する場合であっても、わが国の管轄権を認めることが、当事者間の公平および裁判の適正・迅速を期するという条理に反することとなる「特段の事情」があるときは、わが国の管轄権が否定されるとの法理を展開するに至っていた（最判平成九年一一月一一日民集五一巻一〇号四〇五五頁。(2)(3)(4) 以下「平成九年最判」という）。

（1） 改正後の民訴法三条の三第三号は、その財産の価額が著しく低いときはわが国の管轄権を否定している。

（2） 昭和五六年最判（マレーシア航空事件）および平成九年最判（ファミリー事件）についての論考は枚挙に遑がない。前者についての塩崎勤調査官の解説（最高裁判所判例解説民事篇昭和五六年度五九二頁以下（一九八六年））、後者についての孝橋宏調査官の解説（最高裁判所判例解説民事篇平成九年度(下)一三二〇頁以下（二〇〇〇年））が掲げる文献を参照されたい。

なお、マレーシア航空事件（日本人が、クワラルンプールとペナンの間のマレーシア航空国内線の往復航空券をクワラルンプールにある同社の代理店において購入したが、復路において飛行機が墜落し、乗客乗員全員が死亡したという事案である）では、大正一五年民訴法四条三項（現民訴法四条五項）に基づき、日本に営業所を有する外国航空会社を被告として、同社の航空機の墜落事故により死亡した日本人被害者の遺族が損害賠償を求めた訴えについて、右請求権の発生原因と日本の営業所との業務との関連性を問うことなく、日本の管轄権が肯定された。判例および逆推知説がもたらすこうした帰結に批判的な「管轄配分説」から、当事者間の公平および裁判の適正・迅速を期する立場から、日本に事務所・営業所を有する外国法人に対する訴えは、当該日本の事務所・営業所の業務に関して生じたものに限るべきであると批判されていた（池原季男＝平塚真「渉外訴訟における裁判管轄」鈴木忠一＝三ヶ月章監修『実務民事訴訟法講座第六巻』一頁以下（日本評論社、一九七一年）、青山善充「国際的裁判管轄権」三ヶ月章＝青山善充編『民事訴訟法の争点』五〇頁以下（有斐閣、一九七九年）等）。今回の改正民訴法三条の三第四号は、この批判を容れ、日本に事務所・営業所を有する者に対する訴えの管轄権は、その事務所・営業所の業務に関するものに限って生ずるものとした。他方で、外国法人が、日本に事務所・営業所を設置せず、日本における代表者を定めて日本において継続的に取引を行ったり、一〇〇％子会社の日本法人を設立し、これを外国会社の代理店として日本において継続的に取引を行ったりした場合には、これらの取引から生ずる外国法人に対する訴えにつき日本に管轄権を認める根拠規定がないのは不合理であるとの理由から、日本において事業を行う者（日本において取引を継続する外国会社を含む）に対する訴えは、当該訴えがその者の日本における業務に関するものであれば、日本の管轄権を認めることとした（同条五号。同条四号と五号の関係については、佐藤達文＝小林康彦編著『一問一答 平成二三年民事訴訟法等改正』五六頁（商事法務、二〇一二年）参照）。

（3） マレーシア航空事件に改正後の民訴法を仮定的に適用した場合に、同事件につき日本に管轄権は認められるだろうか。請求の原因である旅客運送契約の締結は、マレーシア航空の日本における営業所の業務として行われたものではないから、民訴法三条の三第四号の下では、日本の管轄権は認められないと解される。しかし、同事件の被害者が締結した旅客運送契約が、民訴法三条の四第一項にいう「消費者契約」に該当し、かつ、訴え提起の時または旅客運送契約締結の時における同被害者の住所が日本国内にあるならば、同項により日本の管轄権が肯定される。同項の「消費者」の定義は、消費者契約法二条一項のそれと同じである。被害者が私的な旅行のために旅客運送契約を締結したのであれば、これが消費者契約であることに疑いはない。他方、被害者が日本の会社に勤務する労働者であり、ペナン発クワラルンプール行きの飛行機への搭乗が社命による出張であったとすると、旅客運送契約の締結は労働契約に基づく労働である。労働は、自己の危険または計算によらず他人の指揮命令に服するものであり、自己の危険および計算に基づいて独立的に行われる「事業」には該当しない（消費者庁企画課編『逐条解説 消費者契約法〔第二版〕』七九頁以下（商事法務、二〇一〇年））。したがって、同被害者は、消費者契約法二条一項において「消費者」から除かれるもの、すなわち「個人であって事業としてまたは事業のために契約の当事者となるもの」には該当せず、同法にいう「消費者」であり、彼が社命による出張のため外国の航空会社（民訴法三条の四の定義上「事業者」（法人その他の社団または財団）に該当する）と締結した旅客運送契約は、民訴法三条の四第一項にいう消費者契約に該当する。他方、同被害者が旅客運送契約の締結当時日本に住所を有していたか否か（同人の勤務地は日本であり、マレーシア行きは一時的な出張だったのか、同人は当時勤務先会社のクワラルンプール支店の駐在員であったのか）は、判例集からは定かでない。

（4） ファミリー事件については、判旨の一般論はともかくとして、事案の具体的処理において、裁判所が、同事案において義務履行地がわが国に所在しないことの認定を省略して、いきなり特段の事情を認めて訴えを却下した措置に対しては、同判決についての評釈（中野俊一郎「判批」法教二一三号一二四頁（一九九八年）、道垣内正人「判批」ジュリ一一三三号二一三頁（一九九八年）、海老沢美広「判批」平成九年度重判解（ジュリ増一一三五号）二八八頁（一九九八年）等）による批判があった。改正後の民訴法三条の九は、判例の「特段の事情」法理を明文化したものであるが、同条が「訴えについて日本の裁判所が管轄権を有することとなる場合（中略）であっても」という文言を用いているのは、管轄権に関する法改正が実現した暁には、裁判所は、まず、民訴法三条の二以下の規定により日本の裁判所が管轄権を有することとなるかどうかにつき判断を行い、その上で、特段の事情の有無を判断することが望ましいとする、法制審議会国際裁判管轄法制部会における議論を前提としている（佐藤＝小林・前掲注(2)一五八頁）。

三　旧法下の判例法理を併合請求に適用した場合の問題点――その一　客観的併合

客観的併合については、同一被告に対する併合請求のうちの何れかについて、受訴裁判所が被告の普通裁判籍または特別裁判籍の何れかの所在を原因として土地管轄を有していれば、それにより当該請求につきわが国に管轄権が生じ、併合されている他の請求について民訴法七条により併合請求の裁判籍が生じる結果、結局すべての請求についてわが国に管轄権が生じる。客観的併合では、併合されている請求相互間にその成立要件等の共通性がある場合に限られないから、被告としては、日本に管轄権が生ずる請求との関連性または日本国との関連性が全くない他方の請求についても、日本で応訴を強いられる不都合が生ずる。そこで、従来、一部の学説や下級審判例は、平成九年最判が認めた「特段の事情」法理による修正を試みていた。しかし、最高裁は、より直接的に、客観的併合における管轄権の成立を限定する解釈を示した（最判平成一三年六月八日民集五五巻四号七二七頁。以下「平成一三年最判」という）。[5] 事案は、原告Xは、Xが日本およびベルヌ条約加盟国（タイを含む）において著作権を有する係争著作物（ウルトラマン）につき、訴外Aに対し、日本および東南アジア各国におけるその排他的使用権を付与したところ、タイ人の実業家である被告Yは、同人が社長を務めるB社が、代理人を介して、Xから日本を除く各国における本件著作物の独占的利用権を獲得したと主張して、A社はB社が有する独占的利用権を侵害している旨の内容の警告書を日本におけるA社の営業所に送付したため、Xは、右警告書が日本国内に送付されたことによりXの業務が妨害されたと主張して、Yに対し、不法行為に基づく損害賠償を請求する（①）とともに、これと併合して、Yが日本国内において本件著作物についての著作権を有さないことの確認（②）、XY間における本件著作物の独占的使用許諾契約書が真正に成立したものでないことの確認（③）、Xがタイ国において本件著作物の著作権を有することの確認（④）、Yが本件著作物の利用権を有しないことの確認（⑤）、Yが日本国内において第三者に対し本件著作物の利用がYの独占的使用権の侵害に当たる旨の通告をすることの差止め（⑥）を、それぞれ請求したというものである。

最高裁は、①につき、Yによる警告書の送付によりわが国におけるXの業務が妨害されたとの客観的事実関係が証明されれば、わが国に不法行為の裁判籍に基づく管轄権が生ずることを認め、かつ、②につき、請求の目的の国内所在という裁判籍に基づくわが国の管轄権を認めた上で、その他の請求については「ある管轄原因により我が国の裁判所の国際裁判管轄が肯定される請求の当事者間における他の請求につき、民訴法の併合請求の裁判籍の規定（民訴法七条本文、旧民訴法二一条）に依拠して我が国の裁判所の国際裁判管轄を肯定するためには、両請求間に密接な関係が認められることを要すると解するのが相当である。けだし、同一当事者間のある請求について我が国の裁判所の国際裁判管轄が肯定されるとしても、これと密接な関係のない他の請求を併合することは、国際社会における裁判機能の合理的な分配の観点からみて相当ではなく、また、これにより裁判が複雑長期化するおそれがあるからである。」との一般論を呈示した。その上で、具体的な事案の処理としては、本件請求③ないし⑥は、いずれも本件著作物の著作権の帰属ないしその独占的利用権の有無をめぐる紛争として、本件請求①および②と実質的に争点を同じくし、密接な関係があるとして、③ないし⑥につき併合請求の裁判籍に基づくわが国の管轄権を認めた。

(5) 平成一三年最判、いわゆるウルトラマン事件は、客観的併合における併合請求の管轄権の問題だけでなく、不法行為地を原因とする管轄権が認められるためには、原告はどこまで不法行為に関する主張立証をする責任を負うかという問題に関しても、重要な判断が示されており、これらの論点に関する文献は、膨大な数存在する。詳細は、同判決についての髙部眞規子調査官の解説(最高裁判所判例解説民事篇平成一三年度(下)四七五頁以下(二〇〇四年))を参照されたい。

四 旧法下の判例法理を併合請求に適用した場合の問題点――その二 主観的併合

他方、主観的併合についての併合請求の裁判籍は、民訴法三八条前段の要件が存在する場合に限り、認められている(民訴法七条後段)。これは、平成八年に制定された現行民訴法が旧法の下での判例・通説を採用したものである。大正一五年に明治二三年民訴法の判決手続の部分を改正した際に設けられた条文(旧民訴法二一条)には、現行民訴法七条前段に相当する文言しか存在しなかった。もともと、明治二三年民訴法にも、その母法である一八七七年ドイツ民訴法にも、併合の要件を充たす限り、併合に係る請求の一つにつき受訴裁判所に管轄が認められると他の請求についても管轄が生ずるという規律は、存在しない[6]。客観的併合については、たとえば、不動産所在地を管轄する裁判所に不動産に関する訴えと併合して同一被告に対する当該不動産を担保とする債権の履行請求をすることができる(明治二三年民訴法二三条一項、ドイツ民訴法二五条)等の規定が断片的に存在し[7]、主観的併合については、複数の被告間に必要的共同訴訟の関係が成立する場合において、各自が普通裁判籍を異にし、全員に共通する特別裁判籍が存在しないときには、直近上級裁判所が管轄裁判所を指定することを認めることを通じて、管轄が理由で訴えが提起できなくなる事態を避けるための規定(ドイツ民訴法三六条一項三号)が、置かれているにすぎない。客観的および主観的な併合請求についての裁判籍を定める大正一五年民訴法二一条は、ある訴えが管轄裁判所に係属する場合であっても、損害または遅滞を避けるため、別の管轄裁判所に移送することを認める旧民訴法三一条（現民訴法一七条）と並び、母法に例のない条文である。

それはおくとして、旧民訴法五九条（現行民訴法三八条）後段の要件しか充たさない被告側の共同訴訟について併合請求の裁判籍を認めると、たとえば家主が複数の借家人に対し賃料の支払請求をする場合、東京にある建物の借家人に対する訴訟を被告住所地である東京地方裁判所に提起するにあたり、福岡や名古屋にある建物の借家人に対する賃料請求を併合することも可能となり、遠隔の地での応訴の不便を共同被告に強いる結果となる。そこで、主観的併合については旧民訴法五九条前段に該当するものに限り併合請求の裁判籍の規定を認める立場が判例・通説となり、これを現行民訴法が明文の規定にした。(8)

他方、管轄権との関係では、現行民訴法の下で、判例法理に従い、民訴法三八条前段に該当する限り併合請求の裁判籍に基づきわが国の管轄権を認めつつ、場合によっては判例が認める特段の事情により処理をする見解もあったが、その一方で、渉外訴訟における被告の応訴の便宜をより保護しようとする立場から、上に紹介したドイツ法のように、被告側に合一確定が必要な場合に限定する見解も提唱されていた。下級審判例も、民訴法七条ただし書に該当する場合に管轄権を肯定しつつ、特段の事情による調整を図るものと、併合請求につき管轄権を認めることが条理に適う特段の事情がある場合に限り管轄権を認めるものとに、分かれていた。(9)

（6）　かえって、訴えの併合の要件を定める明治二三年民訴法一九一条、ドイツ民訴法二六〇条は、同一の被告に対する複数の請求は、その原因を異にする場合であっても、受訴裁判所がすべての請求につき管轄を有し、かつ、訴訟の種類を同じくするときは、一個の訴えで併合提起できると定めている。

（7）　反訴に関する民訴法一四六条一項と同旨の規定は、ドイツでは裁判籍の節の中に置かれている（ドイツ民訴法三三条）。すなわち、請求または防御の方法との関連性は本訴裁判所に反訴につき特別裁判籍を生じさせる原因である。

（8）大正一五年民訴法の下での主観的併合と併合請求の裁判籍についての判例・学説の状況については、菊井維大＝村松俊夫原著『コンメンタール民事訴訟法Ⅰ〔第二版〕』一五一頁（日本評論社、二〇〇六年）、松浦馨ほか『条解民事訴訟法〔第二版〕』一〇二頁以下（弘文堂、二〇一一年）参照。

（9）大正一五年民訴法の下での主観的併合における管轄権に関する判例・学説の状況については、菊井＝村松・前掲注（8）八四頁以下参照。

五　現行民訴法三条の六の立案過程

法制審議会国際裁判管轄法制部会が平成二一年七月にとりまとめた「国際裁判管轄に関する中間試案」では、「第五　併合請求における管轄権」として、①において請求の客観的併合の場合の管轄権について、②において反訴の管轄権について、③において請求の主観的併合の場合の管轄権について、結果的には改正法の内容となる規律を設けることを提案していた。反訴については後述するとして、同中間試案の「補足説明[10]」は、①について、先に紹介した平成一三年最判に言及した上で、試案を提案する理由として、客観的併合につき広く併合請求の裁判籍を認めても移送による適切な対処ができる国内事件と異なり、移送が不可能な渉外事件では、併合請求の裁判籍をより限定すべきであること、渉外訴訟においては、ある請求につき日本に管轄権が認められる場合にその請求につき日本で応訴を強いられるのは仕方ないとしても、その請求と全く関係のない請求につき、法令や言語の異なる国で応訴を強いるのは酷であること、関連性のない訴訟につき日本に管轄権を認めると、争点等が異なるため訴訟が長期化することを挙げる。この説明からは、①の規律は平成一三年最判の立場を立法的に確認する趣旨のものであることが読み取れる。

他方、③の主観的併合については、民訴法七条ただし書と同様の要件の下でわが国の管轄権を認めることを提案する理由として、中間試案の「補足説明」[11]は、併合される被告にとって応訴の負担は大きいから、その要件は厳格にすべきであるが、民訴法三八条前段の要件は十分に厳格であること、併合の要件を更に限定するとしても適切な範囲を画することは難しく、訴訟の目的につき合一確定が必要であるとの要件まで課すことは、関連性を有する紛争につき同一の訴訟手続で審理する要請に照らすと、厳格に過ぎることを、挙げている。

この①と③の提案が、結果的に改正法の三条の六として一箇条にまとめられたのは、管轄権の規律を民訴法の中に置くこととなったという法制上の理由から、②の反訴は、反訴に関する民訴法一四六条の中に三項の形で落とし込む一方で、中間試案の①にただし書として③をつなげ、請求の客観的併合および主観的併合の規律を置いたのが、民訴法三条の六である。[12]

(10)　法務省民事局参事官室「国際裁判管轄法制に関する中間試案の補足説明」四七頁以下（二〇〇九年）。

(11)　法務省民事局参事官室・前掲注(10)四八頁。

(12)　立案担当者による解説（佐藤＝小林・前掲注(2)一一八頁以下）も、民訴法三条の六前段は、客観的併合に適用される規定であり、同後段は、主観的併合に適用される規定であると述べている。

六　改正法の下での解釈上の問題点

ただ、改正法の管轄権に関する全体的な構図と民訴法三条の六後段との間に齟齬があることは、否定できない。たとえば、民訴法三条の三第三号は「財産権上の訴え」を規定している。同号と従来の民訴法五条四号の逆推知による規律との相違点として、「請求の担保の日本国内所在」という管轄権の原因を削除したことが挙げられる。

その理由は、まず、物的担保については、日本国内に所在する財産を目的とする担保権の実行については、日本の民事執行法（以下「民執法」という）による限り、その開始にあたり、担保権の存在を証する文書を提出すれば足り、確定判決の存在は必ずしも必要でなく（民執法一八一条一項・一九〇条一項・一九三条一項）、民執法一八一条一項一号の「担保権の存在を証する確定判決」を得るためには、管轄権の原因として、担保権確認請求の目的の国内所在という原因でカバーできるため、担保の国内所在を原因とする管轄権を設ける必要性に乏しいこと、人的担保については、委託によらない保証を想定すると、債務者の与り知らぬうちに委託によらない保証がなされ、かつ、保証人の住所地が日本にある（これが担保の目的の所在地である）とすると、主債務者のみを日本で訴えることが可能になってしまい、主債務者が外国に居住する主債務者に過度の応訴の負担を課すことになり、適切な規律とはいえないことに求められている(13)。

しかし、委託によらない保証の場合、保証人に対する保証債務の履行請求につき、保証人の住所地がわが国に所在すれば、民訴法三条の二の一般原則により、わが国に管轄権が認められる。そして、保証人に対する請求と主債務者に対する請求との間には、委託の有無を問わず、いずれか一方が義務を履行すれば履行の限度で他方の義務も消滅するという意味において、民訴法三八条前段の「請求の目的である……義務が共通である」関係が存在する。その結果、保証人に対する請求と併合して請求する形を採れば、外国に住所を有する主債務者について民訴法三条の六により日本に管轄権が生じることとなる。せっかく人的保証の場合を念頭に置いて、外国に居住する主債務者保護のために、保証人の住所地の国内所在を管轄権の原因から除いたのに、その趣旨は、併合請求の管轄権に関する規定を利用すれば容易に潜脱できるわけである。

この点につき、たとえば一九八八年ハーグ国際私法会議管轄条約案(14)では、一四条に「被告が常居所有する国の裁判所にその被告に対する訴えを提起している原告は、次のいずれも充たす場合においては、その裁判所において、その国に常居所を有しない他の被告に対する手続を進めることができる。⑴その国に常居所を有する被告に対する請求と他の被告に対する請求とが密接に関連していて、矛盾する判決が下される重大なおそれを回避するために、併せて裁判をする必要があること。⑵その国に常居所を有しないいずれの被告についても、当該国と当該被告が関係する紛争との間に実質的な関連があること。」という規定が置かれている。この規定の書き振りなら、委託によらない保証では、矛盾する判決を回避する必要があるほどに保証債務と主債務との間に密接な関連性があるといえるか、または、保証人の住所地所在国と主債務者の債務履行請求との間に実質的な関連があるかを、問題とすることが可能である。これに対し、現行民訴法の下において「義務共通」の要件の解釈を三条の六と七条とで変えるのは、困難であろう[15]。国内の土地管轄なら民訴法一七条の裁量移送で対応できる問題であるが、渉外事件については、裁量移送の渉外訴訟版ともいうべき民訴法三条の九で対応することになるのであろう。

また、改正法は、消費者契約および個別労働関係に関する訴えの管轄権について独自の規律を置いた点に、特徴がある。民訴法三条の四第三項は、個別的労働関係民事紛争に関する事業主から労働者に対する訴えについては、国内管轄に関する特別裁判籍に相当する民訴法三条の三の適用を除外している。これは、こうした訴えにつきわが国が管轄権を有する場合を裏から規定したもので、労働者が訴え提起時におけるその住所地等以外の国で応訴することが困難であることに鑑み、原則として同時点においてわが国に労働者の住所地等がある場合（民訴法三条の二第一項）に限り、わが国に管轄権が生ずることとしている（わが国以外の国に国際的管轄権を定めた事業主と労働者との合意が効力を有する場合（民訴法三条の七第六項）および外国で訴えられた労働者が異議なく応訴した場合（民訴法三条の八）はこの限りでない[16]）。

ただ、民訴法三条の四第三項は、国内事件であれば特別裁判籍の一つである民訴法三条の六の規定の適用を除外していない。民訴法三条の八の応訴による管轄権の規定が、わが国に住所地のない労働者がわが国において事業主から訴えられた場合にも適用される以上、規定の位置関係からは民訴法三条の六もこうした訴えに適用されることを否定することはできないであろう(17)。そうだとすると、次のような問題が生じる。

たとえば、未成年者が雇用契約を締結し、そこで、雇用契約に関して労働者が事業主に損害を与えた場合の賠償その他の債務につき、親権者が保証人となっていたとする。事業主の業務命令により未成年たる労働者が外国で就業し、その過程で雇用契約上の義務に違反して労働者が事業主に損害を与えた場合、労働者は訴え提起の時点でわが国に住所地等を有していないにもかかわらず、親権者がわが国に住所地を有することを管轄権の原因としてわが国で保証債務の履行を求める訴えを提起し、これに労働者に対する損害賠償請求を併合すれば、両者は義務共通の関係にあり、民訴法三八条前段の要件を充たすから、労働者に対する訴えについても管轄権が生ずることとなる。ここでも、民訴法三条の九による対処の必要が生ずる(18)。

(13) 法務省民事局参事官室・前掲注(10)一四頁。

(14) 道垣内正人編著『ハーグ国際裁判管轄条約』一五五頁以下（商事法務、二〇〇九年）参照。

(15) この点につき、松浦ほか・前掲注(8)六六頁以下（高橋宏志教授および高田裕成教授による補訂）は、民訴法三条の六後段は最小限の制限であって、国際裁判管轄の要件としては緩やかな制限に過ぎず、むしろ密接関連性の要件が重要な役割を果たすことが予測されるとする。これは、民訴法三条の六前段が定める請求相互間の「密接な関連」性の要件が、主観的併合に関して同条後段が規定する同法三八条前段の要件を、管轄権との関係において、更に制約するものであることをと前提とする解釈であると理解できる（笠井正俊＝越山和広編『新・コンメンタール民事訴訟法』「補遺」（日本評論社、二〇一〇年）（日本評論社ＨＰからダウンロードが可能である）における越山和広教授の見解も同旨）。本文に記したような立案上の経緯はともかく、できあがった法文を素直に読めば、民訴法三条の六は、前段において客観的か主観的かを問わず併合請求を包括して規律し、後段において主観的併合の場合に特段の限定を加える構造である点において、国内管轄規定である民訴法七条と構造を同じくするから、主観的併合の場合にも三条の六前段の制約が被るという理解である（関西大学法学研究所第四六回シンポジウム「国際裁判管轄　民事訴訟法改正をうけて」における笠井正俊教授のコメント（関西大学法学研究所「ノモス」三〇号一五四頁以下（二〇一二年）参照）。この見解は、民訴法三八条前段の要件よりも民訴法三条の六前段がいう「密接な関連」性要件の方が狭いことを論理的に前提とするが、前段においては併合請求相互の関連性を全く規定せず、後段において主観的併合につき民訴法三八条前段の場合に限定する民訴法七条と異なり、前段では客観的か主観的を問わず併合された請求相互の「密接な関連」を要件とし、後段では主観的併合においては民訴法三八条前段の要件を充たす場合に「限る」とする民訴法三条の六と、先の前提とが整合するか、疑問が残る。

(16)　佐藤＝小林・前掲注(2)九九頁。

(17)　民訴法三条の六が、併合に係る請求が民訴法三条の四が定める消費者契約および個別労働関係に関する訴えである場合にも適用される点については、前掲注(15)で言及した関西大学法学研究所主催のシンポジウムにおいて、小林和弘弁護士から頂いた示唆による。事業者・使用者から消費者・労働者に対する訴えにつきこれを被告である消費者・労働者の普通裁判籍所在地国に限定する民訴法三条の四第三項が専属管轄規定でないことは、右訴えにつき合意管轄の余地を認める民訴法三条の七第五項・六項から明らかである。

(18)　前掲注(15)での検討と関連するが、結局のところ、問題は、委託によらない保証の場合などを考えると、本来併合審理の要件規定に過ぎない民訴法三八条前段は、主観的に併合提起された請求につき、渉外事件についての管轄権を生じさせるためのみならず、国内の土地管轄を生じさせるための要件としても、広すぎるのではないかという点にある。とはいえ、共同訴訟のメリットを考えると、ドイツ法のように、被告側に必要的共同訴訟の関係が成立する場合に限り特別の規律によって対応するというのは、狭きに失するが、かといって、民訴法三八条前段の要件を、管轄権または土地管轄との関係で更に絞り込むための適切な規律を設けることが困難であることは、法務省民事局参事官室・前掲注(10)四八頁のいう通りである（本文に記したハーグ条約のような書き振りの条文は、要件による適切な切り分けという観点からは、合格点は与えられまい）。かくして、民訴法三八条前段で広めに管轄権または土地管轄を認めつつ、渉外事件なら民訴法三条の九により、国内事件なら民訴法一七条により、柔軟に対応するというのが、落とし所となる。

七　反訴の管轄権

民訴法一四六条一項は、純粋国内事件における反訴について「本訴の目的である請求又は防御の方法と関連する請求を目的とする場合」に限っているが、管轄権については、同条三項が「本訴の目的である請求又は防御の方法と『密接に』関連する請求を目的とする場合」に更に限定している。反訴と訴えの変更の要件の相違として、反訴においては、本訴請求とは関連性がなく、防御の方法としか関連を有しない請求でも反訴の対象となしうる点があり、この場合に原告・反訴被告に生ずる防御上の不利益を解消するため、渉外訴訟においては、防御の方法との関連が「密接」な場合に管轄権を限定したのが、同項の趣旨である。

防御の方法と関連する反訴の典型例は、被告が、原告に対する自働債権を以て相殺するとの抗弁を予備的に提出すると共に、相殺の抗弁が審理される場合には自働債権のうち受働債権額を超える額につき支払いを求める旨の予備的反訴を提起する場合である。自働債権の発生原因は様々であり、受働債権またはその発生原因とは全く関係がないこともあるが、一個の自働債権のうち相殺に供した一部と残部であるから、防御の方法との関連性としてはこれ以上に「密接」なものはなく、改正法によってもこの予備的反訴の管轄権は認められることとなる。その結果、原告・反訴被告は、本訴請求とは全く関連性のない反訴に対し、日本で応訴することを強いられることになり、その応訴上の不便は、純粋国内事件における反訴以上に大きいかもしれない。しかし、本訴の請求すなわち受働債権と関連性を持たない自働債権を以てする相殺の抗弁の提出それ自体を禁止しない限り、原告の防御上の不便は同じように発生するのであって、予備的反訴のみを禁止することに意義は乏しい。他方で、渉外紛争に限ってとはいえ、受働債権と関連性を有しない自働債権を以てする相殺の抗弁を不適法とする規律を設けることに対しては、実体法上保護されている合理的な相殺期待を被告・反訴原告から奪う結果となるため、否定的にならざるを得ない[19]。

（19）　法務省民事局参事官室・前掲注（10）四九頁。

八　おわりに

併合されている請求の中に、外国の裁判所の管轄権に専属するものがあるときは、たとえ他の請求につき日本に管轄権が認められる場合であっても、民訴法三条の六は適用されない（民訴法三条の一〇）。反訴または中間確認の訴えが日本の裁判所の管轄権に専属する場合についても、同旨の規定が置かれている（民訴法一四五条三項・一四六条三項ただし書）。民訴法三条の五第二項によれば、登記または登録に関する訴えの管轄権は、登記または登録をすべき地が日本国内にあるときは、日本の裁判所に専属する旨を定めている[20]が、登記または登録をすべき地が外国にあるときは、たとえば被告の住所地が日本にあっても、日本の裁判所には管轄権が認められず、その訴えは却下される[21]。

たとえば、外国に所在する不動産の売買契約につき、日本に住所を有する被告売主に対し当該契約の履行遅滞を理由とする損害賠償を請求する訴えについては、民訴法三条の二により日本の管轄権が認められるが、同不動産の登記名義人である同被告に対し所有権移転登記手続を求める訴えをこれと併合して提起したとすると、両請求の間には民訴法三条の六前段が規定する「密接な関連」は認められるが、登記すべき地が外国にある以上、移転登記手続請求は外国の裁判権に専属するため、民訴法三条の一〇により、併合請求の管轄権は認められないことになる[22]。

(20) 改正民訴法三条の五第二項は、登記が公益性の高い公示制度と不可分の関係にあること、外国で日本の不動産の登記に関する確定判決を取得しても、日本で登記をするには執行判決が必要であり却って迂遠であることから、日本にある不動産の登記に関する訴えの管轄権は日本の裁判所に専属するとした（佐藤＝小林・前掲注(2)一〇七頁）が、日本にある不動産の所有権の確認等の訴えについては、日本の専属的な管轄権を認めていない。日本にある不動産について、原告の所有権を確認したり、原告への引渡しを命じたりした外国判決の効力を、日本では一切承認しないという規律には合理性が認められないとの理由から、日本の専属的な管轄権を認める提案は中間試案にも盛り込まれなかった。しかし、不動産をめぐる紛争につき、不動産所在地国は領土主権の観点から強い関心を持つ。この理由から、管轄権に関する法改正に先立って制定された「外国等に対する我が国の民事裁判権に関する法律」は、一一条において、外国国家といえども、日本にある不動産に関する権利利益をめぐる紛争については、わが国の民事裁判権から免除されないと規定している（飛澤知行編著『逐条解説 対外国民事裁判権法』五六頁（商事法務、二〇〇九年））。同法は国連国家免除条約を国内法化したもので、領土主権の尊重は確立された国際慣行である）。民事裁判権免除と国際裁判管轄とで、わが国の不動産をめぐる紛争に対する姿勢につき制定法の間にかなりの温度差があることは否めない（Y国に居住するXは、日本にある不動産の所有権確認について、Y国を被告として日本で訴えを提起した場合、Y国は裁判権免除を享受できないが、Y国がXを被告とする同不動産の所有権確認訴訟をY国裁判所において提起し、Y国の勝訴が確定すれば、他に承認拒否事由がない限り、わが国は同判決を承認しなければならないわけである）。

(21) 佐藤＝小林・前掲注(2)一〇八頁。

(22) 佐藤＝小林・前掲注(2)一二一頁以下参照。

本稿は、本論文集の被献呈者である石川正先生が顧問を務めておられる関西大学法学研究所が平成二三年一二月一〇日に開催した「国際裁判管轄　民事訴訟法改正をうけて」と題するシンポジウムにおいて、筆者が行った報告（シンポジウムにおける筆者の報告および質疑応答は、関西大学法学研究所・前掲注(15)一〇九頁以下に収録されている）をもとにしている。右報告の機会を与えて下さった関西大学法学研究所および所長の佐藤やよひ教授に心から御礼申し上げる。国際民事訴訟法学に多大な貢献をされてこられた石川先生に捧げるものとして、本稿はあまりに貧弱な内容のものではあるが、先生の古稀をお祝いする気持ちをお汲み取り頂ければ幸甚である。

なお、本稿は平成二四年度科学研究費補助金の交付を受けた研究（基礎研究B「簡易で柔軟な財産管理制度とそのエンフォースメント」〔研究代表者　山田誠一神戸大学教授〕）の成果の一部である。

商標と周知・著名表示

――商標権の権利濫用法理に焦点を当てて

重冨貴光

一　問題の所在

わが国の商標制度は、先願主義に加えて、商標権の発生を設定登録にかからしめる登録主義を採用している（商標法八条および一八条一項）。また、商標法の趣旨については、整理の仕方に諸説あるも、商標が有すべき出所表示機能・品質保証機能を保護するとともに、ひいては客観的に公正な競争秩序を確保することにある点については、概ね異論のないところである。

他方、取引社会では、その使用実績が積み重ねられること等によって、特定の表示が需要者にとって周知・著名となる場合がある。このような表示は、不正競争防止法二条一項一号および二号所定の周知・著名商品等表示としての保護を受け得るものであるが、その法的保護基盤は、表示の使用実態に求められる。すなわち、周知・著名表示の保護は、表示の登録ではなく、表示使用の実質に求められる。この点に関し、不正競争防止法の趣旨は、周知・著名表示が有すべき需要者に対する出所表示機能・信用獲得機能を保護し、事業者間の公正な競争秩序を確保することにある。

以上にみたとおり、商標保護制度と周知・著名表示保護制度とは、その趣旨・目的において、商標・表示の出所表示機能等を保護し、ひいては公正な競争秩序を確保しようとする点において共通性がみられる。

もっとも、当該趣旨・目的を達成するための保護法制として、商標を保護する商標法は先願・登録を機軸とする制度設計を採用したのに対して、周知・著名表示を保護する不正競争防止法は使用実態を機軸とする制度設計を採用している。

このような制度設計の相異に起因して、ときとして、登録商標と周知・著名表示が並存し、交錯する場面が生じうることになる。このような場合において、商標と周知・著名表示の保護の優先関係をどのように考えるべきかという法律問題が発生する。本稿では、商標と周知・著名表示の保護の関係性に着目したうえで、主として商標権の権利濫用法理に焦点を当てて、主要な裁判例を紹介・分析しつつ、関連する論点を考察することとしたい。

二　設例図

本問題を考えるに際しては、下記**設例図**のとおり、場合分けをして検討することとしたい。すなわち、周知・著名表示保有者の表示使用開始時期および周知・著名性獲得時期と、商標権者の商標出願時期および登録時期に着目して場合分けを行うと、下記設例のとおり、合計四つの場合分けが可能である。各設例を説明すると以下のとおりとなる。

設例①　周知・著名表示保有者が周知・著名性を獲得した後に、商標権者が商標を出願し、商標登録を得た場合

設例②　周知・著名表示保有者が周知・著名性を獲得する前に商標権者が商標を出願し、周知・著名表示保有者が周知・著名性を獲得した後に商標権者が商標登録を得た場合（ただし、商標出願は、周知・著名表示保有者の表示使用開始時

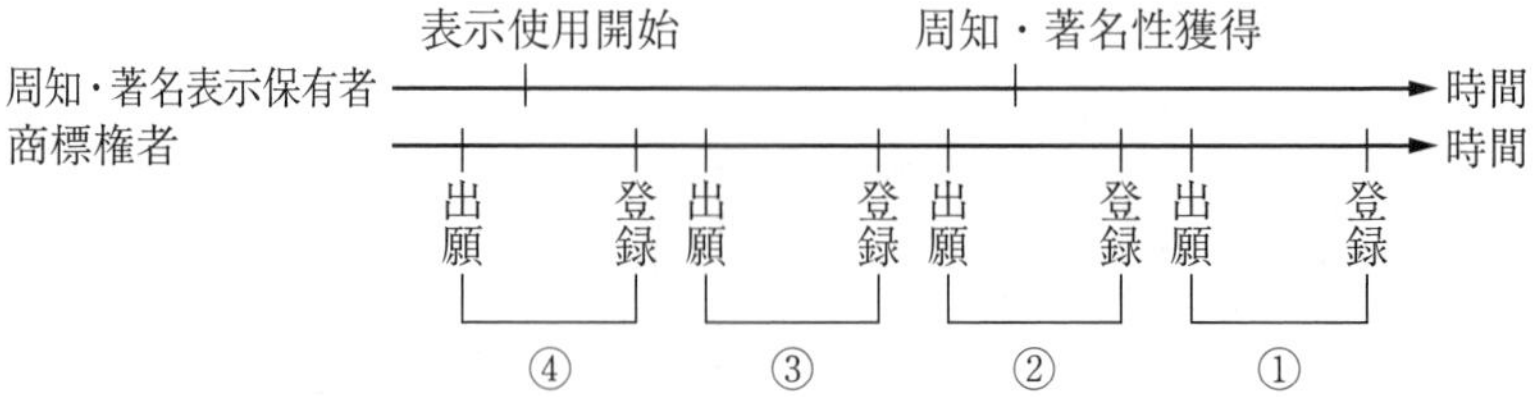

〔設例図〕

期に遅れる）

設例③　周知・著名表示保有者が周知・著名性を獲得する前に商標権者が商標を出願し、商標登録を得た場合（ただし、商標出願は、周知・著名表示保有者の表示使用開始時期に遅れる）

設例④　周知・著名表示保有者が周知・著名性を獲得する前に商標権者が商標を出願し、商標登録を得た場合（ただし、商標出願は、周知・著名表示保有者の表示使用開始時期に先立つ）

三　紛争構造

商標権者と周知・著名表示保有者との間で紛争が生じたときは、それぞれの主体が相手方に対して権利行使（訴え提起等）をするケースが想定できる。この点に関し、各ケースにおける生起しうる紛争構造（攻撃防御の構造）を概観すると以下のとおりとなる（以下のケースでは、相手方に対して表示・商標の使用差止請求を行うケースを念頭に置いている）。

1　商標権者が周知・著名表示保有者に対して訴えを提起した場合（ケース一）

訴訟物　商標権侵害に基づく差止請求権

請求原因　商標権侵害

抗弁　商標権の権利濫用

2　周知・著名表示保有者が商標権者に対して訴えを提起した場合（ケース二）

訴訟物　不正競争防止法に基づく差止請求権

請求原因　不正競争行為（周知・著名表示使用等）

抗弁　商標権の権利行使(1)

再抗弁　商標権の権利濫用

(1)　抗弁・再抗弁の整理としては、濫用的な商標権の行使は「商標権の権利行使」には当たらないとする考え方（抗弁不成立）と、商標権の権利行使とはいえるものの権利濫用に当たるとする考え方（再抗弁成立）の二つがあり得よう。

四　本稿の主眼

以上のとおり、商標権者と周知・著名表示保有者との間では前記三に示した類型における紛争が想定できるが、本稿では、とりわけ、商標が登録され、かつ、無効理由が認められない場合であっても、商標権の権利濫用が如何なる場面で認められるのかという点を中心に検討することとしたい。具体的には、二の**設例図**の②〜④の各ケースにおける権利濫用の成否を検討の中心に据えたい。

五　主要な関連裁判例

詳細な分析検討に入る前に、本問題に関する主要な裁判例を紹介しておく。ここでは、商標権者による周知・著名表示保有者に対する権利行使に関連しうる裁判例として、①ポパイ・マフラー事件判決、②ウイルスバスター事件判決、③ジェロヴィタール化粧品事件判決を取り上げたい。

1 ポパイ・マフラー事件判決（最判平成二年七月二〇日判時一三五六号一三二頁）

(1) 事案の概要（設例①に近似）[2]

本事件は、「ポパイ」に係る商標権を有する被上告人（商標権者）Xが、上告人Yに対し、被告商品（マフラー）の販売差止めおよび損害賠償を求めたものである。

(ア) 本件商標　本件商標は、「POPEYE」の文字を上部に、「ポパイ」の文字を下部にそれぞれ横書きし、その中間に、水兵帽をかぶって水兵服を着用し顔をやや左向きにした人物がマドロスパイプをくわえ、錨を描いた左腕を胸に、手を上に掲げた右腕に力こぶを作り、両足を開き伸ばして立った状態に表された、文字と図形の結合から成るものである。

本件商標は、昭和三三年六月二六日に出願され、昭和三四年六月一二日に設定登録されている。被上告人（商標権者）Xは、昭和五九年四月一七日、原審脱退被控訴人から本件商標を譲り受け、同年七月三〇日に移転登録を了している。

(イ) 被告商品　上告人Yは、乙標章および丙標章を付した本件商標の指定商品に当たるマフラー（「被告商品」）を昭和五七年暮れまでの間販売していた。

乙標章は、マフラーの一方隅部分に「POPEYE」の文字を横書にして成るものである。

丙標章は、マフラーにつけられた吊り札に、帽子をかぶって水兵服を着用し、顔をやや左向きにして口を閉じた人物が、口にマドロスパイプをくわえ、手を上げた右腕に力こぶを作って得意顔で描かれ、その下部に右上り斜めに「POPEYE」の文字が横書された、図形と文字とから成るものである。

(ウ)「ポパイ」について　漫画「ポパイ」は、一九二九年（昭和四年）一月一七日、Aが新聞「ニューヨーク・ジャーナル」に掲載した漫画「THE THIMBLE THEATER」に登場して連載され出すや、たちまち読者の支持を得て、連載のタイトルも「ポパイのシンブル・シアター」となり、作者もこの主人公に実在人物のような愛着を持つようになった。一九三二年（昭和七年）、Bの手により映画化されることなどによって、常にマドロスパイプをくわえ、ほうれん草を食べると超人的な腕力を発揮して相手を打ち倒す片目の水夫「ポパイ」は、一個性を持った人物像として、日本国内を含む世界中の人々に親しまれ出した。そして、一九三八年（昭和一三年）にAが死亡した後も、「ポパイ」を主人公とする漫画作家がこれを承継した。一九七六年（昭和五一年）当時の「ポパイ」の漫画作家Cは三代目である。その間、映画、テレビなどを通じて、「ポパイ」の人物像は日本国内を含め、全世界に定着している。

アメリカ合衆国の法人であるキング・フィーチャーズ・シンジケート・インコーポレーテッドは、漫画「THE THIMBLE THEATER」の著作権者であるが、一九八一年（昭和五六年）四月六日、親会社のザ・ハースト・コーポレーションに対して右著作権の独占的利用権を許諾し、同社の一部門であるキング・フィーチャーズ・シンジケート・ディヴィジョンは、株式会社コンセプトに対し、マフラーを含むスポーツ用品に「ポパイ漫画のキャラクター」を複製することを許諾した。上告人Yは昭和五六年夏ころから同五七年一二月までの間、株式会社コンセプトが右許諾に基づいて製造した被告商品を仕入れて小売店に販売した。

(2) 権利濫用の成否に関する判旨

最高裁は、被上告人Xの商標権の行使が権利濫用に該当すると判示した（傍線は筆者による）。

「被上告人Xは、乙標章は、商標としての機能を備えて使用されていて、かつ本件商標に類似しており、しかも、単に『ポパイ』の漫画の主人公の名称を英文で表したものであるから、『ポパイ』の漫画から独立した著作物性がなく、著作物の複製とはいえないことを理由に、乙標章につき本件商標権に基づいてその侵害を理由に損害賠償を求めることが、本件商標権の行使に当たるとして、本訴請求をしている。しかしながら、前記事実関係からすると、本件商標登録出願当時既に、連載漫画の主人公『ポパイ』は、一貫した性格を持つ架空の人物像として、広く大衆の人気を得て世界に知られており、『ポパイ』の人物像は、日本国内を含む全世界に定着していたものということができる。そして、漫画の主人公『ポパイ』が想像上の人物であって、『POPEYE』ないし『ポパイ』なる語は、右主人公以外の何ものをも意味しない点を併せ考えると、『ポパイ』の名称は、漫画に描かれた主人公として想起される人物像と不可分一体のものとして世人に親しまれてきたものというべきである。したがって、乙標章がそれのみで成り立っている『POPEYE』の文字からは、『ポパイ』の人物像を直ちに連想するというのが、現在においてはもちろん、本件商標登録出願当時においても一般の理解であったのであり、本件商標も、『ポパイ』の漫画の主人公の人物像の観念、称呼を生じさせる以外の何ものでもないといわなければならない。以上によれば、本件商標は右人物像の著名性を無償で利用しているものに外ならないというべきであり、客観的に公正な競業秩序を維持することが商標法の法目的の一つとなっていることに照らすと、Xが、『ポパイ』の漫画の著作権者の許諾を得て乙標章を付した商品を販売している者に対して本件商標権の侵害を主張するのは、客観的に公正な競業秩序を乱すものとして、正に権利の濫用というほかない。」

2　ウイルスバスター事件判決（東京地判平成一一年四月二八日判時一六九一号一三六頁）

(1)　事案の概要（設例②③）

本事件は、「ウイルスバスター」に係る商標権を有する原告（商標権者）Xが、被告Yに対し、被告商品（コンピュータ対策用ソフトウェアを記録させた磁気ディスク等）についての被告標章使用等の差止めを求めたものである。

(ア)　本件商標　原告（商標権者）Xは、「ウイルスバスター」に係る商標権（以下「本件商標権」といい、その登録商標を「本件商標」という）を有する。

登録番号　第三一三七六五二号

出願日　平成四年九月三〇日

登録日　平成八年三月二九日

商品及び役務の区分　第四二類

指定役務　電子計算機のプログラムの設計・作成又は保守

(イ)　被告標章　被告（周知・著名表示保有者）Yは、「ウイルスバスター」等の標章を使用してコンピュータウイルス対策用のソフトウェアを記憶させた磁気ディスク等を販売等している。

被告標章の使用態様・実績については、判決により、以下の各事実が認定されている。

(i)　被告Yは、平成三年四月より「ウイルスバスター」等の標章を付したウイルス対策用ディスクの販売を開始した。

(ii)　原告Xが本件商標の登録出願をした平成四年九月三〇日までに被告Yが「ウイルスバスター」等の標章を付して販売したウイルス対策用ディスクの販売数量は、サイトライセンス契約によるものも含めても合計一四五二個に過ぎず、また、右期間中には、被告Yが「ウイルスバスター」というワクチンソフトを発売する等の記事が右各新聞および雑誌に七回掲載されたのみであって、被告Yがそれ以外にウイルス対策用ディスクについて宣伝広告をしたことを認めるに足りる証拠もないから、原告Xが本件商標の登録出願をした平成四年九月三〇日の時点において、「ウイルスバスター」等の標章が被告Yの販売するウイルス対策用ディスクを表示するものとして需要者の間に広く認識されていたとまで認めることはできない。

(iii) 株式会社リクルートが運営する企業向けネットワーク・システム担当者向けの会員制情報提供サービスである「キーマン's ネット」（会員数約六万人）が平成九年七月一八日から同月二九日までの間に会員に対して行ったワクチンソフトの利用状況に関するアンケート結果において、被告Yの「ウイルスバスター95」、「ウイルスバスターVer.5」および「ウイルスバスターPOWER PACK」の利用者の合計がワクチンソフト利用者全体の約六〇％に達し、右アンケート結果はコンピュータ関連雑誌「日経ウォッチャー」（一九九七年一〇月三日発行）に掲載されたこと、コンピュータ関連雑誌「PCfan」（一九九七年一一月一日発行）において、ウイルス対策用ソフトのシェアと題する記事の中で、被告Yの「ウイルスバスター」が五六％を占めている旨記載され、また、同年九月前半のパソコンソフトの売上ベスト10の記事の中で、被告Yの「ウイルスバスター97」が四位に挙げられていること、以上の事実が認められ、これに弁論の全趣旨を総合すると、「ウイルスバスター」は、コンピュータ利用者の間において、被告Yの販売するウイルス対策用ディスクを表示する著名な商標であると認められ、これに反する証拠はない。

(2) 判旨概要

東京地裁は、以下のとおり、原告Xの商標権の行使が権利濫用に該当すると判示した（傍線は筆者による）。

「本件商標は、……被告標章を別にすれば、それ自体としては、一般的に出所識別力が乏しいといわざるを得ず、特許庁審査官の拒絶理由通知もそのようなものとして理解することができる。」

「原告Xは、……本件商標の登録出願をした平成四年九月三〇日以降、本件口頭弁論終結の日である平成一〇年一二月一八日に至るまで本件商標を本件指定役務に使用したことはないものと認められ、また、原告Xが将来において本件商標を使用する具体的な計画を有していることを認めるに足りる証拠はない。

したがって、本件商標には原告Xの信用が何ら化体されていないものと認められる。」

「本件商標は一般的に出所識別力が乏しく、原告Xの信用を化体するものでもなく、そのため被告Yが本件商標に類似する被告標章をウイルス対策用ディスクに使用しても本件商標の出所識別機能を害することはほとんどないといえるのに対し、被告Yは、前記……のとおり別紙第三目録記載の標章を原告Xが本件商標の登録出願をする前から継続的に使用しており、現在では被告標章は一般需要者が直ちに被告商品であることを認識できるほど著名な商標であるから、本件商標権に基づき被告標章の使用の差止めを認めることは、被告標章が現実の取引において果たしている商品の出所識別機能を著しく害し、これに対する一般需要者の信頼を著しく損なうこととなり、商標の出所識別機能の保護を目的とする商標法の趣旨に反する結果を招来するものと認められる。

したがって、原告Xの被告Yに対する本件商標権の行使は権利の濫用として許されないものというべきである。」

3　ジェロヴィタール化粧品事件判決（東京地判平成一七年一〇月一一日判時一九二三号九二頁）

(1)　事案の概要（設例③〔ただし、Xが周知・著名表示保有者との認定なし〕）

本事件は、「ジェロヴィタール（GEROVITAL）」等の商標権を有する被告（商標権者）Yが、反訴請求として、原告Xに対し、ジェロヴィタール化粧品における原告標章の使用差止め等を求めたものである。

(ア)　本件商標　　被告（商標権者）Yは、化粧品等を指定商品とする「ジェロヴィタール（GEROVITAL）」等の商標権を有している。

(イ)　原告標章　　原告Xは、「ジェロヴィタール（GEROVITAL）」表示使用者であるジェロヴィタール社（定義は後記）との間で独占的販売代理店契約を締結し、平成一五年二月以降に本件商品をわが国に輸入し、販売している。

(ウ)　「ジェロヴィタール（GEROVITAL）」表示の使用実態について　　「GEROVITAL H3」は、ルーマニアの国立老人医学研究所（INSTITUTUL NATIONAL DE GERONTOLOGIE SI GERIATRIE, National Institute of Gerontology and Geriatrics）所長を務めた医学博士アナ・アスラン（Ana Aslan）が開発した老化予防・治療薬の名称であり、その後これを使用した化粧品の名称にも使用されている。

ルーマニアにおいては、一九九二年二月二一日以降、「Gerovital H3Prof.Dr.A.Aslan」と図形からなる商標を、ルーマニア法人「ジェロヴィタール社」（ないし「ミラージュ社」）およびルーマニア法人「ファーマク社」の二社が商品ないしサービスを分割して、それぞれ商標権を有している。

被告Yは、遅くとも昭和六〇年四月一五日、化粧品の輸入販売業につき薬事法に基づく許可を受け、そのころから現在に至るまで、ルーマニアから「GEROVITAL H3」を使用した化粧品（「ジェロヴィタール化粧品」）を輸入し、販売している。

被告Yは当初、ルーマニア国立輸出入公団（CHIMICA）と輸入契約を締結し、CHIMICAを通じて、ミラージュ社（現在のジェロヴィタール社）およびファーマク社の製造したジェロヴィタール化粧品（フェイスクリームおよびヘアーローション等）を輸入していたが（なお、被告Yは、CHIMICAから、日本における唯一の代理店と認められていた）、その後、上記二社から直接輸入するようになり、平成九年以降は、すべてファーマク社が製造したジェロヴィタール化粧品に統一して輸入するようになった。

原告Xは、平成一五年六月二五日、ジェロヴィタール社との間で化粧品の独占販売代理店契約を締結し、同社から原告商品を輸入している。なお、上記契約は、ジェロヴィタール社とジャパン ジーオーティーメイク株式会社（以下「GOT」という）が平成一四年一〇月三日締結した独占販売代理店契約の当事者を変更したものである。

(2) 判旨概要

東京地裁は、以下のとおり、被告Yの商標権の行使が権利濫用には該当しないと判示した（傍線は筆者による）。

(ア) 表示の周知性に関する判示について 「仮に、商標登録に商標法四六条一項所定の無効理由が存在しない場合であっても、登録商標の取得経過や取得意図、商標権行使の態様等によっては、商標権の行使が、客観的に公正な競争秩序を乱すものとして権利の濫用に当たり、許されない場合があると解すべきである（最高裁昭和六〇年（オ）第一五七六号平成二年七月二〇日第二小法廷判決民集四四巻五号八七六頁参照）。」

「原告Xは、まず、世界的に周知著名な商標と要部を同一にする本件各商標について正当な権利者から許諾を受けることなく、虚偽の事実を主張して自己名義で取得した本件各商標権を行使することが権利濫用に当たる旨主張する……。」

「本件各商標の出願時及び登録査定時において、ジェロヴィタール商標は、特定の者の出所を示すものとして、我が国において周知であったとはいい難い。」

「ジェロヴィタール化粧品ないしジェロヴィタール商標が、世界的に、その出所がジェロヴィタール社（ミラージュ社）であるものとして周知著名性を獲得していると認めるに足りないといわざるを得ない。」

「ジェロヴィタール商標がミラージュ社ないしジェロヴィタール社を示すものとして世界的に周知著名であるとまではいうことができない。」

(イ)　表示の周知性以外に関する判示について　前記(ア)部分は周知・著名性に関する判断であるが、東京地裁は、原告Xによる権利濫用の種々の主張をいずれも斥けている。東京地裁は、諸事情を認定したうえで、被告Yによる本件商標の出願目的が不正であるとは言い難いこと、本件商標登録に無効理由はなく、その権利取得過程に違法性があるわけではないこと等を示して権利濫用とは評価できないとしている。

（2）　厳密には、本事案は、「ポパイ」の主人公の人物像の著名性、および、著名な漫画の著作物との関係において商標権の権利行使の正当性が問題となったものである。

六　検　討

1　商標権の権利濫用法理

商標権に基づいて周知・著名表示に対して表示使用差止請求をした場合に権利濫用を構成するか否かという問題を検討するにあたっては、商標権侵害主張が権利濫用に当たるとした初めての最高裁判決であるポパイ・マフラー事件判決を正確に理解しておくことが重要である。

ポパイ・マフラー事件判決は、商標が登録され、かつ、無効理由が必ずしも認められない場合に、権利濫用を認めたものと評価しうる判例である。現に最判解説[3]においても、「そもそも本件商標登録は特許庁で無効とされたわけではなく、無効原因があるかは微妙である。（中略）しかし、本判決は、本件登録商標は、世界的に著名な漫画『ポパイ』の主人公の人物像の著名性を無償で利用しているものであるとした上、客観的に公正な競業秩序を維持することが商標法の法目的の一つとなっていることも考慮に入れ、（中略）権利の濫用に当たるとした。」と説明されている。

また、最判解説は、商標権の位置付けについて、次のとおり説明している。すなわち、「商標権は、その実体である業務上の信用によって裏付けられていることが必要であるはずであるが、それ自体に創作物としての価値があるとは限らず、業務上の信用がないのに、登録を得た商標権が存続し、わが国では、実際に使用していなくとも商標登録ができるという制度が採られていることから、業務上の信用の化体していない未使用の商標でも登録されている現状にある。このような背景もあって、商標権の行使が不正競争となり、権利の濫用に当たると評価すべき事例も稀有ではない(4)」としつつ、「商標保護の目的は、究極的には公正な競争の秩序の維持、裏からいえば不正競争の防止にある(5)」としている。

ポパイ・マフラー事件判決は、権利濫用法理を適用するに際しては、本件商標出願当時に「ポパイ」の人物像が既に著名性を獲得していたこと、本件商標は「ポパイ」の人物像の著名性を無償で利用する形で出願・登録・権利行使等されていることを事情として認定しつつ、そのような本件商標について、著名表示保有者（ポパイの著作権者）から許諾を得ている者に対して権利主張をすることは客観的な競業秩序を乱すものであると判断している。

2　商標法三九条・特許法一〇四条の三の抗弁（「権利行使制限抗弁」）との関係

次に、商標権の権利濫用法理を考えるにあたっては、近時の法改正にて創設された所謂「権利行使制限抗弁」との関係を整理しておく必要がある。

平成一六年改正によって、商標法三九条が準用する特許法一〇四条の三所定の権利行使制限の抗弁が立法によって認められるようになった。これにより、商標権侵害訴訟における対象商標が無効審判により無効にされるべきものと認められるときは、商標権者は相手方に対して商標権を行使することができない。

この権利行使制限抗弁の創設によって、ポパイ・マフラー事件判決が示した権利濫用法理が変容を受けるか否かが問題となるが、その後の裁判例をみる限り、ポパイ・マフラー事件判決の権利濫用法理は引き続き存在し、権利行使制限抗弁と並存するものと解されているように評価できる[6]。

上記の解釈態度を示す典型的な裁判例として挙げられるのはジェロヴィタール化粧品事件判決である。ジェロヴィタール化粧品事件判決は、商標の無効理由（商標法四条一項七号、一〇号および一九号）を根拠とする権利行使制限抗弁（商標法三九条が準用する特許法一〇四条の三）の成否を判断したうえで、当該抗弁とは別個の抗弁としてポパイ・マフラー事件判決が示した法理を示し、商標登録に商標法四六条一項所定の無効理由が存在しない場合であっても、商標権の行使が権利の濫用に当たり許されない場合があることを判示している[7]。

3　権利行使制限抗弁の成立範囲の限定性（権利濫用法理との関係において）

ポパイ・マフラー事件判決が示した権利濫用法理の存在意義は、権利行使制限抗弁の成立範囲が比較的限定されたものであることからも、正当化付けられるように思われる。

すなわち、本稿二の設例①〜④の各類型において、権利行使制限抗弁が成立するか否かを検討してみると、以下のとおりとなる。

〔第二設例図〕

(1) 設例①——周知・著名表示保有者が周知・著名性を獲得した後に、商標権者が商標を出願し、商標登録を得た場合

この場合には、商標には、少なくとも商標法四条一項一〇号[8]所定の無効理由が存在することとなり、権利行使制限の抗弁が成立することになる。なお、周知・著名表示保有者としては、商標権者に対し、商標の使用差止請求をすることも可能であろう（不正競争防止法二条一項一号および二号）。

(2) 設例②——周知・著名表示保有者が周知・著名性を獲得する前に商標権者が商標を出願し、周知・著名表示保有者が周知・著名性を獲得した後に商標権者が商標登録を得た場合（ただし、商標出願は、周知・著名表示保有者の表示使用開始時期に遅れる）

この場合には、設例①とは異なり、商標には商標法四条一項一〇号所定の無効理由が存在するとはいえず、権利行使制限の抗弁は成立しないものと思われる。なぜならば、商標法四条三項は、商標法四条一項一〇号に該当する商標であっても、商標登録出願の時に同一〇号に該当しないものについては、同一〇号は適用しないと規定しているからである。なお、ジェロヴィタール化粧品事件判決も、「商標法四条一項一〇号に違反して登録すべきではなかったといえるか否かは、登録査定時に加えて出願時を基準として判断すべきである（商標法四条三項、最高裁平成一五年（行ヒ）第二六五号同一六年六月八日第三小法廷判決・裁判集民事二一四号三七三頁参照）。すなわち、商標法四条一項一〇号所定の不登録事由については、出願時及び登録査定時のいずれにも該当する場合に限り、登録が阻却されるべきである。出願時には広く知られていなかった他人の商標が登録査定時までに周知となって、登録査定時に同号に該当するようになった場合に、同号該当を理由として商標登録を認められなくなるのは出願者に酷である

からである。」と判示している。

(3) 設例③――周知・著名表示保有者が周知・著名性を獲得する前に商標権者が商標を出願し、商標登録を得た場合（ただし、商標出願は、周知・著名表示保有者の表示使用開始時期に遅れる）

設例④――周知・著名表示保有者が周知・著名性を獲得する前に商標権者が商標を出願し、商標登録を得た場合（ただし、商標出願は、周知・著名表示保有者の表示使用開始時期に先立つ）

上記設例③および④の場合には、商標には無効理由が存しないこととなる。

以上より、権利行使制限抗弁の成立範囲は相当限定的であると評しうる。したがって、ポパイ・マフラー事件判決が示す権利濫用法理は引き続きその存在意義を有することとなろう。

4 権利濫用成否の判断

(1) 検討の前提

ここで、ポパイ・マフラー事件判決が示した権利濫用法理をどのように解釈適用していくべきかという点が重要な問題として浮上することになる。

そもそも、権利濫用法理がどのような場合に認められるのかについては、権利濫用法理の性質上、各事案の個別具体的な事実関係によって決定されざるを得ず、一義的かつ明快な判断基準を示すことには自ずと限界がある。

(2) 重要な判断要素

もっとも、ポパイ・マフラー事件判決のほか、同最判前後に示された下級審裁判例を考察すると、重要な判断要素としては、以下の各要素を挙げることができよう。

(ア)　周知・著名表示の周知・著名性　周知・著名表示が需要者に与える出所表示機能・信用蓄積機能の確立性如何が考慮されることが多い。すなわち、表示が周知・著名であるとの地位を確立している場合には、当該表示に対する商標権の行使が濫用であると評価されやすくなる傾向が看取できる。(9)

なお、商標権者による商標使用が駆け込み使用的な側面を有している場合であっても、商標権者が商標を現に使用をしている場合においては、権利濫用とするためには、表示が著名性を獲得していなければならないとしたものがある。(10)

(イ)　商標権者による登録商標の使用実績　登録商標の使用実績がない場合には、当該商標について商標権者を出所として表示する機能や商標権者の信用を示す機能が認められず、その商標権の行使は濫用であると評価されやすくなる。また、使用の事実自体はあるものの、その実績が乏しいような場合にも、同様に商標権の行使が濫用であると評価されやすくなる傾向にある。他方で、使用の実績がある場合には、商標権の行使を濫用であるか否かは慎重に判断する傾向がある。(11)

他方で、不使用商標権の行使が直ちに権利濫用となると解すべき理由はないとする裁判例もある。(12)

また、使用実績がない場合であっても、商標権者が使用を開始しないことに無理からぬ事情（例：無許諾の使用者が存在し、当該使用者の使用状態払拭のために商標権者が対応している事情）が認められる場合には、使用実績の不存在は必ずしも商標権の行使が濫用であるとの考慮要素とは評価しないとしたものがある。(13)

(ウ)　登録商標の取得経過・取得意図　ある標章が他者を出所として表示するものとして需要者に認識されている状況の下で、商標権者が自己の利益を図るために、あるいは、他者を排除するために、当該標章について商標を出願・登録する等の経過・意図が認められる場合には、商標権の行使が濫用であると評価されやすくなる。他方で、商標権者が他者による表示の使用等とは無関係に商標を出願・登録したような場合には、濫用であるか否かについて慎重に判断する傾向がある(14)。

次に、ライセンス契約・合弁契約等の下で商標使用を許されている範囲内にてライセンシー（商標権者）が当該商標の出願・登録を行うことが許容されていたとして、契約終了後にライセンシー（商標権者）が引き続き当該商標登録を返還することなく、ライセンサーより新たにライセンスを得たライセンシー（他者）に商標権を行使することは許容されないとしたものがある(15)。

他方で、商標権者が自己の商品に使用するために商標出願・登録を行った後に、他者に使用許諾をした場合であっても、当該使用許諾は商標権者の便宜のために行われたものであり、かつ、他者との取引終了後には、他者による商標使用権限が失われたと解するのが相当であるとして、商標権者の商標取得経緯等に照らして権利濫用とは認められないとしたものがある(16)。

(エ)　登録商標の出所識別力　　商標がその内容等に照らして出所識別力が乏しいといえる場合には、商標権者の信用を化体するものとはいい難く、商標権の行使は濫用であるとの評価がされやすくなる(17)。

また、登録商標が、その使用実態等に照らして、商標権者のみならず商標権者以外の他者をも示すものとして需要者に認識されている場合には、登録商標の出所識別力が乏しいといえ、商標権の行使は濫用であるとの評価がされやすくなる(18)。

(オ)　登録商標の使用許諾・禁止権不行使状況　　商標権者が、当該登録商標と同一または類似する商標を外国にて付した商品をわが国に輸入販売することについて特定の者に対して使用許諾・禁止権不行使を約した事情があるときは、これによって外国からの輸入品との関係においては商標の出所表示機能・品質保証機能等は発揮できなくなったとして、使用許諾・禁止権不行使をした相手方以外の第三者による外国からの輸入に対し、商標権の行使を行うことは濫用に該当するとしたものがある[19]。

また、商標権者が、他者がある標章を使用することを目的とすることを知りながら当該標章を作成し、当該他者に当該標章を使用させ、当該使用に異議を述べていなかった状況下において、当該他者に秘して商標出願・登録を得て、紛争が生じたときに権利行使をした事案において、商標権の行使が濫用に該当するとしたものがある[20]。

(3) 本稿にて紹介した主な裁判例の整理

以上を踏まえて本稿にて紹介した主な裁判例が示した考え方を整理しておく。

ポパイ・マフラー事件判決では、「ポパイ」の人物像(表示)の著名性を特に重視しつつ、登録商標の取得経過・取得意図をも併せ考慮したものと位置づけることができる。

ウイルスバスター事件判決は、「ウイルスバスター」表示の周知性に加えて、登録商標の使用実績がなく、登録商標の出所識別力が乏しいことについても重視したものと評価できる。

ジェロヴィタール化粧品事件判決は、「ジェロヴィタール」表示の周知性如何(特に、商標権行使の相手方表示の出所表示機能との関係における周知性如何)、登録商標の使用実績、登録商標の出所識別力、登録商標の取得経過・取得意図の全てを細かく認定・検討したものと評価できる。

(4) 判断に際して考慮すべき関連法理

以上のとおり、商標権の権利法理判断基準の一般的枠組みおよび傾向を考察したが、権利濫用法理適用のあり方を考えるにあたっては、商標法制度全体との関係をも十分考慮して、権利濫用法理の射程を適切に設定していくことが必要である。

この点に関して、留意すべき商標法制度としては、先願・登録主義および先使用制度を指摘することができよう。以下、それぞれの制度との関係において、権利濫用法理の適用の際に留意すべき事項を整理しておきたい。

(ア) 先願・登録主義　冒頭でも述べたとおり、わが国は、商標について先願主義・登録主義を採用している。また、商標出願をしたときは、特許庁長官は出願公開をしなければならないものとされている（商標法一二条の二）。このような法制においては、ある表示を自己の識別表示として使用しようとする者は、商標法制度のもとで商標出願および登録を行うことが促されているといえるとともに、第三者も他者による商標出願の内容を調査により適時に把握することが可能である。

このような法制度の下で、とりわけ、周知・著名表示保有者による表示使用開始が、商標権者の商標出願に遅れた場合（設例④）において、後に当該表示が周知性・著名性を獲得した場合に、果たしてどの程度まで周知・著名表示保有者を保護するために商標権の権利濫用法理を適用すべきかという点については、先願主義・登録主義との関係で相応に慎重な検討が求められて然るべきではなかろうか。

すなわち、設例④のケースでは、商標権者の権利取得過程等に悪性が認められるとは考え難い（なぜならば、周知・著名表示保有者による表示は使用すら開始されていないためである）。他方で、周知・著名表示保有者としては、表示を使用するに先立ち、商標調査を行うことによって表示使用を回避することが可能であったということができよう。このような場合には、後に、表示が周知性・著名性を獲得した場合であっても、商標権の行使を認めてもよいとの考え方が成り立ちうる。[21] 他方で、商標法が登録主義を採る趣旨は、未使用の商標でも登録を可能とすることで、排他権の庇護下で出所の識別および信用の化体を促進せしめるところにあるのであって、決して出所を識別しない、信用を化体しない商標の保護を目的とするものではないとしたうえで、周知・著名性を有する表示に対する商標権者の請求は権利の濫用として棄却すべきであるとする考え方も存在する[22]。

この問題は、商標の先願主義・登録主義という制度論と、商標・相手方表示の出所表示機能および信用機能（ひいては客観的な競争秩序維持機能）という実質論を如何なるバランスにて衡量すべきかという点に本来的には帰着するが、商標法制度の究極の目的が客観的な競争秩序維持にあり、商標を保護すべき実質的趣旨が商標の出所表示機能および信用機能にあることに鑑みれば、周知・著名表示保有者に対する商標権の行使は上記競争秩序を乱すとの評価が可能なる場合も否定しえず、権利濫用法理を活用することの正当性が看取できる。他方で、周知・著名表示保有者に対する商標権の行使を濫用であると一律に評価すべきかについては、やはり相応に慎重な検討が必要ではないかと思料する。一義的な判断基準は定立し難いものの、例えば、設例④のケースにおいて、商標権者が一定の使用実績を有し（この使用実績は量的に必ずしも大きくなくともよいとの考えも首肯できる）、周知・著名表示保有者が表示開始時点にて商標出願の事実を覚知していたにもかかわらず、商標法下における対応を特段取らずに漫然と使用を継続したような場合には、表示が後に周知・著名となったとの一事をもって商標権の権利行使を濫用として認めないとの結論づけることは商標法における先願・登録主義を骨抜きにする感が否めず、商標権者の権利行使を認容してもよいように思われる[23]。

(イ)　先使用権（商標法三二条）　次に、検討すべきは、先使用権（商標法三二条）との関係である。設例②③④のケースでは、先使用権の成立は認められない[24]。このような場合において、その後に周知性を獲得したことをもって商標権の行使を排斥することは、先使用権制度との関係で整合しないのではないかとの問題意識が生じうる。なぜならば、先使用権制度は、商標法三二条の要件を充足する限りにおいて、商標出願前より表示を使用していた者を保護するものとして定立されており、当該要件を充足しないにもかかわらず、商標権の行使を認めないとすれば、先使用権制度が骨抜きになるとの懸念が生じかねないためである。

もっとも、裁判例をみると、ウイルスバスター事件判決およびジェロヴィタール化粧品事件判決ともに、先使用権の成立が認められない事案であるにもかかわらず、裁判所は権利濫用について別途検討しており、ウイルスバスター事件判決においては権利濫用に該当すると判断している。

この点については、権利濫用法理は、先使用権の要件に係る周知性以外の要素も総合考慮することにより、先使用権制度を骨抜きにすることなく、両立可能であるとの説明が一応可能である。もっとも、周知性要件との関係においては、先使用権制度が商標出願時点における要件設定を行った趣旨を勘案して然るべきであり、商標出願時に商標法三二条所定の周知性要件を充足していなかった表示に対する商標権行使を濫用と認めるためには、出願時以降における周知・著名性の程度には高いものが求められるとの解釈論も首肯できよう。

5　判断パターン

商標権と周知・著名表示の優先関係は、事案ごとの個別具体的事情如何によって決せられるべきこととなろうが、事案ごとの検討結果として、優先関係の判断パターンとしては、以下の四つが考えられる。

⑴　登録商標の使用独占

第一に、登録商標に基づく権利行使が全面的に認容されるパターンがある。

例えば、登録商標の使用実績があり、登録商標の取得経過・意図に不正性がなく相手方の表示使用を差し止めることに合理性が認められるケースが挙げられる。

(2) 周知・著名表示の使用独占

第二に、登録商標に基づく権利行使は濫用として否定されるのみならず、逆に周知・著名表示保有者による商標権者の商標使用の差止請求が認容されるパターンがある。

例えば、これまでに登録商標の使用実績がなく、周知・著名表示の出所表示・信用蓄積機能が高くなった場合において、その後に商標権者が使用を開始したケースが挙げられる。

(3) 登録商標・周知表示の棲み分け

第三に、登録商標に基づく権利行使について、相手方の表示が周知である一定の地理的範囲においてのみ権利濫用として否定される一方で、それ以外の地理的範囲では登録商標に基づく権利行使が認容されるパターンがある。

例えば、周知表示が大阪府に限って周知性を有し、大阪府においては周知表示を保護すべき必要性が高い一方で、その他の地域では周知性が認められないケースがある。

(4) 登録商標・周知・著名表示の並存

第四に、登録商標に基づく権利行使は権利濫用に該当するが、他方で、周知・著名表示保有者による商標権者の商標使用差止請求も否定すべきパターンがある。

例えば、登録商標に一定程度の使用実績があるも、商標権の行使を認めて周知・著名表示の使用の差止めを認めると、周知・著名表示の出所表示・信用蓄積機能が損なわれることになって不都合と認められるケースがある。このようなケースでは、周知・著名表示保有者が商標権者に対して商標使用差止請求をしようとしても、登録商標の使用実績が一定程度存することから、そのような差止請求も否定すべき場合がありうると思われる。

本稿記載の設例のうち、設例①は基本的に周知・著名表示の使用独占パターンに属することになろう。他方、設例②③④については、各事案の事情次第で上記⑴～⑷のいずれのパターンにも属しうる。もっとも、上記⑷のパターンを安易に認めると、表示の出所が商標権者および周知・著名表示保有者の二者に帰属する事態を生ぜしめることとなり、二者それぞれにとって好ましい結論とはならない場合が少なくないであろう。このような結論は、あるブランドが二者が元々帰属していた同一主体から分派したようなケースなどに限定することが妥当なように思われる。

6 ケース一とケース二の関係

これまでは、商標権者が周知・著名表示保有者に対して表示の使用差止請求を行うケースを主として念頭において検討してきた。もっとも、商標権者による権利行使局面（ケース一）と、周知・著名表示保有者による権利行使局面（ケース二）とで、判断結果の相異が生じうるか否かについても、問題となりうる。

すなわち、周知・著名表示保有者が防御として「権利濫用抗弁」を主張することによって表示の自己使用を確保しようとする局面（防御的活用：ケース一）と、攻撃として「権利濫用再抗弁」を主張することによって商標権者の商標使用を差し止めようとする局面（攻撃的活用：ケース二）とでは、「権利濫用」成否判断において同一基準・結果となるのであろうか。

この問題を検討するに際しては、以下の事情を考慮に入れる必要がある。

周知・著名表示保有者による権利行使局面（ケース二）においては、平成五年改正前不正競争防止法（旧法）六条との関係が問題となる。旧法六条は、特許法・実用新案法・意匠法・商標法により権利の行使と認められる行為については、旧法一条一項一号・二号所定の行為に該当したとしても不正競争とはならない旨を規定していた。この規定は、平成五年改正法によって削除されている。

もっとも、商標登録権の行使は、旧法六条削除後も、使用権の範囲においては、使用の専用権を得た登録商標権の一般的効果として特段の事情のない限り適法な行為であると述べる見解が存在する（ただし、同見解も、周知・著名表示主からの警告後に悪意で出願し、あるいは、不正競争的意図が表示の使用に現れている場合には、登録出願権ないし登録権の濫用となりうる旨を指摘する）[25]。

周知・著名表示保有者が当該商標の使用の差止請求をしてきた場合（ケース二）における商標権者による「商標権行使」は、積極的に相手方表示の使用差止めを求めるものではなく、商標を自己使用するといういわば静的な商標権行使とみることもできる。かかる意味において、商標法が究極的に目的とする客観的な競争秩序の維持に与える影響は、商標権者が周知・著名表示保有者に対して表示の使用差止めを請求する場合（ケース一）と比較して大きいとは思われず、商標権行使の濫用を認定判断することには謙抑的であってもよいように思われる。すなわち、同一事実関係のもとであっても、ケース一では商標権の（動的）行使が濫用であるとされる一方で、ケース二では商標権の（静的）行使は濫用ではないとの考え方は理論的に採りうるように思われる。そして、このような考え方は、設例②③④のケースにおいては、各事案の事情如何によっていずれも採りうるものと考える次第である。

（3） 塩月秀平「判解」最高裁判所判例解説民事篇平成二年度二八四頁（一九九二年）。

（4） 塩月・前掲注（3）二八一頁。なお、判解は、同説明部分に関し、小島庸和「商標と競争」日本工業所有権法学会年報九号二三頁（特に四二頁）（一九八六年）を参照している。

（5） 塩月・前掲注（3）二八五頁。なお、判解は、同説明部分に関し、豊崎光衛「商号と商標の保護の交錯」学習院大学法学部研究年報一号八二頁（一九六四年）、小島・前掲注（4）四〇頁を参照している。

（6） 森義之「判批」中山信弘ほか編『商標・意匠・不正競争判例百選』六六頁（有斐閣、二〇〇七年）、潮海久雄「判批」同六八頁等。

(7) 関連判示部分は以下のとおりである。「仮に、商標登録に商標法四六条一項所定の無効理由が存在しない場合であっても、登録商標の取得経過や取得意図、商標権行使の態様等によっては、商標権の行使が、客観的に公正な競争秩序を乱すものとして権利の濫用に当たり、許されない場合があると解すべきである（最高裁昭和六〇年(オ)第一五七六号平成二年七月二〇日第二小法廷判決・民集四四巻五号八七六頁参照）。」

(8) 商標法四条一項一〇号は、「他人の業務に係る商品若しくは役務を表示するものとして需要者の間に広く認識されている商標又はこれに類似する商標であって、その商品若しくは役務又はこれらに類似する商品若しくは役務に使用をするもの」は、商標登録を受けることができない旨規定している。

(9) 権利濫用成否の判断に際し、表示の周知・著名性を考慮したものとして、ポパイ・マフラー事件判決、ウイルスバスター事件判決、ジェロヴィタール化粧品事件判決のほか、以下の各裁判例を示すことができる。東京高判昭和三〇年六月二八日判時五八号九頁〔天の川事件〕、東京高判昭和三七年二月二七日判例工業所有権法二八五五の二頁〔サンリョウパック事件〕、大阪高判昭和四〇年一月二二日判時四〇七号三四頁〔梅花堂事件〕、広島地判福山支部昭和五七年九月三〇日判タ四九九号二一一頁〔DCC事件〕、神戸地判昭和五七年一二月二一日無体例集一四巻三号八一三頁〔ドロデビス事件〕、東京地判平成一一年五月三一日判時一六九二号一二二頁〔キング・コブラ事件〕、東京地判平成一二年三月二三日判時一七一七号一三二頁〔JUVENTUS事件〕、東京地判平成一三年九月二八日判時一七八一号一五〇頁〔モズライト事件〕、東京地判平成一四年五月三一日判時一八〇〇号一四五頁〔ぼくは航空管制官事件〕、東京地判平成一五年六月三〇日裁判所ホームページ〔KELME事件〕。

(10) 大阪地判平成一二年四月一一日裁判所ウェブサイト〔アスカ事件〕。

(11) 権利濫用成否の判断に際し、商標権者による商標使用の事実・実績を考慮したものとして、ウイルスバスター事件判決のほか、大阪地判平成二年一〇月九日判時一三九二号一一七頁〔ロビンソン事件〕がある。

(12) 大阪地判昭和五四年九月一四日裁判所ウェブサイト〔にんじん事件〕。

(13) 東京地判昭和六三年二月一二日（判時一二七二号一二七頁〔VOGUE事件〕）。

(14) 権利濫用成否の判断に際して、登録商標の出願・登録の経緯・意図を考慮したものとして、ポパイ・マフラー事件最判のほか、前掲注(9)天の川事件、サンリョウパック事件、DCC事件、大阪地判平成二年一〇月九日判時一三九二号一一七頁〔ロビンソン事件〕、前掲注(9)キング・コブラ事件、大阪地判平成一二年二月八日裁判所ウェブサイト〔ジョイントタイル事件〕、前掲注(9)JUVENTUS事件、モズライト事件、ぼくは航空管制官事件、KELME事件がある。
(15) 前掲注(9)ドロデビス事件、東京地判昭和五九年五月三〇日判タ五三六号三九八頁〔トロイ・ブロス事件〕。
(16) 東京地判平成一三年一〇月三一日判時一七七六号一〇一頁〔メープルシロップ事件〕。
(17) ウイルスバスター事件判決。
(18) ジェロヴィタール化粧品事件判決、東京地判平成一五年九月二九日裁判所ウェブサイト〔極真事件〕。
(19) 大阪地判平成五年二月二五日知的財産権関係民事・行政裁判例集二五巻一号五六頁〔ジミーズ事件〕。
(20) 東京地判平成一五年二月一三日裁判所ウェブサイト〔PAPiA事件〕。
(21) 蘆立順美「判批」前掲注(6)百選七〇頁は、このようなケースでは、権利行使が認められる可能性は必ずしも否定されないものと思われるとする。
(22) 田村善之『商標法概説〔第二版〕』九〇頁(弘文堂、二〇〇〇年)。
(23) 前掲注(11)ロビンソン事件は、このような結論に親和性を有するものといえる。
(24) 先使用権が成立するために求められる周知性の程度は、不正競争防止法二条一項一号の周知性および商標法四条一項一〇号の周知性よりも低くてもよいと一般に考えられているが、本稿では、周知性の程度及び関係の詳細には立ち入らないこととする。
(25) 小野昌延編著『新・注解不正競争防止法〔新版〕』一二三五頁・一二三六頁〔小野昌延=愛知靖之〕(青林書院、二〇〇七年)。

著作権法の課題

——フェアユースを中心として

中山信弘

一　はじめに

二一世紀はデジタル革命という大変革期にある。この変革のスピードは産業革命を遙かに凌ぐものであり、後世、大革命の時代と評価されるであろう。このデジタル革命は社会のあらゆる面に計り知れぬ大きな影響を及ぼしつつあるが、特に一九世紀から二〇世紀にかけての社会を前提として制度設計されている著作権法の世界においては顕著であり、前世紀と比較すると一変している。これはわが国だけの現象ではなく、世界的に著作権リフォームが議論されている。その動きを理解するためには、まず現在の著作権制度の置かれている状況についての事実認識が重要である。著作権関係者の中には、このデジタルの影響を過小評価する向きもあるが極めて危険である。

現在の著作権は、立法においても解釈においても凄まじい情勢の変化に追いついて行けないのが現実であろう。資源の乏しいわが国において、コンテンツ・ビジネスが重要であることは言うまでもなく、知的財産戦略本部(1)も国の重要施策と位置付けている。しかしわが国のコンテンツ・ビジネスの成長率はアメリカに遠く及ばないという点にも留意する必要があろう(2)。そのコンテンツのかなりの部分が著作物であるために、著作権は重要な経済財であり、著作権法はコンテンツ業界にとっては重要な法的インフラとなっている。わが国のコンテンツ・ビジネスの成長率が低い原因の多くは著作権外的要因に由来すると思われるが、著作権法が足を引っ張っている側面があるとすれば重大な問題である。

従来のわが国の著作権ビジネスは内向きになりがちであったが、ネット・ビジネスに国境はなく、今後は国際的大競争に晒されるであろう。これについては、法理論の問題もさることながら、日米の産業競争の法的インフラの問題でもあるとも言える。著作権法も戦略的な立法が必要な時期になっている。本論文は、基本的にはそのような視座に基づき、フェアユースを中心に、現在の著作権法の課題を問い直そうとするものである。

（1）二〇〇二年に小泉総理の私的諮問機関である知的財産戦略会議が官邸に設けられ、国としての知財戦略が審議され、知財の創造・保護・活用・人材に関する「知的財産戦略大綱」を発表した。それに基づき「知的財産基本法」が立法され、「知的財産戦略本部」が設置された。そこでは毎年「知的財産推進計画」が公表され、それに基づいた知財政策が施行されている。

（2）経済産業省商務情報政策局文化情報関連産業課「コンテンツ産業の国際展開と波及効果」四頁（二〇〇三年四月）。

二 著作権の世界とデジタル

著作権に関して言えば、デジタルの最大の特質は、情報の複製・改変と伝達（送信）が極めて容易かつ安価になったという点にある。これにより「創作」と「流通」の両面において「情報革命」が進行しつつある。素人でもネットから情報を引き出して、それらを複製し改変しミックスして自分なりの情報を創作し、更にそれを世界に向けて容易に発信できるようになってきた。このことは著作権法の世界におけるプレーヤーに質的変化が見られるということであり、プレーヤーに変化があれば、著作権法にも変化が要求されることは必然である。

現在世界的に人気を集めている初音ミク[3]を始めとするCGM（consumer generated media）の発展は、まさに著作権法の世界における素人の擡頭をまざまざと見せつけている。音楽については、世界中で新しいビジネス・モデルが雨後の筍の如く出現しており、今後の大発展の兆しが見えるが、漫画の世界においても、佐藤秀峰氏の漫画『ブラックジャックによろしく』はネットで無料公開され、かつあらゆる二次使用を無償で認めることにしたと報じられている[4]。また同じく漫画家赤松健氏は「株式会社Jコミ」を立ち上げ、作者の了解を得て絶版作品を公開し、広告収入を作者に還元することを目的とした活動をしており、自身の人気漫画『ラブひな』を、実験として無料公開している(5)。今後漫画についてはどのようなビジネス・モデルが主流になるのか、見当もつかないが、ネットを通じて新しいビジネス・モデルが現れつつある、という一例として紹介する価値はあるであろう。

他方世界に目を向けると、二〇〇六年にスウェーデンに海賊党（Pirate Party）という政党が現れ、若くて知的水準の高いネット世代の支持を集め、ヨーロッパでは地方議会を中心にかなりの勢力を持ち始め、欧州議会では若干の議席を占めるに至っている。ドイツ海賊党は、著作権を五年に制限する、あるいはネット上の情報の自由（ダウンロードの自由化）を認めると主張している。

またEUにおいては、ACTA（偽造品の取引の防止に関する協定、日本は批准したが、二〇一二年一一月時点では未発効）の批准が欧州議会で圧倒的多数により否決された。ACTAについては、ネット上で大反対が起きただけではなく、ヨーロッパ各地で反対のデモも行われ、それが欧州議会を動かしたと言われている。反対理由として、ACTAの交渉が不透明に行われ広く国民的な議論がなされなかったこともあるが、表現の自由やプライバシー、個人情報保護の権利などを害するような危険性があり、ISP（Internet Services Provider）などの自由が侵される可能性があり、それは民主主義を侵すものであるというものである。

またアメリカでは、Stop Online Piracy Act（SOPA、オンライン海賊行為防止法）が成立すると予想されていたところ、世論反対が強く、審議は延期され、おそらく廃案になると言われている（二〇一二年一一月現在）。この法案に対しては、英語版ウィキペディアが二四時間のストライキ（サービスの停止、SOPA Blackout Day）をしたことでも知られており、Google、Amazon、Facebookも反対のキャンペーンを行った。

このようにネットにおける規制に対しては、ネットユーザを中心に世界中で極めて厳しい拒絶反応が見られ、このことは著作権法のあり方についても大きな影響を与えるであろう。他方、既存の権利者団体、あるいは情報媒介者の団体は、ネットにおける無秩序な違法コンテンツの氾濫に大きな恐怖感を抱いており、これを著作権の強化で防止しようと考えている。またネットでは、著作権法を離れても、誹謗中傷や犯罪も横行しているが、他方ネットの自由への要求も世界的に極めて強く、このせめぎ合いは激しさを増しており、この争いは今後も当分は続くであろう。

(3) 初音ミクとは、クリプトン・フューチャー・メディア社から発売された音声合成用のソフトであり、メロディと歌詞を入力することで曲ができる。この種のソフトは他にもあるが、初音ミクは世界的に爆発的な人気を博している。このソフトに特徴的なのは、初音ミクという、一六歳、一五八cm、四二kgで、足首までの長い緑の髪のキュートでバーチャルな女の子に歌わせるという点である。クリプトン社はキャラクター画像については非営利であればほぼ自由な利用を認めており、これを利用して、世界中で、アマやプロにより新しい曲や新たなキャラクターが次々と生まれ、初音ミクの音楽は世界中でヒットチャートにランクインしており、バーチャルなコンサートまで開かれ、また種々の商品とのコラボも進んでいる。この初音ミク現象の最大の特色は、素人を巻き込んでいるという点である。これは単なるネットオタクだけの話ではなく、初音ミク現象は、東大で開催された情報処理学会の五〇周年記念大会で取り上げられ、初音ミクの絵は学会誌の表紙を飾っており、初音ミクを始めとするCGMは学問的にも重要な研究対象となっている。

(4) 佐藤氏は、「従来の著作権を振りかざして利益を得る方法は段々と古くなっていくはずです」「インターネットは情報をどこまでも拡散できる。この設計思想は著作権という考え方と対立する。拡散、共有されることで、著者にも利益が入る仕組みができないでしょうか」、二次利用フリー化を行った結果「どのように作品が拡散し、利用され、著者に利益をもたらすのか、もたらさないのか、その調査をしたいと思っています。その先に見えるものが、きっと次のヒントになると信じています」と述べている。

(5) 赤松氏は、「作者的にはコピーされまくって広告がクリックされまくったほうが儲かる」と述べている。

三　フェアユースとは[6]

以上のような社会の変化への対応策の一つとして、平成二四年の著作権法改正の目玉が「フェアユース」となるはずであったが、結果的には後述の四箇条として成立した。

わが国著作権法は、まず複製等の一般的禁止規定を置き、その後に権利制限規定（三〇条以下）を限定列挙している。わが国では、これは例外規定であるが故に厳格に解釈されなければならないとの考え方が一般的であった。しかし例外には例外を設けた趣旨があるはずであり、その趣旨に従った解釈をすべきであるが、このような厳格解釈をせざるをえなかった背景としては立法における経緯がある。権利制限規定に対して権利者団体が大反対であったため、政府としては法案を通すためには一貫して厳格解釈すべきであるという態度を取らざるをえなかったと推測される。しかしそれから半世紀もたった現在、著作権を取り巻く諸事情は激変しており、立法当時の政府の国会答弁に縛られて厳格解釈をしなければならぬ必然性はない。

アメリカ著作権法では、多くの権利制限が設けられているが、その前にフェアユースと呼ばれる権利制限の一般規定が置かれている。そこでは、一般的な解釈指針四項目を示した後にフェアユースと認められる著作物の利用行為には権利が及ばないとされている（米著作権法一〇七条）[7]。このような規定を持たないわが国においても、時代の進展なかんずくデジタル技術の発展により、権利制限規定には該当しないが、常識的に考えれば侵害とすべきではない行為が多数出現するようになった。それらにつき判例は必ずしも頑なな判断をしてきたわけではなく、複製や引用等の既存の概念の柔軟な解釈等で妥当な結論を見いだしてきた[8]。その限りにおいては、フェアユースの規定を設けなくとも結論に大きな差異はないようにも見えるが、アメリカの例を参照すると、フェアユース規定は、単に従来の法でも解釈可能なものを救済するという作用だけではなく、著作権法と大きく変化しつつある社会の実態との乖離を埋める役割も果たしうるものである。

デジタル技術の発展によりネットを中心に侵害形態も変化したために、一方では送信可能化権の創設に典型的に見られるように権利強化が進んでおり、他方では権利制限規定も次々と新設されてきており、権利の強化と制限規定の創設の鼬ごっことなっている。権利制限規定の創設については、具体的な条文化にあたり、合法行為と違法行為の間に明確な線を引く必要があり、その規定は詳細なものとなる傾向にある。例えば著作権法四七条の六（送信可能化された情報の送信元識別符号の検索等のための複製等）は検索エンジンの規定であるが、余りに複雑な規定となっているために、専門家ですら一読しただけでは理解できず、世間常識から余りに乖離した文章となっている。著作権法は国民一般を拘束するものであることを考えると、このような立法技術には問題があろう。

絵画の鑑定書事件[9]のように、日常的に当然のこととして行われている行為でも訴えられる危険があり、関係者としては法改正をして合法ということを明らかにして欲しいという要求となって出てくる。その典型例は著作権法四七条の四（保守、修理等のための一時的複製）であり、これは記録媒体内蔵複製機器（ＣＤレコーダーのように記録媒体が外付けの機器ではなく、携帯電話のように記録媒体を内蔵している機器）が故障した場合、それを修理するに際し、業者はそこに記録されている音楽（著作物）を一時的に外部に取り出し（この行為は複製行為）、修理が終わった段階で元に戻すことになる（この行為も複製行為）。修理業者のそのような行為は業としてなされており、形式的には違法ということになるが、それでは余りに非常識であり、従来は誰もこのような行為を咎めなかったため、事実上問題とされてこなかったに過ぎなかった。しかし修理業者としては万が一訴えられることを恐れ、権利制限規定の立法を求め、平成一八年に立法化された。

このようにして複雑怪奇な権利制限規定の山が築かれてきた。しかしながら如何に多くの権利制限規定を設けたとしても、デジタル社会の進行は極めて早く、次々と新たな権利制限規定が必要となり、際限がない。そこでこのような醜い条文を山積みすることは止め、アメリカのようなフェアユース規定を設けて欲しいという機運が盛り上がってきた。まず知的財産戦略本部の推進計画の中で、日本の著作権法がインターネットサービスなどに対応できておらず、情報通信技術を活用した新たな産業の創出に萎縮効果をもたらしているという問題意識のもとに、「個別の限定列挙方式による権利制限規定に加え、権利者の利益を不当に害しないと認められる一定の範囲内で、公正な利用を包括的に許容し得る権利制限の一般規定（日本版フェアユース規定）を導入することが適当である」という提言がなされ、それを受けて文化審議会著作権分科会で議論がなされた。

（6） フェアユースに関する論文としては、田村善之「技術環境の変化に対応した著作権の制限の可能性について」ジュリ一二五五号一二六頁（二〇〇三年）、著作権情報センター権利制限委員会編『著作権法の権利制限規定をめぐる諸問題』（著作権情報センター、二〇〇四年）、村井麻衣子「市場の生成と fair use――texaco 判決を端緒として」知的財産法政策研究六号一五五頁・七号一三九頁（二〇〇五年）、上野達弘・前掲注(3)、横山久芳「英米法における権利制限」著作権研究三五号一一頁（二〇〇八年）、島並良「権利制限の立法形式」著作権研究三五号九〇頁（二〇〇八年）、知的財産戦略本部『デジタル・ネット時代における知的財産制度の在り方について』（二〇〇八年）、城所岩生「著作物の複製・再利用を広く認める『フェアユース』規定を導入せよ」エコノミスト二〇〇八年九月号八十頁、安藤和宏「米国デジタルミレニアム著作権法（DMCA）の一考察――技術的手段の保護とフェアユースの関係を中心に」ＡＩＰＰＩ五十三巻五号二七四頁（二〇〇八年）、横山久芳「著作権の制限とフェアユースについて」パテント六二巻六号四八頁（二〇〇九年）、椙山敬士『著作権論』七〇頁（日本評論社、二〇〇九年）、松川実「フェアユース法理と著作者人格権」青山法学論集五一巻一・二合併号三六三頁（二〇〇九年）、潮海久雄「サーチエンジンにおける著作権侵害主体・フェアユースの法理の変容――notice および Google Book Search Project におけ opt-out 制度を中心に」筑波法政四六号二一頁（二〇〇九年）、三浦正広「同一性保持権とフェアユース法理――著作者人格権に対する著作権制限規定の適用可能性」青山法学論集五一巻一・二合併号三八七頁（二〇〇九年）、山本隆司＝奥邨弘司『フェアユースの考え方』（太田出版、二〇一〇年）、椙山敬士「フェアユースを中心とした著作権法の新潮流」ジュリ一四〇五号三三頁（二〇一〇年）、フェアユース研究会『著作権・フェアユースの最新動向――法改正への提言』（第一法規、二〇一〇年）、田村善之「日本版フェアユース導入の意義と限界」知的財産法政策学研究三二号一頁（二〇一〇年）、牧山嘉道「権利制限の一般規定（日本版フェアユース規定）の導入をめぐる議論」日本国際経済法学会年報一九号九四頁（二〇一〇年）、中山信弘「権利の制限規定」高林龍＝三村量一＝竹中俊子編『現代知的財産法講座Ⅰ　知的財産法の理論的探究』二七三頁（日本評論社、二〇一二年）参照。

(7) この条文はそれまでに蓄積されてきた判例を条文化したものであり、この四項目に該当しなくてもフェアユースとなる場合はありうるので、四項目はガイドライン的性格を有する。フェアユースはエクイティ上の衡平の原則に根ざしているものであり、正確な定義付けはされておらず、ケースごとに裁判所で、具体的な事実関係に基づいて判断される性質のものである。アメリカ法では、一〇八条以下に、わが国と類似した権利制限規定が設けられているが、それらは限定列挙ではなく、判例に現れた当然に合法（per se lawful）とされたものを列挙したものであり、ここに列挙されていなくてもフェアユースと認められる場合もある。その意味から、アメリカにおける権利制限規定の中心はフェアユース規定にあるといえる。

(8) 事実上フェアユースを認めたに等しいと考えられる判決としては、「雪月花事件」（東京地判平成一一年一〇月二七日判時一七〇一号一五七頁、複製概念を柔軟に解釈）、「市バス事件」（東京地判平成一三年七月二五日判時一七五八号一三七頁、四五条二項の「恒常的に設置」という概念の柔軟な解釈）、一連の「中古ソフト事件」（東京地判平成一一年五月二七日判時一六七九号三頁（ビデオソフトは映画でない）、大阪高判平成十三年三月二九日判時一七四九号三頁（頒布権の消尽を認めた）、東京高判平成一三年三月二七日判時一七四七号六〇頁（二六条一項の複製物ではない）、最判平成一四年四月二五日判時一七八五号三頁（消尽理論の適用））、「絵画の鑑定書事件」（知財高判平成二二年一〇月一三日判時二〇九二号一三五頁、引用概念の拡張解釈）等がある。

(9) 前掲注(8)参照。絵画の真贋の鑑定会社が鑑定書に鑑定対象の絵画の写真を添付したために、著作権者から複製権侵害で訴えられた事件である。判決は、その写真は絵画を特定し、鑑定書の偽造を防ぐためであって必要性・有用性が認められること、鑑定業務が適正に行われることは著作権者等の権利の保護を図ることにつながることから、引用としての利用に当たるとした。

四　フェアユースに関する審議会の議論

知的財産推進計画の提言を受けて、平成二三年の文化審議会著作権分科会では、フェアユース規定の必要なことは認めつつ、以下のAからCの三類型の著作物の利用につき、一定要件の下で、権利制限の一般規定を設けることが適当であるとする報告書を公表した。

A　その著作物の利用を主たる目的としない他の行為に伴い付随的に生ずる当該著作物の利用であり、かつ、その利用が質的又は量的に社会通念上軽微であると評価できるもの

B　適法な著作物の利用を達成しようとする過程において合理的に必要と認められる当該著作物の利用であり、かつ、その利用が質的又は量的に社会通念上軽微であると評価できるもの

C　著作物の種類及び用途並びにその利用の目的及び態様に照らして、当該著作物の表現を知覚することを通じてこれを享受するための利用とは評価されない利用

この三類型は、世上一般に行われているような利用行為であり、一般人の感覚からすれば当然許されるような類のものであって、仮に訴訟になっても、既存の概念の柔軟な解釈等の手法により救済される可能性もあるような行為である。特にA類型とB類型については常識的なものであり異論は少ないであろう。この三類型の中で最も注目すべきはC類型であり、そこでは知覚することを通じてこれを享受するための利用と評価されるものはフェアユー

スにはならないとされている（報告書はこれを裏から書いてある）。したがってパロディのように、著作物をそのままあるいは変形をして利用するものは知覚することを通じての利用であるために、AまたはB類型に該当しない限り、違法であることが明確にされた。C類型が念頭に置いているのは、主としてコンピュータ内で自動的に行われる類の複製であろうが、C類型を素直に読む限り、プログラムに限定されていないし、またプログラムについてもどのように考えているのか、必ずしも明確ではない。報告書では、C類型にはプログラムも含まれるとした上で、プログラムが実行形式で存在する場合、表現を知覚することを通じてこれを享受するための利用と評価されるか否かを基準とすると、およそ全ての場合がC類型に該当し、権利制限の対象となってしまうことから、当該基準をそのままプログラムの著作物に用いることは適当ではなく、プログラムの著作物の場合は、プログラムを実行し、その機能を享受するための利用か否かを基準としてC類型の概念を整理する等、条文化に際してはプログラムの著作物の特殊性を十分考慮する必要がある、と述べられている。従来、コンピュータ内で一時的になされる複製に関しては定説も判例もなかったので、これである程度の解決となることが期待されていた。しかしながらネット・ビジネスの中には、知覚することを通じて享受する方法で他人の著作物を利用する例は多く、このC類型では、今後発展することが期待されているクラウドを利用したビジネスへの適用は難しいと考えられる。

現在社会において、フェアユースで最も意味を有するのはネット・ビジネスとパロディに関係する行為であると考えられるが、報告書ではその双方とも先送りとされている。この二つを含まないフェアユースは、「実を捨てて名を取ったフェアユース」とでも言うべきであり、戦略本部の思い描いていたものからはかなりの後退が見られる。フェアユース規定とは、将来どのような行為が生起するのか判らないために一般的な規定を設けることに意味があり、このような三類型だけをフェアユースとするのであればフェアユース規定を設ける意義の大半は失われる。

五　フェアユース規定の意義

まずパロディについて検討する。わが国の著作権法界では、概してパロディについては冷淡であり[10]、審議会報告書においては別途手当をするとされ、平成二四年現在、審議会において審議中である。しかし最近の権利制限規定は、合法と違法の境界を明確にするために詳細な規定を設けているが、これに倣って合法なパロディと違法なパロディとを条文で書き分けることは困難を極めるであろう。パロディには実に様々なものがあり、また政治的にも微妙な問題を含んでおり、法によって合法なパロディと違法なパロディとを区分けすることは妥当とも思えず、なすべきでもない。条文化するとしても、おそらく「正当なパロディは合法である」という程度の一般的な規定しか設けることしかできず、結局、裁判所の裁量に大きく依拠せざるをえないことになり、それはフェアユースの規定でパロディを認めるのと同じようなことになろう[11]。

パロディは憲法で保障されている表現の自由にも関係する重大問題であるが、以前のわが国ではその認識が低く、著作権法の合憲性についての議論は少なかった[12]。アメリカでは、著作権法を論じる際には、憲法修正一条の表現の自由との関係が論じられることが多い[13]。パロディは重要な表現行為の一つであり、平成二四年改正でパロディの問題を積み残したことは極めて遺憾である。

フェアユース規定のもう一つの意義は、デジタル技術により発生した新たなビジネスへの対応である。デジタル技術の発展により、コンピュータと通信手段も急速に発展し、今まで想像もできなかったような新しいビジネスが次々に発生しており、特にクラウド・コンピューティングの発展によりその傾向はますます強まり、ネットを使ったビジネスは隆盛の一途である。それらのビジネスを行う上で必然的に他人の著作物を複製したり、公衆送信したりすることにより成り立っているものもある。その典型例が検索エンジンであり、他人のサイト（著作物が含まれていることが多い）の著作物の無断複製を行ってはいるが、その機能はあくまでも検索であり、著作物の存在するサイトの場所を教えるだけであって、権利者のマーケットと競合するものではない。このビジネスを合法としても著作権者の被る損害はほとんど考えられないのに対し、社会の受ける恩恵は極めて多大であり、検索エンジンが単に複製や公衆送信を行っているというだけで著作権侵害とし、社会から葬ることは誰が見ても不当である。この問題は、アメリカではフェアユースで処理されているが、わが国では平成二一年改正で検索エンジン・ビジネスは合法とされた（著四七条の六）。その規定は実に複雑でかつ細かい要件を定めており、例えばその要件の一つとして、「公衆からの求めに応じ」て行う検索エンジンという限定がなされている。それによりそれ以外の検索エンジン、例えば公衆の求めに応じないで行うプッシュ型の検索エンジンは除外されてしまうであろう。このようにネット・ビジネスにはどのようなビジネス・モデルが出現するのか、予測は不可能であり、現行法のような厳格な要件を定めてしまうと、それは将来を縛ることを意味し、フェアユース規定の有する方向とはベクトルが逆である。

今後どのような形態のビジネスが発生するか予測もできないが、権利者の利益を侵さないような形態で他人の著作物を利用しながら行うネット・ビジネスが増えてゆくことが予想される。フェアユース規定がない情況では、新しいビジネスを行うには、まず関係者が法改正を要求し(14)、その改正が成立してからビジネスを始めることになるが、ネット・ビジネスでは他に先駆けて起業することが重要であり、これでは世界同時大競争時代に勝ち抜くことは難しい。フェアユース規定の下ではまずビジネスを始め、異議ある者が現れた場合には法廷で決着をつけることになるため、時間を稼ぐことができる。日本の企業は海外企業と同じ条件で戦う必要があり、アメリカではフェアユースと認められるが、わが国では著作権法が邪魔してできないという事態は避けねばならない。ネット・ビジネスには国境がないために、仮に日本で検索エンジンを禁止しても、日本のサイトはアメリカの検索エンジンにより無断で複製され、日本人はアメリカの検索エンジンを利用し、日本の著作権者にとって何の利益もなく、日本での産業を潰すという作用を果たすだけである。このことは著作権問題から離れても、外国の企業にわが国の情報の首根っこを押さえられてしまうということは、一国の情報戦略としても重要問題である。今までのような個別の権利制限規定では、このような状況に対しては対応できないと考えられる。そのような産業政策的観点からフェアユース規定を考える必要もあるが、今回の改正ではこのような観点が抜け落ちている。二一世紀においては、好むと好まざるとに拘わらず、著作物は重要な経済財となり、かつ産業政策的な色彩を濃くしているという認識が必要となろう。

所有権は物に対する支配権能であり、他人による妨害の排除はできるものの、他人の行為一般を止めるという効果はなく、産業規制的な意味合いはほとんどないが、著作権による差止めはそれとは異なった意味を有する。現在では素人であっても容易に複製をすることが可能となり、しかもそれをネットで世界に発信することが容易になっており、またネット・ビジネスを行う上で必然的に複製が行われる場合も生じてきた。デジタル技術の発展と共に、昔の複製概念と現在の複製概念とでは、言葉（条文）は同じでも、その禁止される行為および人の範囲は著しく広がり、社会的機能も異なっている。元来の著作権法は産業規制を意図しているものではないが、複製一般を禁止することにより、現在ではある種の産業規制的な意味合いが出てきており、その機能は大きくなりつつある。この点を見落としたのでは、現在の著作権法を理解することはできない。そして、このような時代の変化に対応するための規定がフェアユースであるといえよう。

フェアユースに関しては、法的安定性と柔軟性のいずれを重視するかという形で議論されることが多い。フェアユース規定を導入すれば、著作権法が社会の変化に柔軟に対応できるという反面、合法と違法との境界線が曖昧となり法的安定性を害するという側面もあることは否定できない。フェアユース規定の導入に際し、そのような議論がなされることは当然としても、フェアユース規定にはそれを超えた大きな意味があることも忘れてはならない。フェアユース規定を導入するということは、著作権法の世界に自己責任の原理を持ち込むということを意味する。お上から合法であるというお墨付きを得てから行動するのではなく、まず自己がフェアと考える行動をし、それに異論のある者が現れた場合には法廷で決着をつけるということを意味し、そのことは法や裁判に対する国民の意識の変革をも迫る可能性をも秘めている。

例えば検索エンジンは、世界中のサイトをクローリングして複製し、更にそれらを公衆送信することにより成り立っている。その際に、同意の得られたサイトを複製するというオプト・イン方式を採用すれば著作権法上の問題はないが、世界中のサイトにつき権利処理することは不可能であるので、権利者に無断で複製して異議のあるものを削除するというオプト・アウト方式が必要となる。アメリカには検索エンジンを合法とする規定はないが、グーグル社は、フェアユースの規定を援用して、オプト・アウト方式で検索エンジン・ビジネスを始めた。それに対して著作権侵害訴訟が提起されたが、グーグル社はそれらを跳ね返して検索エンジン・ビジネスを確立し、現在では検索エンジンを潰そうとする者はいなくなり、世界中の者が検索エンジンを利用している。それに対してフェアユース規定を持たないわが国では、平成二一年改正で合法化されたものの（著四七条の六）、ビジネス的には既に勝負がついていた。

フェアユースについては、規定を設けるだけではその意義は低く、それを積極的に用いて新しいビジネスを開いて行くマインドが必要となる。フェアユース規定の新設は、事前規制から事後規制へ、官から民へ、行政から司法へという大きな流れに沿った改正になる。そのために、著作権法のユーザである権利者、それを利用する企業、更にはそれらをサポートする法曹の意識も変わる必要がある。これは単に著作権法の世界だけの問題ではなく、長期低落傾向にあるわが国企業全体として、自己責任でリスクを取るというマインドが必要となろう。この点を見落としたのでは、フェアユースの本質は見えてこない。

法一般という観点からすれば、最終的な価値判断を裁判所に委ねる一般規定は多数存在し、決してフェアユース特有の問題ではない。例えば権利濫用の規定（民一条三項）は、単に権利の濫用は許さないとのみ規定されており、その具体的内容は全て裁判所に委ねられている。人の全ての行為を法で書き込むことは不可能であり、多かれ少なかれ裁判所は法創造的な機能を果たさざるをえない。社会が複雑化すればするほど、法はスタンダードを示し、細かなルールメーキングは裁判所に委ねる場合が増え、裁判所の法創造的機能は増大するものと思われる。

(10)　最判昭和五五年三月二八日民集三四巻三号二四四頁（モンタージュ事件）は、パロディの事例であるのかという点につき見解は分かれているが、一般にはパロディを否定した事例と考えられている。東京地決平成一三年一二月一九日判例集未登載（チーズはどこへ消えた？　事件）では、「著作権を侵害することなく本件著作物の内容を風刺、批判する著作物を著作することもできたのであるから、……不当にパロディーの表現をする自由を制限するものではない」と述べられている。

(11)　パロディの規定のある数少ない国であるフランスも、著作権法一一二五の五条四号で、権利制限規定として「もじり（パロディ）、模作（パスティーシュ）及び風刺画（カリカチュア）。ただし当該分野の決まりを考慮する」と規定されているだけである。

(12)　ここでは憲法問題に深入りしないが、近年、わが国でも著作権と表現の自由に関する最近の研究が増えてきた。佐藤薫「著作権法第二〇条第二項第四号の解釈と表現の自由権——パロディを中心として」著作権研究一七号二一一頁（一九九〇年）、野口祐子「デジタル時代の著作権制度と表現の自由——今後の著作権戦略にあたって考慮すべきバランス(上)(下)」ＮＢＬ七七七号一八頁、七七八号三二頁（二〇〇四年）、今村哲也「著作権法と表現の自由に関する一考察——その規制類型と審査基準について」

季刊企業と法創造一巻三号八一頁（二〇〇四年）、横山久芳「編集著作権概念の現代的意味」著作権研究三〇号一六一頁（二〇〇四年）、同「著作権の保護期間延長立法と表現の自由に関する一考察――アメリカのCTEA憲法訴訟を素材として」学習院大学法学会雑誌三九巻二号一九頁（二〇〇四年）、同「著作権の保護期間延長と表現の自由についての小考――Eldred事件最高裁判決とその後の動向」季刊企業と法創造三巻一号一六三頁（二〇〇六年）、西森菜津美「表現の自由と著作権――パロディ表現物に関する憲法学的検討」立命館法政論集六号一頁（二〇〇六年）、同「表現の自由と著作権――パロディ表現物に関する憲法学的考察」尚美学園大学総合政策研究紀要一三号一頁（二〇〇七年）、大林啓吾「カナダにおける表現の自由と著作権」尚美学園大学総合政策研究紀要一三号一三頁（二〇〇七年）、山口いつ子『情報の構造』（東京大学出版会、二〇一〇年）の「第三部第一〇章　表現の自由と著作権」「第四部　情報の保護――知的財産権と自由な情報流通」、小島立「著作権と表現の自由」新世代法政学研究八号二五一頁（二〇一〇年）参照。

(13) Melville Nimmer, Dose Copyright Abridge the Amendment Guarantees of Free Speech and Press? 以来、多数の論文が公表されている。

(14) 従来であれば、まず関係官庁に要望を出し、審議会で議論をして内閣法として国会に提出するというのが常態であったが、近年では国会議員に働きかけ、議員立法として成立させる例もある。著作権法一一九条三項の違法ダウンロードの刑罰化はその一例である。

六　平成二四年改正法

平成二四年に成立した改正法は、トーンダウンしている審議会報告から更にトーンダウンされ、個別的権利制限規定のような四箇条に分解され、もはや「名も実も捨てたフェアユース」となってしまい、見るも無残な姿と成り果ててしまった。審議会報告については議事録が存在し検証が可能であるのに対し、審議会報告からどのような理由で四箇条になったのか、その過程や理由が不明である。立法にあたって重要なのは透明性であり、それなくしてはまともな議論もできず、民主主義の根幹にも関わる問題であるため、この立法過程は多くの識者から批判を受けている。

審議会報告書で提言された三類型は、A類型とB類型はおのおの三〇条の二（付随対象著作物の利用）と三〇条の三（検討の過程における利用）となり、C類型は三〇条の四（技術の開発又は実用化のための試験の用に供するための利用）と四七条の九（情報通信技術を利用した情報提供の準備に必要な情報処理のための利用）の二つに分けて規定された。各条文の詳解は紙面の都合で割愛せざるをえず、ここでは若干の問題点の指摘に留めたい。

三〇条の二では、その規定は報告書にはない細かな要件が付加されている。まず報告書にはない「写真の撮影、録音又は録画」という要件が加えられたため、例えば映画については適用されないことが明らかとなった。また本条は著作物の創作にあたって他の著作物が写り込んでいる場合に限定されており、著作物性のないものを作る際に写り込んだものについては適用がない。いかなる理由で、フェアユースの理念とは逆行するこのような限定が付加されたのか、不明である。また報告書にはない「分離困難性」という要件が付加されている。報告書のA類型は、必ずしも「写し込み」を排除したものではないように読めるが、本規定は明文で「写り込み」だけに限定している。そのために、例えば娘にミッキーマウスの人形を抱かせて写真を撮り、それを自分のホームページにアップロードした場合は分離困難とは考えられず、その結果三〇条の二の適用はなく、送信可能化権侵害となる。国会での政府答弁によれば、分離困難とは、社会通念上客観的に困難であるということであると説明されており、例として親がキャラクターの描かれたTシャツを着た子供を写真に撮る場合を挙げている。社会通念上客観的な分離困難性の意味は明確ではないが、敢えて子供にミッキーマウスを抱かせて写真を撮ることは分離困難とは言えないであろう。しかしTシャツを着た場合と、人形を抱かせた場合とでは、犯罪の成否を分けるほどの大きな差異があるのであろうか。フェアユース規定は、包括的な一般規定を設け、具体的判断は裁判所に任せるところに意味がある。Tシャツを着た場合と人形を抱いた場合とで区別するのではなく、その利用形態や権利者に与える損害等を総合的に勘案して結論を導くほうが妥当であろう。キャラクターの描かれたTシャツを着た写真であっても、総合的に勘案すれば侵害と判断されて然るべき場合もあるであろうし、逆にミッキーマウスを抱かせた写真であっても侵害とされてはおかしい場合もある。

三〇条の三は、例えば出版社が本を出版するに際し、編集会議で検討のために複製をするような場合を合法としている。審議会報告では「適法な著作物の利用を達成しようとする過程にお」ける利用とされており、権利制限規定に該当する利用であれば適用されるはずであった。それが条文では、「著作権者の許諾を得て、又は第六七条第一項、第六八条第一項若しくは第六九条の規定による裁定を受けて著作物を利用」する場合に限定されている。なぜ許諾を得ている場合と裁定利用に限定したのか、不明である。例えば入試問題で利用するにあたり、試験委員会で検討用資料として複製する場合は違法となるのであろうか。入試問題に関しては漏洩防止という観点から無許諾で利用できるとされているが（著三六条）、その検討過程で利用する場合には改めて許諾が必要となるとすることは制度の趣旨にも反するし、常識にも反する。そのような行為は、今回の立法前から通常行われており、当然であるので立法しなかったとも解釈できるが、そうであるならば、許諾を得た場合や、裁定を受けて利用する場合も規定なしでも当然に合法という解釈ができるはずである。三〇条の三で厳格な要件を定めたために却って混乱を招く虞があり、何故にこのような限定要件を定めたのか、理解に苦しむ。

報告書のC類型は、三〇条の四と四七条の九という二つの条文に分割されて規定された。三〇条の四は、例えば新しいテレビの開発段階で試験として映画を録画することを合法としている。また四七条の九は、例えば動画のネット配信において、データの高速処理のために複製を行うような行為を合法としている。このような行為なくしては技術開発もできず、ネットの利用もできなくなるので、従来から当然のように行われていたものであり、仮に裁判となったとしても何らかの理由をつけて合法とされる可能性があると考えられる。ただC類型はかなり包括的に記載されているが、具体的な条文化にあたりかなりの限定が付加されており、今後の技術の発展を睨んだ規定とは思えない。

以上からも判る通り、新設された四箇条は最早フェアユース規定と呼べるようなものではなく、新たに四箇条の個別規定が作られたと評価できよう。フェアユース規定とは、予測不能な事態にも対応できるように一般的な規定を設けるところに意味がある。新たな要件を加えれば加えるほど規定の適用範囲は狭くなり、将来の不測の事態に対応できなくなるので、ベクトルとしてはフェアユースから遠ざかることになる。今回の改正は余りに細かな要件を定めているため、今回の改正がなければ解釈によって救済できる余地があったものについてまで違法であることが明確になってしまった。一般的規定を設ける際に常に問題となるのが、著作権侵害には刑罰規定が付いているために、罪刑法定主義との調整である。刑法は刑罰のみを規定しているので罪刑法定主義を貫いても問題ないが、著作権法のような経済法は、民事的規定が主体であり、それに刑罰が付されているに過ぎない。もし著作権法に罪刑法定主義を厳格適用するならば、殆どの経済法は刑法の原理に縛られることになり、柔軟性が失われることになる。経済法は一般に厳格な意味での罪刑法定主義が貫かれているわけではない。例えば著作権侵害の対象である著作物は著作権法二条一項で漠然とした規定があり、一〇条で例示されているに過ぎず、罪刑法定主義からすれば問題がある規定である。何故、最近になり、罪刑法定主義が厳格適用されるようになったのか、理解に苦しむ。今後、著作権法に罪刑法定主義を貫徹させる必要があるとするならば、著作権法の中の民事規定と刑事規定とを分けて規定するという醜悪な条文にならざるをえないであろう。

七　壮大なヴィジョンの欠如

著作権法の目的は文化の発展にあるが（著一条）、その目的を達成するために、現行著作権法は物権的構成を借用している。つまり著作権は侵害者に対しては差止めと損害賠償を請求できる権限であり、また譲渡・ライセンス・担保の対象とすることができる。このような法構成は他の知的財産権法においても同様であり、この制度設計は一九世紀頃に完成し、その後においても基本的構成は変わっていない。

しかしながらデジタル技術・ネット技術の発展により、著作権が財産権を超えた意味を持ち始め[15]、従来の物権的構成に対しては疑問も呈されている。また著作権法が有する社会的機能についても、産業政策的意味が強まってきた。しかし著作権法は元来が産業政策的立法ではないために、著作権法は経済財という観点からは使い勝手の悪い法であるが[16]、それを現在のデジタル社会に適合すべく解釈をし、また法改正を行う必要がある。

所有権も著作権も、ともにその効果として妨害排除請求権が規定されているが、所有権の場合はその社会的広がりは比較的狭い。著作権の本質は、「著作物という情報」を他人が利用した場合にそれを排除できるという権能であり、他人の利用行為を止めることにより、著作権の円満性は回復される。情報については「利用（消費）の排他性」がないという特性があり、ある者が当該情報を利用していても、他の者は同時に同じ情報の利用が可能であり、多数の者が同時に利用する場合も少なくない。これが物と情報を区別する最大のメルクマールである。特にネットの発展により、多くの人が思わぬところで他人の著作物を複製してしまうことも多くなり、あるいはネット・ビジネスの中で不可避的に複製を行わざるをえないような場合が出現した。著作権は原則としてそのような複製一般を差し止めることができる権能であるために、著作権が産業規制的意味合いを持つようになってきた。

またビジネスを離れても、情報化時代においては数多の情報が世に溢れており、そのかなりの部分が著作物である。それらの著作物を利用しようとする場合には面倒な権利処理が必要となる。従来は無数に存在する著作物を他人が利用するという必要性は低く、出版等で他人の著作物を利用する場合には、利用者と権利者の個別の契約に任せても大きな支障はなかった。それがネット時代になると他人の写真を自分のサイトで利用することも多いが、そのような場合でも面倒な権利処理が要求される。しかし現実問題として、権利者と交渉しようにも著作権に関するマーケットも存在しないし、権利者の捜索も難しいのが現状である[17]。仮に権利者を探索し、見つけ出して交渉する場合でも、対価は極めて些少なものとなると考えられるから、費用対効果を考えれば、そのような交渉は現実的ではない。我々は膨大な著作物に囲まれており、ネットを用いることによりそれらを容易に利用することが可能であるにも拘わらず、それらの利用がままならないという状況にある。このような状況の下においては、法を遵守して利用を自粛するために著作物の利用・流通に萎縮効果を与えるか、あるいは無断で他人の著作物を利用する行為が横行するか、いずれかの傾向になろうが、双方とも好ましいものではない。

現在の著作権法はベルヌ条約による規制[18]もあり、著作権法の大きなリフォームを行うことは現実問題として難しいが、ベルヌ条約の軛から離れて、より一般的な研究を始めなければならない時が到来しているように思える。このデジタル時代において、著作権制度はいかなる機能を果たしているのか、著作権制度がなぜ存在するのか、その正当化根拠はどこにあるのか、という壮大な構想に思いをいたす時代になっているように思える。そのためには、デジタルの有する意義を再確認することが重要である。

従来の著作物は流動性が低く、一度出版されたら原則としてそれで利用が完結する場合も多かった。それに対し、現在ではマルチユースが増加したが、それについては権利処理が最も重要な問題となる。しかしながら一つの著作物の上に複数の権利が重畳的に存在すると極めて処理が難しくなる。封建時代の土地制度は、複数の権利が重畳的に存在しているために土地の流動性は低かったが、近代に至り、一つの物の上には一つの権利という一物一権主義が採用され、初めて流通が進み、資本主義社会が完成した。ところが現在の著作権法は中世の土地制度と類似しており、一つの著作物の上に、複数の権利が、共有ではなく重畳的に存在しており、その結果、流通の妨げとなっている。著作隣接権においては、一応ワンチャンス主義が採用されてはいるが、それでも複雑な権利関係にある。[19] 例えば過去の放送番組を流通させようとしても、そこには多数の人の権利が重畳的に存在し、流通阻害要因となっている。[20] この問題は、著作権法の物権的構成にまで関わる大問題であり、当然ベルヌ条約とも関係してくるので、まずは当事者間の契約により処理することが望ましい。例えば出版に関しては、アメリカのように、契約により著作権を出版社に移転し、電子出版に際しては容易に権利処理が可能となっている国もある。それに対して、わが国で契約による権利の一元管理は、音楽に関しては機能しているものの、書籍に関してはほとんど進んでいない[21]。

現在、デジタルの特質を生かし、従来では考えられなかったようなビジネスが簇生しつつある。例えばネットでは極めて早い速度で情報が世界に伝播するので、露出することによる宣伝広告効果を上手く生かし、無料ビジネスが広がっている。たとえ無料であっても広く露出することによりファンの裾野を広げ、その効果で他の方法、例えばライヴやグッズの販売、ファンクラブの会費等々により利益を上げるというビジネス・モデルもありうる。情報は一度作成すれば、その後の複製は僅かな費用でまかなえるし、ネットを利用すれば配布の費用も少なくすむ。そのために数千万人という人に無料で配布し、露出を高めることによりファンの裾野を広げ、マネタイズは広告で行うというビジネス・モデルも可能となった。[22] このようなモデルは、検索エンジンやゲームを始め、多数存在している。このように、情報の特性を生かしたビジネスは今後、あらゆるコンテンツにつき発展するであろう。

現在のコンテンツ・ビジネス形態を維持したまま、民事・刑事の規定を強化しても、それだけでは違法コンテンツの撲滅は不可能と考えられ、何らかの活路を見いだす以外にない。その活路とはどのような姿なのか、誰にも判らないが、世界は変わりつつあることだけは確かである。従来の日本のコンテンツは、日本語という天然の要害に守られていたし、また日本には一億人以上の人口が存在するために、それなりの利益を上げることができていたために、韓国と比べると、国際化に向けた対応が著しく遅れてきた。しかしわが国の人口が減少し、しかも海外企業との競争に晒されるというデジタルの特性をあわせ考えると、日本の企業は立ち行かなくなる恐れもある。沈み行くタイタニックの中で一等席を争うようなことを止め、よりスケールの大きい構想を持つことが要求される。そのためには、著作権制度、あるいは著作権を巡る慣行を改めて考え直さなければならないと考える。著作権スキームは、法律と商慣行の双方において、既存の枠組みだけで捉えていては、確実に世界から取り残される。法規制だけではなく、ビジネス・モデル、商慣行等々の方法で、スケールの大きい構想の下に世の中を変えてゆかねばならないであろう。

(15) 著作権法には人格権も規定されており、著作権法において人格権は極めて重要な存在を占めてはいるが、人格権は財産権とは別の論理で構成されているために、ここでは財産法的側面についてのみ考察する。

(16) 具体的には、財産権とは別個の理論で働く著作者人格権の存在、権利が重畳的に存在して権利処理が複雑であること、利用態様に比して権利処理が重いこと、権利存続期間が原則として死後五〇年と長期間であること、特許法のような登録主義が採用されていないために孤児著作物（権利者不明の著作物）が多いこと、等を挙げることができよう。

(17) 著作権権者が不明となってしまった著作物は孤児著作権と呼ばれているが、その問題については、菱沼剛『孤児著作物問題の研究——既存規範の動態的な分析と新規範の確立に向けての可能性』（成文堂、二〇一一年）参照。

（18）ベルヌ条約には多くの実体規定が定められており、それらの改正は全会一致とされている（ベルヌ条約二七条(三)）。極めて多数が加盟している条約であるので、その改正は容易なことではない。

（19）一つの著作物の上に複数の権利が重畳的に存在する場合もあるが、著作隣接権をも考えると一つのコンテンツの上に複数の権利が重畳的に存在する場合が多いと言ったほうが正確であろう。コンテンツごとに取引がなされることが多いので、一つのコンテンツの上に著作権、著作隣接権、肖像権・パブリシティ権などが重畳的に存在し、複雑な様相を呈している。

（20）著作権の処理の他に、肖像権の処理も行わざるをえず、これについては著作物以上に面倒な問題となる。例えば逮捕時には犯人の写真を掲載することは妥当であるとしても、その後の年月を経て、既に刑期を終え、更生している元受刑者の写真を、後日掲載することには問題があろう。

（21）理系の学会誌に関しては、権利を学会に譲渡することが通常行われており、その後の二次使用に関しても権利処理が容易になっている。

（22）このようなビジネス・モデルは、放送（民放）だけが例外的に行われていた。それは、放送は媒体を離れて情報だけが流通するという特性に由来する。デジタル時代の無料ビジネスも基本的にはこれと同じであるが、ただ質的・量的に異なっているといえよう。

本研究は、科学研究費補助金（基盤研究A）「コンテンツの創作・流通・利用主体の利害と著作権法の役割」（研究課題番号二三二四三〇一七）による研究成果の一部である。

職務発明覚書

——オリンパス最高裁判決の再評価・新法と旧法の統一的な解釈に向けて

平野惠稔

一　はじめに
二　オリンパス最高裁判決（最判平成一五年四月二二日民集五七巻四号四七七頁）
三　オリンパス最高裁判決の解釈
四　私見と提言
五　新法の定め

一 はじめに

特許法三五条に定める、職務発明についての特許を受ける権利の対価の支払について、平成一六年改正法が成立し、会社側で定めた勤務規則により支払われた対価は、特に手続面を考慮して不合理でない限り、相当の対価として欠けることがないものと定められた。

しかし、改正法の施行日が平成一七年四月一日であり、それより前に承継した特許を受ける権利等には旧法が適用されるため、旧三五条の下で、現在も訴訟が頻発している状況である。近年の裁判例では、従業員が営業秘密を持ち出して証拠化し、違法収集証拠かどうかが争われるような例まであり（東京地判平成二一年一一月二五日裁判所ウェブサイト、知財高判平成二四年三月二二日判時二一五一号七二頁）、従業者と使用者との間に不信感が増している。本来発明を奨励すべき職務発明制度に起因してこれを妨げる事態が生じており、速やかに収束させるべきである。また、大正一四年の改正時にも産業界は職務発明制度が安定したと解釈し、実際、ほとんど旧三五条が裁判所で争われることはなかったにもかかわらず、近年これが混乱し、訴訟が急増した。その理由を意識して、改正法ではこのような混乱を避ける必要がある。ところが、既に、さらなる改正の動きがあるといい[1]、ここには、他では見られない、産業界の裁判所に対する強い不信が見てとれ、既に混乱の予兆があると言ってよい。

不信の原因は下級審による「相当の対価」に関する裁判実務が産業界に受け入れられないことである。一方、産業界も特許を受ける権利が使用者ではなく従業者に帰属するという法意識は既に定着していることを忘れてはならない。改正法がその解決を図っているが、新法施行をきっかけに裁判実務を改めるべきではないか。新法と旧法とが隔絶した解釈であると、時期によって、あまりにも大きな差がでる。そのような不公平を避けるような解釈を行うことは、法的安定に資し、合理性があるのではないか。

本稿ではオリンパス最高裁判決を再評価し[(2)]、それに基づく旧法のあるべき解釈および改正法の趣旨について述べる。なお、以降、本稿では特に断りのない限り、旧法を対象とし、条項も旧法をさすものとする。

（1）藤井光夫「製薬業界における職務発明のあり方」AIPPI五六巻一〇号六六七頁（二〇一一年）。

（2）オリンパス最高裁判決では消滅時効の期間も未解決であるが、ここでは論及しない。

二　オリンパス最高裁判決（最判平成一五年四月二二日民集五七巻四号四七七頁）

第一審裁判所（東京地判平成一一年四月一六日判時一六九〇号一四五頁）は、本件職務発明の特許を受ける権利の相当の対価を二五〇万円（Yが受けるべき利益額五〇〇〇万円、Yの貢献度九五パーセント）と認定し、自社規則による支払済み額を控除した額の支払を命じた。双方控訴したが、原審（東京高判平成一三年五月二二日判時一七五三号二三頁）で各控訴が棄却された。Yが上告受理申立（Xも上告・上告受理申立をしたが例文で棄却・不受理されている）。相当の対価の額についても上告受理申立理由とされていたが、受理決定で排除された（民事訴訟法三一八条三項）。最高裁は原審判決を次の理由で維持した。

「使用者等は、職務発明について特許を受ける権利等を使用者等に承継させる意思を従業者等が有しているか否かにかかわりなく、使用者等があらかじめ定める勤務規則その他の定め（以下「勤務規則等」という）において、特許を受ける権利等が使用者等に承継される旨の条項を設けておくことができるのであり、また、その承継について対価を支払う旨及び対価の額、支払時期等を定めることも妨げられることがないということができる。しかし、いまだ職務発明がされておらず、承継されるべき特許を受ける権利等の内容や価値が具体化する前に、あらかじめ対価の額を確定的に定めることができないことは明らかであって、上述した同条の趣旨及び規定内容に照らしても、これが許容されていると解することはできない。換言すると、勤務規則等に定められた対価は、これが同条三項、四項所定の相当の対価の一部に当たると解し得ることは格別、それが直ちに相当の対価の全部に当たるとみることはできないのであり、その対価の額が同条四項の趣旨・内容に合致して初めて同条三項、四項所定の相当の対価に当たると解することができるのである。したがって、勤務規則等により職務発明について特許を受ける権利等を使用者等に承継させた従業者等は、当該勤務規則等に、使用者等が従業者等に対して支払うべき対価に関する条項がある場合においても、これによる対価の額が同条四項の規定に従って定められる対価の額に満たないときは、同条三項の規定に基づき、その不足する額に相当する対価の支払を求めることができると解するのが相当である。」

三　オリンパス最高裁判決の解釈

1　三五条が本来予定する「相当の対価」の支払

職務発明についての特許を受ける権利を最も早く承継できるのは、権利が発生した時点である。また、相当の対価の発生時点は、特別の定めがない限り、承継時点である（異論を唱える裁判例はない。最判平成七年一月二〇日判例工業所有権法〔二期版〕一二九七の四三頁）。使用者等は、自らの事業活動に必要な特許を受ける権利をできるだけ早期に確保したいのが通常であるから、特許を受ける権利の承継はその成立時点で行われることが多い。したがって、法は、相当対価の発生時点として、通常、特許を受ける権利の成立時点を予定している。

2　三五条の改正経過

三五条の改正経過は一三〇二～一三〇三頁の「職務発明の法規制の変遷」のとおりである。明治四二年法では、職務発明の特許を受ける権利の帰属は使用者であったが、大正一〇年法で従業者帰属に変更され、使用者は、特許を受ける権利を契約、勤務規則等で承継することができるが、補償金を支払うべきこととされた(3)。そして、昭和三四年法では、基本的にこの制度を維持したが、「補償金」が「相当の対価」と変更され、「相当の対価」の基準として、三五条四項が付加されることとなった。

昭和三四年法改正の経緯は、昭和二七年ころから産業界には職務発明制度を改廃し特許を受ける権利が使用者に帰属することを求める法改正の動きがあったところ、長い議論の末、使用者帰属とはならなかったが、使用者が一方的に特許を受ける権利を承継することを維持しつつも、その行為が、従業者に対して「損失を与えた」「不公平、不公正行為があった」かのような「補償金」という文言を、従業者に対する損失補償、損害賠償的支払と解されることのないような中間的規定として「相当の対価」という文言に改めることで落ち着いたものとされている(4)。そして、「使用者等が既に支払った報酬があるときは裁判所は前項の補償金を定めるについてこれを斟酌すること」と裁判所が補償金を定めるとしていた文言を削除し、当事者間で授受される対価の相当性の基準として、使用者の受けるべき利益と使用者の貢献度が四項で定められ、対価はこれらを「考慮して定める」こととなったのである。

3　相当の対価の支払の実務の趨勢とその評価

ところが、このような改正の経緯にもかかわらず、大正一〇年法の「補償金」の実務は昭和三四年法改正後にも承継された。大正一〇年法では、使用者主義から発明者主義に大転換され、「使用者が権利を召し上げ」て、代わりに補償金を支払うべきであり、その額を裁判所が決定することと定められた。しかし、もともと使用者に帰属していた権利が突如従業者に付与されたものであり、算定において裁判所は使用者が支払った報酬を斟酌することになっていたため、「補償金」は少額で、恩恵的なものと考えられた。昭和三四年法改正後も、条文上、全体構造がまったく変わっていないため「相当の対価」は呼称が変わっただけで、「補償金」の実質をそのまま継受し、少額なものであると理解されたのであろう(5)。裁判所が「補償金」を定める構造から、当事者で決定される「対価」という文言が採用されたこと、対価の相当性の基準が抽象的であったこと、使用者側は変わらず一方的に特許を受ける権利を承継させることができることもあいまって、使用者側においては、使用者が一方的に自由に対価までも定めてよいのだという解釈が広がったものと思われる。

そして、昭和三九年一二月五日付「職務発明規定（会社における職務発明規程の典例）」（特許庁総務部業務課）では、出願補償金、登録補償金と並び、「会社は会社が職務発明に基づく特許権の実施または処分により利益（収入）を得たときは、当該特許権にかかわる発明をした発明者に対し、審査会の議を経て、別に定める補償金を支払うものとする。」との実績補償金が定められ、これが多くの企業に参照された(6)。各企業は、実績補償を定めたが、その中身については、上限を定める、会社に格別の利益が生じた場合に支払う、表彰制度の下で支払う、報奨金として支払う、など多分に少額かつ恩恵的なものとして定着した(7)。

昭和34年法	平成16年法
昭和34年4月13日 （法律第121号）（特許法第35条） 職務発明	平成16年6月4日 （法律第79号）（特許法第35条） 職務発明制度
1　使用者、法人、国又は地方公共団体（以下「使用者等」という。）は、従業者、法人の役員、国家公務員又は地方公務員（以下「従業者等」という。）がその性質上当該使用者等の業務範囲に属し、かつ、その発明をするに至つた行為がその使用者等における従業者等の現在又は過去の職務に属する発明（以下「職務発明」という。）について特許を受けたとき、又は職務発明について特許を受ける権利を承継した者がその発明について特許を受けたときは、その特許権について通常実施権を有する。 2　従業者等がした発明については、その発明が職務発明である場合を除き、あらかじめ使用者等に特許を受ける権利若しくは特許権を承継させ又は使用者等のため専用実施権を設定することを定めた契約、勤務規則その他の定の条項は、無効とする。 3　従業者等は、契約、勤務規則その他の定により、職務発明について使用者等に特許を受ける権利若しくは特許権を承継させ、又は使用者等のため専用実施権を設定したときは、相当の対価の支払を受ける権利を有する。 4　前項の対価の額は、その発明により使用者等が受けるべき利益の額及びその発明がされるについて使用者等が貢献した程度を考慮して定めなければならない。	1　使用者、法人、国又は地方公共団体（以下「使用者等」という。）は、従業者、法人の役員、国家公務員又は地方公務員（以下「従業者等」という。）がその性質上当該使用者等の業務範囲に属し、かつ、その発明をするに至つた行為がその使用者等における従業者等の現在又は過去の職務に属する発明（以下「職務発明」という。）について特許を受けたとき、又は職務発明について特許を受ける権利を承継した者がその発明について特許を受けたときは、その特許権について通常実施権を有する。 2　従業者等がした発明については、その発明が職務発明である場合を除き、あらかじめ使用者等に特許を受ける権利若しくは特許権を承継させ又は使用者等のため専用実施権を設定することを定めた契約、勤務規則その他の定めの条項は、無効とする。 3　従業者等は、契約、勤務規則その他の定めにより、職務発明について使用者等に特許を受ける権利若しくは特許権を承継させ、又は使用者等のため専用実施権を設定したときは、相当の対価の支払を受ける権利を有する。 4　契約、勤務規則その他の定めにおいて前項の対価について定める場合には、対価を決定するための基準の策定に際して使用者等と従業者等との間で行われる協議の状況、策定された当該基準の開示の状況、対価の額の算定について行われる従業者等からの意見の聴取の状況等を考慮して、その定めたところにより対価を支払うことが不合理と認められるものであってはならない。 5　前項の対価についての定めがない場合又はその定めたところにより対価を支払うことが同項の規定により不合理と認められる場合には、第三項の対価の額は、その発明により使用者等が受けるべき利益の額、その発明に関連して使用者等が行う負担、貢献及び従業者等の処遇その他の事情を考慮して定めなければならない。

職務発明の法規則の変遷

明治42年法	大正10年法
明治42年4月2日 （法律第23号）（特許法第3条）	大正10年4月30日 （法律第96号）（特許法第14条） 任務発明
職務上又ハ契約上為シタル発明ニ付特許ヲ受クルノ権利ハ勤務規定又ハ契約ニ別段ノ定ノアル場合ヲ除クノ外其ノ職務ヲ執行セシムル者又ハ使用者ニ属ス 職務ノ執行ハ契約ノ履行ニヨル勤務中公務員又ハ被用者ノ為シタル発明ニシテ職務上又ハ契約上為シタルモノニ非サル発明ニ付発明前予メ特許ヲ受クルノ権利又ハ特許権ヲ譲渡セシムルコトヲ定メタル勤務規定又ハ契約ノ条項ハ之ヲ無効トス 本条ニ於テ公務員ト称スルハ刑法第7条第1項ノ公務員ヲ謂フ	被用者法人ノ役員又ハ公務員ノ其ノ勤務ニ関シタル発明ニ付テハ性質上使用者法人又ハ職務ヲ執行セシムル者ノ業務範囲ニ属シ且ツ其ノ発明ヲ為スニ至リタル行為カ被用者法人ノ役員又ハ公務員ノ任務ニ属スル場合ノモノヲ除クノ外予メ使用者法人又ハ職務ヲ執行セシムル者ヲシテ特許ヲ受クルノ権利又ハ特許権ヲ承継セシムルコトヲ定メタル契約又ハ勤務規定ノ条項ハ之ヲ無効トス 使用者法人又ハ職務ヲ執行セシムル者ハ被用者法人ノ役員又ハ公務員ノ其ノ勤務ニ関シ為シタル発明ニシテ性質上使用者法人又ハ職務ヲ執行セシムル者ノ業務範囲ニ属シ且ツ其ノ発明ヲ為スニ至リタル行為カ被用者法人ノ役員又ハ公務員ノ任務ニ属スル場合ノモノニ付其ノ被用者法人ノ役員若ハ公務員カ特許ヲ受ケタルトキ又ハ其ノ者ノ特許ヲ受クルノ権利ヲ承継シタル者ガ特許ヲ受ケタルトキハ其ノ発明ニ付実施権ヲ有ス 被用者法人ノ役員又ハ公務員ハ前項ノ発明ニ付テノ特許ヲ受クルノ権利又ハ特許権ヲ予メ定メタル契約又ハ勤務規定ニ依リ使用者法人又ハ職務ヲ執行セシムル者ヲシテ承継セシメタル場合ニ於テ相当ノ補償金ヲ受クルノ権利ヲ有スル使用者法人又ハ職務ヲ執行セシムル者ニ於テ既ニ支払ヒタル報酬アルトキハ裁判所ハ前項ノ補償金ヲ定ムルニ付之ヲ勘酌スルコトヲ得 本条ニ於テ法人ノ役員ト称スルハ法人ノ業務ヲ執行スル役員ヲ謂ヒ公務員ト称スルハ刑法第7条第1項ノ公務員ヲ謂フ

一方、学説では、ほぼ異論なく三五条は片面的強行規定と解され、契約等により使用者側に有利に改変することはできないが、従業者側に有利に改変することはできると解されてきた(8)。

しかし、権利の承継が契約で行われるのと、一方的な使用者の規則で行われるのとでは、移転原因とそれに対応する支払の性質に質的な差異がある。一方的に使用者が補償金を支払って権利を承継するなら、これは三五条特有のものと解釈せざるを得ないが、契約によって権利の承継を対価を支払って行う場合には、売買となる。売買なら、契約による対価を伴う承継が行われた場合に、さらに、譲受人が対価の積み増しを請求できる理由が問われなければならず、通常は、公序良俗違反、信義則等というほかないはずであるが、職務発明の承継ではそのような状況にはない(9)ことが通常である。そこで、学説として、契約による対価の追加支払を説明するために、三五条を片面的強行法規と解釈したわけで、いわば当然の解釈であったということができる。

三五条では、相当の対価の基準として、使用者の受けるべき利益という基準が定められた。上述のように承継時点で対価が決定されることから、ここでは、「受けるべき利益」であり、「受けた利益」とされていない。承継時点で将来実施されるかすらわからない「受けるべき利益」を推し量るのであり、相当の対価は必然的に不確定なものとならざるを得ず、このことは立法が予定していたことである。しかし、「受けるべき利益」には「受けた利益」が最も近似するともいえる（本稿ではまったく異なるものと解釈すべきであると考えることは後述）ので、職務発明規程に、実績補償を設けることは、三五条四項の趣旨に合致しているともいえる(10)。また、企業側としても、実績補償を少額かつ恩恵的なものと考えていたこと、特許を受ける権利が特許とならず、実施されない場合も多くあり会社の収益に貢献した者だけに支払をすることは経営的にも合理的であること、などから、実績補償が多くの職務発明規程に定着したものと思われる。

このような産業界の実務と三五条の規定とのずれは、長く顕在化しなかった。その矛盾がオリンパス事件のころに噴出することになった。そして職務発明の対価請求の事件では、使用者側の主張の多くが退けられ、相当の対価が高額化し、使用者ではコントロール不能となり、平成一六年法改正へとつながっていくのである。

4 オリンパス最高裁判決の再評価

しかし、オリンパス最高裁判決を仔細に見れば、その射程距離は大変狭いものであったというべきである[11]。

(1) 契約による特許を受ける権利の承継とその対価（射程外）

判決では、契約による特許を受ける権利の承継およびその対価について何の判断もしていない。「使用者等は、職務発明について特許を受ける権利等を使用者等に承継させる意思を従業者等が有しているか否かにかかわりなく、勤務規則等において、特許を受ける権利等が使用者等に承継される旨の条項を設けておくことができるのであり」としており、これは、あくまで、勤務規則等についての判示である。

最高裁が、追加的支払の理由とする「権利等の内容や価値が具体化する前にあらかじめ対価の額を確定的に定めることができない」という点は、契約による将来の権利の譲渡にも共通する理由となりうるので誤解しがちであるが、最高裁は、「権利等の内容や価値が具体化する前にあらかじめ対価の額を確定的に定めることができない」のに、勤務規則等でこれを定めた場合に追加支払が必要であるとしている。この点、原審では、「(三五条三項) は、職務発明に係る特許権等の承継等を生じさせるものとして、従業者等の意思を必須の要素とする『契約』と並んで、従業者等の意思を要素としない『勤務規則その他の定』を明確に定めている……」としている（原審判決第3、1）。

この点、調査官解説でも、最高裁では、原審のように三五条が強行法規であると解すると、契約した場合に有効と考えられているすべての場合を否定することになりかねないのであえて言及していないことを明らかにしている。[12]

(2) 一方的な勤務規則によりあらかじめ対価の額を確定的に定めること（判決の射程）

最高裁は、「権利等の内容や価値が具体化する前にあらかじめ対価の額を確定的に定めることができないことは明らか」というのである。本件では、使用者が一方的に定めた規定に「あらかじめ」その上限額は実質二〇万円とすること等が確定的に規定されており、原審認定の相当の対価はこの上限を超えているのだからその不足額を請求できるとした。この論理は、法律家の感覚として、あたりまえの判断といえる。なお、ここでいう「あらかじめ」の意味については、実績補償が常態化している現実や「価値の具体化」という文言から「実施前」との誤解が生じやすいが、明らかに、「発明前」のことである。発明後、実施前の不確定さは三五条が必然抱える問題であることは既に述べたが、評価の対象たる発明の内容や価値が具体化する前に、確定的な対価額を使用者が決めることができるという根拠はまったくないであろう。この判示が契約に基づく対価について述べたものとすれば、強く批判されるべきであるが、[13]そう読むべきではない。

(3) その他最高裁が勤務規則で定める内容について留保していること

ここで最高裁が規則の効力を制限した内容は、一方的な勤務規則で「あらかじめ」かつ対価の額を「確定的」に定めることである。本件では、あらかじめ定めた上限額の規定について、原審で認定された相当の対価はその上限を超えることから、確定額の定めがあったものと評価し、相当の対価のうち確定額を超える分を請求できると判断した。[14]したがって、一方的な勤務規則で、権利等の内容や価値が具体化した後である発明後に、対価の額を確定的に定めることについて最高裁は何ら判断していない。また、一方的な勤務規則で、あらかじめ、確定額ではなく、

「将来生じる権利等の内容や価値に応じた対価の額を評価する基準」を定めることの可否にも言及していないのである。

(4)　最高裁は「相当の対価」の基準の判断をしていないこと

さらに、最高裁では、「相当の対価」の中身については何も判断していない。本件では、地裁が認定し、原審が明示的に是認した相当の対価額（二五〇万円）を前提としての判断がなされた。Yが、本件の第一審・原審の審理を通じて規則による「相当の対価」額の算定方法について主張した内容は、規則で額を決定することは皆がやっているのだということと、画一的に処理する必要があるということだけ（地裁判決第二、二、2（被告の主張）、原審判決第2、2、(1)）であり、本件では、それ以外には二〇万円という上限の水準が相当であるという主張立証は何らなされなかったのである。最高裁は、この水準で相当額であるというYの上告受理申立て理由を、あえて受理決定で排除している（民事訴訟法三一八条三項）。オリンパス最高裁は、「相当の対価」額について判断せず、後の判決に委ねた。

ただ、あえていえば、原審では、「使用者等によって定められたところが特許法三五条三項、四項の趣旨に照らして合理的であり、具体的な事例に対するその当てはめも適切になされた場合には、それにより従業者等は『相当の対価』の支払を受けることになる」として、使用者が額を決定する場合、「相当の対価」は合理的裁量による一定の幅をもつものでよいと認定されている（原審判決第3、1。合理性基準説）。さらに、原審は、ライセンス料の受け取りや特許の有効性について認定しつつも、これら事情を数値上の根拠としてまったく触れることなく、「原審の（対価の）認定には合理性があるというべきである（民事訴訟法二四八条、特許法一〇五条の三参照）」と判示している（原審判決第3、2(1)）。この判断から、原審は、相当の対価については、「性質上その額を立証することが極めて困難」であることから本来は裁判所が適正対価を定めることをせず、使用者の合理的な裁量を優先させたと解すべきであり、最高裁もこれを肯定していると評価すべきである。[15]

その後、職務発明に関する最高裁判決としては、日立製作所事件がある（最判平成一八年一〇月一七日民集六〇巻八号二八五三頁）が、オリンパス事件の判示がそのまま引用されている。ここでは、第一審で、Yは、Y規定の合理性について種々主張し、Y規定に従ったものが「相当の対価」であると主張したが、最高裁はこの点について判断していない。したがって、最高裁では一度も「相当の対価」の中身についての判断はなされていない。

学説上は、合理性基準説が多数と言われるが、論者によって合理性・裁量の幅には広狭があるだろう。裁判所が、自ら相当の対価を算定せずに、使用者が定めた対価の基準とあてはめの合理性についてだけ判断し、「相当の対価」が支払われていると認定された裁判例はない。

（3）「我が国の産業も一応の発展を遂げ、技術の重要性も増し、かつ大正デモクラシーの影響もあり、被用者の権利も認識されつつあった」（中山信弘編著『注解特許法上巻〔第三版〕』三三六頁〔中山信弘〕（青林書院、二〇〇〇年））。

（4）松居祥二「産業の立場から見た日本特許法の目的と第三五条職務発明制度の問題」知財管理六一巻二号一五九頁（二〇一一年）、同「研究開発指向型医薬品企業から見た特許法三五条職務発明規定の問題点――薬事法の制約を受ける医薬品分野の特質を考慮して」AIPPI五五巻一〇号六九九頁（二〇一〇年）。

（5）兼子一ほか『特許法セミナー1　発明』四七六頁〔松居祥二発言〕（有斐閣、一九六九年）。多くの企業は、発明者の功績に対して、補償金の支給という露骨なやり方ではなく、給与や昇進、待遇面等で厚遇するという方法をとってきた（横山久芳「職務発明制度の行方」ジュリ一二四八号三八～三九頁（二〇〇三年））。

（6）発明協会研究所『企業内発明と補償金』巻末付録（発明協会、一九八二年）、および、昭和四八年二月一日付改定版・発明協会研究所『職務発明ハンドブック』資料1（発明協会、二〇〇〇年）。

（7）特許出願公開上位八〇〇社の企業中三〇〇社へのアンケート調査によると、特許について、実績補償が一律定額の場合平均額四万六八〇〇円／最大額一〇万円（一九八六年）・平均額九万七〇〇〇円／最大額三〇万円（一九九七年）。上限額の平均額が五二万四一一八円（一九八六年）・六二万四五八八円（一九九七年）であり、上限額の最高額がいずれの調査でも五〇〇万円であり、上限額があることが当然のこととなっている（発明協会研究所・前掲注(6)『職務発明ハンドブック』一二二頁）。

(8) 青柳玲子「職務発明(2)——対価請求権」牧野利秋編『裁判実務大系9』二九四頁（青林書院、一九八五年）、中山・前掲注(3)三三五頁、福田親男「職務発明」西田美昭ほか編『民事弁護と裁判実務8』三七八頁（ぎょうせい、一九九八年）。

(9) 山本敬三「職務発明と契約法」民商一二八巻四・五号四九八頁（二〇〇三年）。

(10) 「使用者が受けるべき利益」といいつつ、実際には「使用者が現実にうけたる利益」を貢献度に応じて従業者に還元するというのが裁判例の現実の姿である（田村善之＝山本敬三『職務発明』六九頁〔吉田広志〕（有斐閣、二〇〇五年））。現実の売上が顕在化した後に、「使用者が受けるべき利益」をどう認定していいかわからない中、実績補償の算定で明らかになった「使用者が現実にうけたる利益」をその近似値として重視する裁判官の心情はよくわかる。ただ、裁判例の趨勢が現に実績補償で算出した「使用者が現実にうけたる利益」を「使用者が受けるべき利益」として判断していることと、旧三五条の「使用者が受けるべき利益」は「使用者が現実にうけたる利益」がわからないと算定できないものであると解することはまったく違う。ここでは、本来旧三五条では、「使用者が受けるべき利益」は「使用者が現実にうけたる利益」がわからない状態で認定すべきものであることを強調しておきたい。

(11) 田村＝山本・前掲注(10)「対価規制と契約法理の展開」一一五～一一六頁〔山本敬三〕。

(12) 長谷川浩二「判解」最高裁判例解説民事篇平成一五年度(上)二八四頁、二九二頁（二〇〇六年）。ただし、調査官解説でも、強行法規であることを留保した理由として、直接言及しているのは、発明がされた後の契約の締結についてであるし、学説も下級審判決も、「契約」と「勤務規定」を分けて論じるものはない。

(13) 土田道夫「職務発明と労働法」民商一二八巻四・五号五四三頁（二〇〇三年）。

(14) 上限は実務上当然のこととされていたが（前掲注(7)）、上限を定めることについては早くからその有効性に疑問が呈されていた（松本司「職務発明規定作成の実務」知財管理五一巻七号一〇四三頁（二〇〇一年））。

(15) 田村＝山本・前掲注(10)六一～六二頁〔吉田〕、多数説。反対・山本・前掲注(9)四九三頁。山本教授は、最高裁の「勤務規則等に定められた対価は、これが同条三項、四項所定の相当の対価の一部に当たると解し得ることは格別、それが直ちに相当の対価の全部に当たるとみることはできないのであり、その対価の額が同条四項の趣旨・内容に合致して初めて同条三項、四項所定の相当の対価に当たると解することができるのである。」との文言を解釈して、最高裁は「特許法三五条四項にしたがって裁判所が算定する適正額を無効判断の基準としたもの」と解釈するが、同条四項の趣旨・内容自体が「性質上その額を立証することが極めて困難」なものであり、裁判所が算定するに適さない。

四　私見と提言

1　契約による承継と対価規制

契約によると、「相当の対価」が当事者で合意されて職務発明の特許を受ける権利が売買により承継される。あらかじめの承継が有効かどうかは、将来の権利譲渡の一般的な論点と同様に解釈すべきであり、特定性があればできる。(16) 承継について合意できる程度に特定されていることと、対価額についてまで合意できる程度に具体化されていることとはレベルが違うが、入社してどこの部署に配属されるかわからないような段階では具体性を欠く可能性はあるが(17)、具体的にある研究部門に配属される時期であれば、将来発生する「特許を受ける権利」は対価額について合意できる程度に具体化していることが通常である。会社は、開発テーマを設け、そのテーマに沿って研究開発を行う。使用者・従業者ともに、その開発チームに期待できる発明については、あらかじめ対価額を定めて承継契約するに足りる程度には具体化したものを念頭に置いているといえる。その対価は、多分にその会社の統計的な基準を参照することになろうが、両者が納得できるレベルであらかじめ合意できるであろう。他社との共同開発のプロジェクト等では、ターゲットとなっている新規技術はより具体化され、さらにその後の事業化についても具体的に予測していることが多いのであるから、プロジェクトの結果としての職務発明について具体性を欠くことはなく、あらかじめの対価額の合意も容易にできるはずである。そのような契約実務が定着して、ようやく職務発明のあらかじめなされる契約における承継時の対価額の相場感覚が形成されていくであろう。この方法によれば、職務発明に関して現在多くの企業が抱えている種々の関連コストを削減することができる点でメリットは大きい。

ただ、当事者間で確定的対価額まであらかじめ合意することができない場合もあろう。その場合は、対価額を「将来生じる権利等の内容や価値に応じ」て評価する基準について合意するか、契約（あるいは勤務規則等）で職務発明の承継だけを合意し、対価については別途合意する、とすることになろう（もちろん、会社として、通常実施権を超える排他権を取得する必要が薄く、場合によっては職務発明を第三者に売却されても構わないのであれば[18]、承継について手当てをする必要はない[19]）。承継時に、対価の基準や対価について合意することになるが、三五条は発明を奨励するためのインセンティブであるから[20]、発明した時点で、それが直ちに評価され、使用者による金額提示があることによって、その後の発明奨励のインセンティブとしての意義が大きくなる[21]。企業としては、どのような額の提示をするか、どのような基準を作成するかによって、その時々の企業の状況にあわせて、発明奨励への態度を明確に従業員へ伝えていくことができる。そもそも発明の奨励といっても、企業によって、どのような発明を奨励したいかは異なる。新規事業・新分野を切り拓くことができる大発明はそれを実施する意欲も資金もない企業には不要である。機能アップかコスト削減か、求める発明は企業によって異なる。対価提示でこれらの方向付けができることは企業にはメリットである。対価を個別の別途合意による場合は、最終的に合意できない場合があるので、ＡＤＲ[22]か裁判所によって対価を定めることができるような契約上の工夫が必要である。多くの従業員と対価について合意できるようにするため、また、最終の第三者の価格決定の指標とするため、各企業で合理的な基準を定めておくことは有用である。

双方の意思が合致し契約によって定められた対価は司法による修正の余地はない。この点、従前の議論は、契約による承継にも対価規制が当然かかるとし、その根拠は、使用者と従業者の力関係のアンバランスがあるからとされてきた(23)。しかし、消費者契約法においても、労働規制においても、額に規制が及ぶ法はない(24)し、旧三五条を当事者が合意した対価に規制を及ぼす特異な条項と解釈することは、民法の当事者自治の基本原理にも反し、ひいては憲法（一三条）違反の疑いすらあろう。条文には「従業者等は、契約により職務発明について使用者等に承継させたときは、相当の対価の支払を受ける権利を有する」とあり、従業者等に有償の権利があることは定められているが、自らの権利を契約によって自由に処分できることは当然である。大正一〇年法の当時の状況からすれば「契約又は勤務規定」は契約と勤務規定のいずれであっても使用者が、その力を背景に、一方的、強制的に従業者に押し付ける状況であったことであろう(25)。当時なら、従業者が使用者に無償の譲渡契約を強いられることがないように、契約についても「補償金」を受け取れる権利であることを定めることに意味があったであろう。しかし、現在、「特許を受ける権利」が従業者の権利であることの認識は十分に浸透し、使用者の従業者に対する強い支配関係は存しない。さらに、終身雇用の雇用形態も以前ほど堅固なものではなくなってきた。職務発明をめぐる契約にだけ、すべての対価を規制し、司法審査を及ぼさなければならないほどの力関係のアンバランスが現存するとは思えないのである。

また、昭和三四年の法改正にあたって、審議会では、いったん対価が決まった後の増額支払請求権について検討したが、結局これが否定され、立法者が三五条でこれを導入しなかったことが明らかになっている(26)。契約上の対価について、三五条を根拠に対価規制がなされることは立法者意思に反する解釈でもある。

経済界からは、三五条廃止論、当事者の契約による処理が唱えられているが(27)、本稿の立場では契約による承継は現行法でも可能であるから、その実務の広がりに期待したい[28]。

しかし、契約による承継にも、勤務規則等による承継にも、等しく対価規制がなされると理解されていた中で、契約による承継の実務がかつてからほとんどなかったのは、実績補償という考え方が四項の文言に照らしても違和感がなく、また、企業・従業者双方に不公平感がないということによるものであり[29]、また、個別契約では取引コストが高くなるという理由によるものであろう。しかし、実績補償は、多額の収益を生み出した発明に着目して行われるものであり、それ以外の失敗した発明には着目されない点、使用者だけに多額の利益が帰属することを許すことはバランスを欠くと考えられる点などから、性質上当然に高額化するものだということができる。産業界は、立法改正をいうより、実績補償と決別し、あるべき契約の実務に取り組むべきであろう。

2 一方的な勤務規則による承継と対価の決定

あらかじめ、一方的な勤務規則によって使用者は従業者に職務発明の特許を受ける権利を承継させることはできるが、確定額の対価を定めることはできない（最高裁同旨）。しかし、あらかじめ、将来生じる権利等の内容や価値に応じた対価の額を評価する基準を一方的に定めることはできる。また、発明後に、一方的規則によって、対価の確定額や基準を定めることはできる。

ただし、一方的規則で使用者が決めることのできる対価は「相当の対価」といえるものでなければならない。

そして、「相当の対価」について、「使用者等によって定められたところが特許法三五条三項、四項の趣旨に照らして、合理的であり、具体的な事例に対するその当てはめも適切になされた場合は『相当の対価』ということができる」。「相当の対価」には幅があり、使用者が一方的な勤務規則を定める中で合理的な幅での裁量権を有する（前記オリンパス事件の原審)。

「相当の対価」に幅があるとの解釈は、三五条四項による基準が一義的でないことから導かれる。四項は対価の算定において「考慮して定める」とされているにすぎず、また、特許を受ける権利はその発生時点で譲渡されることが予定され、発生時点では、将来特許されて排他的効力を有するのか、使用者によって実施されるのか、まして や、利益を生むのかは極めて不分明であることが圧倒的に多いから、使用者の受けるべき利益・使用者の貢献度と言っても、数値化できるほどのものが予定された立法とは思えない[30]。この点、従業者保護法として一貫し、補償金額も低く明確な算定基準を持つドイツでさえ、複雑な補償システムによる補償額の争いが問題であるとされて、簡素化された基準への変更が議論された[31]。公的な算定基準が存しないわが国においては、判決の積み重ねにゆだねるとされていたのであるが[32]、相当の対価が、使用者・発明者の発明へ向けたインセンティブを持たせるためのものであるとすると、各業種ごとに異なる発明の価値[33]、各企業ごとに異なる発明の価値[34]、各企業ごとに異なる発明奨励の方法[35]に照らすと、インセンティブとなる相当の対価は性質上一義的なものではない。

この点、対価額について、使用者は通常実施権を有するのであるから「使用者等が受けるべき利益」は排他的利益と解さなくてはならない、という通説・判例の一致するような理論的な解明は合理的な基準作りに有用であるが、それを超えて精緻に判断できるものではない[36]。特許による市場での排他的利益は、業界の種類、競合市場の状況(競合品、代替品、競業者、需要者、流通経路、業法による規制等の状況)、各競業者の市場支配力(流通網、経営者の能力、営業力、ブランドイメージ、製造にかかる質と量の能力等)、各知的財産権それぞれの存在状況によってさまざまである。そもそも「使用者等が受けるべき利益」の算定時である承継時にこれらのデータは存在しない。これらは実績補償あるいは「使用者が受けた利益」の算定のみに可用なデータである。そして、仮に、「使用者が受けた利益」を認定するなら、上記の多数のデータに基づいた科学的経済分析が必須である。現在多数の裁判例が示す、超過売上を二分の一や三分の一とする手法で司法判断が信頼されるはずがない(37)。

また、使用者が「相当の対価」を定める一次的な裁量を有していることは、「使用者等が受けるべき利益」および「使用者等が貢献した程度」が使用者にしかわからないことであり、四項は使用者の裁量を前提とした規定であることから裏付けられる。また、企業経営の一般論としても、経営資源の配分に関しては裁量権を企業に認めることが当事者の衡平に合致する(38)。さらに、発明を誘発する動機と資源を有する各企業の裁量に対価額決定を任せることにより当該企業における発明のインセンティブは最大化し、ひいて、制度として最大のインセンティブを実現する。この点、下級審での裁判例の積み重ねによって、議論が深まり、分析に足る程度に裁判例が落ち着いてきたという評価が一部にはあるが(39)、先述のとおり、そもそも科学的な数値ではないし、高額の対価のため外国企業が撤退したということも言われているところであり(40)、現在の状況が、特に他国との比較で見たとき正しい状況にあるとは思えない(41)。発明創出へのインセンティブであるなら、対価の支払が後の発明の奨励にならなければならないが、現在のように、わずかな確率で、多額の収益を生み出した技術について、相当長期間経過して、場合によっては退職金を超える金額を支払う制度の下では、それを受け取ることを励みに研究に従事する者はいないし、対価を受領してなお開発に励む者はいない。むしろ、会社との信頼関係を損ない、同僚との亀裂を生み、組織を挙げたイノベーションへの取り組みを阻害している面が強い。

最後に、「使用者の受けるべき利益」と「使用者が受けた利益」を近似値として扱うこと自体も改めるべきである。実績補償が性質上高額化することは先述のとおりである。昭和三四年改正のときに、従業者が要求したときは実績補償方式によらねばならない制度を設ける旨の法制審の答申が採用されなかったことからも(42)、「使用者の受けるべき利益」と「使用者が受けた利益」とは性質の異なるものと理解すべきである。企業の定める実績補償は規則上の権利であるから、その性質がいかなるものであるかは規則によって決まるが、「使用者が受けるべき利益」が「相当の対価」の算定要素として考慮される場合には、発明後の実績＝「使用者が受けた利益」は証拠の一つにしかすぎず、認定されるべきは、規範的な概念である承継時の「使用者の受けるべき利益」であることに留意すべきである。承継時の対価の一部が後払いされることには何の問題もないが、職務発明を「相当の対価」で譲り受けた後の事情で、承継時に定まっている「相当の対価」が増額していくというのは理論的におかしい[43]。

3　契約に類する勤務規則

しかし、一方的な規則で従業者の権利を自由に承継したり、対価を使用者が定めることができるというのは、対価規制があるとはいえ、権利意識が確立している現在では少し乱暴にすぎるように思う。昭和三四年の改正においても、「補償金」から「対価」と文言の変更があったことは、なるだけ（召し上げるという意味での）「補償金」を避け、契約による「対価」を払うことが多くなるべきであるとの意味があったと考えられないことはない。少なくとも平成一六年改正がなされた後の現時点ではそう考えるべきであり、旧三五条の対価規制の余地が少なくなるよう解釈すべきである。現実にも、かつては、一方的な規定で承継し、特別な対価を払わないか少額しか払わないのが一般的な勤務規則であったところ、最近では、従業者と使用者が話し合いを重ね、契約の実質があるとみるに足りる勤務規則が多くなってきている。三五条による一方的な規則による処理は、過去の時代のものとしていくべきである。

労働契約法は、就業規則の効力を合意の原則から出発して規定しており、就業規則はそれ自体では法規範でありえず、労働者と使用者間の契約内容に取り込まれることによってそれらの者を拘束するという契約説をベースとして理解されている。[44] 職務発明における勤務規則についても、対価の決定に至る交渉過程（手続）を経ることによって、三五条の「契約」としての効力を有すると場合があると考えられる。その場合には、対価規制の対象とならない。

(16) 山本・前掲注(9)四八二頁。

(17) 高林龍『標準特許法〔第四版〕』八二〜八三頁（有斐閣、二〇一一年）。

(18) 営業秘密は会社が保有しているので（小野昌延編著『新・注解不正競争防止法上巻〔第三版〕』五四六〜五四八頁〔小野昌延＝平野惠稔〕（青林書院、二〇一二年））、通常、従業者は、会社の同意なく営業秘密である職務発明を出願することはできない。しかし、会社が発明を承継しない、かつ、営業秘密については開示を許さないという対応をとることは従業者の権利保護の観点から許されないであろう。

(19) あらかじめの承継がなくても、従業者が使用者との間で価格の合意ができることもあるであろう。しかし、使用者が承継した後の対価は、「相当な対価」であり、これは、理論的には（使用者が受けるべき利益の額〔排他的利益とされる〕－使用者の貢献）で定められる。一方、第三者は、（準排他的利益（使用者は実施できる）＋自社実施の利益）で対価を申し込むことになる。使用者には実施されるとはいえ自社実施の利益の分を価格に上乗せできる上、使用者の貢献を控除せずに価格を示すことになるので、理論的には、第三者がより高額の対価を支払うことができるはずであり、あらかじめ承継せずに、特許を受ける権利を第三者との自由競争で購入する場合には、高くつくことになる。企業とすれば承継するのであれば事前承継しておくのが合理的である。

(20) 田村＝山本・前掲注(10)二〜九頁〔田村善之〕、田村善之『特許法の理論』四三一〜四三三頁（有斐閣、二〇〇九年）。

(21) この点田村教授は、特許を受ける権利の対価の評価が事後評価とならざるを得ないことを前提として、事後では、従業者と使用者の交渉力が違いすぎて搾取されることを理由に、契約においても、対価規制が及ぶことが発明のインセンティブを高めることになるとされる（田村＝山本・前掲注(10)一〇〜一二頁、田村・前掲注(20)四三三〜四三五頁）が、特許を受ける権利について実績評価を当然とした水準での対価を想定して論ずるのは、三五条が予定する特許を受ける権利の相当対価の基本的性質にそぐわない。

(22) 日本知的財産仲裁センター等のような公的・準公的ADR機関による仲裁のほかに、当該企業の発明評価委員会や、当事者で合意できる臨時的な仲裁体（例えば、経理部長、知財部長、発明者の信頼する友人の三名にする等）を定めることが考えられる。
(23) 中山信弘『特許法〔第二版〕』六六頁（弘文堂、二〇一二年）。
(24) 消費者契約法について山本・前掲注(9)五〇四頁。労働規制について賃金の規制は、最低賃金法と差別禁止規制（労働基準法三条・四条、労働組合法七条等）だけである（土田・前掲注(13)五二九頁）。
(25) 中山・前掲注(23)五五頁。
(26) 兼子ほか・前掲注(5)四八九頁〔吉藤幸朔発言〕。
(27) 中山信弘＝相澤英孝「〈対談〉職務発明の現代的位置づけ――特許法三五条改正の動きをめぐって」L＆T一四号六頁（二〇〇二年）。
(28) ただ、経済界にいう契約による解決は、アメリカのように、雇用契約時点で、職務発明は会社に帰属するという定めを可能にするというものであろう。しかし、あらかじめ包括的に特許を受ける権利を会社に低額、あるいは、無償で譲渡するような契約は、公序良俗違反となるおそれが強く、それを可能にするには、三五条を廃止するだけでなく、立法でこれを是認する必要があろう。しかし、筆者は、従業者に特許を受ける権利が原始的に帰属している法制をとる限り、現在のところこの提案は立法論としても、おかしいと思う。権利が、対価の額はともかくとして、使用者ではなく従業者に帰属するという点については、また、発明した場合には、何らかの追加的な対価が支払われて当然という点については、社会のコンセンサスがあるように思う。昭和三四年法改正のとき論じられていたとおり、発明は、労働力の対価たる給与等ではカバーできないものであり、職務遂行中に発明は必ずでてくるわけではなく、選ばれた能力を有する者がその能力を発揮し得たときはじめてできるもので、特許を受ける権利はそういう格別の創造力を働かして発明した者が持つべきだ、という考え方が現行法の基本である（兼子ほか・前掲注(5)四二〇頁〔吉藤発言〕）ことは現在も変わらない。産業界が求めるような立法の下では、職務発明の帰属が使用者主義に逆戻りする実務（多くの企業が入社時に包括的に特許を受ける権利を譲渡させることになる）となる懸念が高く、この基本に反する。本稿では包括的でなく、ある程度の具体化ができた場合に、あらかじめの契約で特許を受ける権利を譲渡することを提案しているが、このような実務で特許を受ける権利の相場観が社会に形成され、従業者もその特許を受ける権利の買取価格を給与その他の条件と対比して、企業を選択できるような条件が整えば、自由競争の枠組みの中で、雇用契約で一律承継することも公序良俗に反することなくできると思うが、現時点ではそのような状況にはないであろう。

(29) 一時的な譲渡対価の定めではなく、合理的な解決方法として、特許権が発生してそれが現実にものになってから決めたらいいのじゃないか、という考え方がでてきて、ロイヤルティ的な支払方法が実際は望ましいということになった（兼子ほか・前掲注(5)四七六頁〔松居発言〕）。

(30) 相当性の範囲にはかなりの幅がある（中山＝相澤・前掲注(27)九頁〔中山発言〕）。

(31) 田村＝山本・前掲注(10)「ドイツ従業者発明法の動向」二三八頁、二四三頁〔諏訪野大〕。結局、二〇〇九年に改正されたが、基準の簡素化については改正されなかったようである。

(32) 中山・前掲注(3)三五三頁。

(33) 新規化合物についていえば一製品一特許である創薬企業と、一製品に何千何万の特許が存在している電機とは特許の役割がまったく異なる。ビジネスモデル特許のようなものもでてきており、それを生かしたベンチャー等を考えれば、創業者がその特許に基づいて創業することもある。これらさまざまな業種の特許について一つの価値を押し付けることは不可能である。

(34) 前記１で述べたとおり、各企業がどのような発明を望むか等。

(35) 給与・福利厚生とのバランス、他の職種とのバランス、発明者間でのバランス等から何をどのような方法で奨励するかは千差万別である。

(36) 裁判例への批判として、田村善之「使用者が職務発明を自己実施している場合の『使用者等が受けるべき利益の額』の算定手法について――実施許諾を併用している場合の処理」知的財産法政策学研究二七号一頁（二〇一〇年）。また、現在なされている「相当の対価」の水準を精緻なものにしようという試み（たとえば、田村・前掲注(20)四三八～四八六頁、島並良「職務発明の承継対価と使用者の利益――二〇〇九年に下された二つの知財高裁判決によせて」ジュリ一三九四号四六頁（二〇一〇年）等）は、本稿の立場からは契約における説得材料・ガイドライン、準契約たる勤務規定および一方的に定める勤務規定の対価の基準の議論として、有用である。

(37) 排他的効力の利益の分離計算はできないというのが実務感覚である（松居・前掲注(4)ＡＩＰＰＩ一五頁）。

(38) 土田・前掲注(13)五四三頁。

(39) 裁判例の分析について、吉田和彦「特許を受ける権利の承継と相当の対価の算定について」牧野利秋ほか編『知的財産法の理論と実務第1巻 特許法〔1〕』三四四頁（新日本法規、二〇〇七年）。吉田広志「職務発明関連訴訟における新たな動向――使用者が受けるべき利益を中心に」知的財産法政策学研究二七号三一頁（二〇一〇年）。

(40) 松居・前掲注(4)AIPPI一一頁。

(41) 中山・前掲注(23)五三頁。

(42) 兼子ほか・前掲注(5)四八九頁〔吉藤発言〕。

(43) 反対・田村＝山本・前掲注(10)六九頁〔吉田〕。しかし、差額説に立つとされる損害賠償の実務においてすら、後遺障害による逸失利益算定について、症状固定後の収入の増減によって厳密に損害額を調整することはない。

(44) 菅野和夫『労働法〔第一〇版〕』一三五頁（弘文堂、二〇一二年）。

五 新法の定め

1 平成一六年法改正

立法の経過等から、一般に、新四項は「相当の対価」を合理性を持った幅のあるものである旨を定め、対価の「内容」規制から、「手続と内容」の双方、特に手続面を考慮して、総合的に「不合理」であるかどうかによって相当性を定めたものであるとされている(45)。

旧法について本稿のような解釈に立つとき、新法をどう解釈すべきかについて述べる。

2 三五条三項、新四項の射程範囲

(1) 新四項は文言上は一応契約についても対象としている。しかし、真の契約による移転原因は売買であり、契約によって定められた確定額や明確な基準については、そもそも、一般条項に反するような事情がない限り否定され

る理由はない。新四項で、合理性の有無を判断する事情は、「対価を決定するための基準の策定に際して使用者等と従業者等との間で行われる協議の状況、策定された当該基準の開示の状況、対価の額の算定について行われる従業者等からの意見の聴取の状況等」であり、これらは勤務規則で基準を定めている場合にのみ当てはまり、相対での契約では発生しない。わずかに、契約で基準について合意した場合「対価の額の算定について行われる従業者等からの意見の聴取の状況」が発生しうる余地があるが、契約での基準の合意内容について両者に争いがなく、従業者からの意見の聴取がされずに額が決定されたことに不満な従業者は、使用者が基準の適用を誤ったとして、契約に基づく不足額を請求するのであって、新三五条に基づいて「相当の対価」を請求しない。したがって、新四項でいう「契約」は、実質的に交渉し、締結された真の契約ではなく、形式上「契約」とされているだけの、使用者から一方的に強制されたような一般条項に反する実質のものと解釈するべきである。

(2)　勤務規則等が、労働契約の一部と評価できるような場合（その評価は、新四項で列挙されたものと同じ要素が主に考慮される）にも、移転原因は契約であり、新四項の適用はない。

(3)　新四項の射程は、勤務規則等が契約と評価できず、一方的な規定である場合に適用される。この場合、従業者の特許を受ける権利を承継することはできるが、「相当の対価」を支払わなければならず、しかし、対価の額を定めるについて、使用者が裁量権を有しており、ただ、その基準と額は、「対価を決定するための基準の策定に際して使用者等と従業者等との間で行われる協議の状況、策定された当該基準の開示の状況、対価の額の算定について行われる従業者等からの意見の聴取の状況等を考慮して、その定めたところにより対価を支払うことが不合理と認められるものであってはならない」のである。これらの要素で不合理でなければ、労働契約の一部となったと評価できることがほとんどであろうが、当該従業者が、明示的に規則の適用を拒んでいる場合等がある。労働法のように集団的処理が必要な場合には、明示の意思に反していても契約を擬制することが正当化される余地がある(46)が、個々の従業者に個別に内容の異なる権利が帰属しており、これを承継する職務発明の承継において、集団的処理を前提とする労働法的な規制を及ぼして、契約を擬制することには無理がある。また、三五条の従業者は法人の役員や公務員を含むものであり、労働者だけが対象となるのではなく、三五条の性質を統一的に労働法的規制と解することはできない(47)。したがって、法は職務発明の特許を受ける権利について特別の移転原因を法定したのである(48)。

このような解釈からすると、新四項は従来から存する三項の趣旨を確認したものにすぎないこととなる(49)。

(45) 田村＝山本・前掲注(10)一二八頁～一三三頁〔山本敬三〕。二〇〇四年九月「新職務発明制度における手続事例集」(特許庁)も参照。

(46) 東京大学労働法研究会編『注釈労働基準法下巻』九六一～一〇〇〇頁〔荒木尚志〕(有斐閣、二〇〇三年)参照。

(47) むしろ、労働組合が存在する場合でも発明者たる従業者の利益を適切に代表する保証はなく、企業収益の被用者間での配分という観点からは、他の労働者とむしろ利害が対立している。(山本・前掲注(9)五一四頁)。

(48) 島並良「職務発明対価請求権の法的性質(上)(下)」特許研究三九号二一頁(二〇〇五年)、四一号五頁(二〇〇六年)では、旧三五条に基づく相当対価請求権について基本的に法定債権であると説く。本稿では三五条に基づく請求は法定債権であると解するが、契約また契約に準じる勤務規則による対価請求権は約定債権である。

(49) ただし、一定額で発明完成前に承継をする場合、旧法・新法を通じ、額が低額である場合には、契約は無効となり、規則等は、裁量の幅を超えていると判断されることが多いであろうが、新四項では額よりもプロセスを重視することが明確になったので不合理でないプロセスを経て規則等にて決定されている場合に額が低額であっても相当の対価の範囲内であると判断される余地が大きくなったと言える。

石川正先生略歴

一九四三年八月二四日　石川正次・喜子の三男として岡山市に生まれる
一九五六年三月　姫路市立城巽小学校卒業
一九五九年三月　姫路市立白鷺中学校卒業
一九六二年三月　兵庫県立姫路西高等学校卒業
一九六六年九月　司法試験合格
一九六七年三月　東京大学法学部卒業
一九六七年四月　東京大学法学部助手（行政法雄川一郎先生）
　～一九七〇年三月
一九七一年四月　司法研修所修了（二五期）
　～一九七三年三月
一九七三年四月　弁護士登録（大阪弁護士会）・吉川大二郎法律事務所入所
一九七五年七月　テキサス大学ロースクール・フルブライトオリエンテーション（オースティン）
一九七五年九月　コロンビア大学ロースクール留学（ニューヨーク）
　～一九七六年五月
一九七六年九月　ハーバード大学ロースクール留学（ボストン）

～一九七七年五月
一九七七年八月　Weil, Gotshal & Manges 法律事務所での研修（ニューヨーク）
～一九七八年七月
一九七八年九月　吉川大二郎法律事務所復職
一九八〇年二月　吉川大二郎法律事務所退所・石川正法律事務所設立
一九八一年一月　石川・塚本・宮﨑法律事務所設立（一九八三年大江橋法律事務所に名称変更）

職　歴

神戸大学法学部非常勤講師（一九九八年四月～二〇〇五年三月）
神戸大学大学院法学研究科法曹実務教授（二〇〇四年四月～二〇〇七年三月）
神戸大学大学院法学研究科非常勤講師（二〇〇八年四月～二〇〇九年三月）
武田薬品工業株式会社社外監査役（二〇〇五年六月～二〇一三年六月）
西日本旅客鉄道株式会社社外取締役（二〇〇六年六月～）

その他の役職

日本民事訴訟法学会理事（一九九三年～一九九七年）
財団法人比較法研究センター評議員（一九九四年四月～二〇一一年八月）
財団法人民事紛争処理研究基金評議員（一九九八年六月～二〇〇三年五月）、理事（二〇〇三年六月～二〇一一年五月）、

常務理事（二〇一一年六月～）
日本ローエイシア友好協会理事、副会長（一九九六年五月～）
公益財団法人国際民商事法センター評議員（一九九六年五月～二〇一二年五月）、顧問（二〇一二年五月～）
公益財団法人武田科学振興財団監事（一九九九年一〇月～二〇一一年六月）
社団法人日本商事仲裁協会理事（一九九九年一〇月～二〇〇九年六月）
公益財団法人大槻能楽堂理事（一九九六年三月～）
大阪弁護士会行政問題特別委員会委員長（一九九七年四月～一九九九年三月）
大阪弁護士会国際委員会委員長（二〇〇一年四月～二〇〇三年三月）
社団法人日本仲裁人協会理事（二〇〇三年一〇月～二〇一〇年三月）
関西大学法学研究所顧問（二〇〇四年四月～）
公益財団法人ライフスポーツ財団理事（二〇〇七年一〇月～二〇一三年三月）、評議員（二〇一三年四月～）
特定非営利活動法人兵庫県脊椎脊髄病医療振興機構理事（二〇一〇年一〇月～）
一般財団法人日本法律家協会近畿支部理事（二〇一一年五月～）

石川正先生著作等目録

Ⅰ　論　文

三倍訴訟における政府訴訟判決の利用――独禁法上の損害賠償訴訟における一問題（公法の理論（下Ⅱ）　田中二郎先生古稀記念）（有斐閣、一九七七年）

不作為違法確認の訴え（新・実務民事訴訟講座（九）　行政訴訟（一））（日本評論社、一九八三年）

行政事件訴訟における取消判決の効力（裁判実務大系（一）　行政争訟法）（青林書院新社、一九八四年）

文書の価値と用法に関する比較法文化的考察（国際摩擦――その法文化的背景）（日本評論社、一九八九年）

米国司法省「国際的事業活動ガイドライン」について　特許研究七号（一九八九年）

独禁法のエンフォースメントにおける和解の意義とその発展について（行政法の諸問題（下）　雄川一郎先生献呈）（有斐閣、一九九〇年）

米国独禁法訴訟における原告適格（Standing）及び「独禁法上の被害」（Antitrust Injury）の概念の最近の展開について（民事手続法学の革新（上）　三ヶ月章先生古稀祝賀）（有斐閣、一九九一年）

知的財産紛争と文書管理　特許管理四三巻一一号（一九九三年）

アメリカにおける民事保全（民事保全講座（一）　基本理論と法比較）（法律文化社、一九九六年）

独禁法違反行為に対する差止訴訟におけるいくつかの基本問題（改革期の民事手続法　原井龍一郎先生古稀祝賀）（法律文化社、二〇〇〇年）

規制分野における独禁法のエンフォースメントについて（行政法の発展と変革（下）　塩野宏先生古稀記念）（有斐閣、二〇〇一年）

Ⅱ　英文論文・英文報告・翻訳

'Antitrust Enforcement by the Japan Fair Trade Commission'（日本の公正取引委員会による独禁法の施行状況）（"ANTITRUST", Summer, 1989 Vol. 3 No. 3, by American Bar Association）

'Extraterritorial Application of US Antitrust Law'（米国独禁法の領域外適用）　一九九一年、ワシントンでの全米法曹会議ABA独禁法部会総会での報告

'Alternative Dispute Resolution in the intellectual proper-

ties in Japan'（日本における知的所有権紛争の裁判所外での紛争解決）
一九九七年、ニューヨークでのフォーダム大学・WIPO共催のセミナーでの報告

合衆国アンチダンピングの法制度（翻訳）
国際商事法務研究 Vol.6-566（一九八七年）

Ⅲ 判例・審決・評釈

事業者団体による価格決定について
公正取引二一五号（一九八六年）

行政処分の無効と取消について
法学協会雑誌八五巻一号（一九八六年）

宅地買収の効力について
法学協会雑誌八五巻一〇号（一九六八年）

退職金債権の譲渡について
法学協会雑誌八六巻五号（一九六九年）

農業共同組合の設立認可について
自治研究四五巻六号（一九六九年）

道路位置指定処分の無効について
自治研究四五巻九号（一九六九年）

公安委員会の権限委任
地方自治判例百選（別冊ジュリスト七一号）（一九八一年）

他人の著作写真を利用してモンタージュ写真の製作発表をした行為と著作権侵害の有無――いわゆる、パロディー事件差戻後控訴審判決
季刊実務民事法（三）（一九七三年）

Ⅳ 座談会

弁護士は会社法務に何を望むか（上）（下）
NBL二九六号・二九七号（一九八四年）

国際民事紛争の解決と弁護士の役割
自由と正義三九巻一二号（一九八八年）

現代型訴訟と鑑定――私鑑定を含めて
NBL七八二号（二〇〇四年）

法科大学院時代の民事司法
ジュリスト一二六五号（二〇〇四年）

Ⅴ 学会・研究会等における報告・講演

一九八二年

一〇月二九日　大阪弁護士会司法修習委員会修習生・講義「渉外法務について――修習生のための特別講義」

一九八四年

一月一七日　国際独禁法・工業所有権法（有賀美智子）研究会・報告「トヨタ・GM合弁会社に関するメモ書き」

一九八五年

六月一四日　比較法研究センター国際契約セミナー・報告「米国独禁法の動向」

七月一二日　国際独禁法・工業所有権法（有賀美智子）研究会・報告「米国独禁法の最近の動向——主要な判例を中心として」

一九八六年

六月一六日　大阪弁護士会司法修習委員会修習生・講義「独禁法事件について弁護士から見た若干の視点」

七月二五日　大阪ロータリークラブ・卓話「米国訴訟事情」

一一月一三日　大阪弁護士会司法修習委員会修習生・講義「行政訴訟」

一一月二九日　製薬工業会研究会・報告「特許ライセンス契約における制限条項の検討」

一二月一〇日　製薬工業会医法研・講演「英文契約の基礎知識」

一九八七年

三月　二日　松下電器・講演「コンピューターソフトウェアプログラムと著作権の保護——著作権侵害の問題を生じないプログラム作成の方法の検討のための基礎的理解」

四月　七日　甲南大学イリノイセンター・講演（英語）"Role of lawyer in the International Transaction"

七月二三日　国際独禁法・工業所有権法（有賀美智子）研究会・報告「ジョイントベンチャーについての米国独禁法の最近の動向」

八月二五日　IVR（世界哲学学会）報告（英語）「日本企業に対する外国の『文書に関する法制度』の影響」

一〇月　六日　上海政法管理幹部学院・講演（英語）"Joint Venture"

一〇月　七日　華東政法学院・講演（日本語）「技術輸出・輸入契約」

一一月　六日　大阪弁護士会司法修習委員会修習生・講義「外国の弁護士との懇談」

一九八八年

二月一二日　大阪大学シンポジウム日米文科系学術交流委員会・報告「渉外事件における日本人弁護士の役割」

七月一二日　国際独禁法・工業所有権法(有賀美智子)研究会・報告"JUSTICE DEPARTMENT, ANTITRUST GUIDELINES FOR INTERNATIONAL OPERATIONS"

八月三〇日　経団連・法務省・外務省「法と日米関係シンポジウム」・報告「法文化の日米比較」

一一月二八日　大阪府市長会職員研修会・講義「道路の不法占用と管理について」

一九八九年

五月一九日　国際取引実務セミナー・報告「Westinghouse — ASEA/BBC Joint Ventures ケースについて」

九月　八日　商社法務研究会・報告「最近の知的所有権問題の動き」

一一月二七日　公正取引委員会研究会・報告「ミノルタ・パレンス・パトリエ訴訟について」

一九九〇年

三月　五日　ＪＩＣＡ中国研修員への研修セミナー・講義「国際取引における技術契約の留意点」

六月一二日　日本ライセンス協会月例研究会・報告「最近三年間における米国独禁法の動向——米国における判例、ＦＴＣ・ＪＤ、立法の動向を中心として」

九月二一日　比較法研究センター国際取引実務セミナー・報告「国際契約における基本的留意点」

一〇月二五日　総合研究開発機構（NIRA）研究会・報告「米国独禁法訴訟事件の一事例——ミノルタ・パレンス・パトリエ訴訟」

一九九一年

二月　五日　ＪＩＣＡ外国研修員セミナー・講義（英語）"Remarks for Drafting of Joint Research and Development Agreement"

三月　八日　ＪＩＣＡ中国国家科学技術委員会関係者研修・講義「国際技術契約締結の実務」

四月一〇日　米国法曹会（ＡＢＡ）独禁法年次総会・

講演（英語）"EXTRATERRITORIAL APPLICATION OF US ANTITRUST LAW"（ワシントンＤＣ）

四月二三日　三水会（三和グループ）部長会・講演「独禁法の運用強化と企業活動」

五月二九日　国際独禁法・工業所有権法（有賀美智子）研究会・報告「米国独禁法の最近の動向」

六月一九日　関西化学工業協会研究会・報告「最近の独禁法の動き」

九月　六日　ＪＩＣＡ外国研修員に対する講義（英語）"Remarks in the Preparation for Transfer of Technology Agreement"

一二月一三日　日本自動車販売協会連合会大阪府支部・講演「最近の独禁法の動きと自動車業界」

一九九二年

三月一三日　ＪＩＣＡ中国国家科学技術委員会関係者研修・講義「技術契約締結の法律実務」

五月二六日　商社法務研究会・報告「並行輸入と総代理店契約の最近の独禁法の動き」

六月　八日　商事法務研究会緊急セミナー・報告「どうなる？　日米特許戦争　ミノルタ vs. ハネウェルケースに学ぶ」

一〇月　一日　陪審裁判を考える会「『陪審裁判』信頼できる？　できない？」パネリストとして報告

一九九三年

二月　六日　関西民事訴訟法学会研究会・報告「米国民事裁判の実際について――ミノルタ・ハネウェルケースの実際」

三月一七日　関西大学法学研究所シンポジウム・報告「日本市場は閉鎖的か」

三月二二日　大阪弁護士会行政問題研究会・総合司会「行政手続法の導入と行政訴訟への影響」

五月二一日　関西大学法学研究所公開講座・講演「企業活動の国際化――渉外弁護士の経験から」

六月　五日　大阪弁護士会独禁法実務研究会・報告「米国判例研究 Amerinet, Inc.v. Xerox Corp. 1992-2 Trade Cases ases 68479」

六月一八日　大阪弁護士会司法修習委員会合同修習・講義「行政争訟の枠組み『行政争訟入

門』」

九月　九日　関西化学工業会・講演「最近の独禁法の動き」

一二月　三日　関西学院大学田村精一ゼミ・講義「企業活動の国際化——渉外弁護士としての経験から」

一九九四年

二月　九日　神奈川県工業試験所・講演「国際間における知的所有権問題——現状と対応」

六月二四日　大阪弁護士会司法修習合同研修・講義「行政争訟の枠組み」

七月二〇日　経営法友会大阪支部・講演「米国民事裁判手続きの流れ——連邦裁判所を中心として」

一〇月二七日　大阪弁護士会弁護士研修・講義「行政手続法について」

一〇月二九日　東北大学法学部研究会・報告「政府規制産業と独禁法の関係について——大阪バス協会事件をきっかけとして」

一九九五年

一月一三日　関西学院大学田村精一ゼミ・講義「実務から見た国際私法の重要性」

四月二〇日　Fordham Univ. Law School, Symposium Alternative Dispute Resolution, A Japanese Perspective（ニューヨークにて）

九月二〇日　日弁連巡回研修（神戸弁護士会）・講義「行政手続法」

秋　学　期　東北大学法学部独禁法特別講義

一九九六年

二月二二日　商社法務研究会・報告「独占禁止法の最近の話題と規制緩和等について」

二月二九日　関西電力・講演「電力新時代と独占禁止法」

三月一四日　日弁連巡回研修（京都弁護士会）・講義「行政手続法」

三月二二日　日弁連巡回研修（熊本県弁護士会）・講義「行政手続法」

四月　一日　大阪ガス・講演「今日における規制緩和と独禁法の流れとガス業界」

五月二四日　トヨタ自動車・講演「変革の時代における企業法務のあり方について」

九月一三日　九州大学大学院法学府国際コースLL.M.・講義「国際知的財産紛争につ

いて考えること」

一九九七年

一月三〇日　経営法友会研究会・報告「合弁契約」

二月二五日　国際民商事法センター・外国研修員への講義（英語）"The Outline of International Legal Practice in Japan"

五月一三日　大阪弁護士会司法修習委員会修習生・講義「渉外法務について」

六月　三日　大阪ガス研究会・報告「新時代における情報・文書の管理と利用」

六月　七日～一二日　報告・ABA Conference "Restriction on Distribution Practice Involving Joint Ventures and other partially Owned Affiliates"（ニューヨークにて）

一〇月一五日　金融法務関西講座（きんざい）・講義「持株会社制度に関する独禁法の改正と実務への影響」

一〇月二一日　公正取引協会研修・講義「企業法務と独禁法」

一二月一八日　大阪弁護士会司法修習委員会修習生・講義「渉外実務」

一九九八年

一月二三日　公正取引協会研修・講義「最近の公正取引委員会の独禁法施行の動向について」

二月　九日　国際民商事法センター・外国研修員への講義（英語）"The Role of Japanese Attorney in Resolution of Disputes outside of the Court"

九月二六日　日米法学会・報告「日米におけるLegal Remediesの相異について」

一〇月二三日　大阪弁護士会司法修習委員会修習生・講義「米国民事裁判の実際について」

一〇月二七日　公正取引協会研修・講義「企業法務と独占禁止法」

一二月一七日　大阪弁護士会独禁法実務研究会・報告「独禁法における差し止めによる民事救済」

一九九九年

二月一六日　国際民商事法センター・外国研修員への講義（英語）"The Role and System of Japanese Attorney"

六月　九日　大阪弁護士会司法修習委員会修習生・講

七月一五日　大阪弁護士会司法修習委員会修習生・講義「行政事件についての基本知識」
七月一五日　大阪弁護士会独禁法実務研究会・報告「公正取引委員会の審査・審判手続きと弁護士実務」
八月二五日　大阪弁護士会司法修習委員会修習生・講義「渉外法務概要――ハネウェル・ミノルタ特許侵害訴訟」

二〇〇〇年

六月二七日　大阪弁護士会渉外実務研究会・報告「国際訴訟と日本の弁護士の仕事」
九月二七日　大阪弁護士会司法修習委員会修習生・講義「行政事件についての基本知識」
一〇月一二日　公正取引委員会による京都国際会館での米国FTC委員長を迎えてのラウンドテーブルデイスカッション「日米競争シンポジウム――二一世紀の競争政策の課題」のパネリストとして
一一月一〇日　大阪弁護士会行政問題研究会・報告「弁護士の仕事と行政法のニーズ」

二〇〇一年

三月二八日　日本監査役協会研修会・講演「最近の独禁法の動き」
九月二七日　大阪弁護士会司法修習委員会修習生・講義「行政事件についての基本知識」
一〇月　五日　住友商事主管者会議・講演「二一世紀の独禁法の方向と留意点」
一一月　九日　仲裁フォーラム・東京「模擬仲裁」（仲裁人として参加）
一一月一五日　仲裁フォーラム・大阪「模擬仲裁」（仲裁人として参加）

二〇〇二年

二月二一日　大阪弁護士会独禁法実務研究会・報告「独禁法と弁護士実務」
六月　一日　関西独禁法実務研究会・報告「日本の法曹実務家にとっての独禁法」
八月二二日　大阪市建設局・講演「公務員の服務」
一〇月二四日　大阪弁護士会行政法専門研修（一）・講義「行政救済に関する概説」
一一月　二日　国際仲裁連絡協議会仲裁人研修講座・講義「第六講　仲裁手続き」
一一月一二日　国際商事仲裁協会・講演「国際商事仲裁の展望――望まれる仲裁とは」
一二月一八日　大阪工業会・講演「最近一年間の独禁法の流れ」

二〇〇三年

三月二七日　ローエイシア東京世界大会応援セミナー・講演「独占禁止法事件における実務家の対応」

四月一七日　大阪弁護士会独禁法実務研究会・報告「公正取引委員会の独占禁止法違反事件の審査と弁護士の対応　実務家からのいくつかの疑問――法によるエンフォースメントの観点から」

一〇月一六日　日本商事仲裁協会仲裁シンポジウム・パネリスト報告「国際仲裁の立場から」

一〇月二九日　大阪弁護士会渉外実務研究会・報告「渉外売買契約をチェックする弁護士としての留意点」

二〇〇四年

二月一八日　米国総領事館・反競争政策シンポジウム・コーディネーター（英語）

三月一九日　神戸大学ＣＤＡＭＳ会合・報告「Globalization and Legal Education」

五月一七日　日本ライセンス協会月例研究会・報告「今回の独禁法改正について」

六月　九日　神戸大学国際仲裁セミナー・報告「国際仲裁をなぜ選択するか――実務家の観点といくつかの問題」

一〇月一四日　大阪府立中之島図書館・講演「中国ビジネスに必要なこと――弁護士の立場から」

二〇〇五年

三月　五日　大阪弁護士会特別企画 第一線の弁護士による実務連続講義 弁護士として生きる「渉外実務」

六月一五日　神戸大学仲裁・調停セミナー・講義「国際仲裁への招待――国際取引トラブルは、今どのように解決されているか」

一〇月二八日　ＪＩＣＡ中国研修員研修・講義「独占禁止法と知的財産権法」

一二月一五日　大阪弁護士会独禁法実務研究会・報告「私が経験した独禁法事件」

二〇〇六年

五月二九日　京都法務研究会・報告「改正独占禁止法について」

七月一八日　ＪＩＣＡ中国研修員研修・講義（英語）“Antitrust Law and Intellectual Property Law”

八月二四日　中部生産性本部・講演「独禁法に関わる企業側の取り組み」
一〇月二三日　JICA中国研修員研修・講義「独占禁止法と知的財産権法における経験」

二〇〇七年

一月一八日　学習院大学野村豊弘ゼミ・講義「企業法務の実務のいくつかの例と視点」
一月二〇日　大阪弁護士会独占禁止法集中講座・講義「実務家としての独禁法」（白石忠志先生との対談）
二月一〇日　大阪弁護士会独占禁止法集中講座・講義「実務家としての独禁法」
二月二八日　日本商事仲裁協会国際仲裁セミナー・講演「国際仲裁審理の運営の実務」
一〇月　三日　仲裁人協会仲裁人研修講座・講義「仲裁における中間手続きにおける判断」
一二月二五日　医薬品企業法務研究会・講義「国際契約（ライセンス契約等）における一般条項について」

二〇〇八年

二月一九日　医薬品企業法務研究会・講義「知的財産権利用に関する公取の平成一九年の『新指針』について」
七月一七日　医薬品企業法務研究会・報告「知的財産ライセンス契約と独禁法」（糸田省吾先生・根岸哲先生・上杉秋則先生とともに）

二〇〇九年

三月二三日　X社講演「EU競争法の現況――そのおそろしさ」
五月二二日　大阪ロータリークラブ・報告「裁判員制度について」

二〇一〇年

一〇月　二日　神戸大学法科大学院石川特別セミナー「ノウハウ盗用をめぐる国際裁判管轄と外国判決の執行――アナスタシア事件」

二〇一一年

一二月二六日　Y社講演「独禁法（競争法）の世界的な執行状況と企業の対応　企業幹部は何を認識すべきか?」

二〇一三年

三月　三日　神戸大学ワークショップ報告「独禁法の審判制度について」

石川正先生弁護士年譜

一九七三年

弁護士登録（吉川大二郎法律事務所）
・役員の証言拒絶に対する抗告事件（判時七三七号四九頁）
・阪神高速道路工事差止仮処分決定（判タ二九四号三一一頁）抗告事件

一九七四年

・山崎豊子・朝日新聞――盗用報道に対する名誉毀損事件

一九七五年

・米国独禁法訴訟（松下・ゼニス訴訟）との出会い

米国留学

一九七八年

帰国（吉川大二郎法律事務所）（八月）
吉川大二郎先生逝去（九月二五日）
・カネミ油症事件との出会い（一〇月）一九八七年最高裁和解まで続く
・PCBについてのケネディ・タスクフォース報告の議長・副議長から宣誓供述書の取得（ワシントンDCでの三週間にわたる出張）

一九八〇年

石川正法律事務所設立（二月）
・米国独禁法訴訟（松下・ゼニス訴訟）のエビデンシャリ・ヒアリングのため有賀美智子先生にニューヨーク、ワシントンDCに同行（六月一三日〜二七日）
・松下・ゼニス訴訟連邦地裁（フィラデルフィア）請求却下の判決 494 F.Supp.1161（E.D.Pa.1980）
・医師会独禁法違反（入会拒絶等）指導事件（公正取引特報四五三号）
・IBAベルリン世界大会に有賀美智子先生に同行（八月二七日〜九月二日）
・日本鋼索工業会ワイアロープ価格引き上げ事件（審決集二七巻三四頁）

一九八一年

・石膏ボード価格引き上げ事件（審決集二八巻一五頁）
・LES（ライセンス協会）バンコク世界会議に有賀美智子先生に同行（八月六日〜一三日）

・海外におけるプラント建設工事契約・紛争案件との出会い

第一次イラン・イラク戦争勃発

・イラク建設工事現場での戦争対応問題
・シャロットアラブ河口での「からたち丸」閉じ込め（巨額滞船料と戦争免責約款の適用の可否）
・米国・映画会社からのビデオ機器メーカーに対する著作権侵害訴訟（カリフォルニア州）

一九八二年

・チュニジアにおけるプラント建設工事紛争でチュニジアおよびパリへの出張（一月一〇日〜二二日）

田中二郎先生逝去（一月一六日）

・箕面忠魂碑訴訟（控訴審から）との出会い。一九九三年の最高裁判決まで続く
・関西コークス同友会コークス価格引き上げ事件（公正取引特報四八三号）
・鋳物用コークス製造業者によるコークス再販価格指定警告事件（公正取引特報四八四号）
・「FBIおとり捜査によるIBMトレードシークレット窃取で日立社員の逮捕」事件についての緊急調査・報告
・日本企業のフイリピンにおける合弁企業撤退プロジェクトの開始
・都市ガス会社に対する私的独占等審査事件（公正取引特報五三二号）
・LES（ライセンス協会）のサンフランシスコ会議に野一色勲氏と参加、ニューヨークで資料集め（一〇月一〇日〜二一日）
・欧州競争法における並行輸入問題（欧州委員会による日本企業への罰金賦課のスタート）
・ニューヨーク地下鉄車両PL問題

一九八三年

・VTR規格統一について独禁法からの検討
・サウディアラビア・ニューギニアでのプラント建設工事紛争
・日本の製造業の合弁設立による米国進出プロジェクト
・米国ノースキャロライナ州における工場建設プロジェクト
・米国におけるCATV事業の規制・展開の調査
・日米著名会社間での社章（CI）・商標紛争

一九八四年

・フイリピンからの撤退プロジェクトでマニラ出張（六月三日～七日、六月二六日～三〇日）
・カネミ油症事件で三ヶ月章先生・加藤一郎先生・塚本宏明先生と合宿（七月二五日～二八日）
・フイリピンからの撤退プロジェクトでマニラ出張（七月二九日～八月四日、八月一二日～一五日、八月二八日～九月二日）
・大阪市との報償契約の有効性の検討
・ゴム製ウエットスーツメーカーに対する米国ダンピング調査事件
・米国コンピュータープログラム・マスク法案の検討

一九八五年

雄川一郎先生逝去（二月一日）
・タクシー自由料金規制検討プロジェクト
・カネミ油症事件で三ヶ月章先生・加藤一郎先生・塚本宏明先生と合宿（四月二八日～二九日、五月三日～六日）
・LNG輸入プロジェクト
・ガス展表示問題で公取と応酬
・フランスからのパン技術導入交渉
・エホバの証人信者の子供への輸血問題
・リビアでのプラント建設工事プロジェクト
・米国国際貿易委員会（ITC）三三七条（日本からの人工腎臓製品輸入特許侵害）事件
・三光汽船会社更生事件関係で瑞東海運の更生事件管財人代理
・武器輸出三原則問題
・米国製造物（眼鏡）責任訴訟（テキサス）
・オランダ・日本の会社間の技術・合弁提携プロジェクト

一九八六年

・米国連邦倒産法（Ch.11）会社（合弁会社）からの偏頗行為による取戻訴訟事件でマイアミ出張（一月一日～六日）
・国内製造会社の合併と公取手続
・米国独禁法違反（再販価格維持）・州司法長官によるミノルタ・パレンス・パトリエ「親」訴訟（ニューヨーク・メリーランド州の訴追。ニューヨークへの出張（三月一日～五日））
・米国マイアミ訴訟のためマイアミに出張（三月六日～一二日）
・日弁連「ロイヤーズ・ハンドブック」共訳

・米国最高裁判所判決（松下・ゼニス訴訟）で松下四対三で勝訴
・台湾での合弁会社設立に関して台北出張（一〇月一四日～一七日）
・数学問題集の著作権侵害訴訟
・BIOSプログラム著作権紛争

一九八七年

母喜子死去（一月二日）
・PCBカネミ事件最高裁での「カネカに責任なし」の和解成立
・ミノルタ・ハネウェル米国特許侵害訴訟との出会い（五月六日）。一九九二年の和解まで続く
・日・欧の有力二会社による製造合弁設立についての日米弁護士による合同の独禁法評価プロジェクトでニューヨーク出張（八月一六日～二二日）
・米国ダンピング（ニトリルゴム）調査事件
・米国ダンピング（ペットフィルム）調査事件
・ココム関係の調査事件が多数発生

一九八八年

・関西国際新空港国際調達契約プロジェクト始まる（設計競技参加契約から各種機器調達契約等空港完成まで続く）
・ECダンピング調査（特殊建材）
・ミノルタ・ハネウェル訴訟でニューヨーク出張（二月一八日～二一日）
・フロンガス規制対応の検討
・日本会社の株式買収についてのオフショア取引でスイスチューリッヒ出張（九月一一日～一六日）
・米国会社との合弁会社解消後の秘密遵守違反紛争事件で米国ニューヨーク・クリーブランド出張（九月二〇日～二四日、一一月一三日～一七日）
・ネパールでの橋梁建設工事紛争（地下の巨石のリスク負担）
・ロンドン大学バレンタイン・コラー先生来日
・米国会社からのフランチャイズ事業買収
・米国(カリフォルニア州)ゴーヴィデオ独禁法訴訟始まる

一九八九年

・米国FTC（連邦取引委員会）による日本の会社に対する任意の調査協力要請でワシントンDC出張（二月二〇日～二四日）
・六甲アイランドショッピングモール開発プロジェクト

・銅張積層板価格引き上げ事件（審決集三六巻二二頁）
・UCLA（カルフォルニア大学ロスアンジェルス校）によるUCLA外語学院に対する名称使用差止訴訟の提訴
・米国ダンピング訴訟（公正価額を争うUS.CIT提訴）における和解
・ホテル川久（白浜）建設のための国際調達契約
・インドネシア会社との取引に際して取引担保のため抵当権・質権設定作業でジャカルタ出張（一二月一四日～一七日）

一九九〇年

・雄川一郎先生追悼論文集執筆のためニューヨーク出張（一二月三一日～一月一一日）
・コロンビア大学ゲルホーン先生来日
・岡山チボリ公園プロジェクトの開始（デンマークとの交渉から公園廃止に至るまで多数のデンマーク出張と多数の住民訴訟）
・アユルベーダ施術輸入のためインド・ニューデリーへ出張（六月三日～六日）
・危険物輸出から生ずるPLリスク評価のため米国弁護士との協議でシアトル出張（六月二四日～二八日）
・中央公害等調整委員会事件（原子力発電所）
・米国特許侵害クレームの交渉でシアトル出張（一二月二日～八日）

一九九一年

・三ヶ月章先生古稀祝賀論文集執筆のためニューヨーク出張（一月二日～一七日）
・ABAでの報告のためワシントンDC出張（四月七日～一四日）
・西武百貨店・イトマン絵画事件
・岡山県議会一〇〇条委員会（チボリ公園）
・ミノルタ・ハネウェル事件でニューヨーク・ニューワーク出張（七月一〇日～一四日、八月一一日～一八日、九月一五日～二〇日、九月二七日～一〇月三日）
・ダストコントロール製品のフランチャイジーに対するレンタル価格引き上げ事件（審決集三八巻一〇四頁）

一九九二年

・ミノルタ・ハネウェル事件陪審評決・和解（一六七・五百万ドル支払）でニューヨーク・ニューワーク出張（一月二八日～二月一二日、二月二九日～三月一二日）

一九九三年

・第一次水道メーター談合事件（審決集三九巻二一六頁）
・箕面忠魂碑最高裁判決（判タ八一五号九四頁）
・ＩＢＡ中国杭州会議（一一月一六日～二一日）
・シンガポール販売代理店問題でシンガポール出張（一二月一四日～一七日）
・高浜原子力発電所二号機操業差止訴訟（判タ八四七号八三頁）

一九九四年

・滋賀県電気工事事業者事件（審決集四一巻二〇四頁）
・ＩＣＣ国際仲裁事件（販売代理店終了に関する米国会社との紛争）中立代理人として・仲裁地東京
・パキスタン繊維輸入に対する日本でのダンピング提訴

関西新空港開港

・同空港一番機試乗
・家島町町長選挙異議申立事件
・大阪弁護士会行政問題特別委員会「行政手続法」解説パンフレットの作成
・上海での講義出張（一一月一一日～一四日）
・大江橋上海事務所設立のため北京出張（一一月一七日～二〇日）
・ユニバーサル・スタジオ・ジャパン建設プロジェクト始まる

一九九五年

阪神・淡路大震災

・区画整理事件
・電気通信事業法改正に伴う独禁法問題
・貸し切りバス最低運賃の決定事件（大阪バス協会事件・審決集四二巻三頁）
・ＩＣＣ国際仲裁事件（ベルギーでの販売代理店契約終了をめぐる紛争）相手方代理人として・仲裁地東京
・東北大学法学部で秋学期週一回独禁法講義
・大和銀行元役員米国刑事事件

一九九六年

・大阪電気倶楽部電気工事談合課徴金納付命令事件（審決集四三巻三七五頁）
・チボリ商標紛争（宝塚チボリとの）事件
・パチンコ偽造カード事件
・関西アジア民商事法研究会設立(小野昌延先生とともに)

一九九七年

・製剤ライセンス紛争でロスアンジェルス出張（三月二日～六日）
・韓国商標紛争でソウル出張（四月一九日～二〇日）
・第二次水道メーター談合事件（審決集四四巻二二一頁）
・和歌山県勝浦建設工事発注者決定事件（審決集四四巻二八五頁）
・ABA独禁法会議報告のためのニューヨーク出張（六月七日～一二日）
・ヨーロッパ独禁法調査（販売会社設立）でロンドン・ブリュッセル出張（八月一七日～二二日）
・フィリピンでのローエイシア会議でマニラ出張（八月二六日～二八日）

一九九八年

・大江橋上海事務所出張（六月一日～二日）
・工場地下水質汚濁事件
・黒鉛電極カルテル事件（日本・米国・ヨーロッパ）
・衛星音楽放送事業整理・清算事件

一九九九年

・関西新空港第二期工事
・インドネシアでのプラント建設工事紛争
有賀美智子先生逝去（四月一二日）
・大阪府発注次亜塩酸ソーダ受注予定者決定事件（審決集四五巻一六〇頁）
・韓国でのローエイシア会議でソウル出張（九月七日～一一日）
・米国独禁法事件での司法取引のためニューヨーク・フィラデルフィア出張（九月一二日～一七日）
・独禁法東京高裁刑事判決（第二次水道メーター談合事件・判タ九五九号一四〇頁）
病気休暇（一一月一〇日～二〇〇〇年一月二三日）

二〇〇〇年

・ICC国際仲裁事件（著作権事件）仲裁人として・仲裁地大阪
・米国研究所とノウハウ盗用紛争でコロンバス出張（四月一一日～一四日）
・グローバル事業売却とEU独禁法関係のためドイツ出張（五月二四日～二八日）

・ビタミンカルテル事件でニューヨーク出張（六月二二日～二五日）
・グローバル事業売却で米国HSR（ハート・スコット・ロディノ）届出でニューヨーク出張（七月二三日～二八日）
・グローバル事業売却と独禁法関係のため二回目のドイツとベルギー出張（九月一八日～二二日）
・EU域内でのゲームボーイ並行輸入問題での独禁法違反事件
・オーストラリアダンピング調査事件（湯沸かし器）
・チボリ公園関係でデンマーク・コペンハーゲン出張（一〇月二日～六日）

二〇〇一年

・JCAA国際商事仲裁協会での国際仲裁（欧州企業・日本企業間の紛争）仲裁人として・仲裁地東京
・台湾へのプラント輸出紛争で台北出張（六月四日～七日）
・ICC仲裁事件（米国・日本企業のライセンス契約から生じる紛争）仲裁人として・仲裁地ニューヨーク
・中国でのダンピング調査事件
・独禁法黒鉛事件でニューヨークおよびブリュッセル出張（九月六日～九日）
・種苗カルテル公取調査の開始
・仲裁フォーラム

二〇〇二年

・OTC薬卸事業の統合問題
・ICC国際仲裁ヒアリングで仲裁人としてニューヨーク出張（七月二七日～八月四日）
・EU競争法違反（ゲームボーイ並行輸入問題）でロンドン出張（一一月六日～一〇日、一一月一二日～一五日）
・金型所有権帰属をめぐっての国税不服審判
・EUゲームボーイ並行輸入問題でブリュッセル出張（一二月一二日～一四日）

二〇〇三年

・EUゲームボーイ並行輸入問題でロンドン出張（一月七日～一〇日）
・塩化ビニール向けモディファイア販売価格引き上げ事件（日米欧独禁法当局の同日立ち入り事件の第一号事件）（公取委報道発表二〇〇二年六月一日）
・種苗販売価格合意事件（審決集五三巻四六七頁）
・モディファイア欧州調査対応のためブリュッセル出張（二月一九日～二二日）

・ミスタードーナツ豚まん事件
・モディファイア米国調査対応のためニューヨーク出張（三月二日〜五日）
・ローエイシア東京世界大会応援資金捻出のための連続セミナー
・ＩＣＣ国際仲裁・仲裁人間で評議のためロンドン出張（五月一〇日〜一四日）
・日本原燃核燃料貯蔵プール問題（六ヶ所村）
・独禁法違反による地方公共団体の損害に対する住民訴訟
・神戸大学全学評価部会外部委員として参加
・ローエイシア東京世界大会
・警視庁信号機入札予定者決定事件（審決集五二巻二二九頁）
・米国での超強固繊維ザイロン問題でニューヨーク出張（九月一四日〜一七日）
・京都市発注道路舗装工事受注者決定事件（審決集五一巻一一九頁）
・超強固繊維ザイロン問題で再度ニューヨーク出張（一一月一八日〜二一日）

二〇〇四年

・チボリ公園職員給与支出差止最高裁判決（判タ一一四五号一二七頁）
・岐阜県発注の電気工事受注予定者決定事件（審決集五一巻四九〇頁）
・台湾プラント紛争協議のためロンドン出張（三月二九日〜四月一日）
・マイクロプロセッサー製造会社に対する私的独占事件（審決集五二巻三四一頁）
・大阪地下街・シカゴ美術館からの絵画陶板画導入
・美浜原発原子炉蒸気発生器金属細管破断事故
・大阪ＯＡＰ地下土壌汚染問題
・ＩＣＣ国際仲裁事件（米国・日本企業間での知的財産権紛争）仲裁人として・仲裁地ロスアンジェルス

二〇〇五年

・ＩＣＣ国際仲裁事件ヒアリングのためロスアンジェルスへ出張（仲裁人として）（一一月二二日〜二五日）

二〇〇六年

父正次死去（四月二四日）
・チボリ公園についてデンマークとの意見調整のためコペンハーゲンへ出張（一一月二一日〜二三日）
・独禁法取引拒絶損害賠償（関西新空港新聞販売）事件（大

阪地裁判決・審決集五一巻九三五頁）

二〇〇七年

・チボリ公園デンマークとの協議でコペンハーゲン出張（二月三日〜七日）

・アナスタシア事件でロスアンジェルス出張（三月五日〜八日）

・チボリ公園デンマークとの協議でヘルシンキ出張（六月七日〜九日）

・チボリ公園デンマークとの協議でコペンハーゲン出張（七月三日〜六日）

・ケンゾーエステートワイナリー（カリフォルニア・ナパ）に出張（八月二一日〜二五日）

二〇〇八年

・ICC国際仲裁事件（契約紛争）仲裁人として・仲裁地東京

・種苗カルテル審決取消訴訟東京高裁判決（審決集五五巻七九一頁）

・EUゲームボーイ並行輸入事件欧州裁判所（ルクセンブルグ）ヒアリングに出席（五月一七日〜二二日）

入院休暇（一〇月二七日〜一一月二一日）

二〇〇九年

・チボリ公園閉園

・合弁契約・ライセンス契約とEU独禁法の適用について相手方弁護士と共同検討のためブリュッセル出張（一〇月二一日〜二三日）

・社会診療報酬にかかる取引に関する消費税非課税とする消費税法規違憲訴訟（兵庫県民間病院）

二〇一〇年

・姫路市埋立地処分場跡地での建設工事中のガス爆発事故事件

・アナスタシア事件米国連邦地裁判決についての執行判決請求事件（判タ一三三五号二七三頁）

・VVFケーブル製品の価格決定事件（排除措置命令二〇一〇年七月二二日）

・大江橋上海事務所一五周年（上海出張）（一一月二四日〜二六日）

・日米欧ベアリングカルテル事件

二〇一三年

・武田・米国子会社との移転価格問題・国税不服審判所裁決

あとがき

「雲漢の星を含んで
光耀《くわうえう》し洪流するが若《ごと》し」

晋代の詩人・左思による「蜀都の賦」の一節です[1]。大意は、蜀の天嶮を貫く川の勢いの様を、雲漢、すなわち天の川に溢れる多くの星の輝きと流れにたとえたものですが、本書を繙かれる読者の方々は、収録された四二本の論文の多様さと豊穣さに一驚し、夜空を仰いだ左思と思いを同じくされるのではないでしょうか。

石川先生が実務において活躍され、また理論の面でも多くの業績を残された独占禁止法の領域に属する諸論文が中心となっているのは当然のことですが、それにとどまらず、憲法および行政法、民法、商法および知的財産権法、労働法、民事手続法、仲裁などの裁判外紛争解決手続、さらに司法制度論にまで及ぶ珠玉の論攷は、四〇年を超える先生の八面六臂の活動を反映したものということができると存じます。

また、執筆者が独占禁止法の運用の任を担った方々、弁護士、研究者と広い範囲にわたっているのも本論文集の特色であり、先生の幅広い交友や御仕事の足跡を彷彿とさせるものがあります。

先生の御尊父は、姫路の医家として人望を集められ、また、御親族にも医学界において知られた方々が多いとうかがっております。そのような中で、先生が「国民の社会生活上の医師[2]」として、法律学の研究を経て、実務法曹として立たれることを決意した背後には、御尊父と親交があり、行政法学の泰斗でいらっしゃった田中二郎先生（元最高裁判所判事）、民事の実務と理論に通暁された吉川大二郎先生（元日本弁護士連合会会長）の薫陶が大きかったことと推察いたします。同時に、吉川先生の膝下より巣立たれ、本書収録の年譜に記載のとおり、国境を越える幾多の実務および公益活動を展開された背後には、先生御自身の並々ならぬ研鑽と努力があったものと確信するところです。その結果として、数多の依頼者企業からの信頼をかちえて、今日の大江橋法律事務所の礎を築かれたことについては、贅言を費やす必要がないものと存じます。

もっとも、先生の変わらぬ姿勢は、いわゆる企業法務の最先端にありながら、利潤の追求などの経済的視点のみに偏することなく、不正義を許さず、「正義に叶う解決は何か」を不断に探求するところにあると拝察いたします。先生が、市場における公正な競争確保の手段としての独占禁止法に関わる実務と研究に心血を注がれた根底には、こうしたお気持ちがあったのではないでしょうか。

本論文集の題簽にある「経済社会と法の役割」は、先生の志向そのものを端的に表現したものであり、取り組んでいる問題や視角の違いこそあれ、四二名の執筆者全員が共有するところです。もっとも、正義と不正義とを判別し、真に守られるべき利益は何かを見極め、行動することは、法の解釈や適用、あるいは事実の解明に携わる法律家が常に意識しなければならないことですが、ともすれば従来の通念や先入観に囚われがちな吾々にとっては、容易な業ではありません。所収の諸論文は、先生の姿勢に学び、それぞれの問題について従来の固定観念から抜け出そうという意欲をもって御寄稿いただきました。その御尽力に対して御礼申し上げるとともに、先生と読者の方々からの御叱正をお願いいいたします。

さらに、編集委員一同として、実務法曹の大先達である畑郁夫先生より題簽に麗筆を賜ったこと、加えて、石川先生が長年にわたって兄事されている藤田宙靖先生から「序文に代えて——石川正君と私」を頂戴したことに対し、万謝申し上げたく存じます。

そして、最後になりますが、本企画を推進いただいた松澤三男氏（公益社団法人商事法務研究会専務理事）、小原正敏弁護士（きっかわ法律事務所）および平野惠稔弁護士（弁護士法人大江橋法律事務所）、編集の実務を担当していただいた岩佐智樹氏と奥田博章氏（株式会社商事法務書籍出版部）に対し、心より感謝の意を表する次第です。

平成二五年八月吉日　　石川　正　先生の益々の御健勝を祈りつつ

編集委員
伊藤　眞
松尾　眞
山本　克己
中川　丈久
白石　忠志

（1）読み下し文は、前野直彬『風月無尽』二二一頁（東京大学出版会、一九七二年）による。

（2） 平成一三年六月一二日に発表された司法制度改革審議会意見書中、「国民が、自律的存在として主体的に社会生活関係を形成していくためには、各人の置かれた具体的生活状況ないしニーズに即した法的サービスを提供することができる法曹の協力を得ることが不可欠である。国民がその健康を保持する上で医師の存在が不可欠であるように、法曹はいわば『国民の社会生活上の医師』の役割を果たすべき存在である。」に用いられた表現である。

石川　正先生古稀記念論文集
経済社会と法の役割

2013年８月24日　初版第１刷発行

編集委員　伊藤　眞　松尾　眞
山本克己　中川丈久
白石忠志

発行者　藤本眞三

発行所　株式会社 商事法務
〒103-0025 東京都中央区日本橋茅場町 3-9-10
TEL 03-5614-5643・FAX 03-3664-8844〔営業部〕
TEL 03-5614-5649〔書籍出版部〕
http://www.shojihomu.co.jp/

落丁・乱丁本はお取り替えいたします。　印刷/広研印刷㈱

Printed in Japan
Shojihomu Co., Ltd.
ISBN978-4-7857-2098-8
＊定価はケースに表示してあります。